HEYNE
NOSTALGIE BIBLIOTHEK

D1734845

Friedrich Spielhagen

Hammer und Amboß

Roman

WILHELM HEYNE VERLAG
MÜNCHEN

Copyright © 1975 by Wilhelm Heyne Verlag, München
Printed in Germany 1976
Umschlaggestaltung: Atelier Heinrichs, München
Gesamtherstellung: Presse-Druck Augsburg

ISBN 3-453-44022-6

ERSTER TEIL

Erstes Capitel

Wir standen in der tiefen Nische an einem offenen Fenster unseres Classenzimmers. In dem klösterlich stillen Schulhof lärmten die Spatzen, und einzelne Strahlen der Spätsommersonne glitten an den altersgrauen Mauern herab auf das grasumsponnene Pflaster; aus dem hohen, sonnenlosen, mit der abgestandenen Luft einer ganzen Schulwoche erfüllten Zimmer tönte das Summen der leisen Zwiegespräche unserer Mitschüler, die, außer uns, bereits sämtlich auf ihren Plätzen über ihren Sophokles gebeugt saßen und des Kommens des »Alten« harrten, das jeden Augenblick erfolgen konnte, denn das akademische Viertel war bereits verflossen.

Im schlimmsten Falle brennst Du durch, sagte ich, als jetzt die Thür aufging und er hereintrat.

Er — der Professor Doctor Lederer, Director des Gymnasiums und zugleich Ordinarius unserer Prima — in dem Schüler-Rothwelsch »der Alte« genannt — war eigentlich nicht gerade alt, sondern ein Mann in der zweiten Hälfte der Vierziger, dessen kleiner, bereits ergrauender Kopf auf einer steifen schneeweißen Halsbinde ruhte, und dessen sehr langer und wunderbar dürrer Leib Jahr aus, Jahr ein, Sommer und Winter in einen Rock von feinstem glänzend schwarzen Tuch geknöpft war. Seine schlanken, äußerst sorgfältig gepflegten Hände mit den langen, spitzigen Fingern waren, wenn sie sich — was häufiger vorkam — dicht vor meinen Augen in nervöser Erregung hin- und herbewegten, stets der Gegenstand meiner bewundernden Aufmerksamkeit gewesen — ein paar Mal war ich der Versuchung kaum entgangen, plötzlich zuzufassen und dies Kunstwerk von einer Hand in einer meiner groben braunen Fäuste zu zerquetschen.

Professor Lederer legte den Weg von der Thür bis zum Katheder stets in zwölf gleichmäßigen, unendlich würdevollen Schritten zurück, Haupt und Augen ein wenig gesenkt, mit der strengen Miene concentrirtesten Nachdenkens, anzuschauen wie ein Opferpriester, der auf den Altar zuschreitet, oder auch wie Cäsar, der in den Senat geht, auf jeden Fall wie ein Wesen, das, weit entrückt der modernen plebejischen Sphäre, Tag für Tag in dem Lichte der Sonne Homer's wandelt und sich dieses wunderbaren Factums vollkommen bewußt ist. Deshalb war es auch nicht wohlgethan, den classischen Mann auf diesem kurzen Wege aufzuhalten; eine abwehrende Handbewegung war in den meisten Fällen die ganze Antwort; aber der sanguinische Arthur war so sicher, mit seinem Gesuche nicht abgewiesen zu werden, daß es ihm auf eine Chance mehr gegen ihn nicht eben ankam. So vertrat er denn dem Professor den Weg und brachte seine Bitte vor, von den Stunden des heutigen Tages — es war ein Sonnabend — dispensirt zu werden.

Nimmermehr! sagte der Professor.

Behufs einer Vergnügungsfahrt, sprach Arthur weiter, durch den grollenden Ton des gestrengen Mannes keineswegs eingeschüchtert — er war sehr schwer einzuschüchtern, mein Freund Arthur — behufs einer Vergnügungsfahrt auf dem Dampfschiffe meines Onkels zur Exploration der Austernbänke, die mein Onkel vor zwei Jahren angelegt hat, wissen Sie, Herr Professor, ich habe auch ein Gesuch meines Vaters! — Und Arthur producirte das betreffende Blatt.

Nimmermehr! wiederholte der Professor. Sein bleiches Gesicht war vor Zorn ein wenig geröthet; seine weiße Hand, von der er bereits den schwarzen Handschuh abgestreift hatte, war in einer oratorischen Geste gegen Arthur erhoben; seine blauen Augen hatten eine tiefere Färbung angenommen, wie Meerwasser, wenn ein Wolkenschatten darüber hinzieht.

Nimmermehr! rief er zum dritten Male; schritt an Arthur vorüber nach dem Katheder; erklärte, nachdem er stumm die weißen Hände gefaltet, daß er zu aufgeregt sei, um beten zu können, und nun kam eine gestotterte Philippika — der würdige Mann stotterte stets, wenn er aufgeregt war — gegen die Pest der Jugend: die Weltlust und Vergnügungssucht, der gerade Diejenigen, auf welchen der Geist Apollos und der Pallas Athene am wenigsten ruhe, am meisten verfallen seien. Er sei ein milder und humaner Mann und wohl des Dichterwortes eingedenk, daß man zur rechten Zeit, am rechten Ort den strengen Ernst fahren lassen, ja gelegentlich zechen und mit den Füßen im Tanz den Boden stampfen dürfe — aber dann müsse die Ursache der Wirkung angemessen sein; — ein Virgil müsse uns aus der Fremde heimkehren, eine Kleopatra durch ihren freiwillig-unfreiwilligen Tod das Gemeinwohl von einer drohenden Gefahr erlöst haben. Wie aber könne jemand, der notorisch zu den schlechtesten Schülern gehöre, ja unbedingt der schlechteste sein würde, wenn ihm nicht Einer, der nach dieser Richtung unerreichbar sei — hier suchten des Professors blöde Augen mich — den Rang ablaufe, — wie könne ein Solcher nach einem Kranze greifen, welcher nur die vom Schweiße des Fleißes rieselnde Stirn kühlen dürfe! Sei er — der Redner — zu streng? er glaube nicht, obgleich niemand es inniger wünschen könne, als er, niemand sich inniger freuen würde, als er, wenn jetzt der hart Gescholtene den Beweis seiner Schuldlosigkeit sofort anträte und den herrlichen Chor der Antigone, welcher das Thema unserer heutigen Vorlesung sei, ohne Anstoß übersetzte. Von Zehren, beginnen Sie!

Der arme Arthur! Ich sehe noch heute, nach so viel Jahren, sein schönes, damals schon etwas verlebtes Gesicht, welches sich vergeblich Mühe gab, das aristokratisch-gleichgültige Lächeln auf den feinen Lippen festzuhalten, als er jetzt das Buch aufnahm und ein paar Verse des griechischen Textes nicht eben geläufig las. Während dieser kurzen

Lectüre verschwand das verächtliche Lächeln mehr und mehr und ein Blick hülfesuchender Verlegenheit aus den langgeschlitzten Augen irrte herab zu seinem Nachbar und Pylades. Lieber Himmel, wie konnte ich ihm helfen! und wer wußte besser als er, daß ich ihm nicht würde helfen können! So geschah das Unabänderliche. Er machte aus einem »Strahl des Helios« einen »Schild des Aeolus« und brachte noch vieles Aehnliche, Unerhört-Ungehörige vor. Die Anderen feierten ihr besseres Wissen durch Salven von Gelächter, und selbst die classischen Züge des Professors erhellte ein grimmiges Lächeln des Triumphes über den in den Staub getretenen Gegner.

Die Hunde! murmelte Arthur mit bleichen Lippen, als er sich, nachdem das peinliche Verhör ein paar Minuten gedauert, wieder setzte. Weshalb hast Du mir nicht zugesagt?

Es blieb mir keine Zeit, eine so thörichte Frage zu beantworten, denn jetzt kam die Reihe an mich. Aber ich hatte keine Lust, mich, meinen Mitschülern zum Spaß, der gelehrten Folter zu unterwerfen, sondern erklärte, daß ich noch weniger vorbereitet sei, als mein Freund, und daß ich durch dieses Bekenntniß dem Zeugniß, welches mir der Herr Professor vorhin ja selbst ausgestellt hätte, zu entsprechen hoffe.

Ich begleitete diese Worte mit einem drohenden Blick gegen die Andern, der ihr Gelächter alsbald verstummen machte; und auch der Professor, sei es, daß er weit genug gegangen zu sein glaubte, sei es, daß er meine freche Rede einer Erwiderung für unwürdig hielt, wandte sich mit einem Achselzucken ab und strafte uns, während er gegen die Andern ungemein liebenswürdig war und die gelehrtesten Witze zum Besten gab, den noch übrigen Theil der Stunde hindurch mit stiller Verachtung.

Die Thür hatte sich hinter ihm geschlossen. Arthur stand vor der ersten Bank und rief: Ihr habt Euch einmal wieder erbärmlich benommen; aber mir fällt es nicht ein, hier zu bleiben. Der Alte kommt heute nicht wieder; wenn die Andern nach mir fragen, sagt nur: ich wäre krank.

Und dasselbe gilt für mich! rief ich, neben Arthur tretend und ihm einen Arm auf die Schulter legend. Ich gehe mit. Ein Lump, der seinen Freund verläßt.

Einen Augenblick später hatten wir uns zwölf Fuß hoch aus dem Fenster auf den Schulhof hinabgleiten lassen und standen nun zwischen zwei Mauerpfeilern, eng aneinander gedrückt, damit uns der Professor, wenn er aus dem Schulgebäude in seine Wohnung ging, nicht erblicke, den weitern Plan überlegend.

Es gab zwei Möglichkeiten, von dem rings eingeschlossenen Hinterhof, auf dem wir uns jetzt befanden, in's Freie zu gelangen: durch die langen, winkeligen Kreuzgänge des Gymnasiums — eines uralten Benedictiner-Klosters — auf die Straße, oder durch die Wohnung des

Professors, die mit einer Ecke den Hof begrenzte, direct auf die Promenade, zu welcher die längst demolirten Stadtwälle umgeschaffen waren und die fast das ganze Städtchen umkreiste. Der erste Weg war gefährlich, denn es geschah häufig, daß ein oder das andere Lehrerpaar noch lange nach dem officiellen Anfang der Lection in den kühlen Gängen plaudernd auf- und abpromenirte — und wir hatten keine Minute zu verlieren; der zweite war noch viel gefährlicher, denn er führte direct durch die Höhle des Löwen; aber er war der bei weitem kürzere und jeden Augenblick praktikabel; wir entschieden uns deshalb für denselben.

An der Mauer, dicht unter den Fenstern unserer Klasse, in welcher die zweite Lection bereits begonnen hatte, hinschleichend, kamen wir bis zu der schmalen Pforte, die auf den kleinen Hof der Professorwohnung führte. Hier war Alles still; durch die offen stehende Hinterthür konnten wir auf den weiten, mit Steinfliesen gepflasterten Flur des Hauses sehen, wo der Professor, der eben zurückgekommen war, sich mit seinem jüngsten Söhnchen, einem hübschen schwarzköpfigen dreijährigen Buben, haschte, indem er mit seltsam langen Schritten hinter demselben herlief und dabei vorsichtig in die weißen Hände klatschte. Das Kind lachte und jauchzte und einmal kam es sogar auf den Hof gelaufen, gerade auf unsern Versteck, der aus einem Haufen Klobenholz bestand, zu; noch ein paar Schrittchen der kleinen Beine und wir waren entdeckt.

Ich habe hernach oft daran gedacht, wie an diesen paar Schrittchen im Grunde nicht weniger als mein ganzes Leben gehangen hat. Kam das Kind bis zu uns, so konnten wir nur hinter dem Holzstoß — an welchem man übrigens vom Schulgebäude zur Directorwohnung vorüber mußte — hervortreten, als zwei Schüler, die sich zu ihrem Lehrer begeben, ihn wegen des Aergers, den sie ihm bereitet haben, um Verzeihung zu bitten. Wenigstens gestand mir Arthur, daß ihm, als das Kind auf uns zugekommen, blitzschnell dieser Gedanke durch den Kopf gefahren sei. Dann hätte es noch eine Strafpredigt gegeben, aber in milderm Tone — denn der Professor war im Grunde seines Herzens ein guter Mann, der das Beste wollte; — wir wären in die Klasse zurückgekehrt, hätten schlimmstenfalls den Mitschülern gegenüber unsern Entweichungsplan für einen schlechten Scherz ausgegeben und — ja ich weiß selbst nicht, was dann geschehen wäre, sicher nicht das, was wirklich geschah.

Aber die trippelnden Beinchen kamen nicht bis zu uns; der mit langen Schritten hinterher eilende Vater erhaschte das Kind und hob es, in überströmender Vaterfreude, hoch in die Höhe, daß die dunkeln Locken des Bübchens in der Sonne blitzten — dann trug er es kosend zum Hause zurück, in dessen Thür die Frau Professorin im Schmuck auf Papilloten gewickelter Locken und einer weißen Küchenschürze erschien; dann verschwanden Vater, Mutter und Kind — die offen gebliebene Thür zeigte auf einen leeren Hausflur — jetzt, oder nie war es Zeit.

Mit jenem hochklopfenden Herzen, das nur in der Brust eines Schülers Raum hat, der einen dummen Streich macht, schlichen wir bis zur Thür, über den sonntäglich stillen Flur, wo in den schrägen Sonnenstreifen, welche durch die gothischen Fenster fielen, die bunten Staub-Atome tanzten. Die Glocke der Hausthür gab, als wir dieselbe langsam öffneten, einen schrillen Warnungsruf, aber schon winkten uns die breitkronigen Bäume der Wallpromenade; eine halbe Minute später waren wir zwischen den dichten Gebüschen der Anlagen verschwunden und eilten mit großen Schritten, die manchmal in einen kurzen Trab fielen, dem Hafen zu.

Was wirst Du Deinem Vater sagen? fragte ich.

Gar nichts, denn er wird nicht fragen, erwiderte Arthur; aber wenn er fragt: daß ich frei bekommen habe; was sonst? Es wird famos werden; ich werde mich famos amüsiren.

Wir eilten eine Weile schweigend nebeneinander her. Zum ersten Male fiel mir ein, daß ich doch eigentlich um nichts und wieder nichts aus der Schule gelaufen sei. Wenn Arthur hernach ein paar Tage Carcer trafen, so hatte er sich doch wenigstens famos amüsirt; und die Sache hatte also für ihn gewissermaßen einen Sinn. Ueberdies waren seine Eltern sehr nachsichtig — er riskirte mit einem Worte so gut wie nichts. Ich dagegen lief die Gefahr der Entdeckung und der Strafe ohne alle Entschädigung, und mein strenger, alter Vater verstand überhaupt keinen Scherz, in solchen Dingen am wenigsten. Ich hatte wieder einmal, wie schon so oft, für einen Andern die süßen Kastanien aus dem Feuer holen helfen. Indessen was that's! Hier bei dem eiligen Lauf unter den wehenden Bäumen war es jedenfalls besser als in der dumpfigen Klasse, und für mich, wie ich damals gesinnt war, trug jeder dumme, übermüthige Streich seine Belohnung in sich selbst. Ich empfand es deshalb als eine besondere Großmuth meines sonst sehr egoistischen Freundes, als dieser plötzlich sagte: Höre, Georg, Du solltest mitkommen. Der Onkel hat mir noch speciell aufgetragen, so viel Freunde als möglich mitzubringen. Ich sage Dir: es wird famos werden. Elise Kohl und Emilie Heckepfennig sind auch dabei. Ich will Dir ausnahmsweise Emilie lassen. Und dann die Austern und der Champagner und die Ananas-Bowle — Du solltest wirklich mitkommen.

Und mein Vater? sagte ich; aber ich sagte es nur, denn mein Entschluß, von der Partie zu sein, stand bereits fest. Emilie Heckepfennig — Emilie mit ihrem Stumpfnäschen und ihren lachenden Augen, die mich immer ganz besonders auszeichnete und mir neulich beim Pfänderspiel einen herzhaften Kuß gegeben, zu dem sie gar nicht verpflichtet war, und die mir Arthur, der Fant, ausnahmsweise lassen wollte! Ich mußte mit, jetzt mußte ich es; mochte kommen, was wollte.

Meinst Du, daß ich so erscheinen kann? fragte ich, stehen bleibend, mit einem Blick auf meinen Anzug, der einfach und sauber — ich hielt darauf — aber keineswegs gesellschaftlich war.

Warum denn nicht, erwiderte Arthur; was ist daran gelegen! Und übrigens haben wir keine Minute zu verlieren.

Arthur, der in seinen besten Kleidern war, hatte mich nicht angesehen und seinen Schritt nicht gemäßigt. Wir hatten in der That keine Minute zu verlieren, denn, als wir jetzt durch ein paar enge Gäßchen zum Hafen gelangten, tönte uns die Signalglocke des Dampfers entgegen, der an der Landungsbrücke zur Abfahrt bereit lag. Die vierschrötige Gestalt des Kapitäns stand auf dem Radkasten. Wir drängten uns eilig durch die dichte Schaar der Gaffer auf der Brücke und stürzten über das Laufbret, als man es eben auf das Schiff ziehen wollte und die Räder ihre erste Umdrehung machten, mitten hinein in die auf dem Deck versammelte Gesellschaft.

Zweites Capitel

Wie Du mich erschreckt hast! sagte Frau von Zehren, indem sie ihren Sohn bei beiden Händen ergriff; — wir hielten schon das Unmögliche für möglich und glaubten, Professor Lederer habe Dir die Erlaubniß verweigert. Siehst Du wohl, Zehren, daß ich recht hatte?

Nun, mir ist es ja auch recht, erwiderte der Steuerrath; die jungen Damen waren schon trostlos über Dein Ausbleiben, Arthur; oder habe ich zu viel gesagt, Fräulein Emilie, Fräulein Elise? — Und der Steuerrath wandte sich mit einer galanten Handbewegung an die Mädchen, die kichernd ihre breitgeränderten dunkeln Strohhüte gegeneinander neigten. — Nun aber mußt Du den Onkel begrüßen, fuhr er leiser fort; — wo ist denn der Onkel? und er ließ seine Augen über die auf dem Deck herumschwärmende Gesellschaft schweifen.

Der Commerzienrath Streber kam eben dahergeschossen. Seine kleinen hellblauen Augen blitzten ärgerlich unter den grauen buschigen Brauen hervor; den langen Schirm seiner unmodischen Mütze hatte er aus der kahlen Stirn geschoben; der linke Aermel seines weiten blauen Fracks mit den goldenen Knöpfen war ihm halb von der Schulter gerutscht; seine in gelben Nankinghosen steckenden Beinchen hatten es sehr eilig.

Wo hat denn der verdammte Johann die —

Erlauben Sie, werther Herr Schwager, daß Ihnen mein Arthur —

Ist gut! rief der Commerzienrath, ohne den Präsentirten anzusehen; — aha! da ist der Schlingel! — und er schoß unaufhaltsam weiter, auf seinen Bedienten zu, der eben mit einem Präsentirbret voll Gläser aus der Kajütenthür auftauchte.

Der Steuerrath und die Steuerräthin tauschten untereinander ein paar Blicke aus, in welchen »der alte Grobian« oder etwas derart ziemlich deutlich zu lesen war. Arthur hatte sich zu den jungen Mädchen gewandt und etwas gesagt, was jene veranlaßte, hell aufzulachen und mit ihren Sonnenschirmen nach ihm zu schlagen; ich, um den sich niemand kümmerte, wandte mich ab und suchte das stillere Vorderdeck auf, wo ich auf einer Rolle Schiffstaue Platz nahm und, den Rücken gegen die Ankerwinde gelehnt, in den hellen Morgen und auf das helle Meer hinauszublicken begann.

Denn das Schiff hatte unterdessen den Hafen verlassen und fuhr längst der Küste linker Hand dahin, auf welcher die rothen Dächer der Schifferhäuschen durch Busch und Baum blickten, während auf dem schmalen weißen Strande hier und da einzelne Gestalten sichtbar wurden, Schiffer oder auch Badegäste, die nach dem vorüberbrausenden Dampfer schauten. Rechter Hand trat das flache Ufer immer mehr zurück; vor uns — aber in weiterer Ferne — glänzten die Kreide-Felsen der Nachbarinsel herüber über die blaue Meeresfläche, die jetzt, unter einem lebhafteren Wind, sich zu kräuseln begann, während unzählbare Scharen von Seevögeln bald vor dem daherbrausenden Schiff in den Wind flogen, bald, die klugen Köpfchen drehend, auf den bewegten Wassern tanzten und mit ihrem eintönigen Geschrei die Luft erfüllten.

Es war ein heller köstlicher Morgen; ich sah es wohl, aber fühlte es nicht recht. Meine Stimmung war sonderbar trüb. Sie würde ausgezeichnet gewesen sein, wäre des Herrn Commerzienrath »Pinguin,« der mit einer Schwerfälligkeit, die seinem Namen entsprach, durch das Wasser sich arbeitete, ein schönes, schnelles Schiff gewesen, nach China bestimmt oder Buenos-Ayres oder sonst ein paar tausend Meilen weit weg, und ich als Passagier, mit einem großen Beutel voll Gold, ja meinetwegen selbst als Matrose an seinem Bord, mit der Gewißheit, nun und niemals wieder die verhaßten Thürme meiner Vaterstadt zu schauen, die da eben auf dem blendenden Morgenhimmel mit dem sonnedurchleuchteten Morgendunst verflossen. Aber jetzt! — was war es nur, was mich so melancholisch machte? Das Bewußtsein meines Ungehorsams, die Furcht der, nach menschlicher Berechnung, unausbleiblichen unangenehmen Folgen? Gewiß nicht! Das Aeußerste konnte doch nur sein, daß mich mein strenger Vater aus dem Hause jagte, wie er es schon oft genug zu thun gedroht, und diese Möglichkeit sah ich als eine Befreiung von einem Joch an, das mir mit jedem Tage unerträglicher däuchte, und begrüßte sie deshalb, als sie sich jetzt im

Geiste darbot, mit einem Lächeln grimmiger Zufriedenheit. Nein, das war es nicht!

Was aber sonst?

Ja, mein Gott, wer will denn aus der Schule gelaufen sein mit einem Eifer als gälte es, das Höchste zu erringen, und hernach, in einer fröhlichen Gesellschaft, auf dem Deck eines Dampfers, abseits auf einer Taurolle sitzen, ohne daß irgend jemand der Herren oder Damen ihn im geringsten beachtet, ja selbst ohne die Aussicht, der Diener mit den Kaviarbrödchen und dem Portwein würde endlich auch einmal zu ihm kommen! Diese letztere Vernachlässigung beleidigte mich, ehrlich gestanden, für den Augenblick am schmerzlichsten. Mein Appetit war, wie das bei einem neunzehnjährigen Burschen von meiner Körperbeschaffenheit nicht anders sein konnte, immer ausgezeichnet und jetzt durch den scharfen Lauf von der Schule zum Hafen und durch den frischen Seewind ungewöhnlich gereizt.

Ich stand in einer Anwandlung von Ungeduld auf, aber setzte mich alsbald wieder. Nein, Arthur mußte kommen und mich zur Gesellschaft führen; es war, nachdem ich ihm den Gefallen gethan hatte, mit ihm wegzulaufen, das Geringste, was er mir schuldig war. Als ob er mir noch jemals bezahlt hätte, was er mir schuldig war! Wie viel Angelruthen, Kanarienvögel, Muscheln, Thonpfeifen, Messer hatte er mir abgekauft, das heißt abgeschmeichelt und abgetrotzt, ohne jemals den ausbedungenen Preis zu entrichten! Ja, wie oft hatte er mir mein baares Geld abgeborgt, sobald es nur irgend der Mühe werth schien, wozu manchmal nicht mehr als zwei und ein halber Silbergroschen gehörten!

Sonderbar, daß ich gerade jetzt in dieser hellen Morgenstunde diese dunkle Rechnung aufsummiren mußte! Es war gewiß das erste Mal seit dem Beginn unserer Freundschaft, die doch mindestens schon von unserm sechsten Jahre an datirte. Denn ich hatte den schönen schlanken Knaben immer geliebt, der so langes goldglänzendes Haar und so weiche braune Augen hatte und weil der Sammet von seiner Sonntagsjacke sich immer so glatt anfühlte. Ich hatte ihn geliebt, wie ein großer, vierschrötiger Kettenhund ein zartes Windspiel lieben mag, das er mit einem Druck seiner Kinnbacken zermalmen kann: und so liebte ich ihn noch gewiß in diesem Augenblick, während er mit den Mädchen schäkerte und als ein *petit maître*, der er war, sich plaudernd, lachend durch die Gesellschaft bewegte.

Ich wurde ganz traurig, als ich das von meinem Platz, der eigentlich ein Versteck war, beobachtete, — ganz traurig und ganz muthlos; — ich mußte wohl sehr hungrig sein.

Wir hatten jetzt die weit in das Meer sich streckende Landzunge, in welche der westliche Strand auslief, und die wir umfahren mußten, erreicht. Auf der äußersten flachen Spitze, von der Reihe der Dünenhäuser durch einen weiten Zwischenraum getrennt, und vom Meere rings umfluthet, stand, von einer alten halbverdorrten Eiche überragt, noch eine Hütte, an die sich für mich viel köstliche Erinnerungen knüpften. Der alte Schmied Pinnow wohnte da, meines Freundes Klaus Pinnow Vater. Schmied Pinnow war für meine Knabenjahre unzweifelhaft die merkwürdigste Persönlichkeit gewesen. Er besaß vier alte doppelläufige, verrostete Percussionsgewehre und eine lange einläufige Vogelflinte mit Pfannenschloß, die er an jagdlustige Badegäste verlieh und gelegentlich an uns Jungen, wenn wir gut bei Kasse waren, denn Schmied Pinnow that nicht leicht etwas um Gottes willen; außerdem hatte er ein großes Segelboot, ebenfalls nur zur Benutzung der Badegäste, wenigstens in den letzten Jahren, wo er halb blind geworden war und größere Fahrten nicht wohl unternehmen konnte. Ehemals sollte er freilich ganz andere Fahrten von weniger harmloser Natur gemacht haben; und die Steuerofficianten, meines Vaters Collegen — mein Vater war seit einiger Zeit zum Rendanten avancirt — schüttelten die Köpfe, wenn sie auf Schmied Pinnows Vergangenheit zu sprechen kamen. Indessen, was ging uns Jungen das an! Was ging es mich vor allen an, der ich den vier verrosteten Jagdgewehren und der Vogelflinte und des alten Pinnows altem Boot die schönsten Stunden meines Lebens verdankte und an Klaus Pinnow den besten Kameraden von der Welt gehabt hatte. Gehabt! Denn seit den letzten vier Jahren, wo Klaus bei Schlosser Wangerow in der Lehre und später in Arbeit gewesen, hatte ich ihn selten nur noch gesehen und seit einem halben Jahre gar nicht wieder.

Aber eben jetzt dachte ich an ihn, als wir an seines Vaters Hütte vorüberfuhren und auf dem Sande neben dem auf den Strand gezogenen Boot eine Gestalt stand, — zwerghaft klein in Folge der großen Entfernung, — in der meine scharfen Augen aber dennoch Christel Möwe erkannten, Klaus' Pflegeschwester, welche die nun auch längst verstorbene Frau des alten Pinnow vor sechszehn Jahren nach einer Sturmnacht zwischen Kisten und Planken eines gescheiterten Schiffes am Strande fand und der Alte in einer Anwandlung von Großmuth, wie die Einen — um sich ein Ansehen vor den Leuten zu geben, wie die Andern sagten, in sein Haus aufgenommen hatte. Das Schiff war ein holländisches gewesen; so viel hatte man aus den Trümmern gesehen, sonst war nie etwas über Namen und Eigenthümer bekannt geworden — infolge vielleicht der Lässigkeit, mit der man von seiten der Behörden die Nachforschungen angestellt — den kleinen Findling aber hatte man Christine oder Christel Möwe genannt, weil das wilde Geschrei der in der Luft kreisenden Möwen Frau Pinnow an die Stelle, wo es lag, gelockt hatte.

Ein Geräusch in meiner unmittelbaren Nähe ließ mich schnell den Kopf nach der Seite wenden. Zwei Schritte von mir wurde eine Luke in dem Verdeck des Schiffes geöffnet, und aus der Luke hob sich, mit den Füßen auf der Leiter stehen bleibend, ein Mensch, so weit, daß er eben über die niedrige Schiffswandung blicken konnte. Das kurze starre Haar, das breite Gesicht, der nackte muskulöse Hals, die bis zum Gürtel fast offene Brust, das einst rothbunt gewesene Hemd, die einst grau gewesenen Beinkleider — Alles war mit einer dichten Schicht schwarzen Kohlenstaubes bedeckt, und da der Mann die ohnehin sehr schmalen Augen beinahe zugekniffen hatte, um schärfer in die Weite blicken zu können, so wäre an ihm Alles schwarz gewesen, hätte er nicht in diesem Moment den ungeheuren Mund zu einem fröhlichen Grinsen verzogen und zwei Reihen Zähne gezeigt, die an glänzender Weiße nicht übertroffen werden konnten. Und jetzt hob er sich noch ein paar Zoll höher, winkte mit der großen leeren schwarzen Hand zum Gruß hinüber nach dem Strande, und jetzt erkannte ich den schwarzen Gesellen.

Klaus! sagte ich.

Halloh! rief er, sichtbar zusammenschreckend, und richtete schnell die schmalen Augen auf mich.

Das war ja ein gewaltig zärtlicher Gruß, Klaus!

Klaus erröthete unter seiner Rußdecke und zeigte alle seine Zähne. Herr du meines Lebens! rief er, Georg, wo kommst Du — wo kommen Sie hierher?

Ja, und Du, Klaus!

Ich bin ja schon seit Ostern hier, erwiderte er; — ich wollte immer schon einmal herankommen und sehen, wie es Ihnen geht.

Aber, närrischer Kerl, weshalb nennst Du mich denn auf einmal Sie? fragte ich.

Na, Sie gehören doch nun auch zu der vornehmen Gesellschaft, sagte Klaus, mit dem Daumen über die Schultern nach dem Hinterdeck zeigend.

Ich wollte, ich wäre unten bei Dir und Du könntest mir ein tüchtiges Butterbrod geben, sagte ich. Hol der Teufel die vornehme Gesellschaft!

Klaus sah mich erstaunt an. Ja, aber, sagte er; warum —

Warum ich hier bin? unterbrach ich ihn; — weil ich ein Narr, ein Esel bin, Klaus.

Ach nein! sagte Klaus.

Glaub' es mir, Klaus, ein vollkommener Esel. Ich wollte, ich hätte lauter so gute Freunde, wie Du, Klaus. — Und mein Blick irrte zu dem treulosen Arthur hinüber, der mit dem Sonnenschirm der treulosen Emilie zwischen den Gästen herumstolzirte, während sie sich seinen kleinen Strohhut kokett auf die Locken gesetzt hatte.

Ich muß wieder hinunter, sagte Klaus, freundlich grinsend, adjüs! und er stieg die Leiter hinab.

War das ein Schornsteinfeger? fragte eine helle Stimme hinter mir. Ich wandte mich schnell um, indem ich mich zugleich von meinem Sitz erhob. Da stand ein zierliches Dämchen von zehn Jahren in weißem Kleidchen mit kornblumblauen Bändern an den Achseln und kornblumblaue Bänder flatterten von ihrem Strohhütchen und die großen kornblumblauen Augen starrten neugierig auf die Luke, durch die mein schwarzer Freund verschwunden war, und blickte dann fragend zu mir empor.

In demselben Moment wurde die Luke wieder gehoben; Klaus schaute heraus: Soll ich Ihnen wirklich ein Butterbrod —

O Gott! schrie die Kleine. Hinter mir klappte die Luke über dem blitzschnell untertauchenden Freunde.

O Gott, rief die Kleine nochmals. — Wie ich erschrocken bin!

Worüber, *ma chère?* fragte eine andere Stimme. Die Stimme war sehr dünn, und die Dame, der sie gehörte, und die eben um das Kajütenhaus herumtrat, war ebenfalls sehr dünn, ungefähr so, wie das fadenscheinige Seidenkleid, *couleur changeante,* das ihre Gestalt umflatterte, oder die röthlichen Locken, die von beiden Seiten ihres blassen Gesichts herabfielen.

Diese Dame war Fräulein Amalie Duff und die mit den kornblumblauen Augen und Bändern war ihre Zöglingin, Hermine Streber, des Commerzienraths einziges Kind. Ich kannte natürlich beide, wie ich denn so ziemlich wohl sämmtliche Bewohner unserer kleinen Stadt, sobald sie nur erst aus den Windeln heraus waren, kannte und hätte auch wohl von ihnen gekannt sein können, denn ich war ein paar Mal mit Arthur in dem großen Garten des Commerzienraths vor dem Thore gewesen und hatte vor vierzehn Tagen sogar die Ehre gehabt, die kleine Hermine eine halbe Stunde lang schaukeln zu dürfen in der großen hölzernen Schaukel, von der man, wenn man sie recht hoch schleuderte, einen Blick zwischen die Bäume weg auf's Meer hatte. Ueberdies stammte Fräulein Duff aus demselben kleinen sächsischen Städtchen, welches auch der Geburtsort meiner Eltern war, und sie hatte, als sie vor einigen Monaten in unserer Stadt erschien, Empfehlungen und Grüße aus der Heimat gebracht, welche leider für meine gute Mutter, die schon seit fünfzehn Jahren in der Erde ruhte, zu spät kamen. Auch hatte Fräulein Duff mich schon wiederholt — auch an jenem Schaukelnachmittage — ihrer belehrenden Unterhaltung gewürdigt, aber sie war sehr kurzsichtig, und so konnte ich es ihr denn nicht weiter verübeln, daß sie jetzt die goldene Lorgnette vor die blassen Augen nahm und mit jener Verbeugung, die man in der Tanzstunde, glaube ich, *grand compliment* nennt, fragte: Ich habe die Ehre?

Ich nannte meinen Namen.

O ciel! rief Fräulein Duff, *mon jeune compatriote!* Ich bitte tausendmal um Verzeihung! meine Kurzsichtigkeit! — Wie befindet sich Ihr würdiger Herr Vater? Wie befindet sich Ihre liebe Frau Mutter? — Himmel, wie verwirrt ich bin! sie weilt ja nicht mehr unter den Lebenden! verzeihen Sie! aber Ihr plötzliches Erscheinen in diesem stillen Winkel der Welt hat mich ganz fassungslos gemacht. Was ich sagen wollte — man verlangt dort drüben sehr nach Ihnen. Wie haben Sie sich so versteckt halten können; man sucht Sie überall —

Und doch wäre ich leicht genug zu finden gewesen, sagte ich, vermuthlich mit einiger Bitterkeit, welche dem leisen Ohr Fräulein Duffs nicht entging.

Ach ja, sagt sie mit einem verständnisvollen Blick der blassen Augen, und indem sie einen Schritt näher trat: Wer sich der Einsamkeit ergiebt ... das ist eine ewige Wahrheit. Am Golde hängt, nach Golde drängt ... Nicht so wild, *ma chère!* Das gräuliche Thier wird Dir die Kleider zerreißen!

Diese letzten Worte galten der kleinen Hermine, welche mit einem allerliebsten Wachtelhündchen, das bellend herangesprungen kam, auf den glatten Dielen des Verdecks Haschen zu spielen begann.

Sie sind ein sinniges Gemüth, fuhr die Gouvernante fort, indem sie sich wieder zu mir wandte; ich sehe es an dem schmerzlichen Zug, der um Ihren Mund grollt. Die lauten Freuden widern Sie an; das Toben und Schreien ist Ihnen ein verhaßter Klang; aber wir Armen müssen uns in das Unvermeidliche schicken, ich wenigstens muß es. Würde ich sonst hier sein? auf diesem schwankenden Kahn, wo ich Todesangst ausstehe? Und zu welchem Zweck? einem kannibalischen Mahle beizuwohnen! unschuldige Austern, die man dem mütterlichen Schooße der heiligen Salzfluth entreißt, um sie lebend zu verschlingen! Ist das ein Schauspiel, das man einem Kinde bieten darf? und Fräulein Duff schüttelte sorgenvoll ihre dünnen Locken.

Es fragt sich noch sehr, ob wir welche finden, sagte ich höhnisch.

Meinen Sie? auch die anderen Herren bestreiten es. Der Salzgehalt der Ostsee ist zu gering. Zwar sollen die Römer in Süßwasserseen bei Neapel — aber wie darf ich einem jungen Gelehrten wie Ihnen mein bescheidenes Wissen aufdrängen wollen! Der gute Commerzienrath! Ja, ja: verachte nur Vernunft und Wissenschaft! Aber da kommt er selbst! Kein Wort von dem, was wir gesprochen, mein junger Freund! ich bitte!

Mir blieb keine Zeit, die blasse Dame meiner Verschwiegenheit zu versichern, denn beinahe die ganze Gesellschaft, an der Spitze der Commerzienrath, der die dicke Frau Justizrath Heckepfennig am Arm führte, kam jetzt auf das Vorderdeck geschwärmt, einen Dreimaster besser zu sehen, der mit vollen Segeln auf uns zurauschte. Im nächsten Augenblick war ich mitten in dem Schwarm, und das Eis, in welchem ich so zu sagen festgesessen hatte, war gebrochen. Arthur, dessen feines Gesicht von dem reichlich genossenen Wein bereits lebhaft geröthet war, schlug mich auf die Schulter und fragte, wo zum Kukuk ich denn gesteckt hätte? Die treulose Emilie reichte mir die Hand und lispelte: Haben Sie mich denn ganz vergessen? und sank, als jetzt, zum Salut der vorüber rauschenden Oceanriesen an Bord unseres Dampfers die Böller gelöst wurden, mit einem kleinen Schrei in meine Arme. Der Dreimaster, der eben von Westindien zurückkam, gehörte zu des Commerzienraths Flotte. Man hatte gewußt, daß er heute einlaufen würde, und dem Commerzienrath war es keineswegs unlieb, seine Gäste auf der Fahrt nach seinen Austerbänken an dem stolzesten seiner Schiffe vorüberführen zu können. Er stand auf dem Radkasten, das Sprachrohr am Munde, aus Leibeskräften etwas schreiend, was in dem allgemeinen Hurrah hinüber und herüber und dem Krachen der Böllerschüsse unmöglich von dem bronzefarbenen Kapitain drüben verstanden werden konnte, der denn auch zum Zeichen, daß er nichts verstanden habe, die breiten Achseln zuckte. Aber was kam darauf an! Es war doch ein glorioses Schauspiel, und der Commerzienrath mit dem Sprachrohr auf dem Radkasten die Hauptperson in demselben. Das war ihm genug, und als er jetzt, nachdem der »Albatros« auf breiten Schwingen vorübergerauscht war und die plumpen Beine des »Pinguin« wieder zu schaufeln begannen, von seinem Piedestal heruntersteig, die Glückwünsche der Gesellschaft in Empfang zu nehmen, glitzerten seine Aeuglein so hell, zuckten die Flügel seiner langen Nase so vergnüglich, strich er sich so behaglich das spitze Bäuchelchen und sein lautes Lachen klang wie das Krähen eines Hahns, der sich in dem angenehmen Bewußtsein bläht, der Erste auf dem Düngerhof zu sein.

Das übrige Geflügel erkannte diesen Vorzug auf das bereitwilligste an: man schnatterte, piepte, gluckste Beifall; man duckte sich, man kratzfüßelte. Niemand mehr als Arthurs Vater, der Steuerrath, der sich beständig an der Seite des Gefeierten hielt und ihm mit seiner glatten Stimme Schmeicheleien sagte, die Jener, als etwas, das sich von selbst verstand, und woran er, besonders von dieser Seite, gewöhnt war, mit einer Gleichgültigkeit aufnahm, die für die meisten Anderen etwas Beleidigendes gehabt haben würde. Auch mochte wohl der Steuerrath nicht gerade angenehm durch das Benehmen seines reichen Schwagers berührt sein, obgleich er ein viel zu gewandter Mann war, um, was auch immer in solchen Augenblicken sein Herz bedrücken mochte, merken zu lassen. Nicht ganz so gut gelang diese Selbstkasteiung seiner Gemahlin, die, als geborene Baroneß Kippenreiter und als leibliche Schwester der verstorbenen Frau Commerzienrath, ohne Zweifel Anspruch auf respectvolle Behandlung hatte und ein Recht, unzufrieden zu sein, wenn ihr diese versagt wurde. Sie suchte sich für die Zurücksetzung durch ein möglichst herablassendes Benehmen gegen die übrigen Damen, die Frau Bürgermeister Koch, die Frau Justizrath Heckepfennig, die Frau Bauinspector Strombach und wer

denn noch sonst von der weiblichen Elite unseres Städtchens anwe-
send war, zu entschädigen, indessen konnte diese Genugthuung nicht
die Wolke von ihrer aristokratischen Stirn verscheuchen, mit wie
krampfhafter Freundlichkeit auch die dünnen Lippen über den langen,
gelben Zähnen auf- und niederzuckten.

Ich hatte kaum angefangen, mich in der Gesellschaft heimisch zu
fühlen — und wie bald geschah das! — als mein gewöhnlicher, kecker
und zum Theil wilder Uebermuth sein Recht verlangte und sich in
hundert Streichen Luft machte, die vielleicht nicht immer vom besten
Geschmack waren, aber gewiß niemals aus einem schlechten Herzen
kamen, und in denen ich mich um so unbefangener gehen ließ, als ich
die Lacher stets auf meiner Seite hatte. Lieber Himmel! ich könnte jetzt
noch vor Scham erröthen, wenn ich denke, welche schalen Reden ich
meinem bescheidenen Auditorium für Witze verkaufte, wie arm an
Erfindung und plump in der Darstellung die Scenen waren, die ich vor-
zuführen liebte und für die ich in der ganzen Stadt eines großen Rufes
genoß (ein Verliebter, der seiner Schönen ein Ständchen bringen will
und dabei fortwährend von bellenden Hunden, miauenden Katzen,
keifenden Nachbarinnen, schadenfrohen Passanten gestört und zuletzt
vom Wächter arretirt wird, war meine Glanzrolle); wie tactlos und un-
sinnig die Reden, die ich über Tisch hielt und mit wie vielen Gläsern
Wein ich mich für diese Reden zu belohnen für gut fand!

Ach! dieses Mittagsmahl auf dem mit Zelttuch überspannten Deck
des in dem spiegelglatten Meer vor Anker ruhenden Dampfers! es war
für mich die letzte wirkliche Lustbarkeit auf lange, lange Jahre hinaus;
ich weiß es nicht, ob sie darum so hell in meiner Erinnerung geblieben
ist, oder ob es die Jugend war, die mir in den Adern brauste, oder der
Wein, der in den Krystallgläsern funkelte, oder der Sonnenschein, der
so glanzvoll auf dem weiten Meere lag, oder die balsamische Luft,
welche über die ungeheure Fläche so leise herangeschwingt kam,
daß sie die glühenden Wangen der Mädchen nicht zu kühlen vermochte. — Es war wohl eben Alles zusammen: Jugend, Sonnenschein,
Meeresathem, goldener Wein, rothe Mädchenwangen, ach! und die
Austern, die bösen Austern, die zwei Jahre Zeit gehabt hatten, sich zu
vermehren wie der Sand des Meeres und die der Meeressand und die
Meeresströmung bis auf wenige leere Schalen vergraben und fortge-
spült hatte! Welch' ein unerschöpfliches Thema waren diese leeren
Schalen, die mitten auf der Tafel in einer prachtvollen Schüssel als
humoristisches Schaugericht prangten! wie versuchte Jeder seinen
Witz daran! und wie gönnte man es heimlich dem Millionär, daß sein
trotziger Eigensinn doch endlich einmal eine Lection bekommen, daß
er mit allen seinen Millionen der Natur nicht abringen konnte, was sie
nicht zu gewähren entschlossen war!

Aber man mußte es dem alten Kauz lassen: er machte zu dem bösen

Spiel die beste Miene von der Welt, und als jetzt, nachdem er in launiger Rede sein Unglück beklagt, plötzlich lautes Geschrei auf dem Vorderdeck entstand und die Matrosen große Austerfässer herbeischleppten, die sie eben gefangen zu haben behaupteten, da war des Jubels kein Ende und der Lebehochs auf den splendiden Wirth, der zum andern Mal bewiesen, daß seine Schlauheit und Umsicht denn doch noch größer waren, als sein Trotz und sein Eigensinn.

Ich weiß nicht, wie lange das glänzende Mahl für die Herren noch währte, während die Damen auf dem Verdeck promenirten; jedenfalls noch sehr lange, viel zu lange für uns junge Burschen. Man erzählte sich die bedenklichsten Geschichten — in denen besonders der Commerzienrath stark war — man lachte überlaut, man schrie; ich mußte Lieder singen, die mit Jubel aufgenommen wurden, und ich war nicht wenig stolz, als mein kräftiger Baß selbst die Damen wieder an die Tafel lockte; ich that mein Bestes, in einem unisonen, von dem gesammten Herren- und Damenpersonal ausgeführten Vortrage von: »Ich weiß nicht, was soll es bedeuten« eine zweite Stimme (in Terzen) durchzuführen und verwandte während dessen kein Auge von Fräulein Emilie — eine Aufmerksamkeit welche die Freundinnen der jungen Dame natürlich zu kichern und sich gegenseitig anzustoßen zwang und Arthur so in Eifersucht versetzte, daß er mich später, als wir, die Cigarren im Munde, auf dem Vorderdeck promenirten, nothwendig zur Rede stellen mußte.

Es war unterdessen Abend geworden; ich erinnere mich, daß, als ich den Wortwechsel mit Arthur hatte, auf der Küste der Insel, der wir uns auf unserer Heimfahrt einmal ziemlich genähert hatten, eine vom Schein der untergehenden Sonne getroffene Ruine erglänzte, die malerisch von dem hohen, steilablaufenden Vorgebirge aufragte. Der Anblick dieser Ruine gab unserem Streit, der schon ziemlich lebhaft geworden war, eine peinliche Wendung. Jener Thurm war nämlich das einzige Ueberbleibsel der uralten Zehrenburg, der Stammburg von Arthurs Familie, die in früheren Zeiten auf der Insel reich begütert gewesen war. Arthur deutete mit pathetischer Geberde auf die rothen Steine und verlangte von mir, daß ich, Angesichts der Burg seiner Ahnen, auf immer und ewig Emilie Heckepfennig abschwören solle. Ein Bürgerlicher, wie ich, habe immer vor einem Adeligen zurückzustehen. Ich behauptete, daß in der Liebe von Bürgerlich und Adelig nicht die Rede sei, und daß ich mich nun und nimmer zu einem Schwur verstehen könne, der mich und das Mädchen unglücklich machen würde. — Sklave, sagte Arthur, so belohnst Du mich für die Herablassung, mit der ich mir Deinen Umgang so lange schon habe gefallen lassen? — Ich lachte überlaut; mein Lachen entflammte den trunkenen Zorn Arthurs auf's Höchste. — Mein Vater ist der Steuerrath von Zehren, rief er, Dein Vater ist ein elender Subalternbeamter.

— Laß unsere Väter aus dem Spiel, Arthur, sagte ich; Du weißt, ich verstehe in Beziehung auf meinen Vater keinen Spaß. — Dein Vater ... — Noch einmal, Arthur, laß meinen Vater aus dem Spiel! Mein Vater ist mindestens so viel werth, als der Deine. Und wenn du jetzt noch ein Wort gegen meinen Vater sagst, so fliegst Du über Bord! und ich schüttelte meine Fäuste vor Arthurs Gesicht.

Was giebt es hier? fragte der Steuerrath, der plötzlich herantrat. — Wie, junger Mensch, ist dies die Achtung, die Sie meinem Sohn, die Sie mir schuldig sind? Es scheint, daß Sie dem unpassenden Betragen, dessen Sie sich während des ganzen Tages befleißigt haben, jetzt die Krone aufsetzen wollen. Mein Sohn hat Sie zum letzten Male mitgenommen.

Mitgenommen? rief ich, mitgenommen! Weggelaufen sind wir, Einer wie der Andre. Mitgenommen! Mitgefangen, mitgehangen! — und ich brach in ein schallendes Gelächter aus, das den mir soeben gemachten Vorwurf des unpassenden Betragens leider vollauf bestätigte.

Wie? sagte der Steuerrath, Arthur, was heißt das?

Aber Arthur war nicht im Stande, eine verständliche Antwort zu geben. Er lallte, ich weiß nicht was und taumelte mit erhobener Hand auf mich zu. Der Vater ergriff ihn am Arm und führte ihn fort, indem er leise und heftig auf ihn einsprach und mir im Abgehen noch einen wüthenden Blick zuwarf.

Diese Scene hatte das Blut, das so schon feurig genug durch meine Adern brauste, vollends in Flammen gesetzt. Das Nächste, dessen ich mich noch erinnere, war, daß ich den Commerzienrath — ich weiß nicht mehr, wie ich zu der Ehre gekommen — am Arm führte und ihm in leidenschaftlichen Worten das himmelschreiende Unrecht klagte, das ich so eben von meinem besten Freunde erlitten habe, für den ich Gut und Blut zu opfern jederzeit bereit sei. Der Commerzienrath wollte sich todt lachen. — Gut und Blut! rief er, ja, das können sie brauchen! denn das Gut! — der Commerzienrath zog die Schultern in die Höhe und blies die Backen auf: — und das Blut! hier stieß er mich mit dem Elnbogen in die Seite; — das Blut! Vollblut, capitales Blut, das versteht sich! habe ja selbst eine gehabt; — eine Kippenreiter! Baroneß Kippenreiter! mein Hermann mindestens Halbblut. Da springt sie hin — ist es nicht ein Engel? Schade, daß es kein Junge geworden ist; nenne sie deshalb immer Hermann. Hermann, Hermann!

Die Kleine kam gesprungen; sie hatte ein rothes Tuch umgebunden, das ihr der Vater, nachdem er sie geküßt, noch fester um die zarten Schultern zog.

Ist es nicht ein Engel? ein Stolz? — fuhr er fort, indem er wieder meinen Arm nahm. — Sie soll auch einen Grafen zum Mann haben, nicht so einen ausgehungerten Adeligen, wie mein Schwager, der

Steuerrath, oder so einen, wie sein Bruder auf Zehrendorf, der Saufaus, oder wie der andere, der Duckmäuser, der Zuchthausdirector in Dingsda! Nein, einen wirklichen Grafen, einen Kerl, der seine sechs Fuß hoch ist, so wie Sie! ja, so wie Du, mein Junge!

Der kleine Commerzienrath suchte mir seine beiden kurzen plumpen Hände auf die Schultern zu legen und blickte mit weinseligen Augen gerührt zu mir auf. — Du bist ein kapitaler Kerl, ein Prachtkerl. Schade, daß Du so ein armer Teufel bist, Du solltest mein Schwiegersohn werden; aber ich muß dich Du nennen; kannst mich auch Du nennen, Bruderherz! — und der würdige Mann schluchzte an meiner Brust und rief nach Champagner, vermuthlich, um den eben geschlossenen Bruderbund nach alter Weise mit einem solennen Trunk zu besiegeln.

Ich bezweifle, daß dies geschehen ist, wenigstens erinnere ich mich dieser Ceremonie nicht mehr, die sich doch wohl meinem Gedächtnis eingeprägt haben würde. Dagegen weiß ich, daß ich kurz nach dieser Scene mit einer vollen Flasche in dem Maschinenraum gewesen bin, um mit meinem Freunde Klaus anzustoßen und ihn zu versichern, daß er der beste, treueste Kerl von der Welt sei und daß ich ihn zum Oberheizer in der Hölle machen wolle, sobald ich einmal dorthin gelangt, was gar nicht mehr lange dauern werde; denn mit meinem Vater müsse es heute Abend noch eine Entscheidung geben, obgleich ich mich für ihn jeden Augenblick in Stücke zerreißen lassen würde, und das möge lieber jetzt gleich geschehen, und wenn der große schwarze Kerl nicht aufhöre, mit dem langen eisernen Arm auf und nieder zu fahren, würde ich meinen Kopf darunter stecken, und dann werde es wohl mit Georg Hartwig aus sein.

Wie der gute Klaus mir dieses selbstmörderische Vorhaben ausgeredet und wie er mich die steile Leiter wieder hinaufgeschafft hat, weiß ich nicht; doch muß es irgendwie geschehen sein; denn als wir in den Hafen einliefen, war ich wieder auf Deck und sah die Maste der vor Anker liegenden Schiffe an uns vorübergleiten und zwischen die Raaen und Spieren hindurch die Sterne tanzen, und der Halbmond stand auf dem spitzen Thurm der St. Nikolaikirche und fiele dann mit einem Male herunter, und ich wäre auch beinahe gefallen, denn der »Pinguin« streifte eben ziemlich hart die vorspringenden Balken der Schiffbrücke, auf welcher wieder eine schwarze Menschenmenge stand, die aber nicht Hurrah schrie, wie heute Morgen, sondern — wie mir vorkam — auffallend still war, und als ich durch sie hindurch drängte, mich — so schien es — mit wunderlich ernsten Gesichtern anstarrte, so daß mir zu Muthe wurde, als sei irgend ein Unglück geschehen, oder es werde demnächst eines geschehen, und ich selbst hätte irgendwie das Unglück zu Wege gebracht.

Ich stand vor dem kleinen Hause meines Vaters in dem schmalen

Hafengäßchen. In der Stube zur Hausthür linker Hand schimmerte Licht durch die geschlossenen Läden; mein Vater war also schon zu Hause — er pflegte um diese Zeit einen einsamen Spaziergang um den Stadtwall zu machen. — War es denn schon so spät? — Ich zog die Uhr hervor — und suchte bei dem schwachen Schimmer des Mondes — Laternen brannten an Mondscheinnächten in Uselin nicht — zu sehen, welche Zeit es sei. Es war nicht möglich. Pah! sagte ich, es kommt auf eins heraus! — und ich ergriff entschlossen den Messingdrücker der Hausthür. Er fühlte sich an wie Eis so kalt in meiner fieberheißen Hand.

Drittes Capitel

Als ich die Hausthür hinter mir schloß, trat Riekchen, die seit dem Tode der Mutter dem Vater die Wirthschaft führte, schnell aus dem Zimmerchen rechter Hand. Bei dem Schein des Oellämpchens auf dem weißgescheuerten Flurtisch sah ich, daß die gute Alte die Hände zusammenschlug und mich mit weit aufgerissenen, entsetzten Augen anstarrte. — Ist dem Vater etwas passirt? sagte ich, indem ich mich an dem Küchentisch fest hielt. Die im Vergleich mit draußen etwas dumpfe Luft des Flures und der Schrecken über Riekchens Angstmiene versetzte mir den Athem und dann strömte mir das Blut so heftig nach dem Kopfe: die Gegenstände im Flur schienen sich mir im Kreise zu drehen. — Ach, Du Unglückskind, was hast Du angerichtet, wimmerte Riekchen. Um Gottes willen, was ist's? rief ich laut, die Alte bei der Hand fassend.

Hier öffnete mein Vater die Thür seines Zimmers und erschien auf der Schwelle, beinahe den ganzen Rahmen ausfüllend, denn die Thür war schmal und niedrig und mein Vater ein starker, großer Mann.

Gott sei Dank! murmelte ich.

Ich empfand in diesem Augenblick nichts, als das freudige Gefühl der Befreiung von der Angst, die mir noch eben die Kehle zugeschnürt hatte; im nächsten freilich schon hatte diese natürliche Regung einer ganz anderen Platz gemacht und wir starrten uns an wie zwei Gegner, die plötzlich aufeinandertreffen, nachdem der Eine schon lange des Andern geharrt hat, und der Andere, so gut es gehen will, sich zu der Entscheidung aufrafft, von der er weiß, daß sie unvermeidlich ist.

Komm herein, sagte mein Vater, indem er aus der Thür zurücktrat.

Ich folgte seinem Ruf. Es sauste mir in den Ohren, aber mein Schritt war fest, und wenn mein Herz wild an die Rippen schlug, so war es nicht vor Angst.

Als ich eingetreten war, erhob sich eine lange, schwarze Gestalt, die auf dem mit Haartuch überzogenen Arbeitsstuhl meines Vaters gesessen hatte — mein Vater duldete kein Sopha in seinem Hause — es war der Professor Lederer. Ich stand in der Nähe der Thür; mein Vater weiter rechts am Ofen, der Professor vor dem Arbeitstisch und vor der Lampe, so daß sein Schatten dunkel über die geweißte Zimmerdecke und über mich fiel. Keiner regte sich und Keiner sprach: der Professor wollte dem Vater das erste Wort lassen, mein Vater war zu aufgeregt, um sprechen zu können; so verging wohl eine halbe Minute, die mir eine Ewigkeit dünkte und während welcher ich jedenfalls Zeit hatte, mir den Gedanken zum klarsten Bewußtsein zu bringen, daß, wenn der Professor nicht sofort das Zimmer und das Haus verließ, jede Möglichkeit einer Verständigung zwischen meinem Vater und mir abgeschnitten war.

Verirrter junger Mann, sagte der Professor.

Lassen Sie mich mit meinem Vater allein, Herr Professor, sagte ich.

Der Professor sah mich an, wie Jemand, der seinen Ohren nicht traut. — Ein Schuldiger, ein Verbrecher — das war ich in den Augen des Schulmannes — der dem Richter in die Rede zu fallen, in diesem Tone, mit einer solchen Zumuthung in die Rede zu fallen wagt, — es war unmöglich.

Junger Mann, fing er noch einmal an, aber sein Ton war nicht mehr so sicher wie das erste Mal.

Ich sage Ihnen, lassen Sie uns allein, rief ich mit starker Stimme, indem ich eine Bewegung nach dem Professor machte.

Er ist von Sinnen, sagte der Professor, indem er, rückwärts schreitend, an den Tisch stieß.

Bursche, rief mein Vater, der rasch vorgetreten war, als wollte er den Professor vor einem Angriff schützen.

Wenn ich von Sinnen bin, sagte ich, meine glühenden Augen bald auf den Professor, bald auf meinen Vater richtend, so thäten Sie doppelt wohl daran, uns allein zu lassen.

Der Professor sah sich nach seinem Hut um, der hinter ihm auf dem Tisch stand.

Nein, bleiben Sie, bleiben Sie! rief mein Vater mit vor Leidenschaft bebender Stimme. — Soll dieser freche Bube wieder einmal seinen bösen Willen durchsetzen? Ich habe nur zu lange eine strafbare Nachsicht geübt; es ist Zeit, endlich andere Saiten aufzuziehen.

Mein Vater fing an, im Zimmer hin- und herzugehen, wie er immer that, wenn er sehr aufgeregt war. — Ja, andere Saiten aufzuziehen, fuhr er fort; — dies geht nicht länger; ich habe gethan, was ich konnte; ich brauche mir nichts vorzuwerfen; aber ich will nicht eines ungerathenen Buben wegen zum Gespött der Leute werden. Wenn er nicht thun will, was seine verdammte Pflicht und Schuldigkeit ist, so habe ich auch keine Pflicht und keine Schuldigkeit gegen ihn mehr zu erfüllen; so mag er sehen, wie er ohne mich durch die Welt kommt.

Er hatte mich nicht ein einziges Mal angesehen, während er diese Worte, die der Zorn oft unterbrach, hervorstieß. Ich sah später einmal ein Gemälde, das jenen alten Römer darstellte, wie er sich die Hand auf den glühenden Kohlen abschwälen läßt und mit einem unendlich schmerzhaften Blick seitwärts auf die Erde starrt. Ich mußte dabei an meinen Vater in dieser verhängnisvollen Stunde denken.

Ihr Herr Vater hat recht, hob hier zum dritten Male der Professor an, der es für seine Pflicht hielt, an dem Eisen, das auf dem Amboß lag, mit schmieden zu helfen; — wann hat es einen Vater gegeben, der mehr für seine Kinder gethan hätte, als dieser treffliche Mann, dessen Ehrenhaftigkeit, Fleiß und Biederkeit sprüchwörtlich sind, den jede Bürgertugend schmückt und der nun durch Ihre Schuld des schönsten, kostbarsten Schmuckes eines Bürgers entbehren soll, das ist: eines wohlgerathenen Sohnes, der ihm eine Stütze sei in seinem wankenden Alter. Ist es nicht genug, daß diesen trefflichen Mann das unabwendbare Schicksal so hart getroffen, daß er so früh die theure Gattin, einen Sohn in der Blüthe der Jahre verlieren mußte? Soll ihm nun auch noch der letzte geraubt werden, der Benjamin seines Alters? soll seine treue Sorge, sein Gebet bei Tag und Nacht —

Mein Vater war ein strenger Mann, aber nichts weniger als fromm im Sinne der Kirche; die Unwahrheit war ihm ein Gräuel, und daß er Tag und Nacht gebetet haben solle, das war eine Unwahrheit; überdies war er von tiefster, fast krankhafter Bescheidenheit und das Lob des Professors dünkte ihm überschwänglich und unpassend.

Lassen Sie es gut sein, Herr Professor, unterbrach er den beredten Gelehrten mit rauher Stimme; — ich sage noch einmal: ich habe meine Pflicht gethan, damit basta! und er soll seine thun, und damit basta! Ich will weiter nichts von ihm, nichts, gar nichts, nicht so viel — und mein Vater strich dabei die Handflächen übereinander — das aber will ich, und will er's nicht, nun —

Mein Vater hatte sich von Neuem in einen Zorn hineingesprochen, der um so heller aufflammte, je ruhiger meine Haltung war. Seltsam! hätte ich mich auf Bitten und Flehen gelegt, ich bin überzeugt, mein Vater würde mich verachtet haben; aber weil ich that, was er, wäre er in meiner Lage gewesen, ganz gewiß auch gethan haben würde; weil ich trotzig und stumm war, haßte er mich in diesem Augenblicke, wie man das haßt, was sich uns in den Weg stellt, über das wir fort müssen und das wir dennoch nicht mit dem Fuß verächtlich bei Seite stoßen können.

Sie haben sich ein schweres Vergehen zu Schulden kommen lassen, Georg Hartwig, declamirte der Professor weiter; — Sie haben sich ohne die Erlaubniß Ihrer Lehrer aus dem Gymnasium entfernt. Ich will nicht sprechen von der grenzenlosen Mißachtung, mit welcher Sie wiederum, wie schon so oft in anderer Weise, die Ihnen gebotene kostbare Gelegenheit, sich zu unterrichten, von sich gewiesen haben; ich will nur sprechen von der schlimmen moralischen Schuld des Ungehorsams, der rechten Auflehnung gegen das Gebot, des bösen Beispiels, das Sie durch dies schändliche Betragen Ihren Mitschülern geben. Wenn Arthur von Zehrens leichter Sinn sich endlich in entschiedenen Leichtsinn umgewandelt hat, so ist das die böse Frucht dieses Beispiels, denn nimmermehr würde jener bethörte Jüngling gewagt haben, was er heute gewagt hat. —

Hier brach ich, der ich den bethörten Jüngling besser kannte, in ein kurzes, höhnisches Gelächter aus, welches den Professor vollständig aus der Fassung brachte. Er griff nach seinem Hut und wollte sich, unverständliche Worte murmelnd, die vermuthlich seine Ueberzeugung, daß ich rettungslos verloren sei, ausdrücken sollten, entfernen. Mein Vater vertrat ihm den Weg.

Noch einen Augenblick, Herr Professor, sagte er; und dann sich zu mir wendend: Du wirst jetzt sofort Deinen Lehrer wegen dieser neuen Frechheit um Verzeihung bitten; sofort!

Nein, sagte ich.

Sofort! donnerte mein Vater.

Nein, sagte ich noch einmal.

Willst Du, oder nicht?

Er stand vor mir, vor Zorn am ganzen Leibe bebend. Sein immer etwas gelbliches Gesicht war aschfarben, auf seiner Stirn lag eine Ader wie ein Ast, seine Augen blitzten. Er hatte die letzten Worte in einem heiseren, zischenden Ton gesprochen.

Nein, sagte ich.

Mein Vater hob den Arm zu einem Schlage, aber er schlug mich nicht; der Arm senkte sich langsam, und die ausgestreckte Hand deutete nach der Thür: Hinaus, sagte er langsam und fest: aus meinem Hause, für immer!

Ich sah ihm starr in die Augen; ich wollte etwas erwidern; vielleicht: Vergib mir, vergib Du mir, Dich will ich um Verzeihung bitten! — aber das Herz lag mir wie ein Stein in der Brust, meine Zähne waren wie von einem Schraubstock zusammengepreßt; ich konnte sie nicht auseinanderbringen; ich konnte kein Wort hervorbringen; ich ging stumm nach der Thür.

Der Professor eilte mir nach und ergriff mich beim Arm, gewiß in der besten Absicht; aber ich sah in ihm nur den, der schuld war, daß es so gekommen; ich stieß ihn unsanft auf die Seite, schlug die Thür hinter mir zu, rannte an der alten Dienerin vorüber — sie mochte gehorcht haben, die gute Seele, und stand jetzt, die Hände ringend, ein Bild trostlosen Jammers da — zum Hause hinaus auf die Gasse.

Viertes Capitel

Ich lief, wie ein Unsinniger, ein paar Schritte; mit einem Male wankten meine Kniee, die mondbeschienenen Dächer, die hier und da erleuchteten Fenster — alles tanzte in wildem Wirbel um mich her; dann wurde es mir schwarz vor den Augen, der schwere Rausch, den ich von dem Schiff mitgebracht und den ich während der fürchterlichen Scene, von der ich kam, durch die gewaltsamste Spannung des Willens äußerlich beherrscht hatte, stieg mir wieder zu Kopf; ich lehnte mich an die Mauer, mich vor dem Fallen zu bewahren.

So mag ich ein oder ein paar Minuten in halber Ohnmacht gestanden haben, als mich die Stimmen von ein paar Mägden, die aus dem benachbarten Brunnen Wasser holen kamen, wieder zur Besinnung brachten. Ich raffte mich auf und wankte die Gasse hinab. Aber bald trug meine starke Natur den Sieg davon; mein Schritt wurde fester; ich fing an zu überlegen, was nun aus mir werden, wohin ich vor Allem jetzt mich wenden solle. Ein Unterkommen in einem Gasthause zu suchen, daran dachte ich nicht; ich hatte noch nie unter einem andern Dache, als dem meines väterlichen Hauses geschlafen; überdies bestand meine ganze Baarschaft aus noch nicht einem Thaler — mein Vater hielt mich sehr knapp im Taschengeld — und ich hatte eine unbestimmte Vorstellung davon, daß ich mit dieser Summe sehr lange werde reichen müssen. Hätte ich mich heute nicht in Hader und Streit von Arthur getrennt, so würde ich vielleicht den aufgesucht haben, so aber konnte ich nicht in seinem Hause als Bittender erscheinen; überdies schlief er vermuthlich jetzt seinen Rausch aus, und seine Eltern waren mir nie sehr wohlgesinnt gewesen. — Der Commerzienrath? er hatte mich heute umarmt und Du und Bruder genannt; er würde mich gewiß mit Freuden empfangen, mir ein prachtvolles Schlafzimmer anweisen lassen, mit einem großen Himmelbett. —

Aber während ich mir die glänzende Aufnahme im Hause des Commerzienraths weiter ausmalte, eilte ich beständig in der entgegengesetzten Richtung vorwärts nach der Hafenvorstadt zu. Ich kam an ein paar Kneipen vorüber, aus denen wüster Matrosengesang erschallte. Wenn ich einträte und mich unter die Zechenden mischte und morgen als Matrose in die weite Welt ginge wie mein Bruder Fritz? Das wäre Rache an meinem Vater! Zwei Söhne zu verlieren — auf dieselbe Weise! — und dann auf der See umzukommen und auf dem Meeresgrunde zu liegen, wo meines Bruders Gebeine nun schon lange lagen! — Pfui, Georg, sagte ich laut, pfui, der arme alte Mann! Wenn ich auf der Stelle umkehrte? Der Professor hatte das Haus gewiß schon wieder verlassen. Vater war allein in seiner Stube; ich wollte zu ihm treten und sagen: Schlag mich jetzt! ich will mich nicht wehren, ich will nicht mit der Wimper zucken.

Aber ich kehrte nicht um, ich stand nicht einmal einen Augenblick still; schon lag die Stadt hinter mir, und ich befand mich in der breiten Allee der Vorstadt, wo rechts und links die um diese Jahreszeit zum größten Theil von den Badegästen eingenommenen Schifferhäuschen lagen. Hier und da schimmerten sie hell durch die dunklen Bäume; vor einzelnen saß, in den Lauben und Gärtchen vor den Thüren, um eine Lampe, die in einer Glasglocke brannte, eine muntere Gruppe; Gesang und Lachen ertönte und fröhliche Kinderstimmen, denn der Abend war herrlich: kaum daß ein Lüftchen durch die dichten Wipfel der hohen Bäume rauschte, die sich über mir wölbten; in dem Grase und in den Büschen zu meinen Füßen spielten Leuchtkäferchen.

Der feuchtwarme Athem, den das nahe Meer herüberhauchte, that dem Dahinstürmenden so wohl; draußen, wenn ich aus den Häusern heraus war, mußte es kräftiger wehen, und auf einmal fiel mir Schmied Pinnows Hütte ein. Das war's! da mußte ich ein Unterkommen finden! Der Alte sollte mir ein Bett geben, oder wenn kein Bett, so doch ein Lager in der Schmiede, oder den Lehnstuhl des Alten; — die Alte konnte doch nicht Tag und Nacht in dem Lehnstuhle hocken! Schade, daß der Klaus nicht mehr zu Hause war! aber so war doch die hübsche Christel da. Christel war immer ein Liebling von mir gewesen; ich hatte sogar eine Zeit lang ernstlich für sie geschwärmt und sie hatte mich mindestens ebenso oft zu der Hütte gezogen als des Alten vier Doppelgewehre und die lange Vogelflinte zusammengenommen, oder die Kalteschale, die er des Sommers an segel- und jagdlustige Badegäste, oder der Glühwein, den er des Winters an die Schlittschuhläufer verkaufte, die sich am Strande tummelten!

Wunderbarer Leichtsinn der Jugend! oder muß ich mich besonders deswegen anklagen? — aber ich hatte in diesem Augenblick das Unheil, das ich angerichtet: den Kummer meines Vaters, meine bedenkliche Lage, Alles vergessen, oder, wenn nicht vergessen, so war es doch nur der dunkle Hintergrund, von dem sich das Bild der baufälligen Hütte mit dem flackernden Schmiedefeuer und besonders die hübsche Gestalt der geschäftig hin- und hereilenden Christel gar hell und lustig abhob. Was Schule! was väterliches Regiment und die andere Sklaverei! Wenn ich sonst um diese Zeit noch draußen war, fing ich an zu überlegen, wie kommst du hinein, ohne daß der Vater, der pünktlich um halb Zehn zu Bett geht, es hört; jetzt hatte mich der Vater selbst zum Hause hinausgetrieben, ich brauchte nicht die Stiefel auf dem Vorplatz auszuziehen und leise, leise die knarrende Treppe zu meiner Schlafkammer hinaufzutasten; ich war ein freier Mann und konnte thun und lassen, was mir gefiel!

Die Allee und die Vorstadt lagen hinter mir, ich schritt den wohlbekannten Weg über das wellige Vorland dahin, links eine schmale Wiese, rechts ein Kartoffelfeld, ein einzelner Baum hier und da, der dunkel an dem lichten Nachthimmel stand und hüben und drüben das Meer, dessen Rauschen, je weiter ich kam und je schmaler die Landzunge wurde, ich deutlicher und deutlicher hörte, besonders deutlich nach Westen, wo die offene See lag und von woher in diesem Augenblicke der Wind wehte. Ich merkte jetzt zum ersten Male, daß ich ohne Mütze war. Ich hatte sie verloren oder auf dem Flurtisch neben dem Lämpchen liegen lassen; desto besser, so brauchte ich sie nicht in der Hand zu tragen und der Meerwind konnte frei um meine heißen Schläfen, in meinen wehenden Haaren spielen.

Ein paar wilde Schwäne zogen hoch über mir dahin; ich konnte sie nicht sehen, aber ich hörte ihr eigenthümlich klagendes Geschrei; nur ein paar Töne, die wunderbar durch den stillen Abend klangen. Glück zu! rief ich hinauf! Glück zu, ihr meine guten Gesellen!

Eine selige, aus Wehmuth und Lust gemischte Stimmung, wie ich sie nie gekannt, überkam mich. Ich hätte mich an die schwarze Erde werfen und weinen, ich hätte die Arme zum nächtlichen Himmel breiten und jauchzen mögen. Ich wußte damals nicht, was mich so übermächtig durchzuckte. Jetzt weiß ich es wohl: es war das wohlige Gefühl, das den Fisch durchzittern muß, wenn er blitzschnell durch sein heimisches Element schießt, den Vogel, wenn er sich durch die Lüfte schwingt, das Reh, wenn es über die Waldwiese fliegt; — die Wonne, die den Menschen durchbebt, wenn er sich in voller Jugendkraft eins fühlt mit der Allmutter Natur, die aus den Elementen, aus denen sie selbst besteht, ihn schuf, damit sie Freude habe an sich selbst. Die Ahnung dieser Wonne, die Sehnsucht, diese Wonne zu empfinden, ist es, die den Menschen hinaustreibt aus der Enge der Verhältnisse, in denen er geboren, in die weite Welt, auf das Meer, in die Wüste, auf die Gipfel der Alpen, überall hin, wo die Luft frei weht, wo der Himmel groß auf ihn herniederblickt, wo es gilt, sein Leben einzusetzen, um es zu gewinnen.

Soll dieser nachträgliche Gedanke den frevelhaften Trotz entschuldigen, mit welchem ich mich eben erst gegen meinen Vater vergangen? und den ungeheuren Leichtsinn, der mich *Va banque* spielen ließ mit meiner Zukunft? Gewiß nicht. Ich will nichts entschuldigen, nichts beschönigen; ich will einfach berichten, was mit mir, was in mir vorgegangen bei dieser und bei andern Gelegenheiten, und nur, wo es mir nöthig scheint, eine Erklärung versuchen. Für die Moral mag die Geschichte selber sorgen, und nur dies will ich zum Trost bedenklicher Gemüther schon jetzt hinzufügen, daß, wenn mein Frevelmuth, wie es wohl unzweifelhaft ist, eine Strafe verdiente, diese Strafe mich bald genug, und in nicht allzu milder Form, ereilt hat.

Aber, wie gesagt, für den Augenblick war die Grauengestalt mit dem lahmen Fuß noch zu weit zurück, als daß ihre Schrecken mich hätten umwittern können; dafür tauchten eben, als ich mit verdoppelter Schnelle über die Haide weiter schritt, zwei andere Gestalten vor mir auf, die nichts Gespenstiges hatten und auch nichts Gespenstiges thaten, denn sie standen, sich innig umschlungen haltend, wie zusammengewachsen da, und fuhren mit einem leisen Schreckensruf, der sich den Lippen des Mädchens entrang, auseinander, als ich urplötzlich, bei einer scharfen Wendung des Weges um einen Hügel herum, unmittelbar vor ihnen stand. Das Mädchen bückte sich nach einem großen Korbe, welchen sie, da sie ihre beiden Arme anderweitig brauchte, neben sich gestellt hatte, und der Mann ließ ein Ehem! ertönen, welches so laut und so verlegen nur aus einer sehr unschuldigen Brust kommen konnte.

Guten Abend, sagte ich, ich hoffe —

Herr meines Lebens, sind Sie es wirklich? sagte der Mann. — Christel, sieh doch nur, er ist es ja! und Klaus hielt Christel Möwe, welche die Flucht ergreifen wollte, am Kleide zurück.

Ich dachte, er wäre es; stammelte Christel, deren Gemüth selbst durch die Entdeckung, daß es ein guter Freund war, von dem sie sich hatten überraschen lassen, nicht ganz beruhigt schien.

Obgleich das Verhältnis, welches offenbar zwischen Klaus und Christel obwaltete, einer Erklärung nicht gerade bedurfte, so war doch auch ich einigermaßen verwundert. Ich hatte, so lange Klaus noch bei seinem Vater war — und aus dieser Zeit stammte unsere beiderseitige Freundschaft — niemals bemerkt, daß in dem Herzen des guten Burschen sich mehr als brüderliche Zuneigung zu seiner hübschen Pflegeschwester regte; aber freilich war das schon vier Jahre her, Klaus, als er zu Schlosser Wangerow kam, erst sechzehn Jahre alt, und möglicherweise hatte gerade die zeitweilige Trennung die Liebe geweckt, welche ohne dieselbe ruhig weitergeschlafen hätte, vielleicht niemals von selbst aufgewacht wäre. Dies bestätigten denn auch die Liebenden, indem sie, während wir langsam auf die Schmiede zuschritten, manchmal auch wohl, wenn die Geschichte an einen besonders interessanten Knotenpunkt kam, auf ein paar Minuten stehen blieben. Einer dieser Punkte — und gewissermaßen der einzig bedenkliche — war die in jeder Weise mit derben und derbsten Worten ausgesprochene Abneigung und Feindseligkeit des alten Pinnow gegen das Verhältnis. Klaus sagte es nicht, aber ich mußte es nach Allem, was ich hörte, für nicht unmöglich halten, daß der Alte selbst ein Auge auf sein hübsches Pflegekind geworfen habe: wenigstens schien es uns kaum begreiflich, weshalb er, ohne daß ihm der gute Bursch, wie dieser hoch und heilig versicherte und ich ihm auf's Wort glaubte, auch nur die geringste Veranlassung gegeben, mit jedem Jahr und mit jedem Tage fast mürrischer und häßlicher gegen ihn geworden sei und ihm zuletzt gar das Haus verboten, nachdem er schon lange über das Hin- und Hergelaufe und die sündhafte Zeitverschwendung gebrummt und gepoltert. Deshalb seien sie — die Liebenden — nun gezwungen, heimlich zusammenzukommen, was leider seine großen Schwierigkeiten habe, da der Alte unendlich wachsam und vorsichtig sei und zum Beispiel lieber den taubstummen Lehrburschen Jakob in die Stadt schicke, um die nöthigen Einkäufe zu machen, trotzdem derselbe Alles schlecht und unordentlich besorge, und auch heute Christel nicht geschickt haben würde, wenn er nicht angenommen, daß Klaus noch zu spät auf dem Dampfschiffe beschäftigt sei, um abkommen zu können.

Da ich dem braven Klaus, mit dem ich zu Wasser und zu Lande unzählige Jugendstreiche ausgeführt hatte, von Herzen gut und der rothwangigen, sanft redenden Christel Möwe nichts weniger als abgeneigt war, fühlte ich die lebhafteste Sympathie mit ihnen, und, so unwahrscheinlich es klingen mag, ihrer Liebe Leid und Lust und der wo möglich glückliche Fortgang ihrer Liebe lag mir in diesem Augenblicke viel mehr am Herzen als mein eigenes Schicksal. Ich dachte erst eigentlich wieder an mich, als jetzt, nachdem wir abermals eine Hügelwelle überstiegen, die Schmiede, aus deren niederem Fenster der rothe Schein des Essefeuers glühte, dicht vor uns lag und Klaus fragte, ob wir nicht umkehren wollten. Nun erst erfuhr er, daß es kein abendlicher Spaziergang sei, der mich so weit aus der Stadt auf die Haide geführt, und daß ich seinen Vater um Herberge für ein, vielleicht für mehrere Tage anzusprechen beabsichtige. Zugleich theilte ich ihm in den kürzesten Worten den Grund mit, der mich zu einem so ungewöhnlichen Schritte zwänge.

Klaus schien über meine Mittheilungen sehr bestürzt; er faßte mich bei der Hand und fragte, mich etwas auf die Seite führend, in leisem Ton, dem man die innere Unruhe anhörte, ob ich mir auch wohl überlegt habe, was ich thue? Mein Vater habe es gewiß nicht so bös gemeint und werde mir sicher verzeihen, wenn ich sogleich umkehrte. Er selbst wolle gern mich anmelden und den ersten Sturm über sich ergehen lassen.

Aber, Klaus, alter Junge, sagte ich, es geht Dir ja selbst nicht besser, als mir. Wir sind Leidensgefährten; Dir hat Dein Vater das Haus verboten, gerade wie mir mein Vater das seine. Was ist das für ein Unterschied?

Der, sagte Klaus, daß ich nichts gethan habe, weshalb mir mein Vater zürnen könnte, während Sie selbst sagen, Sie hätten — nehmen Sie's mir nicht übel — heute wieder einmal einen dummen Streich gemacht.

Ich entgegnete, dem möge nun sein, wie ihm wolle, zurück könne ich nicht mehr. Was ich später thun werde, wisse ich nicht. Wir könnten ja morgen weiter darüber sprechen; ich würde auf das Dampfschiff kommen, es sei leicht möglich, daß ich seine Dienste nöthig hätte.

Klaus, der mich entschlossen sah und von jeher gewohnt war, sich meinen Anordnungen zu fügen, drückte mir nochmals die Hand und sagte: Nun denn, auf morgen!

Sein gutes Herz war so voll von dem, was er eben gehört, daß er weggegangen sein würde, ohne sich von Christel zu verabschieden, wenn ich ihn nicht lachend auf eine so sträfliche Vergeßlichkeit aufmerksam gemacht hätte. Aber den Kuß, den ich ihm gönnte, bekam er nicht; Christel sagte: ich wäre recht schlecht, und so trennten wir uns, indem Klaus wieder den Weg nach der Stadt einschlug, in dessen Dunkel er bald verschwand, während ich mich mit Christel nach der Schmiede wandte, durch deren Fenster jetzt das Feuer heller als vorhin aufglühte.

Wie kommt es, daß der Alte noch so spät arbeitet? fragte ich das Mädchen.

Das kommt so, erwiderte sie.

Ich that noch mehrere Fragen, auf welche ich nicht minder einsilbige Antworten erhielt. Christel und ich waren früher immer die besten Freunde gewesen, und ich kannte sie als das munterste, lachlustigste Geschöpf. Es blieb mir also nur die Annahme, daß sie mir meinen Scherz von vorhin ernstlich übelgenommen habe. Da, wenn die Leidenschaftlichkeit mich nicht überwältigte, es gar nicht in meiner Natur lag, irgend Jemand wissentlich zu kränken, am wenigsten ein armes Mädchen, dem ich noch dazu herzlich gewogen war, so fiel es mir durchaus nicht schwer, die Kleine aufrichtig um Verzeihung zu bitten, wenn ich sie eben in der besten Absicht von der Welt, nämlich, sie nicht durch meine Schuld um den Abschiedskuß von ihrem Geliebten kommen zu lassen, beleidigt habe. Christel antwortete nicht, und ich wollte eben meinen Arm um ihre rundliche Taille legen, meiner Bitte um Verzeihung etwas mehr Nachdruck zu geben, als das Mädchen zu weinen anfing und in ängstlichem Tone sagte: ich dürfe nicht mit zu »ihm« gehen, und es würde auch ganz vergebens sein, denn »er« werde mich doch nicht aufnehmen.

Diese Erklärung, diese Warnung hätten manchen Andern gewiß stutzig gemacht. Die Schmiede lag so einsam, der Leumund des alten Schmiedes war nichts weniger als gut, und ich war in Räubergeschichten belesen genug, um mich an die bezüglichen romantischen Situationen zu erinnern, in welchen das Räubermädchen den verirrten Helden vor den übrigen Mitgliedern ihrer ehrenwerthen Familie warnt und ihm nebenbei in eben so discreter als verständlicher Weise ihre Liebe zu erkennen giebt. Aber einmal war mein Gemüth damals, und ist es noch jetzt, jenen bangen Regungen so gut wie unzugänglich, welchen phantasiereiche Menschen so leicht unterworfen sind, sodann, wenn der Alte einmal auf seinen Sohn eifersüchtig war — und ich nahm dies als feststehend an — weshalb sollte er es gegen mich nicht ebenfalls sein? und drittens fuhr in diesem Augenblicke ein kleiner Köter mit wildem Gekläff nach meinen Beinen; zugleich erschien eine breite Gestalt in der offenen Thür der Schmiede, und die wohlbekannte Stimme des alten Pinnow rief in tiefstem Basse: Werda?

Ich bin's, gut Freund, Georg Hartwig, sagte ich, indem ich die kläffende Bestie mit der Spitze meines Fußes in die Büsche schleuderte.

Christel mußte den Alten, während sie sich an ihm vorbei in's Haus drängte, bereits mit meinem Wunsche bekannt gemacht haben, denn er sagte, während er, ohne sich zu regen, in der Thür stehen blieb: Ich kann Ihnen kein Nachtquartier geben, mein Haus ist keine Herberge.

Das weiß ich, Pinnow, erwiederte ich, an ihn herantretend und ihm die Hand bietend; aber ich dachte, Sie wären mein Freund.

Der Alte hatte meine Hand nicht genommen; er brummte etwas, das ich nicht verstand.

Nach Hause gehe ich nicht wieder, fuhr ich fort, darauf können Sie sich verlassen. Wenn Sie also nicht wollen, daß ich mich da in die Büsche lege und um die Wette mit Ihren Spitz den Mond anheule, so lassen Sie mich hinein und machen Sie mir ein Glas Grog, wissen Sie, halb und halb; und trinken Sie selber eins oder auch zwei, das wird Ihnen gut thun und Sie auf bessere Gedanken bringen.

Ich hatte bei diesen Worten dem ungastlichen Schmied die rechte Hand auf die Schulter gelegt und ihn, zum Zeichen meiner wohlwollenden Gesinnung, derb geschüttelt.

Ich glaube, Sie wollen einen alten Mann zu seinem eigenen Hause hinauswerfen, rief er zornig, und ich fühlte meinerseits zwei Hände, deren Breite und Eisenhärte, in Anbetracht, daß sie einem »alten« Mann gehörten, bewundernswerth waren, auf meinen Schultern. Mein Blut, das die kühlere Nachtluft noch keineswegs zu dem wünschenswerthen Grad abgekühlt hatte, brauchte nicht erst in Wallung zu gerathen, überdies war die Gelegenheit, eine Probe meiner vielbewunderten Stärke abzulegen, gar zu günstig; so packte ich denn meinen Gegner, riß ihn mit einem Ruck von der Schwelle, auf der er noch immer stand, und schleuderte ihn ein paar Schritte seitwärts. Es war gar nicht meine Absicht gewesen, mir den Eintritt in sein Haus zu erzwingen, aber der Schmied, der dies fürchtete und meine Absicht um jeden Preis verhindern wollte, warf sich mit einem Ungestüm auf mich, daß ich meine ganze Kraft aufbieten mußte, den Wüthenden zu bewältigen. Ich hatte schon manchen harten Strauß durchgefochten und war noch immer als Sieger daraus hervorgegangen, aber einem so ebenbürtigen Gegner war ich noch nie begegnet. Dazu kam, daß ich aus einem Rest von Pietät vor dem »alten Mann,« der in Schifferweise mit gewaltigen Boxerschlägen auf mich eindrang, ihn nicht, obgleich ich es gekonnt hätte, mit derselben Münze bezahlen wollte, sondern mich begnügte, ihm die Arme an den Leib zu drücken. Endlich fühlte ich, daß ich ihn würde bewältigen können, mit einem blitzschnellen Griff faßte ich ihn ein paar Zoll tiefer, hob ihn vom Boden, und in der nächsten Secunde hätte er der Länge nach den Sand gemessen, als ein schallendes Gelächter aus unmittelbarster Nähe ertönte. Ich ließ meinen Gegner los, der sich kaum frei fühlte, als er sich abermals auf mich warf. Da ich auf diesen neuen Angriff nicht vorbereitet war, verlor ich das Gleichgewicht, strauchelte, stürzte, mein Gegner über mich. Ich fühlte seine Eisenhände an meiner Kehle, als plötzlich das Gelächter verstummte. Pfui, Alter, rief eine sonore Stimme, das hat er nicht um Dich verdient! — und ein paar Arme, die für den Augenblick noch stark genug sein konnten, rissen den Schmied von mir ab; ich sprang auf die Füße und stand meinem Retter — so mußte ich ihn nennen, denn ich weiß nicht, was ohne ihn aus mir geworden wäre — gegenüber.

Fünftes Capitel

Es war, soweit ich bei dem schwachen Lichte des Mondes erkennen konnte, der sich eben hinter Wolken versteckte, ein hochgewachsener Mann von schlankem Wuchs und so raschen Bewegungen, daß ich ihn für einen jungen oder doch jüngeren Mann hielt, bis plötzlich bei einer Wendung, die er machte, der Flackerschein des Herdfeuers durch die offene Thür auf ihn fiel und ich einen alten Herrn von tief verwitterten Zügen vor mir zu sehen glaubte. Und als er mich jetzt, mich bei der Hand haltend, durch die Thür in die Schmiede zog, die eben von einem hellen rothen Lichte erfüllt war, erschien er mir weder jung noch alt oder vielmehr beides zu gleicher Zeit.

Freilich war der Moment für physiognomische Untersuchungen nicht gerade günstig. Der Fremde besah mich mit großen Augen, die zwischen den krausen Falten und Fältchen, die sie umgaben, schier unheimlich hervorblitzten, von Kopf bis zu Füßen und faßte nach meinen Schultern und Armen, wie ein Sportsman ein Pferd besieht, oder befühlt, das eine Strecke, zu der andere Pferde fünf Minuten brauchen, in der Hälfte der Zeit durchmessen hat. Dann drehte er sich auf den Hacken um und brach in ein tolles Gelächter aus, als jetzt der Schmied dem taubstummen Lehrjungen Jakob, welcher während der ganzen Zeit, unbekümmert um Alles, was um ihn vorgegangen war, den Blasebalg bearbeitet hatte, einen Stoß versetzte, welcher den Jungen sich ein paar Mal, wie einen Kreisel, um sich selbst drehen machte.

Bravo, bravo, rief der Fremde, der saß! Das geht besser als mit dem Andern; wie, Pinnow?

Der Andere kann froh sein, daß er so davongekommen ist, brummte der Schmied, indem er ein rothglühendes Stück Eisen aus den Kohlen zog.

Ich bin jeden Augenblick bereit, von vorne anzufangen, Pinnow, rief ich und freute mich, daß die lachenden Augen des Fremden mir Beifall winkten, während er mit verstelltem Ernst rief: Schämen Sie sich, junger Mensch! schämen Sie sich! — ein schwacher, alter Mann! das ist eine rechte Kunst!

Der Schmied hatte den schweren Hammer ergriffen und führte auf das glühende Eisenstück Streiche, daß die Funken sprühten und die Fenster klirrten.

Der Fremde hielt sich die Ohren zu: Um Himmels willen, rief er, hört auf, Mann, mit dem wüsten Lärm! das mag der Teufel aushalten! Denkt Ihr denn, daß ich Eure plebejischen Ohren habe! hört auf! sage ich, oder —

Er hatte dem Schmied einen Stoß gegeben, wie dieser vorhin seinem Lehrjungen; aber der Schmied stand fester als jener; und jetzt hob er den Hammer mit einem wilden Blick; es sah aus, als wolle er mit dem nächsten Streich dem Fremden den Kopf zerschmettern.

Seid Ihr toll geworden? sagte dieser, den Wüthenden mit seinen großen Augen ansehend. — Dann, als der Andere langsam den Hammer sinken ließ, fuhr er leise zu sprechen fort, und der Schmied antwortete mit einem dumpfen Knurren, aus welchem ich meinen Namen heraus zu hören glaubte.

Mag sein, antwortete der Fremde, aber er ist einmal hier und soll hier bleiben.

Verzeihen Sie, sagte ich, ich habe durchaus nicht die Absicht, mich aufzudrängen; ich würde keinen Schritt hier hereingethan haben, wenn —

Nun fängt Der wieder an, rief der Fremde ärgerlich lachend; — werdet Ihr endlich vernünftig werden! Ich will Ruhe und Frieden, und vor Allem will ich zu Abend essen, und Sie sollen mir Gesellschaft leisten. Halloh, Christel! Wo steckt das Mädchen! — und Ihr, Pinnow, bindet Euer Schurzfell ab und kommt auch herein!

Mit diesen Worten öffnete er die niedrige Thür, welche rechts von dem Herde aus der Schmiede in das Wohnzimmer führte. Ich war oft genug dort gewesen, wie ich denn überhaupt die Einrichtung des Hauses wohl kannte. Das Wohnzimmer war ein ziemlich großes Gemach, das aber nur halb so hoch war, wie die Schmiede, da über demselben die Schlafräume lagen, zu denen eine steile leiterartige Treppe aus einer Ecke des Gemachs durch eine Oeffnung in der Decke hinaufführte. Dann war noch eine Thür mit ein paar Stufen. Man gelangte durch dieselbe in eine kleine Abseite, wo des Schmieds Mutter schlief, eine steinalte Frau, die jetzt noch in ihrem gewöhnlichen Winkel, dicht neben dem von außen geheizten Ofen, in ihrem Lehnstuhle hockte. In der Mitte stand ein schwerer eichener Tisch; auf dem Tisch der große Korb, den Christel aus der Stadt gebracht hatte. Christel kramte an einem Schrank in der Tiefe des Zimmers.

Nun, Christel, rief der Fremde, indem er mit einem Licht in den Korb leuchtete, — was hast Du eingeheimst? Das sieht ja gut aus. Spute Dich! ich habe einen Wolfshunger. Und Sie auch, nicht wahr? Sie stehen in dem glücklichen Alter, in welchem man immer Hunger hat. Kommen Sie hierher, in's Fenster. Setzen Sie sich!

Er drückte mich in einen der zwei Sessel, die in dem Fenster standen, nahm selbst auf dem andern Platz und fuhr in etwas leiserem Ton fort, indem er nach Christel blickte, die jetzt mit geräuschloser Eile den Tisch zu decken begann: Ein hübsches Mädchen, etwas zu blond vielleicht, sie ist eine Holländerin; aber das paßt hierher; ist doch die Alte, die da in ihrem Lehnstuhl nickt, wie ein Bild von Terburg! Dazu der Pinnow mit seinem Bulldoggengesicht und der Robbengestalt, und der Jakob mit seinen Karpfenaugen! — Aber das gefällt mir; ich verabsäume selten, wenn ich, wie diesmal, ohne meinen Wagen in der Stadt gewesen bin, hier vorzusprechen, und lasse mich dann von Pinnow hinüberfahren, um so lieber, als ich von hier aus bei günstigem Winde in einer halben Stunde drüben sein kann, während ich auf der Stadtfähre selten unter einer Stunde wegkomme und dann noch eben so lange bis auf mein Gut habe.

Der Fremde hatte dies Alles in einer angenehmen, verbindlichen Weise gesagt, die mir höchlichst gefiel; dabei strich er sich wiederholt mit der linken Hand über den Vollbart, der ihm bis auf die Brust herabreichte, und dann blitzte manchmal ein Diamantring an seinem Finger. Ich begann einen großen Respect vor dem fremden Herrn zu bekommen und hätte gar zu gern gewußt, wer er sei, wagte aber nicht darnach zu fragen.

Welch abscheuliche Luft hier im Zimmer ist, fuhr er plötzlich auf; zum Ohnmächtigwerden! — und er wollte das Fenster, an welchem wir saßen, öffnen; wandte sich aber wieder um und sagte: Ja so! Die Alte könnte sich erkälten. Christel! kannst Du die Alte nicht zu Bett bringen?

Gleich, Herr! sagte Christel, die eben mit dem Decken des Tisches fertig geworden war.

Sie trat an die Alte heran und schrie ihr in's Ohr: Großmutter, Ihr müßt zu Bett!

Die Alte schien dazu keine rechte Lust zu haben, denn sie schüttelte heftig den Kopf, ließ sich aber endlich von dem Mädchen aus ihrer hockenden Lage aufrichten und schlich, auf den Arm desselben gestützt, durch das Zimmer. An den Stufen angelangt, die zur Abseite führten, blickte Christel sich um; ich sprang hinzu und hob die Alte die Stufen hinauf, während Christel die Thür öffnete, hinter der sie dann mit ihrer Bürde verschwand.

Brav, junger Mann, sagte der Fremde, als ich zu ihm zurückkehrte; — man muß stets höflich gegen Damen sein. Und nun wollen wir das Fenster öffnen.

Er that es. Die Nachtluft strömte herein. Es war dunkler geworden; der Mond hatte sich hinter schwerem Gewölk, das von Westen herauf- zog, versteckt; von dem nur wenige Schritte entfernten Meer kam ein lautes Brausen und Rauschen der auf dem Strand zerschellenden Wellen; ein paar Regentropfen fielen mir in's Gesicht.

Der Fremde blickte aufmerksam hinaus. — Wir werden bald ab- fahren müssen, hörte ich ihn murmeln. Dann sich zu mir wendend: Aber jetzt wollen wir essen; ich sterbe fast vor Hunger. Wenn Pinnow lieber brummen als essen will, mag er es. Kommen Sie!

Er schritt zum Tisch, an welchem er sich niederließ, indem er mich mit einer Handbewegung einlud, an seiner Seite Platz zu nehmen. Ich hatte den Tag über sehr viel weniger gegessen als getrunken, und meine kräftige Natur, welche den Rausch längst überwunden hatte, verlangte gebieterisch nach Erquickung. So folgte ich der Aufforde- rung meines Wirthes gar gern, und der Inhalt des Korbes, den Christel vorhin ausgepackt hatte, war wohl im Stande, auch einen verwöhnte- ren Gaumen zu reizen. Da war Caviar, geräucherter Lachs, Schinken, frische Wurst, Pickles; auch an Wein fehlte es nicht. Zwei Flaschen Rothwein mit einer feinen Etikette standen bereits auf dem Tisch, aus dem Korbe schaute noch der weiße Kopf einer Flasche Champagner.

Das sieht nicht übel aus, sagte der Fremde, indem er mir und sich einschenkte, sich bald von diesem, bald von jenem nehmend, mich auf- fordernd, ein Gleiches zu thun, und zwischendurch allerlei in seiner angenehmen Weise plaudernd. Ohne daß er direct gefragt hätte, waren wir doch, ich weiß nicht wie, auf meine Angelegenheiten zu sprechen gekommen, und wir hatten die erste Flasche noch nicht ge- leert, als ich ihm, zutraulich und mittheilsam wie ich war, bereits so ziemlich die kurze Geschichte meines allerdings nicht langen und nicht eben inhaltreichen Lebens erzählt hatte. Etwas mehr Zeit erforderte die Relation der Ereignisse des heutigen, für mich so verhängnißvollen Tages. In dem Eifer des Erzählens hatte ich, ohne darauf zu achten, wieder mehrere Gläser Wein getrunken; der Druck, der auf meiner Seele gelegen hatte, war alsbald gewichen: meine alte, gute Laune brach wieder durch, um so mehr, als die Begegnung mit dem geheim- nißvollen Fremden unter so eigenthümlichen Umständen meiner Abenteuerlust die köstlichste Nahrung bot. Ich schilderte die Flucht aus der Schule, ich copirte den Professor Lederer in Stimme und Rede- weise; ich war unendlich satirisch, als ich ein Bild von dem Commer- zienrath entwarf, und ich fürchte, daß ich mit der Faust auf den Tisch schlug, als ich auf meines Freundes Arthur schändliche Undankbarkeit und die hochmüthige Parteilichkeit des Steuerraths zu reden kam. Dann gerieth meine geschwätzige Zunge in's Stocken; das melancholische Halblicht in meines Vaters Arbeitsstube breitete sich über mein verdüstertes Gemüth, ich schlug tragische Töne an, ich schwur, daß ich nun und nimmer, und sollte ich barfuß, wie ich schon barhaupt sei, zum Nordcap pilgern und mein Brod vor den Thüren erbetteln, oder, da Betteln nicht meine Stärke sei, darüber zum Räuber werden — daß ich nun und nimmer zu meinem Vater zurückkehren werde, nachdem er mich einmal zu seinem Hause hinausgetrieben. Hier sei die Grenze dessen, was ich von meinem Vater zu leiden mich für verpflichtet halte; der Schuldbrief der Natur sei zerrissen, das stehe bei mir fest, wie die Sterne am Himmel, und wenn Jemand darüber lache, so thue er das auf seine eigene Gefahr.

Damit sprang ich vom Tisch auf und stieß das Glas, aus dem ich getrunken, so heftig auf, daß es zerbrach. Der Fremde war nämlich, nachdem er mich während meiner Erzählung schon wiederholt durch seine Heiterkeit bald ermuthigt, bald eingeschüchtert hatte, bei meinen letzten Worten, die wohl sehr pathetisch herausgekommen sein mochten, in ein schallendes Gelächter, das kein Ende nehmen wollte, gefallen.

Sie sind gut zu mir gewesen, rief ich; ich würde auch ohne Ihre Dazwischenkunft schwerlich unterlegen sein; aber gleichviel. Sie haben mir im rechten Augenblick Hülfe geleistet, und jetzt haben Sie mich bewirthet mit Speise und Trank — so mögen Sie lachen, so viel Sie wollen; aber ich für meinen Theil will es nicht länger mit anhören. Leben Sie wohl!

Ich suchte mit den Augen nach meiner Mütze, fuhr mir, da ich mich besann, daß ich keine hatte, durch mein dichtes lockiges Haar und stürzte nach der Thür, als mir der Fremde, der mittlerweile sich auch erhoben hatte, nacheilte, mich am Arm ergriff und in jenem freundlich-ernsten Tone, der mir vorhin so sehr gefallen hatte, sagte: Junger Mann, ich bitte Sie um Verzeihung; und nun kommen Sie und setzen Sie sich wieder; mein Wort als Edelmann, ich werde Ihre Gefühle respectiren, wenn Sie dieselben auch in einer etwas sonderbaren Weise äußern sollten.

In seinen dunkeln Augen zuckte es, und um die Augen in dem Labyrinth von Fältchen zuckte es ebenfalls. — Sie treiben Ihren Scherz mit mir, sagte ich.

Mein Wort als Edelmann, nein! Im Gegentheil, Sie gefallen mir ganz ausnehmend, und ich wollte Sie schon ein paar Mal während Ihrer Erzählung unterbrechen, mir eine Gunst von Ihnen zu erbitten. Kommen Sie auf einige Zeit zu mir! Ob Sie sich nun mit Ihrem Vater wieder aussöhnen, wie ich hoffe, oder ob Sie es nicht thun, wie Sie glauben —

immer müssen Sie vor Allem erst einmal ein Dach über dem Kopfe haben, und hier können Sie doch unmöglich bleiben, wo man Sie offenbar nicht will. Mir für meinen Theil erweisen Sie, wie gesagt, eine Gunst, wenn Sie meine Einladung annehmen. Ich kann Ihnen nicht viel bieten, aber — schlagen Sie ein! So! nun wollen wir in Champagner auf gute Kameradschaft anstoßen.

Ich hatte dem liebenswürdigen Geheimnißvollen schon längst verziehen und konnte ihm in dem schäumenden Wein von Herzen Bescheid thun. Wir hatten unter Lachen und Scherzen im Nu die Flasche geleert, als der Schmied hereintrat. Er hatte sein Schurzfell abgebunden, eine Schifferjacke angezogen und ein dickes Tuch um den muskulösen Hals gewunden. Es fiel mir heute Abend zum ersten Male auf, daß er die große blaue Brille nicht trug, ohne die ich ihn in den letzten Jahren, wo er kurzsichtig geworden zu sein behauptete, nie gesehen; ja es war mir, als hätte er dieselbe schon vorhin während des Kampfes und auch später nicht getragen. Doch konnte ich mich irren; auch hatte ich keine Zeit über den sonderbaren Gegenstand nachzudenken, denn meine Aufmerksamkeit wurde alsbald von einem halblaut geführten Gespräch zwischen dem Schmied und meinem Unbekannten in Anspruch genommen.

Ist es Zeit? fragte der Fremde.

Ja, antwortete der Schmied.

Der Wind ist gut?

Ja.

Alles in Ordnung?

Bis auf den Anker, den Sie mich nicht haben fertig machen lassen.

Es wird auch so gehen.

Aber schlecht.

Der Fremde stand nachdenklich da; sein schönes Gesicht sah mit einem Male wieder zwanzig Jahre älter aus; er strich sich den Bart, und ich bemerkte, daß er mich aus den Augenwinkeln fixirte. Plötzlich ergriff er den Schmied am Arm und führte ihn zur Thür hinaus, die er hinter sich schloß. Draußen hörte ich sie sprechen, doch konnte ich nichts verstehen; der Fremde sprach in gedämpftem Ton, und des Schmieds mürrische Stimme war immer schwer verständlich. Dann aber wurde das Gespräch laut und, wie es schien, heftig und immer heftiger, besonders von Seiten des Schmieds. —

Ich will es! rief der Fremde. — Und ich sage nein! grollte der Schmied. — Es ist meine Sache. — Und meine Sache ebenso gut.

Die Stimmen sanken wieder; bald darauf hörte ich die Außenthür knarren. Sie hatten die Schmiede verlassen; ich sah sie von dem offenen Fenster aus, an welches ich getreten war, nach dem kleinen Schuppen gehen, der hart am Strande lag und bei dem das Boot Pinnow's auf den Sand gezogen zu werden pflegte. In dem Schatten des Schuppens verschwanden sie; dann hörte ich eine Kette klirren und ein Knirschen im Sande; man machte das Boot flott; dann war alles wieder still; nur das Brausen des Meeres erschallte stärker und mischte sich mit dem Rauschen des Windes in den Blättern der alten Eiche, die ihre halbverdorrten Aeste über die Schmiede breitete.

Ein Geräusch im Zimmer machte, daß ich mich schnell umwandte. Es war Christel; sie stand dicht hinter mir, mit gespannten Blicken, wie ich es eben gethan, durch das Fenster in die Dunkelheit starrend.

Nun, Christel! sagte ich.

Sie legte den Finger auf den Mund.

St! flüsterte sie.

Sie winkte mir vom Fenster zurück, bis mitten in's Zimmer; verwundert mehr als erschrocken folgte ich ihr.

Was hast Du, Christel?

Fahren Sie nicht mit! Thuen Sie es ja nicht! Und gehen Sie auch von hier fort, sogleich. Sie dürfen hier nicht bleiben.

Ja, aber Mädchen, warum denn nicht? Und — ja — wer ist der Herr?

Ich darf es nicht sagen; ich darf seinen Namen nicht nennen. Wenn Sie mitfahren, werden Sie's ja so wie so zu wissen bekommen; aber fahren Sie nicht mit!

Was sollten sie mir thun, Christel?

Thun? Sie werden Ihnen nichts thun. Aber gehen Sie nicht mit!

Von draußen ertönte ein Geräusch; Christel wandte sich von mir weg und fing an, den Tisch abzuräumen, während die Stimmen der Beiden, die von dem Strande herankamen, deutlicher wurden.

Ich weiß nicht, was Andere, wären sie in meiner Lage gewesen, gethan haben würden; ich kann nur sagen, daß die Warnung des Mädchens auf mich gerade das Gegentheil der beabsichtigten Wirkung hervorbrachte. Zwar erinnere ich mich wohl, daß mein Herz lebhafter schlug, und daß mein Blick mit einer gewissen Hast über die vier doppelläufigen Jagdgewehre und die lange Vogelflinte streifte, die auf ihrer gewöhnlichen Stelle in einer Reihe an der Wand hingen; aber mein Verlangen, das Abenteuer zu bestehen, war jetzt erst recht erwacht. Ich fühlte mich so vollauf jeder Gefahr, die an mich herantreten konnte, gewachsen, und daß man gegen mich persönlich nichts Böses im Schilde führte, hatte ja Christel selbst zugegeben. Ueberdies — und ich glaube, dieser Umstand birgt vorzugsweise die Erklärung für mein Verhalten an diesem Abend, — der Fremde, wer es auch sein mochte, hatte es mir förmlich mit seinem halb ernsten, halb übermüthigen, halb theilnehmenden, halb spöttischen, für mich ganz unergründlichen Wesen angethan. In späteren Jahren, wenn ich von dem sagenhaften Rattenfänger von Hameln hörte, dem die liebe Jugend folgen mußte, sie mochte wollen oder nicht, habe ich wohl an jene Nacht und an jenen Mann gedacht.

Er war jetzt ebenfalls mit einer groben, weiten Schifferjacke bekleidet, die Tuchmütze, die er vorhin getragen, hatte er mit einem niedrigen Wachstuchhut vertauscht. Pinnow öffnete einen Wandschrank und langte eine eben solche Jacke nebst Hut hervor, die der Fremde mich anzulegen bat. — Es wird kalt werden, sagte er, und Ihr Anzug dürfte Ihnen wenig Schutz gewähren, wenn wir auch hoffentlich nicht lange unterwegs sind. So, das steht Ihnen prächtig; nun wollen wir machen, daß wir fortkommen.

Der Schmied war an Christel herangetreten und hatte ihr ein paar Worte zugeraunt; Christel erwiederte nichts; sie hatte mir, nachdem die Männer eingetreten waren, den Rücken gewandt und blickte sich auch jetzt nicht um, als ich ihr gute Nacht wünschte.

Kommen Sie! sagte der Fremde.

Wir gingen durch die Schmiede, in welcher das Feuer auf dem Herd gelöscht war, und traten hinaus in die wehende Nacht. Als ich mich nach ein paar Schritten umwandte, war auch das Licht in der Wohnstube erloschen; dunkel lag das Haus da in der Dunkelheit, und in den dürren Zweigen der alten Eiche ächzte und stöhnte es.

Vom Strande her rauschte es laut; der Wind hatte sich noch stärker aufgemacht; der Mond war untergegangen; kein Stern schien durch die treibenden Wolken, die eben jetzt von einer fahlen Helligkeit durchzuckt wurden, welcher ein dumpfhallender Donner folgte.

Wir gelangten zum Boot, das schon halb in's Wasser gezogen war. Ich mußte einsteigen, während Pinnow, der Fremde und der taubstumme Jakob, der plötzlich aus dem Dunkel aufgetaucht war und, so viel ich sehen konnte, jetzt ebenfalls in Schifferkleidung und in Wasserstiefeln war, das Fahrzeug vollends flott machten. Ein paar Minuten später glitten wir schon durch die Wasser, die um den Kiel aufsiedeten, der Fremde stand am Steuer, das er hernach, als Pinnow und Jakob die Segel aufgehißt hatten, an den Ersteren abtrat. Er setzte sich zu mir.

Nun, wie gefällt Ihnen das? sagte er.

Ausgezeichnet, erwiederte ich; aber ich glaube, Pinnow, Sie könnten noch ein Reff einbinden; wir tragen zu viel Segel und da drüben — ich deutete nach Westen — sieht es bös aus.

Sie scheinen kein Neuling, sagte der Fremde. Pinnow sagte nichts, commandirte aber alsbald: Focksegel dal (herab), indem er zugleich das Steuer herumdrückte und das Fahrzeug vor den Wind brachte. Es war die höchste Zeit gewesen; denn auch jetzt noch wurde das große Boot von der plötzlich heranstürmenden Boi so auf die Seite gedrückt, daß ich einen Augenblick glaubte, es werde kentern. Doch richtete es sich wieder auf. Fock und Klüver wurden ganz hereingenommen, das Hauptsegel nur zur halben Höhe wieder aufgehißt, und so schossen wir durch die Wellen, über deren schäumende Kämme das fahle Licht der Blitze zitterte, die sich jetzt in immer kürzeren Pausen folgten, während die Donner lauter und lauter zu brüllen begannen.

Indessen legte sich das Unwetter so schnell, als es heraufgezogen war; schon begannen einzelne Sterne wieder durch die Wolken zu blicken, ich kam von dem Vordertheil des Bootes, wo ich Jakob beim Ausschöpfen des Spülwassers geholfen hatte, wieder nach dem Hintertheil und setzte mich zu dem Unbekannten, der mir mit der Hand über die Jacke strich.

Sie sind durch und durch naß, sagte er.

Wie wir alle wohl, erwiederte ich.

Aber Sie sind es nicht gewohnt.

Dafür bin ich neunzehn Jahre.

Nicht älter?

Keine zwei Monate.

Sie sind ein ganzer Mann.

Das kurze Wort machte mich so stolz, wie mich noch keine längste Strafpredigt des Professor Lederer oder eines andern meiner Lehrer gedemüthigt hatte. Es gäbe wohl wenig, was ich zu thun und auszuführen nicht im Stande gewesen wäre, hätte es der Unbekannte von mir gefordert; aber er verlangte keinen Pact mit der Hölle oder dergleichen, sondern nur, daß ich mich in dem Boot niederlegen und mich mit einem Stück Segeltuch zudecken lassen solle, denn die Fahrt werde, da der Wind umgesprungen, doch länger dauern; ich könne jetzt nichts mehr helfen, und »der Schlaf ist ein warmer Mantel«, wie Sancho Pansa sagt, meinte der Unbekannte.

Ich protestirte und behauptete, ich könne drei Tage und drei Nächte hintereinander wachen; aber ich that ihm doch den Willen und hatte mich kaum auf dem Boden des Bootes ausgestreckt, als der Schlaf, den ich so fern geglaubt, bleischwer auf mich sank.

Wie lange ich geschlafen habe, kann ich nicht sagen. Ich erwachte, als das Boot knirschend auf den Sand des Ufers stieß. Der Unbekannte half mir empor, doch weiß ich mich kaum zu erinnern, wie ich aus dem Boote gekommen bin, so verschlafen war ich. Ueberdies war es noch dunkle Nacht, ich sah nur eben das Aufschäumen der Wellen an einem lang hin sich streckenden flachen Strande, von dem man aber alsbald zu einem höheren Ufer aufstieg. Als ich ganz zu mir kam, war das Boot bereits wieder in See gestochen und ich schritten unter Bäumen aufwärts. Er hielt mich an der Hand und machte mich auf die Unebenheiten des Weges, wo er jeden Stein und jede Baumwurzel zu kennen schien, mit freundlichen Scherzen aufmerksam. Dann gelangten wir auf die Uferhöhe; vor uns lag eine freiere Strecke, die aber etwas weiterhin von einer dunkeln Masse begrenzt wurde, in der ich in dem ersten Dämmergrau des Morgens die

Häuser eines Gehöftes erkannte, dahinter ein Park oder Wald mit gewaltigen Bäumen.

Da wären wir, sagte der Unbekannte, als wir, über das stille Gehöft schreitend, vor einem großen, dunkeln Gebäude standen.

Wo wären wir? fragte ich.

Bei mir zu Hause, erwiederte er lachend, indem er auf dem Flur Licht zu machen sich bemühte.

Und wo wäre das? fragte ich weiter — ich wußte selbst nicht, wo ich plötzlich die Kühnheit hernahm.

Das Schwefelhölzchen blitzte auf; er entzündete ein bereit stehendes Licht; der Schein fiel hell in sein von dem langen, zerzausten Bart umstarrtes Gesicht, auf dem Regen und Sprühwasser jedes Fältchen zu einer Falte und jede Falte zu einer Furche vertieft hatte. Er sah mich groß mit den großen, tief in die Höhlen gesunkenen Augen an.

Auf Zehrendorf, sagte er, bei Malte von Zehren, den sie den Wilden nennen. Es ist Ihnen doch nicht leid, daß Sie mir gefolgt sind?

Nein, bei Gott, sagte ich.

Sechstes Capitel

Als ich am nächsten Tage erwachte, dauerte es lange, bis ich mich nur einigermaßen in meine Situation finden konnte. Mein Schlaf war gegen Morgen von schweren Träumen geängstigt worden, und diese Träume warfen noch ihre dunkeln Schatten über meine Seele. Ich glaubte noch die Stimme meines Vaters zu hören, und jetzt erinnerte ich mich auch, was es gewesen war. Ich war vor meinem Vater geflohen, bis ich an einen glatten Teich kam, in welchen ich mich hineinwarf, um meinem Verfolger schwimmend zu entgehen. Aber der glatte Teich hatte sich plötzlich in ein wildbewegtes Meer verwandelt, von dessen Wellen ich bald zum Himmel geschleudert, bald in den Abgrund gerissen wurde. Eine fürchterliche Angst kam über mich; ich wollte rufen: Vater, rette! aber ich vermochte es nicht, und mein Vater sah mich nicht, trotzdem er immer auf Armeslänge, wie es schien, am Ufer hin- und herlief, die Hände rang und nach seinem Sohn jammerte, der sich ertränkt habe.

Ich strich mir mehrmals mit der Hand über die Stirn, um das entsetzliche Bild zu verscheuchen, und schlug entschlossen die Augen auf, mich in dem Zimmer umzusehen, in welches mich mein Wirth gestern Nacht selbst geführt hatte. In dem großen kahlen Gemach herrschte ein Halbdunkel, so daß ich anfangs meinte, es sei noch sehr früh am Tage; aber meine Uhr war auf neun stehen geblieben, und ich überzeugte mich bald, daß die grüne Dämmerung durch Bäume hervorgebracht wurde, die ihr dichtes Gezweig unmittelbar gegen die Fenster drückten. Eben stahl sich ein dünner Strahl durch eine Oeffnung und streifte die Wand mir gegenüber, auf welcher sonderbare Figuren gemalt schienen, bis ich, genauer hinsehend, bemerkte, daß die dunkle Tapete sich von dem helleren Untergrunde hier und da abgelöst hatte und in Fetzen herabhing, die als phantastische Kleider grotesker Gestalten gelten mochten.

Ueberhaupt sah es in dem Raum so unwirthlich wie möglich aus. Von der Decke war der Stuck an einzelnen Stellen herabgefallen; man hatte es nicht für nöthig erachtet, die weißen Trümmer von der Diele zu entfernen, die einst getäfelt gewesen war, jetzt aber nach allen Richtungen auseinanderklaffte. Die ganze Einrichtung bestand aus einem großen Himmelbett, dessen Vorhänge aus gänzlich verschossenem grünen Damast bestanden; zwei ebenfalls mit einst grün gewesenem Damast überzogenen Lehnstühlen, von denen nur der eine seine vier Beine hatte, während der andere in so viel Jahren auf dreien zu stehen noch immer nicht gelernt zu haben schien und sich müde gegen die Wand lehnte; außerdem war ein Waschtisch da aus weiß angestrichenem Tannenholz, welcher von dem drüber hangenden großen ovalen Spiegel in reichem alterthümlichen Rococo-Rahmen höchst wunderlich abstach, obgleich allerdings auch an diesem Prachtstück die Vergoldung mittlerweile braun geworden war.

Ich stellte diese Beobachtungen an, als ich meine Kleider anlegte, die während der Stunden, die ich geschlafen, den wünschenswerthen Grad von Trockenheit noch keineswegs erlangt hatten. Indessen war dies eine Unbequemlichkeit, mit der ich es leicht nahm; aber mir ging der Gedanke durch den Kopf, wie es morgen und in Zukunft mit meiner Toilette werden sollte? Woran sich dann die naheliegende Betrachtung schloß: Und was soll nun überhaupt aus dir werden?

Die Beantwortung dieser Frage mußte ihre eigenthümlichen Schwierigkeiten haben, wenigstens kam ich nicht gerade weit damit; auch meinte ich, es werde verständig sein, bevor ich mich entschiede, was ja überdies so sehr große Eile nicht habe — meines gütigen Wirthes Rath einzuholen. Sonderbar! Ich hatte bis zu diesem Tage den Rath Derer, welche doch wohl vorzugsweise berufen und in der Lage waren, mir mit ihrer besseren Einsicht zu Hülfe zu kommen, stets in den Wind geschlagen, hatte stets behauptet: Ich wisse allein, was ich zu thun habe; und jetzt sah ich mit einer Art von gläubiger Zuversicht zu einem Manne auf, den ich eben erst, und das unter gewiß nicht Vertrauen einflößenden Verhältnissen kennen gelernt hatte, und dessen Name überdies verrufen war weit und breit. Vielleicht lag darin gerade für mich die größte Anziehungskraft. Der »Wilde Zehren« war in der Phantasie des Knaben gleich hinter Rinaldo Rinaldini und Karl Moor gekommen, und ich hatte meinen Freund Arthur, der die abentheuer-

lichsten Geschichten von ihm zu erzählen wußte, glühend um einen
solchen Onkel beneidet. In den letzten Jahren war weniger von ihm
gesprochen worden; ich hatte den Steuerrath einmal — es war im Res-
sourcegarten — in meines Vaters und einiger anderer Herren Gegenwart »Gott danken« hören, daß der »tolle Christ« nun doch endlich
auch vernünftig geworden sei und die Familie von der beständigen
Angst, es werde einmal ein »böses Ende mit ihm nehmen«, sich erlöst
halten dürfe. Bei derselben Gelegenheit war auch von einer Tochter
des »Wilden« die Rede gewesen; und die Herren hatten die Köpfe zusammengesteckt, und der Justizrath Heckepfennig hatte die Achseln
gezuckt. Später erzählte mir Arthur, seine Cousine sei einmal mit
einem jungen Hauslehrer davon gelaufen, aber nicht weit gekommen,
da der Onkel den Flüchtlingen nachgeritten sei und sie noch vor der
Fähre eingeholt habe. Uebrigens solle sie sehr schön sein, und da thue
es ihm um so mehr leid, daß der Vater und der Onkel sich so schlecht
ständen; denn dadurch sei es gekommen, daß er Konstanze (ich erinnerte mich des Namens) als Kind einmal und dann nie wieder gesehen
habe.

An dies Alles, und was sich sonst daran reihte, dachte ich, während
ich meine einfache Toilette vor dem halb erblindeten Spiegel mit dem
braungewordenen Rococo-Rahmen beendete und im Interesse der
schönen Cousine meines Freundes die langsame Entwicklung des Bärt-
chens, das seit einiger Zeit meine Oberlippe zu schmücken begann,
verwünschte. Ich ergriff den Seemannshut, den ich seit gestern Abend
getragen, und verließ das Zimmer, Herrn von Zehren aufzusuchen.

Doch zeigte sich bald, daß dieser selbstverständliche Wunsch nicht
eben so einfach in's Werk zu richten war. Das Zimmer, aus welchem
ich kam, hatte glücklicherweise nur zwei Thüren gehabt; das, in welches ich trat, hatte aber bereits drei, von denen ich allerdings, wenn ich
nicht wieder in mein Schlafgemach zurückkehren wollte, nur zwischen
zweien die Wahl hatte. Es schien, daß ich nicht die rechte getroffen;
denn ich kam auf einen schmalen Corridor, welcher sein äußerst spär-
liches Licht durch eine verschollene und mit einem Vorhang verhange-
ne Fensterthür erhielt. Eine andere, zu der ich mich hintastete, öffnete
sich in einen Saal von den stattlichsten Dimensionen, dessen drei Fenster auf einen großen parkartigen Garten gingen. Aus diesem Saal gelangte ich in ein großes, zweifenstriges Gemach, das nach dem Hofe
heraus lag, und aus diesem glücklich wieder in dasjenige zurück, welches sich neben meinem Schlafgemach befand, und von welchem ich
ausgegangen war. Ich mußte sehr lachen; aber das Gelächter schallte
so fremdartig-hohl, daß ich plötzlich wieder still wurde. Und es war
kein Wunder, wenn mein Lachen in diesen Räumen befremdend klang.
Sie sahen nicht aus, als ob sie in letzterer Zeit allzu viel Töne der Art
vernommen hätten, wie lustig es auch früher in denselben mochte

zugegangen sein. Denn auch dieser Raum war, wie mein Schlafgemach, so gut wie kahl, mit eben solchen zerfetzten Tapeten, zerbrökkelnder Decke, wurmstichigen, halb zertrümmerten Möbeln, die einst ein fürstliches Gemach geziert haben würden.

Und so war es in den übrigen Räumen, durch die ich gewandert war, und die ich jetzt bedächtiger als das erste Mal durchschritt. Ueberall dasselbe Bild der Verwüstung und Ve+ödung; überall stumme, wehmüthige Zeugen dahingeschwundenen Glanzes; hier und da an den Wänden lebensgroße Portraits, die gespenstergleich in den dunkeln Hintergrund, aus welchem sie einst hervorgeglänzt hatten, zurückzuweichen schienen; zerbrochene Marmorkamine, in welchen eine dicke Staub- und Aschendecke auf halbverbrannten Scheiten lag; in einem Raum ungeheure Haufen von Büchern in alten, ehrwürdigen Einbänden von Schweinsleder, unter welche, als ich mich näherte, ein paar Ratten huschten; in einem andern, sonst ganz leeren, eine Guitarre mit zerrissenen Saiten und die Scheide eines Galanteriedegens mit breitem seidenen Bandelier, das einst blau gewesen war. Ueberall Schutt und Staub und Spinngewebe, überall vergilbte oder zerbrochene Fensterscheiben, durch welche die Vögel Stroh und Unrath hereingetragen hatten (an einem Stuckfries klebten sogar ein paar jetzt verlassene Schwalbennester); überall eine dumpfe, modrige Atmosphäre, daß ich hoch aufathmete, als mich ein glücklicher Zufall, nachdem ich mindestens noch ein halbes Dutzend Gemächer durchwandert, auf einen weiten Flur gelangen ließ, von welchem eine breite Treppe aus Eichenholz mit alterthümlichen Schnitzereien nach unten führte.

Auch dieses Treppenhaus, das einstmals mit seinen gemalten Fenstern und den dunkeln Panelen, die beinahe bis an die Stuckdecke reichten, mit seinen Hirschgeweihen, alten Gewaffen und Standarten ungemein stattlich und vornehm gewesen sein mußte, bot jetzt nur noch ein trauriges Bild von Verwüstung und Verödung, und langsam, ganz verwundert und gewissermaßen betäubt von Allem, was ich gesehen und noch sah, stieg ich die Treppe hinab. Mehr als eine Stufe knarrte und knackte, während mein Fuß sie betrat, und als ich zufällig die Hand auf das breite Geländer legte, fühlte das Holz sich sonderbar weich an; aber es war nur der in Jahr und Tag aufgehäufte Staub, zu dessen Reich, wie es schien, auch die alte Treppe gehörte.

Ich wußte wohl, daß ich heute Nacht, als mein Wirth selbst mich in mein Schlafgemach leitete, den Weg, den ich eben gekommen, nicht gegangen war. Es führte, wie ich später erfuhr, aus einem Nebenflur eine steile Treppe direct zu jenem dunkeln Corridor, der an mein Schlafgemach stieß. Auf dem großen untern Hausflur, in welchem ich jetzt stand, war ich also noch nicht gewesen, und da ich nicht erst voraussichtlich vergebens an ein halbes Dutzend Thüren pochen mochte, die große Hausthür aber, der Treppe gegenüber, wie ich mich überzeugte, verschlossen war, schritt ich einen langen schmalen Gang hinab, an dessen Ende ich eine Thür offen stehen sah, und kam in einen kleinen Hof. Die niedrigen Gebäude, welche denselben umgaben, mochten früher zu Küchen- und andern häuslichen Zwecken gedient haben, jetzt standen sie sämmtlich leer und blickten mit ihren scheibenlosen Fensterhöhlen und zertrümmerten Ziegeldächern gar kläglich zu dem kahlen, verwitterten Hauptgebäude empor, wie ein Haufen halbverhungerter Hunde zu ihrem Herrn, der selber nichts zu essen hat.

Ich war just kein Kind mehr und nichts weniger als zart organisirt und eine leichte Beute phantastischer Stimmungen, aber ich gestehe, daß mir zwischen diesen Häuserleichen, aus denen die Seele offenbar längst entflohen war, ganz wunderlich zu Muthe wurde. Bis jetzt war ich auch noch nicht auf die kleinste Spur thätigen Menschenlebens gestoßen. Wie das hier lag und stand, ein Tummelplatz für Eulen und Spatzen, Ratten und Mäuse, mußte es seit Jahren gelegen und gestanden haben. In dem von der bösesten aller Hexen verzauberten Schlosse konnte es nicht anders aussehen, und ich glaube nicht, daß ich mich übermäßig erschrocken haben würde, wenn aus dem großen Kessel der Leute- oder Waschküche, in die ich einen Blick warf, die Unholdin selbst mit struppigen Haaren sich erhoben und auf einem Besenstiel, an welchem es auch nicht fehlte, zum weiten Schornstein hinausgefahren wäre.

Die Waschküche hatte einen Ausgang auf einen von verwilderten Hecken umgebenen und von einem halbverschütteten Graben, über den eine verwitterte Planke führte, durchschnittenen kleinen Platz, der, wie man aus den Topfscherben und Knochen sah, einst für die Küchenabfälle reserviert gewesen war. Aber über die Schutthaufen war Gras gewachsen, und in dem Graben huschten ein paar wilde Kaninchen in ihre Löcher. Sie hatten allerdings von einer Zeit gehört, da Wasser in dem Graben gewesen und in dem Graben Ratten gehaust, es sollte aber undenkbar lange her sein, und das Ganze war vielleicht eine theologische Erfindung.

Von dieser Schädelstätte durch die Hecke in den Garten zu gelangen, hielt nicht schwer. Ich hatte ein Geräusch vernommen, das von einem Menschen herrühren mußte, und als ich in der Richtung, von welcher der Schall kam, weiter ging, sah ich einen alten Mann, der eine Karre mit dünnen Holzlatten belud, welche er aus einem hohen Staket mit einem Beile heraushieb. Das Staket hatte offenbar früher als Einzäunung eines Thierparkes gedient; auf der Wiese in dem ellenhohen Grase lagen die Trümmer von ein paar Wildhütten, die der Wind umgeworfen; die Hirsche, welche sich dort ihr Futter aus den Raufen gezogen und das stolze Geweih hier gegen die Gitter gedrückt hatten, waren vermuthlich in die Küche gewandert, weshalb sollte das Gitter nicht denselben Weg gehen?

So meinte auch der alte verhuzzelte Mann, den ich bei dieser seltsamen Arbeit traf. Als er auf das Gut gekommen — es war noch bei Lebzeiten des seligen Herrn — seien vierzig Stück Wild in dem Park gewesen; aber *anno* neun, als die Franzosen auf der Insel gelandet wären und arg in dem Schlosse gehaust hätten, seien über die Hälfte totgeschossen worden; die andern seien ausgebrochen und nicht wieder eingefangen, zum Theil aber später auf Jagden in den benachbarten Waldungen des Fürsten Prora erlegt.

Damit machte sich der alte Mann wieder an seine Arbeit; ich versuchte vergebens, ihn noch weiter in ein Gespräch zu ziehen. Sein Mittheilungsbedürfniß schien befriedigt, nur mit Mühe brachte ich noch heraus, daß der Herr zu einer Jagd gefahren sei und schwerlich vor Abend zurückkommen werde, wenn er überhaupt zurückkomme. — Und das Fräulein? — Wird wohl da oben sein, sagte der Alte, wies mit dem Stiel seiner Axt in den Park hinein, schob sich den Riemen seiner Karre über die altersgekrümmten Schultern und karrte langsam auf dem grasübersponnenen Wege dem Schlosse zu.

Ich blickte ihm nach, bis er hinter den Büschen verschwand; dann hörte ich noch das Quieken seiner Karre, und dann war Alles wieder still.

Lautlos still, gerade wie in dem verödeten Schlosse. Aber hier hatte die Stille nichts Peinliches; hier blaute doch der Himmel, an dem auch nicht das kleinste Wölkchen zu sehen war; hier schien doch die Morgensonne glänzend herab aus dem blauen Himmel und malte die Schatten der ehrwürdigen Bäume auf die weiten Wiesen und glitzerte in den Regentropfen, die noch von dem Gewitter der Nacht in den Büschen hingen. Und dann schauerte manchmal ein Lüftchen vorüber, und ein paar regenschwere Zweige beugten sich, und die langen Grashalme auf den Wiesen nickten.

Das war wunderschön. Ich athmete voll die kühle, balsamische Luft; wieder empfand ich das Entzücken, das ich gestern Abend empfunden, als die wilden Schwäne hoch über mir durch den Aether rauschten. Wie oft, wie oft in spätern Tagen habe ich an jenen Abend, an diesen Morgen gedacht und mir gesagt, daß ich da, trotz alledem, trotz der Thorheit und des Leichtsinns und des Frevelmuthes, glücklich, unendlich glücklich gewesen bin — ein kurzlebiges, verrätherisches Glück, ich weiß es wohl, aber doch ein Glück — ein Paradies, in welchem wir nicht weilen können, aus welchem das rauhe Leben und die Natur selbst uns vertreiben — und doch ein Paradies!

Langsam weiter schlendernd drang ich tiefer in die grüne Wildniß, denn eine Wildniß war's. Kaum daß hier und da manchmal vor wucherndem Kraut und wildwachsendem Buschwerk der Weg zu erkennen war, den einstmals die Schleppen schöner Damen gestreift haben, oder die Füßchen anmuthiger Kinder an der Hand der Wärterin dahingetrippelt sein mochten. Das Terrain wurde hügelig, der Park war zu Ende, über mir wölbten sich die mächtigen Kronen uralter Buchen. Dann ging es wieder hügelab, der Wald that sich auseinander, und ich stand am Rande eines mäßig großen, runden Weihers, in dessen schwarzem Wasser sich die fast überall bis an seinen Rand herandrängenden Riesenbäume spiegelten.

Ein paar Schritte von mir, an einer etwas erhöhten Stelle des Ufers, an dem Fuße eines vielhundertjährigen Baumes, war eine niedrige Moosbank angebracht; auf der Bank lag ein Buch und ein Handschuh. Ich blickte mich nach allen Seiten um und lauschte nach allen Seiten; es blieb todt und still, nur die rothen Sonnenstrahlen spielten durch das grüne Gezweig, und manchmal wehte ein Blatt herab auf das schwarze Wasser des Weihers.

Ich konnte der Neugier nicht widerstehen; ich näherte mich der Bank und nahm das Buch. Es war Eichendorffs: »Aus dem Leben eines Taugenichts.« Ich hatte noch nie etwas von Eichendorff gehört, geschweige denn gelesen. Ueber den Titel mußte ich lachen; es war, als ob mich Jemand beim Namen gerufen; aber ich hatte damals kein besonderes Interesse für Bücher; so legte ich es aufgeschlagen, wie ich es gefunden, wieder hin und griff nach dem Handschuh, nicht, ohne mich vorher noch einmal umgeblickt zu haben, ob nicht etwa doch die Eigenthümerin Zeuge meiner Dreistigkeit sein könne.

Denn dieser Handschuh gehörte der schönen Cousine Arthurs; wem sonst sollte er gehören? Der Schluß war sehr einfach, wie denn auch die Thatsache, daß eine junge Dame einen Handschuh auf ihrem Ruheplatze hatte liegen lassen, für den Verstand des Verständigen nichts besonders Merkwürdiges gehabt haben würde. Aber mit dem Verstand von jungen neunzehnjährigen Leuten meines Schlages kann man nicht viel Wesens machen; wenigstens muß ich bekennen, daß, als ich das leichte zierliche Ding so in der Hand hielt, und ein feiner lieblicher Duft daraus zu mir aufstieg, mein Herz auf eine ganz unverständige Weise anfing zu schlagen. Und doch hatte ich Emilie Heckepfennig schon unzählige Fensterparaden gemacht und sogar einmal vier Wochen lang ein Band, das sie mir beim Tanze geschenkt, auf dem Herzen getragen. Das Band hatte nicht die Kraft gehabt, wie dieser Handschuh; es mußte ein Zauber im Spiele sein.

Ich ließ mich auf die Moosbank gleiten und versank in Träumereien, während ich den Handschuh bald auf den Sitz neben mich legte und bald wieder ergriff, ihn mit immer gesteigerter Aufmerksamkeit zu betrachten, als wäre er der Schlüssel zu dem Geheimnis meines Lebens.

So mag ich wohl eine Viertelstunde lang gesessen haben, als ich plötzlich, zusammenschreckend, aufhorchte. Wie vom Himmel her kam ein Klingen und Singen, erst leise, dann lauter, und endlich ver-

nahm ich deutlich eine weiche Frauenstimme und die schwirrenden
Töne einer Guitarre. Die Stimme sang eine Strophe, die der Anfang
oder der Refrain eines Liedes sein mochte:

> Am Tage die Sonne,
> Wohl hat sie mich gerne ...

»Am Tage die Sonne« klang es noch einmal, aber schon ganz aus der
Nähe, und jetzt sah ich auch die Sängerin, welche mir die dicken Stämme der Buchen bis dahin verborgen hatten.

Sie kam einen Pfad herab, der ziemlich steil zwischen den Bäumen
aufwärts führte, und wie sie jetzt an einer Stelle, auf welche durch das
Blätterdach ein helles Sonnenlicht fiel, stehen blieb und sinnend nach
oben blickte, hat sich mir ihr Bild eingeprägt, wohl für immer; denn
heute nach so vielen Jahren sehe ich sie, wie ich sie damals sah.

Wie ich sie damals sah: ein reizendes, tief brünettes Mädchen, die
das wundervollste Ebenmaß der Glieder kleiner erscheinen ließ, als sie
in Wirklichkeit war, und für deren fremdartige, ich möchte sagen,
zigeunerhafte Erscheinung ein phantastischer Anzug von dunkelgrü-
nem, mit goldenen Litzen besetzten Sammt die passendste Tracht
schien.

Sie trug an einem rothen Bande eine kleine Guitarre, über deren
Saiten ihre Finger glitten, wie über sie selbst die sonnigen Lichter durch
die leise wehenden Zweige.

Arme Konstanze! Kind der Sonne! Weshalb, wenn sie dich so gerne
hatte, tödtete dich die Mutter nicht mit diesem ihrem Strahl, daß ich
dir ein Grab hätte graben können in dieser Waldeinsamkeit, fern von
der Welt, nach der dein Herz so heiß verlangte, dein armes, thörichtes
Herz!

Ich stand, im Anschauen verloren, regungslos, selbst als sie jetzt mit
einem tiefen Seufzer aus ihrem Traum erwachte und ihre Augen, während sie den Pfad herabkam, mich trafen. Ich bemerkte, daß sie leicht
zusammenfuhr, wie Jemand, der einen Menschen findet, wo er nur
einen Baumstamm vermuthen konnte, aber die Regung war ganz
momentan; dann sah ich, daß sie mich unter den gesenkten Wimpern
hervor betrachtete, und daß ein nur zu schnell verschwindendes
Lächeln um ihre Lippen spielte; den Ausdruck einer an Betäubung
grenzenden Bewunderung in meinem Gesicht mochte ein schönes, sich
ihrer Schönheit bewußtes Mädchen wohl kaum ohne Lächeln ansehen
können.

Ob sie oder ich zuerst gesprochen, weiß ich nicht mehr, auch ist mir
von dieser ganzen ersten Unterredung nichts erinnerlich, nur der
Klang ihrer weichen, etwas tiefen Stimme, die mir wie lieblichste
Musik war. Dann müssen wir zusammen aus dem Waldesgrunde heraufgestiegen sein auf die Uferhöhe, und der Wind, der vom Meere her-

aufwehte, muß mir die Besinnung wieder gegeben haben, denn ich sehe das stille blaue Meer im Morgensonnenschein sich grenzenlos vor uns ausdehnen, und den weißen Schaumstreifen zwischen den Steinen des Strandes wohl hundert Fuß unter uns, und ein paar große Möven, die sich hin- und herschwingen und dann auf das Wasser senken, wo sie wie Sterne blinken; und ich sehe das Haidekraut des Felsplateau in dem leisen Winde nicken und höre ein Seufzen und Raunen um die scharfen Uferkanten, und zwischendurch höre ich Konstanzes Stimme:

Meine Mutter ist eine Spanierin gewesen, so schön wie der Tag, und mein Vater hat sie entführt, als er dorthin kam, einen Freund zu besuchen, den er in Paris kennen gelernt hatte; der Freund war meiner Mutter Bruder und hat meinen Vater sehr geliebt, aber doch hat er's nicht gewollt, daß sie sich heiratheten, denn er ist ein strenggläubiger Katholik gewesen, und mein Vater hat nicht katholisch werden wollen, sondern über alle Religionen nur gelacht und gespottet. Da sind sie heimlich geflohen, und der Spanier ist ihnen nachgesetzt und hat sie eingeholt mitten auf öder Haide in der Nacht, und da ist es zu scharfen Worten gekommen und sie haben zu den Degen gegriffen, und mein Vater hat den Bruder seiner Geliebten erstochen. Sie aber hat es viel später erfahren, denn sie ist ohnmächtig gewesen während des Kampfes, und mein Vater hat sie glauben machen können, er habe sich von dem Schwager in Freundschaft getrennt. Dann sind sie nach langer Irrfahrt hierher gekommen; aber meine Mutter hat sich immerdar nach ihrer Heimath gesehnt und immer gesagt, es sei ihr so schwer um's Herz, als ob sie einen Mord auf der Seele habe. Endlich hat sie's doch durch einen Zufall erfahren, wie ihr Bruder gestorben, den sie unendlich geliebt hat, und ist tiefsinnig geworden und immer umher gegangen Tag und Nacht und hat Jeden, der ihr begegnet ist, gefragt, wo doch der Weg nach Spanien gehe? Da hat sie mein Vater einschließen müssen, aber das hat sie nicht geduldet, sondern ist ganz rasend geworden und hat sich das Leben nehmen wollen, bis man sie wieder freigelassen und sie wieder Jeden gefragt hat: wo geht der Weg nach Spanien? Und eines Morgens hat sie sich in den Weiher gestürzt, von dem wir herkamen, und als man sie herauszog, ist sie todt gewesen. Ich war damals drei Jahre alt und weiß nicht mehr, wie sie ausgesehen hat, aber die Leute sagen, sie sei noch schöner gewesen als ich.

Ich meinte, das sei nicht möglich, und hatte das, weil ich während dessen an die arme Frau dachte, die sich in dem dunklen Wasser des Weihers ertränkte, so ernsthaft gesagt, daß Konstanze wieder lächelte und sagte: ich sei gewiß der beste Mensch von der Welt und mir könne man Alles sagen, was einem so durch den Kopf gehe und über die Zunge laufe; das sei gar lieb. Dafür solle ich auch immer bei ihr bleiben und ihr treuer Georg sein und alle Drachen der Welt für sie todt schlagen. Ob ich das wolle? — Ich sagte, das wolle ich ganz gewiß.

Wieder spielte ein Lächeln um ihre rothen Lippen:

Sie sehen ganz danach aus! Aber wie kommen Sie eigentlich zu uns, und was will der Vater mit Ihnen? Er hat mir Sie heute morgen, als er wegfuhr, so auf die Seele gebunden; er pflegt gerade nicht sehr zärtlich um das Wohl anderer Menschen besorgt zu sein; Sie müssen hoch in seiner Gunst stehen. Und wie kommt es, daß Sie einen Schifferhut tragen und noch dazu einen recht häßlichen? Ich denke, Sie sagten, Sie kämen von der Schule? Und giebt es denn so große Schüler? Das habe ich gar nicht gewußt. Wie alt sind Sie eigentlich?

So plauderte das Mädchen, oder eigentlich war es kein Plaudern, denn sie blieb immer ernsthaft dabei, und es war mir oft, als ob sie, während sie sprach, an etwas ganz Anderes denke, wenigstens richteten sich ihre dunkeln Augen nur selten und dann immer mit einem Blick auf mich, als wäre ich kein lebendiger Mensch, sondern ein Bild, und oft fragte sie eine zweite Frage, ohne eine Antwort auf die erste abzuwarten.

Mir war das gerade recht; ich konnte so wenigstens den Muth gewinnen, sie wieder und wieder anzusehen und endlich kaum noch ein Auge von ihr zu verwenden. Sie werden noch da hinabstürzen, sagte sie, indem sie mir, als wir am Rande des steilen Ufers hingingen, leise mit dem Finger den Elnbogen berührte. — Es scheint, Sie sind nicht schwindelig.

Nein, sagte ich.

Lassen Sie uns da hinaufgehen, sagte sie.

Beinahe auf der Höhe des immer noch ansteigenden Vorgebirges lagen, von Buschwerk umgeben, die Ruinen einer Burg. Nur ein gewaltiger, mit Epheu fast gänzlich überwucherter runder Thurm hatte den Stürmen der Zeit und des Meeres getrotzt. Es waren dies die Ruinen der Zehrenburg, auf die gestern Arthur, als wir auf dem Dampfschiff daran vorüberfuhren, gedeutet; es war derselbe Thurm, bei dem ich Emilie Heckepfennig zu seinen Gunsten abschwören sollte. Ich hatte mich dessen gestern geweigert; was war mir heute Emilie Heckepfennig?

Das schöne Mädchen hatte sich auf einen moosbewachsenen Stein gesetzt und schaute unverwandt in die Ferne; ich stand dicht bei ihr, an den alten Thurm gelehnt, und schaute unverwandt in ihr Angesicht.

Das Alles hat einst uns gehört, sagte sie, indem sie langsam mit der Hand die Linie des Horizontes nachzeichnete; und dies blieb von der ganzen Herrlichkeit.

Sie hatte sich schnell erhoben und begann einen schmalen Pfad, der sich durch den Ginster und das Haidekraut von der Höhe nach den

Wäldern zog, hinab zu steigen. Ich folgte ihr. Wir kamen in den Buchenwald und wieder zu dem Weiher zurück, wo ihre Guitarre und das Buch noch auf der Rasenbank lagen. Ich war sehr stolz, als sie mir beides zu tragen gab und dabei sagte, daß sie die Guitarre noch Niemand anvertraut habe; dieselbe stamme von ihrer Mutter; nun aber solle ich diesen ihren größten Schatz beständig tragen und sie wolle mich spielen und singen lehren, wenn ich bei ihnen bliebe, oder würde ich nicht bei ihnen bleiben?

Ich sagte, ich wüßte es nicht, ich hoffte es, und der Gedanke, jetzt wieder fort zu gehen, fiel mir schwer auf die Seele.

Wir waren bei dem Schlosse angelangt.

Geben Sie mir die Guitarre, sagte sie; das Buch können Sie behalten; ich kenne es auswendig. Haben Sie denn schon gefrühstückt? Nein? Sie Aermster, Sie armer Georg; da ist es gut, daß uns kein Drache begegnet ist. Sie müssen sich ja kaum auf den Füßen halten können.

Eine Seitenthür, die ich früher nicht bemerkt hatte, führte in den von Vater und Tochter bewohnten Theil des Erdgeschosses. Konstanze rief eine alte Dienerin, der sie auftrug, mir ein Frühstück zu bereiten, während sie selbst sich auf ihr Zimmer begab, nachdem sie mir mit jenem schwermüthigen, schnell verschwindenden Lächeln — das ich nun schon öfter auf ihren schönen vollen Lippen gesehen hatte — die Hand gereicht.

Siebentes Capitel

Das Frühstück, welches mir die häßliche, schweigsame Alte, welche von Konstanzen »Pahlen« genannt worden war, nach einer halben Stunde auftrug, hätte wohl in kürzerer Zeit hergestellt werden können, denn es bestand nur aus Schwarzbrod, Butter und Käse und einer Flasche Cognac. Der Cognac war vortrefflich, das Uebrige ließ viel zu wünschen, das Brod war sauer und stellenweise schimmelig, die Butter ranzig und der Käse hart wie ein Stein, aber was fragt ein junger Mensch von neunzehn Jahren danach, der seit zwölf Stunden nichts gegessen und getrunken hat, und dessen thörichtes Herz von einer ernsten Leidenschaft zittert! So meinte ich denn nie ein herrlicheres Mahl gehalten zu haben und dankte der unliebenswürdigen Alten bestens für ihre Bemühungen. »Pahlen« schien nicht zu wissen, was sie aus mir machen solle; sie blickte mich ein paar Mal mit einem mürrisch forschenden Blick von der Seite an und begnügte sich, auf die Fragen, die ich an sie richtete, mit einigen brummenden Lauten zu antworten, die ich nehmen konnte, wie ich wollte.

Das Zimmer, in dem ich mich befand — es war dasselbe, in welches ich gestern bei der Ankunft von Herrn von Zehren zuerst geführt war — durfte man im Vergleich mit den verlassenen Räumen des obern Stockes wohnlich nennen, wenn der Teppich unter dem Tisch auch mehrfach zerfetzt war, die geschnitzten Eichenstühle zum Theil nicht mehr fest auf ihren Beinen standen und ein großes alterthümliches Büffet in der Ecke entschieden bessere Tage gesehen hatte. Die Fenster gingen auf den Hof, auf welchen ich jetzt, nachdem ich meine Mahlzeit beendet, zum ersten Male einen Blick warf. Der Hof war sehr weit, die Scheunen und Ställe, die ihn einschlossen, von den größten Dimensionen, wie sie nur auf den bedeutendsten Gütern zu finden sind; um so auffallender war die Stille, die hier herrschte. Mitten in dem Raume stand ein steinernes Taubenhaus, aber kein Flügel schwirrte durch die Luft; es hätte denn der einer eilig vorüberschießenden Schwalbe sein müssen. Da war ein Ententeich ohne Enten, eine Düngerstätte, auf welcher, so viel ich sehen konnte, auch nicht ein Huhn scharrte, nur ein Pfau saß auf dem zerbrochenen Staket; und auch sonst war der Hof wie ausgestorben. Da war kein reges Treiben geschäftiger Menschen, kein Brüllen von Kühen, kein Wiehern von Pferden; Alles todt und still, nur der Pfau auf dem Staket ließ manchmal sein mißtönendes Geschrei erschallen und in den Zweigen der alten Linden, die vor dem Hause standen, lärmten die Spatzen.

Da Konstanze mich bis auf weiteres entlassen zu haben schien und »Pahlen« auf meine Frage nach dem Mittagessen geantwortet hatte, ob ich nun auch noch zu Mittag essen wolle? so durfte ich annehmen, daß ich auf Stunden mir selbst überlassen sein werde. Ich trat auf den Hof hinaus und sah nun, daß der Theil des Schlosses, aus dem ich kam, ein dem Hauptgebäude in gleicher Linie angebautes Nebenhaus war, welches früher als Wirthschafterwohnung gedient haben mochte. An dem Schlosse waren in dem untern Stockwerk die Läden geschlossen und mit breiten eisernen Leisten verwahrt — ein Umstand, der gerade nicht dazu beitrug, dem alten Bau ein freundlicheres Ansehen zu geben. Daß die Wohnung des Wirthschafters schon lange überflüssig geworden sei, bewies der Hof zur Genüge. In der That gab es hier nichts mehr zu wirthschaften. Die Gebäude, welche von weitem noch ein erträglicheres Aussehen gehabt hatten, erwiesen sich, sobald man näher trat, als baufällige Ruinen. Die Strohdächer waren eingesunken und mit dickem Moos bewachsen; der Putz überall heruntergeregnet, das Lehmfachwerk schadhaft, zum Theil herausgefallen, die Thore hingen schief in den verrosteten Angeln, fehlten auch wohl gänzlich. Ein Pferdestall, in den ich hineinblickte, war ursprünglich wohl für vierzig Pferde gebaut worden, jetzt standen in einer Ecke vier alte abgetriebene Thiere, die, als ich mich sehen ließ, hungrig wieherten. Als ich wieder auf den Hof trat, schwankte ein schlecht geladenes, von vier andern abgetriebenen Pferden gezogenes Fuder Korn über das holperige Pflaster und verschwand in dem weitgähnenden dunkeln Thor einer der riesigen Scheunen wie ein Sarg in einem Grabgewölbe.

Ich schlenderte weiter und kam in die Felder, vorüber an ein paar verfallenen Kathen, wo halbnackte Kinder im Sande spielten und ein paar eher wie Banditen als Tagelöhner aussehende Kerle lungerten und mich mit halb frechen, halb scheuen Blicken verwundert anstierten. Die Sonne schien hell genug, aber sie sah wenig, was ihr hätte Freude machen können: wüstes Land, das hier und da von Streifen durchschnitten wurde, wo zwischen dünn aufgegangenem Hafer Wälder von blauen Cyanen und rothem Mohn im Winde nickten, etwas verbrannter Weizen, ein paar Morgen, wo der Roggen — spät genug für die Jahreszeit — noch in wüsten Hocken stand und eben ein zweites Fuder von ein paar Leuten geladen wurde, die dasselbe banditenmäßige Aussehen hatten, wie die Kerle vor den Kathen, und mich mit denselben verwundert-scheuen Augen anstarrten, ohne meinen Gruß zu erwidern. In einiger Ferne blickten durch Bäume und Buschwerk die Dächer eines andern Gehöftes, zu welchem wohl die besser cultivirten Aecker, bei welchen ich jetzt angelangt war, gehörten. Noch weiter rechts erhob sich über einem größern Complex von Häusern der kahle, weiße Thurm einer Kirche. Aber ich mochte meine Expedition nicht weiter ausdehnen; es zog mich nach dem Park zurück, den ich auf einem Umwege — ich wollte das Schloß und die mürrische »Pahlen« vermeiden — von einer andern Seite erreichte.

Ich hatte gehofft, hier Konstanze wieder zu begegnen, aber vergebens lungerte ich wohl über eine Stunde zwischen den Büschen unter den Bäumen herum und spähte aus der Ferne nach dem Schloß, bis ich nachgerade jeden zerbrochenen Ziegel auf dem Dache und jede der nicht wenigen Stellen kannte, wo der Regen so vieler Jahre den Kalk herabgeschlagen und das Mauerwerk bloßgelegt hatte. Niemand ließ sich sehen, kein Geräusch ließ sich vernehmen, Alles todt und still, während auf den erblindeten Fensterscheiben die Nachmittagssonne glitzerte oder die Schatten der weißen Wolken langsam darüber hinzogen.

Das Herz wurde mir schwer in der Brust inmitten dieser sonnigen trostlosen Oede. Ich fühlte förmlich, wie sich die Stille, einem unsichtbaren Zaubernetze gleich, immer dichter um mich legte, daß ich mich nicht zu regen, kaum noch zu athmen wagte. Statt des sorglosen Uebermuthes, der sonst die Grundstimmung meiner Seele war, bemächtigte sich meiner eine tiefe Traurigkeit. Wie kam ich hierher? Was sollte ich hier? Was wollte ich hier, wo sich Niemand um mich kümmerte? War nicht Alles, was ich seit gestern Abend erlebt, ein wunderlicher Traum? und hatte ich nicht das schönste Mädchen mit ihren dunkeln Augen und ihrem sonderbaren Lächeln auch nur geträumt?

Es ergriff mich ordentlich wie Heimweh. Ich sah im Geist die Stadt mit den engen winkeligen Gassen zwischen den ernsthaften Giebelhäusern; ich sah mein kleines Zimmer, in welches ich um diese Zeit aus der Schule zurückgekommen sein würde, die leidigen Bücher auf den Tisch zu werfen und dann zu meinem Freund Arthur zu stürmen, der gewiß eine Ruderpartie in dem Hafen arrangirt hatte. Ich sah meinen Vater an dem Fenster seines Bureau in dem Steueramtsgebäude sitzen und drückte mich dicht an der Wand vorbei, nicht von ihm bemerkt zu werden. Wie mochte der Vater mein Weglaufen aufgenommen haben? Hatte er sich geängstigt? Gewiß hatte er's, denn er liebte mich, trotzdem wir so schlecht mit einander standen! Was würde er thun, wenn er erführe — und erfahren mußte er's doch einmal — daß ich bei dem wilden Zehren sei? Würde er mich hier lassen? Würde er verlangen, daß ich zurückkehre? Vielleicht selbst kommen, mich zu holen?

Ich blickte mich scheu um, als mir dieser Gedanke kam. Es wäre abscheulich, zurück zu müssen in die dumpfige Schule, mich wieder vom Professor Lederer ausschelten lassen zu müssen, wie einen kleinen Buben; von hier fort zu müssen; Fräulein von Zehren — Konstanze — nicht wieder sehen zu sollen! Nein und abermals nein! Mein Vater hatte mich aus dem Hause gejagt; er mochte die Folgen tragen. Lieber, als zu ihm zurück, wollte ich Bandit und Schmuggler —

Ich weiß nicht, wie das letztere Wort auf meine Lippen gekommen war, aber ich erinnere mich, und habe später oft daran denken müssen, — daß, als ich es so, ohne irgend eine feste Vorstellung damit zu verbinden, ganz nur als heroische Phrase, vor mich hinmurmelte, ich mich plötzlich umwandte, als habe es Jemand ganz laut in meiner unmittelbaren Nähe gesagt, und in demselben Momente stellten sich meine Erlebnisse der vergangenen Nacht und was ich eben noch gesehen und beobachtet, in einen bestimmten Zusammenhang — gerade so, wie wenn man durch ein Fernrohr sieht, Himmel und Erde trüb durcheinander schwanken und plötzlich, sobald wir den richtigen Punkt erreicht, ein bis in alle Einzelheiten helles Bild vor uns steht. Wie hatte ich so blind, so gedankenlos sein können! Herr von Zehren drüben bei Pinnow, das wunderliche Verhältniß, das zwischen dem Edelmann und dem Schmied offenbar obwaltete, die Warnungen Christels, das Benehmen Pinnows mir gegenüber, die nächtliche Fahrt im wildesten Gewittersturm! Und dazu dies verwahrloste Haus, dieser ruinenhafte Hof, diese verödeten Felder, dieser verwilderte Park! Die einsame Lage des Hofes auf dem weit in das Meer sich streckenden Vorgebirge! Wußte ich doch aus unzähligen Unterhaltungen meines Vaters mit seinen Collegen vom Steueramt, wie eifrig der Schmuggel auf unsern Gewässern hinüber und herüber getrieben wurde, welch ein schwunghaftes Geschäft es war, und wie viel Einer dabei verdienen könne, der sich darauf eingerichtet hätte, gelegentlich sein Leben zu riskiren! Gewiß! gewiß — es war so, es mußte so sein!

Du bist verrückt, sagte ich zu mir, als ich zu dieser Schlußfolgerung gekommen; — vollständig verrückt! Ein Edelmann wie Herr von Zehren! Das ist für das gemeine Volk! Der alte Pinnow! ja, das wäre möglich, aber ein Herr von Zehren! — pfui!

Ich versuchte mit aller Kraft einen Argwohn zu verbannen, der mir in der That ganz unerträglich war; und es zeigte sich hier einmal wieder, daß wir Alle, so frei wir uns dünken, und so weit wir uns vielleicht innerlich befreit haben, doch immer in unseren Empfindungen, wenn nicht in unseren Gedanken, mit oft unmerklichen, deshalb aber nicht weniger festen Banden an die Eindrücke unserer Kindheit und ersten Jugend geknüpft sind. Wäre mein Vater ein König und ich sein Kronprinz gewesen, würde ich vermuthlich in der Person eines Revolutionärs die Verkörperung des Bösen gesehen haben; oder in der eines weggelaufenen Sklaven, wäre ich zufällig von einem Plantagenbesitzer abgestammt,— so aber, da ich einen pedantisch rechtlichen Steuerofficianten zum Vater hatte, haftete nach meinen Begriffen an dem Gewerbe eines Schmugglers der abscheulichste Makel. Zugleich aber — und das wird Niemand verwunderlich finden, der über die sonderbare Doppelstellung des Teufels in der christlichen Mythologie ernstlicher nachgedacht hat — war dieses dunkle Höllenthor, um welches die Phantasie des Knaben so oft in scheuer Ferne herumgeschlichen war, von einem dämonischen Zauber umwittert. Und wie hätte das anders sein können, wenn ich von den Entbehrungen hörte, welche die unheimlichen Menschen oft mit solcher Standhaftigkeit erduldeten, von der Schlauheit, mit der sie die größte Wachsamkeit der Beamten zu täuschen wußten, von der Kühnheit, mit der sie nicht selten der augenscheinlichsten Gefahr die Stirn boten! Davon hätte der Knabe nichts erfahren müssen, und doch waren dergleichen Geschichten nur zu viele in unserer Stadt bekannt, und, was das Schlimmste war, ich hatte die besten, schauerlichsten aus dem Munde des eigenen Vaters gehört, immer mit einem Zusatz tiefster sittlicher Entrüstung natürlich, aber dies Gegengift war sicherlich nicht im Stande gewesen, das Gift gänzlich zu paralysiren. Hatten doch einmal Arthur und ich vor einem Schulexamen, bei dem wir schlecht zu bestehen sicher sein konnten, die Frage, ob wir, falls wir durchfielen, Schmuggler werden wollten, in tagelange, ernste Berathung gezogen, und uns mit dieser Vorstellung gegenseitig bange gemacht! Das war vier Jahre her, aber, wenn mittlerweile auch der Ueberschwung der knabenhaften Gefühle auf ein verständigeres Maß zurückgeführt war — der Gedanke, in die Hände eines Schmugglers gefallen zu sein, hatte auch noch in diesem Augenblicke Macht genug über mich, um mein Herz heftig schlagen zu machen.

Du bist toll, du bist verrückt! ein solcher Mann, es ist nicht möglich! wiederholte ich immer wieder, während ich, da ich keinen andern kannte, denselben Weg, welchen ich heute Morgen gegangen war, durch den Park in den Wald dahineilte, bis ich wieder vor der Moosbank an dem Weiher stand.

Das stille Wasser blickte schwärzlich zu mir empor. Ich dachte der unglücklichen Frau, die sich da ertränkt, weil sie den Weg nach Spanien nicht finden konnte, und wie es doch so sonderbar und gewissermaßen unheimlich sei, daß die Tochter der Unglücklichen sich gerade diesen Ort zum Ruheplatz auserkoren. Hinter der Moosbank lag der zweite Handschuh — wir hatten heute Morgen vergeblich danach gesucht. Ich küßte ihn wiederholt mit wonnigem Schauder und steckte ihn zu mir. Dann verließ ich schnell den Platz und ging hinauf auf die Uferhöhe, an den Ruinen vorbei bis an die äußerste Spitze, welche zugleich die höchste Höhe des Vorgebirges war. Ich trat an den Rand und schaute lange hinab. Der Wind hatte sich lebhaft aufgemacht; der Schaumstreifen zwischen den großen Steinen und zahllosen Kieseln des Vorstrandes war breiter geworden, manchmal blinkte auf der blauen Weite der weiße Kamm einer sich überschlagenden Welle. Nach Südwest lag das Festland; ich hätte die Thürme meiner Vaterstadt sehen müssen, wenn nicht eine Uferhöhe, die jetzt im Nachmittagssonnenschein stahlblau aus dem Meere aufstieg, sich dazwischen geschoben hätte. Und das blieb von der ganzen Herrlichkeit! sagte ich mit Konstanze's Worten, als mein Blick, indem ich mich umwandte, auf die Burgruinen fiel.

Ich ging und legte mich mitten zwischen die Trümmer in das schwellende Moos. Kein Platz, der geeigneter zum Träumen gewesen wäre! Himmel, so viel man wollte, und über den Rand des Uferplateau weg ein mächtiges Stück des Meeres, und der nickende Ginster rings um mich her! Am Himmel die weißen Wolken, auf dem Meere ein blinkendes Segel, in dem Ginster der flüsternde Wind! So müßig zu liegen und zu träumen! träumen von süßer Liebe, die dem Müßiggang hold ist, den holdesten Traum! voll Kampf natürlich und Gefahren mancherlei, wie es sich für das Herz eines Neunzehnjährigen schickt! Ja, bei Gott! so sollte es sein! Ich wollte ihr Retter werden! auf meinen Armen wollte ich sie tragen aus diesem verödeten Schlosse, das der Holden, Schönen ja das traurigste Gefängniß sein mußte; erretten wollte ich sie von diesem schrecklichen Vater, und diese Trümmer mußte ich wieder aufrichten zu dem herrlichsten Palast, um, wenn der Bau vollendet und die ragenden Zinnen im Abendroth leuchteten, sie hineinzuführen und demüthig vor ihr niederknieend also zu sprechen: Dies ist Dein, nun lebe glücklich! mich siehst Du nimmer wieder!

So, während die Sonne sich zum Horizont neigte und die weißen Wolken des Mittags mit abendlichem Purpur malte, wanderten meine

Gedanken. Was sollten sie sonst? Was kann ein junger Mensch, der aus der Schule gelaufen ist und keinen Thaler in der Tasche und einen geborgten Hut auf dem Kopfe und kaum hat, wo er sein Haupt hinlege — was kann er anders thun, als Schlösser in die Luft bauen?

Achtes Capitel

Als ich durch eine kleine Pforte in der Parkmauer auf den Hof trat, wurden dort eben die Pferde von einem leichten Wagen abgeschirrt. Neben dem Wagen stand ein Mann im Jagdcostüm, die Flinte über die Schulter gehängt; es war Herr von Zehren.

Ich hatte mir, ich weiß nicht welche diplomatische Haltung ausgedacht, die ich meinem Wirth gegenüber zur Schau tragen wollte; aber da ich mein Leben lang ein schlechter Schauspieler gewesen bin und überdies so wenig Zeit gehabt hatte, mir die neue Rolle einzustudiren, brachte mich das freundliche Lächeln und der herzliche Händedruck, mit dem mich Herr von Zehren empfing, ohne weiteres aus dem Text. Auch ich lächelte; ich erwiderte den Händedruck mit einer Lebhaftigkeit, als hätte ich den ganzen Tag nur auf den Moment geharrt, meinen Freund und Beschützer wieder zu sehen; ich war mit einem Worte ganz in der Gewalt des Zaubers, den der seltsame Mann vom ersten Augenblicke an auf mein junges, unerfahrenes Herz ausgeübt hatte.

Aber auch der Verstand eines Verständigern hätte sich wohl von dieser bezaubernden Liebenswürdigkeit fangen lassen. Schon das Aeußere des Mannes hatte für mich etwas Bestrickendes, und wie er jetzt, lachend und scherzend, den heitersten Ausdruck auf dem von der Sonne eines Jagdtages ordentlich verjüngten Gesicht, dastand und, sich das runde Hütchen abnehmend, mit der Hand das weichlockige, hier und da bereits ergrauende Haar aus der feinen Stirn und dann wieder den vollen braunen Bart strich, glaubte ich nie einen schönern Mann gesehen zu haben.

Ich stand heute Morgen vor Ihrem Bett, scherzte er; aber Sie schliefen so fest, ich hatte nicht den Muth, Sie zu wecken. Freilich, wenn ich gewußt hätte, daß Sie mit der Flinte so gut umzugehen verstehen, wie mit dem Ruder oder der Segelleine — und das hätte ich, ohne Salomo zu sein, wissen können, denn Fischefangen und Vogelstellen und noch einiges Andere, das gehört zusammen, wie hinter dem Ofen sitzen und schlafen. Aber das läßt sich nachholen; wir haben, Gott sei Dank, für mehr als einen Tag zu schießen. Und nun kommen Sie herein und plaudern Sie mit mir, während man uns das Abendbrot zurecht macht.

Das Wohnzimmer des Herrn von Zehren lag in der Fronte des Hauses hinter dem Speisezimmer; neben dem Wohnzimmer war sein Schlafgemach.

Er zog sich dort um und sprach mit mir durch die offene Thür, während er mit den Waschschüsseln klapperte, so daß ich Mühe hatte zu hören, was er sprach. Aber ich verstand so viel, daß er noch heute Morgen an seinen Bruder, den Steuerrath, geschrieben habe, er möge meinen Vater von meinem augenblicklichen Aufenthalt benachrichtigen. Mein Vater werde gewiß unter den obwaltenden Verhältnissen damit einverstanden sein, daß ich, bis meine Angelegenheit geordnet, in dem Hause eines Freundes Zuflucht gefunden. In solchem Falle erspare eine momentane Trennung oft eine für immer. Und wenn auch, nun dann — hier tauchte der Kopf des Sprechenden in das Waschwasser — und übrigens möge ich lieber gegen Niemand erwähnen, wo er und ich uns getroffen. Wir könnten uns ja gestern Abend auf der Fähre begegnet sein, als ich im Begriff gestanden, mich nach der Insel übersetzen zu lassen. Weshalb solle ein junger Mensch, den der Vater aus dem Hause getrieben, nicht laufen so weit der Himmel blau ist, und unterwegs einen Herrn finden, der einen Platz auf seinem Wagen frei hat und den jungen Menschen fragt, ob er nicht mit ihm fahren wolle? Das sei ja Alles so einfach und natürlich. Und so habe er auch heute Morgen an seinen Bruder geschrieben. Dem alten Pinnow habe er noch gestern Abend Bescheid gesagt. Und übrigens gehe das Wo und Wie ja eigentlich Keinen etwas an — Herr von Zehren sprach in seinen Kleiderschrank hinein, und ich verstand nur das Wort: »Ungelegenheiten«.

Mir war eine große Last vom Herzen genommen. Der Traum des Morgens, an den ich den ganzen Tag nicht gedacht, war mir mit der Abenddämmerung wieder in die Erinnerung gekommen. Zum ersten Mal hatte mich der Gedanke erschreckt, mein Vater könne glauben, ich habe mir ein Leides gethan; aber nur für einen Augenblick; die Jugend hält es für so unwahrscheinlich, daß Andere die Dinge ernster nehmen als sie selbst! — aber so viel war mir doch klar geworden, ich werde meinem Vater Nachricht geben müssen. Was aber dann? Dann drängte sich irgendwie das alte Elend, dem ich kaum entronnen, wieder herzu; auf jeden Fall war meines Bleibens hier nicht länger. Nun sah ich plötzlich einen Ausweg aus diesem Labyrinth. Der Steuerrath, das wußte ich, war, als sein unmittelbar Vorgesetzter, für meinen loyalen, diensteifrigen Vater eine Art von höherm Wesen, das auf Erden nur noch vier andere Wesen über sich hatte: nämlich den Herrn Provinzialsteuerdirector, den Herrn Generalsteuerdirector, des Handelsministers Excellenz, hinter welchem dann unmittelbar Se. Majestät der König kam, der aber freilich wieder ein Wesen eigener und anderer Art war, selbst von einer Excellenz durch eine weltweite Kluft getrennt. Wenn also Herr von Zehren mich bei sich behalten und der Steuerrath dies Project bei meinem Vater befürworten wollte — aber würde er das wollen? Der Steuerrath hatte mich nie besonders gern gemocht und gestern Abend hatte ich ihn noch dazu schwer beleidigt. Ich äußerte diesen meinen Zweifel gegen Herrn von Zehren. Dafür lassen Sie mich nur sorgen, erwiderte er, indem er, sich die frisch gewaschenen Hände reibend, aus seinem Schlafgemach trat.

Nun, und wie haben Sie den Tag hingebracht? fuhr er fort, sich in einen Lehnstuhl werfend und die Beine von sich streckend. — Haben Sie meine Tochter gesehen? — Ja? — Da können Sie von Glück sagen; ich sehe sie manchmal Tage lang nicht. Und zu essen haben Sie bekommen? aber schlecht, ich wollte darauf wetten; man ißt bei mir schlecht, wenn ich zu Hause bin, aber erbärmlich, wenn ich nicht zu Hause bin. Mondschein und Beefsteak — das paßt nun nicht zusammen; wenn ich einmal gut essen will, muß ich's auswärts thun — gestern Abend — beim alten Pinnow — he? — war das nicht köstlich? romantisch? Bruder Tuck und der schwarze Ritter und Sie als Deschidado »der Enterbte«. Solche kleinen Abenteuer liebe ich nun über Alles!

Und er streckte sich so behaglich in seinem Lehnstuhl und lachte so frei, daß ich ihm innerlich meinen Verdacht abbat und mich einen ganz einfältigen, albernen Menschen nannte, weil mir ein solcher Gedanke je habe in den Sinn kommen können.

Der seltsame Mann plauderte weiter, fragte mich auch viel über meinen Vater, über meine Familie, über meine Vergangenheit — aber Alles in so freundlich theilnehmendem Ton, daß man es nicht leicht übel nehmen konnte. Er schien an meinen Antworten großes Gefallen zu finden; auch wurde ich nicht wieder böse, als er, wie gestern Abend, über einige meiner Aeußerungen in ein lautes Gelächter ausbrach. Er beschwichtigte meine Empfindlichkeit dann immer gleich wieder mit einem gütigen Wort; ich hatte durchaus das Gefühl, daß der Mann es gut mit mir meine, und noch heute bin ich überzeugt, daß er vom ersten Augenblick an eine herzliche Zuneigung zu mir gefaßt hatte, und daß, wenn es eine Laune war, was sich ihn eines jungen, hülfsbedürftigen Menschen annehmen hieß, diese Laune zu denen gehörte, deren nur von Natur großmüthige Herzen fähig sind.

Aber wo bleibt denn das Essen? rief er, indem er ungeduldig aufsprang und in das Speisezimmer blickte. Ah! da bist Du ja, Konstanze!

Er ging; ich hörte ihn durch die nur halb geschlossene Thür mit seiner Tochter leise sprechen; mir schlug das Herz, ich wußte nicht, weshalb.

Nun, warum kommen Sie nicht? rief er aus dem Speisezimmer. Ich trat ein; neben dem Tisch, der meinem unverwöhnten Auge reich gedeckt schien, stand Konstanze. Das Licht der Hängelampe fiel von oben herab auf sie. War es die andere Beleuchtung, war es die andere Frisur — sie hatte jetzt das Haar nach oben gekämmt, so daß es wie eine dunkle Krone, durch die sich ein blaues Band flocht, auf ihrem schönen Haupte ruhte — war es die andere Tracht — ein sommerliches, ganz einfaches, knapp anliegendes Kleid, dessen sehr tiefen, keilförmigen Ausschnitt ein weiter, nach Art eines Tuches umgebundener Spitzenkragen kaum verhüllte — war es das Alles zusammen und dazu der veränderte Ausdruck ihres reizenden Gesichtes, das jetzt etwas unbeschreiblich Kindliches hatte — aber ich erkannte sie kaum wieder; ich hätte glauben können, heute Morgen die um mehrere Jahre ältere, feurige Schwester dieses holden, jungfräulichen Wesens gesehen zu haben.

Zweite Hälfte des vorigen Jahrhunderts, sagte Herr von Zehren, Lotte? wie? Es fehlen nur noch ein paar Schleifen, und vielleicht der Werther — sonst superb!

Ueber Konstanze's Gesicht flog ein Schatten und ihre Augenbrauen zuckten. Ich hatte die Anspielung nicht recht verstanden, dennoch fühlte ich mich peinlich berührt. Konstanze erschien mir so schön; wie konnte man, wenn man sie ansah, etwas Anderes sagen, als daß sie schön sei?

Ich hätte es ihr so gern gesagt, aber ich hatte kaum den Muth, sie anzublicken, geschweige sie anzureden, und sie ihrerseits war einsilbig und theilnahmlos; die Speisen berührte sie nur eben; ich erinnere mich noch jetzt nicht, daß ich sie jemals hätte essen sehen. Ueberhaupt war die Mahlzeit, die aus Fisch und aus Rebhühnern bestand, welche der »Wilde« heute auf der Jagd geschossen hatte, eigentlich für diesen allein, der einen mächtigen Waidmannshunger entwickelte. Dazu trank er übermäßig von dem vortrefflichen Rothwein und forderte mich wiederholt auf, ihm Bescheid zu thun, wie er denn seine oft von Geist sprühende Unterhaltung fast ausschließlich an mich wandte. Ich war durch ein solches Flackerfeuer wie geblendet, und da ich Vieles nur halb, Manches gar nicht verstand, so war die Folge, daß ich einige Male an der unrechten Stelle lachte, was dann wieder eine spottende Heiterkeit meines Wirthes hervorrief. Eins aber verstand ich im Laufe dieser nicht eben langen Mahlzeit sehr wohl: das gespannte, um nicht zu sagen, feindliche Verhältnis, welches zwischen Vater und Tochter walten mußte. Dergleichen fühlt sich bald heraus, zumal wenn man, wie ich, so gut vorbereitet war, die Bedeutung der scheinbaren Gleichgültigkeit in einer hastig hingeworfenen Frage zu verstehen und der unnöthig langen Pause, bis die Antwort erfolgt, und des gereizten Tones, in welchem dieselbe endlich gegeben wird! Wie lange war es denn her, daß mein Vater und ich uns so gegenüber gesessen hatten und ich Gott in der Stille meines Herzens dankte, wenn das peinliche Beisammensein durch einen glücklichen Zufall früher, als zu erwarten war, aufgehoben wurde! Hier hätte ich mich nun unbetheiligt fühlen dürfen, wäre ich nicht bereits in die Tochter verliebt gewesen, wie es, glaube ich, nur eben ein so junger kopfloser Bursch sein kann, das heißt über alle Maßen, und hätte mich nicht der Vater mit seinem Geist und seiner Liebenswürdigkeit vollständig beherrscht. So aber wurde mein Herz, wie es zwiefach getheilt war, zwiefach zerrissen, und wenn ich ein paar Stunden vorher den heroischen Entschluß gefaßt hatte, die schöne, unglückliche Tochter vor dem entsetzlichen Vater zu beschützen, so war ich jetzt felsenfest überzeugt, daß mir die erhabene Mission geworden, diese beiden herrlichen Menschen mit einem festen Liebesbande wieder aneinander zu knüpfen. Daß es mir besser angestanden hätte, vor der Thür eines gewissen kleinen Hauses in der Hafengasse in Uselin zu kehren, wo ein alter Mann wohnte, den ich so schwer gekränkt — daran dachte meine Seele nicht.

Aber hoch athmete ich auf, als jetzt ein Wagen schnell über das holperige Pflaster des Hofes gerollt kam und vor der Thür still hielt. Es war der von Herrn von Zehren angekündigte Besuch zweier Gutsnachbarn und Jagdgenossen. Konstanze hatte sich sofort erhoben und war, trotz des Vaters in fast befehlendem Tone ausgesprochenem Wunsch: Ich bitte, daß Du bleibst! im Begriff, das Zimmer zu verlassen, als die Herren eintraten. Der Eine war ein großer, breitschulteriger, blonder, junger Mann mit einem hübschen, regelmäßigen Gesicht, aus dem ein paar runde, vorstehende, blaue Augen mit einer Art von gutmüthiger Verwunderung in die Welt starrten; mein Wirth stellte ihn mir als Herrn Hans von Trantow vor. Der Andere, eine kleine drollige Persönlichkeit, dessen Kopf mit der zurückfliegenden Stirn und dem fast fehlenden Hinterhaupt so winzig war, daß für das kurzgeschorene, starre, braune Haar kaum eine Hand breit blieb und dem die aufgeworfene Stumpfnase und der große, mit großen weißen Zähnen reichlich ausgestattete, stets offene Mund eine mehr als flüchtige Aehnlichkeit mit einer Bulldogge gab — hieß Herr Joachim von Granow. Er war Offizier gewesen und hatte sich, nachdem ihm eine bedeutende Erbschaft zugefallen, erst vor wenigen Monaten in der Gegend angekauft.

Konstanze hatte nothgedrungen bleiben müssen, denn der kleine Herr von Granow war sofort mit einem, wie es schien, unerschöpflichen Redeschwall auf sie eingedrungen, und der große Herr von Trantow so nahe bei der offenen Thür unbeweglich stehen geblieben, daß man nicht wohl an ihm vorbei konnte. Ich hatte vom ersten Moment an ein feindschaftliches Gefühl gegen die Beiden, gegen den Kleinen, weil er es wagte, so nahe an das schöne Mädchen heranzutreten und so viel zu sprechen; gegen den Großen, der freilich nicht sprach, dafür aber sie immerfort mit seinen gläsernen Augen anstarrte, was mir noch viel beleidigender schien.

Wir haben heute eine schlechte Jagd gehabt, mein gnädiges Fräulein, schrie der Kleine mit quäkender Stimme; aber vorgestern beim Grafen Griebenow war es ganz ungewöhnlich famos. Wo ein Volk aufging, ich stand mitten drin; drei Doubletten an einem Tage, das will etwas sagen. Aber auch diese Eifersucht! dieser Neid! Sie haben mich fast in Stücke gerissen. Der Fürst war ganz außer sich. Sie sind des Teufels, Granow, sagte er einmal über das andere. Ein junger Mensch muß Glück haben, sagte ich. Ich bin jünger als Sie, sagte er. Durchlaucht brauchen kein Glück zu haben, sagte ich. Warum nicht? fragte er. Ein Fürst von Prora-Wiek zu sein, ist Glück genug, sagte ich. War das nicht famos?

Und Herr von Granow schüttelte sich vor Lachen und zog seinen kleinen Kopf so tief zwischen die runden Schultern, daß er so gut wie keinen Kopf mehr hatte.

Der junge Fürst war auch da? sagte Konstanze.

Es war das erste Wort, das sie auf das Geschwätz des kleinen Mannes erwiderte. Vielleicht war es deshalb, daß ich der ich theilnahmlos dabei gestanden — Herr von Zehren war in sein Zimmer gegangen, Herr von Trantow hatte seinen Posten an der Thür noch nicht verlassen, plötzlich aufhorchte.

Ja, das wissen Sie nicht? rief der Kleine. Aber freilich, Ihr Herr Vater kommt ja nicht auf die Griebenowschen Jagden; aber ich meinte, Trantow hätte es Ihnen erzählt.

Herr von Trantow und ich pflegen uns nicht *au courant* unserer Erlebnisse zu erhalten, antwortete Konstanze.

O, wahrhaftig, sagte Herr von Granow, ist es möglich? Ja, was ich sagen wollte: der junge Fürst war da; er wird sich ja mit der jüngsten Comtesse Griebenow verloben, sagt man. Unterdessen hat er auf Rossow Quartier genommen — dem einzigen seiner Güter in hiesiger Gegend, wissen Sie, das eine Art von herrschaftlichem Hause hat und überdies ganz nahe bei Griebenow liegt. Vortreffliche Gelegenheit, wenn ein Fürst überhaupt eine Gelegenheit braucht. Die ist aber nur für uns arme Teufel. Ha ha ha!

Und des Kleinen Kopf verschwand wieder zwischen den runden Schultern.

Ich hatte nahe genug bei den Sprechenden gestanden, um jedes ihrer Worte hören und jede ihrer Mienen beobachten zu können, und ich hatte deutlich bemerkt, daß, als Herr von Granow des jungen Fürsten Erwähnung that, Konstanze, die halb abgekehrt mit einer gleichgültig-verdrießlichen Miene dastand, sich plötzlich umwandte und ihre Augen fest auf den Sprechenden heftete, während ein dunkles Roth über ihre Wangen flog. Ich hatte später Veranlassung genug, mich dieses Umstandes zu erinnern, über den zu räthseln mir vorläufig keine Zeit blieb, denn Herr von Zehren kam jetzt mit den Cigarren, die er holen gegangen war, zurück, und Konstanze entfernte sich sehr schnell, nachdem sie Herrn von Granow die Fingerspitzen, mir die Hand mit anscheinend großer Herzlichkeit gereicht und für Herrn von Trantow, der noch immer stumm und unbeweglich an der Thür stand, nur ein vornehmes, kaum merkliches Nicken des Kopfes gehabt hatte.

Herr von Trantow strich sich mit der breiten Hand über die Stirn, als die Thür sich hinter der schönen Gestalt geschlossen hatte, und richtete dann seine großen starren Augen auf mich, während er langsam auf mich zuschritt. Ich erwiderte den Blick, in welchem ich eine finstere Drohung zu lesen glaubte, möglichst trotzig, und war auf Alles gefaßt, als jetzt der Riese vor mir stehen blieb, die starren Augen fest auf mich geheftet.

Das ist der junge Freund, von dem ich Ihnen erzählt habe, Hans, sagte Herr von Zehren, der herantrat. Glauben Sie, daß Sie mit ihm fertig werden?

Hans von Trantow zuckte die Achseln.

Ich habe nämlich mit Hans gewettet, daß Sie stärker sind, als er, fuhr unser Wirth fort; er gilt in der ganzen Gegend für den stärksten Mann; ich hielt es für meine Schuldigkeit, ihn auf einen so formidabeln Concurrenten aufmerksam zu machen.

Aber nicht heute Abend, sagte Hans, indem er mir die Hand reichte. Es war gerade, wie wenn eine große Dogge, vor der wir nicht ganz sicher sind, ob sie nicht beißen wird, sich plötzlich vor uns hinsetzt und uns die mächtige Tatze auf den Schooß legt. Ich schlug unbedenklich ein.

Heute Abend! rief Herr von Zehren; das fehlte noch! Mein junger Freund wird hoffentlich recht lange bei mir bleiben; er will Oeconom werden und wo könnte er schneller zum Ziele kommen, als auf meiner Musterwirthschaft!

Und der »Wilde« lachte; von Granow rief: das sei sehr gut! der schweigsame Hans sagte nichts, und ich stand verlegen da. Herr von Zehren hatte in der Unterredung vorhin kein Wort davon gesagt, daß ich als Lehrling bei ihm bleiben solle. Weshalb hatte er es nicht gethan? Es war doch ein ausgezeichneter Gedanke, der alle Schwierigkeiten meiner Stellung auf einmal hob; — und was seine »Musterwirthschaft« betraf, weshalb sollte es mir nicht gelingen, das ironisch gemeinte Wort zur Wahrheit zu machen? Ja, hier hatte ich eine neue Mission, die aber Hand in Hand mit jener ersten ging; den Vater mit der Tochter aussöhnen, das verkommene Gut wieder emporbringen, die Burg ihrer Väter wieder aufrichten, mit einem Wort, der gute Geist, der Schutzgeist des Hauses, der Familie sein!

Das Alles ging mir durch den Kopf, während sich die Herren an den Spieltisch setzten, und mich verfolgten diese Gedanken, nachdem ich, unter dem Vorwand, noch etwas frische Luft schöpfen zu wollen, das

Zimmer und das Haus verlassen, und im Park zwischen den dunkeln Büschen auf den mir nun schon bekannten Wegen umherschweifte. Der Mond war noch nicht aufgegangen, doch verkündete eine hellere Stelle am östlichen Horizont sein Nahen. Die Sterne flimmerten in dem von der durchwärmten Erde aufsteigenden Luftstrom. In den Büschen, in den Bäumen rauschte und raunte es und im Dickicht schrie ein Käuzchen, sonst war Alles dunkel und still, nur aus einem Fenster des Erdgeschosses dämmerte ein Licht und die leisen Töne einer Guitarre irrten von dort zu mir herüber. Mein Herz begann heftig zu schlagen, ich konnte der Versuchung nicht widerstehen und schritt mit verhaltenem Athem und durch jedes kleinste Geräusch, das mein Fuß auf dem Boden machte, erschreckt, näher und näher, bis ich an die steinerne Balustrade kam, welche die breite, niedrige Terrasse umgab. Ich sah jetzt, daß das Licht aus einer weitgeöffneten Fensterthür kam, durch welche ich einen Blick in ein matterhelltes Gemach hatte. An den beiden Fenstern rechts und links waren die dichten Vorhänge herabgelassen. Von da, wo ich stand, konnte man die Bewohnerin nicht sehen, und ich überlegte eben mit pochendem Herzen, ob ich es wagen dürfe, noch weiter vorzudringen, als sie plötzlich in der Thür erschien. Jetzt mußte ich bleiben, wollte ich mich nicht verrathen. Ich hielt den Athem an und drückte mich dicht gegen eine große Steinvase, neben der ich stand.

Ihre Finger glitten über die Saiten der Guitarre, bald diesen Ton, bald jenen anschlagend, dann ein paar unsichere Accorde, als ob sie nach einer Melodie suche. Zuletzt wurden die Accorde fester und sie sang:

> Am Tage die Sonne
> Wohl hat sie mich gerne,
> Ich aber, ich liebe
> Die nächtigen Sterne.
>
> Die nächtigen Sterne
> Aus endlosen Räumen,
> Sie kommen und blinken
> Und lassen mich träumen.
>
> Sie lassen mich träumen
> Und machen mich weinen
> Um den Lieben, den Holden,
> Den Schlimmen, den Einen.
>
> Den Schlimmen, den Einen,
> Den ich mir erkoren,
> An den ich die Seele,
> Die arme, verloren.

Die letzten Worte hatte sie mit unsicherer Stimme gesungen; jetzt lehnte sie ihr Haupt gegen den Thürpfosten, und ich hörte sie weinen und schluchzen. Meine Erregung war zu groß, als daß ich die Vorsicht, welche meine Stellung erforderte, hätte beobachten können. Ein Stein löste sich von dem verwitterten Rande der Terrasse und rollte hinab. Konstanze zuckte empor und fragte mit unsicherer Stimme: Wer ist da? Ich hielt es für gefährlich, noch länger den Lauscher zu spielen, und trat auf sie zu, indem ich meinen Namen nannte.

Ach, Sie sind es! sagte sie.

Ja, sagte ich, ich bitte um Verzeihung. Ich hörte Sie spielen, das hat mich herangelockt; ich weiß, es war sehr unschicklich; bitte, verzeihen Sie mir.

Ich stand jetzt neben ihr, das Licht aus dem Zimmer fiel hell auf ihr Gesicht und ihre dunkeln, zu mir erhobenen Augen.

Sie Guter, sagte sie mit weicher Stimme; — oder meinen Sie es nicht gut mit mir?

Ich vermochte nicht zu antworten, aber sie wußte mein Schweigen wohl zu deuten.

Ja, sagte sie, Sie sind mein treuer Knappe; mein treuer Georg. Wenn ich sagte: heute Nacht bewachst Du diese Terrasse, bis der Morgen graut — nicht wahr, Sie würden es thun?

Ja, sagte ich.

Sie lächelte zu mir auf. — Ach, wie das lieb ist, ein Wesen auf Erden sich treu zu wissen. Wie lieb das ist!

Sie reichte mir die Hand, die ich in meiner zitternden Hand festhielt.

Aber ich verlange nichts derart von Ihnen, sagte sie; nur Eines: daß Sie uns recht lange Gesellschaft leisten und recht oft mit mir spazieren gehen. Versprechen Sie mir's! Ja! das ist so lieb! Und nun gehen Sie! Gute Nacht!

Sie zog mit leisem Druck ihre Hand aus der meinen und ging in ihr Zimmer zurück. Als ich ein paar Schritte gemacht hatte, hörte ich die Fensterthür schließen.

Unter einem der großen Bäume des Parkes stand ich und blickte nach dem Hause zurück. Der Mond war über den Waldrand gestiegen, das große Gebäude hob sich heller aus dem Dunkel; hier und da flimmerte auf einem der Fenster des oberen Stockes ein ungewisser Schimmer. Das Licht in Konstanze's Gemach kam zu mir herüber mit jenem magischen Schein, der uns so nur einmal wohl im Leben leuchtet.

Die Wiese vor mir hatte in tiefem Schatten gelegen; eben irrten die ersten Strahlen des Mondes darüber hin, und da glaubte ich eine Gestalt zu sehen, die von der andern Seite herankommend, sich langsam auf Konstanze's Fenster zu bewegte. Das war an sich unverfänglich genug; es mochte ein Arbeiter sein, der aus dem Dorfe kam und den Richtweg durch den Park eingeschlagen hatte; aber ein treuer

Knappe hat die Pflicht, sich in solchem Falle Gewißheit zu verschaffen, und so schritt ich denn, ohne mich zu besinnen, quer über die Wiese auf die Gestalt zu. Unglücklicherweise trat mein Fuß auf einen dürren Ast; es gab ein lautes Geräusch. In demselben Moment blieb der Mann stehen und eilte mit leichten, schnellen Schritten in der Richtung, aus der er gekommen, zurück. Der Vorsprung, den er hatte, war nur gering, aber das dichte Gehölz, welches die Wiese nach jener Seite einrahmte und die Grenze des Parkes bildete, war auch nahe, und so erreichte er dasselbe wenige Minuten vor mir. Ich hörte ihn deutlich durch die Zweige brechen, aber wie sehr ich auch vorwärts strebte, ich konnte ihn nicht erreichen; ich glaubte schon, daß mich mein Ohr in eine falsche Richtung gelockt habe, als ein lautes Poltern und Krachen nicht weit von mir mich überzeugte, daß ich auf der rechten Fährte war. Jenes Poltern konnte nur entstanden sein, indem sich der Mann über das morsche Bretterstaket schwang, das den Park nach dieser Seite einschloß und das ich selbst heute bereits zweimal passirt hatte. Jetzt konnte er mir nicht mehr entgehen; jenseits war eine weite Brache und ich hatte noch Niemand gekannt, den ich im Lauf nicht überholt hätte. Aber in dem Augenblicke, wo auch ich die Planke erreichte, ertönte Hufschlag und aufblickend sah ich einen Reiter über den ebenen Plan, den jetzt der Mond hell genug erleuchtete, jagen. Das Pferd mußte ein vorzüglicher Renner sein. Die Hufe schlugen so leicht auf und die Sprünge waren von so mächtiger Weite, daß in weniger als einer halben Minute Roß und Reiter meinen Blicken entschwunden waren; eine zweite halbe Minute hörte ich noch den Hufschlag, dann war auch der verklungen, und ich hätte glauben können, das Ganze geträumt zu haben, wenn mein vor Aufregung und von dem eiligen Lauf klopfendes Herz und meine dornengeritzten, schmerzenden Hände mich nicht eines Andern belehrt hätten.

Wer war der freche Eindringling? Ein gewöhnlicher Dieb sicher nicht; — wohl ohne Zweifel Jemand, den das Licht aus Konstanze's Fenster herangelockt hatte, vielleicht heute nicht zum ersten Male; er schien den Weg schon öfter im Dunkeln zurückgelegt zu haben.

An einen begünstigten Liebhaber glaubte ich nicht; eine solche Annahme würde mir als die schnödeste Versündigung an dem herrlichen Mädchen erschienen sein, das mit ihren träumerischen Augen wahrlich nicht einer glücklich Liebenden glich. Ihr schwermüthiges Lied und ihr Weinen — das Alles deutete vielmehr auf eine unglückliche Liebe. Also doch auf Liebe? Ach! ich wollte ja nichts für mich! Wie konnte ich wagen, die Augen zu ihr zu erheben! Ich konnte nur für sie leben oder sterben, und einem Frechen, der es wagte, unter dem Schutz der Nacht und des Dunkels in dies Heiligthum zu dringen, bei nächster Gelegenheit das Genick brechen.

Dieser Vorsatz hob in etwas wieder meine gedrückte Stimmung, aber freilich: die Seligkeit von vorhin war unwiederbringlich verschwunden. Ich fühlte mich aufgeregt und beunruhigt, als ich in das Zimmer zu den Spielern zurückkehrte.

Man hatte mit Whist angefangen; und war jetzt beim Faro. Der Wilde hielt die Bank; er mußte sehr bedeutend gewonnen haben. In einem Teller vor ihm lag eine Menge Silbergeld, aus dem hier und da ein Goldstück hervorblickte; dieser Teller stand in einem zweiten, welcher mit zerknitterten Tresorscheinen angefüllt war. Die beiden Gäste hatten ihr baares Geld schon verloren; denn sie wechselten sich häufig gegen Bons, die zu den Tresorscheinen in den zweiten Teller wanderten, größere und kleinere Summen ein, welche eine entschiedene Neigung zeigten, zu der Quelle, aus der sie geflossen waren, zurückzukehren. Herr von Trantow schien sein Unglück mit großer Fassung zu tragen. Sein gutes, hübsches Gesicht war so leidenschaftslos ruhig wie vorher, nur daß es vielleicht ein paar Töne tiefer geröthet war und die großen blauen Augen noch etwas starrer blickten. Doch konnte das ebenso gut die Wirkung des Weines sein, von dem man bereits mindestens ein halbes Dutzend Flaschen geleert hatte. Herrn von Granow's Nerven waren gegen die Pfeil' und Schleudern eines bösen Geschicks weniger unempfindlich. Er hob sich bald in seinem Stuhl, bald ließ er sich wieder zurücksinken; er wetterte und fluchte bald laut, bald leise, und befand sich offenbar in der übelsten Laune, zum heimlichen Ergötzen, wie mir däuchte, des Herrn von Zehren, dem die Lust aus den braunen Augen blitzte, wenn er mit höflich-bedauernden Worten wieder einmal das Geld des Kleinen einzustreichen gezwungen war.

Ich hatte mich eben zu den Spielern gesetzt, die Chancen des Spiels, das mir aus schüchternen Schülerversuchen hinreichend bekannt war, besser zu beobachten, als mir Herr von Zehren mit den Worten: Sie müssen auch spielen, einen Haufen Banknoten, den er gerade gewonnen hatte, zuschob.

Verzeihen Sie, stotterte ich —

Machen Sie doch keine Umstände, sagte er, warum wollen Sie noch erst auf Ihr Zimmer gehen, sich Geld zu holen! hier ist genug.

Er wußte, daß meine ganze Baarschaft aus noch nicht einem Thaler bestand; ich hatte es ihm gestern Abend gesagt. Ich erröthete deshalb über und über, aber ich hatte nicht den Muth, der großmüthigen Lüge meines gütigen Wirthes zu widersprechen; ich rückte mit der Miene eines Mannes, der kein Spielverderber sein will, näher heran und fing an zu pointiren.

Vorsichtig im Anfang und mit kleinen Einsätzen, wie es sich für mich schickte, und mit dem festen Entschluß, ganz ruhig zu bleiben; aber es dauerte nicht lange, als sich in meinem Hirn und Herzen ein unheimliches Fieber entzündete. Mein Herz pochte in schnellen und schnellern Schlägen, mein Athem flog, meine Stirn und meine Augen brannten; ich stürzte, während die Karte geschlagen wurde, Glas auf Glas hinunter, meine verdorrende Zunge zu netzen; ich strich mit bebender Hand meinen Gewinn ein. Und dabei gewann ich fast unaufhörlich; wenn einmal eine Karte gegen mich schlug, brachte mir die folgende das Dreifache und Fünffache. Ich glaubte, das Herz müsse mir springen, als das Geld vor mir zu einer Summe anwuchs, wie ich sie noch nie beisammen gesehen hatte — zwei- bis dreihundert Thaler, wie ich es heimlich überschlug.

Nun kam ein Stillstand; ich gewann nicht mehr, verlor aber auch nicht; dann fing ich an, erst langsam, dann schneller und schneller zu verlieren. Es lief mir kalt durch die Adern, wie einer der großen Scheine nach dem andern wieder von mir wanderte, aber ich hatte vorhin das Betragen des Herrn von Granow zu widerwärtig gefunden, um in denselben Fehler zu verfallen. Ich verlor, wie ich Hans von Trantow verlieren sah, ohne eine Miene zu verziehen, worüber ich denn von Herrn von Zehren mit ermuthigenden Worten belohnt wurde. Schon war meine Baarschaft bis auf die Hälfte zusammengeschmolzen, als Hans von Trantow gähnend erklärte, er sei zu müde, um noch weiter spielen zu können; Herr von Granow sagte, es sei noch gar nicht spät, aber die herabgebrannten Lichter und die große Pendule an der Wand, die auf halb drei wies, waren entschieden anderer Meinung. Die beiden Herren zündeten sich frische Cigarren an und bestiegen den schon lange wartenden Wagen, nachdem eine Jagdpartie, an der ich auch theilnehmen sollte, auf morgen verabredet war.

Wir kehrten in das von Weindunst und Tabackrauch angefüllte Zimmer zurück, wo der alte Christian, für den der Unterschied von Tag und Nacht nicht zu existiren schien, mit Aufräumen beschäftigt war. Herr von Zehren stieß das Fenster auf und blickte hinaus. Ich trat zu ihm; er legte mir die Hand auf die Schulter und sagte: Wie schön die Sterne leuchten und wie balsamisch die Nachtluft ist! Und da — er wies mit der Hand in das Zimmer — wie häßlich, wie ekelhaft — und wie schlecht das riecht! Warum kann man nicht beim Sternenschein Faro spielen und dazu den Duft von Levkojen und Reseda rauchen? Und warum muß nach jeder lustigen Nacht die Reue in Gestalt eines alten Mannes kommen und kopfschüttelnd die geleerten Flaschen zählen und die Asche zusammenkehren? Das ist so dumm! aber man darf sich keine grauen Haare darüber wachsen lassen, die kommen von selbst. Und nun zu Bett, zu Bett! Ich sehe, Sie haben noch hunderterlei auf dem Herzen, aber morgen ist auch noch ein Tag und wenn nicht — desto besser. Gute Nacht! schlafen Sie wohl!

Aber es dauerte lange, bis der Wunsch meines Wirthes an mir in Erfüllung ging. Ein wahrer Hexensabbath von schönen und häßlichen Spukgestalten tanzte vor meinen in fieberhaftem Halbschlaf geschlos-

senen Augen den wildesten Reigen: Konstanze, ihr Vater, seine Spießgesellen, die dunkle Gestalt in dem Park, und dazwischen mein Vater
und Professor Lederer und Schmied Pinnow — und Alle wollten sie
von mir gerettet sein aus einer oder der anderen Gefahr — Professor
Lederer von zwei dicken Lexicis, die aber eigentlich zwei große
Austern waren, welche die Schalen gegen den dürren Gelehrten auf-
sperrten, während der Commerzienrath im Hintergrunde stand und
sich todt lachen wollte; und das wirrte und raste durcheinander und
liebkoste und drohte, und entzückte und ängstigte mich, bis endlich,
als die Morgendämmerung schon ihr bleiches Licht auf die zerfetzten
Tapeten meines Gemaches warf, ein bleischwerer Schlaf die Spukgestalten bannte.

Neuntes Capitel

Wenn nach den einstimmigen Berichten von Reisenden, welche die
Tour gemacht, der Weg zur Hölle mit guten Vorsätzen gepflastert ist,
so bin ich überzeugt, daß einige Quadratruthen davon meine Arbeit
sind und daß ich diese Arbeit zum größten Theil in den ersten vierzehn Tagen meines Aufenthaltes auf Zehrendorf gethan habe. Es
konnte aber auch nicht leicht ein Terrain geben, auf welchem Alles,
was man zu jener leichten und angenehmen Handtierung braucht, in
so reichem Maße vorhanden gewesen wäre. Wo man ging und stand,
wohin man den Blick wandte — überall lag das Material bereit am
Wege, und ich war zu jung, zu unerfahren und — ich darf es wohl
sagen — von zu gutem Herzen, als daß ich nicht mit beiden Händen
hätte zugreifen sollen. Welcher unsäglichen Thorheit ich mich schuldig machte, als ich daran ging, die aus den Fugen gegangene Welt, in
der ich mich jetzt bewegte, wieder einzurenken, nachdem ich noch
eben erst bewiesen, daß ich mich in die vollständig geordnete, aus der
ich stammte, in keiner Weise hätte fügen können und wollen — dieser
Gedanke ist mir erst viel später gekommen. Vorläufig war ich von
meiner erhabenen Mission auf das Innigste überzeugt und segnete
meinen Stern, der mich aus der schnöden Sklaverei der Schule und des
väterlichen Hauses, wo ich verkümmerte, aus den drückenden Banden
philisterhafter Verhältnisse, die den freien Flügelschlag meiner heroischen Seele hemmten, so herrlich herausgeführt in diese Wüstenfrei-
heit, die keine Grenzen zu haben schien und hinter der doch das
Kanaan liegen mußte, wo die Milch der Freundschaft und der Honig
der Liebe floß, und das zu erobern ich heldenhaft entschlossen war.
Zwar der Brief, welcher an einem der nächsten Tage von meinem
Vater an Herrn von Zehren — nebst einer großen Kiste mit Sachen —

eintraf, hatte mich einen Augenblick stutzig gemacht. Der Brief hatte nur wenige Zeilen enthalten, des Inhalts, daß er (mein Vater), überzeugt von der Unmöglichkeit, mich auf seinem Wege zum Guten zu führen, wohl und übel mich mir selbst habe überlassen müssen, und daß er nur noch wünschen könne, es möge mein Ungehorsam und mein Trotz nicht zu schwer an mir heimgesucht werden. Herr von Zehren hatte mich den Brief lesen lassen und, als er meine nachdenkliche Miene wahrnahm, gesagt: Wollen Sie zurück? — Dann aber gleich hinzugefügt: Thuen Sie es nicht. Das ist nichts für Sie. Der alte Herr hat Sie zu einem Arbeitspferd machen wollen. Dazu taugen Sie nicht, so groß und stark Sie sind. Sie sind ein Jagdpferd, für das kein Graben zu breit, keine Hecke zu hoch ist. Kommen Sie, ich habe hinten in der Koppel ein Volk von vierundzwanzig gesehen. Das wollen wir vor Tisch noch vornehmen.

Ich war es zufrieden; ich fand, daß mein Vater mich zu bald aufgegeben hatte, daß er wohl noch einen Versuch hätte machen können, mich zu halten, und daß er sich des Rechtes begeben habe, mir nun noch mit einer himmlischen Strafe zu drohen. Dennoch war es mir unheimlich, als Herr von Zehren eine Stunde später, als er seine Pfropfen verschossen hatte, den Brief meines Vaters aus der Tasche nahm und mit dem Scherzwort, daß Noth kein Gebot kenne, ihn in vier Stücke riß und in die beiden Läufe seiner Flinte stampfte. Ich weiß, ich hatte die Empfindung, es werde, es müsse ein Unglück geben. Aber die Flinte sprang nicht, die Hühner kamen regelrecht herunter, und von dem Briefe war nichts übrig als ein glimmendes Stückchen Papier, das zwischen die trockenen Stoppeln gefallen war und auf das Herr von Zehren, als er die Hühner in die Tasche schob, seinen Fuß setzte.

Wenn ich aber noch gezweifelt hätte, ob ich recht gethan, mich auf die eigenen Füße zu stellen, wie ich es nannte, so war ein Brief Arthur's, welcher bald darauf eintraf, nur zu geeignet, mich in meinem Wahn von der endlich errungenen Freiheit zu bestärken.

Du bist doch immer der glückliche Hans, schrieb Arthur, Du läufst aus der Schule und man läßt Dich laufen, als ob sich das so von selbst verstünde, während man mich wieder einfängt, wie einen weggelaufenen Sklaven, mich drei Tage lang in's Loch steckt, mir jede Stunde meine Schande vorwirft und mir das Leben in jeder Beziehung blutsauer macht. Selbst mein Papa stellt sich an, als ob ich Gott weiß was verbrochen hätte, und nur die Mama ist vernünftig und sagt, ich solle mir das nicht zu Herzen nehmen; und der Papa müsse auch nur so thun, sonst setzte mich Lederer nicht nach Ober-Prima, und die Geschichte dauerte noch länger. Es ist wirklich eine Schande, daß ich, blos weil der Onkel Commerzienrath es will, das Abiturientenexamen machen muß, während Albert von Zitzewitz, der auch nicht älter ist als ich, es auf der Cadettenschule jetzt schon zum Fähnrich gebracht hat. Was habe ich von dem Commerzienrath? Papa sagt, er könne mich während meiner Lieutenantsjahre ohne die vom Onkel erwarteten Zuschüsse nicht erhalten, und das mag auch wohl so sein, denn es wird mit jedem Tag schlimmer bei uns, und der Papa war ganz außer sich, als er gestern sechszehn Thaler für meine Handschuhrechnung bezahlen sollte. Wenn mir die Mama nicht noch manchmal darüber hülfe, ginge es gar nicht mehr, aber sie hat auch nichts und hat mir gestern gesagt, daß sie nicht wüßte, wie es zu Neujahr werden solle, wenn alle die Rechnungen einlaufen. Du könntest mir wirklich aus der Verlegenheit helfen; Papa sagt, Onkel Malte sehe das Geld nicht an, wenn er mal welches habe, und wer den rechten Moment träfe, könne so viel bekommen, wie er wolle. Du Glücklicher bist ja doch nun beständig um ihn und da könntest Du doch, einem alten Freund zu Liebe, den rechten Moment abpassen und ein gutes Wort für mich einlegen; oder noch besser, Du sagst, Du habest noch einige alte Schulden, die Du gern bezahlen möchtest, ob er Dir nicht so ein Thaler fünfzig oder hundert leihen wolle, und Du schickst es mir, da Du es doch nicht brauchst. Hierher kommst Du ja auf keinen Fall zurück, denn, wie sie hier über Dich sprechen, das kannst Du Dir gar nicht vorstellen. Lederer betet jetzt immer fünf Minuten länger für das verirrte Lamm (womit er Dich alten Sünder meint); der Justizrath Heckepfennig soll gesagt haben: wenn es je einem Menschen auf dem Gesicht gestanden habe, daß er in den Schuhen sterben werde, so seist Du es; in Emiliens Kränzchen haben sie beschlossen, die Blätter, auf denen Du Dich verewigt, aus ihren Stammbüchern zu reißen, und beim Onkel Commerzienrath hat es vorgestern Deinethalben eine ordentliche Scene gegeben. Der Onkel hat über Tisch gesagt, Du müßtest verzweifelt lange Schritte machen, wenn Du dem (dabei hat er eine Handbewegung gemacht) entlaufen wolltest, worauf Hermine schrecklich zu weinen angefangen und Fräulein Duff gesagt hat, es sei lästerlich, in Gegenwart eines Kindes solche Reden zu führen. Du siehst also: Du hast in der Damenwelt noch ein paar mächtige Freunde, wie Du denn von jeher auf dieser Seite ein unverantwortliches Glück gehabt hast und noch hast. Mach' meine schöne Cousine nur nicht unglücklich, Du Teufelskerl!

P.S. Der Papa sagte mir einmal, daß Konstanze von einer alten spanischen Tante jährlich eine kleine Summe ausgezahlt erhalte, die sie gewiß nicht brauche; vielleicht wäre von ihr Geld zu haben, Du könntest wenigstens einmal hinhorchen.

Ich hatte auf diesen Brief hin, der mir eine so bequeme Gelegenheit bot, feurige Kohlen auf das Haupt meines noch immer geliebten Freundes zu sammeln, sofort beschlossen, ihn mit einem Theil meines Gewinnes vom ersten Spielabend aus der Verlegenheit zu reißen, aber auch dieser Vorsatz — von dem ich allerdings kaum behaupten möchte, daß er in irgend einem Sinne ein guter gewesen — sollte nicht zur Ausführung kommen. Am Abend desselben Tages nämlich, als auf dem Gute Hans von Trantow's der Wilde seinen Spielgenossen Revanche gab, verlor ich nicht nur das unter so vielem Herzklopfen gewonnene Geld unter demselben Herzklopfen bis auf den letzten Thaler, sondern noch eine ziemlich bedeutende Summe, die mir mein gütiger Wirth, der wiederum der Gewinner war, aufdrang. Dieses Unglück, das ich, wenn ich einen Gran klüger gewesen, hätte voraussehen können, traf mich als ein harter Schlag. Ich war, trotz allen Leichtsinns, in meinen kleinen Geldangelegenheiten immer von der scrupulösesten Gewissenhaftigkeit gewesen; hatte die unbedeutenden Schulden, die ich etwa gemacht, stets so bald als möglich und mit willigem Herzen bezahlt, ich fühlte mich deshalb, als wir nach der Unglücksnacht in der Morgendämmerung nach Hause fuhren, so unglücklich wie noch nie in meinem Leben. Wie sollte ich je im Stande sein, eine solche Summe abzutragen, noch dazu, da ich entschlossen war, nie wieder eine Karte in die Hand zu nehmen? Wie sollte ich heute im hellen Tageslicht dem Mann an meiner Seite in's Gesicht zu sehen wagen, ihm, dem ich mich schon ohnedies so tief verpflichtet fühlte? Herr von Zehren, der in der glücklichsten Stimmung war, lachte laut, als ich ihm, wie er in mich drang, meine Noth beichtete. — Mein lieber Georg, sagte er — er nannte mich bereits immer nur bei meinem Vornamen —, nehmen Sie mir es nicht übel, aber Sie sind nicht recht gescheit. Wie, Mann, denken Sie denn wirklich, daß ich Sie nur einen Augenblick für das, was Sie auf meinen Wunsch thun, verantwortlich machen könnte? Wer Unmündigen Geld leiht, thut es bekanntlich auf seine Gefahr und Sie erinnern sich doch wohl noch, daß ich Ihnen das Geld aufdrang. Weshalb? Nun, zum Teufel, weil es mir Vergnügen macht, Ihr ehrliches, erhitztes Gesicht beim Spiel mir gegenüber zu sehen und es mit Granow's Galgenphysiognomie oder mit Trantow's verschlafener Miene zu vergleichen. Und wenn ein junger Mensch, der mein lieber Gast ist, mir zu Liebe mit mir auf die Jagd und mit mir zum Farotische geht, und er keine Flinte und kein Geld hat, so ist es doch nur selbstverständlich und recht und billig, daß ich ihm meinen Gewehrschrank und meine Börse zur Disposition stelle. Und nun hören Sie auf, von der Bagatelle zu sprechen, und geben Sie mir eine Cigarre, oder haben wir keine mehr?

Ich bot ihm seine Cigarrentasche, die er meiner Obhut anvertraut, und murmelte, daß seine Güte mich zu Boden drücke, und daß mein einziger Trost sei, es werde sich mir doch noch eine Möglichkeit bieten, wie ich ihm so oder so meine Schuld abtragen könne. — Er lachte wieder und sagte, ich sei so stolz wie Lucifer, aber das möge er wohl leiden, und was die Möglichkeit betreffe, mich gegen ihn abzufinden, so sei er ein Mann, in dessen Leben die Zufälle und die

Glücksfälle und die Unfälle und alle möglichen Fälle eine so große Rolle spielten, daß es mit einem Wunder zugehen müßte, wenn nicht unter andern leider auch der von mir herbeigesehnte Fall einträte. Bis dahin wollten wir die Sache in der Schwebe lassen. So suchte er meine Gewissensbisse wegzuscherzen, aber es war ihm nur zum Theil gelungen, und ich schlief an diesem Morgen ein und erwachte ein paar Stunden später mit dem Vorsatz, ernstlich an die Ausführung eines andern Vorsatzes zu gehen, nämlich in meiner Eigenschaft als Lehrling mich der verlassenen Wirthschaft anzunehmen, es in kürzester Frist zu einer vollkommenen Einsicht in ökonomische Dinge zu bringen, mit Hülfe dieser Einsicht und eines rastlosen Fleißes und mit Aufbieten aller meiner Kräfte das verwüstete Gut, ebenfalls in kürzester Frist, sagen wir in ein bis zwei Jahren, zu einem Paradies zu machen und so meinen gütigen Wirth der Nothwendigkeit zu überheben, das Geld, welches ihm seine Aecker nicht abwarfen, am Spieltisch zu gewinnen.

Von Stund' an legte ich ein Interesse für den spukhaften Pferdestall, das bis auf wenige jämmerliche Exemplare der Rinderspecies ausgestorbene Viehhaus und für ein paar Dutzend melancholischer Schafe an den Tag, daß Herr von Zehren, der ein ungemein scharfes Auge für das Komische hatte, gar nicht aus dem Lachen herauskam, bis sich ein Vorfall ereignete, der ihn veranlaßte, ein ernstes Wort zu sprechen, und mir meine ökonomischen Studien einigermaßen verleidete.

Jener alte Mann, den ich am ersten Tage im Park getroffen hatte, und der eigentlich Christian Haltermann hieß, von Allen aber nur »der alte Christian« genannt wurde, war in seiner Eigenschaft als Unterverwalter (oder Statthalter, wie man in jener Gegend sagt) in Ermangelung eines Herrn, der sich um etwas kümmerte, und eines Oberverwalters, der nicht vorhanden war, die kümmerliche Seele der kümmerlichen Wirthschaft. Was etwa noch angeordnet wurde, ging von ihm aus, aber es bedurfte gerade keines besonderen Scharfblickes, um zu sehen, daß von den banditenmäßig aussehenden Kerlen, welche die Rolle von Arbeitern spielten, jeder that, was ihm beliebte. Wenn der alte Mann, wie ich es ein paar Mal beobachtet hatte, in einen hilflosen Zorn gerieth, und mehr zu seiner Erleichterung als in der Hoffnung, etwas damit auszurichten, in einem sonderbar kreischenden, papageienartigen Tone schalt und keifte, lachten sie ihm in sein verschrumpftes Gesicht und gingen ihres Weges, verhöhnten ihn wohl gar ganz offen. Dabei zeichnete sich besonders ein gewisser Johann Swart, genannt »der lange Jochen« aus, ein baumhoher breitschulteriger Kerl mit affenlangen Armen, dessen Physiognomie dem Justizrath Heckepfennig vielleicht doch noch weniger gefallen hätte als die meinige, und von dessen unüberwindlicher Stärke die Andern unheimliche Dinge erzählten.

Diesen Menschen traf ich eines Morgens wieder einmal im Streit mit dem Alten. Der Gegenstand war ein Kornfuder, das der Alte abgeladen haben und der Andere nicht abladen wollte, die Scene der mit zertretenem Stroh bedeckte Platz vor dem Scheunenthor, die Zuschauerschaft ein halbes Dutzend anderer Kerle, die offenbar auf der Seite des Langen standen und jedes gemeine Witzwort desselben mit wieherndem Gelächter begrüßten.

Ich hatte den Auftritt schon von weitem beobachtet und so kam es, daß, als ich eilig herantrat, mein Blut bereits vor Zorn kochte. Ein paar der Lacher unsanft beiseite stoßend, trat ich vor den langen Jochen hin und fragte ihn, ob er jetzt dem Befehl des alten Christian Folge leisten wolle oder nicht. Jochen antwortete mit einem groben Lachen und einem gemeinen Wort. Im nächsten Augenblick wälzten wir uns Beide auf dem zertretenen Stroh, im folgenden kniete ich auf dem Besiegten und machte ihm die Unannehmlichkeit seiner Situation so handgreiflich, daß er zuerst laut um Hülfe und, als er sah, daß die Andern starr vor Schreck standen und er rettungslos in meiner Hand war, kläglich um Gnade schrie.

Ich hatte eben den halb Erwürgten und jämmerlich Zerbläueten losgelassen, als Herr von Zehren, der wieder seinerseits die Scene aus dem Fenster seines Zimmers beobachtet hatte, eilends herzukam. Er sagte dem Langen, es sei ihm ganz recht geschehen, und er solle es sich für die Zukunft merken, schalt auch die Andern, aber, wie es mir schien, keineswegs mit dem gehörigen Nachdruck, faßte mich dann unter den Arm, führte mich eine Strecke schweigend fort und sagte, als wir außerhalb des Gehörkreises der Leute waren: Es ist ganz gut, Georg, wenn die Kerle wissen, wie stark Sie sind; aber ich möchte nicht, daß Sie sie mir durch wiederholte Exercitien derart verwöhnten. Ich sah ihn groß an.

Ja, fuhr er fort, sie wollen sonst bei tausend anderen Gelegenheiten dieselben Prügel haben und zu dieser Herkulesarbeit möchten selbst Ihre starken Arme nicht ausreichen.

Lassen wir es darauf ankommen, sagte ich.

Nein, lassen wir es nicht darauf ankommen, sagte er.

Aber darüber geht die Wirthschaft zu Grunde, rief ich, dessen Blut noch immer in hohen Wogen ging. Herr von Zehren zuckte die Achseln und sagte: Da hat sie es nicht mehr allzu weit, gönnen wir ihr doch die paar Schritte! Kurz, Georg, die Parole heißt: es bleibt Alles beim Alten! und was die Leute betrifft: es sind keine Bienen an Arbeitsamkeit, aber das haben sie mit den Bienen gemein, daß sie leicht stechen, wenn sie gereizt werden. Seien Sie deshalb in Zukunft ein wenig vorsichtiger als vorhin!

Er hatte das lächelnd gesagt, aber ich hörte sehr wohl heraus, daß es ihm mit dem, was er sagte, vollkommener Ernst sei, und ich also das Paradies, mit dessen Plan ich mich trug, ungeschaffen lassen müsse.

Ein Paradies, in welchem jene banditenmäßigen Strolche ungestraft herumlungern konnten, war ein zu greller Widerspruch, als daß er selbst meinen unerfahrenen Augen nicht hätte einleuchten sollen.

Ich kann nicht sagen, daß es mir sehr schmerzlich gewesen wäre, auf meine Schöpferrolle zu verzichten. Hatte ich mich doch hauptsächlich in dieselbe hinein geträumt, weil ich hoffte, so die Schuld der Dankbarkeit gegen meinen Wirth abtragen zu können. Wenn er in dieser Münze nicht bezahlt sein wollte, so war dies schließlich nicht mir anzurechnen, und wenn er mir tagtäglich wiederholte, daß er von mir nichts weiter wolle, als mich selbst, daß meine Gesellschaft ihm über Alles angenehm sei, — wie hätte ich Versicherungen, die mir so schmeichelhaft waren, nicht glauben, wie hätte ich den Lockungen eines Lebens, das meinen Neigungen so vollkommen entsprach, widerstehen können?

Fischefangen und Vogelstellen! — es knüpft sich eine ominöse Warnung daran, deren Richtigkeit zu erproben ich später verzweifelt ernste Veranlassung und bedenklich viel Zeit haben sollte; aber noch heute mag ich den Zauber nicht schelten, der auf jenen vom Sprichwort gezeichneten Beschäftigungen liegt. Man kann die Fische nicht fangen, ohne dabei in die Wellen zu blicken, und den Vögeln nicht nachstellen, ohne in den Himmel zu spähen, und die wandernden Wellen und die ziehenden Wolken — die haben's uns angethan, die hatten mir's angethan, von frühester Jugend an! Wie oft hatte ich als Knabe einen Umweg aus der Schule gemacht, um ein halbes Stündchen am Hafen auf der äußersten Spitze der Mole mit der Mappe unter dem Arm zu sitzen und mich einlullen zu lassen von dem leisen Plätschern zu meinen Füßen! wie oft am Fenster in meinem Dachstübchen und über die leidigen Bücher weg in den blauen Aether gestarrt, wo vielleicht des Nachbars weiße Tauben ihre himmlischen Kreise zogen! Und immer hatte ich mich gesehnt, mich nur einmal so recht satt hören zu können am Wellenrauschen, nur einmal so recht satt sehen zu können am Wolkenziehen! Dann war wohl, als ich älter wurde und den Kreis meiner Streifereien weiter ausdehnen konnte, manche glückliche Stunde für mich gekommen: manche Ruderfahrt, manches wilde Spiel in dem benachbarten Wald, manche ungeschickte Jagd auf Strandvögel mit einem von Pinnow's verrosteten Gewehren — aber es waren doch immer nur Stunden gewesen, die der übermüthigen Kraft des Knabenjünglings bei weitem nicht genügten, und die noch dazu mit so viel Stuben- und Schularrest, so viel Sorge, Noth, Aerger, Zorn erkauft werden mußten!

Nun hatte ich — zum ersten Male im Leben — vollauf, wonach ich mich, so lange ich lebte, gesehnt: Wald und Wiese, die Felder und den Strand, ein unermeßliches Terrain, und Zeit, in diesem Revier herumzuschweifen, vom ersten Morgenstrahl bis zum Abendroth, in die Nacht hinein — unermeßliche Zeit, und einen Gefährten dazu, wie ihn sich ein Jüngling, der den Ehrgeiz hatte, es in den bewußten brotlosen, verderblichen Künsten möglichst weit zu bringen, nicht passender wünschen konnte. Des »Wilden« Auge und Hand waren vielleicht nicht mehr so sicher, wie sie es vor zehn, zwanzig Jahren gewesen, dennoch war er noch immer ein trefflicher Schütz und ein Meister in Allem, was die Jägerei betraf. Niemand wußte besser als er, wo man das Wild zu suchen habe, Niemand hatte so gut dressirte Hunde und wußte sie so gut zu führen, Niemand die Zufälligkeiten der Jagd so geschickt auszubeuten; Niemand, vor Allem, war ein besserer Kamerad. Wenn sein Feuereifer während der Jagd Alle mit sich fortriß, so konnte keiner das *far niente* des Rendezvous am kühlen Waldessaume oder in dem dünnen Schatten von ein paar Bäumen am Rande eines Grabens mitten in den Feldern so behaglich auskosten, und die müde Gesellschaft mit allerlei Scherz und Spott und meisterhaft erzählten Geschichten köstlicher unterhalten. Am liebenswürdigsten freilich erschien er mir immer, so oft ich mit ihm allein durch das Revier schweifte. Wenn er auf den größeren Jagden sein herrschsüchtiges Wesen weder verleugnen konnte noch wollte, und ihn die größeren Erfolge eines Andern mit einem Neid erfüllten, der sich in bittern Sarkasmen Luft machte, so war von dem Allen in meiner Gesellschaft keine Spur. Er lehrte mich alle Kunstgriffe und Auskunftsmittel, an denen er so reich war, und war entzückt, als er an mir einen so gelehrigen Schüler fand, ja lachte jedesmal herzlich, wenn ich mir erlaubte, ihm ein Huhn wegzuschießen, auf das er für sich gerechnet hatte.

Und dann sein Geplauder, dem ich mit immer neuem Entzücken zuhörte! Es war die seltsamste Mischung von köstlich erzählten Anekdoten aus seinem abenteuerreichen Leben und beißender Satire gegen die Menschheit, besonders gegen die schönere Hälfte derselben. Die Frauen hatten im Leben des Wilden eine große und verhängnißvolle Rolle gespielt. Wie so viele Menschen von heftigen Leidenschaften und glühender Sinnlichkeit, hatte er wohl nie nach wahrer Liebe gesucht und machte jetzt den Frauen ein Verbrechen daraus, daß er dieselbe nie gefunden; auch bei jenem unglücklichen Mädchen nicht, das er unter so schauerlichen Umständen aus seiner Heimath entführte, und das ihm nichts mitbrachte als den Fluch seiner Eltern, eine nur zu schnell verblühende Schönheit und einen gänzlich ungebildeten, vielleicht bildungsunfähigen, bigotten Geist, der den Keim des Wahnsinns schon in sich trug. Daß er, der damals bereits Vierzigjährige, der viel Umgetriebene, viel Erfahrene, sich einzig und allein die Schuld zuzumessen hatte, sich alles Unheil und Unglück, welches aus einer so frevelhaften, sinnlosen Verbindung hervorgegangen war, selbst zuschreiben mußte — das einzusehen, anzuerkennen, fiel ihm aber natürlich nicht ein. Er war der Mann, an dem viel mehr gesündigt war, als er sündigte; er war das Opfer seiner Großmuth; er war um sein Lebensglück betrogen worden! Wie hätte ein Mann häuslich sein können, der sich nicht wohl gefühlt hatte in seinem Hause? sich an Ruhe gewöhnen können an der Seite einer Frau, die der Irrwahn und der Aberglaube Tag und Nacht ruhelos umgetrieben? — Ja, ja, mein lieber Georg, ich habe mich mit großen Planen getragen, nachdem ich größere *ad acta* gelegt; ich wollte das noch aus der Franzosenzeit verwüstete Schloß wieder herrichten in seinem altem Glanz, ich wollte alle Güter wieder erwerben, die einst den Zehrens gehört — aber es sollte nicht sein, sollte nicht sein in den Jahren, als ich noch frisch und hoffnungsreich war, und Sie wollen mich alten verwilderten Menschen jetzt zum sparsamen Hauswirth bekehren — Sie junger hoffnungsgrüner Springinsfeld? Da springt er hin in's Feld! Das kommt vom Schwätzen. Nein, schießen Sie nicht mehr; es ist zu weit. Hierher Diana, altes Mädchen! Du wirst doch nicht in deinen ehrbaren Jahren so leichtsinnig sein; schäme dich! Ja, was ich sagen wollte, Georg, hüten Sie sich vor den Weibern! sie sind mein Unglück gewesen, sie sind aller Menschen Unglück. Nehmen Sie meine Brüder! Da ist der Steuerrath, den Sie kennen! Der Mensch war dazu prädestinirt, eine gute Carrière zu machen, denn er ist in die glänzenden Dinge dieser Welt verliebt, wie eine diebische Elster, dabei schlau wie ein Fuchs, glatt wie ein Aal, und, als ein Mensch ohne Leidenschaften, anspruchslos für seine Person, also billig zu erhalten. Er mußte, wenn er durchaus heirathen wollte, zu einer Zeit, wo er noch keine Ansprüche machen konnte, ein einfaches Mädchen heirathen, das sich mit ihm durchdrückte. Statt dessen läßt sich der pfenniglose Referendar von einer Baroneß Kippenreiter einfangen, der ältesten von zwei zurückgebliebenen Töchtern eines ich glaube vom Könige von Schweden baronisirten Armeelieferanten, welcher das Vermögen, um dessentwillen er geadelt war, bis auf den letzten Heller wieder verspeculirt und sich schließlich eine Kugel durch den Kopf gejagt hatte. Nun hat er das Elend. Eine Baroneß Kippenreiter will nicht umsonst ihre Briefe mit einem zwanzig Jahre alten Wappen siegeln und den reichsten Mann der Provinz zum Schwager haben. Hat es ein so decidirter Plebejer zu solchem Ansehen und bis zum Commerzienrath bringen können, muß ihr Mann, der aus der ältesten Familie der Provinz stammt, mindestens als Minister sterben. Nun wäre vielleicht das geschmeidige anspruchslose Füchslein in den Hühnerstall gelangt, das Füchslein aber, das sich in einen vor Hunger und Schulden heulenden, stellenjägerischen Wolf verwandeln muß, wird mit Stockschlägen, Steinwürfen und Fußtritten abgewiesen. Nächstens wird man ihn pensioniren, um ihn nur ein für alle mal los zu sein. — Da ist mein jüngster Bruder Ernst. Das ist ein Genie, also, wie alle wahren Genies: bescheiden, großmüthig *à la* Don Quixote, voll philantropischer Schrullen, maßlos unpraktisch und kindisch hülflos. Er mußte eine resolute Frau haben, die Ordnung in seine geniale

Confusion brachte und den Ehrgeiz hatte, aus ihm etwas Rechtes zu machen. Hatte er doch das Zeug dazu; es brauchte ja nur zugeschnitten zu werden! Was thut er? Er verliebt sich als Premierlieutenant von zwanzig Jahren, denn er hatte sich, als ein halber Knabe fast, in den Freiheitskriegen brillant geschlagen, kam mit Orden bedeckt zurück, man war auf ihn aufmerksam geworden, und eine große Laufbahn stand ihm offen — was wollte ich sagen? ja, er verliebt sich in eine Waise, die Tochter, glaube ich, eines Malers oder dergleichen, der als Freiwilliger in seinem Bataillon den Feldzug mitgemacht und sterbend sie ihm auf seine gutmüthige Seele gebunden hatte; er heirathet sie — und adieu Generalstab, Avancement! Man giebt dem Herrn Lieutenant, der durchaus eine Mesalliance eingehen will, den Abschied mit dem Titel eines Hauptmanns, macht ihn zum Gefängnißdirector, und da sitzt er nun seit fünfundzwanzig Jahren in Dingsda mit einer halb blinden Frau, einer Schaar von Kindern, vor der Zeit alt und grau, ein jämmerlicher Invalide; — und das Alles einem kleinen dummen Gänschen zu Liebe, dem jeder beliebige Gevatter Schneider oder Handschuhmacher eben auch recht gewesen wäre. O die Weiber, die Weiber! Lieber Georg, hüten Sie sich vor den Weibern!

Hatte der Wilde, wenn er solche Reden gegen mich führte, dabei eine bestimmte Absicht? Ich glaube nicht. Ich war jetzt so viel mit ihm zusammen, wir brachen oft so früh auf, waren des Mittags so selten zu Hause, kehrten in der Nacht meistens so spät heim — ich sah infolge dessen Konstanze so wenig und fast stets in seiner Gegenwart, wo ich mich durch die beständigen Feindseligkeiten zwischen Vater und Tochter so eingeschüchtert und befangen fühlte, daß ich die Augen kaum zu dem schönen Mädchen aufzuschlagen wagte — er konnte unmöglich wissen, wie sehr ich das schöne Mädchen bewunderte, wie ich es mit jedem Male reizender fand, wie mein Herz klopfte, so oft ich auch nur das Rauschen ihres Kleides hörte.

Und dann war noch ein anderer Grund, der ihn nach dieser Seite hin sicher machte. So gern er mich in seiner Weise hatte, mit welcher aufrichtigen Bewunderung ihn meine Gelehrigkeit in Allem, was sich auf den Sport bezog, erfüllte, und meine ungewöhnliche Körperkraft, die ich vor ihm zu entfalten liebte — er betrachtete mich doch wohl kaum als ein Wesen seiner Art. Verarmt, wie er war, seit vielen Jahren eine problematische Existenz führend, konnte er doch nicht vergessen und vergaß es nie, daß er von einem uralt adeligen Geschlecht abstammte, welches die Obmacht über die Insel hatte, als von den Fürsten von Prora-Wiek noch nicht die Rede war, und die später mächtige Hansestadt Uselin, meine Vaterstadt, noch aus Fischerhütten bestand. Ich bin überzeugt, daß er — wie ein depossedirter König — innerlich nie auf die Macht und den Reichthum, den seine Ahnen einst besessen, verzichtet hatte, daß der Fürst von Prora-Wiek, die Herren von Trantow und Granow und ein paar Dutzend andere adelige und unadelige Herren, die ringsumher auf Gütern saßen, die früher den Zehren's gehört, in den sogenannten Besitz dieser Güter nur durch, ich weiß nicht welche tölpelhafte Laune des Zufalls, jedenfalls auf keinen Rechtstitel hin, den er anerkannte, gekommen war, und daß er, wo er auch jagte, auf seinen Jagdgründen jagte. Dieser mystische Cultus einer Herrlichkeit, die nicht mehr vorhanden war, die sich sogar in ihr Gegentheil verwandelt hatte, als deren Träger er sich aber betrachtete, gab seinen Augen den stolzen Blick, seinem Wesen die Anmuth, seiner Sprache die Verbindlichkeit, wie man es wohl bei regierenden Fürsten findet, deren politische Ohnmacht so groß und deren Legitimität so unanfechtbar ist, daß sie es sich erlauben dürfen, vollkommen liebenswürdig zu sein.

Herr von Zehren schwärmte für das Erstgeburtsrecht und fand es unverantwortlich, daß jüngere Brüder den Adel, den sie nicht zu repräsentiren im Stande seien, weiter führen dürften. — Ich habe nichts gegen einen Steuerrath, selbst nichts gegen einen Gefängnißdirector, sagte er; nur müssen die Leute Müller oder Schultze und nicht Zehren heißen. — Gegen den Hof-, Beamten- und Militäradel hegte er die tiefste Verachtung — das seien alles nur Bedienten mit und ohne Livree; auch unterschied er scharf zwischen dem alten und echten und dem neugebackenen Adel, zu welchem erstern beispielsweise die Trantows gehörten, die ihren Stammbaum in ununterbrochener Folge bis in die Mitte des vierzehnten Jahrhunderts zurückführen könnten, während Herr von Granow einen Schäfer zum Urgroßvater, einen kleinen Pächter zum Großvater und einen Gutsbesitzer, der sich habe adeln lassen, zum Vater habe. — Und der Mensch thut manchmal, als ob er meinesgleichen wäre! Die Ehre, sein schnödes Geld an mich verlieren zu dürfen, scheint ihm in seinen albernen Kopf gestiegen zu sein; ich glaube, nächstens wird er kommen und fragen, ob ich nicht der Schwiegervater eines Schäferjungen werden wolle. Nun, Gott sei Dank, in der Beziehung wenigstens kann ich mich auf Konstanze verlassen; sie würde lieber in's Wasser springen, als solchen kleinen aufgeblasenen Molch heirathen. — Daß sie gegen den armen Hans so spröde thut, ist freilich dumm. Trantow ist immer noch ein erträgliches *pis-aller*. Hans von Trantow darf sich unter einen Glaskasten setzen, und Niemand wird einen Tadel an ihm finden. Sie lachen, Sie Grünspecht! Sie meinen, er habe das Pulver nicht erfunden, und wenn er es noch lange so forttreibe, werde er sich sein bischen Verstand vollends weggetrunken haben? Pah! Das Erstere qualificirt ihn nur zu einem guten Ehemann, und was das Letztere betrifft, so weiß ich mit Bestimmtheit: es ist die pure Verzweiflung, die ihn mit seinen starren Augen so tief in's Glas sehen läßt. Der arme Teufel! er thut einem wahrlich von Herzen leid, aber das thut einem schließlich Jeder, der sich mit den Weibern einläßt. Hüten Sie sich vor den Weibern, Georg, hüten Sie sich vor den Weibern!

Konnte der Mann, der solche Gesinnungen hatte, und der mit mir so sprach, eine Ahnung von meinen Empfindungen haben? Unmöglich! Ich war ihm ein junger Mensch, der ihm über den Weg gelaufen, den er aus langer Weile angerufen hatte, und den er nun so weiter neben sich herlaufen ließ und mit dem er sich unterhielt, weil er nicht gern allein war und weil er zu plaudern liebte. Und durfte ich mich denn beklagen? durfte ich größere Ansprüche machen? War ich etwas Anderes und wollte ich etwas Anderes sein als Einer in meines Ritters Gefolge, wenn ich auch zur Zeit der Einzige war? und der sich über nichts mehr betrübte als darüber, daß er nicht auch zu gleicher Zeit seines Ritters schönem Töchterlein dieselben ehrfurchtsvollen Knappendienste aus treuer Seele weihen durfte!

Zehntes Capitel

Seit jenem unvergessenen Gange an ihrer Seite durch den Wald nach der Strandruine war ich nicht wieder längere Zeit mit Konstanze allein gewesen. Ich hatte sie nur des Mittags und, wenn wir von der Jagd zurückgekommen waren, an der Abendtafel gesprochen, das heißt in Gegenwart ihres Vaters und meistens auch der Herren von Trantow und von Granow, unsern Jagd- und Spielgesellen. Sie hatte dann immer kaum die schönen Augen von dem unberührten Teller erhoben, während Hans von Trantow sie in alter Weise anstarrte, der kleine von Granow sich durch ihre kalte Schweigsamkeit in seinem Redefluß nicht stören ließ und Herr von Zehren, der in Gegenwart seiner Tochter immer sonderbar gereizt war, mehr als einen seiner scharf gefiederten sarkastischen Pfeile auf sie abschoß. Für mich waren das immer sehr trübe, bittere Stunden, um so bitterer, als ich mich bei all meiner Opferwilligkeit und Hilfsbereitschaft so hilflos fühlte und, was das Schlimmste war, zu bemerken glaubte, daß sie mich von der Abneigung, welche sie offenbar gegen die Freunde ihres Vaters hegte, nicht mehr ausschloß. Nicht mehr! denn in den ersten Tagen war es anders gewesen. In den ersten Tagen hatte sie stets für mich einen schnellen freundlichen Blick, ein gelegentlich geflüstertes Wort, einen herzlichen, wenn auch flüchtigen Druck der Hand gehabt. Das war jetzt Alles vorbei. Sie sprach nicht mehr mit mir, sie sah mich nicht mehr an, oder, wenn es ja geschah, mit einer Miene, die halb zornig und halb verächtlich war und mir jedesmal in's Herz schnitt. Und wenn ich wirklich kurzsichtig genug gewesen wäre, mich über die Bedeutung dieser Blicke zu täuschen, so sollte bald ein Wort der alten Pahlen den letzten Zweifel nach dieser Seite zerstören.

Ich war nämlich auf den Einfall gekommen, mir statt des Zimmers in der Front des Schlosses, welches ich während der ersten Tage bewohnt hatte, eines der vielen leerstehenden nach dem Parke zu erbitten, in welches ich nach und nach von dem mancherlei, zum Theil noch immer kostbaren Geräth, das in den verwüsteten Räumen des oberen Stockes herumlag und herumstand, ein seltsames Ameublement zusammentrug.

Herr von Zehren hatte sehr gelacht, als er mich eines Tages zum Essen holen wollte, dessen Stunde ich in meinem Eifer versäumt, und mich in voller Arbeit fand, meine wurmstichigen und vergilbten Schätze zu arrangiren.

Buntscheckig genug sieht es allerdings aus, rief er, aber für einen Alterthümler wäre das Gerümpel vielleicht nicht ohne Interesse; wahrhaftig, es ist wie ein Capitel aus einem Scott'schen Roman! Da, in dem Lehnstuhl könnte Mr. Dryasduft selbst gesessen haben; den müssen Sie hierher stellen, wenn der Kerl nicht umpurzelt, sobald Sie ihn von der Wand nehmen. So, noch etwas weiter an's Fenster! Ist das nicht ein Prachtmöbel? Es stammt aus meines Urgroßvaters Malte Zeit. Er war Gesandter am Hofe August des Starken — der einzige, meines Wissens, der, als Erstgeborener, je im Staatsdienst gestanden hat. Er brachte von Dresden die schönen Vasen mit, von denen dort noch eine Scherbe steht, und eine ausgesprochene Vorliebe für Mohren, Papageien und Frauenzimmer. Doch *de mortuis* —! Wahrhaftig, es sitzt sich noch immer gut in dem alten Ungethüm und welch herrlicher Blick gerade von dieser Stelle aus in den Park! Ich werde Sie oft besuchen. Das ist ja wirklich ganz charmant!

In der That kam er in den folgenden Tagen, wo ein strömender Regen uns in dem Hause festhielt, ein paar mal, seine Cigarre zu rauchen und mit mir zu plaudern; aber als das Wetter sich wieder aufklärte, dachte er nicht mehr daran und ich hütete mich wohl, ihn wieder an mein Museum zu erinnern. Hatte ich es doch nur eingerichtet, um Konstanze näher zu sein und den Park beobachten zu können, in dessen verwilderten Wegen sie so gerne umherschweifte. Auch ein Stück von der Terrasse, die sich vor ihrem Fenster hinzog, konnte ich sehen, leider nur den äußersten Rand, da der Anbau, in welchem sie wohnte, fast um die Breite der Terrasse hinter dem Hauptgebäude zurücklag. Aber es war doch immer etwas: das schwache Licht, das des Abends auf der Balustrade lag, kam aus ihrem Zimmer, und ein oder das anderemal sah ich die undeutlichen Umrisse ihrer Gestalt, wie sie auf der Terrasse hin und wieder ging, oder, sich auf das Steingeländer stützend, in den Park hinaussah, über welchen die Nacht ihren dunklen Schleier breitete. Und wenn ich sie nicht sah, hörte ich doch ihr Spiel und ihre Lieder, unter denen mir keines lieber war als jenes, welches ich an dem ersten Abende gehört und von dem ich jetzt jedes Wort kannte:

> Am Tage die Sonne,
> Wohl hat sie mich gerne,
> Ich aber, ich liebe
> Die nächtigen Sterne.

Ach, ich mußte sie auch wohl sehr lieben, die nächtigen Sterne, denn oft und oft, wenn der matte Schein von der Balustrade längst verschwunden und der Gesang, der mich entzückte, längst verklungen war, saß ich noch immer in dem offenen Fenster, blickte zu den Sternen hinauf, und lauschte auf die feierliche Musik des Windes in den uralten Wipfeln des Parks.

Indessen, dieses holde Glück, das mir wohl nur junge Herzen, oder solche, die sich jung erhalten haben, nachfühlen können, sollte, wie gesagt, nur von kurzer Dauer sein. Der jähe Wechsel, welcher in Konstanzens Betragen gegen mich stattgefunden hatte, riß mich aus allen meinen Himmeln, und ich zermarterte mein armes Gehirn, den Grund ausfindig zu machen, der mir die Ungnade der Herrin zugezogen haben könnte. Aber wie ich auch sann und sann, ich fand ihn nicht, und so beschloß ich endlich — trotzdem mein Herz mich davor warnte — mich an »Pahlen« zu wenden, die, wenn irgend Jemand, im Stande sein mußte, mir das Räthsel zu lösen, welches so schwer auf meinem thörichten jungen Herzen lastete.

Die häßliche Alte war neuerdings etwas zutraulicher geworden. Ich hatte bald herausgebracht, daß sie unendlich geldgierig war, und es nicht verschmäht, ihr unter diesem und jenem Vorwand einen oder ein paar von den Thalern, die ich gewonnen — natürlich hatte ich auch den Vorsatz, nicht wieder spielen zu wollen, bald genug aufgegeben — in die braunen, runzeligen Hände gleiten zu lassen. Der Silberregen hatte ihr starres Herz erweicht; sie brummte und knurrte nicht mehr, wenn ich mir erlaubte, sie anzureden, und brachte mir ein paarmal sogar selbst den Kaffee auf's Zimmer. Als ich meinte, daß die Zähmung hinreichend vorgeschritten war, wagte ich, worauf es mir allein ankam, sie nach ihrer jungen Herrin zu fragen. Sie warf mir einen ihrer argwöhnischen Blicke zu und verzog endlich, nachdem ich schüchtern die Frage wiederholt, ihr altes häßliches Gesicht zu einem widerwärtigen Grinsen, über dessen Meinung ich vollständig im Dunkeln geblieben sein würde, wenn sie nicht die Zuvorkommenheit gehabt hätte, es mir alsbald in Worte zu übersetzen. Mit Speck fängt man Mäuse, junger Herr, aber das lassen Sie sich nur vergehen, die alte Pahlen ist Ihnen zu schlau.

Was sollte ich mir vergehen lassen?

Ich fragte, da ich nicht im Stande war, eine zutreffende Antwort zu finden, die Alte am nächsten Tage.

Thun Sie doch nur nicht, als ob Sie es nicht wüßten, erwiderte Sie mit einer Art von Respect, welchen ihr meine unschuldige Miene, in der sie natürlich einen Triumph der Verstellungskunst sah, eingeflößt hatte; für die paar Thaler verrathe ich mein gnädiges Fräulein nicht. Es hat mir schon leid genug gethan, daß ich Ihnen diese Stube habe einräumen helfen, und sie hat sich bitter genug darüber beklagt.

Aber; mein Gott, rief ich, ich will ja gern wieder in mein früheres Zimmer ziehen, wenn es das Fräulein wünscht. Freilich, ich hätte es nicht gedacht, daß es ihr so unangenehm sein würde, wenn ich sie so doch ein oder das andere mal mehr zu sehen bekomme. Ich hätte es nicht gedacht.

Und weiter hätten Sie nichts gewollt? fragte die Alte.

Ich antwortete nicht; in meiner Verzweiflung, das angebetete Mädchen, Gott weiß wie sehr gegen meinen Willen! gekränkt zu haben, und doch auch wieder froh, endlich zu wissen, wodurch ich sie gekränkt hatte, lief ich wie ein junger Thor, der ich war, in dem großen Zimmer auf und ab und rief:

Ich will heute noch aus diesem Zimmer fort; ich will hier keine Nacht mehr schlafen; sagen Sie Ihrem Fräulein das, und sagen Sie ihr, ich würde in dieser Stunde ganz von hier gehen, nur daß ich nicht weiß, was ich Herrn von Zehren sagen soll.

Und ich warf mich, auf die Gefahr, mit dem wurmstichigen Möbel zusammenzubrechen, in den großen Lehnstuhl und starrte verzweiflungsvoll vor mich hin.

Der Ton meiner Stimme, der Ausdruck meiner Miene, meine Worte selbst mochten die Alte von meiner Aufrichtigkeit überzeugt haben.

Ja, ja, sagte sie, was wollten Sie ihm auch sagen? Er würde Sie gewiß nicht fortlassen, obgleich ich nicht weiß, was er eigentlich mit Ihnen vorhat. Bleiben Sie nur hier; ich werde mit meinem gnädigen Fräulein sprechen.

Thun Sie das, liebste, beste Frau Pahlen, rief ich aufspringend und die Alte bei einer ihrer knöchernen Hände ergreifend. Sprechen Sie mit ihr, sagen Sie ihr — ich wurde roth, ich stammelte ich weiß nicht welche Albernheiten, und beschwor die Alte, nur noch einmal mit ihrer jungen Herrin zu sprechen.

Die Alte, die mich immerfort mit einem sonderbaren, stechenden Blick beobachtet hatte, blieb ein paar Momente nachdenklich, dann sagte sie kurz, sie wolle sehen, was sich thun lasse, und ging.

Ich blieb in der größten Verwirrung. Die Gewißheit, daß die abscheuliche Alte mein Geheimniß durchschaut habe, war mir sehr peinlich; dann aber tröstete ich mich mit dem Gedanken, daß, wenn sie wirklich, woran ich nicht zweifeln konnte, die Vertraute Konstanzens war, ich mich gewiß nicht schämen dürfe, sie auch zu meiner Vertrauten gemacht zu haben; und schließlich, geschehen war nun einmal geschehen, und wenn Konstanze erst erfahren haben würde — ja, was erfahren haben würde? daß ich sie liebe, daß ich bereit sei, Alles für sie zu thun und zu leiden, so würde sie mir gewiß verzeihen, was ich gethan? Ja, mein Gott, was hatte ich denn gethan? Wie mochte sie, die mir in den ersten Tagen so freundlich entgegengekommen war, die mich im Scherz, der ganz wie Ernst aussah, zu ihrem Dienste erkoren, — wie mochte sie durch etwas beleidigt sein, worin sie doch im schlimmsten Falle nur ein Zeichen meiner Liebe, meiner Bewunderung erblicken konnte?

So verschlangen sich unter meinen ungeübten Händen die Fäden meiner Herzensangelegenheit immer mehr zu einem unentwirrbaren Knäuel, und mit dem heftigsten Herzklopfen betrat ich eine Stunde später das Speisezimmer, wo heute außer unsern gewöhnlichen Gästen noch drei oder vier andere sich eingefunden hatten. Man wartete nur auf das Erscheinen des Fräuleins, um sich zu Tische zu setzen. Nach Tische sollte noch eine kleine Jagd gemacht werden.

Konstanze stellte wie gewöhnlich die Ungeduld ihres Vaters auf eine harte Probe. Endlich erschien sie.

Ich weiß nicht, durch welchen Zufall ich, der ich sonst stets, wenn Gäste da waren, meinen Platz an dem untersten Ende des Tisches hatte, diesmal neben ihr zu sitzen kam. Gewiß hatte ich das nicht beabsichtigt; ich würde mich in der Stimmung, in welcher ich war, lieber jeder Gefahr ausgesetzt haben, als daß ich mich freiwillig in die unmittelbare Nähe meiner schönen Feindin begeben hätte. Auch wagte ich kaum die Augen aufzuschlagen, während mir das Herz in der Brust hämmerte und ich in grenzenloser Verwirrung meinen Teller mit Speisen füllte, trotzdem ich an jedem Bissen zu ersticken fürchtete. Wie freudig war ich deshalb erschrocken, als Konstanze, nachdem sie ein paar Minuten in gewohnter Weise still da gesessen, mich plötzlich mit leiser freundlicher Stimme fragte, ob ich wohl Zeit hätte, auch ihr ein Glas Wein einzuschänken. — Warum haben Sie es mir nicht gesagt, meine Gnädigste? rief Herr von Granow, der an ihrer andern Seite saß. — Ich bin gern auf meine eigene Weise bedient, erwiderte Konstanze, indem sie dem kleinen Herrn beinahe den Rücken wandte und mit mir zu sprechen fortfuhr. Ich antwortete, so gut ich vermochte, und weil sie fortwährend leise sprach, that ich es auch und beugte mich zu ihr, um besser hören zu können; und weil ich ihr dabei in die dunkeln Augen sehen mußte, vergaß ich, was sie gefragt hatte, oder antwortete verkehrt, und darüber lachte sie, und weil ich sie lachen sah, lachte ich auch, und das Alles zusammen gab die reizendste kleine vertrauliche Conversation, obgleich wir über die gleichgiltigsten Dinge von der Welt sprachen. Alles Andere und alle Andern waren für mich verschwunden. Nur einmal sah ich, daß Hans von Trantow, der uns gegenüber saß, mich mit weit aufgerissenen Augen anstarrte, aber ich achtete nicht darauf; des guten Hans Augen pflegten diesen Ausdruck zu haben.

Dann hob — viel zu bald für mich — Herr von Zehren die Tafel auf. Vor dem Hause harrten barfüßige, barhäuptige Jungen mit Kiepen auf den Rücken; die Hunde bellten und sprangen an den Jägern empor, die an ihrem Jagdzeug nestelten und die Gewehre luden; Konstanze war, was sie nie zuvor gethan, mit herausgetreten und rief mir zu, als wir im Begriffe waren, fortzugehen: Ich darf Ihnen nicht Glück wünschen und Unglück mag ich Ihnen nicht wünschen. Dann winkte sie mir freundlich mit der Hand, nachdem sie ein Compliment gemacht, in welches sich die Andern theilen mochten, und trat in das Haus.

Wohin gehen wir heute? fragte ich Herrn von Zehren, indem ich an seine Seite kam.

Es ist über Tisch lange genug darüber geredet worden; Sie scheinen sehr zerstreut gewesen zu sein.

Es war das erste Mal, daß er in einem unfreundlichen Ton zu mir gesprochen hatte; meine Miene mochte wohl die Bestürzung, die ich darüber empfand, ausdrücken, denn er sagte alsbald: Nun, es war nicht so bös gemeint, und Sie können ja auch im Grunde nichts dafür.

Wir waren an ein Stoppelfeld gekommen und die Jagd nahm ihren Anfang. Herr von Zehren hatte mich auf den linken Flügel postirt, während er selbst auf den rechten ging; so war ich von ihm getrennt und kam auch während der Dauer der Jagd nicht wieder an seine Seite. Auch das war noch nie geschehen; er hatte mich sonst immer bei sich behalten und seine Freude daran gehabt, wenn wir Beide mehr schossen, als manchmal die Uebrigen zusammen. Heute schoß ich schlecht genug; die Glückseligkeit, welche Konstanze mir durch ihre unerwartete Güte bereitet hatte, war mir durch Herrn von Zehren's Unfreundlichkeit bitter vergällt worden. Ich grübelte, während die Hühner, die mein Caro aufstieß — Herr von Zehren hatte mir einen seiner besten Hunde geschenkt — von mir unbeschädigt davon schwirrten, über das unselige Verhältniß zwischen Vater und Tochter, und daß ich meine Liebe zu jener nicht zeigen konnte, ohne diesen zu erzürnen, und umgekehrt, und was dabei aus meinem Lieblingsvorsatz, Vater und Tochter miteinander zu versöhnen, werden sollte.

In diese traurigen Betrachtungen war ich ganz versunken, als sich Herr von Granow zu mir gesellte. Es dämmerte bereits, die eigentliche Jagd war vorüber; nur dann und wann ertönte noch auf der weiten, hier und da mit Büschen besetzten Haide der durch die Entfernung gedämpfte Knall eines Gewehres; man hielt keine Ordnung mehr, und es dauerte nicht lange, als ich mit dem kleinen Manne, nachdem wir eine Hügelwelle überstiegen, mich allein befand.

Was haben Sie mit dem Alten gehabt, fragte Herr von Granow, indem er sein Gewehr über die Schulter hing und ganz nahe an meine Seite kam.

Was sollte ich gehabt haben? fragte ich zurück.

Nun, sagte der Kleine, es war mir so, und nicht blos mir. Die Andern haben es auch bemerkt. Ich kann Sie versichern, daß er über Tisch ein paar mal ein Gesicht machte, als wollte er Sie fressen.

Ich habe ihm nichts zu Leide gethan, sagte ich.

Glaub's wohl, fuhr der Kleine fort; und heute Nachmittag hat er ja wohl kaum ein Wort mit Ihnen gesprochen.

Ich schwieg, da ich nicht wußte, was ich sagen sollte.

Ja, ja, sagte der Andere — aber laufen Sie doch nicht so, da kann ja kein Mensch mitkommen, und wir haben nichts zu versäumen. Sie sind da in einer schlimmen Lage!

Weshalb; sagte ich.

Wissen Sie es wirklich nicht?

Nein.

Herr von Granow war von seiner Klugheit so fest überzeugt, daß es ihm gar nicht einfiel, meine Unwissenheit könne möglicherweise nur vorgeschützt sein, um ihn zum Reden zu vermögen.

Ja, ja; sagte er, Sie sind noch jung, da hört und sieht man Manches nicht, was unser Einer, der die Welt kennt, schon beim ersten Blick weg hat. Der Alte und das gnädige Fräulein leben wie Hund und Katze; nun wahrhaftig, wenn man es so recht bedenkt, hat Keines große Ursache, das Andere zu lieben. Sie führt ein jämmerliches Leben durch seine Schuld; er möchte sie gern los sein, aber wer soll sie ihm abnehmen? Ich habe mir die Sache nach allen Seiten überlegt, aber es geht nicht, es geht wirklich nicht.

Ich wußte, als ich meinen Begleiter so sprechen hörte, nicht, ob ich ihn zur Strafe für seine Unverschämtheit zu Boden schlagen oder ob ich laut auflachen sollte. Ich blickte ihn von der Seite an; der kleine Mann mit seinen stampfenden Beinchen, das alberne, von der Anstrengung der Jagd hoch geröthete Gesicht mit dem halb offenstehenden Munde — ich mußte lachen, und ich lachte, lachte aus voller Kehle.

Ich weiß nicht, worüber Sie lachen, sagte er mehr verwundert als ärgerlich. Es kann Ihnen unmöglich die kleine Scene, die sie heute Mittag Ihnen und uns Allen gespielt hat, so zu sagen, zu Kopf gestiegen sein? Und gerade das war es, worüber ich Sie gern aufklären möchte.

Was meinen Sie? fragte ich.

Meine Lustigkeit war vorbei: ich war plötzlich wieder ganz ernsthaft geworden. Eine Scene, die sie mir gespielt hatte? — Was meinen Sie? fragte ich noch einmal, dringender als zuvor.

Herr von Granow, der sich ein paar Schritte von mir entfernt hatte, stampfte wieder heran und sagte in vertraulichem Ton:

Im Grunde kann ich es Ihnen nicht übel nehmen. Lieber Gott, Sie sind noch so jung, und ich weiß manchmal selbst nicht, woran ich mit dem Mädchen bin. Aber soviel ist mir klar: aus purem schieren Trotz gegen ihren Vater — und vielleicht auch ein Bischen aus Berechnung, um sich kostbar zu machen, vielleicht auch, weil sie denkt: es hilft ja doch nichts — aber doch hauptsächlich aus schierem Trotz und Eigensinn, hat sie diese Prinzessinnenmiene angenommen und thut, als ob ich und die Andern für sie nicht auf der Welt seien. Wenn sie nun plötzlich mit Ihnen zu kokettiren anfängt — in meiner, ich wollte sagen — in unser Aller Gegenwart, so hat das freilich nicht viel auf sich — denn das ist ja nur so ein kleiner Scherz, den sie mit Ihnen erlaubt, und der weiter keine Consequenzen hat — aber ärgern muß es den Alten doch, und hat ihn geärgert. Sie haben es, wie gesagt, nicht bemerkt, aber ich kann Sie versichern: er hat sich auf die Unterlippe gebissen und sich den Bart gestrichen, wie er immer nur thut, wenn ihm etwas *contre coeur* geht.

Der kleine Mann hatte keine Ahnung, welchen Sturm er in meiner Brust erregt hatte; er hielt mein Schweigen für Zustimmung und Anerkennung seiner höheren Weisheit und fuhr, glücklich, über so interessante Dinge sprechen zu können und einen aufmerksamen Zuhörer zu haben, fort:

Lieber Himmel, ich glaube, daß ihm das ganze Benehmen des Fräuleins ein Strich durch die Rechnung ist. Wissen Sie, wie viel ich während der sechs Monate, die ich hier bin, schon an ihn verloren habe? Ueber achthundert Thaler? Und Trantow beinahe das Doppelte, und die Andern klagen auch ihr bitteres Leid. Er hat einen fabelhaften Treffer gehabt; freilich: es geht nicht immer so, aber, wenn er ja einmal verliert, muß man ihm seinen Wein und seinen Cognac abnehmen, und welche Preise er da berechnet, können Sie sich denken. Nun, und etwas will man doch auch für sein gutes Geld haben; einem so schönen Mädchen zu Liebe läßt man schon ein paar hundert springen und sieht dem Alten nicht so genau auf die Finger. Und früher ist das auch Alles anders gewesen. Früher hat sie mitgespielt und mit den Herren Cigarren geraucht, und ist mit auf die Jagd gegangen und spazieren geritten — die wildesten Pferde am liebsten. Es soll ein Heidenleben gewesen sein, sagt Sylow, und der muß es wissen. Aber seit diesem Sommer, seit der Geschichte mit dem Fürsten ...

Was ist das für eine Geschichte? fragte ich. Meine ganze Seele war in dem brennenden Verlangen, Alles zu hören, was Herr von Granow zu sagen wußte. Ich hatte keine Empfindung mehr für die Schmähungen, mit denen dieser Mensch meinen gütigen Wirth, das angebetete Mädchen überhäufte, oder, wenn ich sie hatte, so sagte ich mir, daß die

Abrechnung erst später erfolgen könne, daß ich vorderhand erst einmal Alles, Alles hören müsse.

Das wissen Sie auch nicht? sagte er eifrig; aber allerdings, wer sollte es Ihnen erzählt haben! Trantow ist so stumm wie ein Fisch, und die Andern wissen nicht, woran sie mit Ihnen sind. Ich halte Sie für einen ehrlichen Kerl und glaube nicht, daß Sie ein Spion sind oder mit dem Alten unter einer Decke stecken, — sein Gesicht heute Mittag war zu wunderlich. Nicht wahr, Sie erzählen ihm nicht wieder, was ich hier mit Ihnen spreche?

Nein, nein, sagte ich.

Nun also, die Geschichte ist die. In diesem Sommer war der Alte mit ihr in D .... In einem Bade nimmt man es nicht so genau; man konnte vor aller Welt mit ihm verkehren, wenn man den Muth dazu hatte. Der junge Fürst Prora war auch da; er hatte seinen Aerzten weiß gemacht, er sei krank und müsse Seebäder nehmen, so hatten sie ihn mit seinem Erzieher dahin geschickt. Der alte Fürst war in der Residenz, gerade wie jetzt wieder, und der junge machte sich die Freiheit gut zu nutze. Ich hatte mich eben hier angekauft und mir alsbald einen schändlichen Rheumatismus auf diesen abscheulichen Mooren geholt, und so war ich auch auf eine Woche oder so dort und habe etwas davon zu sehen bekommen, das Meiste habe ich mir allerdings erzählen lassen müssen. Es wurde natürlich scharf gespielt, am schärfsten in Privatgesellschaften; denn im Spielsaal ist nur ein mäßiger Satz erlaubt. Der Fürst war beständig in des Alten Gesellschaft, die Einen sagten, um zu spielen, die Andern, um dem Fräulein den Hof zu machen; es werden wohl beide Theile recht gehabt haben. Ich habe sie wenigstens oft genug des Abends im Parkgarten zusammen sitzen und spazieren gehen sehen, und daß sie es an Aufmunterung nicht hat fehlen lassen, kann ich auch bezeugen. Nun hatte der Alte viel Unglück und soll an den Fürsten zwanzigtausend Thaler verloren haben, die er in zwei Tagen zu zahlen hatte. Wo sollte er das Geld hernehmen? Da, sagen sie, habe er dem Fürsten seine Tochter dafür angeboten, Andere sagen, er habe fünfzigtausend, noch Andere, er habe hunderttausend gefordert. Nun, für Jemand, der das Geld hatte, war es vielleicht nicht zu viel; leider aber hatte der junge Fürst das Geld nicht. Es fehlen noch zwei Jahre, bis er majorenn ist, und dann bekommt er, wenn der alte Fürst noch lebt, auch erst das Vermögen seiner verstorbenen Frau Mutter in die Hände, von welchem dann schwerlich noch viel vorhanden sein wird. Kurz: der Handel zog sich in die Länge und eines schönen Tages kam der alte Fürst, dem die Sache hinterbracht war, spornstreichs aus der Residenz, wusch dem Jungen den Kopf und bot Zehren eine namhafte Summe, wenn er, bis der junge Fürst verheirathet sei, mit Konstanze in's Ausland ging. Nun möchte das Alles sich noch arrangirt haben, — denn im Grunde kam es Zehren doch nur darauf an, einen guten Coup zu machen —, wenn der Fürst und Zehren persönlich aus dem Spiele geblieben wären. Aber Zehren, der, wenn es ihm gerade einfällt, hochmüthig sein kann, wie der Satan, hat darauf bestanden, mit dem Fürsten selbst verhandeln zu wollen, und nun war natürlich der Scandal fertig. Es soll eine entsetzliche Scene gegeben haben und man hat den Fürsten für todt in sein Hotel getragen. Was geschehen ist, weiß Niemand. So viel ist aber gewiß: die verstorbene Frau Fürstin, die eine geborene Gräfin Sylow war — ich habe die Geschichte von dem jungen Sylow, der ja mit der gräflichen Linie verwandt ist —, hat Herrn von Zehren, als er ein junger Mann und mit dem Fürsten zusammen in der Residenz war und die Hofbälle besuchte, geliebt und den Fürsten nur geheirathet, weil sie mußte. Der Fürst hat es schon damals gewußt oder es nachher erfahren, und sie sollen ja auch schrecklich unglücklich miteinander gelebt haben. Auf diese alten Geschichten werden sie bei jener Unterredung zu sprechen gekommen sein; ein Wort hat das andere gegeben, wie denn das so zu gehen pflegt, Zehren ist wie rasend, wenn er in Zorn geräth, der Fürst wird auch kein Blatt vor den Mund genommen haben — kurz; die Sache war aus, rund aus. Zehren reiste ab, der Fürst ebenfalls ein paar Tage später, mit ein paar blauen Flecken am Halse, die von Zehren's Fingern herrühren sollten.

Und der junge Fürst?

Was fragt der danach? Dem sind alle hübschen Mädchen gleich; er versteht es, sich das Leben angenehm zu machen; das weiß Gott. Mich soll nur wundern, ob er diesmal fest hält. Er ist nun schon über drei Wochen auf Rossow.

Uebrigens würde mir der Aufenthalt in dieser Gegend ein bischen unheimlich sein nach Allem, was vorgefallen. Ich möchte für mein Leben nicht mit Herrn von Zehren zusammentreffen, wenn ich wüßte, daß ihn mein Vater tödtlich beleidigt hat.

Wie sieht er aus?

O, er ist ein hübscher Bursch, sehr schlank und elegant und liebenswürdig; ich kann mir schon denken, daß Fräulein von Zehren es ihrem Vater keinen Dank weiß, sie um diese Partie gebracht zu haben; denn ich will zu ihrer Ehre annehmen, daß sie nicht recht weiß, wie es bei dem ganzen Trödel zugegangen ist. Andere sagen freilich, sie wisse es sehr gut und sei mit dem bewußten Arrangement vollkommen einverstanden gewesen.

Ich hatte dieser Erzählung meines Begleiters mit einer Spannung zugehört, als ob von dem Ausgang mein Leben abhänge. Also der war es! der junge Fürst von Prora, »an den sie die Seele, die arme, verloren!« Jetzt erinnerte ich mich, wie sie erröthet war, als an jenem ersten Abend Herr von Granow des Fürsten Erwähnung that, und zugleich kam mir die dunkle Gestalt wieder in Erinnerung, welche damals vor mir aus dem Park geflohen war. Hätte ich ihn doch nur in meine Hände bekommen!

Ich stöhnte laut vor Zorn und Schmerz.

Sie sind müde, sagte der kleine Herr, und dazu haben wir uns, wie ich sehe, gründlich verlaufen. Wir müßten uns jetzt rechts halten, aber da ist eine gar böse Stelle im Moor, und bei der Dämmerung, fürchte ich, finden wir uns nicht durch. Lassen Sie uns lieber einen Umweg machen. Weiß der Himmel, wie wenig ihr großen Leute aushalten könnt; da war ein Herr von Westen-Taschen in meinem Regiment, ein Kerl, beinahe noch größer als Sie, nur vielleicht ein bischen schmaler in den Schultern. Westen, sagte ich zu ihm einmal, ich parire mit ihnen, ich laufe .... Aber, mein Gott, was ist das?

Es war ein Mann, der plötzlich aus einer Einsenkung des Terrains, in welcher wir ihn bei der tiefen Dämmerung, die über der Haide lag, nicht bemerkt hatten, vielleicht auch nicht hatten bemerken können, ungefähr zwanzig Schritte von uns auftauchte und alsbald wieder verschwand.

Lassen Sie uns näher gehen, sagte ich.

Um Gottes willen nicht, flüsterte der kleine Herr, indem er mich an der Jagdtasche festhielt.

Dem Manne ist vielleicht ein Unglück passirt, sagte ich.

Gott bewahre! sagte der Kleine, aber uns könnte eines passiren, wenn wir ihm nicht aus dem Wege bleiben. Ich bitte Sie, kommen Sie!

Herr von Granow war so dringend und zog mich so eifrig von der Stelle, daß ich ihm den Willen that; aber ich konnte mich nicht enthalten, nach einer kurzen Zeit stehen zu bleiben und mich umzusehen, als hinter uns ein leiser Pfiff ertönte. Der Mann schritt über die Haide davon; gleich darauf tauchte an derselben Stelle ein zweiter auf, der dem ersten folgte, dann ein dritter und vierter — ich zählte acht. Sie hatten sämmtlich große Packen auf dem Rücken, gingen aber nichtsdestoweniger sehr schnell und genau Distance haltend. In wenigen Minuten waren ihre dunkeln Gestalten verschwunden, als hätte sie der schwarze Moorboden, über den sie schritten, verschlungen.

Herr von Granow athmete tief auf. — Sehen Sie, sagte er, daß ich recht hatte! Verdammte Kerle, das läuft wie Ratten über Stellen, wo jeder andere ehrliche Christenmensch versinkt. Ich wette, es waren welche von Zehren's Leuten.

Wie meinen Sie? fragte ich.

Nun, mein Gott, fuhr er fort; ein wenig paschen wir hier herum ja Alle, oder ziehen wenigstens unsern Vortheil davon. Ich habe mich selbst in der kurzen Zeit schon überzeugt, daß es nicht anders geht, und daß einem die Kerle das Haus über dem Kopf und den Hof an allen vier Ecken anzünden würden, wollte man nicht durch die Finger sehen oder ihnen nicht auf alle Weise Vorschub leisten. Erst vorgestern, als ich an meiner Gartenmauer stehe, kommt ein Kerl über die Wiese her und sagt, ich müsse ihn verstecken; ein Gensdarm sei hinter ihm her. Nun, auf Ehre, ich habe ihn in den Backofen kriechen lassen, weil kein anderer Versteck in der Nähe war, und habe selbst eine Schütte Stroh vor die Thür geworfen, und als fünf Minuten später der Gensdarm kam, gesagt, ich hätte den Kerl nach dem Walde laufen sehen. Auf Ehre, ich habe mich geschämt, aber was soll man thun? Und so wollte ich auch nichts gegen Ihren Alten sagen, wenn er es nur nicht zu toll machte. Er treibt es zu arg, sage ich Ihnen, er treibt es zu arg; es muß ein schlechtes Ende nehmen; darüber herrscht nur Eine Stimme.

Aber, sagte ich, und gab mir die größte Mühe, so ruhig zu sprechen als möglich, ich bin doch nun beinahe schon drei Wochen hier, und auf Ehre — ich hatte diese Redensart jetzt zu oft gehört, um sie nicht gelegentlich anwenden zu können — es soll noch immer das Geringste geschehen, was den Ruf, in welchem, wie ich zu meinem Schrecken höre, Herr von Zehren selbst bei seinen Freunden steht, irgend bestätigt. Ja, ich will es Ihnen gestehen: mir selbst sind in den ersten Tagen, ich weiß nicht mehr warum, ähnliche Gedanken gekommen; aber ich habe ihm längst in meinem Herzen einen so schändlichen Verdacht abgebeten.

Verdacht, sagte der Kleine, immer eifriger sprechend und dabei immer kleinere und raschere Schritte machend, wer spricht von Verdacht? Die Sache ist so gewiß wie Amen in der Kirche. Wenn Sie nichts gemerkt haben — was mich übrigens Wunder nimmt, aber Ihr Wort in Ehren! — so kommt das, weil das Wetter noch zu gut war. Uebrigens, so ganz stockt der Handel auch nicht, wie Sie eben selbst gesehen haben. Weiß Gott, es kann Einem ganz wunderlich dabei werden, wenn man bedenkt, daß man so mitten drin sitzt. Und ich habe ihm erst am Donnerstag eine Partie Rothwein und Cognac abnehmen müssen, und Trantow ein paar Tage vorher ebenso viel, und Sylow, der es aber, glaube ich, mit Einem theilt, noch mehr.

Und weshalb sollte Herr von Zehren nicht von seinen Vorräthen an gute Freunde abgeben? sagte ich hartnäckig.

Von seinen Vorräthen? rief Herr von Granow. Ja, ja, es soll vom vorigen Herbst viel übrig geblieben sein; er soll noch so viel in seinen Kellern haben, um die halbe Insel damit versorgen zu können. Das liegt ihm schwer auf der Tasche; denn er muß den Schmugglercapitänen baar zahlen, und der Absatz nach Uselin ist, wie ich höre, sehr schlecht gewesen. Man soll dort in jüngster Zeit verteufelt scheu geworden sein. Seitdem so Viele in das Handwerk pfuschen, traut Keiner mehr recht dem Andern. Früher sind es nur, höre ich, ein paar respectable Firmen gewesen. Aber das müssen Sie ja Alles viel besser wissen als ich. Ihr Vater ist ja wohl selbst Steuerbeamter?

Ja, sagte ich, und um so mehr müßte ich mich wundern, daß ich Herrn von Zehren's Namen unter so manchen andern niemals habe nennen hören, im Falle Ihr Verdacht wirklich begründet wäre.

Aber so sprechen Sie doch nicht immer von Verdacht, schrie der Kleine ganz ärgerlich. Es ist da wie überall: man hängt die kleinen Diebe und läßt die großen laufen. Die Herren vom Amt wissen auch, was sie thun; ein paar Thaler oder Louisd'or zur rechten Zeit halten schon eine Zeit lang vor, und wenn einer gar, wie der Alte, einen Steuerrath zum Bruder hat, wird der Herr Steueraufseher nicht so unhöflich sein, des Herrn Steuerraths Bruders abzufassen.

Das ist eine Beleidigung, Herr von Granow, rief ich wüthend; ich habe Ihnen schon gesagt, daß mein eigener Vater Steuerbeamter ist.

Nun, nun, sagte Herr von Granow, ich denke, Sie leben mit Ihrem Vater auch nicht auf dem besten Fuß. Und wenn Ihr Vater Sie weggejagt hat, so —

So geht das Niemand etwas an, rief ich, als Herrn von Zehren, der mich in sein Haus genommen hat und gut und freundlich zu mir gewesen ist die ganze Zeit. Hat mein Vater mich fortgeschickt oder meinetwegen: fortgejagt, so habe ich ihm Ursache genug dazu gegeben, aber das hat mit seiner Ehrenhaftigkeit nichts zu thun, und den schlage ich todt wie einen Hund, der meinem Vater die Ehre abschneiden will.

Da Herr von Granow nicht wußte und nicht wissen konnte, wie tausendfältig er durch Alles, was er gesagt, mein Herz zerrissen hatte, mußte ihm meine Wuth, die nur nach einer Gelegenheit gesucht hatte, um loszubrechen, unbegreiflich und erschrecklich sein. Ein junger, ihm wahrscheinlich immer und jetzt doppelt verdächtiger Mensch, von dessen Körperkraft er mehr als eine erstaunliche Probe gesehen hatte, und der mit dieser Stimme von Todtschlagen sprach — dazu die öde Haide, auf der jetzt fast vollkommene Nacht lag, — der kleine Mann murmelte unverständliche Worte, indem er sich möglichst weit von mir entfernte und dann, vermuthlich aus Furcht vor meiner geladenen Flinte, wieder herankam und ganz demüthig erklärte, daß er keineswegs die Absicht gehabt habe, mich zu beleidigen, daß es ja auch ganz undenkbar sei, ein ehrenwerther Steuerbeamter, wie mein Vater, habe seinen Sohn wissentlich zu einem notorischen Schmuggler gethan; daß auf der andern Seite der Verdacht, ich sei ein Spion im Dienste der Behörden, mit meinem ehrlichen Gesicht und meinem sonstigen loyalen Wesen gänzlich unvereinbar und vollkommen lächerlich sei; daß er übrigens ja auch herzlich gern zugebe, Alles, was man gegen Herrn von Zehren vorbringe, sei vollkommen aus der Luft gegriffen — die Leute schwatzten ja so vieles, nur, um zu schwatzen; und er, der sich erst so kurze Zeit in der Gegend aufhalte, könne am wenigsten wissen, was daran sei; und daß er es sich schließlich als eine Ehre anrechnen werde und sich herzlich freue, mich als Gast auf seinem Hofe, dessen Lichter eben vor uns aufblitzten, und wo die Andern mittlerweile längst angekommen sein müßten, zu begrüßen und eine Flasche Wein mit mir zu trinken.

Ich vernahm kaum, was der Mann sagte; in meiner Seele stürmte es zu gewaltig. Ich erwiderte nur kurz, es sei gut, und ich glaube nicht, daß er es böse gemeint habe. Dann bat ich ihn, mich bei Herrn von Zehren zu entschuldigen, und schritt über die Haide davon, in der Richtung des nun nahen, mir wohlbekannten Weges, der von Melchow, dem Granow'schen Gut, nach Zehrendorf führte.

Elftes Capitel

Der nächste Morgen war so glorreich, daß er auch wohl ein noch schwerer verdüstertes Herz als das meinige hätte aufhellen können. Ueberdies war ich, müde wie ich war, so schnell entschlummert, nachdem ich kaum mein junges, sorgenvolles Haupt auf's Kissen gelegt, und hatte so fest geschlafen, ich mußte mich ordentlich erst darauf besinnen, was mich denn gestern Abend nur so außer mir gebracht hatte. Nach und nach fiel es mir freilich wieder ein, und da wurde mir die Stirn heiß, das weite Zimmer zu eng, es litt mich nicht mehr zwischen den Wänden, ich hatte, wie immer in meinen Nöthen, das Gefühl, daß draußen unter dem blauen Himmel Alles besser werden müsse, und ich eilte die steile Hintertreppe hinab in den Park.

Nun irrte ich unter den im Morgenwinde leise wehenden Zweigen der hohen Bäume, zwischen den sonnebeglänzten Büschen auf den wildverwachsenen Wegen, bald zum Himmel schauend, bald mit verschränkten Armen düster auf den Boden starrend, zwischendurch einem Vogel lauschend, der unaufhörlich sein monotones kleines Herbstlied zirpte, oder eine Raupe beobachtend, die an einem klafterlangen Faden von einem Zweig herabhängend hin und her schaukelte, und versuchte, jene für einen jungen Menschen so überaus schwierige Aufgabe zu lösen, versuchte, mir meine Situation klar zu machen.

Ich hatte gestern Herrn von Granow die Wahrheit gesagt: es hatte sich, seitdem ich auf dem Gute war, nichts ereignet, was jenen Verdacht bestätigt hätte? Ich war ja kaum von seiner Seite gekommen während dieser ganzen Zeit! Keine fremden Leute waren auf dem Hofe erschienen, keine verdächtigen Zusammenkünfte hatten stattgefunden; es waren keine Waaren eingeliefert und außer jenen paar Fässern Wein an die Nachbarn meines Wissens auch keine ausgeliefert worden. Die Leute, die zum Gute gehörten, sahen allerdings aus, als ob sie zu jedem andern Geschäft mehr aufgelegt seien, als zu einer ehrlichen

Hantierung, und besonders mein langer geprügelter Freund Jochen hatte unmöglich ein reines Gewissen; aber die Kathenleute rings herum auf den andern Gütern, in der Nähe des Strandes, waren sämmtlich zum Theil verkommenes, zum Theil verwegenes, seeräubermäßig aussehendes Gesindel, wie denn auch gar viele Fischer und Schiffer gewesen und gelegentlich noch waren. Daß aber die Bande, der wir gestern begegnet, nicht aus unsern Leuten bestanden hatte, davon glaubte ich mich überzeugt zu haben, als ich bei den Tagelöhnerwohnungen vorüber kam und Jochen nebst ein paar Andern wie gewöhnlich vor den Thüren sitzen sah.

Und dann! zugegeben: Herr von Zehren war in Wirklichkeit, wozu ihn der böse Leumund machte; nun, so trieb er es am Ende nicht schlimmer, als die Andern auch. Ein wenig paschten sie Alle — das hatte ich aus Granow's Munde; und wenn alle diese adeligen Herren sich nicht genirten, ihre Keller mit Wein zu füllen, von dem sie wußten, daß er geschmuggelt war, — der Hehler war so gut wie der Stehler, und Herr von Zehren nur vielleicht hier, wie überall und immer, der kühnere Mann, der den Muth hatte, zu thun, was die Andern gern gethan hätten.

Und endlich! ich war ihm zum tiefsten Dank verpflichtet! Sollte ich auf einen Verdacht hin, auf die Klatschereien eines Schwätzers hin, ihn verlassen, der immer so gütig, so freundlich zu mir gewesen? der mir seinen besten Hund und seine beste Flinte, nein! — seinen zweitbesten Hund und seine zweitbeste Flinte geschenkt, dessen Börse, dessen Cigarrenkiste (ach! und welche köstlichen Cigarren führte er — ich hatte nie geglaubt, daß es solche Cigarren gebe!) mir alle Zeit offen gestanden! Nein, und abermals nein! Und wenn er wirklich ein Schmuggler, ein Schmuggler von Profession wäre! — aber wie konnte ich erfahren, daß er einer war!

Doch am einfachsten, wenn ich mich an ihn selbst wandte; ich hatte ein Recht dazu. Man zweifelte in der Gesellschaft an meiner Ehrenhaftigkeit; man wußte nicht, was man aus mir machen sollte: das konnte ich mir nicht gefallen lassen. Herr von Zehren konnte nicht verlangen, daß ich mich seinetwegen dem schmählichen Verdachte aussetzte, entweder ein Spion oder sein Helfershelfer zu sein. Aber wenn er dann sagte: so gehen Sie! ich halte Sie nicht!

Ich setzte mich an dem Rande des Parkwaldes auf die steinerne Bank, welche dort unter einem breitastigen Ahorn angebracht war, und starrte, den Ellnbogen auf den halb umgesunkenen Tisch stemmend und meine Stirn in die Hand legend, nach dem Schlosse, das seinen Schatten weit hinein über die in der Morgensonne goldig schimmernde Wiese warf.

Wie hatte ich das alte verfallene Haus doch so lieb gewonnen! Wie gut kannte ich jeden der hohen Schornsteine! jeden Grasbüschel, der aus dem altersgrauen, moosüberwucherten Ziegeldache wuchs! die drei Balkone, — zwei kleinere freischwebende rechts und links und in der Mitte den großen, zu welchem aus dem obern Saal die Glasthüren führten, und der auf den plumpen Säulen mit den seltsam verschnörkelten Capitälen ruhte! Wie kannte ich jedes der zahlreichen Fenster mit den verwitterten, verwaschenen Holzjalousien, die nie geschlossen wurden, von denen die meisten auch nicht mehr geschlossen werden konnten! Einige hingen nur noch in einer Angel, und die am dritten Fenster von rechts klappte in der Nacht immer, wenn der Wind von Westen kam — ich hatte sie schon oft befestigen wollen und es immer wieder vergessen. Dort die zwei Fenster an der Ecke links waren mein Zimmer, mein poetisches Zimmer mit den köstlichen alten Meubeln, die mir noch immer so sehr imponirten, daß ich mir zwischen ihnen wie ein junger Königssohn vorkam. Welche glücklichen Stunden hatte ich in der kurzen Zeit schon in dem Zimmer verlebt! Des Morgens in der Frühe, wenn ich mich, froh der in Aussicht stehenden Jagd, trällernd ankleidete und meine Patronen in Ordnung brachte, des Abends spät, wenn ich mit meinem Freunde nach Hause gekommen war, erhitzt vom Spiel und Wein und lustigem Geschwätz, und mich dann hinauslehnte, eine Cigarre dampfend und zwischendurch die kühle Nachtluft mit vollen Zügen einsaugend, während der Gedanken gar viele durch meine Seele gingen, närrische und sentimentale Gedanken, die sich schließlich alle auf das schöne Mädchen bezogen, das da unter mir in dem Zimmer hinter der Terrasse nun wohl schon seit mancher Stunde schlummerte.

Was hatte der abscheuliche Mensch gestern von ihr gesagt? Ich wagte die Lästerungen kaum in Gedanken zu wiederholen; ich begriff nicht, wie ich es nur hatte anhören können, oder wie ich ihn mit heiler Haut hatte davon kommen lassen, nachdem ich es gehört, nachdem er mein Heiligenbild so entweiht! Der elende, erbärmliche Mensch! der dünkelhafte, aufgeblasene, neidische kleine Molch! Freilich! es war ein großes Verbrechen, daß sie von einem solchen Liebhaber nichts wissen wollte! daß sie von den andern Krautjunkern nichts wissen wollte! Und dafür schmähten sie sie nun; behaupteten, sie habe sich verkaufen lassen wollen, sie, die Edle, Reine, Schöne, für die ein Königsthron noch zu niedrig gewesen wäre. Oder gab es einen Kopf, würdiger eines Diadems? Gab es eine Gestalt, die mehr verdiente, von einem Purpurmantel umwallt zu werden! Mein Gott! ich verlangte ja nichts für mich! ich war es ja zufrieden, wenn ich an den Saum ihres Kleides rühren durfte! Aber die Andern sollten sie ebenso ehren wie ich; Keiner, und wenn er ein Fürst, und wenn er ein König wäre, sollte wagen, sich, ohne daß sie es erlaubt, ihr zu nahen. Wenn sie mich doch nur, wie sie es an jenem Abend scherzend gesagt, Wache halten lassen wollte auf ihrer Schwelle!

So demüthigte ich mein volles, junges Herz, das vor Sehnsucht und Verlangen schier zersprungen wäre. Und ich that es aus innigster Ueberzeugung, in felsenfestem Glauben an die Hoheit und Reinheit der so heiß Geliebten. Ich darf es sagen: es war kein Blutstropfen in mir, der nicht ihr gehörte; ich würde mein Leben geopfert haben, ihr zu dienen, hätte sie es von mir verlangt, hätte sie mich für die treue Seele genommen, die ich war; hätte sie offen mit mir gesprochen. War es das Vorgefühl der kurzen Spanne Zeit, die ich mich noch in diesem treuen, ungebrochenen Glauben an ein unverletzlich Heiliges in der Menschenbrust wiegen sollte, was mich jetzt den Kopf tiefer auf die Hände beugen und so heiße Thränen vergießen ließ?

Ich richtete mich schnell empor; denn ich glaubte dicht hinter mir ein Rauschen gehört zu haben, und ich hatte mich nicht getäuscht. Aus den Büschen hervor, zwischen denen der Weg weiter in den Buchwald führte, trat Konstanze. Hatte sie mich hier sitzen sehen? Ich sprang in großer Verwirrung von meiner Bank auf und stand vor ihr, ohne daß ich Zeit gehabt hätte, die Spur der Thränen von meinen brennenden Wangen zu verwischen.

Guter Georg, sagte sie, indem sie mir die Hand mit mildem Lächeln entgegenstreckte, nicht wahr, Sie meinen es gut mit mir?

Ich murmelte etwas, das als Antwort gelten sollte.

Lassen Sie mich ein wenig hier bei Ihnen Platz nehmen, sagte sie, ich fühle mich etwas ermüdet; ich bin schon so lange auf. Wissen Sie, wo ich gewesen bin? Im Walde bei dem Weiher und hernach oben auf der Ruine. Wissen Sie, daß wir nicht wieder zusammen dort gewesen sind? Ich habe heute Morgen daran gedacht, und wie schade es ist. Es ist so schön auf der Uferhöhe, und es wandert sich mit Ihnen so gut. Warum kommen Sie nie, mich abzuholen? Wissen Sie noch, was Sie mir versprachen: Sie wollten mein treuer Georg sein und alle Drachen auf meinem Wege tödten. Wie viel haben Sie schon todt?

Sie blickte unter den langen Wimpern hervor mich mit den braunen Augen an, deren Tiefe für mich unergründlich war, in meine Augen, die ich in Verwirrung senkte. Warum antworten Sie nicht? sagte sie. Hat es Ihnen mein Vater verboten?

Nein, erwiderte ich, aber ich weiß nicht, ob Sie meiner spotten. Sie sind die ganze letzte Zeit so wenig gütig zu mir gewesen; ich habe mir zuletzt nicht mehr getraut, Sie anzureden, kaum Sie anzusehen.

Und Sie ahnen nicht, weshalb ich in letzter Zeit weniger freundlich gegen Sie gewesen bin?

Nein, sagte ich, und setzte dann kleinlaut hinzu: es müßte denn sein, weil ich so viel von Ihrem Vater halte; aber wie kann ich das anders?

Eine Wolke zog über ihre Stirn. Und wenn es deshalb wäre, sagte sie, könnten Sie es mir verdenken? Mein Vater liebt mich nicht; er hat mir schon zu viele Beweise davon gegeben. Wie kann mich Jemand lieben, der so viel von meinem Vater hält — sie sprach die letzteren Worte in bitterm Ton — der ihm vielleicht jede Sylbe wieder erzählt, die ich sage, und so zu den Geschichtenträgern und Geberdespähern, mit denen ich bereits umgeben bin, einen neuen zugesellt, einen um so gefährlicheren, als ich von ihm alles Andere eher erwartet hätte, als verrathen zu werden.

Verrathen, und verrathen von mir! rief ich erschrocken.

Verrathen, ja, sagte sie, leiser, schneller, leidenschaftlicher sprechend. Ich weiß, daß der alte Christian, der Tag und Nacht herumstreicht, mich wie eine Gefangene bewacht; ich bin keineswegs sicher, ob Pahlen, die mir Ergebenheit zeigt, mich nicht für eine Hand voll Thaler verkauft. Ja, verrathen bin ich, verrathen von allen Seiten, ob von Ihnen — ich will um Ihrer guten blauen Augen willen annehmen, daß ich mich geirrt habe, obgleich ich wahrlich triftigen Grund hätte, Sie zu beargwöhnen.

Ich war außer mir, Konstanze so sprechen zu hören; ich bat sie, ich beschwor sie, mir zu sagen, was sie gegen mich habe, welcher abscheuliche Schein gegen mich spräche; denn daß es nur ein Schein sei, wolle ich ihr beweisen. Sie solle mir Alles sagen, sie müsse mir Alles sagen.

Nun denn, sagte sie, ist es Schein oder Wahrheit, daß Sie gleich an dem ersten Abend Ihres Hierseins auf Befehl meines Vaters, der Sie jedenfalls zu dem Zweck mitgebracht hat, Wache gestanden haben unter meinem Fenster, während Sie mir weismachen wollten, mein Spiel habe Sie herbeigelockt?

Ich erschrak heftig über diese letzten Worte, die sie mit einem finstern, lauernden Blick begleitet hatte, der noch deutlicher sprach als die Worte. Also war jene dunkle Gestalt doch um ihretwillen dagewesen und war seitdem wieder dagewesen; denn wie hätte sie sonst von der Begegnung unterrichtet sein können?

Sie brauchen es nicht mehr einzugestehen, sagte Konstanze in bitterm Ton, Sie haben noch nicht ausreichend gelernt, sich zu verstellen. Und ich gutmüthige Thörin glaubte, Sie wären mein treuer Georg!

Ich war nahe daran, vor Zorn und Schmerz zu weinen.

Um Gottes willen, rief ich, verdammen Sie mich nicht, ohne mich gehört zu haben. Ich bin in den Park gegangen, ohne eine bestimmte Absicht, ohne eine Ahnung, daß ich — ihm, daß ich Jemand begegnen würde. Hätte ich gewußt, daß der Mann, den ich von dieser Stelle dort aus dem Bosket auftauchen sah, nicht ohne Ihre Erlaubniß kam, ich würde ihm nicht in den Weg getreten sein, würde ihn ruhig dahin haben gehen lassen, wo man ihn, wie es scheint, erwartete.

Wer sagt Ihnen, daß er nicht ohne meine Erlaubniß kam, daß er erwartet wurde? fragte Konstanze nicht ohne Heftigkeit.

Sie selbst; erwiderte ich schnell, der Umstand, daß Sie um etwas wissen, was doch nur er und ich wissen könnten.

Konstanze blickte mich an und lächelte flüchtig. — Ei, sagte sie, wie geschickt wir zu combiniren verstehen; wer hätte uns das zugetraut! Aber Sie irren sich. Ich weiß es von ihm, gewiß; und doch hatte ich ihn nicht erwartet und doch hatte ich ihm keine Erlaubniß gegeben. Ja, noch mehr, ich schwöre Ihnen: ich hatte keine Ahnung, daß er mir so nahe war. Und jetzt? fragte mich Ihr Blick. Jetzt ist er mir so fern wie je. Er hat mir auf einem Wege, der nichts zur Sache thut, geschrieben, daß er in der That an jenem Abend versucht habe, mich zu sehen, mir eine Mittheilung zu machen, von der er nicht wünschte, daß ich sie durch einen Andern erführe; ich habe ihm auf demselben Wege geantwortet, daß ich es nun doch bereits durch einen Andern erfahren habe und daß ich ihn um seiner und um meiner Ruhe willen bitte, keinen Versuch zu machen, sich mir zu nähern. Dies ist Alles und wird für immer Alles sein. Ich habe nicht die Gewohnheit, von denen, welche mich lieben, zu verlangen, daß sie mir ihre Zukunft, ihre Existenz zum Opfer bringen. Und das wäre hier der Fall. Jener Mann kann ohne Einwilligung seines Vaters keine Verbindung eingehen, und mein Vater hat dafür gesorgt, daß diese Einwilligung nie erfolgt. Er ist erst frei nach seines Vaters Tode. Darüber können Jahre vergehen. Er soll mir nicht einmal diese Jahre zum Opfer bringen.

Und er nimmt das Alles an, rief ich empört; er entsagt nicht lieber seinem Titel und seinem Erbe, als daß er auf Sie verzichtet? Er läßt sich nicht eher in Stücke zerreißen, als daß er Ihnen entsagte? Und dieser Mensch besitzt Millionen und nennt sich ein Fürst!

So wissen Sie, wer er war? sagte Konstanze, indem sie, wie es schien, heftig erschrak; und dann setzte sie mit Bitterkeit hinzu: Aber freilich, wie sollten Sie nicht! Sie sind ja der Vertraute meines Vaters, dem Sie jedenfalls das Abenteuer sogleich pflichtschuldigst berichtet haben.

Ich habe gegen Niemand jenes Vorfalls Erwähnung gethan, rief ich, ebenso wenig, wie Herr von Zehren jemals den Namen des Fürsten in meinem Beisein über die Lippen gebracht hat.

Bedarf es denn des Namens? sagte Konstanze. Man kann ja wohl auch, ohne Namen zu nennen, sehr deutlich sein. Aber, was er Ihnen auch gesagt haben mag, das hat er Ihnen gewiß nicht gesagt, daß Carlo und ich uns verlobt hatten, daß die Verbindung einzig und allein durch seine Schuld nicht zu Stande gekommen ist, daß er mein Glück rücksichtslos geopfert hat, um einer hochmüthigen Laune willen, um sich an dem Vater meines Verlobten auf unsere Kosten rächen zu können; und daß er, weit entfernt, mir für die glänzende Zukunft, um die er mich betrog, eine auch nur erträgliche Gegenwart zu bieten, das Leben mir täglich und stündlich zu einer Qual macht. Er hat meine Mutter getödtet, er wird mich auch tödten.

Um Gottes willen, sprechen Sie nicht so! rief ich.

Dies Leben ist kein Leben, ist schon Tod, schlimmer als der Tod;

murmelte sie, indem sie den Kopf auf die Platte des Tisches sinken ließ.

So lieben Sie ihn immer noch, der Sie verrathen hat? sagte ich.

Nein, erwiderte sie, indem sie sich aufrichtete, nein! ich sagte Ihnen schon: so ist es und so muß es für immer bleiben. Ich habe frei und ganz verzichtet. Ich bin zu stolz, mein Herz — das ist Alles, was ich habe — hinzugeben, wo man mir nicht sein Alles giebt. Und, Georg, kann man mehr geben, als sein Herz?

Ich wollte erwidern: Dann haben Sie mein Alles, Konstanze; aber ich konnte keinen Laut über die zuckenden Lippen bringen, konnte sie nur ansehen mit einem Blicke, in welchem gewiß mein ganzes Herz lag — das volle, thörichte, von guter, närrischer, treuer Liebe überfließende Herz eines Neunzehnjährigen.

So drückte sie denn meine Hand und sagte: Guter Georg, ja, ja, ich will, ich muß es glauben, daß Sie es gut meinen. Und nun, da wir uns ausgesprochen haben und wieder gute Freunde sind, lassen Sie uns nach dem Hause gehen, wo meine alte Pahlen mich mit dem Frühstück erwartet.

Sie war auf einmal wieder in den Ton gefallen, mit welchem sie die Unterredung begonnen hatte, und in demselben Tone fuhr sie fort: Gehen Sie heute auf die Jagd? Gehen Sie gern auf die Jagd? Ich bin früher auch wohl einmal mit gewesen, aber das ist lange, undenklich lange her. Ich soll früher eine gute Reiterin gewesen sein und glaube, ich könnte nicht mehr im Sattel sitzen. Ich habe Alles verlernt, besonders, wie man es anfängt, lustig zu sein. Sind Sie immer lustig, Georg? Ich höre Sie manchmal des Morgens so prächtige, muntere Lieder singen; Sie haben eine schöne Stimme. Sie sollten mich Ihre Lieder lehren; ich weiß nur traurige Lieder.

Wie reizend ich dies Geplauder fand! Aber wie mich in der letzten Zeit ihre Ungnade stumm und scheu gemacht hatte, so übte jetzt die unerwartete Güte, mit der sie mich überschüttete, dieselbe Wirkung aus. Ich ging mit einem halb verlegenen, halb glücklichen Lächeln neben ihr her um den großen Wiesenplatz herum nach dem Hause zu, wo wir uns, an ihrer Terrasse angelangt, trennten, nachdem sie mir nochmals die Hand gedrückt hatte.

Mit drei Sätzen sprang ich die steile Treppe hinauf, öffnete mit Ungestüm die Thür zu meinem Zimmer und blieb einigermaßen erschrocken auf der Schwelle stehen, als ich Herrn von Zehren in dem großen Lehnstuhl am Fenster sitzend fand.

Er wandte den Kopf halb um und sagte: Sie haben mich lange warten lassen; ich sitze hier schon eine gute Stunde.

Das war nicht eben beruhigend für mich; von dem Lehnstuhl aus sah man über die Parkwiese weg gerade auf die Bank unter dem Ahornbaum: wenn Herr von Zehren schon eine Stunde hier saß, so hatte er mit seinen scharfen Augen jedenfalls viel mehr gesehen, als mir irgend lieb war. Ich erwiderte daher seinen Gruß in großer Verlegenheit, die wahrlich nicht geringer wurde, als er, mit einer Geste nach der Bank hin, sagte: Maria Stuart, Georg? wie? grausamer Kerkermeister Sir Paulet mit dem großen Schlüsselbund? schwärmerischer Mortimer: das Leben ist ein Moment, der Tod ist auch nur einer? he? treuloser Lord Lester, der die bequeme Gewohnheit hat, zu Schiff nach Frankreich zu sein, sobald es um Kopf und Kragen geht!

Er schnellte die Asche von seiner Cigarre und fing dann auf einmal, mich anblickend, mit einem jener blitzschnellen Uebergänge seiner Laune, die ich an ihm nun schon gewohnt war, laut zu lachen an und sagte:

Nein, lieber Georg, Sie müssen mir kein so grimmiges Gesicht machen. Ich meine es wahrlich gut mit Ihnen, und, wie ich Ihnen schon gestern sagte, Sie können nichts dafür, und ich bitte Sie aufrichtig um Verzeihung, daß ich Sie auch nur einen Augenblick habe entgelten lassen, woran Sie doch wahrlich unschuldig genug sind. Sie muß Komödie spielen, sie hat es von Kindesbeinen an gethan, sie kann es nicht lassen. Ich habe wirklich manchmal schon gefürchtet, daß sie es von ihrer unglücklichen Mutter hat. Es hat schon Mancher darunter gelitten, ich nicht zum wenigsten; aber Ihnen möchte ich es gern ersparen; ich habe Sie oft genug indirect gewarnt und thue es jetzt direct. Was wollen Sie?

Ich war bei den letzten Worten des Herrn von Zehren in dem Zimmer umhergelaufen und ergriff jetzt meinen Hut, der an der Thür hing. — Was wollen Sie? rief er noch einmal, indem er aufsprang und mich beim Arm ergriff.

Fort! stammelte ich, während sich meine Augen mit Thränen füllten, die ich vergebens zurückzuhalten suchte, fort von hier! Ich kann es nicht ertragen, so von Fräulein Konstanze sprechen zu hören.

Und dann wäre das eine so günstige Gelegenheit, auch von mir fortzukommen? sagte Herr von Zehren, indem er seine großen dunklen Augen mit einem durchdringenden Blick auf mich heftete; nicht?

Ja, sagte ich, indem ich all meinen Muth zusammennahm, auch von Ihnen.

So gehen Sie! sagte er.

Ich schwankte nach der Thür und tastete — denn meine Augen waren von Thränen geblendet — nach dem Drücker.

Georg, rief der Wilde, Georg!

Der Ton schnitt mir in's Herz; ich kehrte um; ich ergriff und drückte seine beiden Hände und rief: Nein, ich kann nicht! Sie sind so gut gegen mich gewesen; ich kann nicht freiwillig von Ihnen gehen.

Herr von Zehren führte mich sanft zu dem großen Stuhl und schritt, während ich meine Stirn in die Hände drückte, mehrmals in dem Zimmer auf und ab. Dann blieb er vor mir stehen.

Was hat Ihnen gestern Granow gesagt? Hat er mich bei Ihnen verklatscht, wie er Sie bei mir verklatscht hat? Sie vor mir gewarnt, wie mich vor Ihnen? Nein, antworten Sie mir nicht; ich mag es nicht wissen; es ist so gut, als wäre ich zugegen gewesen und hätte Alles gehört. Man weiß ja, wie doppelzüngige alte Weiber schwatzen!

So ist es nicht wahr? rief ich aufspringend. Ach, gewiß, gewiß, es ist nicht wahr; ich habe es nie geglaubt, ich habe es auch dem Elenden gestern nicht geglaubt — nicht einen Augenblick.

Und nur noch eben erst! sagte Herr von Zehren, indem er wieder seinen durchdringenden Blick auf mich wandte. Aber ich schlug diesmal nicht die Augen nieder; ich erwiderte seinen Blick und sagte leise und fest:

Ich werde es nicht glauben, bis ich es aus Ihrem eigenen Munde höre.

Und wenn ich nun Ja sage? Was dann?

Dann will ich Sie bitten, so viel ich nur vermag: thun Sie es nicht, thun Sie es nicht mehr! Es kann nicht gut enden, und es ist mir gräßlich, zu denken, daß es schlecht enden könnte.

Sie meinen, sagte der Wilde, indem ein finsteres Lächeln über sein Gesicht zuckte, es würde sich nicht hübsch ausnehmen, wenn in den Zeitungen zu lesen wäre: Heute wurde Malte von Zehren auf Zehrendorf zu zwanzig Jahren Zuchthaus verurtheilt und zur Verbüßung seiner Strafe nach der Anstalt in Dingsda abgeführt, deren Director bekanntlich der Bruder des Verurtheilten ist? Nun, es wäre nicht das erste Mal, daß ein Zehren im Thurm säße!

Er lachte laut auf und fuhr dann mit Heftigkeit zu sprechen fort, indem er bald im Zimmer auf- und abging, bald vor mir stehen blieb:

Ja, ja, nicht das erste Mal. In meiner Jugendzeit — es mag jetzt dreißig Jahre oder drüber her sein — da stand in Ihrem verfluchten Nest auf einem wüsten Platz zwischen der Stadtmauer und dem Wall ein alter halbverfaulter Galgen und an den Galgen waren ein paar verrostete Eisenschilde genagelt, auf denen halbverwischte Namen standen, und einer dieser Namen hieß: Malte von Zehren, und das Schild trug die Jahreszahl 1536, und an der Zahl habe ich es erkannt und in einer Nacht mit meinem Jugendfreunde Hans von Trantow, unsers Hans' Vater, abgebrochen und dann den Galgen umgehauen und ihn über den Wall in den Stadtgraben geworfen. Wissen Sie, wie der Name meines Ahns dahin gekommen? Er hatte in Fehde gelegen mit den Pfeffersäcken, und sie hatten geschworen, ihn an den Galgen zu henken, wenn sie ihn fingen. Und, obschon er es wußte, und daß sie ihm keinen Pardon geben würden, hat er sich zur Faschingszeit verkleidet in die Stadt geschlichen, einem hübschen Bürgermädchen zu Liebe, die dem

Ritter hold war, wie er ihr. Sie sehen, lieber Georg, die Weiber — sie sind an allem Unglück schuld. Und haben ihn auch richtig gefangen des Morgens in der Frühe, als er vom Liebchen schlich, und haben ihn in den Thurm geworfen, und am folgenden Tage hat er sollen gehenkt werden zum Gaudium der guten Spießbürger. Aber ein Page, der ihn begleitete und der entwischte, hat's Hans von Trantow hinterbracht, und der Hans hat zwanzig Knechte satteln lassen und hat sie über die ganze Insel geschickt, zu allen Vettern und Sippen, und ist selbst herumgeritten, und in der Nacht sind sie auf zwanzig Kähnen übergesetzt und in die Stadt gebrochen, ihrer zweihundert, und haben meinen Ahn herausgehauen aus dem Thurm, die guten Gesellen, und das Nest an vier Ecken angezündet, daß es gebrannt hat lichterloh, und dafür haben sie denn, weil sie den Malte von Zehren selbst nicht mehr hatten, wenigstens seinen Namen an den Galgen geschlagen.

Was aber war die Ursach' der Fehde gewesen? Der Zoll auf dem Sund, den die Herren von Zehren jahrhundertelang erhoben hatten und den die Pfeffersäcke für sich beanspruchten. Mit welchem Recht? Ich frage Sie, mit welchem Recht? Als das Krämernest noch aus Hütten bestand, in denen armselige Fischer wohnten, haben die Zehren oben auf der Höhe schon gewohnt als Herren und Gebieter, erst in wallumgebenem Blockhaus, wie man es in der ältesten Zeit hatte, dann in einem Schloß von Stein mit Thürmen und Zinnen; und so weit der Blick von oben über die Wälder und Buchten in die Insel reicht, hat kein Heerd in Haus oder Hütte geraucht, an dem sich nicht Vasallen und Hörige des Schlosses gewärmt hätten, und so weit der Blick von oben in's Meer reicht, hat kein Segel sich gebläht und kein Wimpel geflattert, das dem Schlosse nicht Tribut entrichtet hätte. Glauben Sie, junger Mann, so etwas vergißt sich? Glauben Sie, ich könnte je lernen, mich unter einem Gesetz mit dem Gesindel zu fühlen, das vor meinen Ahnherren im Staube kroch? oder einen Herrn über mir anzuerkennen? Von Gottes Gnaden? Was da! was waren diese von Gottes Gnaden vor vier-, fünfhundert Jahren? Ich könnte sitzen, wo sie sitzen, mit demselben Fug und Recht, und mein Wappenschild prangte anstatt des ihren auf jedem Thore, auf jeder Wache, und in meinem Namen erhöbe man Zoll und Steuer. Und jetzt! Tod und Teufel! jetzt sitze ich hier als Herr von Habenichts in diesem Steinkasten, der mir nächstens über dem Kopf zusammenfallen wird, und kein Fuß breit Boden, auf den ich trete, ja nicht so viel, als an meinen Stiefeln hangen bleibt, gehört noch mir. Da — er trat an das offene Fenster und deutete mit vor Erregung zitternder Hand hinaus — Sie haben mich gefragt, weshalb ich das nicht zu Gelde mache, es müßten doch Tausende und Tausende in dem Walde stecken. Ich habe gesagt, ich könnte es nicht über's Herz bringen, die alten Bäume umhauen zu lassen — nun, das ist wahr, ich könnte es nicht, und daß sie nicht umgehauen werden, so lange ich lebe, das ist auch noch das einzige Recht, das ich an ihnen habe. Kein Baum gehört mir mehr und kein Bäumchen, nicht so viel, um mir einen Sarg daraus zimmern zu lassen, — jeder Zoll davon gehört dem Pickelhäring, Euerm Krösus, der sich Commerzienrath nennen läßt und nicht umsonst Streber heißt. Ich sehe den Stockfisch noch, wie er sein schiefes Maul verzog, als er mir das Sündengeld auf den Tisch gezählt hatte und den Contract in die Tasche schob. Er dachte: es wird nicht lange vorhalten und hernach schießt er sich eine Kugel vor den Kopf. Nun, vorgehalten hat es nicht, und zu dem Andern kann ja auch noch Rath werden. Aber ich weiß nicht, welcher Plauderteufel heute Morgen in mich gefahren ist; ich glaube, der Umgang mit dem Waschweib, dem Granow, wirkt ansteckend; oder ist es, weil ich nachholen muß, was ich gestern Abend versäumt habe? Wahrhaftig, Georg, ich habe Sie sehr vermißt. Trantow, der gute Kerl, hat mich nach Haus gefahren aus purem Mitleid, weil er mir ansah, wie schwer es mir wurde, meine letzte Cigarre allein zu rauchen. Und dann hat es mich ein Heidengeld gekostet, daß Sie nicht an meiner Seite waren: Es ist mir gestern schlecht ergangen, Georg, verzweifelt schlecht; sie haben mich alten Habicht gerupft, daß die Federn nur so flogen; aber heute Abend wollen wir es ihnen heimzahlen; wir sind bei Trantow, da habe ich noch immer Glück gehabt; aber Sie dürfen nicht von meiner Seite. Und nun trinken Sie Ihren Kaffee und kommen Sie in einer halben Stunde herunter; ich habe ein paar Briefe zu schreiben; der Herr Steuerrath wollen mal wieder aus einer seiner tausend und einen Verlegenheit gerissen sein; ich kann ihm aber diesmal nicht helfen, wenigstens heute nicht; er muß schon noch warten. Also in einer halben Stunde; hernach wollen wir an den Strand. Ich fühle mich heute etwas fieberhaft, die Seeluft wird mit gut thun.

Er ging und ließ mich in der seltsamsten Stimmung zurück. Ich hatte die Empfindung, daß er mir Alles gesagt, und wenn ich es recht bedachte, waren es doch nur dieselben Reden gewesen, wie er sie ähnlich schon oft gegen mich geführt; ich hatte das Gefühl, als habe ich mich ihm mit Leib und Seele verschrieben, und doch hatte er mir kein Versprechen abgenommen. Gerade aber das war es wohl, weshalb ich mich mehr als je zu dem seltsamen Manne hingezogen fühlte. Wenn er großmüthig genug war, mich nicht auf sein Schiff nehmen zu wollen, das er dem Untergange entgegentreiben sah, durfte ich ruhig am sichern Ufer stehen bleiben und ihn mit den Wellen kämpfen und von den Wellen verschlingen sehen?

Meine jugendliche Phantasie erfaßte mit Begierde die romantische Geschichte von jenem Ritter, der mit meiner Vaterstadt in Fehde gelegen. Ich wünschte, ich wäre dabei gewesen; ich träumte mich in die Rolle des Pagen, der sich mit Gefahr seines Lebens durchgeschlagen, dem geliebten Herrn Hülfe und Rettung zu bringen. Sollte ich geringer denken, weniger kühn handeln als jener Knabe? Und waren wir nicht in derselben Lage fast? War mein Ritter nicht bis auf's Aeußerste gebracht? Hatten ihm die Pfeffersäcke nicht sein Alles genommen? Ihm nichts gelassen von dem Erbe seiner Väter, ihm, dem königlichen Mann? Wie sie dagestanden, die schlanke, edle Gestalt mit den blitzenden Augen und dem Herzeleid in dem bleichen, tiefgefurchten Antlitz, das der volle Bart umwogte! Der sollte seine Tochter haben verkaufen wollen? Der! Und ein Mensch, wie der Commerzienrath, sollte einst hier Herr sein an des Ritters Statt? Der Mensch mit dem glattrasirten Fuchsgesicht, den zwinkernden Diebesaugen und den plumpen gierigen Fingern! Er, der mir selber schon den Galgen prophezeit hatte? Ja, sie hatten mir nicht besser mitgespielt als meinem Ritter. Sie hatten mich aus der Stadt getrieben, und Gott sei Dank, daß sie's gethan, daß ich sie hassen konnte, die ich immer verachtet hatte!

So erhitzte sich mein thörichter Kopf mehr und mehr. Die Lust an Abenteuern, das innige Behagen an dem zügellosen Leben, das ich Freiheit nannte, eine ungeheure Verwirrung der Begriffe von Recht und Pflicht, Dankbarkeit, Jugendübermuth, eine erste leidenschaftliche Liebe — Alles, Alles bannte mich in diesen Kreis, der mir eine Welt war, die mich ganz erfüllte, — meine Welt; zog mich mit unwiderstehlicher Gewalt zu diesem Manne, der mir als das vollkommene Ideal eines Ritters und Helden erschien, zu dem schönen Mädchen, in dem ich meine kühnsten Phantasien so weit übertroffen sah. Und daß sie, die ich doch mit gleicher Liebe umfaßte, sich feindlich gegenüberstanden, trug nur dazu bei, in mir das Gefühl einer geträumten Unentbehrlichkeit zu verstärken. Sie waren noch eben, jedes in seiner Weise, gleich gütig zu mir gewesen, hatten mir dasselbe Vertrauen gezeigt — die Erfüllung meines glühendsten Wunsches, sie beide versöhnt zu sehen, war mir noch nie so nahe erschienen, als an diesem Morgen, wo ich in meinem Zimmer umherirrte und am Fenster zu dem blauen Himmel hinaufstarrte, an dem große weiße Wolken unbeweglich standen, und hinab auf den Park, dessen majestätische Baumgruppen und breiten Wiesengründe vom herrlichsten Sonnenlicht zauberisch überstrahlt waren.

Wie hätte ich ahnen können, daß jene weißen Wolken sich so bald zu einem finstern Trauermantel auseinander rollen und die Sonne verhüllen würden! daß ich mein Paradies in diesem Zauberglanz zum letzten Male erschaut hatte!

Zwölftes Capitel

Die Zuversicht, mit welcher Herr von Zehren dem Abend entgegengesehen, der den schweren Verlust des vorigen Tages mindestens wieder gut machen sollte, hatte ihn doch betrogen. Vielleicht daß ein Vorfall, der sich unmittelbar vorher ereignete, ihm die Kaltblütigkeit geraubt hatte, welcher er an diesem Abend mehr als je bedurfte. Als wir uns nämlich von dem Strande herauf, wo wir zwischen den Dünen ein paar wilde Kaninchen geschossen hatten, über die Haide schreitend, Trantowitz näherten, war plötzlich auf der Landstraße, in die wir eben einbogen, eine Cavalcade, aus mehreren Herren und Damen bestehend, denen ein paar Livreebediente folgten, an uns vorübergesprengt. Ich weiß nicht, wie es kam, aber ich hatte von Allen deutlich nur einen jungen schlanken Mann bemerkt, der ein wundervolles englisches Pferd ritt, und der sein blasses, mit den Erstlingen eines Schnurrbartes verziertes Gesicht in dem Augenblick, als er an mir vorbeikam, lachend zu einer jungen Dame hinbog, die ihr Pferd mit einem Hieb zu rascherm Laufen antrieb. Ich hatte der Schaar noch ein paar Momente nachgeblickt, und als ich mich mit der Frage: Wer war das? an Herrn von Zehren wenden wollte, erschrak ich über seinen Anblick. Wir hatten nur noch eben heiter miteinander geplaudert; jetzt lag in seinen Mienen ein finsterer Zorn, und als wollte er den Enteilenden einen Schuß nachsenden, hatte er das Gewehr von der Schulter gerissen und halb im Anschlage. Dann warf er es wieder über die Schulter und ging ein paar Schritte schweigend an meiner Seite, bis er plötzlich in wüthendste Schmähungen ausbrach, wie ich sie von ihm, der doch gelegentlich heftig genug werden konnte, noch nie gehört. Der Hund, rief er, er wagt es, bis hierher zu kommen, auf meines Freundes Trantow Grund und Boden! Und ich stehe ruhig da und jage ihm nicht eine Ladung Schrot in seinen verdammten Leib! Wissen Sie, Georg, wer das war! Der Bube, der einst Herr sein wird auf hundert Gütern, die alle von Rechts wegen mir gehören, dessen Vorfahren die Vasallen meiner Ahnen gewesen sind, und dessen schurkischer Vater zu mir gekommen ist, mir auf meinem eigenen Zimmer zu sagen: er wünsche seinen Sohn standesgemäß zu vermählen und er hoffe, wir würden uns abfinden lassen. Ich habe ihm die verdammte Kehle zugeschnürt und hätte ihn erwürgt, wären sie nicht dazu gekommen. Sehen Sie, Georg, die Geschichte hat in mir gewühlt, unaufhörlich, seitdem ich wußte, daß der Bube sich wieder hier in der Nähe herumtrieb. Und nun wissen Sie auch, weshalb wir, Konstanze und ich, auf einem so schlechten Fuß miteinander stehen. Gott weiß, in welchen Phantasien sie sich wieder einmal wiegt, und mich macht es rasend, zu sehen, daß sie ihre Gedanken noch immer an den Sohn des Schurken hängt, der mich so schmählig beleidigt hat, wie nur ein Mann einen Mann beleidigen kann; der mein Wappenschild beschimpft hat und der mit mir auf Tod und Leben kämpfen müßte, wenn —

Er unterbrach sich und ging, mit den Zähnen an der Unterlippe nagend, schweigend neben mir her. Dabei strauchelte er, des schlechten, ungleichmäßigen Weges nicht achtend, ein paar Mal; das gab ihm, zusammen mit dem Ausdruck seines Gesichtes, dessen Runzeln, sobald er in Leidenschaft gerieth, tief einsanken, den Anschein eines alten, gebrochenen Mannes, der sich in ohnmächtigem Zorn verzehrt. Nie vorher war er mir so bemitleidenswerth, so hülfsbedürftig erschienen, und nie vorher hatte ich ihn so bemitleidet, hätte ich ihm so gern geholfen. Zugleich sagte ich mir, daß eine so günstige Gelegenheit, das Mißverständniß aufzuklären, welches offenbar in Beziehung auf ihr beiderseitiges Verhältniß zum Fürsten zwischen Vater und Tochter obwaltete, nicht so leicht wiederkehren würde. So faßte ich mir denn ein Herz und fragte:

Weiß Fräulein Konstanze, wie sehr man Sie beleidigt hat?

Wie so? Was meinen Sie? fragte Herr von Zehren zurück.

Ich erzählte ihm, was ich am Morgen mit Konstanze gesprochen, wie sie keine Ahnung davon zu haben scheine, welchen Frevel man an ihr begangen, wie sie mir im Gegentheil ausdrücklich gesagt habe, daß sie mit dem Fürsten verlobt gewesen, daß die bereits beschlossene Verbindung durch Herrn von Zehren's Schuld nicht zu Stande gekommen sei, daß sie aber nichtsdestoweniger frei und ganz auf jeden Gedanken der Möglichkeit einer Verbindung zwischen ihr und dem Fürsten verzichtet habe. Nur die Frechheit, mit der er es gewagt, sich ihr wieder nähern zu wollen, die Correspondenz, welche zwischen ihnen stattgefunden, verschwieg ich, weil ich fühlte, daß dieser Umstand den Zorn des Herrn von Zehren wieder wach rufen und ihn gegen alle Vernunftgründe taub machen würde.

Und auch so schon hatte ich vergebens gesprochen. Er hatte mir mit allen Zeichen der Ungeduld zugehört und rief jetzt, als ich, vor Eifer athemlos, schwieg: Sagt sie das? Was sie nicht Alles sagt! Und das noch jetzt, nachdem ich ihr nicht einmal, nachdem ich ihr hundertmal erzählt habe, was man von mir gewollt hat, wie man meine Ehre, meinen Namen in den Koth getreten hat! Wird sie nicht nächstens behaupten, der Kaiser von China habe um sie geworben und ich sei Schuld, daß sie nicht Kaiserin von China sei! Warum nicht? Turandot ist eine so schöne Rolle, wie Maria Stuart. Machen Sie sich darauf gefaßt, sie nächstens in chinesischem Costüm zu sehen!

Es war leicht genug, zu hören, wie wenig scherzhaft dem Manne bei diesen Worten zu Muthe war, und ich wagte nicht, ein so peinliches Thema länger festzuhalten. Ueberdies kamen wir in wenigen Minuten auf Trantowitz an, wo uns Hans auf der Schwelle mit seinem gutmüthigen Lächeln begrüßte und in sein Wohnzimmer (neben seinem

Schlafzimmer das einzige bewohnbare Gemach des ganzen großen Hauses) führte, in welchem die übrigen Gäste schon versammelt waren.

Der Abend verlief wie schon so viele. Vor der Mahlzeit wurde gespielt und nach der Mahlzeit, bei der man der Flasche überaus eifrig zusprach, wurde das Spiel fortgesetzt. Ich hatte mir vorgenommen, nicht zu spielen, und konnte diesen Vorsatz um so leichter durchführen, als Alle, mit Ausnahme unseres Wirthes vielleicht, den nichts aus seiner Ruhe bringen konnte, von dem ungewöhnlich hohen Spiel gänzlich in Anspruch genommen waren und Niemand Zeit hatte, sich um mich zu bekümmern.

So saß ich denn, etwas von dem Tische entfernt, in der Vertiefung des Fensters und beobachtete die Gesellschaft, deren Treiben mir heute, als ich nicht selbst daran Theil nahm, unheimlich genug erschien. Die stieren Augen in den erhitzten Gesichtern; die nur von den monotonen, immer wiederkehrenden Phrasen des Bankiers, oder von einem kurzen heiseren Lachen, oder zwischen den Zähnen gemurmelten Fluch der Spieler unterbrochene Stille; die Gier, mit der man den Wein flaschenweise hinuntergoß; das ganze Bild eingehüllt in eine graue Tabakswolke, die mit jeder Minute dichter wurde — es war kein erfreulicher Anblick und allerlei seltsame wirre, peinliche Gedanken wälzten sich durch meinen ermüdeten Kopf, während ich so dasaß und mechanisch die Chancen des Spiels verfolgte und zwischendurch auf das Sausen und Brausen des Nachtwindes hörte, der die alten Pappeln vor dem Hause schüttelte und einzelne Regentropfen an die Fenster trieb. Dann fuhr ich aus meinem Halbschlummer jäh empor von einem wilden Lärmen, der plötzlich das Gemach durchtobte. Die Spieler waren von ihren Sitzen aufgesprungen und schrieen mit wilden Mienen und drohenden Geberden aufeinander ein; aber so schnell, wie er entstanden, legte sich der Tumult; sie saßen wieder stumm über ihre Karten gebeugt und ich horchte abermals auf das Rauschen des Windes in den Pappeln und das Klatschen des Regens gegen die Scheiben, bis ich vollends einschlief.

Eine Hand, die sich auf meine Schulter legte, erweckte mich. Es war Herr von Zehren. Der erste Blick in sein bleiches Gesicht, aus dem unheimlich die großen Augen glänzten, sagte mir, daß er abermals verloren habe, und er bestätigte es, als wir durch die dunkle, sausende Nacht den kurzen Weg nach Zehrendorf zurückschritten. Es ist vorbei mit mir, sagte er, mein altes Glück verläßt mich; ich sollte mir je eher je lieber eine Kugel vor den Kopf schießen. Acht Tage freilich habe ich noch; Sylow, der ein guter Kerl ist, hat mir so lange Frist gegeben; in acht Tagen läßt es sich vielleicht arrangieren; nur daß übermorgen der Wechsel fällig ist und mein Herr Bruder natürlich nicht zahlen kann. Indessen man muß sehen, man muß sehen.

Er hatte mehr mit sich selbst als mit mir gesprochen. Ein paar Mal blieb er stehen, blickte zu den tief herabhangenden Wolken empor, durch welche jetzt von Zeit zu Zeit ein schwacher Schimmer des eben aufgegangenen Mondes fiel, schritt dann wieder weiter und murmelte durch die Zähne: Aber ich wußte es, wußte es, als ich den Schurken sah; es mußte mir Unglück bringen; sein verfluchtes Geschlecht hat mir noch immer Unglück gebracht. Und nun sehen müssen, wie sie den Schaum schlürfen von dem Becher des Lebens, während uns die bittere Hefe bleibt! Und sich nicht rächen können! ihnen nicht an's Leben können!

Wir waren, schon nahe beim Hofe, zu einem Gehölz gelangt, das eigentlich nur eine weit vorspringende Ecke des großen Waldes war, aber bereits zu dem Park gerechnet wurde. Der Weg theilte sich hier; ein breiterer führte an dem Rande hin, ein schmalerer, der eigentlich nur ein Fußpfad war, quer durch den Camp. Der letztere war der kürzere, aber auch unbequemere und dunklere, und Herr von Zehren, der in der schlechten Stimmung, in welcher er sich befand, schon ein paar mal über die Dunkelheit und den bösen Weg gemurrt hatte, schlug vor, nicht, wie wir gewöhnlich thaten, durch den Wald zu gehen.

Ich wüßte gern, ob der Platz-Hirsch, den wir vorgestern gespürt haben, wieder im Süderholz schreit, sagte ich; man kann es von hier nicht hören, aber drinnen muß man es hören können.

So gehen Sie durch, sagte er, aber halten Sie sich nicht zu lange auf. Ich hoffe, noch vor Ihnen auf der andern Seite zu sein.

Es war nicht so finster im Walde, als ich gefürchtet hatte; manchmal schien der Mond sogar ziemlich hell durch die jagenden Wolken. Ich machte mir Vorwürfe, daß ich Herrn von Zehren in einer solchen Stunde allein gelassen hatte, und wollte umkehren; dennoch schritt ich, von meiner Jagdleidenschaft getrieben, langsam und vorsichtig weiter, blieb auch manchmal stehen, mit verhaltenem Athem in den Wald hineinlauschend, ob ich den Hirsch nicht hören würde! Einmal glaubte ich, das dumpfe Gebrüll vernommen zu haben; aber ich war meiner Sache nicht gewiß und auf jeden Fall mußte es sehr fern sein und auf einer andern Stelle, als wir den Hirsch um diese Stunde vermutheten. Vielleicht war es ein anderer. Ich hätte es gern herausgebracht und stand wieder still und lauschte. Plötzlich ließ sich hinter mir auf dem Wege, den ich gekommen, ein Geräusch vernehmen, wie von Pferdehufen. Mein Herz stand still und begann dann heftig zu schlagen. Wer konnte der nächtliche Reiter sein, auf einem Wege, der ganz abseits von der großen zu dem Gutshofe führenden Straße lag?

Der im Anfang dumpfe Hufschlag war lauter geworden und hatte dann plötzlich aufgehört. Statt dessen vernahm ich jetzt ganz deutlich den Schritt eines Menschen, der durch den Wald daher kam, auf die Stelle zu, wo ich, etwas abseits vom Wege und in dem tiefen Schatten von ein paar hohen Bäumen, stand. Es konnte Niemand anders sein, als er; mein Herz, das mir in der Brust hämmerte, als wollte es alle Bande sprengen, schrie mir zu, daß es Niemand anders sein könne; ich riß das Gewehr von der Schulter, wie heute Abend Herr von Zehren nach dem Gewehr gegriffen beim Anblick des Verhaßten. Dann aber warf ich es, wie er es gethan, wieder über die Schulter, so daß ich beide Arme frei hatte. Was brauchte ich dem Bürschchen gegenüber, als meine beiden Arme!

Und da sah ich ihn vor mir, ganz deutlich, denn der Mond trat eben über den Rand einer schwarzen Wolke und goß durch die Wipfel ein helles Licht gerade auf die Stelle, über die er schritt: dieselbe schlanke Gestalt, sogar noch in demselben Reitanzug: niedriger Hut, enganliegender pelzbesetzter Rock und hohe bis zur Hälfte der Schenkel reichende Stiefel von geschmeidigem Leder — ein Sprung, ein Griff, und er war in meinen Händen.

Der Schrecken mußte ihn für den Augenblick betäubt haben, denn er hatte weder einen Schrei ausgestoßen, noch kaum eine Bewegung gemacht. Aber es war eben auch nur für einen Augenblick gewesen; dann versuchte er mit einer urplötzlichen Anstrengung, die weit über das Maß der Kraft, die ich ihm zugetraut hatte, hinausging, sich von mir loszureißen. So mag ein Leopard in dem Netz, in das ihn der Jäger verstrickt hat, sich herumwerfen, sich emporschnellen, mit den Pranken schlagen, sich zusammenziehen und wieder emporschnellen. Der Kampf dauerte wohl eine Minute, während dessen von beiden Seiten kein Wort gesprochen, kein Laut hörbar wurde, als nur ein gelegentliches Stöhnen und ein zischender Athemzug. Zuletzt wurden seine Anstrengungen matter und matter, sein Athem ging schneller und schneller, und endlich keuchte er, in sich zusammensinkend: Lassen Sie mich los!

So bald nicht!

In meiner Brusttasche steckt ein Portefeuille mit ein paar hundert Thalern; Sie sollen sie haben, aber lassen Sie mich los!

Nicht für eine Million, sagte ich, indem ich ihn, dessen Kraft vollkommen erschöpft war, in die Kniee drückte.

Was wollen Sie? wollen Sie mich morden? keuchte er.

Ich will Ihnen nur eine Lection geben, sagte ich, und griff nach der Reitpeitsche, die ihm, während wir rangen, entfallen war und deren silbernen Griff ich eben jetzt neben mir blinken sah.

Um Gotteswillen, thun Sie mir das nicht an, flehte er, die Hand, in welcher ich die Reitpeitsche gefaßt hatte, krampfhaft festhaltend; tödten Sie mich auf der Stelle; ich will mich nicht rühren; ich will nicht einen Laut von mir geben; aber schlagen Sie mich nicht!

Ein solches Verlangen in diesem Ton konnte nicht verfehlen, auf ein Herz wie das meine einen tiefen Eindruck zu machen. Ich sah in meinem Gegner nicht mehr den Erbfeind des wilden Zehren, den Liebhaber seiner Tochter — ich sah nur noch einen Knaben in ihm, der in meiner Gewalt war und der lieber sterben wollte, als eine schimpfliche Behandlung dulden. Unwillkürlich ließ meine Faust, die ihn an der Brust gepackt hielt, los, ja, ich glaube, ich half ihm wieder auf die Füße.

Er fühlte sich kaum frei, als er schnell ein paar Schritte von mir wegtrat und in einem Ton, dessen Leichtigkeit seltsam mit der furchtbaren Angst contrastirte, die er nur noch eben empfunden hatte, sagte:

Wenn Sie ein Edelmann wären, müßten Sie mir Satisfaction geben, da Sie keiner sind, sage ich Ihnen: nehmen Sie sich in Acht, ich möchte nicht immer wie heute ohne Waffen sein.

Er berührte den Rand seines Hutes, drehte sich auf den Hacken um und schritt den Weg zurück.

Ich stand wie angewurzelt und blickte der schlanken Gestalt nach, die eben im Schatten der Nacht und des Waldes verschwand. Ich wußte, daß ich ihn mit ein paar Sätzen wieder einholen konnte, aber ich spürte nicht die mindeste Regung, es zu thun. Der junge Fürst hatte den jungen Plebejer richtig taxirt. Ich hätte mir eben so gern die Hand abgehackt, als sie wiederum nach dem ausgestreckt, den ich nun einmal in meiner Weise begnadigt hatte. Und dann dachte ich an Granow's Wort, daß er nicht, wenn er der Fürst wäre, Herrn von Zehren begegnen möchte, und wie um ein Haar diese Begegnung nun doch stattgefunden hätte, in einem Augenblick, wo es offenbar dem Wilden eine Lust gewesen wäre, das Blut des jungen Feindes zu vergießen und das seinige dazu. Und jetzt hörte ich ein leises Wiehern und dann Hufschlag.

Gott sei Dank, sagte ich tiefaufathmend, es ist besser so! — und eine Lehre wird's ihm doch wohl sein.

Ich dachte jetzt nicht mehr an den Hirsch; ich hörte kaum hin, als er gar nicht weit von mir, links im Walde, zu brüllen begann; ich eilte im Trab weiter, die verlorene Zeit einzubringen, in schwerer Sorge, ob Herr von Zehren den Reiter ebenfalls gehört, denn von dem, was sonst im Walde geschehen, konnte er nichts vernommen haben.

Aber ich hatte unnöthiger Weise gesorgt. Der Wilde war zu tief in seine Unglücksgedanken versunken, als daß seine Sinne so scharf hätten sein können, wie sonst wohl. Er fragte mich nicht einmal nach dem Hirsch; und ich war froh, daß ich nicht zu sprechen brauchte. So gingen wir schweigend neben einander hin, bis wir den Hof erreichten.

Auf dem Hausflur empfing uns der alte Christian, der nie Schlafende. Es seien Briefe angekommen mit einem Expreß, er habe sie dem Herrn auf den Schreibtisch gelegt.

Kommen Sie mit herein, sagte Herr von Zehren, während ich sehe, was es giebt.

Wir traten ein. Der ist für Sie, und auch der; sagte Herr von Zehren, indem er mir von den Briefen, die auf dem Tische lagen, zwei reichte.

Der erste Brief war von meinem Freunde Arthur und lautete:

»Du hast mir das Geld nicht geschickt, um das ich Dich neulich bat; aber freilich, wenn wir nur selbst was haben, mögen die Freunde zusehen, wie sie fertig werden. Heute schreibe ich Dir übrigens nur, um den Onkel durch Dich zu bitten, daß er dem Papa doch helfe. Es muß wohl sehr schlecht mit uns stehen, denn als heute der Kaufmann G. — Du weißt schon — dem ich fünfundzwanzig abgeborgt, sich beim Papa meldete, habe ich gar keine Schelte bekommen. Dafür heulte die Mama den ganzen Tag, ich wollte, ich wäre, wo der Pfeffer wächst.

P. S. So eben kommt der Papa vom Onkel Commerzienrath zurück mit einem sehr langen Gesicht. Es ist klar, daß der Philister nichts herausrücken will; ich sage Dir, Onkel Malte muß helfen; es geht sonst schlimm.«

Der zweite Brief war von meinem Vater.

»Mein Sohn! Du hast mich, indem Du mir den kindlichen Gehorsam aufkündigtest, gezwungen, meine Hand von Dir zu ziehen. Ich habe mir geschworen, sie Dir nicht eher wieder zu reichen, als bis Du, Dein Unrecht eingestehend, mich selbst darum bittest, und ich werde diesen Schwur halten. Ich habe Dir auch in der Wahl, die Du für Dich getroffen, keinerlei Hindernisse in den Weg gelegt, habe Dir die volle Freiheit gelassen, die Du von jeher beansprucht hast, und bin entschlossen, es auch fernerhin zu thun. Nun aber kann mich das nicht abhalten, von Herzen zu wünschen, es möge Dir auf dem selbstgewählten Wege gut gehen, wie sehr ich auch daran zweifle; und kann mich auch nicht abhalten, Dich zu warnen, wo Warnung nöthig scheint. Dies aber ist jetzt der Fall. Es sind mir über Herrn von Zehren Dinge zu Ohren gekommen, von denen ich zu Gott hoffe, daß sie auf einem Irrthum beruhen, die aber derart sind, daß ich nur mit Schrecken meinen Sohn, wenn er sich auch von mir losgesagt hat, in dem Hause eines Mannes weiß, den ein solcher Verdacht, und wäre er auch fälschlich, trifft. Um was es sich handelt, bin ich Dir zu sagen nicht im Stande, da mir die betreffenden Mittheilungen auf amtlichem Wege zugegangen sind. Ich weiß wohl, daß Du, trotz Deines Ungehorsams, eine schlechte Handlung niemals thun würdest, und daß Du also, sollten auch jene Muthmaßungen, was Gott verhüte, auf Wahrheit beruhen, so weit sicher bist; dennoch bitte ich Dich, so Dir an meiner Ruhe noch etwas liegt, das Haus des Herrn von Zehren sofort zu verlassen, indem ich, was kaum nöthig ist, hinzufüge, daß ich für den gehorsamen Sohn sein werde, was ich ihm immer war, sein strenger aber gerechter Vater.«

Ich hatte diesen Brief zweimal durchgelesen und saß, unfähig, einen bestimmten Gedanken zu fassen, noch immer auf das Blatt starrend, da, als mich Herrn von Zehren's: Nun, Georg, was haben Sie denn da?

aufschreckte. Ich reichte ihm die beiden Briefe. Er las sie und legte sie auf den Tisch, ging im Zimmer auf und ab, blieb dann vor mir stehen und sagte: Was wollen Sie thun?

Die Gelegenheit ist günstig, fuhr er fort, als ich mit der Antwort zögerte. Ich habe einen Brief von dem Steuerrath, der mich noch in dieser Stunde nach der Stadt zu reisen zwingt. Ich nehme Sie mit; jetzt ist es zwölf Uhr, in drei Stunden sind wir drüben; Sie klingeln den alten Herrn heraus, können dann noch ein paar Stunden in der Dachkammer, von der Sie mir so oft erzählt haben, schlafen, werden morgen früh Gott danken, daß Sie den Wilden los sind, und — wieder in die Schule gehen.

Er hatte die letzten Worte mit einem leichten Hohne gesagt, der die empfindlichste Seite im Herzen eines jungen Menschen, den falschen Stolz, jäh berührte.

Ich will mit Ihnen gehen, wohin es sei! rief ich, indem ich aufsprang. Ich habe es Ihnen schon heute morgen gesagt und ich wiederhole es jetzt. Sagen Sie mir, was ich thun soll.

Herr von Zehren schritt in dem Zimmer auf und nieder, dann blieb er vor mir stehen und sagte mit bewegter Stimme:

Bleiben Sie hier! meinetwegen nur noch ein paar Tage, bis ich wieder zurück bin. Sie leisten mir einen Dienst damit.

Ich sah ihn fragend an.

Wenn Sie jetzt zurückkehren, heute zurückkehren, fuhr er fort, so würde das nur dazu beitragen, die Gerüchte zu bestätigen, von denen Ihr Vater schreibt. Die Ratten verlassen das Haus, würden die Leute sagen, und mit Recht. Und gerade jetzt liegt mir daran, daß die Leute nichts sagen, daß möglichst wenig über mich gesprochen wird. Verstehen Sie, Georg?

Nein, sagte ich; warum gerade jetzt?

Ich sah ihn starr an, er versuchte, den Blick auszuhalten, und es dauerte einige Zeit, bis er, leise und langsam sprechend, antwortete:

Fragen Sie nicht weiter, Georg, vielleicht würde ich es Ihnen sagen, wenn Sie mir helfen könnten; vielleicht, vielleicht auch nicht. Es geht die Rede, ich nutze die Menschen aus und werfe sie weg, wenn ich mit ihnen fertig bin. Mag sein, ich wüßte auch nicht, daß die Meisten besser behandelt zu werden verdienen. Mit Ihnen möchte ich es nicht so machen; denn ich habe Sie lieb. — Und so, gehen Sie zu Bette und lassen Sie den Wilden weiter spielen. Vielleicht sprengt er diesmal die Bank, und dann, verspreche ich Ihnen, soll es das letzte mal gewesen sein.

In diesem Augenblicke fuhr der Wagen vor; ich hatte, während ich den Brief meines Vaters las, nicht gehört, daß der alte Christian den Befehl erhalten hatte, das Anspannen zu bestellen. Herr von Zehren kramte in seinen Papieren, steckte einige zu sich und schloß andere in den Schrank. Dann ließ er sich von Christian seinen Jagdpelz anhelfen, setzte die Mütze auf, trat auf mich zu und bot mir die Hand.

Ich hatte in halber Erstarrung allem mechanisch zugesehen.

Und ich kann nichts für Sie thun? sagte ich jetzt.

Nein, erwiderte er; oder doch nur dadurch, daß Sie ruhig hier bleiben, bis ich zurück bin. Ihre Hand ist eiskalt; gehen Sie zu Bett!

Ich begleitete ihn hinaus. Vor der Thür hielt der Jagdwagen; auf dem ersten Sitz saß außer dem Knecht, der das Amt des Kutschers zu versehen pflegte, der lange Jochen.

Der Wagen wird mich nur bis zur Fähre bringen und dann wieder zurückkehren, sagte Herr von Zehren.

Und Jochen? flüsterte ich.

Begleitet mich.

Nehmen Sie mich statt seiner, sagte ich dringend.

Es geht nicht, erwiderte er, schon mit einem Fuße auf dem Tritt.

Ich beschwöre Sie, sagte ich, indem ich ihn an der Hand festhielt.

Es geht nicht, erwiderte er, wir haben keine Minute zu verlieren. Gute Nacht! fort!

Der Wagen rollte davon; die Hunde bellten und heulten; dann wurde es wieder still. Der alte Christian humpelte mit seiner Laterne über den Hof und verschwand in einem der Nebengebäude; ich stand allein vor dem Hause unter den sausenden Bäumen. Ein heftiger Regenguß entlud sich; ich schauderte zusammen und trat in das Haus zurück, dessen Thür ich sorgfältig verschloß.

In Herrn von Zehren's Zimmer war das Licht brennen geblieben; ich ging, es mir zu holen und zugleich meine Briefe, die dort noch auf dem Tische lagen. Indem ich sie zu mir nahm, erblickte ich auf dem Boden ein Papier. Ich hob es auf, zu sehen, was es sei. Auf dem Blatte standen nur wenige Worte, die ich durchlesen hatte, ehe ich wußte, was ich that, oder was ich las. Die Worte lauteten ungefähr so: Ich bin verloren, wenn Du mich nicht rettest. G. will die Wechsel nicht prolongiren, St. ist unerbittlich; Wechselarrest und Cassation sind unvermeidlich. Ich gebe mich in Deine Hand, Du hast mich zu lange über Wasser gehalten, um mich jetzt ertrinken zu lassen. Auch ist der Augenblick möglichst günstig für die bewußte Partie. Ich kann und werde dafür sorgen, daß uns Keiner in die Karten sieht. Aber was geschehen soll, muß auf der Stelle geschehen. Ich habe das Spiel nicht immer in meiner Hand. Komm' sofort, ich beschwöre Dich bei dem, was Dir das Heiligste ist: Bei unserm alten Namen! Verbrenne dies sofort!

Das Blatt war nicht unterschrieben, aber ich kannte die Handschrift wohl; ich hatte sie oft genug in den Acten auf meines Vaters Arbeitstisch gesehen; ja ich hätte die Unterschrift unter diesen Briefen setzen können, hatte sie doch oft genug mit sammt dem prahlerischen Schnörkel nachzuahmen versucht!

Der Brief mußte Herrn von Zehren vorhin entglitten sein, als er ihn mit den andern in die Tasche stecken wollte.

Ich hatte eben noch einmal hineingeblickt und noch einmal den wunderlichen Inhalt zu enträthseln versucht, als das Licht, das schon tief im Sockel gebrannt hatte, zu verlöschen drohte. — Verbrenne dies sofort!

Als ob mir eine Stimme von außen, der ich gehorchen mußte, diese letzten Worte des Briefes zugerufen hätte, hielt ich das Blatt in die erlöschende Flamme. Das leichte Blatt loderte auf, in demselben Augenblicke verlosch auch das Licht — noch ein paar eilende Feuerpünktchen zu meinen Füßen — dann war greifbare Finsterniß um mich her.

Ich tastete aus dem Zimmer heraus durch das Speisezimmer auf den Flur, die schmale Treppe hinauf in mein Gemach und warf mich, nachdem ich vergeblich nach den Zündhölzchen getastet, angekleidet auf mein Bett.

Aber vergebens, daß ich, mich auf meinem Lager wälzend, den Schlaf suchte. Jeden Augenblick schreckte ich voll Entsetzen empor, weil meine aufgeregten Sinne eine Menschenstimme, die um Hülfe rief, einen Schritt, der sich eilends nahte, zu vernehmen glaubten. Dann zermarterte ich wieder mein Gehirn, wie ich sie retten könnte, die geliebten Beiden, von dem Verderben, das meine Ahnung mir als nahe bevorstehend zeigte, das die Elemente schon als gegenwärtig mir in's Ohr zu donnern schienen, und fluchte meiner Unentschlossenheit, meiner Rathlosigkeit.

Es war eine grauenhafte Nacht.

Ein fürchterliches Unwetter hatte sich aufgemacht, der Sturm raste um den alten Bau, daß er in seinen Grundfesten erbebte. Die Ziegel polterten vom Dache, die verrosteten Windfahnen kreischten, die Jalousien klapperten und die dritte von rechts machte wahnsinnige Versuche, heute von der letzten Angel, an der sie schon seit Jahren hing, endlich auch loszukommen; die Käuzchen in den Mauerlöchern schrieen jämmerlich und die Hunde winselten, während Guß auf Guß gegen die Fenster klatschte.

Es war, als ob das alte Herrenhaus von Zehrendorf wüßte, was seinen Bewohnern bevorstand, was ihm selbst bevorstand.

Dreizehntes Capitel

Meine erste Empfindung, als ich spät erwachte, war ein Dankgefühl, daß es Tag war, meine zweite, daß ich mich des Grauens schämte, mit welchem mich die Schrecken der Nacht erfüllt hatten. Schon als kleiner Knabe hatte ich einem Gegner das Aergste zu sagen geglaubt, wenn ich ihn einen Feigling nannte, und heute Morgen war ich in der Lage, mir dieses Aergste selbst nachsagen zu müssen. Aber das kommt davon, sprach ich bei mir selbst, während ich mich umkleidete, wenn man den Dingen nicht in's Gesicht sieht und den Menschen nicht die Wahrheit sagt. Weshalb habe ich Herrn von Zehren nicht ganz einfach gesagt: ich weiß, was du vorhast; so hätte er mich mitgenommen und ich brauchte hier nicht still zu sitzen wie ein Kind, das man im Zimmer läßt, wenn's regnet.

Ich öffnete ein Fenster und schaute mit düstern Blicken hinaus. Es war kein lieblicher Anblick. Der Wind, der von Westen kam, wälzte sprühende graue Dunstmassen durch die gewaltigen Bäume, die ihre Wipfel wie in wahnsinnigem Schmerz hinüber- und herüberbogen, und über die weite Wiese, an deren langen wogenden Gräsern ich mich so oft entzückt hatte, und die heute wie ein fauler Sumpf aussah. Eine Schaar Krähen spazierte darauf herum und schwang sich krächzend in die stürmische Luft, von der sie dann hin- und hergeschleudert wurden. In dem Augenblick schlug der Wind den einen Flügel der Jalousie so heftig zu, daß die morschen Sparren mir um den Kopf flogen. Ich riß zornig, was noch übrig geblieben war, aus den Angeln und warf es hinab. Vor dir wenigstens werde ich heute Nacht Ruhe haben, sagte ich, indem ich das Fenster wieder schloß, und nun sollen die andern auch daran. Ich verließ mein Zimmer und machte die Runde durch das obere Stockwerk. In der Bibliothek, wo die Bücherhaufen auf der Diele lagen, sprangen ein Dutzend Ratten, als ich die Thür öffnete, eilig von den Fensterbrettern herunter und huschten in ihre Schlupfwinkel. Durch ein paar vom Wind zerbrochene Scheiben hatte es hereingeregnet, und die schwarzen Gesellen hatten sich die willkommene, langentbehrte Labung zu Nutze gemacht. Nun, ihr habt ja das Haus noch nicht verlassen, murmelte ich, mich der Worte des Herrn von Zehren erinnernd; soll ich feiger sein als ihr, feiges Gesindel?

Ich stieg über die Bücherhaufen bis zur nächsten Thür und irrte weiter durch die öden Räume, hier die Jalousien schließend, wo es sich noch bewerkstelligen ließ, dort allzu schadhafte aus den Angeln nehmend und hinabwerfend. Die vor dem dritten Fenster, auf welche ich es besonders abgesehen, hatte ihrem qualvollen Dasein schon in der Nacht selbst ein Ende gemacht.

Auf dem Rückwege durch die unheimlichen Räume gelangte ich in das große Treppenhaus, in welchem es heute bei dem lichtlosen Licht, das durch die sonneverbrannten, auswendig vom Regen überflossenen, inwendig mit Spinnweben und Staub bedeckten Fenster fiel, gespenstiger als je aussah. Die verrostete Ritterrüstung, welche in einiger Höhe an der Wand befestigt war, hätte man ohne großen Aufwand von Phantasie für einen Erhängten nehmen können. Ich fragte mich, ob das wohl die Rüstung jenes Malte von Zehren sei, dessen Name die ehrsamen Bürger meiner Vaterstadt, da sie ihn selbst nicht hatten, an den Galgen geschlagen?

Ich weiß nicht mehr, was mich veranlaßte, die Treppe hinabzusteigen und in den schmalen Corridoren des untern Stockwerks weiter umher zu irren. Mein Schritt hallte schauerlich dumpf in den öden Gängen, und die kahlen Wände hauchten einen feuchtkalten Grabesathem aus, der meiner von der furchtbaren Nacht fieberheißen Haut doppelt fühlbar war. Vielleicht wollte ich mich abstrafen für die Angst der Nacht und mir beweisen, daß ich ein Kind gewesen. Dennoch blieb ich, nicht ohne eine Regung von Schauder, stehen, als sich plötzlich dicht neben mir an einer Stelle, die ich früher wiederholt passirt war, ohne eine Thür bemerkt zu haben, eine Oeffnung in der Mauer zeigte, durch die man in eine gähnende Tiefe blickte, aus der ein schwaches Licht heraufdämmerte. Als ich genauer hinsah, bemerkte ich auch, in dem Halbdunkel des Corridors eben noch erkennbar, die paar ersten Stufen einer wie es schien sehr schmalen und steilen Treppe. Ich begann, auf die Gefahr hin, mir den Hals zu brechen, ohne mich nur einen Augenblick zu besinnen, langsam hinabzusteigen, indem ich rechts und links an der Mauer vorsichtig weiter tastete, und ich kehrte selbst dann nicht um, als der schwache Lichtschein unter mir plötzlich erlosch. Doch tauchte derselbe wieder auf, als ich nach ein paar Stufen auf dem Boden des Kellers anlangte. Es war nicht mehr der unbestimmte Schein, sondern ein wirkliches Licht, das sich in einiger Entfernung vor mir hinbewegte und in einer Laterne zu brennen schien, mit der ein Mann in dem Keller herumleuchtete. Da ich schneller ging als der Mann, dessen schlürfende Schritte die meinen vermuthlich übertönten, hatte ich ihn bald erreicht, und legte jetzt dem alten Christian — denn er war es — die Hand auf die Schulter. Er blieb mit einem dumpfen Schrei stehen, glücklicherweise ohne die Laterne fallen zu lassen, und blickte mit seinem blassen verschrumpften Gesicht entsetzt zu mir auf.

Was thun Sie hier, Christian? fragte ich.

Er starrte mich noch immer sprachlos an. — Sie brauchen sich vor mir nicht zu fürchten, fuhr ich fort. Sie wissen, daß ich Ihr Freund bin.

Es ist nicht um mich, erwiederte der Alte endlich. Ich darf hier Niemanden mit hinabnehmen; er würde mich tod schlagen.

Sie haben mich nicht mit hinabgenommen, sagte ich.

Christian, dem der Schreck in seine schwachen Glieder gefahren war, setzte sich auf eine Kiste, die in der Nähe stand und stellte die Laterne neben sich. Ich konnte nicht unterlassen, mich, während der alte Mann wieder zu sich zu kommen suchte, in dem Keller umzusehen. Es war ein weiter, niedriger Raum, dessen gewölbte Decke hier und da von starken Pfeilern getragen wurde, und dessen äußerste Enden im Dunkel verdämmerten. An einem solchen Pfeiler nicht weit von uns unter einer großen Laterne war ein Pult angebracht und ein großes dickes Buch lag auf dem Pult, wie die Strazze in einem kaufmännischen Geschäft. Dicht daneben waren Theekisten mit chinesischen Malereien — offenbar Originalkisten — zu einem Berge aufgethürmt; und wohin ich auch blickte standen und lagen große Kisten und Fässer, mit einer gewissen Ordnung aufgebaut; es mußte manches Jahr gewährt haben, bis alle diese Fässer geleert, alle diese Kisten ausgeräumt waren; mancher Thaler mußte dabei gewonnen und verloren, und — manches Menschenleben dabei auf's Spiel gesetzt und vielleicht auch verloren worden sein. Verging doch damals kein Jahr, ohne daß der Schmuggel in dieser Gegend zu Wasser und zu Lande mehr als ein Menschenleben kostete! und wie manches noch, dessen Verlust nie bekannt wurde, weil die Verwandten von Peter, auf den die Zollwacht im Walde geschossen hatte und der sich, tödtlich verwundet, noch bis zu seiner Hütte schleppte, oder von Clas, der auf der eiligen Flucht im Moore versunken war — weil sage ich, die Verwandten und Freunde der Unglücklichen es rathsamer fanden, von diesen Verlusten möglichst wenig Wesens zu machen.

Dies und anderes derart hatte ich oft von meinem Vater und den Collegen meines Vaters gehört; und daran mußte ich denken, als ich mich jetzt umsah und der matte Schein aus der Laterne des alten Mannes dem Keller das Ansehen eines weiten Grabgewölbes gab, in welchem morsche Särge, die ihre Dienste gethan, übereinander gethürmt waren, und weiter hinten, wo zwischen den Pfeilern undurchdringliches Dunkel lag, vielleicht frische Gräber den Modergeruch ausathmeten, der den Raum erfüllte.

Das also war das Fundament des Hauses derer von Zehren! Ueber diesem Grabgewölbe hauste die hochadelige Familie! Von diesem Moder lebte sie! Da mochten freilich die Felder brach liegen und die Scheunen zerfallen! Hier war die Saat und die Ernte — eine böse Saat, Alles in Allem, die wohl kaum etwas Anderes als eine böse Ernte bringen konnte!

Ich will nicht behaupten, daß genau diese Gedanken, genau in dieser Ordnung durch meine Seele gingen, während ich neben dem alten Manne stand und meine Blicke durch den Keller schweiften; ich weiß nur noch, daß jenes Gefühl des Abscheus vor dem Gewerbe, in dessen geheime Werkstätte ich nun gedrungen war, wieder in seiner ganzen

Kraft über mich kam, diesmal aber mit der ganz bestimmten Empfindung, daß ich dazu gehöre, daß ich ein Wissender, und daß es sehr thöricht und gewissermaßen beleidigend von dem alten Mann sei, vor mir ein Geheimniß aus Dingen und Verhältnissen machen zu wollen, die ich so gut kannte und durchschaute.

Nun, Christian, sagte ich, indem ich mich zum Beweis meiner vollkommenen Seelenruhe dem Alten gegenüber setzte und an seiner Laterne meine Cigarre anzündete, was werden wir diesmal bekommen?

Thee oder Seide, brummte der Alte; wär's Wein oder Cognac oder Salz, hätte er die Wagen bestellt.

Ja wohl, dann hätte er die Wagen bestellt, wiederholte ich, als etwas, das sich von selbst verstand. — Und wann erwarthen Sie ihn zurück? Er sagte mir heute Nacht, er könne es nicht genau bestimmen.

Wird wohl bis morgen währen; ich will aber immer die große Thür aufmachen; man kann nicht wissen.

Freilich, man kann nicht wissen, sagte ich. Der Alte war aufgestanden und hatte die Laterne zur Hand genommen. Ich erhob mich ebenfalls.

Wir gingen weiter und kamen in einen andern Raum, der von Weindunst erfüllt war, und wo Fässer über Fässer lagen, an denen der Alte in die Höhe leuchtete.

Das liegt noch Alles seit dem vorigen Jahre, sagte er.

Ja, sagte ich, die Worte Granow's wiederholend; der Handel geht jetzt schlecht; die Leute in Uselin sind scheu geworden, seitdem sich so Viele hineinmischen.

Der Alte, der die Schweigsamkeit selbst war, antwortete nicht; aber es schien, daß ich meine Absicht, ihn vertraulich zu machen, erreicht hatte. Er nickte und brummte, um seine Zustimmung auszudrücken, während er langsamen Schrittes weiter schlürfte.

Der Keller schien kein Ende nehmen zu wollen. Ich sollte Respect vor der Ausdehnung des tages- und lichtscheuen Geschäftes bekommen, das hier seine modrige Wohnung aufgeschlagen! Endlich setzte der Alte die Laterne auf den Boden; vor uns lag eine breite Treppe, über welche eine Vorrichtung von starken Bohlen, wie man sich derselben zum Herablassen von Fässern und schweren Kisten bedient, angebracht war. Die Treppe war oben mit einer breiten, starken, mit Eisen beschlagenen Thür, die mit kolossalen Riegeln versehen war, geschlossen. Der Alte schob die Riegel zurück; ich half ihm dabei.

So, sagte er, nun können sie kommen, wann sie wollen.

Wann sie wollen, wiederholte ich.

Wir schritten den Weg, den wir gekommen, schweigend zurück und erstiegen die steile Treppe des Eingangs. Auf den Druck einer Feder, die der Alte in Bewegung setzte, schob sich eine Thür über die Maueröffnung, die sich so künstlich einfügte und mit der Wand von so gleicher schmutziggrauer Farbe war, daß sie nur von dem Eingeweihten entdeckt oder gar geöffnet werden konnte.

Der Alte löschte die Laterne und ging vor mir her den langen, schmalen Corridor zu Ende, wo wir uns in dem verfallenen Nebenhofe trennten. Er trat durch eine kleine Pforte auf den Haupthof; ich ließ ihn sich entfernen und blickte mich scheu und aufmerksam um, ob Niemand mich beobachte. Es beobachtete mich Niemand, es hätte denn die Krähe sein müssen, welche auf einem der niedrigen Dächer saß, und, den Kopf auf die Seite neigend, zu mir herabschaute. Der kleine Hof hatte schon im Sonnenschein kümmerlich genug ausgesehen, heute aber im Regen sah er unsäglich elend aus. Die Gebäude drückten sich aneinander, als ob sie sich vor dem Wind und der Nässe, so gut es gehen wollte, zu schützen versuchten und doch jeden Augenblick Gefahr liefen, in vollständiger Erschöpfung zusammenzustürzen. Wer sollte hier den Eingang in den geheimen Keller suchen? Und doch mußte derselbe sich hier befinden. Ich hatte mir die Richtung und Ausdehnung des unterirdischen Raumes genau gemerkt. Ich wollte Alles wissen, nachdem ich einmal so viel wußte; ich wollte nicht länger über das, was um mich her vorging, im Dunkeln sein.

Und meine Vermuthung bestätigte sich. In der alten gräulichen Leuteküche, aus der ein weites Thor auf den eingehegten Platz mit den Küchenabfällen führte, entdeckte ich unter einem, wie ich jetzt sah, künstlich aufgethürmten Haufen von alten Fässern, Brettern und halbverfaulten Stroh die Fallthür, von der der Alte vorhin im Keller die Riegel zurückgeschoben hatte. Hier von außen war dieselbe mit einer gewaltigen Eisenstange und einem Schloß verwahrt, zu welchem Herr von Zehren jedenfalls den Schlüssel bei sich führte. Ich deckte das Gerümpel wieder darüber und schlich davon, scheu wie ein Dieb, denn wohl hat das Sprichwort recht: der Hehler ist so gut wie der Stehler, nicht blos vor dem Gesetze, sondern noch viel mehr vor seinem eigenen Gewissen.

Ich wandte mich in den Park und irrte in den nassen Gängen umher. Es rieselte noch stärker als vorhin; aber der Nebel hatte sich etwas gehoben und wälzte sich in schweren grauen Massen über die Wipfel der Bäume. Ich stand an dem Steintisch unter dem Ahorn, dessen breites Geäst mir einigen Schutz gewährte und starrte immerfort nach dem großen melancholischen Hause, das mir heute, nachdem es mir sein Geheimniß erschlossen, ein ganz anderes zu sein schien. Ob sie wohl wußte, was ich jetzt wußte? Unmöglich! es war ein Gedanke, der nicht auszudenken war, daß sie das wissen sollte. Aber sie mußte es erfahren, so schnell als möglich; nein, nicht erfahren! Aber fort mußte sie von hier, wo das Verderben auf sie lauerte. Fort! wohin? zu wem? mit wem? Welch ein elender, jämmerlicher Mensch war ich, daß ich ihr nichts zu bieten hatte, als dies Herz, das für sie schlug, als diese Arme, die stark genug waren, sie wie ein Kind davon zu tragen, und mit denen ich doch nichts anfangen konnte, als sie in ohnmächtiger Verzweiflung zum Regenhimmel emporstrecken oder rath- und thatlos über der Brust verschränken! Nein, nein, mochte mit mir werden, was da wollte! aber sie mußte, mußte gerettet werden! Mochte ihr Vater mich zum Opfer nehmen, aber sie, sie sollte frei ausgehen!

Da kam Jemand von der Terrasse her — es war die alte Pahlen. Sie schien mich zu suchen, denn sie winkte mir schon von weitem mit den knöchernen Händen, während ihr graues Haar unter der schmutzigen Haube im Winde flog, daß sie für jeden Andern anzusehen gewesen wäre, wie die Hexe, die das Hexenwetter zusammenbraute. Mir aber war sie eine willkommene Erscheinung. Von wem sollte sie kommen, als von ihr! Ich lief ihr entgegen und ließ sie ihre Botschaft kaum zu Ende bringen; wenige Augenblicke später trat ich hochklopfenden Herzens durch die Fensterthür in Konstanzens Gemach.

Es war das erste und es sollte auch das letzte mal sein, daß ich es betrat, und ich wüßte kaum zu sagen, wie es in demselben aussah. Ich habe nur noch eine sehr dunkle Erinnerung an große Blattgewächse, einen geöffneten alterthümlichen Flügel, auf Tischen, Stühlen umhergestreute Musikalien, Bücher, Garderobengegenstände, ein paar Portraitbilder an den Wänden, und daß der Fußboden in seiner ganzen Ausdehnung mit einem Teppich bedeckt war. Dieser letztere Umstand hat sich mir als besonders merkwürdig eingeprägt. Teppiche durch das ganze Zimmer waren zu jener Zeit eine große Seltenheit; besonders in der guten Stadt Uselin. Ich hatte nur durch Hörensagen von einem solchen Luxus Kunde, und so wußte ich denn auch jetzt kaum, wohin ich meine Füße setzen sollte, obgleich der Teppich, glaube ich, sehr fadenscheinig und hier und da sogar zerrissen und durchlöchert war.

Doch das sind, wie gesagt, sehr dunkle Erinnerungen, von denen sich hell und unvergeßlich das Bild Konstanzens abhebt. Sie saß auf einem Divan in der Nähe des Fensters und ließ bei meinem Eintritt ein Buch in den Schoß sinken, indem sie mir zugleich mit ihrem eigenthümlich melancholisch anmuthigen Lächeln die Hand entgegenstreckte.

Sie sind nicht bös, daß ich Sie habe rufen lassen, sagte sie, indem sie mir einen Wink gab, an ihrer Seite Platz zu nehmen, und mich dadurch in keine geringe Verlegenheit setzte; denn der Divan war sehr niedrig und meine Stiefel nicht so sauber, wie es für einen jungen Menschen, der zum ersten mal von der angebeteten Dame seines Herzens in einem Teppichgemache empfangen wird, wünschenswerth ist; — ich wollte Sie um etwas bitten; Pahlen, Du kannst gehen, ich habe mit Herrn Georg allein zu sprechen.

Die widerwärtige Alte blickte mich mißtrauisch an, zögerte und entfernte sich erst, nachdem Konstanze ihren Befehl in scharfem Tone wiederholt hatte.

Sehen Sie, das ist es! das ist es, weshalb ich Sie rufen ließ, Georg, sagte Konstanze, mit einer Handbewegung nach der Thür, durch welche die Alte verschwunden war. Ich weiß es ja, wie gut Sie sind und wie treu Sie es mit mir meinen: seit gestern weiß ich es wieder, wenn ich auch wirklich schwach genug war, Sie eine Zeit lang für nicht besser zu halten als die Andern; aber diese Andern! Sie wissen es nicht, können es nicht wissen, und sollen es auch nicht wissen. Solche Schätze muß man geheim halten; sie sind zu kostbar für die schnöde Welt. Meinen Sie nicht auch?

Da ich keine Ahnung hatte, worüber das angebetete Mädchen meine Meinung verlangte, begnügte ich mich, sie mit einem ehrfurchtsvoll fragenden Blicke anzusehen. Sie senkte die Wimpern und fuhr mit einer etwas weniger sichern Stimme fort: Mein Vater ist, wie ich höre, verreist; wissen Sie wohin, und auf wie lange? Aber wenn er es Ihnen auch gesagt hätte, es bliebe sich gleich; mein Vater hat nicht die Gewohnheit, sich an dergleichen zu binden; er will drei Wochen ausbleiben und ist in drei Tagen wieder da; er will in drei Tagen zurück sein, und ich erwarte ihn nach drei Wochen noch vergeblich. Er wird auch diesmal keine Ausnahme von der Regel machen, und wir müssen, mag er nun lange oder kurze Zeit von hier entfernt bleiben, uns darauf einrichten. Es ist keine Freude, in dem öden unwirthlichen Hause allein zu sein, zumal wenn es so stürmt und wüthet wie heute Nacht; es ist so lieb, Jemand in seiner Nähe zu wissen, auf dessen Treue und starken Arm — Sie sollen ja so sehr stark sein, Georg! — man sich alle Zeit verlassen kann; aber es muß eben sein! Sie können mir das nachfühlen, Georg?

Diesmal wußte ich, was ich nachfühlen sollte; ich sollte fort von hier, ich sollte sie allein lassen — sie jetzt allein lassen, in dem Augenblick, wo ich mich vergeblich abgequält, einen Grund ausfindig zu machen, wie ich sie von hier entfernen könnte; in dem Augenblick, wo meine, von der bösen Nacht und den Erlebnissen des Morgens noch immer zitternden Nerven mir sagten, daß ein Unglück über dies Haus und seine Bewohner hereindrohe! Ich wußte nicht, was ich sagen, wie ich es sagen könne, und blickte Konstanze in hülfloser Verlegenheit an.

Sie denken, es sei sehr unfreundlich, sehr ungastlich von mir, sagte sie nach einer Pause, in welcher sie vergeblich auf eine Antwort gewartet haben mochte; es würde freundlicher und gastlicher gewesen sein, wenn ich selbst so lange fortginge, eine Freundin zu besuchen; und ich gebe Ihnen zu, ein anderes Mädchen würde das thun; aber ich Aermste habe keine Freundin. Mein Vater hat auch nach der Seite für mich gesorgt. Kam, so lange Sie hier sind, je eine Dame in unser Haus?

Hörten Sie mich je von einer Freundin, von einer Bekannten sprechen? Konstanze von Zehren geht nur mit Männern um; ich habe diesen Ruf, ich weiß es; aber Gott weiß, wie sehr ohne meine Schuld! Wollen Sie, mein guter, mein treuer Georg, daß mein Ruf noch schlechter wird, als er schon ist? Oder glauben Sie auch mit den Andern, mein Ruf könnte nicht noch schlechter werden? Nein, bleiben Sie sitzen! Warum sollen Freunde, wie wir, nicht ruhig über solche Dinge sprechen, ruhig überlegen, was in einem solchem Falle zu thun ist! Nun habe ich mir gedacht: Sie haben Freunde. Da ist Herr von Granow, der Ihnen ja förmlich den Hof macht; da ist Herr von Trantow, unser guter Nachbar, der sich so freuen würde, Sie ein paar Tage bei sich zu sehen. Und Sie sind dann ganz in meiner Nähe; ich kann Sie rufen lassen, wann ich will, und Sie wissen ja, daß ich mich, sobald ich eines Freundes bedarf, an Niemand wenden würde, als den einzigen Freund, den ich habe.

Sie reichte mir mit bezauberndem Lächeln die Hand, als wollte sie sagen: nicht wahr, die Sache ist abgemacht?

Ihr Lächeln, die Berührung ihrer lieben Hand, machten die Verwirrung, in die mich jedes ihrer Worte mehr verstrickt hatte, vollkommen; aber ich raffte mich mit einer verzweifelten Anstrengung auf und stotterte:

Sie werden mich für einen Zudringlichen, für ich weiß nicht was halten, daß ich Sie so lange über eine Sache habe sprechen lassen, die ich bei Ihrem ersten Worte hätte verstehen müssen und auch verstanden habe; aber ich kann Ihnen nicht sagen, wie schwer es mir wird, gerade jetzt von hier zu gehen; gerade jetzt Sie zu verlassen. Herr von Zehren hat mich ausdrücklich aufgefordert, bis zu seiner Rückkehr, die übrigens in wenigen Tagen, vielleicht morgen schon, erfolgen wird, hier zu bleiben, ihn hier zu erwarten. Er hat das gewiß, wenn er es auch nicht ausgesprochen hat, in der besten Absicht gethan, — um Ihrethalben, damit Sie Jemand in Ihrer Nähe hätten, damit Sie nicht allein in dem öden Hause wären, damit —

Ich wußte nicht, wie ich weiter sprechen sollte. Konstanzens Blick richtete sich mit einem so sonderbaren Ausdruck auf mich, und mein Talent zum Lügen war von jeher erbärmlich gewesen.

Mein Vater hat früher diese zarte Rücksicht nicht beobachtet, sagte sie. Vielleicht denkt er, daß ich, je älter ich werde, einer Aufsicht um so mehr bedarf. Sie wissen, was ich meine: oder sollten Sie unser Gespräch von gestern schon vergessen haben?

Ich habe es nicht vergessen, rief ich, indem ich mich in meiner Aufregung schnell von dem Divan erhob: ich will nicht wieder in die Lage kommen, von Ihnen beargwohnt zu werden; ich gehe und gehe für immer, wenn Sie es denn so wollen; aber Andere, die Ihrer gewiß nicht würdiger sind, sollen es nicht besser haben als ich; und wenn sie es dennoch wagen, sich in Ihrer Nähe zu drängen, und hier herumzuschleichen, wie ein Fuchs um den Taubenschlag, so thun sie es auf ihre eigene Gefahr; ich werde nicht wieder so rücksichtsvoll sein wie heute Nacht.

Was wagen Sie? Von wem sprechen Sie? Wen meinen Sie? rief Konstanze, die bei meinen letzten Worten ebenfalls aufgesprungen war. Ihr Gesicht war bleich geworden, ihre Züge trugen einen ganz andern Ausdruck.

Von wem ich spreche? sagte ich, von dem, der an jenem Abend, wissen Sie, wo ich vor Ihrem Fenster Wache stand, vor mir davonlief wie ein Feigling, und der sich heute Nacht, als ich mit Ihrem Herrn Vater von Trantowitz kam und allein durch das Wäldchen ging, unter die Bäume drückte, und den ich aus Mitleid geschont habe, weil ich wußte, Herr von Zehren würde ihn todtschießen wie einen Hund, wenn ich ihn in seine Hände gegeben hätte, den Elenden, den Erbärmlichen! Er mag sich hüten, daß ich ihm nicht noch einmal in der Nacht begegne, ja und auch am Tage; er würde sehen, wie wenig ich mich an seine Fürstlichkeit kehre!

Konstanze hatte sich abgewandt, während ich so meine Verzweiflung, für immer von dem geliebten Mädchen getrennt zu werden, zornig austobte. Plötzlich zeigte sie mir wieder ihr bleiches Gesicht, aus welchem die unergründlichen Augen sonderbar leuchteten, und rief, indem sie die Hände wie bittend erhob:

Daß ich das von Ihnen hören muß, — von Ihnen! Was kann ich dafür, daß jenen Mann — im Falle Sie sich nicht getäuscht haben, was ja doch auch möglich wäre — sein böses Gewissen ruhelos umtreibt. Schlimm genug für ihn, wenn es so ist; aber was geht das mich an? Und wie kann mir daraus eine Gefahr erwachsen? Und wenn er jetzt und hier, oder es sei, wann es sei und wo es sei, vor mich hinträte, was könnte ich, was würde ich ihm sagen als: du und ich, wir haben in alle Ewigkeit nichts mehr miteinander zu schaffen! Ich dachte, Georg, Sie wüßten das Alles, ohne daß ich es Ihnen sagte; wie kann ich mich wundern, von den Andern verkannt zu werden, wenn auch Sie mich so falsch, so grausam falsch beurtheilen.

Sie setzte sich auf den Divan und drückte ihr Gesicht in beide Hände. Ich war ganz außer mir; ich schlug mich vor die Stirn wie ein Verzweifelter, ich lief im Zimmer auf und ab, und stürzte endlich, als ich sie noch immer so sitzen und ihren schönen Busen sich krampfhaft heben und senken sah, zu ihren Füßen.

Guter, lieber Georg, sagte sie, indem sie mir beide Hände auf die Schultern legte, ich weiß es ja, daß Sie mich lieben, und ich habe Sie ja auch so lieb!

Ich schluchzte laut auf; ich verbarg mein Gesicht in ihrem Schooß; ich küßte ihre Kleider, ihre Hände.

Stehen Sie auf, Georg, flüsterte sie, ich höre Pahlen kommen.

Ich sprang empor. Wirklich öffnete sich langsam die Thür — die, wie ich glaube, nie ganz geschlossen gewesen war —, und die häßliche Alte schaute herein und fragte, ob man sie gerufen habe.

Man hatte sie gerufen, man hatte gemeint, daß Herr Georg vielleicht noch Wünsche habe, der alsbald auf ein paar Tage zu Herrn von Trantow auf Besuch wolle. — Leben Sie wohl, sagte sie, indem sie sich zu mir wandte, auf ein paar Tage also, leben Sie wohl! Und dann ihr Gesicht dem meinigen nähernd und mir mit ihren Lippen einen Kuß schickend, heimlich und leise: leb wohl, Geliebter!

Ich stand draußen; der Regen, der wieder zu fallen begonnen hatte, schlug mir in's glühende Gesicht; ich fühlte es nicht; Regen und Sturm, jagende Wolken und sausende Bäume, wie war das Alles so herrlich! War es möglich, daß die Welt so schön war! War es möglich, daß man so glücklich sein konnte! War es möglich, daß sie mich liebte!

Auf meinem Zimmer angelangt, ließ ich mein wahnsinniges Entzükken in tausend tollen Streichen aus. Ich tanzte, ich sprang, ich warf mich in den Lehnstuhl und küßte inbrünstiglich den Handschuh, den ich einst am Weiher gefunden und wie ein Heiligthum bewahrt hatte; und weinte und sprang wieder auf und lachte und tanzte wieder, und besann mich endlich, daß ich die Jagdtasche bereits mit Allem, was ich für ein paar Tage brauchte, vollgepackt hatte, und daß sie erwarten durfte, ich werde jetzt ihrem Befehle pünktlich Folge leisten. Ja, jetzt mußte ich fort; jetzt wollte ich fort! fort, fort!

Und ich warf mein Gewehr über die Schulter, rief meinem Caro, der schnarchend unter dem Tisch lag, und verließ das Zimmer und das Schloß.

Vierzehntes Capitel

Auf dem Wege nach Trantowitz unter den zischelnden Weiden hinschreitend, war ich, in meiner Aufregung kaum sehend, wo ich ging, mehr als einmal in Gefahr, von dem schlüpferigen Pfade in den tiefen Graben zu gleiten, in welchem heute das Regenwasser gurgelte. Mehr als einmal blieb ich stehen, nach dem Hofe zurückzusehen, wo sie weilte. Caro, der verdrossen hinter mir hertrottete, blieb dann auch stehen und sah mich an. Ich erzählte ihm, daß sie mich liebe, daß wir glücklich werden würden, daß Alles gut werden würde, daß er, wenn ich erst ein großer Herr sei, auch ein herrliches Leben führen werde, daß ich ihn bis an sein Ende treulich pflegen wolle. Caro gab durch leises Schweifwedeln zu erkennen, wie er von meinen guten Absichten vollkommen überzeugt und bis zu einem gewissen Grade gerührt sei; aber seine braunen Augen blickten sehr melancholisch, als könne er sich an einem so trüben Tage keine rechte Vorstellung von einer heiteren Zukunft machen. — Du bist ein dummes Tier, Caro, sagte ich, ein gutes dummes Thier, und weißt den Kukuk, was mir begegnet ist. Caro machte eine verzweifelte Anstrengung, die Sache von ihrer heitersten Seite zu nehmen, indem er heftiger als zuvor mit dem Schweife wedelte und seine weißen Zähne zeigte, sprang dann aber plötzlich — zum Beweise, daß sein sonst so wohl dressirtes, nur auf die Jagd gerichtetes Gemüth heute vollständig haltlos war — mit wüthendem Gebell auf einen Mann zu, der eben um eine Weidenpflanzung, die sich links am Wege hinzog, auf mich zukam.

Es war ein Mann, der halb wie ein Schiffer und halb wie ein städtischer Handwerker gekleidet war, und dessen harmloses breites Gesicht, als er mich erblickte, so freundlich lachte, daß Caro das Unpassende seines Benehmens sofort einsah und mit hängenden Ohren beschämt zu mir zurückkam, während ich, da ich den Mann mittlerweile auch erkannt hatte, mit ausgestreckter Hand auf ihn zuschritt.

Wie, zum Teufel, Klaus, kommst Du hierher?

Ja, das sagen Sie wohl, erwiderte Klaus, indem er mit seiner breiten harten Hand kräftig einschlug und dabei, wie vorhin Caro, zwei Reihen Zähne zeigte, die an Weiße mit denen des Hundes wetteiferten.

Und Du wolltest zu mir? fragte ich weiter.

Ja, natürlich wollte ich zu Ihnen, sagte Klaus, ich bin vor einer Stunde auf dem Kutter gekommen; Christel ist auch mit. Die alte Großmutter ist ja todt — wir haben sie gestern Morgen begraben. Gott hab' sie selig; sie war eine gute alte Frau, wenn sie auch zuletzt ein bischen stumpf geworden war und der armen Christel viel Mühe gemacht hat. Na, das ist nun auch vorbei und — ja, was ich sagen wollte — da ist denn der Vater so gut gewesen, mich heute selbst herzufahren, und Christel ist auch mit, mir in Zanowitz Abschied nehmen zu helfen von Tante Julchen, wissen Sie, Vaters Schwester. Mein Vater ist ja auch aus Zanowitz.

Ja, ja, sagte ich.

Sie sind schon ein paar mal dagewesen, fuhr Klaus fort, Tante Julchen hat Sie immer gesehen, aber Sie haben nie hingeblickt; nun, Sie werden ja sich auch der Frau nicht mehr erinnern; sie war früher wohl manchmal drüben bei dem Vater. Und dann sind Sie ja nun auch ein so großer Herr geworden! Und Klaus ließ bewundernde Blicke über mein Jagdzeug, über meine hohen Stiefeln und über Caro schweifen, der sich den Anschein gab, auf dieses Gespräch nicht zu hören und mit gehobenen Ohren in den Graben starrte, als habe er sein Lebtag nie eine Wassermaus in ihr Loch schlüpfen sehen.

Lassen wir das gut sein, Klaus, sagte ich, den Riemen meines

Gewehrs höher auf die Schulter rückend: und Du willst Abschied nehmen? Wo willst Du denn hin?

Ich habe einen Platz als Schlosser in der Maschinenbauanstalt des Herrn Commerzienraths in Berlin erhalten, sagte Klaus. Herr Schulz, der Maschinenmeister auf dem Pinguin, wissen Sie, hat mich sehr empfohlen; ich hoffe, seiner Empfehlung keine Schande zu machen.

Das wirst Du gewiß nicht, sagte ich in freundlich aufmunterndem Beschützerton, indem ich nicht ohne einige Verlegenheit überlegte, was ich nun mit Klaus eigentlich anfangen sollte, der mich zu besuchen gekommen war, und mit dem ich doch nicht hier auf der offenen Landstraße unter der regentriefenden Weide stehen bleiben konnte. Was würde der gute Junge für Augen gemacht haben, wenn ich ihn in mein poetisches Zimmer hätte führen können! Aber das war nun nicht möglich. Die Situation fing an, mir peinlich zu werden, und es fiel mir ordentlich wie ein Stein vom Herzen, als Klaus, meine Hände ergreifend, sagte: Na, und nun leben Sie denn auch recht wohl; ich muß wieder nach Zanowitz; Karl Peters, der Korn für den Herrn Commerzienrath geladen hat, segelt in einer halben Stunde und will mich mitnehmen. Ich wäre gern noch ein wenig länger mit ihnen zusammen gewesen, aber Sie haben gewiß etwas anderes vor, und so will ich Sie denn nicht länger aufhalten.

Ich habe gar nichts vor, Klaus, sagte ich, und wenn es Dir recht ist, begleite ich Dich nach Zanowitz und sage bei der Gelegenheit Christel guten Tag. Wann ist denn die Hochzeit, Klaus?

Klaus schüttelte den Kopf, als wir jetzt nebeneinander weiter schritten. Das sieht schlimm aus, sagte er; wir wären noch zu jung, meint der Alte, obgleich das Sprüchwort sagt: jung gefreit hat Niemand gereut. Meinen Sie nicht auch?

Allerdings meine ich das, rief ich mit einem Eifer, der Klaus höchlichst erfreute, ich bin, so viel ich weiß, zwei Jahre jünger als Du, aber das kann ich Dir sagen: auf der Stelle würde ich heirathen, auf der Stelle; aber es kommt auf die Verhältnisse an, Klaus, auf die Verhältnisse!

Ja, freilich, seufzte Klaus, ich könnte sie ja wohl jetzt ernähren, denn ich werde in Accord arbeiten, und da kann man schon was vor sich bringen, wenn man sich dazu hält, und Christel würde die Hände auch nicht in den Schooß legen; aber was hilft das Alles, wenn der Alte nicht will! Er ist nun doch einmal Vormund von der Christel und sie verdankt ihm ja auch eigentlich Alles, selbst das Leben, denn sie würde am Strande elend umgekommen sein, das arme Wurm, hätte der Vater die Mutter nicht an den Strand geschickt, das Treibholz zu sammeln, und da hat die Mutter sie ja gefunden, wissen Sie, und mitgenommen. So was will denn doch bedacht sein, und wenn er auch nicht gar gut gegen sie ist, und ich nicht weiß, warum er mich alle diese Jahre so schlecht behandelt hat, so steht doch geschrieben: Du sollst Vater und Mutter ehren. Nun habe ich schon lange keine Mutter mehr, so muß ich den Vater doppelt ehren. Meinen Sie nicht auch?

Ich blieb diesmal die Antwort schuldig. In der Tasche meines Rokkes stak der Brief meines Vaters, in welchem er mir befahl, Herrn von Zehren sofort zu verlassen und zu ihm zurückzukehren. Ich hatte dem Befehl nicht Folge geleistet; ich durfte nicht fort, bis Herr von Zehren zurückkam, und konnte ich jetzt fort, jetzt! Ich warf einen Blick nach dem Schloß zurück, das noch immer aus seinen düstern Baumgruppen düster zu uns über die Haide, durch die wir jetzt wanderten, herüberschaute, und seufzte tief.

Klaus kam von der andern Seite des vom Regen durchweichten Sandwegs an meine Seite und sagte, trotzdem, so weit das Auge reichte, kein Mensch außer uns auf der Haide zu sehen war, in geheimnißvoll leisem Ton:

Ich bitte um Entschuldigung; ich habe Ihnen gewiß nicht weh thun wollen.

Das glaube ich Dir, Klaus, sagte ich.

Denn sehen Sie, sagte Klaus, ich weiß ja wohl, daß Sie mit Ihrem Vater auch nicht gut stehen; aber der Herr Rendant ist ja ein so braver Mann, der gewiß keinem Menschen übel will, am wenigsten seinem eignen Sohn; und was die Leute von Ihnen sagen, daß Sie hier so wild leben und — und — das glaube ich auch nicht. Ich kenne Sie besser.

Sagen das die Leute von mir? fragte ich höhnisch; wer denn zum Beispiel?

Klaus nahm die Mütze ab und kraute sich in dem schlichten Haar.

Das ist schwer zu sagen, erwiderte er verlegen. Wenn ich es ehrlich sagen soll: eigentlich Alle, mit Ausnahme natürlich von meiner Christel, die treu zu Ihnen hält; aber sonst lassen sie ja wohl kein gutes Haar an Ihnen.

Nur heraus damit, rief ich, ich mache mir den Teufel daraus; also heraus damit.

Ich kann es nicht sagen, erwiderte Klaus.

Es dauerte lange, bis ich den treuen Jungen zum Sprechen brachte. Es war ihm schrecklich, eingestehen zu müssen, daß man mich in meiner Vaterstadt, wo Jeder Jeden kannte und Jeder an Jedes Schicksal den größten, wenn auch nicht immer liebevollsten Antheil nahm, ganz allgemein für einen verlorenen Menschen halte. Die Heizer auf dem Pinguin sprachen davon, und die pensionirten Schiffskapitäne, wenn sie auf dem Hafendamm, über die Brüstung gelehnt, nachdenklich den Tabakssaft in's Wasser spritzten, sprachen auch davon. Wohin Klaus, den man als meinen guten Freund kannte, gekommen war, überall hatte man ihn gefragt, ob er nicht wisse, was aus dem schlechten Menschen, dem Georg Hartwig, geworden sei, der sich ja wohl in der ver-

rufensten Gegend der Insel auf adeligen Gütern umhertreibe als Spaß-
macher für betrunkene Edelleute, mit denen er das wüsteste Leben
führe? der an einem Abend mehr Geld verspiele, als sein armer Vater
das ganze Jahr hindurch einnehme, und Gott möge wissen, wie er zu
dem Gelde komme! Das Schlimmste aber war Eines, was Klaus nur
mit dem nochmaligen ausdrücklichen Vorbehalt erwähnte, daß er kein
Wort davon glaube. Klaus war gestern Abend, um sich zu verabschieden, bei dem Justizrath Heckepfennig gewesen, der Christel's Pathe
war und in dessen Haus Klaus von jeher manchmal kam. Die Familie
hatte eben beim Thee gesessen; Elise Kohl, Emiliens Busenfreundin,
war auch dagewesen, und man hatte Klaus der Ehre gewürdigt, ihm
eine Tasse Thee anzubieten, nachdem er gesagt, daß er am nächsten
Tage nach Zanowitz komme und mich aufzusuchen gedenke. Der
Justizrath hatte ihm dringend gerathen, dies ja nicht zu thun, da seine
längst feststehende Meinung: ich werde in den Schuhen sterben,
neuerdings eine Bestätigung erhalten habe, über die er sich nicht aus-
lassen könne. Dann hätten die Mädchen sich über mich zu Gericht
gesetzt und gemeint, sie könnten alles Andere verzeihen; aber daß ich
der Liebhaber von Fräulein von Zehren geworden sei, würden sie mir
nicht vergeben. Sie hätten es von Arthur gehört, der es doch wissen
müsse, und Arthur habe solche Dinge von seiner Cousine erzählt, daß
ein ordentliches Mädchen sie kaum hätte mit anhören können, und die
wieder zu erzählen ganz unmöglich sei.

Klaus war erschrocken über die Wirkung, welche dieser Bericht auf
mich machte. Vergebens, daß er wieder und immer wieder erklärte, er
glaube ja kein Wort von alledem, und er habe das auch den Mädchen
gleich gesagt. Ich schwur, daß ich mich für nun und immer von dem
treulosen, verrätherischen Arthur lossage und daß ich mich früher
oder später auf das grausamste an ihm rächen würde. Ich stieß die
schrecklichsten Drohungen und Verwünschungen aus. Nie würde ich
freiwillig wieder einen Fuß in meine Vaterstadt setzen, ja vom Erd-
boden würde ich sie vertilgen, wenn es in meiner Macht stünde! Ich
hätte mir bis jetzt noch immer Gewissensbisse gemacht, ob ich nicht
doch vielleicht übereilt gehandelt habe, als ich um einer so geringfügigen Veranlassung willen meinen Vater verließ; aber jetzt könne mein
Vater mir hundertmal befehlen, ich solle zurückkehren, ich würde es
nicht thun. Und was Herrn von Zehren und Fräulein von Zehren
betreffe, so sei mir ein Haar auf ihrem Haupte mehr werth als ganz
Uselin, und ich sei bereit, für Beide auf der Stelle in diesen meinen
Wasserstiefeln hier zu sterben, und die Stiefel möge der Teufel dem
Justizrath Heckepfennig hinterher um den struppigen Kopf schlagen.

Der gute Klaus wurde ganz still und betreten, als er mich so lästerlich fluchen hörte. Es mochte ihm wohl der Gedanke kommen, daß es
mit dem Heil meiner Seele denn doch schlechter stehe, als er angenom-

men. Er sprach das zwar nicht aus, aber er sagte in seiner einfachen Weise, daß ihm der Ungehorsam gegen meinen Vater sehr bedenklich sei; ich wisse ja, wie viel er selbst immer von mir gehalten habe, trotz der Reden der Leute, und wie er stets geneigt gewesen und noch geneigt sei, mir in Allem recht zu geben; hier aber wäre ich doch gewiß im Unrecht, und wenn mein Vater mir wirklich befohlen habe, zu ihm zurückzukehren, so könne er gar nicht absehen, wie ich diesem Befehle nicht Folge leisten sollte; und er wolle mir nur gestehen, daß ihm mein Ungehorsam gegen meinen Vater immer im Kopfe herumgegangen, und daß er jetzt ruhiger abreisen werde, nachdem er mir das gesagt habe.

Ich antwortete nicht, und Klaus wagte nicht, ein Gespräch, das mir so unangenehm schien, fortzusetzen. Er ging still neben mir her, von Zeit zu Zeit einen traurigen Blick auf mich werfend, ähnlich wie Caro, der an meiner andern Seite trottete und die Ohren hängen ließ; denn der Regen fiel wieder stärker, und Caro konnte immer weniger begreifen, was das zwecklose Umherlaufen auf dem nassen Dünensande eigentlich zu bedeuten habe.

So kamen wir nach Zanowitz, dessen elende Lehmhütten, die einen hier, die andern da, zwischen den auf- und absteigenden Sanddünen zerstreut lagen, als spielten sie mit einander Versteckens. Zwischen den Dünen hindurch schaute das offene Meer herein. Das war mir immer ein lieber Anblick gewesen, wenn die Sonne hell herab schien auf den weißen Sand und die blauen Wasser, und die weißen Möven sich lustig über den blauen Wassern schwangen. Aber heute sah der Sand grau aus und grau der Himmel, und grau das Meer, das in schweren Wogen herangerollt kam. Ja selbst die Möven, die kreischend über der Brandung flatterten, sahen grau aus. Es war ein trübseliges Bild, ganz in der Farbe der Stimmung, in welche mich das Gespräch mit Klaus versetzt hatte.

Ich sehe, Peters macht schon klar, sagte Klaus, auf eins der größern Fahrzeuge deutend, die etwas vom Strande entfernt vor ihren Ankern auf den Wellen tanzten; ich denke, wir gehen gleich hinunter; sie werden unten auf mich warten.

So gingen wir denn zum Strande hinab, wo man eben im Begriffe war, eins von den vielen kleinern Booten, die man auf den Sand gezogen hatte, wieder in's Wasser zu schieben. Ein Haufen von Menschen stand dabei, unter ihnen der alte Pinnow, Christel und Klaus' Tante Julchen, eine wohlbehäbige Fischerwittwe, deren ich mich von früher her wohl noch erinnerte.

Dem armen Klaus wurde kaum eine Minute zum Abschiednehmen vergönnt. Schiffer Peters, der das Korn, das er für Rechnung des Commerzienrathes geladen hatte, noch heute in Uselin abliefern mußte, fluchte über die verdammte Trödelei; Pinnow brummte: der Fasel-

hans werde nicht gescheidt werden, Christel verwandte die rothge-
weinten Augen nicht von ihrem Klaus, den sie nun in so langer Zeit
nicht wiedersehen sollte; Tante Julchen wischte sich die Thränen und
die Regentropfen mit ihrer Schürze von dem guten dicken Gesicht,
und der taubstumme Lehrjunge Jakob, der auch dabei stand, starrte
fortwährend seinen Meister an, als erblickte er dessen rothe Nase und
blaue Brille heute zum ersten mal. Klaus sah sehr verwirrt und sehr
unglücklich aus; aber er sagte kein Wort, während er, ein Bündel, das
ihm Christel gegeben hatte, in der Linken haltend, die Rechte Allen der
Reihe nach reichte, und dann in das Boot sprang und einen von den
beiden Riemen ergriff. Ein paar Fischer stiegen in's Wasser und schoben; das Boot wurde flott; die Riemen wurden eingesetzt und die
Nußschale tanzte auf den Wellen hin nach der Jacht, auf der man
schon das Hauptsegel halbmasthoch aufgezogen hatte.

Als ich mich wieder umwandte, verschwand Christel eben mit der
dicken Tante zwischen den ersten Häusern. Das arme Ding wollte
gewiß die so mühsam zurückgehaltenen Thränen in der Stille auswei-
nen, und ich glaubte ihr einen Gefallen zu thun, wenn ich wenigstens
ihren Vater noch eine Weile am Strande aufhielt. Aber Herr Pinnow
hatte gar keine Eile fortzukommen. Die blaue Brille über den Augen,
die, wie ich wußte, so scharf sehen konnten, blickte er in die schäumenden Wellen und tauschte mit den Schiffern und Fischern von
Zanowitz jene Bemerkungen aus, welche am Strand zurückbleibende
Seeratten einem absegelnden Fahrzeuge nachzuschicken pflegen.

Es waren keine vertrauenerweckende Gesichter, die starkknochigen,
magern, wettergefurchten, sonnegebräunten Gesichter der Männer
von Zanowitz mit den hellblauen zwinkernden Augen; aber ich sagte
mir doch, während ich so dabei stand und sie mir der Reihe nach
betrachtete, daß meines alten Freundes Gesicht das am wenigsten vertrauenerweckende von allen war. Der böse grausame Zug um seinen
breiten Mund mit den dicken, festgeschlossenen und selbst, wenn er
sprach, sich kaum bewegenden Lippen, war mir früher noch nie so
aufgefallen; vielleicht sah ich ihn heute mit andern Augen an als
sonst. In der That hatte sich seit gestern Abend der Verdacht, der mir
schon wiederholt gekommen war: der alte Pinnow sei in die gefährlichen Unternehmungen Herrn von Zehren's tief verwickelt, auf's neue
geregt; ja ich hatte fast mit Bestimmtheit angenommen, er werde auch
an der Expedition, die jetzt im Werke war, thätigen Antheil nehmen,
und war deshalb sehr erstaunt gewesen, als ich von Klaus hörte, daß
sein Vater selbst ihn und Christel hierher gefahren habe. Indessen, wie
auch immerhin sein Verhältniß zu Herrn von Zehren war — diesmal
war er nicht betheiligt, und das gewährte mir ordentlich eine Erleichterung.

Uebrigens schien der Schmied unsern Streit an jenem Abend nicht vergessen zu haben. Er that beständig, als ob er mich nicht sähe, oder kehrte mir gar den breiten Rücken zu, während er den Andern erzählte, was er heute Morgen für eine rasche Fahrt gemacht, und daß er sich für sein Theil nicht hinaus gewagt haben würde bei dem Wetter — und seinen schwachen Augen, die mit jedem Tage schwächer würden, — hätte der Klaus nicht so gar große Eile gehabt. Aber die Christel wolle er, wenn es heute Abend noch eben so stark wehen sollte, doch lieber nicht wieder mitnehmen: sie könne ja bei seiner Schwester bleiben; dafür wolle er einen oder den andern tüchtigen Burschen von hier an Bord nehmen zur Aushülfe, denn auf den Jakob, den dummen Bengel, könne er sich doch nicht recht verlassen.

Die tabakkauenden Männer von Zanowitz hörten zu, und sagten Ja, oder sagten auch nichts, und dachten sich ihr Theil.

Der Aufenthalt auf dem Strande, wo uns der Regen und die Gischt fortwährend in's Gesicht trieb, war unbehaglich genug. So wandte ich mich denn von der Gruppe weg und ging das Ufer hinauf. Ich wußte, wo das Häuschen von Tante Julchen lag: ich wollte dort vorübergehen und versuchen, ob ich Christel nicht wenigstens ein paar freundliche Worte sagen könne. Aber, als ob er meine Absicht ahne und zu verhindern gedenke, kam Pinnow in Begleitung von ein paar andern Galgenphysiognomien hinter mir her; so gab ich denn meinen Vorsatz für heute auf und schritt quer durch das Dorf die Dünen hinauf, in der Absicht, von dort über die Haide nach Trantowitz zu gehen.

Ich hatte eben die höchste Düne, die man ihres besonders glänzenden Sandes wegen die weiße nannte, und von der aus man weit hinauf und hinab den Strand überblicken konnte, erstiegen, als ich plötzlich meinen Namen rufen hörte. Ich wandte mich um und sah eine weibliche Gestalt, die dicht unter dem scharfen Rande der Düne, aber auf der dem Dorfe und Meere abgewandten Seite, in einer Vertiefung kauerte und mir lebhaft winkte. Zu meinem nicht geringen Erstaunen erkannte ich Christel. Schnell ging ich die Schritte, die ich schon abwärts gethan hatte, zurück. Sie zog mich, als ich vor ihr stehen blieb, in die Vertiefung hinein, indem sie mir mehr mit Geberden als mit Worten bedeutete, daß ich ganz still sitzen und auch den Hund festhalten solle.

Was hast du, Christel? fragte ich.

Es ist keine Zeit zu verlieren, erwiederte sie, ich muß es in zwei Minuten gesagt haben. Heute Nacht um drei Uhr ist Herr von Zehren zu ihm gekommen; sie dachten, ich schlief, aber ich schlief nicht, weil ich um die Großmutter weinte, und habe Alles gehört. Diesen Abend wird eine mecklenburgische Jacht hier kreuzen, die Seide geladen hat; Herr von Zehren ist mit Extrapost nach R. gefahren, um dem Kapitain, der dort liegt und blos darauf wartet, zu sagen, daß er absegelt; er selbst kommt auf der Jacht mit. Dann überlegten sie, wie sie die Waare von der Jacht abbringen könnten, und er hat sich erboten, weil die Luft rein sei, es selbst mit seinem Boote zu thun, während die Waaren sonst immer hier in Zanowitz geborgen worden sind und er die für Uselin bestimmten dann erst später und gelegentlich von Zehrendorf abgeholt hat. Als Herr von Zehren meinte, es werde auffallen, wenn er ohne besondere Gründe, noch dazu bei so schlechtem Wetter, aussegle, sagte er, Klaus habe gewünscht, ehe er fortginge, die Tante noch zu sehen; da wolle er ihn herüberfahren, und damit gar Niemand Verdacht schöpfen könne, wolle er mich mitnehmen. Dann haben sie den Jochen Swart hereingerufen, der unterdessen in der Werkstatt gewesen ist, und Herr von Zehren hat ihm befohlen, sogleich über die Fähre nach hier zurückzukehren und für den Abend zwölf der sichersten Leute von Zehrendorf und Zanowitz bereit zu halten, die mit an Bord gehen sollen — als Träger, wissen Sie. Der Jochen ist gegangen, und nach einer Viertelstunde ist Herr von Zehren auch gegangen, und nach einer Viertelstunde ist der Jochen wieder gekommen. Das hat mich schon gewundert; denn Herr von Zehren hatte ihm ausdrücklich und wiederholt gesagt, keine Minute zu verlieren, sondern sogleich aufzubrechen; aber er mußte ihm schon vorher ein Zeichen gemacht oder sich sonst mit ihm verständigt haben. Nun haben sie die Köpfe zusammengesteckt und so leise gesprochen, daß ich es nicht verstehen konnte; aber es mußte was Schlimmes sein, denn er ist ein paar Mal leise aufgestanden und hat an meiner Thür gehorcht, ob ich mich nicht rühre. Dann ist er weggegangen und Jochen ist sitzen geblieben. Das hat wohl eine Stunde gedauert, und es fing schon an zu dämmern, als ich ihn wiederkommen hörte mit einem Dritten und der war der Steuerrevisor Blanck. Er hatte keine Uniform an, aber ich habe ihn deutlich erkannt, auch an der Stimme. Nun haben die drei miteinander geflüstert, sind aber bald zusammen fortgegangen. Gegen sechs ist er allein wiedergekommen und hat an meine Thür gepocht; denn ich hatte nicht gewagt, hervorzukommen, und hat gesagt, ob ich denn heute gar nicht aufstehen wolle? Der Klaus werde gleich da sein und wir wollten zusammen hierher fahren und ich solle ein bischen Zeug mitnehmen; denn vielleicht lasse er mich hier bei der Tante.

Während Christel so erzählte, und dabei jedes »er«, das »ihn« bezeichnete, so scharf hervorhob, daß ich trotz der Schnelligkeit, mit welcher sie sprach, Alles nur zu wohl begriff, hatte sie ein paar mal vorsichtig den Kopf über den Dünenrand gehoben, zu sehen, ob Jemand komme.

Ich wußte nicht, was ich thun sollte, fuhr sie fort; dem Klaus konnte ich es nicht sagen; denn er ist wie ein Kind und weiß von nichts und soll nichts wissen, und ich danke Gott, daß er nun fort ist. Ich habe ihm zugeredet, Sie aufzusuchen, denn ich dachte, Sie kämen vielleicht mit und das ist ja nun auch geschehen, und ich wollte es Ihnen, wenn es möglich war, sagen, ob Sie vielleicht Rath wüßten. Herr von Zehren ist immer so gut zu mir gewesen und hat noch das letzte mal gesagt, er wolle für die Klaus und mich sorgen, und vor ihm solle ich mich nur nicht fürchten; denn er wisse recht gut und er habe es ihm auch gesagt, wenn er mir etwas zu Leide thäte, würde er ihn todtschießen. Und seitdem hat er mich auch zufrieden gelassen, aber auf den Herrn von Zehren hat er so gräulich geflucht und daß er es ihm schon eintränken wolle, und nun will er ihn an den Galgen bringen.

Christel wollte anfangen zu weinen, aber sie wischte die Thränen resolut mit dem Rücken der Hand ab und sagte: Ich kann nicht mehr thun; sehen Sie zu, ob Sie weiter helfen können, und ängstigen Sie sich nicht um mich, wenn er auch erfährt, daß ich es gewesen bin.

Eine tiefe Röthe flammte in ihrem Gesichte auf, aber das muthige Mädchen war entschlossen, Alles zu sagen, und so sagte sie:

Ich habe schon mit der Tante gesprochen, die Tante will mich bei sich behalten, und sie hat einen großen Anhang hier, daß er nicht wagen wird, gegen sie aufzutreten. Und nun muß ich zurück; laufen Sie schnell die Düne hinab, da unten kann man Sie nicht mehr sehen, und adjüs!

Ich drückte Christel die Hand und sprang die Düne hinab, an die sich andere niedrigere, wild durcheinander geworfene, zum Theil mit Strandgras und Ginster überlaufene, anreihten, zwischen denen ich vor dem Auge eines Spähers ziemlich sicher war. Dennoch schlich ich gebückt weiter und richtete mich nicht eher wieder auf, als bis ich nach ein paar hundert Schritten auf der Haide war, wo ich mich doch nicht länger verbergen konnte. Als ich nach der weißen Düne zurückblickte, sah ich Christel nicht mehr; sie hatte offenbar einen günstigen Augenblick benutzt, um sich ungesehen in das Dorf zurückzuschleichen.

Fünfzehntes Capitel

Caro hatte, während ich den schmalen Pfad über die Haide nach Trantowitz lief, keine Veranlassung, mit dem Benehmen seines Herrn zufriedener zu sein als zuvor. Ich sprach nicht mit ihm, wie sonst; ich hatte kein Auge für die paar unglücklichen Hasen, die er, um sich die tödtliche Langeweile zu vertreiben, aus ihrem nassen Lager aufstieß, oder für die Mövenschwärme, die sich vor dem Unwetter auf dem Meere hierher zurückgezogen hatten, wo es freilich auch noch Wasser genug gab. Ich lief in einer Eile, als hänge Tod und Leben davon ab, ob ich Trantowitz fünf Minuten früher oder später erreichte, und doch war es nur zu gewiß, daß Hans, wenn ich ihn in's Vertrauen zog, ebenso rathlos sein würde, wie ich. Aber Hans von Trantow war ein guter Mensch und Herrn von Zehren, das wußte ich, von Herzen ergeben. Und er liebte ja auch Konstanze; um Konstanzens willen, selbst wenn er sonst keinen Grund gehabt hätte, mußte er mir helfen, Konstanzens Vater zu retten, wenn Rettung noch möglich war!

So stürmte ich dahin. Unter meinen Tritten spritzte das Wasser aus dem nassen Boden, in dem ich manchmal bis über die Knöchel versank, der Regen schlug mir in's Gesicht und die Möven kreischten, während sie, die spitzen Schnäbel nach unten gekehrt, über mir flatterten.

Von Zanowitz nach Trantowitz war es eine halbe Stunde, die mir wie eine Ewigkeit vorkam. Endlich erreichte ich den Hof, der selbst im Sonnenschein kahl und öde und heute im Regenwetter abscheulich aussah. Vor dem einstöckigen Wohnhause mit den acht himmelhohen Pappeln, deren schlanke Wipfel der Regensturm zerzauste, hielt Granow's Jagdwagen bespannt. Der widerwärtige Mensch war also da; aber gleichviel; ich mußte Hans allein sprechen, und sollte ich Herrn von Granow vorher zur Thür hinauswerfen.

Die Herren saßen, als ich eintrat, beim Frühstück; ein paar leere Flaschen, die auf dem Tisch standen, bewiesen, daß sie bereits einige Zeit dabei gesessen hatten. Granow verfärbte sich bei meinem Anblick. Ich mochte mit meinem erhitzten, aufgeregten Gesicht, meinen vom Regen durchnäßten Kleidern und den bis oben hinauf von Dünensand und Moorschlamm bedeckten Jagdstiefeln bedenklich genug aussehen, und der kleine Mann hatte mir gegenüber nicht das beste Gewissen. Trantow langte, ohne sich zu erheben, bei meinem Eintritt nach einem Stuhl, der in der Nähe stand, rückte denselben an den Tisch, und nickte, indem er mir die Hand reichte, nach den Flaschen und Schüsseln. Sein gutes Gesicht war bereits sehr roth und seine großen blauen Augen ein wenig gläsern; offenbar kamen die leeren Flaschen zum größten Theil auf seine Rechnung.

Sie sind doch nicht auf der Jagd gewesen bei dem gräulichen Wetter? fragte Herr von Granow, der plötzlich sehr freundlich geworden war und mir verbindlich Brod, Butter und Schinken zuschob, welchem Allen ich, trotz meiner Sorgen, eifrig zusprach; denn ich war vollkommen ausgehungert. Wir sitzen hier schon seit zwei Stunden und überlegen, wie wir den Tag hinbringen sollen. Ich habe ein kleines Jeu vorgeschlagen, aber Hans will nicht spielen; er sagt, er wolle überhaupt nicht wieder spielen. Er sagt: das Spiel sei ein Laster.

Das ist es auch; brummte Hans.

Nämlich nur, wenn er gewinnt, sagte Granow und lachte über seinen Witz. Er findet es lasterhaft, andern Leuten das Geld abzunehmen, das sie vielleicht nothwendig brauchen; er selbst braucht kein Geld, nicht wahr, Hans?

Wüßte nicht wozu; sagte Hans.

Da hören Sie es selbst; er weiß nicht wozu. Er muß heirathen, das ist die Sache; dann wird er wissen, wozu er das Geld braucht. Wir haben noch eben darüber gesprochen.

Das Roth auf des guten Hans Gesicht dunkelte noch ein wenig nach und er warf einen scheuen Blick auf mich; es schien mir, daß ich in dem Gespräche der Herren eine Rolle gespielt hatte.

Es wird ihm nicht so leicht wie Ihnen, der Sie nur anzuklopfen brauchen, sagte ich.

Sie meinen? fragte der kleine Herr mit einiger Unruhe.

Ich meine, Sie hätten das vorgestern Abend mir selbst gesagt, erwiderte ich. Sie nannten ja auch wohl Namen; aber es geht nicht, es geht wirklich nicht, obgleich Herr von Granow sich die Sache nach allen Seiten überlegt hat.

Ich hatte die letzten Worte, indem ich mich zu Hans wandte, in ironischem Tone gesprochen. Hans konnte an diesem dunkeln Tage kein Licht in meine Rede bringen, aber Herr von Granow hatte mich nur zu gut verstanden.

Man sollte einen Scherz nicht ernster nehmen, als er gemeint ist, sagte er, indem er sich mit zitternder Hand ein Glas Wein einschenkte.

Oder vielmehr, man sollte mit gewissen Dingen überhaupt keinen Scherz treiben, erwiderte ich, indem ich seinem Beispiel folgte.

Ich bin alt genug, um ohne Ihre Belehrung fertig werden zu können, sagte der Kleine mit einem kläglichen Versuch, mich einzuschüchtern.

Und haben doch nicht gelernt, Ihre Zunge im Zaume zu halten, erwiderte ich, ihm starr in's Gesicht sehend.

Es scheint, Sie wollen mich beleidigen, junger Mensch, schrie er, indem er das Glas, an dem er genippt, heftig auf den Tisch stieß.

Soll ich Ihnen das vielleicht dadurch noch deutlicher machen, daß ich Ihnen dies Glas an den Kopf werfe?

Aber Ihr Herren! sagte Hans.

Genug, rief der Kleine, indem er seinen Stuhl zurückstieß und aufsprang; — ich will nicht länger in dieser Weise beleidigt sein; ich will Satisfaction haben, wenn dieser Herr satisfactionsfähig ist.

Mein Vater ist ein ehrenwerther Steuerbeamter, sagte ich, mein Großvater war Prediger, mein Urgroßvater ebenfalls — der Ihrige ist ja wohl Schäfer gewesen?

Wir sprechen uns wieder; kreischte der Kleine, indem er zum Zimmer hinausstürmte und die Thür hinter sich zuschlug. Einen Moment später hörten wir seinen Wagen eilig über das Pflaster des Hofes davon rollen.

Nun aber, was bedeutet dies? fragte Hans, der sich während der ganzen Scene nicht in seinem Stuhle geregt hatte.

Ich brach in ein wildes Gelächter aus.

Das bedeutet, rief ich, daß Herr von Granow ein Lump ist, der die Frechheit gehabt hat, über eine Dame, die wir Beide verehren, in einer Weise zu lästern, für die er noch ganz etwas Anderes verdient hätte, und außerdem habe ich ihn weg haben wollen; ich muß Sie sprechen; Sie müssen mir helfen; Sie müssen ihm helfen —

Ich wußte nicht, wie ich beginnen sollte, und lief, durch die eben gehabte Scene doppelt aufgeregt, wie ein Wahnsinniger, in dem Zimmer auf und ab.

Trinken Sie eine halbe Flasche auf einmal, sagte Hans nachdenklich, das ist ein Universalmittel, das macht einen klaren Kopf.

Aber ich kam auch ohne des guten Hans Universalmittel wieder so weit zur Ruhe, um ihm mittheilen zu können, was mir schier das Herz abdrückte. Ich erzählte ihm Alles von Anfang an: meinen ursprünglichen Verdacht gegen Herrn von Zehren, der vollkommen eingeschlafen sei, bis ihn Granow's Schwatzhaftigkeit wieder geweckt habe; dann Herrn von Zehren's halbes Zugeständnis gestern Abend und die Umstände seiner Abreise, wobei ich nur den Brief des Steuerraths, der doch eigentlich nicht mein Geheimniß war, verschwieg; sodann die Keller-Expedition von heute morgen, endlich Christel's Mittheilung. Ich sagte zuletzt: Herr von Trantow, ich weiß nicht, wie Sie über seine Handlungsweise denken, aber ich weiß, daß Sie ihn lieb haben, und daß Sie, fügte ich erröthend hinzu, Konstanze, Fräulein von Zehren, verehren. Helfen Sie mir, wenn Sie können; ich bin entschlossen, Alles daran zu setzen, ihn nicht in die Schlinge fallen zu lassen, die man ihm offenbar gelegt hat.

Hans von Trantow war während meiner Erzählung die Cigarre ausgegangen, ohne daß er einen Versuch gemacht hatte, dieselbe wieder in Brand zu setzen. Jetzt, als ich zu Ende, reichte er mir über den Tisch herüber seine große Hand und wollte etwas sagen, bemerkte aber, daß unsere Gläser leer waren; so schenkte er dieselben wieder voll, zündete sich dann die Cigarre an, lehnte sich in seinen Stuhl zurück und hüllte sich in eine graue Wolke.

Ich kann es nicht ausdenken, fuhr ich, durch Hans schweigende Theilnahme angefeuert, fort, daß sie ihn fangen; denn ich bin überzeugt: er wird sich nicht gutwillig ergeben, er wird sich zur Wehr setzen.

Hans nickte, um anzudeuten, daß er darüber nicht den geringsten Zweifel habe.

Und dann zu denken, daß sie ihm den Proceß machen, daß sie ihn in's Gefängniß werfen! Herr von Trantow, sollen wir das zulassen, wenn wir es hindern können? Er hat mir noch gestern eine Geschichte erzählt, wie einer seiner Ahnen, der auch Malte hieß, von einem der Ihren, der sich Hans nannte, wie Sie, herausgeholt und herausgehauen ist, als sie ihn in Uselin gefangen hatten, auf eine Botschaft hin, die dem

Hans von Trantow ein treuer Junge von einem Knappen brachte. Nun, das stimmt Alles heute, wie damals. Ich bin der treue Knappe, und Sie und ich, wir wollen ihn heraushauen, daß es nur so eine Art hat.

Ja, das wollen wir! rief Hans, indem er mit seiner schweren Faust auf den Tisch schlug, daß die Flaschen und Gläser tanzten. Wir wollen den Thurm in die Luft sprengen, wenn sie ihn einsperren.

So weit dürfen wir es nicht kommen lassen, sagte ich, trotz meiner Sorgen unwillkürlich über Hans' gutmüthig-blinden Eifer lächelnd. Wir müssen ihn vorher benachrichtigen; wir müssen vorher an ihn kommen; wir müssen den ganzen Plan, den man auf Pinnow's und Jochen's schurkische Verrätherei gesetzt hat, zerstören. Aber wie? nur wie?

Ja, wie? sagte Hans, indem er sich nachdenklich die Stirn rieb.

Wir — oder vielmehr ich, denn Hans begnügte sich, den eifrigen Zuhörer zu machen und mir fortwährend einzuschenken, vermuthlich, um meiner Erfindungskraft zu Hülfe zu kommen — entwarfen hundert Pläne, von denen der eine immer weniger ausführbar war, als der andere, bis ich zuletzt auf den folgenden verfiel, der sich denn, wie übrigens die andern auch, der vollsten Zustimmung des guten Hans erfreute.

Wenn man die Absicht hatte, Herrn von Zehren auf frischer That zu ergreifen — und wie konnte ich nach Christel's Mittheilung daran zweifeln? — so war die größte Wahrscheinlichkeit, daß man ihm, wie das in diesen Affairen immer die Praxis war, einen Hinterhalt gelegt hatte. Dieser Hinterhalt konnte nur auf einem Wege liegen, in den man ihn geflissentlich lockte, oder den er nothwendig kommen mußte. Ueber den ersten Fall war selbstverständlich nichts vorher auszumachen; für den letzteren Fall war mit ziemlicher Bestimmtheit anzunehmen, daß der Hinterhalt in unmittelbarer Nähe des Hofes lag. In jedem Falle mußte man suchen, so früh wie möglich zu ihm zu gelangen. Hier aber gab es nur *ein* Mittel. Man mußte mit Pinnow zugleich aussegeln, das heißt, man mußte sich, da der Alte so bedenkliche Passagiere gutwillig gewiß nicht mitnehmen würde, die Mitfahrt erzwingen. Wie das in's Werk zu richten sei, konnte nur dem Zufall überlassen bleiben; die Hauptsache war, daß wir zur rechten Zeit in Zanowitz waren. Vor Einbruch der Dunkelheit segelte Pinnow jedenfalls nicht, denn die Schmuggler-Jacht würde ohne Zweifel erst unter dem Schutze der Dunkelheit, und zwar dann so nahe als möglich, herankommen. Waren wir erst einmal an Bord, mußte sich das Weitere finden.

Dann wurde eine zweite Frage erörtert. Daß es so oder so ohne Gewalt nicht abgehen würde, daran zweifelte weder Hans noch ich. Mit Gewehren war im Dunkeln nichts zu machen, noch weniger mit Hirschfängern oder Jagdmessern gegenüber Pinnow und seinen Gesellen, die alle Messer führten und Messer jedenfalls besser zu gebrauchen wußten als wir. Es mußten also Pistolen sein.

Hans hatte ein Paar; ein Paar reichte nicht; in Herrn von Zehrens Zimmer hing ein anderes. Sie mußten herbeigeschafft werden. Ueber Konstanzens Verbot, das Haus vor der Rückkehr des Vaters nicht wieder zu betreten, setzte ich mich leicht weg; hier standen höhere Interessen auf dem Spiel; hier handelte es sich um Tod und Leben. Ja, es fragte sich, ob es nicht wohlgerathen wäre, Fräulein von Zehren wenigstens einen Wink zu geben; doch nahmen wir davon Abstand, weil sie schließlich uns nicht helfen konnte und sich also nutzlos ängstigen würde. Dagegen schien es rathsam, den alten Christian, auf den man sich wohl jedenfalls verlassen durfte, in's Vertrauen zu ziehen. Wir konnten mit ihm ein Zeichen verabreden: ein Licht in einem der Giebelfenster, oder etwas derart, wodurch er uns, im Falle wir unangefochten bis nach Zehrendorf gelangten, schon von weitem benachrichtigen konnte, ob auf dem Hofe oder um den Hof herum die Luft rein sei oder nicht.

Es war zwei Uhr geworden, als wir in unsern Berathungen so weit gekommen waren; bis zur Dämmerung hatten wir mindestens noch drei Stunden, während derer wir uns in Geduld fassen mußten, — eine schwere Aufgabe für mich, in dessen Adern das Fieber der Ungeduld brannte. Hans machte den liebenswürdigsten Wirth. Er holte seine besten Cigarren und seinen besten Wein; er war gesprächig, wie ich ihn noch nie gesehen; die Aussicht auf ein Abenteuer so ernster Natur, wie es uns bevorstand, schien ihn wohltätig aus seiner gewöhnlichen Lethargie aufgerüttelt zu haben. Er erzählte die unendlich einfache Geschichte seines Lebens: wie er seine Eltern früh verloren, wie man ihn in die Provinzial-Hauptstadt in Pension gegeben, damit er das Gymnasium besuchen könne, auf welchem er es im siebzehnten Jahre glücklich bis zur Unterquarta brachte. Dann war er Oekonom geworden, hatte, als er mündig wurde, sein Erbgut übernommen, und da lebte er nun sechs Jahre — er stand jetzt in seinem dreißigsten — still und harmlos, sein Geschoß nur auf des Waldes (und des Feldes) Thiere richtend, sein Korn bauend, seine Schafe scheerend, seine Cigarren rauchend, seinen Wein trinkend und sein Spiel spielend. Es gab nur *eine* Romantik in diesem prosaischen Leben, das war seine Liebe für Konstanze. Konstanze sehen, sie lieben und immer weiter lieben, trotzdem er sich über die Hoffnungslosigkeit seiner Leidenschaft längst vollkommen klar war, und diese hoffnungslose Leidenschaft, so gut es gehen wollte, im Wein ertränken — das war des armen Jungen Schicksal. Er nahm es mit vollkommener Seelenruhe hin, überzeugt, wie er war, daß er nicht der Mann sei, sich sein Schicksal selbst zu machen, so wenig, wie er seine Schularbeiten jemals hatte selbst machen können. Weshalb oder für wen sollte er sich in mühseliger Arbeit quälen? Für sich selbst? Er hatte für den Augenblick, was er brauchte, und eine Zukunft gab es für ihn nicht. Er war der Letzte seines Stammes, nicht einmal Verwandte hatte er. Wenn er starb, fiel sein Gut als erledigtes Lehen an die Krone. Mochte die Krone zusehen, was sie mit den verwitterten Scheunen und Viehställen, mit dem zusammenbrechenden Herrenhause anfing! Er ließ verwittern, was verwittern, zusammenbrechen, was zusammenbrechen wollte. Er brauchte nur ein Zimmer, und in diesem einen Zimmer saßen wir jetzt, während Hans in seiner eintönigen Weise so erzählte und der Regen die melancholische Begleitung zu dem traurigen Text an die niedrigen Fenster schlug.

Für mich hatte eine Unterhaltung, durch welche Konstanzens Name, auch wenn er nicht genannt wurde, fortwährend hindurchklang, einen sonderbar peinlichen Reiz. Obgleich Hans das schöne Mädchen nicht mit einer Sylbe anklagte, ging doch aus Allem hervor, daß sie seine schüchternen Bewerbungen anfänglich begünstigt hatte und erst nach der Begegnung mit dem Fürsten Prora diesen Sommer im Bade eine Veränderung in ihrem Benehmen eingetreten war. Und Hans war offenbar nicht der Einzige gewesen, der sich ohne Unbescheidenheit Hoffnung auf ihre Hand hatte machen dürfen. Karl von Sylow, Fritz von Zarrentin, mit einem Worte, fast jeder aus der Schaar der jungen Edelleute, die den Umgang Herrn von Zehren's bildeten, hatte sich früher oder später, mit größerem oder geringerem Recht, für den Begünstigten halten können. Selbst Granow, obgleich er von Anfang an das Stichblatt der Witze seiner Genossen gewesen war, durfte sich rühmen, in den ersten Monaten seines Aufenthaltes von dem schönen Mädchen ausgezeichnet worden zu sein; ja Hans schien noch jetzt Granow's Fall für keineswegs verzweifelt zu halten; denn der kleine Mann sei sehr reich, und sie wird nur einen sehr Reichen heirathen, sagte Hans und schenkte sich mit einem tiefen Athemzuge sein Glas wieder voll.

Ich war bei Hans' letzten Worten aufgesprungen und hatte das Fenster aufgerissen. Mir war, als ob ich ersticken müsse, als ob die niedrige Zimmerdecke mit den tiefeingebogenen, freiliegenden Balken jeden Augenblick über mir zusammenbrechen müsse.

Regnet es noch? fragte Hans.

Es regnete im Augenblicke nicht, dafür kam aber vom Meere her einer jener Nebel, deren schon im Laufe des Tages mehrere vorübergezogen waren.

Richtiges Schmugglerwetter, sagte Hans, der Alte sollte sich schämen, an einem solchen Tage seine Freunde herauszujagen. Aber das hilft nun nicht. Wollen wir nicht noch eine Flasche trinken? Es wird heute Nacht verdammt kalt werden.

Ich meinte, wir hätten schon überreichlich getrunken, und daß es wohl Zeit sei, aufzubrechen.

Dann will ich mich zurecht machen, sagte Hans, stand auf und ging

in seine Schlafstube, wo ich ihn eine Zeit lang zwischen seinen Wasserstiefeln poltern hörte.

Ich hatte immer geglaubt, daß ich einer Gefahr gegenüber hinreichend kaltblütig sei; aber in Hans hatte ich doch meinen Meister gefunden. Während er drinnen rumorte, hörte ich ihn durch die halb
offene Thür: »Steh' ich in finsterer Mitternacht« so behaglich pfeifen,
als ob es zur Hasenjagd ginge, als ob wir nicht im Begriff wären, unser
Leben auf's Spiel zu setzen. Freilich, sagte ich zu mir, er liebt hoffnungslos und Herr von Zehren ist ihm eben nur ein Freund und Nachbar
und Standesgenosse, dem gegen die verhaßte Polizei beizustehen er für
seine Schuldigkeit hält. — Daß Hans, indem er sich für eine Sache
schlagen wollte, die ihn im Grunde nichts anging, viel mehr that,
als ich, zum wenigsten viel uneigennütziger handelte, bedachte ich
nicht.

Und da trat er nun aus seiner Kammer, wenn nicht wie der wildeste
der wilden Krieger, so doch anzuschauen wie Einer, den man sich gern
zum Gefährten bei einem Abenteuer wählt, das einen starken und
muthigen Mann erfordert. Seine langen Beine staken in mächtigen
Stiefeln; über sein knapp anliegendes seidenes Wamms hatte er einen
etwas längeren wollenen Ueberwurf gezogen, den er auf Winterjagden
tragen mochte und den man mit einem Gürtel um die Hüften zusammennehmen oder auch frei herunterfallen lassen konnte. Er hatte jetzt
das letztere gethan und dafür den Gürtel um das Wamms geschnallt,
um so die Pistolen, die er in den Gürtel gesteckt hatte, zu verbergen.
Mit gutmüthigem Lachen zeigte er mir seine Ausrüstung und fragte, ob
ich nicht auch so einen Ueberwurf wolle, es hänge noch einer nebenan.
Ich hüllte mich in das praktische Kleidungsstück. — Wir sehen aus wie
zwei Brüder, sagte Hans, und in der That, da wir von derselben Kör-
perlänge und Breite der Schultern und jetzt nun auch fast gleich angezogen waren, hätte man uns wohl für zwei Brüder halten können. —
Wenn's nicht zu viel sind, wollen wir schon mit ihnen fertig werden,
meinte Hans.

So ein halbes Dutzend auf Jeden, sagte ich und lachte; aber es war
mir nichts weniger als lächerlich zu Muthe, als wir die Thür hinter uns
schlossen, und Caro, den wir zurückgelassen hatten, in ein klägliches
Winseln und Heulen ausbrach. Armer Caro! er hatte heute Morgen
nur zu recht gehabt, wenn er mich mit seiner trübseligen Miene erinnerte, daß man den Tag nicht vor dem Abend loben solle!

Sechszehntes Capitel

Es war vier Uhr, als wir aufbrachen, trotzdem aber lag es schon wie Dämmerung auf den Stoppelfeldern, über die wir jetzt, einem Fußsteig folgend, nach Zehrendorf schritten. Von Himmel und Wolken konnte man heute nicht sprechen, da die ganze Atmosphäre mit trübem Wasserdunst angefüllt war, durch welchen jeder Gegenstand ein sonderbar fremdes, unheimliches Ansehen erhielt. Wir schritten rasch neben- und manchmal hintereinander her, denn der Fußpfad war sehr schmal und in Folge des unendlichen Regens sehr schlüpfrig. Eben sprachen wir darüber, was wir Konstanze sagen wollten, im Falle wir ihr doch gegen unsern Wunsch begegnen sollten, als wir auf der mit Weiden besetzten Landstraße, welche sich in der Entfernung von vielleicht hundert Schritten neben uns hinzog, eine vom Schlosse kommende, mit zwei Pferden bespannte Kutsche in so großer Eile dahinjagen sahen, daß sie in weniger als einer halben Minute im Nebel verschwunden war, und wir nur noch den dumpfen Hufschlag der flüchtigen Pferde und das Rollen des Wagens auf dem höckerigen Fahrdamm hörten.

Hans und ich sahen uns erstaunt an.

Wer kann das sein? fragte Hans.

Es ist der Steuerrath, sagte ich.

Wie soll der hierher kommen? fragte Hans.

Ich antwortete nicht; ich konnte doch Hans nicht von dem Briefe erzählen, welcher die directe oder indirecte Mitschuld des Steuerraths bewies, und wie wahrscheinlich es sei, daß der Mann versucht haben werde, den Bruder zu warnen, nachdem, so oder so, die Sache zu Tage gekommen. Welche Nachricht aber hatte er gebracht? Konnte sie noch dem unglücklichen Mann, auf welchen der Verrath lauerte, zugute kommen?

Lassen Sie uns eilen, was wir können, rief ich, indem ich, ohne Hans' Antwort abzuwarten, voranstürmte, und Hans, der ein trefflicher Läufer war, mir auf dem Fuße folgte.

In wenigen Minuten hatten wir das Thor erreicht, das von dieser Seite auf den Hof führte. Vor dem Thore war eine steinerne Bank angebracht, für Leute, die auf das Aufschließen des Thores warten mußten, und auf dieser Bank saß oder vielmehr lag der alte Christian, dem aus einer frischen Wunde auf der Stirn das Blut über das bleiche, runzelige Gesicht floß. Eben, als wir herankamen, wachte er aus einer halben Ohnmacht auf und starrte uns mit verwirrten Blicken an. Wir richteten ihn in die Höhe; Hans schöpfte aus einer Regenlache in der Nähe Wasser in die hohle Hand und goß es dem Alten über das Gesicht. Die Wunde war nicht tief und schien von einem Schlage mit einem stumpfen Werkzeug herzurühren.

Was ist geschehen, Christian? hatte ich schon ein halbes Dutzend
mal gefragt, ehe der arme alte Mensch so weit wieder zu sich kam, um
mit schwacher Stimme antworten zu können:

Was soll geschehen sein? Weg ist sie! und er hat mich mit dem Peit-
schenstiel über's Gesicht geschlagen, als ich ihm das Thor zusperren
wollte.

Ich hatte genug gehört. Wie ein Raubthier, dem sein Junges gestohlen ist, sprang ich fort nach dem Hause. Die Thüren standen auf: die
Hausthür, die zum Speisezimmer, die zu Herrn von Zehren's Zimmer.
Ich stürzte hinein, da ich drinnen hämmern und rumoren hörte. Vor
dem Secretär Herrn von Zehren's kniete die alte Pahlen und arbeitete,
während sie dabei wüthend schalt, mit einem Küchenbeil und Stemm-
eisen an dem Schlosse. Sie hatte mein Kommen nicht gehört; ich riß
sie mit einem Griff in die Höhe, sie fuhr zurück und stierte mich mit
Blicken an, die von ohnmächtiger Wuth funkelten. Das graue Haar
hing ihr in Zotteln unter der schmutzigen Haube hervor, in der Rechten hielt sie noch das Beil. Das scheußliche Weib, dessen grundböse
Natur jetzt offen hervortrat, gewährte einen entsetzlichen Anblick,
aber ich war nicht in der Stimmung, mich durch einen Anblick, und
wäre er noch entsetzlicher gewesen, einschüchtern zu lassen.

Wo ist sie hin? donnerte ich sie an. Sie müssen es wissen, denn Sie
haben ihr weggeholfen!

Ja, das hab' ich, schrie die Hexe, das hab' ich, und Gott soll mich verdammen, daß ich es that! Das undankbare, nichtswürdige Geschöpf
hat mir versprochen, mich mitzunehmen, und läßt mich mit Schimpf
und Schanden hier in der Räuberhöhle, aber sie wird's ja noch an sich
erleben, wenn er sie auf die Straße wirft, die —

Weib, noch ein Wort und ich schlage Dich zu Boden! rief ich, indem
ich drohend die Faust erhob.

Die Alte brach in ein kreischendes Gelächter aus. Nun fängt der
auch noch an, rief sie, dem haben sie eine schöne Nase gedreht! der
dumme Junge! glaubt, er sei der Hahn im Korbe, während der Andere
Nacht für Nacht bei ihr gewesen ist! Läßt sich auch noch wegschicken,
damit der Andere in der Kutsche kommen und die saubere Mamsell
holen kann! Und wieder kreischte die Alte in wahnsinnigem Gelächter
auf.

Dem sei nun wie ihm wolle, sagte ich, indem ich mich, dem gräulichen Weibe gegenüber, zwang, den rasenden Jammer, der mein Herz
schwellen machte, niederzukämpfen. Ihnen ist auf jeden Fall recht
geschehen, und wenn ich Sie nicht als eine Diebin, die Sie sind, vom
Hofe herunter hetzen soll, so machen Sie im Augenblick, daß Sie fortkommen.

Ei, sieh doch, kreischte das Weib, die Arme in die Seite stemmend,
wie der hier das große Wort führt? Eine Diebin? so! ich will blos mein

Geld; ich habe seit einem halben Jahre keinen Lohn bekommen von
der Bettlerbagage, von der Schmugglerbande!

Sie hatte von mir in den zwei Monaten meines Aufenthaltes auf
Zehrendorf mehr bekommen, als ganz gewiß ihr Jahreslohn betrug,
und ich hatte selbst gesehen, wie Herr von Zehren ihr noch vor wenigen Tagen ihren Lohn ausgezahlt und ein großes Trinkgeld dazu gegeben hatte.

Hinaus, rief ich, hinaus und herunter vom Hof, im Augenblick!

Die Alte faßte nach dem Beil, aber sie wußte recht gut, daß ich nicht
so leicht in Furcht zu setzen war. So wich sie denn vor mir zurück, zu
dem Zimmer und zu dem Hause hinaus, indem sie dabei fortwährend
in den höchsten Tönen die entsetzlichsten Schimpfreden und wildesten
Drohungen gegen Herrn von Zehren, gegen Konstanze und mich ausstieß. Ich machte selbst das große Hofthor hinter ihr zu und wandte
mich dann zu Hans, der eben aus dem Leutehause heraus kam, wohin
er den alten Christian gebracht hatte.

Hans war ganz blaß und sah mich nicht an, als er an mich herantrat.
Er hatte von Christian genug erfahren, daß er mich nicht um die nähe-
ren Details von Konstanzens Entführung zu befragen brauchte; und er
mochte mich nicht sehen lassen, wie hart ihn der Schlag getroffen, der
ihm sein Götterbild in den Koth schleuderte, der ihm seine einzige Illu-
sion, den letzten Schimmer von Poesie in seinem armen Leben so grausam zerstörte. Ich ergriff und drückte seine Hand.

Was nun? fragte ich.

Wenn ich ihm nachjagte und ihm den Schädel einschlüge, sagte
Hans.

Vortrefflich, erwiderte ich, mit einem Gelächter, das mir nicht von
Herzen kam, falls er sie gewaltsam entführt hätte; aber da sie sich sehr
gutwillig entführen lassen ... Kommen Sie! die Sache ist wahrlich
nicht werth, daß wir auch nur einen Augenblick weiter daran denken.

Sie haben sie nicht sechs Jahre lang geliebt, sagte der arme Hans.

Dann satteln Sie sich Herrn von Zehren's Braunen und reiten Sie
ihm nach, sagte ich; aber entscheiden müssen wir uns.

Hans stand unschlüssig da: Ich hätte Ihnen bei Gott gerne geholfen,
sagte er.

Reiten Sie ihm nach und züchtigen Sie den Buben, wenn Ihnen so zu
Muthe ist! rief ich, mir soll es recht sein. Nur muß gleich geschehen,
was geschehen soll.

Dann will ich's thun, sagte Hans und ging mit langen Schritten
nach dem Pferdestall, wo, wie er wußte, Herrn von Zehren's Reitpferd
stand, ein starkknochiges Jagdpferd, das seine besten Jahre hinter sich
hatte und in jüngster Zeit, wo Herr von Zehren wenig mehr ritt, sehr
vernachlässigt war.

Es war auf dem Hofe ein junger halbwüchsiger Bursche, der allerlei

Arbeit verrichtete und von den Anderen arg gehudelt wurde. Der kam jetzt zu mir heran und sagte, der Jochen sei vor einer Stunde dagewesen und habe sich den Karl, der in dem Futterraume Häcksel geschnitten, und den Hanne, der in der Leutestube gesessen, geholt; so habe er Karl's Arbeit übernehmen müssen. Von dem, was unterdessen vorgefallen, hatte er hinten in seinem dunkeln Futterraume nichts gesehen und gehört.

Dem sehr einfältigen, halb blödsinnigen Menschen eine Rolle zu ertheilen, wie sie Christian hatte übernehmen sollen, wäre Thorheit gewesen; aber da er ein guter Junge war, konnte ich ihm immerhin die Sorge für den Alten und die Bewachung des Hofes anvertrauen. Er sollte von Zeit zu Zeit mit dem Hunde, den ich von der Kette ließ, die Runde machen und unter keiner Bedingung die alte Hexe, die ich soeben vom Hofe gejagt und von der ich mir das Schlimmste versah, wieder hereinlassen. Fritz versprach, meinen Befehlen genau Folge zu leisten. Dann lief ich in das Haus und steckte Herrn von Zehren's Pistolen, die geladen an der Wand hingen, zu mir.

Als ich wieder auf den Hof kam, sah ich eben noch Hans aus dem Thor galoppiren. Eine tolle Eifersucht erfaßte mich. Weshalb durfte ich nicht an seiner Stelle sein? Die gefaßte Ruhe, die Gleichgiltigkeit, die ich eben zur Schau getragen — es war Alles nur Heuchelei gewesen — ich hatte nur das eine Verlangen: mich rächen zu können an ihm, an ihr; aber ich mußte es dem Hans überlassen; er hatte sie sechs Jahre geliebt!

So tobte es in mir, während ich im schnellsten Schritt durch die Felder, über die Wiese, zuletzt über die Haide nach Zanowitz eilte. Wie sehr ich mich auch bemühte, meine Gedanken auf das zu richten, was mir zunächst oblag, immer wieder schweiften sie zu dem zurück, was eben geschehen war, obgleich ganz vergeblich. Es lag wie ein schwerer Alp auf mir. Ich erinnere mich, daß ich einmal stillstand und laut aufschrie zu dem grauen Nebelhimmel. Erst als ich die Dünen erreichte, kam mir mit der Nothwendigkeit, jetzt einen bestimmten Plan zu fassen, die Besinnung wieder.

Das Wetter hatte sich unterdessen etwas aufgeklärt, der Wind war umgesprungen; es regnete nicht mehr und der Nebel hatte sich gehoben; es war jetzt, obgleich die Sonne bereits untergegangen sein mußte, heller, als eine Stunde zuvor. Von der Höhe der Dünen auf Zanowitz hinabblickend, sah ich den hellen Himmel in scharfer Linie von dem dunkeln Meere sich abheben, das noch immer, obgleich nicht mehr mit der Heftigkeit von heute Morgen, seine Wogen heranwälzte. Die größeren Fahrzeuge auf der Rhede konnte ich nur noch mit Mühe erkennen, aber die Reihe der auf den Strand gezogenen Boote sah ich deutlich, ebenso wie die Jolle, die eben herangerudert kam auf eine kleine Gruppe von Männern zu, die dort stand. Wenn dies die Letzten von Pinnow's Gesellschaft waren, so hätte ich keine Minute später kommen dürfen. Möglich war es freilich auch, daß die dunkeln Gestalten bereits Zollbeamte waren; doch sagte ich mir, daß die Wahrscheinlichkeit nicht groß sei. Zanowitz steckte voll von Schmugglern; eine offenbare Verrätherei durfte Pinnow kaum wagen. Nicht daß man versucht haben würde, eine von ihm geleitete Expedition der Steuerbeamten gewaltsam zu verhindern; aber er wäre von Stund' an, sobald er offen handelnd auftrat, der Rache der Schmuggler verfallen und seines Lebens keinen Augenblick mehr sicher gewesen. Wie also auch der Verrath gesponnen sein mochte, die Verräther hatten jedenfalls dafür gesorgt, daß ihr Spiel für alle Andern vollständig verdeckt war.

Das zu überlegen hatte ich freilich keine Zeit. Ich überlegte eben gar nicht, sondern sprang die Dünen hinab. Als ich mich der Gruppe näherte, löste sich ein Mann von derselben ab und kam auf mich zu. Er hatte sich den Kragen seiner Jacke so weit als möglich in die Höhe und den breiten Rand seines Südwesters so tief als möglich in die Stirn gezogen; dennoch erkannte ich ihn sofort.

Guten Abend, Pinnow, sagte ich.

Er antwortete nicht.

Es ist gut, daß ich Sie treffe, fuhr ich fort, ich hörte heute Morgen von Ihnen, Sie würden möglicherweise noch heute Abend nach Uselin segeln; ich wollte Sie bitten, mich mitzunehmen.

Pinnow antwortete nicht.

Sie werden mich schon mitnehmen müssen, sagte ich weiter, ich habe mich schon vollständig auf die Fahrt vorbereitet. Sehen Sie, und ich schlug meinen Ueberwurf zurück und zog eine der Pistolen halb aus dem Gürtel, sie sind scharf geladen.

Pinnow antwortete nicht.

Wollen Sie vielleicht gleich einmal an sich selbst probiren, ob sie geladen sind? fragte ich weiter, indem ich die Pistole ganz hervorzog und den Hahn spannte.

Kommen Sie, sagte Pinnow.

Ich setzte den Hahn in Ruh, steckte die Pistole wieder in den Gürtel und hielt mich einen Schritt rechts ein wenig hinter Pinnow. Ich sagte zu ihm:

Glauben Sie nicht, daß Sie bei den Leuten da Schutz finden; ich bleibe an Ihrer Seite, und beim ersten Worte, mit welchem Sie dieselben gegen mich aufhetzen, sind Sie ein todter Mann. Wie viel haben Sie schon an Bord?

Zehn Mann, brummte Pinnow. Uebrigens weiß ich nicht, was Sie von mir wollen; machen Sie die Sache mit oder machen Sie sie nicht mit; mir ist den Teufel daran gelegen.

Das werden wir sehen, sagte ich.

Wir traten jetzt zu der Gruppe, die aus meinem langen Freunde Jochen, Karl und Hanne, unsern Knechten und aus dem taubstummen Jakob bestand, der die Jolle herüber gerudert hatte.

Er will mit, sagte Pinnow lakonisch, indem er selbst Hand anlegte, die Jolle tiefer in's Wasser zu schieben.

Dem Jochen glaubte ich die Bestürzung über meine Dazwischenkunft auf dem brutalen Gesichte lesen zu können. Er suchte in den Augen seines Spießgesellen eine Erklärung des Räthsels, aber Pinnow war nur mit der Jolle beschäftigt. Die beiden Andern standen bei Seite. Sie wußten offenbar nicht, was dies Alles zu bedeuten hatte.

Es werden nur vier fest, sagte Pinnow.

Und das reicht auch vollkommen aus, sagte ich. Ihr, Karl und Hanne, geht nach Hause und haltet Euch da ganz ruhig, hört Ihr?

Ich kann auch nach Hause gehen, sagte Jochen trotzig.

Einen Schritt von der Stelle, schrie ich, ihm die Pistole vor das Gesicht haltend, und Du hast zum letzten Male auf Deinen Beinen gestanden. Marsch hinein!

Jochen Swart gehorchte.

Jetzt Sie, Pinnow!

Pinnow that, wie ihm geheißen. Ich folgte.

Wir hatten wohl zwanzig Minuten zu rudern, bis wir an dem Kutter ankamen, denn die Brandung war stark, und der Kutter hatte wegen seines Tiefgangs ziemlich weit draußen vor Anker gehen müssen. Dieser Umstand vereitelte einen Plan, den ich noch in der letzten Minute gefaßt, nämlich: die ganze Bande wieder an's Land zu setzen und mit Pinnow und Jochen allein zur Jacht zu fahren. Ich sah, daß über dem Hin- und Herrudern im besten Falle eine Stunde vergehen würde, und mir lag Alles daran, so früh als möglich mit Herrn von Zehren zusammenzukommen. Was konnte nicht Alles in einer Stunde geschehen?

Wir langten am Kutter an, der auf den Wellen vor seiner Ankerkette tanzte, wie ein Pferd, das ungeduldig ist, fortzukommen, im Geschirr steigt. Wir gingen längsseit, ich sprang an Bord, mitten zwischen die schwarzen Gestalten hinein.

Guten Abend, Leute! sagte ich. Ich will auch dabei sein. Die Meisten von Euch werden mich kennen. Sie wissen, daß ich ein guter Freund von Herrn von Zehren bin; übrigens bürgen Pinnow und Jochen Swart für mich.

Ich glaube, es hätte dieser Bürgschaft, die übrigens von den Genannten durch ihr Schweigen gegeben wurde, nicht einmal bedurft. Ich war wiederholt mit Herrn von Zehren (auch den Tag vorher) in Zanowitz gewesen und hatte wohl mit jedem der Leute einmal gesprochen. Mein intimes Verhältniß zu Herrn von Zehren war ihnen wohlbekannt; so schienen sie denn auch nichts Besonderes darin zu finden, daß ich an einer Expedition theilnehmen wollte, die für Rechnung ihres und gewissermaßen meines Patrons ausgeführt wurde. Es antwortete mir Keiner — wie denn diese Leute nie ein Wort verlieren — aber sie machten mir willig Platz. Meine Annahme, daß Pinnow und Jochen Swart die einzigen Verräther seien, war bestätigt. Vorläufig waren sie also in jeder Beziehung in meiner Hand. Wenn ich den Leuten mittheilte, was ich wußte, so flogen vermuthlich die sauberen Spießgesellen über Bord. Die Leute von Zanowitz verstanden in diesen Dingen keinen Spaß.

Ich sagte das zu Pinnow, indem ich mich zu ihm an's Steuer stellte.

Thun Sie, was Sie wollen, brummte er, während er ein Stück Kautabak in den breiten Mund steckte.

Obgleich Christel's Angaben so bestimmt gewesen waren, machte die unverwüstliche Ruhe des Mannes jetzt, wo er wußte, daß sein Leben jeden Augenblick auf dem Spiele stand, mich doch stutzig. Hatte Christel sich in ihrer Aufregung getäuscht, verhört? War ich ohne Noth in die Gesellschaft dieser unheimlichen Gesellen gerathen, die bei Nacht und Nebel ihr gefahrvolles Gewerbe trieben?

Unterdessen stampfte der Kutter, der ein ausgezeichnetes Fahrzeug war, in die Wellen. Der Himmel hatte sich mehr und mehr aufgeklärt; es war immer noch so viel Licht, daß man auf zwei-, dreihundert Schritte mit einiger Deutlichkeit vor sich sehen konnte. Doch war es bitter kalt, und das Spülwasser, das oft in ganzen Massen auf den Kutter stürzte, trug gerade nicht dazu bei, die Situation angenehmer zu machen. Das immerhin doch kleine Fahrzeug war von den vierzehn Menschen, die es an Bord hatte, dicht besetzt. Wohin man blickte, lag oder kauerte eine dunkle Gestalt. Pinnow saß am Steuer. Indem ich mich fortwährend in seiner unmittelbaren Nähe hielt und ihn also ganz genau beobachten konnte, wurde ich mit jeder Minute zweifelhafter, ob nicht Alles auf ein Mißverständniß hinauslaufe. Da saß der breitschulterige Mann und keine Muskel in seinem Gesicht regte sich, nur daß er von Zeit zu Zeit mit einer langsamen Bewegung der unteren Kinnlade den Tabak aus einer Backe in die andere schob, während er die scharfen Augen bald über die Segel, bald über das Meer schweifen ließ. Wenn er, was, da wir kreuzen mußten, alle Augenblicke geschah, Re! commandirte und wir uns bückten, den Segelbaum über uns weglaufen zu lassen, klang seine Stimme so gleichmäßig fest, einmal wie das andere. War es möglich, daß ein Verräther eine so sichere Hand, ein so scharfes Auge hatte und so ruhig Tabak kaute?

Wie lange, glauben Sie, werden wir noch zu fahren haben, bis wir auf die Jacht treffen? fragte ich.

Es kann jeden Augenblick sein, brummte Pinnow; vielleicht auch treffen wir sie gar nicht.

Das heißt?

Das heißt, wenn sich ein Steuerboot hat blicken lassen, werden sie gemacht haben, daß sie in See kommen.

Und wie lange werden Sie sie suchen?

Eine Stunde; so ist es verabredet.

Zwischen Ihnen und Herrn von Zehren oder zwischen Ihnen und dem Steuer-Revisor Blanck?

Pinnow spritzte den Tabaksaft über Bord und brummte: Zum letzten mal sag' ich Ihnen, daß ich nicht weiß, was Sie wollen. Wenn Ihnen, wie es scheint, die dumme Dirne, die Christel, aufgebunden hat, daß ich den Angeber gemacht habe, so könnte sie es wohl eher selbst gethan haben. Es sollte mir leid thun, wenn sie ihren alten Pflegevater an's Messer geliefert hätte, um ihn los zu sein; aber wozu ist eine so dumme Dirne nicht im Stande?

Diese Worte, die der Schmied in seiner groben Weise vor sich hingebrummt hatte, trafen mich seltsam. Hatte ich doch nur noch vor einer Stunde eine Probe davon gehabt, wozu ein verliebtes Mädchen, das seinen Willen durchsetzen will, im Stande ist. Und Pinnow war nur Christel's Pflegevater! Sollte sie sich ein glaubhaftes Märchen ausgedacht haben, Herrn von Zehren und mich auf den Alten zu hetzen? Sollte sie den Verrath, den sie dem Alten zuschob, selbst begangen, selbst die Denunciation bei der Steuerbehörde gemacht haben, um ihn, den sie — aus guten Gründen — los sein wollte, auf diese Weise los zu werden? Und hatte ihr nur in der letzten Stunde das Gewissen geschlagen, indem sie bedachte, daß sie auch Herrn von Zehren, dem sie Dank schuldig war, mit in's Verderben stürzen würde? War ihre Beichte nur ein Versuch gewesen, Herrn von Zehren durch mich zu retten?

Ich gebe zu, daß eine Minute ruhigen Nachdenkens hingereicht hätte, mich von der vollkommenen Unwahrscheinlichkeit dieser Annahme zu überzeugen; aber wie hätte mir in der Situation und in der Stimmung, in der ich mich befand, eine solche Minute werden können!

Sehen Sie, sagte Pinnow, indem er mir die Schulter berührte und in demselben Augenblick in einem eigenthümlich langgezogenen, vorsichtig gedämpften Tone Re! commandirte.

Ein mittelgroßes, schmuck getakeltes Boot segelte ein paar hundert Schritte vor uns. Ich erkannte beinahe auf den ersten Blick eines der Steuerboote, der »Blitz« genannt. Ich war zu oft selbst darauf gefahren; ich hatte es zu oft in allen möglichen Segelstellungen gezeichnet, als daß ich mich hätte täuschen können.

Der »Blitz« hatte in demselben Momente fast, in welchem der Kutter umlegte, ebenfalls seinen Curs verändert und kam hinter uns her.

Boot ohoi! schallte es jetzt durch ein Sprachrohr über die Wellen.

Mein Blut stockte, meine Hand lag am Pistolenkolben. Drehte Pinnow jetzt bei, so war sein Verrath bewiesen.

Boot ohoi! schallte es wieder herüber.

Holt den Fock an! commandirte Pinnow.

Ich athmete auf.

Boot ohoi! erschallte es zum dritten Mal, und fast in demselben Moment blitzte es auf dem Steuerboot auf und ein durch die Entfernung und das Rauschen der Wellen gedämpfter Knall schlug an mein Ohr.

Klüverreff aus! commandirte Pinnow.

Meine Hand ließ die Pistole los. Es war kein Zweifel mehr, daß Pinnow Alles daran setzte, dem verfolgenden Boote zu entrinnen. In meinem tiefsten Herzen frohlockte es; der Mann an meiner Seite, den ich früher so gern gehabt hatte, obgleich er es nicht um mich verdiente, war kein Verräther! Was würde ich gethan haben, hätte ich gewußt, daß dies Alles ein sorgfältig abgekartetes Spiel war; daß der kaltblütige alte Schurke sich durch meine plumpe Einmischung in der Ausführung des einmal festgestellten Planes nicht im mindesten stören ließ; daß dies Zusammentreffen mit dem Zollboot verabredet war, um dasselbe auf die Spur zu bringen? daß Verfolgung und Flucht nur fingirt waren, um vor den anderen Schmugglern den Verrath zu maskiren? daß die drei oder vier blinden Schüsse, die jetzt auf dem Zollboot abgefeuert wurden, denselben Zweck hatten? Was würde ich gethan haben, hätte ich es gewußt! Wohl mir, daß ich es nicht wußte, so klebt doch wenigstens nicht das Blut eines Menschen an meiner Hand!

Der Kutter schoß jetzt unter der Last seiner Segel, die den Leebord auf das Niveau des Wassers drückte, prachtvoll dahin; der »Blitz« blieb zurück, er wußte warum; es dauerte nicht lange, so war er unsern Blicken entschwunden.

In die bis dahin stumme, fast regungslose Mannschaft des Kutters war etwas von Leben gekommen. Sie hoben die Köpfe, und Einer theilte dem Andern seine Ansicht über den Zwischenfall mit, der übrigens nicht zu den ungewöhnlichen gehörte. Jeder von diesen Leuten war irgend einmal in allzu genaue Berührung mit den Zollwächtern gekommen. Die Freiheit, vielleicht das Leben eines Jeden hatte irgend einmal an einem Faden gehangen. So war die Aufregung nicht gerade groß, scheinbar bei Niemand geringer als bei Schmied Pinnow. Er saß am Steuer gerade so wie vorher, nach den Segeln oder scharf in die Dämmerung hineinblickend, tabakkauend und sonst keine Miene verziehend. Er sprach kein Wort mit mir, als verlohne es sich für einen alten Praktiker nicht der Mühe, mit einem so jungen Menschen über Dinge zu sprechen, die er doch nicht verstand. In meiner Kehle entstand eine Trockenheit, die mich ein paar Mal zu husten zwang; zugleich knöpfte ich den Ueberwurf fester über meine Pistolen.

Da tauchte wieder eine dunkle Masse aus dem Abenddunst, und diesmal war es die lange gesuchte Jacht, ein mittelgroßes Fahrzeug mit nur einem Segel, aber einem Volldeck. In wenigen Minuten waren wir längsseit, und alsbald wurden auch schon die bereitgehaltenen Waarenballen von dem Deck der Jacht herabgelangt und von der Mannschaft unseres Kutters, die jetzt schnell genug sein konnte, in Empfang genommen. Es ging Alles wunderbar still zu, kaum daß dann und wann einmal ein unterdrückter Ruf oder ein halblaut mit rauher Stimme gegebener Befehl des Kapitäns hörbar wurde.

Ich war einer der Ersten an Bord der Jacht gewesen; aber vergeblich hatte ich mich nach Herrn von Zehren umgeschaut. Schon glaubte ich mich von der Angst, ihn hier zu sehen, erlöst, als er plötzlich aus der Luke, die in den Kajütenraum führte, auftauchte. Sein erster Blick fiel auf mich; er kam auf mich zu, taumelnd, ich glaubte, infolge des Schwankens des Schiffes.

Nun, zum Teufel, wo kommen Sie hierher? rief er mit heiserer Stimme; aber ich hatte keine Zeit, ihm eine ausführliche Antwort zu geben. Der Kutter hatte seine Fracht eingenommen, der Kapitän der Jacht trat heran und sagte: Machen Sie, daß Sie fortkommen! Er hatte eben erfahren, daß ein Zollboot unterwegs sei, und keine Lust, sein Schiff und die übrige Ladung zu riskiren. Machen Sie, daß Sie fortkommen, wiederholte er noch einmal in grobem Ton.

Also morgen Abend um dieselbe Zeit, sagte Herr von Zehren.

Ja, das wollen wir sehen, sagte der Kapitän und sprang nach dem Steuer, denn die Jacht, die schon vom Anker frei war und das Hauptsegel bereits aufgezogen hatte, begann sich in den Wind zu drehen.

Eine Scene der Verwirrung folgte. Das ohne alle Rücksicht auf den nebenher schwimmenden Kutter ausgeführte Manöver des größeren Fahrzeuges hatte das kleinere fast zum Kentern gebracht. Laute Fluche hinüber und herüber, — ein Knirschen, Knacken, — ein Sprung vom Deck der Jacht in den Kutter, und wir trieben ab, während die Jacht bereits im Wind lag und im nächsten Moment mit vollen Segeln davonschoß.

Das Alles war so schnell vor sich gegangen, dazu das Gewirr der vielen Menschen auf dem kleinen Fahrzeuge, während die Segel wieder gestellt und die Waaren in dem verdeckten Vorderraum sicher beigestaut wurden, so groß, daß es einige Zeit dauerte, bis ich nur an Herrn von Zehren's Seite kam.

Er fluchte noch immer auf den Schuft von einem Kapitän, auf den Feigling, der vor einem lumpigen Zollboot, das er in Grund und Boden segeln könne, ausreiße. Dazwischen fragte er wieder: Wo kommen Sie her?

Ich war in Verlegenheit, wie ich diese Frage beantworten sollte. Mein Verdacht gegen Pinnow war beinahe gänzlich verschwunden, und Pinnow saß dicht neben uns am Steuer und hatte die laut gesprochene Frage gehört. Ich begnügte mich daher, zu sagen:

Ich fürchtete, es könne Ihnen ein Unglück zustoßen, und da wollte ich dabei sein.

Unglück? schrie er; Dummheit, Feigheit, das ist das Unglück! Der Teufel soll die dummen, feigen Gesellen holen!

Er setzte sich zu Pinnow und sprach leise mit ihm. Dann wandte er sich wieder zu mir; Sie haben zwei von den Leuten nach Hause geschickt, das hätten Sie auch bleiben lassen können. Ich brauchte die Leute nothwendig; jeder Buckel ist in diesem Augenblick seine tausend Thaler werth; oder wollten Sie selbst einen Packen tragen?

Er hatte das in einem Tone gesagt, der mein Blut kochen machte. Wenn ich unüberlegt gehandelt hatte, so hatte ich es gut gemeint; für meine Treue noch ausgescholten zu werden, in Gegenwart Pinnow's — das war zu viel! Ich hatte eine heftige Antwort auf der Zunge, aber ich schluckte meinen Zorn hinunter und ging nach vorn.

Er rief mich nicht zurück, er kam nicht zu mir, mir ein freundlich Wort zu sagen, wie er es noch immer gethan, so oft er mich in seiner Heftigkeit gekränkt hatte. Dafür schalt er jetzt in einem kreischenden Tone ein paar Leute aus, ich konnte nicht verstehen, weshalb; aber dieser kreischende Ton, den ich nie an ihm gehört, sagte mir, was ich gleich, als ich ihn zuerst sah, gefürchtet: er war betrunken.

Ein abscheuliches Gefühl des Ekels und des Grams überkam mich. Um dieses Mannes willen, der dort wie ein Rasender sich geberdete, hatte ich gethan, was ich gethan hatte; um seinetwillen war ich hier in dieser wüsten Bande als Theilnehmer an einem Verbrechen, das schon dem Knaben als das abscheulichste erschienen war; um seinetwillen wäre ich beinahe zum Mörder geworden. Und hier in der Tasche hatte ich noch den Brief meines Vaters, in welchem mich der alte Mann gewarnt, in welchem er mir befohlen hatte, wenn mir noch etwas an seiner Ruhe läge, alsbald zu ihm zurückzukehren.

Ich faßte nach dem Brief und berührte die Pistolen, die ich im Gürtel trug. Ich fühlte ein sonderbares Verlangen, mich hier auf der Stelle, inmitten dieser Schmugglerbande, vor den Augen ihres betrunkenen Kapitäns, zu erschießen. Und dann dachte ich wieder an den braven Hans, der für eine Sache, die um kein Haar besser war, seine Haut zu Markte trug. Und doch, murmelte ich, kann er Gott danken, daß er dies nicht mit zu machen braucht!

Boot ohoi! schallte es wieder, wie vorhin, und wieder schoß der »Blitz«, plötzlich aus der Dämmerung auftauchend, an uns vorüber, und ein paar Schüsse krachten.

Dies war das Signal zu einer Jagd, die wohl eine Stunde währte, und während welcher der Kutter, indem er dem Verfolger in unzähligen kühnen Wendungen entfliehen zu wollen schien, sich nur immer mehr der Stelle der Küste näherte, über welche sich Pinnow und die Steuerbeamten geeinigt hatten, ungefähr eine halbe Meile oberhalb Zanowitz, wo die Tiefe des Wassers erlaubte, bis beinahe unmittelbar an den Strand heranzukommen. Man gelangte von dort nach Zehrendorf entweder auf einem Wege an dem Strand entlang über Zanowitz und von dort über die Haide, oder unmittelbar über die Haide, wo man aber, von dieser Seite kommend, zu Anfang ein großes und berüchtigtes Moor auf Schleichwegen, die nur den Schmugglern bekannt waren, zu passiren hatte. Es war zehn gegen eins zu wetten, daß, wenn Herr von Zehren an der Stelle, zu welcher man den Kutter scheinbar getrieben hatte, landete, er den Weg über das Moor und nicht den am Strande wählen würde.

Ich hatte, während das Zollboot auf den Kutter Jagd machte, mich nicht von der Stelle gerührt, fest entschlossen, komme, was da wolle, keinen activen Theil mehr an der Affaire zu nehmen. Herr von Zehren hatte mir diese passive Rolle leicht gemacht; er hatte, so oft er auch in meine unmittelbarste Nähe gekommen war, mich nicht beachtet. Sein Rausch schien in der letzten Stunde der Aufregung noch zugenommen zu haben; ja er kam mir wie rasend vor. Er verlangte, Pinnow solle das Zollboot in den Grund segeln; er erwiderte das Feuer der Steuerofficianten aus einer von Pinnows alten Flinten, die er in der Kajüte entdeckt hatte, obgleich der »Blitz« sich wohlweislich in einer Entfernung hielt, wo selbst eine weittragende Büchse unwirksam geworden wäre; und als der Kutter, nachdem er eine weite Strecke in die See gefahren war, den Verfolger hinter sich ließ, um dann, zurücksegelnd, den Strand unbelästigt zu erreichen, sprang er sofort über Bord in das seichte Wasser, und die Leute mußten seinem Beispiel folgen, indem jedem von den Zurückbleibenden einer der schweren Packen, die schon zu dem Zweck vorbereitet waren, auf die Schulter gelegt wurde. Es waren ihrer elf Träger, da Pinnow den Bootsknecht, welchen er von Zanowitz mitgenommen, auch noch hergegeben hatte, erklärend, daß er mit dem taubstummen Jakob jetzt allein zurechtkommen könne; so war der eine der zwei Männer, die ich von Zanowitz nach Hause geschickt hatte, ersetzt. Aber da war noch ein zwölfter Packen, der auf dem Decke liegen blieb, und, da Keiner außer mir ihn zu tragen da war, liegen geblieben sein würde, wenn ich ihn mir nicht auf die Schulter gehoben hätte, nachdem ich ihn zuvor an den Rand des Schiffes geschoben und dann in die Brandung gesprungen war, die mir bis über's Knie reichte. Herr von Zehren sollte, wenn ich ihn heute Nacht verließ, nicht sagen können, daß ich ihn um den zwölften Theil seines mit so viel Mühe, so viel Sorge, mit dem Preise der Freiheit und des Lebens so vieler Menschen, mit dem Preise endlich seiner eigenen Ehre erkauften Gewinnstes gebracht habe.

Ein rohes Lachen schallte hinter mir her, als ich den Kutter verließ. Das Lachen kam von Pinnow; er wußte, weshalb er lachte. Der Kutter war, nachdem er seine Last abgesetzt, von selbst wieder flott gewor-

den. Als ich den Strand erreichte und mich umwandte, trieb er langsam vom Lande ab. Er hatte seinen schändlichen Dienst gethan.

Sonderbar! in dem Augenblicke zuckte es durch meine Seele: und er
ist doch ein Verräther! Ich weiß nicht, ob das rohe Lachen meinen
Argwohn wieder wachgerufen hatte, oder wie es kam, aber ich sagte
zu mir selbst, während ich mich, als der Letzte der Reihe, die von
Jochen Swart und Herrn von Zehren geführt wurde, anschloß: jetzt
muß es sich entscheiden!

Siebzehntes Capitel

Wir hatten die Dünen hinter uns und schritten auf der andern Seite
über sandig-öde Strecken dahin, der Eine immer in den Fußstapfen des
Andern. Kein Wort wurde gesprochen; es hatte Jeder mit sich selbst
genug zu thun, Jeder an seinem Packen schwer genug zu tragen, ich
vielleicht am schwersten, trotzdem mir an Körperkraft von all' den
Männern höchstens Jochen Swart gleichkam; aber in diesen Dingen
ist die Gewohnheit beinahe Alles. Und dann trug ich außer meiner
Last, die leicht einen Centner wiegen mochte, noch eine ganz andere,
welche die Andern nicht trugen, und die viel schwerer drückte; die
Last der Schmach, daß meines Vaters Sohn diesen Ballen Seide
schleppte, um den man das Zollamt betrog, schleppen mußte, wenn er
den Mann, dessen Brod er seit zwei Monaten gegessen, nicht um »das
Seine« bringen wollte. Und dann dachte ich, daß ich heute Morgen,
selig wie ein Gott, von Zehrendorf ausgegangen war, und daß ich jetzt
zurückkehren würde, betrogen von der Tochter, beschimpft von dem
Vater, besudelt von dem Schmutz des schnöden Gewerbes, zu dem ich
mich hergegeben, und daß dies das Ende von der erträumten Herrlichkeit, von der angebeteten Freiheit war! Es sollte noch nicht das Ende
sein!

Und rastlos weiter ging es; der nasse Sand knirschte unter den
Füßen der Eilenden, und jetzt kam ein Wort von der Spitze des Zuges,
das halblaut weiter und weiter gegeben wurde, bis es zu mir kam, der
ich es nicht weiter geben konnte: »Halt!«

Wir waren an dem Rande des Moores angelangt. Es war an dieser
Seite nur eine schmale Stelle, die überhaupt passirbar war; dann kam
trockenes Terrain, eine Art von Insel, indem sich die Sümpfe von
beiden Seiten herumzogen, um auf der entgegengesetzten, vielleicht
zweitausend Schritte entfernten Seite wieder zusammenzustoßen, wo
es dann abermals nur eine schmale Furt gab, die ein mit einer Centnerlast beladener Mann, ohne einzusinken, überschreiten konnte; dann
folgte die Haide, die sich zwischen den Feldern von Trantowitz und

Zehrendorf auf der einen und den Dünen von Zanowitz auf der andern Seite erstreckte, und über die ich heute schon dreimal geschritten war.

Die Stelle, wo wir Halt machten, war genau dieselbe, an welcher ich drei Abende vorher mit Herrn von Granow gestanden. Ich erkannte sie an den zwei verkrüppelten Weiden, die an der Vertiefung wuchsen, aus der damals die Schleichhändler aufgetaucht waren. Diese Vertiefung blieb uns etwas links liegen, vielleicht fünfzig Schritte entfernt; ich würde bei der großen Dunkelheit, die jetzt herrschte, die Bäume nicht haben erkennen können, wenn mir die eigenthümliche Kraft meiner Augen, selbst im Dunkeln noch immer bis zu einem gewissen Grade deutlich zu sehen, nicht zu Hülfe gekommen wäre. Um der Dunkelheit willen mußten die Leute, damit sie nicht von dem schmalen Pfade abkämen, nahe aufschließen, und das war der Grund, weshalb man für einen Moment Halt gemacht hatte.

Aber auch nur für einen Moment, dann ging es weiter in das Moor hinein auf der schmalen Furt; rechts und links blinkte hier und da zwischen den Binsen, die im Nachtwinde nickten, ein schwacher Schimmer von dem Sumpfwasser auf, das in großen Lachen zu Tage stand, und selbst der Boden, auf den wir traten, gerieth in eine sonderbar schwankende Bewegung, als wir im Trabe darüber hin eilten.

Die Furt war passirt; die Leute gingen wieder langsamer; plötzlich schlug ein Ton an mein Ohr, wie von dem Knacken eines Hahnes am Gewehr. Der Ton war hinter mir gewesen, das hatte ich deutlich gehört; ich wußte auch, daß Niemand von unserer Schaar ein Gewehr führte. Ich stand unwillkürlich still und horchte, und abermals hörte ich denselben Ton, und zugleich sah ich genau an der Stelle, die wir eben passirt, zwischen den Binsen eine Gestalt auftauchen, der gleich darauf eine zweite und dritte folgte. Ohne daran zu denken, die Centnerlast auf meinem Rücken abzuwerfen, ja ohne sie auch nur zu fühlen, lief ich mit Blitzesschnelle die Reihe vor mir entlang und berührte Herrn von Zehren, der mit Jochen vorausschritt, an der Schulter.

Wir werden verfolgt!

Albernes Zeug!

Halt! steht! schrie jetzt eine kräftige Stimme hinter uns.

Vorwärts! rief Herr von Zehren.

Halt! halt, steht! und mindestens ein halbes Dutzend Gewehre knatterten auf einmal los, und die Kugeln pfiffen uns über die Köpfe.

Im Nu war unsere ganze Schaar auseinandergestoben, wie es die Weise der Pascher ist, sobald sie ernstlich verfolgt werden, und sie, wie diesmal, Widerstand zu leisten nicht vorbereitet oder gewillt sind. Nach allen Seiten, nur nicht nach der, von welcher die Verfolger kamen, sah ich die schlauen Gesellen, die wohl sämmtlich ihre Packen weggeworfen hatten, davonhuschen; Einer oder der Andere mochte wohl auf allen Vieren kriechend zu entkommen suchen; in der nächsten Secunde waren Herr von Zehren und ich allein.

Hinter uns klapperten die eisernen Ladestöcke in den Läufen. Man lud die abgeschossenen Gewehre. Das gab einen kleinen Aufenthalt.

Herr von Zehren und ich waren stehen geblieben. Wie viel sind es? fragte er leise.

Ich kann es nicht unterscheiden, antwortete ich ebenso, mir scheint, es kommen immer mehr herüber; es mögen jetzt leicht ein Dutzend sein.

Sie werden sich nicht weiter wagen bei der Dunkelheit, sagte er.

Sie kommen schon, sagte ich dringend.

Halt, wer da! erscholl es von unsern Verfolgern, von denen wir wohl kaum hundert Schritte entfernt waren (doch ließ sich die Distanz schwer taxiren), und wieder pfiffen ein paar Kugeln über unsere Köpfe.

Ich bitte Sie! sagte ich, indem ich Herrn von Zehren am Arme ergriff.

Er ließ sich ein paar Schritte förmlich weiterschleppen. Mit einem Mal, wie wenn er aus einem Traume erwachte, ganz mit seiner alten Stimme und in seiner alten Weise sagte er:

Wie zum Teufel kommen denn Sie dazu? Fort damit! und er stieß mir gewaltsam den Packen von dem Rücken.

Ich habe ihn den ganzen Weg getragen, murmelte ich.

Schändlich! murmelte er, schändlich, aber das kommt davon! Armer Junge, armer Junge!

Der Rausch, den er sich getrunken, das Gefühl seiner Schmach so weit als möglich zu betäuben, war verflogen; ich merkte es wohl. Er war wieder, der er in seinen guten Stunden sein konnte, und sogleich kehrte auch bei mir die alte Liebe zurück.

Lassen Sie uns eilen! sagte ich, seine kalte Hand ergreifend, es ist bei Gott die höchste Zeit!

Sie werden sich nicht weiter hinaufwagen, erwiderte er, wenn sie auch einen Führer bei sich haben; es kann Einer nicht Alle führen. Aber Verrath ist im Spiel. Sagten Sie mir nicht vorhin schon davon?

Ja, und Pinnow und Jochen Swart sind die Verräther.

Jochen hat gerade zu diesem Wege gerathen.

Um so mehr.

Und der Hallunke hat sich zuerst davon gemacht!

Er hatte Eile, zu seinen Freunden zu kommen.

So sprachen wir in kurzen, abgerissenen Worten, während wir über den ebenen Plan eilten, auf dem das Dunkel, welches jetzt wieder besonders dicht war, den einzigen, freilich auch ausreichenden Schutz vor den Verfolgern gewährte. Es begann leise zu regnen; man konnte im eigentlichsten Sinne kaum noch die Hand vor den Augen unterscheiden. Von denen hinter uns war nichts mehr zu sehen und zu hören.

Die dummen Teufel sind zu spät gekommen, sagte Herr von Zehren; sie haben uns offenbar vor der Furt abfassen wollen. Hätten unsere Hallunken nicht gleich Reißaus genommen, würden wir jetzt in aller Gemächlichkeit weiter ziehen.

Nach Zehrendorf können wir doch nicht zurück, sagte ich.

Weshalb nicht?

Wenn Jochen Swart, wie ich beschwören möchte, uns verrathen hat, würde man sicher Haussuchung auf Zehrendorf halten.

Das sollten sie nur thun, rief der Wilde; ich wollte sie mit blutigen Köpfen heimschicken! Nein, nein, das wagen sie nicht, oder sie hätten es schon gewagt! Auf Zehrendorf sind wir so sicher wie in Abrahams Schooß.

Gerade als er diese Worte sprach, zuckte es plötzlich in der Richtung vor uns auf, wie ein schwacher Blitz. Aber ich hatte noch nicht Zeit gehabt, mir von dem, was ich gesehen, eine klare Vorstellung zu machen, als es wieder aufblitzte, stärker diesmal und nicht wieder verschwindend — eine Helligkeit, die mit jedem Augenblicke an Stärke zunahm und mit jedem Augenblicke, einen rothen Streifen über den andern legend, an dem schwarzen Nachthimmel emporstieg.

Trantowitz brennt, rief Herr von Zehren.

Es war nicht Trantowitz; es konnte nicht Trantowitz sein, das weiter links und tiefer lag. Dort gab es auch die mächtigen Bäume nicht, deren Kuppen ich jetzt in dem Scheine, der bald gelb, bald röthlich, aber immer heller und immer heller aufleuchtete, deutlich unterschied.

Zum Henker, es ist mein Hof! rief Herr von Zehren, indem er unwillkürlich vorwärts stürzte. Aber nur ein paar Schritte, dann blieb er stehen und lachte. Er lachte laut, es war ein gräßliches Gelächter.

Das ist lustig, rief er, nun brennt auch noch das Gerümpel ab! das heißt denn doch den alten Bau gründlich ausräuchern!

Es klang fast, als glaube er, daß auch dies von seinen Verfolgern ausgegangen sei. Mir aber fielen die Drohungen schwer auf die Seele, welche die alte Pahlen ausgestoßen hatte, als ich sie vom Hofe trieb. Ich erinnerte mich, daß etwas vom »rothen Hahn auf's Dach setzen« dabei gewesen war.

Aber wie auch das Feuer entstanden sein mochte, welches da drüben vom alten Herrenhause aufloderte, es konnte für den Herrn des Hauses in keinem verhängnißvollern Moment ausgebrochen sein. Obgleich wir noch eine Viertelmeile entfernt waren, leuchteten die Flammen, die jetzt hoch über die Riesenbäume des Parkes emporschlugen, bereits bis zu uns, und indem die ungeheure Helligkeit von den schwarzen Wolken, die jetzt in Purpur zu glühen begannen, aufgefangen und zurückgeworfen wurde, verbreitete sich bald eine unheimliche Dämmerung über die ganze Gegend. Ich konnte Herrn von Zehren's Gesicht deutlich erkennen; es war oder erschien mir todtenbleich.

Um Gottes willen, lassen Sie uns eilen, daß wir von hier fortkommen, rief ich.

Die Jagd wird gleich beginnen, sagte er.

Und die Jagd hatte bereits begonnen. Der Trupp, der die Eingangsfurt besetzt und wohl ursprünglich keinen andern Auftrag gehabt hatte, als uns den Rückweg abzuschneiden, machte von der Möglichkeit, weiter vorzudringen, die ihm der sonderbarste Zufall bot, den besten Gebrauch. Indem sie sich zu einer Art von Tirailleurkette ausbreiteten, ohne sich indeß den Sümpfen rechts und links allzusehr zu nähern, und rasch vorwärts gingen, trieben sie die Pascher, die zum über die weite Fläche nach der Ausgangsfurt geschlichen waren, zum Theil auch wohl an den Boden gedrückt oder in irgend einer Vertiefung kauernd, abgewartet haben mochten, ob sie weiter verfolgt werden würden, vor sich her, aus ihrem Lager empor. Bald zuckte es hier und da in der rothen Dämmerung auf; Schüsse knatterten und überall sah ich die Gestalten der Fliehenden und der Verfolger durch die Dämmerung huschen; wilde Rufe: »Halt, Kerl! steh!« und ein lautes Halloh und Lachen, wenn sie wieder einen gefangen hatten.

Mir stockte das Blut in den Adern, und dann strömte es mir wild zum Herzen. So niedergehetzt zu werden, niedergeschossen zu werden, wie Hasen auf einer Klapperjagd!

Und keine Waffe! knirschte Herr von Zehren.

Hier! rief ich, die Pistolen aus dem Gürtel reißend, und ihm eine in die Hand drückend.

Geladen?

Ja!

Nun denn, *en avant!*

Wir waren im schnellen Lauf fast bis zur Ausgangsfurt gelangt, die durch eine verdorrte Eiche und ein paar Haselbüsche dem Kundigen kenntlich war, als ich über die Büsche herüber Flintenläufe blinken sah. Was ich gefürchtet, war eingetroffen; auch die Ausgangsfurt war besetzt.

Ich kenne noch eine andere Stelle, raunte mir Herr von Zehren zu; vielleicht trägt sie uns, wo nicht —

Ich ließ ihn nicht ausreden. Weiter, weiter! rief ich.

Wir wendeten uns rechts an den Binsen hin, die den Rand des Sumpfes bezeichneten. Aber bereits hatte man uns erkannt. Man rief: »Halt! und schoß uns nach, es kamen auch Einige hinter uns hergelaufen.

Hier muß es sein! sagte Herr von Zehren, indem er, die hohen Binsen auseinanderbiegend, zwischen denselben verschwand; ich folgte ihm auf dem Fuße.

Wir drückten uns langsam, vorsichtig weiter mit gekrümmten Rükken. Es war ein verzweifeltes Stück. Mehr als einmal sank ich knietief in den schwarzen Moorgrund; ich war entschlossen, wenn ich stecken bleiben sollte, mir im letzten Augenblick das Gehirn zu zerschmettern.

Es geht, sagte Herr von Zehren leise über die Schulter zu mir; daß Schlimmste haben wir hinter uns; ich kenne es genau; ich war noch im Frühjahr hier auf dem Schnepfenstrich; Jochen, der Schurke, war dabei. So, nun sind wir durch.

Er hob sich aus den Binsen heraus und in demselben Momente sprangen drei Männer auf uns ein, die sich in dem Augenblicke, als wir auf die Zollwache stießen, von den Uebrigen abgesondert und seit wenigen Minuten vielleicht zwölf Schritte von der Furt auf der Lauer gelegen haben mußten.

Der erste war der lange Jochen Swart.

Hund, knirschte Herr von Zehren. Er hob die Pistole, und der lange Jochen fiel vornüber.

Ich hatte fast in demselben Momente Feuer gegeben. Einer der zwei andern Männer wankte und sank schreiend in die Knie. Der dritte schoß sein Gewehr ab und lief, was er konnte, an den Rand des Sumpfes zurück, von wo er hergekommen war. Der Verwundete richtete sich auf und hinkte, immer noch schreiend, aber mit verhältnißmäßig großer Geschwindigkeit davon.

Herr von Zehren war an Jochen Swart herangetreten. Ich sprang hinzu; ich faßte den Mann an beiden Schultern in der Absicht, ihn, der mit dem Gesicht auf dem Boden lag, aufzurichten. Als ich ihn ein wenig hob, fiel der Kopf schwer vornüber. Es durchrieselte mich kalt. Großer Gott! rief ich.

Er hat es nicht anders gewollt, sagte Herr von Zehren.

Der Leib des todten Mannes entglitt meinen Händen; ich richtete mich, an allen Gliedern zitternd, auf; mein Kopf war wie wirbelig; was war denn geschehen? Da stand ein Mensch, die abgeschossene Pistole in der schlaff herunterhängenden Rechten haltend; da lag ein anderer Mensch auf dem Boden, wie ein Baumstamm, und ein röthliches Licht, wie aus dem Thor einer Hölle, streifte über den Menschen, der regungslos aufrecht stand, und über den andern, der regungslos auf dem Boden lag; in der Luft schwebte Pulverdampf und in den Binsen des Sumpfes zischelte es wie von tausend Schlangen.

Aber wie fest sich auch das Grauenbild und die schaudervolle Empfindung, mit der ich es betrachtete, meiner Erinnerung eingeprägt haben mögen — der Zustand starren Entsetzens kann doch nur einen Moment gedauert haben. Dann, weiß ich, versank Alles in dem einen Gedanken: Rette ihn; er darf nicht in ihre Hände fallen! Ich glaube,

ich wäre im Stande gewesen, den Unglücklichen, hätte er sich gesträubt, auf meinen Armen davonzutragen, wie eine Löwin ihr Junges,
wenn die Jäger hinter ihr her sind, im Rachen davon trägt; aber er
sträubte sich nicht. Ich weiß jetzt, daß er nicht floh, sein Leben zu
retten; ich weiß jetzt, er wäre keinen Schritt von der Stelle gewichen,
hätte er gewußt, daß ich den Lederbeutel mit der Munition zu den
Pistolen in meiner Tasche trug; aber so wußte er nicht anders, als daß
er ohne Waffen sei, und lebend wollte er den Häschern nicht in die
Hände fallen.

Achtzehntes Capitel

An den äußeren Rand des Sumpfes, wo wir uns jetzt befanden, lehnte
sich ein Bruch, aus welchem zwischen mehr oder weniger versumpf-
ten, mit langem Riedgras überwucherten tiefern Stellen dichte Gruppen von Erlen, Haseln und Weiden inselgleich hervorragten. Für einen
Andern, der nicht wie Herr von Zehren jeden Fuß breit dieses schwierigen Terrains kannte, wäre es unmöglich gewesen, sich hier einen
Weg zu suchen; aber der alte Jäger, der jetzt zum Fuchs geworden war,
welchem die Hunde auf der Fährte folgten, irrte auch nicht einen
Augenblick, weder über die einzuschlagende Richtung, noch über den
pfadlosen Pfad, der uns durch diese Wildniß führte. Ich habe nach-
mals nie begreifen können, wie ein Mann in seinen Jahren, abgehetzt,
wie er bereits war, und dazu verwundet — wie er mir später sagte —
im Stande gewesen ist, so ungeheure Schwierigkeiten zu überwinden,
an denen fast meine Jugendkraft erlahmte; und so oft ich später ein
altes Rassepferd gesehen habe, das, zu Schanden geritten und gefahren,
dennoch, sobald ihm das edle Blut erregt ist, durch sein Feuer, seine
Kraft und Ausdauer die jugendlichen Concurrenten beschämt, habe
ich immer an den wilden Zehren in dieser Schreckensnacht denken
müssen. Er brach durch fast undurchdringliches Gestrüpp, als wären
es Kornähren gewesen; er setzte wie ein Hirsch über die breitesten
Gräben und hielt nicht eher inne in dem tollen Lauf, als bis wir aus
dem Bruch heraus in die Dünen kamen.

Hier verschnauften wir und hielten kurzen Rath, wohin wir uns jetzt
wenden sollten. Rechts von uns lag Zanowitz. Hätten wir es ungehin-
dert erreichen können, so wurde uns gewiß einer oder der andere
unserer Freunde über das Meer zu retten versucht haben, im schlimmsten Falle war ich Seemann genug, ein Segelboot allein regieren zu
können; aber es war nur zu wahrscheinlich, daß das Stranddorf und
seine Umgebung mittlerweile bereits von den Soldaten besetzt war, um
die dorthin Entrinnenden aufzufangen. Zu versuchen, über die Haide

zwischen Zehrendorf und Trantowitz in das platte Land zu einem der Freunde des Herrn von Zehren zu gelangen, wäre jetzt, wo von dem immer noch zunehmenden Brande der ganze Himmel geröthet war und zumal die Haide in Tagesklarheit getaucht sein mußte, offenbarer Wahnsinn gewesen. So blieb uns nur die Eine Möglichkeit: uns am Strande links zu halten, bis zum Vorgebirge, dort, in der Gegend der Ruine, das Kreideufer zu erklettern, um von hier aus in den Buchenwald des Parkes zu gelangen, der nur der letzte Ausläufer eines fast zwei Meilen langen, sich an der Küste hinziehenden Forstes war.

Wenn ich nur bis dahin komme, sagte Herr von Zehren; mein Arm fängt an, mich sehr zu schmerzen.

Jetzt erst erfuhr ich, daß er am Oberarme verwundet war. Er hatte es selbst im Anfang nicht gewußt, dann geglaubt, er habe sich an einen spitzigen Ast gestoßen, bis jetzt die zunehmenden Schmerzen unter dem stockenden Blut uns eines Andern belehrten. Ich bat ihn, mich nachsehen zu lassen; er sagte, wir hätten zu dergleichen keine Zeit, und ich mußte mich damit begnügen, ihm sein Taschentuch so fest ich konnte um den Arm zu binden, womit freilich nicht viel geholfen war.

Hier zwischen den Dünen war es auch, wo mir zum ersten mal einfiel, daß ich noch Munition in der Tasche habe, und wo ich auf Herrn von Zehren's Geheiß die Pistolen wieder lud. Mich durchzuckte es seltsam, als er mir die seinige reichte und ich das naßkalte Eisen berührte. Aber es war kein Blut, obgleich es in dem rothen Dämmerlicht so schien; es war nur die Feuchtigkeit aus der regenschweren Luft.

Wir traten aus den Dünen heraus auf den Strand, um auf dem harten Sande schneller fortkommen zu können. Die Helligkeit war jetzt, wo vermuthlich der ganze Hof brannte, so groß, daß selbst über das Meer von dem Wiederschein der rothangestrahlten Wolken ein mattes Purpurlicht ausgegossen war. Ja, auch die hohen, steilen Kreideufer, unter denen wir etwas später dahin schritten, blickten in geisterhaft hellem Schein auf uns herab. Es lag etwas sonderbar Unheimliches darin, trotz der bedeutenden Entfernung, in welcher wir uns von der Brandstätte befanden, trotzdem Berg und Wald dazwischen lag, trotzdem wir unmittelbar unter dem Schutze der mehr als hundert Fuß hohen steilen Uferwand dahinschritten, immer noch von dem Lichte getroffen zu werden, als hätte, was geschehen, die Erde dem Himmel und der Himmel dem Meere gesagt, und Erde, Himmel und Meer riefen uns zu: Für Euch gibt es kein Entrinnen!

Den unglücklichen Mann an meiner Seite mußte dieselbe Empfindung beherrschen; er sagte ein paar mal, als wir die Schlucht hinaufkletterten, in welcher vom Strande nach der Uferhöhe zwischen dichtem Gebüsch ein steiler Pfad emporführte: »Gott sei Dank, hier wenigstens ist es dunkel.«

Er hatte während des Aufklimmens wieder über seinen Arm geklagt, der ihm heftige Schmerzen verursache, und zuletzt kaum noch weiter gekonnt, trotzdem ich ihn stützte, so viel ich vermochte. Ich hoffte, daß, wenn wir nur erst oben angelangt wären und er sich ein wenig erholt hätte, seine Kraft, von der er noch eben so ungeheure Proben gegeben, wiederkehren würde; aber in dem Augenblicke, als wir die Höhe des Plateau erreichten, brach er in meinen Armen zusammen. Zwar raffte er sich sofort wieder auf und erklärte, es sei nur eine momentane Schwäche gewesen und der Anfall vorüber; dennoch konnte er sich kaum auf den Füßen halten, und ich war froh, als ich ihn endlich bis zur Ruine geführt hatte, wo eine halb verschüttete kellerartige Vertiefung zwischen dem Mauerwerk wenigstens einen Schutz vor dem Ostwinde gewährte, der scharf und kalt über den ebenen Rücken des Vorgebirges strich.

Hier bat ich ihn, sich niederzusetzen, bis ich im Stande gewesen sein würde, aus der Schlucht, wo in der Hälfte der Höhe ein ziemlich reichlicher Quell zum Meere floß und wo wir bereits beim Heraufsteigen einen kurzen Halt gemacht hatten, abermals Wasser zu holen, nach welchem er ein brennendes Verlangen äußerte. Glücklicher Weise hatte ich am Morgen, um mich gegen den Regen zu schützen, den wachsüberzogenen Schifferhut, mit dem ich nach Zehrendorf gekommen war, und den ich seitdem, da er Konstanze so entschieden mißfiel, nicht wieder getragen hatte, aufgesetzt. Der Hut mußte mir jetzt als Wassereimer dienen, und ich war glücklich, als es mir, obwohl nicht ohne einige Mühe, gelang, ihn bis an den Rand zu füllen. So schnell ich, ohne die kostbare Beute zu verschütten, konnte, eilte ich zurück, das Herz schwer von Sorge um den Mann, zu welchem in dem Maße, als das Unglück über ihn mit so fürchterlichen Schlägen hereinbrach, mich mein Herz gewaltiger als je zuvor zog. Was sollte aus ihm werden, wenn er nicht bald wieder im Stande war, die Flucht fortzusetzen? Nach dem, was am Sumpfesrande geschehen, würde man sicher alles aufbieten, unser habhaft zu werden, und daß man über eine hinreichende Anzahl von Leuten verfügen konnte, war nur zu gewiß. Die zweite Furt war mit Militär besetzt gewesen; ich hatte es deutlich gesehen. Wie lange konnte es dauern, bis sie auch bis hierher kamen? Wollten wir entrinnen, mußten wir, bevor der Morgen kam, mindestens ein paar Meilen von hier entfernt sein, und ich dachte mit Schaudern an sein zweimaliges Zusammenbrechen in meinen Armen und an die wirren Worte, in denen er mich um Wasser gebeten hatte: »das nicht brennen dürfe, das ja nicht brennen dürfe.« Vielleicht erholte er sich, nachdem er getrunken; ich hatte einen so festen Glauben an die Unverwüstlichkeit seiner Kraft!

So suchte ich mir selbst Muth einzusprechen, als ich mich vorsichtig-eilig mit dem Wasser im Hute der Ruine nahete und, aus Furcht zu straucheln, kaum einen Blick nach der Richtung zu werfen wagte, von der die Flammen über den Buchenwald zu uns herleuchteten. Schon aus einiger Entfernung glaubte ich Herrn von Zehren's Stimme zu hören, die meinen Namen rief, dann ertönte ein grelles Lachen, und wie ich voller Entsetzen herzusprang, sah ich den Unglücklichen in dem Eingange der Mauerhöhle stehen, das Gesicht dem Feuer zugewendet, indem er heftig mit dem gesunden Arme gesticulirte und bald Verwünschungen ausstieß, bald gell auflachte, oder nach Wasser rief, das nicht »brennen dürfe«. Ich schleppte ihn wieder tiefer zwischen das Mauerwerk, und es gelang mir, ihm aus dem Haidekraut, das dort oben reichlich wuchs, und über das ich dann meinen Rock deckte, eine Art Lager zurecht zu machen; endlich trank er auch, als er aus einer kurzen Ohnmacht, in die er gefallen, zu sich kam, reichlich von dem Wasser. Er dankte mir mit einer Stimme, deren weicher Ton wunderlich gegen das gelle Kreischen von vorhin abstach und mich sehr rührte.

Es war mir, sagte er, als hättest Du mich auch verlassen und ich müßte hier elend verenden, wie ein waidwunder Hirsch. Es ist doch seltsam, daß der letzte Zehren, der den Namen zu tragen verdient, hier von der uralten Ruine seiner Väter, die in Trümmern liegt, sehen muß, wie das Haus, das spätere Geschlechter gebaut haben, in Flammen aufgeht. Wie mag das Feuer nur ausgekommen sein? Was denken Sie? Ich habe Dich überhaupt so viel zu fragen (er nannte mich Sie und Du durcheinander); aber mir ist so wunderlich zu Muthe, es gehen mir so seltsame Dinge durch den Kopf, so war mir noch nie, und dabei schmerzt mich der Arm mehr als billig. Ich glaube, es ist aus mit dem wilden Zehren, ganz aus, ganz aus! Laß mich hier liegen, Georg, und ruhig verenden. Wie lange wird es dauern, dann frißt das Feuer sich in dem unterirdischen Gang bis hierher durch und die alte Zehrenburg fliegt in den Mond!

So spielte in seinem überreizten Gehirn Vernunft mit dem Wahnsinne ein schauerliches Spiel. Bald sprach er zusammenhängend und klar über das, was wir zu thun haben würden, sobald er sich nur erst einigermaßen erholt hätte; dann sah er plötzlich Jochen Swart vor sich auf dem Boden liegen, und dann war es wieder nicht Jochen, sondern Alfonso, der Bruder seiner entführten Geliebten, dem er das Schwert durch's Herz gestoßen. Aber — ich habe später, wenn ich über den Charakter des seltsamen Mannes nachsann, oft genug daran gedacht — diese grausigen Erinnerungen des Fieberkranken waren keineswegs von Worten begleitet, die irgendwie die Reue des Mannes über seine Thaten auch nur angedeutet hatten. Im Gegentheil, es war ihnen recht geschehen und Jedem sollte es so geschehen, der gegen ihn aufzutreten wagte. Wenn sie ihm das Haus angezündet hatten, so sollten auf Meilen in der Runde alle Schlösser und Dörfer brennen! Er wolle doch sehen, ob er seine Vasallen nicht abstrafen könne, wie es ihm recht dünke, wenn sie sich so freventlich gegen ihn vergangen! Züchtigen wolle er sie, bis sie um Gnade heulten! — Diese und ähnliche Aeußerungen eines Selbstgefühls, welches die Gluth des Fiebers, das in seinen Adern brannte, bis zum Wahnsinn gesteigert hatte, stachen schmerzlich ab von dem grenzenlosen Elend unserer Lage. Während er durch Dörfer, die sein Zorn in Flammen auflodern ließ, zu jagen glaubte, wurden seine Glieder von Fieberfrost geschüttelt und seine Zähne klappten hörbar auf einander. Auch mich hatte die Kälte, welche jetzt, wo es auf den Morgen ging, immer empfindlicher wurde, bis in's Mark getroffen, und dabei, so oft der Unglückliche, dessen Kopf auf meinem Schooß ruhte, nur einen Augenblick zu rasen aufhörte, sank mein eigener Kopf vornüber oder seitwärts gegen das kalte Mauerwerk, an dem ich lehnte, und mit immer qualvollerer Anstrengung kämpfte ich gegen die Müdigkeit, die mit bleierner Schwere auf mir lag. Was sollte aus uns werden, wenn mich die Kraft verließ? Ja, was sollte auch jetzt nur aus uns werden? Denn so konnte es nicht bleiben; ich mußte fürchten, daß er mir unter den Händen starb, wenn ich keine Hülfe herbeischaffte. Und doch, wie sollte ich Hülfe schaffen, ohne ihn preiszugeben, ohne ihn unsern Verfolgern auszuliefern? Und wie konnte ich ihn überhaupt verlassen, der sich jetzt das Haupt an der Mauer zerschellen, jetzt das Meer austrinken wollte, den Durst zu löschen, der ihn verzehrte!

Ich hatte während der Nacht den Weg zur Quelle noch mehrmals gemacht; Herr von Zehren war mir, wenn ich zurückkam, immer sehr dankbar gewesen, wie er denn überhaupt, je näher die Nacht dem Morgen kam, ruhiger geworden war, so daß ich mich schon der Hoffnung hingab, wir würden trotz alledem bald aufbrechen können. Endlich mußte ich doch, von der ungeheuren Ermattung überwältigt, eingeschlafen sein und längere Zeit geschlafen haben, denn als ich vor der Berührung einer Hand, die sich auf meine Schulter legte, emporfuhr, dämmerte bereits das Zwielicht in der Mauerhöhle. Herr von Zehren stand vor mir; ich blickte ihn mit Entsetzen an. Jetzt erst sah ich, was er in der Schreckensnacht gelitten hatte. Sein sonst so frisches, braunes Gesicht erdfahl, die großen glänzenden Augen tief in die Höhlen gesunken und wie gebrochen, der volle Bart zerzaust, die Lippen bleich, die Kleider zerrissen und mit Schmutz und Blut besudelt — es war nicht mehr der Mann, den ich gekannt, es war das Gespenst dieses Mannes, ein schauerliches Gespenst.

Und jetzt zuckte um seine bleichen Lippen ein seltsames Lächeln, in dem doch noch eine Spur der alten Liebenswürdigkeit war, wie ein Etwas von der einstigen Heiterkeit in dem Klange der Stimme, mit der er sagte: Es thut mir leid, armer Junge, daß ich Dich wecken mußte, aber es ist die höchste Zeit.

Ich sprang auf die Füße und zog mir den Rock an, den er mir sorgsam über die Schulter gedeckt hatte.

Das heißt, es ist Zeit für Dich, sagte er.

Wie das? fragte ich erschrocken.

Ich würde nicht weit kommen, fuhr er mit düsterm Lächeln fort: ich habe eben eine kleine Probe gemacht; aber es ist unmöglich.

Und er setzte sich auf einen Mauervorsprung und stützte den Kopf in seine rechte Hand.

So bleibe ich auch, sagte ich.

Man wird uns bald genug hier oben aufgefunden haben.

Um so mehr werde ich bleiben.

Er hob den Kopf.

Du bist ein großmüthiger Narr, sagte er mit melancholischem Lächeln, einer von denen, die ihr Leben lang Amboß bleiben. Was in aller Welt hätte ich davon, daß sie Dich mit mir fingen? und weshalb wolltest Du Dich fangen lassen? weshalb wolltest Du die Partie verloren geben? Bist Du auf nichts reducirt, auf weniger als nichts? Bist Du ein alter angeschossener Fuchs, den man zum Bau hinausgebrannt hat und dem die Hunde auf der Fährte sind? Mach', daß Du fortkommst, und laß mich nicht so lange bitten, denn das Sprechen wird mir schwer. Leb' wohl!

Er reichte mir eine eiskalte Hand, die ich festhielt, indem ich mit Thränen in den Augen rief:

Wie können Sie das von mir verlangen? Ich wäre der erbärmlichste Schuft, wenn ich Sie so verlassen könnte; mag geschehen was will, ich bleibe.

Ich will, daß Du gehst — ich befehle es Dir!

Das können Sie nicht; Sie müssen selbst fühlen, daß Sie das nicht können. Sie können mir nicht befehlen, mich mit Schande zu bedecken.

Nun denn, sagte er, so will ich Dir gestehen: es ist ein Zufall, daß ich nicht fort kann; aber wenn ich auch im Stande wäre, zu fliehen, ich wollte es nicht und will es nicht. Ich will nicht, daß man Steckbriefe hinter mir her schreibt wie hinter einem Vagabunden, daß man mich durch's Land hetzt wie einen gemeinen Verbrecher. Ich will sie hier erwarten, hier, wo meine Vorfahren so manchen Angriff der Krämer zurückgeschlagen haben; ich will mich wehren bis auf's Aeußerste; sie sollen mich nicht lebendig von diesem Platze bringen. Ich weiß nicht, was ich thäte, wenn ich ganz allein stünde. Wahrscheinlich wäre dann wohl dies Alles nicht geschehen. Ich habe die Dummheit, meinem Bruder aus der Noth helfen zu wollen, theuer bezahlt. Und dann habe ich eine Tochter; ich liebe sie nicht, so wenig, wie sie mich; aber gerade deshalb soll sie mir nicht nachsagen können, ihr Vater sei ein Feigling gewesen, der nicht zur rechten Zeit zu sterben wußte.

Denken Sie nicht an Ihre Tochter! rief ich außer mir. Sie hat das Band zerrissen, durch das Sie sich noch mit ihr verbunden wähnen. Und ich erzählte ihm in kurzen, fliegenden Worten Konstanzens Flucht.

Es war meine Absicht gewesen, koste es, was es wolle, ihm jeden Vorwand zu entreißen, den er anführen konnte, um nicht das zu thun, was er für eines Zehren's unwürdig hielt. Es war gewiß sehr unüberlegt, ihm dies in diesem Augenblicke zu sagen; aber meine Menschenkenntniß, die heute noch nicht eben groß ist, war damals sehr gering; auch war mein Kopf zerrüttet von dem Graus der letzten sechsunddreißig Stunden und der Angst um den unglücklichen Mann, der da vor mir saß.

Und ich schien meine Absicht erreicht zu haben. Er stand auf, als ich meine kurze Erzählung beendigte, und sagte ruhig: Steht es so mit mir? Bin ich ein Landstreicher und ist meine Tochter eine Dirne — eine Dirne, die sich just dem Manne an den Hals geworfen hat, dessen Hand sie nicht berühren kann, ohne mich zu entehren — nun denn, so darf ich ja wohl auch thun, was andere Leute an meiner Stelle thäten! Aber vorher hole mir noch einen Trunk, Georg! Er wird mich erquikken, und ich darf nicht sobald wieder zusammenbrechen. Geh!

Ich ergriff den Hut, froh, daß ich ihn endlich überredet. Als ich schon ein paar Schritte gemacht hatte, rief er mich nochmals zurück.

Sei nicht böse, Georg, sagte er, daß ich Dir so viel Mühe mache — habe Dank für Alles!

Wie mögen Sie nur so reden, sagte ich. Treten Sie aus dem kalten Zugwind; ich bin in fünf Minuten wieder hier.

Ich sprang davon. Es war keine Zeit zu verlieren; schon legte sich im Osten ein heller Streifen über den andern; die Sonne mußte in einer halben Stunde aufgehen. Ich hatte gehofft, um diese Zeit Meilen von hier im tiefsten Walde zu sein.

Die Quelle in der Schlucht war bald erreicht; doch es kostete mir Mühe, den Hut zu füllen; ich hatte in der Nacht das Erdreich zertreten, Steine waren herabgerollt und hatten den Mund der Quelle verstopft. Als ich mich bückte, das Hinderniß wegzuräumen, drang ein dumpfer Knall zu meinem Ohr. Ich stutzte und fühlte unwillkürlich nach der Pistole, die noch in meinem Gürtel stak. Die andere war bei ihm zurückgeblieben! War es möglich? konnte es sein? Er hatte mich weggeschickt!

Ich war nicht im Stande, abzuwarten, bis das Wasser wieder floß: ich mußte zurück. Wie ein gehetzter Hirsch setzte ich die Schlucht hinauf, lief über das Plateau zur Ruine.

Es war geschehen.

Auf derselben Stelle, wo ich ihn zuletzt gesehen, wo ich ihm zuletzt die Hand gedrückt, hatte er sich erschossen. Der Pulverdampf schwebte noch in der Mauerschlucht. Die Pistole lag neben ihm; sein Kopf war seitwärts an die Mauer gesunken. Er athmete nicht mehr — er war todt. Der wilde Zehren wußte, wo ein Schuß treffen muß, wenn er tödtlich sein soll.

Neunzehntes Capitel

Ich saß noch immer in starrem Schmerz, keines Gedankens mächtig, dem Todten gegenüber, als die ersten Strahlen der Sonne, die, zitternd in ihrem Glanze, sich aus dem Meere erhob, sein bleiches Antlitz streiften. Ein Schauer durchrieselte mich; ich richtete mich schnell auf und stand, an allen Gliedern bebend, da. Dann eilte ich, so schnell mich meine wankenden Füße tragen wollten, den Pfad entlang, der von der Ruine abwärts nach dem Walde führte. Ich könnte heute nicht mehr sagen, was eigentlich meine Absicht war. Wollte ich einfach von dem Orte des Schreckens, aus der Nähe des Todten, der mit seinen verglasten Augen in die aufgehende Sonne blickte, fliehen? wollte ich um Hülfe rufen? wollte ich den Fluchtplan, den ich für uns Beide entworfen hatte, jetzt für mich allein ausführen, mich retten? — ich weiß es nicht mehr.

So gelangte ich in den Parkwald bis zum Weiher, dessen Wasser zwischen den gelben Blättern, die der Sturm des gestrigen Tages von den Riesenbäumen geweht hatte, schwärzlich zu mir heraufblickte. In diesem Wasser hatte sich das Weib des Mannes ertränkt, der sie einst aus ihrer fernen Heimath über die Leiche ihres Bruders hinweg entführt hatte, und der jetzt dort oben todt zwischen den Ruinen seiner Ahnenburg lag. Die Tochter dieser Beiden hatte sich einem Wüstling in die Arme geworfen, nachdem sie ihren Vater verrathen, nachdem sie mit mir ein schändliches Spiel getrieben! Das Alles trat, wie in einem einzigen schaudervollen Bilde, welches sich mir in dem schwärzlichen Spiegel des Wassers gezeigt, vor meine Seele. Als hätte ein unbarmherziger Gott mir den Schleier von dem Pandämonium fortgezogen, das meinem blöden Auge ein Paradies erschienen, so sah ich mit einem Male die letzten zwei Monate meines Lebens, wie sie wirklich waren. Ich empfand einen namenlosen Schauder, ich glaube weniger über mich selbst, als über die Welt, in der dies Alles geschehen, in der man dies Alles erleben konnte. Wenn es wahr ist, daß beinahe jeder Mensch ein oder das andere Mal in seinem Leben von schadenfrohen Dämonen an den Rand des Wahnsinns gelockt und gerissen wird, so war jener Moment für mich gekommen. Ich fühlte ein unwiderstehliches Verlangen, mich in das schwarze Wasser, das der Sage nach unergründlich sein sollte, zu stürzen, und ich weiß nicht, was geschehen wäre, hätte ich nicht in diesem Augenblicke Stimmen von Männern gehört, die den Weg herabkamen, der vom Weiher aufwärts in den Park führte. Der Trieb der Selbsterhaltung, der denn doch in einem neunzehnjährigen Jüngling sich nicht so leicht zum Schweigen bringen läßt, regte sich allmächtig. Ich wollte nicht in die Hände derer fallen, vor denen ich seit gestern Abend mit so unerhörten Anstrengungen geflohen war. In wenigen Sätzen war ich den Wall, der den Weiher rings umgab, hinauf, über den Wall hinüber und lag dann still, vergraben in Busch und modernden Blättern, die Kommenden erst an mir vorüber zu lassen, bevor ich meine Flucht fortsetzte. Zwei Minuten später waren sie an der Stelle, die ich soeben verlassen. Sie standen, da sich der Weg nach der Ruine abzweigte, still und rathschlagten. Dies muß der Weg sein, sagte der Eine. Es ist ja kein anderer da, Dummkopf! sagte ein Zweiter. Vorwärts, vorwärts! sagte eine barsche dritte Stimme, die einem Unteroffizier gehören mochte, der Lieutenant ist sonst vom Strande aus früher oben als wir. Vorwärts!

Die Patrouille stieg den Weg zur Ruine hinauf, ich hob vorsichtig den Kopf und sah sie zwischen den Bäumen verschwinden. Als ich sie weit genug entfernt glaubte, richtete ich mich vollends auf und schlug mich tiefer in den Wald. Die Todesgedanken waren mir vergangen, ich hatte nur das eine Verlangen, mich zu retten; und die fast wunderbare Weise, in welcher ich eben einem Verderben, das unabwendbar schien, entkommen war, hatte mich mit neuer Hoffnung erfüllt, wie einen Spieler, der den ganzen Abend hindurch verloren, der erste glückliche Wurf.

Wenn wir Knaben in dem Tannenwäldchen meiner Vaterstadt »Räuber und Gensdarmen« aufführten, hatte ich es immer einzurichten gewußt, daß ich zur Partei der Räuber kam, und die Räuber hatten mich regelmäßig zum Hauptmanne gemacht. In dieser meiner Räuberhauptmanns-Eigenschaft hatte ich mich stets so bewährt, daß zuletzt Niemand mehr Gensdarm sein wollte. Wessen ich mich damals im lustigen Spiel so oft gerühmt, daß Niemand mich fangen könne, wenn ich mich nicht fangen lassen wolle, ich konnte es jetzt in bitterm, blutigen Ernst bewähren. Unglücklicherweise fehlte mir heute, wo es meine Freiheit und mein Leben galt, das Beste: die frische, unverwüstliche Kraft, die ich zu meinen knabenhaften Heldenthaten mitgebracht hatte, und die jetzt durch die furchtbaren Gemüthserschütterungen und die ungeheure physische Anstrengung der letzten Tage nahezu gebrochen war. Dazu gesellte sich bald ein nagender Hunger und ein brennender Durst. Mich immerfort im dichtesten Forst haltend, traf ich auf keine Quelle, auf keinen Graben. Der lockere Waldboden hatte den Regen des gestrigen Tages längst wieder eingesogen, und die geringe Feuchtigkeit, die ich von den dürren Blättern leckte, vermehrte nur meine Qual.

Meine Absicht war gewesen, den Forst, der sich fast zwei Meilen weit am Strande hinzog, in seiner ganzen Länge zu durchmessen, um so viel Raum als möglich zwischen mich und meine Verfolger zu bringen, bevor ich den Versuch machte, hier- oder dorthin, wie es der Zufall eben gestatten wollte, von der Insel zu entkommen. Ich hatte die zwei Meilen spätestens bis zum Mittag zurücklegen zu können geglaubt, aber ich mußte mich bald überzeugen, daß in dem Zustande, in welchem ich mich befand, und der sich von Minute zu Minute verschlimmerte, daran nicht zu denken sei. Auch hatte ich mir keine rechte Vorstellung gemacht von den Hindernissen, die ich zu überwinden haben würde. Ich war oft genug in meinem Leben querwaldein gegangen, aber dann war es nur immer auf kürzere Strecken gewesen, und es war nie darauf angekommen, eine ganz bestimmte Richtung inne zu halten und dabei jede Möglichkeit, gesehen zu werden, ängstlich zu vermeiden. Hier aber mußte ich, wollte ich nicht einen großen Umweg machen, durch Dickichte brechen, die kaum für einen Hirsch passirbar waren, oder wieder gerade einen Umweg machen, der mich weit aus der Richtung brachte, um eine Lichtung zu umgehen, die mir keinen Schutz bot. Dann hatte ich, in Laub und Strauchwerk vergraben, still zu liegen, bis ich mich überzeugt hatte, ob das Geräusch, das ich vernommen, wirklich von menschlichen Stimmen herrühre, und zu warten, bis wieder alles still geworden war; dann kam ich über mehr als einen der den Forst quer durchschneidenden Wege, wo doppelte Vorsicht geboten schien, und dabei nahmen meine Kräfte reißend ab, und ich sah voll Schrecken dem Moment entgegen, wo ich zusammenbrechen würde, um vielleicht nicht wieder aufzustehen. Und dann dort zu liegen, todt, mit starren, verglasten Augen, wie ich es eben gesehen, — und ihn hatten sie doch wenigstens jetzt schon gefunden und hinabgetragen, und, so oder so, mußten sie ihn also auch begraben; aber wie lange konnte ich hier liegen im tiefsten Forst, bis ich gefunden wurde, es hätte denn von den Füchsen sein müssen! Es war kein tröstlicher Gedanke, von den Füchsen gefressen zu werden!

Aber weshalb floh ich überhaupt? Was hatte ich gethan, das man so arg bestrafen durfte? Und konnte man mir Aergeres anthun, als die Qualen, die ich jetzt erduldete? Was da! Hier war ein Weg, der mich in einer halben Stunde aus dem Walde brachte! Möglich, daß ich dann sofort auf ein paar Gensdarmen stieß! Um so besser, so war das Stück aus.

Und ich ging wirklich eine Strecke auf dem Waldwege dahin, aber plötzlich blieb ich wieder stehen. Der Vater, was wird er sagen, wenn sie dich zwischen sich durch die Stadt führen und die Gassenjungen hinterher lärmen? Nein, nein, das kannst du ihm nicht anthun, das nicht, viel lieber sich von den Füchsen fressen lassen!

Ich wendete mich wieder in den Wald, aber immer qualvoller wurde der Kampf, den ich mit meiner Erschöpfung zu kämpfen hatte. Meine Kniee wankten, der kalte Schweiß rieselte mir von der Stirn; mehr als einmal mußte ich mich an einen Baum lehnen, weil es mir schwarz vor den Augen wurde und ich ohnmächtig zu werden fürchtete. So schleppte ich mich wohl noch eine halbe Stunde weiter — es mußte nach meiner Berechnung gegen zwei Uhr nachmittags sein — da war es vorbei. An dem Rande einer kleinen Lichtung, zu der ich eben gelangte, stand eine niedrige, aus Baumzweigen und Strohmatten leicht zusammengestellte, bereits halb wieder zusammengesunkene Hütte, fast wie eine Hundehütte anzusehen, die sich Holzfäller oder Wilddiebe errichtet haben mochten. Ich kroch hinein, nestelte mich in das Stroh und das Laub, mit welchem der Boden der Hütte fußhoch bedeckt und das glücklicherweise noch einigermaßen trocken war, und fiel sofort in einen Schlaf, der seinem Zwillingsbruder Tod so ähnlich wie möglich war.

Als ich erwachte, war es vollkommen dunkel, und es dauerte lange, bis ich mich besinnen konnte, wo ich mich befand und was mit mir geschehen war. Endlich kam ich zum Bewußtsein meiner schaudervollen Lage. Ich kroch mit großer Mühe aus der Hütte, denn meine Glieder waren wie zerschlagen, und die ersten Schritte verursachten mir die empfindlichsten Schmerzen. Indessen gab sich das bald. Der Schlaf hatte mich doch erquickt, nur der Hunger, der mich erweckt hatte, war jetzt so grimmig, daß ich beschloß, denselben auf jeden Fall zu stillen, um so mehr, als ich fühlte, daß, wenn dies nicht geschah, ich nothwendig in aller Kürze wieder zusammenbrechen müßte. Aber wie sollte ich es anfangen? Endlich fiel ich auf einen Ausweg, den mir nur die Verzweiflung eingeben konnte. Ich wollte mich links durch den Wald schlagen, bis ich auf freies Terrain gelangte, was nach meiner Berechnung in einer Stunde etwa der Fall sein mußte. Dann wollte ich in das erste beste Gehöft gehen und mir mit Güte oder Gewalt verschaffen, wessen ich bedurfte, den ersten Hunger zu stillen, vielleicht auch Proviant für den nächsten Tag.

Der Zufall schien die Ausführung dieses Planes begünstigen zu wollen. Nach wenigen Minuten kam ich auf eine Schneise, die ich verfolgte, obgleich sie nicht ganz in der gewünschten Richtung lief. Wie groß aber war mein Erstaunen und mein Schrecken, als ich in viel kürzerer Frist, als ich gehofft, aus dem Walde trat und im Lichte der Sterne eine Gegend sah, über die ich mich wohl nicht täuschen konnte. Das da rechts am Waldessaume waren die Eigenkäthner von Herrn von Granow's Gut Melchow; dort, eingehüllt in stattliche Bäume, lag der Herrenhof, und auf einer kleinen Anhöhe ragte der weiße Kirchthurm der erst kürzlich erbauten Dorfkirche. Weiter links, tiefer in der Ebene, lag Trantowitz, und noch mehr links, wieder höher, hatte Zehrendorf gelegen; ja, als ob ich keinen Augenblick im Zweifel darüber bleiben sollte, daß ich in die alte bekannte Gegend zurückgekehrt, leuchtete eben jetzt von der Stelle, wo der Hof gestanden, aus der ungeheuren Ruinenmasse die Flamme wieder auf, so hell, daß der Kirchthurm von Melchow in rosiges Licht getaucht wurde. Doch mußte das Feuer nicht mehr viel Nahrung finden, oder man hatte sich im Laufe des Tages mit Löschmitteln wohl versehen, denn die Flammen sanken alsbald wieder zusammen, das helle Licht verschwand, es blieb nur so viel, wie von einem Haufen Kartoffelstroh ausgeht, das die Knaben auf freiem Felde angezündet haben.

So hatte ich mich also mit Aufbietung aller meiner Kräfte den ganzen Tag im Kreise herumbewegt und war jetzt beim Einbruch der Nacht ungefähr da, von wo ich heute beim Anbruch des Tages ausgegangen. Das war nicht tröstlich, aber es war lächerlich, und ich lachte, vielleicht nicht sehr laut und sehr behaglich, aber ich lachte doch, und in demselben Augenblicke fiel mir ein, ob es nicht ein guter Genius gewesen, der mich trotz meines Gegenwillens hierher zurückgeführt? Wo hatte ich bessere Freunde als gerade hier, in Trantowitz zum Beispiel, wo mich Jedermann auf dem Hofe und im Dorfe kannte, wo ich an jede Thür anklopfen und sicher sein konnte, Hülfe und Unterstützung zu finden? Ueberdies hatte mich der Umstand, daß ich den ganzen Tag keinem Menschen begegnet war, einigermaßen sicher gemacht, daß die Verfolgung am Ende nicht so ernstlich betrieben werde, und schließlich, — ich war am Verhungern und hatte keine Wahl.

So schritt ich denn, fast ohne Vorsicht, über die Felder nach Trantowitz, zum ersten Male, seitdem wir uns getrennt, ernstlich an den guten Hans denkend und was wohl aus ihm geworden sein möchte? Hatte er die Flüchtlinge eingeholt? Hatte es eine Scene gegeben, wie in jener Nacht, als der Wilde von dem Bruder seiner Geliebten verfolgt und eingeholt wurde und ihre Degen sich kreuzten im trügerischen Licht der spanischen Sterne? war um die Tochter Blut geflossen, wie um die Mutter? war Hans einer so schlechten Sache zum Opfer gefallen? war er Sieger geblieben? und dann? waren die Häscher hinter ihm her, wie hinter mir? hatte man ihn vielleicht auf frischer That ergriffen? saß er vielleicht schon hinter Schloß und Riegel?

Mir wurde sehr traurig zu Muthe, als ich daran dachte, Hans hinter Schloß und Riegel — das war ein melancholisches Bild; man konnte sich ebenso gut einen Eisbären als Heizer auf einem Dampfschiffe denken.

Unwillkürlich hatte ich mich dem Hofe mehr genähert, als ich nöthig hatte, um in's Dorf zu kommen. Vom Felde führte ein Weg über einen trockenen Graben in die ein paar Morgen große Wildniß von Kartoffel- und Kohlfeldern, Salatbeeten, Stachelbeerhecken und verkrüppelten Obstbäumen, welche Hans in seltsamer Verblendung consequent seinen Garten nannte und sehr werth hielt, weil er hier im

Winter die meisten Hasen aus dem Fenster seines Schlafzimmers schoß. Auf dies in der ganzen Gegend berühmte Schlafzimmerfenster richteten sich unwillkürlich meine Blicke, und wie groß war mein Erstaunen, als ich aus demselben einen schwachen Lichtschein kommen sah. Das Fenster war geöffnet; das Licht brannte, wie ich, näher tretend, bemerkte, in dem Wohnzimmer, dessen Thür zum Schlafzimmer nur angelehnt war. Ich lauschte und hörte das Klappern von Messer und Gabel. Sollte Hans wieder zu Hause sein? Ich konnte der Versuchung nicht widerstehen, stieg durch das Fenster in das Schlafzimmer, öffnete die nur angelehnte Thür und da saß der Hans, wie ich ihn gestern hatte sitzen sehen, hinter ein paar Flaschen und einem riesigen Schinken, von dem er jetzt die großen blauen Augen erhob, um den so plötzlich Eintretenden mit mehr verwundertem als erschrockenem Blicke anzustarren.

Guten Abend, Herr von Trantow, sagte ich.

Ich wollte noch mehr sagen, wollte ihm sagen, wie ich hierher gekommen sei; aber unwillkürlich griff ich mit zitternden Händen zuerst nach der kaum angeschenkten Flasche, die ich, ohne abzusetzen, leerte. Hans nickte, als meinte er: das ist recht, das ist ein Universalmittel. Dann stand er, ohne ein Wort zu sprechen, auf, ging hinaus und schloß die Läden der beiden Fenster; kam wieder herein, verriegelte die Thür, setzte sich mir schweigend gegenüber, zündete sich eine Cigarre an und schien ruhig abwarten zu wollen, bis ich meinen Wolfshunger hinreichend gestillt haben würde, um reden zu können.

Wenn Sie mir unterdessen erzählten, wie es Ihnen ergangen ist! sagte ich, ohne von meinem Teller aufzublicken.

Hans hatte nicht viel zu erzählen und sagte das Wenige in den möglichst wenigen Worten. Er war eine halbe Meile oder so auf der Landstraße nach Fährdorf — der einzigen, welche die Flüchtlinge möglicherweise hatten einschlagen können — fortgaloppirt, als er merkte, daß das Pferd, welches bis dahin gutwillig genug seinen erzwungenen Dienst geleistet, nicht mehr recht aus der Stelle konnte. Nach einer weiteren Viertelmeile, die er schon langsamer geritten war, hatte er sich von der Unmöglichkeit, weiter zu kommen, überzeugt. Der Weg war sehr schlecht, sagte Hans; ich bin ein schwerer Reiter und das arme Vieh hatte wahrscheinlich seit vierundzwanzig Stunden nicht zu fressen und zu saufen gekriegt. So war er denn abgestiegen, hatte das Pferd am Zügel genommen und es geduldig Schritt für Schritt auf dem directesten Wege nach Trantowitz geführt, wo er bei Einbruch der Nacht wohlbehalten ankam. Bis ich meinen Wodan gesattelt hätte und bis nach Fährdorf gekommen wäre, sagte Hans, waren sie längst über alle Berge, und dann — ich bin es so gewohnt, daß ich nie dazu gelange, zu thun, was andere Leute gewiß an meiner Stelle gethan hätten, und —

Der gute Hans leerte sein Glas, schenkte es sich wieder voll, lehnte sich in seinen Stuhl zurück und hüllte sich in eine blaue Tabakswolke.

Armer Hans! er hatte es ehrlich gemeint — auch mit dem Schädel-einschlagen unsers glücklichen Nebenbuhlers. Was konnte er dafür, daß er bei dieser Gelegenheit wieder einmal, wie schon so oft — wie immer in seinem Leben — auf einen trägen Gaul gerieth? er konnte das Thier doch nicht um einer Sache willen, die es gar nichts anging, zu Schanden reiten!

Dann, gegen acht Uhr, als er hier in seinem Zimmer saß, hatte er den Feuerschein gesehen. Er hatte nun doch den Wodan gesattelt und war hinübergeritten, an der Spitze seiner Wagen. Auch von den andern Gütern waren sie mit Wagen und Spritzen gekommen; aber es war nichts mehr zu retten gewesen; die alte Pahlen, der es gewiß nicht schwer geworden war, die Wachsamkeit des dummen Pferdejungen zu täuschen, hatte ihr Werk zu gut gethan; der Hof hatte an allen Ecken zugleich gebrannt. Ich bin nach Haus geritten, sagte Hans; und habe mich zu Bett gelegt, und heute morgen bin ich wieder aufgewacht; ich weiß nicht warum. Ich wäre lieber nicht wieder aufgewacht.

Armer Hans!

Heute Morgen hatte er erst von seinen Leuten erfahren, was sich ereignet: wie gestern Abend die Steuerleute mit Hülfe einer halben Compagnie Soldaten eine Jagd auf die Schmuggler gemacht, und wie sie vier oder fünf erwischt hätten, die nun alle gehängt werden sollten. Und ein Soldat sei in dem Sumpfe ertrunken, ein Steuerbeamter sei verwundet und der Jochen Swart wäre todtgeschossen. Herrn von Zehren aber hätten sie heute morgens oben auf der Burg auch todt ge-funden. Der könne froh sein, daß er es nicht überlebt. Denn gehängt würden sie ihn ja doch haben, wie sie den Georg Hartwig, des Steuer-Rendanten Sohn aus Uselin, der ja wohl der Hauptmann von den Schmugglern gewesen sei, hängen würden, wenn sie ihn nur erst hätten.

Hans schänkte mir mein Glas wieder voll und forderte mich mit sei-ner ausdrucksvollsten Miene auf, es sofort zu leeren, als könnte ich ihm dadurch am sichersten die tröstliche Gewißheit verschaffen, daß sie mich vorläufig noch nicht gehängt hätten.

Nun mußte ich erzählen. Hans hörte schweigsam rauchend zu; aber als ich schilderte, wie der Wilde gestorben und wie ich ihn zuletzt gese-hen — todt, das bleiche Antlitz der aufgehenden Sonne zugewandt, deren erster Strahl in seine starren gebrochenen Augen fiel — da seufzte Hans tief auf und bewegte seinen großen Kopf langsam hin und her und that einen tiefen, tiefen Trunk.

Und was rathen Sie mir, was ich thun soll, sagte ich endlich.

Ja, das sagen Sie einmal! erwiderte Hans.

Daß meine Angelegenheit sehr schlimm stand, leuchtete selbst

Hans ein. Ich hatte Pinnow mit der Pistole in der Hand gezwungen, mich mitzunehmen; ich hatte den directesten, thätigsten Antheil an dem Zuge genommen; ich hatte auf die Zöllner geschossen; ich hatte endlich Herrn von Zehren auf seiner verzweifelten Flucht begleitet. Dieses Alles waren in den Augen des Gesetzes jedenfalls keine sehr verdienstlichen Handlungen, und je weniger ich hinterher mit dem Gesetze in Berührung kam, um so besser würde es offenbar für mich sein.

Und doch, sagte ich, wäre dies mein geringster Kummer; aber mein Vater würde die Schande, einen Sohn im Zuchthause zu haben, nicht überleben, und deshalb will ich laufen, so weit der Himmel blau ist.

Hans nickte Beifall und schien nur ungewiß darüber, wie weit das wohl ungefähr sein möchte.

Wenn ich nach Amerika ginge?

Hans mußte nothwendig auf einen so glänzenden Einfall, der alle Schwierigkeiten der Situation mit Einem Schlage beseitigte, mit mir anstoßen.

Indessen fand sich, daß die glänzendsten Einfälle, sobald es an die Ausführung geht, auch ihre Schattenseiten haben können. Die Geldfrage glaubte Hans dadurch erledigt, daß er an sein unverschlossenes, vermuthlich auch unverschließbares Pult ging, einen Kasten herauszog und den Inhalt desselben vor uns auf den Tisch ausschüttete. Es waren vier- bis fünfhundert Thaler in Gold, Silber und Tresorscheinen, untermischt mit Einladungen zu Jagden, quittirten und unquittirten Rechnungen, Cottillon-Orden (aus einer frühern Zeit vermuthlich), Wollproben, verstreuten Zündhütchen und einigen Dutzend Rehposten, die auf die Dielen rollten und Caro aufweckten, der unter dem Sopha geschlafen hatte, und jetzt, sich dehnend und streckend, hervorkroch, da er annahm, daß Rehposten so oder so in sein Departement gehörten.

Hans erklärte, daß er, soviel ihm bekannt, augenblicklich nicht mehr im Hause habe, daß er aber, wenn es nicht reiche, in seinen Rökken nachsehen wolle, wo er von Zeit zu Zeit in dem Unterfutter schon ganz bedeutende Summen gefunden habe.

Ich war von Hans' Güte sehr gerührt; aber, angenommen auch, daß ich von derselben Gebrauch machen wollte, wie sollte die Flucht bewerkstelligt werden? Hans hatte sich von seinen Leuten sagen lassen — und es erschien ja nur zu wahrscheinlich — daß man überall nach mir suche. Wie sollte ich, ohne angehalten zu werden, nach Hamburg oder Bremen oder irgend einem andern Ort gelangen, von dem aus ich mich nach Amerika hätte einschiffen können — zumal in den ersten Tagen, wo man voraussichtlich noch ganz besonders wachsam sein würde?

Nach langem Hin- und Herüberlegen verfiel Hans auf folgenden Plan, zu dem er jedenfalls aus seinem braven Herzen die Inspiration erhalten hatte. Ich sollte vor der Hand bei ihm versteckt bleiben, bis sich die erste Hitze der Verfolgung gelegt haben würde. Dann wollten wir zusammen die Reise wagen, ich als sein Kutscher oder Bedienter verkleidet. Nun handelte es sich nur noch um den Paß, ohne den, wie ich wußte, Niemand an Bord eines Schiffes gelassen wurde. Aber auch hier wußte der erfindungsreiche Hans Rath. Ein gewisser Herr Schulz, der bei ihm Inspector gewesen, hatte in diesem Frühjahre auswandern wollen und sich die nöthigen Papiere verschafft, war aber, bevor er sein Vorhaben ausführen konnte, gestorben. Die Papiere hatte Hans an sich genommen, und wir fanden sie nach einigem Suchen. Nun stellte sich zwar heraus, daß der europamüde Inspector nicht neunzehn, sondern vierzig Jahre alt gewesen, auch nicht, wie ich, sechs Fuß ohne die Schuhe, vielmehr nur vier und einen halben gemessen hatte, außerdem durch starke Pockennarben gekennzeichnet war; indessen, meinte Hans, so genau würde man wohl nicht hinsehen und ein Hundertthalerschein die kleinen Abweichungen des Signalements im Passe gewiß verdecken.

Es war zwei Uhr, als wir diesen geistreichen Plan fertig hatten und zu gleicher Zeit Hans die Augen vor Müdigkeit zufielen. Da er durchaus wollte, daß ich in seinem Bette schlafe, so mußte ich ihm wohl das Sopha in der Stube lassen, auf das er sich kaum hingestreckt hatte, als er auch schon zu schnarchen begann. Ich deckte ihn mit seinem Mantel zu und begab mich in die Kammer, wo ich, so müde ich war, erst von den einfachen Waschapparaten, die ich dort vorfand, den entsprechenden und sehr nöthigen Gebrauch machte. Dann legte ich mich, nachdem ich mich wieder angekleidet, auf Hans' Bett.

Ich schlief ruhig ein paar Stunden, und als ich beim ersten Morgengrauen erwachte, stand ein Entschluß, mit dem ich mich schon hingelegt, klar vor meiner Seele. Ich wollte fort; der gute Hans sollte durch mich nicht in ernstere Ungelegenheiten kommen. Je länger ich bei ihm verweilte, um so größer wurde die Wahrscheinlichkeit, daß seine Helfershelferschaft, die jetzt doch aller Wahrscheinlichkeit nach verborgen blieb, an den Tag kam und dann um so schlimmer ausgelegt wurde. Außerdem setzte ich in der That nur geringes Vertrauen in den Paß des vier und einen halben Fuß hohen verstorbenen Inspectors, und schließlich war ich — als ein junger, nicht ungroßmüthiger Mann — ganz erfüllt von der Ueberzeugung, daß es meine Pflicht sei, die Folgen meiner Handlungen, so weit es in meiner Macht stand, allein auf mich zu nehmen.

So erhob ich mich denn leise von meinem Lager, schrieb einen Zettel an Hans, in welchem ich ihm für alle seine Güte dankte, und daß ich meine Jagdtasche mit den Resten des Abendbrodes angefüllt habe, steckte den Zettel in den Hals einer Weinflasche auf dem Tische, in der gewiß gerechtfertigten Annahme, daß Hans ihn da schwerlich übersehen würde, nickte dem braven Jungen, der noch in derselben Situation auf dem Sopha lag, in welcher er vor ein paar Stunden eingeschlafen war, Lebewohl zu, streichelte Caro, der sich an mich drängte, und bedeutete ihm, daß ich ihn nicht mitnehmen könne, ergriff meine Flinte und stieg zu demselben Fenster hinaus, in welches ich gestern Abend eingestiegen war.

Zwanzigstes Capitel

Speise und Trank und Schlaf hatten mir die alte Kraft vollauf wiedergegeben, und so konnte ich meine Rolle in dem Räuber- und Gensdarmenspiel mit besserm Erfolge, als am ersten Tage, in den folgenden Tagen fortsetzen.

Diese Tage, es waren ihrer drei oder vier, bilden eine seltsame Episode in der Geschichte meines Lebens, so daß mir manchmal ist, als hätte ich sie gar nicht selbst erlebt, sondern hätte davon gelesen in meinem Märchenbuche. Ja, wie ein Märchen ist mir nach so vielen Jahren — dreißig sind es jetzt — die Erinnerung dieser Tage, wie ein Märchen von dem bösen Knaben, der sich im Walde verirrte und dem dort allerlei sehr Schlimmes begegnete, und der doch auch wieder so viel blaue Himmelsluft athmen, und so viel goldenen Sonnenschein trinken, und sich so vogelfrei über die schöne Erde bewegen konnte, daß man, wer weiß wie viele Stationen auf der Pappelchaussee seines rangirten Daseins darum geben würde, könnte man so märchenhaftes Leid und Glück einmal oder einmal wieder an sich selbst erfahren.

Als ob der Himmel selbst es gnädig mit dem bösen Knaben meinte, der, was er immer gefehlt haben mochte, es in seines jugendlichen Sinnes Thorheit gefehlt hatte, und vielleicht, Alles in Allem, so gar bös nicht war, sendete er ihm für seine abenteuerliche Flucht ein paar der allerschönsten Spätherbsttage. Die Regenstürme der letzten Zeit hatten die Luft durchsichtig klar gemacht, daß die fernste Ferne wie nächste Nähe erschien. Dazu strömte ein machtvolles und doch unendlich mildes Sonnenlicht von dem wolkenlosen Himmel und drang in die tiefsten Tiefen des Waldes, von dessen Riesenbäumen die gelben Blätter still herabschwebten zu den andern, die hier und da schon hoch den Boden bedeckten. Kein Laut in der sonnigen Wildniß, als dann und wann aus dem Gebüsche das melancholische Zirpen einer Goldammer oder das heisere weitschallende Krächzen einer Krähe, welcher das Gewehr, das der junge Mann da unten trug, verdächtig sein mochte; oder der durch die Entfernung abgedämpfte Schrei von Kranichen, die, unbekümmert um das irdische Treiben, in unermeßlicher Höhe ihren stolzen Flug gen Süden zogen.

Dann lag ich wieder im Herzen des Waldes auf einem nach allen Seiten abfallenden Hügel, der leicht ein Hünengrab sein mochte, und schaute zu, wie unter mir zwischen den gewaltigen Steinen Ehren-Reinecke aus seinem Malepartus kroch und es sich in der Frühmorgensonne behaglich machte, während ein paar Schritte weiter die halberwachsenen Jungen in ausgelassener Lustigkeit sich jagten und über einander kollerten; oder ich sah im Abendsonnenschein ein Rudel Hochwild über die Lichtung ziehen, den Platzhirsch zuletzt, stolz aufgerichteten Hauptes, das er nur zuweilen senkte, ein Kraut abzurupfen, die Kühe ruhig vor ihm her äsend.

Dann wieder stand ich auf jäher Uferhöhe hart am Rande der trotzigen Kreidefelsen und blickte sehnsüchtig hinaus auf das blaue Meer, an dessen fernstem Horizont ein Wölkchen die Stelle zeigte, wo der Dampfer, den ich seit einer Stunde beobachtet hatte, verschwunden war, während auf mittlerer Höhe die Segel von ein paar Fischerbooten blinkten. Das Wölkchen war verschwunden, die weißen Segel wurden kleiner, und ich wendete mich seufzend in den Wald zurück, kaum noch hoffend, daß es mir gelingen werde, von der Insel wegzukommen.

Schon ein paar Mal hatte ich den Versuch gemacht. Einmal in einem kleinen Fischerdorf, das in einem Einschnitte der Kreideklüfte in der Tiefe einer schmalen Bucht lag und das Bild der Abgeschiedenheit und Vereinsamung war. Aber die Männer waren mit den seetüchtigen Booten sämmtlich auf dem Fischfange; nur ein uralter Mann und ein paar halbwüchsige Buben waren außer den Weibern und Kindern da. Wenn der Fang gut war, konnten zwei Tage vergehen, bis die Männer zurückkamen, und daß den Herrn einer so weit fahren würde, glaube er nicht. So sagte mir der alte Mann, und ein paar rothhaarige Kinder standen dabei und glotzten mich mit aufgesperrten Mäulern an und eine alte Frau kam herzu und bestätigte die Aussage des alten Mannes, während die Sonne in's Meer tauchte und ein kühler Wind die Schlucht hinab zum Meere blies, dessen Wasser zu dunkeln begannen.

Es war der zweite Tag meiner Wanderschaft. Die erste Nacht hatte ich in einer verlassenen Schäferhürde zugebracht; ich dachte, ich könne einmal wieder unter Dach schlafen, und die würdige Matrone, der ich mein Anliegen vortrug, räumte mir bereitwillig das Kämmerchen ihres Sohnes ein, der vor drei Jahren ausgesegelt war und noch nichts wieder von sich hatte hören lassen. Ich hätte in diesem von aller Welt abgeschiedenen Winkel vielleicht tagelang, ohne entdeckt zu werden, zubringen können; aber die Nothwendigkeit, erst einmal von der Insel fortzukommen, war zu gebieterisch, und so brach ich in der Frühe des nächsten Morgens wieder auf, mein Heil anderwärts zu versuchen.

Ich that es in einem größern Fischerdorf. Es waren Boote genug da und Leute genug, aber Keiner wollte mich fahren, trotzdem ich für die kurze Fahrt von wenigen Meilen (weiter war es nicht bis zur mecklenburgischen Küste, wo ich mich für verhältnißmäßig sicher halten durfte) zehn Thaler, die Hälfte meiner Baarschaft bot. Ob sie wußten, wer ich war — wie wohl möglich — oder ob ihnen der junge, verwildert aussehende Mensch mit der Flinte auf dem Rücken, der durchaus auf fremdes Gebiet verlangte, verdächtig vorkam; ob sie nur, da ich es doch einmal so eilig hatte und es mir an Geld nicht zu fehlen schien, durch Zaudern und Hinhalten ein höheres Fahrlohn erpressen wollten — ich weiß es nicht. Als aber eine Stunde mit Hin- und Herreden vergangen war und Karl Bollmann sich bereit erklärte, wenn Johann Peters sein Boot hergeben wollte, der wiederum erbötig war, die Fahrt mitzumachen, aber nur auf Karl Bollmann's Boot, und Christian Riekmann, der mit den Händen in den Hosentaschen dabei stand, meinte, er wolle mich schon mit seinem Jungen fahren, aber nicht unter dreißig Thalern, und sie dann Alle die Köpfe zusammensteckten und nach und nach die ganze Einwohnerschaft — Weiber und Kinder eingeschlossen — herbeikam, schien es mir gerathener, das Resultat dieser Verhandlungen nicht abzuwarten, sondern wendete mich kurz ab und schlug mich mit langen Schritten in die Dünen. Ein halbes Dutzend kam hinter mir her — ich zeigte ihnen von weitem meine Flinte und da blieben sie zurück, als weise Männer bedenkend, daß weit davon gut vor dem Schuß ist.

An diesem Tage erhielt ich auch den Beweis dafür, daß man mich ernstlich verfolgte, woran ich freilich nie gezweifelt hatte.

Es war nämlich schon gegen Abend, als ich, eine Strecke freien Landes, die ich zu durchschreiten hatte, vom Saume des Waldes aus recognoscirend, auf der Landstraße zwei Gensdarmen zu Pferde sah, die längere Zeit mit einem Schäfer sprachen, welcher seine Herde auf der Haide zwischen der Landstraße und dem Walde trieb. Ich bemerkte, daß sie wiederholt nach dem Walde deuteten, doch mußte ihnen der Schäfer wohl befriedigende Auskunft gegeben haben, denn sie ritten nach einiger Zeit in der entgegengesetzten Richtung weiter und verschwanden bald in einer Senkung des Terrains. Als ich sie weit genug entfernt glaubte, kam ich aus meinem Verstecke heraus und gesellte mich zu dem Schäfer, der an einem langen schwarzen Strümpfe strickte, und dessen einfältiges Gesicht mir ausreichende Gewähr der Sicherheit bot. Er erzählte mir auf mein Befragen, daß die Gensdarmen hinter Einem her wären, der ja wohl Einen todtgeschlagen habe. Es solle ein großer, junger Mensch sein, und ein sehr schlimmer Mensch, aber die Gensdarmen hätten gesagt, sie kriegten ihn doch noch.

Die üppige Phantasie des Strümpfestrickenden hatte vermuthlich in der kurzen Zeit zwischen dem Verschwinden der Gensdarmen und meinem Erscheinen Muße genug gehabt, sich das Bild des Verfolgten möglichst fürchterlich auszumalen. Jedenfalls erkannte er mich in Wirklichkeit nicht; er nahm mich ohne Bedenken, für was ich mich gab: einen Jägersmann, der auf einem der benachbarten Güter zu Besuch sei und, der Gegend unkundig, sich verirrt habe. Er gab mir über die Wege genaue Auskunft, bedankte sich für das Trinkgeld, das ich ihm in die Hand drückte, und ließ vor Verwunderung seinen Strickstrumpf fallen, als ich, anstatt den von ihm gewiesenen Weg zu gehen, über die Haide in den Wald zurückkehrte.

Die Nähe der Gensdarmen hatte mich doch stutzig gemacht und ich hatte beschlossen, diese Nacht im Walde zuzubringen. Es war eine böse Nacht. So warm es am Tage gewesen, so kalt wurde es jetzt, nachdem die Sonne untergegangen, und immer kälter und kälter, je weiter die Nacht vorschritt. Vergebens, daß ich mich fußtief in die feuchtdürren Blätter vergrub — vergebens, daß ich durch Hin- und Hergehen mich zu erwärmen suchte. Die dichten Nebel, die von der Erde aufstiegen, durchnäßten meine Kleider und durchkälteten mich bis in's Mark. Entsetzlich langsam schlich die lange, lange Nacht dahin; ich glaubte, es würde nie wieder Tag werden. Und zu diesem physischen, kaum erträglichen Leiden der Kälte, der ich mich nicht erwehren, des Hungers, den ich nicht stillen, der Müdigkeit, der ich nicht nachgeben konnte, gesellte sich die Erinnerung dessen, was ich jüngst durchlebt, je länger die Nacht dauerte, und je wilder das Fieber in meinen Adern wüthete, in immer grauenhafteren Bildern. Während ich, halb todt vor Mattigkeit, auf einer freieren Stelle unter den hohen Bäumen im Nebelgeriesel auf und ab schwankte, sah ich mich wieder an Herrn von Zehren's Seite auf dem Moor und Jochen Swart lag todt zu unsern Füßen, und die Flammen des brennenden Hofes leuchteten grausig über uns hin, aber viel heller als es in Wirklichkeit der Fall gewesen war, so hell, daß mir war, als brenne der Wald rings um mich her und als irrte ich in höllischen Feuern, obgleich meine Glieder vor Kälte zitterten und meine Zähne in immer schnellerem Tempo aufeinanderklappten. Dann saß Herr von Zehren vor mir, wie ich ihn zuletzt hatte sitzen sehen, mit gebrochenen Augen, in welche die aufgehende Sonne schien, und dann war es wieder nicht Herr von Zehren, sondern mein Vater, oder der Professor Lederer, oder andere Gestalten; aber alle waren sie todt, und die Sonne schien ihnen in die gebrochenen Augen. Dann wurde ich mir wieder meines Zustandes voll bewußt: daß es finstere Nacht um mich her war, daß mich sehr fror, daß ich fieberte und daß ich auf die Gefahr hin, entdeckt zu werden, mich entschließen müsse, ein wirkliches Feuer zu entfachen, anstatt des gräßlichen, unheimlichen, daß ich fortwährend in meinen Fieber-Hallucinationen sah, gerade wie ein auf heißer Landstraße Verdurstender das

Rauschen schattiger Bäume und das Plätschern von Quellen zu hören glaubt.

Ich trug für den Fall, der jetzt eintrat, ein großes Stück Zunder, das ich aus einem hohlen Baume gebrochen, in der Jagdtasche. Mit Hülfe desselben gelang es mir, nach einiger Zeit einen Stoß halbwegs trockenen Holzes in Brand zu setzen, und ich kann das Wonnegefühl nicht beschreiben, das mich durchbebte, als endlich die Flamme hoch emporschlug. Vor ihrem ehrlichen Schein huschten die Fiebergeister in die Finsterniß zurück, die sie geboren hatte; vor ihrer köstlichen Wärme floh die Eiskälte aus meinen Adern; ich schleppte neues und neues Material herbei, ich konnte mich des Anblickes der glänzenden Flammen, des schwälenden Rauches, der davonstiebenden Funken nicht ersättigen. Dann setzte ich mich an meinen Waldesheerd und dachte darüber nach, was ich thun könne, mich aus diese Lage zu bringen, die, wie ich wohl sah, auf die Dauer unerträglich war. Endlich glaubte ich, es gefunden zu haben. Ich mußte den Versuch machen, über einen der Orte, von denen aus eine regelmäßige Verbindung mit dem Festlande statt fand und die ich bis jetzt aus guten Gründen geflissentlich vermieden hatte, zu entkommen, und zwar verkleidet, da man mich sonst jedenfalls sofort erkannt haben würde. Die Schwierigkeit war, einen passenden Anzug zu erhalten und auch hier kam mir ein glücklicher Gedanke. Ich hatte in der Kammer des Matrosen, in welcher ich die vorige Nacht zugebracht, einen vollständigen Fischeranzug hangen sehen; vielleicht verkaufte mir den die freundliche Alte. War ich in dieser Verkleidung erst einmal von der Insel, so sollte es mir doch, meinte ich, gelingen, in einem nächtlichen Marsch bis zur mecklenburgischen Grenze zu kommen. Dann mußte der Zufall weiter helfen.

Ich führte diesen Entschluß aus, sobald der Morgen graute, und traf, obgleich ich mich bereits ein bis zwei Meilen von dem einsamen Fischerdorfe entfernt hatte, kurz nachdem die Sonne aufgegangen, dort wieder ein. Die brave Alte wollte von keinem Kauf wissen: ich brauche die Sachen, und das sei genug; vielleicht helfe ein anderer Mensch dafür ihrem Sohne, wenn er noch lebe, im fernen Lande aus einer Gefahr — und dabei liefen ihr die Thränen über die alten, runzeligen Wangen. Meine Sachen und die Flinte — die Pistole hatte ich bei Hans gelassen — wolle sie mir aufheben; ich könne sie jeden Augenblick haben, wenn ich wieder in die Gegend komme. Wofür mich die gute Alte genommen haben mag? Ich weiß es nicht. Ich denke, für einen Menschen, der so aussah, als ob er in Noth sei, der behauptete, daß ihm nur auf diese Weise geholfen werden könne, und dem sie deshalb half, wie er es wünschte. Die brave Seele! Ich bin später glücklicherweise im Stande gewesen, ihr ihre Gutthat einigermaßen zu vergelten, wenn eine Gutthat überhaupt vergolten werden kann.

Ich machte mich alsbald wieder auf den Weg, der diesmal unter mancherlei Fährlichkeiten quer durch die Insel führte, zu einem Punkte, wo ich den Abend erwarten wollte, um mich nach Fährdorf zu begeben, das ich in einer Stunde erreichen konnte. Ich hatte nämlich im Vertrauen auf meinen Matrosenanzug, der mir so ziemlich paßte, und, wie ich glaubte, mir ein ganz anderes Aussehen gab, die directeste Ueberfahrt nach Uselin gewählt. Freilich mußte ich so meine Vaterstadt passiren; aber vielleicht suchte man mich hier gerade am wenigsten, und dann — gestehe ich es nur! — es bedurfte zu jener Zeit gar wenig, um in mir den alten Uebermuth zu entfachen, der mir in meinem jungen Leben schon so manchen bösen Streich gespielt hatte. Ich malte es mir mit einem grimmigen Behagen aus, wie ich nächstens durch die stillen Straßen meiner Vaterstadt wandern würde, und überlegte schon, ob ich nicht an die Rathhausthür den alten Spruch von den Nürnbergern und meinen Namen dazu schreiben sollte. Dennoch wagte ich mich nicht vor Anbruch der Nacht nach Fährdorf.

Ich hatte das fällige Boot verpaßt; das nächste und letzte an diesem Tage segelte erst in einer halben Stunde. Da ich durch das Fenster gesehen hatte, daß das sehr geräumige Schänkzimmer des hart am Ufer gelegenen Gasthofes so gut wie leer war und ich mich nothwendig für den Marsch der Nacht stärken mußte, trat ich ein, setzte mich, mit dem Gesicht nach der Wand, an den entferntesten Tisch und bestellte bei dem Schänkmädchen ein Abendbrod.

Das Mädchen ging, die Bestellung auszurichten. Auf dem Tische neben dem Lichte, das die Kleine angezündet, lag eine mit Bierflecken arg besudelte Nummer des Useliner Wochenblattes vom vorigen Tage — ein anderes, reinlicheres Exemplar derselben Nummer liegt neben dem Blatte, auf welches ich dies schreibe. Ich nahm es zur Hand, mein erster Blick fiel auf folgenden Artikel:

Publicandum.

Der der gewerbsmäßigen Treibung der Contrebande, der thatsächlichen Widersetzlichkeit gegen Officianten des Staates, sowie des Mordes dringend verdächtige, zur Zeit flüchtige, ehemalige Schüler des Gymnasiums in Uselin, Friedrich Wilhelm Georg Hartwig, hat sich noch immer, trotz aller von Seiten der Behörden angewandten Mühe, der Verhaftung zu entziehen gewußt. Da es durchaus im Interesse des Publikums liegt, daß dieser nach allen Inzichten gefährliche Mensch zur Haft, resp. Verbüßung der Strafe gebracht werde, ergeht an dasselbe die Aufforderung, seinerseits zu diesem Endzwecke beizutragen, indem Jeder, der über den Aufenthalt des *p. p.* Hartwig eine Aussage zu machen hat, solche unverweilt zur Kenntniß des Unterfertigten bringt. Außerdem ersuchen wir wiederholt und ergebenst sämmtliche Behörden des In- und Auslandes, auf den *p. p.* Hartwig (Signalement weiter unten) strengstens zu vigiliren, denselben im Betretungsfalle zu arretiren und an uns auf unsere Kosten remittiren zu wollen, unter Zusicherung dienstwilligster Reciprocität im gegebenen Falle.

Uselin, 2. November 1833.

Das Bezirksgericht.
(gez. Heckepfennig.)

Das beigefügte Signalement will ich nicht ausschreiben; der Leser würde aus demselben nicht viel mehr erfahren, als daß ich mich zu jener Zeit dunkelblonden — »Brandfuchs« hatten mich die Jungen in der Schule genannt, wenn sie mich ärgern wollten — und gelockten Haares erfreute, sechs Fuß ohne Schuhe maß und, als ein wohlgebildetes Menschenkind keine »besonderen Kennzeichen« hatte, wenigstens nicht in den Augen des Herrn Justizraths Heckepfennig.

Uebrigens habe ich auch in jener für mich verhängnißvollen Stunde die actenmäßige Schilderung meiner Person schwerlich gelesen; ich hatte genug an dem mitgetheilten Publicandum. Als mir gestern Abend der Schäfer sagte: der Mann, den die Gensdarmen verfolgten, solle einen andern erschlagen haben, hatte ich das nicht einen Augenblick für baare Münze genommen. Der Mensch sah so einfältig aus, und wer weiß, dachte ich, was die Herren Gensdarmen ihm aufgebunden haben mögen, um sich wichtig und ihm bange zu machen! Aber hier stand es mit großen, deutlichen Lettern auf dem Löschpapier des Useliner Wochenblattes, das, da sehr selten andere Zeitungen in meine Hände gekommen waren, für meinen unkritischen Jugendsinn von jeher mit einer gewissen magistralen Autorität, ich möchte sagen, mit dem Stempel der Unfehlbarkeit bekleidet gewesen war. — Des Mordes verdächtig! War es möglich? galt ich als der Mörder von Jochen Swart? ich! der ich Gott gedankt hatte, als ich den Menschen, auf den ich schoß, sehr eilig davonhinken sah! ich, dessen einziger Trost es in all' diesen letzten Leidenstagen gewesen war, daß trotz alledem kein Menschenleben auf meinem Gewissen laste! Und hier schrieb man in alle Welt hinaus, daß ich ein Todtschläger, ein Mörder sei.

Das Schänkmädchen brachte das bestellte Essen und ermahnte mich, glaube ich, keine Zeit zu verlieren, da das Fährboot bald absegeln werde. Ich hörte kaum das, was sie sagte; ich ließ das Essen unberührt und starrte noch immer in das Blatt, dessen erste Seite ich, als das Mädchen herantrat, schnell umgeschlagen hatte, als könnte mein Name, der da gedruckt war, mich verrathen. Aber da auf der zweiten Seite stand er abermals in einem Artikel, unter der Rubrik: Städtische Angelegenheiten.

Der Artikel lautete so:

»Gestern Abend hatte sich auf eine bisher noch unaufgeklärte Weise das Gerücht in der Stadt verbreitet, daß Georg Hartwig, dessen Name jetzt in Aller Munde ist, sich in das Haus seines Vaters geflüchtet habe und sich dort verborgen halte. Eine ungeheure Menschenmenge, die leicht aus hundert und mehr Köpfen bestehen mochte, versammelte sich in Folge dessen in der Ufergasse und verlangte stürmisch, daß ihr der jugendliche Verbrecher ausgeliefert werde. Vergebens, daß der unglückliche Vater von der Schwelle seines Hauses versicherte, daß sein Sohn nicht in seinem Hause, und daß er nicht der Mann sei, dem Gesetze Hinderniß in den Weg zu legen. Auch die energischen Bemühungen unserer braven Stadtdiener Luz und Bolljahn erwiesen sich als erfolglos; erst der beredten Ansprache unseres würdigen Herrn Bürgermeisters, der auf die erste Nachricht des Tumultes sofort herbeigeeilt war, gelang es, die immer noch anwachsende Menge zu zerstreuen. — Wir können nicht unterlassen, unsere Mitbürger auf das Thörichte und gewissermaßen Frevelhafte eines solchen Beginnens dringend aufmerksam zu machen, wie willig wir auch einräumen, daß die in Frage stehende Angelegenheit, welche leider immer bedeutendere Dimensionen anzunehmen scheint, ganz dazu angethan ist, die Gemüther aufzuregen. Aber wir wenden uns an die Verständigen, d. h. die weitaus größere Mehrzahl unserer Mitbürger, und fragen sie: dürfen wir nicht in unsere Behörde das vollste Vertrauen setzen? dürfen wir nicht überzeugt sein, daß unser Wohl in ihren Händen besser aufgehoben ist, als in unseren eigenen Händen? Und was den gestrigen Fall anbetrifft, so appelliren wir noch besonders an das Zartgefühl der Gutgesinnten. Mögen sie bedenken, daß der Vater des unglücklichen Georg Hartwig einer der ehrenwerthesten Männer unserer Stadt ist. Er wäre, wie er selbst versichert hat und wie wir unsererseits fest überzeugt sind, der Letzte, welcher den Lauf der Gerechtigkeit aufhalten würde. Mitbürger! Ehren wir dieses Wort! ehren wir den Mann, der es gesprochen! Mitbürger! lasset uns gerecht sein, aber nicht grausam! und vor Allem lasset uns zusehen, daß der Ruf der Ordnung und des gesetzmäßigen Sinnes, dessen sich unsere gute alte Stadt so lange mit Recht erfreut hat, nicht durch unsere Schuld verloren gehe!«

Das mir wohlbekannte Signal, welches die Passagiere zum Fährboot rief, ertönte von der Landungsbrücke her, zugleich trat das Mädchen wieder herein und bedeutete mich, daß ich mich beeilen müsse.

Aber Sie haben ja keinen Bissen gegessen! rief sie und starrte mich verwundert und erschrocken an; ich mochte wohl sehr blaß und verstört aussehen.

Ich murmelte irgend eine Erwiderung, legte einen Thaler auf den Tisch und verließ eilends das Zimmer.

Das Fährboot war trotz der späten Stunde voll von Passagieren; in dem mittleren Raume standen zwei gesattelte Pferde, die nur Gensdarmen gehören konnten, und ich entdeckte auch bald ihre Reiter. Es waren dieselben, die ich gestern gesehen hatte, wie ich aus den Gesprächen hörte, die sie mit ihren Nachbarn, ein paar Bauern, führten. Sie schimpften darüber, daß man sie zurückbeordert, denn sie seien überzeugt, daß sie den Halunken gefangen haben würden, der ganz gewiß noch irgendwo auf der Insel versteckt sei, trotzdem sie dieselbe nebst noch zwei berittenen Kameraden und vier Kameraden zu Fuß nach allen Richtungen durchsucht hätten. Nun würden sich die Andern die Gratification verdienen, während sie helfen sollten, die Ruhe in der Stadt aufrecht zu erhalten, was sie gar nichts angehe, denn dazu seien ja der Bolljahn und der Luz da.

Ich saß dicht in ihrer Nähe und konnte Alles mit anhören, und dachte, welche Freude ich den braven Leuten machen könnte, wenn ich plötzlich aufstünde und sagte: hier ist der Halunke.

Aber ich konnte ihnen die Freude nicht machen; was zu thun ich entschlossen war, mußte aus eigenem freien Antriebe geschehen. So hielt ich mich still, und den weisen Dienern des Gesetzes kam es nicht in den Sinn, daß der junge Matrose, der scheinbar so eifrig zuhörte, der war, den sie suchten.

Der Wind war günstig und die Fahrt schnell, nach einer Stunde legte das Boot an der Fährbrücke in dem Hafen an. Die Pferde stampften, die Gensdarmen fluchten, die Passagiere drängten sich aus dem Fahrzeug und gingen mit ihren Bündeln die Brücke hinauf.

Oben auf dem Quai stand der dicke Peter Hinrich, der Wirth der Matrosenkneipe gleich am Thor, und fragte mich, ob ich nicht bei ihm Quartier nehmen wolle? Ich sagte, es wäre schon anderwärts Quartier für mich bereit.

So schritt ich durch das verfallene Hafenthor, das nie geschlossen wurde, und kam in die Hafengasse. Als ich zu dem kleinen Hause gelangte, blieb ich einen Augenblick stehen. Es war dunkel und still in dem Hause und es war dunkel und still auf der Straße: aber vorgestern war es hier belebt genug gewesen, und dort auf der Schwelle hatte ein Mann gestanden und gesagt, daß man sich sehr in ihm irre, wenn man glaube, er könne oder werde dem Gesetze ein Hinderniß in den Weg legen. Er sollte nicht noch einmal in den Verdacht kommen, daß diesem Sohne doch noch etwas an seinem eigenen guten Namen, wenn nicht an dem seines Vaters gelegen sei; daß er den Muth habe, einzustehen für das, was er gethan.

Die Vermahnung des Wochenblattes an das Publikum war nicht vergeblich gewesen; die kleine Stadt war wie ausgestorben; die energischen Männer Luz und Bolljahn hätten beim besten Willen nichts zu thun gefunden. Mein Schritt hallte laut in den öden Gassen, die mir heute sonderbar eng und winkelig erschienen; hier und da war noch Licht in den Fenstern; man ging sehr früh zu Bett in Uselin, und der Magistrat konnte deshalb auch die Straßenlaternen frühzeitig auslöschen, besonders wenn, wie jetzt, schon das erste Viertel des Mondes über das Dach der alten Nicolaikirche durch treibende Wolken melancholisch auf den stillen Marktplatz herniederblickte.

Ich stand auf dem Marktplatz vor dem Hause des Herrn Justizraths Heckepfennig. Es war der stattlichsten eines. Wie oft war ich hier, wenn ich des Mittags aus der Schule kam, vorübergegangen, und hatte einen sehnsüchtig-respectvollen Blick nach dem letzten Fenster links in der oberen Etage geworfen, wo Emilie hinter einer Vase mit Goldfischen zu sitzen pflegte, und zufällig immer, wenn ich vorüberging — ein kleiner, halbblinder Fensterspiegel spielte den treuen Vermittler — nach irgend etwas auf dem Markte sehen mußte! Heute blickte ich wieder nach dem Fenster, aber mit sehr anderen Empfindungen. Es war Licht in dem Zimmer — dem Wohnzimmer der Familie. Der Justizrath pflegte dort seine Abendpfeife zu rauchen. Es stand zu vermuthen, daß sie ihm über dem Besuch, der ihm bevorstand, ausgehen werde.

Die Hausthüren in Uselin pflegten, bevor die Bewohner zu Bett gingen, nicht verschlossen zu werden; aber sei es, daß die von den Stadtdienern Luz und Bolljahn mit so opferfreudigem Muthe bekämpften Unruhen der letzten Tage eine größere Vorsicht räthlich erscheinen ließen, sei es, daß der Justizrath in seiner doppelten Eigenschaft als reicher Mann und als Mann des Gesetzes auch in diesem Punkte auf strengere Ordnung hielt — sein Haus war verschlossen, und es dauerte einige Zeit, bis auf mein wiederholtes Klingeln eine weibliche Stimme, nicht ohne eine gewisse Zaghaftigkeit im Ausdruck, durch das Schlüsselloch »Wer ist da?« fragte. Meine Antwort: »Jemand, der den Herrn Justizrath dringend zu sprechen wünscht«, schien der weiblichen Thürhüterin die übrigens niemand anders sein konnte, als das hübsche Hausmädchen Jette, keine vollständige Beruhigung zu gewähren. Es entstand ein Flüstern, aus welchem ich schloß, daß Jette auch noch Male, die Köchin, mitgebracht hatte, dann ein Kichern, und dann der Bescheid, daß man es dem Herrn sagen wolle.

Ich patrouillirte in meiner Ungeduld vor dem Hause auf und ab, als in dem Wohnzimmer oben ein Fenster geöffnet wurde, und der Herr Justizrath in Person, den Kopf ein ganz klein wenig heraussteckend, die Frage seines Hausmädchens wiederholte, und von mir dieselbe Antwort empfing.

In Sachen? fragte der vorsichtige Mann.

Ich komme von der Insel, antwortete ich auf gut Glück.

Aha! sagte er und schloß das Fenster.

Der Justizrath hatte schon seit mehreren Tagen nichts gethan, als Leute verhört, die ihm über die große Angelegenheit Auskunft geben sollten. Ein Schiffer und Fischer, der, von der Insel kommend, ihn des Abends zehn Uhr dringend zu sprechen wünschte, konnte nur in *einer* Eigenschaft und zu einem Zwecke kommen: eine wichtige Angabe zu machen, die vielleicht ein — in der That sehr nöthiges — Licht in das Dunkel der räthselhaften Affaire warf. Ich für mein Theil glaubte, daß der Herr Justizrath mich an der Stimme erkannt habe und daß sein Ausruf so viel heißen solle, als: bist du endlich da! Ich sollte alsbald erfahren, wie sehr ich mich getäuscht hatte.

Die Hausthür wurde aufgeschlossen; ich trat schnell herein. Kaum aber hatte der Schein des Lichtes, das Jette in der erhobenen Rechten hielt, mein Gesicht gestreift, als sie laut aufschrie, das Licht mit sammt dem Leuchter fallen ließ und eilig davonlief, während die Köchin, wenigstens was das Kreischen und Weglaufen anbetraf, dem Beispiele ihrer Genossin folgte. Die Köchin, welche eine bereits ältere Person war, hätte wohl verständiger sein können; indessen, sie kannte mich eben nur von Ansehen und hatte in letzterer Zeit jedenfalls die schrecklichsten Dinge von mir gehört; so will ich sie nicht weiter tadeln. Das Benehmen der hübschen Jette aber war unverzeihlich. Ich war um ihrer Herrin und vielleicht auch um ihrer selbst willen immer sehr liebenswürdig gegen sie gewesen; sie hatte das stets im vollstem Maße anerkannt, mich, wo und wann ich ihr begegnete, schelmisch angelächelt, und, so oft ich in das Haus gekommen war, jederzeit mit dem allerfreundlichsten Knix begrüßt, und heute — doch ich hatte heute an Anderes zu denken als an die Undankbarkeit eines Stubenmädchens. So schritt ich denn durch den dunkeln Hausflur, erstieg die mir wohlbekannte Treppe und klopfte an die Thür von des Justizraths Arbeitszimmer, welches neben dem Wohnzimmer lag, und wohin sich der Justizrath, um den späten Besuch zu empfangen, mittlerweile gewiß schon begeben hatte.

Herein! sagte der Justizrath.

Ich folgte dem Rufe.

Und da stand der Justizrath, wie ich ihn zu sehen erwartet hatte: die weitschichtige, große Gestalt in den weiten, großgeblümten Schlafrock gehüllt, die lange Pfeife in der Hand, und blickte, die schmale, niedrige, von kurzem, dichten Haar umstarrte Stirn in gewichtige Falten legend, aus den kleinen, dummen Augen neugierig auf den Eintretenden.

Nun, was bringen Sie mir, mein Lieber? fragte der Justizrath.

Mich selbst, erwiderte ich mit leisem, aber festem Ton, indem ich nahe an ihn herantrat.

Meine Befürchtung, daß dem Mann über meinem Besuch die Pfeife ausgehen würde, erfüllte sich insofern, als er dieselbe einfach fallen ließ, und, ohne ein Wort zu erwidern, die Schöße des großgeblümten Schlafrocks mit beiden Händen ergreifend, Rettung in dem Familienzimmer nebenan suchte.

Da stand ich nun neben der zerbrochenen Pfeife und trat die glühende Asche aus, die auf den kleinen Teppich vor dem Arbeitstisch gefallen war, an welchem der Justizrath gestanden hatte. In dieser gewiß nicht verbrecherischen Beschäftigung wurde ich durch einen Ruf aufgeschreckt, der nebenan aus dem geöffneten Fenster auf den Markt nach dem Wächter erschallte. Es war die Stimme des Justizraths, aber dieselbe klang sehr heiser und kläglich, als ob den Rufer Jemand an der Kehle halte.

Ich trat an die Thür zum Familienzimmer und klopfte.

Herr Justizrath!

Keine Antwort.

Frau Justizrath!

Alles still.

Fräulein Emilie!

Eine Pause, und dann ein ängstliches Stimmchen, das ich so oft hatte lachen hören, mit dem ich auf Wasser- und anderen Fahrten so manches Duett gesungen hatte.

Was wollen Sie?

Sagen Sie Ihrem Herrn Vater, Fräulein Emilie, daß, wenn er noch einmal nach dem Wächter ruft, und wenn er sich nicht alsbald hierher in sein Arbeitszimmer bemüht, ich weggehe und nicht wiederkomme.

Ich hatte das in einem höflichen, aber sehr bestimmten Tone gesagt, der denn doch seine Wirkung nicht verfehlen mochte. Ein leises Zwie- oder vielmehr Dreigespräch ließ sich in der Nähe der Thür vernehmen. Die Frauen schienen den Gatten und Vater zu beschwören, daß er sein kostbares Leben nicht in eine so offenbare Gefahr bringe, während der Gatte und Vater die gemeinschaftliche Furcht durch heroische Sentenzen, wie: aber es ist meine Pflicht! oder: es kann mich mein Amt kosten! zu beschwichtigen suchte.

Endlich siegte die durch so wichtige Bedenken unterstützte Tugend. Ich vernahm ein lautes Räuspern, die Thür wurde vorsichtig geöffnet und an dem großgeblümten Schlafrock vorbei hatte ich einen flüchtigen Blick auf die Haube der Frau Justizräthin und auf die Papilloten Fräulein Emiliens, deren krause, blonde Locken ich immer für ein schönes Spiel der Natur gehalten hatte.

Ach! zu den vielen großen Illusionen, die mir die letzten Tage zerstört hatten, mochte diese kleine gern mit in den Kauf gehen!

Der Justizrath hatte zögernd die Thür hinter sich geschlossen und kam zögernd ein paar Schritte näher, blieb dann stehen, und versuchte mich fest in's Auge zu fassen, was ihm nach einiger Mühe beinahe gelang.

Junger Mann, sagte er, Sie sind allein?

Wie Sie sehen, Herr Justizrath.

Und ohne Waffen?

Ohne Waffen.

Ohne alle Waffen?

Ohne alle Waffen.

Ich knöpfte meine Matrosenjacke auf, den Inquirenten von der Wahrheit meiner Aussage zu überzeugen. Der Justizrath schöpfte sichtlich Athem.

Und Sie sind gekommen?

Mich dem Gerichte zu stellen.

Warum haben Sie das nicht sogleich gesagt?

Ich wüßte nicht, daß Sie mir dazu Zeit gelassen hätten.

Der Justizrath warf einen verlegenen Blick auf die zerbrochene Pfeife am Boden, räusperte sich und schien nicht recht zu wissen, was er in einem so außerordentlichen Falle zu thun habe.

Es entstand eine Pause.

Die Damen nebenan mußten vermuthen, daß ich diese Pause dazu benutze, dem Gatten und Vater die Kehle abzuschneiden; wenigstens wurde in diesem Augenblicke die Thür aufgerissen, die Frau Justizräthin im Nachtkamisol und flatternder Nachthaube kam hereingestürzt unmittelbar auf den großgeblümten Schlafrock zu, den sie mit allen Merkmalen tödtlicher Angst umklammerte, während Emilie, die dem Nachtkamisol auf dem Fuße gefolgt war, sich zu mir wandte, und mit theatralischer Geberde beide Hände abwehrend bis zur Höhe ihrer Papilloten erhob.

Heckepfennig, er will Dich umbringen! schluchzte das Nachtkamisol.

Schonen Sie meinen alten Vater, seufzten die Papilloten.

Und jetzt öffnete sich auch die Thür nach dem Flur. Jette und Male wollten, auf die Gefahr hin, mit ihrer Herrschaft zu sterben, wenigstens sehen, was oben passirte, und erschienen laut jammernd auf der Schwelle. Das Nachtkamisol brach bei ihrem Anblick in ein hysterisches Weinen aus, und die Papilloten schwankten nach dem Sopha, in der augenscheinlichen Absicht, dort in Ohnmacht zu fallen.

Hier nun bewies der Justizrath zum andern male, daß große Charaktere in großen Augenblicken groß zu handeln vermögen. Er löste mit sanfter Gewalt den großgeblümten Schlafrock aus der Umarmung des Kamisols und sagte mit einer Stimme, die den Entschluß verkündete, das Aeußerste zu thun und zu wagen: Jette, hole mir meinen Rock!

Dies war das Signal zu einer Scene unbeschreiblicher Verwirrung, aus der nach fünf Minuten das Opfer seiner Pflichttreue als Sieger mit Rock und Hut und Stock hervorging — ein erhabener Anblick, der nur dadurch einigermaßen beeinträchtigt wurde, daß die Füße des Helden noch immer mit gestickten Pantoffeln bekleidet waren, und er selbst dieses Umstandes nicht früher gewahr wurde, als bis es zu spät war, nämlich erst, als wir unten auf dem Pflaster des Marktes standen.

Lassen Sie es gut sein, Herr Justizrath, sagte ich, als er im Begriff war, umzukehren. Sie kommen am Ende nicht wieder, und es sind ja nur ein paar Schritte.

In der That war das kleine alte Rathhaus an der andern Seite des keineswegs weiten Platzes gelegen; und das Pflaster war vollkommen trocken, so daß das Opfer der Pflichttreue nicht einmal einen Schnupfen zu befürchten hatte.

Herr Justizrath, sagte ich, während wir über den Marktplatz schritten; nicht wahr, Sie werden meinem Vater bezeugen, daß ich mich freiwillig, ohne irgend eine Nöthigung gestellt habe; ich will dann auch gegen Niemand ein Wort von der zerbrochenen Pfeife sagen.

Ich habe viel thörichte und unüberlegte Worte in meinem Leben gesprochen, wenige, die unüberlegter und thörichter gewesen wären. Indem ich gerade auf den Punkt losging, der mir, ich möchte sagen, der einzig wichtige in der ganzen Angelegenheit gewesen war, nämlich: meinem Vater, der mich verleugnet hatte, Trotz zu bieten, vergaß ich ganz, daß ich dabei so derb als möglich auf ein Paar gestickte Pantoffeln trat, die mir diese Beleidigung nie vergeben würden und in Wahrheit nie vergeben haben. Wer weiß, welche ganz andere Wendung mein Prozeß genommen, wenn ich, anstatt jener unverzeihlichen Dummheit, ein Lied vom braven Manne angestimmt hätte, der sich zwar von einem möglichen, ja wahrscheinlichen Ueberfalle zu schützen wisse, dann aber seine Pflicht thue, entstehe daraus, was da wolle.

Was wußte ich, junger, gläubiger Thor, der ich war, von solchen Feinheiten!

Und so gelangten wir in die offene Halle des Rathhauses, wo bei Tage eine alte Kuchenfrau in einem ausgesägten Fasse vor meinem Tische saß, dessen nicht immer reines Laken (auf welchem die Kuchen, die Rosinensemmeln und Bonbons lagen) von dem durch die Halle streichenden Wind beständig hin- und hergeweht wurde. Der Tisch war jetzt ohne Decke und gewährte einen sehr trostlosen Anblick — als wenn die alte Mutter Möller und nicht blos sie, sondern alle Kuchen, Rosinensemmeln und Bonbons der Welt für immer und immer gestorben wären. Eine seltsame Wehmuth ergriff mich; zum ersten und letzten mal an diesem Abend regte sich in mir der Gedanke, ob ich nicht doch besser thäte, das Weite zu suchen. Wer sollte mich halten? Der Pantoffelheld an meiner Seite wahrhaftig nicht; der alte Nachtwächter Rüterbusch, der vor dem Wachlocal in der Rathhaushalle im trüben Schein einer an der gewölbten Decke hin- und herschaukelnden Laterne auf- und abschlürfte, eben so wenig. Aber ich dachte an meinen Vater, und ob ihm nicht doch das Gewissen schlagen würde, wenn er morgen hörte, daß ich im Gefängniß säße — und ich stand ruhig dabei und hörte, wie der Nachtwächter Rüterbusch dem Herrn Justizrath Heckepfennig auseinandersetzte, daß sich die Sache sehr schwer würde »verwerkstelligen« lassen, sintemalen infolge der in den letzten Tagen vorgenommenen Verhaftungen die ganze Custodie bis auf den letzten Platz gefüllt sei.

Die Custodie war ein ominöser Anbau des Rathhauses, der seine Fronte nach einer sehr schmalen Nebengasse hatte, in welcher die Schritte immer sonderbar hallten. Kein Useliner ging, wenn er es vermeiden konnte, durch diese hallende Gasse; denn in jenem ominösen Anbau des Rathhauses gab es keine Thür, dafür aber eine Reihe kleiner viereckiger, mit Eisenstäben vergitterter und zum Ueberfluß mit Holzblenden halbverdeckter Fenster, hinter denen sich hier und da einmal ein bleiches Armesündergesicht zeigte.

Eine Viertelstunde, nachdem die Unterredung zwischen Herrn Justizrath Heckepfennig und Herrn Nachtwächter Rüterbusch zu einem befriedigenden Ende gekommen war, saß ich hinter einem dieser vergitterten Fenster.

Einundzwanzigstes Capitel

Das Rathhausgäßchen meiner Vaterstadt, in welchem die Tritte der Passanten so dumpf hallten, hatte, selbst in der Erinnerung der ältesten Krähe auf dem benachbarten Thurme der Nicolaikirche, nie der anziehende Zauber des Schauerlichen so sehr umwittert, als in den letzten beiden Monaten dieses und in den ersten zwei des folgenden Jahres. Auch wollte man die Bemerkung gemacht haben, daß in dem Gäßchen der Schnee noch nie so hoch gelegen habe und daß es noch in keinem Jahre so früh dunkel geworden sei. Ja, Mutter Möller, die Kuchenfrau in der Rathhaushalle, die ihren Kram sonst mit dem Glockenschlage fünf zusammenpackte, that es jetzt regelmäßig schon um ein halb fünf, weil sie behauptete, es wehe sie nach Dunkelwerden immer wie eitel Leichengeruch an, und das Laken auf ihrem Tische flattere so hin und her, daß es unmöglich mit rechten Dingen zugehen könne. Dagegen versicherte Vater Rüterbusch, der Nachtwächter: er habe weder auf seinem Stand in der Halle, noch in dem Gäßchen etwas Besonderes bemerkt, nicht einmal zwischen zwölf und ein Uhr, wo es doch von Amts wegen spuken dürfe, geschweige denn zu andern Stunden. Indessen war man mehr geneigt, der alten Kuchenfrau, als dem noch älteren Nachtwächter zu glauben, da die Erstere, wenn sie auch je zuweilen einnicke, doch im Ganzen mehr wache als schlafe, während von dem Letztern die Stammgäste des Rathskellers, welche nächtens an seinem Posten vorüber mußten, einstimmig das Gegentheil aussagten. Die Stammgäste des Rathskellers kränkten durch solche Rede das gute Herz von Vater Rüterbusch tief und bitter, widerlegten ihn aber nicht. Denn sehen Sie, sagte Vater Rüterbusch, zum Exempel schläft ein vereidigter Nachtwächter überhaupt niemalen, sondern stellt sich zum Exempel schlafend, um gewisse Herren nicht in Verlegenheit zu setzen, die sich vor mir altem Manne ob ihres lüderlichen Lebenswandels schämen müßten. Posito bin ich bereit, meine Aussagen auf meinen Diensteid zu nehmen, und das können die Herren nicht. Denn wenn auch manche von ihnen, zum Exempel der Rathszimmermeister Karl Bobbin, bereits zwanzig Jahre lang allabendlich, perspective allnächtlich, denselben Weg kommen, perspective gehen, so ist eine Gewohnheit doch kein Amt: ich zum Exempel habe noch nie gehört, daß die Stammgäste des Rathskellers vereidigt wären oder würden, und habe doch schon letzte Ostern mein fünfzigjähriges Jubiläum gefeiert und bin mit Karl Bobbin seinem Vater, der zum Exempel auch schon nichts getaugt hat, zusammen in die Schule gegangen.

Dem sei nun wie ihm wolle; darüber herrschte während der Wintermonate von dreiunddreißig auf vierunddreißig in Uselin nur Eine Meinung, daß, wenn es im Rathhausgäßchen nicht geheuer sei, sich, wie die Dinge nun einmal lagen, kein Mensch darüber wundern könne.

Die Dinge aber lagen schlimm und für Niemand schlimmer als für mich, der ich, wie von Jedermann zugegeben wurde, weitaus die Hauptperson in dem großen Contrebande-Prozesse war, zu dem sich — Dank dem inquisitorischen Genie des Untersuchungsrichters, Justizrath Heckepfennig — eine in meinen Augen so unendlich einfache Sache mittlerweile entwickelt hatte.

Als ob es nur im allermindesten darauf angekommen wäre, wie die Sache in meinen Augen aussah! Als ob es sich irgend der Mühe verlohnt hätte, zu untersuchen, was ich denn eigentlich gewollt! Aber nein! Ich will dem Justizrath Heckepfennig und dem Conferenten, Justizrath Vostelmann vom Obergericht, nicht unrecht thun! Sie kümmerten sich wohl sehr eifrig darum, nur daß sie leider die Wahrheit nie finden wollten, wo sie lag und wo ich sie dieselbe suchen ließ. Weshalb war ich von meinem Vater fortgegangen? Weil er mir die Thür gewiesen! — Ein schöner Grund! Zornige oder erzürnte Väter weisen ihren Söhnen oft die Thür, ohne daß es den Söhnen einfällt, in die weite Welt zu laufen. Da steckte ohne Zweifel mehr dahinter. Man wollte vielleicht fortgeschickt sein? — Ich gebe das gewissermaßen zu. — Sie geben es vielleicht unbedingt zu? — Ich gebe es unbedingt zu! — Sehr gut! Herr Actuar, notiren Sie gefälligst die Aussage des Inquisiten, der unbedingt zugiebt, er habe von seinem Vater fortgeschickt sein wollen. — Und wo und wann haben Sie die Bekanntschaft des Herrn von Zehren gemacht, die erste Bekanntschaft? — An dem Abend bei Schmied Pinnow. — Hatten Sie ihn nie zuvor gesehen? — Nicht daß ich wüßte. — Auch nicht bei Schmied Pinnow? Derselbe behauptet, Herr von Zehren sei so oft des Abends bei ihm gewesen und Sie ebenfalls, daß es mit einem Wunder zugehen müßte, wenn Sie sich nicht vorher schon einmal getroffen hätten. — Das lügt Pinnow und er weiß sehr gut, daß er lügt. — Sie bleiben also dabei, daß Ihr Zusammentreffen mit Herrn von Zehren ein rein zufälliges war? — Allerdings. — Wie viel Geld hatten Sie bei sich, als Sie Ihren Vater verließen? — Fünfundzwanzig Silbergroschen, wenn mir recht erinnerlich ist. — Und hatten Sie irgend eine Aussicht, ein dauerndes Unterkommen zu finden? — Nein. — Sie hatten keine derartige Aussicht, hatten fünfundzwanzig Silbergroschen im Besitz, legten es darauf an, daß Ihr Vater Sie fortschickte, und behaupten noch, daß Sie an dem bewußten Abende mit dem Manne, bei dem Sie sofort Aufnahme fanden, bei dem Sie bis zur Katastrophe geblieben sind, zufällig zusammentrafen? Sie sind scharfsinnig genug, einzusehen, wie unwahrscheinlich dies ist, und ich frage Sie deshalb zum letzten male, ob Sie auf die Gefahr hin, Ihre Glaubwürdigkeit schwer zu verdächtigen, obige Behauptung aufrecht zu erhalten versuchen? — Ja.

Justizrath Heckepfennig warf Herrn Actuarius Unterwasser einen Blick zu, als wollte er sagen: Begreifen Sie diese Unverschämtheit? Herr Actuarius Unterwasser lächelte mitleidig und schüttelte wehmütig den Kopf und rasselte mit der Feder über das Papier, als sei es für ihn eine moralische Beruhigung, so unbegreifliche Dinge wenigstens Schwarz auf Weiß vor sich zu haben.

So ging es durch, ich weiß nicht wie viele Verhandlungen und Vernehmungen: durch summarische Vernehmung, durch Hauptvernehmung, durch articulirte Vernehmung. Sehr häufig wußte ich gar nicht, um was es sich handelte und wozu alle die langathmigen Fragen und die Kreuz- und Querfragen, in denen Justizrath Heckepfennig seine Stärke suchte, dienen sollten. Ich beschwerte mich darüber bitter bei meinem Vertheidiger, dem Assessor Perleberg, indem ich hinzufügte, daß ich den Herren doch Alles gesagt oder, wie sie sich auszudrücken beliebten, gestanden habe.

Verehrtester, sagte der Assessor, erstens ist es nicht wahr, daß Sie Alles gestanden haben — Sie haben zum Beispiel nicht sagen wollen, wer die Person gewesen ist, mit welcher Sie der Kathenmann Semlow an dem betreffenden Abend vier Uhr auf dem Fußwege nach Zehrendorf hat gehen sehen — und zweitens, was heißt Geständniß? Wir Criminalisten legen auf das Geständniß nur einen untergeordneten Werth. Wie viele Verbrecher sind nicht zum Geständniß zu bringen, und wie manches ist falsch oder wird später widerrufen! Der eigentliche Zielpunkt des Inquirenten ist die Ausmittelung der Schuld. Bedenken Sie doch, Verehrtester, Ihr ganzes sogenanntes Geständniß könnte ja Fiction sein. Das ist Alles schon dagewesen; die criminalistischen Annalen —

Es war zum Verzweifeln! Er ist später eine große Fackel und Leuchte der Jurisprudenz geworden, mein Defensor, und er war auch gewiß schon damals, obgleich er noch nicht Professor, Geheimrath und ein weit berühmter Mann, sondern ein obscurer Assessor am Obergerichte war, ein großer Gelehrter und sehr scharfsinniger Kopf — eine Welt zu gelehrt und scharfsinnig für mich armen Teufel! Mit seinem Erstens und Zweitens hätte er eine Jury von Engeln gegen die Unschuld selbst einnehmen müssen, geschweige denn ein Collegium von Richtern, die durch ihn auf den Gedanken kamen, daß ein Mensch, der mit einem so ungeheuren Aufwand von Scharfsinn und Gelehrsamkeit vertheidigt werden mußte, nothwendig ein großer Verbrecher war. Ich sehe ihn immer noch vor mir sitzen auf der Kante des mit Bankeisen an der Wand befestigten Tisches in meiner Gefängnißzelle, mit den kurzen dürren Beinen zappeln und mit den dünnen Aermchen in der Luft umherfahren, wie eine Spinne, wenn sie eine Masche in ihrem Netze verloren hat. Ach, es mochte wohl sehr schwer sein — zumal für eine so grundgelehrte Spinne — eine tölpische Brummfliege, die in ihrer Verblendung in das Netz geflogen war und gar ungeberdig darin umhertobte, wissenschaftlich rein herauszulösen! Bekam ich doch jetzt erst eine Ahnung davon, wie weitschichtig die Maschen dieses Netzes und wie viele Fliegen außer mir in diese Maschen verwickelt waren!

Sehr leichtsinnige Fliegen, die unter der Maske höchst ehrbarer Bürger und respectabler Kaufleute meiner Vaterstadt und einiger Nachbarstädte seit Jahren einen ausgebreiteten Handel mit eingeschmuggelten Waaren getrieben und das wohllöbliche Zollamt um Tausende und Abertausende betrogen hatten. Diese Sorte Fliegen war äußerst widerwärtig und schmutzig. Denn so wie eine mit einem Fuße das Netz berührt hatte und das Entkommen schwierig schien, wurde sie sogleich zur Verrätherin an ihren Mitfliegen und ruhte nicht, bis alle in dem Netze festsaßen.

Dann gab es eine andere, viel ehrlichere Sorte, obgleich sie sich beiweitem nicht so ehrbar zu geberden wußte. Das waren meine guten Freunde, die wettergeprüften, tabakkauenden, schweigsamen Männer von Zanowitz und den anderen Fischerdörfern an der Küste. Sie hatten es in diesen Affairen nicht ganz so gut gehabt wie die Herren hinter dem Ladentisch und in den Comptoirs. Sie hatten mit Sturm und Wetter zu kämpfen gehabt, hatten wachen und lauern und hungern und frieren und ihre Haut zu Markte tragen müssen um geringen Lohn, und Mancher von ihnen gewiß nur, sich selbst und Weib und Kindern das jämmerliche Dasein zu fristen; aber, obgleich man ihrer Vier in der Schreckensnacht auf dem Moore gefangen, konnte die Untersuchung nach dieser Seite nicht von der Stelle. Keiner verrieth seinen Kameraden, Keiner wußte, wer sein Nebenmann gewesen war. Die Nacht war dunkel, und in der Nacht sind alle Katzen grau; es hatte Jeder genug mit sich zu thun gehabt. Wenn Pinnow sagt, daß Der und Jener auch dabei gewesen, so wird er es ja auch wohl beschwören können. Umsonst, daß der Herr Justizrath die pfiffigsten Fragen stellte und schmeichelte und drohte — man mußte ein paar Dutzend Leute, die als dringend verdächtig eingezogen waren, entlassen und froh sein, daß man wenigstens die Vier hatte, die man auf frischer That ergriffen.

Ja, es war eine eigene Sorte Fliegen, die sich da neben den andern in dem Gesetzesnetz gefangen hatte, eine zähe, rauhe Sorte, sehr unbequem gewiß für die Hüter der Fleischtöpfe einer geordneten Staatseinrichtung, aber doch ehrlich in ihrer Weise und kein Geschmeiß in moralischem Sinne wie jene ersten.

Diese beiden Sorten nun hatten sich schon seit langer Zeit in die Hände gearbeitet, aber ohne rechtes System und deshalb auch ohne rechten Erfolg, bis vor ungefähr vier Jahren das Geschäft plötzlich einen großartigen Aufschwung nahm. Es war nämlich Jemand, der sich bis dahin, wie alle Gutsbesitzer längs der Küste, seinen Wein, seinen Cognac, sein Salz, seinen Tabak von den Paschern in kleinen Partien hatte liefern lassen, auf den Gedanken gekommen, daß es an einer Mittelsperson zwischen den Lieferanten und ihren Abnehmern fehle — einer Mittelsperson, die gleichsam einen Speicher oder Packhof für die Contrebande errichtete und so den Lieferanten die Möglichkeit gewährte, größere Partien auf einmal abzusetzen, und den Abnehmern, die Waare nach Bedürfniß und zu gelegener Stunde einzuholen.

Diesen sehr gesunden national-ökonomischen Gedanken, den die Noth erzeugt und die Abenteuerlust des Mannes freudig empfangen, hatte er mit der Kühnheit, der Umsicht, der Energie, die ihn in so hohem Grade auszeichneten, in's Werk gesetzt. Die einsame Lage seines Gutes auf dem lang hin sich streckenden Vorgebirge — auf der einen Seite die offene See, auf der andern Seite das Binnenwasser — war für seine Zwecke wie gemacht. Wenn es sich früher um Bootsladungen gehandelt hatte, wurden jetzt ganze Schiffsladungen auf einmal oder an ein paar Abenden hinter einander gelöscht, in den Kellern seines Schlosses geborgen und nach und nach an die Abnehmer — die Gutsbesitzer der Nachbarschaft, die Kaufleute in den Landstädtchen der Insel, in den Hafenstädten des Festlandes — weitergegeben. Und hier war es vor Allem Schmied Pinnow, in dessen Händen sich der zweite Theil des Geschäftes befand. Schmied Pinnow war als Schmuggler längst bekannt, mehr als einmal in

Untersuchung gewesen, wiederholt bestraft worden, als er plötzlich in Gefahr gerieth, zu erblinden, eine große blaue Brille tragen mußte und höchstens noch bei sehr schönem Wetter und mit Hilfe seines taubstummen Lehrburschen die Badegäste von Uselin auf seinem Kutter eine Stunde oder so spazieren fahren konnte. Dieses Unglück hatte den braven Mann zur selben Zeit getroffen, als der große Schmuggler-Capitän von der Insel, den man auf einen so ausgezeichneten Helfershelfer aufmerksam gemacht, eines Nachts in seiner Strandhütte erschien und ihn gewissermaßen in Sold und Pflicht nahm. Von da an hatten die Beiden zusammen gearbeitet und der Schmied im Laufe der vier Jahre so viel Geld verdient, daß er nun und nimmermehr seinen Chef verrathen haben würde, wenn die Eifersucht dem alten Sünder nicht einen dummen Streich gespielt hätte. Wenn Sie das Mädchen nicht zufrieden lassen, schieße ich Sie über den Haufen, wie einen Hund, hatte der Wilde gesagt, und Schmied Pinnow war nicht der Mann, eine solche Drohung, von der er nur zu gut wußte, wie ernst sie gemeint war, ruhig hinzunehmen.

Und von dieser Stunde an verbreitete sich, man wußte nicht, woher es kam, das Gerücht in der Stadt, besonders in den Bureaux des Steueramtes, daß der wilde Zehren auf Zehrendorf die Seele des ganzen Schmugglerhandels sei, der Meilen hinauf und hinab die Küste entlang so äußerst schwunghaft betrieben wurde. Man wollte dem Gerücht keinen Glauben schenken. Freilich war der wilde Zehren ein Mann, mit dem man in Uselin die Kinder in's Bett jagte; freilich wußte man oder wollte man von ihm Dinge wissen, die man sich kaum heimlich in's Ohr zu flüstern wagte: daß er seinen Schwager erstochen, daß er seine Frau entsetzlich behandelt und dann im See im Walde ertränkt habe und dergleichen mehr; aber das waren Dinge, wie sie dem wilden Zehren wohl passiren konnten, während der Schmuggel — nein, es war unmöglich! ein Mann vom ältesten Adel und dessen Bruder noch dazu der erste Steuerbeamte des Regierungsbezirkes war!

Dies war die allgemeine Meinung. Zwischendurch ließen sich einzelne Stimmen, allerdings nur sehr leise, vernehmen, die da meinten: wie verschieden die beiden Brüder auch sonst an Gesinnung, Lebensstellung, ja selbst in ihrer äußeren Erscheinung seien, darin ähnelten sie einander doch, daß jeder von ihnen mehr Schulden habe, als er bezahlen könne, und ähnliche Ursachen könnten ja auch wohl ähnliche Wirkungen hervorbringen. Wenn die Unternehmungen des Wilden alle die Jahre hindurch von so außerordentlichem Glücke begleitet gewesen seien, so sei der Grund vielleicht der, daß die Steuer-Officianten freilich nicht wüßten, wo und wann der Wilde sein Wesen treibe, der Wilde dagegen desto besser unterrichtet wäre, wo und wann er den Steuer-Officianten nicht begegnen würde.

Diese Für und Wider hätten noch lange in der Stille debattirt werden können, wenn ein unglücklicher Zufall dem Verrath Pinnow's nicht in der sonderbarsten Weise zu Hilfe gekommen wäre. In derselben Nacht nämlich, als Pinnow mit Hilfe Jochen Swart's, den lediglich sein schlechtes Herz zum Verräther an seinem Herrn werden ließ, bei dem Steuer-Revisor Braun die Anzeige machte, war der Provinzial-Steuerdirector aus der Hauptstadt der Provinz in Uselin angekommen. Der Steuer-Revisor, welcher zur Partei derer gehörte, die ihrem Chef mißtrauten, begab sich nicht zu diesem, der die Denunciation jedenfalls unschädlich gemacht hätte, sondern sofort zum Steuerdirector, welcher alsbald mit Umsicht und Energie seine Dispositionen traf, einen großen Schlag gegen die Schmuggler zu führen, einen Schlag, der nur zu gut traf.

War der Steuerrath schuldig? Directe Beweise lagen nicht vor. Der Steuerrath hatte stets gesagt, daß er längst allen persönlichen Verkehr mit seinem Bruder aufgegeben habe, da dessen Thun und Treiben nur zu sehr dazu angethan sei, einen loyalen Beamten, wie ihn, zu compromittiren. In der That war der Wilde während der letzten Jahre nie bei seinem Bruder, ja nicht einmal in der Stadt, gesehen worden. Hatte nichtsdestoweniger ein persönlicher Verkehr stattgefunden, so waren jedenfalls die Zusammenkünfte so heimlich wie möglich gewesen. Etwaige Briefe des Bruders hatte der Steuerrath ohne Zweifel sofort vernichtet, und wenn der Wilde nicht ebenso vorsichtig gewesen war, so war er jetzt todt, sein Schloß bis auf den Grund abgebrannt — wer oder was konnte gegen den Steuerrath zeugen?

Ich war der Einzige, der es gekonnt hätte. Ich erinnerte mich sehr wohl der Ausdrücke, in welcher Herr von Zehren stets über den Bruder gesprochen; ich wußte, daß er die letzte Expedition hauptsächlich im Interesse des Bruders unternommen hatte; ich hatte in jenem Briefe den Beweis seiner Schuld in Händen gehabt und — vernichtet.

Es schien, als ob man etwas derart vermuthete. Plötzlich tauchte in den Verhören, die man mit mir anstellte, der Name des Steuerraths auf; ich wurde auf's schärfste dahin inquirirt, was ich von dem Verhältnisse des Herrn von Zehren zu seinem Bruder wisse. Ich sagte und blieb dabei, daß ich nichts wisse.

Verehrtester, sagte der Assessor Perleberg, weshalb wollen Sie den Mann schonen? Erstens verdient er nicht, geschont zu werden, denn er ist ein schlechtes Subject, man mag ihn nehmen von welcher Seite man will; zweitens verschlimmern Sie Ihre Lage in irreparabler Weise. Ich sage es Ihnen vorher: Sie kommen nicht unter fünf Jahren weg; denn erstens —

Um Gotteswillen, lassen Sie mich in Ruhe! schrie ich.

Sie werden von Tag zu Tag weniger traitabel, sagte der Assessor Perleberg. Und darin hatte er vollkommen Recht, aber es würde auch ein Wunder gewesen sein, wenn es anders gewesen wäre.

Ich saß nun schon beinahe ein halbes Jahr in einem eisenvergitterten, halbdunklen Gemache, das ich mit fünf Schritten der Länge und vier Schritten der Breite nach durchmessen konnte. Das war schlimm für einen jungen Menschen meinesgleichen; schlimmer, viel schlimmer aber waren die Qualen, die mein Gemüth zu erdulden hatte. Das Vertrauen zu den Menschen, das bisher mein Herz erfüllt — es war dahin. Wenn ich früher durch sie dahingewandelt wie der Adam des Paradieses auf alten Bildern durch die Reihen der Geschöpfe, so waren meine Augen jetzt aufgethan und ich sah, daß es sich mit Tigern, Schlangen und Krokodilen nicht hausen ließ. Ja, wie Tiger, Schlangen und Krokodile waren sie gewesen, grausam, falsch und heuchlerisch! Daß Keiner mich in meinem Gefängniß besuchte, konnte ich freilich nur Herrn Justizrath Heckepfennig auf Rechnung setzen, der es für unumgänglich nöthig hielt, einem so hochgefährlichen Verbrecher jede Communication mit der Außenwelt gänzlich zu verbieten; aber daß Menschen, denen ich nichts gethan, denen ich höchstens einmal in meiner täppischen Weise, ohne die mindeste böse Absicht, zu nahe getreten war, es sich angelegen sein ließen, den Gefallenen noch tiefer in den Staub zu treten — das konnte ich nicht verzeihen. Zehn Zeugen waren aufgefordert, mir ein Sittenzeugniß auszustellen, und von diesen Zehn hatte nur der Eine, den ich unbedingt am meisten gekränkt und beleidigt — Professor Lederer — ein schüchternes Wort der Entschuldigung und Fürbitte einfließen lassen. Alle Anderen — Hausfreunde meines Vaters, Nachbarn, Väter von Söhnen, die meine Freunde gewesen waren — Alle konnten sie nicht Worte finden, um zu sagen, welch ein böser Bube ich Zeit meines Lebens gewesen. Und, großer Gott, was hatte ich ihnen gethan? Ich hatte dem Einen vielleicht Holzspäne in die Tabakspfeife gestopft, dem Andern vielleicht ein paar Tauben weggefangen, die Söhne des Dritten vielleicht mit blutigen Nasen nach Hause geschickt! Und deshalb, deshalb!

Ich konnte es nicht begreifen, aber, was ich davon begriff, erfüllte mich mit unsäglicher Bitterkeit, die sich einmal sogar in heißen Thränen Luft machte, und dies Einemal war, als ich von meinem Vertheidiger erfuhr, daß Arthur — mein einst so sehr geliebter Arthur — über sein Verhältniß zu mir befragt, ausgesagt hatte, daß ich schon seit Jahren davon gesprochen, Schmuggler werden zu wollen, und ihn sogar selbst zum Schmuggler zu machen versucht habe, daß ich mit Schmied Pinnow von jeher in dem intimsten Verkehr gestanden, und daß, wenn man ihn frage: ob er mich der bezichtigten Verbrechen für fähig halte, er unbedingt mit Ja antworten müsse.

Das bricht Ihnen den Hals, sagte Assessor Perleberg, Sie kommen nicht unter sieben Jahren weg, denn erstens —

Ich wischte mir die Thränen, die mir stromweis über die Wangen gelaufen waren, weg, lachte grell auf, verfiel dann in eine an Raserei grenzende Wuth, die schließlich in gänzliche Apathie überging. Ich hatte nur noch eine Art von Interesse für die Sperlinge, die ich daran gewöhnt hatte, jeden Morgen zu kommen und mein Gefängnißbrod mit mir zu theilen. Alles Andere war mir gleichgiltig. Ich hörte, ohne etwas Besonderes dabei zu empfinden, daß Konstanze von ihrem fürstlichen Liebhaber, der den Bitten und Drohungen seines Vaters nachgegeben, bereits wieder verlassen worden; daß Hans von Trantow kürzlich von seinem Gute verschwunden sei, ohne daß eine Menschenseele wisse, wo er geblieben, so daß man vermuthen müsse, er sei im Walde oder im Moore verunglückt; ich hörte, daß der alte Christian sich über die Flucht seines Fräuleins, über den Tod seines Herrn, über die Zerstörung des alten Schlosses nicht habe beruhigen lassen, und daß man ihn eines Morgens auf der Brandstätte, von der man ihn gar nicht habe wegbringen können, todt gefunden; die Pahlen dagegen aus dem Kreisgefängnisse in B., wohin man sie geführt, ausgebrochen sei. Ich hörte dies Alles gleichgültig an, und mit derselben gleichgültigen Miene vernahm ich mein Urtheil. Assessor Perleberg hatte erstens und zweitens Recht behalten. Ich war zu sieben Jahren Gefängniß verurtheilt, abzusitzen in dem Zuchthause zu S.

Sie können sich gratuliren, sagte der Assessor Perleberg; ich hätte Sie zu zehn Jahren und zum Zuchthause verurtheilt; denn erstens —

Sicher war es ein Zeichen jugendlichen Leichtsinns, daß ich für die gelehrte und gewiß auch sehr belehrende Auseinandersetzung meines Vertheidigers wiederum — und noch dazu zum letztenmale! — keine Ohren hatte. Aber ich dachte wirklich an etwas Anderes. Ich dachte: was wohl der wilde Zehren thun würde, wenn er noch lebte und erführe, daß sie seinen treuen Knappen in ein Gefängniß gesperrt und seinen eigenen Bruder über ihn zum Hüter gesetzt hätten?

Zweiundzwanzigtes Capitel

Es war an einem Abende im Mai, als der von zwei Gensdarmen zu Pferde begleitete Wagen, in welchem ich transportirt wurde, sich meinem Bestimmungsorte näherte. Links von der mit krüppelhaften Obstbäumen besetzten Landstraße sah ich viele Leute an der neuen Chaussee arbeiten, welche meine Vaterstadt mit der Hauptstadt des Regierungsbezirkes verbinden sollte, rechts breitete sich welliges Wiesenland aus bis zur See, von der ein breiter, dunkelblauer Streifen

herübergrüßte. Jenseits des Wassers stiegen in sanfter Neigung grü-
nende Felder von dem niedrigen Sandufer aufwärts zu mäßiger, von
Wald gekrönter Höhe. Es war die Insel, die hier der Küste des Festlandes viel näher trat, als bei meiner Vaterstadt, und die ich jetzt zum
erstenmale wiedersah. Vor mir, aber wohl noch eine halbe Meile entfernt, ragten ein paar Thürme mächtig über den Hügelrücken, den
wir eben langsam hinauffuhren.

Mir war wunderlich zu Muthe. Ich hatte bisher den ganzen Weg
nach nichts durch die Ritzen des kleinen Planwagens ausgeschaut, als
nach einer Gelegenheit zur Flucht. Aber wie entschlossen ich auch
war, jede noch so geringe sofort zu benützen, es hatte sich nicht die
geringste geboten. Die zwei Gensdarmen, von denen der eine schon
auf der Insel auf mich vergeblich Jagd gemacht, waren, ohne kaum
ein Wort mit einander zu sprechen, rechts und links neben dem
Wagen hergeritten, die schnauzbärtigen Gesichter fortwährend geradeaus über die Ohren ihrer Pferde auf den Weg oder seitwärts auf
den Wagen gerichtet. Es war gar kein Zweifel, daß die Kolben ihrer
Carabiner bei dem ersten Fluchtversuche des Gefangenen sofort mit
den Schnauzbärten in Berührung gekommen sein würden. Mit zwei
wohlbewaffneten, wohlberittenen, zum Aeußersten entschlossenen
Männern aber anzubinden, hätte nicht die Freiheit, hätte den Todt
suchen heißen.

Und auch sonst war keine von den Möglichkeiten eingetreten, die
sich meine Phantasie ausgemalt hatte. Wir waren keine Brücke
passirt, über deren Geländer ich dreißig Fuß hinab in einen reißenden
Fluß hätte springen, wir waren über keinen von Menschen wimmeln-
den Marktplatz gekommen, wo ich mich hätte in einen Volkshaufen
stürzen und an der Hand eines unbekannten Menschenfreundes entrinnen können. Nichts der Art war geschehen; wir hatten im Schritt
oder kurzem Trabe die paar Meilen lange Strecke ohne einen Aufenthalt, ohne einen Zwischenfall irgend einer Art zurückgelegt, und dort
vor mir ragten die Thürme, in deren Schatten mein Gefängniß lag!

Dennoch konnte ich in dieser entscheidenden Stunde nicht zornig
und ingrimmig sein, wie ich es die ganze Zeit in der Untersuchungshaft gewesen war. Die paar Stunden in freier Luft hatten mir unsäglich wohl gethan. Vorhin hatte es eine zeitlang geregnet; ich hatte
meine Hände hinausgestreckt, um die Tropfen zu fühlen; ich hatte
den frischen Hauch, der durch den Wagen strich, mit Entzücken eingesogen. Jetzt war die Sonne wieder hervorgekommen und warf,
kurz vor dem Untergehen, röthliche Streifen über die grünenden
Saaten, über die schimmernden Wiesen. In den Bäumen an der Weg-
seite zwitscherten und sangen die Vögel; vor uns, gen Osten, auf
dunklem Gewölk, stand ein glänzender Regenbogen, mit dem einen
Fuße auf dem Festlande, mit dem andern auf der Insel. Es war so gar

nichts von Haß und Zorn in dieser ruhigen, sanften Natur — im Gegentheile, ein so lieblicher Friede, eine so milde Schöne — und ich, der ich mich von Kindesbeinen Eines gefühlt mit der Natur, konnte mein Herz der süßen Lockung nicht verschließen. Es sang mit den Vögeln, es schwebte auf den feuchten Schwingen des sanften Windes segnend über die Wiesen, über die Felder; es schimmerte trostverheißend aus dem farbigen Bogen, der sich von der Erde in den Himmel und von dem Himmel wieder zur Erde spannte. Ich war das Alles: Vogelsang und Windeswehen und Regenbogenpracht, und in dem Gefühle, daß ich es war und dennoch hier im Gefangenen-Wagen als ein Gefangener saß, überkam mich ein seltsam Mitleid mit mir selbst, wie ich es nie zuvor empfunden. Ich verbarg mein Gesicht in den Händen und weinte und schluchzte vor Glück und Jammer, vor Lust und Schmerz.

Die Sonne war untergegangen und das Gewölk im Westen und Osten glühte in den wunderbarsten Farben, als der Wagen über die Brücken durch die Thore der Festung rollte, ein paar ziemlich schmale und sehr schlecht gepflasterte Straßen hinaufrumpelte und endlich vor einer Thorfahrt an einer hohen kahlen Mauer still hielt. Die Thorflügel thaten sich langsam auseinander, der Wagen setzte sich wieder in Bewegung und fuhr quer über einen weiten, von hohen, kahlen Mauern und großen unheimlichen Gebäuden ringsum eingeschlossenen Hof zum Portale des größten und unheimlichsten und hielt dort still; ich war da angelangt, wo ich sieben Jahre bleiben sollte, weil ich meinen Freund und Beschützer vor den Folgen eines Verbrechens hatte bewahren wollen, das ich selbst verabscheute.

Sieben Jahre! Ich war entschlossen, daß es nicht so lange dauere. Zwar der Graf von Monte-Christo schlummerte zu jener Zeit noch in dem erfindungsreichen Haupte seines Verfassers, und ich wußte also noch nichts von den Wunderthaten des Gefangenen auf Castell If; aber die Aventuren des Baron von Trenck hatte ich gelesen, und wie man es möglich mache, ellendicke Mauern zu durchbrechen und riesige Festungswälle zu unterminiren. Was ihm gelang, konnte mir, mußte mir auch gelingen.

So war denn mein Erstes, daß ich meine Zelle, als sich kaum die Thür hinter dem brummigen Aufseher geschlossen, so genau untersuchte, wie es eben das geringe noch vorhandene Tageslicht erlaubte wollte. Wenn alle Gefangenen so gut untergebracht waren, gab es unter ihnen gewiß manche, die als freie Leute schlechter gewohnt hatten. Allerdings waren die Wände des eben nicht großen Gemaches einfach weiß; aber so war auch meine Dachkammer im väterlichen Hause gewesen. Dann war da eine eiserne Bettstelle mit einem, wie es schien, sehr guten Bette, eine Waschcommode, an dem einzigen Fenster ein großer Tisch mit einem verschließbaren Kasten, ein

paar hölzerne Stühle und — was mich Wunder nahm — ein alter-
thümlicher, mit Leder überzogener, sehr großer, bequemer Leder-
stuhl, der mich auf das Lebhafteste an den in meiner Stube auf
Schloß Zehrendorf erinnerte.

Nun ja, ich war ja wieder bei einem Zehren zu Gaste, wenn es diesmal auch blos ein Zuchthaus-Director war. Ich sollte die Zehren nun
einmal aus meinem Leben nicht los werden. Sie hatten mir wenig
Glück gebracht, und der ehrwürdige Glanz, der früher für mich auf
dem Namen gelegen, war mittlerweile sehr verblichen. Der Steuerrath, in welchem der Knabe die Verkörperung höchster irdischer
Autorität gesehen, was war er in den Augen des Gefangenen anders
als ein Gleißner und Lügner, der das schlimme Loos von Leuten, die
besser waren als er, zehnfach und hundertfach verdient hatte. Und
der hier, welcher, aus solcher Familie entsprossen, sich zu einem solchen Amte hatte hergeben können — er mußte ja noch schlimmer als
der Gleißner und Lügner sein. Aber ich wollte ihn meine ganze Verachtung fühlen lassen, sobald ich mit ihm zusammentraf; ich wollte
ihm sagen, daß er, wenn er schon einmal Kerkermeister sei, wenigstens nicht den Namen seines edlen Bruders führen sollte, der lieber
gestorben war durch eigene Hand, als daß er in die Gewalt derer fiel,
die ihn hierher gebracht haben würden, hinter diese dreifach verriegelte Thür, hinter dieses mit zolldicken Eisenstangen vergitterte
Fenster.

Das Fenster war bei weitem nicht so hoch angebracht, als die in
der Custodie, und ich warf einen neugierig forschenden Blick durch
die Eisenstangen. Die Aussicht hätte schlimmer sein können. Zwar
hemmte eine hohe und ganz kahle Mauer nach links den Block vollständig, dafür aber sah man nach rechts auf einen mit Bäumen
bepflanzten Hof, auf welchem in nicht großer Entfernung ein zwei-
stöckiges Haus mir seinen mit Weinspalieren bekleideten Giebel
zuwendete. Hinter dem Hause schien ein Garten zu liegen; wenigstens schimmerten blühende Obstbäume herüber. Das sah sehr fried-
lich und lieblich aus in dem matten Lichte des Frühjahrsabends, und
das schrille Zirpen der Schwalben, die vor meinem Fenster schaarenweise hinüber- und herüberschossen, hätte mich vergessen machen
können, daß ich in einem Gefängnisse mich befand, wäre ich durch
die scharfe Kante einer der Eisenstangen des Gitters, an die ich meine
Stirn gelegt, nicht allzu schneidend daran erinnert worden.

Ich faßte mit beiden Händen hinein und rüttelte aus Leibeskräften. Die
sechs Monate Gefangenschaft hatten die Kraft meiner Muskeln noch
nicht zu brechen vermocht. Ich fühlte es wohl; mir war, als müßte
ich das ganze Gitter mit einem Ruck herausreißen können. Aber vorsichtig! vorsichtig! Es war ja nicht das Gitter allein, welches mich
zum Gefangenen machte. Und wäre das Fenster unvergittert gewesen

— es lag mindestens dreißig Fuß über dem Steinpflaster des Hofes. Und wenn ich drunten war, so gab es jedenfalls andere und wieder andere Hindernisse zu überwinden, und ein mißglückter Fluchtversuch mußte meine Lage unberechenbar verschlimmern.

Ich hörte ein Geräusch auf dem Gange. Tritte näherten sich und kamen bis an meine Thür. Ich sprang von dem Fenster zurück und stand mitten in dem Gemach, als jetzt draußen Schlüssel klapperten, die Thür sich aufthat und an dem Aufseher vorüber die hohe Gestalt eines Mannes hereintrat, hinter der sich die Thür alsbald wieder schloß. Der, welcher eingetreten, blieb einen Augenblick an der Schwelle stehen und kam dann mit einem eigenthümlich leisen Schritte auf mich zu. Von den Abendwolken fiel noch ein schwaches rosiges Licht in mein Gemach; in diesem rosigen Lichte sehe ich den Mann immer, wenn ich an ihn denke — und wie oft, wie oft denke ich an ihn! mit welchem stets gleichen Gefühle innigster Dankbarkeit und Liebe!

Da, über dem Tische, an welchem ich dies schreibe, hängt sein Porträt, von lieber Hand gemalt. Es ist von sprechender Aehnlichkeit; es könnte mir jeden Zug, den ich etwa vergessen, in's Gedächtniß rufen; aber ich habe keinen vergessen. Und wenn ich die Augen schlösse, so würde er vor mir stehen, wie er an jenem Abende vor mir stand, umflossen von dem rosigen Licht, und nicht minder deutlich würde ich seine Stimme hören, deren sanften, tiefen Klang ich da zum ersten Male vernahm und deren erstes Wort ein Wort des Mitleids und Erbarmens war:

Armer junger Mann!

Wie tief mußte die Gefängnißluft mein Herz vergiftet haben, daß mich dies Wort und der Ton, in welchem es gesprochen, nicht rührten. Ach! es gehört zu meinen schmerzlichsten Erinnerungen, daß dies möglich war, daß ich die Hand des edelsten Menschen so schnöde zurückstoßen, daß ich das beste Herz geflissentlich verwunden konnte! Aber da ich keinen Roman, sondern die Geschichte meines Lebens schreibe, die keinen Werth hätte, wenn sie nicht ganz treu und ehrlich wäre, darf ich auch dies nicht verschweigen. Und dann habe ich oft gedacht, ob ich ihn wohl so hätte lieben können, wenn ich weniger trotzig gegen ihn gewesen wäre, wenn ich ihm keine solche Gelegenheit gegeben hätte, die Fülle seiner Güte und Liebe über mich auszuschütten. Aber das ist wohl kaum richtig gedacht. Es giebt Steine von einem so hohen Werth, von einem so hellen Glanze, daß sie einer dunklen Folie nicht bedürfen.

Armer junger Mann! sagte er noch einmal und hob die weiße, durchsichtige Hand und ließ sie wieder sinken, als ich, anstatt sie zu ergreifen und ehrfurchtsvoll an meine Lippen zu drücken, wie ich es gethan haben würde, hätte ich ihn damals schon gekannt, meine

Arme über der Brust verschränkte und, ich glaube, einen Schritt zurücktrat.

Ja, sagte er, und seine Stimme klang wo möglich noch milder als zuvor, es ist sehr hart, sehr grausam das Loos, welches Sie getroffen hat für ein Verbrechen, das, was es auch immer vor dem Richter ist, der nach dem starren Buchstaben seines Gesetzbuches richten muß, in den Augen Anderer einen so schlimmen Namen gewiß nicht verdient, am wenigsten in den meinen. Ich bin der Bruder des Mannes, dessen Schuld Sie büßen müssen.

Er schien eine Antwort von mir zu erwarten oder wenigstens ein Wort der Erwiderung, das ich ihm nicht gönnte. Ich wollte meinem Kerkermeister nicht den Gefallen thun, ihm bei dem Versuche zu helfen, sich in einem anderen Lichte zu zeigen, als in welchem ich ihn sah.

Es ist ein eigener Zufall, fuhr er nach einer kleinen Pause immer in derselben stillen, sanften Weise fort, daß der eine Bruder an Ihnen gewissermaßen sühnen soll, was der andere an Ihnen gesündigt hat — ein Zufall, für den ich dankbar bin und den ich im rechten Sinne aufzufassen glaube, wenn ich — doch darüber werden wir uns ein anderes Mal aussprechen. Heute liegt der trübe Schatten des ersten schlimmen Eindrucks, den dieser Ort auf ein Gemüth, wie das Ihre, nothwendig machen muß, zu schwer auf Ihnen; ich würde, und wenn ich mit Engelszungen redete, vergeblich nach einem Eingange zu Ihrem Herzen suchen, das Zorn und Haß verschlossen halten. Ich bin nur gekommen, eine Pflicht zu erfüllen, die mir mein Amt und, ich darf wohl sagen, mein Herz vorschreibt. Und auch dies ist meine Pflicht, und Sie dürfen mir also frei antworten, ohne fürchten zu müssen, daß Sie Ihrem Stolze etwas vergeben; haben Sie Wünsche, die zu erfüllen in meiner Macht steht?

Nein, sagte ich mit Ironie, denn einen Jagdtag auf den Haiden von Zehrendorf könnten Sie mir doch wohl nicht gestatten.

Ein schwermüthiges Lächeln spielte um die feinen Lippen des Zuchthaus-Directors.

Ich habe gehört, sagte er, daß Sie mit meinem unglücklichen Bruder viel auf der Jagd und selbst ein ausgezeichneter Jäger gewesen sind. Die Jägernatur ist eine eigene Natur. Ich glaube sie zu kennen, denn ich bin auch wohl eine. Aber auf den Höfen des Gefängnisses und selbst in den Gärten giebt es nichts zu jagen. Urlaub habe ich selten und benütze ihn noch seltener; ich habe nach dieser Seite vor meinen Gefangenen wenig voraus und will auch nichts voraus haben. Da wäre ich nun übel daran, wenn zu der alten Leidenschaft die alte Kraft noch reichte; und so ist es denn fast ein Glück für mich, daß sie mich 1813 in der Schlacht bei Leipzig in die Lunge geschossen haben und mir die weitesten und reichsten amerikanischen Jagdgründe nichts mehr helfen könnten. Ich habe seitdem gelernt, auf einem engeren Felde in meiner Weise thätig zu sein. Meine liebste Erholung ist an der Drehbank. Es ist eine leichte Arbeit und doch wird sie dem Invaliden jetzt manchmal schon schwer. Wahrscheinlich werde ich in kurzer Zeit auch darauf verzichten und mir noch eine bescheidenere Handtierung wählen müssen. Nur gänzlich möchte ich nicht zur Unthätigkeit verurtheilt werden. Sie wissen es jetzt noch nicht, aber Sie werden es noch lernen, ein wie großer Segen für den Gefangenen eine mechanische Beschäftigung ist, die seine schweifenden Gedanken auf ein Naheliegendes, leicht Erreichbares, unter seinen Augen, unter seinen Händen Fertigwerdendes bannt und seine stockenden Säfte in heilsame Circulation bringt. Und nun will ich Sie verlassen. Ich habe noch ein paar Besuche und meinen allabendlichen Rundgang durch die Anstalt zu machen. Und noch Eines: der alte Mann, der Sie bedienen wird, ist trotz seiner rauhen Manieren ein grundguter Mensch, den ich seit vielen Jahren kenne und der mir im Leben die wichtigsten Dienste geleistet hat. Sie können ihm unbedingt vertrauen. Schlafen Sie wohl und träumen Sie von der Freiheit, die Ihnen hoffentlich früher werden wird, als Sie glauben.

Er nickte freundlich mit dem Kopfe und verließ mit dem leisen, langsamen Schritt, in welchem er hereingekommen war, das Zimmer. Ich blickte ihm mit starren Augen nach und strich mit der Hand über die Stirn; es war mir, als ob es plötzlich dunkel geworden wäre in dem stillen Gemach.

Ich stand noch auf demselben Fleck, unfähig, einen bestimmten Gedanken zu fassen, ja kaum mich zu regen, als die Thür sich abermals öffnete und der alte Schließer, der mich vorhin in Empfang genommen, mit einem brennenden Lichte hereintrat, das er auf den Tisch setzte. Dann wieder bis zur Thür gehend, nahm er dort einer weiblichen Person, die nur eben sichtbar wurde, ein Präsentirbrett ab, auf welchem ein treffliches Abendbrot bereitet war.

Auch an einer Flasche Wein fehlte es nicht. Er deckte eine Ecke des großen eichenen Tisches mit einer schneeweißen Serviette, stellte und legte Alles säuberlich und ordentlich zurecht, trat einen Schritt zurück, warf erst einen wohlgefälligen Blick auf sein Werk, dann einen, der bös genug aussah, auf mich und sagte mit einer Stimme, die auffallend dem tiefen Knurren glich, das aus der breiten Brust einer mächtigen Dogge aufsteigt: Will man es sich nun schmecken lassen!

Es scheint, daß dies für mich sein soll! sagte ich in gleichgültigem Tone.

Wüßte nicht, für wen sonst, knurrte der Alte.

Der Braten auf dem Teller duftete sehr verführerisch; ich hatte seit einem halben Jahre keinen Tropfen Wein getrunken, und, was die Hauptsache war, gegen den groben Schließer fühlte ich nicht die

Erbitterung, wie gegen den sanft sprechenden, höflichen Director; aber ich war entschlossen, an diesem Orte und von diesen Menschen keine Wohltaten anzunehmen.

Ich verdanke dies der Güte des Herrn Directors? sagte ich, indem ich vom Tische zurücktrat.

Dies und noch Mehreres, sagte der Alte.

Zum Beispiel? sagte ich.

Zum Beispiel, daß man hier die beste Zelle bekommen hat mit der Aussicht auf den Wirthschaftshof, anstatt eine nach dem Gefängnißhofe, in den weder Sonne noch Mond scheint.

Verdanke ich ihm, sagte ich, vielleicht sonst noch etwas?

Und daß man seinen schönen Stadtanzug tragen darf, anstatt eines Anzuges aus ungebleichtem Drillich, der auch sehr gut kleidet.

Verdanke ich ihm, sagte ich, sonst noch etwas?

Und daß man den Wachtmeister Süßmilch zum Aufseher bekommen hat.

Mit dem ich die Ehre habe?

Mit dem man die Ehre hat.

Sehr verbunden.

Viel Ursach'.

Ich blickte auf, mir den Mann genauer anzusehen, dessen Gegenwart für mich so ehrenvoll und verbindlich sein sollte. Es war ein Mann in Mittelgröße, mit einem unverhältnißmäßig großen Oberkörper, der die Fünfzig wohl schon weit überschritten hatte, aber noch auffallend fest auf seinen kurzen und, wie ich jetzt sah, stark nach außen gebogenen Beinen zu stehen schien. An den breiten Schultern hingen ein Paar sehr lange Arme mit großen, braunen, behaarten Händen, die gewiß noch kräftig genug zufassen konnten. Aus seinem von tausend Falten und Fältchen durchfurchten Gesicht, das vor Jahren einmal schön gewesen sein mochte, blickten unter buschigen grauen Brauen ein paar helle freundliche Augen, die sich vergeblich Mühe gaben, wild und grausam dreinzuschauen. Ein kurzes, krauses, graues Haar umstand noch dicht genug die braune Stirn und ein mächtiger, grauschwarzer Schnurrbart hing unter einer großen Adlernase bis weit über das energische Kinn herab. Der Wachtmeister Süßmilch ist mir lange Jahre ein treuer Freund gewesen; er hat mir in schweren Stunden unschätzbare Dienste geleistet, er hat meine beiden ältesten Buben noch reiten gelehrt und als wir ihn vor fünf Jahren zu seiner letzten Ruhe trugen, haben wir Alle um ihn von Herzen geweint; aber in diesem Augenblicke überlegte ich, einen wie großen Widerstand er mir wohl in einem Falle, den ich für wahrscheinlich hielt, würde entgegensetzen können, und daß es mir leid thun sollte, wenn ich dem alten Kauz, der so köstlich grob war, an's Leben müßte.

Wenn man den Wachtmeister Süßmilch nun genug angesehen hat, würde man gut thun, sich an das Abendbrot zu machen, das durch Stehen nicht besser wird, sagte er.

Für mich kann es noch lange stehen, erwiderte ich. Ich habe keinen Appetit auf des Herrn Directors Braten und Rothwein.

Das hätte man gleich sagen können, meinte Herr Süßmilch, indem er anfing, die Sachen wieder auf das Präsentirbrett zu stellen.

Ich weiß den Kukuk, was hier der Brauch ist, sagte ich trotzig.

Hier ist sonst der Brauch, daß man erst gearbeitet haben muß, wenn man essen will.

Das ist nicht wahr, sagte ich. Ich bin kein Arbeitshäusler und kein Zuchthäusler, ich bin zu sieben Jahren Gefängniß verurtheilt und hätte eigentlich auf die Festung kommen müssen, wohin anständige Leute gehören.

Womit man sich meint, sagte Herr Süßmilch.

Womit man sich meint, sagte ich.

Und doch irrt man sich, erwiderte Herr Süßmilch, der mittlerweile vollständig abgeräumt hatte. Im Gefängniß muß man arbeiten, wenn man keinen Vater oder sonst Jemanden hat, der für den Unterhalt aufkommt. Man hat freilich einen Vater und durch seinen Vater zehn Silbergroschen täglich.

Herr Süßmilch! rief ich, indem ich dicht vor den Alten trat, ich nehme an, daß Sie mir die Wahrheit sagen, und da gebe ich Ihnen mein Wort: lieber will ich verhungern wie eine Ratte im Loch, ehe ich von meinem Vater einen Pfennig nehme.

Man wird morgen anderer Meinung sein.

In alle Ewigkeit nicht.

Dann wird man eben arbeiten müssen.

Das wird sich finden.

Jawohl, das wird sich finden.

Süßmilch ging, blieb aber an der Thür stehen und sagte, über den Rücken gewendet:

Man will also die gewöhnliche Kost, die Jeder bei seiner Ankunft hier erhält?

Man will gar nichts, sagte ich, indem ich an das Fenster trat.

Also auch kein Licht, denn das ist ebenfalls extra.

Ich antwortete nicht. Ich hörte wie der Alte an den Tisch ging, das Licht nahm, es auf den Präsentirteller stellte und nach der Thür schritt. Dort blieb er stehen, vermuthlich um abzuwarten, ob ich mich nicht noch eines Anderen besinnen würde. Ich regte mich nicht. Der Alte hustete, ich rührte mich nicht. Im nächsten Augenblick war ich im Dunkeln — allein.

So ist's recht, murmelte ich, geht zum Teufel ihr Alle mit eurer

Freundlichkeit und Grobheit; ich brauche den Einen so wenig wie den Andern; ich will Keinem verpflichtet sein, Keinem! Keinem!

Ich lachte laut und dann griff ich wieder in die Eisenstangen des Fenstergitters und rüttelte daran und lief hin und her durch das fast dunkle Gemach wie ein wildes Thier. Mein Blut kochte, meine Pulse schlugen, meine Schläfen hämmerten, ich glaubte, ich müsse wahnsinnig werden. Endlich warf ich mich angekleidet auf das Bett und lag da, den Ellnbogen aufgestemmt, in dumpfer Verzweiflung, brütend über mein Loos, das mir nie so entsetzlich erschienen war; mich in wilden Haß hineinredend gegen die Menschen, die mir dies angethan hatten: gegen meine Richter, gegen meinen Vertheidiger, gegen meinen Vater, gegen alle Welt, mich in dem Entschluß bestärkend, nicht von meinem Trotz zu lassen, Keinem ein bittendes Wort zu gönnen, Keinem dankbar sein zu wollen und vor Allem mir die Freiheit zu verschaffen, es koste was es wolle.

So lag ich da — lange Stunden. Endlich schlief ich ein und träumte von blühenden Wiesen, über welche bunte Schmetterlinge flogen, die ich haschen wollte und nicht haschen konnte, weil, wenn ich sie berührte, sie zu rothen Rosen wurden. Und die rothen Rosen, als ich sie brechen wollte, fingen an zu leuchten und zu klingen und stiegen klingend und leuchtend hinauf in den Himmel, von wo sie als blühende Mädchengesichter auf mich herablächelten. Das war so lieblich und so drollig, daß ich mich in toller Lustigkeit auf der Wiese herumwarf. Aber als ich erwachte, lachte ich nicht. Als ich erwachte, stand Süßmilch vor meinem Bette und sagte: Man wird nun doch arbeiten müssen.

Dreiundzwanzigstes Capitel

Seit vierzehn Tagen arbeitete ich; die schwerste Arbeit, die es für den Augenblick im Bereiche des Arbeits-, Zucht- und Gefangenhauses gab. Ich hatte das keineswegs nöthig, weder nach dem Buchstaben des Gesetzes, welches nur vorschrieb, daß die Gefangenen ihren Fähigkeiten gemäß zu beschäftigen seien, noch auf Befehl des Directors, der mir im Gegentheil die Art meiner Arbeit vollkommen freigestellt hatte. Ja, noch mehr: er hatte mir angeboten, ob ich gewisse Listen aufstellen und Rechnungen anfertigen wolle, die gerade in dem Bureau der Anstalt verlangt wurden und zu denen ich das Material auf meine Zelle erhalten solle. Zu meiner Erholung würde ich in dem großen Garten der Anstalt, der gerade jetzt erweitert wurde, vollauf Gelegenheit zu angenehmer und gesunder Beschäftigung finden.

Ich hatte erwidert, daß ich — und hier hatte ich allerdings die

Wahrheit gesagt — von jeher ein schlechter Rechner gewesen und daß ich von der Gärtnerei nichts verstünde. Ich wünschte, wenn ich doch einmal einen Wunsch äußern dürfe, eine schwere, eine ganz schwere Arbeit. Der Herr Director habe ja selbst schon angedeutet, daß für einen Menschen von meiner Constitution eine derartige Arbeit die passende sei. Ich habe es allerdings im ersten Augenblicke verneint, aber mir die Sache reiflicher überlegt und gefunden, daß der Herr Director vollkommen recht habe. Ja, ich müsse gestehen, daß ich ein unwiderstehliches Verlangen empfinde, Holz zu spalten, Steine zu zerschlagen, große Lasten zu bewältigen.

Auch hier hatte ich nicht gelogen. Mein starker Körper litt wirklich schwer unter der erzwungenen Unthätigkeit. Aber es waren noch ganz andere Gründe, die mich bestimmten. Wie, mir selbst kaum bewußt, die Rücksicht auf meinen Vater für mein Thun und Lassen bestimmend war, wie ich aus Trotz gegen ihn von ihm geflohen, wie ich aus Trotz gegen ihn mich selbst dem Gerichte gestellt hatte, so war es wiederum Trotz, was mich jetzt die Unterstützung, die er mir zugesagt, zurückweisen und mir die gröbste Arbeit wünschenswerth erscheinen ließ. Er sollte nicht nur nicht sagen können, daß ich, selbst im Gefängnisse, ihm zur Last falle; er sollte erfahren, daß sein Sohn es nicht besser habe als ein Verbrecher, der ich ja doch in seinen Augen war!

Und ebensowenig wollte ich, daß der sanft redende Director sagen könnte: Ich habe bei dem jungen Menschen, der ja doch guter Leute Kind ist, Gnade für Recht ergehen lassen.

Und schließlich: eine grobe Arbeit, wenn man mir sie gab, und die doch wohl jedenfalls im Freien vorgenommen wurde, mußte mir bessere Chancen zur Ausführung des Planes gewähren, über dem ich jetzt Tag und Nacht brütete, des Planes, mit List oder Gewalt, oder mit List und Gewalt mir meine Freiheit zu verschaffen.

Nun wäre freilich die mir angebotene Beschäftigung im Gefängnißgarten vielleicht diesem Zwecke förderlicher gewesen. Es ließ sich annehmen, daß die Aufsicht dort eine ziemlich lässige sein würde, besonders für mich, den der Director aus diesem oder jenem Grunde so augenscheinlich begünstigen zu wollen schien; aber hier regte sich in mir ein Gefühl, das für Jemanden in meiner Lage allerdings etwas sonderbar erscheinen mag und dessen ich mich vielleicht doch nicht zu schämen hatte.

Ich wollte ein Vertrauen, welches man in mich setzte, nicht mißbrauchen. Ich hatte das wissentlich in meinem Leben nicht gethan, ich wollte es jetzt nicht lernen, auch als Gefangener nicht, auch um den Preis der so heiß ersehnten Freiheit nicht. Ließ man mich, wie ich es wünschte, als Zuchthäusler mit den Zuchthäuslern arbeiten, so würde man mich auch wohl jedenfalls wie einen Zuchthäusler behandeln, und thät man es nicht, nun, um so schlimmer für sie, die mich nicht für das genommen hatten, als für was ich mich gab; um so besser für mich, der ich keine Schonung beansprucht hatte und nun auch Niemand und nichts zu schonen brauchte.

Diese Gedanken gingen durch meinen Kopf, als ich an dem nächsten Tage wieder vor dem Director stand — diesmal unten in seinem amtlichen Arbeitszimmer — und ihm meine Bitte vortrug.

Er blickte mich mit seinen großen milden Augen prüfend an und erwiderte:

Wer immer gezwungen in diese Anstalt kommt, ist ein Unglücklicher, der als solcher von vornherein meines Mitleids gewiß sein kann. Wenn mir Ihr Schicksal noch ganz besonders nahegeht, so ist das so begreiflich, daß es einer Erklärung kaum bedarf. Sie haben die Theilnahme, mit der ich Ihnen entgegengekommen bin, abgelehnt, ohne mich zu beleidigen. Nach dem, was ich von Ihnen weiß, nach der Haltung, die Sie während Ihres Prozesses behauptet haben, mußte ich das fast erwarten. Ob Sie recht daran thun, die Unterstützung, die Ihnen Ihr Herr Vater gewähren will, zurückzuweisen, möchte ich bezweifeln, schon deshalb, weil Sie sich demselben dadurch noch mehr entfremden und weil man in jedem Falle seinem Vater so viel schuldig ist, daß man auch eine Demüthigung von ihm und vor ihm auf sich nehmen darf. Doch muß ich dies Ihrem eigenen Gefühle überlassen. Wollen Sie sich nun durchaus in die Lage eines unbemittelten Gefangenen bringen, der für seinen Unterhalt arbeiten muß, so hatte ich Ihnen, wie Sie wissen, eine andere, Ihren Fähigkeiten, Ihren Kenntnissen passendere Beschäftigung zugedacht. Sie sagen, eine schwere, eine ganz schwere Arbeit sei Ihnen Bedürfniß. Es mag sein. Sie sind ein ganz ungewöhnlich kräftiger Mann — ein Herkules im Vergleich mit mir armen Invaliden — und die eingeschlossene Luft eines Gefängnisses ist Gift für Ihre Constitution. Nicht blos für Ihren Körper, auch für Ihre Seele. Sie sind durch die lange Untersuchungshaft, die über alle Gebühr streng gewesen zu sein scheint, auf's tiefste verbittert. Sie werden, ich bin es überzeugt, wieder der großherzige, gutmüthige, brave Mensch werden, der Sie von Haus aus waren, der Sie in meinen Augen noch sind, wenn Sie erst einmal wieder die breite Brust in freier Luft haben lüften können und die stockenden Säfte bei schwerer Arbeit wieder munter kreisen. Auch brauchen Sie vielleicht für die Leidenschaften, die in Ihnen wühlen, ein mächtiges Gegengewicht. So bin ich denn, Alles in Allem, gern geneigt, Ihrem Wunsche zu willfahren; Süßmilch soll Ihnen Ihren Posten anweisen. Ich sage Ihnen aber vorher: es ist Sträflingsarbeit und Sie werden in sehr schlechte Gesellschaft kommen; um so eher werden Sie sich darauf besinnen, daß Sie ein guter Mensch sind.

Er winkte mir freundlich mit Hand und Augen und ich war entlassen. Mir waren, ich weiß nicht wie, die Thränen in die Augen gekommen, als ich mich von ihm nach der Thür wendete, aber ich zerdrückte sie zwischen den Wimpern und sagte bei mir: das ist Alles sehr schön, aber ich will nicht gut sein — ich will frei sein.

In der äußersten Ecke der Ringmauer der Anstalt, auf einem etwas erhöhten Platze wurde ein neues Krankenhaus erbaut. Anschlag, Pläne, Zeichnungen, Alles war von dem Director, der ein vollkommener Baumeister war, selbst gefertigt. Die Arbeit, vor Allem die erste grobe, sollte von den Zuchthäuslern gethan werden. Man war dabei, das Fundament auszuheben. Es war eine sehr schwere Arbeit. Auf dem Platze hatte ehemals ein alter Thurm der Stadtmauer gestanden, dessen durch die Jahrhunderte zu Schutt zerriebene und durch die Verwitterung wieder zu einer compacten Masse zusammengewachsene Trümmer mit der Spitzaxt losgebrochen werden mußten, bis man auf die Grundmauern kam, die man zum Theil noch für das neue Gebäude verwerthen zu können hoffte.

Bei dieser Arbeit waren ungefähr zwanzig Leute beschäftigt. Die Oberaufsicht führte der Wachtmeister Süßmilch, der, da ich zur Zeit der einzige Gefangene der Anstalt und jetzt hier auf dem Platze war, nichts Besonderes zu thun hatte; für die Zuchthäusler waren noch zwei Aufseher vorhanden.

Von diesen, welche meist jüngere, jedenfalls kräftige, zu solcher Arbeit taugliche Männer waren, sahen — in meinen ungeübten Augen wenigstens — die Meisten aus, wie andere Leute auch aussehen würden, wenn man sie in einen Drillichanzug steckte, sie unter der Aufsicht von zwei handfesten Wächtern arbeiten ließe und ihnen verböte, zu rauchen, zu pfeifen, zu singen und leise untereinander zu sprechen. Das letztere fiel mir erst auf, als Süßmilch Einem oder dem Anderen, der mit seinem Nachbar eine private und vertrauliche Conversation anzuknüpfen versuchte, in sehr bestimmten Tone die Weisung gab: Man hat hier keine Geheimnisse vor einander; man kann hier Alles laut sagen; man kann es auch für sich behalten.

Besonders an einen der Zuchthäusler erging diese Mahnung wiederholt, mit dem Zusatze, daß er alle Ursache habe, sich in Acht zu nehmen.

Es war dies ein Kerl von herkulischem Körperbau, der Einzige, der wirklich das hatte, was man eine Galgen-Physiognomie zu nennen pflegt, und der sein kostbares Leben auch nur dem Umstande verdankte, daß eine Mordthat, deren er dringend verdächtig gewesen, in den Augen seiner gelehrten Richter nicht hinreichend hatte bewiesen werden können. Er hieß Caspar — seinen sonstigen rühmlichen Namen habe ich vergessen — die Gefährten nannten ihn Katzen-Caspar, weil er das Geheimniß verstehen sollte, im Dunkeln zu sehen wie am lichten Tage und trotz seiner gewaltigen Schultern durch Löcher kriechen zu können, durch die sonst nur eine Katze schlüpfen mochte.

An diesem, mit so vortrefflichen Gaben ausgestatteten und in so nützlichen Künsten bewanderten Menschen hatte ich vom ersten Tage an eine Eroberung gemacht. Während die Andern mich mit mißtrauischen Blicken von der Seite ansahen, mich sichtlich mieden und nie ein Wort an mich richteten, suchte der Katzen-Caspar, so oft es sich irgend machen ließ, in meine Nähe zu kommen, winkte mir verstohlen mit den Augen, sah dann nach den Aufsehern hinüber und gab mir auf alle Weise zu verstehen, daß er mit mir in intimere Beziehungen zu treten, vor Allem natürlich zu sprechen wünsche.

Ich kann nicht anders sagen, als daß ich ein geheimes Grauen vor dem Kerl empfand, den freilich das tief in die niedrige Stirn gewachsene Haar, ein Paar böse, giftige Augen und ein großer thierischer Mund deutlich genug zeichneten und vor dem sich wohl Jeder gehütet haben würde, auch wenn er nicht gewußt hätte, daß schnöde vergossenes Blut an diesen plumpen Händen klebte. Aber ich überwand das Grauen, denn ich sagte mir, daß dieser Mensch die Entschlossenheit zu einem Wagniß habe, und Verschlagenheit und Kraft genug, das Beschlossene auszuführen. So suchte ich denn auch meinerseits wieder in seine Nähe zu kommen, und das war mir — am vierzehnten Tage, seitdem ich auf dem Platze arbeitete — kaum gelungen, als ich die Entdeckung machte, daß der Katzen-Caspar außer den anderen mir bereits durch Hörensagen bekannten Künsten noch eine besaß, die, wie ich mich überzeugt habe und wie sich Jeder, der den Versuch anstellt, überzeugen kann, auch gelernt sein will. Diese Kunst bestand nämlich darin, daß er, mit zum Munde erhobener Hand, die Miene eines Gähnenden täuschend nachahmend, während er den Mund öffnete und schloß, mit Hülfe von Zunge und Zähnen gehauchte Laute zu bilden verstand, die, wenn man genau hinhörte, sich, man wußte selbst kaum wie, zu Worten formten. So hörte ich zu meiner nicht geringen Ueberraschung aus dem natürlichsten Gähnen von der Welt deutlich heraus: Der große Stein! helft mir!

Was das zu bedeuten hatte, erfuhr ich wenige Minuten später.

Es waren gerade in den letzten Tagen Steine zum Fundament angefahren worden; ein besonders großer war durch die Ungeschicklichkeit der Leute vom Wagen herab in die Fundamentgrube gerollt; es schien unmöglich, den Coloß ohne besondere Vorrichtungen von dem Platze, auf welchen er keineswegs gehörte, hinaufzuschaffen.

Wachtmeister Süßmilch fluchte sehr über die verhenkerte Dummheit. Das gäbe nun wieder ein paar Stunden ganz überflüssige, nutzlose Arbeit. Katzen-Caspar, nachdem er mir die geheimnißvollen

Worte hatte zukommen lassen, erhob plötzlich sehr laut seine Stimme, die so leise zu sprechen verstand, und sagte:

Was ist denn das Großes, Herr Süßmilch? den bringe ich ganz allein wieder herauf.

Wenn es mit dem großen Maule gethan wäre, brummte Herr Süßmilch.

Die Anderen lachten. Katzen-Caspar sagte, sie wären Maulaffen, und es sei eine rechte Kunst, über einen ehrlichen Kerl Witze zu machen und zu lachen, der nicht zeigen dürfe, was er könne.

Katzen-Caspar kannte seinen Mann. Des ehrlichen Wachtmeisters Gesicht wurde roth, er strich seinen langen Schnurrbart und rief: Erstens raisonnire man nicht, und zweitens wird man jetzt zeigen, was man kann.

Katzen-Caspar ließ sich die Erlaubniß nicht zum andern Male geben. Eine mächtige Stange ergreifend, sprang er in den Graben hinab.

Der Stein lag an dem mit Brettern bedeckten Wege, auf welchem der unten losgebrochene Schutt heraufgekarrt wurde. Eine Riese hätte ihn also mittelst eines Hebebaums nach und nach heraufwuchten können; Katzen-Caspar bewies, daß er wenigstens mehr als gewöhnliche Kraft besaß.

Die Stange unter den Stein schiebend, brachte er denselben so weit in Bewegung, daß nur noch wenig zu einem einmaligen Umschwung fehlte. Es war wirklich eine so erstaunliche Leistung, daß die Leute Hurrah schrieen, und selbst das Interesse des Wachtmeisters und der beiden anderen Aufseher höchlichst erregt war. Plötzlich aber schien dem Katzen-Caspar die Kraft auszugehen; er sah aus, als ob er jeden Augenblick von dem wieder zurückstrebenden Stein gegen die Erdwand gequetscht werden könnte.

Einer muß noch her, schrie er.

Ich dachte nicht daran, daß das Ganze eine Kriegslist des schlauen Menschen war. Einen zweiten Hebebaum ergreifend, und ohne die Erlaubniß des Wachtmeisters abzuwarten, sprang ich mit Einem Satze hinab, schob den Hebebaum unter den Stein, stämmte die Schulter mit aller Macht dagegen; der Stein schlug nach der andern Seite.

Hurrah! schrieen die Leute.

Langsam, Kamerad! sagte Katzen-Caspar, als ich an seiner Seite mich an dem Stein abmühte, langsam, sonst sind wir zu bald oben.

Er brauchte jetzt nicht zu gähnen, die Aufregung unter den Leuten und Aufsehern war zu groß, als daß die Arbeitsordnung nicht für die Zeit hätte suspendirt sein sollen; auch befanden wir uns mindestens zwölf Fuß tiefer; man sah von oben nur unsere Rücken. Katzen-Caspar wußte diese Gelegenheit trefflich auszubeuten. Während wir

Schulter an Schulter den Stein hinaufwuchteten, wechselte er mit denen oben unfeine Witze und zwischendurch sprach er zu mir schnell in abgerissenen Sätzen: Wollt Ihr mithalten, Kamerad? so gut kommt es uns nicht wieder — es gehören aber mindestens zwei Kerle dazu, so wie Ihr und ich — es sind noch ihrer zehn — aber zwei müssen anfangen — Keiner hat außer mir den Muth — und nun hoffentlich Ihr — morgen ist der letzte Tag — durch die Pforte über die Brücke, über den Wall an den Außenhafen, an den Strand — folgt mir nur — will Euch schon durchbringen — wer uns in den Weg tritt, den schlagen wir todt — den schuftigen Süßmilch zu allererst. — Wenn Ihr uns verrathet —

Man arbeite und schwatze nicht! rief der Wachtmeister.

Ich kann nicht mehr! sagte der Katzen-Caspar, den Hebebaum zur Erde werfend.

Er hatte seinen Zweck erreicht; es lag ihm nichts daran, seine Kraft zu vergeuden.

Man komme herauf! commandirte der Wachtmeister, sehr zufrieden, daß er schließlich doch Recht und doppelt Recht behalten hatte, da die zwei stärksten Männer der Brigade nicht hatten vollbringen können, was der Katzen-Caspar sich allein vermessen.

Die Ordnung war wieder hergestellt, die Arbeit nahm ihren geregelten Fortgang. Ich arbeitete für zwei, die Aufregung zu verbergen, in welche mich die Mittheilung des Raubmörders versetzt hatte. Sein Plan war mir von vornherein ziemlich einleuchtend gewesen und wurde mir vollends klar, als ich eine Gelegenheit benutzte, mich auf dem höchsten Punkte des Bauplatzes, von wo man über die Mauer sehen konnte, umzublicken. Unmittelbar an dem Bauplatze war ein Thor in der Mauer, das während des Baues wiederholt benutzt worden war, und zu welchem der Wachtmeister den Schlüssel in der Tasche trug. Von dem Thore führte eine kurze Brücke, die wiederum auf der Mitte eine mit spanischen Reitern verwahrte Pforte trug, über einen breiten Graben, der ehemals der Wallgraben der Stadt gewesen war, wie unsere Gefängnißmauer an dieser Stelle nur ein Theil der alten Stadtmauer. Jenseit des Grabens war eine hohe Bastion, an deren Fuße sich die mit Wallnußbäumen besetzte Wallpromenade hinzog und auf der oben ein paar Kanonen standen, ohne daß ich jemals eine Schildwache dort bemerkt hätte. Rechts von der Bastion lag ein bedeutend niedrigerer Wall, über den man von meinem Standpunkte aus bequem wegsehen konnte. Jenseit des Walles sah ich die Wimpel von Schiffen, es mußte dies der Außenhafen sein, von welchem der Katzen-Caspar gesprochen. Zwischen den Wimpeln schimmerte ein Stück blaues Meer; ja ich hatte einen flüchtigen Blick auf die Insel, deren niedrige Kreide-Ufer in der Abendsonne erglänzten.

Ich hatte genug gesehen und beeilte mich, herabzusteigen, um keinen Verdacht zu erregen. Gleich darauf ertönte die Abendglocke. Die Arbeit war zu Ende; ich trat in Begleitung des Wachtmeisters den mir nun wohlbekannten Weg an den Gärten entlang über den Wirthschaftshof nach meiner Zelle an.

Diese Nacht kam kein Schlaf in meine Augen. Ich überlegte fortwährend in meiner Seele die Möglichkeiten der Flucht. Daß des Katzen-Caspar's Plan Hand und Fuß habe, davon war ich jetzt überzeugt, und nicht weniger, daß ein so schlauer, kühner Geselle ganz der geeignete Mann sei, das Beschlossene durchzuführen. Das Local konnte nicht günstiger sein: ein hoher Wall, ein Außenhafen mit Booten, Fahrzeugen aller Art, ein weiter menschenleerer Strand, und drüben die Insel, die ich schlimmstenfalls schwimmend zu erreichen sicher sein konnte. Und war ich erst drüben — ich wußte jetzt, wie man von dort wieder fortkam, wie leicht es war, fortzukommen. Noch waren meine Kleider bei der alten Frau im Stranddorf und meine Flinte war da und meine Jagdtasche. Dann lebe wohl Untersuchungshaft und Gefängniß, lebe wohl preisliches Richter-Collegium und Vertheidigung, Zuchthaus-Director und Scherge! Ich war ein freier Mann und konnte eurer spotten; und eurer, ihr guten Bewohner meiner Vaterstadt, die ihr mir ein so schlechtes Zeugniß ausgestellt! Und der Vater — nun ja, der Vater mochte sehen, wie er sich mit seinem Gewissen abfand gegen den Sohn, den er durch seine Härte von sich gestoßen, den er — und er allein — zum Verbrecher gemacht hatte.

Ich war es bis jetzt nicht gewesen; ich wußte, ich würde es jetzt werden; ja ich fühlte mich schon als solcher. Oder machte die Gemeinschaft, die bloße Berührung eines Menschen, wie dieser Katzen-Caspar, nicht schon zum Verbrecher? Und das war ja klar, daß es ohne ein wirkliches, eigentliches Verbrechen, daß es ohne Mord und Todtschlag nicht abging. Der Wachtmeister hatte die Schlüssel zu dem Thore und zu der Brückenpforte in der Tasche; der Wachtmeister sah wahrlich nicht aus wie Einer, der gutwillig nachgiebt und hergiebt, noch dazu in einem solchen Falle. Dann waren noch die beiden anderen Aufseher da, die ebenfalls keine Hasenherzen zu sein schienen. Die Drei würden sich widersetzen, so lange sie sich regen könnten. Sie mußten zu Boden geworfen werden, und im ersten Anlauf, und womöglich so, daß sie nicht wieder aufstanden; denn zur Verwirrung mußte sich der Schrecken gesellen, wenn die Flucht gelingen sollte!

Ich richtete mich von meinem Lager auf, das Herz schlug mir wild gegen die Rippen. Auf mich rechnete der Katzen-Caspar in erster Linie; er hatte vollkommen recht: nur wenn Zwei zu gleicher Zeit losbrachen, war eine Möglichkeit des Erfolges; ein Einzelner würde ganz gewiß keine Nachfolger finden, so mußte also einer der Aufseher, vielleicht der Wachtmeister selbst, durch meine Hand fallen.

Durch meine Hand!

Wie leicht war das gedacht, gesagt; aber würde mir in dem Augenblicke der That der Muth nicht fehlen? Es ist wahr, ich hatte auf den Zollwächter geschossen, aber damals galt es nicht blos meine, es galt vor Allem meines Beschützers, meines Wohltäters, meines Freundes Freiheit, und wie hatte ich dem Himmel aus der Tiefe meines Herzens gedankt, daß meine Kugel ihr Ziel verfehlt. Jetzt war nicht der bewunderte, ja ich möchte sagen, angebetete Mann mein Genosse, sondern der Katzen-Caspar; jetzt handelte es sich nicht darum, in einem Momente der Ueberraschung auf eine dunkle Gestalt, die sich plötzlich drohend in den Weg stellt, eine Pistole abzudrücken; es war ein wohlüberlegter Mord auszuführen, es war ein relativ Wehrloser zu erschlagen mit einem Spaten, einer Spitzaxt, einem Hebebaum, dem ersten besten gemeinen Werkzeug, das dem Mörder in die Hand kam! Und schließlich, ich hatte mir alle Mühe gegeben, meinen Schließer zu hassen, ich hatte es nicht vermocht. Durch all' seine Grobheit klang so viel echte Güte hindurch, daß mir schon manchmal vorgekommen war, als habe er sich nur, weil er wußte, wie weich er war, in dieses stachelige Kleid gehüllt. Und wenn ich nicht auf dem besten Fuße mit ihm stand, an wem lag es, als an mir, der ich sein Entgegenkommen so schnöde zurückgewiesen? Er hatte es mich nicht entgelten lassen; er hatte sein rauhes, gewiß ehrlich gemeintes Wohlwollen keinen Augenblick verleugnet; er hatte mich, wenn ich von seiner sonderbaren Ausdrucksweise absah, stets behandelt nicht wie ein Wächter seinen Gefangenen, sondern, ich möchte sagen, wie ein alter treuer Diener, der sich Manches herausnimmt und herausnehmen darf, seinen ihm anvertrauten jungen Herrn, der nicht gut gethan hat und den er auf gute Manier zur Raison bringen soll. Und manchmal während der Arbeit ruhten seine hellen blauen Augen mit einem so sonderbaren Ausdruck auf mir, als sage er immerfort vor sich hin: Armer Junge, armer Junge! und als hätte er am liebsten seinen Zollstock aus der Hand gelegt und statt dessen meine Spitzaxt ergriffen und für mich die Arbeit gethan. Ja, schon ein paar Mal hatte er, wenn wir zusammen zurückgingen, zu mir gesagt: Nun hat man es noch nicht bald satt? und dann wieder: Man sollte nicht über Gebühr eigensinnig sein und dem Herrn Rittmeister — der Wachtmeister nannte seinen ehemaligen Offizier nur im äußersten Nothfalle Director — und sich selbst das liebe Leben sauer machen. — Wie so dem Herrn Rittmeister? hatte ich gefragt. — Man will es nicht verstehen, hatte der Alte geantwortet und hatte dabei ganz melancholisch ausgesehen.

Ich wollte es nicht verstehen! das war nur zu richtig. Aber, weil man sich die Mühe gibt, etwas nicht verstehen zu wollen, versteht man es darum weniger?

Welches immer der Grund oder die Gründe sein mochten, aus denen die Theilnahme des Directors an mir und meinem Schicksale hervorgingen — konnte ich mich dagegen verschließen, daß diese Theilnahme vorhanden, daß sie in der herzlichsten, gewinnendsten Weise an den Tag gelegt wurde? Noch klangen seine Worte, noch klang der Ton, in welchem er sie gesprochen, in meinem Ohr, und dieser Ton hatte mich so lebhaft an den Klang der Stimme des Mannes erinnert, der nun einmal mein Held gewesen und noch war. Ja, je öfter ich den Director sah — und ich sah ihn jetzt fast täglich — um so mehr fiel mir die Aehnlichkeit auf, die er mit seinem unglücklichen Bruder hatte. Es war dieselbe hohe Gestalt, nur daß Krankheit und angestrengteste Arbeit, vielleicht Kummer und Sorgen die stolze Kraft gebrochen; es war dasselbe Gesicht, nur viel edler, viel milder; dieselben großen dunklen Augen, nur daß sie so viel ernster, schmerzensreicher blickten. Und diese Augen hatten mich, wenn der Mund auch seitdem geschwiegen, jedesmal so freundlich gegrüßt — und diese Augen blickten mich an in dieser schrecklichen Nacht, in welcher ich mit dem Versucher rang; sie blickten mich an sanft und traurig und fragten: Das könntest Du thun? das auszudenken hättest Du das Herz? das auszuführen die Hand?

Aber ich will frei sein, ich muß frei sein, schrie es in mir. Was kümmert mich der Wahnsinn eurer Gesetze! Habt ihr mich zur Verzweiflung gebracht, nun wohl, so könnt ihr von mir auch nur die Thaten eines Verzweifelten erwarten. Aus der Schule hierher — aus einem Gefängnisse in das andere! Ich habe die eine Tyrannei abgeschüttelt, weil sie mir unerträglich war; soll ich mir diese gefallen lassen, die so viel schwerer auf mir lastet? Und ich sollte der Gewalt nicht mit Gewalt begegnen dürfen? Was würde der wilde Zehren thun, wenn er noch lebte und seinen Liebling — denn das war ich — im Kerker wüßte? Er würde mich zu befreien suchen, und sollte er das Gefängniß und sollte er die ganze Stadt an allen Ecken anzünden, wie sie einst seinen Ahn aus dem Thurme holten, die guten Gesellen! Was er thun und wagen würde, ich werde es thun und wagen! Es kann mich doch höchstens das Leben kosten, und daß man sein Leben lassen muß, wenn es nicht mehr werth ist, gelebt zu werden — der Wilde hat es mich gelehrt!

So wühlte und tobte es in mir, als wäre eine Hölle in meiner Brust entfesselt. Noch heute, nach so vielen Jahren, heute, wo ich freudigen und, so viel an mir ist, reinen Herzens jeder Sonne danke, die sich über mir erhebt und mir wiederum einen Tag ernster Arbeit und stillen Glückes im Kreise der Meinen verspricht — noch heute bebt mir das Herz und zittert mir die Hand, mit der ich diese Zeilen schreibe, die mir so lebhaft die Schrecken jener Nacht und jener Zeit vergegenwärtigen, da der Jüngling einen Ausweg aus dem Labyrinth suchte, in welchem er trostlos — verzweifelt umherirrte.

Und werfe doch keiner einen Stein auf ihn, daß er so weit vom rechten Wege abirren konnte! Wohl Dir, wer Du auch immer seist, dessen Stirn sich, indem Du dies liest, in richterliche Falten zieht — wohl Dir, wenn eine glückliche Mischung Deines Blutes Dich vor der blinden Wuth tobender Leidenschaften schützte, wenn eine weise Erziehung Dir frühzeitig einen klaren Blick in das wirre Leben gab, den Weg Deines Lebens freundlich ebnete. Auch dann — und dann gewiß! danke Deinem guten Stern, der Dir dies Alles gnädig gewährte, und außerdem vielleicht selbst die Möglichkeit einer großen Verirrung von Dir fernhielt! Und wo gäbe es eine solche Möglichkeit nicht? Sie ist schließlich immer vorhanden. So bete denn aus frommem Herzen, daß Du nicht in Versuchung geführt werdest, daß Dir keine Nacht komme, wie die, welche ich damals durchlitten; eine Nacht, in welcher es dunkel ist um Dich her und in Dir selbst; eine Nacht, an die Du noch nach dreißig Jahren schaudernd denkst!

Der Morgen, der nach dieser Nacht in meine Zelle graute, fand mich mit brennenden Schläfen, während kalte Fieberschauer mich schüttelten. Ich mochte wohl sehr verstört und bleich aussehen, denn des Wachtmeisters erstes Wort, als er mich erblickte, war: Man ist krank, man muß heute von der Arbeit bleiben.

Ich war krank, ich fühlte es nur zu wohl; so war mir noch nie im Leben gewesen. War dies ein Wink des Schicksals? Wollte es nicht zulassen, was ich beschlossen? Wenn ich heute nicht zur Arbeit ging, kam das Complott nicht zum Ausbruch. Der Katzen-Caspar rechnete auf mich, auf meine Kraft, auf meinen Muth, auf meine Verwegenheit. Mein Beispiel, das Beispiel Eines, der gewissermaßen freiwillig unter ihnen war, von dem sie wußten und fühlten, daß er nicht ihresgleichen sei, mußte überwältigend auf sie wirken, mußte sie in stürmischer Wuth mit fortreißen. Das hatte der Katzen-Caspar vollkommen begriffen; er konnte und er würde ohne mich nichts wagen.

Man bleibe heute von der Arbeit, sagte der Wachtmeister noch einmal. Man sieht ja hundeteufelmäßig jämmerlich aus. Man hat sich gestern übernommen; man hat nicht sieben Sinne wie ein Bär.

Ich wußte nicht, was der Wachtmeister mit den letzten geheimnißvollen Worten, die er oft anwendete, sagen wollte; aber seine Meinung konnte nur eine freundliche sein, denn seine blauen Augen ruhten derweilen mit einem Ausdruck ernster Sorge auf mir.

Nicht doch, sagte ich, ich hoffe, daß mir draußen besser wird; ich kann nur die Gefängnißluft nicht vertragen.

Verträgt Keiner besonders, brummte der Wachtmeister.

Und ich besonders schlecht, so schlecht, daß ich große Lust habe, nächstens von hier fortzugehen.

Ich blickte dem Alten starr in die Augen; ich wollte, er sollte in meinen Augen lesen, was ich vorhatte. Aber er lächelte nur und meinte:

Würden nicht Viele hierbleiben, wenn Alle fortgingen, die Lust dazu hätten; man würde selbst fortgehen.

Warum thun Sie es nicht?

Man ist mit dem Herrn Rittmeister nun zusammengewesen an die fünfundzwanzig Jahre; man wird bei ihm bleiben, bis man mausetodt stirbt.

Was Einem alle Tage passiren kann.

Und wieder blickte ich dem Alten starr in's Gesicht. Diesmal fiel ihm der Ausdruck meiner Züge doch auf.

Man sieht ja drein wie ein Bär mit sieben Sinnen; man sieht ja ganz raubmördergalgenmäßig drein, sagte er.

Was man noch nicht ist, kann man ja noch werden, sagte ich. Wenn ich Ihnen zum Beispiel hier die Kehle zuschnürte; ich bin dreimal so stark wie Sie.

Man mache keine schlechten Witze, rief der Wachtmeister, man ist kein Bär, und ein alter Soldat ist kein Zahnstocher.

Damit hatte der ehrliche Herr Süßmilch die Sache erledigt; wir gingen nach dem Bauplatze, da ich durchaus nicht in meiner Zelle bleiben, noch weniger nach dem Gefängniß-Arzt geschickt haben wollte.

Auf dem Wege mußte ich einmal stehen bleiben, denn es wurde mir schwarz vor den Augen und ich glaubte zu sterben. Derselbe Zustand wiederholte sich noch mehrmals während des Tages, der ungewöhnlich heiß war. Im Uebrigen habe ich nur eine wüste, verworrene Erinnerung dieses entsetzlichen Tages. Ein wildes Fieber wüthete in meinen Adern; eine schwere Krankheit kam in fürchterlicher Schnelle heran, ja war schon zum Ausbruch gekommen. Doctor Snellius sagte mir später und hat es mir erst vor einigen Tagen, als er bei mir zu Tische war, über der Flasche wiederholt, daß er es bis heute nicht begreifen könne, wie ein Mensch in dem Zustande, in welchem ich mich nothwendig befunden haben müßte, nicht nur einen ganzen Tag lang sich auf den Füßen halten, sondern eine schwere Arbeit habe leisten können. Er meinte, es sei ihm der merkwürdigste Beweis, wie weit es der bis zum Uebermaß angespannte Wille *contra naturam*, gegen den Lauf der Natur vermöge. Freilich, fügte er mit einem Lächeln hinzu, indem er mir die Schulter berührte, es geht nur bei Schmieden, Schneider sterben daran.

Was habe ich aber auch gelitten! Wenn mir ein hämischer Asmodeus einmal einen recht bösen Streich spielen will, führt er mich im

Traume an eine tiefe Grube, in welche eine mitleidslose Sonne brennt, und drückt mir eine Spitzaxt in die Hand, mit der ich wüthende Streiche gegen eine felsenharte Erde führe, nur daß die felsenharte Erde mein eigener Kopf ist und jeder Schlag mir in's Gehirn dringt, und dann füllt er die Grube mit Teufeln in Menschengestalt, die ebenso wie ich mit Spitzäxten oder Spaten und Schaufeln oder einer Karre arbeiten, und diese Teufel haben brutale, stumpfe Gesichter und böse Augen, die sie immerfort auf mich gerichtet halten und mit denen sie mir zuwinken: sie wüßten Bescheid und ich würde das Teufelswerk schon vollbringen. Und unter ihnen taucht von Zeit zu Zeit ein Kopf auf, der bösere Augen hat, als die anderen alle, und der Kopf sperrt den gräßlichen Mund auf, und wie aus einem Höllenrachen gähnt es mich an: Kurz vor Sonnenuntergang! Frisch Kamerad! ich Rollmann nehmen, Du Wachtmeister. Schlag' Schädel ein!

Weg du entsetzlicher Traum!

Aber das Entsetzlichste ist noch übrig.

Es ist eine halbe Stunde vor Sonnenuntergang; in einer halben Stunde wird die Glocke ertönen, die Arbeit eingestellt werden. Nicht blos für heute; die Ausgrabung ist beendet, die Fundamentsteine sind herbeigeschafft. Morgen werden ordentliche Maurer an die Arbeit gehen, Einzelne von den Zuchthäuslern werden noch helfen; Andere aber anderswo beschäftigt werden; es ist der letzte Abend, wo die Elf, deren Zwölfter ich sein soll, beisammen sind. Jetzt oder nie ist der Augenblick gekommen und bereits ist das Signal gegeben.

Es besteht darin, daß der Katzen-Caspar mit seinem Nachbar einen Streit beginnt, an dem sich nach und nach die Anderen betheiligen, während die Aufseher, der Wachtmeister an der Spitze, die scheinbar Wüthenden auseinander zu bringen suchen und den auf so unerhörte Weise gegen die Ordnung Frevelnden mit Wasser und Brod und Einzelhaft drohen. Aber Jene lassen sich nicht bedeuten, kommen im Gegentheil von Worten zu Thätlichkeiten, indem sie dabei, einander stoßend und schlagend, in immer dichteren Knäuel zusammendrängen und die Aufseher in den Knäuel zu verwickeln suchen.

Das Vorspiel hat nur einige Minuten gedauert, und länger darf es auch nicht dauern, wenn der ungewöhnliche Lärm in der stillen Anstalt nicht andere Aufseher herbeirufen und so den ganzen Plan vereiteln soll.

Hat man mich in den wüsten Knäuel hineingezogen? Habe ich mich selbst hineingestürzt? — ich weiß es selbst nicht; aber ich bin mitten drin. Helfe ich den Aufsehern die Leute auseinanderhalten? suche ich nur die Verwirrung zu vermehren? — ich weiß es nicht, aber ich tobe lauter als Alle, ich schreie, jauchze, ergreife ein paar im Nacken und schleudere sie auf den Boden, als wenn es Puppen wären; ich bin wie wahnsinnig; ja, ich bin wahnsinnig, ohne es zu wissen, ohne daß ein Anderer es weiß, es merkt, auch der Katzen-Caspar nicht, der sich an mich herandrängt und mir laut zuruft: Jetzt Kamerad!

In diesem verhängnißvollen Augenblicke nähert sich, aus der Pforte des nahen Gartens kommend, eilenden Schrittes die hohe Gestalt eines Mannes dem Orte des Schreckens. Es ist der Director; ein junges Mädchen von vierzehn Jahren, deren schlanken Wuchs ich schon öfter durch das Gitter des Gartens bewundert, faßt ihn an der Hand und scheint ihn zurückhalten oder auch die äußerste Gefahr mit ihm theilen zu wollen. Ein paar Knaben von zehn, zwölf Jahren zeigen sich in der Gartenpforte; sie rufen Hurrah! Sie haben wohl keine Ahnung von dem Ernste der Situation.

Und da ist der Mann, den Jeder hat kommen sehen, dicht vor uns. Er macht die Linke sanft aus der Hand des jungen Mädchens los und drückt sie gegen die kranke, von der Anstrengung des eiligen Laufes keuchende Brust. Die andere hat er beschwichtigend erhoben, da er noch nicht zu reden vermag. Seine sonst so bleichen Wangen sind von einer fieberhaften Röthe übergossen; seine großen braunen Augen blitzen; sie müssen sprechen, da sein Mund es nicht vermag.

Und die Tobenden, Wüthenden haben diese Sprache verstanden. Sie haben seit länger oder kürzer gelernt, in scheuer Ehrfurcht zu dem bleichen Manne empor zu sehen, der immer ernst und immer freundlich ist, auch wenn er strafen muß, und den noch Keiner ungerecht hat strafen sehen. Sie sind auf Alles gefaßt; darauf nicht, daß ihnen im letzten Augenblicke dieser Mann entgegentreten würde. Sie fühlen, daß ihr Spiel verloren ist, ja sie geben es verloren.

Nur Einer nicht; Einer ist entschlossen, es dennoch zu gewinnen oder doch sein Letztes auf eine blutige Karte zu setzen. Ja, vielleicht steht das Spiel besser als je. Liegt jener Mann zu Boden, wer oder was könnte ihn, könnte die Andern dann noch halten?

Ein Geheul ausstoßend, wie es so gräßlich aus eines wilden Thieres Brust nimmer schallen kann, stürzt er mit hochgeschwungener Spitzaxt auf den wenige Schritte nur Entfernten zu. Das junge Mädchen wirft sich vor den Vater, den Todesstreich aufzufangen. Aber ein Anderer, der besser im Stande ist, den Herrlichen zu schützen, ist schneller noch. Mit Einem Satze ist er zwischen Jenem und dem Caspar und fällt dem Rasenden in den Arm. Zwar streift die herabschmetternde Axt seinen eigenen Kopf; was ist das im Vergleiche zu den Schmerzen, die ihm im Kopfe schon seit Stunden wüthen?

Hund, verfluchter! brüllte der Katzen-Caspar, hast Du uns verrathen! und abermals holt er mit der Axt aus. Er bringt sie kaum noch in die Höhe, da liegt er bereits am Boden und auf seiner Brust kniet Einer, dessen Kraft der Wahnsinn des Fiebers zum Ungeheuren angespannt hat, dem in diesem Augenblicke kein einzelner Mensch zu widerstehen vermöchte.

Aber es ist auch nur ein Augenblick. Was er noch sieht, ist das gräßlich verzerrte Gesicht des Katzen-Caspar. Dann versuchen andere Hände seine Hände von dem Halberwürgten wegzureißen und dann versinkt Alles um ihn her in tiefe, schwere Nacht.

Vierundzwanzigstes Capitel

In tiefe, schwere Nacht, die eine lange, lange Fortsetzung des entsetzlichen Traumes ist, bis endlich dann und wann dämmernd Licht in diese Nacht fällt, dämmernd-sanftes Licht, vor welchem die Grauengestalten verbleichen und freundlicheren Platz machen. Die verschweben wieder in tiefe Nacht, aber es ist nicht mehr die alte, fürchterliche; es ist ein süßes Versinken in ein seliges Nichts, und jedesmal, wenn ich wieder daraus hervortauche, sind die milden Gestalten deutlicher, so daß es mir manchmal schon gelingt, sie von einander zu sondern, während sie anfänglich immer unmerklich in einander übergingen. Jetzt weiß ich bereits, daß, wenn der lange, schwarzgraue Schnurrbart vor meinem Gesichte auf und ab nickt, eine treue, gutmüthige Dogge da ist, die immer aus tiefer, breiter Brust knurrt, nur daß ich die Dogge nie zu sehen bekomme und manchmal meine, es sei der lange schwarzgraue Schnurrbart selbst, der so knurre. Wenn der Schnurrbart braun ist, höre ich eine sanfte Stimme, deren Klang mir unendlich wohlthut, daß ich immer lächeln muß, glücklich lächeln, während, wenn ich die Dogge höre, ich laut lachen möchte, nur daß ich nicht lachen kann, weil ich keinen Körper habe, sondern eine Seifenblase bin, die aus der Bodenluke in meinem Vaterhause herausschwebt in die sonnige Luft, bis sich zwei Brillengläser in ihr spiegeln, die keinen Schnurrbart haben. Die Brillengläser machen mir viel zu schaffen, denn, wenn sie auch niemals einen Schnurrbart haben, so sind sie doch manchmal blau, und dann sind sie eine Frau; wenn sie aber weiß sind, sind sie ein Mann und haben eine quäkende Stimme; aber die blauen Gläser haben die sanfteste Stimme, noch sanfter als der dunkle Schnurrbart. Ich kann es nicht herausbekommen, wie das zugeht, und räthsle viel darüber, bis ich wieder einschlafe. Und als ich erwache, beugt sich Jemand über mich, der einen braunen Schnurrbart und braune Augen hat und gerade so aussieht wie Jemand, den ich kenne, obgleich ich mich nicht besinnen kann, wo und wann ich ihn gesehen habe. Aber es wird mir so wohl und wehe bei dem Anblicke des bekannten Unbekannten, weil mir ist, als ob ich ihm Unendliches zu danken hätte, obgleich ich gar nicht weiß was. Und dies Dankgefühl ist so lebhaft, daß ich seine Hand, die er auf meine Hände gelegt hat, langsam, leise — denn ich habe wenig oder keine Kraft — an die Lippen ziehe und die Augen schließe, aus denen selige Thränen über meine Backen rollen. Ich will auch etwas sagen, aber ich kann es nicht, und will mich darauf besinnen, und als ich die Augen wieder öffne, ist die Gestalt nicht mehr da, sondern das Zimmer ist leer und von einer lichten Dämmerung gefüllt, und ich schaue mich verwundert in dem Zimmer um.

Es ist ein mäßig großes, zweifenstriges Zimmer; an den Fenstern sind die weißen Gardinen herabgelassen und auf den Gardinen schwanken die Schatten von Weinranken auf und nieder. Ich sehe lange dem reizenden Spiele zu; es ist ein Bild meiner Gedanken, die ebenso hin- und herwiegen und einen Punkt festzuhalten suchen, es aber nicht vermögen und immer wieder herüber- und hinüberziehen. Dann blicke ich abermals in das Zimmer und jetzt finden meine Augen einen Ruhepunkt. Es ist ein Bild, das an der einfarbigen, lichtgrauen Wand mir gerade gegenüber hängt: ein schönes junges Weib mit einem Knaben auf dem Arm. Sanft und mild blicken die Augen der jungen Mutter, still und fast schwermüthig, als sänne sie einem großen Geheimnisse nach, während die Augen des Knaben unter der vorgewölbten Stirn über seine Jahre ernst, fast trotzig und groß, als könnten und wollten sie die ganze Welt umspannen, geradeaus in die Ferne, in die Unendlichkeit blicken.

Ich kann die Augen kaum von dem Bilde wenden. Meine Bewunderung ist sehr rein und unbefangen; ich habe keine Ahnung von dem Original und weiß nicht, daß dies eine ausgezeichnete Kreidezeichnung nach dem berühmtesten Bilde des Meisters der Meister ist; ich weiß nur, daß ich so etwas Schönes in meinem Leben noch nicht gesehen habe.

Unter dem Bilde hängt eine kleine Etagere mit zwei Reihen sauber gebundener Bücher. Unter der Etagere ist eine Commode, alterthümlich geschweift mit messingenen Griffen. Auf der Commode liegen Zeichnen-Materialien und, zwischen zwei kleinen, antiken Vasen aus Terracotta, steht ein Arbeitskörbchen, über dessen Rand ein Faden rother Wolle hängt.

Zwischen Fenster und Commode, offenbar auf die Seite gerückt, sehe ich eine Staffelei, auf der Staffelei ein umgekehrtes Reißbrett; auf der anderen Seite der Thür ein Pianino, dessen oberer Theil eine sonderbare leyerförmige Gestalt hat.

Ich weiß nicht, was mich plötzlich an Konstanze von Zehren denken läßt, vielleicht, daß mich das leyerförmige Instrument an ihre Guitarre erinnert hat. Es muß wohl sein, denn sonst erinnert dies Zimmer in nichts an jenes Konstanzens. So wunderlich wüst es dort aussah, so sauber und freundlich ist Alles hier; kein fadenscheiniger, zerrissener Teppich deckt die weißen Dielen, auf welchen sich die sonnebeschienenen Fenster abzeichnen, und abermals, aber schwächer als auf den weißen Gardinen die Schatten der Weinranken spielen. Nein, ich bin nicht auf Schloß Zehren, im ganzen Schlosse war kein Gemach wie dieses, so heiter, so rein; und Schloß Zehren, fällt mir ein, ist ja abgebrannt, bis auf den Grund, haben sie gesagt; ich kann also nicht auf Schloß Zehren sein, aber wo bin ich denn?

Ich blicke das schöne junge Weib auf dem Bilde an, als ob sie mir Antwort geben könnte; aber über dem Anblicke vergesse ich, was ich habe fragen wollen. Ich habe nur das Gefühl, daß es sich ruhig schlafen lasse, wenn solche Augen über Einem wachen, und wundere mich, daß der schöne Knabe den Kopf nicht an die Schulter, an den Busen der Mutter sinken läßt, die großen, trotzigen Augen schließt und süß schläft; ach, so süß!

Der lange, süße Schlaf hat mich wunderbar erquickt. Als ich erwache, richte ich mich ohne weiteres in die Höhe, stütze mich auf den Ellnbogen und starre Herrn Wachtmeister Süßmilch, der vor meinem Bette sitzt, verwundert in das braune, furchendurchzogene Gesicht mit den blauen Augen, der großen Habichtsnase und dem langen, schwarzgrauen Schnurrbart.

Der Alte blickt mich seinerseits nicht minder verwundert an. Dann zuckt ein freundliches Lächeln von dem Schnurrbart durch ein paar der allertiefsten Furchen hinauf in die blauen Augen, wo es verweilt und gar lustig blinkt und blitzt. Er legt drei Finger seiner rechten Hand an die Stirn und sagt: *Serviteur!*

Das kommt so drollig heraus, daß ich lachen muß. Ich kann jetzt lachen und der Alte lacht ebenfalls und sagt: Gut geschlafen?

Ja, sage ich, köstlich. Ich habe wohl lange geschlafen?

Ein wenig, morgen werden es acht Wochen, erwidert der Alte freundlich.

Acht Wochen, wiederhole ich mechanisch, das ist sehr lange, und ich streiche nachdenklich mit der Hand über den Kopf.

Der Kopf ist sonst mit sehr dichten, sehr krausen und trotzdem sehr weichen (nebenbei etwas röthlichen) Locken bedeckt; jetzt fühle ich nur ganz kurze Stacheln, wie bei einer Bürste, die noch dazu mit der Zeit arge Lücken bekommen hat.

Das ist doch sonderbar, sage ich.

Wird schon wieder wachsen, sagt der Wachtmeister tröstend, haben mich auch ritze-ratze-kahl geschoren, als ich dies da weg hatte — er zeigt auf eine tiefe Narbe über der rechten Schläfe, die in dem dichten, grauen Haar verläuft, und die ich jetzt zum ersten Male bemerke — ich habe doch wieder einen Schopf bekommen wie ein Bär —

Mit sieben Sinnen, füge ich hinzu und muß durchaus über meinen

Witz lachen. Es scheint, daß ich einen Kinderkopf auf den breiten Schultern habe.

Der Alte lacht auch sehr herzlich, wird aber plötzlich ganz ernsthaft und sagt:

Nun aber schweige man und schlafe wieder wie —

Er beendet seine Lieblingsphrase nicht, augenscheinlich aus Besorgniß, mich zu neuer und für meine Verhältnisse schädlicher Lustigkeit aufzuregen; aber ich lache trotzdem und streife dabei den Aermel meines Hemdes auf, der mir ungewöhnlich weit vorkommt.

Der Aermel ist nicht weiter als gewöhnlich, aber mein Arm ist dünner, so dünn, daß ich ihn kaum für den meinen halten kann.

Wird schon wieder stärker werden, sagt der Wachtmeister.

Ich bin wohl sehr krank gewesen? frage ich.

I nun, meint der Wachtmeister; es war dicht vor dem Zapfenstreich; aber ich habe immer gesagt: Unkraut vergeht nicht; und er reibt sich vergnügt die Hände. Aber jetzt hat man genug geschwatzt, fügt er in befehlendem Tone hinzu. Man hat strenge Ordre, sich, wenn man aufwachen sollte, auf keinen Disput einzulassen und sogleich Meldung zu machen, was nunmehro geschehen soll.

Der Wachtmeister will sich erheben; ich lege ihm die Hand auf eine seiner braunen Hände und bitte ihn, noch zu bleiben; ich fühle mich ganz kräftig, das Sprechen greife mich nicht im mindesten an, noch weniger das Hören, und ich möchte gern hören, wie ich in diesen Zustand gekommen, in welchem ich mich befinde; wer die Leute gewesen seien, die um mich gewesen, und deren Gestalten ich durch den Nebel meiner Träume habe gleiten sehen? Ob nicht auch eine gute, große Dogge dagewesen sei, die mich beschützt und dazu aus tiefer Brust geknurrt habe?

Der Alte sieht mich bedenklich an, als meine er, es sei doch noch nicht ganz richtig unter dem borstigen, halbkahlen Schädel, und die höchste Zeit, daß er Rapport abstatte. Er legt meine Hände auf die Bettdecke und sagt: So, so! glättet das Kopfkissen wieder; So, so! und ich thue ihm den Gefallen und schließe die Augen und höre, wie er leise aufsteht und sich auf den Fußspitzen entfernt; aber die Thür hat sich kaum hinter ihm geschlossen, als ich die Augen wieder öffne und resolut daran gehe, mir selbst die Fragen, die ich dem Alten vorgelegt habe, zu beantworten.

Und nach und nach — gerade wie aus einem Nebelmeer, auf das wir von einem hohen Berge herabblicken, hie und da einzelne lichte Punkte auftauchen, ein sonnebeschienenes Kornfeld, eine Hütte, ein Stück Weges, ein kleiner See mit grasigen Ufern und endlich die ganze Landschaft klar vor uns liegt, bis auf wenige Stellen, über welchen noch graue Streifen sich breiten, die langsamer als die andern die Bergschluchten aufwärts ziehen — gerade so löste sich vor meinem inneren

Auge die Nacht der Vergessenheit, in welche für mich meine jüngste
Vergangenheit während meiner Krankheit versunken gewesen war.
Ich erinnerte mich wieder, daß ich, und warum ich im Gefängnisse,
daß der alte Mann mit dem langen Schnurrbart nicht mein guter
Freund und Krankenwärter, sondern mein Schließer war; daß ich
mich mit dem Gedanken getragen hatte, ihn zu erschlagen, wenn es
sein mußte, damit ich wieder frei würde; und so an Alles, was geschehen war, bis auf den letzten schrecklichen Tag, an diesen aber nur sehr
verworren, sehr dunkel, so verworren, so dunkel, wie diese Erinnerung
bis auf heute in meiner Seele geblieben ist. Dunkel und peinlich; aber
seltsam — dieses peinliche Gefühl wendete sich ausschließlich gegen
mich selbst. Der Haß, die Erbitterung, der Groll, die Verzweiflung, die
Raserei der Leidenschaft — alle die Dämonen, die vorher in meiner
Seele gehaust, sie waren verscheucht, als hätte sie ein Engel mit flam-
mendem Schwert — der Todesengel vielleicht, der über mir geschwebt
— vertrieben. Selbst jener Rest von Pein löste sich auf in Dankbarkeit,
daß mir das Entsetzlichste erspart worden, daß ich auf meine abgema-
gerten Hände blicken konnte, ohne zu schaudern.

Und wie ich, also sinnend, dalag, und mein Blick auf das schöne,
junge Weib fiel, die ihren Knaben so sicher im treuen, starken Mut-
terarme hielt, falteten sich unwillkürlich meine Hände; ich dachte
meiner eigenen, so früh, viel zu früh für mich verstorbenen Mutter,
und wie wohl Alles anders gekommen wäre, hätte sie immerdar schützend mit ihrem Arm mich umfassen, hätte ich in meinen jungen Leiden
und Zweifeln an ihrem Busen Schutz und Rath und Trost suchen und
finden können. Und auch meines Vaters dachte ich, der jetzt so einsam
war, dessen Hoffnungen ich so bitter getäuscht, dessen Bürgerstolz ich
so tief verwundet hatte, und dachte seiner — zum ersten Male — ohne
allen Groll, nur mit dem Gefühle innigsten Mitleids mit dem armen,
alten, verlassenen Manne!

Aber er wird ja leben bleiben, sagte ich, und ich bin ja auch nicht gestorben und werde leben und Alles wieder gut machen. Nein, nicht
Alles, das Verlorene läßt sich nicht wieder gut machen, nur die Zukunft gehört mir, selbst im Gefängnisse!

Im Gefängnisse! aber war das ein Gefängniß, wo ich mich befand:
dieses freundliche Zimmer, dessen Fenster nur mit nickenden Weinranken vergittert war, in welchem Alles auf ein friedlich-heiteres Still-
leben der Bewohnerin deutete?

Der Bewohnerin! ich weiß nicht, wie ich abermals auf diesen Einfall
kam; aber ich konnte mich nicht davon losmachen, und da hingen
auch wieder die rothen Wollfäden aus dem Arbeitskörbchen. Was hat
ein Arbeitskörbchen mit rothen Wollfäden in dem Zimmer eines Mannes zu thun?

Ich sann und sann; ich konnte es nicht ergründen; der Nebelstreifen rückte nicht von der Stelle, ja schien sich auszubreiten zu einem dünnen Flor, der allmälig wieder die ganze Landschaft verdecken wollte. Nun wohl, ich hatte sie einmal gesehen und wußte, daß ich sie wiedersehen würde, auch daß ich die Stimmen wieder hören würde, die jetzt aus weiter, weiter Ferne an mein Ohr schlugen und zwischen denen ich doch noch das dumpfe Knurren meiner treuen Dogge und die sanfte Stimme unterschied, mit der die braunen Augen immer milden Glanzes in meine Nacht geleuchtet hatten.

Und als ich wiederum erwachte, war es wirklich Nacht oder doch so spät am Abend, daß das Nachtlicht in dem Astrallämpchen auf dem Tische bereits angezündet war, und bei dem matten Scheine des Lämpchens sah ich Jemanden vor meinem Bette sitzen, den ich nicht erkannte, da er den Kopf in die Hand stützte. Aber als ich mich regte und er den Kopf hob und mich fragte: Wie geht es Ihnen? wußte ich, wer es war. Die leise, sanfte Stimme klang immerfort in meinem Ohr; ich würde sie unter tausenden erkannt haben. Und jetzt, sonderbarerweise, ohne daß ich nur einen Augenblick nachzudenken brauchte, als hätte es mir während meines Schlafes Jemand ausführlich erzählt, wußte ich auch, daß das Haus, in welchem ich mich seit acht Wochen befand, in welchem man mich seit acht Wochen wie ein Kind des Hauses pflegte, das Haus meines Directors, meines Kerkermeisters war, der heute gewiß nicht zum ersten Male an meinem Bette saß und wachte und der jetzt zu mir sprach, in so liebevollem Tone, wie nur ein freundlicher Vater zu seinem Sohne sprechen kann.

Er hatte, sich zu mir beugend, meine Hand ergriffen, indem er zu sprechen fortfuhr — Worte, die ich nur halb hörte vor einer anderen Stimme, die laut und immer lauter mit den Worten der Schrift in mir rief: Ich bin es nicht werth!

Ich konnte die Stimme nicht zum Schweigen bringen; ich bin es nicht werth! ich bin es nicht werth! rief es immer wieder, und endlich rief ich es laut: Ich bin es nicht werth!

Sie sind es, mein Freund, sagte die sanfte Stimme; ich weiß, daß Sie es sind; auch wenn Sie selbst es nicht wissen sollten.

Nein, nein, ich bin es nicht! sagte ich und das Herz schlug mir, als ich es sagte. Sie ahnen nicht, wen Sie beschützen, Sie ahnen nicht, wessen Hand Sie in der Ihren halten.

Und jetzt, jenem unwiderstehlichen Drange folgend, den ein in seinem Grunde ehrliches Gemüth antreibt, auf alle Fälle eine Güte abzulehnen, die uns nicht gebührt, beichtete ich meine schwere Schuld: wie ich entschlossen gewesen, Alles daran zu setzen, mich aus der Gefangenschaft zu befreien; wie ich die Annäherung des fürchterlichen Menschen nicht provocirt, aber doch geduldet; wie ich um das Complot gewußt, um die Stunde, in welcher es losbrechen sollte, und wie ich nicht wisse, weshalb mich der Muth zur Ausführung im letzten

Augenblicke verlassen, daß ich meine Hand gegen die wendete, die ich freiwillig zu meinen Genossen gemacht, und als deren Mitschuldigen ich mich folglich betrachten müßte.

Der Director hatte mich ruhig sprechen lassen, nur daß er meine Hand, so oft ich ihm dieselbe im Verlaufe meiner Beichte entziehen wollte, jedesmal mit sanftem Drucke festhielt. Jetzt, als ich zu Ende, sagte er — und noch heute, nach so vielen Jahren, wenn ich in der Nacht erwache, glaube ich seine Stimme zu hören:

Lieber, junger Freund, nicht was uns unser Wähnen, Wollen, Wünschen als möglich, ja nothwendig erscheinen läßt; nicht was wir glauben, thun zu sollen oder zu können, selbst nicht, was wir zu thun beschlossen haben, macht uns zu dem, was wir sind, sondern was wir in dem gegebenen Augenblicke wirklich thun. Der Feigling wähnt ein Held zu sein, bis ihn der Augenblick belehrt, daß er ein Feigling ist; der muthige Mann klügelt sich aus, er wolle sich nicht in Gefahr begeben, und stürzt sich, wenn der Ruf: Zu Hilfe! wirklich an sein Ohr schlägt, kopfüber in die Gefahr. Sie glaubten, Ihre Hand erheben zu können gegen einen Wehrlosen, und als Sie einen Wehrlosen in Mörderhand sahen, standen Sie auf für den Wehrlosen gegen den Mörder. Und sagen Sie nicht, Sie hätten nicht gewußt, was Sie gethan! Oder wenn Sie nicht wußten, was Sie thaten, so folgten Sie eben dem unwiderstehlichen Triebe Ihrer Natur, waren Sie eben in diesem Augenblicke erst recht — Sie selbst. Ich und die Meinen werden in Ihnen nun und immerdar den sehen, der mir das Leben gerettet mit Gefahr des eigenen Lebens.

Sie machen mich besser, unendlich viel besser, als ich in Wirklichkeit bin, murmelte ich.

Und thäte ich das, erwiderte er mit freundlichem Lächeln, giebt es eine höhere Wonne, als einen Menschen besser zu machen, als er ist? Aber Sie meinen, ich nähme Sie für besser, und auch das würde ich mir gefallen lassen. Hat doch selten Jemand so viel Gelegenheit als ich, zu erfahren, daß der sicherste, oft der einzige Weg, einen Menschen besser zu machen, der ist, ihn für besser zu nehmen. Wollte Gott, es würde mir, dies Geheimniß meines Handwerks anzuwenden, in jedem Falle so leicht, wie bei Ihnen! Und kann ich wirklich dazu beitragen, wie ich freudig hoffe, das edle Metall Ihrer Natur von den Schlacken zu reinigen, mit denen sie vielleicht noch vermischt ist; kann ich helfen, Sie selbst über sich selbst aufzuklären, Ihnen den Weg Ihres Lebens, den Sie dunkel vor sich sehen, auf dem Sie sich verirrt glaubten, vielleicht verirrt haben, zu erhellen, Sie mit Einem Worte zu dem zu machen, der Sie sein können und also sein müssen — nun, so hieße das nur gerecht sein gegenüber der Ungerechtigkeit, die Sie hierher gebracht, und so könnte ich für meinen Theil Ihnen den Dank abtragen, den ich Ihnen schuldete, noch bevor Sie einen Fuß in dies Haus setzten, geschweige denn, bevor Sie meinen Kindern den Vater, es sei nun, wie lange es sei, erhielten.

Das milde Licht der Lampe fiel in sein schönes, blasses Antlitz, daß es mit sanftem Glanze aus dem Dunkel sternengleich auf mich herabzuleuchten schien, und so kam seine sanfte Stimme zu meinem Ohr, wie eines guten Geistes Stimme, die in der Stille der Nacht zu einer hilfs- und heilsbedürftigen Seele spricht. Ich lag da, ohne mich zu regen, ohne ein Auge von ihm abzuwenden, hoffend, er werde weiter sprechen, ihn leise bittend, er möge weiter sprechen.

Es ist vielleicht egoistisch von mir, sagte er, wenn ich es thue, wenn ich, wo Ihre Seele zu frischem Leben erwacht und geneigt ist, mit frommen Kinderaugen in die wiedergewonnene neue Welt zu blicken, den Moment benütze, Sie mich kennen und, wenn es sein kann, lieben zu lehren, wie ich selbst Sie kenne und liebe; ich wiederhole, nicht seit heute. Ich kannte Sie, bevor Sie hierher kamen. Sie sehen mich verwundert an, und doch ist die Sache so einfach wie möglich. Ich habe meinen ältesten Bruder, trotzdem wir eigentlich nur unsere Kinder- und Knabenjahre zusammen verlebt haben und dann getrennt wurden, um uns niemals wieder recht zu gehören, ja in den letzten vierzehn Jahren nur wieder zu sehen, sehr geliebt, denn er war, was auch immer die Welt und die Leidenschaften später aus ihm gemacht haben, der Anlage nach die schönste, edelmüthigste, tapferste Menschenseele, die je aus der Hand der Natur hervorgegangen ist. Sie können sich denken, wie mich die Nachricht von seinem jähen Tode erschüttert hat, mit welcher schmerzlichen Begierde ich Alles in Erfahrung zu bringen suchte, was sich auf seinen Tod und die Veranlassung seines Todes bezog; wie eifrig ich eine Gelegenheit, die mir geboten wurde, benutzte, die Acten des Prozesses zu studiren, der sich an den Namen und die Thaten meines unglücklichen Bruders knüpfte und in den auch Sie in so unglückseliger Weise verwickelt waren. Aus diesen Acten habe ich Sie zuerst kennen gelernt. Ich bin oft in der Lage, von solchen Acten Einsicht nehmen zu müssen, und ich habe mich längst gewöhnt, in denselben zwischen den Zeilen zu lesen. Nie war diese Kunst mir nöthiger als in diesem Falle, denn niemals hat sich von aller psychologischen Einsicht entblößter Juristenverstand, oder vielmehr Unverstand ärger versündigt, als an Ihnen; niemals die Hand eines Sudlers aus einem leicht zu deutenden, tagklaren Jünglingsantlitz eine abscheulichere, schwarz in schwarz gezeichnete Carricatur gemacht. Fast von jedem Zuge, mit welchem die Anklage Sie ausstattete, glaubte ich das Gegentheil behaupten zu müssen und beweisen zu können. Und wenn es nicht mein Bruder, mein einst so heiß geliebter Bruder gewesen wäre, dessen Schuld Sie büßen sollten — wenn der ganze Prozeß mir so fremd gewesen wäre, wie er mich aus tausend Gründen anging und mich schmerzlich berührte — ich würde Ihre Sache zu der meinen gemacht, ich würde Sie zu retten versucht haben, wenn ich es gekonnt hätte. Ich konnte nichts für Sie thun; ich konnte nur meinen ganzen Einfluß aufbieten und ich habe ihn aufgeboten, daß Sie hierher kamen, anstatt nach N., wohin man Sie ursprünglich schicken wollte.

Sie kamen. Ich sah Sie, wie ich Sie mir vorgestellt; ich fand Sie, wie ich Sie mir gedacht. Was anders an Ihnen war, das war der Jüngling nicht, der wissentlich in dem Processe seine Sache verschlechtert, weil er hartnäckig jede Auskunft über seine Mitschuldigen verweigert, dessen treuherzige Offenheit in allen anderen Punkten jedes Herz, nur nicht das verschrumpfte eines Actenmenschen, hätte rühren müssen — das war ein Mensch, den man unter der Form des Gesetzes mißhandelt, dessen freie Seele die dumpfe Luft seines Kerkers verdüstert und der, um mit den Worten meines angebeteten Dichters zu reden: sich Menschenhaß aus der Fülle der Liebe trank. Es war Ihrer würdig, daß Sie keinen Hehl aus diesem Hasse machten, daß Sie, was Ihnen hier geboten wurde, und wonach Andere mit beiden Händen gierig gegriffen hätten, stolz zurückwiesen. Lassen Sie mich kurz sein. Die Krankheit, die in Ihnen schon lange brütete, der Sie mit Ihrer seltnen kraftvollen Natur nur so lange widerstanden, kam zum Ausbruch. Sie wollten in dem Wahnsinne Ihrer verstörten Sinne zeigen: Seht, das habt ihr aus mir gemacht! und der Erfolg bewies, daß Sie geblieben waren, der Sie sind. Man trug Sie für todt von dem Orte des Schrekkens. Der schnell herbeigerufene Arzt gab zwar Hoffnung, aber nur der sorgfältigsten Pflege werde es vielleicht gelingen, Sie zu retten. Wo konnte Ihnen diese Pflege zu Theil werden als hier bei mir? Wer konnte treuer über Ihr Leben wachen als der, dem Sie es gerettet? Was galt mir in solchem Falle die Vorschrift des Hauses, was das Gerede der Leute? Wir trugen Sie in das erste Zimmer, das zufällig für unseren Zweck das beste war. Wir, das ist: mein Weib, meine Tochter, die älter ist als ihre Jahre, der alte, treue Süßmilch, der Arzt, den Sie lieben werden, wie er es verdient, — wir Alle haben — ich darf es sagen, denn es versteht sich von selbst — wacker und treu gekämpft mit dem Tode, der Sie bedrohte, und die Frauen haben geweint und die Männer haben sich die Hände geschüttelt, als Ihre herrliche Natur machtvoll den Feind zurückwarf, als der Arzt vor acht Tagen unter uns trat und sagte: er ist gerettet. Und nun, lieber junger Freund, genug, vielleicht schon zu viel für heute. Wenn Sie aus unserer Unterredung den Eindruck empfangen und in Ihren Schlaf mit hinübernehmen, daß Sie unter Freunden sind, die Sie lieben, so ist das Alles, was ich gewollt. Ich höre Süßmilch kommen; ich wollte ihn heute Nacht ablösen, aber er behauptet, seinen Gefangenen nicht verlassen zu dürfen. Schlafen Sie sanft!

Er strich mir leicht mit der Hand über Stirn und Augen und schritt aus dem Zimmer. Meine Seele war erfüllt von seinen Worten. So hatte noch nie ein Mensch mit mir gesprochen. War ich es wirklich? war meine verdüsterte Seele in der langen Krankheit entschwebt und hatte einem reineren, helleren Geiste Platz gemacht? Gleichviel wie es war — es war köstlich, zu köstlich fast, als daß es bleiben konnte. Aber festhalten wollte ich es, so lange als möglich, wie man den Nachklang einer süßen Melodie festzuhalten sucht. Ich regte mich nicht, als ich ein leises Geräusch im Zimmer vernahm, als mein treuer Wächter seine Vorbereitungen für die Nacht traf.

Wie hätte ich nicht sanft schlafen sollen, so reich gesegnet! wie hätte ich nicht ruhig schlafen sollen, so treu bewacht!

Fünfundzwanzigstes Capitel

In dem schattigen Garten, der ausschließlich für den Director und seine Familie bestimmt ist, befindet sich in der äußersten Ecke ein Gartenhäuschen, das auf der alten Stadtmauer steht und in der Familie den pompösen Namen »Belvedere« führt, weil man aus den Fenstern einen reizenden Blick über die Stadtwälle auf ein großes Stück der Meerenge und auf ein noch größeres der Insel haben würde, wenn man die Fenster öffnen könnte. Aber die Fenster sind sehr alt und sehr morsch und verquollen; überdies sind sie sehr schmal, und die kleinen, in Blei gefaßten Scheiben sind von buntem Glase und haben einstmals, als sie noch der integrirende Theil der Fenster einer benachbart gewesenen, längst zerstörten Capelle waren, jedenfalls ein bestimmtes Muster gehabt, das jetzt kaum noch zu erkennen ist. Ueberhaupt ist das Häuschen einigermaßen in Verfall, da auch das Holz, aus dem es gebaut ist, den Einflüssen der Sonne, des Regens und des Seewindes in den langen Jahren nicht ganz hat widerstehen können, und es wird daher nur selten benutzt, viel seltener als der Platz vor dem Häuschen, der so recht eigentlich die Sommerwohnung der Familie ist, wo sie jede gute Stunde der guten Jahreszeit verbringt.

Der Platz verdient diesen Vorzug im vollsten Maße. Auf gleicher Höhe mit dem Gartenhäuschen und dem Rande der Stadtmauer, bedeutend höher also als der übrige Theil des Gartens, trifft ihn der erfrischende Hauch des nahen Meeres, während durch das dichte Laub der alten Platanen, die ihn rings umgeben, nur selten ein vereinzelter Strahl der Mittagssonne den Boden streift. Die Zwischenräume der Baumstämme sind mit der grünen Wand einer lebendigen Hecke ausgefüllt, die das Trauliche, Lauschige des Platzes noch vermehrt und von der sich sechs Hermen aus Sandstein vortrefflich abheben. Zwei runde Tische aus grün angestrichenem Tannenholz rechts und links mit den nöthigen Stühlen laden zum Träumen und Arbeiten ein.

Von den zwei Personen, die etwa vierzehn Tage, nachdem ich zum ersten Male das Zimmer verlassen durfte, an einem schönen Augustabende hier saßen, war die eine mit dem Ersteren beschäftigt — wenn Träumen eine Beschäftigung genannt werden kann — die andere arbeitete wirklich sehr eifrig. Der Träumer war ich selbst, und eine leichte Decke, die trotz der Wärme des Tages über meinen Knieen lag, schien andeuten zu wollen, daß ich mich noch in dem Stadium der Reconvalescenz befand, wo Träumen erlaubt und Arbeiten verboten ist; die andere war ein junges Mädchen von vierzehn Jahren und ihre Arbeit bestand darin, daß sie meinen Kopf *à deux crayons* in Lebensgröße auf einem Reißbrett zeichnete. Dabei mußte sie natürlich oft ihre Augen über den Rand des Reißbrettes zu mir erheben, und wenn ich sagen soll, was der Gegenstand meiner Träume war, so muß ich gestehen, daß es eben diese Augen waren.

Und wahrlich, man brauchte nicht eben zwanzig Jahre und Reconvalescent und derjenige zu sein, auf welchen sich diese Augen oft mit jenem eigenthümlichen, zugleich festen und zweifelnden, zugleich nach Außen und nach Innen gekehrten Blick richteten, den der Künstler auf sein Modell heftet — man brauchte, sage ich, weder das Eine, noch das Andere, geschweige denn alles Dreies auf einmal zu sein, um von diesen Augen gefesselt zu werden. Sie waren groß und blau und tief, von jener Tiefe, die eine Oberfläche hat, auf welcher sich jede Regung des Gemüthes, jedes Licht, das darüber hingleitet, jeder Schatten, der vorüberzieht, wiederspiegelt und doch noch immer ein Etwas bleibt, das unergründlich ist. Schon einmal — vor nicht sehr langer Zeit — hatte ich in Augen geschaut, die unergründlich waren — wenigstens für mich — aber wie anders waren diese hier! Ich fühlte wohl den Unterschied, ohne daß ich damals im Stande gewesen wäre, ihn zu definiren. Ich wußte nur, daß diese Augen mich nicht verwirrten, beunruhigten, heute entflammten, morgen in Eiswasser tauchten, sondern daß ich wieder und immer wieder hinein schauen konnte, wie man voll seliger Ruhe in den Himmel schaut und kein Wunsch, kein Verlangen sich in uns regt, außer vielleicht, daß man Flügel haben möchte.

Was diese großen, tiefen Augen des Mädchens noch größer und tiefer erscheinen ließ, war vielleicht der Umstand, daß sie weitaus das Schönste in dem Gesichte waren. Einige sagten: das einzige Schöne; ich konnte mich nie zu dieser Ansicht bekennen. Die Züge waren allerdings nicht regelmäßig und ganz gewiß nicht, was man frappant nennt, aber Unedles war nichts darin; im Gegentheil Alles fein und eigen, und klug und sinnig, von sanften und doch bestimmten Lippen umschrieben. Fein und eigen und klug und sinnig — besonders der Mund, der zu sprechen schien, selbst wenn die keuschen Lippen, wie es meist der Fall, fest geschlossen waren. Und für dies kluge, sinnige,

etwas bleiche Gesicht bildeten zwei dicke Flechten des reichsten, asch-
blonden Haares, die nach der Mode jener Zeit in der Höhe der Schläfen ansetzten und unter den Ohren weg nach hinten verliefen, einen
köstlichen Rahmen. Der wunderschön geformte, feine Kopf war meistens etwas nach vorn oder zur Seite geneigt. Diese Haltung, verbunden mit dem gewöhnlichen Ernst des Gesichtes, ließen das Mädchen
um mehrere Jahre älter erscheinen. Aber Arbeit und Sorgen verwischen bald den Schimmer der Jugend, und sie, die fast noch Kind war,
kannte die Arbeit nur schon zu gut, und in ihr junges Leben hatte die
Sorge nur schon zu düstere Schatten geworfen.

In diesem Augenblick aber zog ein Lächeln über das ernste Gesicht.
Sie blickte über den Rand des Reißbrettes und sagte: Wenn Sie wollen,
können Sie aufstehen.

Sind Sie fertig? erwiderte ich, indem ich sofort von der Erlaubniß
Gebrauch machte und hinter ihren Stuhl trat. Aber Sie sind ja immer
noch bei den Augen? Wo nehmen Sie nur die Geduld her?

Und Sie die Ungeduld? antwortete sie, indem sie ruhig weiter zeichnete. Sie machen es gerade wie unser kleiner Oskar. Wenn der eine
Bohne gepflanzt hat, gräbt er sie nach fünf Minuten wieder aus und
sieht zu, ob sie schon gewachsen ist.

Dafür ist er auch erst sieben Jahre.

Also alt genug, um zu wissen, daß die Bohnen nicht in so kurzer Zeit
wachsen können.

Sie schelten immer auf Oskar, und doch ist er Ihr Liebling.

Wer sagt das?

Benno hat es mir gestern in aller Heimlichkeit vertraut. Ich sollte es
Ihnen aber nicht wieder sagen.

Dann hätten Sie es auch nicht thun sollen.

Aber Recht hat er doch.

Nein, er hat nicht Recht; Oskar ist eben der Kleinste, und so muß
ich mich seiner am meisten annehmen; Benno und Kurt werden schon
eher ohne mich fertig.

Bis auf die Arbeiten, die Sie ihnen corrigiren.

Nun setzen Sie sich wieder.

Aber sprechen darf ich doch?

Gewiß.

Ich hatte mich wieder gesetzt, aber es vergingen mehrere Minuten,
während welcher ich stumm dem Arbeiten des Mädchens zusah. Ein
Strahl der Abendsonne, der sich durch das dichte Laub der großen
Bäume stahl, traf ihr Haupt und webte um dasselbe eine Aureole.

Fräulein Paula, sagte ich.

Paula, sagte sie, ohne aufzublicken.

Also Paula.

Was ist's?

Ich möchte, ich hätte eine Schwester gehabt, wie Sie.

Sie haben ja eine Schwester.

Sie ist so viel älter, als ich und hat sich nie sehr um mich bekümmert, und jetzt wird sie vollends nichts mehr mit mir zu schaffen haben wollen.

Wo sagten Sie, daß Sie lebt?

An der polnischen Grenze. Sie ist an einen Steuerbeamten verheirathet — seit zehn Jahren; sie hat viele Kinder.

Da wird sie mit denen genug zu thun haben; Sie dürfen ihr nicht bös sein.

Ich bin ihr nicht bös, ich kenne sie kaum mehr, ich glaube, ich würde an ihr vorübergehen, wenn ich ihr auf der Straße begegnete.

Das ist nicht gut; Geschwister müssen zusammenhalten. Wenn ich dächte, ich begegnete Benno oder Kurt oder gar meinem kleinen Oskar nach zehn oder zwanzig Jahren auf der Straße und sie kennten mich nicht mehr — ich würde sehr unglücklich sein.

Sie werden Sie schon kennen, und wenn fünfzig Jahre darüber vergangen wären.

Dann wäre ich eine alte Frau, aber so alt werde ich nicht.

Weshalb nicht?

Dann sind die Knaben längst Männer und der Vater und die Mutter sind gestorben, was soll ich dann auf der Welt?

Aber Sie werden doch heirathen?

Nie, sagte sie.

Das klang so ernsthaft, und die großen, blauen Augen, die sie über das Reißbrett weg auf meine Stirne heftete, an welcher sie gerade zeichnete, blickten so ernsthaft, daß ich gar nicht lachen konnte, wozu ich einige Lust verspürt hatte.

Warum? fragte ich.

Bis die Knaben so weit sind, daß sie meiner nicht mehr bedürfen, bin ich zu alt.

Aber Sie können ihnen doch nicht immer die Arbeiten corrigiren.

Ich weiß nicht, mir ist, als müßte ich das immer.

Auch wenn sie Latein und Griechisch lernen?

Ich lerne jetzt schon Latein mit ihnen, warum sollte ich nicht auch Griechisch lernen?

Griechisch ist verzweifelt schwer; ich sage Ihnen, Paula, die unregelmäßigen Verben — da kommt kein Mensch durch, außer etwa Gymnasial-Lehrer, die ich aber meinerseits nie für richtige Menschen gehalten habe.

Das ist wieder so eine von Ihren Spöttereien, die Sie Benno nicht hören lassen dürfen — er will Lehrer werden.

Ich denke, das werde ich ihm noch ausreden.

Thun Sie es nicht! Weshalb soll er nicht Lehrer werden, wenn er

Lust und Geschick dazu hat? Ich weiß mir nichts Lieberes, als Jemanden etwas zu lehren, wovon ich glaube, daß es gut und für ihn zu wissen nützlich ist. Und dann ist es auch ein schickliches Fach für einen Knaben in Benno's Verhältnissen. Ich habe mir sagen lassen, daß, wenn Jemand keine großen Ansprüche mache, er es darin bald zu einer bescheidenen Existenz bringe. Der Vater ist anderer Ansicht; er wünscht, Benno möchte Mediciner oder Naturforscher werden. Das soll ein kostspieliges Studium sein, und wenn der Vater auch immer guten Muthes ist — aber ich weiß nicht, ob er es immer ist.

Paula beugte den Kopf auf das Reißbrett und zeichnete eifriger als je; nur sah ich, daß sie sich ein- oder zweimal mit dem Tuche schnell über die Augen fuhr. Die Bewegung schnitt mir in's Herz, ich wußte, welche Sorgen Paula — und gewiß nicht ohne Grund — um die Gesundheit ihres Vaters trug, den sie über Alles liebte.

Fräulein Paula, sagte ich.

Sie corrigirte mich diesmal nicht, vielleicht hatte sie mich gar nicht gehört.

Fräulein Paula, sagte ich noch einmal, Sie müssen sich nicht solche trübe Gedanken machen. Ihr Vater ist gewiß nicht so krank, und dann glauben Sie gar nicht, was die Zehren für eine Race sind. Der Steuerrath, sagte Herr von Zehren, sei immer ein Schwächling gewesen, und kann sich trotzdem noch immer neben Anderen, die für kräftige Männer gelten, sehen lassen; aber Herr von Zehren selbst — der war von Stahl, und sagte doch einmal, sein jüngster Bruder hätte es mit Zweien so wie er aufgenommen. Und sehen Sie, so eine kräftige Natur, das ist Alles, sagt Doctor Snellius, und ich sage es auch.

Freilich, wenn Sie es sagen —

Paula blickte auf und ein melancholisches Lächeln spielte um ihren reizenden Mund.

Sie meinen so ein Jammerbild, wie ich hier sitze, dürfe nicht von Kraft sprechen?

O nein, ich weiß, wie stark Sie waren, ehe Sie krank wurden, und wie bald Sie es wieder sein werden, wenn Sie sich ordentlich in Acht nehmen, was Sie nicht immer thun — Sie sollen zum Beispiel nie ohne Decke sitzen, und da haben Sie sie schon wieder fallen lassen; aber —

Aber, sagte ich, indem ich gehorsam die Decke wieder über die Kniee zog.

Ich meine nur, es sei doch wohl nicht ganz richtig, daß eine kräftige Natur Alles sei. Kurt ist gewiß der kräftigste von den Knaben und doch schreibt und liest und rechnet Oskar so fließend wie Kurt, trotzdem Kurt neun Jahre und Oskar erst sieben Jahre ist.

Dafür ist auch Oskar Ihr Liebling.

Das war nicht hübsch von Ihnen, sagte Paula.

Sie sagte es so sanft und freundlich, ohne eine Spur von Bitterkeit, und doch fühlte ich, wie mir das Blut in die Wangen schoß. Mir war, als hätte ich ein wehrloses Kind geschlagen.

Nein, es war nicht hübsch von mir, sagte ich eifrig, gar nicht hübsch; es war recht häßlich; ich weiß selbst nicht, wie ich gegen Sie so häßlich sein kann; aber die fleißigen Knaben sind mir von jeher so oft als Muster vorgehalten worden, und ich habe dann stets so viel böse Worte mit in den Kauf bekommen, daß mir das Blut zu Kopfe steigt, wenn ich dergleichen höre. Ich muß dann immer daran denken, wie dumm ich selbst bin.

Das ist auch nicht hübsch, daß Sie sagen, Sie seien dumm.

Nun denn, daß ich so wenig weiß, daß ich so wenig gelernt habe!

Dafür können doch aber nur Sie selbst — wenn es wirklich der Fall ist.

Ja, es ist der Fall, entgegnete ich. Es ist schrecklich, wie wenig ich weiß. Von dem Griechischen ganz zu schweigen, von dem ich behaupte, daß es zu schwer und nur von den Lehrern erfunden ist, um uns zu quälen, so ist es mit meinem Latein auch nicht weit her, und das ist wohl meine Schuld, denn ich habe gesehen, daß Arthur, der, glaube ich, auch nicht klüger ist, als ich, ganz gut damit zurechtkam, wenn er wollte. Ihre englischen Bücher, in denen Sie so viel lesen, könnten für mich Griechisch sein, und Französisch — ich weiß wirklich nicht, ob ich noch *avoir* und *être* kann. Und gestern, als Benno nicht mit seinen Exempeln zurecht kommen konnte und mich fragte, und ich ihm sagte: er müsse selbst fertig werden — ich will es Ihnen nur gestehen: ich hatte keine Ahnung, wie er es anfangen müsse, und als er hernach wirklich selbst fertig wurde, habe ich mich im Stillen vor dem elfjährigen Jungen geschämt — wie ich mich in meinem Leben vor Doctor Busch, unserem Mathematiker, nicht geschämt habe, wenn er einmal, wie allemal, unter meine Arbeiten: grundschlecht oder ganz ausgezeichnet schlecht, oder sehr gut abgeschrieben oder sonst eine ähnliche maliciöse Censur setzte.

Paula hatte mich, während ich so reumüthig meine Sünden beichtete, immerfort mit großen Augen angesehen und manchmal mit dem Kopfe geschüttelt, als traue sie ihren Ohren nicht.

Wenn das wirklich wahr ist —

Warum sagen Sie immer Wenn! Paula? So wenig ich gelernt habe, so habe ich doch wenigstens die Wahrheit zu sagen gelernt, und Ihnen könnte ich schon gar nichts vorlügen.

Das Mädchen erröthete bis in die blonden Flechten hinauf.

Verzeihen Sie mir, sagte ich, ich wollte Sie nicht kränken, obgleich ich kaum glauben kann, daß Sie so — daß Sie Ihre Zeit auf der Schule so schlecht angewendet haben; ich wollte nur sagen, Sie müssen das wieder gut machen; Sie müssen das Alles recht schnell nachholen.

Das ist leicht gesagt, Paula! Wie soll ich das anfangen? Benno weiß mehr Französisch und Geographie und Mathematik als ich und ist elf Jahre, und ich werde im nächsten Monat zwanzig.

Paula schob das Reißbrett vor sich auf den Tisch und stützte die Stirn in die Hand, augenscheinlich, um besser über einen so verzweifelten Fall nachzudenken. Plötzlich hob sie den Kopf und sagte schnell und leise:

Sie müssen es dem Vater sagen.

Was soll ich ihm sagen?

Alles, was Sie mir gesagt haben.

Er würde mir auch nicht helfen können.

Ganz gewiß, Sie glauben nicht, wie viel der Vater weiß. Er weiß Alles, er versteht Alles.

Ich glaube es gern, Paula; aber was ist damit geholfen? Er kann mir von seinem Wissen nichts abgeben, wenn er auch gut genug wäre, es zu wollen.

Das kann er freilich nicht; Sie müssen eben selbst arbeiten; aber wie man am besten arbeitet, wie man am schnellsten arbeitet, das kann er und das wird er Ihnen sagen, wenn Sie ihn darum bitten. Wollen Sie?

Freilich will ich, aber —

Nein, nicht Aber! Ich will nicht Wenn! sagen, da dürfen Sie auch nicht Aber! sagen. Wollen Sie?

Ja.

Ich hatte das Ja, weil es mich einige Anstrengung kostete, laut und kräftig gesagt. Paula faltete die Hände, neigte den Kopf gerade als ob sie betete, daß mir mein Ja gesegnet sein möge. Es war so still auf dem Platze; nur ein Vögelchen zwitscherte und die rothen Abend-Sonnenstrahlen spielten durch die Zweige. War es nur ein Ausfluß der weichen Stimmung, die mir von meiner Krankheit her noch anhaftete — aber mir wurde eigen zu Muthe. Es war mir, als befände ich mich in einem Tempel und hätte eben ein feierliches Gelübde abgelegt, durch das ich mit meiner Vergangenheit gebrochen und mich einem neuen Leben, neuen Verpflichtungen geweiht hätte. Und dabei blickte ich starr auf das liebe Mädchen, das noch immer, das sinnige Haupt gebeugt, die Hände gefaltet, dasaß — blickte so starr, daß mir die Thränen in die Augen kamen und der Platz mit den hohen Bäumen, durch deren Zweige die Sonnenstrahlen spielten, und das junge Mädchen mit den gefalteten Händen — daß Tempel und Priesterin meinen Blicken hinter einem Schleier verschwanden.

Da ertönten aus dem Garten helle Stimmen; es waren Paula's Brüder, die im Hause ihre Schularbeiten gefertigt hatten und jetzt frohen Sinnes ihrem Lieblingsplatz zueilten, wo sie die Schwester zu finden sicher waren. Paula legte ihre Zeichnen-Materialien zusammen und war im Begriff, einen Bogen Seidenpapier über mein Conterfei zu breiten, als die Knaben in vollem Lauf den Hügel herauf zu uns gerannt kamen.

Ich bin der Erste! rief der kleine Oskar, indem er der Schwester stürmisch in die Arme flog.

Weil wir Dich zuerst haben kommen lassen, sagte Kurt, sich mit der Gewandtheit eines Equilibristen auf meine Kniee schwingend.

Zeig' mal, Paula, sagte Benno, indem er Paula die Hand auf den Arm legte.

Paula schlug das Papier wieder zurück; Benno blickte eifrig auf die Zeichnung und erhob den Blick prüfend zum Original; Kurt glitt eiligst von meinen Knieen herab, sich das Werk der Schwester ebenfalls zu besehen; selbst Oskar steckte seinen Lockenkopf unter der Schwester Arm hindurch, er wollte auch wissen, um was es sich handelte. Es war eine reizende Gruppe: die drei kleinen Knaben, wie sie, dicht um die Schwester zusammengedrängt, alle die glänzenden Augen bald eifrig auf mich richteten, bald auf das Bild senkten.

Das ist der Onkel Doctor! sagte Oskar.

Paula lächelte und strich dem lieben Buben sanft mit der Hand über die blonden Locken.

Du bist dumm, sagte Kurt, der hat ja eine Brille.

Es wird gut, Paula, sagte Benno mit der Miene eines Kenners.

Meinst Du? fragte Paula.

Ja, sagte Benno, nur daß er nicht so hübsch ist.

Nun habt Ihr es gesehen, sagte Paula in entscheidendem Tone, da, Benno, trag' es in das Belvedere.

Ich will es tragen! sagte Kurt.

Nein, ich! rief Oskar.

Habt Ihr nicht gehört, daß ich es tragen soll! sagte Benno, Ihr seid zu klein.

Ja, Du bist der Große! rief Kurt höhnisch.

Still, Ihr! sagte Paula. Ihr sollt nicht immer darüber streiten. Wer älter ist, ist größer, dafür kann er nichts, und wer jünger ist, ist kleiner, und kann auch nichts dafür.

Nein, Paula! sagte Kurt, das ist nicht wahr; Georg ist jünger als Vater und ist doch größer als Vater.

Da kommt Vater, sagte Paula, und auch Mutter, und nun haltet Euch still.

Der Director kam den Weg herauf; er führte seine Gattin am Arme, langsam, wie es für die fast Erblindete, deren Gesicht ein breiter grüner Schirm verdeckte, bequem war. Hinter ihnen, bald auf der rechten, bald auf der linken Seite des Weges, den unbedeckten Kopf bald nach oben, bald nach unten wendend, den Stock bald in der rechten und den Hut in der linken, bald den Stock in der linken und den Hut in der rechten Hand tragend, kam eine kleine, untersetzte Gestalt mit einem unförmlichen großen Kopf, dessen gänzlich kahler Schädel in der Abendsonne erglänzte.

Es war Dr. Willibrod Snellius, Hausarzt und Hausfreund der Familie und zugleich Gefängnißarzt.

Ich hatte mich erhoben und war den Ankommenden ein paar Schritte entgegengegangen.

Nun, wie befinden Sie sich? fragte der Director, mir die Hand reichend; hat Ihnen der erste längere Aufenthalt im Freien gut gethan?

Wollen morgen früh wieder anfragen! hm, hm, hm!

Doctor Snellius begleitete seine Aeußerungen gern mit einigen eigenthümlichen Nasenlauten, die halb Brummen, halb Summen und immer genau eine Octave tiefer waren, als seine Stimme, die sehr dünn war und eine ungemein hohe Lage hatte. Diese seine Stimme — Fistelstimme nannte er sie — war dem Doctor, der viel Geschmack hatte, ein Gräuel. Mit den eine Octave tieferen Brummtönen suchte er sich — nach seiner eigenen Aussage — davon zu überzeugen, daß er wirklich ein Mensch und kein Hahn sei, wofür er sich, falls er sich nur nach seiner Stimme zu classificiren hätte, nothwendig halten müsse.

Sie haben es ihm aber doch selbst verordnet, Doctor, sagte der Director.

Weiß ich deshalb, ob es ihm bekommen wird, hm, hm, hm! sagte Dr. Snellius. Es war eine Medizin, wie andere auch. Wenn ich immer wüßte, wie meine Recepte anschlügen, würde ich als Baron Willibrod Snellius auf Snelliusburg sterben, hm, hm, hm!

Wenn man Sie hört, sollte man glauben, Eure ganze Wissenschaft sei eitel Lug, sagte Frau von Zehren, auf einem Stuhle, den ihr Paula zurechtgerückt hatte, Platz nehmend.

Sie haben am wenigsten Ursache, uns für Hexenmeister zu halten, gnädige Frau!

Eben weil ich Euch nicht dafür halte, verlange ich auch nichts von Euch, was vielleicht unmöglich ist.

Frau von Zehren nahm den entstellenden Schirm ab und hob die müden Augen dankbar zu den Kronen der Bäume, die das noch immer starke Licht des Tages freundlich dämpften. Wie schön mußten diese Augen gewesen sein, als sie noch in Glück und Jugend strahlten! Wie schön dieses Gesicht, ehe Krankheit die lieblichen Züge verwüstete und lange vor der Zeit — denn Frau von Zehren war jetzt kaum vierzig Jahre alt — das lockige Haar grau färbte! Ja, die bleiche Dame war noch schön — für mich wenigstens, der ich, so kurze Zeit ich auch erst in ihrer Nähe weilte, doch bereits erfahren, wie engelhaft gut sie war, wie sie trotz der unendlichen Liebe, mit der sie an Gatte und Kindern hing, doch ihr Herz offen gehalten und Mitleiden mit Allem hatte, was da litt.

Wir werden nächstens den Besuch Ihres Freundes Arthur haben, sagte der Director zu mir, mich etwas auf die Seite ziehend; aber freilich, Sie sagten mir ja, daß er sich nicht eben freundschaftlich gegen Sie benommen.

Nein, sagte ich, ich hätte sonst lügen müssen. Wie kommt er hierher?

Er hat Ostern sein Examen gemacht und ist nun als Fähnrich zu unserem Bataillon commandirt. Wir werden dann auch wohl seine Eltern bei uns sehen und vermuthlich auch den Commerzienrath, wenn er sich herbeiläßt, seine Sache in eigener Person zu führen. Es handelt sich um die Nachlassenschaft meines Bruders, soweit sie nicht dem Gerichte oder seinen Gläubigern bereits verfallen ist, unter denen, wie Sie wissen, der Commerzienrath die erste Stelle einnimmt. Die Sache ist deshalb etwas schwierig, weil bei dem Schloßbrande Alles, was etwa an Papieren vorhanden gewesen, verloren gegangen ist. Dafür hat Konstanze aus Neapel einen notariellen Verzicht auf die Hinterlassenschaft eingesendet, und so restiren eigentlich nur mein Bruder und der Commerzienrath, denn ich für meinen Theil möchte am liebsten ganz aus dem Spiele bleiben; ja, ich kann sagen, daß, wenn man nicht das Unvermeidliche mit Würde tragen müßte, ich der Zusammenkunft mit großem Widerwillen entgegensehen könnte. Was wird da nicht Alles zur Sprache kommen? Was wird da nicht Alles aus dem Grabe aufgewühlt werden? — Was willst Du, mein Kind?

Oskar mußte dem Vater einen unglücklichen Käfer zeigen, der ihm über den Weg gelaufen; ich blieb in dem Gartenhaus sitzen — in peinlichen Gedanken, wie sie mir, seitdem ich vom Krankenbette erstanden, nie wieder gekommen waren. Arthur — Konstanze! Arthur, der mich so schnöde verleugnet, Konstanze, die mich so schmählich genasführt! Der Steuerrath, der Commerzienrath! — der Steuerrath, von dem ich wußte, daß er der feige Helfershelfer seines tapferen Bruders gewesen; der Commerzienrath, der mit dem Leichtsinne des Wilden gewuchert und sehr wahrscheinlich den Fall desselben, wenn nicht allein veranlaßt, so doch — ich war davon überzeugt — geflissentlich beschleunigt hatte! Welches Chaos von Empfindungen, unter denen ich nur schon zu viel gelitten, regten diese Namen in mir auf! wie häßlich erschien mir meine Vergangenheit, in deren Geschichte diese Namen, diese Menschen für immer verflochten waren! Häßlich, wie mir die Insel drüben erschien durch eine schmutzig-schwefelgelbe Scheibe des Fensters, an welchem ich stand. Und nun, als ich mich seufzend umwendete, fiel mein Blick durch die weit offenstehende Thür auf den Platz unter den Platanen, der von dem reinen, schönen Abendlichte erfüllt war, und auf die guten Menschen, die sich in diesem Lichte hin und her bewegten. Der Director und der Doctor promenirten, der Letztere bald links, bald rechts neben dem Ersteren, in eifrigem Gespräche auf und ab; die beiden älteren Knaben spielten um die Kniee der Mutter, die, in ihrem Lehnstuhle sitzend, mit ihnen lachte und scherzte; Paula hatte dem Dienstmädchen die Sachen abgenommen und bereitete den Abendtisch, denn es sollte, wie immer an schönen Tagen, im Freien gegessen werden. Wie zierlich sie das that; wie geräuschlos, damit die Herren nicht in ihrem Gespräche gestört würden, damit das Klappern der Teller das krankhaft reizbare Ohr der Mutter nicht beleidigte! Und wie sie dabei noch immer Zeit hatte, mit dem kleinen Oskar zu plaudern, der sie auf Tritt und Schritt begleitete, und sich nach mir umzusehen, ob ich auch nicht im Zuge stand! Ja, sie war schöner als meine dunkle, stürmische Vergangenheit, die helle, friedliche Gegenwart; aber mir war, als ob ein Schatten aus jener in diese fiele. Wenn Arthur hieherkam, wenn er, wie voraussichtlich, als ein Mitglied der Familie in dieselbe aufgenommen wurde, wenn er mit seiner glatten Zunge sich in das Vertrauen dieser harmlosen Menschen hineinzulügen, mit seinen glatten Manieren sich in ihre Gunst zu schmeicheln wußte — wenn er, der schon als unreifer Knabe ein Mädchenjäger gewesen war, es wagte — und was würde der Freche nicht wagen! — Paula in seiner bekannten Weise den Hof zu machen — der Cousin der Cousine! — ich mußte wohl noch sehr schwach sein, denn ich zitterte bei diesem Gedanken vom Kopf bis zu den Füßen und erschrak heftig, als jetzt Jemand, den Gartengang heraufkommend, sich dem Platze unter den Platanen näherte. Ich meinte, es müßte schon der einst so heißgeliebte und jetzt so verhaßte Freund sein.

Aber es war kein Porte-Epée-Fähnrich in dem Glanze seiner neuen Uniform, sondern ein hagerer, schwarzgekleideter Herr, der eine sehr schmale weiße Halsbinde und einen flachen Hut mit sehr breiter Krämpe trug und dessen schlichtes, dunkles, unmodisch langes Haar, als er jetzt den breitkrämpigen Hut, höflich grüßend, abnahm, in der Mitte gescheitelt und hinter beide Ohren zurückgekämmt war. Ich kannte den Herrn wohl; ich hatte ihn oft genug langsamen Schrittes und gesenkten Hauptes über die Gefängnißhöfe gehen, in diese oder jene Thür eintreten und vielleicht später — immer in derselben demüthigen Haltung — herauskommen sehen. Auch war mir das Glück seiner persönlichen Bekanntschaft bereits zu Theil geworden, indem er eines Tages unvermuthet in meinem Krankenzimmer erschien und von dem Heile meiner Seele zu sprechen anfing; und ich würde dies Glück noch öfter gehabt haben, wenn Dr. Snellius, der dazu kam, sich diese Concurrenz nicht verbeten hätte, indem er andeutete, daß es sich vorläufig weniger um das Heil meiner Seele als um das meines Körpers handle, für welches so aufregende Gespräche nichts weniger als dienlich wären. Ja, diese Meinungs-Differenz hatte vor der Thür meines Zimmers zu einem ziemlich lebhaften Dispute geführt, bei dem es, wie mir schien, zu recht ärgerlichen Worten kam, und es war deshalb gewiß ein Beweis der versöhnlichen Gesinnung des Herrn Diaconus und

Gefängnißpredigers Ewald von Krossow, daß er jetzt, nachdem er der Familie Guten Abend gesagt, den Doctor ebenso zuvorkommend begrüßte und mir, den er alsbald ausfindig gemacht hatte, sogar die Hand reichte.

Wie geht es Ihnen, mein Lieber? fragte er mit seiner leisen Stimme. Aber wie sollte es Ihnen anders als gut gehen, da ich Sie, trotzdem es bereits etwas kühl wird, noch hier draußen finde. Das soll kein Einspruch gegen Ihr besseres Wissen sein, verehrter Herr Doctor! Ich weiß gar wohl: *Praesente medico nihil nocet.*

Der Doctor kratzte mit dem rechten Fuße wie ein Hahn, der sich zum Kampfe rüstet, und krähte in den höchsten Tönen. Da ist es Jammer und Schade, daß, als Adam den verhängnißvollen Apfel aß, kein Arzt zugegen war. Der Arme lebte vielleicht heute noch. Hm, hm.

Er stierte den Pastor durch seine Brillengläser wüthend an, ob der Hieb getroffen habe; der Pastor lächelte mild.

Ei, ei, Herr Doctor, immerdar auf der Bank, wo die Spötter sitzen?

Ich muß wohl bleiben, wo ich einmal bin; ich gehöre nicht zu den Leuten, die nie um einen guten Platz verlegen sind.

Aber zu denen, die immer eine scharfe Antwort bereit haben.

Scharf nur für die butterweichen Seelen.

Sie wissen, daß ich ein Diener des Friedens bin.

Sie können ja die Herrschaft wechseln.

Und daß es mein Amt ist, zu vergeben.

Wenn Sie es von Gott haben, wird ja wohl auch der Verstand dazu nicht vergessen sein.

Herr Doctor!

Herr von Krossow!

Die Unterhaltung zwischen den beiden Herren war wohl kaum für meine Ohren bestimmt gewesen, wenigstens von dem Prediger nicht, der fortwährend und selbst noch das letzte: Herr Doctor! im leise abwehrenden Tone der beleidigten Unschuld sprach und sich auch jetzt mit einem mitleidigen Achselzucken abwendete und zu den Uebrigen trat.

Der Streithahn von Doctor, dem sein Gegner so unversehens weggelaufen war, blickte noch ein paar Momente starr vor sich, brach dann in ein heiser krähendes Gelächter aus, schüttelte die Arme wie ein paar Flügel und wendete sich zu mir, als hätte er die größte Lust, den unterbrochenen Kampf mit mir fortzusetzen.

Sie thäten auch gescheidter, sich auf Ihr Zimmer zu bemühen.

Ich habe nur auf Ihre Ordre gewartet.

Die Ihnen hiermit wird, und ich werde selbst für pünktliche Ausführung Sorge tragen.

Er nahm meinen Arm und zog mich so schnell fort, daß ich kaum Zeit behielt, den Zurückbleibenden Gute Nacht zu sagen. Sein Zorn war noch nicht verraucht; er schnaufte, er zischte, er schnalzte mit der Zunge und murmelte zwischendurch: Lump, Lump, Lump!

Sie scheinen keine große Meinung von unserem Herrn Prediger zu haben? sagte ich.

Werden Sie nicht auch noch ironisch, junger Mensch! rief der Doctor, indem er zu mir hinaufblickte. Hohe Meinung! hoher Unsinn! Wie kann man von dem Kerl eine hohe Meinung haben!

Und doch ist der Director immer freundlich gegen ihn.

Weil er gegen Jedermann freundlich ist und nicht bedenkt, daß dies gar kein Mann und überhaupt kein Mensch, sondern eine Schlange ist, die auf dem Bauche kriecht und Staub frißt, und den Busen sticht, der dumm genug ist, das kaltblütige Ungeheuer erwärmen zu wollen. Freundlich! ja wohl! das ist sehr leicht, wenn man anderen ehrlichen Leuten dafür die Mühe überläßt, desto gröber zu sein.

Das ist ja keine große Mühe für Sie, Doctor.

Junger Mensch, ärgern Sie mich nicht! Ich sage Ihnen, die Sache ist gar nicht spaßhaft, denn, wenn ich den Kerl nicht wegbeiße, beißt er über kurz oder lang uns Alle weg, seinen freundlichen Freund, den Director, zu allererst. Und Ihnen hat er auch schon etwas eingebrockt.

Mir?

Ihnen, allerdings Ihnen, dem Director, mir — der Kerl schlägt gern drei Fliegen mit *einer* Klappe.

Aber so sagen Sie doch, Doctor, ich bitte Sie!

Ich würde es Ihnen sagen, auch wenn Sie mich nicht bäten. Setzen Sie sich da in den Lehnstuhl und machen Sie sich's bequem; es ist vermuthlich das letzte Mal, daß Sie darin sitzen.

Wir waren in mein Zimmer gelangt; der Doctor drückte mich in den Lehnstuhl, indem er selbst vor mir stehen blieb (bald auf dem einen, bald auf dem andern Beine, selten auf beiden zu gleicher Zeit), und also sprach:

Die Situation ist einfach, aber klar. Dem Pietistischen, hocharistokratischen, bettelarmen geistlichen Schluckspecht, der sich nur zum Gefängnißprediger hat machen lassen, den Glanz seiner christlichen Demuth leuchten zu lassen vor den Leuten, sind der humanistische Director und der materialistische Doctor ein Gräuel. Humanität ist so einem Gauch eine demokratische Schwachheit und die Materie respectirt er nicht, außer, wenn er sie essen kann. Wir führten mit dem verstorbenen Pastor Michaelis, noch Einem aus der alten, guten, rationalistischen Schule, ein Leben wie im Paradiese; er und Herr von Zehren, oder vielmehr Herr von Zehren und er — sie haben während ihrer fast zwanzigjährigen gemeinsamen Wirksamkeit die Anstalt zu dem gemacht, was sie ist, das heißt zu einer Musteranstalt in jedem Sinne des Wortes, und ich habe die fünf Jahre, die ich hier bin, gethan, was ich konnte, mich in den Geist dieser Männer einzuleben, und ich glaube, daß es mir so ziemlich gelungen ist. Nun, seit dem halben Jahre, daß Michaelis todt und diese pietistische Schlange in unser Paradies geschlüpft, ist der Friede zum Teufel; die Schlange kriecht in alle Winkel, und wohin sie gekrochen, läßt sie die Spur ihres schleimigen Daseins. Die Beamten werden demoralisirt, die Sträflinge aufgewiegelt. Ein förmliches Complot, wie das, welches der Katzen-Caspar angestiftet hatte — Gott sei Dank, daß wir den Kerl los sind — er ist heute glücklich nach N. transportirt, wohin man ihn gleich hätte bringen sollen — wäre früher unmöglich gewesen. Der Katzen-Caspar war ein Liebling des Herrn Predigers, der in ihm ein unsauberes, aber kostbares Gefäß erblickte, dessen Reinigung ihm vorbehalten sei, und den Hallunken aus der Einzelhaft losbettelte, zu welcher ihn der Director vorsichtig verurtheilt hatte. So geht das fort: Gottesdienst *publice*, Betstunden *privatim*, seelsorgerische Bemühungen *privatissime!* Der Judas intriguirt gegen uns, wo und wie er kann, schmeichelt dem Director in's Gesicht, steckt meine Grobheiten ein und denkt: Ich kriege euch schon, wie der Uhu, als er die beiden Gimpel um die Ecke pfeifen hörte. Und er glaubt uns schon beim Flügel zu haben! Sie wissen, der Regierungs-Präsident, der gerade so ein Mucker, ist sein Onkel; Onkel und Neffe sind Hand und Handschuh. Der Präsident, des Directors unmittelbarer Vorgesetzter, hätte ihn schon längst beseitigt, wenn der Minister von Altenberg, eine der letzten Säulen aus der großen Zeit der Erhebung und Herrn von Zehren's Freund und Gönner, ihn nicht hielte — freilich nur noch mit schwacher Hand; denn Altenberg ist hoch bei Jahren und krank und kann jeden Tag sterben. Unterdessen wirkt man, wie man kann, und sammelt Material, das hoffentlich Wasser auf die Mühle der nächsten Excellenz ist. Und nun hören Sie: Der Assessor Lerch, mein guter Freund, ist gestern bei dem Präsidenten. Lieber Lerch, sagt der Präsident, Sie können mir wohl eine Relation über diesen Fall machen. Es ist wieder einmal eine Denunciation gegen den Director von Zehren. — Wieder einmal, Herr Präsident? fragt Lerch. Leider, wieder einmal! ich lasse das Meiste ungerügt, wenn auch nicht unbeachtet; dieser Fall ist aber so eclatant, daß ich ihn in die Hand nehmen, respective Sr. Excellenz Bericht erstatten muß. Denken Sie sich, lieber Lerch, da hat der gute von Zehren die (wie soll ich gleich sagen?) Sottise begangen, den jungen Menschen, der aus dem Contrebande-Proceß in Uselin sich einen so traurigen Namen gemacht hat — und nun kommt es: daß der Director Sie nach der Katastrophe, aus der natürlich der Denunciant die schönste Seide gesponnen, nicht in das alte vom Schwamm zerfressene Krankenhaus, in welchem Sie unfehlbar gestorben wären, sondern hierher in seine Wohnung hat schaffen lassen; daß er Sie hier behalten hat und behält, trotzdem Sie bereits seit drei Wochen in der Reconvalescenz sind; daß er mit Ihnen wie mit seines Gleichen verkehrt; daß er Sie in seine

Familie eingeführt, ja, daß Sie so zu sagen ein Mitglied der Familie geworden. Was brauche ich deutlicher zu sein? Hm, hm, hm!

Der Doctor hatte sich in die höchsten Töne des höchsten Registers hinaufgekräht und mußte mindestens zwei Octaven tiefer brummen, um sich die tröstliche Gewißheit zu verschaffen, daß er kein Hahn sei.

Und Sie halten wirklich jenen Menschen für den Denuncianten? rief ich, indem ich, meinen Reconvalescenten-Zustand ganz vergessend, zornig aufsprang.

Ich brauche nichts zu halten, denn ich weiß es. Würde ich sonst heute so grob gewesen sein?

Ich mußte unwillkürlich lachen. Als ob Phylax einer besonderen Provocation bedurft hätte, um Lips Tullian in die Waden zu fahren! Aber die Sache hatte ja auch ihre sehr ernste Seite. Der Gedanke, daß Herr von Zehren, dem ich so unendlichen Dank schuldig war, den ich so hoch verehrte, meinetwegen in noch dazu so ernste Ungelegenheiten kommen könnte, war mir unerträglich.

Rathen Sie, helfen Sie, Herr Doctor, bat ich dringend.

Ja, rathen, helfen! — Nachdem ich immer gesagt, daß Euch dies nicht so hingehen werde! Indessen, das haben Sie richtig gerathen: geholfen muß werden. Und zwar giebt es nur *einen* Ausweg. Wir müssen der Natter zuvorkommen, dann ist ihr für diesmal der Giftzahn ausgebrochen. Ich kenne unsern Director. Wenn er eine Ahnung davon hätte, daß man Sie ihm nehmen will — er würde sich eher die Hand abhacken lassen, als Sie hergeben. Deshalb klagen Sie noch heute Abend über Kopfschmerzen und morgen Abend um dieselbe Zeit wieder. Ihr Zimmer liegt zu ebener Erde; ein anderes ist für den Augenblick nicht vacant. *Intermittens* — Chinin — höhere, luftige Wohnung — übermorgen sitzen Sie wieder in Ihrer alten Zelle — lassen Sie mich nur machen!

Und ich ließ den Doctor Willibrod Snellius machen, und zwei Tage später schlief ich wieder, wenn nicht hinter Schloß und Riegel, so doch hinter den Eisengittern meiner alten Zelle.

Sechsundzwanzigstes Capitel

Hinter diesen Eisengittern stand ich am nächsten Morgen und schaute melancholisch durch das offene Fenster. Seltsam, ich hätte den Abend zuvor nicht gedacht, daß diese Gitter in mir noch eine unangenehme Empfindung hervorrufen könnten, und doch war es der Fall. Sie mahnten mich ernst an das, was ich in den letzten Wochen so gut wie vergessen hatte, mahnten mich daran, daß ich trotz alledem ein Gefangener war! Es bleibt beim Alten, hatte gestern der Director gesagt, als ich mich von ihm verabschiedete, und Alle hatten sie gewetteifert, den letzten Tag, den ich als Gast unter ihrem Dach weilte, zu einem Familienfeste zu machen — aber, so oder so, es war doch nicht das Alte. Das Frühstück hatte mir heute Morgen nicht geschmeckt wie die Tage vorher, wo ich es unter den hohen Bäumen des stillen Gartens in Gesellschaft von Frau von Zehren und Paula eingenommen, und wenn ich auch, sobald ich wollte, in den Garten, der freundlich zu mir heraufgrüßte, hinabgehen konnte — ich mußte doch nach einer gewissen Zeit hierher zurückkehren.

Hierher!

Ich sah mich in der Zelle um und bemerkte jetzt erst, wie sie sich bemüht hatten, mich vergessen zu machen, wo ich war. Da hing das Bild der Sixtinischen Madonna mit dem Knaben, das mir während meiner Krankheit so lieb geworden war, meinem Bette gegenüber, gerade wie es in Paula's Zimmer gehangen hatte. Da standen auf der Commode dieselben beiden Vasen aus Terracotta und in jeder ein paar frische Rosen. Da war der Lehnstuhl — derselbe Stuhl, in welchem ich also nicht, wie Doctor Snellius prophezeit, zum letzten Male gesessen hatte — und auf der Lehne lag eine gehäkelte Decke, an der ich gestern Abend noch Paula hatte arbeiten sehen. Da hing dieselbe Etagère mit denselben schön eingebundenen Büchern: Goethe's »Faust«, Schillers, Lessings Werke, deren Lectüre mir Paula so oft dringend empfohlen und in die ich doch kaum noch hineingesehen — ach! sie hatten gethan, was sie konnten, mir mein Gefängniß so behaglich, so freundlich als möglich zu machen; aber bewies nicht gerade die Mühe, die sie sich gegeben, daß es ein Gefängniß war, daß die Episode meiner Scheinfreiheit abgeschlossen? Jawohl, man war gut, unendlich gut gegen mich gewesen, unter der freundlich lächelnden Maske der Samariter-Barmherzigkeit gegen einen Todtkranken, die man beiseite legen mußte, sobald ein Pharisäer des Weges kam und scheelen Blicks auf das rührende Schauspiel sah. Nein, nein! ich war und blieb ein Gefangener, mochte man mir nun meine Ketten mit Rosen schmücken oder nicht!

Daß ich sie nicht hatte zerbrechen können! Zwar, wie ich es angefangen, war es unmöglich gewesen; aber wer hatte es mich so plump anfangen heißen? Weshalb war ich nicht für mich geblieben, hatte ruhig der eigenen Kraft, der eigenen Klugheit vertraut und irgend einem glücklichen Zufalle, der doch über kurz oder lang sich dargeboten haben würde. Jetzt, nachdem es so gekommen, nachdem ich diesen Menschen so viel Dank schuldig geworden, nachdem ich sie so lieb gewonnen, war ich doppelt und dreifach ein Gefangener. Ich hatte für das süße Linsengericht der Freundschaft und Liebe das heiligste, das erste, unveräußerliche Recht, das mit dem Menschen geboren wird, und das die Athemluft seiner Seele ist — das Recht der Freiheit verkauft. Sieben Jahre, sieben lange, lange Jahre!

Ich schritt in meiner Zelle auf und ab. Zum ersten Male seit meiner Krankheit fühlte ich wieder etwas von der alten Kraft; es war ein Bruchtheil nur, aber doch genug, um mir auch einen Theil der alten schweifenden Laune, der alten Unbändigkeit wiederzugeben. Wie mußte es nun erst sein, wenn ich mich wieder ganz fühlte, der ich war? Mußte mich nicht dieser Zustand, wo mich nichts halten sollte als ich mich selbst, rasend machen? Wäre es nicht besser gewesen, man hätte mir die alte Sklaverei gelassen und den Traum, doch noch einmal die Bande zerreißen zu können, selbst wenn dieser Traum nie in Erfüllung ging?

Da ist ein junger Mensch, der uns zu sprechen wünscht, meldete der Wachtmeister. Seit meiner Krankheit, wo »wir« so viel zusammen durchgemacht hatten, sprach er manchmal in demselben Pluralis mit mir, dessen er Alle würdigte, die sich seiner Meinung nach ein volles Anrecht an sein ehrliches Herz erworben hatten, voraus der Director und sämmtliche Mitglieder der Familie des Directors, den Doctor einbegriffen.

Was ist das für ein Mensch? fragte ich, während ein freudiger Schreck mich durchzuckte. Ich hatte, ich weiß nicht wie, diesen seltenen Besuch — so lange ich gefangen saß, war es das erste Mal, daß mich Jemand zu sprechen verlangte — mit den Gedanken, die eben durch meine Seele gingen, in Verbindung gebracht.

Man sieht aus wie ein Schiffer, erwiderte der Wachtmeister, und sagt, man habe Nachrichten von unserm verstorbenen Bruder.

Dies klang äußerst unwahrscheinlich. Mein Bruder Fritz war schon seit fünf Jahren todt; er war in einer stürmischen Nacht von der Fockmast-Raae über Bord gefallen und ertrunken. Das Schiff war später wohlbehalten zurückgekehrt; es schwebte kein Geheimniß irgend einer Art über meines Bruders Tod; wenn mir Jemand jetzt Nachrichten von seinem Ende brachte, mußte es damit eine andere Bewandtniß haben.

Und darf ich ihn sprechen, Süßmilch? fragte ich ihn in möglichst gleichgiltigem Tone, während mir das Herz bis in den Hals schlug.

Wir können sprechen, wen wir wollen.

So lassen Sie ihn herein, Süßmilch, und hören Sie, lieber Süßmilch, wenn es ein Schiffer ist, so trinkt er gewiß gern einen Schluck; vielleicht könnten Sie mir etwas der Art verschaffen?

Welche überflüssige Mühe sich und Anderen ein Mensch mit bösem Gewissen macht! Ich mußte nothwendig lügen, was mir immer sauer ankam, um den Alten los zu werden, und der ehrliche Süßmilch, der nicht daran dachte, bei meiner Zusammenkunft mit dem Unbekannten zugegen sein zu wollen, mußte zwei Treppen hinab in die Küche.

Aber wir selbst dürfen keinen Tropfen nicht trinken, sagte der Alte verwarnend.

Seien Sie unbesorgt!

Er ging, nachdem er vorher die vierschrötige Gestalt eines mir gänzlich unbekannten, schwarzbraunen Mannes in Schiffertracht zur Thür hineincomplimentirt.

Ich starrte den Fremden, dessen Aussehen und Benehmen, milde ausgedrückt, höchst ungewöhnlich waren, sprachlos an, erschrak aber ernstlich, als derselbe, sobald sich die Thür hinter dem Wachtmeister geschlossen, ohne ein Wort zu sprechen, aus seinem breitrandigen Hut einen eben solchen Hut herausschleuderte, mit der Hast eines vollkommen Verrückten, aber auch mit der Gewandtheit eines Circus-Clowns sich die Kleider vom Leibe zu reißen begann, und alsbald — o Wunder! — in genau derselben Tracht, die nun in ihren verschiedenen Bestandtheilen zu seinen Füßen lag, vor mir stand, während ein triumphierendes Lächeln zwei Reihen der allerweißesten Zähne zeigte. —

Klaus! rief ich in freudigem Erschrecken, Klaus!

Das weiße Gebiß wurde bis zu den letzten Backenzähnen sichtbar. Er ergriff meine ausgestreckten Hände, erinnerte sich aber sogleich, daß dergleichen Freundschaftsbezeigungen nicht zur Rolle gehörten, und flüsterte hastig: Nur schnell hinein, es paßt — eingelegte Falten, die von selbst aufgehen — nur schnell, ehe er wiederkommt.

Und Du, Klaus?

Ich bleibe hier.

Anstatt meiner?

Ja.

Aber man würde das doch bestenfalls nach fünf Minuten entdecken.

So haben Sie Zeit gehabt, herauszukommen und Herauskommen und Fortkommen ist doch bei Ihnen Eins.

Aber denkst Du, daß sie Dir das so ungestraft hingehen lassen werden?

Sie können mich doch höchstens anstatt Ihrer einsperren, und das sollte nicht lange dauern. Mit den Schlössern würde ich bald fertig, und hier — er zeigte eine Uhrfedersäge, die er aus seinem dichten Haare zog — damit feile ich Ihnen das Gitter da in einer Viertelstunde durch.

Klaus, das Alles kommt nicht aus Deinem Kopfe!

Nein, aus Christel ihrem; aber ich bitte Sie, machen Sie schnell.

Ich schleuderte den Schifferanzug, der noch immer auf der Erde lag, mit dem Fuße unter das Bett, denn ich hörte den Wachtmeister den Corridor heraufkommen. Er klopfte an die Thür und reichte mir, als ich öffnete, eine Flasche Branntwein und ein Glas.

Aber nicht wahr, wir sind kein Bär und trinken keinen Tropfen nicht?

Klaus blickte höchst verwundert drein, als er den gefürchteten Aufseher sich in einen so bescheidenen Aufwärter verwandeln sah.

Ich schloß die Thür wieder, dann fiel ich dem guten Klaus um den Hals. Die Thränen standen mir in den Augen.

Guter, lieber Klaus, rief ich, Du und Deine Christel, Ihr seid die besten Menschen von der Welt; aber ich kann Euer großmüthiges Opfer nicht annehmen, würde es unter keinen Umständen und keiner Bedingung angenommen haben, und jetzt ist vollends nicht die Rede davon. Ich könnte jeden Augenblick von hier fort, wenn ich wollte; aber ich will nicht, Klaus, ich will nicht.

Hier umarmte ich Klaus auf's neue und ließ den Thränen, die ich vorhin zurückgehalten, freien Lauf. Es war mir, als wüßte ich jetzt zum ersten Male, daß ich ein Gefangener sei, jetzt, wo ich es ausgesprochen, daß ich es sein wolle, wo ich mich selbst dazu gemacht. Klaus, der natürlich keine Ahnung von dem hatte, was in mir vorging, suchte mich noch immer, indem er ängstliche Blicke nach der Thür warf, mit leisen Worten zu bereden, ihn anstatt meiner sitzen zu lassen; er wette seinen Kopf dagegen, daß er in vierundzwanzig Stunden heraus sei.

Klaus, Klaus! rief ich, indem ich ihn auf die dicken Wangen klopfte, Du willst mich betrügen. Gestehe es, Du hast selbst nicht daran gedacht, so bald loszukommen.

Nun ja, erwiderte er sehr beschämt, aber meine Frau meinte —

Deine Frau, Klaus, Deine Frau!

Wir sind ja seit acht Wochen verheirathet.

Ich drückte Klaus in den Lehnstuhl, setzte mich vor ihn und bat ihn, mir zu erzählen. Es sei die größte Wohlthat, die er mir erweisen könne, wenn er mir sage, daß es ihm gut gehe; mir gehe es auch keineswegs so schlecht, wie er sich in seiner treuen Freundesseele vorgestellt habe, und dabei gab ich ihm in kurzen Worten einen Abriß meiner Abenteuer im Gefängnisse, meines Fluchtversuches, meiner Krankheit, meiner Freundschaft mit dem Director und seiner Familie.

Du siehst, schloß ich, ich bin in jeder Beziehung gut aufgehoben, und nun muß ich durchaus wissen, wie es Dir, wie es Euch ergangen ist, und wie Ihr so schnell Mann und Frau geworden seid. Zweiundzwanzig Jahre, Klaus, und schon verheirathet! Wie weit wirst Du es noch bringen? Und Deine Christel hat Dich weggelassen? Klaus, Klaus, das gefällt mir nicht.

Ich lachte ihn an, und Klaus, der nun endlich doch begriffen hatte, daß aus der Entführung nichts werden könne, lachte auch, aber nicht aus freiem Herzen.

Ja, das ist es eben, sagte er, was für ein Gesicht wird sie machen, wenn ich ohne Sie zurückkomme!

Ohne Dich, Klaus! sagte ich, ich brauche es mir jetzt nicht mehr gefallen zu lassen, daß Du unsere alte Bruderschaft verleugnest; ich nehme sonst an, Du wolltest mit einem Gefangenen nicht auf Du und Du stehen. Also, sie wird ein Gesicht machen, wenn Du ohne mich zurückkommst?

Ja, erwiderte Klaus, und was für ein Gesicht! Wir sind so glücklich, aber immer sagt Eines oder das Andere: und er muß sitzen! und dann war es vorbei mit dem Glück, besonders weil Christel doch eigentlich schuld ist, daß Sie — daß Du hier bist; denn wenn sie Dich an dem Morgen in Zanowitz —

Klaus! unterbrach ich ihn, weißt Du denn, daß ich eine Zeit lang glaubte, Deine Christel habe selbst die Anzeige gemacht, um von Deinem Vater loszukommen?

Nein, sagte Klaus, das hat sie, Gott sei Dank, nicht gethan, obgleich sie mehr als Einmal ganz verzweifelt gewesen ist und sich das Leben hat nehmen wollen.

Er wischte sich mit der Hand über die Stirn; es war ein trauriges Thema, das ich da berührt hatte. Wir saßen uns ein paar Augenblicke schweigend gegenüber, endlich fing Klaus wieder an:

Ein Gutes hat es freilich gehabt: »er« — Klaus hatte sich bereits seiner Christel Ausdrucksweise angewöhnt, die »ihn« nie bei Namen nannte — er mußte natürlich seine Vormundschaft Christel's niederlegen, und als ein Bescholtener, hatte er auch, was mich anbetraf, nicht mehr viel dreinzureden. Tante Julchen in Zanowitz, bei der Christel seit der Zeit geblieben ist, hat die Ausstattung gemacht, und so hätten wir leben können wie die Engel, wenn — und Klaus schüttelte mit einem wehmüthigen Blicke auf mich seinen dicken Kopf.

Und Du bist noch immer in Berlin, in des Commerzienrathes Maschinenfabrik? fragte ich, seinen Gedanken eine andere Richtung zu geben.

Nun natürlich! sagte er, ich bin sogar schon avancirt — zum Werkführer in meiner Abteilung.

Und da verdienst Du tüchtig Geld?

Daß wir gar nicht wissen, wo damit bleiben. .

Denn Christel ist eine excellente Haushälterin —

Und wäscht und plättet, daß es in unserer ganzen Wohnung immerzu nach Seife und Plätteisen riecht.

Klaus zeigte seine Zähne; ich drückte ihm zum Zeichen meiner Theilnahme an seinem Glücke die Hand, obgleich ich für die von ihm bewunderten Gerüche niemals sehr eingenommen gewesen war; aber nur noch dringender als vorhin wünschte ich jetzt zu wissen, wie dies glückliche junge Paar es über das Herz gebracht hatte, sein Glück so grausam auf's Spiel zu setzen.

Ich sagte Dir ja schon, erwiderte Klaus, es war kein rechtes Glück.

Wo wir gingen und standen und, waren wir recht vergnügt, am allermeisten, immer kam uns der Gedanke: wenn er doch einmal dabei sein könnte! und heute vor vier Wochen bei der Bierkaltschale — na, da ging es nicht länger.

Bei der Bierkaltschale? fragte ich verwundert.

Weil Du Dir des Sommers immer Bierkaltschale in der Schmiede machen ließest, wenn Du Dir einmal recht was zugute thun wolltest, weißt Du noch? Christel hat Dir so oft welche gemacht. Nun, als wir vor vier Wochen zum ersten Male Kaltschale aßen — sie haben in Berlin ein herrliches Bier dazu, noch viel besser als unseres, das immer ein wenig bitter war — ja, und ich mir's schmecken lasse, legt Christel plötzlich den Löffel hin, fängt an zu heulen und ich weiß gleich, was es giebt und fange auch an, und wir essen und heulen immerzu, und als wir fertig sind, sagen wir aus einem Munde: So geht es nicht länger! Nun, und da haben wir denn die Köpfe zusammengesteckt —

Wie an dem Abende, als ich Euch auf der Haide begegnete, he, Klaus?

Und haben's endlich herausgebracht, fuhr Klaus fort, der über meine indiscrete Bemerkung roth geworden sein würde, wenn das bei seiner Gesichtsfarbe möglich gewesen wäre, — das heißt: Christel hat's herausgebracht; sie hatte gerade so eine Geschichte gelesen, blos, daß der Gefangene ein Königssohn und sein Befreier ein Ritter war, der sich in einen Priester verkleidet hatte; nun, das ging nun schon nicht, aber Seemann, sagte Christel, das müßte gehen, denn hier im Arbeitshause säße gewiß manche Theerjacke, und es würden also auch welche zum Besuch kommen. Ueberdies, sagte Christel, wäre in einem Hafenorte Seemannstracht die beste Verkleidung. Kurz, wir übten es uns ein —

Uebtet es Euch ein?

Nun ja, es war gar nicht leicht; wir haben wohl eine Woche lang, wenn ich Abends von der Arbeit kam, Probe gehabt, bis Christel zuletzt sagte, nun ginge es zur Noth.

Es ging famos, Klaus!

Ja, aber was hat es nun geholfen? sagte Klaus mit einem wehmüthigen Blicke unter das Bett, und daß ich mir die Ohren habe aufbohren lassen, um die Ringe da hineinzubekommen? und daß mir Christel jeden Morgen das Gesicht mit Speck eingerieben hat —

Mit Speck?

Ich müsse aussehen wie Einer, der von drüben kommt, sagte Christel, und da ist nichts besser als Speck und hernach die Gluth von einem Schmelzofen drauf.

Du siehst aus wie ein Mulatte, Klaus!

Das sagte Christel auch; aber was hilft es nun, und wenn ich wie ein Neger aussähe, da Du doch einmal nicht fortwillst!

Das hilfft es, Klaus! rief ich, indem ich dem treuen Menschen von neuem um den Hals fiel, daß Du, daß Ihr mir die glücklichste Stunde bereitet habt; ja, Klaus, eine so glückliche Stunde, wie ich sie wahrhaftig nicht gehabt hätte, wäre ich Deinem großmüthigen Anerbieten gefolgt. Gott segne Euch, Klaus, für Eure Liebe, und wenn ich erst wieder frei und ein reicher Mann bin, dann will ich's Euch wieder heimzahlen mit allen Zinsen. Und nun, Du guter Kerl, mußt Du fort; ich soll in dieser Stunde zum Director kommen. Und hörst Du, Klaus, Du reisest gleich zurück, ohne Dich eine Minute länger als nöthig aufzuhalten, und noch Eines, Klaus, wenn das Aelteste ein Junge wird —

So heißt er Georg, das haben wir schon längst ausgemacht, sagte Klaus und zeigte die letzten Backenzähne.

Ich hatte Klaus zur Thür hinausgeschoben und ging noch in voller Aufregung über das eben Erlebte im Zimmer auf und ab, als mir plötzlich der Anzug wieder einfiel, den ich vorhin unter das Bett geschoben, und den wir in der Aufregung nachträglich ganz und gar vergessen hatten. Ich zog ihn jetzt hervor und konnte der Versuchung nicht widerstehen, die Jacke von grobem Tuch anzuprobiren. Es war, wie Klaus gesagt. An den Aermeln, an dem Rücken, an den Schößen waren Näthe so geschickt eingelegt, daß ich nur tüchtig daran zu zupfen brauchte, so fielen sie heraus, und obgleich ich einen Kopf größer und ein paar Zoll breiter in den Schultern war als Klaus, saß mir das Kleidungsstück doch als wäre es eigens für mich gemacht. Nicht anders war es mit der Weste, den Beinkleidern; es war Alles so vollkommen, daß ich es bequem über meine Kleidung ziehen konnte, wozu allerdings der Umstand, daß ich jetzt so viel magerer als sonst, beitragen mochte.

Eben war ich mit der Maskerade fertig, da klopfte es an die Thür. Es konnte nur der Wachtmeister, oder der Doctor sein, der um diese Zeit zu kommen pflegte. Ich setzte mich an den Tisch mit dem Rücken nach der Thür zu und rief:

Herein!

Es war das Wachtmeister.

Er steckte den Kopf herein und fing an: Wir möchten heute Morgen erst um elf Uhr zum Herrn Rittmeister kommen; weil — unterbrach sich aber, da es ihm sonderbar erscheinen mochte, daß der fremde Seemann so still dasaß und ich mich nicht zeigte. Er kam ganz herein und fragte: Wo sind wir denn?

Zum Teufel! antwortete ich, ohne mich umzuwenden, und das breite Platt, mit welchem sich Klaus sehr geschickt introducirt hatte — auch das war ein Theil seiner Rolle gewesen — so gut ich konnte, nachahmend.

Man mache keine schlechten Witze, sagte der Alte.

Und nun komm ich an die Reihe! rief ich, aufspringend und an dem erschrockenen Wachtmeister vorüber zur Thür hinauseilend, die ich zuschlug und den Schlüssel umdrehte.

Da lag der lange Corridor vor mir, kein Mensch war zu sehen. Es war eine Kleinigkeit, die Treppen hinab auf den Wirthschaftshof zu gelangen, von dem Wirthschaftshof durch eine Seitenpforte, die, wie ich wußte, um diese Zeit nie verschlossen war, auf eine Nebengasse. Mich nach Klaus' Herberge hinzufragen, konnte nicht schwer halten; vielleicht war ich noch vor ihm da — in zehn Minuten hatten wir die Stadt verlassen — und —

Guten Morgen, Herr Süßmilch, wie befinden wir uns? fragte ich, die Thür wieder öffnend.

Der Wachtmeister stand noch auf derselben Stelle und hatte, wenn man aus seinem ehrlichen, verblüfften Gesichte schließen durfte, bis jetzt keineswegs begriffen, um was es sich handelte. Ich zog den breitrandigen Hut, machte ihm, mit dem rechten Fuß hinten ausschlagend, einen tiefen Bückling und sagte: Habe die Ehre, mich wieder unter dero hochverehrliche Aufsicht zu stellen.

Da soll man doch aber einen Zahnstocher für ein Scheunenthor ansehen, rief der Alte, dem endlich eine Ahnung des wahren Sachverhaltes aufdämmerte. Dieser Schellfisch von einem braungeräucherten Flunder! Sollte man da nicht gleich zu einem Bär mit sieben Sinnen werden!

Still, rief ich, ich höre den Doctor kommen! Kein Wort, lieber Süßmilch, und ich schob den Alten zur Thür hinaus, durch die gleich darauf Doctor Snellius eilig, wie es seine Gewohnheit war, mit dem Hute in der Hand eintrat.

Er stutzte, blickte mich an, sah sich im Zimmer um, blickte mich wieder an und ging, ohne ein Wort zu sagen, hinaus.

Ich streifte im Nu die Seemannshülle ab, die ich unter das Bett schob und rief zur Thür hinaus hinter ihm her in meiner natürlichen Stimme: Warum gehen Sie denn wieder weg, Herr Doctor?

Er kehrte sofort um, kam in das Zimmer, setzte sich auf einen Stuhl mir gegenüber und starrte mich durch seine runden Brillengläser unverwandt an; mir kam es vor, als ob er blaß aussehe: ich fürchtete, daß ich den Scherz zu weit getrieben und den cholerischen Mann ernstlich beleidigt habe.

Herr Doctor, begann ich —

Es ist mir eben etwas sehr Seltsames passirt, unterbrach er mich, immer mit demselben starren Blick.

Was haben Sie, Herr Doctor? fragte ich, bestürzt über sein Aussehen und über den ungewöhnlich sanften Ton, in welchem er sprach.

Ich habe jetzt nichts, aber eben habe ich eine höchst merkwürdige Hallucination gehabt?

Was haben Sie gehabt?

Eine Hallucination, eine vollkommen ausgebildete Hallucination. Denken Sie sich, lieber Freund, als ich vorhin in Ihr Zimmer trete, sehe ich einen Matrosen vor mir stehen, von ungefähr derselben Größe, wie Sie, vielleicht einen oder anderthalb Zoll kleiner, aber ebenso breit in den Schultern; grobe Seemannsjacke, graue Beinkleider, breiten Strohhut, wie ihn die Westindienfahrer zu tragen pflegen, mit genau — nein: nicht genau, aber doch ungefähr Ihren Zügen: — ich sah die Gestalt so deutlich, wie ich Sie hier jetzt sehe — sie konnte nicht deutlicher sein! Die Täuschung war so vollkommen, daß ich glaubte, man habe Ihnen ein anderes Zimmer angewiesen, und hinausging, um Süßmilch, der mir eben auf dem Corridor begegnet war, zu fragen: wie er darauf gekommen sei, unser gesündestes Zimmer dem ersten besten neuen Ankömmling zu geben? Lächeln Sie nicht, lieber Freund; die Sache ist nicht lächerlich, wenigstens nicht für mich. Es ist das erste Mal, daß mir dergleichen begegnet ist, obgleich ich bei meinen fortwährenden Kopfcongestionen darauf wohl hätte gefaßt sein können. Ich weiß, daß ich am Gehirnschlage sterben werde, und wenn ich es nicht gewußt hätte, so wüßte ich es jetzt.

Er nahm die Uhr und faßte nach seinem Puls: Wunderlich, mein Puls ist vollkommen normal, und ich habe mich heute den ganzen Morgen ganz ausnahmsweise wohl und heiter gefühlt.

Lieber Herr Doctor, sagte ich, wer weiß, was Sie gesehen haben! Ihr gelehrten Leute habt ja immer so seltsame Einfälle; Gott weiß, aus was für einer Mücke Sie da einen wissenschaftlichen Elephanten machen.

Wissenschaftlicher Elephant ist gut, sagte der Doctor; man sollte einem unwissenschaftlichen Mammuth wie Ihnen dergleichen Ausdrücke gar nicht zutrauen; — sehr gut: aber im Uebrigen irren Sie. Das mag von Anderen gelten, nicht von mir; ich beobachte zu kaltblütig, um ganz schlecht beobachten zu können. Ich sagte Ihnen schon, mein Puls ist normal, durchaus normal, und sämmtliche Functionen sind in vollkommenster Ordnung; die Sache muß also einen tieferen physiologischen Grund haben, der sich für den Augenblick meiner Beobachtung entzieht, denn das psychologische Motiv —

Also ein psychologisches Motiv haben Sie wenigstens, sagte ich, der ich die Unschicklichkeit beging, mich an den Scrupeln des gelehrten Freundes höchlichst zu ergötzen.

Allerdings, und ich will es Ihnen mittheilen, auf die Gefahr, Ihnen zu Ihrem schadenfrohen Grinsen noch mehr Stoff zu geben. Ich habe nämlich die ganze Nacht von Ihnen geträumt, Sie Mammuth, und zwar immer denselben Traum, wenn auch in den verschiedensten Formen, nämlich, daß Sie von hier ausbrachen oder ausbrechen wollten, oder ausgebrochen waren, indem Sie sich bald an einem Strick aus dem Fenster ließen, bald über die Dächer kletterten, bald von der Mauer sprangen, und was man denn einem Menschen von Ihren physischen und moralischen Qualitäten sonst noch für halsbrecherische Experimente zutraut, und zwar waren Sie immer in anderer Kleidung, bald als Schornsteinfeger, bald als Maurer, bald als Seiltänzer und so weiter. Nun fragte ich mich beim Erwachen, was dieser Traum zu bedeuten habe, und ich sagte mir Folgendes: Der Georg Hartwig ist jetzt freilich wieder in seinem Gefängnisse, aber der Ausnahmezustand, in dem er sich hier befindet, und den du ihm in erster Linie von Herzen gönnst, dauert doch fort und ebenso die Gefahr, die in diesem — geben wir es zu — ordnungs- und reglementswidrigen Verhältnisse für unsern edlen Freund, den Director, liegt; denn, sagte ich mir, einem jeden Geschöpfe ist nur in dem Elemente wohl, für das es geboren ist. Der Frosch springt von dem goldenen Stuhle in den heimischen Sumpf und der Vogel entflieht, sobald er kann, und wenn du ihm das Gitter mit Zucker versilberst. Könnte es diesem Menschen, der, wenn Einer, sich nach Freiheit sehnen muß, nicht ebenso gehen? Könnte er nicht in einer schwachen Stunde vergessen, welche Rücksichten er Herrn von Zehren schuldig ist, vergessen, daß der Mann eigentlich seine Stellung gewissermaßen um seinetwillen auf's Spiel setzt, und in dieser schwachen, vergeßlichen Stunde davonlaufen? Und wissen Sie, junges Mammuth, ich nahm mir vor, der ich auch einigen Antheil an Ihnen zu haben glaube, ganz in aller Stille und Freundschaft, Sie um Ihr Wort zu bitten, daß, wenn Ihnen eine solche Stunde kommt, Sie nur an Ihre Ehre und an nichts Anderes denken wollen. Sehen Sie, das nahm ich mir vor und diese Gedanken bewegte ich in meiner Seele, als ich den Corridor heraufkam, und war unschlüssig, weil ich dachte: das Wort wird er sich bereits selbst gegeben haben, und folglich ist es überflüssig, daß er es Dir noch giebt. Jetzt aber, nach dieser sonderbaren Fortsetzung meines Traumes in die Wirklichkeit — für mich nebenbei ein *memento mori* — bitte ich Sie um Lebens und Sterbens willen, geben Sie mir Ihr Wort! Hm, hm, hm!

Ich hatte längst aufgehört zu lachen und reichte jetzt dem guten Doctor, während er sich herabstimmte, gerührt die Hand und sagte: Von ganzem Herzen gebe ich es Ihnen, wenn es auch wahr ist, daß ich es mir bereits selbst gegeben habe, und das ist noch keine zehn Minuten her. Und was die Hallucination anbetrifft, so beruhigen Sie sich darüber, Doctor; hier liegt Ihr *memento mori!*

Ich zog bei diesen Worten den Schifferanzug unter dem Bette hervor, fuhr auch in die Jacke hinein und setzte den Hut auf, den Beweis noch zwingender zu machen.

Also Sie haben doch fortgewollt, sagte der Doctor, der als ein kluger Mann die Hallucination schleunig fallen ließ, um wenigstens den Traum zu retten.

Nein, sagte ich, aber Andere haben mich versucht und ich habe mit ihnen gerungen, und diesen Mantel haben sie mir zurückgelassen.

Den Sie, erwiderte Dr. Snellius nachdenklich, als Opferspende an der Tempelwand aufhängen können; denn, wenn ich auch nicht weiß, wie dies geschehen ist, so viel sehe ich: Sie sind einer großen Gefahr entgangen; und jetzt — jetzt erst gehören Sie uns!

Siebenundzwanzigstes Capitel

In der Anstalt galt das Wort, daß man Allen etwas vorlügen könne, nur dem Director nicht.

Der Director von Zehren hatte eine Art, diejenigen, mit denen er sprach, anzusehen, für welche, glaube ich, nur eine eherne Stirne unempfindlich bleiben konnte. Nicht, als ob man seinem Blicke die Absicht angemerkt hätte, möglichst viel und möglichst scharf zu sehen! Sein Auge hatte gar nichts Spürendes, gar nichts Inquisitorisches; im Gegentheil, es war klar und groß wie eines Kindes Auge, und gerade hierin lag seine für die meisten Menschen unwiderstehliche Kraft. Da er Jedem, mit dem er sprach, durchaus wohlwollte, da er für sein Theil nichts zu verheimlichen hatte, ruhte dies klare, große, dunkle Auge so fest auf Einem — mit dem Blicke der sonnenhaften Götter gleichsam, die nicht mit der Wimper zucken, wie der schwache, in Dämmerung und in Heimlichkeit aller Art lebende Mensch.

Und als er mich mit diesem Blicke nach dem Manne fragte, den er am Morgen zu mir geschickt habe, da sagte ich ihm, wer der Mann gewesen sei und was er gewollt. Und weiter sagte ich ihm, in welcher Stimmung mich der Mann getroffen und wie nahe die Versuchung an mich herangetreten, daß ich aber — auch ohne den Beistand und die Hilfe des guten Doctors — die Versuchung besiegt habe, ich glaubte sagen zu dürfen — für nun und immer.

Der Director hatte meiner Erzählung mit allen Zeichen lebhafter Theilnahme zugehört. Als ich zu Ende, drückte er mir die Hand, dann wendete er sich zu seinem Arbeitstische und reichte mir ein Schreiben, welches, wie er mir sagte, soeben eingetroffen sei und das er mich zu lesen bitte.

Das Schreiben war eine in höflichen, aber sehr bestimmten Ausdrücken abgefaßte Anfrage des Präsidenten, wie es sich betreffs einer gewissen, dem Präsidium zugegangenen anonymen Denunciation verhalte? eventualiter wurde der Director von Zehren aufgefordert, ein seine Stellung und Würde so compromittirendes Verhältniß sofort aufzugeben und den betreffenden jungen Menschen mit der Strenge zu behandeln, welche die Würde des Gesetzes, die Würde der Richter, schließlich seine eigene Würde erfordere.

Sie wünschen zu wissen, sagte der Director, als ich das Blatt mit einem fragenden Blick wieder hinlegte, wie ich mich nun zu verhalten gedenke? Gerade, als ob ich dies hier nicht empfangen hätte. Ich will nicht wissen, ob Doctor Snellius, den die Freundschaft in meinen Angelegenheiten oft schärfer sehen läßt als mich selbst, eine kleine Comödie gespielt hat, als er Sie uns gestern so Hals über Kopf entführte, aber ich bin ihm oder dem Zufall dankbar, daß es so gekommen ist. Es würde meinen Stolz doch verletzt haben, Sie, den ich so lieb gewonnen, einer elenden Chicane opfern zu müssen. Man ist ja äußerlich im Recht, wenn man behauptet, daß der Gefangene nicht der Hausgenosse des Directors sein könne, und darin hätte ich nachgeben müssen; aber ebenso entschlossen bin ich, nicht weiter nachzugeben, keinen Schritt. Zu bestimmen, für welche Art der Arbeit ein Gefangener sich qualificire und wie er seine Erholungsstunden zubringe, ist mein unbestreitbares Recht, von dem ich mir auch nicht eines Strohhalmes Breite rauben lasse, das ich durch alle Instanzen verfechten werde, und sollte ich bis an den König gehen. Schon deshalb ist es mir nicht leid, daß dies so gekommen ist, weil es uns Gelegenheit giebt, uns über unser gegenseitiges Verhältniß, über den Weg, den wir in Zukunft verfolgen müssen, klar zu werden. Sind Sie geneigt, zu hören, wie ich darüber denke, so wollen wir in den Garten gehen. Meine Lunge will heute wieder einmal in der Zimmerluft ihren Dienst nicht thun.

Wir traten aus seinem Arbeitszimmer in den Garten. Ich hatte ihm meinen Arm geboten — denn ich fühlte mich jetzt zu solchen Dingen ausreichend kräftig — und so wandelten wir schweigend zwischen den Beeten hin, von denen uns der warme Mittagswind den Duft der Levkoyen und Reseden in balsamischen Wolken zuführte, bis uns auf dem Platze unter den Platanen labender Schatten empfing. Der Director nahm auf einer der Bänke Platz, winkte mir, mich dicht an seine Seite zu setzen, und nach einem dankbar stillen Blicke in die Kühlung spendenden Wipfel der ehrwürdigen Bäume sprach er also:

Die Strafe ist das Recht des Unrechtes, wenn man den Rechtslehrern, auf deren Worte jetzt die Schüler aller Orten schwören, glauben darf. Die Definition empfiehlt sich durch ihre Einfachheit den Katheder-Logikern, aber ich glaube nicht, daß Christus sehr damit zufrieden gewesen wäre. Er hat nicht gefunden, daß gesteinigt zu werden das Recht der Ehebrecherin sei, im Gegentheil, indem er den, welcher sich ohne Schuld fühle, aufforderte, den ersten Stein auf das arme Weib zu werfen, angedeutet, daß unter der glatten, logischen Oberfläche des landesüblichen Rechtes ein tieferer Grund liege, der sich allerdings nur dem Auge offenbart, das sieht — ja, und dem Herzen, das fühlt. Einem solchen Auge, einem solchen Herzen aber wird es bald klar, daß jenes Unrecht, welches bestraft werden soll, damit es zu seinem Rechte komme, wenn nicht immer, so doch fast immer ein Unrecht aus zweiter, dritter, hundertster Hand ist, die Strafe deshalb fast nie den trifft, der sie möglicher Weise verdient hat, und der gerechteste Richter also im allerbesten Falle, er mag wollen oder nicht, dem blutigen Legaten gleicht, der den Zehnten zum Tode führen läßt, nicht, weil er schuldiger ist, als die anderen neun, sondern, weil er der Zehnte ist.

Das aber wird, wie gesagt, nicht dem Katheder-Logiker offenbar, der zufrieden lächelt, wenn er nur mit dem Satze der Identität und dem vom Widerspruche nicht in Conflict geräth; auch dem Richter nicht, dem der Fall in seiner Vereinzelung, aus dem Zusammenhange herausgerissen, vorliegt, und der nun urtheilen soll, wo er nicht einmal die Theile in seiner Hand hat, geschweige denn den sichtbar unsichtbaren Faden, auf den die Theile mit Nothwendigkeit gereiht sind. Sie beide gleichen dem Laien, der ein Gemälde nur nach der Wirkung beurtheilt, nicht dem Kenner, der weiß, wie es entstanden ist, welche Farben der Maler auf der Palette hatte, wie er sie mischte, wie er den Pinsel führte, welche Schwierigkeiten er überwinden mußte und wie und wodurch er sie überwunden hat, oder weshalb er sein Ziel nicht erreichte. Und wie die wahre Kritik nur die schöpferische ist, welche aus den Geheimnissen der Kunst heraus urtheilt, und also auch nur der Künstler wahrhaft Kritik üben kann, so können die Handlungen der Menschen auch nur von Menschen beurtheilt werden, von denen das Wort des alten Weisen gilt, daß ihnen nichts Menschliches fremd sei, weil sie der Menschheit ganzen Jammer schaudernd an sich selbst und an ihren Mitbrüdern erfahren. Dazu aber gehört, wie gesagt, ein fühlend Herz und ein sehend Auge und dann das Dritte, ohne welches man auch mit fühlendem Herzen und sehendem Auge nicht viel erfährt, nämlich — Erfahrung, ich meine volle, reiche Gelegenheit, Herz und Auge zu erproben und zu üben.

Wer hätte diese Gelegenheit mehr aus erster Hand als der Vorsteher einer Anstalt, in welcher, nach den Worten des Philosophen, das Unrecht zu seinem Recht kommen soll? der Director einer Strafanstalt? er und der Arzt der Anstalt, wenn sie Freunde sind, wenn sie, von denselben Gesichtspunkten ausgehend, Hand in Hand nach demselben Ziele streben? Sie und nur sie allein erfahren, was kein noch so gewissenhafter Richter erfährt, wie der Mensch, den die Menschheit für immer oder eine zeitlang ausgestoßen, wurde, was er geworden ist; warum er, von solchen Eltern geboren, in solchen Verhältnissen aufgewachsen, in einer solchen kritischen Lage so und nicht anders handeln konnte. Dann aber, wenn der Director, der nothwendig der Beichtiger des Verbrechers wird, die Geschichte seines Lebens bis in die Einzelheiten erfahren, wenn der Arzt die Leberkrankheit, an der der Mensch seit Jahren litt, constatirt hat, dann sprechen Beide, wenn sie conferiren, nicht mehr von dem Rechte des Unrechtes, das hier geübt werden soll, dann sprechen sie nur noch davon, ob dem Aermsten noch zu helfen ist und wie ihm geholfen werden kann; dann sehen sie Beide in der sogenannten Strafanstalt abwechselnd nur noch eine Besserungsanstalt und ein Krankenhaus. Sind doch — und dies ist ein unendlich wichtiger Punkt, zu dessen Erkenntniß die Physiologie die Jurisprudenz noch einmal zwingen wird — sind doch fast Alle, die hierher kommen, krank im gewöhnlichen Sinne; fast Alle leiden sie an mehr oder weniger schweren organischen Fehlern, fast das Gehirn Aller ist unter dem Durchschnittsmaaß des Gehirns, welches ein normaler Mensch zu einer normalen Thätigkeit, zu einem Leben, das ihn nicht mit dem Gesetze in Conflict bringen soll, braucht.

Und wie könnte es anders sein? Fast ohne Ausnahme sind sie die Kinder der Noth, des Elends, der moralischen und physischen Verkommenheit, die Parias der Gesellschaft, welche in ihrem brutalen Egoismus an dem Unreinen mit zusammengerafften Kleidern und gerümpften Nasen vorüberstreift, und, sobald er sich ihr in den Weg stellt, mit grausamer Gewalt ihn von sich stößt! Recht des Unrechts! Hochmuth des Pharisäerthums! Es wird die Zeit kommen, wo man diese Erfindung der Philosophen mit jener der Theologen, daß der Tod der Sünde Sold sei, auf *eine* Stufe stellt und Gott dankt, daß man endlich aus der Nacht der Unwissenheit aufgewacht ist, die solche Monstrositäten erzeugte!

Der Tag wird kommen, aber nicht so bald. Noch stecken wir tief in dem Schlamm des Mittelalters; noch ist nicht abzusehen, wann diese Sündfluth von Blut und Thränen verlaufen sein wird. Wie weit auch der Blick einzelner erleuchteter Köpfe hinein in die kommenden Jahrhunderte trägt — der Fortschritt der Menschheit ist unendlich langsam. Wohin wir in unserer Zeit sehen — überall die unschönen Reste einer Vergangenheit, die wir längst überwunden glauben. Unser Herrscherthum, unsere Adels-Institutionen, unsere religiösen Verhältnisse, unsere Beamtenwirthschaft, unsere Heereseinrichtungen, unsere Arbeiterzustände — überall das kaum versteckte, grundbarbarische Verhältniß zwischen Herrn und Sclaven, zwischen der dominirenden und der unterdrückten Kaste; überall die bange Wahl, ob wir Hammer sein wollen oder Amboß. Was man uns lehrt, was wir erfahren, was wir um uns her sehen, — Alles scheint zu beweisen, daß es kein Drittes giebt. Und doch ist eine tiefere Verkennung des wahren Verhältnisses nicht denkbar, und doch giebt es nicht nur ein Drittes, sondern es giebt dieses Dritte einzig und allein, oder vielmehr dieses scheinbar Dritte ist das wirklich Einzige, das Urverhältniß sowohl in der Natur als im Menschendasein, das ja auch nur ein Stück Natur ist. Nicht Hammer oder Amboß — Hammer und Amboß muß es heißen, denn jedwedes Ding und jeder Mensch in jedem Augenblicke ist Beides zu gleicher Zeit. Mit derselben Kraft, mit welcher der Hammer den Amboß schlägt, schlägt der Amboß wieder den Hammer; unter demselben

Winkel, unter welchem der Ball die Wand trifft, schleudert die Wand den Ball zurück; genau so viel Stoff, als die Pflanze aus den Elementen zieht, muß sie den Elementen wiedergeben — und so in ewigem Gleichmaaß durch alle Natur in allen Zeiten und Räumen. Wenn aber die Natur unbewußt dieses große Gesetz der Wechselwirkung befolgt und eben dadurch ein Kosmos und kein Chaos ist, so soll der Mensch, dessen Dasein unter genau demselben Gesetze steht, sich dieses Gesetz zum Bewußtsein bringen, mit Bewußtsein ihm nachzuleben streben, und sein Werth steigt und fällt in demselben Maaße, als dieses Bewußtsein in ihm klar ist, als er mit klarem Bewußtsein in diesem Gesetze lebt. Denn obgleich das Gesetz dasselbe bleibt, ob der Mensch nun darum weiß oder nicht, so ist es doch für den Menschen nicht dasselbe. Wo er darum weiß, wo er die Unzerreißbarkeit, die Solidarität der menschlichen Interessen, die Unabwendbarkeit von Wirkung und Gegenwirkung erkannt hat, da blühen Freiheit, Billigkeit, Gerechtigkeit, welches Alles nur andere Ausdrücke für jenes auf die menschlichen Verhältnisse angewandte Natur-Gesetz sind; wo er nicht darum weiß, wo er in seiner Blindheit wähnt, ungestraft seinen Mitmenschen ausnützen zu können, da wuchern Sclaverei und Tyrannei, Aberglaube und Pfäfferei, Haß und Verachtung in giftiger Fülle. Welcher natürliche Mensch möchte nicht lieber Hammer als Amboß sein, so lange er glaubt, die freie Wahl zwischen beiden zu haben? Aber welcher vernünftige Mensch wird nicht gern darauf verzichten, nur Hammer sein zu wollen, nachdem er erkannt hat, daß ihm das Amboß-Sein nicht erspart wird und erspart werden kann, daß jeder Streich, den er giebt, auch seine Backe trifft, daß, wie der Herr den Sclaven, so der Sclave den Herrn corrumpirt, und daß in politischen Dingen der Vormund zugleich mit dem Bevormundeten verdummt. Möchte doch diese Erkenntniß endlich einmal in das deutsche Volksbewußtsein übergehen, dem es so dringend noth thut!

So dringend noth! Denn ich muß es aussprechen, daß in diesem Augenblick, kaum zwanzig Jahre nach unserem Befreiungskriege, jener Grundsatz alles Menschendaseins vielleicht von keiner der Cultur-Nationen so gründlich und so allgemein verkannt wird, als gerade von uns Deutschen, die wir uns so gern die geistige Blüthe der Nationen, das Volk der Denker, das wahrhaft humane Volk nennen. Oder wo würde mit unleidlicherer, schulmeisterlicher Pedanterie die junge Menschenpflanze in eine zu frühe, zu strenge und vor allen Dingen unglaublich bornirte Zucht genommen als gerade bei uns? Wo würde ihr freier, schöner Wuchs systematischer verhindert und verkrüppelt als gerade bei uns? Was wir mit Hilfe der Schul- und Kirchenbänke, des Exercierstockes, des Prokustesbettes der Examina, der vielsprossigen Leiter eines hierarchischen Beamtenthums in dieser Beziehung freveln — es treibt den Einsichtigen unter uns die Röthe der Scham auf die Stirn und die Gluth des Zornes in die Wangen; es ist mit Recht das unerschöpfliche Thema des Spottes für unsere Nachbarn. Die Wuth, zu befehlen, die sclavische Gier, sich befehlen zu lassen — das sind die beiden Schlangen, die den deutschen Herkules umstrickt halten, die ihn zu einem Krüppel machen; sie sind es, die überall die freie Circulation der Säfte hemmen, hier hypertrophische, dort atrophische Zustände erzeugen, an denen der Körper des Volkes grausam krankt; sie sind es, die, indem sie ihr Gift in die Adern des Volkes spritzen, das Blut und das Mark des Volkes vergiften und die Race selbst deterioriren; sie sind es endlich, denen wir verdanken, daß unsere Zucht- und Arbeitshäuser die Zahl der Insassen nicht fassen. Denn es ist nicht übertrieben, wenn ich behaupte, daß neun Zehntel von Allen, die hierher kommen, niemals hierher gekommen sein würden, wenn man sie nicht mit Gewalt zum Amboß gemacht hätte, damit die Herren vom Hammer doch haben, woran sie ihr Müthchen kühlen können. So aber, indem man ihnen das natürliche Recht jedes Menschen, sich in einer, seinen Kräften und Fähigkeiten angepaßten Weise den Lebensunterhalt zu erarbeiten, möglichst erschwerte; indem man sie systematisch verhinderte, gesunde, kräftige, taugliche Glieder des Gemeinwesens zu sein, hat man sie schließlich bis hieher, bis in's Arbeitshaus gebracht. Das Arbeitshaus ist im Grunde weiter nichts als die letzte Consequenz unserer Zustände, als das Exempel unseres Lebens auf die einfachste Formel gebracht. Hier müssen sie eine ganz bestimmte Arbeit in einer genau vorgeschriebenen Weise verrichten, aber wann hätte man sie jemals sich frank und frei ihre Arbeit wählen lassen? hier müssen sie schweigen — aber wann hätten sie denn frei sprechen dürfen? hier müssen sie dem niedrigsten Aufseher unbedingt Gehorsam leisten — aber haben sie nicht immer, auch ohne Shakspeare gelesen zu haben, gewußt, daß man dem Hund im Amte gehorcht? hier müssen sie gehen, stehen, liegen, schlafen, wachen, beten, schaffen, müßiggehen auf Commando — aber sind sie zu dem Allen nicht trefflich vorbereitet? sind sie nicht Alle mehr oder weniger geborene Arbeitshäusler? Ach, mir thut das Herz weh, wenn ich daran denke, und wie sollte ich nicht daran denken, und besonders in diesem Augenblicke nicht daran denken, wo ich Sie hier vor mir sehe, wo ich mich frage: wie kommt dieser Jüngling mit dem Körper des gewaltigsten Mannes und den treuen blauen Augen eines Kindes in dieses Asyl des Verbrechens und des Lasters?

Lieber junger Freund, wenn mir doch die Antwort darauf schwerer würde! Wenn es nicht doch dieselbe Formel wäre, nach der ich auch die Gleichung Ihres Lebens ausrechnen kann! Wenn ich doch nicht wüßte, daß die Unnatur unserer Verhältnisse wie ein giftiger Samum ist, der das Gras verdorren macht und auch die Eiche entblättert!

Ich habe versucht, mir aus dem, was ich bereits von Ihnen wußte und was Sie mir mit solcher Treuherzigkeit aus Ihrem früheren Leben, von Ihren Familien-Verhältnissen, von Ihrer Umgebung, von dem Leben, den Gewohnheiten der Bürger Ihres Heimathsortes erzählt haben, einen Hintergrund zu schaffen, auf den ich mir Ihr Bild zeichnen könnte. Wie trostlos ist dieser Hintergrund! wie liegt er so ganz in dem trüben Lichte, in welchem ich unsere Zustände im Allgemeinen sehe! Ueberall Kleinlichkeit, Engherzigkeit, Beschränktheit, Kleben am Alten, Hergebrachten, schulmeisterliches Besserwissenwollen, pedantisches Hofmeistern; überall abgezirkelte Wege, überall der freie Blick in's Leben durch thurmhohe Mauern von Vorurtheilen verbaut! Sie haben mir gesagt, daß Sie Ihren Vater flehentlich gebeten haben, er möchte Sie zur See gehen lassen, und daß er mit Hartnäckigkeit darauf bestanden haben, Sie sollten ein Gelehrter, zum wenigsten ein Beamter werden. Es war gewiß nicht, wie Sie sich selbst anklagen, der bloße Hang des Müßigganges, die Sucht nach Abenteuern, was Sie wieder und immer wieder den Wunsch aussprechen ließ; und sicherlich hat Ihr Vater nicht wohlgethan, als er, aus welchem Grunde immer, die Erfüllung dieses Wunsches hartnäckig verweigerte. Er hatte bereits einen Sohn auf dem Meere verloren — nun wohl! Es giebt noch ein anderes Meer: das eines thatenfrohen, kräftigen Lebens in Handel und Wandel, in Kunst und Handwerk. Das hätte er Ihnen nicht verbieten sollen, und doch war es dies Meer, auf das Sie wollten, und für das Ihnen nur das wirkliche Meer mit seinen Stürmen, seinen Wogen das Abbild war, so daß Sie das Abbild mit dem Urbild verwechselten.

Ihr Vater hat nicht wohlgethan, und doch dürfen Sie mit ihm, dem von häuslichem Unglück Verdüsterten, vor der Zeit Vereinsamten, durch des Sohnes Widerspruch Gereizten, durch des Sohnes factischen Ungehorsam Beleidigten — nicht mit ihm dürfen wir rechten. Was aber sollen wir sagen von Ihren pedantischen Lehrern, von denen kein einziger ein Verständniß für einen Jüngling hatte, dessen Charakter die Offenheit selbst ist? was von den spießbürgerlichen guten Freunden, die nichts konnten, als Zeter schreien über den Frevler, der ihre Söhne zu tollen Streichen verleitete, und die es für ein gottgefälliges Werk hielten, Vater und Sohn noch mehr zu verhetzen? Ach, mein Freund, es ist Ihnen ergangen, wie manchem anderen ehrlichen deutschen Jungen, der in so verzweifelt ordentlichen bürgerlichen Verhältnissen aufwächst, daß er Gott dankt, wenn er hinten im Westen von Amerika unter den Bäumen des Urwaldes nichts mehr von bürgerlicher Ordnung sieht. Bis in den amerikanischen Urwald sind Sie nun freilich nicht gekommen auf Ihrer Flucht aus der erdrückenden Enge Ihres Vaterhauses, sondern leider nur bis in die Wälder der Zehrenburg, und das hat das Maaß Ihres Unglücks voll gemacht.

Denn dort trafen Sie auf Einen, zu dem Sie sich mit unwiderstehlicher Kraft hingezogen fühlen mußten, da seine Natur mit der Ihrigen in vielen Punkten eine wunderbare Aehnlichkeit hatte, der auch zum großen Theil an der Elendigkeit unserer Verhältnisse zu Grunde gegangen war, und der nun eine künstliche Wüste um sich her geschaffen hatte, in der er sich nach Willkür, die er für Freiheit hielt, bewegen konnte. Eine Wüste im eigentlichen und moralischen Sinne; denn nach Allem, was Sie mir von seinen Aeußerungen berichtet, und die Folge bewiesen, hatte er mit dem Vorurtheil auch das Urtheil, mit der Rücksicht auch die Umsicht, mit der Bedenklichkeit auch das Nachdenken, mit den Fehlern des deutschen Charakters auch die Tugenden des Deutschen und jedes sittlichen Menschen über Bord geworfen, und Alles, was ihm noch geblieben, war die Abenteuerlust, und eine Art von phantastischer Großmuth, die aber auch — Sie haben es erfahren — gelegentlich phantastischer sein konnte als großmüthig.

Wie dem aber auch sein mochte — er war ein Mann, der Ihnen schon dadurch imponirte, weil er das genaue Gegentheil von allen Menschen war, die Ihnen bis dahin auf Ihrem Lebenswege begegnet, und der noch genug von ritterlichen Eigenschaften besaß, daß Sie, der Unerfahrene, wohl in ihm Ihr Ideal sehen mußten. Dazu die freie Luft auf den weiten Haiden, den stolzen Uferhöhen, auf dem unendlichen Strande! Hätte sie Ihnen nicht zu Kopf steigen, nicht Ihr vom Schulstaube umnebeltes Gehirn verwirren sollen?

Aber diese Freiheit, diese Unabhängigkeit, dieses kraftvolle Leben — es war Alles nur eine schöne Spiegelung, die *Fata morgana* einer hesperischen Küste, die versinken mußte, und hinter der, als sie versank, ein Untersuchungsgefängniß und ein Arbeitshaus stand.

Daß Ihnen das Arbeitshaus ein Garten der Hesperiden werde — ich kann es nicht machen, mein Freund, und würde es nicht, wenn ich es könnte. Aber Eines hoffe ich bewirken zu können: daß Sie hier, wo die Mißerziehung, die man an Ihnen geübt hat, nicht weiter kann, hier, wo man Ihnen den letzten Rest der verhaßten Selbstständigkeit zu nehmen dachte — zu sich selbst kommen, sich über sich selbst, über die Tendenz und das Maaß Ihrer Kräfte klar werden — daß Sie im Arbeitshaus arbeiten lernen.

Achtundzwanzigstes Capitel

Ich will nicht behaupten, der treffliche Mann habe, was ich ihn in dem vorigen Capitel sagen lasse, Alles in denselben Worten oder Alles an demselben Morgen gesagt. Es ist leicht möglich, ja wahrscheinlich, daß ich das Resultat der Gespräche mehr als eines Morgens hier im Zusammenhang gegeben und daß hier und da ein Ausdruck, ein Bild, das mir gehört, mit eingeflossen. Mehr aber schwerlich; denn ich habe seine

Philosophie, die auf meine dürstende Seele sich senkte, wie ein befruchtender Regen auf ein ausgedörrtes Feld, zu tief eingesogen, und während ich seine Gedanken wiederzugeben suche, steht sein Bild so lebendig in meiner Erinnerung, glaube ich den Ton seiner Stimme, ja seine eigenen Worte zu hören!

Und ich hatte um diese Zeit das Glück seiner Unterhaltung täglich, oft stundenlang. Es war mir unmöglich geworden, das Versprechen, welches ich Paula gegeben, zu erfüllen, denn ihr Vater hätte nicht gewartet, bis ich ihn bat, mir zu sagen, wie man am besten, wie man am schnellsten arbeite. Dennoch hatte ich ihm das Gespräch, das ich mit Paula gehabt, mitgetheilt und er hatte dazu gelächelt.

Sie will Sie zu einem Gelehrten machen, sagte er, ich will Sie zu nichts machen; ich will, daß Sie werden, was Sie sein können, und um zu erfahren, was Sie sein können, werden wir wohl ein wenig experimentiren müssen. Eins ist gewiß, Sie können ein tüchtiger Handarbeiter sein — Sie haben es bewiesen, und es ist mir ganz lieb, daß Sie diesen kurzen Cursus durchgemacht. Der Künstler sollte die letzten Griffe des Handwerks kennen, aus welchem seine Kunst hervorgegangen ist, und auf welchem sie noch ruht; nicht nur, daß er nur so im Stande ist, nach dem Rechten zu sehen, und helfend, nachhelfend, unterweisend, überall, wo es noth thut, einzugreifen; es ist so auch wirklich erst sein Werk, das ihm ganz gehört, wie dem Vater sein Kind, welches mit ihm nicht blos Geist von *einem* Geiste, sondern auch Fleisch von *einem* Fleisch ist. Und wie viel schärfer sieht das Auge, wo die Hand selbst thätig war. Da! das ist der Grundriß des neuen Krankenhauses; hier ist das Fundament, das Sie selbst mit haben ausheben, zu dem Sie selbst die Steine mit haben herbeischaffen helfen. Diese Mauer wird sich auf dem Fundament erheben; sie ist von der Höhe, von der Dicke; Sie sind, auch ohne eine Berechnung anstellen zu können, überzeugt, daß ein solches Fundament eine solche Mauer tragen wird. Freut Sie nicht die reinlich-saubere Zeichnung, in der ein Strichelchen die Arbeit einer Stunde, vielleicht vieler Tage repräsentirt? Paula hat mir gesagt, daß Sie ein scharfes Augenmaß und eine sichere Hand haben. Ich brauche eine Copie dieser Pläne. Möchten Sie mir wohl eine anfertigen? Es ist eine Arbeit, wie sie für einen Reconvalescenten paßt, und den Gebrauch des Zirkels, des Lineals und der Reißfeder kann ich Ihnen in fünf Minuten zeigen.

Seit diesem Morgen arbeitete ich in dem Bureau des Directors, einfache Risse copirend — eine Façade nachzeichnend, Anschläge mundirend — mit einer Lust, von der ich nie geglaubt, daß sie eines Menschen Seele während der Arbeit erfüllen könne. Aber wer hat auch jemals einen solchen Lehrer gehabt: so gütig, so weise, so geduldig, so den Schüler mit Vertrauen zu sich selbst erfüllend! Und wie wohl that mir sein Lob und wie bedurfte ich dieses Lobes — ich, der ich in der

Schule immer nur getadelt und gescholten war, der ich es als selbstverständlich angesehen, daß meine Arbeiten schlechter waren als die aller
Uebrigen? der ich mir zuletzt selbst alle Fähigkeiten abgesprochen
hatte? Mein neuer Lehrer lehrte mich, daß diese Fähigkeiten nur geschlummert und daß ich sehr wohl begreifen konnte, wovon ich einsah, daß es begriffen zu werden verdiente. So hatte ich vollständig
darauf resignirt, es in der Mathematik über die ersten Anfangsgründe
hinauszubringen, und erfuhr jetzt zu meinem grenzenlosen Erstaunen,
daß diese ungeheuerlichen Formeln, diese verzwickten Figuren aus
lauter einfachen Begriffen, aus lauter simplen Vorstellungen zusam-
mengesetzt waren mit einer Folgerichtigkeit, die einzusehen mir durchaus nicht schwer wurde und an der ich eine unaussprechliche Freude
hatte.

Es ist merkwürdig, sagte ich einmal, als ich in Zehrendorf war,
glaubte ich, es gebe auf Erden nichts Ergötzlicheres als eine Jagd auf
weiter Haide an einem sonnigen Herbstmorgen; jetzt finde ich, daß
eine schwierige Formel richtig anzuwenden mehr Vergnügen gewährt
als ein gutgezielter Schuß, der ein armes Rebhuhn aus der Luft her-
unterbringt.

Im Grunde kommt es nur darauf an, erwiderte mein Lehrer, daß wir
unsere Kräfte, unsere Fähigkeiten in einer Weise, die unserer Natur ge-
nehm ist, spielen lassen. Denn nur so erfahren wir, daß wir sind, und
schließlich strebt jede Creatur in jedem Augenblicke nach weiter
nichts. Können wir es so einrichten, daß unsere Thätigkeit, außer daß
sie uns unser Dasein beweist, auch Anderen zugute kommt — und
glücklicherweise sind wir Menschen fast immer in der Lage — so ist es
freilich um so besser. Wollte Gott, mein unglücklicher Bruder hätte je
eine Ahnung von dieser Einsicht gehabt!

Es konnte nicht ausbleiben, daß wir, besonders in der ersten Zeit,
wieder und wieder auf den »Wilden« zu sprechen kamen.

Er hieß schon als Knabe so, erzählte der Director; alle Welt nannte
ihn den »Wilden«, und es war kaum möglich, ihm einen anderen
Namen zu geben. In dieser feurigen Natur war ein unwiderstehlicher
Drang, die reiche Kraft bis zum Uebermaß anzuspannen und das
Aeußerste, ja das Unmögliche zu wagen und zu versuchen. Welches
unendliche Feld die Situation unseres väterlichen Gutes einem solchen
Knaben bot, Sie wissen es selbst. Auf ungezähmten Rossen von den
steilen Uferhöhen herabzusetzen, in leckem Boot beim wildesten Gewittersturm auf's Meer hinauszufahren, in tiefer Nacht über die sump-
fige Haide zu schweifen, in dem Park die Wipfel der Riesenbuchen zu
erklettern nach einem elenden Vogelnest, oder in dem Weiher klafter-
tief nach dem Schatze zu tauchen, der in der Schwedenzeit dort ver-
senkt sein sollte — das waren seine Lieblingsspiele. Ich weiß nicht, wie
oft er sich in Lebensgefahr befunden hat, und eigentlich befand er sich

in jedem Augenblick in Lebensgefahr, denn in jedem Augenblicke konnte ihm der Einfall kommen, sein Leben auf's Spiel zu setzen. Einmal standen wir im oberen Stock am Fenster und sahen, wie ein wildgewordener Stier einen Knecht über den Hof verfolgte. Malte sagte: Da muß ich dabei sein, sprang zwanzig Fuß hoch auf den Hof hinab, wie ein Anderer vom Stuhle aufsteht, und lief dem Stier entgegen, der sich mittlerweile eines Anderen besonnen hatte und sich von dem Uebermüthigen mit einem schnell aufgerafften Stock wieder geduldig in die Hürde treiben ließ.

Es war ein Zufall, der ihn bei dieser Gelegenheit sich nicht Arm und Beine brechen und aufgespießt werden ließ; aber da ihn dieser Zufall beständig begünstigte, gerieth er, wozu er nur schon zu sehr geneigt war, immer mehr in's Maßlose.

Indessen, der Zufall ist ein launischer Gott und läßt unversehens auch seine größten Günstlinge im Stich. Ein weit schlimmerer Feind waren für meinen Bruder die Verhältnisse, in denen er aufwuchs, und die in der That nicht ungünstiger sein konnten. Das Einzige, was man ihn gelehrt hatte, war, daß die Zehrens das älteste Geschlecht auf der Insel und er der Erstgeborene sei. Aus diesen beiden Glaubensartikeln schuf er sich eine Religion und einen Cultus seiner mystischen Bedeutung, der um so phantastischer ausfiel, je greller die fadenscheinige Wirklichkeit mit seinen Einbildungen contrastirte.

Unser Vater war ein Edelmann aus der zügellosen Schule und im verwilderten Style des achtzehnten Jahrhunderts, der am wenigsten geeignete Mensch von der Welt, einen hochsinnigen, übermüthigen Knaben, wie mein ältester Bruder war, zu leiten. Die Mutter hatte an Höfen gelebt und die bedeutendsten Gaben in dieser ungesunden Sphäre nutzlos zersplittert. Sie sehnte sich nach der verlornen Herrlichkeit zurück; die Einsamkeit des Landlebens langweilte, die Rohheit ihrer Umgebung beleidigte sie. Die Gatten lebten nicht glücklich; die Frau, die sich von ihrem Manne nicht mehr geliebt wußte, liebte auch bald ihre Kinder nicht mehr, indem sie, ob mit Recht oder Unrecht bleibe dahingestellt, in ihnen nur die Ebenbilder des Vaters zu sehen glaubte. Der Vater seinerseits hatte eine Art von Interesse nur für den Erstgeborenen; als eine reiche, kinderlose Tante den zweiten, Arthur, zu sich zu nehmen wünschte, ließ er es willig geschehen, ja, ich glaube, er wäre mich, den Jüngsten, Nachgebornen, auch gern losgewesen, nur daß Niemand mich haben wollte. So wuchs ich auf, wie ich konnte und mochte; bald hatte ich einen Erzieher und bald keinen; es bekümmerte sich Niemand um mich; ich wäre ganz verlassen gewesen, hätte sich mein ältester Bruder nicht meiner in seiner Weise angenommen.

Er liebte den um zehn Jahre Jüngeren mit leidenschaftlicher Liebe, mit einer stürmischen und, wie ich jetzt darüber denke, rührenden

Zärtlichkeit. Ich war, wie kräftig ich mich auch später entwickelte, ein schwächliches, kränkliches Kind. Er, der Tollkühne, wehrte von mir auch den Schatten einer Gefahr ab; er hegte und hütete mich mehr als seinen Augapfel; er spielte mit mir, wenn ich gesund war, halbe Tage lang; er wachte, wenn ich krank war, Tage und Nächte an meinem Bette. Ich war der Einzige, der den »Wilden« mit einem Worte, mit einem Blicke leiten konnte; aber was wollte schließlich ein solcher Einfluß bedeuten? Es war ein Faden, der riß, als der Zwanzigjährige, nach einer noch mehr als gewöhnlich heftigen Scene mit dem Vater, das elterliche Haus Knall und Fall verließ.

Er wurde, wie die Phrase lautete, auf Reisen geschickt, aber die von vornherein unzulängliche Unterstützung, die er von dem immer mehr verarmenden Vater empfing, hörte in kürzester Frist gänzlich auf; er mußte leben, wie er konnte, und da er auf eigene Kosten nicht leben konnte, lebte er auf Kosten Anderer, wie so mancher adelige Abenteurer, heute ein Bettler, morgen im Golde sich wälzend, heute der Kamerad von Spielern und Schwindlern, morgen der Genosse von Fürsten; überall, wohin er kam, mit seiner bezaubernden Persönlichkeit die Herzen im Sturm erobernd, um sich nirgends fesseln zu lassen, um ruhelos von einem Ende Europas zum anderen zu schweifen. Er war in England, Italien, Spanien, Frankreich, dort am längsten. In dem bunten Treiben der Seinestadt fand er so recht sein Element, und er schwelgte in den Armen von französischen Damen, deren Gatten und Brüder sein Heimathsland mit Feuer und Schwert verwüsteten.

Wir hatten während fünf oder sechs Jahren nichts von ihm gehört; die Mutter war gestorben; man hatte nicht gewußt, wohin ihm die Nachricht von ihrem Tode senden; der Vater wankte, ein vor der Zeit gebrochener Mann, dem Tode entgegen; die Verwüstung unseres Gutes durch den Erbfeind, der auch bis zu uns gedrungen war, ließ ihn gleichgültig; er berauschte sich mit den französischen Officieren an der letzten Flasche aus seinem Keller. Ich war nicht im Stande gewesen, das Schimpfliche geduldig zu ertragen; ich forderte den französischen Obrist, einen Gascogner, der an der Tafel meines Vaters, die Guitarre in der Hand, Spottlieder auf die Deutschen sang. Er ließ dem siebzehnjährigen Jüngling lachend den Degen abnehmen — es war ein Galanteriedegen mit blauem Bandelier, der als Zierrath an der Wand hing und den ich in meiner Wuth ergriffen — und drohte, den kecken Burschen am nächsten Morgen füsiliren zu lassen.

In der Nacht erschien ein Retter, auf den ich am wenigsten gehofft hatte. Der Wilde war auf die Nachricht von einer Schilderhebung im Vaterlande — es hatten sich damals die ersten Freicorps zu formiren begonnen — aus den Armen seiner Buhlerinnen, von den Parquets der Salons in Faubourg St. Germain herbeigeeilt, und sein Weg hatte ihn in die Heimath geführt, wo gerade damals der Kriegsbrand am wildesten flammte. Er konnte nicht zu dem Freicorps gelangen, das hier in der Festung cernirt war, so wendete er sich nach der Insel in der Absicht, dort einen Guerillakrieg gegen die Eindringlinge zu entfachen. Er kam gerade zur rechten Zeit, seinen Bruder einem fast gewissen Tode zu entreißen. Er brach, von wenigen Getreuen, die er zusammengerafft hatte, begleitet, mit unerhörter Kühnheit in mein Gefängniß und entführte mich.

Von diesem Augenblicke an sind wir fünf Jahre lang zusammen gewesen und haben erst als gemeine Freischärler, hernach als Officiere in demselben Regiment Gefahr und Noth brüderlich mit einander getheilt. Ich habe mich nicht schlecht gehalten, aber der Name meines Bruders war bekannt in der ganzen Armee, und wieder nannten sie ihn den Wilden, als gäbe es für einen solchen Mann keine andere Bezeichnung. Unzählig waren die Geschichten, die man sich von seiner Bravour, von seiner Tollkühnheit erzählte. Es war nur Eine Stimme darüber, daß er den Tod suche, aber er dachte nicht an den Tod, denn er verachtete das Leben. Er lachte, wenn er uns Andere von der Wiedergeburt unseres Vaterlandes schwärmen hörte, und daß wir die heimische Erde frei machen wollten von den fremden und von den heimischen Tyrannen, um auf der freien Erde ein Reich der Brüderlichkeit und Gleichheit zu errichten. Aus der Zeit tönt mir auch das alte Wort vom Hammer oder Amboß im Ohre, das er oft und gern im Munde führte, weil es, wie er sagte, seine Philosophie in der einfachsten Formel darstellte. Brüderlichkeit — Gleichheit! spottete er. Geht mir doch mit solchen hohlen Phrasen! Dies ist eine Welt der Herren und Knechte, der Starken und Schwachen. Ihr seid so lange Amboß gewesen unter dem Riesenhammer Napoleon und möchtet nun einmal selbst Hammer spielen. Seht zu, wie weit Ihr damit kommt. Ich fürchte, nicht weit. Ihr habt nur Talent zum Amboß.

Warum bist Du gekommen, mit uns gegen Napoleon zu kämpfen? fragte ich.

Weil ich mich in Paris langweilte, erwiderte er.

Aber er that sich selbst Unrecht. Er war mehr als der blasirte Glücksritter, für den er sich gab; er hatte die Schätze eines Herzens, das reich war wie Pluto's Schacht, in einem wüsten Abenteurerleben vergeudet; aber es war ihm noch ein Stück dieses Herzens geblieben, und in diesem Stück lebte, wenn nicht die echte Vaterlands- und Menschenliebe, so doch der Trotz, der es mit dem Unterdrückten hält und sich stolz gegen den Unterdrücker aufbäumt, er mag nun ein genialer Eroberer sein, oder ein geistloser Heimischer von Gottes Gnaden.

Und als er nun, nachdem der Eroberer an den Felsen von Helena gekettet war, sah, daß die Helden so vieler Schlachten das alte gewohnte Joch wieder auf die geduldigen Nacken nahmen; als er sah,

daß der ganze stolze Freiheitsstrom sich kläglich im Sande ange-
stammter Unterthanentreue verlief, da zerbrach er seinen Degen, den
er glorreich durch zwanzig Schlachten getragen, und fluchte den Herren und fluchte den Sclaven, und sagte, daß nun wieder, wie vor dem
Kriege, die Erde seine Heimath sei, denn ein freigeborener Mensch
könne in einem sclavischen Jahrhundert keine andere Heimath haben.

Ich weiß es wohl; es war viel Ungesundes, Ueberspanntes in diesem
Raisonnement; aber es war doch auch ein gesunder Kern darin. Die
Folge hat es bewiesen; die unglaublich nüchterne, geistes- und thaten-
arme, ideenlose, durch und durch epigonenhafte Zeit, in der wir leben
— sie hat seine Ahnung, seine Prophezeiung vollauf bestätigt.

Und wieder irrte er, ein heimathloser Abenteurer, durch die Länder,
nur mit dem Unterschiede, daß er vorher in übermüthiger Kraft mit
den Menschen gespielt hatte, die er jetzt kaltblütig ausbeutete, weil er
sie verachtete. Ich habe mir mit meinem Blute den Ablaßzettel kaufen
wollen für meine Vergangenheit; der Zettel ist zurückgewiesen, was
gilt mir jetzt die Gegenwart oder die Zukunft? Wie oft habe ich an das
Wort, das er mir in der Scheidestunde zurief, denken müssen! Es ist
mir immer der Schlüssel zu diesem räthselhaften Charakter gewesen.

Und wieder hörte ich lange, lange nichts von ihm. Der Vater war gestorben; das Gut war in Sequester; mein zweiter Bruder Arthur, den
die Tante um seine Erwartungen betrogen hatte, mühte sich im
undankbaren Staatsdienst ab; ich, der ich es mit der Wiedergeburt
meines Volkes herzlich ernst meinte, und erkannt zu haben glaubte,
daß man das Werk von vorn, das heißt von unten auf anfangen müsse,
hatte mir durch meinen Gönner Altenberg diese Stelle zu verschaffen
gewußt und saß schon seit Jahren, ein Krüppel, hier, noch immer an
dem A-B-C meines Metiers buchstabirend; Malte galt als verschollen.
Da tauchte er plötzlich wieder auf, noch dazu in Gesellschaft einer
Frau, die dem Abenteurer, nachdem sie längere Zeit in der Fremde
umhergeschweift, endlich auch in seine Heimath gefolgt war. Er
erklärte seine Absicht, das väterliche Gut zu übernehmen; von meiner
Seite wurde ihm jeder Vorschub geleistet, Arthur ließ sich mit einer
Summe abfinden, von der er nebenbei jetzt bestreitet, daß sie ihm
jemals ausgezahlt worden. Die Gläubiger waren froh, nur irgend
etwas zu bekommen, und Einer von ihnen wenigstens tröstete sich mit
der Hoffnung — die ihm auch nicht fehlgeschlagen ist — daß aufge-
schoben nicht aufgehoben und ihm das Stammgut der Zehren unter
dem neuen Herrn nicht weniger gewiß sei, als unter dem alten.

Wir hatten uns bei seiner Zurückkunft nicht gesehen; ich konnte
damals gerade nicht wohl von hier fort; er seinerseits trug kein Verlangen, die alte Freundschaft zu erneuern. Als wir uns getrennt hatten,
war ich im Begriffe gewesen, eine Verbindung einzugehen, in welcher
der Erstgeborene eines uralten Geschlechtes die sträflichste Mesallian-

ce sah; jetzt bekleidete ich ein Amt; und ein Amt bekleiden, noch dazu ein Amt der Art, hieß für ihn, sich wegwerfen, das angeborene Recht der Ritter vom Hammer mit Füßen treten, sich zum gemeinen Amboß machen. Daß ich noch dazu die Abfindungssumme, die er mir angeboten, zurückwies, hatte ihn auf das empfindlichste beleidigt. In seinen Augen hatte ich damit dem Erstgeborenen, dem Chef der Familie, den Gehorsam, die Vasallenschaft gekündigt. Er konnte es mir nicht verzeihen, daß ich seiner nicht mehr bedurfte; daß ich keine Schulden hatte, die zu bezahlen er sich selbst in Schulden stürzen mußte; daß ich mit Einem Worte nicht war wie mein Bruder Arthur, welcher ihm in diesem Punkte viel willfähriger, ich fürchte, nur zu willfährig gewesen ist.

Auf der andern Seite mußte, was ich von ihm hörte — und er sorgte dafür, die Zungen der Menschen über ihn nicht zur Ruhe kommen zu lassen — mich in der traurigen Gewißheit bestärken, daß zwischen ihm und mir eine Kluft entstanden war, über welche selbst die innige Liebe, die ich noch immer für ihn hatte, nicht hinüberreichte. Ich hörte von dem wüsten Leben, das er in Gesellschaft des durch den Krieg verarmten Adels seiner Nachbarschaft führte, von den Trink- und Spielgelagen, von tollen Streichen, deren Anstifter er sei. Auch damals schon ging ein dunkles Gerücht, daß er es sich zum Geschäfte mache, den während der Kriegsjahre in jener Gegend zur höchsten Blüthe gediehenen, damals von der Regierung begünstigten, jetzt freilich auf das schärfste verfolgten Schmuggelhandel auf jede Weise zu unterstützen. Die schlimmste Nachrede freilich bereitete ihm das traurige Verhältniß, in welchem er mit der unglücklichen Frau lebte, die er aus ihrer Heimath entführt hatte. Er sollte sie mißhandeln, er sollte sie in einem Keller eingesperrt halten; es sei unbegreiflich, daß sich die Behörden nicht in's Mittel legten.

Ich konnte dieses Gerede nicht ertragen, von dem ich übrigens kein Wort glaubte — denn die Anschuldigungen standen in zu grellem Widerspruche mit dem im Grunde so großen, so edelmüthigen Charakter meines Bruders. Dennoch hielt mich eine leicht erklärliche Scheu ab, mich in diese Angelegenheit zu mischen, als ein Brief, den ich erhielt, meiner Unentschlossenheit ein Ende machte. Der Brief war in einem schlechten Französisch geschrieben, und gleich die ersten Worte belehrten mich, daß die Unglückliche, die ihn geschrieben, wahnsinnig sein müsse. Ich höre, Sie wissen, wo der Weg nach Spanien geht, begann der Brief, und mit den Worten: Ich beschwöre Sie, mir zu sagen, wo der Weg nach Spanien geht, schloß er. Ich reiste noch in derselben Stunde ab und sah nach langen Jahren mein Vaterhaus und meinen Bruder wieder. Es war ein trauriges Wiedersehen.

Mein Vaterhaus eine Ruine, mein Bruder ein Schatten — nein — schlimmer! ein Zerrbild von dem, was er gewesen! Ach, lieber Freund!

Die Hammer-Theorie hatte sich grausam gegen ihren eifrigsten Beken-
ner erwiesen. Wie hatte der plumpe Amboß den feinen Hammer gehämmert; wie unedel war er in der gemeinen Welt, die er so tief verachtete, geworden! Verachte nur Vernunft und Wissenschaft, läßt
Goethe den Geist der Lüge sagen, so hab' ich Dich schon unbedingt.
Und ich sage: Verachte nur die Menschen, und Du sollst sehen, wie
schnell Du den Anderen, ja Dir selbst verächtlich wirst.

Ich sagte ihm, weshalb ich gekommen; er führte mich schweigend in
den Park, deutete auf eine Frau, die dort in einem phantastischen Anzuge, Blumen und Unkraut in den glänzend schwarzen, halb aufgelösten Haaren, in den Händen eine Guitarre, von der die Hälfte der
Saiten zerrissen herabhing, die schwarzen Augen bald verzückt zum
Himmel erhebend, bald verzweiflungsvoll zur Erde senkend, unter den
Bäumen, zwischen den Büschen umherirrte.

Du siehst, es ist eine Lüge, daß ich sie eingeschlossen halte, sagte er.
Mancher Andere würde es thun. Es ist nicht eben angenehm, den Leuten ein solches Schauspiel geben zu müssen.

So bring' sie in ihre Heimath zurück, sagte ich.

Versuche es, erwiderte er, sie würde aus dem Wagen springen, sie
würde sich vom Schiff in's Meer stürzen. Und brächtest Du sie gefesselt, mit Gewalt dahin, was würde ihr Loos sein? Man würde sie in den
Kerker eines Klosters werfen und ihr mit Hunger und Schlägen den
Teufel austreiben, der sie verführte, ihr Herz an einen Ketzer zu hängen. Wenn ich sie auch nicht mehr liebe — so habe ich sie doch einst
geliebt, oder sie ist wenigstens mein gewesen; keines Pfaffen schnöde
Hand soll berühren, was einst mein gewesen.

Ich sagte ihm, wie schrecklich es sei, ihn so von seiner Gattin, der
Mutter seines Kindes sprechen zu hören.

Wer sagt, daß sie meine Gattin ist? erwiderte er.

Ich blickte ihn verwundert und erschrocken an, er zuckte die
Achseln.

Das ist nun auch wieder nichts für Deine verbürgerte Tugend, sagte
er. Ich würde sie zur Frau von Zehren gemacht haben, trotzdem ihr
Vater ein Hidalgo von sehr zweifelhaftem Stammbaum ist, wäre das
Kind ein Knabe gewesen. Was soll mir das Mädchen? Sie kann unser
Geschlecht nicht fortpflanzen; so mag es denn mit mir zu Grunde
gehen.

Es war ihm gleichgültig, ob oder wie sehr ich mich durch diese Rede
beleidigt fühlte, er hatte mich gar nicht beleidigen wollen; er betrachtete einen Gefängniß-Director, der eines armen Malers Tochter zur
Gattin hatte, wirklich nicht als einen Zehren.

Ich bat ihn, mir das Kind zu geben, wenn es ihm doch so nichts sei;
ich wolle es mit meiner Paula, die eben damals geboren war, erziehen
lassen; so müsse es moralisch und physisch untergehen, und es

komme vielleicht doch die Zeit, wo er sich nach einem Kinde, gleichviel ob Knabe oder Tochter, ob legitim oder illegitim, sehne.

Dann wäre auch meine letzte Stunde gekommen, antwortete er, sich mit Achselzucken von mir wendend.

Was sollte ich unter diesen Umständen thun? Ich war nicht da, mit meinem Bruder zu jagen, oder ihn zu seinen Zechgelagen oder an den Spieltisch zu begleiten, wozu er mich mit ironischer Höflichkeit aufforderte. Ich sprach mit der armen Wahnsinnigen, die mich nicht verstand und keine Ahnung mehr davon hatte, daß sie an mich, wie an unzählige Andere auch, deren Namen sie zufällig erfahren, geschrieben; ich küßte das bildschöne Kind; schüttelte dem alten Christian, der immer sehr an mir gehangen hatte und der Einzige war, der sich meiner erinnerte, die Hand und bat ihn, über das arme verlassene Geschöpf zu wachen; strich noch einmal durch den Park und grüßte die Plätze meiner Kinderspiele, sah noch einmal die Sonne untergehen über dem Hause, wo meine Wiege gestanden — und ging trauernd von dannen. So müßte dem Baume zu Muthe sein, der mit allen seinen Wurzeln aus der heimischen Erde gerissen ist. Aber dem Himmel sei Dank, daß der Mensch, den man aus seiner Heimath getrieben, sich eine neue erwerben kann, daß, wenn die Pforte des Paradieses unserer Kindheit hinter uns abgeschlossen wird, sich vor uns eine andere Welt aufthut, die wir freilich im Schweiße unseres Angesichts erringen und erarbeiten müssen, die aber deshalb auch wahr und wahrhaftig die unsere ist.

Neunundzwanzigstes Capitel

Es war gewiß nicht in der Absicht, mich anzufeuern — denn es bedurfte dessen jetzt nicht mehr — wenn mein Lehrer in diesen Gesprächen immer wieder darauf zurückkam, daß die freie, die selbstgewollte, von der Liebe geweihte Arbeit Aller für Alle der Schluß der Weisheit, die eigentliche Bestimmung, das höchste Gut des Menschen sei. Es war eben das letzte Resultat seiner praktischen Philosophie, auf das mit Nothwendigkeit seine Betrachtungen hinausliefen, mochten sie nun das Schicksal des Individuums oder der Gesammtheit zum Gegenstand haben. Und da diese Gespräche fast immer in den Ruhepausen zwischen der Arbeit geführt wurden, von der wir kamen, um wieder zu ihr zurückzukehren, mochten sie als sinnige Arabesken für das ernste und — wie ich jetzt daran denke — rührende Bild gelten, welches der rastlose, gedankenvolle Meister und der fleißige, lernbegierige Schüler in ihrer gemeinschaftlichen Thätigkeit darboten.

Diese Thätigkeit war eine streng geregelte. Der Zufall wollte, daß während meiner Reconvalescenz ein alter Bureauschreiber, der schon lange gekränkelt hatte, gestorben war. Da es als ein von dem Director streng durchgeführter Grundsatz galt, daß alle Arbeiten, die mit den in der Anstalt vorhandenen Kräften geleistet werden konnten, auch wirklich von denselben gethan würden, hatte er es trotz des Widerspruches des Präsidenten von Krossow durch Immediat-Eingabe bei dem Könige, die sein Freund, der Minister von Altenberg, befürwortet hatte, durchgesetzt, daß kein Bureauschreiber wieder angestellt, sondern dessen Arbeit, als eine besondere Vergünstigung mir übertragen wurde, wie mir denn auch gewisse, auf den Maßstab der übrigen Gefangenenarbeit reducirte Emolumente dafür zufließen sollten. Herr Diaconus von Krossow hatte mir zu meiner »Beförderung« mit sauersüßer Miene gratulirt, aber Doctor Snellius hatte laut gekräht vor Freude und in der Familie war das große Ereigniß als ein Fest gefeiert worden. Mir selbst war durch dies Arrangement ein schwerer Stein vom Herzen gefallen. Ich brauchte nun nicht mehr zu fürchten, daß dem edlen Manne, der schon so viel für mich gethan, aus seiner Güte zu mir sehr ernste Ungelegenheiten erwachsen würden. Hatte man doch schon in dem Kreise des Präsidenten von Disciplinar-Untersuchung, Amtsentsetzung, mindestens Pensionirung gesprochen! Nun, da mein Verhältniß zu ihm einen officiellen Charakter angenommen hatte, war die Sache beseitigt, und ich konnte leichten Herzens durch das offene Fenster, an welchem mein Arbeitstisch stand, in den lauschigen Garten blicken, wo über den Blumen eifrige Bienen summten, in den hohen Bäumen die Vöglein zwitscherten und sangen, und zwischen den Blumen unter den Bäumen Frau von Zehren an dem Arme der Tochter ihre Morgen-Promenade machte, oder des Nachmittags nach der Schule die Knaben spielten oder an ihren Beeten arbeiteten.

Denn Jeder, auch Oskar hatte sein Beet, das er in Ordnung halten mußte, und mir war es eine immer neue Freude, die kleinen Männer mit ihren Gießkannen und übrigen Arbeitswerkzeugen zu sehen, die sie mit der Gewandtheit gelernter Gärtner handhabten. Und doch war die Freude, die ich bei dem reizenden Anblick hatte, nicht ohne einen Beigeschmack von Wehmuth. Ich mußte dabei immer an meine eigene Jugend denken, und wie freudlos und fruchtlos sie im Vergleiche mit dieser hier war, die sich in reicher Schönheit vor mir entfaltete. Wer hatte mich gelehrt, meine jung-frischen Kräfte so nützlich zu verwenden? wer, in meine Spiele selbst einen Sinn zu bringen? Ach: ich hätte mich von den Brosamen nähren können, die von diesem reichen Tische fielen! Hatte ich doch meine Mutter kaum gekannt, und der tiefe, schwermüthige Sinn meines von Natur ernsten und durch den Verlust einer sehr geliebten Gattin noch mehr verdüsterten Vaters war dem lebhaften, übermüthigen Knaben immer unbegreiflich und fürchterlich gewesen. Wie sehr, wie innig er mein Bestes gewollt hat, wie er nach seinem besten Willen und Gewissen bemüht gewesen ist, nur ein

guter Vater zu sein — ich ahnte es damals schon und habe es später
wohl begriffen — aber er hatte die schwere Moseszunge, mein braver
Vater, und da war kein gefälliger Aaron, der mir den Sinn seiner strengen Gesetze gedeutet hätte. Meine beiden Geschwister waren bedeutend älter gewesen als ich. Ich war acht Jahre, als mein Bruder Fritz mit
sechszehn Jahren zur See ging, und zehn Jahre, als meine Schwester mit
zwanzig Jahren heirathete. Mein Bruder war ein leichtes, frisches Blut
gewesen und hatte sich um mich so wenig gekümmert, wie um irgend
wen oder irgend etwas auf der Welt; meine Schwester hatte den strengen Sinn des Vaters gehabt, aber ohne dessen Innerlichkeit. Sie hatte
mich, an dem sie Mutterstelle zu vertreten berufen war, immer mit
pedantischer Strenge, oft mit kleinlicher Grausamkeit behandelt; ich
war vor ihr zu der alten Magd geflohen, mit der sie stets in Unfrieden
lebte, und die mir zum Lohne für meine Anhänglichkeit Räuber- und
Gespenstergeschichten erzählte; und als Sarah heirathete und mir mit
einer Schlußermahnung einen Abschiedskuß geben wollte, hatte ich
ihr in Gegenwart meines Vaters, ihres Gatten und der ganzen Hoch-
zeitsgesellschaft gesagt, daß ich weder ihre Lehren, noch ihren Kuß
wolle, und daß ich froh sei, in Zukunft nichts mehr von ihr zu sehen
und zu hören. Man hatte mir das als einen Beweis grauenhafter
Undankbarkeit ausgelegt, und der Justizrath Heckepfennig, der auch
zugegen war, hatte bei dieser Gelegenheit zum erstenmale seine wohl-
erwogene, durch die spätere Erfahrung, wie es schien, nur zu sehr be-
wahrheitete Ueberzeugung ausgesprochen, »daß ich in meinen Schuhen sterben werde«.

Nein, es konnte mir Niemand verargen, wenn mir, während ich
durch das Fenster meinen kleinen Freunden zuschaute, der Wunsch
kam: wärest Du doch auch so glücklich gewesen; hättest Du auch
einen so guten und zugleich so weisen Vater, eine so sanfte, herzige
Mutter, hättest Du so muntere Spiel- und Arbeitsgenossen und hättest
Du vor Allem eine solche Schwester gehabt!

Eine solche Schwester!

Im Anfange hatte sie mich immer an irgend ein Märchen erinnert —
ich konnte mich aber nicht darauf besinnen, an welches. »Sneewittchen« war es nicht, denn Sneewittchen war tausendmal schöner gewesen als die schönste Königin, und Paula war nicht eigentlich schön;
»Rothkäppchen« konnte es auch nicht sein, denn Rothkäppchen war,
wenn man es recht betrachtete, nur ein kleines, dummes Ding, das
seine gute, alte Großmutter nicht von einem bösen Wolf unterscheiden
konnte, und Paula war groß und schlank und war so klug! »Aschen-
brödel?« Paula war so sauber, daß die Asche nicht hätte an ihr haften
können, und hatte keine Tauben zur Verfügung, die ihr Erbsen lesen
halfen — im Gegentheil! sie mußte Alles selbst thun, und that Alles
selbst. Ich konnte es nicht herausbekommen und meinte endlich, es

könne keine bestimmte Gestalt sein, an die sie mich erinnere; im Gegentheil! sie war wie der guten Feen eine, die man nicht kommen und nicht gehen sieht, und von denen man nur aus dem Geschenke, das sie zurückgelassen, weiß, daß sie dagewesen; oder, wie die lieben Geisterchen, die, während die Mägde schlafen, die Stuben säubern und Küche, Boden und Keller; und wenn die Verschlafenen die Augen reiben, sehen sie, daß schon Alles gethan ist und besser, viel besser, als sie es hätten thun können.

Ja, sie mußte eine Fee sein, die aus einem Uebermaß von Güte gegen ihre Schützlinge auch noch die Gestalt eines schlanken, blauäugigen, blonden Mädchens angenommen hatte! Wie wäre es sonst möglich gewesen, daß sie vom frühen Morgen bis in den späten Abend immer thätig war und niemals ermüdet schien; daß sie überall war, wo man ihrer bedurfte, daß sie für Jeden ein williges Ohr hatte und daß nie der Schatten einer üblen Laune ihr liebes Angesicht streifte, geschweige denn ein böses Wort aus ihrem Munde kam. Zwar ernst sah sie wohl aus und sie sprach auch für gewöhnlich nicht mehr, als eben nöthig war, aber ihr Ernst hatte nichts Schwerfälliges, und ein- oder zweimal hatte ich sie auch plaudern hören mit halblauter, anmuthiger Stimme, so wie sie Feen haben mögen, wenn sie mit Menschenzungen reden.

Ich theilte meinem Freunde, dem Doctor Snellius, meine Entdeckung mit.

Bleiben Sie mir mit solchem Unsinn vom Leibe, rief er. Fee! dummes Zeug. Es ist immer der Lessing'sche eiserne Topf, der durchaus mit einer Zange von Silber aus dem Feuer gezogen sein will. Was thut sie denn Außerordentliches? Sie ist die Beschließerin des Hauses, die Lehrerin der jüngeren Geschwister, die Freundin des Vaters, die Trösterin der Mutter, die Krankenwärterin Beider. Das Alles sind alle guten Mädchen; dabei ist gar nichts Außergewöhnliches; ist nur eben in der Ordnung. Aber so ein phantastischer Kopf von zwanzig kann natürlich die Dinge und die Menschen beileibe nicht so sehen, wie sie sind. Heirathen Sie sie! Das ist das beste Mittel, zu erfahren, daß die Engel mit den längsten, azurfarbenen Flügel immer noch — Frauen bleiben.

Ich fuhr mir mit der Hand über mein Haar, das jetzt in anerkennenswerther Weise seine frühere Fülle wieder anstrebte, und sagte nachdenklich: Ich Paula heirathen? Nie! Ich weiß nicht, wie der Mann sein müßte, der werth wäre, sie zu heirathen; das aber weiß ich, daß ich es nicht bin. Was bin ich?

Vorläufig sind Sie zu sieben Jahren Gefängniß, in dem Zuchthause von S. abzusitzen, verurtheilt und haben also jedenfalls noch ebenso lange Zeit, sich zu überlegen, was Sie sein werden, wenn Sie herauskommen. Hoffentlich werden Sie dann ein tüchtiger Mann sein, und ich wüßte nicht, welches Mädchen, ja auch welcher Seraph für einen tüchtigen Mann zu gut wäre.

Ich habe noch einen andern Grund, Herr Doctor, weshalb ich sie auch dann nicht heirathen kann.

Und der wäre?

Weil Sie sie bis dahin schon längst werden geheirathet haben.

Sie grinsendes, zähnefletschendes Mammuth! Denken Sie, daß ein Mädchen wie die eine apoplektische Billardkugel heirathen wird!

Ob der gute Doctor sich über den Widerspruch ärgerte, welchen er sich zu Schulden kommen ließ, indem er so weit von sich wies, was er mir nur eben noch so nahegelegt, oder welchen Grund es hatte — aber das Blut stieg ihm in seinen kahlen Kopf, daß er wirklich jenem merkwürdigen, von ihm citirten Gegenstand auffallend ähnlich sah, und dabei krähte er so ausnehmend hoch, daß er nicht einmal versuchte, sich herabzustimmen.

Die Rede des Doctors ging mir ein paar Tage durch den Sinn: es leuchtete dem Zwanzigjährigen sehr ein, daß ein tüchtiger Mann für jedes Mädchen gut genug sei, und also nach dieser Seite hin kein Grund vorliege, weshalb ich nicht Paula früher oder später heirathen sollte. Dann aber, ich wußte selbst nicht wie, gewann die alte Ansicht doch wieder die Oberhand, und wenn ich sie mit ihrer himmlischen Geduld schalten und walten sah, sagte ich mir: Es ist nicht wahr, daß alle Mädchen, selbst nicht einmal die sogenannten guten, sind wie Paula; und es ist eine ganz alberne Behauptung von dem Doctor, daß ich jemals ihrer werth sein könnte!

Die klarere Luft, die prächtigen Sonnenuntergänge, dürre Blätter, die hie und da von den Bäumen wehten, verkündeten das abermalige Nahen des Herbstes. Es war die Zeit, die ich vor einem Jahre auf Schloß Zehrendorf verlebt hatte; es waren dieselben Zeichen der Natur, die ich damals so aufmerksam beobachtet hatte, und sie erweckten in meiner Seele eine Fülle von Erinnerungen. Ich hatte diese Erinnerungen tief begraben geglaubt und fand jetzt, daß sich nur eine dünne Decke darüber gebreitet, die jedes leise Wehen des schwermüthigen Herbstwindes zu lüften im Stande war. Ja, manchmal schien es mir fast, als ob die Wunden, die mir vor Jahresfrist geschlagen, wieder aufbrechen wollten. Ich durchlebte noch einmal ganz jene Zeit, aber es war, wie wenn man sich wachend, bei hellem Bewußtsein, einen sehr lebhaften Traum vergegenwärtigt. Was uns im Traume bei der partiellen Thätigkeit unserer Seelenkräfte, sehr natürlich, sehr logisch erschien, sehen wir nun als wunderliches Phantasma, und was uns dort als unbegreiflich ängstigte, wissen wir jetzt zu deuten, weil wir die Stellen, welche die springende Traumphantasie leer gelassen, auszufüllen im Stande sind. Ich brauchte ja nur meine damalige Lage auf die jetzige zu zeichnen und das traumhafte Zerrbild war fertig. Damals hatte ich mich frei gewähnt und war in der That so eingesponnen gewesen in die traurigsten, widerwärtigsten Verhältnisse wie eine Fliege in das Netz der Spinne; jetzt schlief ich allnächtlich hinter eisernen Gittern und fühlte mich innerlich so beruhigt und sicher, wie wenn man vom schwankenden Kahn den Fuß auf das feste Land gesetzt hat. Damals glaubte ich meine eigentlichste Bestimmung erreicht zu haben und sah jetzt, daß jenes Leben nur eine Fortsetzung und gewissermaßen eine letzte Consequenz des plan- und ziellosen Jugendtreibens gewesen war. Und in welchem Lichte erschienen mir die Menschen, an deren Schicksal ich damals einen so leidenschaftlichen Antheil genommen, wenn ich sie mit denen verglich, die ich jetzt so herzlich lieben gelernt hatte: wenn ich den »Wilden« verglich mit seinem milden, weisen Bruder? Und da ich nun einmal im Vergleichen war, so mußte es sich auch der riesenhafte, schwerfällige, verschlafene Hans von Trantow — wo war er jetzt der gute Hans, wenn er nicht todt war? — der Hans mußte sich gefallen lassen, neben den kleinen, beweglichen, geistvollen Doctor Snellius gestellt zu werden; selbst der alte verkommene Christian mußte neben den strammen Wachtmeister Süßmilch treten. Aber am allerlebhaftesten drängte sich mir doch der Vergleich auf zwischen der schönen, phantastischen Konstanze und Paula's schlichtem, keuschem Wesen.

War doch ein größerer Gegensatz kaum denkbar! Vielleicht rief gerade deshalb das Bild der Einen immer das der Andern hervor. Und dabei war ein sonderbarer Umstand: ich empfand vor Paula, trotzdem sie so jung war, daß sie fast noch jenem Alter angehörte, für welches unsere heutige Jugend, wenn ich recht verstanden, einen Namen aus dem Kochbuche entlehnt hat, eine größere Ehrfurcht, als ich je vor der um mehrere Jahre älteren, so sehr viel schöneren Konstanze empfunden. Zwar auch dieser gegenüber hatte ich eine Scheu zu überwinden gehabt; aber diese Scheu war ganz anderer Art gewesen, und schließlich hatte ich sie doch überwunden, und ich war, als ich den letzten Morgen das Schloß verließ, entschlossen gewesen, sie zu heirathen — trotz meiner neunzehn Jahre! Und was mich nicht minder überraschte: ich konnte Konstanze, die mich so schnöde verrathen, die ich zu hassen glaubte, jetzt nicht gedenken, ohne den Wunsch zu empfinden, ich möchte sie wiedersehen und ihr sagen können, wie sehr ich sie geliebt und wie tief sie mich gekränkt habe. Wo war sie jetzt? Sie hatte zuletzt aus Paris geschrieben.

War sie noch da und wie lebte sie? Daß sie von ihrem Geliebten verlassen sei, wußte ich bereits; ich hatte, als ich es zuerst erfuhr, laut gelacht. Jetzt lachte ich nicht mehr; ich dachte nicht ohne Gefühl tiefsten Mitleids an sie, die man so ungeheuer beleidigt hatte, die vielleicht, ja wohl gewiß, nun schutzlos, heimathlos durch die Welt irrte, eine Abenteurerin, wie ihr Vater ein Abenteurer gewesen war. Und doch konnte es ihr im gewöhnlichen Sinne des Wortes nicht schlecht gehen; sie hatte ja mit Stolz und Verachtung jeden Anspruch auf die

Erbschaft ihres Vaters zurückgewiesen. Wußte sie jetzt, daß ihr Vater es verschmäht hatte, ihre Mutter zu seiner Gattin zu erheben? Hatte sie es immer, hatte sie es schon damals gewußt? Und, wenn sie es gewußt, reichte dieser Umstand nicht hin, das feindliche Verhältniß, in welchem sie zu ihrem Vater gestanden, zu erklären? Konnte sie den Mann lieben, der ihre Mutter so grenzenlos unglücklich gemacht? der ihr nie im guten Sinne Vater gewesen war, der, wenn man der Aussage seiner Spielgesellen glauben wollte, ihre Schönheit nur als Lockpfeife benützt hatte für die dummen Fische, die sich in seinen Netzen fangen sollten? Konnte man mit ihr, der von solchen Eltern Abstammenden, in der Einsamkeit, in solcher Umgebung Aufgewachsenen, den plumpen Zudringlichkeiten, den frechen Schmeicheleien roher Krautjunker vom zarten Alter an Ausgelieferten — konnte man mit ihr so streng in's Gericht gehen, wenn sie Pflichten verletzt hatte, deren Heiligkeit sie nie begriffen? wenn sie das Opfer eines Wüstlings geworden war, der mit all den Lockungen des Reichthums, des hohen Ranges, mit dem ganzen Zauber der Jugend vor sie trat? Unglückliche Konstanze! Dein Leid von dem Schlimmen, dem Einen, an den Du die Seele, die arme, verloren — es war grausam prophetisch — der Eine war schlimm, sehr schlimm gegen Dich gewesen! Und der Andere! Er hatte die Drachen tödten sollen, die auf Deinen Wegen lauerten! Dein treuer Georg, Dein wackerer Knappe! Du hattest seine Dienste verschmäht, und es war auch wohl nur zu gerechtfertigt gewesen das Mißtrauen, das Du in die Kraft und Klugheit des Knappen setztest, der sich Dir geweiht. Würde er Dich je wiedersehen?

Ich wußte, daß sie abgelehnt, sich an der bevorstehenden Familien-Conferenz zu betheiligen. Dennoch, je näher der Termin heranrückte, desto öfter kam mir der Gedanke, sie könnte sich doch, unberechenbar wie sie war, eines Anderen besinnen und plötzlich vor mir stehen, gerade so, wie mein Freund Arthur eines Abends, als ich mit Paula vom Belvedere zurückkam, im ganzen Glanze seiner neuen Fähnrichs-Uniform vor mir stand.

Dreißigstes Capitel

Der Tag war regnerisch und unfreundlich gewesen und meine Stimmung trüb wie der Tag. Der Director hatte am Morgen einen Anfall von Blutsturz gehabt; ich war zum erstenmale allein in dem Bureau und hatte oft von der Arbeit nach dem Platze hinübergesehen, der heute leer war, und dann wieder aufgehorcht, wenn ein leichter, schneller Schritt auf dem Gange vorüberkam von dem Zimmer, wo

der Director lag, nach dem Kinderschlafzimmer, an das den kleinen
Oskar schon seit einer Woche ich weiß nicht mehr welche Krankheit
fesselte. Immer hatte ich gehofft, der leichte, schnelle Schritt würde an
meiner Thür stehen bleiben; aber die Fee hatte heute gar viel zu schaffen — und so mochte sie mich denn wohl vergessen haben.

Aber sie hatte mich nicht vergessen.

Es war gegen Abend; ich hatte, da ich nichts mehr sehen konnte,
meine Sachen zusammengepackt und hing noch auf dem Drehstuhl,
den Kopf in die Hand gestützt, als es leise an die Thür pochte. Ich ging
und öffnete — es war Paula.

Sie sind den ganzen Tag nicht aus dem Zimmer gekommen, sagte
sie, der Regen hat nachgelassen; ich habe eine halbe Stunde Zeit;
wollen wir ein wenig in den Garten?

Wie geht es?

Besser, viel besser!

Sie sagte es, aber es klang nicht sehr trostverheißend; auch war sie
auffallend still, als wir neben einander den Weg hinauf nach dem Belvedere schritten, und ich, so gut ich konnte, meine Sorge hinter muthigen Worten versteckte. Der Kleine sei ja außer aller Gefahr, und es sei
ja nicht das erstemal, daß der Director einen solchen Anfall gehabt
habe, von dem er sich immer bald wieder erholte. Das sei auch Doctor
Snellius' Ansicht.

Paula hatte, während ich so sprach, nicht einmal zu mir aufgeblickt,
und als wir jetzt das Gartenhäuschen erreichten, trat sie sehr schnell
hinein. Ich war draußen stehen geblieben, um nach den Abendwolken
zu sehen, die eben bei Sonnenuntergang in wunderbar prächtigen Farben erglühten. Ich rief Paula zu, sich das herrliche Schauspiel nicht
entgehen zu lassen; sie antwortete nicht; ich trat in die Thür; sie saß
an dem Tisch, das Gesicht in die flachen Hände gedrückt und weinte.

Paula, liebe Paula, sagte ich.

Sie hob den Kopf und versuchte zu lächeln, aber es gelang ihr nicht;
sie drückte das Gesicht wieder in die Hände und weinte laut, wie sie
zuvor leise geweint hatte.

Ich hatte sie noch nie so gesehen, und gerade deshalb erschütterte
mich der ungewohnte, unerwartete Anblick umsomehr. In meiner
tiefen Erregung wagte ich zum erstenmale, ihr Haupt zu berühren,
indem ich meine Hand über ihr blondes Haar gleiten ließ und zu ihr
sprach, wie man zu einem Kinde spricht, das man trösten will. Und
was war denn das fünfzehnjährige Mädchen im Vergleiche zu mir, der
ich jetzt wieder in der Fülle meiner wiedergewonnenen Kraft neben ihr
stand, als ein hilfloses Kind?

Sie sind so gut, schluchzte sie, so gut! Ich weiß nicht, weshalb ich
gerade heute Alles in einem so trüben Lichte sehe. Vielleicht ist es, daß

ich es so lange still getragen habe; vielleicht ist es auch nur der graue Tag — aber ich kann mich heute nicht vor dem schrecklichen Gedanken retten. Und was soll dann aus der Mutter, was soll aus unsern Buben werden?

Sie schüttelte traurig das Haupt und blickte mit von Thränen verschleierten Augen gerade vor sich hin.

Es hatte wieder angefangen zu regnen, die strahlenden Farben auf den schweren Wolken hatten sich in schmutziges Grau verwandelt; der Abendwind sauste in den Bäumen und die dürren Blätter wirbelten in der Luft. Mir wurde unsäglich traurig zu Muthe — traurig und ingrimmig. War ich doch schon wieder einmal in der elendsten aller Situationen; der Noth geliebter Menschen ohnmächtig zusehen zu müssen! Mag sein, daß Konstanze, daß ihr Vater das Mitleid, das ich um sie gefühlt, nicht verdient hatten; aber den Schmerz, das Leid um sie hatte ich doch empfunden; und diese Menschen — das wußte ich — sie verdienten, daß man ihnen jeden Blutstropfen weihte. Ach ich hatte wieder nichts als mein Blut, das ich hingeben konnte! Sein Blut hingeben! es ist vielleicht das höchste und gewiß das letzte Opfer, das ein Mensch dem andern bringen kann; aber wie unzähligemale ist dem Andern nicht damit gedient; wie oft ist es eine Münze, die keinen Cours hat auf dem Markte des Lebens! Eine Hand voll Thaler würde Rettung bringen, ein Stück Brod, eine wollene Decke — ein Nichts — nur daß wir mit all' unserem Blute gerade dies Nichts nicht herbeischaffen können.

Und wie ich, in die Thür des Gartenhäuschens gelehnt, bald auf das liebe, weinende Mädchen, bald in die tropfenden Bäume blickend, das Herz voll Wehmuth und Zorn, dastand, schwur ich mir, daß ich trotz alledem mich dereinst noch zu einer Stellung aufschwingen wolle, wo ich, außer dem guten Willen, auch die Macht habe, denen, die ich liebte, zu helfen.

Wie oft habe ich in meinem späteren Leben dieses Augenblickes denken müssen! Was ich mir schwur — es schien so unmöglich; was ich erreichen wollte — es lag in so weiter Ferne — und doch, daß ich heute stehe, wo ich stehe — ich danke es zum größten Theile der Ueberzeugung, die in jenem Momente in meiner Seele aufglühte. So sieht der Schiffbrüchige, auf leckem Kahn mit den Wogen ringend, nur auf einen Moment die rettende Küste; aber der Moment genügt, um ihm die Richtung zu zeigen, nach der er steuern muß, dem Verderben zu entrinnen.

Lassen Sie uns wieder hineingehen, sagte Paula.

Wir gingen neben einander den Weg vom Belvedere zurück. Mir war das Herz so voll, daß ich nicht sprechen konnte; auch Paula war stumm. Ein Baumzweig hing in den Weg, so tief, daß er Paula's Kopf gestreift haben würde; ich drückte ihn in die Höhe und er schüttelte seine Tropfen in einem Guß auf sie herab. Sie stieß einen leisen Schrei aus und lachte, als sie mich über meine Ungeschicklichkeit verlegen dastehen sah.

Das war erquicklich, sagte sie.

Es klang, als dankte sie mir, trotzdem ich sie wirklich erschreckt hatte. Ich mußte die Hand des lieben Mädchens ergreifen.

Wie Sie gut sind, Paula! sagte ich.

Und wie Sie schlecht sind, erwiderte sie, mit holdseligem Lächeln zu mir aufblickend.

Guten Abend! sagte eine helle Stimme in unserer unmittelbaren Nähe.

Aus dem Heckengange, der rechtwinkelig auf den Weg stieß, war er hervorgetreten und stand jetzt vor uns in dem bunten Rocke, nach welchem er sich schon jahrelang gesehnt, die Linke auf den Degengriff, drei Finger der weißbehandschuhten Rechten mit einer koketten Haltung an den Mützenschirm gelegt, mit den braunen Augen neugierig auf uns starrend, ein halb spöttisches, halb ärgerliches Lächeln auf dem Gesichte, das in der trüben Abendbeleuchtung blasser und verlebter als je aussah.

Ich bitte um die Erlaubniß, mich vorstellen zu dürfen, fuhr er — immer noch die drei Finger am Mützenschirm — fort: Arthur von Zehren, Porteépée-Fähnrich im Hundertundzwanzigsten. War bereits im Hause, erfuhr zu meinem Bedauern, daß der Onkel nicht ganz wohl ist; die Frau Tante unsichtbar; wollte wenigstens nicht unterlassen, meine schöne Cousine zu begrüßen.

Er hatte das Alles in einem schnarrenden, affectirten Ton gesagt und ohne mich, der ich Paula's Hand längst losgelassen, weiter anzusehen oder sonst von meiner Gegenwart Notiz zu nehmen.

Es thut mir leid, daß Du es so schlecht getroffen hast, Cousin Arthur, sagte Paula. Wir hatten Dich erst in der nächsten Woche erwartet.

War auch anfänglich so bestimmt, erwiderte Arthur; aber mein Oberst, der die Güte hat, sich speciell für mich zu interessiren, hat die Ausfertigung meines Patents beschleunigt, so daß ich gestern schon abreisen und mich heute Morgen hier melden konnte. Der Papa und die Mama lassen sich dem Onkel und der Frau Tante bestens empfehlen; sie werden Anfangs nächster Woche kommen; hoffe, daß der Onkel dann wiederhergestellt ist. Neugierig, ihn zu sehen, soll ganz unserem Großvater Malte gleichen, von dem ein Bild bei uns zu Hause in dem Salon hängt. Würde Dich übrigens nicht erkannt haben, liebe Cousine; hast wenig von dem Familiengesicht; dunkles Haar, braune Augen ist Zehren-Weise.

Der Weg war nicht so breit, daß Drei neben einander gehen konnten; so schritten denn die Beiden vor mir, ich folgte in einiger Entfernung, doch nahe genug, um jedes Wort hören zu können. Ich hatte in der letzten Zeit mit sehr gemischten Empfindungen an meinen früher so heißgeliebten Freund gedacht; aber, wie er jetzt vor mir hertänzelte an der Seite des holden Kindes, das er mit seinem faden Geschwätz betäubte, und Du nannte und Cousine, und jetzt bei dem letzten Worte, sei es zufällig, sei es absichtlich, mit dem Ellnbogen berührte — war meine Empfindung ganz ungemischt. Ich hätte dem Herrn Fähnrich mit großer Genugthuung das zierliche braune Köpfchen in dem rothen Kragen umgedreht.

Wir waren an dem Hause angelangt. Ich will sehen, ob Du nicht wenigstens die Mutter auf einen Augenblick sprechen kannst, sagte Paula; bitte, verweile so lange hier; Du hast ja auch noch gar nicht Deinen alten Freund begrüßt.

Paula eilte die Stufen hinauf; Arthur grüßte — drei Finger am Mützenschirm — hinter ihr her und blieb dann von mir abgewendet stehen. Plötzlich kehrte er sich auf den Hacken zu mir um und sagte in seinem frechsten Ton: Ich will Dir jetzt guten Tag sagen, aber ich bitte, zu bemerken, daß wir uns vor anderen Leuten nicht kennen; ich brauche Dir hoffentlich nicht auseinanderzusetzen, warum.

Arthur war einen Kopf kleiner als ich, und er mußte deshalb zu mir hinaufsehen, während er die schnöden Worte zu mir sprach. Dieser Umstand war ihm nicht günstig; Grobheiten von Unten nach Oben sagen sich nicht besonders gut — mir aber kam es lächerlich vor, daß dieses Bürschchen, welches ich mit einem Stoß über den Haufen werfen konnte, sich so vor mir blähte, und ich lachte, lachte laut.

Eine zornige Röthe schoß über Arthur's bleiches Gesicht. Es scheint, Du willst mich beleidigen, sagte er; glücklicherweise bin ich nicht in der Lage, von einem Menschen Deinesgleichen beleidigt werden zu können. Ich habe schon gehört, wie man Dich hier verzieht; mein Onkel wird die Wahl haben zwischen mir und Dir; hoffentlich wird ihm diese Wahl nicht schwer werden.

Ich lachte nicht mehr. Ich hatte diesen Jungen geliebt mit mehr als brüderlicher Zärtlichkeit, ich hatte so zu sagen anbetend vor ihm auf den Knieen gelegen; ich hatte ihm die treuesten Vasallendienste geleistet, war ihm gutwillig in all seine dummen Streiche gefolgt, um, wie oft! die Strafe auf mich zu nehmen! Ich hatte ihn vor jedem Feind und jeder Gefahr geschirmt und geschützt, hatte mit ihm getheilt, was ich besaß — nur daß er immer den größeren Theil bekam! — und jetzt, jetzt, wo ich im Unglücke war, und er im Sonnenschein des Glückes einherstolzirte — jetzt konnte er so zu mir sprechen! Ich begriff es kaum, aber was ich davon begriff, war mir unsäglich ekelhaft. Ich sah ihn mit einem Blicke an, vor dem jeder Andere die Augen niedergeschlagen hätte; wendete mich und ging. Ein höhnisches Lachen krähte hinter mir her.

Lache Du nur, sagte ich bei mir, wer zuletzt lacht, lacht am besten.

Aber indem ich über Paula's Haltung bei dieser Begegnung nachdachte, fand ich, daß dieselbe wohl hätte anders sein können. Mir däuchte, Paula hätte meine Partei offenbar nehmen müssen. Wußte sie doch, wie Arthur mich, sobald ich im Unglück war, hatte fallen lassen; wie er für seinen Kameraden im Gefängnisse kein Trosteswort gehabt, ja, sich offen von mir losgesagt und mich angeschwärzt und verleumdet hatte, wie die Anderen!

Das war nicht recht — das war recht schlecht von dem Arthur! hatte sie mehr als einmal gesagt; und nun — ich war sehr unzufrieden mit Paula.

Ich sollte jetzt noch oft Gelegenheit haben, unzufrieden zu sein; ja es kam, Alles in Allem, eine schlimme Zeit für mich. Arthur hatte sich am folgenden Tage wieder vorgestellt und war von dem Director, der ihn in seinem Krankenzimmer empfing, und von der übrigen Familie freundlich aufgenommen worden. Ich, der ich von jeher so einsam dagestanden, hatte das Gefühl der Familie, den Respect vor verwandtschaftlichen Verpflichtungen wenig in mir ausbilden können und vermochte nicht zu begreifen, daß die Zufälligkeit des gleichen Namens, der gemeinschaftlichen Abstammung an und für sich schon eine solche Bedeutung habe, wie ihr hier augenscheinlich beigelegt wurde. »Lieber Neffe«, sagte der Director; »lieber Neffe«, sagte Frau von Zehren; »Cousin Arthur«, sagte Paula; »Cousin Arthur«, riefen die Knaben. Und freilich: Neffe Arthur, Cousin Arthur war die Liebenswürdigkeit selbst. Er war ehrerbietig gegen den Onkel, aufmerksam gegen die Tante, voll chevaleresker Höflichkeit gegen Paula, und Hand und Handschuh mit den Knaben. Ich beobachtete Alles aus der Ferne. Der Director mußte noch immer das Zimmer hüten und ich nahm das zum Vorwand, fleißiger als je auf dem Bureau zu arbeiten, das ich so selten als möglich verließ, und wo ich mich in meine Gefängnißlisten und meine Zeichnungen vergrub, um nichts von dem, was draußen vorging, zu sehen und zu hören.

Leider sah und hörte ich trotzdem nur zu viel. Das Wetter hatte sich wieder aufgeklärt, ein schöner Spätherbst, wie er jener Gegend eigenthümlich ist, war den ersten Stürmen gefolgt. Die Knaben hatten Ferien, die Familie kam fast nicht aus dem Garten und Cousin Arthur war beständig von der Gesellschaft. Cousin Arthur mußte verzweifelt wenig zu thun haben; der Bataillons-Commandeur verdiente die Festung dafür, daß er seine Fähnriche so wild laufen ließ!

Ach, die Gefangenschaft hatte mich doch wohl nicht besser gemacht, wie ich mir manchmal schmeichelte. Wann hatte sich früher jemals ein Gefühl des Neides, der Mißgunst in meiner freien Seele geregt! Wann hatte ich meine Devise: »Leben und leben lassen« verleugnet! Und jetzt knirschten meine Zähne vor Ingrimm, so oft ich, den Blick erhebend, Arthur im Garten stehen und das kleine dunkle Bärtchen, das seine feine Oberlippe zu schmücken begann, streichen sah, oder seine helle Stimme hörte. Ich gönnte ihm das dunkle Bärtchen nicht — ich als Gefangener durfte keinen Bart tragen, der meine wäre im besten Falle von einem starkröthlichen Blond gewesen — ich gönnte ihm die helle Stimme nicht — meine Stimme war tief und, seitdem ich nicht mehr sang, sehr rauh geworden — ich gönnte ihm seine Freiheit nicht, die er, nach meiner Ansicht, so abscheulich mißbrauchte — ich gönnte ihm kaum das Leben. Hatte er doch mein eigenes Leben, das sich in letzter Zeit so freundlich aufgeklärt hatte, jämmerlich verdüstert, und dehnte sich so behaglich im Sonnenschein, aus dem er mich vertrieben!

Und doch hatte ich im Grunde gar keine Ursache, mich zu beklagen. Der Director, der sich langsamer, als wir gehofft, von dem Unfall erholte und von Zeit zu Zeit in das Bureau kam, war theilnehmend, liebevoll wie zuvor; und nachdem ich die Einladungen in den Garten ein, zwei Wochen lang unter diesem und jenem Vorwande beharrlich abgelehnt hatte, konnte ich mich doch nicht wundern, wenn Frau von Zehren, wenn Paula es endlich müde wurden, sich um mich zu bekümmern, und die Knaben den lachlustigen Vetter Arthur, der sie exerciren lehrte, dem melancholischen Georg, der nicht mehr mit ihnen spielen wollte, vorzogen. In meinen Augen aber hatten sie mich einfach verlassen, und ich wäre schier verzweifelt, wenn ich nicht zwei Freunde gehabt hätte, die treu zu mir hielten und offen oder heimlich für mich Partei nahmen.

Diese zwei Freunde waren Doctor Snellius und der Wachtmeister Süßmilch.

Mit dem Wachtmeister hatte es der Fähnrich gleich am zweiten Tage verdorben. Er hatte ihn in seiner ungenirten Weise auf die Schulter geklopft und »Alterchen« genannt. Man ist kein Alterchen für solche Gelbschnäbel, sagte der ehrliche Wachtmeister, als er mir, das Gesicht noch ganz roth vor Zorn, die frische Beleidigung mittheilte; man könnte heute Majors-Epauletten auf den Schultern tragen, wenn man gewollt hätte, man wird dem Junkerchen zeigen, daß man kein Bär mit sieben Sinnen ist.

Auch der Doctor hatte sich über die Frechheit des Eindringlings zu beklagen. Er war eines Abends in dem Garten, mit dem Hut in der Hand, wie es seine Gewohnheit war, umhergewandelt und Arthur hatte sich verschiedene Anspielungen auf die Kahlköpfigkeit des trefflichen Mannes erlaubt und ihn in der höflichsten Weise gefragt, ob er noch nicht Rowland's Macassaröl angewendet, dessen ausgezeichnete Wirkungen er vielfach habe rühmen hören.

Wie finden Sie das? fragte der Doctor. — Ich mache die Witze über meinen kahlen Schädel selbst und verbitte mir die Concurrenz, habe ich geantwortet. Das war grob, werden Sie sagen, oder auch nicht sagen, denn Sie lieben das glattzüngige, geschmeidige, schlüpfrige Exemplar seiner reizenden Species eben so wenig als ich. Und der Hanswurst wird seine Rolle sobald nicht ausgespielt haben! Unser humaner Freund hält es für seine Pflicht, gegen einen Verwandten — noch dazu einen armen, denn ich höre, daß es dem Steuerrath erbärmlich gehen soll — von arabischer Gastfreundlichkeit zu sein. Mein einziger Trost ist, daß auch dieser Krug nur gerade so lange zu Wasser gehen wird, bis er bricht.

Wie steht es denn mit der Familien-Conferenz? fragte ich.

Wird übermorgen feierlich eröffnet werden. Humanus hat sie Alle eingeladen, bei ihm Quartier zu nehmen. Der auf Wartegeld Gesetzte hat das natürlich angenommen; aber, was mich wundert, auch der Andere, der Crösus, und nicht blos für sich, sondern auch für sein goldenes Töchterlein und deren Gouvernante. Das sind eins, zwei, fünf Personen, die unsere Einsamkeit nächstens auf das Anmuthigste beleben werden; ich vermuthe: eine oder die andere davon verdiente für immer hier zu bleiben.

So krähte Doctor Snellius, hüpfte dann auf ein anderes Bein und stimmte sich herab. Ich meinerseits war durch die Nachricht von der bevorstehenden Ankunft der längst erwarteten Gäste in nicht geringe Aufregung versetzt. Schon Arthur's Anwesenheit hatte mir den Platz verengt. Wie sollte es werden, wenn diese Alle kamen? wie würde ich dem Steuerrath gegenübertreten? wie dem Commerzienrath? Der Eine hatte die Großmuth seines edleren Bruders so schändlich mißbraucht, der Andere mit den Verlegenheiten des Unbesonnenen so klug gewuchert! Meine Abneigung gegen sie war von altem Datum und nur zu begründet! Aber weshalb ihnen irgendwie gegenüberzutreten? Wenn ich nicht zu ihnen kam, sie würden schwerlich mich aufsuchen. Die kleine Hermine freilich? hatte sie wohl noch so kornblumblaue Augen wie an jenem Morgen auf dem Deck des »Pinguin«? Und die sentenzenreiche Gouvernante, trug sie noch ihre gelben Locken? Es war ein lustiger, sonniger Tag gewesen, als ich die Beiden zum letztenmale gesehen; aber die Sonne hatte zu früh geschienen, und der Abend in Regen geendet, in Regen und dunklem Nebel, durch den das zornbleiche Gesicht meines Vaters mich drohend anblickte.

Warum seufzen Sie? fragte Doctor Snellius, der unterdessen einen Situationsplan, an welchem ich die letzten Tage gearbeitet hatte, durchmustert. Sie machen fabelhafte Fortschritte, ich würde niemals geglaubt haben, daß eine so saubere allerliebste Arbeit aus den Händen eines Mammuth hervorgehen könne. Adieu, Mammuth!

Doctor Snellius schüttelte mir herzlich die Hand und hüpfte aus dem Zimmer. Ich blickte ihm traurig nach, so traurig, als wäre ich wirklich ein Mammuth und wüßte, daß ich dreißigtausend Jahre unter

Schnee und Eis liegen müßte, um hernach ausgestopft in einem Museum aufgestellt zu werden.

Einunddreißigstes Capitel

Mein Wunsch und meine Hoffnung, während der Conferenz in der Verborgenheit bleiben zu können, sollten auf die seltsamste Weise getäuscht werden. Ich war dazu ausersehen, eine Rolle, und noch dazu keine unbedeutende, in dem Familien-Drama zu spielen.

Die Gäste waren angekommen und in der nicht eben geräumigen Wohnung des Directors schicklich untergebracht. Am Abend war gemeinschaftliche Tafel gewesen, an welcher auch Doctor Snellius theilgenommen hatte. Er war am nächsten Morgen in aller Frühe bei mir, um sein volles Herz auszuschütten.

Doctor Snellius war sehr aufgeregt; ich hörte es beim ersten Worte, denn er setzte noch eine Terz höher als gewöhnlich ein.

Ich wußte es ja, krähte er. Es war ein Unsinn, sich diesen Heuschrekkenschwarm auf den Hals zu laden; sie werden mir meinen armen Humanus, an dem so nicht mehr viel grüne Blätter sind, vollends auffressen. Ist das eine Gesellschaft! Sie haben mir noch nicht den hundertsten Theil von dem Schlimmen gesagt, das selbst ein so lammfrommes Gemüth, wie das meine, von diesen Menschen sagen kann und muß und will. Menschen! Es ist ein Scandal, wie man mit dem Worte umgeht! Warum Menschen? Weil sie auf zwei Beinen gehen? Dann wären die gräulichen Geschöpfe, die Gulliver in dem Lande der edlen Pferde traf, auch Menschen gewesen. Aber der englische Skeptiker wußte es besser und nannte sie Yahoos. Und das sind unsere lieben Gäste, oder es giebt keine Naturgeschichte! Der Commerzienrath mit seinem dicken Bäuchlein, seinen zwinkernden, schlauen Aeuglein ist einer. Ich habe ihm genau auf die kurzen, plumpen Finger gesehen; ich glaube, der Kerl hat sich die Vorderglieder in seinem Golde abgewühlt. Und der Herr Steuerrath ist auch einer, obgleich er sich verzweifelte Mühe giebt, als ein Mensch zu erscheinen. Er hat lange Finger, sehr lange; aber hat je ein Mensch so lange Finger so langsam übereinandergedreht und einen solchen langen, geschmeidigen Katzenbuckel dazu gemacht und ein solches weißes, glattes, lächelndes, falsches Diebsgesicht? Von der gnädigen geborenen Baronesse Kippenreiter glaubt ein Jeder auf's Wort, daß sie in der Republik jener bezaubernden Geschöpfe einen hohen Rang eingenommen hat und erst mit dem letzten Schiffe in Europa angekommen ist. Sie kann sich nicht verleugnen; sie fletscht ihre langen, gelben Zähne noch allzu ursprünglich yahoohaft! Hm, hm, hm!

Und Fräulein Duff? fragte ich, während sich der Doctor herabstimmte.

Duff? rief er; wer ist Fräulein Duff?

Die Gouvernante der kleinen Hermine.

Der kleinen Schönheit, zu der ich gerufen wurde? Die heißt Fräulein
Duff? Sehr guter Name! Könnte auch Duft sein und wäre dann
richtiger. Blühende Reseda in Töpfen und vertrocknete zwischen den
Flanelljacken in der Commode; vergilbte Bänder, vergilbte Stamm-
buchblätter und ein schmales, goldenes Ringlein, das nicht einmal
sprang, als der Undankbare Elviren verließ. Heißt sie nicht auch
Elvire? Sie muß so heißen. Amalie, sagen Sie? Ist entschieden ein
Druckfehler; nichts bei ihr erinnert an die »Räuber«, es müßten denn
die langen Schmachtlocken sein, die zweifellos gestohlen sind.

Und weshalb wurden Sie zu der Kleinen gerufen?

Sie hatte unterwegs zu viel Apfelkuchen gegessen. Als ob einer kleinen Millionärin so etwas schaden könnte! Ja, wenn es Commisbrot gewesen wäre! So sagte ich auch dem betrübten Vater. Sie hat in ihrem
Leben noch keine Krume Commisbrot gegessen, rief das Ungethüm
und patschte sich auf das spitze Bäuchlein. Wer nie sein Brot mit
Thränen aß! seufzte die Gouvernante und fügte hinzu: Das sei eine
ewige Wahrheit. Der Henker mag wissen, was sie damit gemeint hat.

Der Doctor ging seine Kranken zu besuchen; ich machte mich auf
den Weg nach dem Bureau, drückte mich an der Mauer hin und
schlich mich durch die Hinterthür in das Haus, aus Furcht, von irgend
einem der Gäste gesehen zu werden. Aber es sah mich Niemand.

Dafür sollte ich sie im Laufe des Vormittags der Reihe nach aus der
Verborgenheit meines Fensters her zu sehen bekommen. Zuerst den
Commerzienrath, der, eine lange Pfeife im Munde, seine Morgen-Promenade durch den Garten machte. Er schien über wichtige Dinge
nachzudenken. Von Zeit zu Zeit blieb er stehen und starrte minutenlang vor sich hin. Ohne Zweifel rechnete er; ich bemerkte, wie er mit
den plumpen Fingern multiplicirte und dann mit der Spitze der Pfeife
das Facit in die Luft schrieb. Einmal schmunzelte er höchst behaglich;
was mochte er herausgerechnet haben?

Der Zweite war der Steuerrath. Er ging eine Stunde später mit seinem Bruder durch den Garten. Der Steuerrath sprach sehr eifrig, er
legte wiederholt seine Rechte betheuernd auf die Brust. Der Director
hatte die Augen gesenkt; der Gegenstand des Gespräches schien ihm
peinlich zu sein. Als sie in die Nähe meines Fensters gekommen waren,
blickte er mit einiger Unruhe hinüber und zog den Bruder hinter eine
Hecke. Augenscheinlich wünschte er mich nicht zum Augenzeugen
der brüderlichen Gesticulationen.

Ich hatte mich wieder mit dem bitteren Gefühle, der Ueberflüssige,
der Lästige zu sein, über meine Arbeit gebeugt, als plötzlich die Thür,

welche aus dem Bureau in den Garten führte, geöffnet wurde und der Steuerrath schnell hereintrat. Ich schrak zusammen, wie auch der Muthige erschrickt, wenn eine Schlange unversehens über seinen Weg schnellt. Der Steuerrath lächelte sehr gütig und streckte mir seine weiße, wohlgepflegte Hand entgegen, die er dann, als ich keine Miene machte, einzuschlagen, mit einer graziösen Schwenkung zurückzog.

Mein lieber, junger Freund, sagte er, daß wir uns so wiedersehen müssen!

Ich antwortete nicht; was hätte ich antworten sollen auf eine Phrase, in der jedes Wort und jeder Ton eine Lüge war?

Wie würde ich Sie bedauern, fuhr er fort, hätte Sie das Schicksal nicht hierher zu meinem Bruder geführt, der ohne Zweifel einer der edelsten, besten Menschen ist, die existiren, und der mir noch eben, als wir draußen promenirten, so viel Liebes und Gutes von Ihnen gesagt hat. Ich mußte Ihnen die Hand bieten, obgleich ich ahnte, daß Sie nach dem Vorgange Ihres Vaters sich von dem abwenden würden, den das Schicksal wahrlich schon genug verfolgt hat.

Und der Schicksal-Verfolgte warf sich in den Armstuhl und bedeckte seine Augen mit der langen, weißen Hand, deren Goldfinger mit einem ungeheuerlichen Siegelring geschmückt war.

Ich will ihm daraus keinen Vorwurf machen, Gott bewahre! Ich kenne ihn ja seit so vielen Jahren! Er ist einer von den strengen Menschen, deren Abscheu vor der Uebertretung so groß, aber auch so blind ist, daß in ihren Augen der Angeschuldigte immer zugleich als der Schuldige erscheint.

Diese letzte Bemerkung war zu richtig, als daß ich ihr nicht innerlich und wahrscheinlich auch mit dem Ausdrucke meiner Miene hätte beistimmen sollen, denn der Steuerrath sagte mit einem melancholischen Lächeln:

Sie wissen ja auch ein trauriges Lied davon zu singen! Nun, nun, ich will nicht an die Wunde rühren, die Sie mehr schmerzt als alle übrigen; aber Sie haben schließlich nur früher erfahren, was wir Alle einmal erfahren müssen, daß wir bei denen, die uns am allernächsten stehen, am wenigsten auf ein Verständniß unserer Absichten und Ansichten, ja selbst unserer Lage rechnen dürfen.

Auch darin lag etwas Wahres, und ich konnte mich nicht enthalten, etwas freundlicher auf den Mann zu blicken.

Da habe ich eben noch eine Probe davon gehabt. Mein Bruder Ernst ist, wie ich schon sagte, einer der besten Menschen, und doch, welche Mühe kostet es ihn, sich in meine Situation zu versetzen! Freilich, er, der von jeher in so rangirten Verhältnissen gelebt hat, er weiß nicht, was es heißt, über Nacht die Hälfte seiner Einnahmen zu verlieren, die so schon kärglich genug bemessen waren — er weiß nicht, was es heißt, mit seinen Gläubigern accordiren zu müssen — seine und der

Seinen Existenz auf dem Spiele zu sehen, ach! und was das Bitterste ist, von dem guten Willen eines hartherzigen Geldmenschen abhängig zu sein!

Hier zerdrückte die beringte weiße Hand eine Thräne, die sich in dem inneren Winkel des rechten Auges gebildet zu haben schien, und glitt dann resignirt in den Schooß, während ein sanftes Lächeln über die aristokratischen Züge des auf Wartegeld Gesetzten spielte.

Er erhob sich und sagte: Verzeihen Sie mir: aber der Unglückliche fühlt einen unwiderstehlichen Zug zu dem Unglücklichen, und Sie sind immer ein Freund meines Hauses und der beste Kamerad meines Arthur gewesen. Sie dürfen dem armen Jungen nicht bös sein, wenn ihn die Freude über sein Porteépée ein wenig närrisch gemacht hat. Sie kennen ihn ja! sein Herz weiß das zehntemal erst, was seine Zunge schwatzt, und er hat mir schon gestanden, daß er sich in dem Wahne, es seiner Fähnrichswürde schuldig zu sein, recht albern gegen Sie benommen habe. Sie müssen ihm wirklich verzeihen.

Er lächelte wieder, nickte mit dem Kopfe, wollte mir die Hand reichen, besann sich, daß ich dieselbe vorhin ausgeschlagen, lächelte abermals, aber sehr traurig, und schritt nach der Gartenthür, die er leise öffnete und leise hinter sich zudrückte.

Ich blickte ihm mit einem aus Verwunderung und Beschämung seltsam gemischten Gefühl nach. War dieser sanft redende Mann, der in meiner Gegenwart über seine Lage weinen konnte, derselbe, zu dem der Knabe wie zu einem Halbgott emporgeblickt? Und wenn seine Lage so verzweifelt war — und sie mochte es, nach Allem, was ich davon wußte, sehr wohl sein — ich hätte mich freundlicher gegen ihn benehmen, hätte ihm ein Wort des Bedauerns gönnen, hätte vor Allem seine Hand nicht zurückweisen sollen.

Meine Stirn wurde heiß; es war das erstemal, daß ich einen Bittenden schroff zurückgewiesen. Ich fragte mich wieder, ob mich die Gefangenschaft doch nicht schlechter gemacht habe, und ich freute mich, daß ich über Alles, was ich von dem Verhältnisse des Steuerraths zu seinem verstorbenen Bruder wußte, so reinen Mund gehalten und besonders das Geheimniß jenes Briefes so treu bewahrt hatte, selbst dem Director gegenüber, dem ich doch sonst unbedingt vertraute. Ahnte der Steuerrath, daß ich hätte sprechen können, wenn ich gewollt, und war er heute Morgen gekommen, mir für mein Schweigen zu danken?

Der Steuerrath erschien mir plötzlich in einem ganz anderen und viel günstigeren Lichte. Man fühlt eine gewisse Zuneigung zu den Leuten, die man sich zu Dank verpflichtete, wenn sie die Klugheit haben, uns merken zu lassen, daß sie von dem Gefühle ihrer Verpflichtung vollkommen durchdrungen sind.

Ich werde auch Arthur zu verstehen geben, daß ich ihm seine

Albernheit vergeben habe. Der Steuerrath hat Recht; er weiß es wirklich das zehntemal erst, wann ihm seine Zunge durchgeht.

Indem ich diesen großmüthigen Entschluß faßte, klopfte es abermals — diesmal an der Thür, die nach dem Flur führte: und ich hätte beinahe laut gelacht, als sich auf mein »Herein« der Commerzienrath auf der Schwelle präsentirte, aber nicht mehr in Schlafrock und Pantoffeln, die lange Pfeife im Munde, wie vorhin, sondern im blauen Frack mit goldenen Knöpfen, hohem schwarzen Halstuch, aus dem die spitzigen Vatermörder vier Zoll hoch hervordrohten, buntgeblumter Weste, die dem spitzen Bäuchlein das Dasein nicht verkümmerte und dem sauber gebügelten Jabothemde die Aussicht nicht verwehrte, schwarzen Beinkleidern, die nicht so lang waren, daß man nicht hätte sehen können, wie fest die beiden Plattfüße in ihren blank gewichsten Stiefeln standen. Genau in demselben Anzuge wanderte der Mann durch die Erinnerungen meiner frühesten Jugendjahre, und vielleicht war es, weil ich damals in meiner kindlichen Unschuld über die nach meinem Geschmack groteske Erscheinung gelacht hatte, daß mich jetzt — wo es sich allerdings weniger für mich schickte — wiederum die Lust zum Lachen anwandelte.

Wie geht es Ihnen, mein lieber junger Freund? sagte der Commerzienrath im Tone Jemandes, der sich nach dem Befinden eines Todtkranken erkundigt.

Er hatte sich in denselben Stuhl gesetzt, aus welchem der Steuerrath eben aufgestanden war, und blickte mich von unten herauf wehmüthig an, wobei er den Kopf tief auf die Seite neigte, ungefähr wie eine Gans, wenn es aus heiterem Himmel donnert. Das sah so unendlich komisch aus; ich mußte nun wirklich lachen, und lachend erwiderte ich:

Danke für die gütige Nachfrage, Herr Commerzienrath; recht gut, wie Sie sehen.

Sie sind ein Tausendsassa, rief der Commerzienrath, indem er sofort auf meine Stimmung einging. Aber das ist recht, wir leben nur einmal; man muß es nehmen, wie's kommt. Ich habe das noch vorgestern zu Ihrem Vater gesagt, dem ich auf der Straße begegnete. Du lieber Himmel, habe ich gesagt, was ist es denn so Großes? Wir sind Alle einmal jung gewesen, und Jugend hat keine Tugend. Warum sind Sie aus der Ressource ausgetreten? habe ich gesagt. Er hat ja nicht Zuchthaus; die National-Cocarde ist ihm nicht aberkannt; er hat ja blos Gefängniß. Das kann schließlich Jedem passiren; und Sie, habe ich gesagt, sind ein solcher Ehrenmann, daß es uns Allen eine Ehre wäre, mit Ihnen Boston zu spielen, und wenn Sie vier Söhne im Zuchthause hätten.

Des Commerzienraths Kopf sank wieder auf die Seite; ich mochte wohl bei seinen letzten Worten ein sehr ernstes Gesicht gemacht haben.

Freilich, sagte er, Manche nehmen es leichter. Da ist mein Herr Schwager. Ich möchte nicht in seiner Haut stecken, trotzdem sein

Vater ein ehemaliger Reichsfreier und der meine ein ganz gewöhnlicher Nadler war. Die Untersuchung hat ihn nur mit einem blauen Auge davonkommen lassen. Man sollte meinen, er hätte für sein Lebtag genug; aber er kann das Intriguiren nicht lassen. Mein Gott, es ist eine Schande, wie viel mich diese Familie schon gekostet hat! Der Zehrendorfer und seine Wechsel! *A propos!* hat er Ihnen nie gesagt, daß er mir ganz Zehrendorf bereits vor Jahren verschrieben hat? Besinnen Sie sich doch einmal; er hat es Ihnen gewiß bei dieser oder jener Gelegenheit gesagt. Er gehörte nicht zu denen, die ein Blatt vor den Mund nehmen! Und nun der Steuerrath! Was habe ich für den Mann nicht schon gethan; und jetzt diese Ansprüche! Entschädigung! Unsereiner will doch auch leben! und wenn man auch keinen Sohn hat, der sich natürlich sein Brot nicht verdienen kann, so hat man doch eine Tochter, die man nicht verhungern lassen will. Solltet machen, daß Ihr frei kommt, alter Junge! Das Mädel frägt des Tages zehnmal nach Euch! Habt's ihm angethan! Tausendsassa, Ihr!

Und der Commerzienrath, der sich erhoben hatte und jetzt mit Hut und Stock in der Hand neben mir stand, versetzte mir einen sanften Stoß in die Seite.

Das ist sehr gütig von dem Fräulein, erwiderte ich.

Gott, wie das noch roth werden kann! sagte der Commerzienrath; ist recht; ganz wie bei mir. Respect vor den Damen! nur kein lockerer Zeisig! so Einer bringt's sein Lebtag zu nichts. Aber Fräulein dürft Ihr nicht zu meinem Hermann sagen; das leidet Mamsell Duff nicht, die durchaus Fräulein genannt sein will, trotzdem sie beide kleine Finger darum gäbe, wenn sie sich weder Mamsell noch Fräulein mehr nennen zu lassen brauchte.

Und der Commerzienrath kniff die Augen ein, blies die Backen auf und stieß mich sanft in die Seite.

Ich werde schwerlich Gelegenheit dazu haben, sagte ich.

Puh! sagte der Commerzienrath, nur nicht tragisch! Wir sind ja hier ganz unter uns. Habe schon mit meinem Schwager gesprochen; Ihr müßt nothwendig heute Abend mit uns essen. Hermann — Ihr wißt: ich nenne sie Hermann! — will Euch durchaus sehen! Adieu!

Und der Commerzienrath küßte die Spitzen seiner plumpen Finger und verließ das Zimmer, indem er mir noch in der Thür einen zwinkernden Blick zuwarf.

Was hatten diese Besuche zu bedeuten? Was wollten der hoffährtige Herr Steuerrath und der geldstolze Herr Commerzienrath bei dem Gefangenen? Darüber würde ich mir wohl vergeblich den Kopf zerbrochen haben, wenn nicht der Director, der am Nachmittage in das Bureau kam, ein Wort hätte fallen lassen, welches mir das Räthsel löste.

Ich wollte, die nächsten drei Tage wären erst vorüber, sagte er, Sie glauben nicht, lieber Georg, wie widerwärtig mir diese Verhandlungen sind, die für mich ein materielles Interesse gar nicht haben. Man will mich eigentlich auch nur als Schiedsrichter und schmeichelt mir in der Hoffnung, mein Urtheil von vornherein gefangen zu nehmen. Und hätte ich doch nur ein Urtheil; aber wie ist das möglich bei einer Sache, die man nicht übersehen kann und die von den Parteien noch geflissentlich verdunkelt wird? Man rechnet auch auf Sie, lieber Georg, da Sie der Einzige sind, der meinem unglücklichen Bruder in der letzten Zeit nahe gestanden hat und möglicherweise über gewisse Punkte, die man aufzuklären wünscht, Auskunft geben kann. Und nun kommen Sie mit in den Garten; Snellius und Sie — Ihr müßt mir nothwendig die Gesellschaft unterhalten helfen. Meine arme Frau und ich bringen das wahrlich nicht fertig.

Mit diesen Worten ergriff er lächelnd meinen Arm und ließ sich von mir die Stufen hinab in den Garten und den Gang hinauf zum Belvedere führen, von wo uns schon weither der Jubel der Kinder entgegenschallte. Es war das erstemal seit meinem Unglück, daß ich in eine eigentliche Gesellschaft treten sollte. Ich hatte in der Gefangenschaft Manches gelernt, worauf ich stolz war, aber auch Einiges, dessen ich mich schämte, zum Beispiel, die Beklommenheit, welche mich befiel, als die Stimmen der Redenden näher und näher an mein Ohr schlugen und ich die Gewänder der Damen durch die von den Herbstwinden bereits sehr gelichteten Hecken schimmern sah.

Ich konnte mit dem Empfange zufrieden sein; die Knaben stürzten auf mich zu und Kurt rief, ich solle mit ihnen spielen, denn Cousin Arthur bleibe bei Hermine und Paula, und das sei langweilig und Hermine sei auch erst zehn oder elf Jahre und brauche gar nicht so stolz zu thun.

Hermine thut nicht stolz, aber Ihr seid zu wild, sagte Paula, die Hermine an der Hand hielt, während Arthur etwas weiter zurück stand und mit sichtbarer Verlegenheit die Erstlinge seines Schnurrbärtchens drehte.

Ich hatte die Knaben, einen nach dem anderen, sieben Fuß hoch gehoben und meine Verlegenheit damit, so gut es gehen wollte, verdeckt, während meine Augen unverwandt auf Hermine blickten. Aber es war auch nicht wohl möglich, etwas Zierlicheres und Lieblicheres zu sehen, als dies kleine, holde Geschöpf in seinem weißen Kleidchen, das richtig wieder mit kornblumblauen Bändern geschmückt war, wie damals auf dem Dampfschiffe. Und dabei blickten ihre großen blauen Augen so eifrig zu mir herüber, und der rothe Mund war halb geöffnet, als hätte sie plötzlich den Prinzen im Märchen in höchsteigener Person gesehen.

Ist er das? hörte ich sie halblaut Paula fragen, und kann er wirklich Löwen bezwingen?

Ich hörte nicht, was Paula auf diese sonderbare Frage antwortete, denn ich mußte mich jetzt zu Frau von Zehren wenden, die zwischen ihrer Schwägerin und Fräulein Duff auf der Bank saß. Frau von Zehren sah noch blasser als gewöhnlich aus, und ihre armen, blinden Augen richteten sich hilfesuchend auf mich, während ein verlegen-schmerzliches Lächeln um ihren feinen Lippen irrte.

Sie streckte mir sogar die Hand entgegen und richtete sich halb von der Bank auf, besann sich dann aber, daß sie wohl sitzen bleiben müsse, und lächelte noch schmerzlicher.

Ich wünschte die geborne Baronesse Kippenreiter mit den langen, gelben Zähnen und die Erzieherin mit den langen gelben Locken, die mich Beide mit der Lorgnette vor den Augen anstarrten, in's Pfefferland.

Der Director war ebenfalls herangetreten und sagte:

Willst Du nicht meinen Arm ein wenig nehmen, Elise? Es wird Dir zu kühl, die Damen werden Dich gewiß entschuldigen.

Ueberlassen Sie es mir, die liebe Frau spazieren zu führen! rief die geborne Kippenreiter, indem sie entschlossen aufsprang. Der Director zuckte kaum merklich die Achseln. Sie sind selbst nicht die Stärkste, liebe Schwägerin, sagte er.

Ich bin stark, sobald es die Pflicht erfordert, entgegnete die geborne Kippenreiter, indem sie die arme Frau von Zehren mit sich fortzog.

Das ist ein großes Wort! seufzte Fräulein Duff. Wer das auch von sich sagen könnte! und die blasse Gouvernante schüttelte wehmüthig ihre gelben Locken, wendete dann die matten Augen auf mich und lispelte: Richard, oh, wie aus der Sage heraus! ah! daß der Blondel fehlen muß! aber verzweifeln Sie nicht; suche treu, so findest du, das ist auch eine ewige Wahrheit!

Wie befinden Sie sich, Fräulein Duff? fragte ich, um doch etwas zu sagen.

Und immer noch diese schöne Fähigkeit, theilzunehmen an dem Schicksale der Anderen bei dem eigenen traurigen Geschick! Das ist schön, das ist groß, flüsterte die Erzieherin; ich muß, wahrlich ich muß einen Versuch machen, mich in Ihr Herz zu stehlen —

Sie legte drei Fingerspitzen auf meinen Arm und deutete mit ihrem Sonnenschirm schüchtern nach der Richtung, in welcher die ganze Gesellschaft mittlerweile den Platz unter den Platanen verlassen hatte.

Und wie leben Sie hier? flüsterte sie weiter, während wir in den Garten hinabstiegen; aber, was frage ich? still und harmlos, wie Wilhelm Tell! Es ist ja Alles hier Idylle! Sprechen Sie mir nicht von Gefängniß! Die Welt ist überall ein Gefängniß! ich weiß es am besten!

Ich dachte, Fräulein Duff, die Erziehung eines so lieblichen Geschöpfes —

Ja, sie ist lieblich! erwiderte die blasse Dame mit einem Anfluge von wirklicher Wärme; lieblich wie ein Maienmorgen; aber Sie wissen ja: des Lebens ungetrübte Freude! — daß dieses Kind einen solchen —

Sie blickte sich scheu um und fuhr mit hohler Stimme fort:

Denken Sie sich, er nennt sie Hermann und fragt sie dreimal am Tage, warum sie kein Kna — *fi donc!* es läßt sich nicht sagen. O, es zerreißt mein Herz, wenn so rohe Hände in den zarten Saiten dieser jungfräulichen Seele wühlen! Es liebt die Welt, das Strahlende zu schwärzen! wer wüßte es nicht! nur sollte der eigene Vater — freilich, ich bin die Letzte, die sich über ihn beklagen sollte. Er hat mir — Sie sind ein edler Mensch, Carlos! — an Ihren Busen werf' ich mich — er hat mir Hoffnungen erweckt, die eine weniger starke Seele, als die meine, schwindlig machen könnten. Eine Million zu erkämpfen, ist groß; sie wegwerfen, ist göttlich — und Mutter dieses Kindes, das, denk' ich öfters, das müßte himmlisch sein; aber was werden Sie sagen, daß ich nur immer von mir spreche; was werden Sie Ihrem satyrischen Freunde sagen!

Meinem satyrischen Freunde?

Fräulein Duff trat einen Schritt zurück, beschattete sich die Augen gegen den Schein der Abendsonne mit der durchsichtigen Hand und sagte mit kokettem Lächeln:

Carlos, Sie spielen falsch. Gestehen Sie, Sie wollen in dieser Schlangenwindung mir entgehen! Es giebt nur Einen hier, auf den die Bezeichnung paßt, aber dieser Eine ist ein Riese — an Geist! Es ist immens! es ist sublim! es hat mich wahrlich überwältigt! Und einen solchen Giganten nennen Sie Ihren Freund, und Sie beklagen sich, daß Sie im Gefängnisse sind! O, mein Lieber, wer möchte, um solche Freunde zu erwerben, nicht gern seine Freiheit gegen Ihre Gefangenschaft umtauschen!

Fräulein Duff drückte ihr Taschentuch gegen die Wimpern und kreischte dann laut auf, als sie sich hinterrücks festgehalten fühlte, und, sich umwendend, Herminens Wachtelhündchen sah, das seine spitzen Zähne in den Saum ihres Kleides geschlagen hatte und sie mit seinen großen, schwarzen Augen böswillig anstarrte. In demselben Momente kam von verschiedenen Seiten die ganze Gesellschaft herbei, so daß die Gouvernante in ihrem Kampfe mit dem kleinen, langhaarigen Ungethüm plötzlich eine große Zuschauerschaft hatte. Ich bemühte mich, sie zu befreien, und machte die Sache nur noch schlimmer, denn Zerline wollte nicht loslassen und schüttelte und riß aus Leibeskräften; die Knaben thaten, als ob sie mir helfen wollten, und hetzten in der Stille; es konnte sich Niemand des Lächelns enthalten; der Commerzienrath lachte überlaut. Fräulein Duff blieb unter diesen Umständen nichts übrig, als in Ohnmacht und Doctor Snellius, der, von dem Lärm herbeigelockt, eben herantrat, in die Arme zu fallen.

Aengstigen Sie sich nicht, meine Herrschaften, sagte der Commerzienrath, das passirt ihr alle Tage dreimal!

Barbar! murmelte die Ohnmächtige mit blassen Lippen und richtete sich aus den Armen des Doctors auf, der trotz seiner ihm nachgerühmten Sublimität in diesem Augenblick ein sehr hämisches Gesicht machte. Fräulein Duff versuchte durch den Thränen-Nebel hindurch, der aus ihren wasserblauen Augen aufgestiegen war, dem Spötter einen vernichtenden Blick zuzuwerfen, wies den angebotenen Arm des Doctors mit den Worten: Ich danke Ihnen, ich werde allein in's Haus kommen! zurück und eilte, sich das Tuch vor das Gesicht drückend, dem nahen Hause zu, während Zerline mit freudigem Gebell und triumphirendem Wedeln der langhaarigen Ruthe an ihrer kleinen Herrin emporsprang.

Ich glaube, sie schnappt noch einmal über, sagte der Commerzienrath, gleichsam als Erläuterung der eben stattgehabten Scene.

Umsomehr sollten Sie sie schonen, vorzüglich in Gegenwart Anderer, sagte der Director.

Ich hatte die Gelegenheit benützt, mich von der Gesellschaft loszumachen, und irrte eben in den weiter abgelegenen Gängen des Gartens umher, als ich Paula und Hermine in einiger Entfernung daher kommen sah. Paula hatte der Kleinen eine Hand auf die Schulter gelegt, die wiederum einen Arm um ihre Taille schlang. Hermine sprach sehr eifrig zu der großen Paula hinauf. Paula lächelte freundlich herab und sagte von Zeit zu Zeit etwas, das den Widerspruch der Kleinen hervorzurufen schien.

Das bildschöne Kind mit dem glänzenden, braunen Haar und den großen, glänzenden, blauen Augen, das reizende Gesichtchen vom Feuer ihres lebhaften Geistes durchhellt, und das schlanke Mädchen mit dem sanften Lächeln auf den feinen Lippen — die beiden reizenden Gestalten, getroffen von einem Strahle der rothen, herbstlichen Abendsonne, die eben hinter die Mauer des Gartens tauchte — wie oft, wie oft in späteren Jahren habe ich dieses Augenblickes denken müssen!

Jetzt sahen sie mich; ich hörte, wie Paula sagte: Frag' ihn doch selbst! und Hermine antwortete: Das will ich auch!

Sie ließ Paula los, kam auf mich zugehüpft, blieb vor mir stehen, schaute mit den großen Augen keck zu mir auf und fragte:

Können Sie Löwen bezwingen oder können Sie es nicht?

Ich glaube nein, entgegnete ich lächelnd, warum?

Ja oder nein, fragte sie, indem sie ein ganz klein wenig mit dem Fuße stampfte.

Nun denn, nein!

Sie sollen es aber können, entgegnete sie mit einem zornigen Blicke, ich will es.

Wenn Sie es wollen, will ich mir bei vorkommender Gelegenheit die möglichste Mühe geben.

Siehst Du, Paula! rief die Kleine, indem sie sich triumphirend umwendete, ich habe es ja gesagt, ich habe es ja gesagt, und sie klatschte in die Hände und sprang wie eine kleine Bacchantin umher, um die Wette mit Zerlinen, dann ging es im vollen Laufe über die Beete davon, Zerline hinterher mit lautem Gekläff.

Was will das Kind nur mit seiner sonderbaren Frage? sagte ich zu Paula.

Es scheint, daß Fräulein Duff Sie wiederholt mit Richard Löwenherz verglichen hat, erwiderte Paula lächelnd.

Mit Richard Löwenherz, mich?

Nun ja, weil Sie blond und gefangen und so groß und stark sind; nun hat sich Hermine in den Kopf gesetzt, Sie müßten Löwen bezwingen können. Ob es ihr damit Ernst ist, oder ob sie scherzt? Ich glaube, sie weiß das manchmal selbst nicht. Aber ich wollte Ihnen noch danken, daß Sie heute in den Garten gekommen sind. Es ist recht lieb von Ihnen, denn daß Sie sich in der Gesellschaft nicht behaglich fühlen, habe ich wohl gesehen.

Und Sie selbst?

Ich darf nicht fragen, ob ich mich behaglich fühle. Es sind ja unsere Verwandten.

Und das entschuldigt freilich Alles.

Ich hatte das im Hinblick auf ihre Freundlichkeit gegen Arthur nicht ohne Bitterkeit gesagt, fühlte mich aber sehr beschämt, als sie ihre sanften, lieben Augen zu mir erhob und unschuldig fragte: Wie meinen Sie?

Glücklicherweise wurde mir die Antwort erspart, denn Doctor Snellius kam auf uns zu, schon von weitem: Fräulein Paula! Fräulein Paula! rufend.

Ich muß in's Haus, sagte Paula, es ist noch Manches zu besorgen, und bitte, schauen Sie nicht so bös drein; Sie sind in letzter Zeit gar nicht so freundlich gewesen wie sonst; sind Sie mit mir unzufrieden?

Ich hatte nicht den Muth, »Ja« zu antworten, als ich in das ernste Gesicht blickte, das zu mir aufschaute.

Wem wäre das möglich, sagte ich, Sie sind tausendmal besser, als wir Alle.

Das ist sie auch, sagte Doctor Snellius, der die letzten Worte gehört hatte. Gott segne sie!

Er sah der Enteilenden nach, und ein tief wehmüthiger Schatten zog über sein groteskes Gesicht. Dann stülpte er mit beiden Händen zugleich seinen Hut über den kahlen Schädel bis auf die Ohren und sagte ärgerlich:

Hol's der Teufel! Sie ist viel zu gut, sie ist so gut, daß es ihr gar nicht anders als schlecht gehen kann. Die Zeit ist vorüber, wo den guten Menschen alle Dinge zum Besten dienen sollten, wenn es eine solche je gegeben hat. Schlecht muß man sein, grundschlecht; heucheln muß man, lügen, betrügen, seinem Nächsten ein Bein stellen, die ganze Welt als sein Erbgut betrachten, das aus Versehen in fremde Hände gekommen ist, und das man sich zurückerobern soll. Aber zu dem Zwecke muß man erzogen sein, und wie erzieht man uns? als ob das Leben eine Geßner'sche Idylle wäre. Bescheidenheit, Nächstenliebe, Wahrheitsliebe! Versuch's doch Einer damit! Ist der Herr Commerzienrath bescheiden, liebt er seinen Nächsten, liebt er die Wahrheit? nicht für einen Pfifferling! Und der Mann ist Millionär, und seine Nachbarn ziehen die Mütze ellentief vor ihm und die Fama posaunt ihn aus als einen der edelsten Menschen, weil er von Zeit zu Zeit einen Thaler, der nicht in die volle Börse geht, den Armen zuwirft! Aber, werden Sie sagen, in seinem Innern, da ist die Hölle. Ja prosit Mahlzeit! Er hält sich für einen grundguten, prächtigen, humoristischen Kerl, und wenn er sich des Abends zu einem achtstündigen Schlaf zu Bett legt, sagt er: Das hast du wieder einmal ehrlich verdient! Gehen Sie mir mit Ihrer hungerleiderischen, hektischen Ehrlichkeit!

Ich habe noch kein Wort darüber gesagt, Herr Doctor!

Aber Sie haben, während ich declamirt habe, gelächelt, als wollten Sie sagen! so seien Sie doch unehrlich! Sehen Sie, das ist ja eben die Bosheit, die ich habe! Man ist in Folge dieser elenden Erziehung so verehrlicht, daß man kein Lump sein kann, so gern man es sein möchte, daß man ehrlich sein und bleiben muß, trotz der besseren Einsicht. Und wenn wir nicht darüber wegkommen können, wie sollen es die Weiber!

Der Doctor blickte starr in die Richtung, in welche Paula in den Büschen verschwunden war und nahm dann seine große, runde Brille ab, deren Gläser irgendwie trüb geworden waren.

Sie sollen nicht auf die Weiber schelten, Herr Doctor, sagte ich; Fräulein Duff —

Hat mir in aller Form einen Antrag gemacht, sagte Doctor Snellius, indem er rasch seine Brille wieder aufsetzte, und dort kommt Jemand, der Ihnen einen machen will. Hüten Sie sich vor diesem uniformirten Danaer!

Der Doctor drückte den Hut in die Stirn und eilte davon, ohne den allerfreundlichsten Gruß zu erwidern, mit welchem Arthur aus einem Nebengange auf uns zutrat.

Es ist mir lieb, daß er uns allein läßt, sagte Arthur, an meine Seite kommend und ganz wie in alter Zeit meinen Arm nehmend; ich habe mit Dir zu sprechen oder vielmehr: ich habe Dir etwas abzubitten; mein Vater hat es allerdings schon für mich gethan, aber es kann nicht schaden, wenn ich es auch noch thue. Du weißt, was ich meine.

Ja, sagte ich.

Ich habe mich albern benommen, weiß es Gott, fuhr der Fähnrich fort, aber Du darfst mir es wirklich nicht so übel nehmen. Ich dachte, ich sei das dem Ding da schuldig — und er gab seinem Degen mit dem linken Bein einen Stoß.

Arthur, sagte ich, stehen bleibend und meinen Arm freimachend; ich bin nicht ganz so klug wie Du, aber für ganz dumm mußt Du mich auch nicht halten. Du hast Dich von mir losgesagt, lange ehe Du die Spadille da an der Seite hattest. Du hattest es gethan, weil Du mich nicht mehr brauchen konntest, weil es Dir zweckmäßig schien, im Chor mit den Anderen mich schlecht zu machen, weil —

Nun ja, unterbrach mich Arthur, ich leugne es ja gar nicht. Ich war in einer so verdammt abhängigen Lage, daß ich wohl mit den Wölfen heulen mußte. Hätte ich meine wirkliche Meinung gesagt, Lederer hätte mich Ostern sicherlich durch das Abiturienten-Examen rasseln lassen, und der Onkel hätte nun und nimmer meine Fähnrichs-Ausstattung bezahlt.

Und jetzt, sagte ich, bläst der Wind vermuthlich von einer anderen Seite und wir müssen in Folge dessen andere Segel aufziehen!

Ach was! rief Arthur lachend; Du mußt mit mir nicht so streng in's Gericht gehen. Ich rede Manches, was ich nicht verantworten kann. Das weißt Du von altersher und bist mir doch gut gewesen; ich habe mich nicht verändert, weshalb wolltest Du mir auf einmal bös sein? Du kannst es glauben, ich bin der Alte trotz der neuen Schabrake, die ich, nebenbei gesagt, wohl nicht allzulange mehr tragen werde. Es hat schon heillose Mühe gekostet, daß man mich überhaupt in dem Regiment aufnahm; der Oberst hat mir selbst gesagt, er habe es nur dem Onkel hier zu Gefallen gethan, der sein Kamerad vom Freiheitskriege her sei, und daß er nur um dessen willen die Gerüchte, die über meinen Vater circulirten, nicht berücksichtigen wolle, wie es eigentlich seine Schuldigkeit sei. Aber damit bin ich noch nicht über alle Berge. Des Papa's Angelegenheiten stehen so schauderhaft schlecht, seine Gläubiger wollen nicht warten; wenn jetzt nicht eine günstige Wendung eintritt, ist er ruinirt und ich natürlich mit ihm; mein Name würde sofort von der Officiers-Aspiranten-Liste gestrichen.

Worin soll die günstige Wendung bestehen? fragte ich.

Ja, mein Gott, ich weiß es auch nicht so recht, erwiderte Arthur, indem er mit der Scheide seines Degens ein paar Sträucher klopfte. Der Onkel Commerzienrath soll dem Papa seinen Erbschaftsantheil, vom Großpapa her, auszahlen, den er ja nie bekommen hat, und nun wieder, was aus der Hinterlassenschaft vom Onkel Malte auf uns kommt. Aber der alte Judas will nichts herausrücken; er sagt, mein Papa wäre schon fünf- und zehnmal bezahlt. Na, wie gesagt, ich kann nicht daraus klug werden; ich weiß nur, daß ich noch keinen Groschen baares Geld Zuschuß vom Onkel bekommen habe, und daß ich meinen Kerl von Burschen beneide, der sich doch wenigstens satt essen kann.

Ich blickte meinen alten Freund von der Seite herab an; er kam mir wirklich auffallend blaß und mager vor. Mein Appetit hatte längst seine frühere Stärke wieder erreicht, und sich nicht satt essen zu können, erschien mir als ein sehr ernstliches Uebel.

Armer Kerl! sagte ich und nahm jetzt den Arm, den ich vorhin hatte fahren lassen.

Das ist noch das Wenigste, fuhr Arthur in kläglichem Tone fort. Ihr Vater ist ein Schuldenmacher, hat der Oberst gesagt, so wie ich merke, daß Sie in seine Fußstapfen treten, sind wir geschiedene Leute. Aber ich frage Dich, wie soll man bei den paar Groschen täglich keine Schulden machen? Ich muß morgen einen kleinen Wechsel bezahlen, den mir ein verdammter Hebräer abgeschwindelt hat; ich habe es dem Papa, ich habe es der Mama gesagt; sie sagen Beide, sie hätten nicht das Geld für die Rückreise, geschweige denn Geld für mich; ich solle und müsse sehen, wie ich fertig würde. Nun ja, ich werde wohl fertig werden, aber in anderer Weise, als sie meinen.

Und der Fähnrich pfiff durch die Zähne und blickte düster vor sich nieder.

Wie viel brauchst Du, Arthur? fragte ich.

Eine Lumperei, fünfundzwanzig Thaler.

Ich will sie Dir geben.

Du?

Ich habe in der Gefängnißkasse ungefähr so viel stehen; und für das, was etwa fehlt, habe ich bei dem Cassirer Credit.

Das wolltest Du wirklich, Du lieber, guter, alter Georg, rief Arthur, indem er meine beiden Hände nahm, und einmal über das anderemal drückte.

Aber mache doch nicht so viel Wesens daraus, sagte ich, indem ich mit sehr gemischten Empfindungen die ungestüme Dankbarkeit des Fähnrichs von mir abzulehnen suchte.

Zweiunddreißigstes Capitel

Die beiden Brüder von Zehren saßen am nächsten Vormittage seit einer Stunde mit dem Schwager Commerzienrath in der Conferenz, welche der Zweck dieser Familien-Zusammenkunft war. Es mußte dabei sehr lebhaft zugehen. Das Conferenz-Zimmer lag gerade über meinem Bureau, und obgleich das Haus gut massiv gebaut war, hatte ich doch schon ein paar Mal des Commerzienraths helle Stimme gehört. Ich empfand eine gewisse Unruhe, als ob es sich da über mir um mein specielles Wohl und Wehe handle. War ich doch durch die sonderbarste Verknüpfung der Umstände seit Jahr und Tag in den Kreis dieser Familie wie gebannt! Hatte ich doch an den wichtigsten Ereignissen thätigsten Antheil genommen, als Freund, als Vertrauter; war mein eigenes Schicksal doch durch diese Ereignisse, durch mein Verhältniß zu dem einen und dem anderen Mitgliede der Familie ganz wesentlich bestimmt worden! Wenn Arthur an jenem Morgen nicht hätte an dem Austernschmause auf dem »Pinguin« theilnehmen wollen — wenn ich am Abend nach der Scene mit meinem Vater nicht den Wilden beim Schmied Pinnow getroffen hätte, wenn —

Wir möchten einmal zu den Herren oben kommen, sagte der Wachtmeister Süßmilch, indem er den grauen Lockenkopf zur Thür hineinsteckte.

Also doch! sagte ich, indem ich nicht ohne Herzklopfen die Feder aus der Hand legte.

Also was? fragte der Wachtmeister, indem er ganz herein kam und die Thür hinter sich in's Schloß drückte.

Ich hatte gedacht, man werde mich nicht brauchen, sagte ich, indem ich mit einem Seufzer von meinem Drehsessel herunterstieg.

Wozu? fragte der Veteran, seinen Schnurbart streichend und mich halb zornig anblickend.

Das ist eine lange Geschichte, erwiderte ich ausweichend, während ich vor der großen Tintenflasche auf dem Schreibtische, die mein Bild etwas stark verzerrt zurückwarf, mein Halstuch in Ordnung brachte.

Die man einem alten Bären mit sieben Sinnen nicht zu erzählen braucht, wasmaßen er doch nichts davon verstehen würde, antwortete der Wachtmeister etwas empfindlich.

Ich erzähle es Ihnen später wohl einmal, sagte ich.

In diesem Augenblicke wurden oben zwei Stimmen gleichzeitig so laut und zwei Stühle wurden gleichzeitig so heftig fortgerückt, daß der Wachtmeister und ich uns mit einem vielsagenden Blicke ansahen. Der Wachtmeister trat auf mich zu und sagte in hohlem Tone vertraulich:

Schmeißen Sie die beiden Kerls die Treppe hinunter und ich will sie, wenn sie hier unten ankommen, vollends zur Thür und zum Hause hinaus werfen.

Wir wollen sehen, sagte ich, indem ich lächelnd dem alten Cerberus, der die letzten Worte aus tiefster Brust heraufgerollt hatte, die Hand drückte.

Als ich oben die Thür öffnete, bot sich meinen Blicken ein Schauspiel eigener Art. Von den drei Herren saß nur noch der Director an dem runden, mit Papieren aller Art bedeckten Tisch. Der Commerzienrath stand, eine Hand auf die Lehne des Stuhles gelegt und mit der andern heftig gegen den Steuerrath gesticulirend, der, wie Jemand, welcher gern zum Worte kommen möchte und den der Widersacher nicht zum Worte kommen läßt, im Zimmer umherlief, stehen blieb, die Hand erhob, zu sprechen versuchte, mit den Achseln zuckte und wieder umherlief. Auf mein Eintreten schien Niemand zu achten als der Director, welcher mich zu sich winkte und dann den Commerzienrath auf mein Erscheinen mit Wort und Geberde aufmerksam machte. Der aber ließ sich in seinem Redefluß nicht stören.

Und darum, rief er, soll ich achtzehn Jahre lang meine Kapitalien haben ausstehen lassen, ohne einen Groschen Zinsen zu sehen, damit mir hernach solche Chicanen gemacht werden? Sie sind ein Ehrenmann, Herr Director, ein Ehrenmann, sage ich, und Sie haben sich in der ganzen Angelegenheit von Anfang an bis jetzt so nobel als möglich benommen, aber der Herr da — und er deutete mit seinem plumpen Zeigefinger so eifrig auf den Steuerrath, als ob die geringste Möglichkeit einer Verwechslung vorhanden gewesen wäre — dieser, Ihr Herr Bruder und mein Herr Schwager, scheint eine ganz eigene Ansicht von Geschäftsangelegenheiten zu haben. O ja, das glaube ich, das würde auch mir passen, sich ein und dieselbe Waare zwei- oder dreimal bezahlen zu lassen, nur daß wir gewisse Paragraphen im Landrecht haben —

Herr Schwager! fuhr der Steuerrath auf, indem er ein paar Schritte gegen den Commerzienrath machte und drohend die Hand erhob.

Dieser sprang mit großer Behendigkeit hinter seinen Stuhl und schrie:

Glauben Sie, Sie können mir bange machen? Ich stehe unter dem Schutze des Gesetzes —

Schreien Sie nicht so, Herr Commerzienrath, sagte ich, meine Hand auf die rechte Schulter des Aufgeregten legend und ihn in seinen Stuhl herunterdrückend.

Ich hatte gesehen, daß des Directors bleiche Wangen mit jedem Worte des Wüthenden sich röther und röther gefärbt hatten und der Leidenszug um seine Augen stärker und stärker hervorgetreten war.

Der Commerzienrath rieb sich die Schulter, blickte mich höchlichst verwundert an und schwieg, wie ein schreiendes Kind, wenn ihm etwas ganz Außergewöhnliches passirt, plötzlich stille wird.

Der Director lächelte und sagte, die eingetretene Pause benutzend:

Ich habe unseren jungen Freund hier bitten lassen, heraufzukommen, weil ich in der That nicht wußte, wie die Frage, um die es sich augenblicklich handelt, schneller und besser entschieden werden könnte, denn Niemand vermag uns über die gewünschten Punkte so sichere Auskunft zu geben als er. Wir wünschen nämlich zu wissen, Georg, welcher Art die Einrichtung in dem Herrenhause auf Zehrendorf gewesen ist, das Ameublement, das Silberzeug und so weiter; sodann möchten wir eine Schilderung des Zustandes der Wirthschaftsgebäude und eine möglichst genaue Angabe des Inventariums, des lebenden und todten, wenn Sie uns darüber Auskunft geben können. Glauben Sie es zu können?

Ich will es versuchen, sagte ich und berichtete, was ich wußte.

Während ich sprach, waren die kleinen, grauen Aeuglein des Commerzienraths unverwandt auf mich gerichtet, und ich bemerkte, daß sich sein verkniffenes Gesicht, je weiter ich in meiner Schilderung kam, mehr und mehr aufhellte, während das des Steuerrathes in demselben Maße länger und verlegener wurde.

Sehen Sie, Herr Schwager, daß ich Recht gehabt habe, schrie der Commerzienrath, daß —

Sie wollten mir die Leitung der Verhandlungen überlassen, sagte der Director, und dann sich zu dem Steuerrath wendend: Es scheint, Arthur, daß die Angaben Georgs mit dem Inventar, das der Herr Commerzienrath drei Jahre vorher aufgenommen hat, bis auf ganz geringe Abweichungen, die der Unterschied der Jahre vollkommen erklärt, übereinstimmen —

Und also, schrie der Commerzienrath, die Summe, welche ich Ihrem verstorbenen Bruder darauf geliehen habe, schwerlich zu gering gewesen. Wie der Herr Schwager uns also den Nachweis schuldig geblieben ist, daß jene Summe, die ihm im Jahre 1818 von dem Verstorbenen durch meine Hände ausgezahlt wurde, nicht das Abfindungsgeld gewesen sei, so wird er sich auch wohl darein finden müssen, daß ich schon bei Lebzeiten des Herrn Bruders der rechtliche Besitzer von Zehrendorf gewesen bin und seine Erbansprüche also illusorisch sind, vollkommen illusorisch —

Und der Commerzienrath lehnte sich in seinen Stuhl zurück, kniff die Augen ein und rieb sich vergnügt die Hände.

Ich dächte, begann der Steuerrath ärgerlich, diese Dinge wären nicht eben geeignet, in Gegenwart eines Dritten —

Ich erhob mich mit einem Blick nach dem Director.

Bitte um Entschuldigung, lieber Arthur, sagte der Director; Du hast Deine Zustimmung gegeben, ja schließlich selbst gewünscht, daß wir unseren jungen Freund hier zu unseren Verhandlungen hinzuzögen; es war vorauszusehen, daß in seiner Gegenwart Manches —

Zur Sprache kommen würde, was dem Herrn Steuerrath nicht besonders angenehm ist — sagte der Commerzienrath, mit einem boshaften Lächeln in seinen Papieren blätternd.

Ich muß Sie bitten, Herr Schwager, sagte der Director —

Und ich muß noch außerdem bitten, rief der Steuerrath, daß diese Verhandlungen in einem geziemenderen Tone geführt werden. Wenn ich mein Wort als Edelmann gebe, daß mein verstorbener Bruder mich in der allerletzten Zeit mehr als einmal versichert hat, er habe nur einen kleinen, ja den kleinsten Theil des Zehrendorfer Forstes —

So, schrie der Commerzienrath; schaust du da heraus? Erst war es das Haus, dann war es das Inventar, jetzt ist es der Forst — hier ist die Verschreibung.

Bitte, sagte der Steuerrath, das Papier, welches ihm der Commerzienrath über den Tisch entgegenstreckte, mit dem Rücken der Hand zurückschiebend, ich habe davon bereits Notiz genommen. Diese Verschreibung ist mindestens nicht unanfechtbar.

Es ist die Handschrift unseres Bruders, sagte der Director in vorwurfsvollem Tone.

Aber in so allgemeinen Ausdrücken abgefaßt! entgegnete der Steuerrath achselzuckend.

Sollte ich mir vielleicht jeden Baum einzeln verschreiben lassen, rief der Commerzienrath; es ist unerhört, wie man mich hier behandelt. Ich spreche nicht von Ihnen, Herr Director, Sie sind ein Ehrenmann durch und durch — aber wenn man mir jeden Augenblick sagt, daß ich Achtung haben soll vor eines Edelmannes Wort und dann eine solche eigenhändige Verschreibung nichts mehr gelten soll, die auch eines Edelmannes Wort ist und noch dazu ein schriftliches —

Der Commerzienrath war zur Abwechslung in einen ganz kläglichen Ton gefallen.

Vielleicht kann auch darüber unser junger Freund wünschenswerthe Auskunft geben, sagte der Director. Erinnern Sie sich, Georg, aus dem Munde unseres verstorbenen Bruders einer auf den fraglichen Punkt bezüglichen Aeußerung?

Der Steuerrath warf einen raschen, ängstlichen Blick auf mich; der Commerzienrath sah bald mich, bald den Steuerrath lauernd an, ob er ein Zeichen geheimen Einverständnisses auffangen könne; der Director hatte seine großen, klaren Augen fragend auf mich gerichtet.

Allerdings, erwiderte ich.

Nun? rief der Commerzienrath.

Ich theilte den Herren die Aeußerungen mit, welche der Wilde, als er mich an dem Morgen des letzten Tages vor seinem Tode auf meinem Zimmer besuchte, gethan hatte, daß von dem ganzen majestätischen Forst ihm nichts mehr gehöre, nicht so viel, sich einen Sarg daraus zimmern zu lassen.

Meine Stimme zitterte, als ich diese Mittheilungen machte. Jener Morgen, als der schöne Park in prächtigem Sonnenschein heraufgrüßte — zum letzten Male; das Bild des seltsamen Mannes, der sich gänzlich verloren wußte und diesem Bewußtsein in so leidenschaftlicher Weise Ausdruck gab; seine Haltung, seine Worte, der Ton seiner Stimme — das Alles überkam mich mit unwiderstehlicher Gewalt; ich mußte mich abwenden, die Thränen nicht sehen zu lassen, die aus meinen Augen drangen.

Die Sache würde für mich entschieden sein, wenn sie es nicht bereits gewesen wäre, sagte der Director, indem er sich erhob und auf mich zutrat.

Für mich ebenfalls! rief der Commerzienrath, mit einem triumphirenden Blicke nach dem Steuerrath.

Für mich nicht, sagte der Steuerrath; wie geneigt ich bin, in die Wahrhaftigkeit oder, genauer gesprochen, in das gute Gedächtniß unseres jungen Freundes hier das vollste Vertrauen zu setzen; seine Reminiscenzen weichen von dem, was ich aus dem Munde meines Bruders weiß, zu weit ab, als daß ich meine früheren Behauptungen zurücknehmen wollte oder könnte. Es thut mir leid, daß ich so hartnäckig sein muß, aber ich muß es eben. Ich bin es mir, ich bin es den Meinen schuldig. Die letzten achtzehn Jahre meines Lebens sind eine Kette von Opfern, die ich unserem ältesten Bruder gebracht habe. Noch wenige Tage vor seinem tragischen Ende hat er in den flehentlichsten Ausdrücken meine Hilfe für eine bedeutende Summe in Anspruch genommen; ich bin in der ganzen Stadt umhergelaufen, sie ihm zu schaffen; ich war auch bei Ihnen, Herr Schwager, wie Sie sich erinnern werden; Sie wiesen mich — mit nebenbei nicht sehr feinen Worten — ab; ich schrieb meinem unglücklichen Bruder: ich würde ihm helfen, aber er müsse warten; ich beschwor ihn, von verzweifelten Entschlüssen abzustehen. Er hat nicht gehört. Wäre dieser Brief nicht verloren gegangen —

Sie bedürfen meiner wohl nicht mehr, Herr Director, sagte ich, verließ, ohne Antwort abzuwarten, das Zimmer und langte in meinem Bureau in einer Aufregung an, über die ich jetzt — nach so vielen Jahren — schmerzlich lächle. Was war mir denn Großes begegnet? Es hatte Jemand, während es sich um wichtige Dinge handelte, frech gelogen! Ich habe mich später überzeugt, daß die Sache nicht so selten ist, daß die Lüge in geschäftlichen Dingen gewissermaßen einen Freibrief hat — aber ich war damals noch sehr jung, sehr unerfahren und ich darf wohl sagen: unschuldig, oder meine Empfindung in diesem Augenblicke hätte nicht eine so gewaltsame sein können. Ich stand da vor einem Abscheulichen, Unfaßbaren. Ja, ich konnte es nicht fassen, mir war, als ob die Welt im Begriff sei, aus ihren Angeln zu fallen. Schon einmal war mir etwas Aehnliches begegnet: als ich Konstanzens Flucht erfuhr, und daß sie mich belogen und betrogen; aber da war in meinen Augen doch noch eine Art von Entschuldigung gewesen: die Leidenschaft der Liebe, die ich begreifen konnte. Dies hier begriff ich nicht; ich begriff nicht, daß man um ein elender paar hundert oder tausend Thaler willen einen Todten verleumden, die Mitlebenden hintergehen, sich selbst in den Schmutz werfen könne. Aber *eines* ist mir in jenem Augenblicke klar geworden und ich habe mein Lebenlang an der Ueberzeugung festgehalten, daß die Wahrheit viel mehr ist als eine Form, neben der auch noch eine andere Platz hätte, daß sie im

Gegentheile die Basis und die Bedingung des Menschendaseins ist, wie der Natur; daß jede Lüge diese Basis erschüttert und aufhebt, so weit die Wirkung der Lüge reicht. Später freilich habe ich eingesehen, daß diese Wirkung eben nicht weit reicht, daß, wie das Wasser in die Horizontale strebt, so die moralische Welt fortwährend danach ringt, die Wahrheit aufrecht zu erhalten und die verderbliche Wirkung der Lüge auszugleichen.

Aber an jenem Morgen kam dieser tröstliche Gedanke nicht, den Sturm, der in meiner Brust entfesselt war, mit mildem Oel zu sänftigen. Lügner, abscheulicher, ekelhafter Lügner, murmelte ich wieder und immer wieder; du wärest werth, daß ich dich an den Pranger stellte, daß ich hinginge und sagte, was in dem letzten Briefe, den du an deinen Bruder schriebst, gestanden, und was aus dem Briefe geworden ist.

Ich glaube, hätte dieser Zustand noch länger gedauert, ich würde dem Verlangen, die Wahrheit an ihrem Verräther zu rächen, nicht haben widerstehen können, wie sehr es auch gegen meine Natur war, das Henkeramt auszuüben. Da aber hörte ich die Herren die Treppe herabsteigen; im nächsten Moment trat der Director in das Bureau. So geröthet vorhin seine Wangen gewesen waren, so bleich waren dieselben jetzt; seine Augen waren halb gebrochen, wie Jemandes, der eben eine sehr schmerzliche Operation durchgemacht hat; er wankte nur eben nach einem Stuhle, in den er sich fallen ließ, während ich herbeieilte, ihn zu stützen.

Nach einer Minute drückte er mir die Hand, richtete sich auf und sagte lächelnd: Ich danke Ihnen, es ist wieder gut, verzeihen Sie diese Schwäche, aber es hat mich mehr mitgenommen, als ich dachte. So ein Streit um Mein und Dein ist doch das Widerwärtigste von der Welt, auch wenn man nur aus der Ferne zusieht, geschweige denn, wenn Einem der aufgewühlte Staub so gerade in's Gesicht geworfen wird. Nun, die Sache ist zu Ende; ich hatte schon vorher einen Vergleich aufgesetzt, man hat sich bequemt, denselben zu unterschreiben. Mein Bruder hat gegen eine allerdings sehr mäßige Entschädigung seine Ansprüche aufgegeben, die durch Ihre Aussagen den letzten Rest von Credit bei mir verloren hatten. Er sagt, daß er ein Bettler sei, ach! und er ist keiner von den wahren, die mit den Königen rangiren!

Der bleiche Mann lächelte bitter und fuhr dann leise, wie mit sich selbst redend, fort:

So ist der letzte Rest des Erbes unserer Väter aus unseren Händen genommen! Die alte Zeit ist vorüber, sie hat lange genug gedauert, zu lange! Um den Wald thut es mir leid, man sieht die Bäume nicht gern fallen, durch deren Kronen der erste Morgensonnenstrahl unsere Kinderaugen grüßte, unter deren Laubdach wir unsere Jugendspiele spielten. Und jetzt werden sie fallen; für ihn, den neuen Herrn, sind sie nur

Holz, das er zu Geld machen muß. Zu Geld! Freilich, es regiert ja die Welt, er weiß es; er weiß, daß die Reihe an ihn und seines Gleichen gekommen ist, daß sie jetzt die Ritter vom Hammer sind. Es ist das alte Spiel in etwas anderer Form. Wie lange werden sie es spielen? Ich hoffe nicht allzu lange. Dann —

Er hob die Augen zu mir auf mit einem langen, liebevollen Blick — dann kommen wir daran, wir, die wir begriffen haben, daß es eine Gerechtigkeit giebt, daß diese Gerechtigkeit sich nicht spotten läßt und daß wir diese Gerechtigkeit, welche die Gegenseitigkeit ist, wollen müssen aus ganzer Seele und mit ganzem Herzen. Nicht wahr, Georg?

Dreiunddreißigstes Capitel

Doctor Willibrod und ich hatten gehofft, daß die lästige Einquartierung, welche des Directors Haus seit mehreren Tagen beherbergte, nachdem der Zweck erreicht war, abziehen werde, aber unsere Hoffnung sollte nur zum Theil in Erfüllung gehen.

Ich wünsche nicht in Gesellschaft eines Mannes zu reisen, der mich zu einem Bettler gemacht hat, sagte der Steuerrath.

Papperlapapp, sagte der Commerzienrath, der am Nachmittage, schon im Reise-Anzuge, in mein Bureau gekommen war, eigens um von mir Abschied zu nehmen; er ist sein Lebenlang ein Bettler gewesen, und wollen Sie es glauben? vor fünf Minuten hat er mich schon wieder angebettelt, er habe das Geld zur Rückreise nicht, ich solle ihm hundert Thaler vorschießen. Ich habe sie ihm gegeben, ich werde sie nie wieder zu sehen bekommen. *A propos!* Sie — großgeschrieben — man kann Sie nicht anders als groß schreiben — Sie muß ich aber wieder zu sehen bekommen. Wahrhaftig, Sie gefallen mir mit jedem Male besser, Sie sind ein Capitalmensch!

Sie würden wenig Capital aus mir machen, Herr Commerzienrath.

Capital machen? Sehr gut! sagte der sanguinische alte Herr und stieß mich in die Seite, wollen sehen, wollen sehen! Ihr erster Gang, wenn Sie wieder frei sind, muß zu mir sein. Werde schon für Sie Rath schaffen; habe alles Mögliche — hier drückte der Commerzienrath die Augen ein — mit meinem Gute vor: Branntweinbrennerei, Ziegelbrennerei, Torfgräberei, Holzschneidemühle — will Sie schon unterbringen. Wie lange haben Sie noch zu sitzen?

Noch sechs Jahre.

Der Commerzienrath blies die Backen auf. Puh! das ist verzweifelt lange. Kann ich denn nichts für Sie thun? Gelte etwas da oben! Immediat-Eingabe? he?

Ich bin Ihnen sehr verbunden, verspreche mir aber keinen Erfolg von Ihren Bemühungen.

Schade, schade! hätte Ihnen gern meine Erkenntlichkeit bewiesen. Sie haben mir heute wirklich einen großen Dienst geleistet. Der Mensch hätte mir noch viel Chicanen machen können. Wie wär's denn mit einer kleinen Subvention? Sprechen Sie sich frei aus! Ich bin ein Geschäftsmann, auf so ein hundert Thälerchen kommt es mir nicht an.

Wenn wir als gute Freunde scheiden wollen, kein Wort mehr davon, sagte ich ernst.

Der Commerzienrath schob das dicke Portefeuille, das er bereits halb aus der Tasche genommen hatte, schnell zurück und knöpfte zur größeren Sicherheit einen der goldenen Knöpfe seines blauen Frackes darüber.

Des Menschen Wille ist sein Himmelreich. So kommen Sie wenigstens und sagen Sie meiner Hermine Adieu! Ich glaube, das Mädel würde nicht abfahren, wenn Sie nicht an den Wagen kämen. Oder wollen Sie das auch nicht?

Gewiß will ich es, sagte ich, und folgte dem Commerzienrath auf den Platz vor dem Hause, wo bereits die ganze Familie um den großen neuen Reisewagen des Millionärs versammelt war.

Während er in seiner prahlerischen Weise die Bequemlichkeit des Wagens und die Schönheit der beiden schwerfälligen braunen Pferde pries, die sich mit den langen Schweifen lässig die Weichen wedelten, und zwischendurch von den Anwesenden mit plumpen Bücklingen und plumpen Phrasen sich verabschiedete, flatterte Hermine von Einem zum Andern, lachend, neckend, tollend um die Wette mit ihrer Zerline, die fortwährend in der Luft schwebte und dabei auf das abscheulichste kläffte. So kam sie ein paarmal an mir vorüber, ohne die geringste Notiz von mir zu nehmen. Plötzlich berührte Jemand von hinten meinen Arm. Es war Fräulein Duff. Sie winkte mich mit den Augen ein wenig beiseite und sagte, als ich ihrem Wunsche nachgekommen war, geheimnißvoll und hastig: Sie liebt Sie!

Fräulein Duff sah so bewegt aus; ihre sonst so künstlich arrangirten Locken flatterten heute so zerstreut um ihr schmales Gesicht; ihre wasserblauen Augen rollten so sonderbar in den großen Höhlen; — ich glaubte einen Moment wirklich, die gute Dame habe ihr bischen Verstand vollends verloren.

Blicken Sie mich nicht so verzweifelnd an, Richard! sagte sie; aus den Wolken muß es fallen, aus der Götter Schooß das Glück! Das ist eine ewige Wahrheit, die hier wieder einmal zutrifft. Sie hat es mir heute Morgen gestanden, mit so leidenschaftlichen Thränen; es hat mein Herz zerrissen; ich habe mit ihr geweint; ich durfte es, denn ich habe mit ihr gefühlt. Auch ich bin in Arkadien geboren, doch Thränen gab der kurze Lenz mir nur.

Fräulein Duff wischte sich die wasserblauen Augen, aus denen feuchte Nebel aufstiegen, und warf dann einen schmachtenden Blick auf Doctor Snellius, der eben mit sauersüßer Miene die Danksagungen des Commerzienrathes entgegennahm.

Ein Jüngling wie ein Mann! flüsterte sie. Die Schale mag wohl bitter sein, der Kern ist's sicher nicht. O Gott, was habe ich gesagt! Sie sind im Besitze der Geheimnisse eines jungfräulichen Herzens, Sie werden es nicht profaniren. Und jetzt! lassen Sie uns scheiden, Richard! Unser letztes Wort: Suche treu, so findest Du! Ich komme, ich komme!

Sie wandte sich ab und eilte, der Gesellschaft mit dem Sonnenschirm einen Abschiedsgruß winkend, zum Wagen, in welchem der Commerzienrath es sich bereits bequem gemacht hatte, während Hermine ihren Wachtelhund über den Wagenschlag hinaushielt und bellen ließ. Ich war, durch Fräulein Duff's wunderliche Reden stutzig gemacht, in der Entfernung stehen geblieben; die kleine Uebermüthige hatte keinen Blick für den, welchen sie, nach Fräulein Duff's Aussage, lieben sollte. Sie lachte und tollte und scherzte, aber in dem Moment, als die Pferde anzogen, zuckte es schmerzlich über das reizende Gesichtchen und sie warf sich mit unglaublicher Leidenschaft ihrer Gouvernante in die Arme, die Thränen zu verbergen, die stromweise aus ihren Augen brachen.

Die wären wir los, sagte Doctor Snellius; hoffentlich können wir die Anderen morgen nachschicken.

Aber die Hoffnung des Doctors erfüllte sich am folgenden Tage nicht und ebensowenig am dritten, und es gingen vierzehn Tage in's Land und der Herr Steuerrath und die geborene Baroneß Kippenreiter waren noch immer Gäste im Hause des Directors.

Ich vergifte sie, wenn sie nun nicht bald gehen, krähte der Doctor.

Man könnte auf der Stelle zu einem Bär mit sieben Sinnen werden, knurrte der Wachtmeister.

Es war in der That eine wahre Calamität, die über das Haus des trefflichen Mannes gekommen war und die wir drei Verbündeten, jeder in seiner Weise, beklagten; Niemand lauter und leidenschaftlicher als der Doctor.

Sie sollen sehen, sagte er; die wollen ihre Winterquartiere hier aufschlagen! Das Haus ist nicht groß, aber der Igel weiß es sich beim Hamster bequem zu machen; die Verpflegung ist gut, an der liebevollen Behandlung — obgleich auf die weniger gesehen wird — fehlt es auch nicht! Wo Humanus nur die Geduld hernimmt? Es muß über ein Potosi zu verfügen haben! Denn er leidet, leidet sehr ernstlich unter der heuchlerischen, hündischen Demuth dieses brüderlichen Schmarotzers, gerade so wie seine engelhafte Frau unter den spitzen Klauen und gelben Zähnen der gebornen Kippenreiter! Heiliger Gott! daß wir dieselbe Luft mit solchen Geschöpfen athmen, daß wir mit ihnen aus *einer* Schüssel essen müssen! Was haben wir verbrochen!

Dasselbe werden die gebornen Kippenreiter auch von uns sagen.

Sie wollen mich ärgern; aber Sie haben Recht. Doppelt Recht, denn die gebornen Kippenreiter sagen es nicht nur, sondern handeln auch darnach und verbieten uns die Luft, die sie athmen, und die Schüssel, aus der sie essen, wenn sie es irgend können, ohne nur im mindesten sich darum zu kümmern, ob wir dabei ersticken und verhungern, sehr wahrscheinlich sogar mit dem Wunsche, daß diese Eventualitäten eintreten möchten.

Ein Beitrag zur Theorie des Directors vom Hammer und Amboß, sagte ich.

Des Doctors kahler Schädel erglühte.

Kommen Sie mir nicht mit dieser gutmüthigen Narrheit, rief er in seinen höchsten Tönen. Wer schwach oder gutmüthig, oder beides ist, und er wird meistens beides sein — der ist von dem Starken und Böswilligen zerhämmert worden, so lange die Welt steht, und er wird zerhämmert werden, bis das Wasser bergan läuft und das Lamm den Wolf frißt. Hammer und Amboß! Fürwahr, der alte Goethe kannte die Welt und wußte es besser.

Und was würden Sie thun, Doctor, wenn sich arme Verwandte bei Ihnen einquartierten und Ihnen mit der Zeit lästig fielen?

Ich, ich würde — das ist eine alberne Frage — ich weiß nicht, was ich würde; aber das beweist nichts, gar nichts, höchstens, daß ich, trotz meiner Rodomontaden, schließlich auch nur ein jämmerliches Stück Amboß bin. Und schließlich — ja, jetzt hab' ich's! Wir sind mit ihnen weder verschwägert noch verwandt; wir haben keine Rücksichten zu nehmen und wir müssen sie wegbringen.

Ein glücklicher Gedanke, Doctor!

Allerdings! sagte der Doctor und hüpfte von einem Bein auf's andere. Ich bin zu Allem bereit, zu Allem! Man muß ihnen das Leben hier versalzen, verbittern, vergällen, mit einem Wort — unmöglich machen.

Aber wie?

Ja wie? Sie träges Mammuth! Denken Sie selber nach! Die Geborne nehme ich auf mich. Sie denkt, weil sie ein schlechtes Herz hat, muß sie auch ein krankes haben. Sie fürchtet sich vor dem Tod, als hätte sie bereits acht Tage lang im höllischen Feuer Probe gebraten. Sie soll an mich glauben!

Doctor Willibrod Snellius begann noch an demselben Tage seinen teuflischen Plan in's Werk zu setzen. Er sprach, sobald er in der Gehörweite der gebornen Kippenreiter war, nur noch über Blutumlauf, Venen, Arterien, Klappenfehler, Herzbeutel-Entzündung, Herzschlag. Er war sich bewußt, der Gnädigen mit solcher Unterhaltung lästig zu fallen, aber er schriebe an einer Monographie über diese Materien; und wovon das Herz voll sei, davon gehe der Mund über. Auch könne er nicht leugnen, daß er nicht ohne alle Absicht die Aufmerksamkeit gerade der Gnädigen auf diese Punkte richte. Er wolle und könne ohne vorhergegangene gründliche Untersuchung nicht behaupten, daß die Herzklappen der Gnädigen nicht regelmäßig functionirten, aber es gebe gewisse Symptome, von denen vielleicht eines oder das andere bei der Gnädigen zuträfe, und Vorsicht sei nicht blos die Mutter der Weisheit, sondern manchmal auch eines langen, zum wenigsten doch um mehrere Jahre verlängerten Lebens.

Die Gnädige war keineswegs ein Gegenstand besonderer Zuneigung meinerseits, dennoch empfand ich manchmal eine Art von Mitleid, wenn ich sah, wie sich das unglückliche Opfer unter dem Messer seines Peinigers wand und krümmte. Wie sollte sie ihm entgehen? Als eine Dame, die sich viel auf ihre Bildung zugute that, konnte sie einer wissenschaftlichen Unterhaltung nicht wohl ausweichen; als Gast im Hause war sie dem Freund des Hauses Rücksichten schuldig und schließlich hatte für die eingebildete Kranke die Unterhaltung, vor der sie sich fürchtete wie ein Kind vor Gespenstern, auch wieder einen grauenhaften Reiz. Sie wurde blaß, so oft Doctor Willibrod in's Zimmer trat, und doch richtete sie ihre kleinen, runden Augen ängstlich auf ihn, mit dem qualvollen Blicke des Vogels, dem die Schlange in's Nest starrt; sie konnte der Anziehungskraft nicht widerstehen, eine Minute später hatte sie den Fürchterlichen zu sich gewinkt und ihn gefragt, wie weit er mit seiner Abhandlung gekommen sei?

Es ist um rasend zu werden, sagte Doctor Willibrod; die Person kann nächstens ohne mich und meine Schaudergeschichten nicht mehr leben; ich habe ihr heute einen Fall erzählt, wo eine Dame, genau in ihren Jahren, Lebensverhältnissen, Körperbeschaffenheit und so weiter, in der Unterhaltung mit ihrem Arzt über Congestionen nach dem Herzen vom Schlage getroffen worden sei — sie lächelt mich mit bleichen Lippen an, sie ist einer Ohnmacht nahe, ich denke, sie wird nach dem Wagen klingeln — und was ist das Resultat? Sie müssen mir morgen weiter davon erzählen! sagt sie und entläßt mich mit einer gnädigen Handbewegung.

Die ist hieb- und kugelfest, Doctor! sagte ich, die kriegen Sie so nicht weg.

Aber sie muß weg, die ganze Bagage muß weg, schrie der Doctor, ich bestehe darauf als Mensch, als Freund, als Arzt.

Ich lachte, aber im Innern war ich durchaus des Doctors Meinung. Die Anwesenheit dieser Menschen war für die Familie des Directors eine geradezu unerträgliche Last. Wie hätte mir das entgehen können, der ich mich in das Wesen der Guten, Edlen so ganz eingelebt, der ich für Alles, was sie betraf, die scharfsichtigen Augen inniger, ehrfurchtsvoller Liebe hatte! Ich sah, wie der Director mit jedem Tage ernster blickte, wie er sich zwingen mußte, auf das ewige »Nicht wahr, lieber Bruder?« »Meinst Du nicht auch, lieber Bruder?« zu antworten; ich sah, wie es über das schöne, bleiche Gesicht der Blinden schmerzlich zuckte, sobald die blecherne Stimme der schwatzhaften Schwägerin an das empfindliche Ohr schlug; ich sah, wie die arme Paula zu ihren vielen Lasten auch diese still und geduldig trug, wie sie Alles trug; aber ich sah auch, wie schwer es ihr wurde.

So saß ich eines Tages, dies in grimmigem Herzen erwägend, in dem Bureau und zerschnipselte eine unglückliche Feder, als ich durch das Fenster, welches ich halb geöffnet hatte, einen der jetzt selten gewordenen Sonnenstrahlen in das Zimmer zu lassen, die verhaßte blecherne Stimme der gebornen Kippenreiter vernahm.

Du thust mir gewiß den Gefallen, liebe Paula, ich würde Dich sicher nicht darum bitten — ich weiß, junge Mädchen sind immer in ihre Zimmer verliebt — aber das meine ist wirklich zu trist, die ewige Aussicht auf die Gefängnißmauern, und dann fürchte ich auch, es ist feucht, zumal in der jetzigen Jahreszeit und bei meinem Herzleiden würde der kleinste Rheumatismus mein Tod sein. Nicht wahr, liebe Paula, ich darf darauf rechnen, vielleicht heute noch, es wäre charmant?

Heute wird es schwer halten, liebe Tante, ich habe gerade heute —

Nun denn morgen, liebes Kind! Du siehst, ich bin mit Allem zufrieden, und was ich Dir noch sagen wollte, liebes Kind, der Rothwein, den wir Mittags trinken, er ist — ganz unter uns — nicht besonders und bekommt meinem Manne gar nicht gut. Er ist gerade in diesem Punkte ein wenig verwöhnt. Ich weiß, Ihr habt noch anderen im Keller, wir haben in den ersten Tagen davon getrunken, nicht wahr?

Ja, Tante, es sind leider nur noch ein paar Flaschen, die ich für den Vater —

Wenn es auch nur noch ein paar Flaschen sind, es ist immer besser als gar nichts. Gott, da steht wieder der Mensch am Fenster! man kann hier keine drei Schritte gehen, ohne auf den Menschen zu stoßen.

Diese letzten Worte waren vielleicht nicht für mein Ohr bestimmt, aber mein Ohr war sehr scharf und die blecherne Stimme der Gnädigen sehr verständlich. Daß sie auf keinen Anderen gingen, als auf mich, war anzunehmen, denn außerdem, daß ich ohne Zweifel ein Mensch war, der gerade am Fenster stand, hatte die Gnädige mich zum Ueberfluß aus der Entfernung von wenigen Schritten mit ihren runden, starren Augen sehr ungnädig angesehen und sich dann kurz auf den Hacken umgedreht.

Aber was kam denn darauf an, ob ich der Gnädigen mißfiel, oder wie sehr ich ihr mißfiel; ich dachte gar nicht an mich, ich dachte nur an das liebe, arme Mädchen, das sich die Thränen von den Wangen wischte, als sie, nachdem die Tante sie verlassen, allein den Gartengang hinaufschritt. Im Nu war ich von meinem Drehstuhl herunter, zum Zimmer hinaus und hatte sie mit wenigen Schritten erreicht.

Sie dürfen ihr das Zimmer nicht einräumen, Paula, sagte ich.

Sie haben es gehört?

Ja, und Sie dürfen es nicht. Es ist das einzige, das ein gutes Licht hat, und —

Ich werde im Winter doch nicht recht zum Malen kommen, es ist gar zu viel zu thun.

Nehmen Sie denn wirklich an, daß sie den ganzen Winter hier bleiben werden?

Ich weiß es nicht anders; noch soeben hat die Tante davon gesprochen.

Paula versuchte zu lächeln, aber, so sehr sie sich sonst in der Gewalt hatte, diesmal wollte es doch nicht gelingen. Es zuckte schmerzlich um ihren lieben Mund, und ihre Augen füllten sich wieder mit Thränen.

Es ist nur um die Eltern, sagte sie entschuldigend; der arme Vater bedarf der Ruhe gerade jetzt so sehr, und Sie wissen, wie die Mutter leidet, wenn sie sich stundenlang unterhalten soll. Aber Sie dürfen von dem Allen nichts merken lassen, Georg, ja nicht!

Und sie legte den Finger an die Lippen, und die großen blauen Augen blickten ängstlich zu mir auf.

Ich murmelte etwas, das sie für Zustimmung nehmen mußte, denn sie lächelte mich freundlich an und eilte in's Haus, von dem die schrille Stimme der Gnädigen ertönte, die mit Aufgebot der ganzen Kraft ihrer Lunge — die Lunge konnte nicht krank sein! — aus dem Fenster nach dem Steuerrath rief, der ganz im Hintergrunde des Gartens an der sonnebeschienenen Spalierwand zwischen den vergilbten Blättern von einer der wenigen Pfirsichen naschte, die des Directors unermüdliche Sorgfalt dem allzu unmilden Klima abtrotzte.

Mit langen Schritten, die dem Steuerrathe nichts Gutes verkündeten, eilte ich den Gang hinauf, gerade auf den Näscher zu.

Ah, sieh' da! sagte er, ohne sich in seiner Beschäftigung stören zu lassen, meine Frau schickt Sie wohl? aber sehen Sie selbst, ob an dem ganzen Spalier noch eine anständige Frucht ist. Und dabei ist das Zeug sauer wie Essig.

Dann sollten Sie sie ungegessen lassen.

Wissen Sie, ich denke, es ist noch immer besser wie nichts; als ein pensionirter Beamter lernt man das.

In der That!

Ich begleitete diese Worte mit einem höhnischen Lachen, das den Steuerrath aus seinem Wahne, mich durch eine gemüthliche Unterhaltung zu beglücken, jäh aufschreckte. Er sah mich an mit dem Blicke des Hundes, der unschlüssig ist, ob er vor dem Angreifer fliehen oder ihm in die Beine fahren soll.

Herr Steuerrath! sagte ich, ich habe Sie um etwas zu ersuchen.

Seine Unschlüssigkeit war zu Ende. Ich werde Sie zu jeder anderen Zeit mit Vergnügen anhören, sagte er, in diesem Augenblicke bin ich etwas sehr pressirt —

Und er wollte an mir vorüber, ich vertrat ihm den Weg.

Ich kann Ihnen in drei Worten sagen, was ich Ihnen zu sagen habe: Sie müssen von hier fort!

Ich muß, was?

Von hier fort! wiederholte ich und ich fühlte, wie mir die Röthe des Zornes in's Gesicht stieg, alsobald, sagen wir in spätestens drei Tagen.

Aber, ich glaube, Sie sind wahnsinnig, junger Mann! erwiderte der Steuerrath mit einem Versuche, sich eine überlegene Miene zu geben, dem seine angstbleichen Lippen kläglich widersprachen. Wissen Sie, mit wem Sie reden?

Geben Sie sich keine Mühe, sagte ich verächtlich, die Zeiten, in denen ich in Ihnen, ich weiß nicht, welches ehrfurchtgebietende Wunder sah, sind längst vorbei. Ich habe vor Ihnen keinen Respect mehr, nicht so viel, und ich will nicht, daß Sie hier bleiben, begreifen Sie: ich will nicht!

Aber das ist unerhört! rief der Steuerrath, ich werde es meinem Bruder sagen, welchen Insulten ich hier ausgesetzt bin.

Wenn Sie das thäten, würde ich —

Es wollte mir nicht über die Lippen; ich hatte es nun schon so lange verschlossen in der Brust gehalten, ich hatte ein paar Jahre Gefängniß mehr dafür, daß ich es verschwieg; es war eine giftige Waffe, die ich gegen den Elenden da gebrauchen wollte; aber ich dachte an das bethränte Angesicht des lieben Mädchens, und dann sah ich in das von Haß und Zorn verzerrte Gesicht des schlechten Mannes vor mir, und da drängte es sich langsam durch die zusammengepreßten Zähne — von dem Briefe sprechen, den Sie ihm — ich deutete in die Richtung, in welcher die Insel lag — schrieben; von dem Briefe, auf den hin er seinen letzten Zug unternahm — von dem Briefe, der Sie als seinen Mitschuldigen, ja als den Hauptschuldigen ausweist, und der Ihnen den Hals gebrochen haben würde, hätte ich nicht geschwiegen.

Der Mann war, während ich sprach, zurückgetaumelt, als hätte er auf eine Giftschlange getreten; er verfolgte mit weit aufgerissenen Augen die Bewegung meiner Hände, er fürchtete jedenfalls, daß ich dieselben jetzt an die Brusttasche führen und das verhängnißvolle Blatt produciren würde.

Der Brief, den Sie meinen und in dessen Besitz Sie jedenfalls auf unrechtmäßige Weise gelangt sind, beweist nichts, stammelte er, beweist gar nichts. Es ist mir ganz gleich, ob Sie denselben meinem Bruder zeigen, oder wenn Sie wollen, wem Sie wollen —

Ich kann ihn Niemanden mehr zeigen, denn ich habe ihn verbrannt.

Der Steuerrath schnellte in die Höhe. Die Angst hatte ihn gar nicht auf den Gedanken kommen lassen, der Brief könne mittlerweile verloren gegangen oder vernichtet sein. Wie anders lag jetzt die Sache!

Ein höhnisches Lächeln zuckte über sein Gesicht, das sich wieder mit Farbe zu beleben anfing.

Was schwatzen Sie denn, was wollen Sie denn? rief er mit heiserer Stimme, die seltsam mit seiner sonstigen glatten Stimme contrastirte; der Teufel mag wissen, was das für ein Brief ist, den Sie gesehen haben — gesehen zu haben vorgeben! Denn das Ganze sieht verzweifelt wie eine Lüge aus und wie eine recht ungeschickte dazu. Herr, bleiben Sie mir vom Leibe! rühren Sie mich nicht an! ich rufe um Hilfe! und Sie haben zu Ihren sieben Jahren noch sieben Jahre dazu! Rühren Sie mich nicht an, sage ich!

Er war vor mir, dessen Miene wohl drohend genug sein mochte, zurückgewichen bis zur Wand, an deren Spalier er sich jetzt zitternd festhielt. Ich trat dicht vor ihn hin und sagte in leisem Tone:

Ich werde Ihnen nichts thun, denn — erbärmlicher Schuft, der Sie sind — ehre ich in Ihnen doch Ihre Brüder, den Einen, den Sie in den Tod gejagt haben, und den Anderen, von dessen kostbarem Leben Sie nicht eine Stunde mehr verbittern sollen. Wenn mir Niemand glaubt, daß ich den Brief gelesen und verbrannt habe — er glaubt mir's. Sie wissen, daß er mir's glauben wird. Und wenn Sie der Morgen des dritten Tages hier noch findet, so erfährt er, wen er so lange unter seinem Dache beherbergt. Sie kennen ihn! Er kann viel verzeihen und verzeiht viel; so frech belogen zu sein, wie er, wie der Commerzienrath, wie alle Welt von Ihnen belogen ist — das würde er nicht verzeihen.

Der Mensch wußte, daß ich recht hatte; ich sah es an seinem Gesichte, das die Angst vor dem Sieger, dem er rettungslos in die Hände gefallen war, ordentlich spitz machte.

Und es war die höchste Zeit gewesen; eine Minute später, und der Sieg wäre mindestens fraglich geworden. Denn jetzt kam durch den Garten daher Hilfe für den zu Boden Geschmetterten. Es war die geborne Kippenreiter, die schon aus der Ferne rief, wir sollten doch noch ein paar Pfirsiche für sie aufheben.

Ein weiser Feldherr nimmt keine neue Schlacht an, wenn er fürchten muß, damit einen mühsam errungenen Erfolg auf's Spiel zu setzen. Ich hatte vor den zornigen Blicken des Steuerraths nicht gebebt, aber vor den gelben Zähnen der Gebornen empfand ich etwas, das ich Furcht nennen müßte, wenn die Ehrfurcht, die wir den Damen schuldig sind, ein solches Gefühl in der Brust des Mannes aufkommen ließe.

Dem sei, wie ihm wolle; ich hielt den Augenblick, als ich die gelbbraune Seidenrobe der Gnädigen schon ganz aus der Nähe knittern hörte, für ganz besonders passend, mich nach einem letzten bezeichnenden Blicke auf meinen Feind und einer stummen Verbeugung vor seinem herannahenden Succurs in schicklicher Eile durch die mit dürren Blättern bestreuten Gartengänge auf mein Bureau zurückzuziehen.

Würde meine Drohung wirksam sein?

Ich hatte ihm noch zwei Tage Frist gegeben, die Entscheidung mußte also unter allen Umständen bald genug eintreten.

Sonderbar! ich war mir bewußt, aus den uneigennützigsten Beweggründen, mit einem Herzen, das nur für die Anderen schlug, gethan zu haben, was ich gethan — dennoch war meine Seele voller Unruhe und mein Auge spähte und mein Ohr lauschte nach jedem Zeichen, das mir sagte, was ich zu hoffen, was ich zu fürchten habe. Der nächste Tag verging — es blieb, so weit ich bemerken konnte, Alles beim Alten; ja selbst Paula's Zimmer — dasselbe, in welchem ich krank gelegen — wurde ausgeräumt; ich sah ihre Staffelei, ihre Skizzenmappen über den Flur tragen und — knirschte mit den Zähnen.

Aber am Vormittag des nächsten Tages trat der Director mit einem mehr als gewöhnlich nachdenklichen Gesicht in das Bureau und sagte, nachdem er sich von mir einige Acten hatte geben lassen, schon mit der Hand auf dem Drücker:

Sagen Sie, Georg! Sie sind ja in der Sache ganz unbefangen — haben Sie in meinem oder der Meinigen Betragen irgend etwas bemerkt, das meinem Bruder oder seiner Frau Veranlassung gegeben hätte, zu denken, sie seien von uns hier nicht gern gesehen!

Ich hatte gerade eine sehr feine Schraffirung zu machen und konnte deshalb den Kopf nicht vom Reißbrett erheben, als ich auf die Frage des Directors: Nicht, daß ich wüßte! antwortete.

Ich sollte doch auch meinen, sagte er — und seine Stimme klang ganz betrübt; es wäre mir sehr, sehr schmerzlich, müßte ich das fürchten; müßte ich fürchten, daß mein Bruder sagen, ja auch nur denken könnte: er hat keine Achtung vor meinem Unglücke gehabt, er hat mich von sich getrieben, als sein Haus meine einzige Zuflucht war. Denn so steht es mit ihm oder doch beinahe so. Seine Pension ist sehr gering für so verwöhnte Menschen; die Abfindungssumme ist — nicht ohne unser Zuthun — klein genug ausgefallen; überdies hat er Schulden, und für sein Leben zu arbeiten — wann hätte er in dem leidigen Beamten-Schlendrian das gelernt! Sie haben unser Haus gerade nicht heller gemacht — ich müßte lügen, wenn ich es anders sagen wollte — aber er ist mein Bruder und er ist mein Gast — ich wollte, er ginge nicht.

Der herrliche Mann mochte auf eine beruhigende Antwort von mir hoffen: aber die Linien auf der Schraffirung waren noch enger aneinander gerückt — ich mußte das Gesicht noch tiefer als zuvor auf das Reißbrett beugen. Er seufzte und verließ das Zimmer.

Ich athmete, als sich die Thür hinter ihm schloß, hoch auf, und einen Augenblick später sah ich in dem schwarzen Spiegel der dickbäuchigen Tintenflasche auf dem Bureau meine lange Gestalt in grotesker Verzerrung mit Armen und Beinen Bewegungen ausführen, welche in Wirklichkeit vermuthlich einen Freuden- und Siegestanz darstellten.

Du bist ja ungeheuer vergnügt, sagte eine Stimme hinter mir.

Ich vergaß vor Schrecken das eine Bein, das ich noch in der Luft hatte, und machte auf dem anderen eine Pirouette, welche mir den lautesten Beifall der Kenner eingetragen haben würde.

Arthur ist später ein Kenner in diesen Dingen gewesen; zur Zeit aber konnte er es wohl noch nicht sein, denn seine Miene strahlte, indem er sich jetzt in einen Stuhl warf, keineswegs vor Entzücken und der Ton seiner Stimme war äußerst melancholisch, als er, den Lockenkopf in die Hand stützend, also fortfuhr:

Freilich, Du hast alle Ursache dazu; Du hast Deinen Zweck erreicht; von morgen an bist Du ja wieder hier Alleinherrscher.

Ich hatte mittlerweile den anderen Fuß auch wieder auf den Boden gebracht und die Gelegenheit benützt, mich diesem neuen Gegner gegenüber, — denn als solchen mußte ich Arthur ansehen — fest in meine Stiefel zu stellen. Aber ich hatte mich geirrt. Arthur war nicht gekommen, mir Vorwürfe zu machen.

Ich habe meine Gründe, sagte er, die Alten lieber nicht hier an Ort und Stelle zu haben. Der Alte, weißt Du, ist seit seinem Unglücke wirklich ganz disreputabel geworden; er pumpt den ersten Besten an, der ihm über den Weg läuft — *à propos*, die fünfundzwanzig, die Du mir neulich geliehen hast, kann ich Dir wiedergeben — ich habe gestern Abend einen fabelhaften Treffer gehabt — wir hatten ein kleines Jeu beim Lieutenant von Serring — schade, daß ich das Geld nicht bei mir habe, aber Du kriegst es morgen ganz gewiß — was ich sagen wollte: der Alte treibt es zu arg, er hätte mich über kurz oder lang heillos compromittirt; der Oberst paßt mir so schon schauderhaft auf den Dienst. Deswegen also keine Feindschaft, Georg! Denn Du hast ihn weggebissen — leugne es nicht; ich hab's von der Mama. Sie ist wüthend auf Dich; aber ich habe ihr gesagt, sie könne sich gratuliren, daß Du so discret gewesen und die Geschichte von dem Briefe nicht weitererzählt hast. Und deshalb bin ich auch nicht gekommen, sondern um Dich zu fragen, wie ich nun mit Dir stehe.

Wie meinst Du das? fragte ich nicht ohne einige Verwirrung.

Laß uns vor einander keine Flausen machen, altes Haus, sagte der Fähnrich, sich mit der Degenspitze die Sohle seines linken Stiefels, den er auf das rechte Knie gelegt hatte, klopfend; ich habe Dich weit unterschätzt; ich sehe jetzt, daß Du hier Hahn im Korbe bist, und ich möchte nicht mit Dir anbinden, sondern in Frieden mit Dir leben. Wenn der Onkel mich nicht ein wenig mit durchfüttert, muß ich verhungern oder den Dienst quittiren und überdies würde mein Oberst zu wissen wünschen, weshalb ich hier nicht mehr verkehren darf. Du bist ein guter Kerl und wirst mich nicht unglücklich machen wollen.

Das will ich allerdings nicht, sagte ich.

Und ich bin auch nicht so schlimm, fuhr der Fähnrich fort; ich bin ein wenig lüderlich; na, das sind wir Alle in unseren Jahren, und Du würdest es vermuthlich auch sein, wenn Du die Gelegenheit dazu hättest, die Du in dem verdammten Nest hier allerdings nicht hast. Sonst aber kann man schon mit mir auskommen und sie mögen mich hier auch Alle gern: der Onkel, die Tante, die Jungen und —

Arthur nahm den linken Fuß vom rechten Knie und sagte: Höre, Georg, ich würde es Dir nicht sagen, wenn ich nicht das vollste Vertrauen in Deine Ehrenhaftigkeit setzte, trotzdem — kurz, ich verlange Dein Ehrenwort, daß Du nicht weiter darüber sprichst. Ich glaube, daß ich — aber, wie gesagt, Du mußt reinen Mund halten — ich glaube, daß ich meiner hübschen Cousine nicht ganz gleichgültig bin; sie hat es mir vorgestern Abend direct gesagt, und hätte sie es nicht gesagt —

Und der Fähnrich drehte an dem schwärzlichen Flaum auf seiner Oberlippe und sah sich im Zimmer um, vermuthlich nach einem Spiegel, der nicht da war; er hätte die große Tintenflasche dafür nehmen müssen, die ich ihm in diesem Momente mit tausend Freuden auf seinem hübschen Kopf in zehntausend Stücke zerschmettert hätte.

Arthur! rief in dem Garten Paula's Stimme, Arthur!

Der Fähnrich warf mir einen Blick zu, der sagen zu wollen schien: Siehst Du, was ich für ein glücklicher Teufelskerl bin! Und er stürzte zur Gartenthür hinaus, die er zu schließen vergaß.

Ich war ganz betäubt stehen geblieben und starrte durch die offene Thür in die lange Allee, die sie neben einander hinabgingen, sie in ihrer Weise still vor sich hinschreitend, er neben ihr hertänzelnd, und einmal standen sie auch still; sie blickte zu ihm auf und er legte betheuernd die Hand auf die Brust.

Ein unbeschreibliches Gefühl von Weh stieg in meinem Busen auf. Ich kannte dies Gefühl; ich hatte es schon einmal erfahren, in der Stunde, als ich vernahm, daß Konstanze einem Anderen gehörte; aber so schmerzlich war es doch nicht gewesen. Ich hätte mein Gesicht in die Hände drücken und weinen mögen wie ein Kind. Ich dachte gar nicht daran, daß Arthur mich oder sich selbst, vielleicht uns Beide belogen haben könnte. Seine Mittheilung, Paula's Rufen, die Promenade in dem um diese Stunde einsamen Garten — das Alles war so plötzlich, so Schlag auf Schlag gekommen, hatte so Eines in das

Andere gegriffen — es war nur zu wahrscheinlich! Und Arthur war ja ein so verzweifelt hübscher Junge und konnte so liebenswürdig sein, wenn er wollte — ich wußte es am besten, ich, der ich ihn so sehr geliebt hatte! Und war nicht Paula, seitdem er im Hause war, eine Andere gegen mich geworden? zurückhaltender? weniger mittheilsam? Ich hatte es ja längst gemerkt; es hatte mich ja längst geschmerzt, bevor ich wußte, was diese Veränderung hervorgebracht hatte — ich wußte es jetzt!

Eitelkeit! Eitelkeit der Eitelkeiten! Was beanspruchte ich! Was konnte ich beanspruchen, der Verstoßene, auf lange Jahre hinaus zur Gefangenschaft Verurtheilte!

Mein Kopf sank auf die Brust. Ich demüthigte mich, demüthigte mich tief in den Staub vor dem holden Mädchen, das mir immerdar wie der Himmlischen Eine erschienen war.

Dann schnellte ich zornig empor. Konnte sie sein, als was ich sie verehrte, ja anbetete, wenn sie diesen Menschen liebte?

Hier war ein entsetzlicher Widerspruch, der offenbar so leicht zu lösen war, den ich unfehlbar gelöst hätte, ja, in den ich vielleicht nie gefallen sein würde, wenn ich ein Gran klüger oder auch nur eitler gewesen wäre, und in den ich mich, da ich weder klug noch eitel war, auf Jahre verstrickte.

Es geschehen Wunder und Zeichen, sagte Doctor Willibrod, der am Abend athemlos in meine Zelle trat, wo ich, in trübes Sinnen verloren, vor dem Ofen saß und den Funken zuschaute, die an den glimmenden Scheiten hinauf- und hinabliefen. Zeichen und Wunder! sie wollen ihre Zelte abbrechen und den Staub von ihren Füßen schütteln. Hosiannah dem Herrn!

Der Doctor warf sich in einen Stuhl und rieb sich den kahlen Schädel, auf dem die hellen Tropfen glänzten.

Gott ist mächtig in dem Schwachen, fuhr er in einem Tone fort, dem die innere Erregung anzumerken war. Wer hätte glauben sollen, daß ich kleiner David im Stande sein würde, die ehernen Schädel dieser Goliaths von Unverschämtheit zu durchbrechen, und doch ist es der Fall gewesen! Die Gnädige kann die Luft hier nicht mehr vertragen, sie hat einen letzten Versuch gemacht, als sie sich Paula's Zimmer geben ließ. Der Versuch ist mißlungen, sie muß fort. Hosiannah dem Herrn!

Hat sie Ihnen das selbst gesagt?

Sie hat es, und der Steuerrath hat es bestätigt und von hypochondrischen Grillen gesprochen, denen die vernünftigsten Frauen unterworfen sind und für die ein galanter Gatte ein Verständniß haben muß. Schließlich hat er mich auf die Seite gezogen und sich, da er gerade nicht bei Casse sei, von mir hundert Thaler geben lassen, um auf der Stelle abreisen zu können!

Sie werden sie nie wieder zu sehen bekommen.

Die Hundert, oder die hohen Reisenden?

Beide!

Glück auf den Weg! Glück auf den Weg, und mögen sich unsere Wege niemals wieder kreuzen!

Der Doctor versank in ein andächtiges Schweigen; ich glaube, es stieg etwas wie ein Dankgebet aus seinem Herzen.

Wissen wir es schon, man will fort! ertönte eine tiefe Stimme hinter uns. Es war der Wachtmeister, der mit der brennenden Lampe hereingetreten war.

Man soll zu morgen früh, Schlag neun Uhr, beim Lohnkutscher Hopp einen Wagen bestellen, fuhr der Alte fort, man sollte meinen, acht Uhr wär' auch nicht zu früh.

Und er rieb sich behaglich die Hände und versicherte, ihm sei zu Muthe, wie einem Bären, dem alle sieben Sinne juckten. Plötzlich verschwand das Lachen aus den tausend Falten seines Gesichtes auf einmal und er sagte, sich über die Lehne von des Doctors Stuhl beugend, in gedämpftem Tone:

Nun müssen wir den Jungen auch noch wegbeißen, Herr Doctor! rein weg! Die Brut ist noch schlimmer, meine ich, als die Alten!

Das meine ich auch! sagte Doctor Willibrod emporschnellend, den Alten habe ich den Laufpaß gegeben; bei dem Bengel müssen Sie es thun, ja bei Gott, Mammuth, das müssen Sie!

Ich antwortete nicht, ich hatte die Augen starr auf die glimmenden Scheite gerichtet, aber ich sah sie nur wie durch einen Schleier, der irgendwie über meine Augen gefallen war.

Vierunddreißigstes Capitel

Und wie durch einen Schleier sehe ich die Jahre, die kommen und gehen — die noch folgenden Jahre meiner Gefangenschaft! Durch einen Schleier, den die Zeit gewoben mit den unsichtbaren Geisterhänden, aber nicht so dicht, daß nicht jede Form und jede Farbe dem rückwärts schauenden Auge des Mannes mehr oder weniger deutlich wäre.

Am deutlichsten allerdings den stehenden Hintergrund in diesem langen Acte meines Lebensdramas. Noch jetzt, nach so vielen Jahren, bin ich fast zu jeder Zeit im Stande — zumal wenn ich die Augen schließe — mir das Local bis in die kleinste Einzelheit zu vergegenwärtigen. Besonders sind es zwei Beleuchtungen, in denen ich es am klarsten und auch am liebsten sehe.

Die eine ist ein heller Frühlingsmorgenschein. Ein blauer Himmel spannt sich darüber hin, die spitzigen Giebel der alten Gebäude ragen so hoch in die freie Luft, als ob die Idee eines Gefängnisses nur in dem dumpfen Hirn eines Hypochonders, der noch nicht recht ausgeschlagen hat, existire; in den Vorsprüngen der Giebel, auf den hohen Dächern zwitschern die Spatzen — und ich weiß nicht, wie es zugeht, aber Spatzengezwitscher am frühen Morgen macht mir noch heute die Welt um ein paar tausend Jahre jünger; die Schelme, däucht mir, können um Adam und Eva's Laube im Paradiese auch nicht seelenvergnügter und unverschämter gelärmt haben. — Die Sonne steigt höher, sie klettert die alten, epheuberankten Mauern hinab in die noch stillen Höfe, und der Thorwart, der eben mit einem großem Schlüsselbunde drüber hingeht, und der sonst ein grämlicher, alter Mann ist, pfeift ganz behaglich, als ob selbst er, der es doch besser weiß, in dieser morgenfrischen Welt nicht glauben könne an Schloß und Riegel.

Die andere Beleuchtung ist Abend im Spätherbst. Im Westen drüben hinter den flachen Kreide-Ufern der Insel ist die Sonne untergegangen; noch glühen die schweren Wolken, die am Horizonte hangen, in tausend düstern Purpurlichtern. Kühler weht der Wind vom Meere her und lauter rauschen die Wellen — man hört sie deutlich, trotzdem man vom Belvedere aus über den Festungswall hinweg die Brandung nicht sehen kann. In den hohen Bäumen des Gartens fängt es jetzt auch an zu rauschen und die braunen Blätter wehen schaarenweise herab zu den anderen, durch die mein Fuß raschelt, wie ich nun nach dem Hause zurückschreite. Ich würde heute Abend, wie immer, im Schoße der Familie willkommen sein; aber ich könnte es heute Abend nicht ertragen, daß so viele Augen freundlich in meine Augen sehen. Meine Augen haben eben noch düster, ja verzweifelt in die Abendwolken geblickt, und der alte Dämon ist in mir erwacht und hat mir zugeraunt: Noch zwei Jahre, zwei volle Jahre, und ein Sprung trägt dich dort hinab und der erste beste Kahn dort hinüber in die weite, weite Welt. Und du willst in dein Gefängniß zurückkehren, die engen vier Wände, wo dich nichts hält, als dein freier Wille. Dein freier Wille? wie lange ist der nicht mehr frei? Du hast ihn ja verkauft — fort, fort — vorüber an dem Hause — fort in deine Zelle, fort aus dieser modernden Nebelwelt hinter Schloß und Riegel!

Frühlingsmorgenschein und Herbstabendnebel! aber sehr viel mehr Morgenschein als Abendnebel! Ja, wenn ich es recht bedenke, muß ich sagen, daß der Morgenschein die Regel und der Abendnebel, Alles in Allem, doch nur die Ausnahme ist. Denn, wie ein Abschnitt unseres Lebens — ja selbst, wie der locale Hintergrund, auf der dieser Lebensabschnitt gezeichnet ist — uns in der Erinnerung erscheinen soll, das hängt doch schließlich davon ab, ob es in unserer Seele während jener Zeit hell oder dunkel war, und in meiner Seele wurde es in dieser Zeit heller und heller, ganz allmälig, wie das Tageslicht zunimmt — man weiß nicht wie, aber was noch eben als dunkle, verworrene Masse vor unseren Blicken lag, steht jetzt farbengeschmückt, in schöner Ordnung vor uns da.

Der Wunsch meines väterlichen Freundes ist schon längst in Erfüllung gegangen; ich habe im Arbeitshause arbeiten gelernt. Die Arbeit ist mir eine Nothwendigkeit geworden; ich erachte den Tag für verloren, an dessen Abend ich nicht auf ein Stück gefördertes, auf ein vollendetes Werk zurücksehen kann. Und ich habe mir das Geschick zur Arbeit angeeignet, zu jedweder Arbeit: das schnelle Verständniß dessen, um was es sich handelt, das sicher messende Auge, die leichte, bildsame Hand. In der Anstalt sind fast alle Handwerke vertreten; ich habe mich nach und nach in fast allen versucht und es meistens in kürzester Frist weiter gebracht als alte, graubärtige Adepten. Der Director wiederholt gern, daß ich der beste Arbeiter der Anstalt bin, das macht mich immer sehr stolz und sehr demüthig; sehr stolz, denn ein Lob aus seinem Munde ist mir die höchste Ehre, die mir auf Erden erreichbar scheint; sehr demüthig, denn ich weiß, daß ich Alles, Alles ihm verdanke. Er hat die rohe Kraft, die sich kein Maß und Ziel wußte, die sich an der Bewältigung schwerer Steinmassen müde toben wollte, in bestimmte Bahnen gelenkt; er hat vor Allem mich gelehrt, die Dosis gesunden Menschenverstandes, welche mir die Natur gegeben und mit der sie in der Schule nichts anzufangen wußten, als ein kostbares Gut zu betrachten, das wohl gar ein Stück Genie ersetzen könne, oder, wie er es manchmal lächelnd ausdrückt, vielleicht selbst ein Stück Genie ist. Er hat mich nicht mit Dingen gequält, von denen er bald herausgefunden, daß sie in mein Hirn nicht passen; er hat herausgefunden, daß ich mich ewig nur in einer etwas schweren deutschen Zunge mit Klarheit und Geläufigkeit würde ausdrücken können und hat mir die Erlernung fremder Sprachen bis auf das Nothwendigste erlassen; er weiß, daß mich eine erhabene Stelle der Psalmen auf's Tiefste rührt, und daß ich mich an Goethe, an Schiller und Lessing nicht satt lesen kann; aber er muthet mir nicht zu, darüber hinauszugehen und mit ihm und Paula über das Neueste der Tagesliteratur zu disputiren. Dafür läßt er mich aus dem unerschöpflichen Quell seiner mathematischen und physikalischen Kenntnisse in vollen Zügen trinken, und seine liebste Erholung ist, wenn ich in der kleinen Werkstatt, die er schon seit vielen Jahren eingerichtet hat, nach seiner Anleitung und unter seinen Augen eine Maschine, einen Maschinentheil, die sein schöpferischer Geist ersonnen, modellire.

Unter seinen Augen! denn seine Hände sind müßig derweile, müssen müßig sein. Schon eine leichte physische Anstrengung bedeckt seine Glieder mit kaltem Schweiß und kann ernstliche Gefahr für sein Leben herbeiführen. Ich weiß nicht, was ich ohne Sie anfangen werde, sagt er mit schmerzlichem Lächeln aus seinem Stuhle zu mir aufblickend, ich lebe von dem Ueberflusse Ihrer Kraft; Ihr Arm ist mein Arm, Ihre Hand ist meine Hand, Ihr voller Athem ist mein Athem. Sie werden mich in Jahresfrist verlassen, folglich habe ich nur noch ein Jahr zu leben; ein Mensch ohne Arm und Hand und Athem ist ja todt.

Es ist das erstemal, daß ein so trostloses Wort über diese edlen bleichen Lippen kommt; es macht mich deshalb sehr stutzig. Ich habe ihn immer so muthvoll, so unverzagt gesehen, so ganz hingegeben dem, was der Tag und die Stunde heischen, so im Leben lebend — ich blickte erschrocken zu ihm hinüber und es ist, als sehe ich zum erstenmale die Verwüstungen, welche die Jahre, die sechs Jahre, in seiner Gestalt, in seinem Gesicht angerichtet haben.

Sechs Jahre! ich muß mich darauf besinnen, daß es wirklich sechs Jahre sind. Es hat sich so wenig verändert in dieser ganzen langen Zeit! so wenig!

Vielleicht, wenn ich es recht überlege, doch so wenig nicht. Die Weinreben, welche, als ich vor sechs Jahren in Paula's Zimmer krank lag, nur eben durch das Fenster nickten, sind jetzt fast den ganzen Giebel hinaufgeklettert; die große Gaisblatt-Laube hinten an der Pfirsichwand, die ich damals mit den Knaben errichtete und bepflanzte, ist vollkommen zugewachsen und ein Lieblingsplatz Paula's geworden, die von hier aus bis nach dem Hause blicken kann, was vom Belvedere nicht möglich ist.

In dem Belvedere ist es jetzt auch ein wenig unheimlich, und auch das würde nicht der Fall sein, wenn Benno nicht mittlerweile sechs Jahre älter geworden wäre und den »Faust« gelesen hätte, und nothwendig ein »hochgewölbtes, enges gothisches Zimmer« haben müßte, daß er »mit Büchsen, Instrumenten, Urväter Hausrath vollpfropfen« kann, wozu ihm das baufällige Gartenhäuschen mit seinen gemalten Spitzbogenfenstern das bei weitem geeignetste Local scheint. Benno ist jetzt entschieden der Ansicht, daß der Vater, der lieber einen Arzt oder Naturforscher in ihm sähe, vollkommen Recht, und Paula, die einen Philologen aus ihm machen möchte, durchaus Unrecht hat, und Benno muß das wissen, denn er steht in dem glorreichen Alter von siebzehn Jahren, wo es wenig Menschen für uns giebt, die wir nicht, intellectuell gesprochen, um eines Hauptes Länge überragten.

Bei seinem um zwei Jahre jüngeren Bruder Kurt thut er das auch in Wirklichkeit, und Kurt hat es jetzt definitiv aufgegeben, mit seinem Senior zu rivalisiren, der so offenbar den langen schlanken Körperbau der Zehrens hat und voraussichtlich noch größer als der hohe Vater wird. Indessen Kurt braucht sich nicht zu beklagen; er hat die mächtige Brust und die langen kräftigen Arme, ja auch unter starkem krausen Haar die breite Stirn des Arbeiters. Er ist sehr bescheiden und anspruchslos, aber sein Blick ist merkwürdig fest und seine Lippen sind scharf geschlossen, wenn er über einer mathematischen Aufgabe

brütet, oder mir auch nur einen Handgriff auf der Drehbank nachzu-
machen versucht, was ihm jedesmal in kürzester Zeit gelingt.

Kurt und ich sind große Freunde, und soweit es möglich ist, unzer-
trennlich, dennoch ist, wenn ich ganz ehrlich sein will, der zwölfjährige
Oskar mein Liebling. Er hat die großen, glänzend braunen Augen der
Zehrens, die ich an meinem Freund Arthur, als er noch ein Knabe war,
so bewunderte; er hat auch Arthur's Schlankheit und anmuthige
Manieren — es ist mir manchmal, als sähe ich in ihm Arthur wieder,
wie er vor vierzehn Jahren war. Das sollte ihm bei mir nicht gerade zur
Empfehlung gereichen, aber wenn er, die langen Locken hinter sich
schüttelnd, die großen Augen von Luft und Leben strahlend, auf mich
zugesprungen kommt, kann ich nicht anders, als ihm meine Arme öffnen. Oefter frage ich mich, ob es wohl gerade diese Aehnlichkeit ist,
weshalb Oskar sich als Liebling der Schwester behauptet hat. Paula
sagt freilich nach wie vor, davon könne gar keine Rede sein; Oskar sei
eben der Jüngste und ihrer am meisten bedürftig, und daß gerade er ein
so ausgesprochenes Talent zum Zeichnen und Malen habe und
dadurch ihr Schüler im eigentlichen Sinne des Wortes sei — das sei ein
Zufall, für den man sie nicht verantwortlich machen dürfe.

Ganz ähnlich so hat Paula vor sechs Jahren auch gesprochen; ich
erinnere mich deutlich noch des Sommernachmittags, als sie, bald
nach meiner Reconvalescenz, die große Kreideskizze von mir machte
— auf dem Platze unter den Platanen — so deutlich, als ob es erst
gestern gewesen wäre. Und wenn ich Paula anblicke, kann ich ebenfalls nicht glauben, daß ich sie bereits sechs Jahre kenne und daß sie im
nächsten Monat zwanzig wird. Damals sah sie älter aus, als sie war;
jetzt erscheint sie mir um ebensoviel jünger. Sie ist jetzt vielleicht ein
klein wenig größer und ihre Formen sind wohl voller und weiblicher,
aber in ihrem lieben Gesicht ist so viel kindliche Unschuld, und selbst
ihre Bewegungen haben noch die Schüchternheit, ja selbst manchmal
das Linkische eines ganz jungen Mädchens. Freilich, wenn man in ihr
Auge sieht, vergeht wohl Jedem der Muth, sie nicht für das zu nehmen,
was sie ist. Es lodert nicht auf dies Auge in übermüthigen Flammen, es
blickt nicht scheu oder schmachtend, wie einer Pensionärin Auge, die
eben von der verstohlenen Lectüre ihres vergoldeten Lieblings-Lyri-
kers kommt — es glänzt in einem stillen, stetigen, vestalischen Feuer,
weltvergessend und doch eine Welt umspannend, wie des Künstlers
Auge glänzen muß.

Und eine Künstlerin ist Paula geworden in diesen sechs Jahren. Sie
hat keinen Lehrer gehabt, außer einem verkommenen Genie, das eine
kurze Zeit lang im Arbeitshause gewesen war und später vom Director
das Gnadenbrot empfangen hat bis zu seinem schon vor mehreren
Jahren erfolgten Tode. Sie hat keine Akademie besucht, sie hat kaum
etwas gesehen, außer ein paar schönen alten Familien-Porträts und

einem überaus herrlichen Kupferstich der Sixtinischen Madonna, welche die Wände im Hause des Directors schmücken. Sie ist, was sie ist, durch sich selbst, durch ihr wunderbares Auge, das jedem Menschen in das Herz blickt, ja auch jedem Dinge; durch ihre Hand, die nicht so schlank und fein sein könnte, wenn die Seele nicht bis in die Fingerspitzen strömte und sie zu dem bildsamsten Werkzeuge machte; durch ihren Fleiß endlich, dessen Energie und Rastlosigkeit geradezu unbegreiflich scheint, wenn man bedenkt, welche Arbeitslast noch außerdem auf diesen zarten Schultern liegt. Aber auch jede freie Minute widmet sie der geliebten Kunst, und sie weiß sich frei zu machen, wo Andere feierlich erklären würden, daß sie nicht wüßten, wo ihnen der Kopf stehe. Der Reichthum ihrer Mappen an Studien aller Art, Skizzen, Entwürfen, Copien ist außerordentlich. Da ist kein nur einigermaßen interessanter Kopf unter den Arbeits- und Zuchthäuslern, den sie übersehen hätte. Dem Fräulein einmal sitzen zu dürfen, ist in der ganzen Anstalt eine vielumworbene, vielbeneidete, mit Stolz getragene Ehre und Vergünstigung. Ihr oberstes Modell aber ist und bleibt der alte Süßmilch, dessen prächtiger Kopf mit den kurzen, grauen Locken, dem furchendurchzogenen energischen Gesichte, in der That ein Herztrost für ein Malerauge ist. Der Alte figurirt in allen möglichen Auffassungen als Nestor, Merlin, Getreuer Eckart, Belisar, Götz von Berlichingen, ja sogar als Schweizer aus den Räubern; lauter Vorstudien zu großen historischen Gemälden, von denen das muthige Mädchen für die Zukunft träumt. Vorläufig ist freilich nur ein einziges bis zur Untermalung gediehen: Richard Löwenherz, krank in seinem Zelte, von einem arabischen Arzte besucht. Das Motiv ist aus einem Roman von Walter Scott. Im Hintergrunde ein englischer Yeoman, der traurig auf den kranken Herrn blickt, und die Gestalt eines jungen normännischen Edelmannes, der, die Hand am Schwerte, argwöhnisch prüfend auf den Arzt schaut. Der Richard Löwenherz bin ich, wie sie mich damals in meiner Reconvalescenz auf dem Belvedere gezeichnet hat; in dem arabischen Arzt — einer sonderbar phantastisch gnomenhaften Figur — behauptet Doctor Willibrod sich wiederzufinden, trotzdem der Araber keine Brille trage und sein ohne Zweifel kahler Schädel mit dem grünen Turban des Mekkapilgers umwunden sei; der Yeoman ist Wachtmeister Süßmilch wie er leibt und lebt — er hat sich nur ein anderes Costüm gefallen lassen müssen; der englische Ritter mit den kurzen, braunen Locken und den braunen glänzenden Augen — eine anmuthig schöne, jugendlich elastische Gestalt ist — Arthur.

Ist es ein Zufall, daß gerade diese Gestalt am meisten ausgeführt ist, und daß die fast vollendete Gestalt ein solcher Liebreiz umfließt?

Ich habe keinerlei Anhalt zur Beantwortung dieser Fragen, als den ich aus meinem ahnenden Gemüth schöpfte. Arthur, der längst Lieutenant ist und im Frühlinge dieses Jahres an die Kriegsschule in der

Hauptstadt commandirt wurde, ist freilich noch oft genug in's Haus gekommen, aber doch hatte die Häufigkeit seiner Besuche mit jedem Jahre abgenommen, und ich könnte nicht sagen, daß er Paula irgend näher getreten wäre. Aber es muß doch einen Grund haben, daß er gegen mich, der ich ihm nichts nachgetragen, der ich stets freundlich gegen ihn gewesen bin, so wenig mir auch oft darnach zu Muthe war, daß er gegen mich immer zurückhaltender geworden und mir in der letzten Zeit so weit als möglich aus dem Wege gegangen ist. Das Geld, das er mir schuldet — und das sich im Laufe der Jahre zu einer für meine Verhältnisse nicht unansehnlichen Summe gesteigert hat — kann es nicht sein, denn ich habe es ihm — der immer in Noth ist und sich stets eine Kugel durch den Kopf schießen will — gern und willig gegeben, habe ihn nie gemahnt, ihm im Gegentheil stets versichert, daß es mit der Rückzahlung keine Eile habe — nein! das Geld kann es nicht sein. Fürchtet er in mir einen Nebenbuhler? Großer Gott! ich bin ihm nicht gefährlich! Wie kann man einen Gefangenen fürchten, dessen Zukunft ein Buch mit sieben Siegeln ist, das nicht viel anmuthige Capitel enthält! Kann er es mir nicht verzeihen, daß Paula nach wie vor gütig und freundlich gegen mich ist? Habe ich es nicht verdient, der ich Alles thue, was ich ihr nur an den Augen absehen kann?

Ich weiß es nicht; ebensowenig, ob es zufällig ist, daß Paula von der Stunde an, daß Arthur nach Berlin gegangen, nicht mehr an dem Bilde gemalt hat. Und doch braucht sie gerade ihn am wenigsten, denn seinem ritterlichen Doppelgänger fehlt kaum noch ein Strich. Ich trage mich lange, lange mit dem Warum? Und als ich endlich einmal wage, Paula darnach zu fragen, antwortet sie, nicht ohne einiges Zögern, das an ihr selten ist: Das Bild ist mir verleidet. Verleidet? Da ist ein neues Warum, das noch schlimmer scheint, als das erste, und an das ich deshalb nicht rühren sollte, wenn ich klug wäre.

Aber ich bin gar nicht klug und bringe es nicht aus dem Kopf, und da mein Kopf nichts damit anzufangen vermag, lege ich es Doctor Willibrod vor, so ganz gelegentlich; so ganz, als ob von der Beantwortung eigentlich gar nichts abhinge. Sagen Sie, Doctor, warum mag das Bild Fräulein Paula verleidet sein?

Wer hat das gesagt? fragt der Doctor.

Sie selbst.

Dann fragen Sie sie auch selbst.

Wenn ich das wollte oder könnte, brauchte ich Ihre Meinung nicht zu hören.

Weshalb sollte ich darüber eine Meinung haben? ruft der Doctor. Was geht es mich an, weshalb Paula das Ding nicht weiter malen will? Mir kann es gleich sein, ob ich auf dem Bilde fertig werde, nachdem mich die Natur einmal nicht fertig gemacht hat.

Ich sehe, daß ich so nicht weiter komme, und wage anzudeuten, ob vielleicht Arthur's Entfernung einen Einfluß auf Paula's Stimmung gehabt habe.

Geht die Katze endlich an den Brei, krähte Doctor Willibrod. Sie denkt wohl, man hat es nicht längst gesehen, wie sie die Pfoten leckt? Und der Brei ist doch so süß! o, so süß! gerade wie der Gedanke, daß ein solches Mädchen ihr Herz an einen solchen Kerl hängen kann! Es ist unmöglich, sagt Meister Hinz und sein Bart sträubt sich vor Unwillen. Weshalb unmöglich? was ist unmöglich? Bei Gott ist Vieles unmöglich, aber bei den Menschen ist Alles möglich. Ist das Leben des Vaters etwas Anderes als ein fortgesetztes Opfer? ist sie nicht ihres Vaters Tochter? Wenn man einmal so im Zuge ist, kommt es auf ein bischen mehr nicht an, und das Lamm opfert sich auch wohl, den Wolf zu retten! Heissa! es ist ein lustiges Metier das Wölfe-Retten! aber noch lustiger ist es, als ein solcher Kerl dabeizustehen und zuzusehen, und nicht den Stecken zu heben und zuzuschlagen, nein, bei Leibe nicht! sondern immer nur zu sagen: Glauben Sie nicht, Verehrtester, daß schließlich doch der Wolf das Lamm fressen wird? O, geht mir doch! Ihr Alle, die Ihr Menschenangesicht tragt!

Doctor Willibrod kräht so hoch und sieht der bekannten apoplektischen Billardkugel so täuschend ähnlich, daß es mir leid thut, das Gespräch angefangen zu haben und noch dazu so ungeschickt. Ich erinnere mich jetzt, daß der Doctor in der letzten Zeit immer sonderbar aufgeregt gewesen ist, sobald die Rede, so oder so, auf Paula kommt. Manchmal spricht er von ihr, daß man glauben sollte, er hasse sie, wenn man nicht wüßte, daß er sie vergöttert. Hält man ihm das vor, schiebt er es auf die Hitze. Der Teufel möge bei dem Wetter kaltblütig bleiben; der sei es von der Hölle her gewohnt; Menschen könne man nicht übel nehmen, daß sie bei vierundzwanzig Grad im Schatten dann und wann ein wenig überschnappten.

In der That ist die Hitze dieses Sommers ganz unerträglich gewesen. Tag für Tag durchläuft die Sonne einen wolkenlosen, stahlblauen Himmel, und ihr Strahl versengt, was er trifft. Das Gras ist längst verdorrt, die Bastion und die Festungswälle sehen gelbbraun aus; die Blumen sind vor der Zeit verblüht; das Laub raschelt vor der Zeit von den Bäumen. Alle Creatur schleicht umher, den dumpfen Blick zur Erde gekehrt, auf der die Luft vibrirt, wie auf einem erhitzten Ofen. Auch ist der Gesundheitszustand in der Stadt sehr schlecht, und wir sind froh, daß wenigstens die Knaben, die ihre Michaelisferien haben, auf einem benachbarten Landgute zum Besuch bei einer befreundeten Familie sind; und in der Anstalt geht es keineswegs nach dem Wunsche des Directors und des Doctors, die sich gegenseitig in Fürsorge für die Kranken übertreffen, trotzdem der letztere stets behauptet, es sei der Unsinn des Unsinns, für Andere seine Haut zu Markte zu tragen, besonders wenn man, wie Humanus, nur noch eine halbe

Lunge und eine blinde Frau und vier Kinder und nicht einen Silbersechser im Vermögen habe. Was soll das geben?

Ich erinnere mich, daß diese Frage von dem Doctor in demselben Gespräch aufgeworfen wurde, und daß ich mir die Frage immer wiederholte, als ich eine Stunde später allein auf dem Belvedere stand, und, ohne etwas zu sehen und zu hören, in den Abend starrte, der über den Wall aus dem Meer heraufzog. Ich sah nicht, daß über den Himmel, der Wochen und Wochen lang keine Trübung gezeigt hatte, ein Dunst sich breitete, durch den das letzte Abendlicht gespensterhaft fahl hindurchschien; ich hörte nicht, daß sonderbar klagende, wimmernde Töne durch die Luft zogen, ich wandte mich nicht einmal verwundert um, als jetzt eine tiefe Stimme dicht an meinem Ohr dieselbe Frage hervorgrollte, die ich fortwährend bemüht war, mir zu lösen: Was soll das geben?

Es war der alte Süßmilch und er deutete mit der Rechten gen Westen in die schwefelfahle Dämmerung.

Einen Sturm, was sonst? erwiderte ich, ohne mich zu besinnen.

Mir war, als müsse die dumpfe Schwüle, die in der Natur und in meiner Seele brütete, sich in einem Sturm entladen.

Fünfunddreißigstes Capitel

Und einen Sturm gab's, wie er seit Menschengedenken nicht über diese Küste getobt war, die doch Jahr aus Jahr ein so manchen wackern Nordost über ihre niedrigen Sand- und Kreideufer brausen hört.

Es war um Mitternacht, als ich von einem donnerähnlichem Krachen aufwachte, vor welchem das alte Haus bis in seine Grundfesten erbebte und dem ein Prasseln und Knattern von herunterfallenden Ziegeln, zuschlagenden Thüren und Läden folgte, wie auf die Detonation einer Batterie von Fünfundzwanzigpfündern das Knattern und Knallen des Klein-Gewehrfeuers. Das war der Sturm, der so lange schon in der Natur und in meinem Gemüth sich verkündet hatte! Mein erster Gedanke waren sie, da drüben in dem gartenumgebenen Hause. Mit einem Satze war ich von meinem Lager und im Nu in meinen Kleidern, als der Wachtmeister den grauen Kopf zur Thür hereinsteckte.

Schon auf? sagte er; aber davon müßte auch ein Bär mit sieben Sinnen aufwachen. Er wird auch aufgewacht sein.

Der Alte sagte nicht, wer auch aufgewacht sein sollte; es war das zwischen uns beiden nicht nöthig.

Ich wollte eben zu ihm, sagte ich.

Ist recht, sagte der Alte. Man wird derweile hier bleiben; wird hier schon Jemand nöthig sein, der den Kopf auf der rechten Stelle hat. Das ist ja ein heidenteufelmäßiger Spektakel; das ist schlimmer als vor acht Jahren, und schon damals wollten die Leute nicht in den Schlafsälen bleiben, und es fehlte nicht viel, so wäre es zu Mord und Todtschlag gekommen.

Während dieser kurzen Unterredung hatten sich die gewaltigen Stöße zweimal mit womöglich noch größerer Heftigkeit wiederholt; es war ein Heulen und Donnern — wir hatten laut sprechen müssen, um uns nur verstehen zu können. Das war im Zimmer — wie mochte es draußen sein!

Ich erfuhr es eine Minute später, als ich über den Gefängnißhof ging. Eine grabesnächtige Finsterniß lag wie ein dickes, schwarzes Leichentuch über der Erde; kein Stern, auch nicht der leiseste Schimmer einer Helligkeit. Der Orkan wüthete zwischen den hohen Mauern wie ein Raubthier, das sich zum ersten Mal im Käfig sieht. Ich hatte, trotz meiner Kraft und meines schweren Körpers, Mühe, dem Ungeheuer zu trotzen, das mich mit seinen Pranken hinüber und herüber warf. So schwankte ich zwischen Ziegeln, die von den Dächern rasselten, durch die schwere Finsterniß bis zum Hause des Directors, aus dessen Fenstern jetzt eben hier und da Licht aufblinkte.

Auf dem unteren Flur begegnete ich Paula. Sie trug eine brennende Kerze in der Hand. Der Schein fiel hell in ihr blasses Gesicht und ihre großen Augen, die sich, als sie mich erblickte, mit Thränen füllten.

Ich wußte es, daß Sie kommen würden, sagte sie. Es ist eine furchtbare Nacht. Er will durchaus hinüber in das Gefängniß, und ist die letzten Tage so unwohl gewesen! Ich wage nicht, ihn zu bitten, daß er bleibt. Er muß ja fort, wenn es seine Pflicht erheischt. Da ist es nun gar lieb von Ihnen, daß Sie gekommen sind.

Die Thränen, die in ihren Augen geglänzt, rollten jetzt langsam über ihre bleichen Wangen. Lachen Sie mich nicht aus, sagte sie; aber ich habe alle diese Tage das Gefühl gehabt, es müsse ein Unglück geben.

Das haben wir wohl Alle gehabt, liebe Paula. Es ist auch ein Stück Egoismus, zu glauben, daß ein Gewitter, welches über Tausenden und Tausenden in der Luft steht, gerade uns treffen soll.

Ich hatte das recht muthig sagen wollen; aber meine Stimme zitterte, und bei den letzten Worten mußte ich meinen Blick abwenden.

Ich will zum Vater, Paula, sagte ich.

Da kommt er schon, sagte Paula.

Der Director trat aus seinem Gemache, ich sah noch eben, bevor er die Thür leise schloß, eine weiße Gestalt, die er, wie es schien, mit freundlichen Worten und Geberden im Zimmer zu bleiben genöthigt hatte. Es war Frau von Zehren. Hatte sie auch das Gefühl, daß ein Unglück in der Luft war? Vielleicht mehr noch als wir. Wer von uns Sehenden hört die leisen Geisterstimmen, die durch die Nacht der Blinden flüstern und raunen?

Eine tiefe Schwermuth lag auf seinem Gesicht, die sofort verschwand, und einem erstaunten Lächeln wich, als er uns Beide dastehen sah. Es war, wie wenn Jemand durch eine enge Felsschlucht schreitet, deren düstere Schatten auf seiner Stirn sich lagern und plötzlich, bei einer Wendung um einen scharfen Felsen, sieht er das freie Thal zu seinen Füßen und ein breiter goldener Strom des Sonnenlichts ergießt sich über ihn.

Sieh' da, Ihr lieben Beiden! sagte er.

Er streckte die Hände nach uns aus.

Ihr lieben Beiden, wiederholte er.

Sah er uns? sah er aus dem Felsenthal in der Zukunft sonnige Weiten? Ich habe es mich später oft gefragt, wenn ich des geisterhaften, seligen Blickes dachte, mit welchem der Vater in dieser Stunde die geliebte Tochter sah, an der Seite des Mannes, den er wie seinen Sohn liebte. Doch das war nur ein Moment; dann trat die Gegenwart in ihre Rechte.

Sie sollen mich begleiten, Georg, sagte er; ich muß einen Gang durch das Gefängniß machen. Es kann nicht anders sein, als daß die Aufregung, die schon seit Tagen in uns Allen wühlt, auch die armen Gefangenen ergriffen hat. Da geht es denn ohne Heulen und Zähneklappen und Schreien nicht ab. Denkst Du noch, Paula, der Septembernacht vor acht Jahren? sie war so schlimm nicht, wie diese hier, und doch geberdeten sich die Leute schon wie die Rasenden.

Paula nickte. Ich weiß es noch recht wohl, Vater, sagte sie. Wie sollte ich nicht? Hattest Du doch hernach an den Folgen so viel zu leiden. — Da kommt Doris mit der Laterne, fuhr sie schnell fort, während die Scham, auch nur versucht zu haben, ihren Vater von seiner Pflicht zurückzuhalten, auf ihren Wangen glühte. Hier!

Sie nahm dem Mädchen die große Laterne mit den zwei bereits angezündeten Lichtern aus den zitternden Händen und gab sie mir. Der Director winkte ihr freundlich-ernst mit den großen tiefen Augen, knöpfte sich den Rock zu, drückte den Hut fester in die Stirn und sagte, sich zu mir wendend: Kommen Sie, Georg!

Wir traten in die heulende, donnernde Finsterniß. In der rechten Hand trug ich die Laterne, meinen linken Arm hatte ich dem Director gegeben. Ich hatte gemeint, ihn, den Schwachen, durch die Gluth der letzten Wochen vollends Erschöpften, tragen, oder doch so gut wie tragen zu müssen, und wirklich waren seine ersten Schritte schwer und schwankend, wie die eines Kranken, der sich nach Wochen zum ersten Mal von seinem Lager erhebt. Mit einem Mal richtete er sich aus meinem Arm in die Höhe:

Hören Sie, Georg? Ich sagte es ja.

Wir schritten eben unter den Fenstern des einen der großen Schlafsäle hin, in welchem wohl hundert Gefangene zu dieser Stunde eingeschlossen waren. Die weiße Mauer hob sich nur noch eben aus der Finsterniß; durch die vergitterten Fenster schimmerte ein sehr schwaches Licht. Der Sturm raste an der Mauer hin, und pfiff schrill durch die Gitter der Fenster; aber lauter noch als des Sturmes Heulen und Pfeifen erschollen gräßliche Laute, die aus dem Innern des Gebäudes drangen. In der Nacht des Tartarus verirrte Seelen müßten solche Laute ausstoßen: Licht, Licht! rief es. Wir wollen Licht!

Schnell, Georg! sagte der Director, mit großen Schritten vor mir her eilend, daß ich Mühe hatte, ihm zu folgen.

Wir traten durch die offene Thür in den weiten Flur, wo wir den Wachtmeister im lebhaftesten Streit mit dem Inspector und einem halben Dutzend Aufseher trafen.

Man wird sehen, daß er mir Recht giebt, hörte ich den braven Alten rufen. Man müßte ja ein Bär mit sieben Sinnen sein; man müßte ja einen Zahnstocher nicht von einem Scheunenthor unterscheiden können! Steckt in drei Millionen Teufel Namen die Laternen an!

Ja, steckt die Laternen an, sagte der Director, herantretend.

Alle wichen ehrerbietig zurück, nur der Inspector sagte mürrisch: Es ist gar kein Grund, Herr Director, von der Hausordnung abzuweichen, und die Kerle wissen, daß kein Grund vorhanden ist; aber sie benutzen die Gelegenheit — das ist Alles.

Vielleicht doch nicht, Herr Müller, sagte der Director. Wir Beide, Sie und ich, haben noch nicht in einem eingeschlossenen Raume gesessen, zusammen mit hundert Andern im Dunkeln oder so gut wie im Dunkeln und in einer Nacht, wie diese, in der es ist, als wollte die Welt untergehen. Die Furcht ist ansteckend, wie der Muth. Folgen Sie mir; Sie und Süßmilch und zwei Andere, die die Laternen anzünden können.

Mich nannte er nicht; er hielt es für selbstverständlich, daß ich ihm folgte. Wir bogen in den Corridor und gelangten zu der großen Thür, die in den Saal führte, an dessen Fenstern wir vorübergeschritten waren. Licht, Licht! heulte es von innen heraus und harte Fäuste trommelten gegen die eichene Thür, und dazwischen krachte es, als ob man irgendwie versuchte, sie zu sprengen.

Oeffnen Sie! sagte der Director zu dem Schließer.

Der Mann warf einen scheuen Blick auf den Inspector, der die Augen grollend zur Erde senkte.

Oeffnen Sie! wiederholte der Inspector.

Der Mann brachte zögernd den Schlüssel in das Schloß und hob die schwere Eisenstange aus den Krampen. Zögernd schob er einen und schob er den zweiten Riegel zurück. Als er die Hand an den dritten legte, blickte er noch einmal scheu zu dem Director auf, um dessen Lippen ein Lächeln schwebte.

Sie haben doch sonst das Herz auf dem rechten Fleck, Martin, sagte er.

Mit einem Ruck zog Martin den Riegel zurück; die Flügel schlugen auseinander; ich werde das entsetzliche Schauspiel, das sich jetzt meinen Blicken bot, nie vergessen, und sollte ich das Alter der weißköpfigen Krähe erreichen.

Hinter der Thür aus Holz, in der Entfernung etwa eines Fußes war eine eiserne bis oben hinaufreichende, ebenfalls verschlossene Gitterthür. Die Holzthür wurde für gewöhnlich nicht geschlossen, damit die Wache auf dem Corridor einen Blick in den Schlafsaal hatte. Heute Nacht war es doch auf Befehl des Inspectors geschehen, um die Leute für ihr Revoltiren, wie er es nannte, zu strafen. Jetzt konnte er sehen, was er dadurch angerichtet.

Die Flügel der Holzthür schlugen auseinander und das helle Licht aus der Laterne fiel auf einen wüsten Knäuel, das sich hinter der Gitterthür zusammengekauert hatte, ein Knäuel von Menschenleibern, die übereinander geschichtet, durcheinandergeworfen waren; hier ein paar Arme hervorragend, dort ein paar Beine, wie aus einem Haufen Todter, die man auf einem Schlachtfeld kopfüber in eine gemeinschaftliche Grube geworfen hat, — nur daß dieser Knäuel sich bewegte, sich durcheinanderwälzte, und aus dem Knäuel dort und hier, und hier und dort und überall lebendige Augen starrten, fürchterliche, zornige, verzweifelte, wahnsinnige Augen.

Leute, rief der Director, — und seine sonst so leise Stimme war jetzt laut genug, den Lärm zu übertönen — schämt Ihr Euch nicht? Wollt Ihr Euch verderben, um einer Gefahr zu entgehen, die nirgends existirt, als in der Dunkelheit, die Euch umgiebt, und in Euren Köpfen?

War es die Stimme, die so muthig sprach? war es der Anblick des Mannes, war es die Wirkung des Lichtstrahls, der aus den Laternen der Schließer in das Chaos fiel — aber der Knäuel löste sich, die Arme fanden sich wieder zu den Beinen, die Beine standen wieder auf den Füßen; die Augen selbst verloren den wahnsinnigen Ausdruck; ja der Eine oder der Andere schlug sie, ich weiß nicht, ob geblendet oder beschämt, zu Boden.

Gebt Raum, Leute! sagte der Director, damit ich zu Euch kann! Sie wichen zurück. Die Gitterthür wurde aufgeschlossen; der Director trat hinein, von uns gefolgt.

Nun seht, Kinder, wie thöricht Ihr seid; fuhr er in freundlichem Tone fort: da steht Ihr im Hemd, frierend, zitternd — Ihr solltet Euch wirklich schämen. Legt Euch wieder zu Bett, oder zieht Euch an und bleibt auf; ich werde Euch die Laternen anzünden lassen, damit doch Jeder sehen kann, was für ein Hasenherz sein Nebenmann, und was für ein muthiger Kerl er selber ist.

Die Leute blickten einander an, und über mehr als ein Gesicht, das noch eben von Angst verzerrt war, zog jetzt ein muthwilliges Lächeln; im Hintergrunde lachten ein paar laut auf.

Das ist recht, sagte der Director; lacht nur! vor einem ehrlichen Lachen hält kein Teufel Stand, und nun gute Nacht, Kinder! Ich muß auch zu den Andern gehen!

Unterdessen hatten die Aufseher die vier großen Laternen, welche an die Decke hinaufgezogen waren, herabgelassen und angezündet. Eine sanfte Helligkeit verbreitete sich durch den großen Raum. Draußen heulte und tobte der Sturm wie zuvor; aber den Sturm hier drinnen hatte ein gutes Wort, das in die dunklen Herzen fiel, gesänftigt.

Laßt uns zu den Andern gehen, sagte der Director.

Und weiter schritten wir durch den Corridor, in welchem heute der Lärm draußen unsere Schritte übertönte. Ueberall, wohin wir kamen, die furchtbarste Aufregung der Gefangenen, die, wenn man wollte, grundlos war, zum wenigsten in keinem Verhältnisse zu stehen schien mit den Ursachen, die sie hervorgebracht; überall dasselbe, bald mit wilden Flüchen, bald mit flehentlichen Bitten ausgesprochene Verlangen der armen Menschen nach Licht, und immer wieder nur Licht in die grauenhafte Nacht! Und überall gelang es dem ruhigen Zureden des Directors, die Halbwahnsinnigen zu beschwichtigen; nur die Insassen des einen Saales wollten oder konnten sich nicht zufrieden geben. In der That befand sich dieser Saal in einem Flügel des Gebäudes, welcher dem Anprall des Orkans noch mehr ausgesetzt war, als die übrigen Theile, und wo in Folge dessen die Wuth des Elementes alle Fesseln sprengte. Der donnerähnliche Knall, mit welchem die Windesbraut gegen die alten Mauern schlug, das wüthende Geheul, mit welchem sie um die Ecken raste, nachdem sie sich minutenlang mit der wahnsinnigsten Gewalt angestrengt, das verhaßte Hinderniß zu beseitigen, die wimmernden, klagenden, ächzenden, heulenden Töne, die, man wußte nicht wie und woher, erschallten — das Alles war furchtbar genug, auch eine freie Seele mit geheimem Grauen zu erfüllen. Dazu kam, daß in dem Augenblicke, in welchem der Director mit den Leuten parlamentirte, von dem höheren Nebengebäude der Schornstein herabgeschlagen wurde und auf den Dachstuhl des Flügels fiel, so daß Hunderte von Ziegeln herabrasselten, und, wenn nicht die Gefahr, so doch den Lärm vermehrten. Die Leute verlangten, herausgelassen zu werden; sie würden Alles daransetzen, herauszukommen; sie wollten nicht bei lebendigem Leibe begraben werden!

Aber, Kinder, sagte der Director; Ihr seid hier sicherer als irgendwo sonst; so fest wie dieser Saal ist kein anderer Theil des Gebäudes.

Er hat gut reden, murrte ein vierschrötiger, krausköpfiger Kerl; er geht nach Hause, und schläft in seinem weichen Bett.

Gieb mir Deine Matratze, Freund! sagte der Director.

Der Kerl blickte verwundert drein.

Deine Matratze, Freund; wiederholte der Director; leih' sie mir für diese Nacht; ich will sehen, ob sie so hart ist, und ob es sich hier so schlecht schläft.

Tiefe Stille folgte plötzlich dem wirren Geschrei; die Leute blickten einander verlegen an; sie wußten nicht, ob es Scherz sei oder Ernst. Aber der Director rührte sich nicht vom Platze. Schweigend, das Kinn in die Hand gestützt, gesenkten Hauptes, sinnend, stand er da; Niemand, und auch nicht ich, wagte ihn anzureden. Aller Augen wandten sich auf den trotzigen Burschen, als ob er zum Tode verurtheilt sei, und die Hinrichtung demnächst vollzogen werden solle. Und des Menschen Trotz war gebrochen; still ging er hin, holte seine Matratze, und trat mit derselben vor den Director.

Da leg' sie hin, mein Freund, sagte der Director. Ich bin müde — ich danke Dir, daß Du mir zu einem Lager verhilfst.

Der Mann breitete die Matratze auf dem Boden aus; der Director ließ sich darauf nieder, und sagte: Nun legt Ihr Andern Euch auch. Sie, Herr Inspector Müller, gehen nach dem Krankenhause, und fragen dort, ob man meiner bedarf. Sie, Georg, bleiben bei mir.

Der Inspector ging mit den Schließern; die Thür fiel in's Schloß; wir waren allein.

Allein unter ungefähr fünfzig Zuchthäuslern, zum größten Theil den schlimmsten und verwegensten Gesellen, welche die Anstalt in ihrem Schooße barg.

Aus den Laternen, die von der Decke herabhingen, fiel ein mattes Licht auf die Reihen der Lagerstätten, die sich an den Wänden und in drei langen Linien durch das Gemach zogen. Die Leute hatten sich wirklich wieder hingelegt, oder kauerten doch auf ihren Lagern. Der, welcher dem Director seine Matratze hatte geben müssen, hätte sich auch legen können, denn es standen noch ungefähr ein halbes Dutzend leere Betten in dem Saale, aber er wagte es nicht, eines derselben zu berühren, und kauerte auf den nackten Dielen in einer dunklen Ecke. Ich stand mit verschränkten Armen an der steinernen Säule, welche die Mitte der Decke stützte, und sah dem wundersamen Schauspiele zu, das sich rings um mich her zeigte, und horchte dem Sturm, der draußen mit einer Gewalt fortwüthete, die kein Ermüden zu kennen schien. Der Director lag ganz still, den Ellnbogen aufgestemmt, das Haupt in der Hand. Er schlief, oder schien zu schlafen, doch war es mir, als ob von Zeit zu Zeit ein Zucken durch seinen Körper flog. Es war warm in dem Saale; aber, als wir über den Hof gingen, hatte uns ein Regenguß durchnäßt; er hatte keine Decke, und er hatte sich eben vom Krankenbett erhoben! Wie soll dies werden? seufzte ich aus der Tiefe meines Herzens.

Plötzlich richtete sich ein Mann in meiner Nähe, nachdem er schon mehrmals den Kopf nach dem Director gewendet, vollends empor, trat, die nackten Füße leise aufsetzend, an mich heran und murmelte: Er darf da nicht so liegen bleiben, es wird sein Tod sein.

Ich zuckte die Achseln. Was sollen wir thun?

Und plötzlich steht eine zweite Gestalt neben mir, und eine andere rauhe Stimme flüstert: er muß nach Haus! Was soll er hier liegen und frieren um des krausköpfigen Schuftes willen. Wir wollen keine Schuld daran haben.

Nein, wir wollen keine Schuld daran haben, murmeln andere Stimmen. Im Nu hat sich eine Schaar um mich versammelt, die mit jedem Augenblicke wächst. Von diesen Gesellen hat Keiner geschlafen, so wenig wie ich. Alle haben sie in ihren rauhen Herzen dieselben Gedanken gewälzt. Sie möchten ihr Unrecht wieder gut machen; sie wissen nicht, wie sie es anfangen sollen. Einer findet es endlich, er soll selber hingehen und ihn bitten! — Ja, das soll er! — Wo ist er? — dahinten! — her mit ihm!

Sie dringen in die Ecke, wo der Krausköpfige kauert; ein halbes Dutzend kräftiger Fäuste reißt ihn vom Boden; so schleppen sie ihn zum Director, der, als sie herankommen, von seinem harten Lager sich emporrichtet. Der Schein der nächsten Laterne fällt voll in sein bleiches, von dunkelm Bart und Haar umschattetes Angesicht. Ein glückliches Lächeln spielt um seinen Mund, und seine großen Augen glänzen in einem wunderbaren Licht.

Ich danke Euch, sagt er, ich danke Euch! Die Stunden, die Eure Gutheit mir vielleicht noch einbringt — sie sollen Euch gewidmet sein. Und nun noch eins, Kinder! Der Mann hier bin ich selbst. Was Ihr ihm thut, thut Ihr mir!

Der Mann ist vor ihm in die Kniee gesunken, er legt ihm segnend die Hand auf den buschigen Kopf; wir wenden uns zur Thür. Ich werfe noch einen Blick zurück: von den Leuten hat sich noch keiner von der Stelle bewegt; Aller Augen sind noch starr auf den Herrlichen gerichtet, der, auf meinen Arm gestützt, eben den Saal verläßt. Aber ich zweifle, daß Alle ihn noch sehen, denn in mehr als einem dieser Augenpaare glänzen die hellen Thränen.

Sechsunddreißigstes Capitel

Es war zwei Uhr geworden, als wir wieder in das Haus traten. Bei dem ersten Ton der Glocke erschien Paula auf dem Flur, aber der Director lächelte nur freundlich und schritt, ihr die Wangen streichelnd, still vorüber in sein Zimmer, wohin ich ihm folgte. Er hatte mit seiner Tochter nicht gesprochen, weil er nicht sprechen konnte. Sein Antlitz war leichenblaß, während auf den eingefallenen Wangen dunkelrothe

Flecke glühten. Er deutete mir durch eine Handbewegung an, daß ich ihm helfen möge, sich auf sein Lager zu legen, dann winkte er mir mit den Augen Dank und schloß sie in tödtlicher Erschöpfung.

Ich hatte mich an sein Bett gesetzt und verwandte kein Auge von dem edlen, blassen Antlitz. Eine hehre Ruhe lag darüber gebreitet; auch die rothen Flecke von den Wangen verschwanden allgemach, keine Regung verrieth, daß unter dieser hohen Stirn noch ein Geist hause; mir war zu Muthe, als ob ich bei einem Todten Wache halte.

So vergingen langsam und feierlich die nächtigen Stunden.

In meinem ganzen Leben ist kein wunderbarerer Gegensatz an mich herangetreten als das stille, hehre Antlitz des schlafenden Mannes und die wilde Wuth des Sturmes, der draußen mit unverminderter Gewalt fortraste. Er durfte schlafen. Zu den seligen Gipfeln, über welchen sein Geist schwebte, trug keine gewaltigste Schwinge irdischen Sturmes.

Und ich mußte der Nacht denken, als in der Mauerhöhle der alten Zehrenburg der Schleichhändler, der eben zum Mörder geworden, sich verwundert in meinen Armen wand und Gott und die Welt und sich verfluchte. Und jener Mann war der Bruder dieses hier gewesen! Es schien unglaublich, daß derselben Mutter Leib zwei so verschiedene Wesen hatte hervorbringen, dieselbe Sonne zwei so verschiedenen Menschen leuchten können, und dann war mir wieder, als ob Beide — der Wilde und der Gute — der Menschenhasser und der Menschenfreund — einer und derselbe wären; als ob ich jenes blasse Gesicht hier vor mir schon einmal gesehen, als ob es dasselbe Gesicht sei, auf dessen bleiche Todesstirn die Morgensonne schien, welche nach der Schreckensnacht röthlich aus dem Meere stieg.

Doch das waren wohl die Phantasien Eines, den die Müdigkeit überwältigte. Auch mußte ich eine Zeit lang geschlafen haben, denn als ich wieder einmal den Kopf hob, blickte eine graue Dämmerung durch die heruntergelassenen Gardinen. Der Director lag noch da, wie er in der Nacht gelegen hatte, die Augen geschlossen, die weißen Hände über der Brust gefaltet. Ich stand leise auf, und leise verließ ich das Gemach. Ich mußte Luft schöpfen; ich mußte die Last abzuschütteln versuchen, die mir auf dem Herzen lag.

Als ich über den stillen Flur schritt, war ich verwundert zu sehen, daß der Zeiger der großen Wanduhr am Fuß der Treppe schon auf acht wies. Ich hatte nach dem spärlichen Lichte geglaubt, es sei fünf oder sechs. Doch sah ich alsbald, als ich heraustrat, warum es nicht heller sein konnte. Der schwarze Sargdeckel, der in der Nacht über der Erde gelegen, hatte sich jetzt in einen grauen verwandelt — eine Dämmerung, die nicht Nacht, nicht Tag war. Und die Gewalt des Sturmes unvermindert! Ich mußte mich, als ich um den schützenden Giebel des Hauses trat, fest auf die Füße stemmen, um nicht umgeworfen zu werden. So, mich nach vorn beugend, schritt ich durch den sonst so lieblichen Garten, der jetzt nur noch eine grausige Stätte der Verwüstung war. Da lagen Bäumchen, die mit der Wurzel herausgerissen, da lagen Bäume, die wenige Fuß über der Wurzel abgebrochen waren. Der Weg war mit Zweigen und Zweiglein übersäet, die Luft mit durcheinander wirbelnden Blättern buchstäblich angefüllt. Nur die alten Platanen auf dem Altan schienen der Wuth des Sturmes trotzen zu wollen, wenn auch ihre majestätischen Wipfel in wilden Wellen durcheinander gepeitscht wurden. Ich arbeitete mich nach dem Belvedere hin, dem einzigen Punkte, von welchem man eine, wenn auch beschränkte Aussicht nach der Wetterseite hatte. Ich fürchtete schon, das alte Gartenhäuschen möchte dem Anprall nicht haben widerstehen können; aber da war es noch; ohne Zweifel hatte es die hohe Bastion jenseits des Wallgrabens geschützt. Ich eilte, in dem Häuschen einen Schutz zu suchen; als ich hastig durch die offene Thür trat, sah ich Paula neben einem der schmalen Fenster stehen, die nach der Wasserseite lagen.

Sie hier, Paula! rief ich erschrocken. Sie hier in diesem Wetter, das uns jeden Augenblick das Häuschen über dem Kopf zusammenwerfen kann!

Wie geht es dem Vater? fragte Paula.

Er schläft, erwiderte ich; Sie haben nicht geschlafen.

Ihre Wangen waren so bleich, ihre großen Augen so tief gerändert! Sie wandte den Blick ab und deutete durch das Fenster, an welchem sie gestanden hatte und das jetzt nur noch eine Fensterhöhle war, denn der Sturm hatte die bunten Rauten, bis auf eine unten in der Ecke, eingedrückt.

Ist das nicht furchtbar? sagte sie.

Und furchtbar war es in der That. Bleigrau der Himmel, bleigrau das Meer, und zwischen Himmel und Meer weißliche Punkte, wie Schneeflocken, die ein Novemberwind durcheinander wirbelt. Die weißlichen Punkte waren Möven und ihr klägliches Geschrei schallte auf Augenblicke bis zu uns herüber. Auf der hohen Bastion uns gegenüber hatte der Sturm das fußlange Gras, das sonst so lustig im Winde nickte, platt gedrückt, wie wenn schwere Walzen darüber hingegangen wären; und über dem langen niedrigen Wall zur Rechten erhoben sich von Zeit zu Zeit schimmernde Streifen, für die ich im Anfang keine Erklärung hatte. Konnten das die Kämme von Wellen sein? Es schien unmöglich. Der Wall — das wußte ich — war zwölf Fuß und darüber hoch und hatte noch einen breiten, sandigen Vorstrand, auf welchem eine viel frequentirte Badeanstalt angelegt war. Ich hatte über den Wall weg das Meer immer nur in perspectivischer Entfernung gesehen; aber diese schimmernden Streifen, wenn es Wellen waren, tanzten nicht auf der hohen See; ich sah deutlich, wie sie auf- und niedertauchten und sich überschlugen und abgerissen und in Staub und Schaum zerpeitscht über den Wall fortgetrieben wurden. Es war die

Brandung; und die Brandung war bis an den Rand des Walles gestiegen.

Was soll das geben? sagte Paula.

Es war genau dieselbe Frage, die ich mir gestern Abend genau auf dieser selben Stelle vorgelegt hatte, wenngleich in einem ganz anderen Sinne. Ich hatte nur an sie gedacht, die jetzt vor mir stand und mit großen, angstvollen Augen zu mir aufschaute, aber in meinem, durch die schlaflose Nacht zerrütteten Geiste flossen Natur und Menschenschicksal unentwirrbar in einander, draußen war drinnen und drinnen draußen.

Paula! sagte ich.

Sie blickte zu mir empor.

Paula! wiederholte ich und meine Stimme zitterte und meine Hand suchte die ihre; Wenn der Sturm des Lebens einmal gegen Sie wüthet, wie der da gegen uns Beide hier — würden Sie sich zu mir um Schutz und Hülfe wenden? Sagen Sie, Paula, würden Sie das?

Ein flammendes Roth flog über ihre bleichen Wangen, sie zog ihre Hand, die ich nicht festzuhalten vermochte, aus der meinen.

Sie gehören zu den guten Menschen, Georg, die Allen helfen möchten, und auf die deshalb Alle Ansprüche zu haben meinen.

Das ist keine Antwort, Paula, sagte ich.

Sie öffnete den Mund, aber ich erfuhr nicht, ob die schlimme Auslegung, welche ich ihren Worten gegeben, die richtige sei, denn in diesem Augenblicke wurde das Gartenhäuschen von einem Stoß getroffen, der das Bretterdach wegriß und die noch übrig gebliebenen Fenster eindrückte, daß die Scherben um uns herumflogen. Ich faßte Paula um die Hüfte und zog sie aus dem baufälligen morschen Häuschen fort, das wir kaum verlassen hatten, als es polternd zusammenstürzte. Paula stieß einen Schrei des Entsetzens aus und klammerte sich fest an mich. Mein Herz wollte aufjauchzen, als ich das liebe Mädchen so umfaßt hielt; aber sie löste sich alsbald mit einer gewissen Heftigkeit aus meinen Armen.

Welche Schwächlinge wir Frauen doch sind! sagte sie; Ihr Männer müßt wahrlich denken, wir seien zu nichts auf der Welt, als uns von Euch beschützen zu lassen.

Als sie das sagte, lag es wie Zorn auf ihrer Stirn, in ihren großen Augen; aber um ihren Mund zuckte ein verhaltenes Weinen.

Was ging in diesem Augenblick vor in ihrem Gemüth?

Ich habe es erst viele Jahre später erfahren.

Wir gingen oder kämpften uns vielmehr nach dem Hause zurück. Es wurde kein Wort weiter zwischen uns gesprochen, auch nahm sie meinen Arm nicht, den ich ihr nicht anzubieten wagte. Würde sie eines Anderen Arm ebenso verschmähen? fragte ich mich.

Traurig, wie ich mich nie gefühlt, saß ich eine Stunde später auf meinem Bureau. Arbeiten zu sollen mit dieser Unruhe im Herzen, mit diesem Druck auf dem Gehirn, an einem Tage, wie dieser! Aber zuerst seine Pflicht thun, das Andere findet sich! Das war das Wort des Directors, und nach diesem Worte setzte ich mich an meine Arbeit und stellte Listen auf und revidirte Rechnungen und verrechnete mich nicht. Ich hatte meine lange Lehrzeit wohl bestanden; ich durfte es sagen: ich hatte zu arbeiten gelernt.

Es war Mittag geworden, als ich mich zum Director begab, ihm die Sachen, die ich gefertigt, zur Unterschrift vorzulegen. In dem Vorzimmer zu seinem Arbeitscabinet angelangt, blieb ich stehen, denn ich hörte durch die geöffnete Thür sprechen.

Es ist eine herrliche Zeit, sagte eine sanfte Stimme, die sich in jüngster Zeit seltener im Directorhause hatte vernehmen lassen; — eine herrliche Zeit; dies ist: eine Zeit des Herrn, da er sich offenbart in Sturm und Gewitter, das Herz des sündigen Menschen aus seinem Frevelmuth aufzuschrecken. Verstehen wir diese Zeit, Herr Director! Lassen wir den Herrn nicht vergeblich rufen!

Sie verzeihen, wenn ich nicht Ihrer Ansicht bin, Herr von Krossow; ich habe heute Nacht ein Beispiel davon gehabt, zu welchem Unsinn abergläubischer Schrecken diese verwilderten Seelen treibt. Wollen Sie die Leute über das Naturereigniß aufklären, bin ich gern bereit, Sie in dieser Bemühung zu unterstützen; von einer gemeinschaftlichen Fürbitte sehe ich keinen Vortheil, und muß mich also zu meinem Bedauern dagegen aussprechen.

Der Director hatte das in seiner ruhigen, überzeugenden Weise gesagt; aber es schien nicht, daß er seinen Gegner überzeugt hatte. Es entstand eine kurze Pause, dann fing die milde Stimme wieder an:

Ich vergaß zu erwähnen, daß der Herr Präsident, von dem ich eben komme, und dem ich meinen Plan mittheilte, ganz meiner Meinung war, ja, daß er den Wunsch äußerte: es möchten in allen Kirchen die Glocken gezogen und die Gemeinde zum Gebet gerufen werden. Er würde es schwer empfinden, wenn er hier — gerade hier — seine Autorität — wie soll ich sagen — mißachtet sähe.

Ich fürchte, erwiderte der Director, es werden heut' noch Manche in der Lage sein, der Autorität des Herrn Präsidenten den schuldigen Respect versagen zu müssen; ich fürchte: es werden die Glocken gezogen werden, aber nicht, um die Leute in die Kirche, sondern an die Arbeit zu rufen. Es wird, wenn der Sturm nicht bald nachläßt, vor Nacht noch viele und schwere Arbeit geben.

Da zitterte durch das Brausen des Sturmes ein wimmernder Ton, wie aus den Wolken heraus, dem andere ähnliche wimmernde, abgerissene Töne nachheulten; in demselben Augenblicke wurde auch die Thür nach dem Flur aufgerissen, und hereinstürzte der Doctor athemlos.

Es ist, wie wir gedacht, keuchte er, an mir vorüber in das Gemach des Directors eilend, in welches ich ihm in einer Regung, die etwas Besseres als Neugierde war, folgte.

Es ist, wie wir gedacht, wiederholte der Doctor, seine Brille abnehmend und sich den nassen Sand und allerlei Spreu, womit er über und über bedeckt war, aus dem Gesicht wischend; in einer Stunde, höchstens in zwei Stunden hat das Wasser den Wall überstiegen, wenn nicht vorher ein Durchbruch erfolgt, was an mehr als einer Stelle zu befürchten steht.

Und was trifft man für Vorkehrungen?

Man legt die Hände in den Schooß — ist das noch nicht genug? Ich bin spornstreichs zum Polizei-Director und zum Präsidenten gelaufen; sie sollten Alles, was die Arme rühren kann, auf den Wall schicken; sie sollen das Bataillon zurückkommen lassen. Es ist — können Sie sich den Wahnsinn denken! — vor einer Stunde, weil keine Contreordre gekommen ist, zum Manöver abmarschirt und quält sich jetzt auf der Chaussee hin, wenn der Sturm sie nicht längst alle rechts und links in den Graben geworfen hat, was mir wahrscheinlicher ist. Sie können unter allen Umständen noch nicht weit sein, in einer Stunde, in anderthalb meinetwegen, sind sie zurück, wenn man ihnen ein paar reitende Boten nachschickt. Hier sind sie mehr von Nöthen, als in den Chausseegräben. Das Alles stelle ich den Herren vor. Was glauben Sie, das mir der Polizei-Director antwortet? er sei selbst Soldat gewesen und wisse, daß ein Officier seiner Ordre nachzukommen habe. Es sei nicht daran zu denken, daß das Bataillon auf seine Bitten umkehren werde. Und der Präsident? dieser scheinheilige — was giebt's? ah! Herr von Krossow! Sie hier! Thut mir leid, daß Sie haben hören müssen, wie ich über Ihren Herrn Onkel denke; aber es ist nun einmal heraus, ich kann mir und ihm nicht helfen. Ich weiß nicht anders, als daß es nur den Schein von Heiligkeit haben heißt, wenn man in einer solchen Calamität von Strafgerichten Gottes, von dem Stachel, gegen den man nicht löcken dürfe, spricht.

Ich werde nicht ermangeln, meinem Onkel von den freundlichen Gesinnungen, die man hier so ungenirt gegen ihn ausspricht, pflichtschuldigen Bericht zu erstatten; sagte Herr von Krossow, indem er mit vor Wuth zitternden Händen seinen breitkrämpigen Hut ergriff und zur Thür hinauseilte.

Glück auf den Weg! rief der kampflustige Doctor, mit seinen kurzen Beinen ein paar Schritte hinterherlaufend, wie ein Hahn, den sein Gegner allein auf dem Kampfplatz gelassen hat. Glück auf den Weg! rief er noch einmal durch die offengebliebene Thür, die er dann, Zorn und Verachtung schnaubend, wüthend zuwarf.

Sie haben sich um Ihre Stelle hier gebracht, sagte der Director ernst.

So weiß der Kerl doch, wie ich über ihn denke, krähte der Doctor.

Was liegt daran? sagte der Director. Aber daran, daß Sie hier Arzt sind, — daran liegt sehr viel, vor Allem mir. Wir müssen sehen, wie das wieder in's Gleiche zu bringen.

Der Director ging mit langsamen Schritten, die ernsten Augen vor sich nieder auf den Boden gerichtet, durch das Gemach; der Doctor stellte sich von einem Fuß auf den andern und sah sehr verblüfft und beschämt aus.

Was giebt's? fragte der Director einen Schließer, der eben mit verstörten Mienen zur Thür hereinkam.

Es sind eine Menge Leute da, Herr Director.

Wo?

Vor dem Thor, Herr Director.

Was für Leute?

Zumeist aus der Brückengasse, Herr Director, sie sagen, sie müßten Alle versaufen, Herr Director. Und weil die Anstalt nun doch so viel höher liegt —

Der Director verließ, ohne ein Wort zu erwidern, das Zimmer und das Haus. Wir folgten ihm über den Hof. Er war herausgetreten, wie er ging und stand, in kurzem seidenen Hausrock, ohne Hut oder Mütze. So schritt er vor uns hin, und der Sturm, der im Hof umherfuhr, zerzauste sein Haar und peitschte die Spitzen des langen Schnurrbartes, wie Flaggenzipfel.

Wir kamen zum Thor, das der mürrische Thorwart aufschließen mußte. Ich hatte gestern Abend, als eine Gefängnißthür sich öffnete, ein grausiges Bild gesehen; ich sollte hier ein rührendes, bejammernswerthes zu sehen bekommen, das nicht weniger klar in meiner Erinnerung stehen geblieben ist.

Es mochten wohl fünfzig Menschen sein, zumeist Weiber; aber auch Männer, alte und junge, und Kinder, zum Theil noch auf den Armen ihrer Mütter. Fast Alle trugen sie Sachen in der Hand, oder hatten sie vor sich auf den Boden gestellt, die ersten und gewiß nicht immer die besten, die sie in der Eile und der Angst ergriffen. Ich sah eine Frau, die einen großen Wassertrog auf der Schulter hatte, den sie mühsam fest hielt, als müsse er zerbrechen, wenn sie ihn auf die Erde niedersetzte; ich sah einen Mann, der ein leeres Vogelbauer trug, das der Wind hin und her schleuderte. Das Thor war kaum geöffnet, als Alle wie von Furien gejagt, auf den Hof stürzten. Der Schließer wollte sich ihnen entgegen stellen; der Director ergriff ihn beim Arme.

Nicht doch! sagte er.

Wir waren auf die Seite getreten und hatten den wüsten Strom an uns vorübergelassen, der sich jetzt über den Hof ausbreitete, zum Theil bereits nach den Thüren der Gebäude stürzte.

Halt! rief der Director.

Die Leute standen.

Laßt die Frauen und die Kinder hinein, sagte er zu seinen Leuten, auch die Alten und die Kranken. Ihr Männer mögt einen Augenblick eintreten, Euch zu erwärmen; in zehn Minuten seid Ihr wieder hier, dies ist keine Zeit für Männer, hinter dem Ofen zu hocken.

Da kamen schon wieder neue Gäste durch das offene Thor. Laßt sie herein, laßt Alle herein! rief der Director.

Ein junges Weib mit einem Kinde auf dem Arm, das den Andern nachgestürmt kam, trat vor den Director hin und rief: Ich will meinen Mann. Warum halten Sie ihn eingesperrt? Ich kann die Bälger nicht alle auf einmal tragen; wenn ich sie nicht mehr finde, so könnt Ihr dies auch nur ersäufen!

Sie war im Begriff, das Kind auf die Erde zu legen, als sie es plötzlich dem Doctor, welcher dabei stand, in die Arme drückte und wieder zum Hofe hinausstürzte. Das junge Weib hatte wunderbar blondes, langes Haar, und das Haar war aufgegangen, und wie sie jetzt in rasender Eile davon stürzte, flatterte es in tausend sturmgepeitschten Strähnen hinter ihr her.

Machen Sie, daß Sie Ihre kleine Bürde los werden, sagte der Director lächelnd zu dem Doctor, und sehen Sie nach den Weibern und Kindern. Und noch *eines*, lieber Freund! Sorgen Sie dafür, daß die Leute mit ihrem Mittagessen in einer Viertelstunde fertig sind; und dann sollen sie hier antreten, hören Sie, Alle ohne Ausnahme, außer den Kranken!

Der Doctor warf einen fragenden Blick auf seinen Chef. Plötzlich flog es wie ein Lichtstrahl auf sein groteskes Gesicht, und das schreiende Kind fest gegen die Brust drückend, lief er mit seltsam trippelnden Schritten in das Haus, die Befehle des Directors auszuführen.

Bleib' hier, Georg! sagte dieser zu mir, und sprich mit den Leuten; Du kannst das ja; ich bin in zehn Minuten wieder hier.

Er ging; ich schaute ihm mit starren Blicken nach. Was war das? Zum ersten Male hatte er mich Du genannt! Sein Auge war voll auf mich gerichtet gewesen, er hatte sich nicht versprochen; er hatte es aber auch nicht mit Absicht gesagt, ich fühlte das instinctiv; ich fühlte, ja, ich wußte, daß der Moment zu hoch war, und daß die kleinlichen Schranken, welche das conventionelle Leben zwischen uns aufthürmt, vor den Blicken dieses Mannes zu einem Nichts zusammenschrumpfen mußten. Und ich wußte auch, was er vorhatte; ich wußte, daß er sich rüstete zu einem Kampf auf Tod und Leben, und daß er gegangen war, Abschied zu nehmen von den Seinen. Ein Schauder durchrieselte mich, meine Brust hob sich, mein Kopf richtete sich empor. Ihr guten Leute, rief ich, seid getrost, er wird Euch helfen, wenn ein Mensch helfen kann.

Sie drängten sich zu mir; sie klagten mir ihre große Noth, wie das Wasser gestiegen sei seit gestern Mitternacht, einen Fuß in jeder

Stunde fast, das sei nun zwölf Stunden her und der Wall habe an der höchsten Stelle nur eine Höhe von dreizehn bis vierzehn, die Brückengasse und die nächste, die Schwedengasse, lägen nur wenig höher als das Meer, und wenn der Wall bräche, seien sie alle verloren. Der Lootsen-Commandeur Walther, der das gut verstände, habe immer gesagt, da müsse etwas geschehen, aber für dergleichen hätten sie ja kein Geld, das brauchten sie zu den Bastionen und Kasematten auf der Landseite.

Und meine beiden Jungen haben sie in die bunte Jacke gesteckt, sagte ein alter Mann, die liegen nun auf der Landstraße, da können sie uns freilich nicht helfen.

Aber er wird es, sagte ich.

Der alte Mann blickte mich ungläubig an: er ist ein guter Herr, sagte er, das weiß jedes Kind; aber was kann er thun?

In diesem Augenblick trat der Director wieder aus dem Hause; zu gleicher Zeit strömten aus drei verschiedenen Thüren, welche in die verschiedenen Flügel des Hauptgebäudes führten, die Arbeits- und Zuchthäusler heraus, an die vierhundert, alle mehr oder weniger rüstige Männer, in ihren grauen Arbeitsjacken, die meisten bereits ausgerüstet mit Spaten, Hacken, Aexten, Stricken, und was denn noch sonst aus der Kammer an Werkzeugen und zweckdienlichen Hülfsmitteln hatte genommen werden können. Die Leute waren von ihren Aufsehern geführt.

So kamen sie heran in militärischem Schritt und Tritt. Halt! Front! commandirten die Aufseher und die Leute standen in drei Gliedern aufmarschirt, stramm und fest, wie eine Compagnie unter dem Gewehr.

Zu mir, Männer, rief der Director mit tönender Stimme. Die Leute traten heran. Aller Augen waren starr auf ihn gerichtet, der, gebeugten Hauptes, sinnend dastand. Plötzlich schaute er auf, sein Blick leuchtete über den Kreis und mit einer Stimme, die man dieser kranken Brust nimmer zugetraut hätte, rief er:

Männer! Ein Jeder von uns hat in seinem Leben eine Stunde gehabt, um die er viel gäbe, wenn er sie zurückkaufen könnte. Nun ist Euch heute ein großes Glück beschieden; ein Jeder von Euch, sei er, wer er sei, und habe er gethan, was er gethan habe — ein Jeder soll jene Stunde zurückkaufen dürfen und wieder werden, was er vordem war, vor Gott, vor sich selbst und vor allen guten Menschen. Man hat Euch gesagt, um was es sich handelt. Es gilt, sein Leben in die Schanzen zu schlagen für das Leben Anderer, für das Leben von Weibern und Kindern. Ich mache Euch keine eitlen Versprechungen, ich sage Euch nicht: Was Ihr thun werdet, soll Euch zu freien Menschen machen. Ich sage Euch im Gegentheil: Ihr werdet hierher zurückkehren, wie Ihr ausgegangen seid; kein Lohn, keine Freiheit, Nichts harrt Eurer, wenn heute Abend nach gethaner Arbeit jenes Thor sich wieder hinter Euch schließt, nichts, als der Dank Eures Directors, ein Glas steifen Grogs und ein sanftes Ruhekissen, wie es einem ehrlichen Kerl ziemt. Wollt Ihr unter diesen Bedingungen zu Eurem Director stehen? Wer es will, der hebe seine Rechte empor und rufe aus voller Brust: Ja!

Und vierhundert Arme flogen in die Höhe und aus vierhundert Männerkehlen donnerte ein Ja, das den Sturm übertönte.

Im Nu war die Schaar auf den Befehl und unter der Leitung des Directors zusammen mit den Männern, die vorhin in die Anstalt geflüchtet waren, in drei Züge getheilt, von denen Süßmilch den ersten, ich den zweiten und ein Sträfling, Namens Mathes, der früher Schiffbauer gewesen, ein sehr intelligenter, thatkräftiger Mensch, den dritten führen sollte. Die Aufseher standen in Reih' und Glied. Heut, Kinder, sind wir Alle gleich und Jeder ist sein eigener Aufseher, sagte der Director. So marschirten wir zum Thor hinaus.

Der Weg, die enge Straße, auf welche das Hauptthor führte, hinab, war nicht lang und wurde schnell zurückgelegt; aber an dem alten und ziemlich engen Thor an dem Ende der Straße fanden wir einen unerwarteten, seltsamen Widerstand, der mir mehr als alles Vorhergegangene die Gewalt des Sturmes bewies. Das alte Thor war eigentlich nur noch ein offener weiter Mauerbogen; dennoch brauchten wir mehr Zeit hindurchzukommen, als wenn wir die schwersten, eisenbeschlagenen, eichenen Thorflügel hätten sprengen müssen, so drückte der Sturm durch die Oeffnung. Wie ein Riese mit hundert Armen stand er draußen und stieß jeden Einzelnen, der sich an ihn wagte, wie ein machtloses Kind zurück; nur unseren vereinten Anstrengungen, indem wir uns gegenseitig die Hände reichten und an der inneren rauhen Oberfläche des Thores festhielten, gelang es, durch den Engpaß zu kommen. Dann ging es auf dem Wallwege zwischen der hohen Bastion auf der einen, und den Gebäuden der Anstalt auf der anderen Seite schnell vorwärts, bis wir an den Ort gelangten, wo unsere Hülfe Noth that.

Es war jener lange, niedrige Wall, der unmittelbar an die Bastion stieß und über dessen Rand ich so oft vom Belvedere aus sehnsüchtigen Blickes auf das Meer und auf die Insel geschaut hatte. Seine Länge betrug vielleicht fünfhundert Schritt. Dann kam der Hafen mit seinen weit in das Meer hineingebauten, steinernen Molen. Warum diese Stelle bei einem Sturm, wie der heutige, so unendlich gefährdet war, wurde mir auf den ersten Blick klar. Das von der offenen See unter der Gewalt des Sturmes hereinfluthende Wasser wurde zwischen der hohen Bastion, die auf gewaltigen Futtermauern ruhte, und dem langen Hafendamm wie in einer Sackgasse gefangen, und da es weder rechts noch links ausweichen konnte, mußte es wohl das Hemmniß, welches sich ihm hier entgegenstämmte, zu durchbrechen suchen. Riß aber der Wall, so war der ganze untere Theil der Stadt verloren. Das konnte Keinem entgehen, der von dem Wall stadtwärts in die engen Hafengäßchen sah, deren Dachfirsten zum großen Theil kaum die Höhe des Walles erreichten, so daß man über dieselben weg in die Binnenhafen sehen konnte, welcher auf der uns entgegengesetzten Seite der Hafenvorstadt lag, und wo jetzt die Masten der Schiffe wie Binsen durcheinanderschwankten.

Ich glaube, daß ich keine Viertelminute gebraucht habe, mir die Situation, wie ich sie soeben geschildert, vollkommen klar zu machen, und mehr Zeit ist mir auch schwerlich vergönnt gewesen. Sinn und Gemüth wurden von dem Anblicke der Gefahr, die wir zu bekämpfen gekommen waren, zu mächtig ergriffen. Ich, der ich mein ganzes Leben an der Küste zugebracht, der ich mich Tage lang in großen und kleinen Fahrzeugen auf den Wellen geschaukelt, der ich manchen Sturm, an Bord und von der Küste aus, mit nimmer müder Aufmerksamkeit und sympathetischem Grausen beobachtet hatte — ich glaubte, das Meer zu kennen, und sah jetzt, daß ich es nicht besser kannte, wie Jemand eine Bombe kennt, die er nicht hat explodiren, und Tod und Verderben rings um sich her hat streuen sehen. Nicht einmal in der Phantasie war ich der Wirklichkeit nahe gekommen. Das war nicht mehr die See, die aus Wasser bestand, welches kleinere und größere Wellen bildet, welche Wellen mit größerer oder geringerer Gewalt an das Ufer schlagen — dies war ein Scheusal, eine Welt von Scheusalen, die mit weit aufgerissenen, schäumenden Rachen, brüllend, heulend, schnappend dahergefahren kamen; — es war gar nichts Bestimmbares mehr: der Untergang aller Form, ja selbst aller Farbe, das Chaos, das hereinbrach, die Welt der Menschen zu verschlingen.

Ich glaube, daß wohl keiner in der ganzen Schaar war, auf den dieser Anblick anders wirkte. Ich sehe sie noch dastehen, die vierhundert, wie sie auf den Wall heraufgestürmt waren, mit bleichen Gesichtern, die starren Augen bald auf das heulende Chaos, bald auf den Nachbar gerichtet, und dann auf den Mann, der sie hierhergeführt, und der allein im Stande war, zu sagen, was hier geschehen solle, was hier geschehen könne.

Und niemals hat eine rathlose Schaar einen bessern Führer gehabt.

Der herrliche Mann! Ich sehe ihn mit dem treuen Auge der Liebe, das sinnend in die Vergangenheit blickt, so oft, in so vielen Situationen, und immer sehe ich ihn schön und groß; aber in keinem Augenblicke schöner und größer als in diesem, wie er dastand auf dem höchsten Punkte des Walles, sich festhaltend an der Flaggenstange, die er dort hatte aufrichten lassen; — schöner und größer und heldenhafter! Ja! Heldenhaft war seine Haltung und heldenhaft sein Auge, das die Gefahr und die Abhilfe in einem Blick umspannte, und heldenhaft war die Stimme, die unermüdet, mit scharfem klaren Ton, in knappen, bestimmten Worten die nöthigen Befehle ertheilte! Die mußten hinab in

die Hafengassen und an leeren Fässern und Kasten und Kisten herbeischaffen, was sie konnten; die mit Spaten und Schaufeln und Karren
und Körben hinauf auf die Bastion, wo es Erde in Ueberfluß gab; die
mit Sägen und Beilen und Stricken hinüber in das benachbarte Glacis,
die jungen Bäume zu fällen, die seit Jahren auf einen Feind warteten,
der heute gekommen war; die auf die nahe gelegene Lastadie, die
Schiffszimmerleute aufzufordern, mit Hand an's Werk zu legen und
ein paar Dutzend große Balken, die wir nothwendig brauchten, sei es
mit Güte, sei es mit Gewalt herbeizuschaffen. Noch war keine halbe
Stunde vergangen und die mit genialer Umsicht angeordnete Arbeit
war im vollen Gange. Hier wurden Körbe mit Erde in die Lücken gesenkt, die das Meer in den Wall riß, dort Pfähle eingeschlagen und mit
Zweigen durchflochten, dort eine Balkenwand aufgeschichtet. Und
das trieb und hastete sich, und grub und schaufelte und hämmerte und
karrte und schleppte Centnerlasten herbei mit einer Emsigkeit, mit
einer Kraft, mit einem starken, opferfreudigen Muth, daß mir noch
jetzt die Thränen in die Augen kommen, wenn ich daran denke; wenn
ich denke, daß dies dieselben Menschen waren, welche die Gesellschaft
von sich ausgestoßen, dieselben Menschen, die vielleicht um weniger
Brocken willen, um eines kindischen Gelüstes, zum Dieb geworden;
dieselben Menschen, die ich so oft verdrossen durch die Höfe der Anstalt an die Arbeit hatte schleichen sehen; dieselben Menschen, die
gestern Abend der Sturm, der an die Mauern ihres Gefängnisses
schlug, zu rasender Angst hatte aufregen können! Da lag die Stadt
unter ihnen: sie konnten hineinstürzen und rauben, brennen und morden nach Herzenslust — wer sollte es ihnen wehren? Da lag die weite
Welt offen vor ihnen: sie durften nur davon- und hineinlaufen — wer
sollte sie zurückhalten? Hier war eine Arbeit, schwieriger, mühsamer,
gefährlicher, als eine, die sie je gethan — wer konnte sie dazu zwingen?
da war der Sturm, vor dem sie gestern gezittert, in seiner scheußlich-
sten Gestalt — warum zitterten sie heute nicht? Warum gingen sie
scherzend, lachend in die offenbare Todesgefahr, als es galt, den
großen Schiffsmast, der vom Hafen hergetrieben war, und jetzt von
den Wellen als Sturmbock gegen den Wall geschleudert wurde, herein-
zuholen? Warum? Ich meine, wenn alle Menschen dies Warum mit mir
in gleicher Weise beantworteten, dann gäbe es keine Herren und
Knechte mehr, dann sänge man nicht mehr das alte traurige Lied vom
Hammer, der kein Amboß sein will, dann — doch warum ein Warum
beantworten wollen, das nur die Weltgeschichte beantworten kann?
Warum die Ahnung unseres Busens herausstellen in die Welt, die
gleichgültig daran vorübertreibt, ohne hinzublicken, vielleicht nur
hinblickt, um darüber zu spotten! —

Wer diese Arbeit sah, wer diese Menschen sich die Haut von dem
Fleisch und das Fleisch von den Knochen reißen sah in ihrer gewalti-

gen, fürchterlichen Arbeit, der lachte nicht, und wer es sah, das waren die armen Bewohner der Hafengassen, Weiber und Kinder zumeist — denn die Männer mußten mit arbeiten —, die herbeikamen und unten im Schutze des Walles standen und mit sorgenvollen, erstaunten Mienen hinaufschauten zu den Graujacken dort oben, die sie sonst nur mit mißtrauischen, scheuen Blicken von weitem beobachteten, wenn dieselben, in kleinen Trupps von einer kleinen Außenarbeit kommend, durch die Straßen geführt wurden. Heute hatten sie keine Angst vor den Graujacken; heute beteten sie, daß ihnen Speise und Trank gesegnet sein möge, die sie selbst bereitwillig herbeitrugen. Sie hatten keine Angst vor den vierhundert Graujacken, sie wünschten höchstens, daß ihre Zahl sich verdoppeln und verdreifachen möge!

Aber es gab Leute, die weit aus dem Bereiche der Gefahr wohnten, um deren Gut und Leben es sich in diesem Augenblicke keineswegs handelte und die deshalb vollauf in der Lage waren, das Ungehörige und Ungesetzliche, das man hier zu vollführen wagte, bitter zu empfinden.

Ich erinnere mich, daß nach einander der Polizei-Director von Rabach, der Regierungs-Präsident von Krossow, der Generallieutenant und Commandant der Festung, Excellenz Graf Dankelheim kamen, und unsern Anführer mit Bitten, Befehlen, Drohungen bestürmten, seine gefürchtete Brigade wieder hinter Schloß und Riegel zu bringen. Ja, ich erinnere mich, daß sie gegen Abend zusammen da waren, einen gemeinschaftlichen Sturm zu versuchen, und ich muß noch heute lächeln, denke ich der heiteren Ruhe, mit welcher der Gute, Brave diesen Angriff zurückwies.

Was wollen Sie, meine Herren? sagte er. Wollen Sie wirklich lieber, daß Hunderte ihr Leben verlieren und das Eigenthum von Tausenden vernichtet wird, als daß ein Dutzend oder ein paar Dutzend dieser armen Schelme das Weite und die Freiheit suchen, die sie nebenbei heute redlich verdient haben? Und übrigens werde ich sie, wenn die Gefahr vorüber ist, zurückführen. Bis dahin soll mich Niemand von hier vertreiben, es sei denn, daß er mich mit Gewalt vertriebe, und dazu ist ja wohl glücklicherweise Keiner von Ihnen im Stande, meine Herren! Und nun, meine Herren, muß diese Unterredung zu Ende sein, das Dunkel bricht herein; wir haben höchstens noch eine halbe Stunde, unsere Vorbereitungen für die Nacht zu treffen. Ich habe die Ehre, meine Herren!

Und bei den Worten machte er eine Handbewegung gegen die drei Würdenträger, die mit unendlich armseligen Mienen davonschlichen, und wandte sich dahin, wo man seiner bedurfte.

In diesem Augenblicke mehr als je; denn es war jetzt — kurz vor dem Hereinbrechen der Nacht — als ob der Sturm seine ganze Kraft zu einem letzten, entscheidenden Angriff zusammennähme. Ich fürchtete, daß wir unterliegen würden, daß die sechsstündige, verzweifelte Arbeit vergeblich gewesen sei. Die Riesen-Wellen brandeten nicht mehr zurück — ihre Kämme wurden abgerissen und über den Wall herüber weit in die Straßen geschleudert. Angstheulend stob die unten versammelte Menge auseinander; von uns Arbeitern vermochte kaum einer noch oben Stand zu halten, ich sah verwegene Gesellen, die bis dahin mit der Gefahr gespielt hatten, bleich werden und den Kopf schütteln und hörte sie sagen: Es ist unmöglich, es geht nicht mehr.

Und jetzt kam der schauerlichste Act in diesem furchtbaren Drama.

Ein kleines holländisches Schiff, daß draußen auf der Rhede gelegen hatte, war von seinen Ankern getrieben, und wurde in der grauenhaften Brandung wie eine Nußschale hinüber und herüber, aus der Tiefe in die Höhe, aus der Höhe in die Tiefe und mit jeder Welle näher an den Wall geschleudert, den wir vertheidigten. Wir sahen die verzweifelten Geberden der Unglücklichen, die in den Raaen hingen, wir hätten uns einbilden können, ihr Angstgeschrei zu hören.

Können wir nichts thun? rief ich, nichts? mich mit Thränen der Verzweiflung in den Augen an den Director wendend.

Er schüttelte traurig den Kopf. Das Eine vielleicht, sagte er, daß, wenn das Schiff bis oben hinauf geschleudert wird, wir versuchen, es festzuhalten, damit es die Brandung nicht wieder herabstrudelt. Gelingt es nicht, sind jene verloren, und wir auch, denn das hin- und hergeschleuderte Fahrzeug würde uns eine Bresche in den Wall schlagen, die wir unmöglich wieder ausfüllen können. Laß starke Pfähle einschlagen, Georg, und das eine Ende unserer dicksten Seile daran befestigen. Es ist eine schwache Möglichkeit nur, aber es ist doch eine. Komm!

Wir eilten zu der Stelle, an der das Fahrzeug voraussichtlich stranden mußte, und von der es nur noch wenige hundert Fuß entfernt war. Die Leute waren von dem Wall gewichen und hatten vor der maßlosen Wuth des Sturmes, wo sie konnten, Schutz gesucht, jetzt, als sie ihren Führer selbst die Axt in die Hand nehmen sahen, kamen sie alle wieder herbei und arbeiteten mit einer Art von Wuth, im Vergleich zu dem Alles, was sie bis jetzt geleistet, Kinderspiel gewesen.

Die Pfähle waren eingerammt, die Seile befestigt. Ich selbst und noch drei andere Männer, die für die stärksten galten, standen auf dem Wall, des rechten Augenblickes harrend. Furchtbare Momente, die dem Muthigsten das Blut in den Adern erstarren, die einem Jünglinge das braune Haar bleichen konnten!

Und das kaum für möglich Gehaltene gelang. Eine Riesenwelle kam herangebraust, auf ihrem Rücken das Fahrzeug. Und da bricht sie herein — eine Sündfluth, die sich über uns ergießt; aber wir stehen fest, wir krampften uns mit den Nägeln an die eingerammten Pfähle, und als wir wieder um uns blicken können, liegt das Schiff, wie ein verendeter Wallfisch auf der Seite, hoch oben auf dem Wall. Wir springen herzu, hundert Hände sind auf einmal beschäftigt, die Seile um die Masten zu schlingen, hundert Andere die bleichen Menschen — fünf an der Zahl, aus den Raaen, an die sie sich gebunden, herauszulösen. Es ist geschehen, ehe die nächste Welle hereinbricht. Wird sie uns unsere Beute entreißen? Sie kommt, und noch eine, und abermals eine; aber die Stricke halten; jede Welle ist schwächer als ihre Vorgängerin; die vierte erreicht nicht mehr den Rand, die fünfte bleibt noch weiter darunter; — in dem furchtbaren, unaufhörlichen Donner, der heute so viele Stunden unsere Ohren betäubt, tritt auf einmal eine Pause ein; die nach Osten gepeitschten Flaggen auf den schwankenden Masten der Schiffe des Binnenhafens hangen auf einmal herab und flattern dann nach Westen herüber; — der Sturm ist gebrochen; der Wind springt um — der Sieg ist unser!

Der Sieg ist unser! Ein Jeder weiß es in demselben Augenblick. Ein Hurrah, das nicht enden will, bricht aus den Kehlen dieser rauhen Menschen. Sie schütteln sich die Hände, sie fallen einander in die Arme — Hurrah! Hurrah! und nochmals Hurrah!

Der Sieg ist unser — er ist theuer erkauft!

Als meine Augen ihn suchen, dem Alle Alles zu danken haben, finden sie ihn nicht auf der Stelle, wo ich ihn zuletzt gesehen. Aber ich sehe die Leute nach der Stelle laufen, und ich laufe mit ihnen, ich laufe schneller als sie, gejagt von einer Sorge, die mir Flügel verleiht. Ich dränge mich durch ein paar Dutzend, die in dichtem Haufen zusammenstehen, und alle vornübergebeugten Kopfes auf einen Mann blicken, der auf der Erde liegt, auf den Knieen des alten Wachtmeisters. Und der Mann ist todtenbleich, seine Lippen sind mit blutigem Schaum bedeckt und neben ihm rings umher ist die Erde mit Blut gefärbt, mit frisch vergossenem Blut, seinem Blut, dem Herzblut des Edelsten der Menschen.

Ist er todt? höre ich einen der Männer fragen.

Aber der Held hier darf noch nicht sterben; er hat noch eine Pflicht zu erfüllen. Er winkt mir, da ich mich über ihn beuge, mit den Augen und bewegt die Lippen, über die kein Laut mehr kommt; aber ich habe ihn verstanden, ich umfasse ihn mit beiden Armen und richte ihn empor. So steht sie nun aufrecht an mich gelehnt, die hohe, königliche Gestalt. Sie können ihn Alle sehen die Männer, die er hierher geführt, und die er jetzt zurückführen will. Und wieder winkt er mir mit den Augen nach seiner Hand, und ich nehme die schlaff herabhängende, wachsbleiche und sie deutet in die Richtung des Weges, den wir heute Mittag gekommen sind. Und da ist Keiner, der dieser stummen, feierlichen Mahnung nicht zu gehorchen wagte. Sie schaaren sich zusammen, sie treten in Reihe und Glied; der Wachtmeister und ich, wir tragen den sterbenden Führer. So geht es zurück in langem, langsam feierlichen Zuge.

Die Nacht ist hereingebrochen, nur noch einzelne Sturmstöße sausen vorüber und erinnern an den Tag, den furchtbaren, den wir Alle durchlebt haben. Die Arbeitshäusler, die heute außer dem Hause gearbeitet haben, — sie schlafen auf dem Ruhekissen eines guten Gewissens, das ihnen ihr Director zur Nacht versprochen. Ihr Director schläft auch, und sein Kissen ist so sanft, wie der Tod für eine große, gute Sache es machen kann.

ZWEITER TEIL

Erstes Capitel

Ein Jahr nach diesen Ereignissen stieg ein einsamer Wandersmann den abfallenden Rücken eines der Haidehügel empor, welche die gute Stadt Uselin nach der Landseite hin umschließen. Er ging langsam, wie Jemand, der von einem weiten Marsche ermattet ist, und seine Füße nur noch mühsam durch jenen grobkörnigen Sand schleppt, mit welchem das Meer seine Schwelle zu bestreuen liebt.

Aber der Wandersmann war gar nicht ermüdet; er hatte während des ganzen Tages nur wenige Meilen zurückgelegt, und für ihn wäre auch wohl eine doppelt so große Anstrengung Kinderspiel gewesen. Das Bündel, das er an einem Stocke auf der Schulter trug, konnte ihn auch nicht drücken, denn es war winzig klein, und doch schritt er langsam und langsamer, je näher er den drei Tannen kam, welche den Rücken des Hügels krönten; ja, er blieb wiederholt stehen und legte die Hand auf das Herz, als ob ihm der Athem fehlte zu den paar Schritten, die noch übrig waren.

Und jetzt stand er oben unter den Tannen; der Stock sammt dem Bündel entglitt seinen Händen; er breitete die Arme weit aus nach dem Städtchen, das von dem Strande des Meeres, mit dem Meere, zu ihm heraufschimmerte. Dann warf er sich — der große starke Mann — unter die Tannen in das Haidekraut und schluchzte und weinte wie ein Kind, und dann richtete er sich, kopfschüttelnd, halb auf, stützte den Ellnbogen auf den Boden, und so blieb er eine lange Zeit, immerfort schauend nach dem Hafenstädtchen zu seinen Füßen, auf dessen spitzen Giebeln und steilen Dächern die Abendsonne röthlich lag.

Was für Gedanken mochten dem Einsamen da oben durch den Kopf gehen? Was für Empfindungen seine sich unruhig hebende und senkende Brust erfüllen?

So mancher Poet, der seinen Helden leichtsinnig in eine ähnliche Situation gebracht hat, mag die Beantwortung dieser Fragen nicht ganz unbedenklich finden; für mich hat sie keine Schwierigkeit, denn glücklicherweise bin ich selbst der Wanderer dort in dem Haidekraut unter den Tannen, und seitdem ich da lag, sind noch nicht so viel Jahre verflossen, daß der Ort und die Stunde und was sie brachten, meinem Gedächtnisse entfallen sein könnten.

Was sie brachten?

Einen Schwarm von Erinnerungen aus den Jahren, als der Mann noch ein wilder Knabe war, und Alles, was er hier vor sich liegen sah, der Tummelplatz seiner Spiele: die Stadt von dem tiefsten Grunde der halbverschütteten Wallgräben bis in die Thurmknöpfe hinauf; die Gärten, Felder, Wiesen und Haiden, die sie umgaben, bis hier zu den Hügeln; dort der Hafen mit seinen Schiffen und das schimmernde

Meer, auf welches er im gebrechlichen Kahn hinauszurudern liebte, während die Thürme der Stadt, wie jetzt, der rothe Abendschein umspielte.

Hierhin und dorthin schweiften meine Blicke, und hier und dort und überall trafen sie auf Punkte, die wie alte Bekannte zu mir herübergrüßten. Aber sie blieben auf keinem Punkte lange haften, wie wenn man in einem bekannten Buche nach einer besonderen Stelle blättert, und Blatt um Blatt durch die Finger gleitet und jede Zeile, auf die das Auge trifft, uns bekannt ist und doch immer die Stelle nicht kommen will, nach der wir suchen. —

Freilich, es war ja so nieder und klein das alte einstöckige Haus mit dem schmalen Giebel in der engen Hafengasse, und die Hafengasse lag tief, verdeckt von den größeren Häusern der mittleren Stadt — wie konnte ich das kleine Haus mit dem schmalen Giebel von dieser Stelle aus sehen wollen!

Und doch! weshalb hatte ich den Weg gemacht, die vier Meilen hierher aus dem Gefängniß — den ersten Weg des wieder freien Mannes — als, um das Haus zu sehen, und wenn es das Glück wollte, durch eine Ritze in dem Fensterladen vielleicht, den, der es bewohnte! Denn vor ihn hinzutreten, ihm Aug' in's Auge zu schauen, ihm die Arme um den Nacken zu schlingen, wie mein Herz mich hieß — das wagte ich nicht zu hoffen, durfte ich nach dem, was geschehen, nicht zu hoffen wagen. Hatte doch in den kurzen Briefen, mit denen er meine Briefe beantwortete, während der langen sieben Gefängnißjahre nie ein Wort der Liebe, des Trostes, der Verzeihung gestanden! Ja, mein letzter Brief vor acht Tagen, in welchem ich ihm zu seinem siebenundsechzigsten Geburtstage im Voraus Glück wünschte, und daß dieser Tag der Tag meiner Befreiung sein werde, und ob ich wagen dürfe, an diesem Tage — ein anderer und hoffentlich besserer Mensch — vor ihn zu treten — dieser Brief, den ich, nassen Auges, mit zitternder Hand geschrieben, er war nicht beantwortet worden.

Von den hohen Dächern und spitzen Giebeln, von den flatternden Wimpeln der Schiffe im Außenhafen, von den beiden Kirchthürmen endlich war der rothe Abendschein geschwunden; leichter Nebel stieg aus den Wiesen und Feldern, die sich von den Haidehügeln zur Stadt zogen. Auf der mit schlanken jungen Pappeln besetzten Chaussee fuhr die Post vorüber; ich verfolgte den langsam dahin rollenden Wagen von Baum zu Baum, bis er hinter den ersten Häusern der Vorstadt verschwand. Hier und da auf den schmalen Fußpfaden zwischen den Feldern bewegten sich die Gestalten von Arbeitern nach der Stadt zu, und auch sie verschwanden. Tiefer sank der Abend herein, dichter wurden die Nebel auf den Gründen; nichts Lebendes war noch zu erblicken, nur ein paar Hasen, die auf einem Stoppelfeld Männlein machten, und ein ungeheurer Schwarm von Krähen, der aus dem benachbarten Tannenwalde, wo ich sonst mit meinen Kameraden »Räuber und Gensd'arm« gespielt, krächzend im schwärzlichen Gewimmel, dunkel sich abhebend von dem lichteren Abendhimmel, nach den alten Kirchthürmen zog.

Jetzt war die Stunde gekommen.

Ich richtete mich auf, hing das Bündel wieder über den Stock und ging langsam den Hügel hinab durch die nebeligen Felder den Weg zur Stadt. Auf einer abgelegenen Stelle der Anlagen machte ich noch einmal Halt — es war mir noch nicht dunkel genug. Ich fürchtete mich vor Niemand und brauchte mich vor Niemand zu fürchten. Selbst vor meinem großen Feinde, dem Justizrath Heckepfennig, wenn ich ihm begegnet wäre, ja vor den unnahbaren Männern Luz und Bolljahn, den Stadtdienern, hätte ich nicht die Augen niedergeschlagen oder mich auf die Seite gedrückt, und dennoch — es war mir noch nicht dunkel genug.

Und nun rauschte es lauter in der halbentblätterten Krone des Ahorn, an dessen Stamm ich lehnte, und aufblickend, sah ich einen Stern durch die Zweige schimmern — nun mochte es sein.

Wie dumpf meine Schritte in den leeren Gassen hallten! und wie dumpf mir das Herz schlug in der gepreßten Brust! Als ich durch die Rathhaushalle ging, stand Vater Rüterbusch, der Nachtwächter, — noch im bloßen Kopf und ohne sein Wehr und Waffen — vor dem Wachlokal und schaute nachdenklich auf den leeren Tisch und die ausgeschnittene Tonne von Mutter Möller's Kuchenstand, während über uns die Glocke auf dem Thurm der Nikolaikirche acht schlug. War Mutter Möller gestorben, daß Vater Rüterbusch so nachdenklich auf die leere Tonne blickte, und nicht einmal ein Auge hatte für seinen alten Bekannten aus der Custodie?

Gestorben? Warum hätte sie nicht sterben können? es war eine alte Frau gewesen, als ich sie zuletzt gesehen, just so alt wie mein Vater — sie hatte es mir einst selbst gesagt, als ich mein Taschengeld bei ihr vernaschte. So alt wie mein Vater! — Ein rauher Wind strich durch die Halle: mich schauderte vom Kopf bis zu den Füßen, und mit eiligem Schritt, der beinahe zum Laufen wurde, hastete ich über den kleinen Marktplatz die abschüssigen Straßen hinunter nach dem Hafen.

Da war die Hafengasse und da war das Haus! Gott sei Dank! Es schimmert Licht durch die Läden der beiden Fenster linker Hand. Gott sei Dank!

Und jetzt wollte ich, jetzt mußte ich thun, was ich damals gemußt und auch gewollt, und doch nicht gethan; hineingehen zu ihm und zu ihm sprechen: vergieb mir!

Ich faßte den Messinggriff der Thür — wieder lag er wie Eis so kalt in meiner heißen Hand. Die Glocke an der Thür that einen schrillen Ruf und bei dem Ruf erschien auf der Schwelle des Zimmerchens zur rechten Hand, just wie an jenem verhängnißvollen Abend, das treue Riekchen. Nein, nicht just wie an jenem Abend. Ihre kleine, altergekrümmte Gestalt war in ein schwarzes Gewand gekleidet und ein schwarzes Band war an der schneeweißen Haube, deren breite Frisur strahlenförmig das runzlige Gesicht umgab. Und aus dem runzligen Gesicht flirrten die rothen, verweinten Augen nach dem Ankömmling.

Rieke, sagte ich — es war Alles, was ich hervorbringen konnte!

Georg, guter Gott! schrie die Alte, mit hocherhobenen Händen auf mich zuwankend, Georg!

Sie hatte meine beiden Hände ergriffen und starrte schluchzend, während ihr die Thränen stromweise über die gefurchten Wangen rollten, mit bebenden Lippen, sprachlos zu mir auf. Sie brauchte nicht zu sprechen; ich fragte nicht, was geschehen sei; ich fragte nur: wann?

Heute sind es acht Tage, schluchzte die Alte, nicht einmal seinen Geburtstag hat er noch erleben dürfen.

Woran ist er gestorben?

Ich weiß es nicht, und keiner weiß es; Doctor Balthasar sagt ja, er könne es nicht begreifen; er ist nicht wieder gesund gewesen, seitdem Du fort warst, und es ist schlechter geworden und immer schlechter, obgleich er es nie zugeben wollte. Heute vor vierzehn Tagen hat er sich gelegt und hat immer so still vor sich hingeblickt und nur manchmal in seinem Hausbuch geschrieben, noch am Abend vorher, und als ich am Morgen kam, ist er todt gewesen und das Buch hat auf seiner Bettdecke gelegen. Ich habe es an mich genommen, und es auch Niemand gezeigt, als sie kamen und Alles versiegelten; ich meinte immer, ich müsse es für Dich aufheben, er hat manchmal Deinen Namen so vor sich hingesagt, während er schrieb; was er geschrieben, weiß ich nicht, ich kann ja nicht lesen. Ich will es Dir holen.

Sie öffnete dienstwillig die Thür nach des Vaters Stube. Es war sauber dort, wie immer, peinlich sauber, aber noch unwohnlicher, — die weißen Streifen über den Schlüssellöchern des Secretairs und des alten braunen Spindes in der Ecke blickten mich geisterhaft an.

Weshalb brennt die Lampe auf dem Tisch? fragte ich.

Sie wollen ja heute Abend kommen.

Wer will kommen?

Sarah und ihr Mann und die Kinder, glaube ich. Weißt Du es denn nicht?

Ich weiß von Nichts, von Nichts! Und da liegt ja auch mein letzter Brief — unerbrochen! nicht einmal den hat er noch gelesen!

Ich ließ mich in dem Stuhl nieder, der vor dem Schreibtische stand. Ich hatte nie in diesem Stuhl gesessen, kaum ihn zu berühren gewagt — eines Königs Thron würde mir minder ehrwürdig erschienen sein.

Das fuhr mir jetzt durch den Kopf und viele, viele andere schmerzliche Gedanken, und mein Kopf sank in die Hände; ich hätte gern geweint, aber weinen konnte ich nicht.

Da stand die Alte neben mir mit dem Buch, von dem sie gesprochen. Ich kannte es wohl; es war ein dickes Buch in Quart, mit Ledereinband und Haken zum Schließen, und ich hatte es oft in des Vaters Händen gesehen, des Abends, nachdem er seine Arbeit gethan; aber nie hatte ich gewagt, einen Blick hineinzuwerfen, selbst wenn ich es einmal gekonnt hätte, was freilich nicht oft der Fall gewesen war, denn der Vater pflegte es sorgfältig zu verwahren. Jetzt lag es geöffnet vor mir; eines nach dem andern wandte ich die Blätter des groben, rauhen Papiers um, deren Seiten mit der überaus sauberen, pedantisch gradlinigen, mir so wohlbekannten Hand meines Vaters bedeckt waren. Die Hand hatte sich nicht verändert, trotzdem die Aufzeichnungen über vierzig Jahre reichten und die Tinte auf den ersten Seiten bereits vollständig vergilbt war. Nur auf den letzten schien diese rüstige Kraft gebrochen: die Schriftzüge wurden immer eckiger, machtloser; es waren nur noch traurige Ruinen von dem, was sie einst gewesen; das letzte Wort kaum noch lesbar. Es war mein Name.

Und wie häufig auf den Blättern, die den letzten sieben und zwanzig Jahren gehörten, war mein Name!

»Heute ist mir ein Sohn geboren — ein derber Junge, die Hebamme sagt, so derb hat sie ihr Lebtag keinen gesehen, der sei ja wie der heilige Georg. Und so soll er auch Georg heißen und soll eine Freude werden meines Lebens und eine Stütze meiner alten Tage. Das walte Gott!«

»Georg schlägt gut ein,« stand auf einer andern Seite; »er ist schon größer als des Herrn Steuerraths Arthur, der doch auch nicht klein ist, und scheint einen guten Kopf zu haben: er hat mit seinen drei Jahren Einfälle, daß es zum Verwundern ist. Er wird wohl bald in die Schule müssen.«

Und wieder auf einer andern; »Küster Volland ist voll Lobes über meinen Georg; mit dem Lernen könnte es vielleicht besser sein; aber das Herz, sagt der alte Herr, sitzt dem Jungen auf dem rechten Fleck; das wird einmal ein braver Mann werden; ich werde es nicht erleben, aber Sie werden es, und dann denken Sie daran, daß ich es Ihnen gesagt habe.«

So ging es noch über manche Seite; »Georg! — mein Prachtjunge! — der Hauptkerl, der Georg!«

Dann kamen andere Zeiten; Georg war nicht mehr sein drittes Wort, und Georg war nicht mehr sein Prachtjunge und sein Hauptkerl. Georg wollte nicht gut thun, nicht in der Schule und nicht im Hause und nicht auf der Straße und nirgendwo. Georg war ein Taugenichts! Nein, nein, das wäre zu viel, er hätte nur besser sein können, sein müssen; und er würde sich gewiß noch bessern, ganz gewiß!

Und dann kamen viele Seiten, und Georgs Name war nicht mehr darauf. So manches Familienereigniß war notirt, der Tod der Mutter, die Schreckensnachricht von dem Tod des Bruders, und daß die Tochter Sarah wiederum — zum dritten — zum vierten Male — ihm einen Enkel, eine Enkelin geboren habe, und daß er zum Rendanten befördert und Zulage und hin und wieder eine Gratification erhalten; — aber Georgs Name war und blieb verschwunden.

Blieb verschwunden, selbst auf den letzten Blättern, die sich wieder mit »ihm« beschäftigten: daß »er« im Gefängniß von Allen so wohl gelitten sei, und daß der Herr Director von Zehren wieder angefragt habe, ob »er« noch immer nicht der Verzeihung des Vaters würdig scheine?

»Ich habe versucht, ihm heute zu schreiben, wie mir's um's Herz ist; aber ich kann mich nicht überwinden; ich will es ihm sagen, wenn er zurückkommt und ihm an meiner Liebe, an eines alten, gebrochenen Mannes Liebe noch etwas liegt; aber schreiben kann ich es nicht.«

Und auf der letzten Seite stand: »Es ist nicht wahr; es ist gewiß nicht wahr! Sechs und ein halbes Jahr soll er sich gut, soll er sich musterhaft gehalten haben und in der zweiten Hälfte des siebenten soll er auf einmal nichts mehr taugen!

»Ich höre nicht viel Gutes von dem neuen Director! der Verstorbene — das war ein edler Herr und er war immer voll des Lobes über ihn; nein, nein, was man auch von ihm denken mag! schlecht ist mein Junge nicht, nicht schlecht.«

Und ganz zuletzt: »In acht Tagen ist er frei; er wird mich auf dem Krankenbette finden, wenn er mich noch findet. Um seinetwillen wünsche ich es; es würde ihm doch am Ende schmerzlich sein, fände er mich nicht mehr. Ich habe alle diese Jahre gedacht, er habe mich nicht lieb, der Junge, weil er mich sonst nicht so gekränkt haben würde; aber eben träumte ich, daß er hier war, und ich ihn in meinen Armen hielt. Ich sagte zu ihm: Georg —«

Ich starrte mit brennenden Augen auf das nun leere Blatt, als müßten Worte hervorkommen, die mein Vater im Traum zu mir gesagt; aber die Worte kamen nicht, so eifrig ich starrte, und endlich sah ich nichts mehr vor der Thränenfluth, die aus meinen Augen brach.

Du mußt nicht so weinen, Georg, sagte die gute Alte; ich weiß es, daß er Dich doch lieber gehabt hat, als die Andern, viel, viel lieber! Und wenn er auch vor Gram und Herzeleid über Dich gestorben ist, — er war ja ein alter Mann, und da ist ihm wohl, viel wohler als hier, obgleich der liebe Gott weiß, daß ich keinen andern Gedanken gehabt habe, diese zwanzig Jahr, als es ihm recht zu machen.

Ich weiß es, ich weiß es auch und danke Dir tausend-, tausendmal;

rief ich, ihre welken, braunen Hände ergreifend. Und nun sag', was hast Du vor? was kann ich für Dich thun?

Sie sah mich an und schüttelte den Kopf; es mochte ihr sonderbar vorkommen, daß der Georg aus dem Gefängnisse etwas für sie thun wollte.

Ich wiederholte meine Frage.

Ach, du armer Junge, sagte sie, Du wirst Deine liebe Noth haben, Dich selber durchzubringen, denn viel ist es gewiß nicht, was er hinterlassen hat; er war zu gut, er mußte ja überall helfen, und mich hat er in das Beguinen-Stift eingekauft für die paar Jahre, die ich vielleicht noch zu leben habe. Das geht nun auch ab, und Sarah hat schon sehr darüber gescholten; sie haben gedacht, sie würden Alles bekommen, aber es soll ganz gleich zwischen Euch getheilt werden, das habe ich aus seinem eigenen Munde, und ich kann es beschwören und werde es beschwören, wenn sie Dir es abstreiten sollten, weil er ja kein Testament hinterlassen hat.

In diesem Augenblicke wurde stark an der Hausthür geschellt.

Ach, Du guter Gott, rief die Alte, die Hände zusammenschlagend, da sind sie schon.

Sie trippelte aus dem Zimmer, dessen Thür offen blieb. Ich dachte daran, wie ich meine Schwester nie geliebt, in welcher Feindseligkeit ich mich vor Jahren von ihr getrennt und wie ich in der Zwischenzeit keineswegs gelernt hatte, sie zu lieben — aber was sollte das Alles jetzt? Jetzt, wo sie und ich den Vater verloren hatten, wo sie und ich über das Grab des Vaters hinweg uns die Hände reichen mußten.

Ich trat auf den kleinen Flur, der von den Angekommenen beinahe ausgefüllt war: eine große, hagere, blasse Frau in Schwarz und ein kleiner, runder, rother Mann in der Steuerofficianten-Uniform, und so viel ich in der Eile sehen konnte, ein halbes Dutzend Kinder von zwölf oder zehn Jahren bis herab zu einem Säugling, welchen die große, hagere Frau in dem Momente, als ich auf der Schwelle erschien, fest an sich drückte, indem sie mich dabei mit ihren großen, kalten Augen mehr feindselig als erschrocken anblickte. Der kleine, dicke Mann in Uniform trat, Verlegenheit auf dem runden Gesicht, zwischen mich und die Gruppe der Mutter mit den Kindern, und sagte, die plumpen Hände ängstlich übereinander reibend: Wir haben Sie hier nicht erwartet, ehem! — Herr Schwager! — ehem! — aber es ist ja sehr schön, daß Sie hier sind! ehem! Wir gehen wohl derweile in des seligen Vaters Stube, da können wir ja Alles in Ruhe besprechen. Nicht wahr, liebe Frau?

Der kleine Mann drehte sich auf den Hacken nach seiner lieben Frau um, welche statt aller Antwort, ihre Kinder vor sich herschiebend, in das Zimmerchen der alten Magd drängte. Er drehte sich wieder auf den Hacken um, rieb sich noch verlegener als zuvor die Hände und sagte noch einmal: ehem!

Wir traten in das Zimmer; ich setzte mich in des Vaters Arbeitsstuhl, mein Schwager war in seinem Gemüth zu verstört, um sitzen zu können. Er ging mit kurzen, schnellen Schritten in dem Gemach auf und ab, und blieb, so oft er an die Thür kam, einen Augenblick stehen, mit seitwärts gebeugtem Kopf lauschend, ob seine liebe Frau drüben ihn etwa gerufen habe, und sagte dann, um die Pause schicklich auszufüllen: ehem!

Es war eine lange Auseinandersetzung, die mir der kleine Mann während dieser seiner rastlosen Wanderung von der Thür nach dem Ofen und wieder vom Ofen nach der Thür zum Besten gab, und was er sagte, war so plump und ungeschickt, wie er selbst. Es schien, daß er und seine liebe Frau sich halb und halb Hoffnung gemacht hatten, ich würde nie wieder aus dem Gefängnisse herauskommen, besonders, nachdem mir über meine Zeit hinaus ein halbes Jahr Disciplinarstrafe zudictirt war. Er freute sich ja sehr, daß sich seiner und seiner lieben Frau Befürchtungen sich nun doch nicht verwirklicht, aber das müsse ich zugeben, daß es ein hartes Ding für einen königlichen Beamten sei, einen Schwager zu haben, der im Zuchthause gesessen. Ob ich glaube, daß ein Beamter mit einer solchen Verwandtschaft Carrière machen könne? Es sei ganz schrecklich, so zu sagen, unverantwortlich; und wenn er das hätte voraussehen —

Der kleine Mann warf einen scheuen Blick auf mich. Ich saß so still da und blickte ihn so starr an, und war ein Riese im Vergleich zu ihm, und kam eben aus dem Gefängniß. Es war am Ende doch nicht gerathen, in diesem Tone mit mir zu sprechen, und nun kam eine lange Litanei von dem traurigen Leben, das ein kleiner Beamter mit einer starken Familie an der polnischen Grenze führe. Freilich habe er sich jetzt auf den Wunsch seiner lieben Frau, die ihren alten Vater pflegen wollte, hierher versetzen lassen; aber nun habe der alte Herr, der sich ihrer gewiß recht angenommen hätte, sterben müssen, und hier sei das Leben so viel theurer, und dann die Reise mit den vielen Kindern, und der Kleine sei erst sechzehn Wochen alt, und wenn sie auch nun die Erbschaft gemacht, so sei Zwei ein starker Divisor, wenn der Dividendus nicht groß sei und —

Ich hatte genug, mehr als genug gehört.

Kennen Sie vielleicht von früher her dieses Buch? sagte ich, die Hand auf den Deckel von des Vaters Tagebuch legend.

Nein, erwiderte der kleine Mann.

Lassen Sie mir das Buch; ich will weiter nichts von des Vaters Erbschaft. Es ist des Vaters Tagebuch, das für Sie kein Interesse hat. Wollen Sie?

Ja wohl; das heißt! ehem! ich weiß nicht, ob meine liebe Frau —

man müßte doch erst einmal sehen — erwiderte mein Schwager, sich verlegen die Hände reibend und mit den kleinen verschwollenen Aeuglein nach dem Buch schielend.

So sehen Sie? sagte ich.

Ich begann jetzt meinestheils die Wanderung durch das Zimmer, während der Mann seiner lieben Frau sich an den Tisch setzte, das verdächtige Buch einer genaueren Inspection zu unterwerfen.

Es schien, als ob er demselben auf dem gewöhnlichen Wege der Lectüre kein besonderes Interesse abgewinnen könne; er versuchte es deshalb auf eine andere Weise, indem er es oben an den beiden Deckeln ergriff und die herunterhängenden Blätter eine halbe Minute lang energisch durcheinanderschüttelte. Da auch diese Methode zu keinem Resultat führte, gab er die Sache als hoffnungslos auf, legte das Buch wieder hin, erhob sich, rieb sich die Hände und sagte: Ehem! — ja, gewiß — freilich — so zu sagen — versteht sich — das heißt, wir müßten die Sache doch schriftlich machen — ein paar Zeilen nur — um vorläufig einen Anhalt zu haben — man könnte es ja später notariell —

Was Sie wollen, wie Sie wollen — sagte ich. Hier!

Der kleine Mann blickte in das Papier und blickte auf mich, während ich das Buch in mein Bündel schnürte und Bündel und Stock in die Hand nahm. Er wußte entweder nicht, was er aus mir machen sollte, oder er hielt mich auch — was nach dem Ausdruck seines Gesichts wahrscheinlicher war — einfach für verrückt; auf jeden Fall war er ausnehmend froh, mich los zu werden.

Schon fort! sagte er, wollen Sie nicht meiner lieben Frau —

Es verlangte mich nicht mehr, seine liebe Frau zu sehen; ich murmelte etwas, das als Entschuldigung gelten mochte, ging zum Zimmer hinaus, drückte auf dem Flur im Vorübergehen der alten Rieke die Hand und stand auf der Gasse.

Ich habe nur eine dunkle Erinnerung von der folgenden Stunde. Es ist kein Traum, aber es ist mir wie ein Traum, daß ich in dieser Stunde auf dem Kirchhof draußen in der Mühlenvorstadt gewesen bin und den alten Todtengräber herausgeklopft habe, der sich eben zu Bett legen wollte; und daß ich an einem frischen Grabe gekniet und dem alten Mann, der mit der Laterne abseits stand, hernach Geld gegeben und ihn gebeten habe, morgen in aller Frühe den Hügel mit Rasen zuzudecken; — daß ich dann wieder zurückgegangen und vor dem Thore an der Villa des Commerzienraths vorüber gekommen bin, wo alle Fenster erleuchtet waren und an den erleuchteten Fenstern tanzende Paare vorüberhuschten nach einer Musik, die ich nicht hörte; — und daß ich mich fragte, ob die kleine Hermine auch wohl da oben tanze, und mir dann einfiel, daß das hübsche Kind jetzt siebzehn Jahre alt sein müsse, wenn sie nicht auch bereits gestorben sei.

Mir wurde unsäglich traurig zu Muth; es war mir, als wäre die ganze Welt ausgestorben und ich sei der einzige Lebende, und die Schatten der Todten tanzten um mich her, nach einer Musik, die ich nicht hörte.

So wankte ich in die Stadt zurück, die menschenleeren, todtstillen Gassen entlang dem Hafen zu, mechanisch denselben Weg einschlagend, der mir von Jugend auf der liebste gewesen war.

Der Seewind wehte mir entgegen — er that meiner brennenden Stirn so wohl! Ich sog mit vollen Zügen die kräftige Luft in meine gepreßte Brust. Nein, nein, die Welt war nicht ausgestorben, ich war nicht der einzige Lebende, und es gab auch noch eine Musik, eine köstliche Musik, mir köstlicher als jede andere: die Musik des Windes, der durch die Raaen und das Tauwerk pfiff, und der Wellen, die gegen den Hafendamm und um den Bug der Schiffe plätscherten! Nein, nein, sie war nicht ausgestorben; es gab noch Menschen, die mich liebten, die ich aus ganzer Seele wiederlieben durfte!

Auf der Landungsbrücke, wo das Dampfschiff nach St. anzulegen pflegte und auch gerade jetzt wieder lag, stand eine dichte Gruppe von Menschen. Mir fiel ein, daß ich meine Fahrt nach der Hauptstadt am zweckmäßigsten auf dem Dampfer hier beginnen könnte.

Als ich, dies bei mir überlegend, vor der Brücke stand, wurde eben ein Korb, wie er zum Transport von schwer Kranken benutzt zu werden pflegt — nur daß der Deckel fehlte, den man in der Eile vergessen oder in der Nacht nicht für nöthig erachtet haben mochte, — an mir vorüber getragen, auf die dichte Gruppe zu.

Was giebt's? fragte ich die Männer.

Der Heizer auf der »Elisabeth« hat sich das Bein gebrochen, brummte der Eine, in welchem ich jetzt meinen alten Freund, den Stadtdiener Luz, erkannte.

Und wir sollen ihn in das Spittel bringen, sagte der Zweite, der kein Anderer als der gefürchtete Bolljahn war.

Der arme Mensch, sagte ich.

Ja, sagte Luz, und seine Frau ist eben niedergekommen.

Und acht waren schon da, brummte Bolljahn.

Nein, sieben, sagte Luz.

Nein, acht, versicherte Bolljahn.

Die Gruppe welche auf der Brücke stand, setzte sich in Bewegung.

Da liegt er schon, sagte Luz.

Nein, acht, sagte Bolljahn, der einen einmal behaupteten Streitpunkt nicht sobald aufgeben zu können schien.

Luz hatte Recht; man hatte den Verunglückten bereits aus dem Schiffe auf die Brücke geschafft. Es war ein sehr großer, starker Mann, an dem ihrer Vier zu tragen hatten und der doch, so stark er war, vor Schmerzen stöhnte und wimmerte. Die Beiden setzten den

Korb nieder; man wollte den Kranken hineinheben und mußte dabei sehr ungeschickt zu Werke gehen, denn er schrie laut auf. Ich stieß ein paar Gaffer bei Seite und trat herzu. Sie hatten ihn wieder auf den Boden niedergelassen; ich fragte ihn, wie er es haben wolle, und legte selbst mit Hand an. Gott sei Dank! murmelte der Aermste, da ist doch ein vernünftiger Mensch.

Sie trugen ihn fort; ich ging noch eine Strecke nebenher, ein wenig nach dem Rechten zu sehen. Ob er es warm genug habe? er hatte es warm genug; ob sie ihn gut trügen? ein bischen weniger könne es schon schütteln. Hier ist etwas für Sie, und Sie, sagte ich, meinen alten Freunden ein paar Geldstücke in die Hand drückend, und nun tragt ihn, als ob es Euer Bruder wäre, oder ein Junge von Euch, und dann beugte ich mich über den Kranken und flüsterte ihm etwas in's Ohr, das die Herren Luz und Bolljahn nicht zu hören, und gab ihm etwas, das die Herren Luz und Bolljahn nicht zu sehen brauchten, und kehrte dann wieder um, auf die Gruppe zu, die noch immer am Laufbrett stand und den merkwürdigen Fall discutirte. In demselben Augenblicke kam der Kapitän über das Laufbrett und rief zu der Gruppe gewandt: Will Einer von Euch für den Karl Riekmann eintreten nur für die eine Fahrt; ich will es gut bezahlen!

Die Leute sahen einander an. Ich kann nicht, Karl, sagte der Eine, kannst Du nicht? Nein, Karl, sagte der Angeredete; aber Du, Karl! — Ich kann auch nicht, sagte der dritte Karl.

Ich will, sagte ich.

Der vierschrötige Kapitän blickte zu mir hinauf.

Na! sagte er, leisten wirst Du es schon.

Ich denke, sagte ich.

Und kannst Du gleich bleiben? sagte er.

Mich hält hier Nichts! sagte ich.

Zweites Capitel

Ein grauer Nebelmorgen folgte der kalten, windigen Nacht. Es war sechs Uhr, als die »Elisabeth« den Hafen verließ; ich war seit drei Uhr an der Feuerung beschäftigt gewesen. Die Arbeit war mir schnell von Statten gegangen und ich hatte der Unterweisung des brummigen, schwerfälligen Maschinenmeisters kaum bedurft. Ich mußte ein paar Mal unwillkürlich lächeln, als der Mann, wenn ich, ohne ihn zu fragen, diesen oder jenen Dienst an der Maschine selbstständig ausführte, mich mit halb ärgerlichen, halb verwunderten Blicken anstarrte. Ich hatte ihm gesagt — und das war der Wahrheit gemäß — ich sei ganz neu in diesem Dienst; aber ich hatte ihm nicht gesagt, und ihn ging es ja auch nichts an, daß ich in dem Unterricht bei meinem unvergeßlichen Lehrer über das Wesen einer Schiffs-Dampfmaschine vollkommen unterrichtet war und die einzelnen Theile derselben an einem vortrefflichen Modell bis in die kleinsten Einzelheiten studirt hatte. Und lernte ich so den Dienst eines Feuermannes binnen wenigen Stunden regelrecht versehen, so dauerte es kaum so lange, bis ich auch das Aussehen eines regelrechten Feuermannes hatte. Um meinen einzigen Anzug zu schonen, hatte ich mich desselben zum Theil entledigt, und es mir in einer Arbeitsblouse meines verunglückten Vorgängers bequem gemacht. Die Blouse paßte vollkommen — ein Beweis, daß, wenn meine Körpergröße ein Naturfehler war, wie mir nur zu oft vorkam, ich mich wenigstens in diesem meinem Unglück eines Leidensgefährten erfreute. Dazu das Hantiren mit den Kohlen, und die Wirkung eines Rauchstromes, der mir beim Anheizen zehn Minuten lang aus dem widerspenstigen Ofen über das Gesicht gestrichen war — selbst mein Freund, der Doctor Snellius, welcher sich auf sein physiognomisches Gedächtniß so viel zu Gute that, würde mich nicht erkannt haben.

Das war mir freilich jetzt sehr gleichgültig — ich hatte glücklicher Weise andere Dinge in den Kopf zu nehmen.

Glücklicherweise! Denn in meinem Kopfe sah es übel aus, und noch übler in meinem Herzen. Der Tod des Vaters, der aus dem Leben geschieden war, ohne daß ich ihm noch einmal die strenge, gute Hand hätte drücken können, — die Begegnung mit der Schwester, die ihre Kinder vor mir in Sicherheit bringen zu müssen glaubte, — der Gedanke an die Zukunft, die um so dunkler vor mir lag, je länger ich Zeit gehabt hatte, darüber nachzudenken, was in dieser Zukunft aus mir werden solle, — das Alles würde mich für den Moment vollständig niedergedrückt haben, wäre da vor mir der brave Ofen nicht gewesen, in dem die Kohlen so prächtig glühten, und die Flammen so lustig tanzten, und die wackere Maschine, die rastlose, unermüdlich arbeitende. Nur die Arbeit kann uns frei machen, hatte mir mein Lehrer gesagt, die freie Arbeit! Ich hatte es ihm auf's Wort geglaubt, aber ich begriff es doch eigentlich erst heute, als ich fühlte, wie von der tüchtigen Arbeit, der ich hier obzuliegen hatte, die Last auf meinem Herzen leichter und leichter, und die Wolken vor meiner Stirn lichter und lichter wurden. Ja, es kam ordentlich ein freudiger Stolz über mich, daß ich mich hier unten wie zu Hause fand; und ich dachte jenes Tages vor acht Jahren, als ich die verhängnißvolle Fahrt auf dem »Pinguin« machte, meinen Freund Klaus im Maschinenraum besuchte, und meinem weinerhitzten Gehirn die Maschine wie ein Ungeheuer vorgekommen war, das mir zu nichts gut schien, als sich von ihm zermalmen zu lassen. Der gute Klaus! Er hatte damals seine liebe Noth mit mir gehabt und viel schwere Sorge; und etwas Noth und Sorge würde ich ihm auch jetzt wohl wieder machen, wenn ich zu ihm kam, um mit seiner Hülfe ein tüchtiger Arbeiter zu werden. Etwas Sorge — nicht viel; ich hatte heute Morgen erfahren, daß ich fester auf den eigenen Füßen stehen könne, als ich je geglaubt.

Oder auch als mein augenblicklicher Vorgesetzter, der bärtige Maschinenmeister, auf den seinigen. Er stand gar nicht fest, der brave Mann. Die verquollenen Augen, der verschlafen überwachte Ausdruck seines nichts weniger als schönen Gesichts, das unfeine Parfüm von Alkohol, welches er um sich verbreitete, ließen unschwer errathen, daß sein schwankender Gang durch das Schaukeln des Schiffes nicht allein bedingt wurde. Er war nicht betrunken, der würdige Mann — ein ordentlicher Maschinenmeister betrinkt sich nicht, selbst wenn er bis um zwei Uhr Morgens mit seinen Collegen vom schwedischen Postschiff in der Hafenkneipe gesessen und schwedischen Punsch getrunken hat — aber nüchtern war er auch nicht, gewiß nicht nüchtern, so wenig, daß ich jetzt meinerseits meinen Vorgesetzten mit mißtrauischen Blicken zu beobachten begann, wenn er, an der Steuerung der Maschine stehend, über die Güte des schwedischen Punsches in tiefe Nachdenklichkeit versank, die einem ruhigen Schlummer manchmal auffallend ähnlich sah.

Eine Wärmplatte, Herr Weiergang, schnell nach dem Verdeck! rief der Steward in den Maschinenraum hinab. Herr Weiergang nickte, nickte zu mir herüber; es war eine Sache, die mich speciell anging. Und ich wußte, um was es sich handelte. War ich doch oft genug auf Dampfschiffen gefahren bei rauhem Wetter, wenn das Stampfen des Schiffes in den Wellen den Aufenthalt in der Cajüte für Damen, die zur Seekrankheit geneigt, unmöglich und der scharfe Nordost und das Spülwasser das Verweilen auf dem Deck unlieblich, ja unerträglich machen. Ganz unerträglich, wenn der brave Heizer nicht wäre, der mit den auf dem Kessel heiß gemachten, eigens zu dem Zweck gegossenen Eisenplatten kommt, um dieselben den Frierenden dienstfertig unter die Füße zu schieben.

Heute nun war ich der brave Heizer! Es kam mir etwas wunderlich vor; ich hatte solchen Dienst im Leben nie geleistet, nie geträumt, daß ich solchen Dienst jemals würde leisten müssen. Müssen? Mußte ich denn? Ja, ich mußte; ich hatte das Amt des kranken Mannes übernommen, und dies gehörte zu seinem Amt, folglich mußte ich es; und nach fünf Minuten erschien ich auf dem Deck, ein wohldurchhitztes Eisen in den mit Werg verwahrten Händen tragend.

Es war schon gegen Mittag und das erste Mal, daß ich auf Deck kam. Die Luft war grau und dick, man konnte kaum ein paar hundert Schritt vor sich sehen. Der Wind war contrair, so daß, obgleich er nicht heftig wehte, das Schiff doch mächtig stampfte, und ein kalter Sprühregen von den am Bug zerstiebenden Wellen fortwährend über uns weg fegte.

Das Deck war beinahe leer, wenigstens schien es so, da sich die zehn oder zwanzig Passagiere in alle Winkel hinter den Radkasten, den Kajütenhäusern, und wo immer sonst eine vorspringende Ecke einen kleinen Schutz gewährte, zusammengedrückt hatten.

Hierher, guter Freund, hierher! rief eine Stimme, die mir wohl bekannt schien, und, mich umwendend, hätte ich beinahe vor Schreck die heiße Platte fallen lassen. Da stand ein Mann, der, wenn er auch jetzt einen grauen, altmodischen Ueberzieher mit hochgepufften Aermeln über den blauen Frack mit den goldenen Knöpfen gezogen hatte und die Mütze diesmal nicht wie sonst, weit aus der Stirn, sondern tief in die Augen gedrückt trug, niemand anders sein konnte, als mein alter Freund und Duzbruder, der Commerzienrath Streber.

Hierher, guter Freund! rief er noch einmal und deutete mit der rechten Hand — mit der linken hielt er sich krampfhaft an der Ankerwinde fest — auf eine weibliche Gestalt, die, mir den Rücken zukehrend, beinahe auf der äußersten Spitze des Vorderdecks hinter dem hoch aufgestapelten Ankertau auf einem niedrigen Sessel kauerte. Die Gestalt zog den großcarrirten, weichgefütterten Mantel fester um die schlanken Hüften und wandte das von einer mit Schwanendaun gefütterten Kapuze eingerahmte Gesicht zu mir hin.

Es war ein holdes, süßes Mädchengesicht, auf dessen Wangen der Meerwind das zarte Rosa zu einem energischen Roth aufgeküßt hatte und dessen tiefblaue, glänzende Augen gar seltsam und lieblich mit dem grauen Wasser und der grauen Luft contrastirten. Sieben Jahre waren es, daß ich dies Gesicht nicht gesehen hatte. Aus dem Kinde war eine Jungfrau geworden, aber die Jungfrau hatte noch das Gesicht oder doch wenigstens den Mund und die Augen des Kindes, und an diesem Mund, an diesen Augen erkannte ich sie. Ich stutzte unwillkürlich und mußte die Eisenplatte, die jetzt durchaus auf das nasse Deck fallen wollte, sehr fest halten, und zum Ueberfluß fühlte ich, wie mir das Blut stromweis in die Wangen schoß. Es war doch ein verzweifeltes Ding, in diesem Aufzug und mit diesem rußbedeckten Gesicht vor meine kleine Jugendfreundin zu treten.

Aber dieser Aufzug und die Rußdecke waren mein Glück; sie blickte ein wenig erstaunt zu mir empor, ohne mich zu erkennen.

So, guter Freund, sagte sie, hier legen Sie sie hin! und sie lehnte sich in den Sessel zurück, hob das Kleid ein wenig, und die zwei niedlichsten Füßchen von der Welt, die sich ängstlich von den nassen Planken des Verdecks auf den Hacken hoben, wurden für einen Augenblick sichtbar.

Ich kniete nieder und that meine Schuldigkeit, nicht mehr und nicht weniger; vielleicht ein bischen weniger, als mehr, denn sie sagte: Sie können mir hernach noch eine bringen, wenn Sie einmal mehr Zeit haben; jetzt scheinen Sie keine zu haben.

Ja, bringen Sie gleich noch eine — für mich, schrie der Commerzien-rath.

Für mich auch, wenn ich bitten darf! rief eine dünne Stimme aus einer Ecke zwischen dem Cajütenhaus und dem Vordermast, wo aus einem halben Dutzend Shawls und Tüchern eine rothe Nasenspitze hervorblickte und eine vom Wind gepeitschte, dünne, gelbe Locke flatterte, die Niemand sonst gehören konnte, als Fräulein Amalie Duff.

Mir auch! mir auch! schrieen ein halbes Dutzend anderer Stimmen ähnlich eingehüllter Wesen, die mit der Schnelligkeit der Verzweiflung die Vortheile einer heißen Eisenplatte auf einem nassen Verdeck be-gritten hatten.

Mir aber zuerst, schrie der Commerzienrath, dem bei dieser Concurrenz bange wurde. Sie wissen doch, wer ich bin!

Ich hielt nicht für nöthig, den Herrn Commerzienrath zu vergewissern, daß er mir nur zu gut bekannt sei, und eilte, von dem Verdeck wegzukommen, wo es mir heißer gewesen war, als vor meinem Ofen.

Ich langte unten in einer grenzenlosen Verwirrung an und der Gedanke, jetzt wieder auf Deck zu müssen, trieb mir den Angst-schweiß vor die Stirn; aber wenn ich es recht überlegte, war es nur eine Regung ganz gewöhnlicher Eitelkeit. Ich wollte nicht als das rußige Ungeheuer vor dem schönen Mädchen erscheinen, das war es und weiter nichts, und dabei stand ich vor dem Kessel, auf welchem die Platten schon längst den nöthigen Wärmegrad erreicht hatten, und der Steward hatte schon dreimal hinabgerufen, ob ich denn noch nicht mit dem verdammten Eisen fertig sei.

Pfui, Georg, schäme dich! sagte ich zu mir selbst, die armen Dinger oben frieren, weil du in einer zerrissenen Blouse steckst und vielleicht ein paar Rußflecken auf dem Gesicht hast. Schäme dich!

Und ich schämte mich und stieg die Leiter wieder hinauf, muthigen Schrittes auf den Platz zu, wo die arme, halberfrorene Gouvernante in ihren feuchten Gewändern kauerte. Sie blickte, ihre wasserhellen Augen erhebend, mit dem Ausdruck hilflosen Jammers zu mir empor und sagte, während ihr die Zähne vor Kälte klapperten: Sie guter Mensch, Sie sind mein Retter!

Warum bleiben Sie nicht in der Cajüte? fragte ich und ich hätte gar nicht platt zu sprechen und meine Stimme zu verstellen brauchen, welche der scharfe Nordost und die Verlegenheit ganz außergewöhn-lich rauh und tief machten.

Ich würde unten sterben, wimmerte die Aermste.

So setzen Sie sich wenigstens dort drüben an den Radkasten in den Ueberwind; Sie haben hier den schlechtesten Platz auf dem ganzen Deck.

O, Sie Guter, sagte die Gouvernante; so ist es doch eine ewige Wahrheit, daß in allen Zonen gute Menschen wohnen.

Ich mußte mich auf die Lippe beißen.

Kann ich Ihnen behilflich sein, sagte ich, wenn Sie sich vor meinem Arbeitskittel nicht scheuen —

Unter Larven die einzig fühlende Brust, murmelte die Gouvernante, indem sie sich an meinen Arm klammerte.

Wohin willst Du, liebe Duff? rief eine fröhliche Stimme hinter uns her, und Hermine, die aufgesprungen war, kam schnell herbei, vermuthlich, um ihrer Erzieherin behilflich zu sein; aber, wenn sie diese Absicht gehabt hatte, konnte sie vor Lachen nicht zur Ausführung derselben kommen. Sie klatschte in die Hände und lachte, daß die weißen Zähne durch die rothen Lippen schimmerten. Pluto und Proserpina! rief sie. Duffchen, Duffchen, ich hab' es ja immer gesagt, daß sie Dich einmal entführen werden.

Und sie tanzte auf dem nassen Deck herum in toller Ausgelassenheit, wie sie vor acht Jahren mit ihrem Wachtelhund auf dem sonnebeschienenen Deck des »Pinguin« herumgetanzt war.

Nun kommen Sie endlich zu mir, Sie da! rief der Commerzienrath, der, in eine Ecke gedrückt, mit mißmuthigen Blicken meinen Bemühungen um die Gouvernante zugesehen hatte.

Es sind noch ein paar Damen da, sagte ich.

Aber ich habe es zuerst gesagt! rief er und stampfte ungeduldig mit beiden Füßen.

Damen gehen immer vor, Herr Commerzienrath, sagte lächelnd der Kapitän, der eben von dem Vorderdeck an uns vorüberkam.

Sie haben gut reden; Sie sind diese schändliche Kälte gewohnt! schrie der Commerzienrath.

Ich war wieder nach unten gegangen, ohne dort lange bleiben zu dürfen. Der Ruf nach Wärmeplatten war ein allgemeiner geworden, und ich hatte meine liebe Noth, so dringenden, von allen Seiten ausgesprochenen Wünschen nachzukommen. Dabei wurde das Wetter rauher und rauher und der Nebel dichter und dichter; ich bemerkte, daß das joviale Gesicht des Capitains immer ernster und ernster dreinblickte und hörte ihn einmal im Vorübergehen zu einem Passagier, der ohne Zweifel auch ein Seemann war, sagen: Wenn wir nur erst durch das verdammte Fahrwasser hier wären. Bei dem Wind können die größten Schiffe hereinkommen, und man kann keine hundert Schritte mehr vor sich sehen.

Ich verstand genug von der Schifffahrt, um die Besorgnisse des Capitains vollkommen zu begreifen, und dabei hatte ich noch meine Sorge für mich.

Mein Vorgesetzter nämlich, der Maschinenmeister Weiergang, war offenbar nach jeder Stunde tiefer in das Nachdenken über die unmittelbaren und nachträglichen Folgen des reichlichen Genusses von schwedischem Punsch versunken, und, obgleich er noch immer mechanisch seinen Posten behauptete, und den Dienst an der Maschine verrichtete, an welcher es jetzt, wo das Schiff gleichmäßig im Gang war, wenig genug zu thun gab, so verließ ich doch jedesmal den Maschinenraum mit einiger Unruhe. Wie leicht konnte bei der Enge des Fahrwassers, in welchem wir uns eben befanden, ein complicirtes Manöver nöthig werden, und war die nickende Gestalt an dem Steuerhebel dann im Stande dieselbe auszuführen?

Ich war eben wieder mit einer Platte auf Deck, welche noch dazu für Niemand anders bestimmt war, als für die blauäugige, übermüthige Schöne. Sie hatte ihren alten Platz am Bugspriet wieder eingenommen, und nickte mir freundlich entgegen, als ich herantrat.

Ich mache Ihnen viel Mühe, sagte sie.

Es ist gern geschehen, erwiderte ich, indem ich mich bückte.

Sie sind aus Uselin? fragte sie weiter, als ich das Eisen zurecht rückte.

Nein, murmelte ich, im Begriff, mich eilig zu entfernen.

Aber Sie sprechen ja unser Platt, sagte sie eifrig und sah mich mit einem erstaunt prüfenden Blick an.

Ich fühlte, daß die Rußdecke auf meinen Gesicht sehr dick sein mußte, wenn sie die Gluth, die mir in die Wangen schoß, verdecken wollte.

Schiff in Sicht! rief plötzlich der Mann auf der Vortoprae.

Eine große dunkle Masse schwebte uns aus dem grauen Dunst entgegen. Ein Schrecken — nicht für mich! — durchrieselte mich; auch ich schrie mit der ganzen Kraft meiner Stimme: Schiff in Sicht! und stürzte dann, einer blitzschnellen Regung folgend, in weiten Sätzen über das Verdeck nach der Luke zu dem Maschinenraum, — während der Kapitain auf dem Radkasten wie toll: Stop! Rückwärts! in das Sprachrohr hineinrief, ein Commando, das offenbar nicht befolgt wurde, denn das Schiff schoß mit unverminderter Geschwindigkeit durch die Wellen.

Wie ich die steile Leiter hinabgekommen bin, weiß ich nicht mehr. Ich weiß nur noch, daß ich, dem trunkenen Maschinenmeister einen Stoß versetzend, den Steuerhebel auf die andere Seite schlug, indem ich zu gleicher Zeit das Ventil öffnete, um vollen Dampf zu geben.

Ein gewaltiger Ruck erfolgte, das ganze Fahrzeug erzitterte wie in Todesangst, und arbeitete in den Strudeln, welche von den nun rückwärtsschlagenden Rädern aufgewühlt wurden. Mein Stoß und vielleicht noch mehr die gewaltsame Erschütterung des Schiffes hatten den Trunkenen erweckt. In seiner Verwirrung mochte er sich die Situation, ich weiß nicht wie, fälschlich deuten, denn er stürzte wie ein Wahnsinniger auf mich zu, mich von der usurpirten Stelle zu verdrängen, so daß ich Mühe hatte, ihn von mir abzuwehren.

Es war eine fürchterliche Minute, während welcher ich in jeder Secunde zehnmal den Zusammenstoß der beiden Schiffe erwartete.

Aber die Minute ging vorüber und mit der Minute die Gefahr, denn länger hätte nach meiner Berechnung der Zusammenstoß nicht ausbleiben können, und jetzt erschallte auch durch das Sprachrohr das Commando: Stop!

Ich stellte den Steuerhebel in die Mitte und schloß das Ventil. Meine prompte Ausführung eines Commandos, das er deutlich gehört hatte, brachte den Maschinenmeister mit einem Male zur Besinnung. Erst jetzt schien er zu verstehen, was ich ihm, während wir mit einander rangen, wiederholt zugeschrien hatte; Todtenblässe bedeckte sein bärtiges Gesicht, als Jemand die Treppe herunter polterte.

Machen Sie mich nicht unglücklich, murmelte er.

Es war der Kapitän, der herabkam, zu sehen, was denn hier unten vorgegangen sein mochte. Auf seinem hübschen guten Gesicht lag noch der ganze Schrecken der eben überstandenen Gefahr.

Was heißt das, Weiergang! schrie er den Maschinenmeister an.

Ich war — ich hatte — stammelte dieser.

Bei der Feuerung zu thun, fiel ich ihm in's Wort.

Und da — fing der Maschinenmeister wieder an.

Wir werden uns weiter sprechen, sagte der Kapitän, den Unglücklichen streng anblickend.

Der Kapitän kannte seine Leute.

Er sah, daß der Mann, in welchem Zustande er sich auch befunden haben mochte, jetzt vollkommen nüchtern und diensttauglich war. Wir sprechen uns nachher, wiederholte er, und dann sich zu mir wendend: Kommen Sie mit hinauf!

Ich folgte dem Kapitän, nicht, ohne mich noch einmal nach dem Maschinenmeister umzublicken, der jetzt mit seinen Meditationen über die Wirkungen des schwedischen Punsches definitiv fertig geworden war, und in tiefer Zerknirschung über das fürchterliche Resultat mir einen flehentlichen Blick nachsandte.

Was hat es gegeben? fragte mich der Kapitän.

Ich hielt es für meine Pflicht, ihm die Wahrheit zu sagen, indem ich eine Bitte um Verzeihung für den Mann, falls es möglich sei, hinzufügte.

Er ist sonst der nüchternste Mensch von der Welt, sagte der Kapitän, es ist das erste Mal.

Dann ist es hoffentlich auch das letzte, erwiderte ich.

Ich begreife es nicht, sagte der Kapitän.

Er sprach mit mir, wie mit seinesgleichen.

Sie haben mir einen großen Dienst gethan, sagte er; wer sind Sie? mir ist, als müßte ich Sie schon gesehen haben, und auch den Damen oben scheint es so zu gehen.

Lassen Sie das gut sein, Kapitän; sagte ich.

Diese kurze Unterredung hatte stattgefunden, während wir die Leitertreppe zum Verdeck hinaufstiegen. Der Kapitän konnte der Neugier, die ihn offenbar ergriffen hatte, nicht länger Folge geben; er hatte mehr zu thun.

Mein erster Blick, als ich auf das Deck trat, suchte unwillkürlich das Schiff, welches uns mit einem so nahen Verderben bedroht hatte, und das jetzt eben hinter uns im Nebel verschwand; mein zweiter Herminen, die mit ihrem Kammermädchen um die ohnmächtige Gouvernante beschäftigt war. Ein köstliches Gefühl von Zufriedenheit, das nicht ganz ohne Stolz sein mochte, strömte durch meine Brust. So muß einem Feldherrn zu Muthe sein, der eine Schlacht gewonnen, die er ohne Schande hätte verlieren dürfen.

Die arme Gouvernante war nicht das einzige Opfer des Schreckens geworden, mit welchem die fürchterliche, Allen sichtbar herandringende Gefahr die Passagiere der »Elisabeth« erfüllt hatte. Hier und da saß noch eine oder die andere Dame mit todesbleichem Gesicht; auch die Männer schauten blaß und verstört drein und fingen eben erst an, ihre Gedanken über das, was geschehen, auszutauschen. Und in der That mußte die Situation schauerlich genug gewesen sein. Das entgegenkommende Schiff — ein Fahrzeug von den größten Dimensionen — war so unvorsichtig herangekommen, daß die »Elisabeth« trotz der von mir bewirkten Umsteuerung der Maschine und trotzdem ich vollen Dampf gegeben, dem Zusammenstoß nur um die Breite von wenigen Fuß entgangen war. Dazu die Erschütterung des Schiffes, das Knarren und Stöhnen der sich biegenden Planken, das Krachen von einem halben Dutzend gleichzeitig zertrümmerter Schaufeln in den Rädern — wahrlich man brauchte nicht Fräulein Amalie Duff's zarte Nerven zu haben, um in einer solchen Situation die Besinnung zu verlieren.

Angenehm war die Situation auch jetzt nicht.

Das große Schiff schlenkerte in den noch immer hochgehenden Wellen um so gewaltsamer, als die Maschine der zerbrochenen Räder wegen nicht arbeiten konnte. Glücklicherweise war der Wind günstig, so daß vermittelst der schnell aufgehißten Segel die Steuerung möglich wurde. Was von Händen noch übrig geblieben, war jetzt beschäftigt, die Schaufeln nothdürftig wieder herzustellen. Ich hatte während meiner Gefängnißzeit von Zimmermannsarbeiten genug gesehen und mitgethan, um sofort Hand anlegen zu können. Die Augenblicke waren kostbar und es war mir nicht unlieb, auf diese Weise mich den forschenden Blicken Herminens und Fräulein Duff's entziehen zu dürfen, welche letztere das Talent hatte, eben so schnell aus der Ohnmacht zu erwachen, wie sie in Ohnmacht fiel, und jetzt mit ihrer Schülerin und Freundin in einer Unterredung begriffen war, deren Gegenstand wohl mit meiner Person in irgend einer Verbindung stand.

Blick Du nur immer! sagte ich bei mir; ich bin trotz dem nicht schlechter als mancher andere, auf den Du Deine schönen Augen schon geworfen hast und noch werfen wirst.

Dennoch war es mir nicht unlieb, daß ich, als sie jetzt Miene machte, zu der Stelle, wo ich mich befand, herüberzukommen, in den geöffneten Radkasten kriechen konnte, wo es toll genug aussah. Es stellte sich heraus, daß wir, zumal bei dem starken Seegang, uns auf das Nothwendigste beschränken mußten.

In einer Stunde war die Arbeit gethan; und wir wurden nach dem Vorderdeck beordert, wo das Bugspriet des vorbeistreifenden Schiffes einen Theil der Brüstung weggerissen hatte.

Ich war, als ich aus dem Radkasten auftauchte, erfreut gewesen, das Verdeck so gut wie leer, und vor Allem Hermine nicht zu sehen; aber, als ich eben oben um das Cajütenhaus herumkam, stand sie plötzlich mit ihrer Gouvernante vor mir. Die Begegnung konnte keine zufällige sein, denn die Duenna trat sofort zurück; die junge Herrin aber blieb stehen und sagte, mit den großen blauen Augen keck zu mir aufblickend:

Sind Sie Georg Hartwig, oder sind Sie es nicht?

Ja, erwiderte ich.

Wie kommen Sie hierher? was wollen Sie hier? sind Sie ein Matrose oder Heizer, oder was? und warum? Können Sie nichts Besseres thun? Schickt sich das für Sie?

Diese Fragen folgten einander so schnell, daß ich mich begnügte, auf die letzte zu antworten, indem ich sagte: Warum nicht? Es ist keine Schande ein Heizer zu sein.

Aber Sie sehen so — so schwarz — so rußig — so — abscheulich aus; ich mag solche schwarze Menschen nicht leiden; Sie sahen früher viel, viel besser aus.

Ich wußte nicht, was ich darauf erwidern sollte und begnügte mich, die Achseln zu zucken.

Sie müssen von hier fort, sagte die junge Schönheit eifrig, Sie gehören nicht hierher!

Und doch ist es recht gut, daß ich heute hier gewesen bin; sagte ich, mit einer Regung von Stolz, deren ich mich alsbald schämte.

Ich weiß es; erwiderte sie. Der Kapitän hat es uns gesagt; es sieht Ihnen gleich; aber darum eben dürfen Sie nicht hier bleiben; Sie sind zu etwas Besserem bestimmt.

Ich danke Ihnen, mein Fräulein für Ihre gütige Theilnahme, erwiderte ich ernst; aber wozu ich bestimmt bin, das muß die Folge lehren; vorläufig will ich meinen Weg gehen, wie er mich eben führt.

Sie blickte mich halb mißmutig, halb, ich möchte sagen, traurig an, und sagte dann schnell:

Sie sind arm, vielleicht sind Sie darum hier, und sehen so — so —

gar nicht hübsch aus; mein Vater soll Ihnen helfen; mein Vater ist sehr reich.

Ich weiß es, liebes Fräulein, sagte ich; aber gerade deshalb möchte ich von ihm nicht geholfen sein.

Eine tiefe Gluth flammte über ihre Wangen; ihre blauen Augen blitzten und ihre rothen Lippen zuckten.

Nun denn, sagte sie, so will ich Sie nicht weiter aufhalten.

Sie wandte sich mit einer schnellen Bewegung um, und eilte von mir fort.

Ich stand noch ganz verwirrt auf demselben Fleck, als plötzlich hinter der Ecke des Cajütenhäuschens hervor, wo sie jedenfalls eine aufmerksame, wenn auch unsichtbare Zeugin dieser Unterredung gewesen war, Fräulein Duff zu mir trat. Ihre wässrigen Augen, in denen jetzt zum Ueberfluß einige mitleidige Thränen schwammen, waren zu mir empor gerichtet und sie flüsterte in ihrem weichsten Ton: Suche treu, so findest du! Dann eilte sie, auf eine Antwort meinerseits klüglich verzichtend, ihrer jungen Herrin nach.

Eine Stunde darauf legten wir an der Landungsbrücke in dem Hafen von St. an.

Ich war unten im Maschinenraum, wo es jetzt genug zu thun gab. Und das war mir lieb. Ich hörte so doch nur halb das Rumoren auf dem Deck, welches die Passagiere, die hier so böse Stunden durchgemacht, zu verlassen eilten. Auch sie verließ es — vielleicht in diesem Augenblick. Es war nicht sehr wahrscheinlich, daß ich sie jemals wiedersehen würde. Warum sollte ich sie auch wiedersehen?

Die Frage schien mir selbstverständlich; dennoch seufzte ich, als ich sie mir vorlegte.

Mein Abschied von dem Maschinenmeister war kurz, aber nicht unfreundlich. Er hatte mir schon vorher gesagt, daß die Sache mit dem Kapitän ausgeglichen sei. Es schien im Grunde ein braver Mensch und so ging ich beruhigt von ihm.

Ich hatte gehofft, im Uebrigen unbemerkt von dem Schiffe wegzukommen, aber der Kapitän rief mich an, als ich mit meinem Bündel über das Vorderdeck schritt. Er sagte mir, er habe erfahren, daß ich der Sohn des verstorbenen Steuerrendanten Hartwig in Uselin sei, den er wohl gekannt habe. Auch von meinen Schicksalen habe er gehört; aber das gehe ihn nichts an. Ich hätte heute seiner Gesellschaft und ihm persönlich einen wichtigen Dienst gethan. Es sei seine Pflicht, mir dafür zu danken und zu fragen, ob die Gesellschaft und er selbst sich mir nicht anderweitig erkenntlich zeigen könnten?

Ich sagte: Ja, das könnten Sie, wenn Sie für den Mann, dessen Stelle ich heute vertreten, und der jedenfalls, was ich gethan, auch gethan haben würde, eine noch mehr als gewöhnliche Sorge tragen wollten.

Der Kapitän sah wohl, daß es vergeblich sein würde, weiter in mich zu dringen. Er versprach mir, meinen Wunsch treulich zu erfüllen, und drückte mir die Hand, indem er sagte, daß er es sich zur Ehre schätzen würde, wieder einmal mit mir zusammenzutreffen.

Das hatte einige Zeit in Anspruch genommen; dennoch hielt eine Hotel-Equipage, welche ich bereits bei der Ankunft des Dampfers bemerkt hatte, noch immer an dem Zugang der Landungsbrücke. In dem Augenblicke jedoch, als ich, zögernden Schrittes die Brücke hinaufgehend, mich dem Wagen näherte, setzte sich derselbe in Bewegung.

Ich sah nur noch eben, wie ein jugendliches Gesicht in einer Schwandauncapuze eilig vom Fenster verschwand, aus welchem es nach irgend etwas oder irgendwen auf der Brücke ausgeschaut hatte.

Da rollte der stattliche Wagen dahin; ich blickte ihm seufzend nach. Nicht, als ob mich nach einem Wagen mit zwei muthigen Braunen verlangt hätte! Der Weg von St. nach der Hauptstadt betrug freilich noch zwanzig Meilen und ich mußte die kleine Summe, die ich mir im Gefängnisse erspart hatte, zu Rathe halten. Aber ich wußte von früher, daß ich meine sechs, sieben Meilen den Tag marschiren konnte, ohne mich zu überlaufen, und ich fühlte mich frischer und kräftiger als je.

Nach einem Wagen mit zwei muthigen Braunen war es also schwerlich, wonach mein seufzendes Herz verlangte.

Drittes Capitel

Ich hatte den Tag einen langen, langen Weg zurückgelegt, auf einer endlosen Chaussee, deren Pappelreihen vor mir in weiter Ferne immer in jenem spitzen Winkel zusammenstießen, der sich nur öffnet, um sich wieder zu schließen, der nie näher kommt, und in dieser seiner Unerreichbarkeit auch den geduldigsten Wanderer zur Verzweiflung bringen kann. Dazu hatten die herbstlichen Regentage den Weg schlüpfrig und beschwerlich gemacht. Melancholisch hatte es den ganzen Morgen in den halb entblätterten Pappeln gerauscht; dann war gegen Mittag der Regen gekommen, immer von derselben Seite, und melancholisch und verregnet hatten die sandigen Haiden und verödeten Felder rechts und links vom Wege, hatte jedwedes Menschenkind, ja und auch jedes Thier, dem ich begegnet war, ausgesehen. Ich hatte schon die Hoffnung aufgegeben, heute noch die Hauptstadt zu erreichen und empfand es wirklich als eine specielle Wohlthat, als jetzt ein gelb-röthlicher Dunstkreis in mäßiger Höhe sich über den Horizont breitete, und ein einsamer Wandersmann, den ich überholte und den ich um die Erklärung dieses seltsamen Phänomens ersuchte, mir sagte, daß dies die Nähe der Stadt bedeute. Wirklich machten jetzt meine Feinde, die Pappeln, den Häusern der Vorstadt Platz. Die Vorstadt war lang genug; aber Häuser halten es nicht so lange aus, wie Pappeln; und das ist das Thor, sagte mein Gefährte, und wünschte mir einen guten Abend.

Da war das Thor. Es war eben nicht stattlich und nahm meine Aufmerksamkeit wenig in Anspruch; desto mehr aber ein Complex von Gebäuden, welcher unmittelbar vor dem Thore links von der Straße lag, und, nach der Größe der Baulichkeiten und den hier und da von röthlichem Licht durchstrahlten colossalen Fenstern zu schließen, eine große Fabrik war. Ein hohes, eisernes Gitter schied den Hofraum von der Straße. In dem Gitter war ein weites Thor, dessen einer Flügel eben geöffnet wurde und aus welchem einzelne Arbeiter hervorkamen, denen immer mehr und mehr folgten, so daß sie zuletzt in dichten, dunklen Schaaren hervorströmten. Sie zerstreuten sich hierhin und dahin, Andere blieben auch unmittelbar vor dem Thore stehen und bildeten dichte Gruppen, in denen zum Theil lebhaft gesprochen wurde. Ich hörte wiederholt die Worte: Tagelohn, Accordarbeit, Abzug, Kündigung, aber ich verstand den Zusammenhang nicht und mochte doch auch nicht fragen, um was es sich handle. Ein paar Schritte weiter an dem Gitter stand, mit dem Rücken nach mir, ein junges Weib, vor sich ein Bübchen haltend, das mit den Füßchen auf dem Mauerwerk des Gitters ruhte und mit den Händchen in das Gitter griff, eifrig auf den Hof der Fabrik spähend, über welchen noch immer dunkle Gestalten, wenngleich spärlicher als zuvor kamen.

Was für eine Fabrik ist dies? fragte ich, an das junge Weib herantretend.

Sie wandte ihren Kopf über die Schulter: Die Maschinenfabrik von dem Commerzienrath Streber, sagte sie. Stehe still, Georg, der Vater muß gleich kommen.

Der matte Schein einer nahen Laterne fiel in das hübsche runde Gesicht des jungen Weibes. Die Maschinenfabrik des Commerzienraths, — Georg, dessen Vater gleich kommen sollte, — die guten, freundlichen Augen — die rothen Lippen — es konnte nicht anders sein; Christel Möve! sagte ich, Christel Pinnow! Sie sind es denn wirklich?

Du meine Seele! rief die junge Frau, das Bübchen schnell von dem Gitter herabnehmend und vor sich auf die Erde setzend; und sind Sie es denn, Herr Georg? Sieh! Georg, das ist Dein Pathe; und sie hob den Buben so hoch als möglich, ihm zu einem genaueren Anblick eines so merkwürdigen Menschen zu verhelfen? Nein, wie sich Klaus freuen wird.

Sie hatte den Knaben wieder auf die Erde gesetzt, der sich kaum frei fühlte, als er an dem Gitter abermals in die Höhe zu klettern versuchte. Ich nahm ihn in meine Arme. Bist Du ein Riese? fragte der kleine Mann, mir mit seinen Händchen auf den Kopf patschend.

In dem Augenblicke trat rasch eine vierschrötige, schwarze Gestalt auf uns zu, einigermaßen erstaunt, wie es schien, seine Frau in so eifrigem Gespräch mit einem fremden Manne zu sehen, der seinen Georg auf dem Arm trug; aber bevor noch Christel oder ich ein Wort hatten sagen können, riß er schon seine schwarze Pelzmütze vom Kopf, schwenkte dieselbe als Siegesfahne in der Luft und schrie: Hurrah, er ist da! der Georg ist da! Es war schon ein wenig lange her, daß eine menschliche Lunge sich meinetwegen zu einem Freudenschrei herbeigelassen hatte, und es war vielleicht eine Folge davon, daß mir bei dieser Begrüßung des guten Klaus die Thränen in die Augen traten, so daß die abendliche Scene: Fabrikgebäude, Häuser, Straßenlaternen, vorüberrollende Wagen, schwarze Arbeitergestalten, die Gruppe der Freunde selbst für ein paar Momente hinter einem dichten Schleier verschwand.

Als ich wieder zu mir kam, wanderten wir die Straße entlang, Klaus den großen Georg an dem einen Arm, auf dem andern den kleinen Georg, während Christel vorausging, alle Augenblicke ihr lächelndes Gesicht über die Schulter zu uns wendend. Glücklicherweise war der sehr belebte Weg nicht eben weit. Wir langten bald an einem großen, nach meinen Begriffen äußerst stattlichen Hause an, dessen Inneres allerdings seinem Aeußeren wenig entsprach. Der Hausflur war dürftig erleuchtet, und die Dielen mit dem Schmutz, wie es schien, unzähliger Fußtritte besudelt, die heute hier aus- und eingegangen waren. Der Hof, auf welchen wir jetzt traten, war von hohen Gebäuden umgeben, hinter deren hier und da matt erleuchteten Fenstern es nicht überall so still herging, wie es im Interesse Ruhe liebender Leute wünschenswerth sein mochte. Die steinernen Treppen, welche wir in einem dieser Hintergebäude hinaufstiegen, waren sehr steil und womöglich noch schlechter beleuchtet und noch schmutziger als der Flur des Vordergebäudes. Dabei kamen uns fortwährend Leute entgegen, welche es mit den Pflichten der Höflichkeit keineswegs immer sehr genau nahmen. Mir wurde ganz bänglich zu Muthe, als wir einen Absatz nach dem andern erkletterten, ohne daß der voraussteigende Klaus Halt machte, und ganz beklommen fragte ich: ob wir nicht bald oben seien?

Da sind wir schon! sagte Klaus, gegen eine Thür klopfend, welche alsbald von innen geöffnet wurde, und aus welcher, als sie geöffnet war, mir jener penetrante Duft entgegenströmte, der in einem Raum zu entstehen pflegt, wo den ganzen Tag drei oder vier heiße Plätteisen über frisch gestärkte Wäsche geführt werden. Eine Täuschung über die Entstehung des Dunstes war um so weniger möglich, als die betreffenden Plätteisen noch diesen Augenblick von zwei jungen Frauenzimmern gehandhabt wurden, die, eben so wie die dritte, welche uns geöffnet hatte, neugierige Augen auf den Ankömmling richteten.

So geht es den ganzen Tag, sagte Klaus, mit einem Blick der tiefsten Bewunderung auf seine Frau, die zu den Plätterinnen getreten war; den ganzen Tag! höchstens, daß sie sich eine Viertelstunde gönnt, mich aus der Fabrik abzuholen.

Du bist ein glücklicher Mensch, Klaus! sagte ich, mit einer vergeblichen Anstrengung, in dieser Atmosphäre einen vollen Atemzug zu thun.

Nicht wahr? erwiderte Klaus und er zeigte dabei alle seine Zähne, die noch nichts von ihrer schimmernden Weiße verloren hatten; aber das will noch nicht viel sagen. Nun sollen Sie —

Sollst Du, Klaus.

Meinetwegen! — sollst Du erst einmal ihre Jungen sehen!

Und Deine, Klaus!

Nun ja, und meine, das versteht sich, sagte Klaus in einem Tone, als ob es sich gar nicht der Mühe verlohne, einen so gleichgültigen Umstand weiter zu erwähnen; die sollst Du erst sehen!

Einen kenne ich ja schon, Klaus!

Ja, aber die andern! ihr alle wie aus den Augen geschnitten; es ist ordentlich lächerlich! wiederholte Klaus, mit bewunderndem Blick auf seine kleine rundliche Gattin.

Du weißt ja nicht, was Du schwatzst, Du dummer Mann, sagte diese, sich schnell umwendend, und ihrem Klaus eine arbeitstüchtige und doch weiße und kleine Hand auf den Mund legend. Wir wollen machen, daß wir in die Stube kommen. Ich bitte um Entschuldigung, daß ich Sie hier so lange aufgehalten habe.

Wir traten in die Stube, aber Klaus ruhte nicht, bevor uns seine Frau auch in die Kammer führte, wo neben zwei großen Betten vier Bettchen standen, in welchen vier allerliebste Kinder ruhten, denn auch mein kleiner Namensvetter war unterdessen von einer der Plätterinnen in sein Nestchen gebracht.

Ist es nicht eine Pracht? sagte Klaus, indem er mich von einem Blondkopf zum andern führte, — und lauter Jungen, lauter Jungen, aber es ist mir recht, ganz recht; von einer Dirne müßte ich verlangen, daß sie ihr ähnlich würde und das wäre ja doch die pure Unmöglichkeit, die pure Unmöglichkeit.

Hier schob mich Christel wieder zur Kammer hinaus, wie sie mich vorher zur Küche hinausgeschoben hatte.

Du bleibst hier, sagte sie zu ihrem Manne, und wäschst Dich erst und machst Dich ordentlich, Du Ungethüm, wie es sich schickt, wenn wir einen solchen Besuch haben.

Klaus zeigte seine Zähne und fand den Spaß seiner Christel zu gut.

Er findet Alles zu gut von mir, sagte Christel, indem sie ihm mit einer scheinbar ärgerlichen Miene die Thür vor seinem schwarzen Gesicht zugemacht hatte.

Besser, als wenn das Gegentheil der Fall wäre, sagte ich.

Ja, aber er treibt es doch manchmal zu arg. Was sollen die Leute denken? ich schäme mich oft. Und es wird mit jedem Jahre schlimmer; ich weiß wirklich nicht mehr, wo das hinaus soll, wenn die Jungen erst größer werden; ich denke oft daran, die können ja gar keinen Respect vor ihrem Vater haben.

Während Christel so ihrem tiefen Kummer Worte gab, deckte sie zierlich und gewandt den Tisch, und ich, vor dem Ofen stehend, in welchem ein lustiges Feuer brannte, dachte vergangener Zeiten, dachte jenes Abends, wo ich den Wilden in Pinnow's Schmiede zum ersten Mal getroffen und wie Christel den Tisch gedeckt und uns bedient und wie sie mich hernach gebeten hatte, nicht mit dem Wilden zu gehen. Wenn ich damals ihrem Rath gefolgt wäre! Es wäre allerdings anders gekommen. Anders, vielleicht besser, vielleicht auch nicht. Es war so gekommen und —

Sie müssen damit vorlieb nehmen, sagte Christel.

Das will ich, Christel, das will ich! sagte ich, indem ich zu gleicher Zeit die Hände der jungen Frau ergriff und mit einer Leidenschaftlichkeit drückte, welche sie ein wenig zu erschrecken schien.

Wie wild Sie noch immer sind, sagte sie, indem sie mit ihren blauen Augen verwundert, aber keineswegs unwillig, zu mir aufschaute. Noch ganz wie damals.

Das ist Ihnen doch nicht leid, Christel, sagte ich.

Sie schüttelte lächelnd den Kopf. Es ging manchmal lustig her, sagte sie.

Im Winter beim Glühwein, sagte ich.

Und des Sommers bei der Kalteschale, sagte sie.

Besonders, wenn der Alte nicht zu Hause war, sagte ich.

Ja wohl, sagte sie, aber sie machte ein sehr ernstes Gesicht dabei und fuhr fort, indem sie ihre Augen zu mir erhob: Sie wissen es doch?

Was soll ich wissen, Christel?

Daß er —

Sie legte den Finger auf den Mund und zog mich, mit einem ängstlichen Blick nach der Kammerthür, etwas tiefer in die Stube. Er darf es gar nicht hören, — er kann immer noch nicht darüber fortkommen, obgleich es nun schon ein Vierteljahr her ist.

Was ist ein Vierteljahr her, Christel? fragte ich erschrocken, denn das arme, junge Weib war ganz blaß geworden und wandte ihre aufgeregten Blicke bald auf mich, bald auf die Kammerthür.

Es läßt sich kaum aussprechen, sagte sie. Er hat zuletzt ganz einsam gelebt, denn Keiner hat ja was mit ihm zu thun haben wollen, selbst der taubstumme Jacob ist von ihm fortgegangen; man hat gar nicht gewußt, was er eigentlich getrieben hat, und hat ihn auch Niemand wochenlang gesehen, bis eines Tages der Einnehmer gekommen ist, um die Haussteuer zu erheben, und da — da hat er ihn erhängt gefunden, in der Schmiede über dem Herd, und da soll er schon gehangen haben, keiner weiß wie lange.

Der arme Klaus, sagte ich, das wird ihm nahe gegangen sein, trotz alledem.

Ja wohl, sagte Christel, und man weiß ja gar nicht, wie er gestorben ist, ob er es selbst gethan hat oder Andere, denn sie haben ihm zugeschworen, daß sie es ihm eintränken würden, von damals, wissen Sie —

Sehr möglich, sehr möglich, sagte ich.

Da bin ich wieder, sagte Klaus, indem er in seinem Hausrock und mit einem Gesicht, das so roth war, wie kaltes Wasser, schwarze Seife und ein grobes Handtuch es in der Eile hatten scheuern können, zu Thür hereintrat.

Das Abendbrot, an welchem auch die jungen Gehülfinnen Christels Theil nahmen, war bald verzehrt, und nun, nachdem das Tischzeug weggenommen, die Mädchen entlassen waren und Christel uns einen Grog bereitet hatte, für den sie das Recept noch nicht vergessen, geriethen Klaus und ich in eine jener Unterredungen, wie sie zwischen alten Freunden üblich, die sich seit vielen Jahren nicht gesehen, unterdessen aber Jeder viel erlebt haben. Ich mußte Klaus die Geschichte meiner Gefangenschaft von dem ersten Jahre an erzählen, wo er mir jenen denkwürdigen Besuch abstattete, der ihn um ein Haar in ernsten Conflikt mit den Strafgesetzen brachte. Nicht, daß ich ihm gerade Alles hätte erzählen können, dem guten Jungen, oder auch nur hätte erzählen wollen! — wir lassen ja unsere Freunde, selbst die intimsten, nie bis hinter den innersten der sieben Wälle blicken, mit welchen wir die Festung unserer Seele klüglich umgeben, — aber es kam doch genug zur Sprache, was das Interesse des guten Klaus auf's Höchste erregte, und ganz leidenschaftlich wurde seine Teilnahme, als ich auf die letzte Periode meiner Gefangenschaft zu sprechen kam, wo ich in die Gewalt des neuen Directors und seines Helfershelfers, des frommen Diakonus von Krossow, fiel und in mehr als sieben mageren Monaten die sieben fetten Jahre büßen mußte, welche ich vorher verlebt hatte.

Die Schufte, die Schurken! Ist es möglich? ist es erlaubt? murmelte der gute Klaus einmal über das andere.

Ob es erlaubt war, lieber Klaus, erwiderte ich, das weiß ich nicht; daß es möglich gewesen ist, ist nur zu gewiß. Man hat mir unter den nichtigsten Vorwänden von der Welt meine Secretair-Stelle entzogen, hat mich das Leben eines ganz gewöhnlichen oder vielmehr eines ungewöhnlich bösartigen und renitenten Gefangenen führen lassen, und mir, da das Alles die Rachsucht noch nicht befriedigte, zum Ueberfluß noch sieben Monate Disciplinarstrafe zudictirt.

Und was sagte denn der gute alte Aufseher dazu, den ich damals bei Dir gesehen habe? fragte Klaus.

Der Wachtmeister Süßmilch? erwiderte ich. Er würde sehr geflucht haben, wenn er das hätte mit erleben müssen. Glücklicherweise war er aber acht Tage nach dem Tode des Herrn von Zehren mit der Familie hierher gezogen.

Das hätte ich nicht gethan, sagte Klaus mit großer Entschiedenheit, ich hätte Dich nicht in der Räuberhöhle allein gelassen.

Aber er hatte ältere Verpflichtungen, Klaus.

Ist mir ganz gleich, sagte Klaus; ich hätte Dich nicht allein gelassen.

Nun erzählte ich, wie ich endlich frei geworden, wie mein erster Besuch unserer Vaterstadt gegolten und welchen traurigen Empfang ich dort gehabt.

Du armer, armer Georg! sagte Klaus, seinen Kopf schüttelnd, einmal über das andere.

Aber Du hast ja selbst Schlimmeres erfahren, Du armer Kerl! sagte ich.

Von wem weißt Du es? fragte Klaus eifrig.

Von ihr, entgegnete ich, nach der Kammer deutend, in welcher Christel seit fünf Minuten ihren schreienden Jüngsten vergeblich zur Ruhe zu bringen suchte.

St! sagte Klaus, wir dürfen ja nicht laut sprechen; bei uns Männern ist das etwas Anderes, aber so eine kleine Frau — es greift sie immer schrecklich an, das arme Ding; ich bin jedesmal außer mir, wenn ein Gerichtsbrief einläuft von wegen der Erbschaftsregulirung, weißt Du!

Dein Vater hat wohl ein ganz respectables Vermögen hinterlassen?

Gott bewahre, sagte Klaus; sie müßten es ihm denn gestohlen oder er müßte es vergraben haben, was Beides leicht möglich ist, denn er hat ja zuletzt keiner Menschenseele mehr getraut und hatte auch wenig Ursache dazu, das weiß Gott! heimlich ist er von jeher mit Allem gewesen. Denk' nur, da haben wir doch Alle geglaubt, die Christel sei so an's Land geschwommen, so nackt und blos, wie ein Fisch, den die See auswirft, ohne irgend eine Möglichkeit, auch nur den Namen des Schiffes, mit dem sie gescheitert ist, festzustellen, geschweige denn ihren eigenen. Und da hat sich nun in dem großen Wandschrank, der Thür gegenüber, weißt Du, ein Bündel Papiere gefunden in einer Blechkapsel, die offenbar von demselben Schiff herstammt; die Papiere haben dem Kapitän gehört und ist sein Name drin geschrieben und der Name des Schiffes und daß er verheirathet gewesen ist mit einer jungen Frau, die auf der See geboren hat, und ein Zettel dazu, auf dem gestanden, daß er das Schiff nicht mehr retten könne und daß keine Möglichkeit sei, mit dem Leben davon zu kommen, und daß er sein Kind mit den Papieren, die er in eine Blechkapsel gethan, auf einem Stück Kork treiben lassen wolle, sie möchte nun an's Land kommen oder nicht, wie es Gott gefiele. Und es ist kein Zweifel, daß meine Christel eben dieses Kind von dem holländischen Kapitän ist, der

Tromp geheißen hat, Peter Tromp, und sein Schiff der Prinz von Oranien und aus Java ist er ausgesegelt. Aber das Alles wundert mich gar nicht, schloß Klaus seine Erzählung; ich würde mich auch nicht wundern, wenn sie als das Kind vom Kaiser von Marokko —

Auf einem von zwölf Pfauen geführten Wagen aus dem Himmel herabgeschwebt wäre, sagte ich.

Nein, auch dann nicht, erwiderte Klaus nach einigem Bedenken mit großer Energie.

Und was hast Du mit den Papieren gemacht? fragte ich lächelnd.

Ich habe sie mir eben übersetzen lassen, sonst nichts, erwiderte Klaus.

Aber das ist doch unrecht, sagte ich; die Papiere könnten doch möglicherweise zur Entdeckung eines reichen Onkels führen oder dergleichen, ist Alles schon dagewesen, Klaus!

So meint Doctor Snellius auch! sagte Klaus.

Meint wer? fragte ich erstaunt.

Doctor Snellius, wiederholte Klaus; Dein Freund vom Gefängnis her; er ist ja der Arzt in der Fabrik; hat er Dir denn das nicht geschrieben?

Nein, oder der Brief ist nicht in meine Hände gekommen. Der also ist Euer Arzt? der Arzt der Fabrik?

Nun ja, ich nenne ihn so, weil immer gleich zu ihm geschickt wird, wenn etwas passirt; aber freilich, er ist auch der Arzt, ich glaube von beinahe allen Armen in diesem Viertel.

Da muß er eine große Praxis haben, Klaus.

Das soll Gott wissen, aber reich wird er nicht dabei werden, denn er nimmt nie einen Pfennig, wenn die Leute es nicht übrig haben, was sehr selten der Fall ist, und oft giebt er die Medicin noch in den Kauf. Ach, das ist eine Seele von einem Menschen, obgleich er immer aussieht, als ob er sie gleich Alle fressen wollte und unsere Kinder immer schreien, so oft er zur Thür hereinkommt.

Also Euer Arzt ist er auch?

Nun natürlich, das heißt, wir haben ihn eigentlich nur einmal gebraucht, das letzte Mal, sehr gegen Christels Willen, die immer behauptete, das Kind läge — na, das verstehst Du wohl nicht, das sind so Vatersorgen, und sie hat ja auch ganz recht gehabt —

Wie immer, Klaus.

Wie immer.

Und warum willst Du keine Nachforschungen anstellen, Klaus?

Klaus kratzte sich hinter dem Ohre.

Es ist ein eigenes Ding, sagte er, wir leben jetzt so glücklich, und da denk' ich immer, besser kann es nicht werden, höchstens schlechter. Wenn sie nun wirklich eine reiche Tante hätte— wir meinen, es ist eine

Tante — und die beerbte — was sollten wir wohl um alles in der Welt mit dem Gelde anfangen? Ich wüßte es wahrhaftig nicht.

Wenn Du es mir zum Beispiel liehest, Klaus, sagte ich. Ich wüßte schon, was damit anfangen.

Ja, das ist wahr! rief Klaus, daran habe ich noch gar nicht gedacht. Für Dich wäre das so etwas, wahrhaftig. Morgen am Tage lasse ich es in alle Zeitungen rücken; die Tante soll herbei und wenn sie hunderttausend Meilen von hier wohnte!

Und wenn es nun ein Onkel wäre?

Nein, nein! es ist eine Tante, sagte Klaus mit großer Bestimmtheit.

Meinetwegen, sagte ich aufstehend, und nun laß uns noch einen kleinen Spaziergang machen. Ich muß mir doch meinen neuen Wohnort ein wenig ansehen.

Vielleicht ist keine Stunde mehr geeignet, einen Kleinstädter mit dem Gefühl der Ungeheuerlichkeit einer Großstadt zu erfüllen, als wenn er dieselbe in der Dämmerstunde eines trüben Herbstabends zum ersten Mal betritt. Pflegt sonst bei Menschen von einigermaßen lebhafter Phantasie die Wirklichkeit hinter der Ahnung zurückzubleiben, so fließen in solcher Stunde, was man sieht und sehen könnte, was man hört und zu hören glaubt — das Reich der Wirklichkeit und der Einbildungskraft ununterscheidbar in einander, und die Schranken, an welche wir uns sonst so peinlich stoßen, sind so gut wie weggeräumt.

Solch ein Abend war es, als ich mit Klaus durch die Straßen der Stadt schlenderte, die mir, dem Neuling, eine Riesenstadt zu sein schien. Noch heute, nach so vielen Jahren, kann ich sie manchmal des Abends, und wäre es nur auf Augenblicke, in dem Lichte und mit den Empfindungen sehen, mit welchen ich sie damals sah. Aus einem Arbeiterquartier kommend, durchschritten wir auf unserer Wanderung eines der glänzendsten Quartiere, um in die eigentliche City zu gelangen und aus dieser über weite, von ungeheuren Palästen umgebene Plätze in unser dunkles Arbeiterquartier zurück. Und überall das Gewimmel der eilenden, sich drängenden Menschen auf den schmalen Trittsteinen und das Rasseln und Donnern der Wagen und die endlosen Linien der Laternen, die endlosen Straßen hinauf und hinab, und der Glanz der Lichter aus den Läden, der so hell auf die Straßen fällt, daß die Gestalten der Vorübereilenden und seltsame Figuren von Wagen und Pferden sich auf den nassen Trottoirs und in dem Straßenschmutze spiegeln. Und nun die imponirenden Massen sich wie Gebirge aufthürmender Gebäude, der Blick hinauf zu einer ehernen Statue, die auf häuserhohem Piedestal oben durch die Nacht reitet, oder zu einer großen Figur, die von dem Sockel mit dem gezückten Schwert nach unten deutet; — breite Brücken, deren Geländer mit weißlichen Marmorbildern besetzt sind und unter deren Bogen eine schwärzliche Fluth sich drängt, aus welcher der Widerschein von tausend Lichtern zittert, und dann der Blick in die Läden, wo dem Uneingeweihten die Schätze Arabiens und Indiens von Feenhänden aufgebaut scheinen, oder in dunkle Höfe, wo noch so spät am Abend von Cyklopen mit Lederschürzen gewaltige Fässer und Kisten aufgethürmt werden — ich ging und stand und ging und blieb wieder stehen, staunend, verwundert, aber keineswegs betäubt, und Alles in Allem seltsam glücklich. War dies das Meer des unaufhaltsam rauschenden, sich ewig verschlingenden, sich ewig neu gebärenden Lebens, auf welches mich die Prophezeiung meines theuren Lehrers gewiesen hatte? Das Meer, auf dessen hochgehenden Wogen, wenn er richtig geahnt, meine Heimath sein sollte? Ja, dies war es; es mußte es sein! ich fühlte es an dem muthigen Schlage meines Herzens, an der Kraft, mit welcher ich diese Menschenwogen durchschnitt, an der Lust, mit welcher mich der Donner dieser Brandung erfüllte.

Viertes Capitel

In der Maschinen-Fabrik des Commerzienrathes Streber wurde ein großer Dampfkessel vernietet. Drei russige Gesellen harrten, mit bis über die Ellnbogen aufgestreiften Hemdärmeln, die Hämmer in den gewaltigen Händen, auf den rothglühenden Eisenbolzen, welchen eben ein Vierter von dem in der Nähe glühenden Heerde in der Zange herbeitrug. Der Eisenbolzen verschwand in der Oeffnung des Dampfkessels und erschien nach wenigen Secunden in dem Nietloch; die Cyklopen faßten ihre Hämmer fester und schlugen in gleichmäßigem Takte die Spitze des Bolzens zum Nietkopf um. Das gab einen Höllenlärm. Und wenn man nun Jemand, welcher der Sache unkundig war, sagte, daß in dem Bauch des Kessels, auf welchen die schweren Hämmer mit solchem sinnbetäubenden Lärm fielen, ein Mensch auf dem Rücken lag, der die Niete mit einer Zange in Empfang nahm und mit der Zange aus aller Kraft einen Gegendruck ausübte, während die Hämmer auf den Nietkopf herunter rasselten, so wäre das besagtem müßigen Besucher kaum glaublich, jedenfalls aber der Mensch im Bauche des Kessels als einer der armseligsten, bemitleidenswerthesten Sterblichen erschienen.

Die Niete war eingeschlagen, die Hämmer ruhten, der mit der Zange kroch aus dem Bauch des Ungeheuers hervor, und ich brauche dem Leser wohl nicht zu sagen, wer der Mann mit der Zange war. Auch schäme ich mich nicht, so vor ihn hinzutreten, denn er hat mich schon vor kurzer Zeit in einem ähnlichen Aufzuge gesehen, freilich gewähre ich in diesem Augenblick einen einigermaßen schrecklichen Anblick. Der untere Theil meines Gesichtes, Hals und Brust, sind mit Blut bedeckt, das mir während der letzten halben Stunde aus Nase und Mund geströmt ist. Aber die Drei mit den Hämmern lachen nur, und der eine, der Vorschmied, sagt: ein ander Mal sperrt das Maul auf, Kamerad; es fliegen Euch keine gebratenen Tauben hinein.

Der Witz ist herzlich schlecht, aber die Andern lachen, und ich lache auch, denn, wenn die Klugheit gebietet, mit den Wölfen zu heulen, so habe ich es selten über das Herz bringen können, unter Lachern nicht mitzulachen, selbst in dem Falle, daß sie, wie diesmal, auf meine Kosten lachten.

Indessen war es mir, trotz des glühenden Eifers, mit welchem ich mich meinem neuen Berufe hingab, nicht unlieb, daß diese Beschäftigung im Kesselbauche für mich nur eine vorübergehende war, zu welcher mich mein Meister, weil es in der andern Werkstatt an Händen fehlte, nur sehr ungern, auf Befehl des Obermeisters, hatte herleihen müssen. Sehr ungern! das klingt prahlerisch für einen, der, wie ich, erst vierzehn Tage in der Schmiede ist, und vorläufig nur zur allerrohesten Arbeit, zum Zuschlagen, benutzt wird. Auch war es jedenfalls nicht mein Verdienst, daß der schwerste Hammer, den Andere mühsam regierten, mir wie ein ganz gewöhnlicher Hammer in den Händen lag, und daß man meinen Schlag unter den vier oder fünf Schlägen, die in gleichmäßigen Pausen dem Schlag des Vorschmieds auf das roth glühende Eisen nachschlugen, jedesmal deutlich heraushörte. Es war nicht mein Verdienst, und doch wurde es mir an dieser Stelle, wo die Körperkraft eine so wichtige Rolle spielt, als ein sehr hohes, ja als das höchste angerechnet. Mein Meister war stolz auf mich, meine Mitgesellen sahen in des Wortes eigentlichster Bedeutung mit Bewunderung zu mir empor, und Klaus, wenn von mir die Rede war, zeigte alle seine weißen Zähne, und nickte dann, indem er die Lippen fest schloß und den Zeigefinger in die Höhe hielt, geheimnißvoll mit dem Kopf. Ich hatte dem guten Klaus dies geheimnißvolle Nicken streng verboten und er hatte mir auch fest versprochen, sich in Acht zu nehmen; trotzdem war es nicht seine Schuld, wenn nicht sämmtliche zweihundert Arbeiter der Maschinenfabrik bereits dieselbe hohe Meinung von mir hatten, mit welcher seine Seele bis zum Ueberlaufen erfüllt war.

Was willst Du, sagte Klaus, so oft ich ihm von meiner theoretischen Einsicht in Maschinensachen und von meinen mathematischen Kenntnissen etwas zum Besten gab, Du verstehst von allen diesen Dingen mehr, als irgend einer in der Anstalt, den Obermeister und die Herren Ingenieure nicht ausgeschlossen; und Du verdienst mindestens Chef des technischen Bureaus zu sein.

Du bist ein Narr, Klaus, sagte ich.

Aber es ist doch wahr, sagte Klaus hartnäckig.

Nein, es ist nicht wahr. Erstens überschätzest Du meine Kenntnisse weitaus, und zweitens kann man immerhin ein mäßig guter Theoretiker sein und dabei in der Praxis der jämmerlichste Stümper. Ich wünsche aber ein guter Theoretiker und ein guter Praktiker zu gleicher Zeit zu sein, und bis ich dahin komme, werde ich noch viel Hammerschläge und noch manchen Feilenstrich thun müssen. Denke doch, Klaus, wie lange Du selbst gebraucht hast, bis Du aus dem gewöhnlichen Flickarbeiter, der froh war, wenn er seine Schrotzange regelrecht abschleifen konnte, der feine Maschinenschlosser wurdest, der auf seine Pläuelstange die Kappen aufpressen kann, wie nur Einer.

Ja, sagte Klaus, ich, aber Du —

Es wird überall am Feuer geschmiedet, Klaus, und jedes Stück will gehämmert werden, bis es fertig ist, und ein guter Maschinenbauer auch, bis er fertig ist, und es fehlt noch viel, bis ich das von mir werde sagen können, wenn ich es jemals sagen kann.

Da bin ich anderer Meinung, sagte der hartnäckige Klaus.

So thu' mir wenigstens den Gefallen und behalte Deine Meinung für Dich, sagte ich ernst.

Ich hatte meine guten Gründe, dem braven Klaus ein Schweigen, das ihm so schwer wurde, aufzuerlegen, denn abgesehen davon, daß er mich wirklich in lächerlich-rührender Weise überschätzte, konnte seine Unvorsichtigkeit nur eine Menge Ungelegenheiten bereiten, ja den Weg verschütten, den zu gehen ich nun einmal fest entschlossen war. Ich wollte in dem Beruf, dem ich mein Leben geweiht, von der Pike auf dienen, eingedenk des Satzes, auf den mein unvergeßlicher Lehrer immer so gern zurückkam, daß der wahre Künstler auch das Handwerk seiner Kunst verstehen müsse. So war ich denn vorläufig, was ich sein wollte und mußte, ein Handwerker, ein Arbeiter der gröbsten Arbeit, und Jeder sollte mich dafür nehmen und nahm mich dafür, und das war gerade, was ich wünschte.

Meine Vergangenheit hatte ich in ein einfaches Märchen gebracht, das bei den einfachen Menschen, mit denen ich es zu thun hatte, leichten Glauben fand. Ich war ein Schiffersohn aus Klaus Pinnow's Vaterstadt. Wir hatten uns von Jugend auf gekannt; ich hatte Schmied werden wollen, wie er, und hatte auch eine Zeit lang bei seinem Vater als Lehrjunge gearbeitet. Dann war ich vor zehn Jahren zur See gegangen und war als Matrose, als Schiffszimmermann, als Schiffsschmied durch die ganze Welt gekommen und endlich vor kurzer Zeit in meine Heimath zurückgekehrt, mit dem Entschluß, nun im Lande zu bleiben und mich redlich zu nähren, und zu dem Zweck das Schmiedehandwerk regelrecht zu lernen, das ich bisher als Pfuscher geübt hatte.

Ich kam selten in die Lage, dieses mein Märchen durch Erzählungen aus meiner Vergangenheit bewahrheiten zu müssen, und wenn wirklich einmal in der Feierstunde ein besonders Neugieriger die Rede auf meine Irrfahrten brachte, so verstand ich genug von der Schifffahrt und hatte früher zu viel mit Kapitänen und Steuerleuten verkehrt und zu viele Seegeschichten gelesen, um die Rolle eines Sindbad nicht auf eine halbe Stunde durchführen zu können. Eine meiner Hauptgeschichten, die irgend wo auf dem Malayischen Archipel spielte, und in der es scharf herging und vielen Piraten das Lebenslicht ausgeblasen wurde, hatte mir in meiner Werkstatt den Spitznamen: »der Malaye«, eingetragen, und ich behielt diesen Namen, bis ich — doch ich darf meiner Geschichte nicht vorgreifen.

Man mußte mich um so mehr für das nehmen, wofür ich mich gab, als ich mein äußeres Leben streng in dem Stil eines gewöhnlichen Fabrikarbeiters eingerichtet hatte. Ich war nicht besser und nicht schlechter angezogen, als die Andern auch; ich aß mein Frühstück aus der Hand, wie die Andern auch; ich speiste zu Mittag in einer billigen Garküche, in welcher ein halbes Hundert anderer Arbeiter auch speisten. Der einzige Luxus, den ich mir von dem wenigen Gelde, das ich aus dem Gefängniß mitgebracht hatte, verstattete, war eine bessere Wohnung, als sie sonst von Arbeitern meines Grades gesucht zu werden pflegt oder bezahlt werden kann; und auch diese Abweichung von der Norm hatte ich mindestens ebenso sehr aus Nothwendigkeit, als aus Rücksicht der Bequemlichkeit oder meinem Geschmack zu Liebe gethan. Ich konnte, wollte ich in meinen theoretischen Studien fortfahren, nicht in einem Quartier wohnen, dessen Gassen bis tief in die Nacht hinein von dem Gerassel der Wagen, nur zu oft von dem wüsten Lärm trunkener Arbeiter, die mit der Polizei in Conflict gerathen waren, wiederhallte; und wo in den menschenüberfüllten Häusern die tickende, klappernde, rasselnde Uhr des Lebens keine Minute still stand.

Ich hatte mehrere Tage lang, während derer ich Klaus' Gast war, mich nach einer passenden Wohnung umgesehen; endlich fand ich, was ich suchte.

An unsere Fabrik grenzte ein bedeutendes Grundstück, das mit halb ausgeführten oder eben im Entstehen begriffenen Baulichkeiten auf die wunderlichste Weise bedeckt war. Nach der Aussage des alten Mannes, welcher in einer ebenfalls nur halb fertigen Portierloge dieses sonderbare Terrain bewachte, hatte das Ganze ursprünglich eine Concurrenzfabrik des Streber'schen Etablissements werden sollen. Aber der Unternehmer hatte fallirt, die Anlage war in Subhastation gekommen und von einem reichen Gläubiger erstanden worden, der es für zweckmäßig hielt, das Grundstück vorläufig so liegen zu lassen, wie er es übernommen hatte. Er hoffte ja wohl, sagte der alte Mann, daß die Grundstücke hier in ein paar Jahren noch dreimal so viel werth sind; vielleicht auch, der Commerzienrath müsse ihm das Ding auf jeden Fall und um jeden Preis abnehmen, da ihm ja Alles daran liegen muß, daß sich ihm ein Concurrent nicht, so zu sagen, vor seine Nase hinsetzt. Und dann muß der Commerzienrath auch ausbauen, sie können sich ja drüben nicht mehr rücken und rühren, und wo soll er hinbauen, wenn nicht nach dieser Seite? Aber der besinnt sich auch wieder, bis mein Herr sich besinnt, und so besinnen sie sich alle Beide schon zwei Jahre lang. Jetzt eben ist er wieder hier gewesen und hat sich die Sache zum, ich weiß nicht, wie vielsten Male, angesehen; es schien mir aber nicht, daß er zu einem Entschluß gekommen sei. Nun, mir ist es gleich, und wenn der Herr eine von den Stuben im Gartenhaus haben will, so kann sein Bart schon immer ein paar Zoll länger werden, bis er wieder auszuziehen braucht.

Der alte Satiriker von Portier gefiel mir wohl und das Gartenhaus noch besser. Zwar war es eine Prahlerei, wenn der Mann von einem der Zimmer des Gartenhauses sprach, denn es hatte überhaupt nur eins, in welchem möglicherweise ein Mensch wohnen konnte, während die anderen ohne Fenster, ohne Thüren vielmehr ein Aufenthalt für heimathlose Katzen zu sein schienen und, wie ich mich in der Folge überzeugte, wirklich waren. Das Häuschen, das ursprünglich zur Privatwohnung des Besitzers oder des Directors bestimmt gewesen sein mochte, war in einem sehr gefälligen italienischen Stil angelegt. Eine sanfte Treppe führte zu dem in Rede stehenden Zimmer, in welchem nach den Tintenflecken auf den ungescheuerten Dielen und diversen Zeichnentischen mit drei Beinen und anderen trümmerhaften Büreau-Utensilien zu schließen, während des Baues der Architect sein Atelier gehabt hatte; auf der anderen Seite gab es einen freischwebenden Balcon. Vor der Treppe war ein Rasenplatz projectirt, zu dem allerdings vorläufig nur der Platz da war, ohne den Rasen, eben so wie einem großen Sandstein-Becken in der Mitte der Triton und das Wasser fehlten, und dem Spalier, welches sich an der Fensterwand bis unter das vorspringende Dach zog, der venetianische Epheu. Aber diese Mängel beleidigten mich nicht; im Gegentheil! sie deuteten auf eine bessere und schönere Zukunft, und harmonirten so mit der Grundstimmung meiner Seele, welche ebenfalls aus einer dürftigen Gegenwart in reichere und schönere Tage sah. Sodann hatte diese ruinenhafte Wohnung den wirklich praktischen Vorzug erstaunlicher relativer Billigkeit und den andern: mir die Ruhe zu gewähren, deren ich für meine Studien so nothwendig bedurfte, und, um Alles zu sagen: der alte Mann hatte mir mitgetheilt, daß das Fräulein, welches den Commerzienrath begleitet hatte, und das ja wohl die Tochter von dem alten Herrn gewesen sei, in die Hände geklatscht habe, als sie das Gartenhaus gesehen, und gemeint habe, das sei doch gar zu allerliebst und da möchte sie wohnen.

Sie würde sich schön bedanken, sagte der alte Murrkopf. Sie sah nicht so aus, als ob die Eule ihr Baumeister und Schmalhans ihr Koch wären, aber für unseres-, ich wollte sagen für Ihresgleichen wird es schon gerade recht sein.

Es ist gerade recht, sagte ich, und wann kann ich kommen?

Wann Sie wollen; einen Vorgänger haben Sie nicht; Sie brauchen also auch nicht zu warten, bis er ausgezogen ist.

So nahm ich denn noch am Abend desselben Tages von meiner neuen Wohnung Besitz, unter Assistenz des guten Klaus, dessen Kopf dabei aus dem Schütteln nicht viel heraus kam.

Was ich nur in der verfallenen Spelunke wollte, wo man mich todtschlagen könne, ohne daß ein Hahn darnach krähe? und wie ich nur Geschmack an solchen Möbeln finden könne: an den beiden hochlehnigen wurmzerfressenen Stühlen, an diesem Lehnsessel aus der Urgroßväter Zeiten, an diesem Spiegel mit dem verblindeten Goldrahmen? Ich hätte es zwar billig genug bei dem Trödler gekauft; indessen er hätte mir für nicht viel mehr ganz andere Sachen schaffen wollen; aber freilich, ich hätte von jeher in diesen Dingen einen wunderlichen Geschmack gehabt; er erinnere sich, daß auch in meiner Stube im väterlichen Hause zu Uselin dergleichen nutzloser Krimskrams gestanden habe.

Ich ließ den guten Klaus murren und schelten; ertrug es sogar, daß Christel einige Tage lang ernstlich mit mir schmollte. Sie hatte ein Zimmer in ihrem eigenen Hause entdeckt, zwei Treppen hoch nach dem Hofe hinaus, wunderschön meublirt, und welches die einzige Unbequemlichkeit hatte, daß man zu demselben nur durch die Küche und das Wohnzimmer der Wirthin gelangen konnte, einer ausnehmend respectablen Schneider-Witwe von zweiundachtzig Jahren, mit einer sehr ehrbaren unverheiratheten Tochter von sechszig, die sich meiner gewiß auf das Liebevollste angenommen haben würden.

Der brave Klaus und die gute Christel! ich konnte ihnen nicht helfen; ich konnte ihnen zu Liebe meine Natur nicht verändern, welcher das Streben nach Freiheit, nach Unabhängigkeit innerstes Bedürfniß war. Auf meiner Giebelstube im Vaterhause, auf meinem Zimmer auf Schloß Zehrendorf, ja in meiner Zelle im Gefängnisse hatte ich als Knabe und Jüngling fort und fort das Glück und die Poesie der Einsamkeit zu reich genossen, als daß ich sie jetzt, wo ich ein Mann war, hätte entbehren können.

Und einsam war ich auch jetzt wieder, auf meiner Stube in dem halbfertigen Gartenhaus zwischen den Ruinen großer und kleiner Gebäude, die niemals fertig gewesen waren. Kein Laut drang des Abends, wenn ich von meinen Büchern aufschaute, zu mir heran, als aus der Ferne, vergleichbar dem Meeresrauschen, das dumpfe ununterbrochene Rollen der Wagen oder das Gebell des zottigen Spitzels, der am Tage dem alten Mann in der Portierloge Gesellschaft leistete und am Abend und während der Nacht die weiten Plätze zwischen den

Ruinen und die Ruinen selbst durchstrich, auf einer, wie es schien, endlosen Jagd nach Katzen. Und wenn ich dann einmal, mir die heiße Stirn abzukühlen, auf den Balcon hinaustrat, war wieder alles wüst und leer und nächtig um mich her. Nur hier und da das Licht einer einsamen Laterne und manchmal eine rothe Feuersäule, welche aus den Hochöfen unserer Fabrik in den nächtlichen Himmel stieg und die Ränder der schwarzen Wolken färbte, die ein scharfer Novemberwind vor sich her wälzte. Und trat ich dann in das Zimmer zurück, wie traulich grüßte mich meine bescheidene Lampe, vor der das Buch mit Zahlen und Formeln aufgeschlagen lag; wie traulich die alten geschnitzten Eichen-Möbel, welche den Unwillen des guten Klaus so sehr erregt hatten; und vor allem, mit wie großem Entzücken betrachtete ich die beiden kleinen antiken Vasen von Terracotta, welche auf dem Caminsims standen, und zuletzt die herrliche Copie der sixtinischen Madonna, die meinem Arbeitstisch gegenüber an der Wand hing. Man hatte die Vasen und das Bild aus meiner Zelle entfernt, als der neue Director kam, aber ich hatte sie, als man mich entließ, mit solcher Entschiedenheit reclamiert, daß man sie mir nicht zu verweigern wagte; dann hatte ich sie sorgfältig in eine Kiste gepackt und einem Spediteuer übergeben, um sie mir, sobald ich irgendwo festen Fuß gefaßt, nachschicken zu lassen. Heute Mittag waren sie angekommen, und heute Abend erfreute ich mich zum ersten Male wieder des theuren Anblicks.

Und während ich andächtig auf meine Heiligthümer schaute, machte ich mir die ernstlichsten Vorwürfe, daß ich es habe über das Herz bringen können, die theuerste Freundin, die ich auf der Welt hatte und mit der ich nun schon an die vierzehn Tage von den Mauern derselben Stadt eingeschlossen lebte, nicht aufzusuchen, ihr keine Kunde meines Daseins zu geben. Es schien so ganz gegen meine Natur, dem Triebe meines Herzens und noch dazu einem so mächtigen Triebe, nicht ohne Weiteres Folge zu leisten; nicht ohne Aufenthalt zu der zu eilen, mit welcher ich so viele Jahre meines Lebens in innigster Freundschaft verlebt hatte, und von der ich überzeugt sein durfte, daß ihr Herz so warm für mich schlug, wie je. Wir hatten während des Jahres, welches wir getrennt gewesen waren, keine sehr lebhafte Correspondenz mit einander geführt: aber es war auch, als wir uns trennten, ausgemacht worden, daß wir uns nicht schreiben wollten, — es wäre denn im äußersten Nothfall, — weil uns eine Correspondenz unter den Augen des neuen Directors und des Herrn von Krossow eine Unmöglichkeit dünkte. Dieser Nothfall trat ein, als mir die Niedertracht dieser Unedlen eine siebenmonatliche Verlängerung meiner Haft zu Wege brachte; ich hatte es ihr einfach gemeldet, und sie hatte mir nur mit den zwei Worten geantwortet: harre aus!

Nein, das war nicht die Ursache meiner Scheu, und dieselbe hatte auch keinen Grund, als nur den einen, den ich mir nicht gern selbst gestehen mochte. Ich wußte, wie das theuerste, edelste Mädchen für sich, ja für die Ihrigen zu arbeiten und zu sorgen hatte. Seit Jahr und Tag war es mein innigster Wunsch gewesen, ja es war mir oft als der einzige Zweck und Inhalt meines Lebens erschienen, in eine Lage zu kommen, mich in eine Lage zu bringen, in welcher ich im Stande wäre, ihr die Last von den zarten Schultern zu nehmen. Und jetzt, wo sie vielleicht eines Freundes, einer Stütze mehr bedurfte, als je, sollte ich vor sie hin treten, selbst in einer Lage, in welcher ich, wenn ich auch nicht hilfsbedürftig war, Anderen gewiß keine Hilfe gewähren konnte. Das war voraus zu sehen gewesen, das hatte, wie die Dinge lagen, so kommen müssen, und doch —

Aber will sie denn, wird sie jemals deine Hilfe annehmen? unterbrach ich den Gang meiner Gedanken, indem ich die Hände auf dem Rücken — ich hatte diese Gewohnheit von meinem Vater — in meinem Gemache auf und nieder zu gehen begann. Hat sie dir nicht hundert Beweise geliefert, wie eifersüchtig sie auf ihre Unabhängigkeit ist? Und hat sie nicht dir speciell mehr als einmal, ja, in der Abschiedsstunde noch, zu verstehen gegeben, daß, wenn sie nach einer Stütze verlangte, es nicht dein Arm sein würde?

Die letzten Tage, die ich mit Paula und den Ihrigen zusammen verlebt, kamen mir wieder in Erinnerung. Es waren ihrer nicht zu viel gewesen; man hatte mit einer geradezu unanständigen Dringlichkeit von Frau von Zehren verlangt, daß sie dem Nachfolger ihres Gemahls Platz mache. Dieser Nachfolger, ein pensionirter Major und besonderer Günstling des pietistischen Regierungspräsidenten, hatte schon längst auf die Stelle gewartet und so zu sagen bereits vor der Thür gestanden. Die Brutalität, mit welcher er ohne die geringste Schonung der unglücklichen Familie von der Director-Wohnung Besitz ergriff, war beispiellos gewesen. Er hatte der unglücklichen Frau nur die Alternative gelassen, entweder mit den Ihrigen in einigen Gefängniß-zellen, die er zu diesem Zweck großmüthig räumen zu wollen versprach, unterbringen zu lassen, oder ihre Zuflucht in einem der äußerst mangelhaften Gasthäuser der Stadt zu suchen. Frau von Zehren hatte natürlich keinen Augenblick darüber geschwankt, was sie in diesem Falle zu thun habe, und so waren denn kaum drei Tage nach dem Tode meines Wohlthäters vergangen, als in dem Hause, das er so lange Jahre bewohnt, alle alten bekannten Gesichter verschwunden waren. Alle, alle waren sie verschwunden; nicht eins war geblieben! Doctor Snellius hatte gleich in der ersten Stunde, in welcher er die fragliche Ehre hatte, dem neuen Director vorgestellt zu werden, demselben seine Meinung rund heraus gesagt; und wenn Doctor Snellius Jemandem, den er zu verachten und zu verabscheuen Ursache hatte, seine Meinung sagte, so kann man sich gewiß darauf verlassen, daß der Betreffende sich über etwaige Dunkelheiten in den Auslassungen des Doctors nicht zu beklagen brauchte.

Dem Doctor Snellius war der alte Wachtmeister Süßmilch auf dem Fuße gefolgt, und obschon die Stimmlage des Alten mindestens zwei Octaven tiefer war, als die des Doctors, so mußte doch die Melodie, welche beide gesungen, die nämliche gewesen sein, zum wenigsten war das Resultat das nämliche gewesen, das heißt: der Herr Major a. D. hatte vor Wuth geschäumt und mit den Füßen gestampft und verlangt, daß der impertinente Mensch sofort in's Loch gesteckt werde. Glücklicherweise aber war der Alte klug genug gewesen, seinen Abschied zu verlangen und in Empfang zu nehmen, bevor er dem neuen Chef sein ehrliches Herz ausschüttete, und so hatte der Wüthende keine Gewalt mehr über den Alten gehabt und mit Drohungen konnte man dem Wachtmeister Süßmilch nicht beikommen.

Wie gern, wie gern wäre ich so verlockenden Beispielen gefolgt und hätte auch dem neuen Director mein Herz ausgeschüttet! Ich habe wohl in meinem Leben nie so große Gewalt gegen mich geübt, wie in jenen Tagen, wo ich einen Kanker und Molch in Menschengestalt an der Stätte hausen sah, von welcher der Edelste der Menschen soeben geschieden war, und vielleicht würde ich diesen Sieg über mich nicht davongetragen und mich in ein unabsehbares Unglück gestürzt haben, wenn ich nicht in meinem Ohr fortwährend eine Stimme vernommen hätte, die mir heiliger war, als die meines eigenen Herzens. Und diese Stimme hatte also gesprochen: Du hast schon Manches in Deinem Leben erduldet, armer Georg, so erdulde auch noch dies, ob es gleich das Schwerste sein mag, und wenn Du selbst nicht Herr werden kannst über Dich selbst, rufe ihn im Geiste zu Hülfe, der Dich wie seinen Sohn geliebt hat.

Ich blickte wieder in mein Buch, aber ich konnte heut Abend die einfachsten Dinge nicht begreifen. Sehr bekannte algebraische Formeln schauten mich plötzlich ganz fremdartig an, und lauteten, als ich genauer zusah: Wenn er mich wie seinen Sohn geliebt hat und Paula ihm das geliebteste seiner Kinder war, müssen Paula und ich uns nicht auch lieben? Oder auch: Paula von Zehren verhält sich zu Hermine Streber, wie Georg Hartwig zu X.

Wollen Sie denn heute die ganze Nacht durch Licht brennen? fragte die Stimme des alten Wächters von unten herauf. Es ist ja ein Uhr und ich soll Sie um fünf wecken. Da werde ich wieder meine schwere Noth haben.

Fünftes Capitel

In einer anderen Abtheilung unserer Fabrik waren durch die Verschiebung eines Treibriemens ein paar Leute mehr oder weniger gefährlich verletzt worden. Wir hatten in unserer Werkstatt erst kurz vor dem Mittagessen Kunde von dem Unglück erhalten, und die Leute blieben auf dem Hofe stehen, um sich die Einzelheiten abzufragen und mitzutheilen. Ich war an eine der Gruppen herangetreten und hörte eifrig zu, als ich einen kleinen Mann sich durch die Gruppen drängen sah, der seinen Hut in der Hand trug, und dessen großer, kahler Schädel, welcher bald da, bald hier zwischen dunklen Gestalten auftauchte, dem vollen Monde glich, der durch schwarze Wolken eilt. Dieser Vollmondschein-Schädel konnte nur *einem* Menschen gehören. Ich eilte dem kahlen Schädel nach, und erreichte ihn an dem Thor in dem Momente, wo er mit einem Filzhut bedeckt wurde, welcher während der Zeit, daß ich ihn nicht gesehen, auch nicht besser geworden war. Ich folgte dem Filzhut noch ein paar Schritt in die Straße und trat dann mit einem Schritt seinem Träger in den Weg.

Mit Verlaub, Herr Doctor, sagte ich.

Doctor Snellius hob seine runden Brillengläser zu mir auf, und starrte mich mit dem Ausdruck äußerster Verwunderung an.

Es ist keine Hallucination, Doctor, sagte ich; ich bin es wirklich.

Georg, Mammuth, Mensch, wo kommen Sie her? und in dieser fragwürdigen Gestalt? rief der Doctor, indem er mir seine beiden Hände entgegenstreckte.

Still, Doctor, sagte ich; ich bin hier incognito, und muß mir die Freude versagen, Sie auf der Stelle zu umarmen.

Sie sind doch nicht weggelaufen, trotzdem ich es Ihnen ausdrücklich verboten? sagte der Doctor geheimnißvoll.

Ich beruhigte ihn über diesen Punkt.

Gott sei Dank, sagte er, oder vielmehr mir sei Dank; oder auch ihr. Wie haben Sie sie gefunden?

Ich habe sie noch gar nicht gesehen, Doctor.

Und sind schon zwei Wochen hier? Schändlich, unglaublich! Wo ist meine Laterne, daß ich Sie entzweischlage, denn nun gebe ich die Hoffnung, einen Menschen zu finden, definitiv auf. Gehen Sie! Ich will Sie nie wieder sehen!

Wann darf ich zu Ihnen kommen, Doctor?

Sobald Sie wollen oder können. Sagen wir heute Abend? he? Ein Glas Grog, halb und halb, in der alten Weise, he?

Und bei einem Glase Grog halb und halb in der alten Weise saßen Doctor Snellius und ich uns gegenüber am Abend desselben Tages in des ersteren geräumiger Wohnung, und sprachen von vergangenen Zeiten, von dem, was wir zusammen erlebt und erlitten, wie eben zwei gute Freunde, die sich seit längerer Abwesenheit zum ersten Male wiedersehen, zu sprechen pflegen.

Der Doctor gab mir eine drastische Schilderung von seiner großen Scene mit dem Major a. D., und wie Herr von Krossow dazu gekommen sei und wie er den Herren gesagt, daß Drei zwar ein Collegium machten, er aber um alles in der Welt mit ihnen kein Collegium machen und sich ihnen deshalb für nun und immer bestens empfohlen haben wolle. Ich erwiederte lachend, daß ich mir jetzt erst recht die Gehässigkeit erklären könne, mit welcher Herr von Krossow, dem ich doch persönlich nie zu nahe getreten sei, mich hernach verfolgt habe.

Sie irren, mein Guter, sagte der Doctor. Das Reptil hatte andere und bessere Gründe, mit seinen Giftzähnen nach Ihnen zu hauen. Ich kann es Ihnen jetzt sagen, wo Sie nicht mehr Gefahr laufen, dem Ungethüm den Hals umzudrehen. So hören Sie; aber vorerst brauen Sie sich noch ein Glas; man bekommt es, ohne einen guten Schluck dabei zu thun, nicht herunter. Also: er hat schon früher einmal um sie angehalten, um Paula von Zehren angehalten, und hat sich, da ihm der alte Korb schon zu abgetragen sein mochte, einen neuen holen zu müssen geglaubt, und keine Zeit passender erachtet, als die Tage der Verwirrung und des Jammers nach dem Tode unseres Freundes; dabei auch nicht anzudeuten vergessen, daß der neue Director sein sehr guter Freund und der Regierungs-Präsident sein Vetter sei, und daß er durch diese Beiden, so zu sagen, Paula's und der Ihrigen Zukunft in der Hand habe, denn die Pensions-Ansprüche ihrer Mutter seien, wie sie wohl selbst wisse, sehr fraglich; aber die Sache werde sich machen lassen; und wenn er selbst auch kein Vermögen habe, so seien seine Verbindungen gut, und seine Aussichten nicht schlecht, zumal unter dem neuen König, der wahrhaft ein Gesalbter des Herrn sei. Wie finden Sie das? krähte Doctor Snellius, indem er aufsprang und einen grotesken Tanz durch das Zimmer vollführte.

Die Erzählung des Doctors hatte mich mit Unwillen und Erstaunen erfüllt. Ich hatte in der That keine Ahnung davon gehabt, daß der scheinheilige Pfaff jemals gewagt habe, seine gleißnerischen Augen zu Paula zu erheben; und dabei mußte ich daran denken, wie wahrscheinlich es sei, daß ich nach einer anderen Seite auch nicht scharfsichtiger gewesen sein würde. Ich verfiel in ein düsteres Schweigen; aber der Doctor mußte mir durch seine großen, runden Brillengläser die Gedanken von der Stirn lesen.

Sie meinen, es wird ihr keine große Mühe gekostet haben, den Priester abzuweisen, da ihr Herz schon von dem Ritter eingenommen war? Wir haben damals manchmal darüber gesprochen, und uns gegenseitig bange gemacht, aber es war dummes Zeug, ich versichere Sie, dummes Zeug! Paula denkt nicht daran, den Adonis zu heirathen, so wenig als mich alten Satyr.

Der Doctor blickte mich bei diesen Worten von der Seite an und lächelte dann ironisch, als ich mich nicht enthalten konnte, ein leises Gott sei Dank! aus tiefster Seele zu murmeln.

Aber frohlocken Sie nicht zu früh, fuhr er fort, und das Lächeln wurde immer diabolischer; man soll den Tag nicht vor dem Abend loben, und Sie kennen mein Wort, daß bei den Menschen Alles möglich ist. Arthur ist wirklich ein bezaubernder Junge, und da es ihm gelungen ist, in die diplomatische Laufbahn hineinzukommen, kann er auch ebenso gut als unser Botschafter in London sterben. Es ist schließlich derselbe Bettel, und den verstehen sie; der tausend! wie Sie den verstehen; besonders der Alte, der ist ein wahres Genie in der edlen Kunst. Von seinem Schneider, dem er so lange um den Bart geht, bis der Mann ihm die Rechnung stundet, bis zum König hinauf, den er mit einem Fußfall um ein Darlehn anfleht, welches es ihm möglich machen soll, seine Schulden zu bezahlen und seinen Arthur in der neuen Carrière vorwärts zu bringen — keiner ist vor ihm sicher, keiner! Ich sage Ihnen, halten Sie sich die Taschen zu, wenn Sie dem Edlen auf der Straße begegnen.

So lebt er auch hier?

Natürlich lebt er hier! Das Feld ist nicht so bald erschöpft, und ein großer Mann, wie der Herr Steuerrath, braucht überall viel Boden. O, diese Stirnen, diese ehernen Stirnen!

Warum sprechen wir so viel von dem Gesindel? rief ich. Erzählen Sie mir lieber von ihr! wie lebt sie? wie geht es mit ihrer Malerei? Hat sie große Fortschritte gemacht? Und hat sie Käufer für ihre Bilder gefunden?

Ob sie hat! rief der Doctor. Ei der tausend! da kommen Sie schön an; ich sage Ihnen, sie ist auf dem besten Wege, ein Vermögen zu machen. Man reißt sich um ihre Bilder.

Doctor, sagte ich; ich sollte meinen, der Gegenstand vertrüge keinen Scherz!

Der Doctor, der die letzten Worte in seinen höchsten Tönen gesprochen hatte, stimmte sich mit einem energischen ehem! zwei Octaven tiefer und sagte:

Sie haben Recht; es sollte auch kein Scherz sein, nur eine Lüge; aber ich sehe, das Lügen habe ich noch immer nicht besser gelernt, und so ist es denn auch wohl jedenfalls das Beste, wenn ich Ihnen die Wahrheit sage, oder vielmehr zeige. Kommen Sie.

Er entzündete zwei Lichter, die unter dem Spiegel standen und führte mich in ein Nebenzimmer, welches er erst aufschließen mußte.

Ich habe sie hierher gebracht, sagte er, — auf die Wand deutend, welche mit größeren und kleineren Bildern behängt war; — weil ich wo anders vor den Jungen nicht sicher bin. Nun, wie finden Sie sie?

Ich überzeugte mich, indem ich dem Doctor die Lichter abnahm und über die Bilder leuchtete, daß dieselben sämmtlich von Paula's Hand waren. Hatte ich sie doch zu lange in ihrem Streben verfolgt und mich zu tief in ihre Art zu sehen, und das Gesehene wieder zu geben, hineingedacht!

Es waren drei oder vier Köpfe, idealisirte Köpfe, zu denen ich die Originale zu kennen glaubte, zwei oder drei Genrebilder, Scenen aus dem Gefängnisse, die ich selbst schon in der Untermalung gesehen und endlich eine größere Strandpartie mit bewegtem Meer, von welcher ich ebenfalls die Skizze noch sehr wohl in Erinnerung hatte. Ich verstand damals noch herzlich wenig von der Malerei, und am wenigsten war ich im Stande, meine Meinung zu begründen. Jetzt darf ich sagen, daß ich an jenen Bildern einen bedeutenden Fortschritt wahrnehmen konnte, sowohl in der Technik, als in der freieren, großartigeren Auffassung; besonders waren die Köpfe von einer seltenen Vorzüglichkeit, und ich sprach das, so gut ich es vermochte, mit begeisterten Worten gegen den Doctor aus.

Ja wohl, erwiderte er, den Kopf bald auf die rechte, bald auf die linke Schulter neigend und mit wehmüthigem Stolz auf die Bilder blickend, — Sie haben Recht, vollkommen Recht; sie ist ein Genie, aber was hilft die Genialität dem, welcher keinen Namen hat? Die Welt ist dumm, mein Freund, unglaublich dumm; sie findet das Große und Schöne ganz sicher; wenn die paar erleuchteten Köpfe, die ein Jahrhundert hervorbringt, einer nach dem andern dafür Zeugniß abgelegt haben, dann ist die Sache ein Glaubensartikel, den jeder Junge auf der Schulbank herbeten kann und den die Spatzen von den Dächern pfeifen. Aber wenn die Narren über das Buch eines Autors urtheilen sollen, dessen Namen sie noch nie gehört, über das Bild eines Malers, der zum ersten Male erscheint — so ist ihr Latein zu Ende und sie trauen sich selbst nicht über den Weg. Wie lange hätten diese Bilder auf den Ausstellungen umherreisen oder bei dem Kunsthändler hangen können, wenn ich sie dort hätte hangen lassen. So sind sie denn alle in meinen Besitz gewandert, und nicht nach Amerika, England und Rußland, wie die gute Paula glaubt. Aber sehen Sie mich nur nicht so neidisch an! Meine Mäcenatenrolle hat nicht lange gedauert; ihr neuestes Bild auf der Kunstausstellung — Sie kennen es und sind ja auch selbst darauf — Richard Löwenherz, krank in seinem Zelte, von einem arabischen Arzte besucht — nun wohl, das Bild hat, wie ich heute erfahren, der Commerzienrath, Ihr Commerzienrath gekauft — merkwürdigerweise, denn der Mensch versteht von Malerei gerade so viel, wie ich vom Geldmachen, und Paula hatte, auf meinen Antrieb, für das Bild einen bedeutenden Preis gefordert. Sie sehen: ich bin überflüssig. Sic transit gloria.

Der Doctor seufzte tief und schritt, die beiden Lichter in den Händen, vor mir her und auf seinem kahlen Schädel zitterten wehmütige Reflexe.

Wir saßen uns wieder hinter den Groggläsern gegenüber. Der Doctor schien eine tiefe Melancholie, die sich seiner bemächtigt hatte, durch eine möglichst kräftige Mischung bekämpfen zu wollen; auch ich saß in mich versunken da. Der Umstand, daß der Commerzienrath das Bild Paula's gekauft hatte, ging mir im Kopf herum. Wie vollkommen gleichgültig der Mann gegen Alles war, was Kunst hieß, glaubte ich von früher her zu wissen, und daß er sich bei dem Ankauf durch verwandtschaftliche Rücksichten hätte bestimmen lassen, sah ihm so unähnlich als möglich. So war es denn kein sehr kühner Schluß, daß die Tochter vielleicht an der Sache betheiligter sei, als der Vater, und ich gestehe, daß während ich die Wahrscheinlichkeiten dieser Annahme summirte, mir das Blut heiß und heißer in die Wangen stieg. Freilich stand und fiel die ganze Hypothese mit einem bestimmten Punkte, der vorläufig noch im Dunklen war. Ich athmete tief auf, that einen großen Trunk und fragte:

Hat denn König Richard noch immer einige Aehnlichkeit mit —

Mit Ihnen, verehrtester Freund, mit Ihnen — geniren Sie sich nicht; erwiderte der Doctor mit einer Schnelligkeit, die zu beweisen schien, daß unsere Gedanken irgendwie sich begegnet waren; — der einzige Vorwurf, den ich Paula mache, ist gerade, daß sie geglaubt zu haben scheint, sie brauche Sie nur eben zu nehmen, wie Sie da sind, und ein König sei fertig. Thun Sie mir nur den einzigen Gefallen und schieben Sie nicht auf Ihre Rechnung, was schließlich doch nur eine Armuth an Erfindung ist.

Ich glaube, ich habe Ihnen noch keine Veranlassung gegeben, mich für ausnahmsweise eitel zu halten, sagte ich.

Nein, das soll Gott wissen; Sie verdienten wahrlich viel eher als Säulenheiliger, denn als der löwenherzige Richard auf die Nachwelt zu kommen.

Sie sagen das so bitter, Doctor, als ob Sie alles Ernstes mit mir unzufrieden wären.

Ja, das bin ich auch, mein Guter, rief der Doctor. Was ist das wieder für eine abenteuerliche Idee, sich mit seiner Hände Arbeit ernähren zu wollen, wenn man von seinem Kopfe leben kann? Wissen Sie, Herr, daß mir unser dahingeschiedener Freund noch kurz vor seinem Tode gesagt hat, Sie seien eines der vorzüglichsten mathematischen Talente, die ihm vorgekommen, und Sie könnten jeden Tag in der Prima eines Gymnasiums dociren? Denken Sie, daß Ihr Kopf in demselben Maße feiner wird, als Ihre Hände gröber werden? Sie werden sagen, wie der Schneider zu Herrn von Talleyrand: il faut vivre, und ein Schmiedegesell fände leichter zu leben, als ein Lehrer der Mathematik? Wohl! aber haben Sie keine Freunde, die Ihnen helfen können? Weshalb sind

Sie nicht sogleich zu mir gekommen? Weshalb haben Sie dem Zufall überlassen, ob unsere Wege sich kreuzen würden?

Ich versuchte, den Aufgeregten zu beschwichtigen, indem ich auseinandersetzte, wie ich keineswegs aus Noth, sondern aus Ueberzeugung den Weg, den ich jetzt gehe, eingeschlagen habe; er wollte das Alles nicht gelten lassen.

Wozu geben Sie sich mir gegenüber die Mühe, rief er, aus der Noth eine Tugend zu machen? Die Noth ist Ihr Rathgeber gewesen, die Noth und höchstens noch Ihr verfluchter Stolz. Sie würden ganz anders aufgetreten sein, wenn Sie ein Vermögen hinter sich gehabt hätten.

Aber ich habe doch keines, Doctor.

Widersprechen Sie mir nicht, Sie hirnloses Mammuth! ein Freund, der ein Vermögen hat, das er Ihnen zur Disposition stellt, ist auch ein Vermögen. Ich bin Ihr Freund, ich habe ein Vermögen und stelle es Ihnen zur Disposition. Wer weiß, ob ich damit nicht ein gottgesegneteres Werk thue, als wenn ich es im Sinne meines alten Vaters zur Unterstützung von Waisenhäusern und dergleichen kinderreichen Zwecken benutze. Sie sind ja auch eine Waise; ich handle also, indem ich Sie unterstütze, wenn auch nicht in dem Sinne, so doch nach den Worten des frommen Mannes, und würde mich für mein Theil vollkommen dabei beruhigen.

Aber ich mich nicht, erwiderte ich lachend.

Lachen Sie nicht, Sie Ungethüm! rief der Doctor; Sie scheinen nicht begreifen zu können, wie ernst es mir mit meinem Vorschlage ist. Nehmen Sie mein Geld — es sind fünfzigtausend Thaler oder dergleichen — associiren Sie sich mit dem Commerzienrath, oder lieber, gründen Sie selbst eine Concurrenzfabrik und heben Sie den Mann aus dem Sattel; werden Sie in wenigen Jahren Deutschlands erster Fabrikant und Maschinenbauer, und —

Dem Doctor war, während er dies mit fieberhafter Lebendigkeit sprach, das Blut in beängstigender Weise in den Kopf gestiegen; auch brach er plötzlich ab, und ich habe erst viel später erfahren, was er mir in diesem Augenblick mit solcher Anstrengung verschwiegen hatte. Mag sein, daß mein Kopf in Folge des langen Sitzens hinter dem Grogglase auch nicht mehr der klarste war; ich kann mir wenigstens nur so die Hartnäckigkeit erklären, mit welcher ich auch jetzt noch dem Doctor widersprach und behauptete, daß meine Liebe zur Selbstständigkeit mir nie erlauben würde, das Vermögen und die Hülfe eines Anderen zu Fundamentsteinen meiner Existenz und meines Glückes zu machen.

Wissen Sie, was Sie damit proklamiren? rief der Doctor in seinen allerhöchsten Tönen, indem er dabei voller Zorn auf den Tisch schlug, — daß Sie ein Lump bleiben wollen, ein ganz erbärmlicher Lump, denn das ist noch ein Jeder geblieben, der die Dummheit gehabt hat, sich mit der eigenen Faust an dem eigenen Zopf aus dem Sumpfe zu ziehen. Nein, nein, mein Guter! die Kunst ist, Andere für sich arbeiten zu lassen. Wer das nicht versteht, ist ein Lump und bleibt ein Lump.

Was würde unser großer Freund sagen, wenn er Sie so reden hörte! sagte ich kopfschüttelnd.

Hat er nicht im Leben und im Sterben die Wahrheit meines Satzes bewiesen? kräht der kampflustige Doctor. Heißt das als ein vernünftiger Mann gelebt haben, wenn man, sterbend, das Liebste, was man auf der Welt hatte, in Dürftigkeit und Armuth hinterläßt? Und welches sind denn die großen Erfolge einer so langen, opferfreudigen, heroischen Arbeit für das Gemeinwohl? Er hat geglaubt, dieser Hohepriester der Humanität, sein Beispiel würde genügen, eine totale Reform des Gefängnißwesens herbeizuführen. Und da hat nur ein alter Pedant von König die schläfrigen Augen zuzumachen brauchen, und seinem Gebäude war das Fundament entzogen, und als er selbst die Dummheit beging, zu sterben, stürzte es zusammen wie ein Kartenhaus. Ist das nicht Narrethei, so weiß ich nicht, wie laut die Schellen klingen müssen!

Ich kenne Jemand, dessen Kappe mindestens ebenso bunt ist, sagte ich, dem Doctor voll in die Augen sehend. Oder wie wollen Sie einen Mann nennen, der, als der einzige Sohn eines alten reichen Vaters, welcher den Sohn liebt und ihn gewähren läßt, obgleich er ihn nicht zu begreifen vermag, mit der bestimmten Aussicht auf ein bedeutendes Vermögen Jahre und Jahre lang das mühselige Amt eines Gefängnißarztes für den geringsten Lohn bekleidet; der, nachdem er in den Besitz dieses Vermögens gekommen ist, als Arzt der Armen und Aermsten, seine Haut zu Markte trägt, der schließlich, weil sie ihn allzu sehr drückt, die Last seines Vermögens dem Ersten-Besten in den Schooß wirft, um — nun ja, um als der unverbesserliche Lump zu sterben, als welcher er gelebt hat.

Habe ich je prätendirt, etwas Anderes zu sein? sagte mein Gegner, nicht ohne einige Verlegenheit in Blick und Miene. Ja, wenn es so einfach wäre, ein Kind der Klugheit zu werden! Dazu gehören Generationen, denn die Klugheit will in den Familien gezüchtet sein, wie die langen Beine bei den Rennpferden. Nehmen Sie den Commerzienrath, der ist ein klassisches Beispiel, wie stetig die Klugheit wächst und gedeiht, wenn sie erst einmal richtig auf den Stamm einer Familie oculirt ist. Der Großvater des Mannes ist ein Nadler gewesen, der in S. seinen kleinen Laden am Hafenthor gehabt hat; mein Großvater hat ihn noch wohl gekannt. Es ist ein disreputirlicher alter Kerl gewesen, der vorne im Laden Nägel und Nadeln verkauft und in der Hinterstube auf Pfänder geliehen hat. Dann kam sein Sohn, der war schon um einen Kopf größer oder um ein paar. Der konnte schon lesen und schreiben

und noch ein gut Theil besser rechnen als der Alte. Er ist in Ihre Vater-
stadt übergesiedelt und hat Schiffsparten gekauft und zuletzt ganze
Schiffe und hat seinem Sohn, welcher der Oberste ist unter ihnen, die
Wege geebnet. Des Sohnes Glanzzeit fällt unter Napoleon. Napoleon
und die Continentalsperre und der Schmuggel haben ihn zum reichen
Manne gemacht. Ja, der Schmuggel, derselbe Schmuggel, der Ihrem
Freunde das Leben gekostet hat. Als der Herr Commerzienrath
schmuggelte, da war der Schmuggel, so zu sagen, eine patriotische
That, und die armen Teufel, die ihr Leben dabei auf's Spiel setzten und
verloren, Märtyrer der guten Sache. Gott mag wissen, wie viel Menschen er auf der Seele hat! und wenn später die Leute, die sich einmal
an das Gewerbe gewöhnt, nicht mehr davon lassen wollten und auch
nicht konnten, weil sie sonst hätten verhungern müssen — er hatte
sich salvirt, er hatte sein Schäflein im Trocknen und konnte sich in's
Fäustchen lachen. Dann kam die Zeit der Armeelieferungen, und das
war wiederum keine schlechte Zeit, und so hat dieser Egel sich fort
und fort an dem Blut seiner Mitmenschen dick und voll gesogen. Es ist
ihm Alles geglückt, was er nur unternommen: der Nadlerenkel und
Maklersohn ist Millionär geworden, hat eine »Geborene« zur Frau
gehabt, hat Titel, Orden, Alles, was das Herz begehrt. Sehen Sie, das
ist ein Kind der Klugheit, das ich Ihnen zur Nacheiferung empfehle.

Damit ich Ihre und aller Guten Freundschaft verliere.

Was nützt Ihnen meine Freundschaft? meine Freundschaft ist höchstens fünfzigtausend Thaler werth! Sie haben ganz recht, wenn Sie um
solche Bagatelle sich nicht derangiren wollen. Heirathen Sie Hermine
Streber — da wissen Sie doch, weshalb Sie ein Lump werden.

Es scheint, daß man dieser Kategorie verfällt, sobald man gar kein
Geld oder sehr viel Geld hat, rief ich, meine Verlegenheit über die
brüske Zumuthung hinter einem lauten Lachen verbergend.

Allerdings, eiferte der Doctor, die Extreme berühren sich und deshalb meine ich auch, daß Ihr Schicksal unvermeidlich ist. Es handelt
sich nur noch darum, wie Sie dem Alten beikommen; mit der Tochter
sind Sie ja wohl halb oder mehr als halb im Reinen. Ihr Rencontre auf
dem Dampfschiff war ja allerliebst, und nun dieser Richard Löwenherz in effigie, so lange man ihn noch nicht in *natura* hat —

Doctor, sagte ich aufstehend, ich glaube, es ist Zeit, daß wir uns
gute Nacht sagen.

Wie Sie wollen, sagte der Doctor; Sie wissen so außerordentlich
genau, was Ihnen gut ist, daß Sie auch dies wissen müssen.

Der Doctor war ebenfalls aufgestanden und fuhr jetzt im Zimmer
auf und ab, und schnitt dabei ganz entsetzliche Gesichter.

Doctor, sagte ich, ihm in den Weg tretend.

Gehen Sie! kreischte er, einen Bogen um mich herum machend.

Ich gehe, sagte ich, und ich ging wirklich.

Aber an der Thür blieb ich stehen und blickte noch einmal nach dem seltsamen Manne, der sich jetzt wieder in seinen Stuhl geworfen hatte, und mich durch seine runden Brillengläser zornig anstarrte: Doctor, Sie haben mir einmal gesagt, daß Sie nur vier Gläser gut vertragen können, und Sie haben heute sechs getrunken. So will ich denn die unfreundliche Weise, in welcher Sie mich jetzt, ich weiß nicht warum, verabschieden, auf das fünfte und sechste Glas rechnen, und nun leben Sie wohl!

Ich verließ das Zimmer, ohne daß er einen Versuch gemacht hätte, mich zurückzuhalten, ja ich hörte, als ich die Thür hinter mir schloß, sein lautes, krähendes Gelächter.

Das kommt davon, wenn man sein Maß nicht einhält, sagte ich entschuldigend.

Aber als ich unten auf der Straße stand und mir die frostkalte Nachtluft um das erhitzte Gesicht wehte, kam es mir vor, als ob ich selbst mein gehöriges Maß nicht genau eingehalten hätte. Mein Schritt, die mangelhaft erleuchteten, menschenleeren Gassen entlang, durch die ein heftiger Decemberwind fegte, war weniger fest als sonst wohl, und dabei gingen mir allerlei wunderliche Gedanken durch den Kopf, und hatte ich allerlei kuriose Einfälle, die denn doch ihre Entstehung wohl nur auf den Grund so vieler geleerter Gläser zurückführen konnten. So mußte ich einmal ganz laut lachen, denn ich glaubte die Stimme des dicken, kleinen Commerzienraths zu hören, die ganz deutlich sagte: Lieber Sohn, wir müssen uns zusammennehmen, sonst finden wir uns am Ende gar nicht nach Hause und unsere Hermine ängstigt sich.

Sechstes Capitel

Da der nächste Tag ein Sonntag war, hatte ich Muße, über das sonderbare Benehmen des Doctors am gestrigen Abend meine Betrachtungen anzustellen; aber sei es, daß die Sache selbst zu verwickelt war, sei es, daß meine Erinnerungen durch die Nachwirkung des starken Getränkes gelitten hatten, ich konnte zu keinem bestimmten Resultat kommen. Daß der sonderbare Mann mich in seiner Weise sehr liebte, dafür hatte ich unzählige Beweise; und auch gestern Abend war sein Zorn mehr der eines älteren Bruders gewesen, welcher zu sehen glaubt, daß sein jüngerer geliebter Bruder nicht auf dem richtigen Wege ist. Aber was in aller Welt hatte ich denn verbrochen? Daß der Doctor aus meiner Absicht, mir den Weg durch das Leben selbst zu bahnen, einen ernstlichen Vorwurf machen sollte, war im Grunde unmöglich. Hatte er sich doch selbst sehr früh auf die eigenen Füße gestellt und an dem einmal entworfenen Lebensplan mit zäher

Hartnäckigkeit festgehalten. Daß ich mich aber zum Arbeiter gemacht, konnte in den Augen eines Mannes, dessen Herz so warm für
die Armen schlug, der sein ganzes Leben den Armen und Elenden geweiht hatte, gewiß kein Verbrechen sein. Der Grund seines Zornes
mußte also irgendwo anders liegen, und nach langem Grübeln brachte
ich heraus, daß jenes Bild Paula's, auf welchem ich als Richard
Löwenherz figurirte, der erste Anlaß des Streites gewesen war. Hatte
er es übel genommen, daß Paula an ihrem Modell festgehalten?
gönnte er mir nicht die Ehre, von Paula gemalt zu sein? ärgerte er sich,
daß jenes Bild nicht in seinen Besitz, sondern in die Hände eines ihm
so verhaßten und verächtlichen Mannes, wie des Commerzienraths,
gekommen war? Das Alles waren wohl aufzuwerfende Fragen; zuletzt
entschied ich mich doch für die dritte Annahme, und zugleich dafür,
daß ich, bevor ich heute Paula aufsuchte, das Streitobject sehen
müsse.

So machte ich mich denn gegen Mittag auf, in das Academie-Ge-
bäude zu gehen, in dessen Sälen schon seit Wochen die große Gemäl-
de-Ausstellung aufgestellt war. Es war meine erste Bekanntschaft mit
einem derartigen Schauspiel. Was ich bis jetzt an Bildern gesehen,
beschränkte sich auf die wenigen alten, eingedunkelten Heiligenbilder
in den Kirchen meiner Vaterstadt, die Kupferstiche und Familienpor-
traits in dem Hause des Directors, und endlich die Bilder, welche ich
unter Paula's Händen hatte entstehen sehen. Dennoch, da ich das
Wenige wieder und wieder mit innigstem Ergötzen betrachtet und
wieder betrachtet und gewissermaßen studirt, und vor Allem, da ich
jahrelang der Zeuge des Schaffens einer wahren Künstlernatur gewesen war, hatte ich vielleicht, wenn nicht mehr, so doch gewiß nicht
weniger Empfindung für das Schöne, als die Hunderte, die durch die
Säle der Kunstausstellung wogten. Ich kann das Gefühl nicht beschreiben, mit welchem ich, bald der Menge folgend, bald von ihr
geschoben, bald für mich allein durch die hohen Hallen schweifte. Ich
hatte so etwas nicht nur nie gesehen, ich hatte es auch für unmöglich
gehalten. Gab es denn so viel Menschen, die mit Pinsel und Farbe
umzugehen wußten, daß die Wände in diesem Labyrinth von Sälen
von oben bis unten mit den Schöpfungen ihres Fleißes bedeckt sein
konnten? und war die Welt so reich? Blaute wirklich über sonnigen
Meeresbuchten des Südens ein so glänzender Himmel? Wuchsen
schneebedeckte Alpen so majestätisch in den lichtdurchströmten
Aether? Dämmerte es so schaurig in den tannen-überragten Schluch-
ten heimischer Berge? Flatterten so unendliche Vögelschaaren über
den breiten Wassern afrikanischer Ströme? Hoben sich die Paläste
italienischer Städte so glanzvoll aus engen Kanälen, über welche die
schwarzen Gondeln huschten? Gab es Säle in fürstlichen Gemächern,
deren Marmorböden die Prunk-Möbel und die Gestalten der darüber

hin Wandelnden so klar wiederspiegelten? Ja, es gab das Alles, was ich hier erschaute, und noch viel mehr, was meine angeregte Phantasie hinzuträumte. Denn je länger ich wandelte und schaute und stand und bewunderte, desto stärker kam die Empfindung über mich, als hätte ich dies Alles irgend wann schon einmal gesehen, ja, so genau gesehen, daß ich den Künstlern sagen konnte, was sie recht gemacht, und wo sie hinter der schönen Wirklichkeit weit zurückgeblieben seien. Manchmal gerieth ich ordentlich in Zorn über den dummen Maler, der so schlecht gesehen, und das schlecht Gesehene noch dazu so dürftig wiedergegeben hatte. Ich war mit einem Worte in kürzester Frist ein vollkommener Kenner der edlen Malerkunst geworden, nur daß ich vielleicht nicht immer zu sagen wußte, wie der Mann es hätte anfangen müssen, damit sein Werk besser geworden wäre; aber vielleicht qualificirte ich mich dadurch ganz besonders zum Kritiker.

So mochte ich wohl eine Stunde durch die Säle gewandert sein, als ich, in einen der letzten, welcher sich durch ein schönes, starkes Oberlicht auszeichnete, tretend, heftig erschrak. Ueber die Köpfe der den Saal erfüllenden Menschenmenge weg, glaubte ich mich selbst zu erblicken. Und ich war es auch selbst, zum wenigsten mein Conterfei auf Paula's Gemälde, dem Gemälde, um dessen willen ich gekommen war, und nach welchem ich bis jetzt vergeblich ausgeschaut hatte. Eine ungewöhnlich dichte Gruppe hatte sich vor demselben versammelt und schaute eifrig mit, wie es schien, bewundernden Mienen zu dem Werke der Freundin empor, und: ach! wie reizend, wie entzükkend! wie tief empfunden! tönte es aus manchem schönen Munde. Es war doch eine sonderbare Sache, mich da vor allen Leuten in einem leichten linnenen Gewande auf einem Bette, mit einer seidenen Decke kaum verhüllt, liegen zu sehen! Das Blut stieg mir in's Gesicht; ich meinte, die Leute müßten sich jeden Augenblick von dem Bilde zu mir wenden, das Original mit dem Conterfei zu vergleichen. Aber es mag schwer sein, zu einem sageverherrlichten, kranken König Richard mit dem Löwenherzen auf einem Ausstellungsbilde das Original zu entdecken in einem großen, gesunden, jungen Menschen in sehr schlicht bürgerlicher Tracht, der ein paar Schritte davon sich in eine Ecke drückt. Zum wenigsten machte keiner die Entdeckung, und ich konnte mich ruhig der Betrachtung des Gemäldes hingeben.

Jetzt erst bemerkte ich, daß dasselbe von einer größeren Dimension war, als die Untermalung, welche ich kannte. Es war in der That ein neues Bild, das während der Zeit, die wir uns nicht gesehen, entstanden sein mußte. Um so bewundernswürdiger — es schien mir wenigstens — war die frappante Aehnlichkeit des kranken Königs mit dem Manne in der Ecke. Das waren des Letzteren röthliche krause Locken; das war seine mehr breite als hohe Stirn; das waren seine etwas großen blauen Augen, denen es schwer wurde, zornig zu blicken. Ja selbst das fieberhafte Roth, das auf den eingefallenen Wangen des königlichen Richard lag, hätte man in diesem Momente auf denen jenes Mannes wiederfinden können. Im Uebrigen war das Bild dasselbe geblieben, nur der junge Ritter, welcher Arthur's Züge trug, mochte mehr in den Hintergrund gerückt sein, so daß der breitschultrige Yeoman mit des Wachtmeisters Süßmilch Zügen besser zur Geltung kam. Eine ganz köstliche Figur war der arabische Arzt, *alias* Doctor Willibrod Snellius, der wunderlichste Heilige in der Tracht eines Derwisches, den man sich denken konnte, und dem man trotz seiner Häßlichkeit gut sein mußte, so daß man das großmüthige Vertrauen des Königs sofort begreiflich fand.

Das war also das Bild, das Paula gemalt und das Hermine gekauft hatte! War hier nicht zwiefacher Grund zu ein klein wenig Stolz und Hoffart? Mußte das Original nicht sehr fest in der Seele der Künstlerin stehen, wenn sie die Copie aus der Erinnerung so ähnlich machen konnte? Mußte das Original der Käuferin nicht einigermaßen interessant sein, wenn sie die Copie so theuer bezahlen konnte? Das waren thörichte Gedanken, und ich kann versichern, daß sie ebenso schnell verschwanden, als sie gekommen waren; ja, daß ich mich ihrer herzlich schämte. Ich richtete mich aus einer so albernen Träumerei ärgerlich auf und wandte meine Blicke wieder nach dem Bilde, vor welchem sich das eifrig schauende Publikum noch vermehrt hatte. Unter den neu Hinzugetretenen bemerkte ich eine Dame, in einer reichen und doch anmuthigen Toilette, die an dem Arm eines eleganten, etwas stutzerhaft gekleideten Herrn hing. Die Dame war mir durch ihren schlanken Wuchs und durch die Lebhaftigkeit aufgefallen, mit welcher sie mit ihrer kleinen Hand, die mit dem zierlichsten Glacéhandschuh bekleidet war, nach dem Bilde gestikulirte und zu ihrem Begleiter sprach, dessen Interesse von den Menschen vor dem Bilde augenscheinlich mehr in Anspruch genommen wurde, als von dem Bilde selbst. Da sie mir den Rücken zugekehrt hatte, konnte ich nur von Zeit zu Zeit ganz wenig von ihrem Gesichte sehen, wenn sie es über die Schulter zu ihrem Begleiter wandte. Aber dies Wenige hatte mich auf das Lebhafteste frappirt, ohne daß ich hätte sagen können, weshalb: eine dunkle Augenbraue, ein flüchtiger Glanz aus dem Winkel eines Auges, die Conturen einer bräunlichen Wange und eines runden Kinnes. Dennoch konnte ich den Blick nicht von der Dame wenden. Auch versuchte ich ein paar mal, ihr in das Gesicht zu sehen, aber immer bog sie sich auf die andere Seite. Dann schien der Herr seine Begleiterin aufzufordern, weiter zu gehen; sie waren im Begriff, den Saal zu verlassen; aber in dem Augenblick, als sie über die Schwelle schritten, wandte die Dame noch einmal den Kopf hinüber nach dem Bilde und es fehlte nicht viel, daß ich vor Schreck und Verwunderung laut aufgeschrieen hätte. War das nicht Konstanze gewesen?

Haben Sie die Bellini gesehen? fragte ein junger Offizier in meiner Nähe einen Bekannten, der eben grüßend an ihn herantrat.

Die in dem grauen Seidenkleide mit dem Sammetpelz und dem koketten Hut? das war die Bellini?

Ja wohl! Ist es nicht ein reizendes Weib?

Süperb! Und der Herr, der sie am Arm hatte? war das nicht der Baron Sandström von der schwedischen Gesandtschaft?

Der würde sich hier mit der Bellini zeigen! Ich bitte Sie, Baron! Es war der Tenorist Lenz vom Albert-Theater!

Derselbe, der sie für die Bühne gewonnen hat?

Derselbe. Sie soll ja ein fabelhaftes Talent haben. Nun, wir werden ja sehen, was daran ist.

Sehen, Baron? Sie werden doch nicht in das Albert-Theater gehen wollen?

Wenn es sich um eine Bellini handelt, warum nicht?

Sie sind ein Schwerenöther, Baron!

Kann das Compliment zurückgeben, wenn es eins sein soll!

Und die beiden jungen Herren entfernten sich lachend.

Ich athmete auf. Gott sei Dank, murmelte ich. Gott sei Dank, daß dies eine Schauspielerin und nicht Konstanze von Zehren ist! Ich möchte sie nicht am Arm jenes Gecken wiedergefunden haben, und daß ein paar solcher Bürschchen so über sie sprächen!

Ich hatte im ersten Augenblick nicht daran gedacht, daß ich der schönen Dame nur nachzugehen brauchte, um sie noch einmal zu sehen; und als ich jetzt eilends die vorderen Säle durchschritt, war sie verschwunden. Ich athmete, nachdem ich mich von der Vergeblichkeit meines Suchens überzeugt hatte, hoch auf und sagte: Gott sei Dank! es ist auch besser, wenn Du dies Fräulein Bellini nicht wiedersiehst. Und während ich dies sagte, fühlte ich mein Herz heftig schlagen und meine Augen schweiften noch immer suchend über die Menge. Es waren gar eigenthümliche Erinnerungen, welche das fremde bekannte Gesicht dieser Dame in mir erweckt hatte, Erinnerungen aus der Zeit, in welcher die Eindrücke, die man empfängt, für immer haften.

Diese Erinnerungen verließen mich erst, als ich nach Paula's Wohnung schritt, die ich mir gestern hatte vom Doctor bezeichnen lassen, die langen Gassen der Stadt entlang, von denen ich viele heute zum ersten Mal betrat. Die Geschäfte und Läden waren des Sonntags wegen geschlossen; nichts desto weniger war viel Leben auf der Straße. Es war ein klarer, kalter Mittag im Anfang des December. Am Morgen war ein wenig Schnee gefallen, gerade genug, um die Dächer mit Silberglanz zu überstreuen, und die Vorsprünge und Ornamente der Häuserfaçaden zierlich aufzuputzen. Die zahlreichen Fußgänger eilten raschen Schrittes über die Trottoirs, die stattlichen Rosse vor den schönen Carossen hieben mit ihren Hufen mächtig auf das hier und da noch bereifte Pflaster und selbst die abgetriebenen Gäule vor den gichtbrüchigen Droschken trotteten heute schneller als sonst. Der Anblick dieses munteren Lebens verjagte die bösen Träume, die sich meiner Seele bemächtigen wollten; ich fühlte mich so jung und kräftig, und inmitten eines großen mächtigen Stromes, der mich trieb, ohne mich zu überwältigen. Es war mir Alles neu und schön und reich; wer konnte wissen, zu welchen herrlichen Ufern mich der Strom noch treiben würde? Und einen schönen Port sah ich ja schon herüberwinken und eine liebe Gestalt; und ich beschleunigte meine Schritte, bis ich fast athemlos vor einem hübschen großen Hause in einer der elegantesten Vorstädte anlangte, und von dem Portier, als ich nach Frau von Zehren fragte, zwei Treppen hoch gewiesen wurde. Aber die Herrschaften werden nicht zu Haus sein, sagte der Mann. — Niemand? — Ich kann es wirklich nicht sagen; vielleicht einer der jungen Herren. — So will ich nachsehen. — Haben Sie eine Bestellung, die ich annehmen kann? — Nein, ich muß selbst hinauf.

Der Mann klappte, nicht ohne einen gewissen mißtrauischen Blick nach dem großen Mann, der gar nicht wie ein feiner Herr aussah, das Fenster zu, und ich eilte die beiden, mit Läufern belegten Treppen hinauf, und zog, indem ich dabei tief Athem holte, die Schelle, über der auf einem Messingschilde die Namen: »Frau von Zehren« und darunter: »Paula von Zehren« standen. Wer von den Jungen wird da sein? fragte ich mich; und ich ließ die trauten Gesichter von Benno, Kurt und Oskar, eines nach dem andern und zuletzt alle drei zusammen in der geöffneten Thür erscheinen, aber da nahte ein Schritt, der keinem der Knaben gehören konnte. Die Thür wurde geöffnet, und das alte, furchendurchzogene braune Gesicht des Wachtmeisters starrte mich aus den hellen blauen Augen fragend an.

Guten Tag, Herr Süßmilch.

Der Wachtmeister ließ vor Ueberraschung fast das Dutzend Pinsel, das er in der Hand hatte, fallen. Herr du meines Lebens! da ist man ja endlich! Nein, wie wir uns aber freuen werden, die gnädige Frau und die jungen Herren, und nun gar das Fräulein! Man komme herein! Und er zog mich in die Wohnung, deren Thür er hinter uns verschloß, und führte mich dann in ein Zimmer, in welchem mich die Möbel als alte Bekannte freundlich grüßten.

Der Alte drückte mir noch immer die Hände und rief einmal über das andere: Und wie prächtig man aussieht! Und ich glaube gar, man ist noch größer geworden! Und was hat man denn in der letzten Zeit arbeiten müssen, daß die Hände so hart sind? Es ist uns schlecht gegangen, he? Aber wir haben uns wacker gehalten, das ist die Hauptsache! Wie lange ist man denn nun aus dem verdammten Loche heraus?

So fragte der Wachtmeister und drückte mich in einen Lehnsessel, und war sehr indignirt, als ich ihm sagte, daß ich bereits über zwei Wochen in der Stadt sei. Es ist nicht möglich! rief er. Zwei Wochen, ohne zu uns zu kommen, die wir seit eben so lange jeden Tag gewartet haben! es ist nicht möglich! da möchte man doch gleich ein Bär mit sieben Sinnen werden!

Jeder erst für sich, Alter, sagte ich. Würde das wohl in der Ordnung gewesen sein, wenn ich sogleich hierher gekommen wäre und bei Fräulein Paula angefragt hätte, was aus dem großen Georg nun eigentlich werden solle?

Der Wachtmeister kraute sich in dem krausen grauen Haar: Freilich, freilich, sagte er; selbst ist der Mann. Bei einer Frau, oder nun gar einem Mädchen ist das allerdings anders, und darum mußte man auch Knall und Fall mit ihnen fort, damit sie doch Jemand unterwegs hätten und hier bei der ersten Einrichtung, und überhaupt, damit Jemand nach dem Rechten sehen könnte, denn Damen bleiben doch immer Damen und Mann ist Mann. Und das muß Jeder sagen, der auch nur einen Zahnstocher von einem Scheunenthor unterscheiden kann. Ist man nicht meiner Meinung?

Ohne Zweifel, Süßmilch, ohne Zweifel, und Sie sind seitdem natürlich immer hier gewesen?

Nun natürlich, sagte der Alte, der sich mir gegenüber gesetzt hatte, aber auf den Rand des Stuhles, wie um anzudeuten, daß er die Grenzen, die er sich selbst gezogen, inne zu halten wisse; — und dann, ganz abgesehen von allem Andern, kann man ja ohne meinen Kopf nicht fertig werden.

Und ohne Ihre Hände!

Sind nicht so wichtig, obgleich sie auch manchmal in Frage kommen, erwiderte der Alte, indem er die Pinsel zwischen den Fingern ordnete, aber den Kopf — und er schüttelte diesen interessanten und wichtigen Theil des Körpers hin und her.

Ich habe ihn nur eben noch in der Ausstellung gesehen, sagte ich, da mir glücklicher Weise ein Licht darüber aufging, welche Rolle der Kopf des Alten eigentlich in dem Haushalt der Familie spiele.

Nicht wahr? sagte der Alte wohlgefällig; man ist nicht übel weggekommen; aber der Klosterbruder wird noch besser.

Der, wer?

Der Klosterbruder! sagte der Alte; ja so, man weiß ja nicht, was wir jetzt malen, das muß man doch gleich einmal sehen.

Der Alte sprang mit jugendlichem Eifer auf und ging mir voran in ein großes und hohes Nebenzimmer, welches das Atelier Paula's war. Skizzen und Bilder mancherlei Art hingen und standen an den Wänden; dazwischen Köpfe, Arme, Beine und Gips, ein paar alte Waffen, Helm und Brustharnisch, ein Gliedermann, der mit einem langen weißen Mantel drapirt war, in der Nähe des bis zum Plafond hinauf reichenden Fensters ein Bild auf der Staffelei, von welchem der Wachtmeister geschäftig die Decke abnahm. Ist das nicht eine Pracht, sagte er; hier muß man sich herstellen!

In der That! sagte ich.

Habe ich nicht recht, daß mein Kopf hier noch ganz anders herausgekommen ist, sagte der Wachtmeister, mit stolzer Hand auf den Klosterbruder deutend, der im Begriff stand, den Tempelherrn zu ergründen. Die beiden Gestalten standen klar und plastisch da, mit einem solchen Leben in den Mienen, daß man ihnen die Worte von den Lippen nehmen zu können glaubte: die köstlichste Einfalt in dem guten wetterdurchfurchten Gesicht des frommen Bruders, der einst Reitknecht gewesen und gar manchen braven Herrn gehabt und manchen sauren Dienst gethan, von welchem ihm doch keiner so sauer geworden, als der hier, im Auftrage des Patriarchen. Auf der andern Seite der Templer, jung und schlank, den Kopf trotzig in den Nacken geworfen, die Lippen unwillig geschürzt und mit den blauen Augen auf den armen Klosterbruder herabblitzend. Im Mittelgrunde ein Stück von Nathan's Haus und die Palmen, die des Auferstandenen Grab beschatteten; weiter hinten die Kuppeln und schlanken Minarets von Jerusalem mit dem prangenden Halbmond, sich hell abhebend von dem südlichen Himmel, in dessen unendliche Ferne das Auge sich mit Entzücken verliert.

Der junge Herr hat etwas von uns bekommen; hier so herum und hier, sagte der Wachtmeister, mit dem Finger auf Augen und Mund des Tempelherrn deutend, und dann wieder mich ansehend; aber ich habe uns gleich gesagt, es ist diesmal nicht so gut, wie bei dem Richard; lange nicht so gut, und der Alte schüttelte bedenklich den Kopf.

Aber Fräulein Paula kann mich ja doch nicht immer malen, sagte ich entschuldigend, das würde doch am Ende zu gleichförmig werden. Mit Ihnen ist das etwas anders, einen solchen Kopf findet man nicht zweimal.

Nicht wahr, sagte der Wachtmeister; es ist merkwürdig, man hat es ja selbst nie geglaubt, ja, man hat kaum gewußt, daß man einen Kopf hatte, aber sie sagen es ja Alle, die hierher kommen, und sie wollen mich ja alle in ihre Ateliers haben, und Fräulein Paula hat mich ja auch schon ein paar Mal hergeliehen; aber man sieht auf denen andern Bildern wie ein Bär mit sieben Sinnen aus, man kennt sich selbst nicht wieder.

Und wie geht es ihr sonst? fragte ich.

Je nun, erwiderte der Alte, es geht ja so, wenn wir nur nicht so viel arbeiten müßten; aber von des Morgens, so bald es hell genug ist, bis man am Abend keine Farbe von der andern unterscheiden kann, hier im Atelier, oder auf dem Museum zum Copiren — das hält ja kein Bär aus, geschweige denn so ein zartes Fräulein, das noch dazu den Tod von dem gnädigen Herrn gar nicht überwinden kann, und Tag für Tag heimlich ihre heißen Thränen darüber weint. Es ist ein wahrer Jammer.

Der Alte wandte sich ab, und legte die Pinsel in den Kasten und wischte sich dann mit dem Rücken der Hand schnell über die Augen.

Ich stand mit verschränkten Armen vor dem Bilde, das mir gar nicht mehr gefallen wollte, wenn ich daran dachte, daß sie vom Morgen bis zum Abend rastlos daran arbeitete, während ihr der Schmerz um den vielgeliebten Vater das Auge verdunkelte. Es wäre doch ein schönes Ding, fünfzigtausend Thaler zu haben und sagen zu können: Du sollst dich wenigstens nicht so quälen; du sollst wenigstens nicht deine schönen Augen vor der Zeit einbüßen, wie deine arme Mutter.

Wie geht es Frau von Zehren?

So weit gut, erwiderte der Wachtmeister, die Staffelei zurückschiebend; aber kaum noch ein Schimmer; und der Doctor, den wir hier gefragt haben und der ja wohl am meisten davon verstehen soll, hat gesagt, es sei auch keine Hoffnung, daß sie jemals wieder sehen werde.

Und Benno, und die Andern?

Ein freundlicher Strahl zuckte über des Alten braunes Gesicht.

Nun ja, sagte er, an denen haben wir freilich unsere Freude. An dem Einen immer noch mehr als an dem Andern; Benno ist ja nun gar Student seit vier Wochen, und Kurt wird's bald werden. Ja, an denen haben wir unsere helle Freude. Und nun gar an unserm Kleinen! der soll auch Maler werden, und mit meinem Kopf hat man natürlich angefangen und man hat sich für seine fünfzehn Jahre nicht schlecht aus der Affaire gezogen. Man sehe nur selbst, ob es nicht —

In diesem Augenblick wurde an der Thür geschellt. Der Alte, der eben ein großes Reißbrett zur Hand genommen hatte, trat damit an's offene Fenster und schaute auf die Straße. Ich dachte, sie wären es; sagte er; wir sind nämlich alle spazieren gegangen, weil der Tag so schön ist, aber es ist noch zu früh, als daß sie schon wieder zurück sein könnten, es muß schon Jemand anders sein, man muß einmal nachschauen; und der Alte stellte das Reißbrett, auf welches Oskar seinen ersten Studienkopf nach der Natur gezeichnet hatte, hin und ließ mich wieder in dem Atelier allein.

Ich hörte auf dem Gange sprechen, ich meinte Paula's Stimme zu hören, dann wurde die Thür geöffnet, und wirklich war es Paula, die hereintrat.

Sie bemerkte mich nicht gleich, und ich sah auf den ersten Blick, daß der Wachtmeister nichts von meiner Anwesenheit gesagt hatte. Sie blickte, indem sie rasch vorwärts kam, eifrig nach der verhüllten

Staffelei. Der frische Hauch des Wintertages lag auf ihrem Gesicht; ihr Mund war leise geöffnet. Ich hatte sie nie so schön gesehen, nie geglaubt, daß sie so schön sein könne. Plötzlich erblickte sie mich; sie blieb stehen, ihre Augen wurden starr; sie hob ihre Hand und ihr Athem stockte sichtbar. Paula, sagte ich, rasch vortretend, ich bin's wirklich; liebe Paula!

Lieber Georg!

Sie stand vor mir und ich hielt ihre beiden Hände in den meinen, und sie schaute erröthend und lachend zu mir auf und sagte: Gott sei Dank, Georg, daß Du endlich, endlich hier bist; ich habe keine ruhige Stunde gehabt, seitdem ich wußte, daß Du wieder frei und auf dem Wege hierher warst; ich konnte nicht begreifen, wo Du bliebst; ich fürchtete schon, es müsse Dir ein Unglück begegnet sein. Was hast Du denn begonnen? welche Abenteuer ausgeführt, Du böser Mensch? Von dem Einen weiß ich schon, und aus dem allerschönsten Munde.

Paula hatte sich auf einen niedrigen Sessel in der Nähe des Bildes gesetzt und schaute mit lächelnden Augen zu mir auf.

Du brauchst nicht so verlegen zu werden, sagte sie schelmisch; mit einer Schwester macht man so viel Umstände nicht. Ich bin im ausschließlichen Besitz sämmtlicher zarten Geheimnisse Benno's und neuerdings beehrt mich auch Kurt mit seinem Vertrauen; er schwärmt für die zwölfjährige Tochter des Geheimraths, der kürzlich in die Bel-Etage gezogen ist, und behauptet, so einen Kopf habe Raphael nie gemalt. Weshalb sollte ich nun nicht auch die Mitwisserin Deiner Abenteuer sein, der Du doch mein ältester Bruder bist; oder bist Du es nicht?

Mir war es so fremd, Paula, die sonst jedes Wort abwog, in dieser Weise plaudern zu hören. Eine große Veränderung mußte mit ihr vorgegangen sein, seitdem wir uns getrennt. Es war die Paula nicht mehr, die im Schatten der hohen Gefängnißmauern vor meinen Augen sich aus dem Kinde zur Jungfrau entwickelt hatte, und die ich zu kennen glaubte, wie mich selbst. Was hatte ihr doch so die Zunge gelöst? Und wer hatte ihr die freie Haltung gegeben, die ich an ihr bewunderte, als ich sie jetzt in dem niedrigen Lehnsessel hingelehnt sah, während ein Strahl des Sonnenlichts ihr Haupt streifte, daß es wie von einer Aureole umgeben war?

Nun, Du antwortest ja nicht, fuhr sie fort, und brauchst Dich doch Deiner That wahrlich nicht zu schämen; Hermine sagt, daß ohne Dich das Schiff verloren gewesen wäre, und wahrscheinlich das andere auch. Du kannst Dir denken, wie stolz ich auf Dich war, als ich das hörte, und weißt Du, was mein erster Gedanke war? daß der Vater es noch hätte hören können

Paula's große Augen füllten sich mit Thränen; aber sie überwand die wehmüthige Regung schnell und sagte: Ja, ich war stolz auf Dich

und froh in dem Gedanken, daß Du mit einer schönen That, die
Deiner würdig war, in das Leben zurücktratst und Dich so gleich
wieder heimisch fühlen lerntest. Und nun mußt Du mir erzählen, was
Du während dieser ganzen Zeit angefangen, und Du sollst es büßen,
wenn ich mit Dir nicht zufrieden sein kann. Hier, setz' Dich in den
Stuhl. Wir haben noch eine Viertelstunde Zeit, bevor Mutter mit den
Jungen zurückkommt. Mir war unterwegs ein Gedanke zu dem Bilde
da gekommen; nun ist es besser so.

Ich gab dem theuren Mädchen einen genauen Bericht dessen, was mir
die letzten Wochen meines Lebens gebracht. Sie hörte mit der gespanntesten Aufmerksamkeit zu, und nur einmal lächelte sie, als ich
beweisen zu müssen glaubte, daß ich in die Maschinenfabrik auf jeden
Fall eingetreten sein würde, und daß die Thatsache, jetzt den Commerzienrath gewissermaßen zum Brotherrn zu haben, mir keineswegs
behaglich sei.

Aber weder der Commerzienrath, noch Hermine wissen etwas
davon!

Nein, sagte ich, und das ist ein Trost.

Der nicht vorhalten wird, denn sie werden es nun doch bald erfahren.

Von wem zum Beispiel?

Zum Beispiel von mir. Hermine hat mich bei Sonne, Mond und allen
Sternen beschworen, ihr von dem Wildfang Nachricht zu geben,
sobald er sich, wie es sich gebührt, eingefunden haben würde; und
dabei haben ihr die Thränen in den schönen Augen gestanden; und
Fräulein Duff hat ihr die Hand auf die Schulter gelegt und gesagt:
Suche treu, so findest Du! Ich kann Dich versichern, Georg, es war
eine rührende Scene.

Paula lächelte, aber so freundlich, daß ihr Spott, wenn sie meiner
spottete, nicht weh that. Im Gegentheil, ich war ihr sehr, sehr dankbar. Hatte ich doch schon hin und her überlegt, wie ich ihr die sonderbare Begegnung mit Hermine würde erzählen können, ohne dabei
verlegen zu werden; und jetzt wurde unter ihren lieben Händen Alles
glatt und schön, was sich unter meinen plumpen Fingern hoffnungslos
verwirrt hatte. Ich war ihr sehr, sehr dankbar.

Und nun erzählte Paula von Herminen, und wie liebenswürdig und
wie gut das schöne Kind sich gegen sie benommen und wie sie die drei
Tage, die sie in Berlin gewesen, fast ausschließlich bei ihr zugebracht,
und sich sofort in das Bild auf der Ausstellung verliebt habe — hier
lächelte Paula wieder ein ganz klein wenig — und sich gar nicht habe
beruhigen wollen, daß das Bild, nachdem sie es gekauft und den allerhöchsten Preis bezahlt, noch einen ganzen Monat auf der Ausstellung
bleiben müsse. Und weiter erzählte Paula, wie ihr das Aufsehen,
welches der Richard Löwenherz gemacht, bereits neue Bestellungen

eingebracht habe, und daß »Klosterbruder und Tempelherr« an einen jüdischen Banquier für eine namhafte Summe verkauft sei; und wie ihr Atelier seitdem von vornehmen Leuten besucht werde, mehr, als ihr lieb sei, und wie sie ihre Skizzenmappe habe wegschließen müssen, weil man ihr die Blätter unter den Händen weggerissen.

Du kannst Dir denken, sagte das liebe Mädchen, wie unendlich glücklich mich das Alles macht. Nicht, als ob ich deswegen stolz sein zu dürfen meinte! — ich glaube recht gut zu wissen, wo es mir fehlt, und wie viel mir fehlt, ja, daß es mir eigentlich an Allem gebricht, und daß, was die Leute zu meinen Bildern zieht, nichts ist, als eine gewisse Unmittelbarkeit, eine kecke Naivetät, möchte ich sagen, die aus diesen schülerhaften Versuchen spricht, und die, glaube ich, Andere, welche durch so viele Academien gelaufen sind, nicht mehr haben können. — Aber, wie dem auch sei, es ist mir ein süßer Trost, nun um die Zukunft der Mutter und der Brüder ruhig sein zu dürfen, und daß die Jungen ihren Weg gehen dürfen, ohne ängstlich jeden Schritt zu überlegen; alle Jungen, vom jüngsten bis zum ältesten; nicht wahr, Georg? vom jüngsten bis zum ältesten?

Sie blickte mir groß in die Augen, und ich wußte recht gut, was sie meinte.

Ich überlege nicht ängstlich jeden Schritt, Paula, sagte ich. Ich weiß, daß ich auf dem rechten Wege bin; weshalb sollte ich da ängstlich sein?

Ich habe unendliches Vertrauen zu Dir, entgegnete Paula, zu Deiner Einsicht und zu Deiner Kraft. Ich weiß, daß Du Deinen Weg finden wirst; aber man kann einen Weg mit größerer oder kleinerer Mühe, in längerer oder kürzerer Zeit zurücklegen, und Deine Schwester wünscht, daß ihr Bruder, den man so grausam um so viele Jahre seines Lebens betrogen, keine Minute verliere und sich an keinen Stein stoße, den ihm seine Schwester aus dem Wege räumen kann.

Ich danke Dir, Paula, sagte ich; von ganzem Herzen danke ich Dir, aber Du wirst mir nicht zürnen, wenn ich wünsche, daß nie die Stunde kommen möge, wo Du für mich arbeiten müßtest; denn daß ich je für Dich und die Deinen würde sorgen dürfen, auf diese meine theuerste Hoffnung und diesen meinen liebsten Wunsch muß ich ja jetzt verzichten.

Wie Du nur so sprechen magst, sagte Paula, ihr schönes Haupt leise schüttelnd; freilich, ich habe es durch meinen Uebermuth verdient. Du mußt mich für ein albernes Mädchen halten, das sich durch den ersten Schimmer von Erfolg verblenden läßt. Aber glaube mir, ich meine es nicht ernstlich so. Ich fürchte oft, daß man mich eben so schnell fallen lassen wird, wie man mich jetzt gehoben hat, weit über mein Verdienst. Und überdies, ich kann ja krank werden oder mit meiner Erfindung zu Ende kommen, ich werde ja doch nicht immer

Dich und den alten Süßmilch malen können, und ein Mädchen hat so wenig Gelegenheit, gründliche Studien zu machen und den engen Kreis ihrer Erfahrung zu erweitern. Und was sollte dann aus den Knaben, aus mir, aus uns Allen werden, wenn wir nicht unsern Aeltesten hätten!

Jetzt spottest Du meiner, Paula!

Nein, wahrlich nicht, sagte Paula eifrig: ich habe nur schon zu oft gefühlt, wie meine Kraft den Brüdern gegenüber nicht mehr ausreicht und daß junge Männer von einem Manne geleitet sein wollen und nicht von einer Frau, die nicht weiß, wo die Grenze liegt, bis zu welcher ein Jüngling gehen mag, ja gehen muß, wenn aus ihm etwas Rechtes werden soll. Dem Doctor, so brav er sonst ist, kann ich nach dieser Seite auch nicht trauen, denn er ist ein Sonderling und nach einem Sonderling kann man sich nicht bilden. Da habe ich mich denn die ganze Zeit sehr nach Dir gesehnt. Du kennst die Jungen so gut und sie lieben Dich so sehr. Ich wüßte Niemand, dem ich sie so gern anvertraute.

Aber Paula, ein Arbeiter in einer Maschinenwerkstatt, ein ganz gewöhnlicher Schmiede-Gesell, das ist kein Vorbild für Studenten und junge Künstler.

Du wirst — ja Du wirst immer ein Arbeiter, aber nicht immer ein Schmied bleiben und ein Gesell; Du wirst ein Meister werden, ein großer Meister in Deiner Kunst. Und der Tag ist nicht mehr fern, ist wenigstens gewiß viel näher, als Du denkst. Du weißt nicht, was Du werth bist.

Paula hatte das mit erhöhter Stimme gesagt, und ihre Augen leuchteten. Ich war so gewohnt, Paula auf's Wort zu glauben, und es hatte so prophetisch geklungen — ich wagte gar nicht, die leisen Zweifel, die mir denn doch bezüglich der Erfüllung dieser Prophezeiung kamen, zu äußern.

In diesem Augenblicke wurde abermals an der Flurthür geschellt. Es ist Mutter und unsere Jungen! sagte Paula rasch und leise. Sie wissen nicht, daß Du schon vierzehn Tage frei bist; die Jungen würden es nicht begreifen, daß Du so viel Zeit hast verstreichen lassen, ohne zu uns zu kommen, wenn Du schon einmal in der Stadt warst. Du mußt aus den vierzehn Tagen vierzehn Stunden machen; ich erlaube Dir diese Lüge.

Da kamen sie zur Thür hereingestürmt: Oskar und Kurt, meine Lieblinge; und Benno, der immer mein dritter Liebling gewesen war, führte die Mutter am Arm herein; und das war eine Freude und ein Händedrücken und Küssen und ein Gejubel, und auch einige Thränen mögen, wenn ich mich recht erinnere, dabei geflossen sein. Ich mußte natürlich den ganzen Tag über da bleiben. Und am Abend ließen die Drei es sich nicht nehmen, mich nach Hause zu bringen, um der

Schwester Bericht abzustatten, wo und wie ich denn eigentlich wohne; und ich brachte sie dann wieder eine Strecke, bis sie aus dem Arbeiterviertel heraus und in dem bekannteren Stadttheile waren, und als ich wieder nach Hause kam, war es schon sehr spät und ich schlief alsbald ein und träumte ein Langes von dem Bilde, das Paula gemalt und Hermine gekauft, und die schöne Bellini, die Konstanze von Zehren ähnlich sah, so sehr bewundert hatte.

Siebentes Capitel

Freilich, wenn ich in dieser Zeit träumen wollte, mußte ich es zur Nacht thun, am Tage hatte ich keine Zeit zu solchen Extravaganzen. Am Tage nahm mich die Arbeit in Anspruch, die nüchterne, eifersüchtige Arbeit, die mich in Athem hielt vom frühen Morgen bis zum späten Abend, die mir jetzt den Hammer in die Hand drückte und mir ein Stück Eisen zu bearbeiten gab, und jetzt die Feder, mit der ich Blatt um Blatt mit langen Zahlenreihen und vielverschlungenen Formeln bedeckte. Es war Alles in Allem eine schöne Zeit, und jetzt noch gedenke ich derselben mit wehmüthiger Freude. Liegt doch in unserer Erinnerung auf denjenigen Perioden unseres Lebens, in welchen wir mit ganz besonderem Eifer vorwärts strebten, das hellste Licht, und ich war jetzt alle Wege ein Streber, und da war kein Tag, der mich nicht eine oder die andere Sprosse höher gebracht hätte auf der steilen Leiter. Bald war es ein technischer Handgriff, den ich meinen Mitgesellen abgesehen hatte, bald eine neue einfachere Formel, die ich selbst herausgerechnet; und immer das köstliche Gefühl des Steigens, des Vorwärtskommens und der erhöhten Kraft; das wohlthuende Bewußtsein, die Last auf den Schultern könne noch viel schwerer werden und man brauche doch nicht zu fürchten, daß man unter ihr zusammenbreche. Ja, es war eine schöne, eine köstliche Zeit, und wenn ich daran denke, ist mir immer, als ob mich Veilchen und Rosen umdufteten, und als ob damals alle Tage Frühling gewesen sein müsse.

Und doch war es nicht Frühling, sondern ein harter, rauher Winter, wo die eisige Luft grau und schwer über den schneebedeckten Dächern und den schmutzigen Höfen der Fabrik lag; wo die Spatzen ängstlich nach Nahrung flatterten und die Krähen vor Hunger schrieen; wo man immer häufiger am Tage bleiche, hohläugige, dürftig gekleidete Gestalten in den langen, sturmdurchwehten Straßen umherirren, oder des Abends beim unheimlichen Schein der Laternen auf den Trittstufen der Häuser und auf den Ecksteinen der Thorwege kauern sah.

Ich legte jetzt den Weg durch die langen Straßen häufig zurück, denn, wie entfernt auch die Wohnung meiner Freunde von der meinigen war, so verging doch keine Woche, in welcher ich nicht wenigstens einen Abend bei ihnen zugebracht hätte. Dann kam Benno, der jetzt Chemie und Physik studirte und in der Mathematik einige Lücken auszufüllen hatte, zweimal wöchentlich am Abend zu mir, um mit mir zu arbeiten, und ich brachte ihn dann regelmäßig die Hälfte des Weges, auch manchmal den ganzen Weg zurück. Es war in Ueberlegung gezogen worden, ob ich nicht besser täte, eine näher gelegene Wohnung zu beziehen, aber Paula hatte entschieden, daß ich da bleiben müsse, wo meine Arbeit sei; ja eines Sonntags Vormittags war sie mit ihren Brüdern gekommen, mir einen Besuch abzustatten und mich zu überzeugen, daß ich keineswegs, wie ich behauptet, gänzlich aus ihrem Bereich lebe. Sie hatte meine Wohnung auf dem einsamen, ruinenhaften Hofe der Maschinenfabrik, die ihre Hoffnung in der Zukunft suchte, vollkommen toll, und die Einrichtung meines Zimmers mit den wurmstichigen, verschnörkelten Möbeln aus dem vorigen Jahrhundert hinreichend verrückt gefunden; aber sie hatte doch alles mit herzlicher Theilnahme gesehen und nicht ohne Rührung die Terracotta-Vasen auf dem Kamin und das Bild der sixtinischen Madonna an der Wand betrachtet.

Bleib' hier, hatte sie zuletzt gesagt, nicht, weil die Wohnung für Dich bequem liegt und wirklich originell genug ist und die Einrichtung Deinem Geschmack Ehre macht, bis auf die fehlenden Gardinen, die ich Dir besorgen werde, und einen kleinen Fußteppich unter Deinem Schreibtisch, den Du ebenfalls von mir haben kannst; — doch das sind Kleinigkeiten, und im Uebrigen habe ich ganz das Gefühl, daß Du hierher gehörst, ja, als gehörte dies schon Dir, als habest Du, wie ein Eroberer, Besitz ergriffen von dieser verwüsteten Provinz und vorerst Dein Banner aufgepflanzt, und das Andere wird sich danach finden. Mir ist, als sähe ich jene trümmerhaften Steinhaufen schon zu stattlichen Gebäuden emporgewachsen, und sähe das Feuer aus den hohen Schloten sprühen, und diese jetzt leeren Räume von thätigen, fleißigen Arbeitern belebt; sähe dieses Häuschen zu einer hübschen Villa ausgebaut, und Dich selbst hier schalten und walten als Herr und Meister. Bleib' hier, Georg; der Ort wird Dir Glück bringen.

Ich weiß nicht, wie es war, aber dergleichen Worte aus Paula's Munde hatten für mich eine vollständig überzeugende Kraft, wie für den Gläubigen die Aussprüche der gottgeweihten Priesterin. Nicht, als ob ich mich diesen Aussprüchen immer gern und willig gebeugt und gefügt! So wäre mir zum Beispiel diesmal viel lieber gewesen, wenn Paula gesagt hätte: die Wohnung ist freilich für deine Zwecke sehr günstig gelegen; aber ich möchte dich doch gern mehr in meiner Nähe haben; ich sehe dich jetzt einmal die Woche, ich könnte dich dann zweimal, vielleicht alle Tage sehen. Dann aber schalt ich mich, daß ich Paula's Wunsch und Willen, mir stets zum Guten und zum Besten zu rathen, nicht höher anschlage, als alles Andere; und dann wünschte ich, es möchte ihr diesmal und ein anderes mal weniger leicht gewesen sein, mir zum Guten zu rathen.

Wenn ich so immer wieder darauf hingeführt wurde, über mein Verhältniß zu Paula nachzudenken, so konnte selbst meinem unerfahrenen Blicke nicht entgehen, daß dies Verhältniß jetzt ein anderes war, als früher. Ein Umstand schien mir vor Allem bezeichnend. Die Knaben und ich hatten uns beinahe von Anfang an »Du« genannt; aber zwischen Paula und mir war das förmliche »Sie« geblieben, selbst in den schweren Tagen nach dem Tode ihres Vaters, wo wir Hand in Hand den Sturm durchwettert hatten, der über uns Alle hereingebrochen war. Auch da, obschon unsere Herzen bis zum tiefsten Grunde aufgewühlt wurden, und unsere Thränen gemeinsam flossen, war das brüderlich-schwesterliche »Du« nicht geboren; und jetzt auf einmal war es da, war es mir in der Stunde des Wiedersehens von ihrem theuren Munde geschenkt worden! Zu jeder Zeit, ja noch am Abend vorher würde ich das für unmöglich gehalten haben, jetzt war es wirklich, und trotzdem es wirklich war, schien es mir unmöglich. Fühlte ich, daß, was unser Verhältniß so frei und leicht machte, zu gleicher Zeit auch eine schwere Fessel war, eine unzerbrechliche Fessel, mit welcher Paula meine Hände umwunden? Ob absichtlich, ob unabsichtlich? ich wußte es nicht, und gab die Hoffnung auf, es jemals zu ergründen.

Nicht, als ob ich mich beständig mit diesem Räthsel getragen hätte! Räthsel lösen war im Grunde gar nicht meine Sache und so konnte ich mich denn glücklicherweise dem Glück hingeben, das mir die Freundschaft des edelsten Mädchens, der Verkehr der liebenswürdigsten Familie gewährte. Jeder Athemzug dort dünkte mich köstlich, und in der That, es war nicht möglich, eine reinere Luft zu athmen. Ich erinnere mich auch nicht eines Falles, wo zwischen den Familienmitgliedern die geringste Mißhelligkeit stattgefunden, ja, wo auch nur Jemand die Stimme lauter als schicklich erhoben hätte. In innigster Verehrung der Mutter, in ritterlich-zärtlicher Liebe der herrlichen Schwester waren die Brüder vollkommen ein Herz und eine Seele, und wenn ja einmal zwischen ihnen eine Wolke des Mißverständnisses aufstieg, so genügte ein Wort Paula's, oft auch nur ein Blick aus ihren schönen, seelenvollen Augen, die Trübung aufzuklären. Nach wie vor war Paula der segnende Genius der Familie, die verehrte Priesterin, der das heilige Feuer des Herdes anvertraut war, die Helferin, die Trösterin, die Beratherin, zu der sich Jeder wandte, wenn er der Hülfe, des Trostes, des Rathes bedurfte. Und mit welcher keuschen Holdseligkeit trug sie ihre priesterliche Krone! Wer von den Draußenstehenden hätte ahnen können, daß dies zarte Geschöpf für ihre ganze Familie nicht nur die moralische Stütze war, daß ihre kleine, fleißige, schlanke Hand auch das Brod herbeischaffte, von dem sie lebte! Und doch war dies der Fall, ja, es schien immer mehr, und es war kaum ein Zweifel, daß sie im Stande sein werde, die Lage der Familie zu einer relativ glänzenden zu machen. Ihr »Klosterbruder und Tempelherr« hatte einer der reichsten Banquiers für eine außergewöhnlich hohe Summe erworben, und schon stand ein neues Bild auf der Staffelei, das, bevor es noch begonnen, ebenfalls bereits verkauft, ja zu einem noch höheren Preise verkauft war.

Ein Kunsthändler — nicht derselbe, welcher früher Paula jene Bilder für ein Kleines abgeschwindelt hatte, die Doctor Snellius von jenem für ein Großes zurückgekauft — sondern ein anderer, einer der ersten in der Stadt, war zu Paula gekommen und hatte gefragt, ob sie auch ein Jagdstück malen könne? Es sei gerade jetzt starke Nachfrage nach Jagdstücken. Prinz Philipp Franz habe sie in Mode gebracht; der Adel sei wie versessen darauf, und nun fingen auch natürlich die jüdischen Banquiers an, sich für Hasen und Füchse zu interessiren. Das Bild müsse die und die Dimensionen haben, und, wie gesagt, ein Jagdstück müsse es sein. Paula hatte dem Kunsthändler geantwortet, daß sie bisher dergleichen Bilder noch nicht gemalt habe, und deshalb den Auftrag ablehnen zu müssen glaube, aber der Kunsthändler war so dringend gewesen, und die Summe, welche er offerirt hatte, so hoch — was meinst Du dazu, hatte Paula zu mir gesagt. Glaubst Du, daß ich dazu im Stande bin?

Ob Du dazu im Stande bist! hatte ich ihr geantwortet; das Landschaftliche und die Figuren machen Dir ja keine Mühe; und was das Technische der Jägerei betrifft, so kann ich Dir vielleicht aus der Verlegenheit helfen, wenn Du ja damit nicht zurecht kommen solltest.

Du hast mir früher so Manches aus Deinem Jägerleben mit dem Onkel Malte erzählt, sagte Paula; es ist mir davon unter Anderem eine Scene in der Erinnerung geblieben, wo Du in den allerersten Tagen Deines Aufenthaltes auf Zehrendorf mit dem Onkel auf der Haide in der Nähe des Meeres am Rande einer Einsenkung beim frugalen Frühstück sitzest; der Onkel behaglich die Ruhe des Rendezvous auskostend, und Du, Flasche und Glas bei Seite werfend, zur Flinte greifst, als plötzlich in einiger Entfernung über den Rand des Hügels ein Hase sichtbar wird, der sich, genauer besehen, als ein in den Dünen grasender Hammel decouvrirt. Sollte sich das malen lassen?

Man könnte es wenigstens versuchen, sagte ich.

Sie hatte es versucht, und der Versuch schien, woran ich freilich nie gezweifelt hatte, glänzend auszufallen. Selbst der, für welchen die kleine humoristische Jagdgeschichte weiter kein Interesse hatte, mußte zum mindesten von dem landschaftlichen Theil gefesselt werden. Der herbstliche Sonnenschein auf der braunen Haide, zur Linken die weißen Dünen, zwischen welchen hier und da das blaue Meer hereinschaute — das Alles war mit einer so entzückenden Frische gemalt, daß einem wohlig zu Muthe wurde, sobald man nur hinblickte. Aber auch die kleine Scene, um die es sich handelte, war mit einer Klarheit vorgetragen, die Jeden überzeugen mußte. Der ältere Jäger, der, die Hände hinter dem Kopf, an dem Grabenbord lehnt und die kurze Pfeife nur aus dem Mund nimmt, um über den Genossen zu lachen, welcher mit blitzenden Augen, in höchster Erregung, sich halb schon auf den Knieen erhebt; und ein paar Schritte davon das blöde Hammelgesicht, das über den Dünenrand schaut und den Uebereifrigen so beleidigend vertraulich anblickt — es konnte selbst dem trübsten Hypochonder ein freundliches Lächeln abgewinnen. Daß der ältere Jäger nach und nach die Züge des wilden Zehren bekam, und der junge Anfänger mir mit jedem Tage ähnlicher wurde, war am Ende bei dem Ursprung des Bildes nicht zu verwundern. — Ich hatte Dich freilich nicht wieder auf einem meiner Bilder anbringen wollen, sagte Paula; aus zwei Gründen, einmal, damit Du nicht eitel wirst, und zweitens, damit man mir nicht Erfindungsgabe abspricht; aber ich weiß nicht, ich kann mir die Scene nicht ohne Dich denken, so wenig, wie ohne den armen Onkel, und ich fürchte, wenn ich Euch Beide weglasse, möchte das Bild sehr leiden. Du wirst mir wohl einen oder den andern Sonntag Morgen schenken müssen. Ich kenne Dein Gesicht jetzt freilich gut genug, um es, ich glaube mit jedem Ausdruck, malen zu können; aber die Bewegung Eines, der mit der Rechten das Glas wegwirft und mit der Linken nach der Flinte greift und sich schon halb auf dem rechten Knie hebt, während das linke Bein noch ausgestreckt ist, eine solche Bewegung ist zu complicirt, als daß ich im Stande wäre, sie aus dem Kopf zu malen.

Ich war schon mehrere Sonntag Morgen hintereinander bei Paula gewesen, um köstliche Stunden in ihrem Atelier zu verleben. Die Zeit wurde uns nimmer lang. Ich hatte die Landschaft, an welcher sie malte, so unzählige Male durchstreift, daß ich ihr über jeden Busch, über jeden Grashalm, über jede Eigenthümlichkeit der Terrainformation, über jede Wirkung des Lichtes auf dem Dünensand oder auf der krautübersponnenen Haide Auskunft zu geben vermochte. Indem ich mich dem lieben Mädchen in dieser Weise wirklich nützlich erweisen durfte, war es mir ein süßer Lohn, aus ihrem Munde zu hören, daß, wenn das Bild gut würde, und sie glaube jetzt beinahe selbst daran, es zum größten Theil mein Verdienst sei. Dann hatten wir so viel miteinander zu plaudern. Meine Fortschritte als Schlosser, meine wachsenden Einsichten in die Theorie der Dampfmaschinen, das waren Gegenstände, von welchen Paula nicht genug hören konnte. Oder es wurde die Frage erörtert, ob Kurt, der jetzt in das sechszehnte Jahr ging, noch länger auf der Schule bleiben, oder jetzt gleich in die Lehre kommen sollte, und ob die Streber'sche Fabrik wohl der rechte Platz und der jetzt zum Meister avancirte Klaus wohl der rechte Meister für den hochbegabten Lehrling sei? Das brachte uns denn auf Klaus zu sprechen, auf seine Gutmüthigkeit und Tüchtigkeit und auf Christel, und ob sich auf die in den holländischen Zeitungen erlassene Aufforderung wohl Jemand melden, und ob der Jemand, wie Klaus und Christel steif und fest behaupteten, eine javanesische Tante oder ein Onkel aus Sumatra sein werde.

So waren wir denn wieder eines Morgens plaudernd beisammen, Paula vor ihrer Staffelei, während ich, die Hände auf dem Rücken, im Hintergrund des Ateliers langsam auf und ab ging. Die Wintersonne schien so hell, daß an dem hohen Fenster, an welchem Paula arbeitete, das Licht hatte gedämpft werden müssen, aber durch eine Oeffnung des Vorhangs strahlte es voll herein, und in dem breiten Strome tanzten die bunten Staub-Atome. Frau von Zehren machte mit den Söhnen einen Spaziergang. Es war so sonntäglich still in der Wohnung, und wenn Paula schwieg, war es mir, wie es dem Uhland'schen Hirten sein mag, der allein auf weiter Flur eine Morgenglocke hört, und es dann stille wird, nah und fern.

Plötzlich wurde hastig die Schelle gezogen.

Ich hoffte, wir würden heute ohne den lästigen Besuch bleiben, sagte ich ein wenig ärgerlich.

Jede Würde hat ihre Bürde, sagte Paula lächelnd. Hoffen wir nur, daß er nicht zu lange dauert.

In diesem Augenblick wurde von dem Mädchen die Thür geöffnet, und ich blieb wie gebannt auf meinem Platze im Hintergrunde des Zimmers stehen, als ich zwei Herren hereintreten sah, von denen der Zweite Arthur von Zehren war, während der Andere, welchem er mit höflicher Verbeugung den Vortritt gelassen, mir eine Erinnerung erweckte, die nur leise geschlummert haben konnte.

Ich habe die Ehre, sagte Arthur, nachdem er sich bei seiner Cousine mit jener Anmuth in Haltung und Geberde, die ihn immer ausgezeichnet, entschuldigt hatte, daß er nicht sogleich nach seiner Rückkehr zu ihr gekommen sei; — ich habe die Ehre, Dir hier Graf Ralow vorzustellen, dessen Bekanntschaft ich in London zu machen das Glück hatte und der ein großer Kunstkenner und nicht minder großer Bewunderer Deines Talentes ist.

Mein Freund hat mein Signalement nicht ganz richtig gegeben, sagte der Graf, sich respectvoll vor Paula verbeugend. Ich bin kein großer Kunstkenner; aber darin hat er recht: ich bewundere Ihr Talent, mein gnädiges Fräulein, bewundere es ausnehmend. Ich habe Ihr Bild auf der Ausstellung gesehen; ich bin entzückt davon gewesen, wie alle Welt, und da Ihr Herr Cousin die Kühnheit hatte, mich bei Ihnen introduciren zu wollen, glaubte ich einen solchen Glücksfall nicht von der Hand weisen zu dürfen.

Der junge Mann, dessen Blick jetzt zum ersten Mal auf das Bild fiel, trat rasch einen Schritt zurück, aber mehr wie Jemand, der heftig erschrocken, als freudig überrascht ist. Und wohl mochte er erschrecken, als er plötzlich in dem Jäger am Weidenbaum den wilden Zehren erkannte, den Mann erkannte, dem es wohl nur an Gelegenheit gefehlt hatte, seine Hände in dem Blut zu baden, das in den Adern des Fürsten Carlo von Prora-Wiek floß.

Es war nun acht Jahre her, daß ich ihn nicht gesehen, und ich hatte ihn nur zweimal im Leben gesehen, das eine Mal im trüben Licht eines Herbst-Nachmittags, als er im sausenden Galopp an mir vorübersprengte, und das zweite Mal gar im Wald beim trügerischen Licht des Mondes, aber so oder so, die schlanke Gestalt, das feine, blasse Gesicht hatten sich für immer in meine Erinnerung geschrieben.

Sehr schön! sagte der Fürst. Vortrefflich, superb — dieser Sonnenschein — diese Haide — ich kenne das — kenne das Alles sehr genau; ich versichere Sie, Zehren, der Natur abgelauscht, bis in das kleinste Detail, wunderbar! Nicht wahr, Zehren?

Arthur antwortete nicht, denn, wenn schon die Verwirrung des jungen Fürsten beim Anblick des Bildes ihn stutzig gemacht hatte, so war es mit seiner Fassung und Haltung beinahe zu Ende, als er in diesem Augenblicke in dem Hintergrunde des Zimmers mich, der ich während der ganzen Zeit unbeweglich dagestanden, entdeckte. Ich glaube, daß es für Arthur von Zehren nicht viel Menschen gab, mit denen er in dem Atelier seiner Cousine weniger gern zusammengetroffen wäre.

Nicht wahr, Zehren? wiederholte der Fürst mit einiger Ungeduld.

Ah! ohne Zweifel, gewiß superb, ich sagte es ja vorher, erwiderte Arthur, offenbar noch unschlüssig, ob es nicht gerathener sei, mich ganz zu übersehen.

Da die Unschlüssigkeit ihn aber nicht verhinderte, seine Augen mit einiger Starrheit auf mich zu richten, und dies wieder die Folge hatte, daß die Augen des Fürsten dieselbe Richtung nahmen, so geschah es, daß der Letztere in der Ecke des Ateliers einen hochgewachsenen, breitschulterigen, sehr einfach gekleideten, jungen Mann mit krausem blonden Bart und ebensolchem Haar entdeckte, welchen er bereits als Richard Löwenherz auf dem Ausstellungsbilde gesehen zu haben sich erinnerte, und jetzt abermals auf dem Jagdbilde der Staffelei sah.

Wen konnte er vor sich haben, als einen jener Menschen, die aus einem Atelier in das andere gehen, um hier als Joseph, dort als Pharao zu fungiren? und wenn gleich die Gewohnheiten des Fürsten nicht zu einer speciellen Beachtung von Modellen in Künstler-Ateliers neigte, so kam ihm doch in diesem Augenblick jede Möglichkeit, sich von dem verwünschten Bilde abwenden zu können, zu gelegen, als daß er nicht augenblicklich hätte Gebrauch davon machen sollen.

Ah! da ist ja unser Original zu dem, wie heißt er gleich — dem König dings da — nicht wahr, mein gnädigstes Fräulein? Ein stattlicher Mensch, den ich meinem Cousin, dem Grafen Schmachtensee, in sein Regiment wünschte, nicht wahr, Zehren?

Der unglückliche Arthur! sie wurden ihm heute auch gar zu schwer gemacht, seine Secundanten-Pflichten! Es war doch unmöglich, jetzt, nachdem ich direct in das Gespräch verflochten war, mich, seinen alten Schulkameraden, nicht zu kennen, und — ganz abgesehen von Paula, die es ihm schwerlich verziehen haben würde, hätte er mich so schnell vergessen — so mußte er jetzt auch noch aus meinen Mienen lesen, daß ich die Ungeschicklichkeit beging, mich an seiner Verwunderung zu weiden. Ja, ich fürchte, daß mich meine Schadenfreude zu einem Lächeln verlockte, dessen Meinung für Arthur nicht unzweifelhaft sein konnte; und so blieb ihm denn — es war zum toll werden! — aber es blieb ihm wirklich nichts Anderes übrig, als sich, mit dem möglichst verbindlichen Lächeln auf den blaß gewordenen Lippen, zu mir zu wenden, und indem er mit dem Lorgnon so eifrig spielte, daß er darüber keine Hand zur Begrüßung frei hatte, in affectirt herablassendem Tone zu sagen: Ah, sieh' da! sind wir endlich aus dem — ehem! — wieder heraus? Gratulire, auf Ehre, gratulire von ganzem Herzen, ehem!

Des jugendlichen Fürsten Miene war bei dieser seltsamen Anrede seines Secundanten gerade auch nicht heiterer geworden. Der Ausdruck meines Gesichtes, das er wohl jetzt erst genauer betrachtete, und die hörbare Verlegenheit in Arthurs Anrede sagten ihm, daß hier etwas nicht in der Ordnung sei; und nun mußte er auch noch einen Blick auffangen, der zwischen mir und Paula gewechselt wurde, und der noch eine Masche mehr zu dem Netze zu sein schien, das man hier in so indiscreter Weise über sein fürstliches Haupt zog. Aber jetzt schien es Paula die höchste Zeit, sich in's Mittel zu legen und dieser wunderlichen Scene ein rasches Ende zu machen.

Du würdest, fuhr sie zu Arthur gewandt fort, das Vergnügen, Deinen Schulfreund zu begrüßen, früher gehabt haben, wenn Du während der vierzehn Tage, die Du schon wieder zurück bist, den Weg zu uns gefunden hättest; Georg ist schon seit drei Monaten hier. Dieser Herr — sie wandte sich bei diesen Worten zum Fürsten — ist mein ältester und liebster Freund, der mir in schlimmen Tagen treu zur Seite gestanden hat und der mir auch jetzt eine und die andere Stunde seiner kostbaren Zeit widmet, um mit seinem Rath meiner mangelhaften Erfahrung zu Hülfe zu kommen. Ich schätze es mir zur Ehre, Ihnen Herrn Georg Hartwig vorzustellen.

Mein Name war kaum über Paula's Lippen, als der Fürst sich verfärbte und auf die Unterlippe biß, obgleich er sich die äußerste Mühe gab, dem ältesten und liebsten Freunde der Künstlerin ein verbindliches Compliment zu machen. Ohne Zweifel war ihm damals und später von Anderen und von Konstanze mein Name zu häufig genannt worden, und die Verhältnisse, unter welchen mein Name in jener Zeit genannt wurde, waren zu eigenthümlicher Art gewesen, als daß derselbe selbst von dem schadhaften Gedächtniß des jungen Fürsten von Prora-Wiek über so manchen interessanten und anmuthigen Erlebnissen hätte vergessen werden können. Und dann eine dunkle Erinnerung an eine große Gestalt, vor der er einmal im nächtlichen Walde auf den Knien gelegen — und dann der Umstand, daß jener Mann mit den breiten Schultern und dem unvergeßlichen Namen sich auf dem Bilde des Fräuleins von Zehren an der Seite des wilden Zehren fand — das Alles combinirte sich so leicht und paßte so vortrefflich zusammen — der Fürst mußte das richtige Sachverhältniß herausfinden, wie angenehm es ihm auch gewesen wäre, hätte er es nicht zu finden brauchen.

Und gerade in diesem peinlichen Moment, das heißt zur rechten Zeit, erinnerte sich Fürst Carlo von Prora-Wiek, was er sich schuldig sei. Die Verlegenheit war von seinem Gesicht und aus seiner Haltung entschwunden: er konnte plötzlich das Bild, er konnte mich ansehen; er konnte ausführlich das Original mit der Copie vergleichen; konnte der Künstlerin eine Menge der schönsten Dinge sagen, die, wenn sie nicht wohl durchdacht und vielleicht nicht einmal empfunden waren, doch ungefähr so klangen, als wären sie beides; konnte in aller Eile noch die Skizzen an den Wänden, die Blätter in einer aufgeschlagenen Studienmappe mustern, konnte das Licht in dem Atelier entzückend, die ganze Einrichtung unendlich originell, ganz und gar poetisch finden und sich schließlich daran erinnern, daß er zu einer Audienz bei der Prinzeß Philipp Franz befohlen sei, die er versäumen würde, wenn er nicht sofort — natürlich mit seinem Begleiter — aufbräche.

Eine halbe Minute später hörten wir das Coupé des Fürsten, das vor dem Hause gehalten hatte, davonrollen, und wir blickten uns beide an, und lachten, lachten scheinbar sehr ausgelassen und wurden dann mit einem Male wieder ganz ernsthaft.

Das ist das Lästige an unserm Beruf, sagte Paula. Diese Neugierigen dürfen wir nicht abweisen, ja, wir müssen froh sein, wenn sie kommen und den Ruf unserer Kunst und das Sujet unseres neuesten Bildes durch die Salons tragen; aber, wie gesagt, unbequem ist es und bleibt es, und Arthur hätte wohl auch etwas Gescheidteres thun können, als sich nach so langer Abwesenheit auf diese Weise introduciren. Seine einzige Entschuldigung ist, daß er es gut gemeint hat, indem er mir einen vornehmen und reichen Kunden zuführen wollte. Wenn man aus der Oberflächlichkeit eines Menschen auf seine Vornehmheit und seinen Reichthum schließen kann, so muß dieser Graf Ralow eine sehr vornehme und sehr reiche Personage sein.

Und da hast Du recht gerathen, sagte ich, und wenn Du es genau wissen willst: es war der junge Fürst Prora.

Unmöglich, sagte Paula.

Ich bin meiner Sache gewiß, erwiderte ich. Ich weiß es zufällig aus den Zeitungen, daß der Fürst eben jetzt in England gewesen ist, wo Arthur die Bekanntschaft dieses Grafen Ralow gemacht haben will. Uebrigens hätte ich ihn auch ohne das erkannt; und dann erinnere ich mich, daß die Fürsten von Prora auch Grafen von Ralow sind.

Das ist mir lieb; sagte Paula; obgleich ich, wenn es einmal sein mußte, vorgezogen hätte, den Fürsten von Prora persönlich und nicht durch den Grafen Ralow kennen zu lernen.

Und auch so finde ich dies Incognito unschicklich genug, sagte ich. Warum kommt er nicht zu Dir, wie zu der Prinzessin Philipp Franz! aber freilich, das Unschickliche liegt darin, daß er überhaupt kam. Der einstige Liebhaber Konstanzens durfte nicht Konstanzens Cousine freiwillig unter die Augen treten. Glaub' mir, Paula, ich habe das Alles während dessen wohl gefühlt, aber ich habe auch gefühlt, daß Deine Wohnung und Dein Zimmer nicht der Ort seien, an diese Dinge zu rühren.

Und ich danke Dir dafür, sagte Paula, indem sie mir die Hand reichte. Ich sah es Deinen Augen an, daß sich da und dort — sie berührte mir leicht Brust und Stirn — ein Sturm vorbereitete. Man beweist den Damen seine Achtung, wenn man dergleichen Ungewitter in ihrer Gegenwart nicht losbrechen läßt; aber auch so wünsche und befehle ich Dir, daß Du die Sache nicht weiter mit Dir herumträgst. Du hast reichlich, allzureichlich gelitten; das muß ein für alle Mal für Dich abgethan sein.

Wenn es das nun doch nicht wäre, antwortete ich. Und ich erzählte Paula, was ich bisher noch immer unterlassen, meine Begegnung in der Kunstausstellung mit der schönen Bellini, die Konstanze so ähnlich gesehen. Ich weiß nicht, wie es zugeht, schloß ich; ich habe gewiß keine Ursache, Konstanze noch zu lieben, so wenig Ursache, daß ich ihrem Verführer ohne Gefühle des Hasses und der Rache gegenüber treten kann, und doch verfolgt mich das Bild des schönen Weibes, daß es nicht anders sein könnte, hätte ich Konstanze selber gesehen. Wie ist das möglich?

Konstanze ist eben Deine erste Liebe gewesen, erwiderte Paula, und das bedeutet selbst bei Euch Männern etwas!

Bei uns Männern, Paula? Das klingt ja fast, als ob eine erste Liebe bei Euch Frauen etwas anderes bedeute?

Und das meine ich auch, erwiderte Paula; etwas anderes und etwas mehr, in demselben Maße mehr, in welcher der Mann der Frau mehr ist, als die Frau dem Mann?

Was ist das für eine neue Philosophie, Paula?

Keine neue Philosophie: sie ist mindestens so alt, wie meine Gedanken über diese Dinge, was allerdings so sehr alt noch nicht ist.

Ueber Paula's sonst immer etwas bleiches Gesicht zog ein lebhaftes Roth; aber es schien, als ob sie es, alles in allem, nicht ungern sähe, daß wir einmal auf dies Thema gekommen seien; so fuhr sie mit einiger Lebhaftigkeit fort:

Das Leben der Männer ist wechselvoller, reicher an Thaten und Begebenheiten; deshalb können die einzelnen Eindrücke und auch die lebhaftesten nicht so lange in ihrem Gemüthe haften. Sie haben die Tafel ihres Lebens so oft mit immer neuen, immer wichtigeren Dingen zu beschreiben, daß sie die alte Schrift nothwendig von Zeit zu Zeit mit dem nassen Schwamm der Vergessenheit wegwischen müssen. Das ist bei uns Frauen anders, ganz anders; wir wischen nicht leicht ein Wort weg, das uns lieb im Ohr klingt, geschweige denn eine ganze Seite unseres armen Lebens. Und dann, selbst wenn ein Mann ein besonders treues Gedächtniß hat, er kann nicht handeln und nicht wählen, wie er will; ja, gerade je tüchtiger er ist, je mehr er Mann ist, handelt und wählt er, wie er muß. Und er muß so wählen, wie es sich für seine Jahre und seine Verhältnisse schickt, für seinen Bildungsstand, mit einem Worte: für ihn, wie er, sich fort und fort entwickelnd, geworden ist. Der Mann von fünfundzwanzig unterscheidet sich von dem von neunzehn noch in ganz anderer Weise, als sich die fünfundzwanzigjährige Frau von der neunzehnjährigen unterscheidet; und der von fünfunddreißig ist abermals ein Anderer, und wollte der Mann von fünfundzwanzig oder gar von fünfunddreißig eine Wahl treffen, wie der von neunzehn; ich meine, wie der Neunzehnjährige sie zu treffen liebt, das heißt in romantischer Uneigennützigkeit, ohne Rücksicht auf das Wie — so würde er thöricht handeln, in meinen Augen wenigstens.

Seit wann bist Du denn so eigennützig, so praktisch geworden, Paula? fragte ich mit lächelnder Verwunderung.

Das wird man so, erwiderte Paula, indem sie wieder zu Pinsel und Palette griff und an ihrem Bilde zu malen begann.

Vielleicht, sagte ich, wird man es, wenn man, wie Du, eine bedeutende Entwickelung durchmacht, so daß die Gesetze, welche Du eben für uns Männer aufgestellt hast, auch für Dich ihre Anwendung finden. Ich habe Dich mit fünfzehn Jahren gekannt, da warst Du eine Anfängerin in Deiner Kunst; jetzt mit dreiundzwanzig bist Du eine Künstlerin, und mit fünfundzwanzig wirst Du eine berühmte Künstlerin sein. Da ist freilich begreiflich, daß die Paula von heute nicht die romantischen Illusionen von damals hat, ach, und an die Paula der Zukunft wage ich gar nicht zu denken.

Du scherzest, und scherzest grausam, sagte Paula, und Dein gutes

Gesicht hat gar nicht den Ausdruck, den ich in diesem Augenblicke brauche.

Ich scherze gar nicht, antwortete ich eigensinnig; ich begreife vollkommen, daß Deine Ansprüche an das Leben sich mit jedem Jahre, mit jedem Bilde, möcht' ich sagen, steigern müssen.

Ist das wirklich Dein Ernst? fragte Paula.

Mein vollkommener; wolltest Du denn keine große Künstlerin werden?

Gewiß, erwiderte Paula, aber kann das eine Frau? wie viele von den hunderten und tausenden begeisterter Mädchen und Frauen, die es zur Staffelei oder an den Schreibtisch trieb, sind denn große Künstlerinnen geworden? Auf der Bühne vielleicht; aber dann ist es mir schon manchmal fraglich gewesen, ob die Schauspiel-Kunst eine wahre, echte Kunst sei und nicht vielmehr eine Halbkunst, in der auch Halbtalente das Höchste erreichen können. Und was man so geniale Schauspieler nennt, was sind sie im Vergleich zu den wahren Genies in der Kunst, in der Literatur, in der Musik? So weit von jenen verschieden, wie ich von Raphael. Was habe ich denn bis jetzt zu Wege gebracht? Ein paar mittelgute Köpfe, ein paar drastische Scenen, die ich direct aus dem Leben geschöpft; Reminiscenzen aus der Lectüre: Richard Löwenherz, der Klosterbruder — wo ist da eine freie Erfindung, wo ist da eine Spur des echten Genies? Und was ist dies Bild hier? Was habe ich daran gethan? Nicht viel mehr, als die Farben gemischt; das Andere ist Alles von Deiner Erfindung. Du hast mir gesagt, wie die Sonne auf dem Dünensand liegt, und wie der Wind die Köpfe der Haideblumen schaukelt; Du —

Aber Paula, Paula, das ist ja gerade, als ob ich Deine Bilder malte, und als ob Du kein Bild malen könntest ohne mich.

Und ich habe ja kaum eines ohne Dich gemalt; da siehst Du meine bettelhafte Armuth; erwiderte Paula.

Aber ich konnte nicht sehen, mit welchem Ausdruck sie diese Worte sagte, denn sie hatte ihr Gesicht tief auf die Staffelei gebeugt.

Achtes Capitel

Paula, welche nach ihrem Erfolge auf der Kunstausstellung mit Einladungen überhäuft war, hatte an diesem Tage eine bei dem Banquier Salomon, dem Käufer des »Klosterbruder und Tempelherrn« angenommen. So blieb ich denn allein mit Frau von Zehren und den Söhnen. Aber Paula fehlte uns nicht; sie war uns gegenwärtig, Niemandem mehr, als der armen Mutter, welche der süßen Freude, die Werke ihrer Tochter zu sehen, beraubt war. Und doch hat sie Alles von Dir, Mutter, sagte Benno; und Paula weiß das selber am besten. — Dann hat sie es von ihrem Großvater, antwortete Frau von Zehren; er war in der That ein großer Künstler; was ich geleistet haben würde, steht dahin. Mir war es leider nicht vergönnt, das Talent, welches ich etwa besaß, auszubilden; aber wie kann ich sagen, leider! Wenn es wahr ist, was Ihr sagt, daß Paula's Talent mein Talent ist, da ist ja auch jeder Erfolg, den sie hat, mein Erfolg, und so vollführe ich das Wunder, mit blinden Augen eine berühmte Malerin zu sein oder zu werden.

Ein mildes Lächeln umschwebte die feinen Lippen der noch immer schönen Frau, und so sah ich sie im Geiste, als ich eine Stunde darauf durch die dunklen Gassen nach meiner Wohnung schritt. Sie muß in ihrer Jugend schöner noch als Paula gewesen sein, sagte ich, obgleich Paula sich wunderbar verschönt hat. Wie köstlich kämpften heut Scham und Zorn in ihrem Gesicht, als dieser Laffe von einem Fürsten in dem Atelier umherfuhr und keine Ahnung davon hatte, wie impertinent er war, während sich vielleicht einbildete, unendlich liebenswürdig zu sein.

Die Begegnung mit dem Fürsten, der mein glücklicher Nebenbuhler in meiner Liebe zu Konstanze gewesen, und mit Arthur, den ich lange Jahre hindurch für den begünstigten Liebhaber Paula's gehalten hatte, gab mir nachträglich noch viel zu denken, mehr, als für meine Arbeit, an die ich mich beim Nachhausekommen gesetzt hatte, dienlich war. Indem ich mir das sehr feine und hübsche, aber grausam verlebte Gesicht des jungen Fürsten, — seine jetzt starren, jetzt in unheimlichem Feuer aufflackernden Augen, das blitzschnelle Zucken der Stirn- und Wangen-Muskeln, sein geschmeidiges und dennoch hochmüthiges Benehmen vergegenwärtigte, fand ich es immer abscheulicher, daß Arthur hatte wagen können, einen solchen Mann bei Paula einzuführen. Was konnte im besseren Falle das Motiv sein? Die Befriedigung einer ganz gewöhnlichen Neugier. Und im schlimmeren Falle? Ich knirschte mit den Zähnen, sobald ich nur an die schaudervolle Möglichkeit dachte. Der einzige Trost dabei war, daß mir meine Furcht, Arthur könne sich Paula's Herz gewonnen haben, oder je gewinnen, endlich einmal in ihrer ganzen Thorheit klar wurde. Wahrlich! ein solcher Fant konnte einem Mädchen, wie Paula, nicht gefährlich werden, obgleich er schön war, der Fant, auffallend schön, das wahre Muster eines eleganten Herrn in tadellosen Glacés und Lackstiefeln, ein bischen leer vielleicht um den mit einem schwarzen Bärtchen verzierten Mund und ein wenig hohl um die großen dunklen Augen, die ihren Glanz fast gänzlich eingebüßt hatten. Möglich, daß er so für gewisse Frauen um so gefährlicher war; aber was hatte Paula zu thun mit solchen Frauen?

Und dann irrten meine Gedanken von dem Fürsten, den ich so unerwartet wiedergesehen, zu der schönen Bellini, die Konstanze so sehr geglichen, und ich schob meinen Arbeitssessel hastig zurück, trat an das Fenster, das Paula's Güte jetzt mit dunklen Gardinen verhüllt hatte, und schaute, die heiße Stirn gegen die Scheiben drückend, in trübes Sinnen verloren, in den Hof hinaus, auf welchem eben über den frisch gefallenen Schnee eine Gestalt gerade auf das Gartenhaus zukam. Ich mußte an die Gestalt denken, die ich einst über die Wiese im Mondenschein nach Konstanzens Fenster hatte schleichen sehen. War es der Fürst? Was hatte er bei mir zu suchen? Die Gestalt näherte sich der Treppe, die vor dem Hause lag, und fing jetzt an, die Stufen hinauf zu steigen. Ich nahm die Lampe vom Tisch, um dem Besucher, wer er auch sein mochte, entgegen zu leuchten. Als ich die Stubenthür öffnete, trat Jener eben zur Hausthür herein, und der Schein meiner Lampe fiel hell in Arthur von Zehren's Gesicht.

Gott sei Dank, daß ich Dich endlich, ohne Hals und Beine zu brechen, gefunden habe! rief Arthur; wie kann ein vernünftiger Mensch sich so einquartieren! Du bist doch von jeher ein Original gewesen; aber das sieht ja ganz behaglich aus für einen Maschinisten, oder wie Dich der Kerl an der Hofthür sonst genannt haben mag; — und Arthur, der jetzt in die Stube getreten war, warf sich in den Lehnsessel, welchen ich an den Kamin gerückt hatte, und streckte die behandschuhten Hände über das Kohlenfeuer.

Ich war in der Nähe des Kamins vor ihm stehen geblieben und fragte: Was verschafft mir heute schon zum zweiten male das Vergnügen, Dich zu sehen?

Das Vergnügen scheint nicht besonders groß zu sein, nach dem Ton zu urtheilen, in dem Du sprichst; und in der That wäre ich wohl schwerlich gekommen, wenn nicht der Fürst — wollte sagen, wenn nicht ich — ja was wollte ich doch sagen? ja so! ein Geschäft mit Dir abzuwickeln hätte. Du bist, während Du — nun Du weißt schon — während Du da warst, wiederholt so gütig gewesen, mir aus kleinen Verlegenheiten zu helfen. Ich habe Alles genau angeschrieben; wer so vielen Leuten schuldig ist, wie ich, muß in solchen Dingen exact sein, wegen der doppelten Kreide, die einer oder der andere Gläubiger führen könnte. Das war nun bei Dir freilich nicht zu fürchten; aber ich habe es aus leidiger Gewohnheit doch notirt, und dies ist die Summe, ohne die Zinsen, die ich nicht ausrechnen kann, und deshalb lieber weglasse: Einhundertsechzig Thaler. Ich bin gerade bei Kasse, und mache mir ein Vergnügen daraus, Dir meine Schuld abzutragen.

Und Arthur, der sich erhoben hatte, zählte eine Reihe von Tresorscheinen auf den Tisch.

Willst Du selbst einmal nachzählen, fuhr er fort; ich komme eben von einem Diner, bei dem es famosen Champagner und zum Nachtisch ein allerliebstes kleines Jeu gab; da ist es denn wohl möglich, daß ich mich verzählt habe.

Arthur blickte mich mit einem Lächeln an, das scherzhaft sein sollte, und schwankte dabei von den Fußspitzen auf die Hacken und von den Hacken auf die Fußspitzen; es war nur zu ersichtlich, daß er von einem Diner kam, bei welchem man des Champagners nicht geschont hatte.

Was ich sagen wollte, fuhr Arthur fort — Deine Lampe brennt so dunkel, daß man Mühe hat, seine Gedanken zusammen zu finden — ich wollte sagen: es war wirklich in der allerbesten Absicht, daß er mich hierher geschickt hat. Er ist der nobelste Mensch, der existirt — ein Goldmensch. — Ganz echtes Gold, so lange er was hat. Brauchst Dich also nicht zu geniren, alter Junge! was ich sagen wollte, in welchem Verhältniß hast Du denn eigentlich zu dem Fürsten gestanden? Daß er Dir irgendwie verpflichtet sei, hat er mir selbst gesagt; aber das Wofür ist mir ein geheimnißvolles Räthsel geblieben, geheimnißvolles Räthsel! wiederholte Arthur, der sich mittlerweile wieder in den Lehnstuhl vor dem Kamin geworfen hatte, und jetzt abwechselnd den rechten und den linken Stiefel gegen das Feuer ausstreckte.

Du scheinst nicht in der Verfassung zu sein, Räthsel zu lösen, sagte ich.

Du meinst, weil ich ein wenig angetrunken bin? o, das thut ganz und gar nichts, im Gegentheil; ich würde mich sonst sicher nicht hierher gefunden haben, trotzdem ich heute Morgen gleich die Vorsicht gehabt hatte, mir von Paula's Portier Deine Adresse sagen zu lassen. War das nicht ein luminöser Einfall? aber man muß an dergleichen keinen Mangel haben, wenn man mit so hohen Personen intim sein will, und für Dich interessirt er sich auch; — für Dich, ungeheuer interessirt er sich.

Ich hatte das Geschwätz des mehr als halb Berauschten herzlich satt, und sagte jetzt: ich weiß nicht, Arthur, ob Du im Stande bist, mich zu verstehen. Wenn dies der Fall ist, laß Dir gesagt sein, und wenn ich bitten darf, ein für allemal, daß ich glücklicherweise in der Lage bin, mich keinen Pfifferling darum zu kümmern, ob sich der Fürst Prora für mich interessirt oder nicht, und daß Du, so viel ich sehen kann, Dir im Speciellen einen großen Gefallen thust, wenn Du Dir die Interessen des Fürsten nach dieser Seite hin möglichst wenig angelegen sein läßt.

Danke, sagte Arthur, aber das konnte ich voraussehen. Ihr braucht Niemanden, Ihr Glücklichen; Ihr seid Euch selbst genug. Immer nüchtern, immer klug, immer bei Sinnen, und immer bei Geld, während unser Einer immer in des Teufels Küche sitzt. So war es von jeher und wird es auch wohl in alle Zukunft bleiben. Ich wollte manchmal, ich wäre der Junge von einem unserer Strandkarrer gewesen und hätte meine ausreichenden Prügel bekommen und müßte mir mein Brod mit meiner Hände Arbeit verdienen; anstatt dieses glänzenden Elends, in welchem ich jetzt einmal hungere, und das andere mal im Ueberfluß lebe. Es ist ein Elend, alter Junge, ein Elend; und das Beste ist, daß man sich eine Kugel durch den Kopf jagen kann, wann man will.

Du lieber Himmel! ich kannte diese Declamation von so lange her! Es waren im Grunde dieselben, die Arthur gehalten, wenn er bei einem Schüler-Bacchanal zu viel von dem schlechten Punsch getrunken hatte, und auf seine unbezahlten Handschuh-Rechnungen und auf die kleinen Wechsel bei Moses in der Hafengasse zu sprechen kam. Dieselben Declamationen — und es war auch derselbe Arthur, derselbe leichtsinnige, egoistische, kaltherzige Genußmensch mit der sanften Stimme und den einschmeichelnden Manieren; und ich! — Nun! ich war auch derselbe geblieben, derselbe gutmüthige Hans, den jedes Wort, das sich ungefähr so anhörte, als ob es von Herzen käme, zu rühren vermochte. Und ich hatte ihn ja geliebt in meinen jungen Jahren, als ich einen leinenen Kittel und er eine Sammet-Jacke trug; wir hatten so viel tolle Streiche mit einander ausgeführt und so viel Nachmittags-Sonnenschein in Feld und Wald und auf dem Ruderboot auf dem Meere zusammen getrunken, und so etwas vergißt sich nicht, habe ich wenigstens niemals vergessen können.

Arthur, sagte ich, muß es denn sein, daß Du immer in Noth und Sorge bist! Könnte das nicht anders sein, sobald Du nur wolltest. Ein Mensch wie Du, mit so viel Talenten, so viel Gewandtheit, so guten Manieren —

Und einem so guten Vater! rief Arthur mit einem Lachen, das mir in die Seele schnitt; denkst Du denn, man kann es zu etwas bringen mit einem solchen Vater, der mich jeden Augenblick compromittirt, der mich jeden Augenblick an den Pranger stellt oder mich wenigstens in der steten Furcht erhält, er werde es demnächst thun?

Du solltest nicht so von Deinem Vater sprechen, Arthur sagte ich. Ich —

Das glaube ich, erwiderte Arthur höhnisch. Du hast ja auch keine Ursache dazu; wenn ich einen solchen Vater hätte, wie Du, wäre ich jetzt ein ganz anderer Kerl. Aber mein Vater! Da läuft er von Pontius zu Pilatus und erbettelt mir erst eine Art von Anstellung bei unserer Gesandtschaft in London, und acht Wochen später geht er wieder zu denselben Menschen und bettelt für sich selber, und die Folge davon ist, daß man den Sohn Jemandes, vor dem man sich hier zu Hause verleugnen lassen muß, in London bei unserer Gesandtschaft nicht haben will, und wenn ich in London nicht die Bekanntschaft des Fürsten Prora gemacht hätte, der sich meiner in der liebenswürdigsten Weise angenommen, so säße ich jetzt wieder auf dem Pflaster und wüßte nicht, wovon ich morgen früh meinen Kaffee bezahlen sollte.

Arthur, sagte ich, ich glaube, Du brauchst das Geld da nothwendiger als ich. Wie wäre es, wenn Du es dem Fürsten wieder hintrügest — denn von dem Fürsten kommt es doch, gestehe es nur! — und ihm, mit einer Empfehlung von mir, sagtest: er möge es Dir nur geben; ich brauche es nicht und wolle es nicht. Wir können ja dann unsere Rechnung ausgleichen, wenn Du wirklich einmal bei Kasse bist.

Du lieber Georg, rief Arthur aufspringend und mir die Hand drückend, Du bist doch ganz der Alte; ich hatte es Dir zugedacht; aber wenn Du es nicht brauchst, — und Arthur raffte die Scheine, die er vorhin so sorgsam aufgezählt, mit einem Griff zusammen und schob sie mit einer schnellen Bewegung in seine Brusttasche.

Kann Dir der Fürst denn keine bestimmten Aussichten eröffnen? fragte ich.

Der Fürst, erwiderte Arthur, pah! erinnerst Du Dich noch des Spiels, das die jungen Mädchen bei uns in ihren Kränzchen immer spielten, Emilie Heckepfennig, Elise Kohl, und wie sie sonst hießen: des Spiels mit dem Mehlhaufen, auf den ein Ring gesteckt wird, und eine jede von den Mädchen schneidet der Reihe nach ein Stück davon ab, und noch ein Stück und ein Stückchen und dann wieder ein Stück und perdauz! da liegt mein Mehlhaufen, und irgend ein Stumpfnäschen wühlt in dem Mehl nach dem goldenen Ringlein — siehst Du, das ist das genaue Bild! jeden Tag schneidet irgend eine reizende Hand ein Stückchen von dem Mehlhaufen ab, welchen man den Fürsten Carlo von Prora-Wiek nennt, und es wird nicht so lange dauern, so purzelt der Mehlhaufen zusammen; er hängt so schon auf einer Seite, kann ich Dir sagen; und Arthur knöpfte seinen Ueberrock zu und zog sich den rechten Handschuh, den er vorhin, um das Geld zu zählen, ausgezogen hatte, wieder an.

Das würde mir leid thun, wenn ich, wie Du, ein Freund des jungen Menschen wäre.

Freund? erwiderte Arthur, indem er sich über der Lampe eine Cigarre anzündete; Freund? pah! ich bin sein Freund so wenig, als er meiner ist. Er braucht mich, weil — nun ja, er braucht mich, und ich brauche ihn; und wer den Andern zuerst nicht mehr braucht, giebt dem Andern einen freundschaftlichen Fußtritt; nur fürchte ich, daß ich ihn länger brauchen werde, als er mich, oder als seine Lunge vorhalten wird, die sicher schon mehr als halb verbraucht ist.

Arthur hatte sich den Hut aufgesetzt und stand jetzt vor mir, und das Licht fiel hell auf sein hübsches, blasses, lächelndes Gesicht, und mir mochte bei dem Anblick wohl wehmütig um's Herz werden, und Arthur mußte das bemerkt haben, denn er fing plötzlich an zu lachen und sagte: was für ein jämmerliches Gesicht Du machst, als ob ich direct zum Galgen führe und nicht vielmehr in das Albert-Theater, die schöne Bellini zu sehen, die heute ihr erstes Debüt hat. Und hernach ein Souper bei Tavolini, wenn es sein kann, mit der schönen Bellini. Du siehst, mein Leben hat auch seine Lichtseiten. Adieu, alter Rabe.

Und Arthur nickte herablassend mit dem Kopfe und schlenderte zur Thür hinaus, die er hinter sich zuzumachen vergaß.

Ich schloß die Thür und schüttete neue Kohlen in das halb erloschene Feuer, schraubte die Lampe heller, setzte mich an meinen Arbeitstisch und sagte, indem ich meine Bücher aufschlug: Es ist doch sonderbar, daß ein junger Fürst so sehr interessiert ist, ob er sich vor dem armen Schlossergesellen zu geniren habe, oder nicht. Pah! ich werde ein Narr sein, und mich durch solche Thoren aus meinem Wege drängen lassen.

Aber wie ich auch weise zu sein und der Thorheit der Welt zu vergessen strebte, immer wieder zog es, wie mit magnetischer Kraft, meine Gedanken ab von den trockenen Formeln in das bunte Leben, in das ich eben, durch eine schnell geöffnete und ebenso schnell wieder geschlossene Thür gleichsam, einen Blick geworfen. Es hatte bunt genug darin ausgesehen: ein Tisch besetzt mit halb geleerten Flaschen und den Näschereien eines Desserts, und um den Tisch ein halbes Dutzend weingerötheter, lachlustiger Gesichter, meines darunter, und es glühte von Wein und Luft, heller noch als die andern, denn ich war soviel stärker als sie, so daß ich sie sammt und sonders hätte unter den Tisch trinken können, und ich stemmte die Ellnbogen auf und sang ihnen ein Zechlied, und sie klatschten in die Hände und schrieen bravo und dacapo!

Ich strich mir mit der Hand über die Stirn. Was war das für ein toller Traum? Was hatte der einsame Arbeiter zu thun mit diesen Dingen, die nur für die reichen Müßiggänger erfunden waren? Hier war die Arbeit, der ich mich geweiht; es war eine eifersüchtige Geliebte, man konnte nicht ihr dienen und der schönen Bellini.

Ich sprang auf, und ich glaube, ich schlug mir mit der Faust vor die Stirn, ohne eine besondere Wirkung zu erzielen. Da stand sie noch, wie sie eben zur Thür hinausging und sich nach dem Bilde umdrehte — die schöne Bellini, die Konstanze so ähnlich sah, und Schauspielerin werden wollte und heute zum ersten Mal auftrat. Und in einer Loge dicht an der Bühne würde der junge Fürst sein mit seinen Zechgenossen und durch große Operngläser auf die schöne Bellini starren, während ich hier beim trüben Schein einer Lampe saß, in einem nur halb erwärmten Zimmer, mit heißem Kopf und frierenden Fingern lange Zahlenreihen auf das Papier zu bringen, die heute durchaus nicht stimmen wollten.

Wie der böse Samen, der einmal in mein Gemüth gesäet war, sich nun weiter so herrlich entwickelt hat, weiß ich nicht; ich weiß nur, daß ich, wenige Minuten später, durch die dunklen, schneebedeckten Gassen eilte, und nach einiger Zeit athemlos an der Kasse des Albert-

Theaters anlangte. Das Haus war ausverkauft, vollständig ausverkauft, nur in der unteren Prosceniumsloge rechter Hand sei noch ein Stehplatz.

So geben Sie mir den.

Der Mann sah mich verwundert an, er hatte jene Notiz im statistischen Sinne gegeben, und keineswegs, um mir, der ich offenbar in das Parterre oder auf die Gallerie gehörte, einen so vornehmen Platz zu offeriren. Er blickte mich scheu an, aber er hatte mir das Billet schon gezeigt, konnte es nun nicht mehr verleugnen, und so mußte denn auch der Logen-Schließer gute Miene zum bösen Spiel machen und den Mann aus dem Volk in die aristokratische Loge lassen.

Die Loge war bis auf den Platz, den ich einzunehmen hatte, gefüllt und dieser Platz befand sich in der tiefsten Ecke der Loge an der der Bühne zugekehrten Wand, so daß ich von der Bühne nur ein sehr kleines Stück, dafür aber bis in die tiefste Tiefe der ersten Coulisse und ebenso in die gegenüberliegenden Prosceniumslogen sehen konnte, außerdem, glaube ich, noch die Ausläufer von drei oder vier sich übereinander aufbauenden Rängen.

Als ich diesen beneidenswerthen Platz einnahm, hatten sich ein paar frisirte Herrenköpfe unwillig nach dem Störenfried umgeblickt, und sich dann ihre Bemerkungen, die für mich nichts Schmeichelhaftes zu haben schienen, mitgetheilt. Da ich indessen nicht aussehen mochte wie Jemand, dem man ohne Weiteres die Thür weisen konnte, ließ man mich unbehelligt, und ich durfte mich ungestört jenem Genusse überlassen, welchen jedem sinnigen Gemüth der Blick in eine Prosceniumsloge gewährt, die vollkommen leer ist, und in eine Seitencoulisse, in welcher ein Dutzend geschminkter Herren und Damen in spanischer Tracht augenscheinlich nur auf den Wink des Regisseurs warten, um die mir zum größten Theil unsichtbare Bühne zu betreten. Und jetzt mußte dieser Wink erfolgt sein. Die Herren und Damen in spanischer Tracht setzten sich in Bewegung und marschirten paarweise aus der Coulisse heraus; ein oder das andere Paar, die ganz im Vordergrunde blieben, sah ich noch auf bereit gehaltenen Stühlen Platz nehmen. Dann hörte man Getümmel auf der Bühne, wie von hereindringendem Volke, und jetzt ertönte im Chor:

> Heil Preciosen, Preis der Schönen,
> Windet Blumen ihr zum Kranz!

Während dieses Gesanges ertönten Tamburins und Castagnetten; auf der Bühne wurde applaudirt; Alle riefen: Es lebe Preciosa! Preciosa lebe hoch! und, als wenn der Ruf ein Echo fänge, so erscholl jetzt aus dem ganzen Hause vom Grunde bis unter das Dach ein einstimmiges donnerndes Bravo! bravo! bravo! und ich sah die Herren wüthend in die Hände klatschen und die Damen sich vornüber neigen, und das wollte kein Ende nehmen, und als es endlich so weit still geworden war, daß der eine von den beiden schwarzen Herren auf den Stühlen links im Vordergrunde, der, glaube ich, Don Fernando hieß, sagen konnte: bei Gott! ein herrlich Mädchen! und der Andere — Don Franzisco — ihm antwortete: ein bezaubernd schönes Kind! — da brach der Jubel und das Bravorufen und das Händeklatschen von neuem los, daß es war, als müsse das Haus darunter zusammenbrechen, kaum daß die alte Zigeunermutter Ruhe genug fand, zu fragen, ob es den Herrschaften gefällig sei, »ihrer Enkelin Preciosa eine Frage vorzutragen.«

Don Fernando wünscht: »ein freundlich Bild von des Kindes frommer Liebe in beglückter Eltern Armen.« Die wie von Leidenschaft vibrirende Stimme Don Alonzo's, den ich nicht sah, findet es bedenklich: »von der Elternlosen, von der Waise zu fordern, daß sie ein Glück besinge, welches der Himmel ihr entrissen.« Don Fernando bedauert, gerade auf so ein heiliges Thema verfallen zu sein; aber Don Francisco unterbricht ihn mit den Worten: »Still, sie faßt sich, sie beginnt!« dann eine kleine Pause und dann —

Ich hatte alle diese Vorbereitungen mit einer Spannung verfolgt, wie wohl kein Einziger in dem weiten Hause. Ich kannte das Stück recht gut, ich hatte es, glaube ich, ein halbes Dutzend Mal auf unserer kleinen Bühne in Uselin bewundert. So sah ich alles, was dort, mir unsichtbar, auf der Bühne vorging, und ich wußte auch, daß jetzt der Moment gekommen sei, wo die Preciosa zum ersten Male sprechen würde. Es waren nur wenige Secunden, die zwischen den letzten Worten des guten Alten und den ersten Preciosa's verflossen; aber sie dünkten mich eine Ewigkeit. Eine wunderliche Ahnung sagte mir, daß sie es sein müsse, und das Herz in mir tobte wild bei dem Gedanken, daß sie es sein könne; und da schlug der erste Ton ihrer Stimme an mein Ohr, und mein Kopf sank gegen die Wand der Loge und ich sagte vor mich hin: Sie! wirklich sie!

Ja, sie war es. Das Ohr hat ein treues Gedächtniß, ein treueres, als vielleicht irgend ein anderer Sinn, und das Ohr hatte in meiner Leidenschaft für Konstanze von Zehren den Kuppler gespielt, wenn ich des Abends am offenen Fenster stand und hinaus lauschte, ob ich, da ich sie doch nicht mehr sehen sollte, nicht wenigstens ihre Stimme würde hören können, und wäre es auch nur ein Wort zu der alten Dienerin, besser freilich eines ihrer Lieder, die sie mit ihrer tiefen, weichen Stimme so köstlich zu singen verstand. Ja, sie war es, Konstanze von Zehren, die Tochter des Stolzesten der Stolzen, die Cousine Paula's, Schauspielerin, hier, auf der Bühne eines Vorstadt-Theaters!

Sie hatten sich sonderbar geändert die Zeiten, sehr sonderbar. Eine Wehmuth erfaßte mich, daß ich hätte weinen mögen; ich wollte auch fort — es kam mir wie ein Verbrechen vor an dem Andenken meines unglücklichen Freundes, daß ich hier mit anhören sollte, was ihm zu hören so entsetzlich gewesen sein würde; aber ich konnte nicht fort; ich stand wie gebannt, den Kopf an die Wand gelehnt, wie versteinert, ohne mich zu regen, ohne kaum zu athmen; stand so, während Preciosa's Improvisation, und rührte mich kaum, als später der Vorhang fiel und der Beifallssturm, welcher sie empfangen, und wiederholt ihr Spiel unterbrochen hatte, stärker als je zu toben begann.

In meiner Loge entstand eine Bewegung. Eine junge Dame, die jedenfalls nicht täglich am Schmiedefeuer, möglicherweise nicht einmal am Küchenfeuer stand, und für deren Nerven der allerdings etwas hohe Temperaturgrad in der Loge nicht berechnet sein mochte, war ohnmächtig geworden, oder im Begriff ohnmächtig zu werden, und wurde von zwei älteren Damen hinaus begleitet, während mehrere junge Herren, die wohl zur Gesellschaft gehörten, pflichtschuldig assistirten. Dadurch waren ein halbes Dutzend Plätze leer geworden, welche alsbald von den Zurückbleibenden eingenommen wurden. Und so geschah es, daß, als der Vorhang wieder in die Höhe ging, ich außer der linken Seitencoulisse auch noch ein Stück des Zigeunerlagers unter den spanischen Korkeichen und eine oder die andere der ehrenwerthen Zigeunerfamilien zu sehen bekam, die sich um den großen Kessel gelagert hatten, dessen Feuer sie mit flackernden Lichtern überstrahlte. Der Hauptmann und Viarda sind übereingekommen, nach Valencia zu ziehen. Man wartet nur auf Preciosa, die einsam im Walde umherstreift. Die Zigeuner entfernen sich nach allen Seiten; einen Augenblick bleibt die Bühne leer, und dann — dann sah ich sie, wie ich sie damals sah!

Wie ich sie damals sah, an jenem Herbstmorgen, unter den Buchen von Zehrendorf, durch deren leise wehende Zweige goldener Sonnenschein auf sie fiel: ein schlankes, tief brünettes Mädchen, in seltsam phantastischer Tracht von grünem Sammet mit goldenen Litzen, die geliebte Guitarre an der Seite. Ja, wie ich sie damals sah, als wäre die Flucht der Jahre spurlos dahingezogen über ihr schönes Haupt, und hätte keine einzige der rothen Rosen von ihren Wangen zu stehlen und von dem feurigen Glanz ihrer dunklen Augen keinen Strahl auszulöschen vermocht! Und wie damals erbebte mir das Herz in der Brust, und der Athem stockte mir, als sie jetzt von dem Felsen unter den hochragenden Bäumen herabzusteigen begann, — wie damals zu der Moosbank am Weiher, an der ich stand; — und auf einer Moosbank am Fuße der Felsen ließ sie sich jetzt nieder und ihre Stimme erhebend — ihre tiefe, weiche Stimme, von der mein Herz noch keinen Ton verlernt hatte! — sang sie:

Einsam bin ich, nicht alleine,
Denn es schwebt ja süß und mild,
Um mich her im Mondenscheine,
Dein geliebtes, theures Bild.

So, gerade so, hatte ich es von ihr gehört, in lauen Mondscheinnächten, zu mir herauftönend, aus dem dämmernden Park; und die Erinnerung jener seligen Tage überkam mich mit aller Macht. Die Kehle war mir wie zugeschnürt, dumpf pochte mein Herz in der Brust; heiße Thränen quollen mir aus den Augen und verschleierten mir die reizende Gestalt und Alles um mich her.

Erst der donnernde Beifall, mit welchem das Publikum die schöne Sängerin am Schluß ihrer Romanze überschüttete, brachte mich wieder zu mir selber. Ich sah, daß sie sich verneigte und sich bereitete, dem Wunsch des Publikums zu folgen, ich sah den Musikdirector den Taktstock erheben; ich hörte die ersten Klänge der süßen Weise:

Einsam bin ich, nicht alleine

Mit einem Male entsteht ein Lärm im Theater. Aller Augen richten sich auf die unterste Prosceniumsloge linker Hand, mir gerade gegenüber, in welche in diesem Augenblick mit großen Geräusch vielleicht ein halbes Dutzend junger Herren in eleganter Tracht und mit erhitzten Gesichtern, als kämen sie von einem Diner, eingetreten sind, und sich auf den ersten beiden Reihen der Fauteuils niedergelassen haben. In der Ecke links sitzt ein junger Mann, welcher der Vornehmste in der Gesellschaft zu sein scheint, da sich die andern Alle um ihn bemühen. Seine rechte mit gelbem Glacé-Handschuh bekleidete Hand hängt lässig über die Logenbrüstung. Das Gesicht ist in die Loge hinein zu einem seiner Begleiter hinter ihm gerichtet; das drohende Zischen des Publikums stört ihn nicht in seiner halblauten Conversation, und er läßt sich erst herab, den Kopf umzuwenden, als die Sängerin auf der Bühne plötzlich schweigt. In diesem Augenblick erkenne ich den Fürsten Prora, und ich sehe deutlich, daß, als sein Blick den der Sängerin trifft, er sich verfärbt. Sie ihrerseits hat ihn bereits erkannt, und das Blut ist ihr aus den Wangen gewichen und die Stimme hat ihr versagt. Sie hat sich schnell von ihrem Sitz erhoben und macht eine Bewegung, als wollte sie davon eilen, bleibt dann aber, wie in einer halben Ohnmacht, stehen und preßt die Hand auf das Herz. Das Publikum glaubt, sein Liebling — denn das ist das schöne Mädchen in den wenigen Augenblicken bereits geworden — fühle sich durch die rohe Störung, die von den feinen Herren ausgeht, zu beleidigt, um weiter singen zu können. Man zischt, man ruft: Stille! man donnert: Hinaus, hinaus die Aristokraten, hinaus die gelben Glacés! Der junge Fürst blickt mit einer Miene in den Lärm, als ginge ihn die Sache nicht im Entferntesten an; aber seine Begleiter glauben mehr thun zu müssen; sie lachen laut, verneigen sich ironisch und verhöhnen offen das Publikum, welches Miene macht, seine Drohungen auszuführen. Schon klettern einige Heißsporne über die Lehnen der Bänke weg und stürzen auf die Loge zu, als plötzlich die Sängerin, die mit unverwandtem Blick immer auf derselben Stelle gestanden hat, einen Schrei ausstößt, die Guitarre fallen läßt und zur Erde gesunken wäre, wenn Don Fernando, in welchem ich jetzt ihren Begleiter von der Kunstausstellung her erkenne, aus der Coulisse herauseilend, sie nicht in seinen Armen aufgefangen hätte. In demselben Moment rauscht auch der Vorhang herab. Ich stürze zur Loge hinaus, ohne zu wissen, was ich will, wohin ich will, und komme erst wieder zu mir, als die eisige Luft des Winter-Abends in mein glühendes Gesicht haucht.

Neuntes Capitel

Ich weiß nicht, wie viele Stunden ich so durch die Gassen geirrt bin; ich habe nur noch eine undeutliche Erinnerung an gewaltige Häusermassen, die dunkel in das schmutzige Grau der Nacht hinauffragen; an Schneeflocken, die in dem gelben Licht der Laternen aus dem schmutzigen Grau herabtanzen; an Fuhrwerke, die auf dem frischgefallenen Schnee lautlos fast an mir vorüber rollen, und Fußgänger, welche mit vornübergebeugten Köpfen, und sich, so gut es gehen will, vor dem Schneesturm schützend, an mir vorbeihuschen.

Es waren der Fußgänger nicht allzuviele, denn Jeder suchte ein Obdach vor dem bösen Wetter. Was draußen war, mußte eben draußen sein, wie die armen, unglücklichen Geschöpfe, die den Vorübergehenden mit bleichen, starren Lippen Worte zumurmelten, welche warm und einladend klingen sollten; die armen Geschöpfe, deren verlockender Name eine so entsetzliche Ironie ist zu dem Verweilen, Verweilen-Müssen in schneebedeckten, von eisigem Wind durchschauerten Straßen.

Und eine solche Unglückliche glaubte ich auch vor mir zu haben, als ich durch eine breite Straße des vornehmsten Quartiers irrend, zu einem der kleineren Palais gekommen war, vor dessen Thür soeben im schnellsten Trabe ein von zwei feurigen Pferden gezogener Wagen vorfuhr, dessen Laternen ein blendendes Licht ringsumher warfen. Und in dem Licht dieser Laternen stand das Mädchen, dicht an die Mauer gedrückt, und ich sah, daß sie in dem Augenblicke, wo der Jäger von dem Bock sprang und seinem Herrn aus dem Wagen half, ein paar Schritte vorwärts kam und den Arm aus dem Mantel streckte, als wollte sie den aus dem Wagen Springenden aufhalten. Aber er hatte den Pelzkragen seines Mantels in die Höhe gezogen und bemerkte, eilig die Stufen emporsteigend, die Gestalt nicht. Die Thür, durch welche man in ein hellerleuchtetes Treppenhaus geblickt hatte, schloß sich hinter dem Herrn und seinem Diener; der Kutscher berührte die edlen Thiere mit der Peitschenspitze, der Wagen rollte davon und verschwand in dem weitgeöffneten Thor eines Nebengebäudes.

Es war Niemand mehr draußen, als ich, das arme Mädchen und die Schneeflocken, die aus dem Dunkeln herabtanzten in dem gelblichen Schein der Laternen. Das Mädchen kam auf mich zu, an mir vorüber. Sie sah mich offenbar nicht; aber ich sah sie und der Schein einer der Laternen fiel hell in ihr schmerzverzerrtes Antlitz.

Konstanze! rief ich.

Sie blieb stehen und starrte mich mit den brennenden, schwarzen Augen an.

Konstanze! wiederholte ich. Ich bin es; kennen Sie mich nicht mehr? Georg —

Mein Drachentödter, der alle Drachen erschlagen wollte, die auf meinem Wege waren! Warum haben Sie den nicht erschlagen, nicht den? Und sie lachte gell auf und deutete mit zitternder Hand auf die Thür, hinter welcher der Fürst von Prora verschwunden war.

Der Mantel war aufgeflogen und flatterte von dem eisigen Winde gepeitscht um sie her; ich sah, daß sie noch in ihrem Preciosa-Costüm war. Sie mußte, wie sie da war, von der Bühne auf die Straße gestürzt sein. Die Schneeflocken wirbelten ihr in das heiße Gesicht! — arme Konstanze, armes Weib, murmelte ich und ich zog ihr den Mantel dicht über die Schultern, legte ihren Arm in den meinen und suchte sie vor Allem von diesem Orte zu entfernen. Sie folgte mir willig, und so schritten wir beide neben einander dahin durch die langen, vom Wind durchsausten Straßen, indem ich von Zeit zu Zeit auf die Unglückliche herabschaute, die sich jetzt fester an mich anklammerte, und sie in theilnehmendem Tone fragte: wie es ihr gehe? und wohin ich sie führen solle?

Ich hatte diese Fragen schon mehrmals wiederholt, ohne eine Antwort zu erhalten, als sie plötzlich stehen blieb und durch die bleichen Lippen murmelte: ich kann nicht mehr! Es schien mir, als ob sie im nächsten Augenblick in Ohnmacht fallen werde. Ich war in der größten Verlegenheit. Auf der Straße war nirgend ein Wagen zu erblicken, überdies hatten wir uns auf unserer ziel- und planlosen Flucht weit aus dem eleganten Quartier entfernt, in welchem, wie sie mir jetzt auf mein Andringen sagte, ihre Wohnung sich befand. Dafür aber waren wir, ich weiß noch heute nicht wie, ganz in die Nähe meiner Wohnung gelangt. Ich hielt es für das Beste, ja für das Einzige, was sich thun ließ, sie dort hinzuführen. Sie können sich wenigstens da so lange aufhalten, sagte ich, bis Sie sich wieder erwärmt haben und ich einen Wagen herbeizuschaffen im Stande gewesen bin. Ohne ein Wort zu erwidern, folgte sie mir. Den Schlüssel zu der Außenthür hatte ich bei mir, so brauchte ich nicht einmal den alten Wächter zu incommodiren, und sein Spitz, der uns knurrend entgegen kam, sprang, als er mich erkannte, freudewedelnd an mir herauf. Ich wünschte mir Glück, auf diesen Ausweg gekommen zu sein, denn Konstanze hing schwer an meinem Arm; ich mußte sie die letzte Strecke über den Hof und die Stufen zu meiner Wohnung hinauf beinahe tragen. Ja, als wir auf meinem Zimmer angelangt waren, und ich sie bei dem matten Schein des Kohlenfeuers im Kamin zu dem großen Sessel geführt hatte, sah ich, nachdem ich schnell ein Licht angezündet hatte, daß ihre Augen starr und halb geschlossen waren, während eine tiefe Blässe ihre schönen Züge bedeckte. Meine Verwirrung in dieser für mich so vollständig neuen Situation war weniger groß, als ich selbst vermuthet haben würde. Ich wüßte nicht, daß ich einen anderen Gedanken gehabt hätte, als, wie ich ihr, die der Hülfe so bedürftig war, so schnell als möglich möchte helfen können. Ich schürte das Feuer, daß die Flammen hell aufleuchteten; ich nahm ihr den vom Schnee durchnäßten Mantel ab und hüllte sie in ein Plaid, welches unter meinen Sachen hing, ich schlug ihre Füße in eine Decke und nahm ihre kalten Hände und erwärmte sie in den meinen. Dann fiel mir ein, daß eine Tasse Thee, die ich bereiten konnte, besonders dienlich sein dürfte. So eilte ich denn an meinen Schrank, nahm die Theesachen heraus, und gab ihr, nachdem ich in einem Blechgefäß auf den glühenden Kohlen das Wasser schnell zum Kochen gebracht hatte, von dem labenden Getränk, in das ich nicht vergaß, ein paar Theelöffel guten Cognacs hinein zu thun. Sie schlürfte gierig die Schaale aus, ich reichte ihr noch eine, die sie ebenso schnell leerte.

Der heiße Trank schien ihr besonders wohl gethan zu haben; sie heftete ihre Blicke auf die Bilder an den Wänden, auf die Meubel, endlich auf mich und sagte, mir die kleine zarte Hand reichend, in welcher jetzt wieder warmes Leben pulsirte: Wie gut Sie sind, wie engelsgut! Sie sind der beste Mensch von Allen, die ich je kennen gelernt; wie viel glücklicher hätte mein Leben werden können, wären Sie nur ein paar Monate früher zu uns gekommen; Sie guter, guter Georg!

Es war wieder die Konstanze von damals; dasselbe verführerische Geplauder in derselben melodiösen, weichen Stimme; und ich, der ich nun so gut wußte, was von dieser Güte, von dieser Holdfestigkeit zu halten war, ich stand da, wie ein großer Hans, der ich war, von dem alten süßen Ton bis in die tiefste Seele durchschauert und von dem Druck ihrer Hand zitternd vom Kopf bis zu den Füßen. Dann freilich machte die Vernunft eine Anstrengung, ihre Herrschaft ein für alle Mal wieder zu erobern. Ich zog meine Hand aus ihrer Hand, trat bis zu dem Kamin zurück und sagte, indem ich, scheinbar mit größter Ruhe, die auf den Rücken gelegten Hände wärmte: Sie sind sehr gütig; aber ich darf über Ihrer Güte nicht vergessen, daß ich mich anheischig gemacht habe, Sie wohlbehalten in Ihre Wohnung zu bringen. Wenn Sie sich so fühlen und wenn es Ihnen recht ist, gehe ich jetzt, den Wagen zu holen.

Sie zürnen mir noch, erwiderte sie, sich in den Sessel zurücklehnend, und zu mir unter den langen Wimpern aufblickend. Warum zürnen Sie mir? Was habe ich Ihnen gethan? Was habe ich gethan, das nicht jede Andere an meiner Stelle auch gethan hätte? Ich habe für meine Liebe meinen Ruf, meine Existenz, mich selbst hingegeben; sollte ich da für die Gefühle eines jungen Menschen, der schwerlich wußte, was er wollte, eine so zärtliche Sorgfalt tragen? Haben Sie mich geliebt? Haben Sie mich geliebt? wiederholte sie, indem sie aufsprang und mir in die Augen starrte. Sie haben mich nicht geliebt; Sie würden jetzt nicht so ruhig dastehen können, und Sie sind es nie werth gewesen, daß es mir so schwer geworden ist, Ihnen den kleinen Betrug zu spielen. Wissen Sie, daß ich kindisch genug gewesen bin, nicht darüber hinwegzukommen? daß Ihr gutes Gesicht mit den treublickenden Augen immer und immer in meine Seele geschaut und mir Thränen der Reue erpreßt hat? Sie haben kein Recht, mir zu zürnen, Sie am allerwenigsten!

Und sie warf sich wieder in den Sessel und verschränkte trotzig die Arme über die Brust.

Wer sagt Ihnen, daß ich Ihnen zürne? erwiderte ich.

Sie müssen mir zürnen, erwiderte sie mit einer Art von Heftigkeit; ich will, daß Sie mir zürnen, oder soll ich etwa wollen, daß Sie mich verachten? Ein Drittes giebt es nicht. Das Dritte wäre Gleichgültigkeit, und gleichgültig bin ich Ihnen nicht, nicht wahr, Georg? Nicht gleichgültig, trotzdem Sie sich jetzt erstaunliche Mühe geben, ganz gleichgültig zu erscheinen. Wenn sich zwei Menschen einmal so nahe gestanden haben, wie wir uns, und durch solche Erinnerungen mit einander verbunden sind, wie wir, können sie sich niemals ganz in jener Wüste verlieren, die man Gleichgültigkeit nennt. Wissen Sie, daß, als ich vor einigen Wochen in der Ausstellung ein Bild von Ihnen entdeckte, ich erschrocken gewesen bin, als hätte ich einen Geist gesehen, und mich nicht wieder trennen konnte von dem Bilde und hernach noch oft zu demselben zurückgekehrt bin und Ihrem Andenken noch manche Thräne geweint habe? Dann sah ich aus dem Catalog, daß das Bild von meiner Cousine sei, und ich machte mir ein Paar aus Euch Beiden, ein glückliches Paar, und segnete Euch mit meinen innigsten Wünschen. Jetzt freilich sehe ich, daß es anders ist. Was sind Sie? was treiben Sie? wie kommen Sie in diesen sonderbaren Raum? und sie blickte sich von Neuem in dem Gemache um.

Ich bin ein einfacher Arbeitsmann, erwiderte ich; ein Schlosser in einer benachbarten Maschinenfabrik.

Schlosser — Maschinen — wie sagten Sie? das ist doch sonderbar; wer das geahnt hätte, an jenem Nachmittage, als ich Sie mit den anderen Herren auf die Jagd gehen sah, in Stiefeln, die Ihnen hoch hinauf reichten, und einem kurzen Sammetrock, mit Flinte und Jagdtasche, so groß und stattlich, der größte und stattlichste von Allen! Was mein Vater wohl gesagt haben würde! Sie nahmen immer seine Partei; Sie thun es vielleicht noch jetzt; aber glauben Sie mir, er hat nicht gut an mir gehandelt, und wenn ich zu tadeln bin, und wenn ich ausgestoßen und verflucht bin, es fällt Alles, Alles auf ihn zurück. Wissen Sie, daß der alte Fürst von Prora, als mein Vater über seine Weigerung sich erzürnt stellte, ihm in's Gesicht geschleudert hat: mein Sohn kann ihr uneheliches Kind nicht heirathen, und ich mich mit einem Schmuggler nicht schlagen! da ist mein Vater aufgesprungen und hat den Fürsten erwürgen wollen; als ob ihm das seine Ehre und mir die meine wiedergegeben hätte! Und sehen Sie, Georg: das Alles habe ich nicht damals gewußt; ich habe es erst von Car — von ihm erfahren, in der Stunde, als er es vorzog, mich in einem fremden Lande allein zu lassen. Kann ein Mann wissen, was es für ein Mädchen heißt, von dem Mann, den sie nun, er mag es verdient haben oder nicht, geliebt hat, dem sie sich ganz hingegeben, auf den sie ihr Alles gesetzt hat — wie ein verzweifelter Spieler sein ganzes Vermögen auf eine Karte — wenn sie von ihm mit Spott und Schande hinausgestoßen wird in das Elend? Nicht in das gemeine, das beim Schein eines Arbeitslämpchens oder dem Flimmern der Straßenlaternen sein Brot sucht — ich war nach wie vor von Glanz und Luxus umgeben, und der Marquese von Serra di Falco war so viel reicher denn er, wie das sonnige Sicilien schöner ist, als unsere nebelumwogte Heimathsinsel. Und dennoch war es Elend, grenzenloses, glänzendes Elend, dem keine von uns entrinnt, die um ihre Liebe betrogen wird, man mag ihr dafür zahlen, was man will und wie viel man will. Ich habe es mit dem Haß versucht; aber der Haß ist nur der Zwillingsbruder der Liebe und die Geschwister können die gemeinsame Abstammung nicht verleugnen. Es giebt auch nur ein Mittel gegen die Liebe, das ist die Rache. Rächen Sie mich an ihm! Sie können es; Sie sind so stark; Sie haben ihn schon einmal in Ihrer Gewalt gehabt, in jener Nacht, als Sie ihn im Walde trafen; er hat es mir erzählt und gefragt, wer der Riese gewesen? Warum haben Sie ihn davon kommen lassen? Warum ihn nicht erwürgt? erschlagen? und sind dann zu mir gekommen und haben gesagt: ich bin dein Liebster, denn ich bin stärker als der Andere, und haben mich auf Ihre Arme genommen und davon getragen? Aber Ihr Männer zeigt uns ja nie, daß Ihr Männer seid, und wundert Euch dann, daß wir mit Euch spielen! Als ob wir etwas Anderes mit einem Geschöpf sollten, das wir nicht stärker sehen, als wir selbst sind, und wie oft so viel schwächer! Zeigen Sie, was Sie sein können, was Sie sind! Zertreten Sie dieser Schlange den Kopf und ich will vor Ihnen niederfallen und Sie anbeten!

Sie hatte schon längst, während sie so sprach, den Plaid fallen lassen, in den ich sie gehüllt, und die Decke abgeschüttelt, sich aus dem Sessel erhoben, und war bei den letzten Worten vor mir auf die Kniee gesunken, die Arme zu mir erhebend. Der Flackerschein des Feuers flimmerte auf ihrer phantastischen Zigeunertracht, glänzte auf ihrem dunklen Haar, welches in aufgelösten Strähnen ihr über Wangen und Schultern floß, glühte auf ihrem Gesicht, das mir nie so tödtlich schön erschienen war. Der namenlose Zauber, mit dem sie mich einst umstrickt, überkam mich mit der ganzen alten Kraft; das Herz schlug mir bis in die Kehle und Fieberschauer rieselten mir durch den ganzen Körper, aber ich raffte mich mit der gewaltsamsten Anstrengung auf und sagte, indem ich ihr meine eiskalte Hand reichte und sie vom Boden hob:

Sie wenden sich an den Unrechten. Uebertragen Sie Ihre Rache an dem Fürsten Dem, welcher ein näheres Interesse daran hat, dem jungen Manne zum Beispiel, an dessen Arm ich Ihnen in der Gallerie begegnet bin, und der heute Abend, wenn ich nicht irre, auch in dem Schauspiel der war, welchen Preciosa mit ihrer Huld beglückte.

Konstanze hatte sich, die Augen immer fest auf meine Augen geheftet, langsam erhoben, und begann jetzt durch das Zimmer hin und her zu gehen, mit hastigen Schritten, bald vor mir stehen bleibend, bald wieder weiter schreitend, und dazwischen also sprechend: Wie schlecht Ihr Männer seid, wie entsetzlich schlecht, und roh und gefühllos! Ist es darum, damit Sie mir das Härteste sagen, daß Sie mich hierher gelockt haben? Ist das Ihre Gastfreundschaft? Glauben Sie, Ihr Feuer habe mich allzu erwärmt, daß Sie mich jetzt mit Eiswasser überschütten? Aber Euer Herz ist nur so kalt, weil Euer Verstand so plump ist, weil Ihr zum Beispiel nicht begreifen könnt, daß eine Frau, die man von Jugend auf mit der Hoffnung auf dereinstige Herrlichkeit gewiegt hat, und die den Traum ihres Lebens fast verwirklicht sah, wenn dieser Traum nun zerrinnt wie leichter Nebel, wenn sie mit ihren hochgespannten Empfindungen, mit ihrem verwöhnten Geschmack, mit ihren sorgsam gepflegten Ansprüchen an Schönheit und Luxus einer gemeinen Wirklichkeit ausgeliefert werden soll — daß eine solche Frau mit Nothwendigkeit wenigstens nach dem erbärmlichen Schein der glänzenden Stellung trachten muß, die sie unwiederbringlich verloren sieht! daß die Geliebte von Prinzen nichts Anderes sein kann, als eine Theater-Prinzessin! Und nicht einmal den traurigen Schein läßt er mir ungestört! Wieder drängt er sich herbei, der Verhaßte, und vergällt mir meinen Triumph! Doch was rede ich von dem Allen einem Mann, der das nicht versteht, nie verstehen wird? der das glückliche Loos erwählt hat einer bescheidenen Existenz voll Arbeit und Mühe und ruhigem Schlaf?

Sie blieb vor mir, der ich mich jetzt anstatt ihrer in den Sessel geworfen hatte, stehen, und fuhr fort mit sonderbar weicher, zitternder Stimme:

Wenn ich schlafen könnte! wenn ich schlafen könnte! aus dem Quell trinken könnte, der Ihnen täglich quillt, und der Glücklichen quillen wird, die Sie dereinst an diesen trauten Herd führen! Wenn ich das Fieber bannen könnte, das hier brennt, und hier — sie deutete auf Herz und Stirn — und mir keine Ruhe läßt, keine, keine Ruhe! Ach, so zu schlafen, von Rosmarin und Veilchen umduftet, den süßen Schlaf an einem treuen, starken Herzen!

Und plötzlich fühlte ich, der ich gesenkten Hauptes, schmerzverloren, dasaß, wie ein paar weiche Arme sich um meinen Nacken schlangen, ein voller Busen sich an meine Brust drängte und ein paar heiße Lippen meine Lippen suchten. Wollte ein Traum, den ich, ein leidenschaftlicher, sinnlicher Knabe, einst geträumt, Wahrheit werden? oder träumte ich wirklich? Und war es nur, wie man aus einem Traum sich aufzuraffen strebt, daß ich sie an mich preßte, und dann aufsprang, und sie aus meinen Armen gleiten ließ, und wieder in meine Arme preßte?

Das Licht, welches uns zuletzt kaum noch geleuchtet hatte, sank in den Sockel und erlosch: nur in dem trügerischen Schein des Feuers sah ich die Umrisse der lieblichsten Gestalt, die sich fest und fester an meine Brust schmiegte; und wie traumverloren hörte ich eine Stimme dicht an meinem Ohr: schlafen, süßen Schlaf an einem treuen, starken Herzen!

Zehntes Capitel

Sie sind krank, lieber Freund! sagte Doctor Snellius, indem er eines Abends zu mir in das Zimmer trat.

Ich hatte den Doctor, seitdem wir uns neulich in Hader getrennt, nicht wieder gesehen und der Besuch des Mannes mit der scharfen Brille vor den scharfen Augen war deshalb dem Menschenscheuen, der seit einiger Zeit alle Welt floh, doppelt peinlich. Er mußte meine Verlegenheit bemerken, denn der Ton seiner Stimme war ungewöhnlich weich und mild, als er jetzt, nachdem wir vor dem Kamin Platz genommen, also fortfuhr:

Ich weiß es von Klaus Pinnow, der es Ihnen angesehen haben will; ich weiß es auch von ihr, von Paula, die es Ihnen nicht angesehen, weil Sie sich bei ihr nicht haben blicken lassen, und die mich deshalb heute hergeschickt hat. Was ist das, lieber Freund? Ihre Haut ist trocken, Sie sehen erbärmlich aus und Sie haben wirklich Fieber? Wo fehlt es?

Ich fühle mich ganz wohl, erwiderte ich, indem ich meine große breite Hand aus den kleinen, frauenhaft zarten Händen des Doctors zog, und mir damit Stirn und Augen gegen die scharfen Brillengläser zu schützen suchte, vollkommen wohl.

So haben Sie irgend einen Kummer gehabt, irgend ein großes Leid, welches solchen Naturen, wie die Ihre, mehr zusetzt, als anderen Leuten eine schwere Krankheit. Ist es so?

Das könnte schon eher der Fall sein, erwiderte ich.

Und Sie können mir nicht sagen, was es ist? fragte der Doctor, indem er mir näher rückte und seine kleine Hand auf meine andere Hand legte, welche auf meinem Knie ruhte.

Ach, es ist nicht der Rede werth, erwiderte ich; eine kleine spukhafte Geschichte, ungefähr wie die, von welcher ich, ich weiß nicht, wo und wann, einmal gelesen: die Geschichte von einem jungen Manne, der ein junges Weib hatte, die eine Hexe war, und einmal, als er, von Liebe und Schlaf betäubt, an ihrer Seite entschlummern wollte, und seine Hand ausstreckte, um ihre Hand noch einmal zu erfassen, war sie verschwunden, aus dem Schornstein hinaus, auf den Blocksberg zum Teufel gefahren, was weiß ich?

Und ich sprang auf, lief im Zimmer in wilder Erregung auf und nieder, und warf mich dann wieder neben dem Doctor in den Sessel.

Die Geschichte ist ein wenig zu mystisch, um eine Diagnose darauf bauen zu können; erwiderte der Doctor freundlich, indem er mir abermals näher rückte, und, da er meine Hand eben nicht fassen konnte, mir ein paar mal sanft über das Knie strich.

Nun denn, sagte ich, so nehmen Sie Folgendes: Ein Mann hat als neunzehnjähriger Bursch ein schönes, ungefähr eben so altes Mädchen geliebt, leidenschaftlich, wie man in den Jahren liebt, wenn noch dazu Einsamkeit und romantische Verhältnisse den Kuppler spielen. Er ist damals von dem Mädchen genasführt und schließlich in ziemlich schnöder Weise verrathen worden, und hat das Mädchen doch nicht vergessen können, und das Herz ist ihm erzittert in der Brust, so oft nur in den folgenden acht bis neun Jahren, denn so lange ist es her, ihr Bild vor seine Seele getreten ist. Da läßt ihn ein Zufall sie wiederfinden, wie er sie zu finden erwarten mußte: eine Buhlerin, die Maitresse, ich weiß nicht, wie vieler Männer. Es kann ihm nicht zweifelhaft sein, zum Ueberfluß sagt sie ihm es selbst, und während sie es ihm sagt, erzittert ihm wieder das Herz in der Brust; es verlangt ihn im Grunde seiner Seele darnach, sich der langen Reihe seiner Vorgänger anzuschließen, und als sie ihre Arme öffnet, hat er nichts eiliger zu thun, als an die Brust zu sinken, in der kein Herz schlägt. Er fühlt deutlich, daß es nicht schlägt; ein ganz kindisches, aber ganz wahnsinniges Mitleid ergreift ihn; er will das erkaltete Herz wieder erwärmen, mit der Glut seiner Küsse, mit seinem eigenen Herzblut, und das Gespenst trinkt sein Herzblut, eins, zwei, drei — ein Dutzend Nächte, und als er wieder einmal — in der ersten Morgenfrühe erwacht, ist sie verschwunden, wie Hexen verschwinden, und am nächsten Abend sieht er sie im Theater mit einem jungen, vornehmen Stutzer kokettiren, und der Stutzer fährt mir ihr nach Hause und draußen —

Steht der arme Narr und schlägt sich mit der Faust vor die Stirn, und rauft sich das Haar; man kennt das! sagte der Doctor und strich mir wieder mit der Hand über's Knie. Man kennt das, wiederholte er, immer sanfter streichelnd, es thut weh; aber wenn einem ein Backenzahn mit drei langen Wurzeln ausgezogen wird, das thut auch weh, und ebenso, wenn einem ein gebrochener Arm wieder eingerichtet wird. Auch glaube ich nicht, daß dem Mann gut zu Muthe war, von dem ich eben komme: Ein tüchtiger Arbeitsmann aus Ihrer Fabrik. Sie werden ihn kennen; er heißt Jacob Krafft, er arbeitet, wenn ich nicht irre, in Ihrer Werkstatt. Nun, dem hatte seine Frau, ein liebes, gutes Weib, um das der brave Kerl manches Jahr gefreit, vor neun Tagen ein todtes Kind geboren, das ich mit der Zange holen mußte; und jetzt liegt sie selbst todt in ihrem Bett, und vor dem Bette kniet der gute Jacob Krafft und wünscht aus Herzensgrund, daß er nie geboren wäre. Ich glaube, daß dem armen Teufel schlecht zu Muthe ist. Und der jungen Frau Müller wird auch nicht gerade besonders wohlig sein. Ihr Mann ging heute Morgen munter aus dem Hause, seine Wagen zu schieben auf dem neuen Bahnhof, und da haben sie ihm die Brust zwischen zwei Wagen zerquetscht, und heute Nacht wird er sterben. Und übrigens, lieber Freund, müssen wir Alle sterben, und nach neun Uhr ist es vorbei, wie der Theater-Director sagte, wenn die Leute im Parterre pfiffen.

Sterben, was ist das Großes! erwiderte ich, ich habe schon ein paar Mal in meinem Leben zu sterben gewünscht, und habe es für etwas Größeres erachtet, daß ich eben nicht starb, sondern dies vermaledeite Leben weiter lebte.

Und daran haben Sie recht gethan, mein Freund, sagte der Doctor.

Ich weiß nicht, erwiderte ich, ob jene Römer, von denen ich auf der Schule gehört habe, nicht edler und klüger handelten, wenn sie sich in ihr Schwert stürzten, sobald die Partie verloren war.

Jeder nach seinem Geschmack, sagte der Doctor. Ein Pferd muß man todt stechen, wenn es ein Bein gebrochen hat, einem Menschen richtet man es wieder ein, oder wenn es nicht zu retten ist, schneidet man es ihm ab und schnallt ihm einen Stelzfuß an oder einen Korkfuß, und darauf humpelt er seinen Lebensweg weiter. Sie glauben nicht, lieber Freund, wie wenig zum Leben gehört, beinahe nichts, außer Kopf und Herz. Ja, kaum das! Sie haben wohl selbst schon bemerkt, wie kopflos so Mancher durch's Leben taumelt, und daß man mit einem viertel oder halben Herzen leben kann, weiß ich aus eigener Erfahrung.

Der Doctor hatte das in einem so wehmüthigen Tone gesagt, so still vor sich hin, wie mit sich selbst redend. Und wie mit sich selbst redend sprach er weiter, indem er mich dabei immer sanft über das Knie strich, und über meine Fußspitze weg in die Kohlen starrte:

Ja, mit einem halben Herzen! es lebt sich nicht sehr gut und nicht sehr leicht; es ist einem manchmal, als müßte man sich hinlegen, wo man sich eben befindet, und nicht wieder aufstehen. Aber man steht dann doch auf und thut, wenn nicht sich, so doch vielleicht denen einen Gefallen, die der Schuh auch möglicherweise irgend wo und wie drückt, und denen man mit seinen Erfahrungen und seiner Schusterkunst zu Hilfe kommen kann. Denn, lieber Freund, die Wenigsten sind in der Lage, sich die Schuhe ausziehen zu können, was allerdings nicht nur das beste Mittel wäre, sondern auch in der That das einzige ist, um alle Schmerzen los zu werden. Und diesen Leuten muß geholfen werden, lieber Freund, muß positiv geholfen werden; und mein Leben ist seit vielen Jahren nur ein Grübeln und Sinnen, wie das anzufangen sei im größeren Maßstabe; in einem kleinen Kreise, so weit die dürftigen privaten Mittel reichen, da weiß ich wohl, was zu thun ist, und thue ich, was ich kann. Auf Wiedersehen, lieber Georg; ich habe noch ein paar alte Schuhe zu flicken und ein paar Hühneraugen zu beschneiden.

Doctor Snellius gab mir einen freundschaftlich sanften Schlag auf das Knie, räusperte sich, stülpte seinen abgeschabten Hut auf den kahlen Kopf, nickte mir in der Thür noch einmal zu und ließ mich allein.

Ein nicht unedler Mensch ist vielleicht niemals geneigter und auch mehr im Stande, an dem Unglück Anderer Theil zu nehmen, und es zu verstehen, als wenn ihm selbst ein großes Leid widerfahren ist. So hatte der abscheuliche Verrath, welchen Konstanze — nun schon zum zweiten Male — an mir verübt, mir Herz und Augen geöffnet über das Weh, welches dem Doctor im Herzen saß. Daß der seltsame Mann Paula liebte, war mir freilich nie zweifelhaft gewesen; aber, da er dieser seiner Liebe stets ein humoristisches Mäntelchen umzuhängen pflegte, hatte ich in meiner Einfalt nie gesehen, wie groß und schön und heilig diese Liebe war. Ich hatte es so begreiflich gefunden, daß diese Zwerggestalt mit dem unförmlichen, kahlen Kopfe und dem grotesk häßlichen Gesicht von einem schönen, schlanken Mädchen nicht geliebt werden könne, ungefähr, wie man es selbstverständlich findet, daß ein Mann, der auf Krücken geht, nicht auf dem Seile tanzen kann. Jetzt mit einem Male ward mir klar, was dieser Mann alle diese Jahre hindurch gelitten haben mußte, er, der nicht ohne Grund und gewiß nicht ohne Hinblick auf sich selbst sagte, daß der Mensch zum Leben kaum mehr als Kopf und Herz brauche! Und dann verglich ich ihn, den stoischen Dulder, mit mir, und ich fragte mich, ob er, der Reine, Gute, Edle nicht, Alles in Allem, viel mehr verdiene, von Paula geliebt zu werden, als ich. Mir war dieses Glück stets als ein Gnaden-Wunder erschienen, dessen ich mich im Grunde niemals würdig gefühlt, aber so unwürdig hatte ich mich nie gefühlt, wie jetzt, wo ich mein Heiligenbild an eine Buhlerin verrathen, die mich genasführt hatte, wie ich es verdient.

Vielleicht, daß ein Jüngling von Achtzehn, der diese Zeilen liest, im Bewußtsein seiner reiferen Erfahrung, mitleidig lächelt über den Mann von Achtundzwanzig, der sich eine solche Kleinigkeit zu Herzen nehmen konnte. Aber mein weiser Freund möge bedenken, daß ich in den einfachsten Verhältnissen erwachsen, acht Jahre im Gefängnisse gewesen war, und jetzt, seitdem ich in der Hauptstadt lebte, meine Zeit sehr nöthig gehabt hatte, ein guter Maschinenarbeiter zu werden. Wo sollte ich die Erfahrungen meines weisen Freundes gesammelt haben? woher wissen, daß dergleichen Liebesschmerzen dem Manne *comme il faut* gut stehen, wie dem Räuber Schweizer seine Narben? nicht nur in seinen eigenen Augen und in denen seiner Kameraden, sondern, was mehr sagen will, in den Augen der Schönen, vor deren schönen Augen er Gnade zu finden wünscht und hofft? Ich war ein großer Hans mit meinen acht und zwanzig Jahren; ich gestehe es reumüthig und mit der Bitte, daß mein weiser Freund von Achtzehn mit mir Geduld haben möge!

Freilich wird ihm das schwer werden, wenn er hört, daß ich die Thorheit so weit trieb, als unumstößlich anzunehmen, ich habe mich der schönen Sünderin mit Leib und Seele einmal für allemal ergeben, und es sei meine Pflicht, von diesem Augenblick an für sie zu leben; sie zu retten, wenn es sein könnte, mit ihr unterzugehen, wenn es sein müßte; und daß ich mich keineswegs losgesprochen und entsündigt fühlte, als sie mir nach der spukhaften Katastrophe in einem duftenden Billetchen schrieb: ich sei nach wie vor ihr guter Georg, den sie herzlich liebe, aber sie könne weder mit mir leben, noch wolle sie von mir gerettet werden, noch am allerwenigsten mit mir untergehen. Im Gegentheil, in meinen Augen war und blieb ich ein Verdammter, vor meinem Gewissen losgelöst von der Gemeinschaft der Guten und Reinen. Nie würde mir die heilige Flamme des häuslichen Heerdes leuchten, nie ein reines Weib mich mit ihrer Hand beglücken, nie lachende Kinder meine Kniee umspielen! Der Fluch, mit welchem eine stiefmütterliche Natur dem guten Doctor geflucht: der Fluch, nicht geliebt zu werden, wie sein Herz verlangte, — ich hatte ihn selbst in meiner Thorheit auf mich herabgerufen, und so blieb mir denn nichts übrig, als, wie er, auf individuelle Liebe zu verzichten, und mir, wie er,

Trost und Erquickung aus dem ewig quellenden Born der großen Liebe für die leidende Menschheit zu schöpfen.

Ich habe hernach wohl eingesehen, daß der eben so weise als kluge Doctor meinen Zustand so ziemlich richtig beurtheilte, und denselben keineswegs so tragisch nahm, wie ich selbst. Aber die augenblickliche Disposition meiner Seele für ein Wirken in seinem Sinne kam ihm sehr gelegen. Er hatte mich schon seit Jahren als seinen Schüler betrachtet, und er durfte es in mehr als einem Sinne. Er hatte Großes mit seinem Schüler vor, und dies war eine Stufe, ohne welches jenes Großes, das wußte er, sich niemals würde erreichen lassen.

Es war nichts Neues, daß der edle Mann, trotzdem er stets erklärte, daß die Dummheit freilich immer ein Unglück, aber auch das Unglück in den allermeisten Fällen eine Dummheit sei, für die unglücklichen Dummen und dummen Unglücklichen eine große Liebe hatte. Wie groß diese Liebe war, sollte ich jetzt erst erfahren. Er machte mich theoretisch und praktisch mit den socialen Fragen bekannt, die jetzt alle Welt beschäftigen, aber damals erst von wenigen erleuchteten Köpfen hinreichend gewürdigt wurden. Er zeigte mir, wie die Dinge lagen in England, in Frankreich, bei uns, und, was man nach dem Muster der Engländer und Franzosen auch in Deutschland thun könne. Da war die Rede von Kranken- und Sterbekassen, von Consum- und Arbeitervereinen, von Spielschulen für die Kinder, von Gewerbeschulen für die Erwachsenen und mit welchen Hilfsmitteln man denn früher oder später den allgemeinen Feind auf seinem eigenem Felde zu bekämpfen versucht hat. Nach allen diesen Seiten hin war damals bei uns so gut wie nichts geschehen: ein arger Zustand, der um so ärger war, als gerade zu jener Zeit das Fabrikwesen mit der Entstehung der ersten Eisenbahnen einen ganz unerwarteten Aufschwung nahm; die verhundertfachte Nachfrage, ein massenhaftes Herbeiströmen der Arbeiter und damit vorläufig ein massenhaftes Wachsen der Uebel verursachte, deren man sich schon in den patriarchalischen Verhältnissen der vergangenen Zeit nicht hatte erwehren können. Es dauerte nicht lange, bis ich in der Seelenstimmung, in welcher ich mich befand, von der neuen Leidenschaft ganz und gar ergriffen wurde. Ein gewöhnlicher Arbeiter, der ich war, mit meinen Mitarbeitern, wie ich es that, brüderlich verkehrend, hörte und sah ich so ziemlich, was in diesen Kreisen vorging. Wo meine Kenntniß nicht genügte, konnte Klaus mit seiner reichen Erfahrung das Fehlende ergänzen, und weiter als unser Beider Blick trug der des Doctors, der in die dunkelsten Falten sah und spähte, die das Elend und den Jammer des Armen vor Aller Augen verbergen, nur nicht vor denen des Arztes. So tauschten wir drei unsere Erfahrungen aus und steckten die Köpfe zusammen manchen Abend nach der schweren Tagesarbeit auf des Doctors Zimmer und sannen gemeinschaftlich über die Ausführung der

Projekte, mit welchen sich der Doctor schon so lange getragen hatte.

Ach, es war wenig, so wenig, was wir thun konnten! Auf der einen Seite hatten wir zu kämpfen mit der Dummheit derer, die lieber zu Grunde gehen, als von dem alten Schlendrian lassen wollten, auf der andern mit der Rohheit jener, die nicht einzusehen behaupteten, weshalb sie nicht sollten gedeihen können, wenn auch jene zu Grunde gingen.

Es ist die alte Geschichte von Hammer und Amboß, sagte ich wohl einmal zu dem Freunde. Die Arbeiter haben sich an das träge Amboßsein gewöhnt, daß sie nichts in Bewegung setzen kann, selbst, wo es sich offenbar um ihr Bestes handelt. Die Fabrikanten wiederum meinen, da sie doch einmal die Herren vom Hammer seien, brauchten sie nur auf den Amboß zu schlagen, welcher ja, Gott sei Dank, bis jetzt geduldig still gehalten.

Habe ich Ihnen nicht immer gesagt, daß es so gewesen ist, seitdem die Welt steht? entgegnete der Doctor; nun sehen Sie es selbst.

Aber dagegen muß sich doch ein Mittel finden lassen! rief ich. Ich kann mich von diesem schönen Glauben unsers herrlichen Freundes nicht los machen.

Nur nicht auf dem Wege, wo er es suchte; erwiderte der Doctor, indem er seinen großen Kopf schüttelte. Er wähnte, die Menschen frei machen zu können, wenn er sie nur die Würde und Heiligkeit der Arbeit gelehrt hätte. — Sie haben nicht arbeiten wollen, als sie mußten; jetzt müssen sie, obschon sie nicht wollen; meine Aufgabe ist, sie dahin zu bringen, daß sie wollen, was sie müssen. Sie sind unfrei gewesen, als sie dem Namen nach frei waren, ich will sie in Wahrheit frei machen, während sie unfrei sind, daß sie als Freie aus der Unfreiheit hervorgehen — solche und ähnliche Reden — wie oft haben wir sie aus seinem beredten Munde gehört! und er glaubte so fest daran, der großmüthige Schwärmer, weil er die Welt nicht kannte, weil er nicht wußte, daß die Arbeit eine Waare ist auf dem Weltmarkte, die, wie jede andere, unter dem großen Gesetz des Angebots und der Nachfrage steht, und daß, wenn die Conjunctur darnach ist, der freie, fleißige Arbeiter in eine Lage kommen kann, wo seine Freiheit und sein Fleiß und seine Arbeit nicht einen Pfifferling werth sind. So tritt denn die Sache Amboß *contra* Hammer in eine höhere Instanz, wo sie nach großen geschicklichen und ökonomischen Gesetzen entschieden wird, und allerdings, wie unser Freund auch richtig herausgefunden hatte, so, daß beide Theile schuldig und in die Kosten des Prozesses zu verurtheilen sind.

Das kann uns zur Noth über den endlichen Ausgang beruhigen, sagte ich; aber wenn ich unseren Freund recht verstanden habe, soll der bessere Mensch in sich selbst schon den Zwiespalt aufheben, indem er sich bewußt wird, daß er in jedem Augenblicke zu gleicher Zeit handelt und leidet, giebt und empfängt, getragen wird und trägt, mit einem Worte: Hammer und Amboß ist.

Sehr schön und rühmlich für den, welcher sich mit dieser Wahrheit so durchdringt, daß sie auf alle seine Handlungen einwirkt, erwiderte der Doctor. Indessen ist das Gemeinwohl doch weniger abhängig davon, als es scheint, und zum großen Glück; denn sobald der Einzelne zur Macht gelangt, spürt er einen verteufelten Kitzel, der Humanität ein Schnippchen zu schlagen und seine Macht zu mißbrauchen. Was sollte da aus der armen Menschheit werden?

Und doch haben Sie mich so ausgescholten, daß ich nicht mit beiden Händen zugriff, als Sie mir Ihr ganzes Vermögen zur Disposition stellten, um das ich Sie jedenfalls alsbald betrogen hätte, den Weg zur Million würdig zu beginnen.

Das ist etwas Anderes, sagte der Doctor, sehr verlegen werdend.

Ich wüßte nicht, erwiderte ich. Wer bürgt Ihnen, daß ich der Versuchung kräftiger widerstehe, als andere Leute? oder glauben Sie, daß ich mit meinen breiten Schultern leichter durch das Nadelöhr gehe, als unser würdiger Commerzienrath.

Vergleichen Sie sich nicht mit diesem Ungeheuer, rief der Doctor wüthend. Habe ich Ihnen schon den Brief gezeigt, den er mir auf meine Bitte, sich für unsere Projecte zu interessiren, geschrieben hat? Hier — das können Sie überschlagen — eine plumpe Verspottung von Leuten, die sich um ungelegte Eier kümmern — aber hier: Consumvereine? dummes Zeug! an jeder Ecke ist ein Materialwaarenladen! und hier: Krankenkassen? Sterbekassen? Ich will gesunde Arbeiter haben und habe noch immer genug gehabt, und mehr als ich brauchen konnte. Die Kranken gehen Sie an, geehrter Herr Doctor, nicht mich; und was das Sterben betrifft, so werden wir das wohl Beide nicht hindern können. — Es ist ein Thier! schrie der Doctor, den Brief zerknitternd und mit den Füßen stampfend: ein Kerl ohne Eingeweide; nichts Besseres als eine Raupe in Menschengestalt.

Aber das ist ja Jeder, Doctor, der eine Million hat.

Sie reden ihm immer das Wort, krähte Doctor Snellius.

Und darin hatte er nicht so ganz Unrecht; ich konnte dem Commerzienrath niemals so gram sein, wie ich es vielleicht anderen Menschen derselben Art gewesen wäre. War der Mann im blauen Frack mit goldenen Knöpfen und gelben Nanking-Beinkleidern doch eine Gestalt aus meiner Kindheit Tagen, auf welcher, er mochte nun sein, wie er wollte, immerhin ein Schimmer von der Sonne lag, die mir damals geleuchtet hatte. Und was das heißen will, weiß Jeder, der eine Kindheit gehabt hat — was freilich mehr ist, als, Gott sei es geklagt, sehr viele von sich sagen können. Wer oder was immer von dieser Sonne mit beleuchtet wurde, dem ist ein für alle mal ein Freibrief ausgestellt, welchen wir zu jeder Zeit gern respectiren. Und dann war noch ein oder der andere Grund, weshalb ich den reichen Commerzienrath anders ansehen mochte, als mein guter galliger Freund. Ich konnte freilich, wenn ich es wohl bedachte, nicht recht begreifen — und habe auch niemals so recht begreifen können — daß dieser Mann der Vater der schönen, blauäugigen Hermine war; aber er war es doch nun einmal — eine ungefüge, stachlige, rauhe und nicht übermäßig saubere Schale gleichsam, in welcher die kostbare Perle lag, und mit der man sich schon befassen mußte, wenn man sich an der Schönheit der Perle erfreuen wollte. Das mochte mir um so leichter werden, als ich bis jetzt noch immer Schale und Perle zusammen gesehen hatte, das heißt: die Schale von ihrer allerbesten Seite, von der weichen und gewissermaßen liebenswürdigen Seite, welche sie gegen die verzogene Tochter-Perle kehrte. Und dann war noch ein Grund, der mir damals und später den harten Bissen, welchen man den Commerzienrath Streber nannte, schmackhafter machte. Es war viel Salz an den Bissen gethan, das allerdings sehr scharf und grobkörnig war, aber für das ich doch Geschmack hatte. Um es mit einem Worte zu sagen: der alte Cyniker schien mir in seiner Weise ein Original, und ich hatte von jeher eine unüberwindliche Neigung für diese in ihrer Art unschätzbare Menschenklasse.

Seit jener Begegnung auf dem Schiffe hatte ich ihn nicht wieder gesehen, trotzdem er seitdem zwei oder dreimal in der Stadt gewesen, und auch die Fabrik besucht hatte. Den Winter hate er wie immer in Uselin zugebracht, war aber jetzt beim ersten Beginn des Frühlings nach Zehrendorf übergesiedelt, wo die Menge der neuen Einrichtungen seine Gegenwart dringend erforderte. Hermine war mit ihm gegangen; sie pflegte schon seit Jahren den Sommer auf dem Lande zuzubringen, für dessen Annehmlichkeiten und Freuden sie eine große Leidenschaft gefaßt, Fräulein Amalie Duff war wie immer im Gefolge ihrer jungen Herrin.

Dies Alles hörte ich von Paula, die überhaupt die einzige war, von der ich, was in der Streber'schen Familie vorging, erfahren konnte und erfuhr. Sie stand mit Hermine in einem Briefwechsel, welcher ziemlich lebhaft betrieben werden mochte. Ob ich vorübergehend in diesem Briefwechsel vorkam, konnte ich nie recht erfahren. Manchmal schien es mir so, und manchmal auch wieder nicht, und fragen mochte ich Paula nicht. Hatte ich sie doch auch bitten wollen, Hermine gegenüber meine Beschäftigung in der Fabrik ihres Vaters nicht zu erwähnen, und ich hatte es nicht gethan, weil es mir eine kindische Eitelkeit däuchte, mich ausdrücklich vor einem Mädchen verleugnen zu lassen, das möglicherweise gar nicht nach mir fragte. Indessen mußte ich fast glauben, daß Paula meinen Wunsch, ohne daß ich ihn ausgesprochen, geahnt und erfüllt, und daß man dort nichts von mir wußte. Wenn ich auch

der schönen Hermine vollkommen gleichgültig war, so nahm ich doch
— darauf hätte ich schwören mögen — in dem menschenfreundlichen
Herzen ihrer Duenna einen nicht unbedeutenden Platz ein, und sie
hätte gewiß nicht unterlassen, nach ihrem »Richard« treu zu suchen,
bis sie ihn gefunden. Es lag, mit einem Worte, über dieser Angelegenheit ein Nebel, der sich für mich erst viel später, vielleicht zu spät
lüften sollte. Nur die Wärme fiel mir einige Male auf, mit welcher
Paula, besonders in letzterer Zeit, über Hermine gesprochen. Es ist,
hatte sie einmal gesagt, ein reizendes Geschöpf, mit den herrlichsten
Anlagen, aus der etwas ganz Vorzügliches werden kann, wenn sie den
rechten Mann findet; — und ein andermal: der Glückliche, der sich
diesen Schatz erobert! aber freilich, es muß ein ganzer Mann sein,
denn ich glaube, der Schatz ist noch schwerer zu behaupten, als er zu
erobern ist.

Wußte Paula, daß nach jener merkwürdigen Begegnung auf dem
Dampfschiff, als der Wanderer seine einsame Straße nach der Hauptstadt zog, die blauen Augen Herminens seine Sterne gewesen waren?
Wollte sie, indem sie mir gegenüber das schöne Mädchen so lobte —
und sie wußte, welche hohe Bedeutung ihr Lob für mich hatte! —
wollte sie mir die Thorheit von gewissen Gedanken, die sich in meiner
Seele geregt hatten, klar machen? aber weshalb das? Welchen Grund
hatte ich ihr gegeben, mich dieser Thorheit zu beschuldigen? Hier war
ein Geheimniß, eine dunkle Wolke zwischen mir und Paula; und es
war nicht die einzige und leider nicht die dunkelste. Ich hatte ihr —
und wie hätte ich es sollen! — kein Wort, keine Silbe von meiner unseligen Begegnung mit Konstanzen gesagt. Es war das eine Wunde, an
die ihre reine Hand nicht rühren durfte, eine Wunde, die so still für
sich hin bluten und ausbluten und heilen mußte. Aber es ist ein eigen
Ding um so eine heimliche Wunde, die man sorgfältig verbirgt und
verbergen muß. Sie thut uns doppelt und dreifach weh und heilt doppelt und dreifach langsam, und das Schlimmste ist, daß man ein böses
Gewissen dabei hat und sich vor der Berührung der liebsten Hand
scheut, weil man immer fürchtet, diese Hand möchte unversehens
einmal die schmerzliche Entdeckung machen. So war es auch zwischen
mir und Paula in diesem Falle. Ich war noch nie so selten zu ihr gekommen, hatte noch nie in den Gesprächen mit ihr meine Worte so
sorgsam überlegt, ja es kamen Augenblicke, in welchem mir die sich
stets gleich bleibende Güte des liebenswürdigsten und edelsten Wesens
geradezu peinlich war. Ich zitterte vor dem Momente, wo das Gespräch einmal auf Konstanze kommen, oder Paula erfahren würde,
daß Konstanze und die schöne Bellini eine und dieselbe Person seien.
Wußten doch, wenn auch Niemand sonst, der junge Fürst Prora gewiß
und Arthur sehr wahrscheinlich um das Geheimniß! Aber meine
Sorge schien unnöthig. Weder der Fürst noch Arthur hatten sich

wieder bei Paula sehen lassen, und beiläufig erfuhr ich einmal, daß der Fürst, nachdem er ein paar Wochen hindurch die Residenz durch seine Verschwendung und seine Ausgelassenheit in Aufruhr gebracht, von seinem Vater nach Rossow geschickt sei und daß Arthur ihn begleite. Um dieselbe Zeit verkündeten die Zeitungen, die sich damals ein gut Theil eingehender mit dergleichen Dingen beschäftigten, als in unseren vielbewegten Tagen: der Intendant der königlichen Bühne habe die junge Künstlerin, welche seit Kurzem in dem Albert-Theater so gefeiert wurde, sofort geworben und gewonnen; da es aber entscheidenden Orts für unpassend erachtet sei, einen Stern, wenn er auch noch so sehr glänze, ohne Uebergang aus einer relativ niederen Sphäre in die hohe der königlichen Bühne zu versetzen, habe man dem Fräulein Bellini sofort einen mehrmonatlichen Urlaub ertheilt, den sie zur Ausfüllung gewisser Lücken ihres Repertoirs und zu noch sorgfältigerer Schulung ihres eminenten Talentes anwenden solle, und sie habe dieserhalb eine Reise nach Paris angetreten, zugleich — andere Blätter sagten in Begleitung — mit dem bisherigen ersten Liebhaber vom Albert-Theater, Herrn Lenz, welcher ebenfalls für die königliche Bühne geworben war, oder — sagten andere Blätter — hatte geworben werden müssen, weil die ebenso eigensinnige, als schöne Bellini das Engagement des genannten Herrn zur Bedingung ihres eigenen Engagements gemacht hatte. Bei dieser Gelegenheit brachten die Blätter auch die interessante Mittheilung, daß der genannte Herr Lenz eigentlich von Sommer heiße und der Sohn eines hohen Beamten — des Ministers, sagten andere Blätter — eines kleinen Nachbarstaates sei. Auch die Herkunft der schönen Bellini solle in höhere Regionen weisen, aber man sei bis jetzt nicht im Stande— die Discretion verbiete, sagten andere Blätter — den geheimnißvollen Schleier zu lüften.

Ich athmete hoch auf, wie ein Furchtsamer, wenn die Glocke Eins schlägt. Das Gespenst mag in der nächsten Nacht wieder kommen, aber drei und zwanzig Stunden hat er wenigstens Ruhe. Ich konnte ein paar Monate lang sicher sein, ihr nicht zu begegnen; ich konnte des Abends, wenn ich von Paula kam, durch die Straßen gehen, in welcher sie wohnte, ohne die Fensterreihe ihrer Wohnung erleuchtet oder ein paar Wagen mit hellen Laternen und mit Livreebedienten vor ihrer Thür halten zu sehen. Ja, die Nacht war für diesmal zu Ende, die kalte, böse, spukhafte Winternacht; es war wieder Morgen, es war wieder Frühling!

Elftes Capitel

Es war wieder Frühling, der erste Frühling seit neun Jahren, den ich als freier Mann begrüßte. Zwar auch im Gefängnisse hatte er sich mir in lieblicher Gestalt gezeigt; ich gedachte mit Freuden der schönen Morgen, die ich in dem großen Directorgarten verlebt, und wie ich auf dem Belvedere gestanden und an der hohen Bastion rechts vorbei auf das Stück Meer geblickt hatte, welches unter dem lichten Frühlingshimmel zu mir herübergrüßte. Doch war diese Freude niemals ohne einen Beigeschmack von Wehmuth gewesen, wie der Gruß eines lieben Freundes, der uns, die wir auf dem Ufer stehen, vom Bord eines stromfahrenden Dampfers winkt. Grüß Dich Gott! — und Dich! — Ein Wort herüber und hinüber und der Wunsch, mitfahren zu können weit, so weit! und dann still und ernst nach Haus gehen müssen an die stille, ernste Arbeit!

Das war nun doch hier anders; anders und schöner, obgleich der lauschige, große Garten fehlte und mein liebes Meer. Aber dafür waren auch die Mauern nicht da, und die verriegelten Thore, und es war kein flüchtiger Gruß, den der Frühling und ich uns von fern zuriefen, worauf ich ihn ziehen lassen mußte in die fernen Lande, während ich selbst zurückblieb. Jetzt war es ein Händedrücken und ein freudiges Umarmen. Wie schön, daß Du wieder da bist! Und Du bleibst doch ein wenig? — Ich habe keine Eile! — Das ist herrlich. Jetzt muß ich an die Arbeit. Aber heut' Abend? — Gewiß, heut' Abend sehen wir uns wieder!

Und ich sah den Freund am Abend wieder, wenn ich nach der Arbeit noch eine Stunde umherschweifte in den entferntesten Theilen des großen Stadtparks, wohin selten Jemand kam, und wo in den knospenden Büschen die Nachtigall ihre süßen Lieder sang. Und ich sah ihn wieder, wenn ich am Morgen noch vor Aufgang der Sonne auf meinem Balcon stand und nach Osten schaute, wo über dem Gewimmel der Dächer und Schornsteine der östliche Himmel mit Purpurwolken umsäumt war; und eine Stunde später, wenn ich zur Arbeit ging, die ersten Strahlen auf die Giebel der alten, verräucherten Fabrikgebäude fielen, die Sperlinge auf den Regentraufen und in den Mauerlöchern zwitscherten, und die ersten Schwalben über den Maschinenhof schossen, so lustig und emsig, als wäre der schwarze, zollhohe Kohlenstaub das klarste, durchsichtigste Wasser.

Ja, der Frühling war wieder da; ich fühlte seinen warmen Athem mir Stirn und Wangen umspielen und fühlte seinen Kuß auf meinem Munde, und ich sprach bei mir selbst: Es wird noch Alles gut werden! Ist doch so viel Schnee, der in den Winternächten gefallen, weggethaut vor dem milden Hauch des Freundes, und das Eis, das in jenen Nächten gefroren, ist geschmolzen — sollte da der Reif nicht verschwinden, der auch in ein paar Winternächten auf Dein Herz gefallen ist? Frühling, du lieber, linder! und Arbeit, du strenge, ernste! was könnte euch Widerstand leisten, wenn ihr Beide Hand in Hand geht? und welches Herz sollte nicht wieder muthig schlagen, das ihr Beide ganz erfüllt habt?

Und ich warf mich in die ausgebreiteten Arme des Frühlings, und ich faßte der Arbeit schwielige, treue Hand, und ich fand bis auf ein weniges die alte Kraft und das alte Selbstvertrauen wieder.

Bis auf ein weniges! aber das würde sich ja wohl noch finden!

Es gab jetzt Arbeit genug in unserer Fabrik, und es hätte noch viel mehr gegeben, wenn der Commerzienrath sich hätte entschließen können, auch den Bau von Locomotiven zu übernehmen. Die Frage war von der äußersten Wichtigkeit, ja, nach meiner Meinung fiel sie direct mit der Frage der Existenz, zum wenigsten eines wirklichen Gedeihens der Fabrik zusammen. Wenn die Fabrik sich in dieser Branche nicht den Forderungen der Zeit bequemte, war es um ihren wohlverdienten Ruf geschehen. Andere Fabriken, die vielleicht weniger günstig situirt waren, als die unsrige, würden sich mit Macht auf den neuen Zweig werfen, uns überflügeln, voraussichtlich für immer, denn, wenn irgend wo, so ist in der Industrie Stillstand nicht wieder einzubringender Rückschritt. Merkwürdigerweise sträubte sich der sonst so intelligente, unternehmende Mann gegen einen Entschluß, der freilich ohne die größten Anstrengungen, Umwälzungen, gewiß auch nicht ohne manche momentane Opfer in's Werk zu setzen war. Es mußten neue Maschinen angeschafft, es mußte die Dampfkraft gesteigert, das Personal der Bureaux, die Zahl der Arbeiter vermehrt werden; es waren neue Gebäude aufzuführen, was nicht geschehen konnte, wenn man nicht mit dem längst in Frage stehenden Ankauf des Areals, auf welchem ich wohnte, Ernst machte. Das Alles erforderte, um es auszuführen, viel Geld, eine große Einsicht, einen raschen Entschluß.

Nun fehlte es zwar dem Commerzienrath — in der Meinung der Leute wenigstens — nicht an Geld, aber mit der Einsicht und dem Entschluß schien es nicht ebenso wohl bestellt zu sein. Alle, die etwas von der Sache verstanden: der Director der Anstalt, ein einfacher, aber braver Mann, mit dem ich in Arbeiter-Angelegenheiten wiederholt freundlich verkehrt hatte, die jungen Herren vom technischen Bureau, der Obermeister, selbst Klaus — alle waren sie ungeduldig und unzufrieden mit ihrem Chef, der immer noch mit dem entscheidenden Wort zurückhielt, trotzdem jede Woche, die ungenutzt verstrich, ein unwiderbringlicher Verlust war. Aber vielleicht war Niemand ungeduldiger und unzufriedener als ich.

Ich hatte die glänzende, junge Geschichte der Eisenbahnen in England, in Belgien sorgfältig studirt und war überzeugt, daß das Eisenbahnwesen sich auch bei uns in ungeahnten, colossalen Dimensionen entwickeln, mithin der Bedarf an Locomotiven in's Ungeheure wachsen würde. Dazu kam, daß die Locomotive die Lieblingsmaschine meines theuren Lehrers gewesen war, der in seiner genialen Weise mit seinen beschränkten Mitteln manche kühne Erfindung, welche die Zeit nachträglich bestätigte, vorausgeahnt und in seinen Modellen dargestellt hatte. Mir war das Glück zu Theil geworden, ihm bei seinen theoretischen Arbeiten, bei dem Construiren seiner Modelle helfen zu dürfen, und mir glühte der Kopf jetzt, wo ich sah, daß in's Leben treten mußte und wollte, was in der stillen Zelle des Denkers bereits zur Wahrheit geworden. So mag einem Rennpferd zu Muthe sein, das die Bahn, die es durchfliegen soll, vor sich sieht und noch immer zurückgehalten wird, wie es auch in das Gebiß knirscht und mit den Hufen scharrt. Ich sann und sann, wie es möglich sei, den verhängnißvollen Widerstand zu durchbrechen.

Endlich erschien mir dies das Beste: ich wollte ein Promemoria aufsetzen, in welchem ich ausführlich die Gründe entwickelte, die eine Erweiterung der Fabrik unabweislich machten, zugleich den Plan, wie diese Erweiterung ausgeführt werden könne. Dieses Schriftstück sollte dem Commerzienrath geschickt werden, für den eine solche Mahnung doch hoffentlich nicht vergeblich sein würde. Der Doctor, dem ich meinen Plan mittheilte, mißbilligte denselben nicht geradezu, ging aber keineswegs mit der Wärme darauf ein, auf die ich gehofft hatte. Allerdings war er nicht im Stande, sich die theoretische Nothwendigkeit klar zu machen, auch theilte er natürlich meine Leidenschaft für die Locomotive nicht; aber es konnte ihm unmöglich entgehen, daß auf dem von mir angebahnten Wege hunderten und aber hunderten von Arbeitern Brot verschafft werden würde, und das war ihm doch sonst die Hauptsache. Dafür drang er abermals in mich, sein Anerbieten zu acceptiren, und selbst mit seinem Gelde ein Etablissement zu errichten, und es wäre fast wieder zwischen uns zum Bruche gekommen, als ich zum zweiten Male mich weigern zu müssen glaubte, von seiner Großmuth Gebrauch zu machen. Aber wie durfte ich ihn, dessen ganzes Leben ein einziges Opfer für die Armen und Elenden war, der Mittel berauben, welche er so zweckmäßig verwendete? Wenn mein Unternehmen fehl schlug — und es konnte doch fehl schlagen — nein! es mußte anderes Geld sein, mit welchem ich meine Pläne in's Werk setzte. Aber, woher es nehmen, ohne es zu stehlen, oder auf die Ankunft der javanesischen Tante zu warten, deren baldige Ankunft für Klaus und Christel ein Artikel unbedingten Glaubens war? Da mußten sich denn freilich meine Gedanken immer wieder auf den Commerzienrath lenken, und eines Abends fing ich an, mein Promemoria zu schreiben, und vollendete es in sechs aufeinanderfolgenden Nächten.

Aber als es fertig war, kam mir ein neues, schweres Bedenken.

Unterzeichnete ich den Aufsatz mit meinem Namen, so war es mit meinem Incognito vorbei; und die Sache stand kaum anders, wenn ich ihn nicht unterzeichnete. Das Schriftchen konnte nur Jemand verfaßt haben, der in der Streber'schen Fabrik vollkommen Bescheid wußte. Der Commerzienrath würde jedenfalls sich nach dem Autor erkundigen; es würde ein Hin- und Herreden geben, das schließlich doch wohl auf den Autor führte, der dann ganz unnöthiger Weise und vielleicht nur zum Schaden der Sache Versteck gespielt hatte.

Es war ein verzweifelter Fall und ich ging Tage lang wie im Traume umher, immer nur an den unglücklichen Aufsatz denkend, der fertig in meiner Stube auf dem Tische lag, und der nun eben so gut hätte ungeschrieben bleiben können.

Aber Du mußt Dich wirklich entscheiden, sagte Paula; und hier kann eigentlich gar keine Frage sein, wie Du Dich entscheiden mußt.

Ich hatte, aus einer erklärlichen Scheu, was mich jetzt so sehr bedrückte, Paula gegenüber nicht erwähnt, aber vor Kurt, der jetzt unter Klaus' Leitung in der Fabrik arbeitete, und fast jeden Abend, wenn er von der Arbeit kam, eine Stunde bei mir zubrachte, hatte mein Vorhaben kein Geheimniß bleiben können, und er hatte es der Schwester mitgetheilt.

Du darfst deshalb nicht böse auf Kurt sein, sagte Paula; er kann sich nicht denken, daß Du dergleichen vor Deiner Schwester geheim hältst.

Und hast Du denn keine Geheimnisse vor mir? erwiderte ich.

Wie meinst Du, antwortete Paula, indem sie mir nicht ohne einige Unsicherheit in die Augen blickte.

Ich mochte nicht weiter gehen, denn ich hätte sonst auf den bedenklichen Punkt kommen müssen, um welchen ich bis jetzt immer sorgfältig herumgegangen war: ob die Correspondenz Paula's mit Herminens sich zeitweilig auch mit mir beschäftigte. So murmelte ich denn eine unverständliche Erwiderung und brachte das Gespräch auf meine Pläne, meine Hoffnungen und Wünsche in Bezug der Fabrik zurück.

Du hast mir in letzter Zeit so wenig von dem, was in Deiner Welt vorgeht, mitgetheilt, ich bin gar nicht mehr orientirt. Laß mich doch Deine Abhandlung lesen; gieb sie Kurt heute Abend mit.

Das war an einem Sonntag gewesen; in der folgenden Woche hatte es viel Arbeit in der Fabrik und besonders für mich gegeben. Für einen Kreidebruch, den der Commerzienrath neben so manchen anderen industriellen Unternehmungen auf Zehrendorf angelegt hatte, war in unserer Fabrik eine große Maschine von eigener Construction gebaut worden. Ich war bei der Montage der Maschine beschäftigt gewesen. Alles war der Ordnung gemäß vor sich gegangen. Die Grundplatte war nach der Wasserwage genau horizontal gelegt worden, die untere Fläche war nicht genau genug gehobelt gewesen, und man hatte nachgeholfen; die Schwungradwelle war gelegt, die Lagen waren regulirt, die Löcher gebohrt; die Maschine war so weit fertig, daß nur noch die Zusammenfügung der Steuerungstheile und die Regulirung des Dampfschiebers nothwendig war. Auch dies war geschehen; aber als der Monteur, in die Schwungradwelle greifend, die Maschine probeweise in Bewegung setzen wollte, stellte es sich heraus, daß der Schieber eine falsche Bewegung machte. Der Monteur und ich sahen uns bedenklich an; wir verglichen auf das Sorgfältigste die Dimensionen der verschiedenen Theile mit den in der Zeichnung angegebenen Maßen, fanden aber keinerlei Differenz.

Da sollte doch gleich das Donnerwetter drein schlagen, sagte der Monteur.

Was giebt es denn? fragte der Obermeister Roland, der eben herantrat.

Der Obermeister Roland war ein cyclopenhafter Mann, dem das linke Bein vor Jahren von einer Maschine gebrochen war, und der in Folge dessen hinkte, worauf er sich nicht wenig zu gute that, nachdem er einmal gehört, daß der Gott seines Handwerks, der alte Vulcanus, mit demselben Gebrechen behaftet gewesen sei. Der Obermeister Roland hatte überhaupt eine so gute Meinung von sich, daß unter dem weit überhängenden Strohdach seines dicken Schnurrbartes um den linken Mundwinkel beständig ein überlegenes Lächeln spielte, welches von Zeit zu Zeit in den dichten Urwald seines struppigen Kinn- und Backenbartes schlüpfte, um dort vermuthlich ungesehen weiter zu spielen.

Der Obermeister Roland blickte, nachdem ihm der Fall vorgelegt war, den Monteur, mich und zwei andere Arbeiter, die noch zugegen waren, der Reihe nach an, ließ das sonnige Urwalds-Lächeln unter dem Strohdach munter spielen und sagte dann: Nun, dann steckt irgendwo ein Fehler in der Ausführung, geben Sie mir einmal die Zeichnungen!

Herr Roland verwechselte übrigens consequent den dritten mit dem vierten Fall und umgekehrt; er behauptete in gemüthlichen Stunden, daß seit Blücher, ja wahrscheinlich schon seit undenklichen Zeiten, alle großen Männer in Deutschland dieselbe liebenswürdige Schwäche gehabt hätten.

Herr Roland fing an, die Maße zu vergleichen, gerade wie wir es, bevor er dazu kam, gethan hatten; aber je länger die Vergleichung dauerte, ohne daß ein Resultat zu Tage kam, je matter wurde das sonnige Lächeln und es war gänzlich in dem Urwald verschwunden, als er eine Viertelstunde später mit den Zeichnungen in der Hand zum Maschinenhaus hinaus in das technische Bureau ging, und unter dem Strohdach hervor mit ärgerlicher Stimme brummte: Da muß irgend ein Fehler in den verdammten Zeichnungen sein.

Ich war bereits nicht mehr der Meinung, die ich anfänglich allerdings auch gehabt hatte. Mir dämmerte der Verdacht auf, daß die

Zeichnungen freilich richtig und eine Differenz der Maße auch nicht vorhanden sei, die Sache vielmehr tiefer stecke.

So stand ich denn mit über der Brust verkreuzten Armen, während der Monteur, die Hilfsarbeiter und noch einige Andere, die hinzugetreten waren — denn die Feierabendstunde war bereits angebrochen — den bösen Fall auf ihre Weise ventilirten. Da sollte an der Expansions-Schiebestange ein Gewinde mit falscher Steigung eingeschnitten sein, und auf welche Vermuthungen diese eifrigen und ernsten Männer sonst geriethen.

Die Sache wird sehr einfach sein; sagte Herr Windfang vom technischen Bureau, welcher eben mit dem betrübten Obermeister herantrat.

Herr Windfang hatte gar nichts Cyclopenhaftes, im Gegentheil, er war ein feiner, junger Herr, der auch durchaus nicht hinkte, und bei welchem selbstverständlich das Verhältniß des dritten zum vierten Fall vollständig geregelt war.

Die Sache wird sehr einfach sein, wiederholte Herr Windfang; lassen Sie einmal Probe drehen.

Es wurde, ich weiß nicht zum wie vielten Male, Probe gedreht, und der abscheuliche Schieber blieb in unbegreiflicher Hartnäckigkeit dabei, seine falsche Bewegung zu machen.

Geben Sie mir die Zeichnungen, sagte Herr Windfang; ja so, ich habe sie schon hier; der Fehler muß in der Ausführung stecken.

Während dieselben Untersuchungen und Messungen noch einmal angestellt wurden, die der Monteur und ich vorhin schon angestellt hatten, war ich meiner Sache so gewiß geworden, daß ich, als Herr Windfang mit einem sehr verblüfften Gesicht Herrn Roland, und Herr Roland mit einem schwachen Schimmer des sonnigen Lächelns um den linken Mundwinkel Herrn Windfang ansah, ich mich nicht länger halten konnte und sagte: Das Vergleichen hilft uns nichts, die Maße stimmen; der Fehler ist so nicht herauszubringen, denn er ist ein Constructions-Fehler und steckt im Steuerungs-Mechanismus.

So ein kühnes Wort konnte nicht verfehlen, die Blicke aller Anwesenden auf mich zu lenken. Der junge Herr Windfang nahm mit den Augen mein Maß von unten bis oben und dann von oben bis unten, was, da er ziemlich klein war, einige Zeit erforderte; in dem Urwald des Roland'schen Backenbartes spielte unter dem Schutze des Strohdaches das bewußte Lächeln bereits recht munter. Wenn die Sache sich so verhielt, wie ich sagte, so traf weder ihn noch einen seiner Untergebenen die Schuld, welche in das technische Bureau zurückfiel, was unter allen Umständen für das Herz eines braven Obermeisters eine erfreuliche Wendung ist; der Monteur, der große Stücke auf mich hielt, nickte mit dem Kopfe, als wenn er sagen wollte: da habt Ihr's; die Arbeiter sahen sich an und lächelten.

Wie können Sie so etwas sagen, Herr! rief Herr Windfang, indem er sich vor mich hinstellte und in möglichster Schnelligkeit mir noch einmal das Maß mit den Augen nahm.

Weil ich überzeugt bin, daß es sich so verhält, antwortete ich ruhig.

Das ist eine Arroganz, Herr! schrie der Ingenieur.

Aber Sie und die anderen Herren sind doch nicht unfehlbar, wie der Papst zu Rom, erwiderte ich.

Hier lachten die Leute laut heraus.

Wir werden uns wieder sprechen! rief Herr Windfang.

Ja, das werden wir, erwiderte ich.

Der kleine cholerische Herr lief zornentbrannt zum Maschinenhause hinaus, aber der Obermeister schüttelte mir die Hand und sagte: Ich danke Ihnen, Hartwig; Sie haben es ihm ordentlich gegeben; und die Leute begleiteten mich bis über den Hof, laut auf mich einsprechend und mir auf jede Weise zu erkennen gebend, daß meine Sache auch die ihre sei. Klaus und Kurt, die aus einer anderen Werkstatt kamen, traten gleichfalls heran. Sie hatten eben von dem großen Streit, der zwischen mir und dem technischen Bureau entbrannt war, gehört, und sie verlangten zu wissen, wie die Sache stehe. Ich gab ihnen nothdürftig Bescheid, denn es drängte mich, nach Hause zu kommen, den hingeworfenen Handschuh zu verfechten. Ich hatte sämmtliche Zeichnungen und Maße der Maschine, um die es sich handelte, und an welcher ich von den ersten und rohesten Arbeiten an mitgearbeitet hatte. An literarischen Hilfsmitteln fehlte es mir auch nicht; auf der Lampe war Oel, in dem Kamine glühte ein Kohlenfeuer, der Nachtkühle zu wehren.

Und so saß ich denn die kühle Frühlingsnacht hindurch mit brennender Stirn und glühenden Augen messend, rechnend, vergleichend und construirend, und als über dem Gewimmel der Dächer und Schornsteine die ersten rosigen Morgenwolken sich zeigten, hatte ich gefunden, was ich suchte, unverlierbar mit unwiderleglichen Formeln und Zahlen. Da lag es auf dem Tische in einer sauberen Zeichnung mit eingeschriebenen Maßen und da stand es in meinem Kopf und aus dem Kopf zog der Sieg hinab in mein Herz, das stark und kühn gegen die Rippen schlug und schier übermüthig zu pochen anfing. Aber ich sagte: sei ruhig, Herz! Du verdankst doch schließlich Alles ihm! Und es war mir, als ob aus der rosigen Dämmerung das verklärte Antlitz meines Freundes und Lehrers auf mich herabschaute, und die Thränen kamen mir in die Augen. Dann ging ich still in mein Zimmer zurück, warf mich auf mein Lager, und schlief ein oder anderthalb Stunden einen so tiefen, süßen Schlaf, wie ich je im Leben geschlafen.

Nun, wie steht's, Malaye? fragten meine Collegen, als ich auf dem Platze erschien.

Nun, wie steht's, Hartwig? fragte der Obermeister, der bereits wieder — ohne zu lächeln — vor der unglücklichen Maschine stand.

Nun, wie steht's, Georg? fragten Klaus und Kurt, die aus ihrer Werkstatt herübergekommen waren.

Die Sache ist die, sagte ich.

Und ich trat an die Maschine und begann einen kleinen Vortrag, in welchem ich das Resultat meiner nächtlichen Arbeit, ich glaube, in klarer, bündiger Weise darzulegen wußte, denn es hörten Alle mit der gespanntesten Aufmerksamkeit zu und auf den Gesichtern meiner Zuhörer wurde es heller und heller, bis, als ich meinen Vortrag beendet, Kurt in die Hände klatschte, Klaus mit unsäglichem Stolz um sich blickte, die Leute sich mit bedeutsamen Mienen einander zunickten und der Obermeister Roland mit einem wahrhaft sonnigen Lächeln unter dem Strohdach mir die Hand reichte und sagte: Immer drauf, mein Sohn, immer drauf, wir wollen es ihnen schon geben!

Du sollst einmal zum Director kommen, Malaye, meldete der Bureaudiener, der eben herantrat.

Meine Zuhörerschaft blickte sich bedenklich in die Augen.

Immer drauf, mein Sohn! sagte der Obermeister, gieb es ihnen!

Der Director, Herr Berg, war allein in seinem an das technische Bureau grenzenden Arbeitszimmer. Er schien mich mit einiger Ungeduld erwartet zu haben.

Ich habe gehört, Hartwig, sagte er, daß Sie den Fehler an der neuen Maschine entdeckt haben wollen. Obgleich mir das nun mehr als zweifelhaft erscheint, so findet denn auch manchmal Euer Einer etwas, wonach die Anderen tagelang vergeblich suchen. Ich habe selbst von der Pike auf gedient, und kenne das. Was glauben Sie denn nun, was es ist?

Ich glaube es nicht mehr, Herr Director, seit einer Stunde weiß ich es, sagte ich.

Ich sagte es ohne jede Ueberhebung, ganz bescheiden; und ganz bescheiden nahm ich meine Berechnung und Zeichnung aus der Tasche und fing an, dieselbe dem Director zu erläutern. Der Fall war ziemlich complizirt und die Rechnung nicht minder, und die Formeln, die zur Anwendung kamen, nicht sehr einfach. In meinem Eifer dachte ich gar nicht daran, daß ich, indem ich so meine Weisheit auskramte, das so lange und streng festgehaltene Incognito fallen ließ, und wurde erst durch die sonderbare Miene aufmerksam gemacht, mit welcher der Director mich anblickte. Der Mann stand da und sah so verwundert aus, wie der arme Menelaus ausgesehen haben mag, als sich vor seinen Augen und unter seinen Händen der räthselhafte Meergreis in einen bärtigen Leuen des Gebirges verwandelte.

Um Gottes willen, Herr, wie kommen Sie denn dazu, rief er endlich, als er wieder Worte finden konnte.

Aber Sie haben mir ja selbst gesagt, Herr Director, daß Sie von der

Pike auf gedient haben, und da wissen Sie doch wie man bei einigem Fleiß und einiger Aufmerksamkeit zu dergleichen kommt.

Herr Berg sah mich mit einer Miene an, aus der erklärlich zu lesen war, daß er für den Augenblick nicht wußte, was er aus mir machen sollte. Er faßte sich indessen als ein verständiger Mann und sagte: ich möge ihm die Zeichnung und die Ausarbeitung ein wenig dalassen; er gäbe mir sein Ehrenwort, daß Niemand außer ihm dieselbe zu sehen bekommen werde; wenn ich das Rechte gefunden, solle mir der Ruhm verbleiben, unterdessen würden ja auch wohl die Herren vom technischen Bureau mit ihrer Ansicht hervortreten.

Aber es währte ein, zwei, drei Tage, bis dies geschah; es währte so lange, daß die ganze Fabrik in ein Fieber der Erwartung hineingerieth. Von dem Obermeister bis zu dem letzten Mann, der den schweren Zuschläger schwang, wußten Alle, daß der Malaye aus der Schlosserwerkstatt herausgefunden habe, wo der Fehler in der neuen Maschine stecke, und daß die Herren vom technischen Bureau schon seit drei Tagen rechneten, und ihn nicht finden könnten, und daß Klaus Pinnow gesagt: er wolle seinen Kopf verwetten, der Malaye werde gewinnen, und daß der junge Herr von Zehren, der bei Klaus Pinnow in der Werkstatt lerne, zu Herrn Windfang — mit dem er übrigens sonst sehr befreundet war — geäußert: Es sei ein großer Leichtsinn, seinen Kopf gegen das technische Bureau zu verwetten, da dasselbe, obgleich es aus sechs Köpfen bestehe, keinen dagegen einzusetzen habe.

So kam der Sonnabend heran. Die unglückliche Maschine stand noch immer unberührt da, — eine eigensinnige Sphinx, die vorläufig Niemandem als mir ihr Räthsel gesagt hatte. Wir hatten eine andere Arbeit vorgenommen, aber die Leute schafften nicht so fleißig, wie sonst wohl. Ist es doch dem Menschen eingeboren, daß er nicht gern an etwas Neues geht, bevor das Alte abgethan ist, und da lag etwas hinter den Leuten, was noch nicht abgethan war.

Sie möchten einmal zum Director kommen, Herr Hartwig! sagte der Bureaudiener, der herzutrat.

Die Leute blickten von ihrer Arbeit auf, augenscheinlich verwundert, daß aus dem Malayen plötzlich ein »Herr Hartwig« geworden war. Sie sahen sich einander an; ein Jeder fühlte, daß jetzt die Entscheidung da sei; und der Obermeister Roland, der zufällig durch den Raum ging, trat mit feierlich hinkendem Schritt auf mich zu, reichte mir seine Cyclopen-Hand, und sagte: Immer drauf, mein Sohn, immer drauf, gieb es ihnen! gieb es ihnen tüchtig!

Mit diesem Segen ausgerüstet, erschien ich eine Minute später in dem Zimmer des Directors, der sich bei meinem Eintreten von seinem Zeichentisch aufrichtete, mir entgegenkam, und die Hand bot. Seine Hand schien mir etwas nervös und die ehrliche Miene des Mannes drückte eine nicht geringe Verlegenheit aus.

Ich gratulire Ihnen, Herr Hartwig, sagte er; Sie haben Recht gehabt. Ich habe schon seit drei Tagen nicht daran gezweifelt, aber freilich: wenn Einer das Ei hingestellt hat, weiß der Andere auch, wie man es machen muß. Und dann war ich gar nicht sicher, ob ich es selbst herausgefunden haben würde. So war es denn recht und billig, daß ich die Herren vom Bureau erst einmal ihr Heil versuchen ließ. Nun, es hat lange gedauert, bis sie damit zu Stande gekommen sind, und schließlich ist Ihre Berechnung gerade dreimal so einfach, als die der Herren. Ich habe ihnen schon ein wenig die Köpfe gewaschen. Jetzt sitzen sie da, und lassen sie hangen.

Der bescheidene Mann ließ seinen Kopf auch ein wenig hangen.

Nun, Herr Director, sagte ich, es ist ja gut, daß der Fehler entdeckt ist; wer ihn entdeckt hat, darauf kommt ja schließlich wenig an.

Erlauben Sie, Herr Hartwig, sagte der Director; ich bin anderer Meinung. Es kann für den Director einer Anstalt, wie diese, nicht gleichgültig sein, ob die Aufgaben des technischen Bureaus im Bureau, oder in der Maschinenwerkstatt gelöst werden. Denn die Hauptsache ist doch, daß Jeder an der Stelle steht, wo er hingehört, und nach dieser Probe hier — der Director legte seine Hand auf die vor ihm liegende Zeichnung — bedarf es ja wohl keines weiteren Beweises, daß Sie sich in einer verzweifelt falschen Stellung befunden haben.

Aber, Herr Director, sagte ich, das ist denn doch schließlich meine Schuld; es pflegt Jeder so zu liegen, wie er sich bettet.

Ja, sagte der Director, das ist auch mein Trost; aber lieber wäre es mir doch gewesen, wenn Sie mir von Anfang an reinen Wein eingeschenkt hätten. Ich könnte dann die Nase, die mir der Herr Commerzienrath heute geschickt hat, mit Protest zurückschicken. Da — lesen Sie einmal!

Ich nahm das Blatt, welches mir der Director reichte, und überflog einen etwa vier Seiten langen Brief, in welchem der arme Herr mit allen möglichen Vorwürfen überschüttet wurde, weil er einen Menschen wie mich, dessen mathematisches und technisches Genie von ihm — dem Commerzienrath — längst gekannt sei, in der Fabrik gehabt, und ihm davon keine sofortige Meldung gemacht habe; »und schließlich, Herr Director, wenn Sie die wichtigsten Ereignisse verschweigen zu dürfen glauben, so wäre es wenigstens Ihre verdammte Pflicht und Schuldigkeit gewesen, meinem jungen Freunde eine seinen Fähigkeiten angemessene Stellung einzuräumen; oder fürchten Sie vielleicht, daß diese Stellung keine andere sein würde, als Ihre eigene Stellung, mein Herr Director?«

Aber das ist unwürdig! rief ich, den Brief auf den Tisch werfend.

Der brave Mann schüttelte den Kopf. Er meint es nicht so schlimm, sagte er, und wenn auch, unser Einer ist daran gewöhnt; lesen Sie nur weiter!

Ich mag nichts mehr lesen, sagte ich.

Doch, Sie müssen, entgegnete der Director; das Wichtigste kommt noch: sehen Sie hier: »Unter diesen Umständen gibt es für meinen jungen Freund nur eine Genugthuung. Diese besteht darin, erstens, daß Sie ihn sofort in das technische Bureau befördern, zweitens, daß Sie ihn in meinem Namen bitten, die Aufstellung der Maschine für den Kreidebruch auf Zehrendorf an Ort und Stelle zu überwachen. Ich habe dieserhalb auch an ihn selbst geschrieben.«

Nun, sagte der Director mit gutmüthigem Lächeln, was den ersten Punkt betrifft, so haben Sie sich ja durch Ihre Arbeit selbst einen Platz im technischen Bureau erobert, und was das Zweite angeht, so thun Sie mir einen speciellen Gefallen, den Sie mir der Nase wegen — Sie wissen, was ich meine — vielleicht schuldig sind, wenn Sie den Auftrag, nach Zehrendorf zu gehen — ich wollte eigentlich Herrn Windfang schicken — acceptiren. Die Umänderung der Maschine wird doch eine Woche in Anspruch nehmen, und wie ich den Commerzienrath kenne, riskire ich durch diese Verzögerung meine Stelle, findet sich nicht ein Freund, der ein gutes Wort für mich spricht. Und nun gehen Sie sofort nach Haus. Sie werden Manches zu besorgen haben, und Sie müssen heute Abend mit dem letzten Zuge fort; ich komme aber noch vorher zu Ihnen.

Der Director schüttelte mir kräftig die Hand, und ich ging nach Hause in der seltsamsten Stimmung von der Welt.

Zwölftes Capitel

Und diese Stimmung wurde noch gesteigert, als ich, nach Hause kommend, einen Brief des Commerzienrathes aus Zehrendorf auf meinem Tisch fand.

»Lieber junger Freund! O diese Weiber, diese Weiber! So eben erfahre ich, was Sie mir ein halbes Jahr lang verschwiegen haben, daß Sie bereits seit eben so lange, wie Simson unter den Philistern, in meiner Fabrik arbeiten. Habe ich nicht schon, als ich Sie zuletzt im Hause meines unvergeßlichen verewigten Freundes sah, Sie gebeten und wieder gebeten, Sie möchten es mich wissen lassen, sobald Sie frei wären? Warum haben Sie es nicht gethan? warum Ihr Licht so lange unter den Scheffel gestellt? Das haben Sie nun freilich von jeher gethan; aber um so mehr ist es Zeit, daß Sie Ihr Licht leuchten lassen vor den Leuten, vorläufig vor mir. Kommen Sie deshalb so schnell als möglich hierher! Ich habe eine Menge Dinge mit Ihnen zu besprechen, so wohl hiesige, als Fabriksachen, welche Sie ja, wie ich leider erst seit heute weiß, aus dem Grunde — diese Worte waren unterstrichen — verstehen. Sie werden hier hoffentlich ein paar gute Tage verleben, unter lauter guten alten Bekannten, von denen keiner älter ist und es besser mit Ihnen meint, als Ihr ganz ergebenster Philipp August Streber.«

Ich ließ den Brief, welcher in einer großen runden, hier und da bereits etwas zitternden Kaufmannshand geschrieben war, auf den Tisch fallen, und ging, in tiefstes Erstaunen verloren, in meinem Zimmer auf und ab. Woher in aller Welt wußte der Mann, daß ich hier war? daß ich von diesen Dingen etwas verstand? von wem wußte er es? Es gab ja doch nur eine Möglichkeit. Aber weshalb —

Aber weshalb mich mit allen diesen Weshalb quälen, rief ich; ergriff meinen Hut und eilte den langen Weg in Paula's Wohnung.

Wir sind heute Morgen ein wenig nervös, flüsterte mir mein alter Freund zu, als wir vor der Thür zu Paula's Atelier standen.

Sie wissen nicht, was es ist? fragte ich in demselben Ton.

Der würdige Mann schüttelte jenes Haupt, das nach seiner Meinung in der modernen Kunstgeschichte eine so große Rolle spielte, und sagte: Man müßte sieben Sinne haben, wie ein Bär, wenn man immer wissen wollte, was denen lieben Geschöpfen im Herzen steckt.

Damit öffnete er mir die Thür. Paula war, wie mir bereits Süßmilch gesagt hatte, allein. Sie legte schnell Pinsel und Palette weg, und kam auf mich zu, mir schon von weitem die Hand entgegenstreckend. Ich sah auf den ersten Blick, daß sie geweint hatte, und obgleich ihre Wangen in diesem Augenblick in lebhaftem Roth aufglühten, erschien sie mir trotzdem bleich und angegriffen.

Du hast mich erwartet, Paula, sagte ich, ihre Hand in der meinen behaltend.

Ja, sagte sie, und da Du außer der Zeit kommst, denke ich, weißt Du auch, weshalb ich Dich erwartet habe.

Nicht wahr, Paula, sagte ich, Du hast dies so gethan?

Ja, sagte sie.

Sie sah mir groß in die Augen. Ihr Blick hatte wieder jenen seltsamen, halb wehmüthigen, halb zornigen Ausdruck, den ich nur einmal wahrgenommen — an dem Morgen des verhängnißvollen Tages, als sie an dem Belvedere, das der Sturm zusammengeworfen, sich aus meinen Armen löste, in denen ich sie hatte schützen wollen. Es war eine Erinnerung, die mich mit einer unbestimmten Furcht erfüllte, die mich so befangen machte, daß ich vor diesen großen herrlichen Augen meine eigenen Augen senken mußte.

Aber als ich aufschaute, war der seltsame Ausdruck aus ihren Augen verschwunden und ihre Stimme war sanft, wie immer, als sie, mich wieder bei der Hand ergreifend und zu einem kleinen Sopha führend, sagte:

Komm, laß uns sitzen, und recht ruhig und klug, wie es sich für Geschwister schickt, überlegen, was wir thun wollen.

Hat man dort immer gewußt, daß ich hier war, Paula? sagte ich.

Ja, erwiderte sie, und ich hätte Dir Alles gesagt, sobald Du mich gefragt hättest; aber Du hast mich nicht gefragt; es war ein kleines Geheimniß, das Du, obgleich ganz unnöthigerweise, vor Dir selbst haben zu müssen glaubtest; ein unschuldiges Versteckspielen, wie es wohl Jeder einmal mit sich spielt. Sie hat auch Versteck gespielt; ich sollte Dir durchaus nicht sagen, daß sie den Richard Löwenherz um jeden Preis haben mußte, und daß sie sich in jedem Briefe nach Dir erkundigt. Und auch ihr habe ich gesagt, daß ich nur so lange schweigen würde, als Du nicht fragtest. Der Commerzienrath aber hat es, glaube ich, wirklich nicht gewußt, obgleich man ihm nicht recht trauen kann. Denn, daß er jetzt, wie er mir selbst schreibt, so eifrig nach Dir verlangt, ist kein Beweis: er braucht Dich eben.

Du hast mein Promemoria an ihn geschickt? fragte ich.

Das war abscheulich, nicht? sagte Paula, mit bleichen Lippen lächelnd; aber ich mußte thun, was Du, zu thun, Dich scheutest, vielleicht selbst nicht thun konntest; mußte es auf die Gefahr Deiner Ungnade hin, denn hier stand, soviel ich sehen konnte, Deine ganze Zukunft auf dem Spiel.

Meine ganze Zukunft?

Kaum weniger als das, eher noch etwas mehr; denn Du mußt wissen, Georg, ich bin stolz auf Dich und überzeugt, daß Dir nur die Mittel fehlen, um in Deinem Fach etwas ganz Bedeutendes zu leisten. Der Commerzienrath hat die Mittel. Du mußt sie ihn anwenden lehren; Du bist der Einzige, der es kann. Ich weiß es von früher her, daß er mit jenem Scharfblick, der solchen Männern eigen ist, Deine Trefflichkeit sehr wohl erkannt hat; und nun hat er ja auch den Beweis in Händen, was Du vermagst; dazu kommt, daß er Dir persönlich wohl will, so weit bei einem Egoisten, wie er, von einem uneigennützigen, rein menschlichen Wohlwollen die Rede sein kann, mit einem Wort: der Augenblick ist so günstig, wie schwerlich je wieder.

Du schickst mich fort, Paula, sagte ich, aus den lieben alten Verhältnissen in ganz neue, ganz unbekannte, aus denen ich schwerlich wieder zurückkehren werde, wie ich gegangen bin, und schwerlich wieder finden werde, was ich verlassen habe. Hast Du das Alles wohl bedacht? und wenn Du es, wie ich annehmen muß, bedacht hast, so — Paula ich wollte, es würde Dir weniger leicht, mich fortzuschicken.

Wer sagt Dir, daß es mir leicht wird, erwiderte Paula, indem sie schnell aufstand, und ein paar Schritte in das Zimmer hineinthat. Es war wohl nur ein Zufall, daß diese Schritte sie zu ihrer Staffelei führten. Sie blieb, von mir abgewandt, vor derselben stehen.

Ich meine, sagte ich, es möchte Dir schwerer werden, mich zu missen, wenn nicht um Deinetwillen, so doch Deiner Mutter willen, und der Brüder willen, daß ich mit einem Worte ihnen das wäre, was Du ihnen jetzt bist. Aber, Paula, Du bist von jeher sehr stolz gewesen, und — Du hast freilich jetzt mehr Ursache dazu, als je.

Es dauerte eine Zeit, bis Paula antwortete. Sie hatte sich an der Staffelei zu schaffen gemacht; endlich sagte sie:

Ihr Männer seid doch wunderlich; überall wollt Ihr Eure Hand im Spiele haben; selbst das Gute geschieht nicht nach Eurem Sinn, wenn es nicht durch Euch geschieht. Aber das ist ja auch nur eine vorübergehende Stimmung, die ich sehr wohl verstehe —

Ich weiß nicht, ob Du sie ganz verstehst, sagte ich beklommen.

Doch, doch, erwiderte Paula, indem sie sich tiefer auf die Staffelei neigte, hat man Jemand so lieb, wie Du uns, möchte man immer nur schenken, und betrachtet es als eine schwere Einbuße, wenn man einmal dazu nicht im Stande ist. Aber ich weiß eigentlich nicht, weshalb wir uns ohne alle Noth das Herz so schwer machen. Du sollst uns ja nicht geraubt werden! Du sollst nur endlich aus einem engen, kläglichen Fahrwasser, das sich für ein so großes stolzes Schiff gar nicht ziemt, hinaus auf das offene Meer, hinein in die weite Welt. Da wirst Du uns freilich oft ein wenig, vielleicht manchmal ganz und gar vergessen müssen. Der Mann, der in's Große und im Ganzen wirken will, muß die Arme frei haben; er kann und darf nicht das Spielzeug seiner Kindheit, die Idole seiner jungen Jahre durch das ganze Leben schleppen. Ich möchte, daß Du Dir das ganz klar machtest, Georg, in diesem Augenblick klar machtest, von dem ich wiederhole, daß ich ihn für durchaus entscheidend halte, denn zum ersten Male in Deinem Leben trittst Du nach langen, langen Lehrjahren in Deine Meisterrechte; zeigst Dich, darfst Dich zum ersten Male zeigen, als der, der Du bist. Vor diesem Entschluß — denn es ist ein Entschluß, Georg, sein zu wollen, was man ist, — muß alles Andere in den Hintergrund treten, Alles, Georg, und Alle — auch wir: unsere Mutter, die Brüder, Deine Schwester.

Ich konnte ihr Gesicht nicht sehen — sie hatte es gar zu tief herabgebeugt; aber sie hatte Thränen in ihrer Stimme.

Ich trat an sie heran; sie wandte das Gesicht nicht zu mir.

Paula, sagte ich.

Ich wollte mehr sagen; ich wollte ihr Alles sagen; ihr sagen, daß, wenn ich sie darüber verlieren sollte, mir, was ich auch immer erringen könnte, sehr, sehr armselig erscheine, daß —

Paula, sagte ich noch einmal; aber ich sagte es auf meinen Knieen, während mir die heißen Thränen aus den Augen stürzten. Ich rang nach Worten; ich fand die rechten nicht; ich war außer mir.

Eine weiche Hand strich sanft über mein Haar, und ich weiß es nicht mehr — ich wußte es schon im nächsten Augenblick nicht —

aber mir war und ist, als ob ihre Lippen flüchtig meine Stirn berührten. Dann aber hörte ich ihre Stimme über mir und die Stimme klang mild und süß und klar: Georg, mein Bruder, Du mußt Deiner armen Schwester das Herz nicht so schwer machen. Und nun stehe auf, Georg, und sage der Mutter Lebewohl! Sie hat diese Stunde lange kommen sehen, ja, sie hat sie ungeduldig herbeigewünscht. In ihr lebt mehr als in uns Beiden, Georg, viel mehr! — der Geist unsers herrlichen Vaters. Sie weiß es, denn sie hat es selbst erfahren, daß der Mann Haus und Hof und Weib und Kind und Alles, was ihm sonst theuer ist, verläßt, um sein Blut, sein Leben einer großen, guten Sache zu weihen. Komm, Georg!

Dreizehntes Capitel

Ein lebhafter Wind wehte mir entgegen, während mein Wagen den niemals sehr guten und jetzt im Frühling sehr schlimmen Weg von Fährdorf nach Zehrendorf hinauffuhr. Der Kutscher auf dem Sitze vor mir hatte sich dicht in eine Pferdedecke gehüllt, und saß zusammengekauert da, während die kräftigen Pferde Mühe hatten, den leichten Wagen durch die klatschenden Schlaglöcher zu ziehen. Es war gegen acht Uhr Abends, und der Mond war seit einer Stunde aufgegangen, aber nur von Zeit zu Zeit trat seine glänzende Scheibe aus den schweren dunklen Wolken hervor. Dann flog ein trügerisches Licht, dem alsbald wieder schwarze Schatten folgten, über verregnete Felder und Wiesen, über Torfmoore, in denen hier und da das Wasser aus den Gräben blickte, und über die öden Haiden.

Und wie da vor mir auf der breiten Fläche Lichter sich mit den Schatten jagten, also zog durch meine Seele die wechselnde Erinnerung an Freude und Leid, das ich einst auf dieser Stelle erfahren. Die Tage, die ich hier verlebt, sie kamen alle, alle wieder, und gingen an mir vorüber mit lächelnden, mit trüben, mit bethränten, mit schmerzverzerrten Gesichtern. Aber der lächelnden Tage waren weniger als der anderen mit den düsteren Zügen, und wenn es mir schon auf der ganzen Reise hierher fast wie ein Frevel erschienen war, daß ich wagen könne, an diesen Ort zurückzukehren, so übernahm diese Empfindung mich jetzt so, daß es mir war, als müsse ich dem Kutscher zurufen: Nicht weiter! Nicht einen Schritt weiter hinein in diese Nacht!

Wir sind gleich oben, sagte der Mann, und er hieb auf die müden Pferde.

Ich weiß nicht, warum er mich trösten zu müssen glaubte; vielleicht hatte er mein lautes Stöhnen auf den schlechten Weg gedeutet.

Wir waren in der That gleich oben. Ich wußte das so gut wie der

Mann. Da unten links das Licht, das aus der Erde heraufzuflimmern schien, kam aus einem kleinen Hause, welches sich an den Fuß der Hügel lehnte; und jene breiten weißlichen Flecke, die sich so seltsam von den schwarzen Hügeln abhoben, waren die großen fürstlich Prora'schen Kreideschlämmereien, zu welchen das Haus gehörte, und nicht weit vor uns, auf dem Kamm des Hügels, den wir uns hinaufarbeiteten, war ein Stück des Waldes, desselben Waldes, in welchem ich damals vier Tage lang vor den Häschern geflohen war, wie ein Hirsch vor den Hunden. Aber das hilft nun nichts; sind wir so weit den Hügel hinauf, müssen wir auch über den Kamm. Vorwärts! Vorwärts, ihr wackeren Pferde! Vorwärts!

Und die wackeren Pferde stampften muthig weiter und da war der Kamm. Hügelab ging's auf sandigem, festem Wege, und von dem Meere her kam auf gewaltigen Schwingen der Wind gefahren, daß der Kutscher sich dichter in seine Decke hüllte. Ich aber, ich athmete hoch auf und sog mit vollen, vollen Zügen die langentbehrte Labung ein.

Ja, gegrüßt, viel tausendmal gegrüßt sei mir, lieber, herber, heimathlicher Meerwind, du Freund aus meiner Kindheit Tagen! Du, nach dem ich mich gesehnt habe in den langen Straßen der Stadt, wo ein Zerrbild von dir in krampfhaften Stößen und tückischen Launen schrill und heiser um die Ecken pfiff! Du, der du mir so oft das junge Herz mit unsäglichem Entzücken erfüllt hast, und mir auch jetzt wieder die trüben Erinnerungen aus der Seele scheuchst, wie du die schwarzen Wolken am Himmel droben vor dir her jagst, daß der ganze breite Rücken der Ebene, die sich nach dem Vorgebirge aufwärts zieht, jetzt, fast in Tagesklarheit getaucht, vor meinen Augen liegt! Du, das große Gehöft mit dem parkähnlichen Garten und dem plumpen weißen Kirchthurm, der eben im Mondenscheine gespensterhaft aufleuchtet, ist Herrn von Granow's Gut Melchow; und jenes dort weiter unten, welches sich, nur noch als ein dunkler Fleck erkennbar, aus der Ebene abhebt, ist Trantowitz; und über Trantowitz hinaus, in der Richtung, aus welcher der Wind kommt, liegt Zanowitz zwischen den Dünen, an deren Fuß das ewige Meer brandet. Melchow, Trantowitz, Zanowitz — welche Erinnerungen sich für mich an diese Namen, an diese Orte knüpfen! Aber der gute, kräftige Wind duldet sie nicht. Er kommt herangerauscht in großen gleichmäßigen Schwingungen, wie auf Adlerfittigen. Fort, ihr trüben Gedanken, fort! Hört ihr nicht, wie es aus dem Brausen des Windes deutlich spricht mit ehrlicher, mürrischer Stimme? Das Alles konnte geschehen, und du glaubtest schon, du könntest es nicht tragen, und bist doch nicht zusammengebrochen, sondern stehst strack auf deinen Füßen, trägst auch den Kopf noch sicher zwischen den breiten Schultern; und das kommt daher, weil ich dich von Jugend auf umrauscht habe, und du mich eingesogen hast, daß dir das Herz kraftvoll gegen die Rippen schlägt, wenn du auch weißt, daß jene Lichter, die dort linker Hand auf der Höhe blitzen, aus den Fenstern des Schlosses kommen müssen, das der neue Herr auf der Stelle des alten erbaut hat, welches du in jener Schreckensnacht in Flammen hast aufgehen sehen.

Nicht auf der Stelle des alten, das alte hatte ein wenig hügelaufwärts gelegen, so daß es stolz in's ganze Land blickte. Der neue Besitzer wollte nicht stolz, er wollte vor dem Nord- und Ostwinde geschützt wohnen, und da hat er ganz recht gethan, sich etwas tiefer nach der Ebene zu anzusiedeln. Und wo sind die mächtigen prachtvollen Bäume des Parks geblieben, der bis an das alte Haus herangetreten war und hier mit dem Walde zusammenhing?

Die sind abgehauen, sagte der Kutscher; der ganze Park ist abgeholzt; es ist kaum noch so viel da, daß man einen Sarg daraus machen könnte.

Ich weiß nicht, wie der schweigsame Mensch zu diesem melancholischen Resultat gekommen ist; aber es berührt mich seltsam. Hatte nicht der wilde Zehren einst, als wir am Fenster standen und in den Park hineinschauten, gesagt, daß ihm nicht mehr so viel davon gehöre, um sich einen Sarg daraus zimmern zu können; und daß da alles jetzt blos noch stehe, um von seinem Nachfolger abgehauen und zu Gelde gemacht zu werden! Nun war es so gekommen, wie der unglückliche Mann gesagt hatte, und das Licht da leuchtet von dem neuen Herd, den der neue Herr sich gebaut auf den Trümmern des alten!

Weg ihr bösen Gedanken! Blase kräftiger, du lieber, herrlicher Meerwind! Und nun, ihr wackeren Pferde! im Galopp bergab die feste, glatte Straße! Und jetzt durch die Thorfahrt rasselnd hinein in den Hof, vor das große stattliche Haus, auf dessen Thürschwelle, als der Wagen hält, die Diener mit Lichtern erscheinen.

Wohl mehr aus Neugierde, als aus Diensteifer, welchen, war er wirklich vorhanden, die unscheinbare Tracht des Ankömmlings und die Kleinheit seines Koffers jedenfalls abgekühlt hätten. Mußte ich doch, als ich über den unteren Hausflur schritt, in einem dort aufgestellten großen Spiegel sehen, wie der Bediente, der mit dem Koffer unter dem Arm voranging, mit Hülfe der Zunge, die er in die rechte Backe steckte, ein gräuliches Gesicht schnitt und damit wohl unzweifelhaft andeuten wollte, daß es doch für einen so feinen Herrn, wie er, im Grunde eine Schande sei, ein so jämmerlich zerknittertes Exemplar von einem abgeschabten Seehundskoffer die hellerleuchtete Treppe im Herrenhause von Zehrendorf hinauf in das beste Fremdenzimmer tragen zu müssen. Das Gemüth des trefflichen Mannes war durch die Incongruenz der Erscheinung des Fremden und der Aufträge, welche ihm geworden waren, augenscheinlich auf's tiefste beleidigt und er gab, während er den unseligen, kleinen Seehundskoffer auf das Gestell mehr hinwarf, als hinlegte, dieser Zerrissenheit einen Ausdruck, indem er über die Achsel gewandt zu mir sagte: Sie sind ja wohl ein Landsmann von unserer Mamsell?

Wer ist Ihre Mamsell? fragte ich im harmlosesten Ton; denn ich muß zu meiner Schande gestehen, daß mich die despectirliche Art und Weise des Mannes keineswegs beleidigt hatte, sondern mir im Gegentheil ein gar nicht unbedeutendes Vergnügen gewährte.

Na, die alte Schachtel mit den — hier machte der Mann eine Bewegung mit der rechten Hand an der Achsel herunter, in welcher eine lebhafte Phantasie flatternde Locken zu erblicken glauben konnte.

Sie meinen vielleicht Fräulein Duff? lieber — wie heißen Sie denn eigentlich? sagte ich.

Wilhelm Kluckhuhn, erwiderte der Mann. Sie können mich, der Kürze wegen, immerhin Wilhelm nennen.

Danke verbindlichst! Also, lieber Wilhelm, weshalb meinen Sie, daß ich ein Landsmann von Fräulein Duff sei?

Na, die Alte hat Sie mir ja erschrecklich auf die Seele gebunden, und daß Sie dies Zimmer hier nach dem Garten heraus haben müßten, das eigentlich unserm Fräulein ihr Zimmer ist, und das sie auf einmal vor drei Tagen, Gott mag wissen warum, zum Fremdenzimmer gemacht hat. Es kam uns gleich ein bischen spanisch vor, denn Sie sind ja wohl man Arbeiter in unserem Herrn seiner Maschinenfabrik in Berlin, wie der Herr heut über Tisch einmal sagte. Ich bin auch aus Berlin, müssen Sie wissen; ja, und dann weiß man doch, daß so ein Maschinenbauer auch nicht gerade der Großmogul ist. Aber was soll man machen? Wir müssen doch schließlich tanzen, wie die Alte pfeift, denn sonst verklatscht sie uns bei dem Fräulein, gnädigen Fräulein wollt' ich sagen, und die bringt's dann an den Herrn, na, und dann ist natürlich der Teufel los.

Also das ist der Geschäftsgang, sagte ich lachend, von Fräulein Duff durch das gnädige Fräulein zum Herrn Commerzienrath.

Na, manchmal geht es auch umgekehrt, erwiderte der philosophische Wilhelm, was aber nicht so schlimm ist, denn mit der alten Schachtel wird man schon fertig, das ist eine ewige Wahrheit.

Ich mußte, als ich die Lieblingsphrase meiner guten Freundin aus dem frechen Munde dieses ironischen Schelmes hörte, mich umwenden, um nicht geradezu herauszulachen.

Na, und dann soll ich Sie auch fragen, ob Sie noch zu Abend essen wollen? Unten wird in einer halben Stunde Thee getrunken. Dazu giebt es aber nichts, als alten Zwieback und dünne Butterstullen, und da meinte sie denn, Sie würden Hunger haben.

Und den habe ich auch, lieber Freund, sagte ich, und Sie würden mir einen großen Gefallen thun, wenn Sie mir so ein kalten Huhn und ein Glas Wein, oder was Sie sonst haben, bringen wollten. Und dann noch eins, lieber Wilhelm, ich bin nicht eigentlich ein Landsmann von Fräulein Duff; aber Sie würden mich doch verbinden, wenn Sie der Dame fürderhin in meiner Gegenwart nicht anders als in ehrerbietiger Weise Erwähnung thun wollen. So, jetzt können Sie gehen, und dann fragen Sie bei dem Herrn Commerzienrath an, ob ich ihm noch vor dem Thee meine Aufwartung machen darf!

Ich hatte diese letzten Worte in bedeutendem Tone gesagt, wahrhaftig nicht, um meinen Freund in der Livrée zu demüthigen, sondern nur, weil ich es, als Gast des Hauses, für meine Schuldigkeit hielt. Der scherzhafte Wilhelm sah mich halb verwundert, halb mißtrauisch an, und mochte finden, daß das alte Sprichwort trau, schau, wem! auch ein Stück von einer ewigen Wahrheit enthalte.

Während er meine Aufträge auszuführen ging, blickte ich mich, nicht ohne einige Neugier, in dem Gemache um, das bis vor drei Tagen das Zimmer des schönen launischen Mädchens gewesen sein sollte. Wunderlich! so wunderlich, daß es kaum glaubbar schien! Und doch sah es nicht aus wie ein Gastzimmer, und noch dazu für einen so bescheidenen Gast. Ein dicker, weicher Teppich in türkischem Muster bedeckte den Boden in seiner ganzen Ausdehnung. Die Vorhänge an den Fenstern, die Portièren an den Thüren waren von schwerem Damast, ebenfalls in einem bunten, phantastischen Geschmack, mit kostbaren Schnüren und Troddeln reich verziert. Mit dieser in meinen Augen orientalischen Pracht harmonirte die übrige Ausstattung. Ein sehr niedriger und sehr breiter Divan zog sich beinahe um drei Seiten des Gemaches herum, während auf der vierten, der Fensterreihe, niedrige Sessel in den Nischen standen, und zwischen den Fenstern ein kostbarer, mit Perlmutter ausgelegter Schrank aus Rosenholz angebracht war. Von der Decke hing an vergoldeten Ketten eine Ampel von rothem Glase herab, welche trotz der beiden Kerzen, die auf dem Tische standen, ein sanftes Licht in dem Zimmer verbreitete. Als ich den einen Vorhang, hinter welchem ich eine Thür vermuthete, auseinanderzog, erblickte ich in einer tiefen Nische ein breites, niedriges Bett mit seidenen Kissen und Decken. Ich ließ den Vorhang wieder fallen.

Und abermals blickte ich mich in dem Zimmer um, in immer tieferer Verwunderung über den sonderbaren Empfang, den man mir hier bereitet hatte. Auf dem Rosenholzschrank stand eine Vase mit frischen Blumen: Hyacinthen und Krokos. Als ich mich über die Vase beugte, den Duft einzuathmen, fiel mir ein blaues Seidenband in die Augen, welches sich durch die Blumen schlängelte. Auf dem Band schienen Buchstaben mit goldenen Zeichen gestickt, aus denen ich, als ich genauer zusah, die Worte entzifferte: Suche treu, so findest Du!

In einem plötzlichen Uebergang meiner Stimmung, als müßte ich mich wehren gegen den wunderlichen Spuk, lachte ich gerade heraus, lachte ganz toll, schwieg aber plötzlich und ließ schnell die blaue räthselhafte Schlange wieder in ihren duftigen Versteck gleiten, als in

diesem Augenblicke Wilhelm Kluckhuhn mit einem großen Präsentirbrett erschien, von welchem er mir einen der niedrigen vor dem Divan
stehenden Tischchen mit einer vortrefflichen Collation besetzte.

Nun, wann wünscht mich der Herr Commerzienrath zu sprechen?
fragte ich, als Wilhelm, die Serviette unter dem Arm, in der respectvol-
len Entfernung von sechs Schritten vor mir stehen blieb.

Der Herr Commerzienrath wird es sich zur Ehre schätzen, den Herrn
Ingenieur beim Thee zu empfangen, erwiderte er.

Ich schaute auf, mir den Mann genauer anzusehen; seine Ausdrucksweise, ja selbst der Ton seiner Stimme waren so ganz verändert.
Und wie war ich denn so plötzlich zum Ingenieur avancirt? Es mußte
ihm irgend etwas passirt sein, was seinen Gedanken über den neuen
Gast eine andere Richtung gegeben hatte.

Ich sann darüber nach, was es wohl gewesen sein mochte, aber es
war eine unnöthige Mühe: Wilhelm Kluckhuhn gehörte nicht zu den
Leuten, die ein Geheimniß in verschwiegener Seele verborgen halten
können.

Das gnädige Fräulein wird nicht beim Thee erscheinen, sagte er, und
begleitete diese Worte mit einem tiefen, bedeutungsvollen Räuspern.

So, warf ich im gleichgültigen Tone hin, den das lebhafte Pochen
meines Herzens Lügen straſte.

Ja, fuhr der Mittheilsame fort. Ich war eben unten im Salon, um den
Herrn Commerzienrath zu befragen, wann er den Herrn Ingenieur —
Wilhelm Kluckhuhn legte einen scharfen Accent auf das letzte Wort —
zu sprechen wünsche. Beim Thee natürlich, sagte der Herr Commerzienrath. Ich möchte ihn ganz familiär empfangen. — Willst Du nicht
heute Abend erst einmal mit ihm allein sprechen? sagte das gnädige
Fräulein. — Das gnädige Fräulein war nämlich ganz plötzlich von dem
Clavier, an welchem sie noch eben gespielt und gesungen, aufgestanden und nach der Thür gegangen, wo ich stand. — I, Gott bewahre,
sagte der Herr Commerzienrath. Wo willst Du denn hin? — Ich will
auf mein Zimmer, sagte das gnädige Fräulein; ich habe schon den ganzen Tag Kopfschmerzen gehabt. — Da kommst Du am Ende gar nicht
wieder, sagte der Herr Commerzienrath. Das gnädige Fräulein sagte
gar nichts, denn sie war schon an mir vorbei zur Thür hinaus, und ich
sage Ihnen, Herr Ingenieur: ein paar Backen hat sie gehabt, wie meine
Aufschläge hier; und Wilhelm Kluckhuhn deutete mit dem Zeigefinger der Rechten auf den ponceaurothen Aufschlag seines linken
Aermels.

Dies Alles ist höchst merkwürdig, sagte ich.

Ja wohl! sagte Wilhelm, indem er die Augenbrauen hoch auf seine
flache Stirn hinaufzog, und die Winkel seines nicht eben kleinen Mun-
des hufeisenförmig nach unten bog, sehr merkwürdig. Und die Andern
fanden es auch, denn sie sahen sich Alle an, so! und Wilhelm Kluck-

huhn riß seine kleinen Augen so weit als möglich auf und starrte mich in einer Weise an, daß ich einen Augenblick glaubte, er habe den Verstand verloren.

Wer sind die Andern? fragte ich.

Na, der Herr selbst, und Mamsell — wollte sagen Fräulein Duff, und der Herr Steuerrath und die Frau Steuerräthin —

Die sind auch hier? fragte ich nicht gerade angenehm überrascht.

Ja wohl, schon drei Wochen, erwiderte Wilhelm, aber noch soll der erste Tag kommen, wo einer von uns gesehen hätte, wie ihnen das läßt; und er machte mit dem Daumen und Zeigefinger der rechten Hand eine eigenthümliche Bewegung über die Fläche der linken hin. Na, und die schnitten Alle Gesichter! und der Herr Commerzienrath sahen sehr grimmig drein, nahmen sich aber zusammen, was sonst gar nicht seine Gewohnheit ist, und sagte: das ist ja schade, aber das hilft nun nicht, ich werde den Herrn Ingenieur doch zum Thee bitten müssen. Ahpropoh! — ich bitte um Verzeihung! aber wir sagen so immer in Berlin: — warum haben der Herr Ingenieur mir nicht gleich gesagt, daß Sie der Herr Ingenieur sind?

Es ist gut, lieber Wilhelm, sagte ich, und Sie können abräumen, und wenn es Zeit ist, kommen Sie und rufen mich.

Als der redselige Wilhelm mich mit den Eßsachen verlassen, sprang ich von dem Divan auf und schritt in einer Erregung, die ich vor dem Manne sorgfältig verheimlicht hatte, in dem Teppichgemache auf und nieder. Die kleine Geschichte, welche ich eben gehört, gab mir mehr Stoff zum Denken, als ich für den Augenblick bewältigen konnte. Es mußte eine eigenthümliche Scene gewesen sein, sonst hätte sie nicht auf das keineswegs weiche Gemüth Wilhelm Kluckhuhn's einen solchen Eindruck machen können. Und weshalb waren die Kopfschmerzen Herminens gerade in diesem Augenblick so arg geworden? und weshalb hatten sich meine alten Freunde — der Herr Steuerrath und die geborene Kippenreiter — so bedenklich angesehen?

Das Alles hatte nur eine Auslegung, denn eine zweite, die etwa noch möglich gewesen wäre, verwarf meine Bescheidenheit sofort. Das schöne Mädchen zürnte mir noch immer seit dem Zusammentreffen auf dem Dampfschiff. Aber, wenn das der Fall war, was hatte ihre Anfrage bei Paula nach mir zu bedeuten gehabt? woher das Interesse, welches sie doch offenbar an meinem Schicksal nahm? Ich sah sie wieder vor mir, wie ich sie auf dem Dampfschiff gesehen: die rothen Lippen fest aufeinander gepreßt, und aus den blauen Augen feurige Zornesblitze auf mich schießend. Sie hatte mir gesagt, ich müsse mir von ihrem Vater helfen lassen, denn ihr Vater sei reich; und ich hatte ihr geantwortet, gerade deshalb werde ich mir nicht von ihm helfen lassen. Lag denn die Sache jetzt nicht gerade so? Wollte ich denn etwas von ihm? War ich nicht vielmehr gekommen, dem reichen Manne einen Rath zu geben, an welchem es ihm selbst zu gebrechen schien? einen Rath, der, wenn er ihn befolgte, ihn reicher machen mußte, als er je gewesen war? Nein, ich kam nicht als Bittender in dieses Haus! Ich konnte mein Haupt stolz erheben, wie es dem freien Manne zukommt; und wenn es eine Ironie auf meine niedrige Stellung sein sollte, daß man mich hier in dies Prunkgemach gewiesen, so brauchte ich ja nur vornehm im Herzen zu fühlen und die kleine Differenz war vollständig ausgeglichen!

Wenn es Ihnen jetzt gefällig wäre; sagte Wilhelm Kluckhuhn, in der Thür erscheinend. Ich hatte die Absicht gehabt, meinen besten Anzug, welcher nebst der nöthigen Wäsche und einigen Manuscripten und Zeichnungen den ganzen Inhalt des Koffers bildete, anzulegen, um mich der Gesellschaft unten würdig zu präsentiren; die radicale Stimmung aber, in welche ich mich glücklich hineingeredet, ertrug dergleichen kleinliche Rücksichten nicht, und ich erfüllte nur ein Herzensbedürfniß, indem ich so, wie ich ging und stand, meinem Führer die breite, wohlerleuchtete Treppe hinab auf den unteren Flur bis vor eine Thür folgte, welche er mir dienstwillig öffnete, und durch welche ich ohne Spur von Herzklopfen in einen sehr großen, reich möblirten, durch Lampen, die auf verschiedenen Tischen standen, wohl erhellten Salon trat.

An einem dieser Tische, ganz im Hintergrunde des Zimmers, saß die Gesellschaft, welche aus dem Commerzienrath, seinem Schwager, dem Steuerrath, dessen Gemahlin und dem Fräulein Duff bestand. Der Commerzienrath kam mir mit weit ausgestreckter Hand entgegen, schon von ferne mit seiner lauten Stimme rufend, daß er sich unendlich freue, seinen lieben jungen Freund bei sich zu sehen.

Ich habe Sie freilich schon lange bei mir gehabt, fuhr er fort, nachdem er meine Hand ergriffen hatte; ein halbes Jahr schon, und ohne es zu wissen; es ist schändlich! aber diese Mädchen nehmen ja keine Vernunft an! Da machen sie um nichts und wieder nichts ein Geheimniß aus Dingen, die zu erfahren man es sich unter Brüdern seine tausend Thaler kosten lassen würde.

Diese Versicherungen wurden mit so viel Eifer gegeben, daß, wenn ich je daran gezweifelt, ob der Commerzienrath von meiner Anwesenheit in seiner Fabrik unterrichtet gewesen sei, diese Zweifel jetzt vollständig beseitigt waren. Er hatte es gewußt, aber er hatte kein Interesse daran gehabt, es zu wissen, als bis ich ihm von wirklichem erheblichen Nutzen sein konnte.

Vielleicht war es diese Beobachtung, welche mich die Freundschaftsversicherungen des reichen Mannes so kaltblütig entgegennehmen ließ; aber ich mußte lächeln und das Herz ging mir auf, und meine beiden Hände streckten sich unwillkürlich aus, als jetzt das gute Fräulein Duff den Theekessel, an welchem sie beschäftigt gewesen war, stehen ließ, und mit einem schüchternen Lächeln auf den schmalen Lippen und mit einem wehmüthig schmachtenden Aufschlage der blassen Augen auf mich zuschwebte. Sie hatte ihre rechte Hand erhoben, so, daß die Fingerspitzen nach unten fielen, ungefähr in der Weise, wie eine Königin auf der Bühne andeutet, daß sie einen Handkuß des betreffenden Vasallen wünsche oder erwarte. Aber die gute Dame dachte gewiß an dergleichen nicht, es war nur ihre Art, Jemandem die Hand zu reichen, und so nahm ich denn diese dünne, blasse Hand und drückte sie herzlich, wenn auch vorsichtig. Die sensitive Natur des guten Fräuleins hatte sofort herausgefühlt, wie ehrlich ich es mit diesem Händedruck meinte. Sie erwiderte denselben mit nervöser Heftigkeit; ihre blassen Augen füllten sich mit Thränen, und sie flüsterte zu mir empor: »Grämen Sie sich nicht! und zürnen Sie ihr nicht! es ist nicht Haß, es ist jungfräuliche Schüchternheit — verzweifeln Sie nicht — harren Sie aus — suche treu —

Fräulein Duff hatte nicht Zeit, ihre Lieblingsphrase zu beenden, denn der Commerzienrath wandte sich wieder zu mir und zog mich nach dem Tisch, an welchem der Steuerrath und seine Gattin, seitdem ich das Zimmer betreten, kerzengerade, ohne sich von der Stelle zu rühren, gestanden hatten, wie ein paar Gestalten in einem Wachsfigurencabinet.

Sie glauben nicht, wie sich mein Schwager und meine Schwägerin freuen, Sie wieder zu sehen, rief der Commerzienrath, dem die Schadenfreude aus den kleinen glitzernden Augen sah.

Unendlich erfreut, sagte der Steuerrath, mir zwei Finger seiner langen weißen Hand entgegenstreckend, die ich nicht nahm.

Unsäglich erfreut, sagte die Steuerräthin, mit einem starren Blick auf die Lampe vor ihr.

Ich freute mich weder unendlich noch unsäglich und sagte daher weder das eine, noch das andere; dafür betrachtete ich mir desto genauer das liebenswürdige Paar, an welchem die Zeit keineswegs spurlos vorüber gegangen war. Die immer etwas hohe Stirn des Steuerraths war bis zum Scheitel hinauf kahl geworden; in sein langes, glattes, aristokratisches Gesicht hatten sich tiefe Furchen gegraben. Die Augen erschienen mir kleiner und ausdrucksloser, und der Mund größer. Noch schlimmer hatten die ungalanten Jahre der geborenen Kippenreiter mitgespielt. Ihr Haar war allerdings dichter und glänzender als früher; aber der schnöde Verdacht, daß sie diesen erfreulichen Zuwachs der segensreichen Kunst eines Perrüquiers verdanke, wurde bei einem zweiten Blick zur Gewißheit. Und auch sonst entbehrte ihr Gesicht einer künstlichen Nachhülfe nicht. Die bereits stark eingefallenen Wangen waren von einem Roth überhaucht, das zu zart war, um ganz natürlich zu sein, und die dünnen, blassen Lippen spielten jetzt über einem paar Zahnreihen von tadelloser Weiße. Die Geborene hatte sich mit einem Worte um das Doppelte der Jahre, die ich sie nicht gesehen, verjüngt, nur der Ausdruck ihrer schmalen, stechenden Augen war, da er nicht schlimmer werden konnte, derselbe geblieben, und das breite, rothe Band ihrer Haube, welches sie, vermuthlich um die eingefallenen Wangen zu verbergen, unmittelbar unter dem Kinn in einer kühnen Schleife zusammenzuknüpfen pflegte, nickte noch in der alten, häßlichen Weise bei jedem Worte, das sie sagte, hin und her.

Man hatte wieder um den Theetisch Platz genommen. Der Commerzienrath führte die Unterhaltung, bei der es weniger auf die Ergötzung seines Schwagers, als auf sein eigenes Amüsement und nebenbei auf meine Belehrung abgesehen schien. So lernte ich gleich innerhalb der ersten fünf Minuten, daß der junge Fürst von Prora noch immer auf Rossow residire und daß Arthur ihm in seiner Verbannung Gesellschaft leiste.

Denn es ist eine Verbannung, schrie der Commerzienrath seinen Schwager an, Sie mögen sagen, was Sie wollen; ich weiß es vom Justizrath Heckepfennig, den der alte Fürst als seinen Justiziarius zu dem Familienrath zuziehen mußte, in welchem ein Langes und Breites darüber verhandelt ist, ob er den Herrn Sohn für einen Verschwender erklären lassen solle oder nicht. Der alte Herr hat sich zuletzt bestimmen lassen, dem Herrn Sohn noch eine Frist von einem halben Jahr zu gewähren, die er auf dem Lande zubringen soll, während man unterdessen mit seinen Gläubigern abrechnen wird. Auch eine schöne Situation für einen Fürsten, nicht?

Gekrönte Häupter sind selten glücklich; sagte mit einem tiefen Seufzer Fräulein Duff, welche sich eben mit einer Handarbeit zu uns gesetzt hatte.

Ich dachte, die Fürsten hätten nur Hüte, sagte der Commerzienrath mit einem höhnischen Grinsen; indessen ich armer Plebejer bin in solchen Dingen incompetent; Sie müssen das besser wissen, Herr Schwager.

Ohne Frage; erwiderte der Angeredete zerstreut.

Sie denken gewiß an Ihren liebenswürdigen Sohn, Herr Schwager, fuhr der Commerzienrath fort, und ob es wohl eine passendere Gesellschaft für einen Menschen seinesgleichen gibt, als einen jungen Fürsten, der auf dem besten Wege ist, sich zu ruiniren. Ich finde es sehr begreiflich, daß Sie bei dem Gedanken ein Gesicht machen, wie ein Lohgerber, dem die Felle weggeschwommen sind.

Verzeihen Sie, Herr Schwager, aber ich dachte in diesem Augenblick nicht an Arthur, erwiderte der Steuerrath; vielmehr daran, ob die Unterhandlungen über den Verkauf von Zehrendorf, die Sie mit Seiner Durchlaucht neuerdings wieder angeknüpft haben, und die nebenbei zu beweisen scheinen, daß Sie Seiner Durchlaucht doch mehr Einsicht und Geschäftskenntniß zutrauen müssen, von Erfolg sein werden.

Was hat denn das mit seiner Weisheit oder Narrheit zu thun, rief der Commerzienrath, oder ja doch! denn ein je größerer Narr er ist, desto theurer werde ich es an ihn verkaufen können. Uebrigens weiß ich gar nicht, ob ich die Erlaubniß dazu von meiner Tochter erhalten werde. Sie will ja durchaus nicht, daß es in andere Hände kommt. Freilich, sie hat adeliges Blut in ihren Adern! Nicht wahr, Frau Schwägerin? Und da muß sie die Sache natürlich anders ansehen, als ich armer Roturier. Ich hätte es schon längst verkaufen können; unter Andern an Herrn von Granow, der mir ein sehr schönes Gebot gemacht hat, und als einer unserer nächsten Nachbarn es auch am besten brauchen kann. Indessen Hermine behauptet, Frau von Granow sei eine zu gewöhnliche Person — vermuthlich, weil Sie keine Geborene ist, wie Sie, verehrteste Schwägerin, denn die Geborenen können nicht gewöhnlich sein, Frau Schwägerin? — aber was ich sagen wollte, Hermine behauptet, ich dürfe ihr nicht eine solche Nachfolgerin geben. Ja, du lieber Gott! sie wird Niemanden finden, den sie für würdig hält, höchstens Herrn von Trantow.

Wie geht es dem? rief ich.

Nun, sehr gut, erwiderte der Commerzienrath; er ißt und trinkt und schläft, weshalb sollte es ihm also nicht gut gehen? Ja, das ist ein großer Liebling von meiner Hermine; ich glaube, sie wäre im Stande, ihn zu heirathen, wenn sie ihn nur einmal nüchtern sehen könnte.

Fräulein Duff mußte über so entsetzliche Worte die Hände zusammenschlagen, und einen Blick auf mich richten, in welchem ich, wenn ich scharfsinnig gewesen wäre, unzweifelhaft irgend eine ewige Wahrheit gelesen haben würde, während der Steuerrath und seine Gattin ein paar blitzschnelle, verständnißvolle Blicke unter einander wechselten. Ich bemerkte ein leises, ermuthigendes Winken in den Wimpern des Steuerraths, auf welches ein leichter Hustenanfall der Geborenen und dann die Bemerkung folgte: es gibt ein altes Sprichwort, lieber Herr Schwager, an welches ich immer erinnert werde, sobald ich scherzhafte Aeußerungen der Art vernehme, wie wir soeben aus Ihrem Munde gehört haben.

Sie meinen, man soll den Teufel nicht an die Wand malen, schrie der Commerzienrath, aber beruhigen Sie sich! Wenn der Teufel auch nicht kommt, Ihr Arthur kommt darum noch lange nicht; nein, noch lange nicht! und der Commerzienrath brach in ein schallendes Gelächter aus, um sich für seinen Witz zu belohnen.

Ich weiß mich frei von ehrgeizigen Plänen der Art, verehrtester Herr Schwager, erwiderte die Geborene, deren Wangen in diesem Augenblick des Carmins vollständig entbehren konnten.

So! schrie der Commerzienrath, nun, das ist schön! Wissen Sie sich vielleicht auch frei, Herr Schwager? Wenn es dann Ihrem Herrn Sohn ebenso geht, so wissen Sie sich alle drei frei, und mehr kann Keiner von Euch verlangen. Uebrigens, Frau Schwägerin, sind die Trantows eine so alte Familie, daß Sie schon aus diesem Grunde Scheu tragen sollten, den letzten Abkömmling derselben mit dem Gott-sei-bei-uns zu vergleichen.

Wenn es nur auf das Alter der Familie ankommt, sagte der Steuerrath, so wissen Sie, verehrtester Herr Schwager, daß die Trantows freilich ihren Stammbaum bis in das vierzehnte Jahrhundert zurückführen, die Zehrens aber —

Weiß es! weiß es! habe es schon hunderttausendmillionenmal gehört, rief der Commerzienrath, indem er hastig vom Stuhl aufsprang. Ihr seid eine schauderhaft alte Familie, ja Frau Schwägerin, schauderhaft alt! aber beruhigen Sie sich, alt, wie Sie sind, Sie können immer noch ein paar Jahre älter werden. Und nun folgen Sie mir, mein junger Freund, damit wir in meiner Stube endlich einmal zu einem vernünftigen Worte kommen.

Er ging mir voran, durch ein ebenfalls hellerleuchtetes Zimmer in ein zweites kleineres Gemach, welches nach den bequemen, roßhaarüberzogenen Möbeln und Aktenrepositorien zu schließen, sein eigenes Zimmer war, das er denn auch nach seinem allereigensten Geschmakke ausgestattet hatte.

Ein paar herzlich schlechte Copien nach alten berühmten Meistern, dazwischen noch schlechtere Originale neuesten Datums: Thierstükke, Landschaften, bedeckten die Wände und correspondirten hinsichtlich des künstlerischen Werthes mit einigen Büsten des regierenden Königspaares und anderer fürstlicher Personen, welche an schicklichen oder auch unschicklichen Stellen, wie es eben kam, angebracht waren. Von der Decke hing eine Lampe über einem runden Tisch, auf welchem unter verschiedenen Papieren neben einem brennenden Licht ein offenes Kistchen mit Cigarren stand.

So, mein lieber, junger Freund, rief der Commerzienrath, indem er sich in den Stuhl warf, und die im Laufe der Jahre noch dünner gewordenen Beinchen mit einer Miene, welche Behaglichkeit ausdrücken sollte, von sich streckte. Greifen Sie zu! etwas Excellentes! direct aus der Havannah! mir von einem meiner Kapitäne vor acht Tagen mitgebracht! unverzollt, wie ich sie habe, unter Brüdern einhundertzwanzig Thaler! So! Nun, was sagen Sie zu dem alten, lächerlichen Kerl von Steuerrath und seiner widerwärtigen Frau Gemahlin? Drei Wochen liegen sie mir nun schon auf dem Halse, aber ich gebe ihnen auch keinen Pardon; haben Sie sich nicht köstlich amüsirt?

Nicht, daß ich sagen könnte, Herr Commerzienrath?

Nicht? Nicht? warum nicht? Sie müssen schwer zu amüsiren sein!

Im Gegentheil, Herr Commerzienrath, Niemand liebt eine harmlose Unterhaltung mehr als ich, aber ich kann es nicht harmlos finden, wenn der Wirth seine Gäste, sie seien, wer sie auch seien, zum — verzeihen Sie mir, Herr Commerzienrath — zum Narren hat.

So! so! das ist mir ja ganz etwas Neues, rief mein Wirth und sah mich mit einem bösen Blicke an.

Und doch ist es eine recht alte Sache, Herr Commerzienrath, die schon in den Urzeiten von den Menschen gekannt und ausgeübt wurde, und, wie ich höre, auch heut zu Tage selbst von den rohesten Völkerschaften heilig gehalten ist, sie müßten denn zufällig Menschenfresser sein.

Menschenfresser ist gut! Menschenfresser ist sehr gut, rief der Commerzienrath, sich in seinen Fauteuil zurückwerfend und überlaut lachend, als hätte er keineswegs vor einer halben Minute auf dem Punkte gestanden, sich ernstlich mit mir zu erzürnen. Ganz ausgezeichnet gut! Wie finden Sie die Cigarren? Aber Ihre aufrichtige Meinung, bitte ich!

Nicht eben so ausgezeichnet gut, wenn Sie meine aufrichtige Meinung haben wollen.

Nicht? nicht ausgezeichnet? Nun, hören Sie, junger Mann, Sie müssen schwer zu befriedigen sein! Eine solche Cigarre! nicht ausgezeichnet! Wo oder wann hätten Sie eine bessere geraucht?

Und der Commerzienrath blies mit scheinbar innigstem Behagen den Rauch durch die Nase.

Offen gestanden, schon recht oft, Herr Commerzienrath, aber freilich muß ich sagen, daß ich in diesem Punkte etwas verwöhnt bin; ich hatte es während meines früheren Aufenthaltes hier in Zehrendorf gar zu gut gehabt.

Ei freilich, rief der Commerzienrath; der konnte es, der brauchte die Waare auch nicht zu versteuern, wie unser einer.

Ich dachte, Herr Commerzienrath, Sie sagten, diese Cigarren seien auch nicht versteuert.

Mein Wirth sah mich wieder an, als würde er im nächsten Augenblicke nach dem Bedienten klingeln, um mich aus dem Hause werfen zu lassen. Er klingelte aber nicht, sondern sagte: So, wenn Sie denn schon einmal ein solcher Kenner sind, wie theuer schätzen Sie denn das Kraut?

Mit zwanzig dürfen sie bezahlt sein, Herr Commerzienrath.

Achtzehn kosten sie! schrie der Commerzienrath, indem er mit der Hand auf den Tisch schlug; aber soll man seinen Gästen theure Cigarren vorsetzen, bevor man weiß, ob sie es zu würdigen wissen? Nun will ich Ihnen aber welche geben, die —

Hundertzwanzig Thaler unter Brüdern werth sind.

Ja, ja, genau so, Sie ironischer Mensch, rief der kleine alte Herr, in dem er aufsprang und ein Kästchen aus seinem Schrank nahm, welches denn wirklich Cigarren enthielt, von denen ich nur sagen konnte, daß ich sie selbst bei dem wilden Zehren nicht besser geraucht habe.

Mein liebenswürdiger Wirth war durch diese kleine Comödie in eine so behagliche Stimmung versetzt, daß er durchaus eine Flasche Steinberger-Cabinet bringen lassen mußte, aus welcher er mir sehr fleißig einschenkte, während er selbst eben nur an dem Glase nippte, obgleich er sich die Miene gab, mit mir bei der ersten und einer zweiten Flasche, die er im Laufe des Abends kommen ließ, gleichen Schritt zu halten. Ich hatte den alten Herrn früher und noch zuletzt bei jenem Besuch im Gefangenhause hinter der Flasche gesehen, und wußte, daß er war, was man einen Dreiflaschenmann nennt. Wenn er sich also heute so vorsichtig hielt, hatte das vielleicht seinen speciellen Grund. Und dieser Grund blieb mir nicht lange verborgen. Der Commerzienrath wollte mich offenbar zum Reden bringen, über eine Menge Dinge meine Meinung hören, meine ganz wahre Meinung, und da sollte denn der feurige, durchaus vortreffliche Wein meiner etwa mangelnden Wahrheitsliebe zu Hülfe kommen. Ich habe später den Mann dieselbe Methode in ähnlichen Fällen so oft wiederholen sehen, als daß ich den geringsten Zweifel an der Richtigkeit der Beobachtung, die ich diesen Abend machte, haben könnte. Und noch ein anderes Manöver, in welchem der alte Geschäftsmann Meister war, sollte ich heute kennen lernen. Dies Manöver bestand darin, daß er, tief in seinen Stuhl zurückgelehnt, die Augen halb geschlossen, seinbar zusammenhanglos über dies und jenes sprach, wobei er von dem hundertsten in das tausendste zu gerathen drohte, um plötzlich mit einer blitzschnellen Wendung auf den Punkt zu gehen, dem er, ohne daß sein Zuhörer es merkte, trotz alles Irrlichterirens immer näher gekommen war. Er hüllte sich so zu sagen in eine schwarze Wolke, wie der Tintenfisch es thun soll, wenn er seinen Verfolgern entrinnen will, nur mit dem Unterschiede, daß dieser alte schlaue Hecht in Gestalt eines königlichen Commerzienrathes die Kriegslist anwandte, um aus der Wolke heraus unversehens nach einem ahnungslosen Gründling zu schnappen.

Mitternacht war vorüber, als mich Wilhelm Kluckhuhn wieder auf mein Zimmer brachte. Er entzündete die beiden Kerzen auf dem Tisch vor dem Divan, fragte mich, ob er die Hängelampe auslöschen solle, was ich bejahte, und wann ich morgen früh geweckt zu werden wünsche, worauf ich nur antworten konnte, daß ich die Gewohnheit habe, von selbst zur rechten Zeit aufzuwachen, und verließ mich dann mit einer Ehrerbietung, die im lächerlichen Gegensatz zu dem äußerst ungenirten Wesen stand, mit welchem er mich einige Stunden vorher empfangen.

Ich dachte noch nicht an Schlafengehen. Mein Kopf schwärmte von den Gedanken, welche das lange Gespräch mit dem Herrn des Hauses in mir aufgeregt hatte; meine Brust war voll von wogenden Empfindungen, welche die seltsame Situation, in der ich mich befand, wohl erwecken mußte; und wie das in später Nacht nach ein paar Flaschen feurigen Weines in einer vollkommen neuen Umgebung zu geschehen pflegt, reihten sich die Erlebnisse des Abends zu einem bunten, lustigen, mich bald in lieblichen, bald grotesken Gestalten umgaukelnden Tanz: der Commerzienrath mit den halb geschlossenen Augen und dem scharfen, hechtgleichen Schnappen nach dem Punkt in der Unterhaltung, auf welchen es ihm ankam; — das gute Fräulein Duff mit dem sentimentalen Zwinkern ihrer blaßgelben Augenlider; — der Steuerrath mit dem weißen, lauernden Gesicht, und der weißen, schmalen Hand, an welcher der ungeheure Siegelring funkelte; — die geborene Kippenreiter mit den falschen Zähnen und dem falschen Lächeln, und zuletzt sie, die ich nicht gesehen, und dennoch immerfort in meines Geistes Auge sah; sie, in deren Zimmer ich mich hier befand, die gewiß in dieser Divanecke oft geruht, in welcher ich jetzt eine Cigarre dampfte: die kleine, elastische Gestalt des schönen, jungen Mädchens mit dem übermüthigen Zucken um den rothen Mund und dem sommerlichen Leuchten in den kornblumenblauen Augen! Und seltsamer als das Alles: hinter diesem Vordergrunde kaleidoskopisch wechselnder und wie in Nebel zerflatternder Scenen und Gestalten baute sich ein Hintergrund der Verhältnisse auf, mit denen ich es für den Moment zu thun hatte, und die ich zu durchschauen glaubte bis in ihre intimsten Beziehungen, als hätte mir ein Zauberer die geheimniß- volle Salbe gegeben, mit welcher man nur der Augen eines zu bestreichen braucht, um die Schätze zu sehen, die schlummernden alle, die in der Erde sind. Schon einmal in meinem Leben war mir ein solcher Moment gekommen: an jenem Tage nach der Ankunft in Zehrendorf, als ich des Nachmittags im Parke wandelte und unter den leise rauschenden Bäumen, Angesichts des alten, ehrwürdigen Schlosses, über welches die Sonnenlichter und die Wolkenschatten zogen, auf einmal wußte, daß der Herr dieses Parkes, dieses Hauses ein verzweifelter Schmuggler sei. Und ebenso, oder doch ähnlich, war es jetzt bei mir eine ausgemachte Sache, daß dieses neue Haus auf einem morschen Boden stehe, welcher jeden Augenblick unter ihm zusammenbrechen und das stolze, vielbeneidete Glück des Mannes unter den Trümmern eines colossalen Bankerotts begraben könne. Und ebenso wie damals erschien mir der Gedanke ganz extravagant, ganz verrückt, aber ich schalt mich nicht wie damals; ich suchte vielmehr alles Ernstes die Punkte zu finden, die mir möglicherweise den Anhalt gegeben haben konnten zu einem Verdacht, der in dem lächerlichsten Widerspruch stand, mit dem Glanz dieses Zimmers, mit der Pracht des Hauses, mit Allem, was ich von Kindesbeinen an bis zu diesem Augenblick über die Vermögensverhältnisse des Crösus unserer Provinz gehört hatte. Was in aller Welt war es nur gewesen? Ein eigenthümliches Zittern seiner Stimme, als er von den ungeheuren Posten Korn sprach, die er seit dem vorigen Herbst auf Lager habe, und von dem beispiellosen Sinken der Preise durch die veränderten Conjuncturen in England und Amerika; das und die nervöse Gereiztheit, als ich ihm die Nothwendigkeit nachwies, die Maschinenfabrik in der Stadt auf den doppelten Umfang zu erweitern, wenn er in der Concurrenz mit den übrigen Fabriken jetzt beim Erwachen der Eisenbahn-Industrie in unserem Lande nicht unwiederbringlich verlieren wollte. Dann zum Dritten der dringliche Wunsch, auf den er immer wieder zurückgekommen, Zehrendorf für eine möglichst hohe Summe — er hatte fünfmalhunderttausend Thaler genannt — an den Fürsten von Prora zu verkaufen.

Der sonderbare Gedanke hatte mir den Athem benommen; ich war an das offene Fenster getreten und blickte träumend hinaus auf einen freien Platz, der in dem matten Licht des Mondes mit Kies bestreute Gartenwege, dunkle Beete und andere Anlagen zeigte.

Ja, ja, sagte ich bei mir, mit einer Art von Trotz an meinem Einfall festhaltend, warum sollte es nicht so sein? und wäre es nicht, wenn es wäre, nur eine gerechte Nemesis? Jene alten Ritter vom Stegreif hatten so lange ihr Wesen getrieben und die Zeichen der Zeit so gründlich verachtet, bis die Zeit sich gegen sie wandte und sie von sich stieß, wie ein muthiges Roß den bügellos gewordenen Reiter aus dem Sattel schleudert. Und in unserer Zeit reiten die Todten schnell, und dieser Mann hier, der Krämer, der des Ritters Roß bestieg, ich rechne ihn wie Jenen zu den Todten. Schnöde Habsucht und nackter Egoismus — sind sie nicht die Nahrung gewesen des Einen wie des Andern? haben sie nicht beide als Motto in ihrem Schilde gehabt: Ich für mich! und Alle und Alles für mich! Hat je einer von ihnen an das arme Volk gedacht, als um zu finden, daß es da sei, ihnen zu frohnden? Ja, ist es nicht mehr als ein Zufall, daß der verbrecherische Handel, auf welchen sich der Ritter vom Stegreif geworfen, um nur sein Leben zu fristen, das Mittel gewesen ist, durch welches der Krämer den Grund zu seinem Reichthum legte? Hat er mir nicht eben erst mit dem größten Behagen erzählt, wie schlau sein Vater und er die fabelhaft günstigen Conjuncturen während der napoleonischen Continental-Sperre benutzt, und wie sie das Geschäft noch Jahre und Jahre lang fortgesetzt und Hunderte von Tausenden dabei gewonnen, und wie sie es genau in dem Augenblick, als die Sache gefährlich zu werden anfing, abgebrochen hätten! Nun denn, ist nicht dem Krämer, der sich zum Ritter vom Stegreif gemacht, recht, was dem Stegreif-Ritter, der zum Krämer geworden, billig war? Nur daß die Herrschaft des Letzteren nicht eben so lange dauern wird, als die des Ersteren, und das mit Fug und Recht, denn die Todten, die Todten reiten schnell.

Die Todten reiten schnell.

Ich blickte zum nächtlichen Himmel hinauf, wo an des Mondes bei-

nahe voller, glänzender Scheibe von dem scharfen Nachtwind ost-
wärts ungeheure schwarze Wolkenmassen vorübergetrieben wurden.
Seltsam phantastische Gestalten: langgestreckte Drachen mit weit
aufgesperrten Mäulern, kolossale Fische mit gierigen Zähnen, scheußliche Crustaceen mit langen Scheeren und krabbelnden Beinen; Riesen
auch mit ragenden Häuptern und mit Felsblöcken in den erhobenen
Armen; dann wieder Zwerge mit schlauen Buckeln und begehrlichen
spitzen Bäuchlein — Ungethüme und Ungeheuer aller Art, und nicht
eine einzige reine schöne Gestalt! In einer wunderlichen Ideenverbin-
dung glaubte ich in diesen häßlichen Wolken die Geschlechter der
Menschen zu sehen, welche die Herrschaft gehabt auf Erden, und das
Scepter geführt und das schneidige Schwert, und die kein Mitleid
gehabt mit der unterdrückten Menge, die sie aussaugten, gerade wie
das leichtere, graugrüne Gewölk, das ängstlich unter den Riesen hin-
trieb, sobald es in die Lichtregion des Mondes kam, zu zerflattern und
zu verdunsten schien. Und sollte das in endloser Reihe durch die Ewig-
keiten so gehen? Immer ein Geschlecht der Dränger dem anderen
Drängergeschlechte folgen? Die Ritter vom Hammer immer auf den
unglücklichen Amboß hämmern? Sollte nie, nie die Zeit kommen, eine
andere Zeit, eine bessere Zeit, wie sie das entzückte Auge meines
Lehrers gesehen, die heranzuführen er sein Blut und Leben eingesetzt,
und der auch ich mich geweiht hatte mit allen Kräften meiner Seele!

Gewiß, sie wird kommen, diese Zeit, rief ich, ja, ist sie nicht schon?
Nicht schon in dir, der du erkannt hast, daß sie kommen wird und
muß? Ist sie nicht schon in Allen, welche denken wie du und die Macht
haben, ihren Gedanken Form und Farbe und Fleisch und Blut zu
geben?

Welche die Macht haben! Wer sie hätte! Es wäre doch ein schönes
Ding, hier Herr zu sein und drüben in der Fabrik und in seinen anderen
Fabriken und Comptoirs! Tausenden und Tausenden ein Glückbrin-
ger, ein Heiland sein zu können und — es nicht zu sein! Ein Ungeheuer
mit höllenweitem Rachen zu sein, wie das Wolkenscheusal da oben,
weil uns, wie Doctor Willibrod sagt, sobald wir zu Macht und Reichthum gelangen, ein Kieselstein oder Goldklumpen statt des warmen
Herzens in der Brust hängt. Pah!

Und ich schloß unwillig das Fenster, ließ die Gardinen herab und
schritt auf mein Lager zu, mich zur Ruhe zu legen.

Aber auf dem halben Wege schon blieb ich stehen. Die einmal los-
gelassenen Gedanken wollten sich so schnell nicht wieder einfangen
lassen; ich blickte mit über der Brust verschränkten Armen auf all'
den Glanz des prächtigen Zimmers.

Und daran ist sie gewöhnt von Jugend auf, sprach ich bei mir; über
diesen weichen Teppich ist ihr Fuß immerdar geschritten, solch' wollü-
stige Stoffe hat ihre Hand stets berührt, und diese balsamische Luft hat

sie immer geathmet! Wenn es wäre, wenn der schamlose Egoismus genau so vor dem Fall käme, wie der brutale Hochmuth, wenn dies Haus zusammenstürzte, wie jenes alte — es wäre hart, unsäglich hart für sie! Die Andere hatte mich einst ihren Georg genannt, ihren Drachentödter! Nun, sie hatte nicht gerettet sein wollen, und ich, ein halber Knabe noch, hätte sie nicht retten können. Um diese hier stände es vielleicht anders; vielleicht würde sie lieber gerettet werden wollen, als untergehen, und — auf alle Fälle bist du kein Knabe mehr!

Ich wandte mich wieder, und mein Anblick fiel auf den kleinen, schäbigen Seehundskoffer, den Wilhelm Kluckhuhn zu den Füßen des Bettes, dessen bauschige Vorhänge er zurückgezogen, jetzt sorgsam auf ein Gestell gelegt hatte. Ich mußte laut lachen. Es war doch auch sehr lächerlich, wenn man kaum mehr besaß, als in diesem winzigen, schäbigen, noch dazu geliehenen Ranzen Platz hatte, ein Haus wie dieses hier retten zu wollen, sich um das Schicksal von Menschen den Kopf zu zerbrechen, die in einem Hause, wie dieses hier, wohnten! Und ich machte, daß ich zu Bett kam, und als ich eben einschlafen wollte, weckte ich mich selber wieder auf, denn ich mußte abermals über etwas laut lachen — aber ich wußte nicht, worüber.

Vierzehntes Capitel

Als ich aber am nächsten Morgen in der ersten Dämmerstunde erwachte, wußte ich es. Es war das gestickte Band gewesen, welches ich gestern Abend in dem Blumenbouquet auf dem Rosenholzschränkchen zwischen den Fenstern entdeckte, und in welchem ich im Halbschlaf eine gar freundliche und liebliche Auflösung aller der Räthsel, die mich hier umgaben, gefunden zu haben glaubte. Jetzt, mit hellwachen Sinnen, sah ich freilich wieder nichts darin, als eine sentimentale Albernheit des guten Fräulein Duff. Wie dem auch sein mochte, es erfaßte mich eine Unruhe, die mich von meinem seidenen Lager emportrieb. Ich kleidete mich schnell an. Ein Spatzenpaar, das irgendwo in der Nähe unter dem Dache nisten mußte, fing eine lebhafte Unterhaltung an und schwieg dann plötzlich — sie hatten zu früh Tag gemacht.

Ich nicht minder. Konnte ich doch, als ich mit dem seidenen Bande an das Fenster trat, die goldenen Perlen-Lettern der Schrift von dem blauen Grunde nicht unterscheiden. Ich wurde ein wenig ärgerlich über meine kindische Neugier. War ich hierher gekommen, Räthsel zu lösen?

Dennoch hielt ich die Schleife noch in der Hand, als es draußen heller zu werden und der erste rosige Morgenschimmer das Gewölk im

Osten zu umsäumen begann. Schon unterschied ich deutlich die Wege und Beete in den Anlagen unter mir, ja auf den Beeten bald den gelben Krokos von den blauen Hyacinthen. Und abermals senkte sich mein Blick auf das magische Band, und ich las jetzt deutlich noch einmal die bekannte Devise.

Nun, sagte ich bei mir, mag es ernsthaft gemeint sein oder nicht, mag es eine sentimentale Albernheit der Duenna, oder ein übermüthiger Scherz des schönen Mädchens sein — es ist ein gutes Wort, und ich will es mir gesagt sein lassen. Treu will ich suchen, und, was das Finden anbetrifft, so will ich mir darüber nicht den Kopf zerbrechen.

Ich steckte das Band zu mir, damit es nicht etwa gar Wilhelm Kluckhuhn in die neugierigen Hände fiele, und verließ mein Zimmer. Durch das geräumige Haus, in welchem noch überall auf den teppichbelegten Corridoren und Treppen Dämmerung und Schweigen herrschten, suchte und fand ich eine Thür, welche mich aus dem unteren Flur in's Freie leitete.

Es war eine kleine Seitenthür gewesen, ähnlich wie die, durch welche man in dem alten Hause auf den ruinenhaften Hinterhof gelangte. Der Hinterhof war natürlich verschwunden und überhaupt Alles so verändert, daß ich mich auf einem mir vollkommen fremden Terrain in einer ganz neuen Umgebung befand. Aber ich sah bald: es war nicht nur etwas Neues und Anderes, was man hier geschaffen, sondern etwas, das zu dem Früheren einen vollkommenen Gegensatz bildete. So colossal und offenbar unwohnlich das alte Schloß in breiten, schmucklosen Massen aufgeragt hatte, so verhältnismäßig klein, aber augenscheinlich zweckmäßig eingerichtet, in einem zierlichen, wenn auch vielleicht nicht ganz reinen Styl präsentirte sich das jetzige Wohnhaus. Der Wirthschaftshof, dessen eine Seite damals das Herrenhaus begrenzte, war ein paar hundert Schritte weiter weg gelegt worden. Das Herrenhaus umgab jetzt ringsum ein freier Platz, welcher nach allen Seiten von Anlagen, denen man freilich ihr jugendliches Alter nur zu deutlich ansah, eingenommen wurde. Man hatte wohl die Absicht gehabt, eine kleine blühende Oase, deren Mittelpunkt das Wohnhaus war, von dem übrigen, dem Nutzen geweihten Boden auszusondern — ein hübscher Gedanke, der nur noch vielleicht einige zwanzig Jahre zu seiner Verwirklichung brauchte.

Es war eben eine neue Zeit, die hier eingezogen war. In welchem Glanz der Neuheit blickten die Ziegeldächer des Hofes zwischen den jungen Pappeln herüber! Rechts vom Hofe auf einer Strecke, wo früher eine weite Brache vergebens der Kultur geharrt hatte, schimmerten jetzt unendliche Flächen grüner Saat, und welch' neuen, für diese Gegend fast unglaublichen Anblick gewährte weiter rechts der Complex von Gebäuden in rothem Ziegelstein, aus deren Mitte ein riesiger Schornstein so eben eine schwere Rauchwolke in den lichten Morgenhimmel sandte. Es war die vor zwei Jahren angelegte Brennerei, zu welcher wir im Laufe des Winters eine neue Maschine geliefert hatten. Bis zu dieser Stelle mußte sich nach meiner Berechnung früher der Parkwald erstreckt haben. Jetzt war kein Baum mehr zu sehen; und immer noch kein Baum, als ich um das Haus herumging und in den Theil der Anlagen gelangte, in welchen ich vorhin aus meinem Fenster einen Blick geworfen. Ich überzeugte mich, daß dies wahr und wahrhaftig der Platz der großen Parkwiese sein mußte; aber vergebens suchte das Auge jetzt nach der herrlichen Wand, mit welcher die prächtigen Buchen das weite Revier nickenden Grases begrenzt hatten. Bis zu den Hügeln hinauf, über welche man zu dem Vorgebirge aufstieg, war der stolze Wald abgetrieben und die Stumpfe, die man fast überall vorläufig stehen gelassen, gaben dem Terrain das Ansehen eines riesigen, schlecht unterhaltenen Friedhofes. Hier und da hatte man auf vollständig gerodeten Stellen angefangen, wieder nachzusäen und nachzupflanzen, aber die jungen Schonungen sahen kümmerlich aus und würden schwerlich je so riesige Stämme liefern, wie man sie hier und da bereits zugehauen zwischen den Stumpfen liegen sah.

Ich schritt weiter auf dem gut erhaltenen Fahrweg, der hügelauf nach dem Vorgebirge führte und ungefähr die Richtung verfolgte, wie der alte Weg, auf welchem man durch den Wald zu dem Weiher gelangte. Und dies hier mußte die Stelle sein; diese fast kreisrunde Vertiefung, auf deren Grunde noch hier und da zwischen schon begrasten Stellen Lachen schwarzen Wassers blinkten. Du lieber Gott! abgrundtief hatte er sein sollen der düstere Waldsee und jetzt sah man, daß seine größte Tiefe nicht dreißig Fuß betragen! Man hatte ganz einfach das Ufer in der Richtung des Strandes durchstochen und das Wasser abgelassen, um den Moder zu gewinnen, in welchen sich die Blätter, die Jahrtausende lang von den Bäumen herabgeweht waren, auf dem Grunde des Sees verwandelt. Nun, der Dünger mochte den erschöpften Feldern trefflich zu Gute gekommen sein; aber hier war es häßlich geworden, verzweifelt häßlich auf einer Stelle, die damals die süßesten Schauer der Waldeinsamkeit umwitterten. Nur einen einzigen der stolzen Riesen hatte man stehen lassen auf der mittleren Abdachung des Hügels. Es war eine gewaltige, vielhundertjährige Buche, welche ich, trotzdem sie sich jetzt, da sie ringsum frei stand, ganz anders präsentirte, wieder zu erkennen glaubte. Und ich hatte mich nicht getäuscht. Da stand auf der graugrünen Rinde mit zum Theil halbverwachsenen, aber noch wohl lesbaren Lettern mein Vorname und ein Datum, das Datum des Tages, an welchem ich Konstanze von Zehren an jenem sonnigen Herbstmorgen zuerst unter eben diesem Baum gesehen!

Es war doch ein eigener Zufall, daß gerade dieser Baum von all' den schönen prächtigen Bäumen hatte erhalten bleiben müssen!

Ein Gefühl von Trauer und Wehmuth wollte mich übermannen. Ich blickte tief athmend hinauf zu dem hellen Himmel. Jener Morgen war schön gewesen, aber die Blätter hatten schon zu fallen begonnen, und der Winter, der die ganze Schönheit auslöschen sollte, vor der Thür gestanden; und heute war der Morgen auch schön, und Frühling war's, und die langen Sommer-Tage voll Licht und Sonnenschein kamen erst, die Tage der Arbeit, auf welche dann auch die Ernte nicht ausbleiben mochte!

Ja, sprach ich bei mir selbst, indem ich rüstig hügelauf und jetzt über den Rücken des Vorgebirges schritt, ja, jene Welt mußte untergehen mit ihrem trauten Waldesrauschen und dem geheimnißvollen Plätschern dunkler Seen aus grauer Vorzeit, mit ihren zerbröckelnden Schlössern, ihren zerfallenen Höfen und brach liegenden Feldern. Selbst du mußtest verschwinden, altersgraue Thurm-Ruine, und diesem kleinen Pavillon Platz machen, aus dessen Fenstern es sich gar schön hinausschauen lassen muß über die Fläche des Plateaus auf das Meer.

Hier war es, wo der Thurm gestanden! Ein bunter Schmetterling hatte sich an die Stelle gesetzt, wo der kriegerische Aar so lange gehorstet. Ich ging um den zierlichen Bau, dessen Thür verschlossen und hinter dessen blanken Fenstern die seidenen Vorhänge heruntergelassen waren, rings herum. An der Südseite standen unter einem weit vorspringenden Dach mehrere Bänke und Tische.

Während ich hier saß und, den Kopf aufgestützt, in die Weite schaute, ging die Sonne auf. Zitternd in ihrem Glanz stieg sie hervor aus dem Meer, aber es war nicht blos das Uebermaß des Lichtes, das mich meine Augen schließen machte. Ich hatte sie schon einmal aufgehen sehen von eben dieser Stelle, und hier, wo ich saß, hatte ein Todter gesessen und mit den gebrochenen Augen, auf denen die ewige Nacht bleiern lag, in all' die Herrlichkeit gestarrt!

Ein thränengieriges Weh stieg in meiner Brust auf, aber ich kämpfte es muthig nieder. Das war gewesen; es durfte nicht wieder kommen, wenn es mir nicht den Tag verdüstern wollte, den hellen Tag, welchen ich schon längst als ein Geschenk gütiger Götter zu begrüßen und entgegenzunehmen gewohnt war.

Ruhig erhob ich mich und wandte mich zu der Schlucht, die ich in jener Schreckensnacht mit dem wilden Zehren auf kaum gangbarem Pfade erklommen und wo jetzt eine Treppe mit vielen und bequemen Stufen gemächlich zu der Schneidemühle hinabführte, von welcher mir gestern Abend der Commerzienrath erzählt hatte, und deren Klappern eben aus der Tiefe zu mir herauf zu schallen begann. Es war nur ein kleines, aber vortrefflich eingerichtetes Werk, und hatte seinen Dienst

so gut gethan, daß der ganze Wald von Zehrendorf bis auf einen kleinen Rest bereits von seinen Sägen zerschnitten war.

Ich wollte, wir wären nicht so fleißig gewesen, sagte der Meister, den
ich in der Mühle fand; denn mit unserem Wald haben wir uns auch
das Wasser abgeschnitten, so daß wir nur noch ein Drittel der Zeit
arbeiten, und die Bestellungen gar nicht ausführen können, die von
allen Seiten kommen. Nachdem es ihnen der Herr Commerzienrath
vorgemacht, wollen nämlich alle es ihm nachmachen, und denken
auch nicht an die Zukunft, sondern lassen schlagen, was fallen will,
daß nächstens kein Baum mehr auf diesem Theil unserer Insel zu sehen
sein wird. Ich habe es dem Herrn Commerzienrath genug gesagt, aber
er wollte ja nicht hören, nun er hat den Schaden.

Dem wäre vielleicht durch eine kleine Dampfmaschine abzuhelfen,
meinte ich.

Schon gut, sagte der Mann, nur ist Wasser billiger als Dampf; aber
das kann ja immer nicht genug einbringen, und man schlachtet das
Huhn, um das Ei zu haben. So riethen Alle, die etwas davon verstanden, dem Herrn, schon darum den Wald nicht auf einmal abzuholzen,
um dem jungen Nachwuchs Schutz vor den Winden zu gewähren, die
hier auf der Höhe gar scharf wehen. Nun kommt auf dem kahlen, von
der Luft vollends ausgetrockneten Boden nichts von der Stelle, wie der
Herr ja gesehen haben wird, wenn er vom Schloß aus über die Höhe
gekommen ist. Ja, ja, mit der Natur darf man nicht umspringen in der
Weise, die ist nicht so geduldig wie wir Menschen.

Es war ein kleiner Mann mit einem ernsten, klugen Gesicht, der also
zu mir sprach. Aus einem andern Theil der Insel, wie er mir sagte,
gebürtig, kannte er die Natur und Art des Landes und Volkes wohl,
war aber in dieser Gegend zum ersten mal. Ich gab mich ihm als denjenigen zu erkennen, der die neuen Maschinen in dem Kreidebruche
aufstellen sollte, und fragte ihn, was er von diesem Unternehmen
halte.

Das wird auch nicht viel besser werden, als dieses hier, erwiderte der
Mann, wenn auch aus einem andern Grunde. Der Bruch ist von Anfang an ausgiebig genug gewesen, aber der Herr hat sich eingeredet,
man brauche nur tiefer zu treiben, dann werde es sich erst finden. Nun
ja, gefunden hat man es, nämlich das Wasser, das den ganzen Bau zu
Grunde richten wird, wenn Ihre Maschinen es nicht bewältigen. Und
schließlich ist damit auch nicht viel gethan, denn was gerettet werden
wird, ist vielleicht nicht werth, daß man es rettet.

Das sieht ja traurig aus, sagte ich, über Alles, was ich hörte, ernstlich
bekümmert.

Freilich, sagte der Mann.

Und die Brennerei, fing ich von Neuem an: müssen Sie auch der ein
so schlechtes Zeugniß geben?

Der Mann zuckte mit den Achseln. Darüber ließe sich Vieles sagen, erwiderte er. Die Anlage ist ja soweit ganz gut, nur ist sie von Hause aus zu theuer gebaut, und dann ist der Transport zu schwierig im Winter auf unseren schauderhaften Wegen. Und selbst während des Sommers stockt er manchmal, weil wir überall hier auf der Küste nur schlecht an's Land und in See kommen können, trotzdem der Herr Commerzienrath aus den Steinen des Thurmes einen großen Molo hat bauen lassen. Sie können ihn von hier aus sehen, da, wo die Wellen aufbranden. Das möchte aber Alles noch gehen, wenn der Herr Commerzienrath sich bei den Leuten beliebter zu machen wüßte.

Wie das? sagte ich.

Der Mann blickte mich ein wenig scheu unter seinen buschigen Brauen an.

Sie können ganz offen sprechen, sagte ich, ich war selbst bis vor wenigen Tagen nichts als ein einfacher Arbeiter in des Commerzienraths Maschinenfabrik und habe in der kurzen Zeit nicht verlernt, mit meinen Kameraden zu sympathisiren.

Nun, sagte der Andere, wenn ich offen sprechen darf: ich meine so. Die Leute hier herum, die Schiffer sowohl, wie die Kathenleute, und rings in den Dörfern am Strande und auf dem Lande — sie sehen den Commerzienrath an als Einen, der sich hier eingedrängt hat, und da sitzt, wo bessere Leute vor ihm gesessen haben oder sitzen sollten. Nun, mit dem Bessersein wird das wohl so seine eigene Bewandtniß haben, aber ich rede nicht aus meinen eigenen Gedanken, sondern aus denen der Leute. Dazu kommt, daß sich viele von ihnen erinnern, daß der Commerzienrath nicht immer der reiche Mann war, und — was das Schlimmste ist — Einer oder der Andere weiß recht gut, oder glaubt recht gut zu wissen, wie all' das sündhaft viele Geld zusammengekommen, denn er hat vielleicht selbst dafür gearbeitet und auch wohl seine Haut zu Markte getragen, in den Zehner-Jahren, als es ein bischen bunt herging hier an dieser Küste und bis nach Uselin und Woldom und noch weiter hinauf. Hat doch hier erst vor wenigen Jahren hier eine richtige Hetze auf die Pascher stattgefunden, von welcher der Herr vielleicht gehört hat! Nun, das möchte ja Alles sein und der Commerzienrath käme doch darüber weg, wenn er ein Herr wäre, der nicht nur lebt, sondern auch leben ließe; der, was er vielleicht früher schlecht gemacht hat, wieder gut zu machen suchte, und dem armen Mann auch das Seine gönnte. Aber davon ist ja keine Rede. Er schneidet und drückt sie, wo er kann und denkt: sie müssen doch arbeiten! Aber er irrt sich sehr. Ja, sie arbeiten wohl, aber nur die, welche sich gar nicht anders zu helfen wissen, und was dies für eine Sorte Arbeiter ist, und was für eine Sorte Arbeit sie liefern, das weiß der Herr ja selbst wohl recht gut.

Freilich, freilich! sagte ich.

Ein Knecht trat herzu; es waren neue Stämme aufzulegen, der Meister mußte an die Arbeit. Ich schüttelte ihm die Hand. Er blickte mich mit seinen melancholischen Augen an und sagte lächelnd: Sie haben mich jetzt in der Hand, wenn Sie dem Herrn Commerzienrath wieder erzählen, was Sie von mir gehört. Aber es thut nichts: meines Bleibens ist hier so wie so nicht viel länger.

Das wäre Jammer und Schade, rief ich; im Gegentheil, ich hoffe, wir werden noch manches gute Wort zusammen reden und manchen guten Rath zusammen ausdenken. Werfen Sie die Flinte noch nicht in's Korn; das wird hier Alles anders und besser werden.

Der Mann sah mich einigermaßen verwundert an, erwiderte aber nichts, sondern wandte sich, in die Mühle zu gehen, und ich stieg die Treppe zum Strande vollends hinab.

Da war nun mein Meer, mein vielgeliebtes Meer, das ich stets vor Freude weinend begrüßte, wenn der Traumgott mich an sein Gestade brachte und es vor mir ausbreitete in seiner Herrlichkeit. Da kamen sie herangerollt die schönen, grünen Wogen mit den weißen, sich überstürzenden Kämmen: der Gischt der Brandung trieb hinauf bis an meine Füße; und wenn sie wieder zurückrollten, donnerte es dumpf hinter ihnen her zwischen den Millionen aneinander knirschender Kiesel. Ueber mir an den Kreidefelsen hin zogen ein paar Möven trägen Fluges, und draußen auf der Höhe blinkten die Segel von ein paar Fischerbooten, die von der See hereinkamen nach schwerer nächtlicher Arbeit. Wie hatte ich mich gefreut, das Alles, was ich so lang entbehrt, endlich einmal wiederzusehen, und jetzt, als ich es sah, ließ es mich beinahe kalt!

Wohl ohne meine Schuld. Die Sinne waren mir so frisch als je und auch mein Herz war in den acht oder neun Jahren nicht so viel älter geworden — ich konnte mich nur der sorgenvollen Gedanken nicht erwehren, welche die Worte des wackern, verständigen Mannes oben in der Strandmühle in mir aufgeregt hatten.

Wie stimmten die Ansichten, die er geäußert, so ganz mit den Beobachtungen, die ich im Laufe meines morgendlichen Spazierganges gemacht! mit wie scharfen Linien hatte er das Bild des Commerzienrathes gezeichnet, gerade, wie ich ihn von jeher und noch gestern Abend gesehen! Das war ein Rühmen und Prahlen gewesen, in wie kurzer Zeit er den Werth des Gutes verdreifacht und verfünffacht habe und was er Alles für die Menschen hier herum gethan! Er werde einmal den Herren Edelleuten, die sämmtlich um fünfzig Jahre oder so in landwirthschaftlicher Einsicht zurück seien, zeigen, was ein einfacher Geschäftsmann, wie er, aus einem heruntergekommenen Gute machen könne; das sei das einzige wahre Interesse gewesen, das er an der ganzen Sache genommen, und wenn der junge Fürst zugreifen wolle, so möge er's bald thun, sonst dürfte er zu spät kommen.

Fünfmalhunderttausend Thaler, eine halbe Million! Wie sollte die herauskommen? Das sehr große Gut war freilich damals, vollkommen heruntergewirthschaftet wie es war, noch immer hundertfünfzigtausend Thaler werth gewesen, und dafür hatte es der Commerzienrath auch bei der Auseinandersetzung übernommen. Jetzt, wo es doch jedenfalls in besserer Cultur stand, wo der Hof von Grund aus neu aufgeführt, das schmucke Wohnhaus erbaut war und die Fabrikanlagen, so schlecht sie rentiren mochten, doch immer in's Gewicht fielen, mochte der Werth auf das Doppelte gestiegen sein; aber dafür war ja auch der kostbare Wald niedergelegt und zu Gelde gemacht — die Sache wollte nicht stimmen, wie ich auch rechnete und rechnete; es fehlte immer mehr als die Hälfte. Wenn die Anlagen des Commerzienrathes über seine Verhältnisse immer so ungenau waren, — auch den Werth seiner Fabrik hatte er gestern Abend in derselben Proportion überschätzt — wenn er den Uebereichen nur spielte, weil er es vielleicht einmal gewesen, wenn er — ich blieb nach der See gewandt stehen und athmete ein paar mal tief auf. Wiederum, an diesem klaren Morgen, hier in der frischen Seeluft, kam die düstere Ahnung über mich, die ich gestern in dem schwülen Zimmer für eine Ausgeburt meiner von dem heißen Wein fieberhaft erregten Phantasie gehalten, und wiederum, wie gestern, mußte ich sofort an das schöne Mädchen denken, die vielbeneidete, übermüthige Erbin eines Reichthums, der vielleicht nur noch in den prahlerischen Lügen ihres Vaters existirte.

Aber was geht es dich schließlich an, sprach ich bei mir, indem ich mit raschen Schritten durch den tiefen Sand des Strandweges wadete; gar nichts geht es dich an, gar nichts.

Zu meinen Füßen lag ein großer Fisch, den die Wellen eben ausgeworfen haben mußten. Er schien todt, aber er war unverletzt, die weit aufgesperrten Kiemen waren noch roth, vielleicht hatte ihn die Brandung nur zu hart gegen einen der Ufersteine geschleudert, oder der Schlag eines Seehundes hatte ihn betäubt. Ich trug ihn — nicht ohne mir die Füße naß zu machen — bis über die ersten Steine und schleuderte ihn in das tiefere Wasser. Er kehrte den weißen Bauch nach oben. Armes Thier, sagte ich, ich hätte dir gern geholfen; nun werden dich die Möven fressen; sie freuen sich, daß du todt bist.

Und was ging der todte Fisch dich an, philosophirte ich weiter, indem ich meinen Weg fortsetzte und mir den nassen Sand von den Füßen schüttelte; auch nichts, erst recht nichts! Ein Mövenherz muß man haben, und scharfe Fänge und einen starken, spitzen Schnabel und lustig loshacken auf jede gute Beute, die uns eine günstige Welle an den Strand wirft. Georg, Georg! schäme dich! und es hilft dir ja doch nichts! Du kannst dich nicht anders machen, als du bist. Aber freilich, du kannst die anderen Menschen auch nicht anders machen, als sie sind. Den Commerzienrath zum Beispiel. Wirst du den Mann je zu der Lehre deines Meisters bekehren? zu der Lehre der Liebe, der gegenseitigen Hülfsbereitschaft? Nimmermehr, oder höchstens, wenn du ihm beweisen könntest, daß sein Vortheil damit Hand in Hand geht, daß er sich schließlich zu Grunde richtet, wenn er hier und überall nur auf Raubbau aus ist. Hatte der Meister das nicht Alles vorausgesagt: An ihn und seinesgleichen ist die Reihe gekommen, sie sind jetzt die Ritter vom Hammer; es ist das alte Spiel in etwas anderer Form! — Und er hatte hinzugefügt — und ein herrliches Feuer hatte dabei in seinen schönen Augen geglüht: Es wird nicht lange dauern und dann wird unsere Zeit kommen, die wir begriffen haben, daß es eine Gerechtigkeit giebt, die sich nicht spotten läßt!

Diese Zeit! unsere Zeit! sie wird nie kommen, sagt Doctor Willibrod, oder doch gewiß nur für den, der sie sich erobert, der sie festhält an dem flatternden Gewande.

Ob meinem Haupte kreischte eine Möve, ich blickte hinauf und sah über den Strand des fünfzig Fuß hohen, noch immer ziemlich steilen Ufers, und über die Büsche weg, die an dem Rande wuchsen, etwas Weißes flattern, wie den Zipfel eines Gewandes. Es war kein Gewand, sondern ein weißer Schleier, der von dem Hut einer Reiterin wehte. Auch den Hut zu dem Schleier sah ich auf ein paar Augenblicke und den nickenden Kopf eines Pferdes und ganz flüchtig die Reiterin selber, oder wenigstens ihren Kopf und ihre Schultern, wie sie sich vornüber oder seitwärts beugte, auf den schmalen Vorstrand hinabzuschauen.

Mir schlug das Herz — das Ding sah auch zu gefährlich aus, obgleich ich wußte, daß es nicht ganz so gefährlich war, wie es von unten aussah; ich rief auch hinauf, sie solle sich in Acht nehmen; das hatte sie aber wohl schwerlich gehört, denn der weiße Schleier war verschwunden, und — das Herz schlug mir noch immer. Paula mochte es verantworten; sie war schuld, wenn ich die schöne Hermine nicht ruhig fünfzig Fuß hoch von einem steilen Felsufer herabstürzen sehen konnte — noch dazu in meine Arme.

Hollah! höhnte ich mich, die alberne Beklemmung los zu werden, die sich — ich weiß nicht wie — um meine Brust gelegt hatte — hollah! gab es da wieder einmal etwas zu retten, zu schützen? alte schlaue Commerzienräthe — todte, dumme Fische — schöne, übermüthige, junge Mädchen, — dir ist Alles gleich, wenn du dir nur bei dem Geschäft die Finger verbrennen oder die Füße naßmachen kannst. Wie lange ist es her, daß du hier an diesem selben Strande mit dem Wilden dahineiltest und die Zollwächter Euch auf den Fersen waren? Die Fußtapfen selbst würdest du noch sehen können, hätten Wind und Wellen sie nicht verwischt: aber du großer, du dummer Hans, du findest auch ohne das die alte Spur!

So schalt ich mich und beschloß, direct zu dem Hause zurückzukehren und dem Commerzienrath zu sagen, daß ich — es sei ganz gleich warum — aber daß ich zurück müsse und unter keiner Bedingung bleiben werde, und während ich diesen Entschluß faßte, — dessen Ausführung unzweifelhaft den ganzen Gang meines Lebens geändert hätte, und den auszuführen mir also nicht beschieden war, — beobachtete ich schon voller Interesse die Anlagen des Kreidebruches, die jetzt, als ich mich um eine scharfe Ecke des Ufers wandte, in einer mäßig steilen Schlucht vor mir lagen. Es wäre doch mehr als unziemlich gewesen, hätte ich das Werk, das auszuführen ich gerufen und gekommen war, so schmählich im Stich gelassen!

So stieg ich denn die hölzernen, in den Kreidefelsen hineingearbeiteten Stiegen hinauf, bis ich an die kleine Plattform gelangte, wo hinter dem Wärterhäuschen der Eingang in den Stollen sich befand, den man horizontal in den Felsen getrieben hatte, und der jetzt nicht mehr befahren werden konnte, weil man weiter hinten auf Quellen gestoßen war, deren Wasser man jetzt mit ziemlich rohen Pumpvorrichtungen vergeblich zu bewältigen suchte.

Und es fragt sich noch sehr, ob es auch nur mit Ihren Maschinen zu heben ist, sagte der alte, wettergebräunte Aufseher, der mich herumführte.

Aber wie ist dies nur so gekommen? fragte ich.

Wie das so kommt, erwiderte der Aufseher, die Achseln zuckend; hinter der Kreide, sehen Sie, die gerade bis hierher steht — wir gingen auf der Höhe des Ufers und er faßte an eine Stange, die zum Wahrzeichen in den Boden getrieben war — ist eine Sandschicht, alter Meer- und Dünensand, der mit der Kreide fast in gleicher Tiefe wegstreicht, und auf der andern Seite wieder an das große Moor stößt, aus dem er das Wasser einsaugt wie ein Schwamm. Das wußten wir Alle recht gut, aber der Herr hat es ja nicht glauben wollen und ja wohl gemeint, wir wollten ihn nur um seinen Vortheil bringen, wenn wir ihm riethen, nach der Seite nicht weiter zu gehen, wo allerdings die Kreide für den Augenblick ganz besonders gut war. Nun hat er den Schaden!

Nun hat er den Schaden!

Genau dasselbe hatte der Mann in der Schneidemühle gesagt und beide schienen sie tüchtige, ehrliche Männer, die einen aufrichtigen Antheil an dem Gedeihen der Werke genommen haben würden, und die jetzt das Mißlingen nicht minder ernstlich bekümmerte. Warum war er ihrem Rathe nicht gefolgt, als es noch Zeit war? warum? Aus demselben Grunde, weshalb er den Vorschlägen des Doctor Snellius zur Einrichtung von Kranken-, Invaliden- und Sterbekassen und andern für das Wohl der Fabrik-Arbeiter unbedingt nöthigen Institutionen sich stets widersetzt hatte; aus demselben Grunde, weshalb er die Anträge unseres Directors, den Lohn der Arbeiter den Anforderungen der Zeit gemäß zu erhöhen, immer höhnisch zurückgewiesen hatte. Es war immer derselbe Grund: maßlose Selbstsucht, die an dem ihr einzig wünschenswerthen Ziel mit so gierigen Blicken hängt, daß sie darüber nicht rechts noch links sehen kann und am Ende sich selbst verblendet.

Nun hat er den Schaden, wiederholte der Alte gleichsam zur Bestätigung der Schlußfolgerung meiner Gedanken; ging schwerfälligen Schrittes davon und stieg die hölzerne Stiege hinab, die von dem Uferrand zu dem Bruche führte.

Ich blieb allein in tiefes Sinnen verloren, als ob ich eine Welt zu schaffen hätte. Und war denn hier nicht eine Welt zu schaffen, zu der man nur eben den Grund gelegt hatte? Schneidemühle, Kreidebruch, Brennerei, die Drainirung des großen Moores, von welcher er mir gestern Abend so viel erzählt und von der er sich so Großes versprach — was hätte aus allen diesen Einrichtungen werden können, ja was konnte noch daraus werden, wenn man sie in dem Sinne unternommen hätte, wenn man sie mit der festen Absicht wieder aufnahm und verbesserte und weiterführte, in der Absicht, in dem Sinne: für die armen, verkommenen, elenden Menschen hier neue, dauernde Quellen des Erwerbes zu öffnen! Wenn man sich ihr Vertrauen zu erringen wüßte, wenn man ihnen bewiese, daß sie für sich selbst arbeiteten, indem sie für den Herrn zu arbeiten scheinen!

Wenn ich Herr wäre!

Von da, wo ich stand, konnte ich ein gutes Stück des Landes übersehen, das links von mir zu den Höhen von Zehrendorf aufstieg und sich rechts bis zu dem großen Moore senkte, und unmittelbar am Meere den langen sandigen Ufersaum hinab bis nach Zanowitz, dessen elende Hütten hier und da zwischen den nackten Dünen sichtbar wurden. Und ich sah im Geiste das kahle Land in goldenen Saaten wogen und sah das Moor trocken gelegt und von Heerden überschwärmt und schmucke Fahrzeuge kamen von dem elenden Fischerdorf, das jetzt der Hafen für ein reiches und fruchtbares Gebiet geworden war.

Schon einmal hatte ich einen ähnlichen Traum geträumt, schon einmal waren meine Blicke mit Segenswünschen beladen über dieses Gebiet geschweift, und hätten ein Paradies geschaffen, wenn Blicken und Wünschen solche Kraft innewohnte. Seitdem war so manches Jahr verflossen; ich war ein Anderer geworden: reifer an Verstand, Einsicht, Willenskraft — sollte es auch jetzt bei den frommen Wünschen bleiben? sollte ich auch jetzt wieder, wie so oft schon in meinem Leben mit leeren Händen vor dem Hungrigen stehen, der nach Brod schrie?

Und wie ich, noch immer in der größten Erregung, auf der Uferhöhe hin und her wandelte und sann und sann, wie ich weiter kommen könne, kommen müsse, da flatterte plötzlich der weiße Schleier, der vorhin von der Höhe herabgeweht, über das Gebüsch, das rechtshin das Ufer bekränzte. Ich hörte den leisen Hufschlag eines galoppirenden Pferdes auf dem Sandwege hinter den Büschen; im nächsten Augenblicke kam die Reiterin um die Ecke herum auf einem schlanken Rappen, an dessen Seite, in fast ebenso weiten Sprüngen, eine ungeheure, gelbe Dogge galoppirte. Die Reiterin parirte in dem Moment, als sie mich erblickte, mit scharfem, festen Griff den vortrefflich geschulten Renner, aber die Dogge sprang in weiten und weiteren Sätzen auf mich zu, augenscheinlich in der freundlichen Absicht, mich über den Haufen zu rennen. Da ich darauf gefaßt war, wurde es mir nicht allzuschwer, das Thier, als es hoch an mir anprallte, bei der Kehle und der einen Schulter zu ergreifen, und es zurückzuschleudern. Leo, Leo! rief Hermine, indem sie eifrig mit Gerte und Zügel ihr Pferd wieder in Bewegung setzte; Leo, hierher, zurück!

Aber Leo hatte es bereits selbst für klüger erachtet, auf seinen ungeschickten Angriff den Rückzug anzutreten. Es schien, daß ich in der Eile ein wenig zu derb zugefaßt hatte; das arme Thier hinkte, laut winselnd, die rechte Vordertatze gehoben, zu seiner Herrin.

Ist dir ganz recht, sagte sie, indem sie sich weit zu dem Thier herabbeugte, wie bist Du auch so dumm, den Herrn anzufallen! weißt du nicht, daß er Löwen bezwingen kann?

Sie sagte das in einem Tone, durch den ein gewisser Hohn deutlich genug hindurch klang; und so lag auch ein Zug von Hohn oder Unmuth oder Stolz, oder von Allem zusammen um ihren reizenden Mund, als sie jetzt, sich aufrichtend, und mich, der ich grüßend vor ihr stand, mit ihren großen, glänzenden, blauen Augen streng anblickend, sagte: Uebrigens können Sie sich nicht wundern, mein Herr; der Hund ist darauf dressirt, seine Herrin zu schützen; ich weiß nicht, wofür er Sie genommen haben mag.

Diese unfreundlichen Worte wurden noch dazu in einem Tone gesprochen, der nichts weniger als verbindlich klang, und ich bin nicht sicher, daß ein feiner junger Herr, der von einem schönen Mädchen so von obenher behandelt wäre, die ihn sonst auszeichnende Ruhe bewahrt hätte. Ich aber sah in der schönen Amazone, die so sehr stolz that, das kleine, blauäugige Mädchen aus der Zeit vor neun oder zehn Jahren, als ich mich mit ihr und sie sich mit mir geneckt hatte, und so konnte ich denn, mochte ich thun, was ich wollte, mich nicht sehr beleidigt fühlen; und ich fürchte, daß ich ohne alle Empfindlichkeit erwiderte, das Thier könne mich doch im schlimmsten Falle nur für einen Arbeiter gehalten haben und ich könne unmöglich glauben, daß man es auf diese eben so nützliche, als weitverbreitete Menschenklasse dressirt hätte.

Sie sah mich auf diese Antwort hin, die sie nicht erwartet haben mochte, mit einem verlegen-zornigen Blicke an, und sagte, mit mehr Heftigkeit als Logik, mich von Kopf bis zu Füßen messend: Ich wüßte auch nicht, weshalb man Sie für etwas Anderes nehmen sollte, da Sie ja stets mit so äußerst nützlichen und wichtigen Dingen beschäftigt sind, daß Sie selbstverständlich auf Ihre äußere Erscheinung kein großes Gewicht legen können, wie wir anderen kleinen, alltäglichen Menschen. Das letzte mal, als ich das Vergnügen hatte, sahen Sie, wenn ich mich recht erinnere, aus wie ein Schornsteinfeger, und jetzt — vermuthlich des Contrastes wegen — wie ein Müllergesell.

Ich blickte unwillkürlich bei diesem Worte an mir hinab und bemerkte nun freilich, daß ich bei dem Herumkriechen in dem engen Stollen des Kreidebruches nur allzu oft mit meinen breiten Schultern und weitschichtigen Gliedern die Wände gestreift hatte, und in der That mit den großen weißen Flecken überall auf meinen Kleidern einen seltsamen und lächerlichen Anblick gewähren mußte. Ich nahm den Hut ab und sagte mit einer tiefen Verbeugung zu dem Hunde gewandt, der jetzt, die gequetschte Vorderpfote trübselig hängen lassend, auf den Hinterbeinen saß: Ich bitte auf das dringendste um Entschuldigung, und verspreche feierlich, daß, wenn ich nochmals das Glück haben sollte, Ihnen zu begegnen, ich so sauber erscheinen werde, als Seife und Bürste mich nur irgend machen können, wo Sie dann hoffentlich an meinen freundschaftlichen Gefühlen nicht den mindesten Zweifel hegen werden, so wenig, wie ich an den Ihren.

Allons, Leo, auf! sieh zu, ob du mit kommst, wenn nicht, bleib, wo du bist! Warum mußt du mit jedem Ersten-Besten anbinden?

Sie hieb ihr Pferd, das schon ungeduldig mit den Hufen in den Sand gescharrt und mit dem Kopf hin und her genickt hatte, so heftig über Hals und Brust, daß es vor Schreck mit mächtigem Satze ansprang und im Galopp davonging. Der Hund galoppirte, so gut es gehen wollte, hinterher.

Ich hatte nicht das Gefühl, in dieser seltsamen Begegnung, die fast wie ein Kampf aussah, den Kürzeren gezogen zu haben. Ich glaube sogar, ich blickte der Davoneilenden, deren weißer Schleier eben wieder hinter den Büschen verschwand, mit einer Art von triumphirendem Lächeln nach und murmelte: dem Ersten, Besten! Nun fürwahr, der Mann wäre nicht zu beklagen, der Dir der Erste und der Beste wäre!

Es war Zeit, daß auch ich nach dem Hause zurückkehrte, und so schritt ich denn rasch von der Uferhöhe landeinwärts einen mir von früher nur zu wohlbekannten Pfad, welcher zwischen dem Moore, das links liegen blieb, und zwischen der Haide, die sich nach rechts ausdehnte, in der Richtung von Trantowitz lief, wo sich in der Nähe des Hofes ein Fußweg rechts durch die Felder nach Zehrendorf abzweigte. Ich weiß nicht, wie es war, aber die Begegnung mit dem schönen Mädchen, das so feindlich that, ohne daß es mir recht gelingen wollte, an diese Feindschaft zu glauben, hatte mir meine gute Laune beinahe wiedergegeben. Ich sah alles Trübe und Bedenkliche, was mir der Morgen bis dahin gebracht, in einem freundlicheren Licht. Die Möglichkeit, Gutes im großen Maßstabe zu wirken, war ja doch vorhanden, und ich segnete meinen Stern, daß gerade mir die Aufgabe zu Theil geworden zu sein schien, diese Möglichkeit zur Wirklichkeit zu erheben. War ja doch der Commerzienrath wenn kein guter, so doch ein kluger Mann, der nicht gegen den Vortheil der Anderen handeln würde, wenn man ihm beweisen könnte, daß dieser Vortheil mit dem seinigen zusammenfiel. Und wer war mehr geeignet, ihm diesen Beweis zu führen, als ich; ich, von dessen Uneigennützigkeit er doch überzeugt sein mußte, und der ich außerdem, der Himmel weiß weshalb, mich seiner Zuneigung erfreute, so weit von einem derartigen Gefühl in dieser vertrockneten Brust die Rede sein konnte. Möglich, daß er mich nur so bevorzugte, weil er mich nöthig hatte, oder zu haben meinte. Nun wohl, ich mußte mich ihm nöthig machen, und ich glaubte es zu können, und dann mochte mich die schöne Hermine noch hochmüthiger behandeln — ich stand doch fest auf meinen Füßen, und konnte mein Haupt so hoch tragen, wie es mir die Natur gegeben.

So schritt ich rüstig auf dem schmalen Pfade dahin dem Erlenbruch zu, der hier zwischen Moor und Haide lag — derselbe Bruch, durch welchen ich in der Schreckensnacht vor neun Jahren mit dem wilden Zehren geflohen war. Eine trübe Stimmung wollte mich überkommen, als ich das Terrain betrat; aber ich hatte mir zu fest vorgesetzt, die Gegenwart zu nehmen, wie sie war, und das Vergangene sein zu lassen. Wie hätte ich ohne diesen Vorsatz überhaupt hierher zurückkehren können! Und dann schien die Sonne so hell an dem blauen Himmel; die Vögel sangen so lustig in den Zweigen der Bäume, deren Blätterknospen sich eben zu entfalten begannen, und in den Büschen, die hier und da schon vollständig belaubt waren; in dem braunen Wasser der Gräben und Lachen ruderten geschäftig die langbeinigen Wasserkäfer, und aus der Ferne, vermuthlich aus dem Trantowitzer Holze, erscholl der Ruf des Kukuks. Nein, es wollte durchaus nicht passen das Trübsein für einen so heitern Tag! und wahrlich, es hatte doch mehr zum Lachen als zum Weinen gereizt, das süße, zornige Gesicht des schönen Mädchens, und ich mußte nur hinterher noch recht herzlich lachen, so herzlich und laut, daß ein Mann, der wenige Schritte von mir unter den überhängenden Zweigen einer Erle in dem jungen Grase am Rande des Grabens geschlafen hatte, sich langsam auf dem Ellnbogen in die Höhe richtete, und mich, der ich eben um das Gebüsch herumkam, mit großen, verwunderten, blauen Augen anstarrte. Ich brauchte nur einen Blick in diese guten, großen, starren Augen zu werfen. Herr von Trantow, schrie ich, Hans! lieber Hans! und ich streckte beide Hände dem alten Freunde entgegen, der sich mittlerweile vollständig aufgerichtet hatte und mir mit freundlichem Lächeln seine große, braune, ritterliche Rechte hinreichte.

Wie geht es Ihnen, lieber Freund! sagte ich.

Wie immer, erwiderte Hans.

Es war der alte Ton, aber der alte Hans war es nicht mehr. Die blauen Augen waren starrer, die braunen Wangen welker, und die Nase, ach, die Nase, die sonst edle, ja schöne Nase, war sehr roth und unschön geworden; und als er, nachdem wir uns Seite an Seite an den Bord des Grabens gesetzt, die Mütze abnahm, sah ich, daß sein sonst schlichtes, aber starkes, dunkelblondes Haar um die Schläfen herum sehr, — sehr abgenommen hatte.

Ich wußte, daß Sie kommen würden, sagte er, indem er Stahl und Stein aus der Jagdtasche nahm, Feuer schlug und sich an dem brennenden Schwamm eine Cigarre anzündete, auch mir von dem Vorrath darreichend; ich sollte heute Mittag drüben essen, aber ich weiß nicht, ob ich es fertig gebracht hätte; da ist es mir denn doppelt lieb, daß ich Sie hier treffe. Hier bin ich viel lieber.

Und er blies mächtige Wolken aus seiner Cigarre, und starrte in das Wasser des Grabens, in welchem die langbeinigen Wasserkäfer hinüber und herüber ruderten.

Viel lieber, wiederholte er.

Und Sie leben noch immer so einsam, wie damals? fragte ich.

Nun natürlich, sagte Hans.

Ich finde das gar nicht so natürlich, erwiderte ich mit einiger Lebhaftigkeit, denn aus Hans' Erscheinung und Stimme sprach eine Verlassenheit, die mir in's Herz schnitt — gar nicht natürlich! Der Tausend! soll ein Mann, wie Sie, ein so guter, lieber, braver Mensch sein Leben einsam vertrauern, weil es einer Coquette gefallen hat, ihn ein paar Jahre am Narrenseil zu führen? Ja! Herr von Trantow, eine herzlose Coquette, die es niemals werth gewesen ist, daß ein ehrlicher Kerl für sie in's Feuer ging, und die jetzt vollends — nein! sie verdient kaum noch unser Mitleid! Ich kann Ihnen sagen, ich habe es auf meine Kosten erfahren.

Ich auch, sagte Hans.

Ich weiß es.

Hans schüttelte den Kopf, als wollte er sagen: das ist es nicht. Ich kannte seine Gesten noch hinreichend von früher her.

Haben Sie sie denn wieder gesehen? fragte ich.

Er nickte.

Und wo und wann?

Vor acht Jahren, oder sind es neun! in, wie heißt das Nest? — Neapel!

Das war um die Zeit, wo Sie von hier verschwanden, und Niemand wußte, wo Sie waren.

Ja wohl, sagte Hans.

Und in Neapel?

Freilich, sagte Hans.

Es war eine eigene Aufgabe, sich Hans von Trantow am Golf von Neapel zu denken: den nordischen Bären zwischen den Schakalen des Südens; und eine gar besondere Veranlassung war's denn auch gewesen, die den Hans zum ersten und letzten Mal in seinem Leben von den Penaten seines verlassenen Hauses und den Haiden und Mooren seiner Heimath weggeführt hatte in die weite Welt.

Es war im December vor neun Jahren, — ich saß schon einen Monat in Untersuchungshaft — als Hans einen Brief erhielt, der ihn Jagdtasche und Flinte — er hatte eben auf die Jagd gewollt — bei Seite legen, den Schlitten anspannen und nach Fährdorf jagen ließ, um von dort über das Eis nach Uselin, und von Uselin Tag und Nacht zu fahren, bis er nach manchen Hindernissen — er hatte Neapel zuerst in der Türkei suchen zu müssen geglaubt, und war, nicht ohne einige Schwierigkeit, allmälig in die rechte Direction gekommen — nach drei oder vier Wochen glücklich in der genannten Stadt anlangte. Dort fragte er sich ebenfalls nicht ohne Mühe — der gute Hans sprach und verstand keine Sprache außer seinem ehrlichen Deutsch — nach einem Hotel, welches in dem Briefe angegeben war und fand sie, die er suchte. Nicht so, wie er sie zu finden erwartet hatte, wie er sie nach dem Briefe zu finden erwarten mußte! Sie hatte sich eine Verrathene, eine Verlassene genannt, die auf ihn als ihre letzte Zuflucht, als ihren Retter aus der bittersten Noth und von einem gewissen Tode sehe. Hans hatte das natürlich Alles wörtlich genommen, und war jetzt einigermaßen erstaunt, sie in einem der üppigsten Hotels der Toledo-Straße in luxuriös ausgestatteten Zimmern, in prachtvollster Toilette zu finden, schöner als je, allerdings bei seinem Anblicke nicht wenig verlegen, und für einige Momente erbleichend. Sie hatte wohl gemeint, daß man ihrer Aufforderung nicht so unmittelbar nachkommen, oder sich doch wenigstens vorher anmelden würde, und in Folge dessen keine Vorbereitungen getroffen. So mußte sich denn eine deutsche Prinzessin, die sich in der That damals in Neapel aufhielt, ihrer angenommen, und durchaus darauf bestanden haben, daß die Tochter eines so alten und vornehmen Geschlechtes sich ihre Hülfe und Unterstützung gefallen lasse. Aber die Gunst so hoher Personen ist wetterwendisch und manchmal von Bedingungen abhängig, die für ein stolzes Herz schwer zu erfüllen sind. Die Prinzessin hatte als Preis ihrer Gunst gefordert, daß Konstanze einen gewissen jungen Baron, der, wie es schien, in der allerhöchsten Gunst der Frau Prinzessin selbst nur allzu hoch gestanden, auf der Stelle heirathe, und sie — Konstanze, war eine von denen, die wohl irren und schwer irren können, aber niemals gegen die Stimme ihren Herzens handeln würden!

Dieses Märchen hatte die schöne Circe dem treuherzigen Hans unter manchen Thränen und Seufzen und Erröthen und Lächeln und krampfhaftem Schluchzen erzählt, und er, der nicht den skeptischen Geist des erfindungsreichen Vielumgetriebenen besaß, hatte Alles auf's Wort geglaubt, und war in seine bescheidene Herberge zurückgekehrt, sinnend und grübelnd, was er nun thun könne, ihr zu helfen. Sie zu heirathen war ihm unmöglich. Ein Trantow konnte nie ein Mädchen, das nicht so keusch war, wie er tapfer, zur Frau nehmen, und wäre sie noch hundertmal schöner gewesen, und hätte er sie noch hundertmal mehr geliebt. Aber mit ihr theilen, was er hatte, und für sie sorgen, und sie beschützen und für sie thun, was ein Bruder in einem solchen Falle für eine unglückliche, geliebte Schwester zu thun vermag — das konnte der Hans, und das wollte der Hans, und, um ihr diese Propositionen zu machen, begab er sich am andern Morgen wiederum zu ihr. Aber in der Nacht hatte sich Circe eines Andern besonnen, und ihren Palast verlassen, in Begleitung eben jenes jungen Barons, der freilich mit der genannten hohen Frau in keiner Verbindung irgend einer Art gestanden, dafür aber in desto intimerer zu dem jungen Fürsten Prora, und seitdem der Fürst vor vier Wochen, auf Befehl seines Vaters, Neapel verlassen, in mindestens eben so intimer zu Konstanze selbst, welche ihm als Aequivalent für eine namhafte Summe, die der Fürst an ihn im Spiel verloren, zugefallen war. Hans erfuhr dies und noch manches, was er nicht zu wissen wünschte, und wonach er gar nicht fragte, von einem deutschen Kellner, der sich zufällig in jenem Hotel befand, und, allem Anschein nach, einen, wenn auch nicht rühmlichen, so doch thätigen Antheil an der Intrigue genommen hatte. Da Hans nicht nach Neapel gekommen war, um auf der Toledo-Straße zu flaniren, oder sich nach Capri fahren zu lassen, oder den Vesuv zu besteigen, so schüttelte er den Staub von seinen Füßen und begab sich wieder auf die Heimfahrt. Aber der Gute, Getreue kam nicht weit. Die ganz ungewohnte Anstrengung einer so großen, in toller Hast zurückgelegten Reise, die Veränderung des Klimas und der Lebensweise, der feurige italienische Wein, den er seiner Gewohnheit nach in großen Quantitäten getrunken, und wohl mehr als das Alles: der tiefe Schmerz um diesen schnöden zweiten Verrath, der ja viel schlimmer war, als jener erste — es war dieser starken Natur doch zu viel gewesen, und eines Tages wurde von einem mitleidigen Vetturin an der Pforte eines Klosters in der Nähe von Rom ein Reisender abgeliefert, der unterwegs krank geworden war, und in der That bereits dem Tode verfallen schien. Nun, es war dem braven Hans nicht beschieden gewesen, in der engen Zelle eines römischen Mönchs-Klosters seine freie, brave Seele auszuhauchen; er genas trotz der wenig rationellen Behandlung Fra Antonios, des berühmten Kloster-Arztes, und konnte bereits nach sechs Wochen in dem Garten umhergehen. Der Garten hatte sehr schön gelegen mit einem köstlichen Blick auf die ewige Stadt, und die Mönche waren sehr gutmüthig und freundlich, wenn auch etwas schmutzig gewesen, und hatten dem Hans zu verstehen gegeben, ob es nicht für das Heil seiner Seele ersprießlicher sei, wenn er gar nicht wieder in seine barbarische Heimath, sondern in den Schooß der alleinseligmachenden Kirche zurückkehre, um, wenn es Gott und die heilige Jungfrau so wolle, als Heiliger in dem Kloster zu sterben und direct in den Himmel zu kommen. Eine sonderbare Proposition für den guten Hans! Er hatte in seinem Leben noch nicht einen Augenblick über das gegenwärtige oder zukünftige Heil seiner Seele nachgedacht, aber wie gut dieses sein unsterbliches Theil bei dem Vorschlage der Patres sich auch gestanden haben möchte, so viel wurde ihm bald klar, daß er dabei auf die Wohlfahrt seines Leibes durchaus verzichten müsse. Der Klosterwein war in seiner Art recht gut, aber er hatte einen eigenthümlichen Beigeschmack, an welchen Hans sich nun einmal nicht gewöhnen konnte, ebensowenig wie daran, daß Ende Februar die Bäume blühten, als gäbe es auf der ganzen Welt um diese Zeit keinen stöbernden Nordost und keine Tannenwälder, deren Bäume sich tief unter der Last der Eiszapfen bogen; und eines Nachts, als ihn ein mitleidiger Traum nach Trantowitz hatte zurückkehren und aus dem Fenster seines Schlafzimmers sechs Hasen in dem Kohl des Gartens beim blitzernden Licht der nordischen Sterne und des Schnees hatte schießen lassen, da hielt es ihn, als er erwachte, nicht länger; er schüttelte seinen freundlichen Wirthen der Reihe nach die braunen, unsauberen Hände, empfing den Segen des Priors auf sein unheiliges Haupt, und kehrte zurück, von wo er gekommen.

So erzählte der Hans in seiner einförmigen Weise, während wir am Rande des Grabens saßen. Und die langbeinigen Käfer schossen in dem braunen Wasser hinüber und herüber und die Vögel zwitscherten in den Zweigen und aus der Ferne rief der Kukuk.

Mir war sehr traurig zu Muthe geworden. Ich glaube, ich wäre es viel weniger gewesen, wenn Hans nur die geringste Erregung bei der Erzählung der merkwürdigsten und gewiß schmerzensreichsten Zeit seines Lebens zu erkennen gegeben hätte; aber davon war keine Spur. Er hatte keinen Haß gegen Konstanze, er hatte keinen Groll gegen den jungen Fürsten, der jetzt wieder auf Rossow in seiner unmittelbaren Nachbarschaft hauste — es lag überall auf dem, was er sagte, eine so vollkommene Resignation, eine so gänzliche Hoffnungslosigkeit, — und das war es eben, was mich so traurig machte.

In dem Gebüsch hinter uns raschelte es; ein alter Hühnerhund trabte auf uns zu, und begrüßte erst Hans und dann auch mich mit melancholischem Schweifwedeln.

Mein Gott, das ist doch nicht Caro? fragte ich.

Nun freilich, sagte Hans; ich glaube gar, er erkennt Sie wieder.

Alter Kerl, sagte ich, den Hund streichelnd; und er thut noch immer seine Pflicht?

Nun, wie man's nimmt, sagte Hans; auf der Hühnerjagd ist er schon lange nicht mehr zu gebrauchen und auf der Entenjagd, die sonst seine Force war, will er jetzt nicht mehr recht in's Wasser, so daß ich mir, wie heute Morgen, die Enten meist selber holen muß. Aber das ist nun nicht anders; wir sind eben Beide nicht mehr so jung wie wir waren.

Caro hatte sich auf den Grabenrand gesetzt, starrte mit gehobenen Ohren in das Wasser nach den Käfern, dachte aber augenscheinlich an gar nichts; Hans saß, den linken Ellnbogen auf das Knie gestemmt, da, blies mächtige Wolken aus seiner Cigarre, starrte ebenfalls in den Graben und dachte vermuthlich auch an nichts. Mir wurde immer trüber zu Sinn. Der Gegensatz zu dem thatenfrohen Leben, in welches ich mich nur noch vorhin hineingeträumt, und dieser Melancholie des Nichtsthuns war auch gar zu groß.

Lassen Sie uns aufbrechen, sagte ich, indem ich mich schnell erhob.

Mir ist es recht, sagte Hans, indem er langsam meinem Beispiele folgte.

Es wurde nicht viel gesprochen, während wir aus dem Bruch heraus über die Haide schritten, bis wo sich in der Nähe von Trantowitz, dessen Gebäude ruinenhafter als je aussahen, der Fußpfad nach Zehrendorf abzweigte.

Und Sie werden nun für immer hier bleiben? fragte Hans, als wir uns trennen wollten.

Für immer? fragte ich, wie kommen Sie darauf?

Ich? erwiderte Hans sehr verwundert, daß ich ihn in Verdacht nehmen konnte, selbst auf etwas gekommen zu sein; ich nicht, aber Fräulein Duff hat es mir gesagt.

Und hat sie Ihnen auch gesagt, zu welchem Zweck ich für immer hier bleiben sollte? fragte ich zurück.

Nun freilich, erwiderte Hans, und ich wünsche Ihnen Glück von Herzen.

Aber wozu nur? rief ich, indem ich einigermaßen zögernd in seine Hand einschlug.

Hans wurde roth und stotterte: Verzeihen Sie, ich habe nicht indiscret sein wollen, ich glaubte, es sei kein Geheimniß mehr, oder doch wenigstens nicht zwischen uns.

Aber, um Himmels willen, wovon sprechen Sie nur? fragte ich, und ich glaube, ich war bei der Frage womöglich noch röther geworden als Hans.

Ja, sind Sie denn nicht, oder werden Sie sich nicht mit Fräulein Hermine verloben? stammelte Hans.

Ich lachte laut auf, lauter als Jemand, dem das Lachen von Herzen kommt. Hans, der dies Lachen für eine indirecte Bestätigung hielt, ergriff von neuem meine Hand und sagte:

Ich gönne es Ihnen von ganzem Herzen; ich wüßte auf der ganzen Welt Keinen, dem ich sie so gönnte, wie Ihnen. Und die Leute hier brauchen einen guten Herrn.

Er drückte mir nochmals die Hand und schritt davon, von Caro, der mit hängendem Kopf hinter ihm her trabte, gefolgt. Ich blickte ihnen nach: Nun, sagte ich bei mir, fürwahr, es wäre ein besseres Loos, als das Dir zu Theil geworden ist, Du guter, treuer Mensch!

Ich wandte mich. Da lag vor mir das neue Herrenhaus und der neue Hof von Zehrendorf, und abseits, noch näher zu mir, kauerten dicht an der Erde dieselben kleinen verwitterten, schmutzigen Kathen, die ich schon von damals kannte; und auf den frühlingsprächtigen Feldern sah ich dieselben verkümmerten, verkommenen Menschen sich plakken und ich dachte an Alles, was ich heute Morgen gesehen, erfahren, und ich sagte bei mir: Ja wahrlich, sie brauchen einen guten Herrn!

Und dann athmete ich tief auf und schritt langsam, fast zögernd, auf dem Fußpfad weiter durch die grünenden Saaten nach Zehrendorf.

Fünfzehntes Capitel

Ich war bereits über eine Woche auf Zehrendorf. — Aus diesen Tagen liegt ein Brief vor mir von meiner Hand, ein mehrere Seiten langer Brief, auf welchem hier und da Flecke sind, als wären Thränen darauf gefallen, und doch ist der Brief ein sehr munterer Brief und er lautet so:

»Niemand, liebe Paula, weiß besser als Du, daß ich nicht hierher gekommen bin, mich zu amüsiren, aber, wenn ich sagen wollte, daß ich alle diese Tage etwas Anderes gethan hätte, als mich amüsiren, oder wenigstens mir davon den Anschein geben, müßte ich es lügen. Wahrhaftig, Paula, es ist, als ob ich alle Dummheiten nachzuholen hätte, die ich während der letzten acht oder neun Jahre versäumte; und da dies, nach dem Maßstab meiner früheren Leistungen in diesem Genre, nicht ganz wenig sein kann, wird mir denn auch hier nicht ganz wenig zugemuthet. Man weiß hier noch von mir zu erzählen: von meinen rühmlichen Leistungen bei den Ruderpartien mit unisonem Chorgesang, bei den Tanz-Gesellschaften, wo ich immer den erfindsamsten Kopf hatte für die ergötzlichsten Touren im Cotillon, bei den Promenaden zu Fuß und zu Wagen in den Tannenwald, dessen ehrwürdige Wipfel bei Tage von einem Hallo und Hussa wiederhallten und nach Sonnenuntergang in dem herrlichsten Schein der bengalischen Flammen leuchteten, die mir mein Freund und Schützling, Fritz Amsberg, der bucklige Apothekerlehrling, als pflichtschuldigen Tribut präparirte. Ja, ja, es leben

Leute, die sich meiner Heldenthaten aus jener Zeit nur zu genau erinnern, und, was schlimmer ist, es leben sogar welche in allernächster Nähe, beinahe Wand an Wand mit mir und seufzen mir bei allen passenden und unpassenden Gelegenheiten entgegen: »Wissen Sie wohl noch, Georg — — verzeihen Sie, daß ich Sie wieder bei dem alten, lieben Namen nenne — wissen Sie wohl noch, wie wir uns da und da so göttlich amüsirten, als Sie das und das arrangirt hatten?« Ich weiß das zehnte Mal erst davon und dann noch sehr undeutlich, und wundere mich über die enorme Zähigkeit, mit welcher das Gedächtniß der Frauen gewisse Dinge im Leben festhält, die bei uns Männern die höher gehenden Wogen des Lebens mitleidslos verwischen; — arme Emilie!

Wie die hierher kommt? Mir sehr unerwartet, kann ich Dich versichern, und nichts weniger als erwünscht; aber mein großer Feind von ehemals, ihr Vater, ist der Justiziarius des Fürsten Prora, und auch der Rechtsfreund des Commerzienrathes, und da der Fürst und der Commerzienrath noch immer über Zehrendorf verhandeln, geht es natürlich nicht ohne das juristische Factotum der hohen contrahirenden Mächte. Wo aber das juristische Factotum, pflegte schon damals Fräulein Emilie nicht allzufern zu sein, wenn außer den Geschäften ein klein wenig unschuldiges Vergnügen in Aussicht stand, wie das bei uns zu Lande, wo Geschäft und Vergnügen, wenn irgend möglich, Hand in Hand gehen, sehr häufig der Fall war. Und nun gar, nachdem die würdige Frau, die Justizräthin, so unmütterlich gehandelt hat, Emilien als hilf- und schutzlose Waise — ihre eigenen Ausdrücke! — zurückzulassen! Wo aber Emilie war, brauchte man nach unseres würdigen Bürgervorstehers lieblicher Tochter nimmer weit zu suchen, und so ist denn auch diesmal Elise Kohl in Begleitung ihrer Busenfreundin. Du lieber Gott, ich sollte eigentlich nicht der armen Mädchen spotten, denn sie können doch schließlich nichts dafür, daß sie aus der guten Stadt Uselin und deren dreimeiligem Umkreis von Domänen und Rittergütern niemals hinausgekommen, ihre Begriffe von Welt und Menschentreiben in Folge dessen nicht sehr umfassend, vielleicht auch ein wenig confus sind; und vor Allem kann Fräulein Emilie sicher nichts dafür, daß sie den nicht fand, den sie suchte; — nein, ich sollte wirklich nicht spotten; und doch hätte ich nimmer geglaubt, daß meine Lachmuskeln noch so lustig spielen könnten, wie sie es thun, wenn ich die Beiden — die beiden Eleonoren hat sie Jemand hier getauft — sich innig umschlungen haltend, durch die Thür des Salons treten sehe, die Wilhelm Kluckhuhn, nicht ohne ein malitiöses Grinsen um seinen Mund, dienstbeflissen weit aufgerissen hat. Die Attitüde ist ohne Zweifel auf das Sorgfältigste vor dem Spiegel einstudirt, sie könnte sonst nicht bis in das kleinste Detail jedesmal genau die nämliche sein. Hier hast Du die Gruppe, die ich Dir für eines Deiner reizenden Salonbilder dringend empfehle. Emilie, als die kleinere und keckere, ist natürlich die zweite Eleonore und bildet die weltliche Stütze für die andere, die einen Kopf größer ist, noch zu meiner Zeit ein romantisches Verhältniß mit einem jungen, poetischen Schulmeister hatte, der verrückt wurde und die deshalb alle mögliche Anwartschaft zu der ersten Eleonore hat, um so mehr, als sie schon vor zehn Jahren in elegischen Versen ihr Loos beklagte, in der Blüthe ihrer Jahre dem Grabe entgegenzuwelken. Diese schicksalverfolgte, dem Tode verfallene Dulderin umschlingt nun mit ihrem rechten Arm die Schulter der Freundin, gütigen Blickes, als wollte sie sagen: »Du darfst singen und spielen, du glückliches Kind!« zu jener herabschauend, während das glückliche Kind mit ein paar Augen, in denen mindestens zwei Himmel blauen, und mit einem herausfordernden Lächeln um den schelmischen Mund zu jener emporschaut. Ach, es ist wirklich ein rührender Anblick; besonders, wenn man bedenkt, daß die beiden Eleonoren zusammen wenigstens zwei- bis dreiundsechzig Jahre alt sind, denn ich erinnere mich ganz deutlich, daß ich schon als kleiner Junge niemals mehr mit Elisen spielen wollte, weil sie mir zu alt sei; und was Emilien betrifft, so bin ich sogar gewiß, daß sie ein Jahr früher als ich und noch dazu an demselben Tage den Thurm der Nicolaikirche zu Uselin erblickt hat, denn unsere Geburtstage wurden gelegentlich zusammen gefeiert. — Ja, die Zähigkeit von Fräulein Emiliens Gedächtniß ist groß, aber eine Stunde giebt es doch, von der sie behauptet, daß sie dieselbe nur wie durch einen dichten Nebel schaue. Und doch sehe ich gerade diese Stunde so deutlich, daß ich mir beinahe die Zahl der Papilloten anzugeben getraue, die den blonden Kopf meiner Jugendfreundin umzitterten, als sie die Hände zu mir erhob und mich anflehte, ich möchte ihren alten Vater schonen, denselben alten Vater, der mir jetzt über Tisch mit dem vollen Glase vertraulich zunickt und nach der Tafel mir entgegenruft: »Prosit Mahlzeit, lieber, junger Freund! ich hätte so gern mit Ihnen angestoßen, aber ich saß so weit; nun müssen Sie mir aber wenigstens die Hand reichen! — wonach ganze, wenigstens halbe Umarmung. Ich fasse mich wirklich manchmal an den Kopf, mich zu überzeugen, daß dies Alles nicht ein sonderbarer Traum sei, aus welchem ich demnächst mit einem Paar der allerlängsten Ohren erwachen werde. Denn Du mußt wissen, liebe Paula, daß, wenn ich nicht der Narr dieses Festes bin, ich nicht eben weit zum Könige habe: so kommt mir Alles entgegen, so schmeichelt mir Jeder, so bewirbt sich Jeder um meine Gunst — mit einer einzigen Ausnahme natürlich! Da ist mein alter Freund, der kleine Herr von Granow, welcher mit der Zeit noch viel runder geworden ist, so, daß er auch in seinen besten Augenblicken den Kopf nicht mehr aus den Schultern heben kann. Besonders nicht, wenn seine Gemahlin zugegen ist, eine derbe, große Bauerstochter aus S., die ihm ein paar mal hunderttausend Thaler mitgebracht hat, auf welche er sich nicht wenig zu gute thut, und ein paar Pantoffeln, unter deren gewichtigen Schlägen der schnurrige, kleine Kerl schon manche heiße, heimliche Thräne vergossen haben soll. Aber, wie uneinig die Gatten auch in allen andern Punkten sein mögen, darin sind sie einig, mir in der lächerlichsten Weise von der Welt den Hof zu machen. Der kleine Mann erinnert sich mit Rührung der »fidelen Stunden«, die er damals in meiner Gesellschaft verlebt, und wünscht seufzend »die gute, alte Zeit« zurück, in Gegenwart sogar seiner corpulenten Gattin, die schalkhaft drohend den Zeigefinger erhebt und ruft: »Du böser, böser Mann! aber freilich, ich begreife, wie man für einen Freund, wie diesen, selbst den Frieden des häuslichen Herdes opfern möge!«

Und nun der Steuerrath und die Geborene! Ich schrieb Dir, wie sie mich empfangen; aber seitdem muß großer Rath gehalten und der Entschluß gefaßt sein, eine andere Methode einzuschlagen. Diese besteht darin, daß der Steuerrath, sobald er meiner ansichtig wird, mir die Hand entgegenstreckt, rufend: »Grüß Gott, Georg! Ich darf ja wohl den Sohn eines alten, zu früh verstorbenen Collegen und Freundes bei seinem Vornamen nennen!« Zu welchen Worten dann die Geborene gütig lächelt, um, wenn es die Gelegenheit irgend zuläßt, meinen Arm zu ergreifen, mich auf die Seite zu ziehen und über ihren Augapfel, ihren Arthur, eine lange Conferenz mit mir zu haben. Ach, ihr Augapfel thut ihr jetzt wieder einmal so weh und ärgert sie so sehr, daß, wenn man ihrer Versicherung glauben dürfte, sie manchmal daran ist, ihn aus ihrem aristokratischen Gesicht zu reißen. Aber man darf ihr eben nicht glauben, und ich glaube ihr auch nicht. Es ist genau die alte Litanei, die ich schon von meinen Knabenjahren her kenne: wie Arthur der beste, klügste, schönste, geistreichste, liebenswürdigste Junge von der Welt sei, und nur den einen Fehler habe, seine tausend und ein Lichter unter den Scheffel seines Leichtsinns zu stellen, wo sie denn freilich nicht die gehörige Wirkung thun könnten. Nur daß der Vers der Litanei, der von mir handelt, eine wesentlich andere Form angenommen hat. Damals war man ganz sicher, daß ich im Grunde aller der dummen Streiche stecke, die sich Arthur zu Schulden kommen ließ. Jetzt ist man vollkommen überzeugt, daß ich und ich allein im Stande bin, das verirrte Lamm von dem Abgrund zu retten. — »Wer, wie Sie, das Unvermeidliche mit Würde getragen, wer, wie Sie, den schwersten Sieg, den über sich selbst, errungen; wer« — nun, ich zweifle nicht, daß sie um die Zukunft ihres Sohnes ernstlich besorgt ist, und sie hat, so viel ich sehen kann, auch alle Ursache dazu, desto mehr aber zweifle ich an ihrer guten Gesinnung für mich. Weiß ich doch nur zu genau, was sie, was der Herr Steuerrath von mir wollen! Nur zu genau, was Arthur, der alle Tage auf Stunden von Rossow herüberkommt, von mir will, wenn er alle Quellen seiner Liebenswürdig-

keit spielen läßt und mich mit einem Sprühregen von Schmeichelwor-
ten und Freundschaftsversicherungen überschüttet. Und was das
Schlimme — oder muß ich sagen das Gute? — ist: ich weiß ebenso
von allen Andern, was sie wollen: von dem kleinen Herrn von
Granow, der gern das große Zehrendorf möchte und dem ich das
Wort beim Commerzienrath reden; von Wilhelm Kluckhuhn, dem zu
Ostern gekündigt ist und dem ich seine Stelle erhalten soll; und so
haben Sie Alle ihre ganz bestimmten Interessen, dem armen Georg
weiß zu machen, er sei im Grunde genommen ein merkwürdig gescheidter, ungemein einflußreicher Mensch, dessen Gunst zu erringen
man es sich schon etwas kosten lassen dürfe. Im Ernst, theuerste Paula,
es ist ein höchst ergötzlicher Zustand, in welchen ich hier so unversehens gerathen bin, und ich weiß nicht, ob sie mir nicht ganz und gar
den Kopf verdrehen, wenn — nun ja, wenn da nicht Jemand wäre, dessen ganz specielle Aufgabe es zu sein scheint, mir ihn wieder zurecht zu
rücken. Oder das ist vielleicht ein falscher Ausdruck: auf die andere,
die entgegengesetzte Seite zu drehen, wäre richtiger, denn ich bin mit
nichten eine wichtige Persönlichkeit, auf die man in jener Weise Rücksicht nehmen muß — ich bin ein ganz obscurer, unbedeutender
Mensch, den der Vater, Gott weiß aus welcher Caprice, in sein Haus
geladen, und den man in Folge dessen gerade nicht zur Thür hinaus-
weisen kann, dem man aber zu verstehen geben muß, daß Leute seinesgleichen eigentlich ganz wo anders hingehören. Und zwar auf alle
und jede Weise zu verstehen geben muß, und wäre es auch auf die
wunderlichste von der Welt. Ich erzähle Dir wohl davon, wenn ich
zurückkomme; auf dem Papier würden, fürchte ich, die Gesichter, die
man mir macht, lange nicht so reizend aussehen, als sie in Wirklichkeit
sind, und die kleinen Extravaganzen, zu denen man sich hinreißen
läßt, im Gegentheil beinahe toll erscheinen. Oder sind sie wirklich
toll? Es kommt mir manchmal so vor, und manchmal getraue ich mir
auch gar kein Urtheil darüber und wünsche, ich hätte Benno hier, oder
ich wäre Benno mit seinen neunzehn Jahren und seinen schönen Illusionen. Für seine braunen, schwärmerischen Augen würde das blauäugige Räthsel vermuthlich etwas einfacher zu lösen sein, als für mich
alten, schwerfälligen Menschen mit seinen beinahe dreißig Jahren,
seinen rauhen Händen und seinem nüchternen Verstande. Nun, man
wird den alten Hans wohl schon nehmen müssen, wie er ist, und thut
man's nicht, so mag man sich ärgern und schmollen und hübsche,
drollige Gesichter schneiden, so viel man will; mich geht's nichts an.
Nicht wahr, liebe Paula?«

So lautete der Brief, den ich für einen recht munteren, ja lustigen
Brief angesehen haben wollte, und wie gut mir mein Zweck gelungen
war, — dafür sind eben Zeuge die Spuren der Thränen, die er den
Augen Paula's entlockt hatte.

Ach, wohl hatte sie Ursach' zu weinen über diesen Brief! Hatte sie es um mich verdient, daß ich das, was mich innerlich so tief bewegte, künstlich vor ihr versteckte, verheimlichte? und war dieser Brief von Anfang bis zu Ende nicht ein Versuch — ein plumper, mißlungener Versuch — sie über den Zustand meiner Seele zu täuschen?

Was war denn an diesem Briefe wahr?

So gut wie nichts!

Der Wirbel von Vergnügungen, in welchen man mich hier hineingezogen, hatte mich gar nicht so nüchtern gelassen, als ich mir die Miene gegeben. Es war, als ob mit derselben Luft, die ich als junger Mensch vor zehn Jahren hier geathmet, auch etwas von der Lebenslust und Lebensgier jener Tage über mich gekommen wäre. Das schöne, reiche Haus, das breite, bequeme Dasein, das vergnügliche, leichte Leben, der Aufenthalt in der freien Luft, das Schweifen über die Haiden, über die Uferhöhen, durch die Wälder, — dazu die herrlichsten Frühlingstage, in welchen dann und wann schon sommerliche Lüfte durch Blüthenbäume strichen — das Alles entzückte, ja berauschte mich. Nein, ich war nicht der nüchterne, heitere, harmlose Schalk, als den ich mich Paula gegenüber dargestellt hatte, für den ich mich freilich auch der Gesellschaft gegenüber zu geben bemühte. Nein, ich war nicht nüchtern, und noch weniger war ich heiter oder harmlos, ganz im Gegentheil! Eine unruhige, leidenschaftliche, halb gepreßte, halb überspannte Laune hatte sich meiner bemächtigt, so sehr, daß der Schlaf, mir ein lieber, treuer Gefährte von Kindesbeinen an, mich jetzt floh, wie er mich in der ersten Zeit in dem Untersuchungsgefängniß geflohen hatte; und das mochte wohl dazu beitragen, daß jetzt oft eine ganz ähnliche Stimmung wie damals mich überkam: die Stimmung Jemandes, der da weiß, daß über ihm an einem Haar die Entscheidung schwebt über Tod und Leben.

Was hatte ich von dem Allen Paula geschrieben? Aber konnte ich ihr das schreiben? Konnte ich ihr schreiben, daß ich den Grund zu wissen glaubte, weshalb Hermine dies sonderbare Spiel, das sie gegen mich von dem ersten Augenblick meines Erscheinens in Zehrendorf begonnen, in immer wunderlicherer, phantastischerer Weise weiter spielte? Und wenn sich auch ein Etwas in mir noch dagegen sträubte, Herminens Betragen gegen mich die richtige Erklärung zu geben, konnte ich mich wirklich ganz darüber täuschen, wenn Alle in ihrer Weise sich bemühten, mir anzudeuten, mir klar zu machen, daß sie recht gut sähen, was ich nun einmal durchaus nicht sehen wollte, was nicht zu sehen ich mir wenigstens den Anschein gab?

Ja, es war ein sonderbarer, unheimlicher Zustand; ein Zustand, in welchem wir an unsere Freunde dergleichen muntere Briefe schreiben, über die unsere Freunde heiße Thränen weinen.

Sechszehntes Capitel

Ich kam von dem Kreidebruche zurück, wo ich den ganzen Morgen mit der Einmauerung der eben angekommenen Wasser-Wältigungs-Maschine beschäftigt gewesen war. Die Arbeit war unter meiner Leitung trefflich von Statten gegangen, Dank dem Geschick und dem guten Willen meiner Leute; und der phlegmatische Bergmeister hatte zuletzt mit einem Anfluge von Begeisterung gesagt: ich glaube, nun holen wir es doch! Ich war in einer sehr glücklichen Stimmung. Die alte Schaffenslust hatte mich wieder ganz erfaßt und während ich durch die Felder rasch dahinschritt, diesen und jenen neuen Plan im Geiste wälzend und die Mittel dazu erwägend, da war ich wieder einmal zu dem Resultat gekommen, daß Alles wohl geschehen könne und wohl gerathen würde, wenn nur der rechte Wille da sei, und ich hatte zum andern Male gesagt: wer hier Herr wäre!

Aber ich sagte es nicht, wie ich es vor acht Tagen gesagt. Damals war es ein Wunsch gewesen, dem nichts Persönliches anhaftete, und das Ziel war mir unerreichbar erschienen. Heute war mein Herz nicht weniger erregt, aber es schlug nicht mehr frei wie neulich, und ich sah das Ziel nicht mehr unerreichbar weit, ja, ich sah es manchmal so nahe, als ob ich nur die Hand auszustrecken brauchte, um es zu haben. Und wenn mir dieser Gedanke kam, und es plötzlich vor meine Seele trat: das schöne, junge Gesicht mit der Wolke von Zorn auf der weißen, festen, von hellbraunem, krausen Gelock umdüsterten Stirn, und den unmuthgeschürzten, vollen, rothen Lippen; dann stand ich still, vor mich hinstarrend in die grüne Saat, deren Spitzen im Morgenwinde nickten, oder hinaus in die blaue Meeresferne, die über den Uferrand herüberschimmerte, und sah nichts, nichts als immer nur das süße, trotzige Gesicht, und dann athmete ich tief auf und besann mich, daß der Commerzienrath mich hatte rufen lassen und wohl schon ungeduldig meiner harrte.

Ich fand ihn in seinem Zimmer in so lebhafter Unterredung mit dem Justizrath, daß ich die beiden Herren, die zu gleicher Zeit sprachen, schon hörte, bevor mir Wilhelm Kluckhuhn die Thür geöffnet hatte. Sie saßen an dem runden Tisch, der mit Flurkarten, Bauplänen, Anschlägen bedeckt war.

Kommen Sie endlich! rief mir der Commerzienrath in einem Tone entgegen, daß ich mich veranlaßt fühlte, über die Schulter gewandt nach der Thür zu sehen und dem Aufgeregten zu bemerken, daß Wilhelm bereits das Zimmer verlassen habe.

Der Commerzienrath warf mir einen jener bösen Blicke zu, die man in den Augen eines alten Tigers wahrnimmt, wenn er ungewiß ist, ob er die Stahlpeitsche in der Hand eines Wärters respectiren soll oder nicht, und rief dann im muntersten Ton: Ja, ja, der verfluchte Kerl; da habe ich ihn schon vor einer Stunde nach Ihnen geschickt und nun erst bringt er Sie uns, die wir ohne Sie gar nichts machen können, wenigstens ich nicht, während dieser Herr allerdings schon eher ohne Sie fertig wird.

Erlauben Sie, Herr Commerzienrath, sagte der Andere.

Nein, ich erlaube Nichts, rief Jener, am wenigsten, daß Sie sich als mein Freund in dieser Sache benehmen.

Ich bin auch der Freund der anderen Partei, so zu sagen, erwiderte der Justizrath, indem er mit vieler Würde das starre, mittlerweile stark ergraute Haar von beiden Seiten auf den Wirbel seines spitzen Kopfes emporstrich, daß es sich dort zu jenem Kamme aufstellte, in welchem die Circus-Clowns einen besonderen Schmuck ihrer interessanten Erscheinung zu erblicken geneigt sind.

So sollten Sie doch wenigstens unparteiisch sein! rief der Commerzienrath.

Fragen Sie unsern Freund hier, ob er mich je anders gekannt hat? fragte der Justizrath mit einem würdevollen Blick zu mir herüber.

Ach was, rief der Commerzienrath, Redensarten machen den Kohl nicht fett und mein Kohl wird magerer, je länger Sie ihn auf dem Feuer haben. Vor acht Tagen, das heißt, bevor Sie kamen, wollte der Fürst noch viermalhunderttausend Thaler geben; nachdem Sie dreimal mit ihm conferirt, ist er um fünfzigtausend mit seinem Gebot heruntergegangen, macht für jede Conferenz sechszehntausend sechshundert und sechsundsechzig zwei drittel Thaler! Ich danke Ihnen! Sie sind mir immer ein theurer Gast gewesen; aber daß Sie mir so theuer sein sollten, würde ich nie geglaubt haben!

Emiliens Vater machte eine Bewegung, als wenn er sich vor den scharfen Pfeilen seines Gegners in den großgeblümten Schlafrock hüllen wollte, den er zu Hause zu tragen pflegte; da er sich aber darauf besann, daß er in einem schwarzen Gesellschaftsrock steckte, zupfte er nur an dem Kragen, prüfte dann, ob der Hahnenkamm auf seinem Schädel noch unversehrt sei, und blickte mich mit einem dummpfiffigen Lächeln an, als ob er sagen wollte: Wenn einer mit dem Justizrath Heckepfennig fertig werden will, muß er früh aufstehen; Sie haben es erfahren, nicht wahr, junger Mann?

Ja, ja, lieber Freund, so behandelt man mich hier, fuhr der Commerzienrath, zu mir gewandt, fort, indem er zur Veränderung in einen weinerlichen Ton verfiel; es ist wirklich zum Rasendwerden; und Sie wissen doch am besten, Georg, denn Sie verstehen es — was viel mehr ist, als man von gewissen Leuten sagen kann — Sie wissen doch, daß das Gut seine fünfmalhunderttausend Thaler unter Brüdern werth ist, zumal jetzt, wo wir die Gewißheit haben, die Wasser im Kreidebruche zu bewältigen.

Der Commerzienrath begleitete diese Worte mit einem auffordernden Blick nach mir hin, der so viel bedeutete, als: Jetzt, Georg, fall' ihm in's Gepäck!

Und das ist noch eine sehr bescheidene Forderung, fuhr er fort, wenn man bedenkt, daß wir das Geheimniß gefunden haben, das große Moor trocken zu legen, indem wir die Röhren bis an die Sandschicht leiten, die dem Kreidebruche beinahe verderblich geworden wäre, und, bei Licht betrachtet, der von der Natur selbst gegebene Abzugskanal für die Moorwasser wird.

Und der Commerzienrath sah mich jetzt mit einem wüthenden Blicke an, ob ich denn noch nicht zu seinem Beistande heranrücke.

Nun war der letzte von ihm angedeutete Plan von mir selbst ausgegangen, und ich hielt es deshalb für meine Pflicht, hier zu bemerken, daß ich allerdings auf das angedeutete Project die größten Hoffnungen setze, daß aber die Resultate erst einmal abgewartet werden müßten, und schließlich, wenn dieselben auch noch so günstig ausfielen, das neugewonnene Terrain den Wald, welchen man wahrscheinlich unwiederbringlich verloren, höchstens ersetzen werde, mithin der ursprüngliche Werth von Zehrendorf kaum wesentlich verändert sein könne.

Sind Sie des Teufels, Herr! rief der Commerzienrath, indem er aufsprang und in dem Zimmer umherzulaufen begann. Sind Sie dazu gekommen? was? wie?

Ich bin gekommen, Herr Commerzienrath, weil Sie mich haben rufen lassen; erwiderte ich, ruhig vor dem Aufgeregten sitzen bleibend, der mit schnellen, kurzen Schritten vor mir hin und her lief, mich dabei fortwährend mit den giftigsten Blicken anstierte, sich dann wieder in seinen Lehnstuhl warf und mit einem krähenden Lachen rief:

Ein Tausendsassa, der Georg Hartwig, ein wahrer Tausendsassa! Was der immer für prächtige Antworten hat! Ist hierher gekommen, weil ich ihn habe rufen lassen! Ein Tausendsassa! Ein wahrer Tausendsassa!

Und der alte Herr schlug mir mit der flachen Hand auf das Knie und sagte, plötzlich in einen ersten Ton fallend: Aber, um auf unsere Angelegenheit zurückzukommen: die Sache ist, daß ich von Granow fünfmalhunderttausend Thaler jeden Tag haben kann. Nicht wahr, Georg? Das hat er Ihnen doch noch gestern Abend gesagt!

Herr von Granow hatte mir dies keineswegs gesagt, im Gegentheil: er wäre bereit, auf jedes vernünftige Gebot abzuschließen, die Forderungen des Commerzienrathes aber seien geradezu unvernünftig. Da ich dem Commerzienrath nicht den Gefallen thun konnte, die Unwahrheit zu sagen, und dem Justizrath, der nur darauf zu lauern schien, nicht die Freude machen wollte, die Wahrheit einzugestehen, so erhob ich mich, indem ich sagte, daß, wenn meine Gegenwart sonst nicht gewünscht werde, ich um die Erlaubniß bäte, mich auf mein Zimmer zu begeben, wo ich noch eine kleine Arbeit zu fertigen habe.

Nein, bleiben Sie, bleiben Sie, rief der Commerzienrath eifrig, ich habe nothwendig mit Ihnen zu sprechen. Was uns anbetrifft, lieber, alter Freund, so gehen Sie jetzt und sagen Sie Sr. Durchlaucht, was Sie wollen; aber, wenn Sie ihm sagen, daß wir das Wasser im Kreidebruche nicht zu bewältigen im Stande wären, so schicke ich ihm den Georg hier, der ihn darüber eines Anderen belehren wird. Und nun fahren Sie mit Gott, alter Freund, und seien Sie pünktlich zu Mittag wieder hier. Ich habe noch ein paar Flaschen Hochheimer zweiundzwanziger gefunden, die Sie goutiren werden, Sie Schmeckesäbel, Sie!

Der Commerzienrath stieß den corpulenten Justizrath freundschaftlich mit dem Daumen in die Seite und trieb ihn auf diese Weise gewissermaßen zur Thür hinaus, wandte sich dann kurz auf den Hacken um, kam mit seinen kleinsten Schritten auf mich zugelaufen, blieb vor mir stehen und rief in einem Zorn, der ihm das Blut in die kahlen Schläfen trieb: Jetzt sagen Sie mir, wollen Sie mir bei diesem Handel helfen, oder wollen Sie es nicht?

Zuerst sagen Sie mir, Herr Commerzienrath, wollen Sie aus einem andern Tone mit mir sprechen, oder wollen Sie es nicht?

Ach was! lassen Sie ihre Narrenspossen! Wir sind jetzt unter uns. Ich habe keine Lust, mit Ihnen Blindekuh zu spielen, Herr, verstehen Sie mich?

Nicht im mindesten, erwiderte ich, oder höchstens so viel, daß ich keine Lust habe, auch nur eine Minute länger der Gast eines Mannes zu sein, der so wenig, der so gar nicht weiß, was er seinen Gästen schuldig ist.

Ich hatte das in einem sehr ruhigen Tone sagen wollen; aber es gelang mir nicht ganz. Der Gedanke, daß in diesem Augenblicke die großen Pläne, mit denen ich mich noch eben getragen, vielleicht in Rauch aufgingen, daß die junge, frische Saat meiner schönsten Hoffnungen von diesem thörichten, alten, egoistischen Manne mit zornigen Füßen in den Boden gestampft würde — dieser Gedanke machte denn doch, daß wenigstens meine letzten Worte mit einer größeren Bitterkeit gesprochen wurden, als es wohl sonst meine Gewohnheit war.

Der Commerzienrath mußte mit seinen scharfen Ohren herausgehört haben, daß er an der Grenze meiner Duldsamkeit angekommen sei, denn, als ich an der Thür war und den Drücker schon in der Hand hatte, fühlte ich mich plötzlich am Rockschooß festgehalten, und, mich umwendend, sah ich das Gesicht des wunderlichen alten Herrn mit einer so seltsamen Verzerrung zu mir emporgerichtet, daß ich lachen mußte, so trüb mir auch zu Sinnen war.

Na, das ist recht, lachen Sie tüchtig, Sie schlechter Mensch, und setzen Sie sich wieder hin! Ei, das fehlte mir noch, daß Sie mir so aus dem Hause liefen! Da würde ich heute Mittag eine schöne Suppe aus-zuessen haben! Nein, nein, setzen Sie sich! Ich habe nothwendig mit Ihnen zu sprechen, und ich will mit Ihnen sprechen, als wenn Sie mein Sohn wären. Der Himmel hat mir ja leider keinen geschenkt und ich muß schon zu andern Leuten meine Zuflucht nehmen, die natürlich einem alten Manne sein bischen Heftigkeit nicht verzeihen können.

Ich war schon längst wieder in einer versöhnlichen Stimmung und der Commerzienrath hätte gar nicht einen so kläglichen Ton anzu-schlagen brauchen. Aber er blieb in diesem Ton, während er mir nun des Weiteren auseinandersetzte, daß er Zehrendorf damals nur über-nommen habe, um es später mit Vortheil wieder verkaufen zu können; daß dieser Zeitpunkt jetzt gekommen sei, daß er das Geld brauche, nothwendig brauche, und daß ich ihm auf jeden Fall helfen müsse, den Handel mit dem Fürsten zum Abschluß zu bringen. Ich verstände mehr von diesen Dingen, als er selbst, oder der Justizrath, oder auch der junge Fürst, und der Letztere habe ihm schon wiederholt und erst noch heute Morgen geschrieben, daß er mich lieber zum Unterhändler wolle, als den Justizrath, der ein alter Esel sei, und — schrie der Commerzienrath, — Gott sei es geklagt, wahr und wahrhaf-tig ein alter Esel ist.

Wie kommt der junge Fürst dazu, mich zum Unterhändler zu wollen? fragte ich erstaunt.

Weil er sich für Sie interessirt, wie es alle Welt thut, Sie Tausend-sassa, Sie! rief der Commerzienrath. Nun, wollen Sie, wollen Sie?

Herr Commerzienrath, sagte ich nach einer kleinen Pause, in welcher ich mich bemüht hatte, die sich durchkreuzenden Gedanken auf einen Punkt zu sammeln: ich will es Ihnen gestehen: es thut mir weh, zu denken, daß Zehrendorf in eine andere Hand kommen soll, in die Hand eines Herrn, von dem ich nicht weiß, ob er nicht Alles, was hier mit so vielen Kosten und so großer Mühe in's Leben gerufen ist, wieder zu Grunde gehen läßt, so daß die arme Menschheit hier herum in einen noch erbärmlicheren Zustand geräth, als in welchem ich sie vorgefunden. Denn Ihre neuen Unternehmungen haben trotz alledem so Manchen hierher gezogen, der nicht so bald wieder fort kann, son-dern hier weiter darben und das allgemeine Elend vermehren helfen wird. Nun erlaubte ich mir, Ihnen mehr als einmal schon zu sagen, daß ich Sie keineswegs für den guten Herrn halte, den ich für Zehrendorf wünsche, aber ich meinte, Sie würden schon in Ihrem eigenen Interesse versuchen müssen, das Angefangene zu vollenden, und so mochte ich denn immer noch die Hoffnung nicht aufgeben, Sie endlich zu meinen Ansichten zu bekehren. Dennoch, da Sie sagen, daß Sie das Gut verkaufen müssen und Ihr Entschluß fest zu sein scheint, will ich Ihnen die Hand dazu bieten, aber nur unter zwei Bedingungen. Die eine ist, daß Sie mir verstatten, als Ihr Freund, aber auch als ein ehrlicher Mann bei dem Handel zu Werke zu gehen, das heißt, einen guten, oder sagen wir den besten Preis zu erzielen, nicht aber Forderungen zu machen und zu vertreten, die der Fürst nur annehmen kann, wenn er ein Narr ist, oder die er mit Hohn zurückweisen wird, wenn er keiner ist. Ich bitte noch um einen Augenblick Geduld, Herr Commerzienrath! Ich sagte, daß ich zwei Bedingungen habe und die zweite ist, daß Sie in der Stunde, wo ich den Verkauf zu Stande bringe, den Plan der Erweiterung unserer Fabrik in der Stadt genehmigen und mir die Summen, welche ich dafür berechnet habe, anweisen lassen.

Sind Sie verrückt, Herr! schrie der Commerzienrath, mit der Faust auf die Lehne seines Stuhles schlagend, mir solche Sachen zu sagen, hier, in meinem eigenen Hause, auf meinem eigenen Zimmer, als wenn Sie ein Pascha von drei Roßschweifen, oder, ich weiß nicht was, wären und nicht vielmehr —

Ihr ergebenster Diener, sagte ich, indem ich meine beste Verbeugung machte.

Ach was! schrie er, wollen Sie mir nicht bange machen! Sie gehen ja doch nicht; wozu also die Possen?

Und Sie geben mir ja schließlich doch Recht, wozu also der Lärm? erwiderte ich lächelnd.

Aber ich sage Ihnen zum hundertsten Male, daß ich das Geld, und wenn ich Zehrendorf noch so gut verkaufe, zu anderen Dingen brauche, als zu Ihrer vertracten Fabrik! rief der Commerzienrath.

Ich sah dem alten Mann starr in die Augen und sagte: Wissen Sie, was mir neulich geträumt hat, Herr Commerzienrath? daß Sie gar nicht der reiche Mann sind, für den man Sie hält.

Sie Tausendsassa! Sie Spaßvogel! Sie humoristischer Teufelskerl, Sie! Werden Sie mir nicht nächstens sagen, daß ich die Stiefeln gestohlen habe, die ich trage! Sie! Können Sie mir nicht auf ein paar Tage fünf Thaler leihen? Sie!

Und er stieß mir mit dem Daumen in die Seite, und hielt sich dann die eigenen Seiten über den köstlichen Spaß.

Wenn Sie also ein reicher Mann sind, fuhr ich sehr ernsthaft fort — und es hatte mir keine Mühe gemacht, ernsthaft zu bleiben — so sagen Sie ja, und die Sache ist gut.

Ich hielt ihm meine Hand hin, in die er, noch immer wie toll lachend, einschlug.

Also der Handel ist abgemacht, sagte ich tief aufathmend.

Abgemacht! rief er.

Und ich werde mein Wort einfordern, Herr Commerzienrath, darauf verlassen Sie sich.

Und ich mich auf Sie, entgegnete er, indem er noch immer meine Hand mit einer seiner Hände festhielt und mir mit der zweiten sanfte

Schläge auf die Knöchel ertheilte; wenn Sie nicht ein so verläßlicher Mensch wären, glauben Sie, daß ich so viele Umstände mit Ihnen machen würde, Sie! o weh!

Ich mußte ihm wohl in meiner Aufregung die Hand etwas zu kräftig gedrückt haben, denn er schrie laut auf und machte ein schreckliches Gesicht; ich bat um Entschuldigung; er lachte und rief nochmals: o weh! Der Eisenmensch! Der Tausendsassa! und trieb mich mit Daumenstößen zur Thür hinaus, genau so, wie er vorhin den Justizrath hinausgetrieben.

Siebenzehntes Capitel

Ich hatte den Rest des Vormittags auf meinem Zimmer zugebracht, um eine Berechnung zu machen, welche die Aufstellung der Maschine für den Kreidebruch erforderte. Ich war nicht über die ersten Ansätze hinausgekommen. Die neue, fast gewisse Aussicht, meinen großen Wunsch der Erweiterung unserer Fabrik ausführen zu können, machte mir den Kopf schwindeln. Ich sah im Geiste — wie Paula es gesehen hatte — das wüste Terrain des ruinenhaften Hofes mit stattlichen Fabrikgebäuden bedeckt, ich sah die Flammen aus den großen Essen sprühen und die hohen Schlote rauchen; ich hörte den Schlag des Hammers auf den Amboß und sah die dunklen Schaaren der Arbeiter über die weiten Höfe wimmeln und sich in den Gassen eines neuen Quartiers verlieren, wo sie in einem der reinlichen Häuser ein freundlicher, warmer Heerd empfing, an dem sie sich ausruhen konnten von des Tages schwerer Mühe. Und das verfallene Haus, in welchem ich wohnte, war nicht mehr verfallen; auf dem Vorplatz an der Freitreppe grünte der Rasen und in dem Sandsteinbecken blies ein Triton einen Wasserstrahl hoch in die Luft, daß es plätschernd niederrauschte in das gefüllte Becken, wo zahlreiche Goldfischchen munter spielen und jetzt alle auf einmal von dem Rande, wo sie sich gesammelt hatten, wegschnellen, weil Zwei, die Hand in Hand herangetreten sind, sich über den Rand beugen nach ihren Spiegelbildern, die in dem Wasser nicken und schwanken, so, daß er ihr Bild gar nicht deutlich erkennen kann und nur hin und wieder die blauen, leuchtenden Augen sieht und die rothen schwellenden Lippen, aber gar nicht gewiß ist, ob, was in den Augen leuchtet, Haß ist oder Liebe, und ob die schwellenden Lippen zu einem höhnenden Wort sich wölben oder zu einem Kusse —

Es wird angerichtet, Herr Ingenieur, sagte Wilhelm Kluckhuhn, den Kopf zur Thür hineinsteckend, kann ich dem Herrn Ingenieur noch bei seiner Toilette behülflich sein?

Wilhelm hatte die Gewohnheit, mir dieses gütige Anerbieten regelmäßig zu stellen, obgleich ich niemals von demselben Gebrauch machte. Heute aber wollte er sich durchaus nicht abweisen lassen und half mir mit einem solchen Eifer in meinen Gesellschaftsrock, und bürstete und putzte mit einer solchen Ausdauer an mir herum, daß ich ihn nothwendig fragen mußte, ob er ein neues Anliegen habe.

Ach nein, erwiderte Wilhelm; aber Sie sind so gut für mich gewesen und haben mich wieder bei dem Herrn zu Gnaden gebracht, der übrigens vollkommen Unrecht hatte, denn, wenn ich überhaupt Champagner tränke —

Es ist gut, Wilhelm, sagte ich.

Und da wollte ich Ihnen nur sagen, fuhr Wilhelm in geheimnißvollem Tone fort, daß sie sich eben fürchterlich gezankt haben, und ich hörte ganz deutlich —

Aber ich will es nicht hören, Wilhelm.

Sie können doch nicht dafür, daß ich es Ihnen sage, denn wenn ich auch ein bischen gehorcht habe, so geht Sie das gar nichts an, und ich kann eigentlich auch nichts dafür, denn die Thür war nur angelehnt und ich habe deutlich gehört, wie das Fräulein — gnädige Fräulein wollt' ich sagen — sagte, daß sie Ihnen das nie vergeben würde —

So, brummte ich.

Und dabei machte sie ein Gesicht —

Also gesehen haben Sie auch?

Die Thür stand ja angelweit auf, sagte Wilhelm und zuckte mit den Achseln; und ich habe ja genug mit den Tellern geklappert, aber das Fräulein war in einer Rage —

Und Wilhelm schnitt ein Gesicht, das vermuthlich dem gleichen sollte, welches er durch die Ritze der Thür gesehen, aber so unglaublich komisch ausfiel, daß ich laut lachen mußte.

Na, ist schon recht, sagte Wilhelm, den Rath wollte ich Ihnen auch geben: lachen Sie nur! denn mit der Zürnerei ist doch Alles nur Thuman-so! Sie können lachen!

Und Wilhelm seufzte tief und sah mich mit einem bittenden Blicke an.

Nun? sagte ich.

Und wollte ich nur noch befürworten, sagte Wilhelm, daß, wenn — ehem! Sie wissen, was ich meine — Sie mir und meiner Louise auch dazu verhelfen, denn wir warten nun schon sechs Jahre und Sie haben es ja dann in der Hand, Herr Ingenieur! nicht wahr, lieber Herr Ingenieur!

Ich glaube, Sie sind verrückt, Wilhelm! sagte ich und schritt mit einem Blick, der majestätisches Zürnen ausdrücken sollte, an ihm vorüber zum Zimmer hinaus.

Aber Wilhelm hatte doch recht gehört; ich sollte es über Tisch erfahren. Die Gesellschaft war nur klein; außer Arthur, der in des Justizraths Wagen von Rossow mit herübergekommen war und mich mit seiner jetzt gewöhnlichen, übertriebenen Freundlichkeit begrüßte, nur die Hausgenossen. Die beiden Eleonoren erschienen, dem ungemein warmen Tag zu Ehren, in jungfräulichem Weiß und selbstverständlich als Gruppe. Hermine ließ uns etwas warten.

Der Commerzienrath nahm mich auf die Seite und theilte mir im Flüsterton mit, der Fürst habe ihm durch den Justizrath sagen lassen, er müsse durchaus über den Kreidebruch beruhigt sein, bevor er sich auf weitere Verhandlungen einlassen könne. Er werde heute Nachmittag seinen Wagen schicken, mich nach Rossow hinüber holen zu lassen.

Ich hatte keine Zeit, auf diese Mittheilung, die mir aus mehr als einem Grunde ungelegen kam, zu antworten, denn in diesem Augenblicke trat Hermine ein und ich sah deutlich, daß sie geweint hatte, obgleich sie sich alle Mühe gab, so heiter und unbefangen als möglich zu erscheinen. Der Tag war ja auch so schön, so wunderschön! und morgen würde es noch viel schöner sein und die Partie nach dem Schmachtensee werde ganz reizend werden. Die Gesellschaft sei die beste, die man sich wünschen könne: lauter junge Leute, alte würden auf keinen Fall mitgenommen. Man werde nach Tische von hier aufbrechen, über Trantowitz, um Hans abzuholen, der durchaus nicht fehlen dürfe, dann über Sulitz, wo Herr von Zarrenthien und seine reizende Frau sich der Gesellschaft anschließen würden; dann zwischen fünf und sechs Ankunft in dem Stranddorf Sassitz; Promenade durch die Dünen und den Buchenwald nach dem Schmachtensee, Souper mit Ananasbowle und Aufgang des Mondes ebendaselbst, darauf Rückkehr durch den Wald bis zu dem Kreuzwege in den Rossower Tannen, wo die Wagen und Pferde unterdessen sich eingefunden haben würden; schließlich Rückkehr der gesammten Gesellschaft — nach Hause werde keiner gelassen — durch die Mondscheinnacht nach Zehrendorf; zum Schluße Thee und Punsch und möglicherweise auch ein Tanz für die besonders Artigen.

Bravo! bravo! das ist doch einmal ein Plan, bravo! rief Arthur, indem er enthusiastisch in die Hände klatschte.

Ich wußte, daß er Deinen Beifall haben würde, lieber Arthur, sagte die schöne Planmacherin, indem sie ihm mit dem gütigsten Lächeln über den Tisch hinüber die Hand reichte; Du hast ein Verständniß für dergleichen: und ich rechne auch ganz besonders auf Dich.

Auf Sie habe ich nicht gerechnet; fügte sie mit einer schnellen Wendung zu mir hinzu.

Ich habe nichts derartiges gesagt, ja nicht einmal gedacht, Fräulein Hermine, sagte ich.

Das ist es ja eben, warum man bei solchen Dingen auf Sie nicht rechnet und nicht rechnen darf: Sie denken nicht daran! Natürlich! Wie sollte man, wenn man so viel wichtigere Sachen in den Kopf zu nehmen hat!

Hermine hatte nicht die Gewohnheit, mich besonders freundlich zu behandeln; aber ihr Benehmen heute war so auffallend unfreundlich und ihre Heftigkeit so scheinbar gar nicht motivirt, daß es dem Unbefangensten hätte auffallen müssen, geschweige denn dem Steuerrath und der Geborenen, die durchaus nicht unbefangen waren und jetzt Arthur bedeutungsvolle Blicke zuwarfen, als wollten sie ihn ermuthigen, das Eisen zu schmieden, so lange es glühe. Arthur hatte auch offenbar diese löbliche Absicht, schien aber nicht recht zu wissen, wie er dieselbe gleich in's Werk setzen solle und begnügte sich deshalb, Herminen einen schmachtenden Blick zuzuwerfen und an seinem schwarzen Bärtchen zu drehen. Auch für die Andern schienen die letzten Worte Herminens und vielleicht noch mehr der erregte Ton, in welchem sie dieselben gesagt hatte, das Signal gewesen zu sein, daß etwas Außerordentliches in der Luft schwebe. Fräulein Duff, die schon von Anfang an ganz besonders blaß und verstört ausgesehen, hob ihre Augen, wie in Verzweiflung, zur Zimmerdecke, während der Justizrath seine Blicke starr vor sich hin auf eine Schüssel Salat geheftet hielt und dabei leise mit den kurzen Fingern seiner linken Hand auf der Tischplatte trommelte; Emilie blickte ihre Freundin Elise an und Elise Emilien; Emilie fragte in diesem Blick: brauche ich, unschuldiges Kind, um diese Dinge zu wissen? Elise antwortete: spiele, spiele ruhig, holder Engel! laß das uns Geprüften! Selbst Wilhelm Kluckhuhn, der mit der Serviette am Büffet stand, machte ein nachdenkliches Gesicht, als wenn die Wendung, welche die Sache genommen, ihm denn doch nicht gefalle, und nur der Commerzienrath hatte so eifrig mit dem zweiten Bedienten, der eben vor seinen Augen eine Flasche des famosen Hochheimers entkorken mußte, zu thun, daß er ganz und gar nicht wußte, weshalb plötzlich ein allgemeines Schweigen die Gesellschaft befallen hatte. Er schaute mit der unschuldigsten Miene von der Welt auf und fragte so harmlos wie möglich: Ich bitte um Entschuldigung; was war es doch eben, wovon Ihr spracht?

Der eigenthümliche Ausdruck, den ich in so verschiedenen Schattirungen auf den Gesichtern der Anwesenden bemerkt hatte, vertiefte sich noch um einige Farbentöne. Die Stille wurde noch stiller, der zweite Bediente Johann, welcher eben den Hochheimer zweiundzwanziger entkorken wollte, hielt in seiner Beschäftigung inne, und die Teller, welche Wilhelm herum reichte, klapperten ganz beunruhigend in seiner sonst so sicheren Hand, als der Steuerath, sich nicht ohne einiges Zittern ein Glas Wein einschenkend, sagte: Unsere liebe Hermine bemerkte, daß man für die harmlosen Vergnügen, welche die Jugend liebt, auf unseren trefflichen Georg — verzeihen Sie, Georg, daß ich Sie bei dem alten familiären Namen nenne — nicht rechnen dürfe, weil unser junger Freund so viel andere, und geben wir es zu, wichtigere Sachen in den Kopf zu nehmen hat.

Der Commerzienrath goß eben eigenhändig in die großen Paßgläser den kostbaren Wein — nur einen Daumen hoch, sonst hatte man nicht die rechte Blume — und er mußte dabei so seine Gedanken zusammennehmen, daß es ihm erst nach einer kurzen Pause in eigenthümlich gedehntem Ton zu antworten möglich war: Wichtigere Sachen! Ah, ist das ein Weinchen! — wichtigere Sachen? — wahrhaftig, die Blume des Rheins! — in den Kopf zu nehmen? freilich, wir haben heute Morgen einen Vertrag gemacht: er verkauft mir Zehrendorf und ich kaufe ihm das Grundstück neben unserer Fabrik in Berlin — ich glaube, daß dergleichen einem Jeden ein wenig durch den Kopf gehen würde.

Ich war auf das Höchste erstaunt, den Commerzienrath, den ich als einen vorsichtigen Mann kannte, über eine Angelegenheit, welche wir vor ein paar Stunden unter uns abgemacht hatten und die ich durchaus für ein Geschäftsgeheimniß hielt, hier, im Kreise seiner Gäste, so offen sprechen zu hören — noch dazu in Gegenwart des Justizrathes, für welchen meine Dazwischenkunft zum mindesten nicht schmeichelhaft war — ich sage, ich war so erstaunt über dieses ganz ungeschäftsmäßige, unbegreifliche Vorgehen des sonst so klugen alten Mannes, daß ich fühlte, wie mir die Röthe der Verlegenheit heiß in die Stirn stieg.

Und wieder ging ein Schweigen durch den Speisesaal; wieder vertiefte sich der Ausdruck in den Gesichtern der Anwesenden um einen Farbenton und diesmal war es Herminens Stimme, die das Schweigen unterbrach: Habe ich Ihnen nicht gesagt, Emilie, daß Herr Hartwig ein schrecklicher Aristokrat ist? Er kann es nicht mit ansehen, daß ein so altes Gut in anderen als in adeligen Händen ist. Dergleichen ist für uns Plebejer nichts. Ob wir von einem Orte fort sollen, den wir im Laufe von sieben Jahren denn doch lieb gewonnen haben — was kommt darauf an? Wir müssen mit Allem vorlieb nehmen und zufrieden sein, daß wir überhaupt nur irgend wo sind.

Es war ein Schwingen in dem Ton ihrer Stimme und ihre Augenlider rötheten sich, als wenn sie nur mit Mühe die Thränen zurückhalte; die Stille wurde immer stiller und der Commerzienrath hätte gar nicht so zu schreien brauchen: das ist nun einmal nicht anders! Gottesdienst geht vor Herrendienst; und, wie Georg geartet ist, glaubt er seinem Gott zu dienen mit jedem Dreier, welchen er den armen Teufeln von Arbeitern mehr zu verdienen giebt: und wenn er schon schlecht auf Herrendienst zu sprechen ist, so ist ihm Frauendienst ganz und gar ein Gräuel.

Das ist nicht Deine Devise, Arthur! sagte der Steuerrath in aufmunterndem Tone.

Noblesse oblige! rief die Steuerräthin dringender.

Mon coeur aux dames! sagte Arthur, indem er, die sorgsam gepflegte Hand auf sein Herz legend, sich gegen seine Cousine verbeugte.

Der Justizrath und seine Damen sagten nichts, sondern begnügten sich, einander bezeichnende Blicke zuzuwerfen; daß dies eine Familienangelegenheit sei, in welche einzumischen sie, die Fremden, sich wohl hüten würden.

Und wiederum eine verlegene Pause, die diesmal, wo die Situation auf ihrem Höhepunkt angekommen zu sein schien, dadurch unterbrochen wurde, daß Wilhelm Kluckhuhn sich in einer Weise schneuzte, wie es für einen wohlerzogenen Bedienten, selbst in Augenblicken lebhaftester Kümmerniß, gänzlich unstatthaft ist. Fräulein Duff, welche während der letzten Worte des Commerzienrathes die mageren Hände krampfhaft über der Brust gefaltet hatte — mit der blassen Miene eines Menschen, der seine Hoffnung nur noch auf ein besseres Jenseits gesetzt hat — brach in ein hysterisches Weinen aus, und Hermine, sich plötzlich erhebend und das Spitzentuch auf Stirn und Wangen drückend, sagte, sie bitte um Entschuldigung, wenn sie die Gesellschaft durch ihre böse Laune gestört habe, aber ihre Kopfschmerzen seien so arg, daß sie sich auf ihr Zimmer zurückziehen müsse.

Ich glaube nicht, daß irgend Jemand von den Anwesenden an diese Kopfschmerzen glaubte, was natürlich nicht verhinderte, daß die beiden Eleonoren von ihren Stühlen auffuhren, und, sich von rechts und links der schönen Leidenden nähernd, jedenfalls im Begriffe waren, die günstige Gelegenheit zu einer rührenden Gruppe zu benutzen. Aber Hermine hatte bereits den Arm ihrer schluchzenden Gouvernante ergriffen und verließ das Zimmer mit einem schmerzlichen Lächeln auf den Lippen, welches für die ganze Gesellschaft bestimmt schien — außer für mich.

Ihr Blick war über mich hingeglitten, als ob mein Stuhl unbesetzt sei; und dies schien auch die übrige Gesellschaft anzunehmen. Niemand hatte noch ein Wort, einen Blick für mich und ich habe es dem Wilhelm Kluckhuhn nie vergessen, daß er in diesem verhängnißvollen Augenblick den Muth hatte, hinter meinen Stuhl zu treten und, mit einer allerdings etwas gepreßten Stimme zu fragen:

Befehlen der Herr Ingenieur noch ein Glas Hochheimer?

Ich nahm das Glas und trank es vorsichtig schlürfend mit der Miene des Kenners; aber ich müßte lügen, wollte ich behaupten, daß ich dem herrlichen Gewächs wirklich hätte Gerechtigkeit widerfahren lassen. So sehr ich mir Mühe gab, unbefangen zu erscheinen, befand ich mich doch in peinlicher Aufregung. Es ist ein eigen Ding, von einer jungen Dame auf solche Weise vor einer ganzen Gesellschaft ausgezeichnet zu werden!

Glücklicherweise hatte ich meine Kraft auf keine zu harte Probe zu stellen. Die Tafel wurde bald aufgehoben; die Gesellschaft zerstreute sich sehr rasch, ich ging in die Anlagen, um bei dem beruhigenden Rauch einer Cigarre über das, was geschehen, weiter nachzudenken.

Eines war mir durchaus begreiflich: das Betragen der Gesellschaft bei dieser Angelegenheit. Sie hatte mich einfach fallen lassen in dem Momente, als sie zu bemerken glaubte, daß mein Spiel verloren sei. Wußte ich doch, daß Arthur's Eltern noch immer die Hoffnung nicht aufgegeben hatten, ihr Sohn werde noch einmal seine reiche Cousine heimführen; daß ihre plumpen Schmeicheleien, Arthur's falsche Freundschaftsversicherungen nur ein Mittel gewesen waren, ihre Absichten vor mir wo möglich zu verdecken und nebenbei vielleicht durch Güte auf mich zu wirken, da man wahrscheinlich fürchtete, durch offene Feindseligkeit die Sache nur schlimmer zu machen. Der Justizrath, die beiden Eleonoren — sie schwammen eben mit dem Strom! Sie und die Andern — das war Alles, Alles nur zu erklärlich; aber der Commerzienrath! der Commerzienrath! Sah es nicht gerade so aus, als ob er die peinliche Scene über Tisch direct provocirt oder doch geflissentlich so weit habe kommen lassen? Er verstand es sonst sehr gut, einem Gespräch, das ihm nicht gefiel, eine andere Wendung zu geben. Und wenn es ihm wirklich um meinen Beistand in der Verkaufsangelegenheit zu thun war, weshalb hatte er schon jetzt, wo noch Alles in der Schwebe, mit Hermine davon gesprochen? weshalb mich ihr als den Urheber oder doch hauptsächlichen Beförderer des ihr so verhaßten Projectes hingestellt? Hatte er sich einfach durch mich decken wollen? ein solches Manöver sah ihm ganz ähnlich: er hatte die Gewohnheit, Lasten, die ihm zukamen, auf Andere abzuwälzen — oder war das noch nicht Alles? Hatte der alte schlaue Mann nur einmal wieder eines seiner Tintenfisch-Manöver ausgeführt und sich in eine dunkle Wolke vollkommener Unbefangenheit gehüllt? nichts, gar nichts, was um ihn her vorging und wobei er so betheiligt war, gesehen? nichts von Allem gewußt? und jetzt nur so ganz zufällig, so ganz unschuldiger Weise seinen jungen Freund der schönen, leidenschaftlichen Tochter gegenüber in eine unhaltbare Lage gebracht?

Das Blut stieg mir heiß in die Stirn, als ich bis zu dieser Schlußfolgerung kam und eine mir ganz neue Empfindung bemächtigte sich meiner immer mehr. Es war mir sonst herzlich leicht geworden, meinen Beleidigern zu vergeben, so leicht, daß ich mich manchmal einen Schwächling, einen Menschen ohne Herz und ohne Galle genannt hatte; warum wollte mir, was mir sonst so leicht wurde, heute nicht gelingen? Warum kam mir jetzt jeder Blick, mit dem man mich über Tisch scheel angesehen, die Vernachlässigung, die Gleichgültigkeit, die man urplötzlich gegen mich zur Schau getragen — warum kam mir das Alles bis auf die kleinste Einzelheit wieder in Erinnerung? und weshalb war mir, als ob ich ersticken müßte an dem, was ich vorhin mit scheinbar so viel Gemüthsruhe hingenommen hatte? Ja, es war eine neue Ader in mir, auf die ich plötzlich getroffen war, eine Ader, aus der ein schwarzes, galliges Blut in mein sonst so leichtes Blut überströmte. Ich fühlte durchaus als einen physischen Vorgang, was doch nur, oder doch ursprünglich nur ein Vorgang in meinem Gemüthe war: die erste heftige Regung des Ehrgeizes, das leidenschaftliche Verlangen, mit seiner Person zur Geltung zu kommen; die Demüthigung, die Beschämung, wenn das Gegentheil der Fall ist; der verzweifelte Entschluß endlich, aus dem Kampfe als Sieger hervorzugehen, trotz alledem und alledem!

Welches war dies Ziel? Dasselbe noch, das ich vor Augen hatte, als ich hierher kam? oder ein anderes? oder jenes und dies andere zu gleicher Zeit? Ach, es mochte mir in dieser Stunde wohl die Ahnung kommen von der Tiefe jener melancholischen Weisheit, daß es schwer, daß es unmöglich sei, Gott zu dienen und dem Mammon!

Achtzehntes Capitel

Ich hatte mich auf eine Bank gesetzt, die hier in dichtem Baum- und Buschwerk stand. Es war ein lauschiges Plätzchen. Die Vögel zwitscherten gar vergnüglich; ein leiser Wind, der aus dem Garten heranwehte, trug süßen Wohlgeruch auf seinen weichen Schwingen; von dem blauen Himmel strahlte eine warme, erquickliche Sonne — der Ort war so lieblich und die Stunde war so schön, und ich mußte denn doch der holden Lockung folgen, so sehr ich ihr auch heute widerstrebte. Mein Blut fing an ruhiger zu fließen, ich begann mich für ein Spechtpärchen zu interessiren, das in dem Astloch eines benachbarten, kürzlich erst aus dem Rossow'schen Park hierher verpflanzten Baumes seine junge Wirthschaft angesiedelt hatte und zu der engen Oeffnung aus- und einschlüpfte: es war ein so friedliches, liebes Bild; die Thierchen hatten es so eilig und waren so unermüdlich fleißig und alles offenbar aus eitel Liebe — die Welt war am Ende doch nicht so schlecht, wie sie mir eben erschienen war.

Und mit diesen Gedanken mußte ich die Augen geschlossen haben, wohl gar eingeschlafen sein, denn ich sah, wie mir gegenüber die Büsche, hinter welchen ein Pfad vorüberführte, auseinandergebogen wurden, und in der so entstandenen Oeffnung ein Gesicht sich zeigte: ein schönes Mädchengesicht, auf dem die Sonnenlichter mit den Schatten der Zweige spielten, und das ich in Folge dessen, und weil ich es eben nur träumte, nicht genau genug sehen konnte, um zu entscheiden, ob das, was in den Augen glänzte, Zorn war oder Liebe. Als ich selbst die Augen wieder öffnete, sah ich wohl die Stelle in den Büschen noch ganz deutlich, aber natürlich das holde Gesicht nicht mehr; dafür schlug in diesem Augenblicke helles Lachen an mein Ohr, und laute Worte und Peitschenknall und dazwischen ängstliche Rufe, wie einer Bittenden und plötzlich ein geller Angstschrei, der mich von der Bank auffahren und nach dem Orte hineilen ließ, von welchem der Lärm zu mir herüberschallte.

Es war ein ebenfalls mit Buschwerk umgebener runder Platz, der als Reitbahn benutzt wurde, und von mir selbst während meines Aufenthaltes wiederholt benutzt worden war, indem ich unter Aufsicht und Leitung des alten Kutschers Anton, eines früheren Cavalleristen, meine etwas lückenhafte Kenntniß der equestrischen Kunst zu erweitern mich bestrebte. Wir hatten das in der ersten Morgenfrühe in aller Stille gethan, weil ich wußte, daß Hermine, die eine leidenschaftliche Reiterin war, während des Vormittags bald früher oder später eine Stunde Schule zu reiten pflegte. Neuerdings hatte mir Anton noch anvertraut, daß auch Fräulein Duff an diesen Uebungen Theil nehme, auf Wunsch des gnädigen Fräuleins, die es sich plötzlich in den Kopf gesetzt, auf ihren Ausflügen und Besuchen in der Nachbarschaft außer dem Reitknecht, den sie noch dazu oft genug zu Hause lasse, eine Begleiterin zu haben. Die Sache war mir, trotzdem sie mir der alte Anton, der gar nicht wie ein Schelm aussah, mit dem ernsthaftesten Gesicht versichert hatte, ganz unglaublich erschienen; jetzt sollte ich mich von der Wahrheit der seltsamen Nachricht überzeugen.

In der Mitte der Reitbahn standen Arthur, der mit einer großen Peitsche unaufhörlich knallte; Hermine, die sehr lachte; die beiden Eleonoren — noch in Unschuld-Weiß — die sich umschlungen hielten; zuletzt Anton, der offenbar nicht wußte, ob er dem mehrmals wiederholten Befehle Arthur's: daß Sie sich nicht unterstehen! Folge leisten, oder den flehentlichen Bitten Fräulein Duff's nachkommen und der Aermsten vom Pferde herabhelfen sollte. Es schien, als ob man eben die Longe, vielleicht zum ersten Mal, losgelassen hatte, und die ungeschickte und überaus furchtsame Reiterin darüber in tödtliche Angst gerathen sei. Wenigstens hatte sie in diesem Augenblicke ihre beiden Arme in voller Verzweiflung um den Hals des Pferdes — eines kleinen, krausmähnigen, ponyartigen Thieres — geschlungen, das seinerseits wieder die bereits halb aus dem Sattel Geschleuderte vollends abzustreifen suchte, und mit gesenktem Kopfe unaufhörlich hinten ausschlug. Das sah nun allerdings unglaublich lächerlich aus; aber ich konnte doch meine gute Freundin nicht einen Augenblick in der Situation sehen, ohne ihr zu helfen, und so war ich denn mit ein paar raschen Schritten an ihrer Seite, und hatte sie, die mir ihre Arme sofort entgegenstreckte, aus dem Sattel gehoben. Ich wollte sie nun sanft auf die Erde gleiten lassen, aber vergebens, daß ich ihr mit leisen Worten zuredete, doch verständig zu sein und keine Scene zu machen. Wie sie vorhin den Hals des Pferdes umklammert hatte, so umklammerte sie jetzt den meinigen, und schien die größte Lust zu haben, in meinen Armen, an meiner Brust ohnmächtig zu werden. Mag nun gleich eine derartige Situation unter Umständen für den Ritter nicht ohne alle Reize sein, so wird sie bedenklich, falls seine holde Last durchaus in den Jahren ist, in ihren eigenen Schuhen stehen zu können, und geradezu unerträglich, wenn die Umstehenden, anstatt sich seiner zu erbarmen, und ihn von seiner Bürde zu befreien, die Hände nur regen, um wie toll zu klatschen und in ein nicht endenwollendes Gelächter ausbrechen.

Und das Letztere thaten wenigstens Hermine und Arthur, während von den beiden Eleonores die zweite die erste vorläufig nur fragend ansah, ob sie lachen dürfe.

Duff'chen, Duff'chen! rief Hermine, ich habe es Dir ja immer gesagt, daß Du Dich vor ihm in Acht nehmen sollst.

Fräulein Duff! rief Arthur, ziehen Sie die Canthare etwas fester an!

Darf ich? fragte die zweite Eleonore dringender; und die erste antwortete: lache, Du unschuldiger Engel! und ging selbst mit gutem Beispiel voran.

Kommt, wir wollen sie allein lassen, sie haben sich gewiß noch viel zu sagen! rief Hermine, und eilte unter jubelndem Gelächter davon. Die Andern folgten, alle lachend, so sehr sie konnten, selbst der trockene Anton, der mit dem tückischen Pferde hinterdrein ging, lachte, und das tückische Pferd wieherte laut und lachte vermuthlich auf diese seine Weise auch.

Im nächsten Augenblicke stand ich da, allein mit meiner Last auf den Armen, beschämt, beleidigt, ärgerlich, wüthend, wie ich es noch nie im Leben gewesen, so daß ich die gute Gouvernante, wenn ein Strom zufällig vorüber geflossen wäre, ohne weiteres, glaube ich, hineingeworfen haben würde. Glücklicherweise aber war kein gefälliger Strom in der Nähe und Fräulein Duff erholte sich, gerade als das Lachen der enteilenden Gesellschaft weniger deutlich zu uns herüberschallte, und sie flüsterte, indem sie ihre Arme von meinem Halse löste: Richard, Sie sind mein Retter!

Richard war gar nicht in der Laune, auf die Sentimentalitäten der armen Gouvernante einzugehen; Richard hatte in diesem Augenblicke nichts weniger als ein Löwenherz in der Brust; im Gegentheil: ein kleines, ungroßmüthiges, rachsüchtiges, eitles Herz, und so ließ er denn seinen Schützling, ohne viele Umstände zu machen, auf den Boden gleiten, und stand mit finstern Brauen und vermuthlich sehr zornigen Augen vor der Aermsten, denn sie schlug die Hände ängstlich zusammen, und flüsterte: Richard, um Gottes willen, verzweifeln Sie nicht, ob auch die Wolke sie verhülle, die Sonne bleibt am Himmel stehn!

Fräulein Duff, sagte ich, ich muß Ihnen bekennen, daß ich in diesem

Augenblick gar nicht zum Scherz geneigt bin, und noch weniger dazu, Andere mit mir Scherz treiben zu lassen. Verzeihen Sie deshalb, wenn ich Sie bitte, mich zu entschuldigen.

Und ich versuchte, meine Hand aus ihren Händen zu ziehen, was mir denn auch nicht ohne einige Mühe gelang. Aber ich hatte kaum ein paar Schritte gethan, als ich ein so klägliches Weinen und Schluchzen hinter mir hörte, daß ich nicht umhin konnte, mich umzuwenden. Und da stand sie nun im grünen Reitgewande, dessen lange Schleppe sich wie eine Schlange um ihre Füße ringelte, auf den blaßgelben, verwirrten Locken einen halbhohen, zerknitterten Hut mit grünem Schleier, von dem die Schleife, anstatt hinten zu sitzen, ihr vorn über das Gesicht hing — ein Bild kindisch-hilflosen Jammers.

Liebes Fräulein, bestes Fräulein! sagte ich. Kommen Sie! Sie haben es schließlich gut gemeint! — Und ich legte ihren Arm in den meinen und führte die Weinende langsam von dem Orte des Schreckens fort, mit manchen freundlichen Worten sie zu trösten versuchend, bis wir zu der Bank gelangten, auf der ich vorhin gesessen hatte, und auf welche ich die gänzlich Erschöpfte sich niederzulassen nöthigte. So saßen wir eine Weile nebeneinander, ich düster vor mich hin auf den Sand starrend, sie leise und leiser schluchzend und endlich die verweinten Augen zu mir erhebend, und also sprechend: Wie kann ich Ihnen Ihre Güte lohnen, Sie treuer, edler Freund?

Wenn Sie kein Wort weiter davon sagen, erwiderte ich, wenn Sie mich mit keinem Worte mehr an die lächerliche Scene erinnern, die aber auch — das schwöre ich! — die letzte in der traurigen Comödie gewesen sein soll, die ich hier, Gott sei es geklagt, so lange habe mit mir spielen lassen.

Comödie? sagte Fräulein Duff, indem sie ihr Taschentuch mit der einen Hand vor die Augen drückte, und mich, der ich aufgesprungen war, mit der andern festhielt: Sie brauchen Ruhe, lieber Carl — Ihr Blut ist jetzt in Aufruhr — setzen Sie sich zu mir — weg mit den schwarzen Fieberphantasien!

Ich mußte lachen, so zornig ich war, und nahm wieder an ihrer Seite Platz.

O, rief Fräulein Duff, Ihr seid gut und fröhlich, und kennet doch den Menschen auch — sollten Sie sich wirklich in dieser Mädchenseele täuschen, die so klar vor mir liegt, wie der Himmel, ja, wie der Himmel, wiederholte sie und breitete schwärmerisch die Arme nach oben, von wo allerdings mit der ganzen sonnigen Klarheit eines Frühlingsnachmittags der blaueste Himmel auf unser heimliches Plätzchen zwischen dem dichten, blühenden Gesträuch herabblickte.

Wie kann man kennen, was sich im besten Falle selbst nicht kennt? erwiderte ich.

Sie irren, mein Freund; erwiderte die Gouvernante, Sie halten das ängstliche Flügelschlagen dieser keuschen jungfräulichen Seele für Fluchtversuche, und es will doch nur zu Ihnen, das scheue Vögelchen; zu Ihnen und einzig nur zu Ihnen!

Um Gottes und aller Heiligen Willen, hören Sie auf! Sie machen mich toll mit diesen Reden, rief ich, indem ich nun wirklich aufsprang und wie ein Unsinniger, der ich halb und halb war, auf dem kleinen Platze umherzulaufen begann; ich will und will nichts mehr davon wissen, und nichts glauben, und wenn ich es aus ihrem eigenen Munde hörte.

Sie werden es; sagte Fräulein Duff.

Ich brach in ein höhnisches Gelächter aus.

Sie werden es, wiederholte sie; nur Geduld, Richard, nur Geduld!

Zum Teufel die Geduld! rief ich.

Was soll die Wette gelten, Prinz, sagte die Gouvernante, mit schalkhaftem Lächeln den magern Zeigefinger ihrer durchsichtigen Hand erhebend, ich rufe Geschichten in Ihr Herz zurück. Geschichten — weiß ich es doch noch, als wäre es gestern gewesen, wie sie weinte, das achtjährige Kind, und sich nicht beruhigen konnte, als sie hörte, daß man den schönen, stattlichen Jüngling, der sie immer so hoch geschaukelt, in den Kerker geworfen! wie sie alle ihre Puppen mit dem Namen des Theuren nannte, und sie in den Käfig des Papageien steckte und davorstand und sagte: das sei ihr Liebster, der nun im Kerker säße und Jocko sei der Kerkermeister und wolle ihrem Liebsten mit dem krummen Schnabel den Kopf abhacken! Und als ich, — denn, mein Freund, eine gute Erzieherin muß sein wie der gute Gärtner, der von dem Dornstrauch Rosen pflückt, — als ich eine so bizarre Form des kindlichen Schmerzes durch eine poetischere zu ersetzen suchte, als ich ihr von Richard erzählte, dem löwenherzigen, sagenverherrlichten, und von Blondel, dem treuen Sänger, da sah sie ihr Ideal nur noch in dieser Gestalt und schweifte durch die Lande, die Zither in der Hand, bis sie ihn fand, den sie suchte. Der Zufall, oder muß ich sagen: der Gott der Liebe? wollte, daß sie ihn wirklich im Kerker sehen durfte, blasser freilich, als sonst, aber immer schön und hehr, und so hat sie sein Bild im Herzen getragen, sechs, sieben Jahre lang, ohne auch nur einen Augenblick ihrem Richard untreu zu werden. Sie lächeln ungläubig, o, mein Freund! Sie wissen nicht, wie diamanten die Seele eines echten Weibes ist. Sieben Jahre! Das dünkt Ihnen eine Ewigkeit! Mein Freund! Ich kenne Herzen, die fünf und dreißig Jahre lang geliebt, hoffnungslos geliebt haben.

Und das gute Fräulein drückte sich das Tuch in die Augen und schluchzte laut; raffte sich alsbald wieder auf und sagte:

Doch das gehört nicht hierher; ich will Ihr schönes Herz in diesem Augenblicke, wo es an dem eigenen Geschick so schwer zu tragen hat, nicht noch mit der Tragik eines anderen Lebens belasten, für welches ewige Nacht aus einem Mißverständnis geworden ist, das an Ihrem Horizont nur als eine vorübergehende Wolke schwebt. Und Mißverständniß ist für Euch ein falsches Wort; Ihr versteht Euch ja, wie die beiden Vöglein sich verstehen — und Fräulein Duff deutete irgend wohin in die Büsche, wo ein Finkenpärchen einander lockte — nur daß Ihr Menschen seid, mit Menscheneitelkeit und Menschenhochmuth. Ach, und sie ist gar nicht, was sie scheint! Wie hat sie sich vor ihrer Liebe gedemüthigt, wenn sie allein gewesen ist mit ihrem Gott, und selbst in meiner Gegenwart, vor der sie keine Geheimnisse hat! Wie oft hat sie vor mir auf den Knieen gelegen, das Gesicht in meinen Schooß gedrückt und hat gesagt, daß ihr Liebster erhaben über ihr sei, wie die Sterne; daß sie nie hoffen dürfe, des Braven, Tapferen, Starken werth zu sein. O, mein Freund, sie ist stolz auf Sie! wie hat sie geschwärmt, als ihr das liebe Fräulein Paula schrieb, wie Sie sich in der Sturmnacht ausgezeichnet, und: es giebt nur einen solchen Mann! hat sie begeistert ausgerufen, als Sie im vorigen Herbst auf dem Dampfschiff unser Retter wurden. Ja, mein Freund, Sie sind ihre Religion, und sie bekennt sich zu Ihnen vor Allen — nur vor Ihnen nicht. Hat sie nicht ihren Richard wenigstens im Bilde haben müssen, was auch der herzlose Vater dagegen sagen mochte! Hat sie dieses Bild nicht wie ein Heiligenbild verehrt, und, damit es eine würdige Umgebung habe, ihr Zimmer eigens im orientalischen Style decoriren lassen? dasselbe Zimmer, das Sie jetzt inne haben. War ihr doch kein anderes für ihren Richard gut genug! Und ihr Richard mußte es haben, mochten die Leute die Köpfe schütteln, der tyrannische Vater in seiner häßlichen Weise dagegen schreien und ich selbst — ich will es nur gestehen — meine bescheidenen Einwendungen machen. Mein Freund, dazu — zu einem solchen Schritte, der lächerlich sein würde, wenn er nicht erhaben wäre — gehört Muth, Begeisterung, gehört die ganze Ueberzeugungs-Innigkeit einer großen idealen Liebe. Es liebt die Welt, das Strahlende zu schwärzen — das ist, wenn irgend ein Dichterwort, eine ewige Wahrheit, und sie, glauben Sie mir, auch sie hat ihr Märtyrerthum auf sich nehmen müssen; es ist keine Pygmäenarbeit, sich gegen einen solchen Vater zu behaupten. Ich will ihm nichts Böses nachsagen; ich will gar nichts sagen, denn wo sollte ich da anfangen, wo enden? Und doch, sie hat das Unmögliche möglich gemacht, der Tiger schmiegt sich zu den Füßen des Lammes.

Ich habe es heute Mittag erfahren, sagte ich.

Erinnern Sie mich, rief Fräulein Duff, nicht an diese schreckliche Stunde, die doch nur wieder ein Beweis ihrer Liebe ist. O, lächeln Sie nicht so bitter: war es doch seit langer Zeit ihr liebster Gedanke, hier an diesem Orte, der ihr so theuer, mit ihrem Richard dereinst den Traum ihrer Liebe verwirklichen zu können; und nun hören zu müssen, daß sie aus diesem Paradiese vertrieben werden soll, und daß der Engel mit dem flammenden Schwert kein Anderer als der geträumte Herr des Paradieses ist.

Aber, rief ich, bin ich es denn, der sie vertreibt! wie kann sie mich verantwortlich machen, für etwas, wovon sie doch weiß, daß es der eigenste Wunsch und Wille ihres Vaters ist, der die Scene heute Mittag vielleicht geflissentlich hervorgerufen hat.

Wohl möglich, erwiderte Fräulein Duff, wer könnte die Ränke des verschlagenen Greises ergründen! Ja, wenn ich mich recht erinnere, hat sie selbst Derartiges angedeutet, als wir auf ihrem Zimmer angekommen waren und sie mit einer Fluth von Thränen ihrem gepreßten Herzen Luft machte.

Was ihr nach dem eben Erlebten gut genug gelungen zu sein scheint, sagte ich.

Mein Freund, sagte die Gouvernante, der Narben lacht, wer Wunden nie gefühlt! Wollen Sie weniger duldsam sein, als ich, die ich für des liebekranken Kindes krause Launen nur eine mitleidige Thräne des Humors im lächelnden Auge habe?

Es ist nicht Jedem gegeben, sich so gutwillig tyrannisiren zu lassen, liebes Fräulein!

Ich bin erschöpft, sagte Fräulein Duff, die flache Hand gegen die Stirn drückend, all' meine Proben gleiten von diesem schlangenglatten Sonderling.

So lassen Sie uns diese Unterredung abbrechen; die Stunde, wo ich nach Rossow muß, ist überdies gekommen.

Ich war aufgestanden; die Gouvernante erhob sich ebenfalls, nahm mit einer kühnen Schwenkung die lange Schleppe ihres Reitkleides über den linken Arm und sagte, indem sie sich in meinen rechten Arm hing:

Richard, gehen Sie nicht nach Rossow; es ist jetzt nicht wohlgethan; folgen Sie mir; ich habe der Kassandra ahnendes Gemüth.

Ich gehe ebenfalls, wenn schon aus andern Gründen, nicht gern dahin, erwiderte ich; aber ich bin entschlossen, meine Pflicht zu thun, und das Versprechen, das ich dem Commerzienrath gegeben, zu halten, mag er es mir nun in bösem oder in gutem Sinne abgefordert haben; und was auch daraus entstehe.

Stolz will ich den Spanier, erwiderte Fräulein Duff mit einem schwärmerischen Augenaufschlage; aber es ist nicht immer der Stolze, der die Braut heimführt, auch der Listige kommt manchmal zum Ziel: Ein frecher Günstling des Monarchen buhlt um ihre Hand — fürchten Sie Arthur gar nicht?

Wenn man in solchen Fällen fürchten soll, muß man zuvor hoffen oder wünschen; ich habe, soviel ich weiß, von mir weder das Eine noch das Andere behauptet.

Fräulein Duff zog erschrocken ihre Hand aus meinem Arm und rief, indem sie stehen blieb: Ja, mein Gott, was höre ich? Und wie soll ich es deuten? O, bei Allem, Roderich, was ich und Du dereinst im Himmel hoffen: Lieben Sie sie nicht? Lieben Sie wirklich Paula, wie Arthur, der Listige, ihr beständig in die Ohren flüstert?

Ich sollte der guten Dame die Antwort auf eine so verfängliche Frage schuldig bleiben, denn in diesem Augenblicke kam Wilhelm durch die Anlagen, nach mir rufend und meldend, daß der Wagen von Rossow schon eine halbe Stunde vor der Thür halte, und daß er mich überall gesucht habe.

Leben Sie wohl, Fräulein Duff, sagte ich.

Und keine Antwort, keine? rief die Gouvernante mit einem Gesicht, in welchem sich die ängstlichste Erwartung ausprägte.

Dies ist meine Antwort, erwiderte ich, auf den Wagen zeigend.

Kassandra mochte finden, daß orakelhafte Sprüche selbst für Seherinnen manchmal schwer zu deuten sind, denn als der Wagen durch das Gitterthor fuhr, sah ich sie noch auf der Stelle, wo ich sie verlassen, stehen, in der Attitüde des betenden Knaben: Augen und Hände zum Himmel gehoben.

Neunzehntes Capitel

Aber daß auch den Spendern verfänglicher Orakel bei ihrem Metier nicht immer gut zu Muthe ist, sollte ich erfahren, während das elegante, leichte, von zwei prachtvollen Racepferden gezogene Wägelchen den jetzt vortrefflichen Landweg dahinrollte, der von Zehrendorf, an Trantowitz vorüber, nach Rossow führte. Der Nachmittag war wundervoll: an dem glänzenden Himmel standen große weiße Wolken, deren Schatten eine reizende Abwechslung in das vielleicht etwas monotone landschaftliche Bild brachten; über den Breiten junger, grüner, im sanften Hauche des Westwindes nickender Saat jubilirten die Lerchen, auf der hier und da von Torgräben durchschnittenen großen Haide zwischen den Trantowitzer Buchen und den Tannen von Rossow flogen Kiebitze, und aus der Ferne rief ununterbrochen der Kukuk. Die ganze Scenerie hat sich bis in die kleinsten Einzelheiten meiner Erinnerung eingeprägt, vielleicht, weil das klare, lachende Bild in so grellem Gegensatze stand mit meinem Innern, in welchem es düster und verworren genug aussah. Die indiscrete Frage der Gouvernante hatte den Schleier gelüftet von einem Geheimniß meines Herzens, an welchem ich diese ganze Zeit abgewendeten Antlitzes vorübergeschritten war. Gelüftet, nicht gehoben! Ich hatte nicht den Muth, oder nicht die Kraft — was meistens auf dasselbe hinauskommt — das Angefangene zu vollenden, und wie man in solchen Augenblicken der Verworrenheit, um sich nicht zu verlieren, das erste beste Ziel in's Auge faßt, klammerte ich mich jetzt an den Entschluß, mein Herz, und sollte es darüber brechen, auch nicht ein Wort in die Geschäfte, die ich übernommen, hineinreden zu lassen. In dieser Stimmung sah ich denn der bevorstehenden Conferenz mit einer Ruhe entgegen, über welche ich mich selbst gewundert haben müßte, hätte ich bedacht, wo und wie ich mit dem Fürsten das letzte Mal zusammengetroffen, unter welchen sonderbaren Verhältnissen ich ihm jedesmal begegnet war. Aber ich dachte kaum daran, oder doch höchstens, um mich ungeduldig in meinem Sitze herumzuwerfen, und bei mir zu sagen: Du bist hier in ein solches Labyrinth gerathen, daß es auf eine seltsame Begegnung mehr oder weniger gar nicht ankommt. Nur durch, nur fort, denn eine Umkehr giebt es nicht!

Die Tannen von Rossow — ein schöner Wald von hochstämmigen Bäumen — hatten uns aufgenommen; der Weg, welcher sandig geworden war und überdies aufwärts führte, nöthigte den Kutscher, langsam zu fahren; ich sprang aus dem Wagen und ging mit langen Schritten neben dem Fuhrwerk her, das ich bald hinter mir ließ. Die Bäume wurden immer gewaltiger, die Stille immer tiefer, das feierliche Halbdunkel immer dichter, bis ich plötzlich, zwischen den letzten Stämmen hervortretend, auf einem verhältnißmäßig kleinen, rings vom schönsten Hochwald umgebenen Hügel ein altergraues, hochgegiebeltes, mit Ecken und Vorsprüngen mancherlei Art verziertes, von Epheu hier und da dicht beranktes Schlößchen im Abendschein vor mir liegen sah. Es war das Jagdschloß Rossow, die zeitweilige Residenz des jungen, verbannten Fürsten.

Ein alter Diener mit schneeweißem Haar, der in dem gothischen Portale gesessen hatte, trat jetzt auf mich zu und führte mich, nachdem er höflich um mein Begehren gefragt und mir gesagt, daß Se. Durchlaucht mich schon lange erwartet habe, durch einen kleinen, düstern, mit alten Rüstungen und Gewaffen aller Art seltsam ausgeschmückten Flur, einige Stufen hinauf, vor eine kunstvoll mit eisernen Beschlägen ornamentirte Spitzbogen-Thür, welche er mit höflicher Verbeugung und mit den geflüsterten Worten: Se. Durchlaucht haben befohlen, mich unangemeldet vorzulassen, öffnete. Ich trat einige Schritte in das Gemach und stand vor dem jungen Fürsten.

Er hatte sich von einem breiten Sopha erhoben, in welchem er in der Erwartung meines Kommens eingeschlafen sein mochte, wenigstens war der Ausdruck seines feinen, blassen, hübschen Gesichtes ein wenig verwirrt, und es dauerte einige Zeit, bis er sich der Situation bewußt zu werden schien.

Ah! so! sagte er endlich, Herr — verzeihen Sie, mein Namengedächtniß ist so entsetzlich schlecht — Hartig? — Ah! verzeihen Sie — Hartwig, ganz recht! Nun, das ist liebenswürdig, daß Sie gekommen sind, sehr liebenswürdig! Bitte, Platz nehmen zu wollen. Sind Sie Raucher? Da stehen Cigarren, bedienen Sie sich! Sehr liebenswürdig in der That!

Er hatte sich wieder in die Ecke des Sophas sinken lassen und die Augen halb geschlossen, als wolle er wieder einschlafen. Ich benutzte die Pause, einen flüchtigen Blick durch das Zimmer gleiten zu lassen.

Es war ein großes, nicht eben hohes, alterthümliches Gemach mit dunklen Eichen-Panelen, zwischen denen und der ebenfalls eichenen, in Felder eingetheilten Decke verbräunte Portraits von Männern und Frauen sich rings an den Wänden herumzogen, bis zu den einzigen, breiten Bogenfenster, durch dessen kleine, bunte Scheiben ein gedämpftes Licht hereinfiel. Die sehr zahlreichen Möbel waren ebenfalls in einem alterthümlich-ehrwürdigen Geschmack, wenn gleich augenscheinlich aus verschiedenen Zeiten: geschnitzte, breitlehnige Stühle, mit Perlmutter und Elfenbein reich ausgelegte Schränke und Tische; auf dem Kaminsims zwischen wundervollen Kannen aus getriebenem Silber und Kelchen aus geschliffenem Glase eine große Uhr, an kunstreicher Incrustirung und phantastischen Verschnörkelungen ein Meisterstück des Rococo. Auf einer großen Decke aus Bärenfell vor dem Kamin lag ein schöner, langhaariger Wolfshund, der bei meinem Eintreten den Kopf nur ein wenig erhoben, und jetzt bereits wieder zwischen die Vorderpfoten gelegt hatte. Die Uhr auf dem Kaminsims tickte leise durch die Stille, vor dem Fenster sang eine Amsel; der Schritt des alten Dieners verhallte auf dem steinernen Flur und der junge Fürst in der Sophaecke öffnete die großen müden Augen und sagte: Wovon sprachen wir doch gleich?

Wir? fragte ich erstaunt.

Ja so! sagte der Andere, wir sprachen wohl noch gar nicht. Wohl möglich, verzeihen Sie; aber es wäre kein Wunder, wenn ich das Sprechen ganz verlernte; sitze ich doch nun schon zwei Monate in diesem abscheulichen Nest wie eine lichtscheue Eule! Ich sehe mir manchmal auf die Nägel, ob ich nicht schon Eulenfänge bekommen habe. Ach, was das langweilig ist! Nun wollen wir aber gleich an unser Geschäft gehen. Bitte, schieben Sie mir gütigst einmal den Cigarrenkasten herüber, und wenn es Ihnen nicht zu viel Umstände macht, drücken Sie doch auf das Glöckchen da, zu Ihrer Linken.

Ich that, wie er gewünscht; der alte Diener trat herein mit einer Flasche und zwei Gläsern.

Du kannst wieder gehen, sagte der Fürst, wir wollen uns selbst bedienen.

Der Alte stellte das Präsentirbrett zwischen uns auf den Tisch und entfernte sich.

Wollen Sie sich einschenken, sagte der Fürst, und mir auch, wenn ich bitten darf; danke! wir werden es zu dem trockenen Geschäft brauchen.

Indessen hatte er es trotz dieser gründlichen Vorbereitung nicht eben eilig. Er besah sich seine Fingernägel so genau, als ob er die ersten Ansätze zu den Eulenfängen nun endlich entdeckt habe, unterdrückte dann ein leises Gähnen und schien abermals die Frage: wovon wir gesprochen hätten, auf den Lippen zu haben, besann sich aber doch noch glücklich auf seine eigentliche Absicht und sagte, einen großen Siegelring auf dem Finger hin und her schiebend: Ich habe schon immer den Wunsch gehabt, Sie einmal bei mir zu sehen; Sie müssen wissen, daß ich mich ganz erstaunlich für Sie interessire.

In der That! sagte ich.

Ja wohl, ganz erstaunlich, wiederholte der Fürst. Ich habe Sie von dem ersten Mal, daß ich Ihnen begegnete, im Gedächtniß behalten, was mir, offen gestanden, selten arrivirt. Sie schienen mir, und Sie scheinen mir ein Original; ich interessire mich außerordentlich für Originale.

Ich verbeugte mich ein wenig und sagte, die Pause benutzend: Wenn es Ihnen gefällig wäre, Durchlaucht, von mir zu hören, was ich aus bester Erfahrung über den Kreidebruch —

Es giebt nämlich sehr wenig Originale, fuhr der junge Fürst fort, als hätte ich gar nicht gesprochen, unglaublich wenig. Das weiß Keiner besser, als unser Einer, der von Jugend auf durch die Welt gehetzt wird. Ein ewiges Einerlei: dieselben stereotypen Gesichter, dieselben stereotypen Manieren, dieselben stereotypen Redensarten! Ich wüßte kaum zwei oder drei Personen zu nennen, die mir den bestimmten Eindruck gemacht, daß ich es mit wirklichen Menschen zu thun hatte. Die Eine sind, wie gesagt, Sie, die Zweite ist ein uralter, verhuzzelter Derwisch, den ich, wenn ich mich recht erinnere, in Jerusalem traf, und der mir sagte, daß er, nachdem er hundert und vier Jahre gesucht, den Stein der Weisen gefunden, und daß das Ding nicht des Findens werth; und die Dritte wäre etwa die arme Konstanze von Zehren.

Ich rückte unruhig in meinem Lehnsessel und begann abermals: Der Kreidebruch, über welchen Durchlaucht —

Sie hat ja unsere erste Bekanntschaft vermittelt, sagte der Fürst, der mich abermals nicht gehört haben mußte; es ist ja wohl natürlich, daß sie mir eben jetzt, wo ich das Vergnügen habe, so angenehm mit Ihnen zu plaudern, wieder in Erinnerung kommt. Ein eigen geartetes, sonderbares Wesen, dessen Natur mir bis zu diesem Augenblicke in vieler Hinsicht ein vollkommenes Räthsel geblieben ist und wohl ewig bleiben wird. Eine Mischung scheinbar absoluter Widersprüche: stolz, ohne Achtung vor sich selbst; keck, ja tollkühn, und dabei von einer, wenn ich mich so ausdrücken darf, katzenartigen Feigheit; vornehm und niedrig, phantastisch und berechnend — mit einem Worte: ich habe nie begreifen können, wie dergleichen in einer und derselben Menschenseele zusammen Platz hat. Sie, der Sie sie ja auch gekannt haben, werden mir darin Recht geben, und vielleicht auch darin, daß, bevor man einen Mann, welcher das Glück, oder soll ich sagen das Unglück? hatte, mit einem so sonderbar gearteten Wesen in eine Liaison zu gerathen — die wohl kaum anders als *dangereuse* sein konnte — daß man, sage ich, sich erst lange besinnt, ehe man ihn für die Consequenzen solcher *liaison dangereuse* verantwortlich macht.

Der junge Mann lag noch immer in seine Ecke zurückgelehnt, mit seinem Ringe spielend — ein Bild der Langeweile und Gleichgültigkeit. Ich hatte in der peinlichsten Stimmung von der Welt dagesessen, den Zufall verwünschend, der den indolenten Mann gerade auf dies Thema hatte fallen lassen. Oder war es auch kein Zufall? Ich glaubte aus dem Ton, in welchem er zuletzt gesprochen, doch eine gewisse innere Erregung herausgehört zu haben; indessen konnte ich darüber zu keiner bestimmten Ansicht kommen, und ich war eben im Begriff, einen dritten, entscheidenden Versuch zu machen, das Gespräch auf meine Angelegenheit zu bringen, als der Fürst abermals in einem noch lebhafteren Tone begann:

Es ist nicht meine Schuld, daß Alles so gekommen ist. Ich habe vielleicht Eines oder das Andere auf dem Gewissen, was ich lieber nicht darauf hätte, wenn ich hier so einsam sitze und vor langer Weile selbst nicht einmal mehr schlafen kann, aber in der Affaire bin ich wirklich nicht der am meisten schuldige Theil. Ich war noch sehr jung, als ich sie zuerst sah; sie war die bei weitem Aeltere, wenn nicht den Jahren nach, so doch in Allem, was Lebenserfahrung und Weltklugheit betraf. Wo sie es her hatte, ich weiß es nicht — man weiß ja bei den Weibern meistens nicht, woher sie es haben — und sie besaß das Alles, wie gesagt, im höchsten Maße. Es war kein kleines Stück, mich über ein Verderben zu verblenden, das doch klar genug vor meinen Augen lag: der Zorn meines Vaters, des Fürsten, von dem ich ganz und gar abhange, die Gewißheit, die Hand einer edlen und liebenswürdigen Dame, die mir zugesagt war, zu verscherzen — es war kein kleines Stück, sage ich; und doch hat sie mich gelehrt, es fertig zu bringen. Dennoch — mein Wort als Edelmann! — ich würde sie nie verlassen haben, wenn — mir nicht über Fräulein von Zehren, ich meine über sie — mit meinem Worte: ihre Verhältnisse eine Thatsache, an der sie allerdings vollkommen unschuldig, absolut unschuldig ist, zu Ohren gekommen wäre — eine Thatsache, welche ich allerdings nicht näher bezeichnen kann, weil es nicht mein Geheimniß ist, die aber der Art war, daß von dem Momente, wo ich sie erfuhr, jeder Gedanke eines gleichviel ob legitimen oder illegitimen Verhältnisses für immer und ewig ganz unmöglich wurde. Es kommen gar wunderliche Dinge im Leben vor — Dinge, die einen im Anfang erschrecken als entsetzliche Gespenster, bis man nach und nach sich mehr an sie gewöhnt und mit ihnen umgehen lernt. Meinen Sie nicht?

Der Fürst schien diese letzte Frage schon wieder halb schlummernd gethan zu haben, aber — so oder so — ich konnte nicht mehr an diese Schlummerstimmung glauben; im Gegentheil: ich hatte jetzt ganz und gar die Empfindung, daß mein durchlauchtiger Wirth eine vorher wohl überlegte Rolle mit einer allerdings anerkennungswerthen Geschicklichkeit spielte. Es war wohl aus diesem Grunde, daß mich seine vertraulichen Mittheilungen nur stutzig machten, und ich mit einer Zurückhaltung, die mir sonst nicht eben eigen war, abzuwarten beschloß, wohin diese sonderbare Unterredung eigentlich ziele. Der Fürst mußte seinerseits einen andern Eindruck bei mir erwartet haben, denn er fragte mit halb geschlossenen Wimpern ganz nebenbei: Sie interessirten sich einst sehr für die genannte Dame?

Ja.

Das kommt heraus, als ob Sie sich nicht mehr für sie interessirten?

Nicht, daß ich wüßte! erwiderte ich.

In der That! sagte der Fürst, die schönen, müden Augen für einen Moment groß öffnend und mir starr in das Gesicht sehend; in der That! Das wäre das genaue Gegentheil von dem, was mir Zehren berichtet hat.

Ich glaube nicht, daß Arthur — daß Herr von Zehren — über irgend etwas, das mich beträfe, auch nur mit einem Schein von Glaubwürdigkeit berichten könnte, erwiderte ich.

Wohl möglich, erwiderte der Fürst, wohl möglich; seine Glaubwürdigkeit ist mir keineswegs über jeden Zweifel erhaben; ich erlaube mir sogar manchmal, das Gegentheil von dem anzunehmen, was er mir zu berichten für gut findet. So bin ich zum Beispiel überzeugt, daß er sich entschieden geirrt hat, als er mir sagte, daß die liebenswürdige, junge Künstlerin, bei der ich das letzte Mal das Vergnügen hatte, Sie zu treffen, meine Aufwartung gern sehen würde; das Gegentheil schien der Fall zu sein?

Der Fürst blickte mich an, als ob er eine Antwort erwarte; ich begnügte mich, mit den Achseln zu zucken.

Ebensowenig bin ich sicher über den Verbleib einer gewissen, geringfügigen Summe, welche ich ihm, erinnere ich mich recht, an demselben Tage zu einem gewissen Zwecke übergab? Bitte! Sie brauchen nichts zu sagen; jetzt bin ich sicher; der gute Zehren ist doch manchmal sehr wenig delicat! — der Fürst machte eine verächtliche Handbewegung; — sehr wenig delicat! Es ist wirklich die allerhöchste Zeit, daß er in rangirte Verhältnisse kommt; Menschen, wie er, gehen in einer verzweifelten Lage hoffnungslos zu Grunde. Nun, er hat ja wohl jetzt die allerbeste Aussicht, sich zu rangiren; ich wünsche ihm Glück dazu!

Ich fühlte, wie mir bei diesen Worten des Fürsten, die doch nur eine Auslegung haben konnten, das Blut in Stirn und Wangen schoß; dennoch beherrschte ich mich, so gut es gehen wollte, und sagte nur: ich glaube eben von Durchlaucht gehört zu haben, daß Sie geneigt sind, in gewissen Fällen das Gegentheil von dem anzunehmen, was Ihnen Arthur zu berichten für gut findet.

O, in der That, sagte der Fürst, das sollte mir gerade in diesem Falle leid thun; ich meine um seinethalben, wenn ich auch vielleicht der jungen Dame, die ich übrigens zu kennen nicht die Ehre habe, zu der Partie nicht gerade gratuliren möchte. Indessen diesmal glaube ich doch an die Sache, weil die Verhältnisse dafür zu sprechen scheinen. Ich habe wiederholt mit dem alten Manne zu thun gehabt; er ist ein entsetzlicher, wie soll ich sagen? — Noturier, und nach Art dieser Menschenklasse, auf angesehene Verbindungen und Auszeichnungen aller Art versessen. Hat er mir doch noch heute Morgen durch den Justizrath Heckepfennig andeuten lassen, daß er mir betreff Zehrendorfs gewisse günstigere Bedingungen stellen würde, wenn ich ihm durch den Fürsten, meinen Vater, den »Geheimen« oder »die dritte Klasse« — die vierte hat er sich schon irgend wie erbettelt — verschaffe. Für solche Leute ist es die höchste Seligkeit, wenn sie eine Tochter, noch dazu die einzige, in eine alte Familie hinein heirathen lassen können. Und eine alte Familie sind doch nun einmal die Zehrens; daran ist nicht zu drehen und zu deuteln. Wie die junge Dame über den Punkt denkt, weiß ich freilich nicht, vermuthlich aber nicht anders, als andere junge Mädchen ihres Standes. Wirklich, es wäre mir recht fatal, wenn Zehren mir hierüber wieder einmal etwas aufgebunden hätte; ich würde ihm das sobald nicht vergeben. Ich habe ihm auf das Conto hin seine Schulden bezahlt, und, was mir für den Augenblick wichtiger ist, er hat mir versprochen, seinen ganzen Einfluß bei seinem Schwiegervater *in spe* aufzubieten, daß der Verkauf von Zehrendorf wirklich zu Stande kommt. Und auch Ihrethalben, Herr Hartig — Hartwig, verzeihen Sie! — wäre mir die Sache recht fatal! Ich hatte mir nämlich etwas ausgedacht, was Sie vielleicht zu hören interessiren wird, und was Ihnen mitzutheilen der hauptsächlichste Grund war, weshalb ich mir heute Nachmittag die Ehre einer Unterredung mit Ihnen erbeten hatte. Ich meinte nämlich, es würde Ihnen conveniren und vielleicht eine Zukunft für Sie sein, wenn ich Sie ersuchte, nachdem der Verkauf von Zehrendorf zu Stande gekommen ist, mir in der Verwaltung desselben und einiger anderer Güter hier herum behülflich zu sein. Der Fürst, mein Vater, verlangt durchaus, daß ich mich als Landwirth bethätige, bevor er mit mir seinen Frieden macht. Nun ist mir freilich an dem Zustandekommen dieses Friedens aus mehr als einem Grunde sehr viel gelegen; mit der Bethätigung als Landwirth ist die Sache aber weniger einfach und die Acquisition eines Mannes, von dem ich so viel Rühmliches gehört, der sich in so manchen schwierigen Situationen bereits bewährt hat, und den ich, was mir das Wichtigste ist, selbst als Gentleman, als vollkommenen Gentleman kennen gelernt habe — die Acquisition eines solchen Mannes, sage ich, würde mir von einer großen, von einer sehr großen Wichtigkeit sein.

Der Fürst hatte zum ersten Male während unserer Unterredung mit einer Wärme gesprochen, die nicht ohne Einfluß auf mein empfängliches Herz blieb, und bei den letzten Worten hatte er sich gegen mich anmuthig verbeugt, und ein freundlich wohlwollendes Lächeln war über sein feines, blasses Gesicht gezogen. Es war ein großherziges, jedenfalls schönes Anerbieten, das er mir machte; ich fühlte das, und ich fühlte auch, daß ich unter anderen Verhältnissen unbedingt ja gesagt haben würde; aber so, aber so —

Sie sind ein vorsichtiger Mann, sagte der Fürst, nachdem er eine kleine Weile höflich auf meine Antwort gewartet hatte; Sie denken: wird Carlo Prora auch halten, was er verspricht, oder wird er es halten können? Ich glaube, Sie darüber beruhigen zu dürfen. Dem Fürsten, meinem Vater, muß an einer Versöhnung mit seinem einzigen Sohne nicht weniger gelegen sein, als mir selbst; er würde mir auf die ersten Avancen hin, die ich ihm machte, mit ausgestreckten Händen entgegenkommen, und mich für die kleinsten Resultate, die ich ihm bieten könnte, mit fürstlicher Großmuth belohnen; ich glaube, daß er mir sofort unsere sämmtlichen Güter in dieser Gegend übergeben würde. Das wäre für den Anfang ein Wirkungskreis, der, sollte ich meinen, selbst Ihrem Ehrgeiz — Sie sind ein wenig ehrgeizig, nicht wahr? — genügen dürfte. Was mich selbst betrifft, so sollen Sie mit mir zufrieden sein. Ich bin von Natur ein wenig indolent, und meine Erziehung hat nicht viel gethan, diesen Fehler auszurotten; ich würde Ihnen also vollkommen freie Hand lassen, oder wenigstens würden Sie mich stets geneigt finden, auf vernünftige Vorstellungen einzugehen. Ein harter Herr würde ich auf keinen Fall sein, und da Sie leider nicht in der Lage sind, wie soll ich es ausdrücken? — Sie wissen, was ich meine — warum sollten Sie mir Ihre Dienste nicht ebenso willig, oder, ich schmeichle mir, williger leihen, als dem schrecklichen Plebejer drüben, mit dessen Angelegenheiten es überdies, wie ich aus sehr guter Quelle weiß, gar nicht besonders stehen soll.

Ich hatte, während der Fürst sprach, die Frage, mit welcher er schloß, schon vorweg genommen und dahin beantwortet, daß in der That nicht wohl abzusehen sei, weshalb ich in diesen neuen Verhältnissen nicht mindestens ebenso segensreich sollte wirken können, als in den alten. Und dennoch, dennoch wollte das Ja nicht über meine

Lippen. Es wird dem Menschen so schwer, einem Glückstraum zu entsagen!

Ich sehe, meine Proposition hat Sie doch etwas in Verlegenheit gesetzt, sagte der Fürst, nicht ohne einige Empfindlichkeit. Nun, ich will Sie nicht drängen; überlegen Sie sich die Sache; mein Wort haben Sie; ich will mich einige Tage gedulden; bin ich doch, wie es scheint, hier, um mich in der Geduld zu üben! Ich werde also in einigen Tagen vielleicht das Vergnügen haben.

Er hatte sich aus der Sophaecke nach mir geneigt, um anzudeuten, daß die Unterredung zu Ende sei, als der schnelle Hufschlag eines Pferdes auf dem Platze vor dem Fenster ertönte.

Wer kann das sein? sagte der Fürst und berührte den Knopf der silbernen Glocke auf dem Tisch. In diesem Augenblick trat aber auch schon der alte Diener herein, gefolgt von einem Reitknecht, der ein versiegeltes Schreiben in der Hand trug. Der alte Mann sah sehr blaß und der Reitknecht sehr roth aus, aber sie hatten beide verstörte Mienen, so daß der Fürst mit einiger Ungeduld rief: Nun, zum Teufel, was giebt's denn?

Einen Brief von Seiner Durchl— wollte sagen, von dem Herrn Kanzleirath Hensel; sagte der Alte, dem Burschen den Brief aus der Hand nehmend und denselben, anstatt ihn auf dem silbernen Teller zu präsentiren, welchen er zu diesem Zwecke in der linken Hand trug, seinem Herrn ohne diese Vorsicht überreichend. Er mußte wohl schon von dem Boten den Inhalt des Briefes erfahren haben.

Der Fürst erbrach das große Siegel, und ich sah, daß, während er den Inhalt des Schreibens durchflog, es gar seltsam in seinem Gesicht zu zucken begann und seine Hände heftig und immer heftiger zitterten. Dann hob er die Augen und sagte mit einer Stimme, die sich offenbar Mühe gab, möglichst fest zu klingen:

Seine Durchlaucht haben einen Schlaganfall gehabt; laß die Lady satteln, oder besser den Brownlock, der ist schneller; und Albert soll mitreiten; er kann den Essex nehmen. Nun, wird's! Und er stampfte ungeduldig mit dem Fuß.

Der Reitknecht eilte hinaus, der alte Diener stürzte durch eine zweite Thür, die ich jetzt erst bemerkte, in ein Nebenzimmer, vermuthlich, um die Sachen seines Herrn zurecht zu machen.

Ich wollte mich, da der Fürst, der mit ungleichen Schritten das Gemach durchmaß, nicht zu bemerken schien, daß ich noch da war, still entfernen, als er plötzlich vor mir stehen blieb und, mit einem sonderbaren Lächeln zu mir aufblickend, sagte:

Nun sehen Sie, wie schwer es unser Einem wird, ein ordentlicher Mensch zu werden. Da nehme ich eben einen Anlauf dazu, und sofort werde ich wieder nach einer andern Seite gerufen. Gehen Sie mit Gott und lassen Sie bald von sich hören. Noch einmal: Sie haben mein

Wort; ich bedarf Ihrer jetzt vielleicht noch mehr, als zuvor. Leben Sie wohl!

Er reichte mir die Hand, die ich mit Wärme drückte.

Fünf Minuten später, als ich durch den Tannenwald zurückging — ich hatte mir den Wagen, der noch für mich angespannt war, verbeten — hörte ich Hufschlag hinter mit. Es war der junge Fürst mit einem Reitknecht, welcher, so gut es gehen wollte, seinem Herrn folgte. Als er im vollsten Rosseslauf an mir vorüberjagte, winkte er noch einmal freundlich mit der Hand, und fast im nächsten Augenblick schon waren die Reiter hinter den dicken Stämmen verschwunden, und der Hufschlag ihrer Rosse verhallte in dem dämmernden Walde.

Zwanzigstes Capitel

Der folgende Tag war für die Jahreszeit ungewöhnlich heiß und schwül. Schon bei Sonnenaufgang hatten graue Gewitterwolken im Osten gestanden, und sie lauerten drohend am Horizonte, während das strahlende Gestirn machtvoll in den glänzenden Aether stieg. Ich, der ich von Kindheit an sonderbar abhängig gewesen bin von der atmosphärischen Stimmung, empfand die electrische Spannung, welche in der Luft herrschte, in beängstigender Weise. Ein dumpfer Druck lag fortwährend auf meiner Stirn, eine seltsame Unruhe zuckte durch meine Nerven und mein Blut rollte in schweren Wellen. Freilich war es nicht das heraufdrohende Gewitter allein, was mir diesen Zustand zuwege gebracht hatte.

Es lag noch etwas Anderes in der Luft — etwas Anderes, das mir unheimlicher war und das ich nicht definiren konnte: die dumpfe Empfindung vermuthlich der Unerträglichkeit des Zustandes, in welchem ich mich hier befand, und daß derselbe, so oder so, ein Ende erreichen müsse, vielleicht schon ein Ende erreicht habe.

Wie dem aber auch sein mochte: ich hatte heute Zeit genug, darüber nachzudenken.

Niemand war da, mich in meinen Betrachtungen zu stören: Zehrendorf war wie ausgestorben. Die gestern verabredete Partie nach dem Schmachtensee war gegen zehn Uhr aufgebrochen, nicht ohne einige kleine Veränderungen des ursprünglichen Programmes. Sei es, weil der letzte Versuch, aus Fräulein Duff eine Reiterin zu machen, so kläglich mißlungen war, sei es aus einem anderen Grunde — aber Hermine hatte die Absicht, mit ihrer Gouvernante und mit Arthur die Partie zu Pferde zu machen, aufgegeben, und man hatte die ganze Gesellschaft in drei Wagen vertheilt. Der Steuerrath und die Geborene waren mit von der Gesellschaft gewesen. Auch dies war eine Abweichung vom

Programme, zu Gunsten der beiden Eleonoren, welche einstimmig —
sie waren immer einstimmig — erklärt hatten, daß zwei schutzlose
Mädchen an einer für den ganzen Tag berechneten, nur aus jungen
Leuten bestehenden Partie unmöglich Theil nehmen könnten. Die
beiden Würdenträger hatten sich lebhaft gegen die ihnen zugedachte
Ehre gesträubt, aber zuletzt selbstverständlich nachgegeben. Wie
sollten sie auch nicht! Eine Gelegenheit wie diese, ihren Lieblings-
wunsch zu fördern, kam so leicht nicht wieder!

Dann war noch eine dritte Veränderung eingetreten, die ich selbst,
wenn ich Fräulein Duff Glauben schenken durfte, veranlaßt hatte.
Aber durfte ich ihr Glauben schenken?

Freilich, der Schein sprach für sie, aber auch wohl nur der Schein!

Als ich gestern nach meiner Rückkehr von Rossow bei dem Commerzienrath gewesen war, hatte ich, als ich mich auf mein Zimmer
zurück begeben wollte, den Salon passiren müssen, wo sich unterdessen die ganze übrige Gesellschaft versammelt hatte. Hermine saß
am Flügel und spielte ein lärmendes Stück, welches sie erst abbrach,
als ich, die Versammelten stumm grüßend, den Drücker der Aus-
gangsthür schon in der Hand hatte. Ich hatte mich unwillkürlich bei
dem Mißaccord, mit welchem sie geschlossen, umgewandt, und fast in
demselben Momente sah ich sie auch vor mir, mit blassem Gesicht,
aus welchem die großen, blauen Augen seltsam leuchteten, und mit
zuckenden Lippen, die etwas sagten, was sie noch einmal sagen mußten, bevor ich es verstand: Man hoffte, ich werde den Scherz heute
Mittag genommen haben, wie er gemeint, und die Gesellschaft bei der
Partie morgen nicht um das Vergnügen meiner Gegenwart bringen,
auf die man sicher gerechnet. — Die Gesellschaft, welche bis dahin
ganz besonders lebhaft conversirt und von meiner Anwesenheit so gut
wie keine Notiz genommen hatte, war plötzlich sehr still geworden,
und das mochte wohl der Grund sein, weshalb ich meine Antwort mit
einer unheimlichen Deutlichkeit hörte, beinahe, als hätte ich nicht
selbst, sondern ein ganz Anderer mit einer mir gänzlich fremden
Stimme gesagt: ich danke Ihnen, mein Fräulein; aber Sie haben wirklich Recht gehabt: man darf auf mich bei solchen Gelegenheiten nicht
zählen. — Dann hatte ich draußen auf dem Flure gestanden, an allen
Gliedern meines großen Körpers bebend, daß ein Kind mich hätte
umstoßen können, und ich hatte einen stechenden Schmerz im Herzen
empfunden und ein brennendes Verlangen, laut aufzuschreien, und
dann hatte ich beide Hände gegen die Brust gedrückt, und mit einem
tiefen, tiefen Athemzuge und mit bebenden Lippen zu mir selbst
gesagt: Gott sei Dank; es ist vorbei!

Und daran hatte ich festgehalten die lange, lange schlummerlose
Nacht, während ich in meinem Teppichzimmer auf und abschritt,
oder mich in das offene Fenster stellte, meine fiebernden Schläfen an

der Nachtluft zu kühlen, und mich dann wieder auf den niedrigen Divan warf, um in schmerzliches Brüten zu versinken.

Vorbei, vorbei! trotz des Zettels da, den mir Fräulein Duff noch um Mitternacht durch den mir jetzt ganz ergebenen Wilhelm auf das Zimmer geschickt hatte, und in welchem sie in ihrer wunderlich-phantastischen Weise mich versicherte, daß Hermine sich seit zwei Wochen auf die Partie gefreut, nur, um sie mit mir machen zu können; ja, dieselbe nur in dieser Absicht arrangirt habe; und ob der Gute dem Bösen den Platz räumen wolle, und ob die Liebe nicht Alles glaube und dulde, noch dazu, wenn sie überzeugt sein dürfe, daß, wodurch sie gequält werde, selbst wieder Liebesqualen seien?

Liebe! Ist das Liebe? Kann das Liebe sein? Die Liebe duldet Alles, sie glaubet Alles! Wohl! Aber sie blähet sich auch nicht, und stellt sich nicht ungeberdig und trachtet nicht nach Schaden! Ist das Liebe? Oder ist es nicht vielmehr Selbstsucht, Eitelkeit, Laune — die Laune eines verzogenen Kindes, das ihre Puppe jetzt küßt und im nächsten Augenblick zur Ecke schleudert, und für das die ganze Welt nur eine bunte Seifenblase ist, die zu ihrem Vergnügen in der Sonne ihres Glückes schwebt. Nun ja, es ist vielleicht Liebe, eine besondere Sorte Liebe; aber ich mag diese Sorte nicht, und ich will sie nicht, und es ist vorbei!

Ja, hätte ich nie eine andere Liebe gekannt! eine starke, innige, heilspendende, segensreiche Liebe! Daß diese Liebe nicht mir zu Theil geworden — weiß ich deshalb weniger, daß sie möglich, daß sie vorhanden ist? Und wenn sie dich schon nie geliebt hat, wie sie lieben kann, wie sie dereinst vielleicht einen Andern lieben wird — hast du nicht schon an einem Tropfen dieser Quelle, die so rein ist, wie das Herz der Wasser — hast du nicht schon an diesem einen Tropfen Muth, Erquickung getrunken, viel mehr, als aus diesem Strudel, der heute so üppig quillt, um morgen spurlos im Sande zu versiegen? Im Sande ihrer Selbstsucht, ihrer Laune! Nein, und tausendmal nein! es muß vorbei sein, und es ist vorbei!

So hatte es die Nacht in meinem Kopf und in meinem Herzen geglüht und gebraust, und dann war der Tag angebrochen, der sonnige, gewitterschwüle Tag, der den Uebernächtigen fieberhaft und seiner halben Kraft beraubt fand; aber ich hatte mich aufgerafft mit einem mächtigen Entschluß und zu mir gesagt: laß es sein! laß vorbei sein, was vorbei ist! Vielleicht ist es gut, daß Alles so gekommen, daß du dir selbst zurückgegeben bist, dir selbst und deinen Pflichten.

Und ich war still auf meinem Zimmer geblieben, bis es Zeit war, zu dem Kreidebruche zu gehen, wo heute die Maschine zum ersten Male arbeiten sollte. Dann war ich gegen zehn Uhr zurückgekehrt, dem Commerzienrath, wie er gestern gewünscht, Rapport abzustatten, daß Alles über Erwarten gut ausgefallen, daß die Aussicht, die Wasser zu bewältigen, jetzt zur Gewißheit geworden sei.

Die Partie war unterdessen aufgebrochen, wie mir Wilhelm, der zu meiner Bedienung zurückgeblieben, mittheilte, nebst einer Menge von Einzelheiten, wie sie das falkenscharfe Auge des drolligen Schelms zu beobachten verstand und sein indiscreter Mund auszuplaudern liebte. Das gnädige Fräulein war in der muntersten Laune gewesen, bis zuletzt, als Leo, ihre Dogge, durch keine Schmeicheleien und Drohungen zu bewegen war, von der Partie zu sein. Er ist in der letzten Zeit zu schlecht behandelt worden, sagte Wilhelm, na, und so was merkt unser Einer, wollt' ich sagen, so eine Bestie denn doch. Und nun werden in dem Augenblicke ja auch noch Herr und Frau von Granow angefahren kommen, die gar nicht aufgefordert waren und die man doch nun schande-halber mitnehmen mußte. Ich sage Ihnen, Herr Ingenieur, das Ganze sah mehr wie ein Leichenzug, als wie eine Spritzfahrt aus. Aber unsere beiden jungen Damen — hier lächelte Wilhelm Kluckhuhn — die hätten Sie sehen sollen, Herr Ingenieur: Ganz weiß mit hoffnungsgrünen Schleifen, die reinen Schneeglöckchen, sage ich Ihnen!

Ich war wenig in der Stimmung, Wilhelms Bericht bis zu Ende zu hören, und fragte nach dem Commerzienrath.

Ist vor einer Viertelstunde mit dem alten Justizrath nach Uselin zu einem Termin gefahren und wird vor Abend schwerlich zurückkommen.

Diese Nachricht setzte mich einigermaßen in Verwunderung. Der Commerzienrath hatte noch gestern Abend nichts von diesem Termin, der ihn den ganzen Tag in Anspruch nahm, gewußt, hatte mir im Gegentheil eine Unterredung für diesen Morgen zugesagt, in welcher die wichtigsten Dinge zu besprechen waren. Hatte doch die Nachricht von dem möglicherweise nahe bevorstehenden Ableben des alten Fürsten, die ich ihm gestern überbracht, den beabsichtigten Verkauf von Zehrendorf in weite Ferne gerückt, ja, sehr unwahrscheinlich gemacht! Was konnte dem jungen Fürsten, wenn er seinem Vater succedirte und in den Vollbesitz des Vermögens kam, an dem einen Gute mehr oder weniger gelegen sein? Es liegt auch dem alten Fürsten im Grunde gar nichts daran, hatte der Commerzienrath immer gesagt; aber der junge Herr soll sich bei dem Ankauf die Sporen verdienen; soll zeigen, daß er solche Geschäfte bewältigen kann. Das weiß der junge Herr recht gut und darum wird er den Hamen doch herunterschlucken, so wenig verlockend auch der Köder ist; verlassen Sie sich darauf!

So hatte der Commerzienrath gerechnet, und, wie die Sachen jetzt lagen, voraussichtlich falsch gerechnet. Meine Nachricht hatte ihn gestern ganz augenscheinlich sehr erschreckt. — Es war höchst sonderbar, daß er gerade heute hatte in die Stadt müssen!

Oder wollte er mir nur einfach aus dem Wege gehen, nachdem er seine Absicht, mich bei Herminen in Ungnade zu bringen, so vollkommen erreicht! Brauchte er mich nicht mehr, nachdem ich ihm die Maschinen aufgestellt und die Angelegenheit mit dem Fürsten sich so gut wie zerschlagen?

Sehr möglich, sehr wahrscheinlich; aber vielleicht brauchte ich ihn noch weniger; vielleicht war ich in der Lage, ihm, bevor er mir den Abschied gab, Lebewohl sagen zu können. Diese Abwesenheit des Mannes, die wie eine Flucht vor mir aussah — kam sie doch just in dem Augenblicke wie eine Mahnung für mich, das verlockende Anerbieten des jungen Fürsten anzunehmen! Was hatte ich bis jetzt für meine eigentlichen Zwecke von dem Commerzienrath erlangt? Versprechungen die Hülle und Fülle, einen Schwall von Complimenten — weiter nichts! Und dabei würde es voraussichtlich bleiben, vor Allem, wenn er Zehrendorf nicht verkaufte, und er und so seines Wortes, das er mir bezüglich der Fabrik in der Stadt gegeben, los und ledig war, ja, und möglicherweise auch, wenn der Verkauf trotz alledem zu Stande kam. Es gab wohl sehr Weniges, was dem Herrn Commerzienrath heilig war, und ich hatte Ursache zu glauben, daß unter diesem Wenigen sein Wort sich nicht befand. So hatte er mir versprochen, den Mann in der Schneidemühle, dem er gekündigt, nicht zu entlassen; und als ich heute Morgen an der Mühle vorbeiging, hatte sie gestanden und der Knecht mir gesagt, der Herr sei gestern Abend — während ich in Rossow war — dagewesen und habe den Meister nach einem kurzen Wortwechsel von der Stelle fortgejagt. Das war ein Fall! aber eben nur der neueste; ich hatte ihn schon wiederholt auf dergleichen Wortbrüchigkeiten ertappt! Nein, nein, der Mann schien nicht dazu angethan, sich von mir zur Religion der Humanität bekehren zu lassen.

Und der Fürst? Je deutlicher ich mir die Einzelheiten unsrer gestrigen Unterredung in die Erinnerung rief, je klarer mir das Bild des Mannes vor die Seele trat, desto mehr liebenswürdige und achtungswerthe Züge glaubte ich in ihm zu entdecken, desto mehr glaubte ich zu finden, daß es sich wohl verlohne, mit ihm anzuknüpfen. Es ist eine schwere Aufgabe, gänzlich ungerührt zu bleiben, wenn uns Jemand mit einem ausgesprochenen Wohlwollen entgegenkommt, noch dazu, wenn dieser Gönner eine hochgestellte, einflußreiche Persönlichkeit ist. Nun möchte ich nicht sagen, daß ich damals oder jemals in der Gunst eines Fürsten die höchste irdische Glückseligkeit gefunden hätte, aber ich kann doch auch nicht leugnen, daß, wenigstens zu jener Zeit, die anerzogene Ehrerbietung vor der irdischen Hoheit — ein Nachklang jedenfalls aus meinen Jugendtagen — dazu beitragen mochte, mir das Benehmen des jungen Fürsten in dem möglichst günstigen Lichte zu zeigen. Ich glaubte, jetzt den Schlüssel zu diesem Benehmen, das mir gestern so räthselhaft erschienen war, gefunden zu haben, und ich rechnete ihm die Delicatesse hoch an, mit welcher er, bevor er mir seine eigentliche Absicht entdeckte, aus dem Wege geräumt hatte, wovon er wußte, daß es als ein Stein des Anstoßes zwischen ihm und mir lag. Er hatte der bedenklichen Scene vor neun Jahren im Walde von Zehrendorf mit keiner Sylbe Erwähnung gethan; aber er hatte es mir nicht vergessen, daß und wie ich ihn damals geschont und er hatte in seiner Weise versucht, seine Schuld gegen mich abzutragen. Ich mußte mir sagen, daß die Weise, Alles in Allem, eine edle, ritterliche war. Sodann hatte er mich wiederum über die zweite Begegnung in Paula's Atelier aufgeklärt und mich gewissermaßen wegen seines damaligen Benehmens um Entschuldigung gebeten; und war der Versuch, sich gegen mich abzufinden, den er noch an demselben Tage gemacht, vielleicht übereilt und unpassend gewesen, so hatte er das jetzt durch sein großherziges und bedeutendes Anerbieten in meinen Augen mehr als ausgeglichen.

Ja, es war ein großherziges und bedeutendes Anerbieten: großherzig, wenn ich die offene loyale Weise bedachte, in welcher mir es ohne Winkelzüge, ohne Markten und Feilschen gemacht; bedeutend, indem ich mir sagen mußte, daß, war es wirklich des Fürsten Absicht, mir einen großen Wirkungskreis zu verschaffen, er auch durchaus in der Lage war, seine Versprechungen zu realisiren. Angenommen wirklich, der Commerzienrath war der Mann, für den er sich gab — obgleich meine Zweifel nach dieser Seite keineswegs geschwunden, ja vielleicht jetzt größer waren, als je — aber angenommen, er war der reiche Mann, der einflußreiche Mann, was bedeutete sein Reichthum, sein Einfluß im Vergleich zu der Machtsphäre der Fürsten von Prora-Wiek? Schon als Knabe auf der Schulbank hatte ich, wie jeder andere Useliner, ja, ich glaube, jeder Bewohner unserer Provinz, gewußt, daß auf der Insel allein einhundertzwanzig Güter dem Fürsten gehörten; dann das Städtchen Prora, die Residenz — in welcher jetzt die Aufregung über die Erkrankung des Herrn groß genug sein mochte — die von dem ersten bis zu dem letzten Hause auf fürstlichem Grund und Boden stand: dann das Jagdschloß Wiek mit seinen meilenweiten Forsten; dann die Grafschaft Ralow auf dem Festlande in der Nähe von Uselin — die Useliner pflegten im Sommer Ausflüge nach dem Parke von Ralow zu machen — dann das prachtvolle Palais in der Residenz, an welchem ich oft genug mit sonderbaren Empfindungen vorüber gegangen war; die Herrschaft in Schlesien mit den berühmten Eisenwerken, deren Werth auf ein paar Millionen veranschlagt wurde — was war der Krösus von Uselin im Vergleich mit diesem wirklichen Krösus, dessen Revenüen binnen zweier Jahre vielleicht so groß waren, als das ganze Vermögen des Commerzienrathes zusammengenommen.

Freilich, freilich; ich hatte mir meinen Lebensweg anders gedacht!

meine Leidenschaft für die mathematischen Wissenschaften, meine Fortschritte in der Maschinenbaukunst, meine Hoffnung, dereinst mächtig fördernd in die Entwickelung der Eisenbahn-Industrie eingreifen zu können, meine mit dem guten Snellius so oft überlegten Pläne für das Wohl der arbeitenden Klassen — es war kein erfreulicher Gedanke, das Alles aufgeben zu sollen. Aber mußte ich es denn aufgeben? war es im Grunde nicht einerlei, ob ich hier oder dort, in dieser oder jener Weise wirkte, wenn ich nur wirkte, wenn ich nur schaffte in dem großen guten Sinne meines unvergeßlichen Lehrers, meines braven Freundes! O gewiß, gewiß, ich durfte in seinem Sinne das Anerbieten des Fürsten acceptiren; und Paula würde nicht mit mir unzufrieden sein, denn ihr Denken und Trachten war, wie das ihres herrlichen Vaters, nur auf das Gute und Schöne gerichtet; ich fühlte, es würde mir nicht schwer werden, ihr zu zeigen, wie ich in dieser neuen Sphäre vollauf Gelegenheit habe, ihrer werth zu bleiben, ja, es immer mehr zu werden. Und dann! — ich hatte es vor mir selbst verbergen wollen, weil es eine wunde Stelle in meinem Herzen allzu schmerzlich berührte, aber heute, in der schlaflosen Nacht, war es und manches Andere noch in scharfer unabweisbarer Wirklichkeit vor meine Seele getreten: sie hatte mich nicht nur ziehen lassen, weil sich ein größerer Wirkungskreis für mich aufthat; sie hatte mich auch fortgeschickt, weil sie Mitleid mit mir empfand, weil sie wußte, daß in ihrem Herzen meine tiefe, innige, ehrfurchtsvolle Liebe keinen Wiederhall fand; und wie der gütige Mensch nichts nimmt, was er zu nehmen gezwungen ist, ohne etwas zu bieten, wenn er es bieten kann, so hatte sie meinem liebevollen Herzen, das sich nach Gegenliebe sehnte, die Erfüllung meiner Wünsche in einer reizenden lockenden Gestalt gezeigt, in der Gestalt des schönen Mädchens, in der Gestalt der jungen, übermüthigen Bacchantin, die mit mir gespielt hatte, wie sie mit den Tigern, Leoparden und sonstigem Gethier, das sie vor ihren Wagen zu spannen gewöhnt war, schon ein oder das andere Jahr gespielt haben mochte. Ach, Paula's reines Herz, was wußte es von diesem gefährlichen Spiel! was wußte es von den Künsten, wie man mit der einen Hand streichelt und mit der andern die Peitsche schwingt; wie man sich jetzt an den freien Sprüngen des Lieblings ergötzt und wie man ihn im nächsten Augenblicke in den engsten Käfig sperrt! Was wußte sie davon?

Und wenn sie es wüßte, würde sie nicht die Erste sein, die mich zurückriefe, die da sagte: Du darfst Dich opfern, wenn es sein muß, aber wegwerfen sollst Du Dich nicht und darfst Du Dich nicht; und was ich auch mit Dir gewollt habe und was Du selbst gewollt und erstrebt hast: es ist vorbei, vorbei!

So hatte es in meinem dumpfen Gehirn gegährt und in meinem Herzen gewühlt, den ganzen Tag, während die Sonne ihre glanzvolle

Bahn durch den hohen Himmel zog und hinter ihr her das graue, dunstige Gewölk, das schon bei ihrem Aufgang am Horizont gelauert. Ich hatte instinctiv oft und oft zum Himmel geschaut, während ich rastlos, gefoltert von meinen peinlichen Gedanken und dem herauf-drohenden Gewitter, durch die Felder, durch die Haiden schweifte, so benommen von dem, was in mir brütete und was draußen braute, daß ich jedes Bewußtsein des Ortes und der Zeit verloren hatte, und mich jetzt in der Dämmerung des Abends auf dem Wege nach Trantowitz fand — demselben Wege, den ich gestern nach Rossow gefahren, und der auch der Weg war, auf welchem die Gesellschaft zurückkommen mußte — ohne wiederum zu wissen, wie ich dorthin gekommen und was ich dort wollte. Sicherlich nicht Hans besuchen, der ja auch von der Partie war. Dennoch schritt ich weiter, bis ich zu der schlecht gehaltenen, lückenhaften Hecke gelangte, welche Hans' vielberühm-ten Garten, mit den verwilderten Obstbäumen auf den Gras- und Unkrautflächen und den wüsten Kartoffel- und Kohlfeldern von der Landstraße trennte. Ueber die Hecke schauend, glaubte ich in dem Grunde dieses melancholischen Terrains eine mächtige Gestalt zu bemerken, die wohl Niemand anders sein konnte als der gute Hans selbst. Ich durchbrach die Hecke — es war eben nicht schwer und ging gerade auf die Gestalt zu. Es war wirklich Hans.

Ich denke, Sie sind auch mit? sagte ich.

Werde mich wohl hüten, erwiderte Hans, den Druck meiner Hand kräftig erwidernd.

Aber Sie sind doch aufgefordert?

Freilich, sagte Hans.

Nun?

Nun, als ich sie heute Morgen auf den Hof kommen sah, bin ich da zum Fenster — er deutete auf das Fenster seines Schlafzimmers — hin-ausgestiegen, und habe mich so lange im Walde herumgetrieben, bis die Luft wieder rein war. Und Sie?

Ich hatte auch keine Lust, mitzugehen, sagte ich.

Das wäre, sagte Hans.

Wir promenirten eine Zeit lang schweigend nebeneinander in den verwachsenen Wegen auf und nieder. Es war bereits so dämmrig, daß man die Farben nicht mehr unterscheiden konnte. Die Luft war un-glaublich schwül und drückend, im Osten wetterleuchtete es von Zeit zu Zeit und aus dem Trantowitzer Wald, von welchem eine Spitze nahe an uns heranschnitt, kam der Gesang der Nachtigallen in kla-genden, langgezogenen Tönen.

Es ist zum Ersticken, sagte ich, indem ich, als wir eben an eine ver-fallene Laube, oder etwas der Art gekommen waren, mich auf eine der dort befindlichen morschen Bänke warf und Rock und Weste aufriß.

Hans sagte nichts, sondern entfernte sich schweigend in der Richtung des Schlafzimmer-Fensters, durch welches ich seine riesige Gestalt verschwinden und einige Minuten später wieder auftauchen sah. Er setzte ein paar Gläser und zwei Flaschen, die er unter dem Arme getragen, vor uns auf den morschen Tisch, stellte ein paar andere, die er aus den Rocktaschen zog, in den Sand der Laube, nahm sein Jagdmesser heraus, öffnete die beiden ersten und sagte, indem er mir die eine hinschob: Trinken Sie vorläufig einmal eine halb oder lieber ganz; es wird Ihnen besser werden.

Das war der alte Hans, wie er leibte und lebte! und sein altes Universal-Mittel gegen alle Pfeile und Schleudern des Geschicks! Du lieber Himmel! es hatte sich schlecht genug an dem braven Jungen bewährt, und würde mir wohl auch nicht helfen; aber ich fühlte doch, wie gut er es meinte, und die Hand zitterte mir, als ich die Gläser füllte, und meine Stimme zitterte, als ich sein Glas mit den meinen berührend, sagte: das trinke ich Ihnen, lieber Hans! und einer bessern Zukunft für uns Beide!

Wüßte nicht, wo die für mich herkommen sollte, sagte Hans, sein Glas in einem Zuge leerend, und nun seinerseits das Amt des Schenkens übernehmend.

Hans, lieber guter Hans! rief ich, thun Sie mir den Gefallen und sprechen Sie nicht in diesem melancholischen Ton; ich kann es heute Abend nicht hören, mir ist selbst zu Muthe, als ob mir jeden Augenblick das Herz brechen müßte.

Hans wollte mir wieder die Flasche zuschieben, besann sich aber, daß ich sein Universal-Mittel schon einmal ausgeschlagen hatte, und reichte mir seine gefüllte Cigarrentasche über den Tisch hinüber.

Einen Augenblick später glühten zwei feurige Punkte in der dunklen Laube, und warfen von Zeit zu Zeit einen trügerischen, schnell verschwindenden Schein auf den wackelnden Tisch mit den Flaschen, die sich schnell leerten, und auf die Gesichter zweier Männer, die über den Tisch gebeugt waren, in langer vertraulich-ernster Unterhaltung.

So ist es; sagte das eine Gesicht zuletzt.

Sie werden sich geirrt haben, wie ich; sagte das andere.

Ich glaube nicht, sagte das andere wieder; wie lange ist es her, vielleicht vorgestern, es kann aber auch vorvorgestern gewesen ein — die Tage laufen mir immer in einander — da traf ich sie auf dem Wege nach Rossow; wir sind eine halbe Stunde neben einander geritten und sie hat mir während der ganzen Zeit von Nichts gesprochen, als von Ihnen!

Sie muß um ein passendes Thema sehr verlegen gewesen sein, sagte das zweite Gesicht.

Und geweint hat sie auch, fuhr das erste fort, das arme Ding! sie hat mir leid gethan; ich wollte Ihnen schon immer sagen, Sie müßten machen, daß die Sache zu Ende kommt.

Eine lange Stille folgte. Die dritte Flasche wurde entkorkt. Die feurigen Punkte glühten still vor sich hin, während das Dunkel tiefer und tiefer hereinsank, und die lautlosen Blitze immer häufiger und häufiger aufleuchteten.

Sie trinken ja nicht, sagte Hans.

Ich antwortete nicht; ich hatte in der That kaum gehört, was der gute Hans sagte; ich wußte kaum noch, daß er da vor mir saß; kaum noch, wo ich war. Aus dem Dunkel heraus, das uns umgab, strahlten mir ihre Augen, aus dem Flüstern des Windes, das in den Blättern rauschte, glaubte ich ihre Stimme zu hören. Und die Augen, die großen, blauen Augen sahen mich vorwurfsvoll an, und die Stimme, die tiefe, leidenschaftbebende Stimme, klang gepreßt, und um den reizenden Mund zuckte es schmerzlich, wie gestern, als sie mich bat, daß ich mit von der Partie sein möchte.

Wo wollen Sie hin? sagte Hans.

Ich hatte mich erhoben, und war in den Eingang der Laube getreten, mit heißen Augen in die Finsterniß starrend. Nur am westlichen Horizonte war noch ein schmaler, sehr schmaler, lichter Streifen, sonst lag der Himmel über der Erde schwarz und undurchsichtig wie ein Sargdeckel. Von Zeit zu Zeit ging ein seltsames Stöhnen und Raunen durch die stille, schwüle Luft, und dazwischen schluchzten die Nachtigallen aus dem Walde, wie über den Untergang einer schönen Welt von Licht und Liebe. Dann wieder zitterte durch die Finsterniß ein electrisches Licht und spielte unheimlich an den Rändern der schweren, tiefgehenden Wolken; aber kein Donner folgte, die arme geängstete Creatur aus ihrer dumpfen Angst aufzurütteln, und kein erquickender Regen rauschte hernieder, die verschmachtende Erde zu erquicken.

Wo wollen Sie hin? fragte Hans noch einmal.

Wo sind sie wohl jetzt?

Wer kann das wissen, sagte Hans; zurück sicher noch nicht, denn sie müssen hier vorbei.

Auf der Haide zwischen Ihren Buchen und den Rossower Tannen muß der Weg bei dieser Dunkelheit kaum zu finden sein!

Freilich, sagte Hans, bin ich doch selber einmal ein paar Stunden darauf umhergeritten, ohne einen Schritt aus der Stelle zu kommen; und die Nacht war nicht so finster, wie diese. Wir hatten allerdings bei Fritz Zarrenthien ein wenig scharf getrunken. Halloh! was giebt's denn?

Ich war im Begriff gewesen, fortzustürzen, und griff jetzt, als Hans rief, mit beiden Händen an den Kopf, der mir zu springen drohte.

Sie könnten gerade auf der Stelle sein, murmelte ich.

Aber so nehmen Sie mich doch mit! rief Hans, während ich schon durch den Garten davoneilte.

Ich blieb stehen; er kam hinter mir her und klopfte mir, als er mich eingeholt hatte, mit seiner großen, breiten Hand ein paar Mal leise auf die Schulter und sagte: ho, ho! so recht, so! als wenn ich ein Pferd wäre, das er zu beruhigen hätte. Ich griff nach seiner Hand und rief: Kommen Sie mit, Hans!

Nun natürlich; erwiderte Hans; aber wir müssen ein paar Leute mit Laternen haben; ich kenne das!

Das wird zu lange aufhalten!

Keine fünf Minuten!

Hans schritt neben mir her, quer durch die Kartoffelfelder, und, um jeden Umweg zu ersparen, in sein Kammerfenster hinein durch sein Wohnzimmer hindurch, ich folgte ihm auf dem Fuße — kannte ich doch die Localität gut genug! Auf dem Hofe angelangt, begann Hans aus aller Macht an der zerbrochenen Glocke zu läuten, welche dort in einem baufälligen Gerüste hing, und deren heiserer Schall die Leute sonst zur Arbeit oder von der Arbeit rief. Sie kamen denn auch auf das bekannte Signal aus dem Leutehause und aus den Ställen schnell genug herbei; und es waren noch keine fünf Minuten vergangen, als wir bereits, gefolgt von einer kleinen, mit Stall-Laternen ausgerüsteten Schaar den Hof verlassen hatten, und auf einem Feldwege den Trantowitzer Buchen zueilten. An dem westlichen Horizont war auch der letzte hellere Streifen verschwunden; die Dunkelheit war so groß, daß es im Walde um nichts finsterer wurde, als es bereits auf dem freien Felde gewesen war. Die Schwüle in der Atmosphäre hatte wo möglich noch zugenommen und jetzt begannen auch dumpfe Donner zu rollen und in den hohen Wipfeln der Buchen fing es an zu rauschen und zu sausen; die Nachtigallen waren verstummt vor dem Unwetter, das jeden Augenblick losbrechen konnte. Ich eilte, die Leute mit den Laternen weit hinter mir lassend, durch den Wald dahin; nur Hans versuchte noch, gleichen Schritt mit mir zu halten, blieb dann aber auch zurück, hinter mir her rufend, daß die tolle Eile ja zu nichts nützen könne, wenn wir die Männer mit den Laternen nicht bei uns behielten. Ich sagte mir dasselbe; aber ich wurde von einer Gewalt getrieben, der ich nicht zu widerstehen vermochte. Was ich wollte — ich hätte es nicht zu sagen gewußt, ich dachte daher auch gar nicht darüber nach, ich stürzte nur immer vorwärts in einer Eile, als gelte es Leben oder Tod. Wie ich es fertig gebracht habe, den bösen Weg durch den Wald in der rabenschwarzen Finsterniß so zurückzulegen, ohne Arme und Beine zu brechen oder mir den Schädel an den Bäumen einzurennen, ich weiß es noch heute nicht. War es der bläuliche Schein der Blitze, der von Zeit zu Zeit durch die Waldeshallen zitterte, war es die eigenthümliche Fähigkeit meiner Augen, auch in der Finsterniß noch immer ein wenig sehen zu können, war es die Leidenschaft, die in gewissen Momenten jede verborgenste Kraft in uns wachruft — ich weiß es nicht; ich weiß nur, daß ich in unglaublich kurzer Zeit den Wald durchmessen hatte, und an dem Verstummen des Blätterrauschens um mich her, an dem lebhafteren Hauch des Windes, der um meine glühenden Wangen spielte, an dem anders tönenden Schall der Donner bemerkte und gelegentlich auch in dem grelleren Licht eines Blitzes deutlich sah, daß ich mich bereits auf der Haide befand. Die Haide war ungefähr eine Viertelmeile breit, auf drei Seiten von den Rossower Tannen und den Trantowitzer Buchen umgeben, auf der vierten, nach links, mit den großen Mooren an der Küste zusammenhängend, die hier und da noch mit schmaleren und breiteren Streifen hineinragten. Kein Baum wuchs auf dieser ganzen Fläche; als einziges Wahrzeichen galt ein kleiner, mit Buschwerk bestandener und mit einzelnen großen Steinen umgebener Hügel — ohne Zweifel ein Grabmal aus alten Zeiten — der ungefähr halbwegs lag und als die äußerste Grenze nach dem Moore zu galt. Von einem Wege konnte man kaum sprechen, denn derselbe war zu jeder Jahreszeit, ja bei jedem Witterungswechsel ein anderer; man fuhr, ritt oder ging, wie es eben am zweckmäßigsten schien. Schon mehr als einmal hatte hier ein Unglück stattgefunden; noch zu meiner Zeit war ein Knecht, der mit einem leeren Wagen in der Nacht die Strecke passiren wollte, mit sammt seinen Thieren, in einem der breiten, tiefen Torfgräben ertrunken.

Während ich über die Haide dahinstürmte, kamen mir die Umstände bei diesem Unglücksfall wieder in's Gedächtniß bis in die kleinsten Einzelheiten. Ich erinnerte mich, wie der Mann geheißen, und daß er eine Braut gehabt hatte aus Trantowitz, eine hübsche, blonde Dirne, die sich über den Tod des Geliebten gar nicht hatte zufrieden geben können, und die man noch wochenlang nachher auf dem Hünengrabe hatte sitzen sehen, die starren Augen unverwandt auf die Stelle gerichtet, wo er ertrunken. Es war mir, als ob das hübsche, arme Mädchen eine flüchtige Aehnlichkeit mit ihr gehabt hätte.

Eine ganz wahnsinnige Angst erfaßte mich und plötzlich stand ich still, mit wildklopfendem Herzen in die Nacht hineinhorchend. Ich meinte, ich hätte dumpfes Geschrei aus nicht allzugroßer Entfernung vernommen. Aber aus welcher Richtung? War es vor mir gewesen? rechts, oder links? oder hatte ich mich getäuscht? hatten mich meine aufgeregten Sinne betrogen, und die klagenden Stimmen des Windes in hülferufende Menschenstimmen verwandelt? Da noch einmal! jetzt hatte ich mich nicht getäuscht, und jetzt hörte ich auch, von woher die Rufe kamen: gerade aus der Richtung vor mir! nein von links her; nein von rechts! das war sicher von rechts gewesen! Und jetzt wieder näher, aber wiederum aus einer andern Richtung, als ob auf der öden Haide die Geister der hier und dort, und dort und hier Verunglückten alle auf einmal aus ihren nassen Gräbern heraufgestiegen wären und einander riefen. Und keine Möglichkeit, auch nur einen Schritt vor sich zu sehen, selbst die Blitze hatten seit ein paar Minuten aufgehört; es war, als ob man die Finsterniß greifen könnte. Ich warf einen verzweifelten Blick hinter mich, und sah zu meiner unsäglichen Freude die Lichter aus den Laternen, wenn auch aus einiger Entfernung, auf die Stelle zukommen. Ich rief mit der ganzen Kraft meiner Lunge, sie sollten sich beeilen; dann stürzte ich auf gut Glück weiter, und prallte entsetzt zurück, als ich plötzlich im grellen Licht eines mehrere Secunden anhaltenden Blitzes dicht vor mir die riesige, gespensterhaft weiße Gestalt eines sich hoch aufbäumenden Pferdes erblickte. Ich war auf einen der Wagen gestoßen, dessen Pferde der Kutscher, der muthig ausgehalten hatte, vergeblich abzusträngen versuchte.

Wo sind die andern Wagen? rief ich, indem ich, ohne recht zu wissen, was ich that, dem Manne in seinen Bemühungen half.

Das mag Gott wissen, sagte der Mann. Ich habe genug mit denen hier zu thun gehabt.

Es kommen Laternen!

Ist auch hohe Zeit! Willst stehen, verdammter Schimmel!

Da war Hans schon mit einigen der Laternen-Männer. Die Pferde standen, wenn auch vor Angst zitternd, und schnoben mit weit aufgerissenen Nüstern in die Lichter.

Auf dem Hintersitze des Wagens lag eine Gestalt ausgestreckt; der Schein einer Laterne fiel in ein bleiches, verwüstetes Gesicht.

Es war Arthur.

Was heißt das? fragte ich.

Hans fragte nicht; er wußte, was das heißt, wenn Leute, die kein Maaß zu halten gelernt haben, auf dem Heimwege von einer Landpartie mit Ananas-Bowle in dem Wagen liegen und kein Rasen der entfesselten Elemente sie aus ihrem schnöden Schlaf zu wecken vermag.

Den lassen Sie nur, sagte der Kutscher, der liegt fest.

Einer von Euch muß hier bleiben, rief ich zu den Laternenträgern gewandt; Ihr Andern vorwärts.

Wir gingen weiter, während die Leute — es waren ihrer noch fünf oder sechs — die Laternen hoch hielten, und wir zu gleicher Zeit so laut wir konnten riefen: man möge versuchen, heranzukommen.

Man antwortete von hierher und dorther; es wurde jetzt klar, daß die ganze Gesellschaft weit auseinandergesprengt war. Nur die Wagen hatten noch einigermaßen zusammengehalten, eine Minute später trafen wir auf den zweiten, der umgestürzt war und von den rasenden Pferden in Trümmer geschlagen wurde, bis es uns nicht ohne Mühe gelang, die Thiere abzuschirren.

Dann kamen wir auf den dritten, der etwas abseits bis über die

Achsen in dem sumpfigen Grunde stecken geblieben war, nachdem es dem Kutscher gelungen, die Stränge zu zerschneiden.

Und nun gestaltete sich die sonderbarste, unheimlichste Scene. Die Blitze zuckten so unaufhörlich, daß wir von dem grauenhaften Licht vollständig eingehüllt schienen. Dazu das Rufen und Schreien der geängstigten Menschen, die jetzt von allen Seiten herbeikamen, das Fluchen der Kutscher und Knechte, das Schnauben und Schnaufen der geängstigten Pferde; dazwischen das Grollen und Rollen der Donner, das Sausen und Pfeifen der Windstöße, die mit zum Theil furchtbarer Gewalt über die Haide rasten, und den Regen nicht herabkommen ließen, der uns in einzelnen schweren Tropfen in das Gesicht schlug; die ganze Gesellschaft, so weit sie jetzt versammelt war, einer Schaar gleichend, die zur Hinrichtung geführt werden soll: die Männer mit verstörten Mienen, die Frauen todtenbleich, und alle die Spuren des Umherirrens in der Haide und auf dem Sumpfboden nur zu deutlich an sich tragend.

Aber, wenn es schwer gewesen war, sie zusammenzubringen, so sah ich bald, daß es unmöglich war, sie zusammen zu halten! Alle drängten sie vorwärts, weiter! Wozu man auch nur noch eine Secunde verlieren wolle: man sei ja beisammen! Der Regen werde im nächsten Augenblicke herabströmen, die Laternen vielleicht verlöschen, und was solle dann werden? Vorwärts, vorwärts! meine Herrschaften! kreischte der Steuerrath; Herr von Granow rief auch: Vorwärts, vorwärts! — und die Gesellschaft setzte sich in Bewegung.

Es war mir bei der unbeschreiblichen Verwirrung, die herrschte, bei dem Rufen, Schreien, Durcheinanderrennen so vieler Menschen unmöglich gewesen, zu constatiren, ob denn wirklich alle, wie behauptet wurde, beisammen seien; das aber wußte ich ganz gewiß, daß ich sie, die ich einzig und allein gesucht, noch nicht gesehen hatte, ebensowenig wie Fräulein Duff. Ich weiß nicht warum — oder hatte ich es von Einem der Gesellschaft behaupten hören? — aber ich hatte angenommen, daß die beiden Damen in dem vierten Wagen, der noch weiter zurück war, und unversehrt sein sollte, sich befinden mußten; aber in dem Augenblick, als die Gesellschaft mit den Laternen aufbrach, kam jener vierte Wagen auch heran.

Ich stürzte darauf los: in dem Wagen — der großen Chaise des Commerzienraths — war außer einer Menge Mäntel und Shawls, die man in der Eile zurückgelassen hatte, nur Fräulein Duff, die in einer Ecke lehnte, und mich, vor Angst mehr todt als lebendig, mit halb gebrochenen Augen anstierte. Vergeblich, daß ich aus ihr herauszubringen suchte, wo denn Hermine geblieben sei? Sie murmelte nur, wie im Fieber: suche treu, so findest Du! und brach dann in krampfhaftes Weinen aus. Nun berichtete Anton, der unterdessen an den Strängen geknüpft hatte, das Fräulein sei vor noch nicht zehn Minuten aus dem

Wagen gesprungen, erst, als die Laternen schon ganz nahe waren. Er wisse nicht warum, denn das Fräulein habe sich gar nicht so gefürchtet, wie die Andern und noch kurz vorher zu Fräulein Duff gesagt, sie werde sie gewiß nicht verlassen. Links hin sei sie gegangen, wenn er recht gesehen, aber er wisse es nicht gewiß, er habe mit den Pferden zu viel zu thun gehabt, die bis jetzt ganz gut gewesen seien, aber nun wollten sie ja wohl auch nicht mehr stehen.

Damit war er wieder auf den Bock gestiegen und begann den Andern nachzufahren; ich rief ihm zu, daß er auf jeden Fall bleiben müsse. Hörte er mich nicht, oder wollte er mich nicht hören, konnte er die Pferde nicht länger bändigen, — auf jeden Fall war ich in der nächsten Minute allein, während der Trupp mit den Laternen sich unter Hans' Führung über die Haide nach dem Walde bewegte.

Einundzwanzigstes Capitel

Ich war im Begriff, den Enteilenden nachzustürzen, um auf jeden Fall ein paar der Laternenträger und einen der Wagen zurückzuhalten, als mir ein grell aufleuchtender, lange anhaltender Blitz das Hünengrab zeigte, welches links von der Stelle, wo ich stand, ungefähr hundert Schritt entfernt lag, und das ich bis dahin nicht bemerkt hatte. Wollte ich von jenem Punkte aus einen freieren Blick gewinnen? war es eine Ahnung? war es Beides? — aber ich stand in der nächsten Minute an dem Fuße des kleinen Hügels zwischen den mächtigen Steinen. Abermals flammte ein blendend heller Blitz auf, und ein Grausen durchzuckte mich, und meine Haare begannen sich zu sträuben. Da, oben, neben den vom Sturm zerzausten Haselbüschen, stand, umflossen von der gespenstischen Helle, mit flatternden Haaren, das arme Mädchen, das nach dem Geliebten ausschaute, der im Sumpf ertrunken war. Und nun wieder rabenschwarze Nacht um mich her, und dann ein krachender Donner, in welchem mein lauter Angstruf verhallte. War ich wahnsinnig geworden? Aber noch während der Donner krachte, inmitten der Finsterniß, die mich rabenschwarz umgab, kam es wie eine himmlische Erleuchtung über mich, daß mein Herz hoch hüpfte und mein Mund laut aufjauchzte, und ich war oben, ich hatte sie gefunden, ich hob sie in meinen Armen in die Höhe und jauchzte wieder, und sie schlang ihre Arme um mich, und schmiegte sich an meine Brust, fest, so fest! und dann kniete ich vor ihr und sie beugte sich zu mir und sagte: Schnell, schnell, jetzt im Dunkeln, wo ich Dich nicht sehe; ich liebe Dich! ich liebe Dich!

Und ich Dich!

Mich ganz allein?

Ja, ja!

Ganz allein mich? Ganz allein mich? und wenn die Erde sich jetzt aufthäte und uns verschlänge, ganz allein mich?

Ja, ja!

Wieder flammte ein Blitz auf, secundenlang Alles in Tagesklarheit hüllend. Sie lachte und jubelte laut auf und rief, sich in meine Arme stürzend: Nun sehe ich Dich, nun darf ich Dich sehen! O, wie schön das ist! wie schön Du bist! So! trag' mich den Hügel hinunter; nur bis zu den Steinen! Jetzt laß mich los, Du Starker, Du mein Held! Du mein Alles!

Laß mich Dich weiter tragen, ich kann es!

Ich weiß es, würde ich Dich sonst so lieben? aber laß mich, Du darfst nicht glauben, daß ich ein Schwächling bin!

Ich hatte sie aus meinen Armen auf einen der großen Steine gleiten lassen; sie legte mir die Hand auf die Schulter — ich sah einen Moment dicht vor mir ihr süßes, trotziges Gesicht und ihre wie sonst zornig leuchtenden Augen — und sie sagte durch die Zähne: vergiß es nicht, vergiß es nie, daß ich kein Schwächling bin, wie die andern Weiber, und daß, wenn Du nicht gekommen wärst, mich zu suchen, ja, wenn Du auch mich nur nicht gefunden hättest, ich mich hier im Sumpfe ertränkt hätte, und daß ich mich in dem Augenblick tödten werde, wo Du mich nicht mehr liebst! Und nun komm!

Sie warf sich an meine Brust, und glitt aus meinen Armen herab auf den Boden. Wir gingen Hand in Hand über die Haide, wo uns die fortwährend aufleuchtenden Blitze den pfadlosen Pfad zeigten, wo uns die Donner umrollten, und der Regen, der so lange gezögert hatte, in immer dichteren, schweren, warmen Tropfen und dann in Strömen herabzurauschen begann. Was war uns Sturm und Gewitter? was war uns, daß wir auf öder Haide, von allen andern Menschen verlassen, gegen Sturm und Gewitter ankämpften? Es war eben die größte Seligkeit für mich: zu wissen, daß ich sie beschützen durfte, daß ich sie beschützen konnte, daß ich wahrlich Kraft genug hatte, die Geliebte, wenn es sein mußte, bis nach Trantowitz und nach Zehrendorf zu tragen; — für sie, sich von mir beschützen zu lassen, den sie so lange geliebt, der jetzt ihr eigen war, und es geworden war, ganz so, wie ihr trotziges Herz, wie ihr phantastischer Sinn es verlangten. Und das kam nun Alles, Alles auf ihre Lippen, in abgerissenen wirren Sätzen, in Gedanken und Bildern, die aufleuchteten und verschwanden, wie die Blitze um uns her, und bald diese Erinnerung wach riefen und bald jene, gerade wie die Gegenstände um uns her aus dem Dunkel aufleuchteten, und wieder im Dunkel verschwanden: die braune Haide, das blinkende Moorwasser, und dann im Walde die Büsche rechts und links und die riesigen Stämme der Bäume, deren mächtige Zweige jetzt von der daherstürmenden Windsbraut wild durcheinander gepeitscht wurden, daß es ein Knarren und Aechzen und Stöhnen und donnerndes Rauschen war, als sollte die Welt untergehen. Aber je wilder es um uns her tobte, desto lauter jubelte sie auf, und lachte wie toll, wenn Keines mehr vor dem Lärmen um uns her die Worte des Andern verstand, und wir uns, was unverständlich blieb, von den Lippen küßten. Ja, sie wurde ganz zornig, als jetzt, nachdem wir den Wald fast schon durchschritten hatten, ein paar Laternen aufleuchteten, die sich schnell auf uns zu bewegten.

Wollen wir davonlaufen? sagte sie ernsthaft; und dann klatschte sie in die Hände, als wir jetzt des guten Hans' mächtige Stimme: »halloh, halloh!« schreien hörten.

Er ist's, rief sie, mein guter Hans, mein lieber Hans, mein bester Hans! Er soll der Erste sein, der es erfährt. Es hat keiner ein besseres Recht darauf.

Da war auch schon Hans, der den beiden Knechten vorausgeeilt war, uns mit hochgehaltener Laterne in das Gesicht leuchtend, und abermals mit der ganzen Kraft seiner Lunge: halloh! schreiend, diesmal aber vor Freude, daß er uns so glücklich gefunden. Ja, so glücklich! — so glücklich, daß er die Laterne auf den Boden setzen, und erst Hermine, und dann mir, und dann wieder ihr und nochmals mir die Hände schüttelte und immer wieder schütteln mußte, indem er dabei fortwährend: »so, so!« sagte, als ob wir ein paar eigensinnige, junge Pferde wären, mit denen er sich lange abgequält und die er endlich zur Raison gebracht.

Die beiden Knechte waren ebenfalls herangekommen. Die armen Menschen, sagte Hermine; sie müssen auch vergnügte Gesichter machen. Gieb mir schnell, was Du bei Dir hast; und Sie, Hans, es ist ganz gleich, gebt nur, gebt!

Ich mußte meine Börse — es war nicht viel darin — in ihre Hände ausschütten und Hans suchte in allen Taschen herum und fand einige zerknitterte Tresorscheine, die sie ebenfalls nahm und den beiden Leuten gab, die mit offenem Munde dastanden und nicht wußten, wie ihnen geschah. Ein paar Thaler waren hingefallen. Die Leute sagten; es wäre eine Sünde, das liebe Geld da liegen zu lassen, und fingen an zu suchen, während wir Drei weiter gingen und Hans berichtete, daß die ganze Gesellschaft jetzt bei ihm zu Hause sei und daß er bereits anspannen lasse, um sie auf Leiterwagen — andere hatte Hans nicht — nach Zehrendorf fahren zu lassen, wohin er auch bereits einen reitenden Boten geschickt habe, damit man dort seine Vorkehrungen treffe.

Wir Beide gehen! rief Hermine; nicht wahr, Georg? aber ansehen wollen wir uns die Gesellschaft; es muß ein sonderbares Bild sein, und jetzt habe ich den Humor dazu. O, ich bin so glücklich, so glücklich!

Es war in der That ein sonderbares Bild, das sich uns darbot, als wir das verfallene Herrenhaus von Trantowitz erreichten. Auf dem weiten, kahlen Flur, in Hans' enger Stube, in dem Heiligthum seines Schlafgemaches sogar, in der Küche, zu der man von dem Flur gelangte, irrten und wirrten Hausleute, die helfen sollten, und die verunglückten Vergnügungsfahrer durcheinander, rufend, scheltend, weinend, lachend, je nachdem sie sich in die Situation zu finden wußten oder nicht. Zu den Ersteren gehörte ohne Zweifel Fritz von Zarrenthien und seine kleine Frau, die von Hause aus die lustigsten, vergnüglichsten und zugleich harmlosesten Geschöpfe waren, wenn sie auch in dem Sturm auf der Haide sich nicht viel besser gehalten hatten als die Andern. Jetzt aber prahlte Fritz, während er in der Küche, mit Hülfe der Köchin, einen Weinpunsch braute, von den Heldenthaten, die er, wenn man ihm glauben durfte, im Verlauf des Abends ausgeführt hatte und seine kleine, behende, lachlustige Frau bemühte sich um die Damen, die außer ihr sämmtlich in der bösesten Laune und freilich auch in der traurigsten Verfassung waren. Die Steuerräthin saß in Hans' Lehnstuhl, wie eine Königin, welche der Sturm der Revolution vom Throne gefegt und welcher bei der Gelegenheit die falschen Haare zerzaust und die Schminke von den Backen gewischt hat. Auf dem Sopha hielten sich die beiden Eleonoren innig umschlungen und weinten, eine an dem Busen der anderen, die heißesten Thränen, ohne daß irgend Jemand, vielleicht auch sie selbst nicht, zu sagen gewußt hätten, worüber; es wäre denn über ihre durchweichten Strohhüte und ihre verregneten Kleider gewesen, die ihr Unschuldsweiß von heute Morgen mit einer absolut unbestimmten Farbe vertauscht hatten. Die derbe Frau von Granow stand vor Fräulein Duff, welche halb ohnmächtig auf Hans' Stiefelkiste kauerte und bewies ihr, daß in solchem Fall sich Jeder selbst der Nächste sei, und daß, wenn Fräulein Hermine wirklich in dem Sumpfe ertrunken wäre, ihr — der Gouvernante — daraus kein vernünftiger Mensch auch nur den geringsten Vorwurf machen könne.

Nein, Duffchen, nicht den geringsten Vorwurf! rief Hermine, welche eben mit uns durch die offene Thür hereingetreten war und die letzten Worte gehört hatte; Duffchen, liebes, einziges Duffchen!

Und die Aufgeregte fiel ihrer alten, treuen Gouvernante um den Hals und drückte und küßte sie unter leidenschaftlichen Thränen.

Wenn eine so sensitive Natur, wie die Fräulein Duff's, für die Bedeutung solcher Liebkosungen, solcher Thränen noch einer Erklärung bedurft hätte, so wurde ihr dieselbe jetzt in der großen Gestalt eines Mannes, der in dem Rahmen der Thür stand und mit vermuthlich leuchtenden Augen auf die Gruppe blickte. Sie streckte ihm beide Arme entgegen und rief, aller ausgestandenen Leiden vergessend: Richard, habe ich es nicht gesagt: suche treu, so findest Du!

Dieses Wort, das die gute Dame mit der Stimme eines Heroldes, der den Ausgang des Turniers verkündet, überlaut ausgerufen hatte, schreckte die im Zimmer Befindlichen jäh empor. Die beiden Eleonoren ließen einander aus den Armen, sahen hin, sahen sich an; die zweite ließ ihren Kopf auf die Schulter der ersten sinken und murmelte etwas, wovon ich nur die Worte: der Verräther! verstand.

Das war nun vielleicht, Alles in Allem, ein rührendes Bild; aber ein erschreckliches gewährte die Steuerräthin. Die Ahnung eines hereindrohenden Unheils hatte auf ihrer schmalen durchfurchten Stirn, auf ihren eingefallenen, entschminkten Wangen, in ihren starren, runden Schlangenaugen gelegen; sie hatte es kommen sehen den ganzen Tag. Vergebens, daß sie mit mütterlichen Armen den lieben Sohn zu schützen versucht hatte vor den Pfeilen der bösesten Laune, welche das stolze, unwillige Mädchen auf ihn abgeschossen; vergebens, daß Arthur sich in der Ananas-Bowle frischen Muth in so schwerer Bedrängniß und Standhaftigkeit zur Ertragung seiner Leiden zu schöpfen versucht hatte — das Unglück war geschehen und hier, hier stand es vor ihren Augen, vor den Augen der geborenen Baronesse Kippenreiter, der Mutter des liebenswürdigsten aller Söhne, der leiblichen Tante dieses undankbaren Geschöpfes! Es war zu viel, zu viel! Die entthronte Königin schnellte empor, an allen Gliedern zitternd; warf, da sie unfähig war, ein Wort zu sprechen, einen vernichtenden Blick auf Hermine, die sich lachend in meine Arme stürzte und schwankte in die Kammer, wo, wie ich hernach erfuhr, der gebeugte Vater an dem Lager seines Kronprinzen wachte, dessen armselige Seele nicht einmal im Stande war, zu begreifen, was er und sein Haus unwiederbringlich verloren hatten.

Weg, weg, ihr Bilder! ihr Gestalten! ihr sollt mir nicht die schöne Erinnerung dieses Abends trüben! Ich will euch nicht ganz abweisen — weiß ich doch, daß ich es nicht könnte, wenn ich auch wollte! — aber drängt euch nur nicht vor! wollet mich nicht glauben machen, daß ihr es seid, um derenwillen wir leben, um derenwillen wir gedenken! Auch ihr müßt sein, freilich! und wohl dem, der das begriffen hat, und sich ein muthiges Gelächter bewahrt hat in der Brust, um euch wegzuspotten, wenn ihr euch nicht auf die Seite weisen lassen wollt. Auch ihr müßt sein! Aber um der schmutzigen, schwarzen Erde willen, die an den zarten Wurzeln hängt, graben wir sie nicht aus, der Liebe rothe Rose, tragen sie an unserm Herzen nach Haus, pflanzen sie im stillen, sonnigen Raum und pflegen und hegen sie, wie wir können! — Wer weiß, wie lange wir es können!

Zweiundzwanzigstes Capitel

Wer weiß, wie lange wir es können! Vielleicht nicht lange, vielleicht nur kurze, nur allzu kurze Zeit! Es ist ein melancholisches Wort und nur leider das rechte an der Spitze dieses Abschnittes der Geschichte meines Lebens, den ich mit zögernder Feder beginne. Aber der Leser fürchte nichts! Es war, als ich mich entschloß, dies Buch zu schreiben, nicht meine Absicht, sein Gemüth, das vielleicht von den Pfeilen und Schleudern des Geschicks nur schon zu viel gelitten hat, noch mehr zu verdüstern. Nicht den Muth des Lebens wollte ich ihm rauben oder auch nur schmälern, wenn ich ihm erzählte, was der Jüngling in seines Sinnes Thorheit gefehlt und was er in seinem Herzen gelitten hat; ich gedachte vielmehr, ihm die Freudigkeit des Handelns, die Fähigkeit des Duldens und die vielleicht noch schwerere der Duldung einzuflößen; und so wollen wir denn auch gemeinsam, was etwa Schweres dem Manne noch beschieden ist, mit einander in der Erinnerung durchleben, die ja auch das Schwerste leicht in ihre Götterarme nimmt. Nein, nein! der Leser, der vielleicht mein Freund geworden ist, mag den Freund ruhig weiter auf seinem Lebenswege begleiten!

Und zuerst in das Zimmer des Commerzienrathes, in welches ich am nächsten Morgen zehn Uhr mit einem Herzen eintrat, das vielleicht ein wenig unruhig, aber ganz gewiß nicht bänglich schlug. Ich hätte auch keinem Muthlosen rathen mögen, dem Manne heute Morgen entgegenzutreten, der wie ein Toller in dem Gemache auf- und ablief, um dann vor mir stehen zu bleiben, mich mit wüthenden Blicken von oben bis unten zu betrachten, abermals umherzulaufen, abermals vor mir stehen zu bleiben und zu rufen: So, so! Sie wünschen also meine Tochter zu heirathen?

Es ist ein Wunsch, der vor zehn Jahren nichts Abschreckendes für Sie hatte, Herr Commerzienrath; — auf dem Deck des Pinguin, als wir zu Ihren Austernbänken fuhren; erinnern Sie sich nicht?

Herr, lassen Sie die Narrenspossen! Ich frage Sie noch einmal: Sie — Sie erkühnen sich, mein Schwiegersohn werden zu wollen?

Verzeihen Sie, Herr Commerzienrath: Sie fragten vorhin, ob ich Ihr Fräulein Tochter heirathen wolle.

Das ist dasselbe.

Sie haben Recht und deshalb thäten Sie vielleicht besser, Herr Commerzienrath, wenn Sie mich gleich als Ihren Schwiegersohn, oder sagen wir, als Ihren zukünftigen Schwiegersohn ansähen und demgemäß behandelten.

Ich hatte das in einem sehr festen und ernsten Tone gesagt, von welchem ich wußte, daß er seinen Eindruck auf das im Grunde feige Herz des Mannes selten verfehlte. Auch jetzt wich er instinctiv ein paar Schritte vor mir zurück, setzte sich in seinen Lehnstuhl, nahm, der Abwechslung halber, anstatt der höhnischen Miene, eine sehr mürrische an und sagte im trockensten Geschäftston:

Also, Sie wollen mir die Ehre erweisen, Herr Georg Hartwig, meine Tochter Hermine zur Gattin zu begehren. Da wäre es nun wohl das Erste, was uns zu thun obläge, über die Ansprüche, die Sie machen können, über die Stellung, die Sie in der Welt einnehmen, über Ihre persönlichen Verhältnisse mit einem Worte, in's Klare zu kommen. Sie sind, so viel ich weiß, der Sohn eines Subaltern-Beamten in Uselin, ein junger Mensch, der in seiner Jugend niemals hat gut thun wollen, der darauf für ein abscheuliches Verbrechen mit acht Jahren —

Sieben Jahren, Herr Commerzienrath —

Mit Voruntersuchung und nachträglicher Strafe acht Jahren Zuchthaus —

Gefängniß, Herr Commerzienrath —

Bestraft ist; der dann, Dank der Nachsicht der Behörden, die durch die Finger sahen —

Meine Papiere sind in der vollkommensten Ordnung, Herr Commerzienrath —

Während ein paar Monaten in meiner Fabrik das Nothdürftigste des Schlosserhandwerks gelernt hat; und jetzt mit dem beträchtlichen Vermögen von —

Fünfzig Thaler baar, hundertsechzig Thaler ausstehende Schulden, die ich aber wohl nie bekommen werde, Herr Commerzienrath —

Und füge ich hinzu, mit den entsprechenden Aussichten in die Zukunft, — denn was Sie mir vorgestern von den Vorschlägen erzählten, die Ihnen Seine Durchlaucht gemacht haben soll, so gebe ich darauf nichts — der also, als ein solcher Mensch, mit solcher Vergangenheit, in einer solchen Stellung, mit einem solchen Vermögen und einer solchen Zukunft, um die Hand der Tochter des Commerzienraths Streber wirbt.

Aufzuwarten, Herr Commerzienrath.

Mein zukünftiger Schwiegervater warf unter seinen buschigen Augenbrauen einen prüfenden Blick in mein Gesicht, welches ihm sagen mochte, daß der Versuch, mich zu demüthigen, von ebenso geringem Erfolg war, wie die Einschüchterungs-Methode, mit der er begonnen. Es mußte ein anderes Register aufgezogen werden. Er stützte die kahle Stirn in die Hand, hüllte sich in eine dichte, schwarze Wolke des Schweigens, aus welcher er plötzlich nach mir mit den heftigsten Worten schnappte:

Wenn ich nun aber gar nicht der Millionär, gar nicht der reiche Mann bin, für den Sie mich, wie alle Welt, bisher gehalten haben — wie dann, Herr, wie dann!

Der Commerzienrath war aufgesprungen und stand vor mir, der ich mich ihm gegenüber gesetzt hatte, die Hände auf dem Rücken, vornübergebeugt und seine stechenden Augen in meine bohrend.

Dann würden die Verhältnisse für mich genau so liegen, wie vorher, um so mehr, als mir schon längst Ihr vielgepriesener Reichthum ernstlich zweifelhaft gewesen ist, Herr Commerzienrath.

Die stechenden Blicke tauchten in den wässrigen, unbestimmten Nebel zurück. Der Commerzienrath warf sich in seinen Stuhl, schlug mit den Händen auf die Lehne, brach in ein krähendes Gelächter aus, das in einem Hustenanfall endigte, und rief zwischen dem Krähen und Husten: es ist zu gut! — dieser junge Mensch — ernstlich zweifelhaft — schon lange — es ist zu gut, wirklich zu gut!

Der Hustenanfall wurde so beängstigend, daß ich aufsprang und den alten Herrn sanft auf den Rücken zu klopfen begann. Plötzlich ergriff er meine linke Hand und sagte in einem kläglich-weinerlichen Ton: Georg, mein lieber Junge, es ist mein einziges Kind! Sie wissen nicht, was das heißt: die Stütze, die Freude eines' alten, gebrechlichen Mannes, der morgen sterben kann! und Ihr wollt nicht einmal die paar Stunden warten! O, es ist grausam, grausam; daß ich das erleben muß!

Ach, wohl hatte Kassandra Recht, wenn sie sagte, daß es schwer halte: »die Ränke dieses verschlagenen Greises zu ergründen.« Er hatte sein bestes Mittel bis zuletzt aufgespart. War ich nicht einzuschüchtern oder abzuschrecken, so war ich doch vielleicht zu rühren; und ich war wirklich gerührt und sagte, indem ich die plumpen, welken Hände, die ich in den meinen hielt, herzlich drückte: Ich will Ihnen Ihr Kind nicht rauben —

Also wirklich nicht? Gott segne Sie! rief der Commerzienrath, indem er wie electrisirt aufsprang. Sie sind ein Mann von Wort; ich habe Sie nie anders gekannt, ich nehme Sie beim Wort!

Wenn Sie es ganz gehört haben, Herr Commerzienrath. Ich sagte, ich werde Ihnen Ihr Kind nicht rauben, weil Hermine, auch wenn sie mein Weib ist, nicht aufhören wird, ihren Vater zu lieben und zu ehren, wie sie es jetzt thut, und weil Sie außerdem an mir einen guten Sohn erwerben werden, dessen Sie sehr bedürfen, wenn Sie der reiche Mann sind und im anderen Falle vielleicht noch mehr bedürfen. Ich glaube Ihnen bereits bewiesen zu haben, daß ich außer dem Nothwendigen des Schlosserhandwerks auch noch einiges Andere weiß und verstehe, womit ich den Mangel eines Vermögens vielleicht ersetzen kann.

Der »verschlagene Greis« sah mich an, mit einem Blicke, der mir deutlich bewies, daß seine Künste vor der Hand erschöpft seien. Vielleicht war es keinen Moment seine ernstliche Absicht gewesen, mir die Hand Herminens vorzuenthalten, denn ich glaube nicht zu irren, wenn ich sage, daß es ihm zu einem so energischen Schritte der stolzen,

willensstarken Tochter gegenüber jederzeit an Muth gefehlt hätte, geschweige denn jetzt, wo sie ihm mit der ganzen Siegesgewißheit,
geliebt zu werden, wie sie liebte, gegenüberstand. Aber es lag nicht in
seiner Art, etwas, es mochte sein, was es wolle, zu geben, wie gute
Menschen geben: aus freier Seele, ohne zu markten und zu feilschen.
Und so hatte er denn gemarktet und gefeilscht und fuhr nun fort zu
markten und zu feilschen und seine Seele vor mir zu verhüllen, daß, als
ich nach einer Stunde von ihm ging, ich über Alles, was mir zu wissen
wünschenswerth sein mußte, über den Stand seiner Angelegenheit
zumal, unklarer war, als je zuvor. Aber eines hatte ich denn doch erreicht und über allen Zweifel erhoben: daß Hermine die Meine
werden solle, und da dies, wie mir Jeder zugeben wird, die Hauptsache
war, so glaubte ich nicht übermäßig leichtsinnig zu handeln, wenn ich
vorläufig alles Andere auf die leichte Achsel nahm.

Es war mir das nicht schwer geworden, selbst in sehr trüben Lagen
meines Lebens, wie sollte es jetzt, da ich so glücklich war! Wie sollten
jetzt, da ich Herminens wundervolle Augen im herrlichsten Glanze
strahlen sah, die neidischen, heuchlerisch-freundlichen Blicke gewisser
anderer Menschen mich unglücklich machen? Und an solchen Blicken
fehlte es in der That nicht, ebensowenig wie an den Worten, mit denen
dergleichen Blicke begleitet zu werden pflegen.

Ich habe es freilich immer gewußt und es oft genug zu Ihrem seligen
Herrn Vater, meinem theuren Freunde und Collegen, gesagt, daß aus Ihnen einmal etwas ganz Bedeutendes werden müsse. Ja, ja, lieber Georg —
ich darf Sie doch noch bei dem alten vertraulichen Namen nennen? —
meine Prophezeiung ist eingetroffen, wenn auch in anderer Weise, als
ich dachte. Nun, nun, das hat wohl so kommen sollen, und es ist vielleicht, Alles in Allem, recht gut, daß es so gekommen ist. Sie sind
immer ein guter Mensch gewesen, dessen Hand stets offen war für die
Bedrängten. Sie werden diese gütige Hand einem armen, alten Mann
nicht entziehen, der jetzt auf Sie, als seine letzte Hoffnung, blickt.

Und der Steuerrath berührte mit dem Finger, an welchem der unge-
heuerliche Siegelring prangte, den inneren Winkel jenes linken Auges
und wischte mit dem Batisttuche über sein blasses, aristokratisches
Gesicht.

Ich habe Sie meinem Arthur stets als Muster aufgestellt, sagte die
Geborene; wissen Sie wohl noch, als Ihr zusammen in die Schule gin-
get und die Lehrer immer von Ihnen des Lobes voll waren? O Gott, ich
sehe Euch noch, Ihr wilden, übermüthigen Knaben, wie treu Ihr aneinander hinget und Einer immer für den Andern eintratet! Wenn das
doch so bleiben möchte, seufzte ich damals aus der Tiefe meines
mütterlichen Herzens, denn es ahnte mir, wie sehr dereinst mein guter,
wankelmüthiger Arthur des starken, besonnenen Freundes bedürfen
würde. Ach, meine Ahnung ist zur Wahrheit geworden! Möchte doch

der Himmel auch meine Bitte erhört haben: möchten Sie, Georg, nie vergessen, was er Ihnen einst gewesen ist, möchten Sie nie den Genossen Ihrer Jugendspiele vergessen!

Und die Geborene drückte krampfhaft meine beiden Hände und hob ihr Gesicht so nahe wie möglich zu dem meinen empor, als ob sie mir Gelegenheit geben wollte, den ganzen Apparat ihrer falschen Locken, Zähne, Farben, Mienen, Blicke, endlich einmal gründlich kennen zu lernen.

Ich weiß es nicht seit gestern, was für ein glücklicher Kerl Du Zeit Deines Lebens gewesen bist, sagte Arthur mit sehr trübseliger Miene; glücklich in allen Dingen und den Weibern gegenüber am glücklichsten. Hast Du sie doch von jeher um den kleinen Finger wickeln können, Du Schwerenöther! Weißt Du in der Tanzstunde: Aennchen Lachmund und Elise Kohl und Emilie! hahaha! Emilie! Denkst Du wohl noch daran, als wir uns ihretwegen auf dem Pinguin fast in die Haare geriethen? Das arme Mädchen! Da geht sie, Arm in Arm mit Elisen, klagend um's verlorene Glück! Ich werde mich wohl der Aermsten annehmen müssen; ein Exlieutenant und ein Exgesandtschafts-Secretair, mit dem es überall sonst ebenfalls ex ist, muß schließlich mit Allem zufrieden sein.

Und Arthur lachte gell, schlug sich mit der Faust vor die Stirn und erklärte, daß, wenn er auch nicht mehr viel tauge, er am Ende doch wohl einen Schuß Pulver werde an sich wenden dürfen.

Emilie Heckepfennig hatte schon an dem nächsten Morgen die Nähe des Verräthers fliehen und abreisen wollen, war dann aber doch geblieben, sei es, weil die Stätte ihres Unglücks doch mehr Anziehungskraft ausübte, als sie zuzugeben geneigt war, sei es, weil der Justizrath, der noch nicht von Uselin zurückgekehrt war, ihr wirklich geschrieben hatte, sie solle bleiben, bis er komme, sie zu holen. Unterdessen ging das unglückliche Mädchen herum, als ob sie dem sentimentalsten Maler zum Urbild einer »Resignation« dienen sollte, sich fortwährend dergestalt auf den Arm der Freundin lehnend, daß ich die Muskelkraft der letzteren jungen Dame, die seit zwanzig Jahren dem Grabe zuwankte, nicht genug bewundern konnte. Dabei sah sie mich einmal mit den Augen des sterbenden Rehes an, und warf mir dann wieder einen Blick zu, in welchem deutlich geschrieben stand: Du wirst es noch einmal bereuen!

Daß ich mich über die Bedeutung dieses Blickes nicht getäuscht hatte, bewies mir eine Unterredung, zu welcher mich der Justizrath, als er nach einigen Tagen zurückkehrte, mit einer vertraulich-geheimnißvollen Miene einlud. Der würdige Mann schüttelte mir wiederholt die Hände, versicherte mich, daß wir auch nach meinem großen Coup, wie er sich ausdrückte, die guten Freunde bleiben würden, die wir vorher gewesen, strich dann plötzlich den Hahnenkamm auf seinem

Schädel in die Höhe, nahm eine bedenkliche Miene an, — ich kannte diese Miene aus meiner Untersuchungshaft noch zu wohl! — und sagte: Junger Mann! verzeihen Sie: mein lieber, junger Freund! jung, wie Sie sind, hat das Leben Sie doch schon gelehrt, daß jedes Ding seine zwei Seiten hat und daß bei weitem nicht Alles Gold ist, was glänzt. Wollen Sie einem alten, bewährten Freunde Ihres Hauses verstatten, Ihnen einen Rath zu geben, der nach meiner innigsten Ueberzeugung befolgt zu werden verdient und auf alle Fälle ehrlich gemeint ist, so nehmen Sie die Offerte an, die Ihnen Seine Durchlaucht gemacht hat, unter jeder Bedingung! unter jeder Bedingung!

Er wollte sich nach diesen Worten entfernen; ich hielt ihn zurück und sagte:

Sie müssen selbst fühlen, Herr Justizrath, daß ich Sie um nähere Erklärung eines Rathschlages ersuchen muß, der in diesem Augenblicke von Ihnen zu mir gewiß befremdlich genug klingt.

Fragen Sie mich nicht weiter, sagte der Justizrath mit abwehrender Handbewegung.

Sie haben mich seiner Zeit so viel gefragt, und so viel mehr, als mir lieb war, daß mir eine kleine Revanche wohl vergönnt sein mag, erwiderte ich lächelnd.

Verlangen Sie von einem alten Juristen, daß er ihm anvertraute Geschäfts-Geheimnisse ausplaudern soll? rief der Justizrath und der Hahnenkamm zitterte vor Unwillen.

Ich war entschlossen, mich nicht so abweisen zu lassen, und sagte: Ich will Ihnen entgegenkommen, Herr Justizrath. Ich habe meine Gründe, zu glauben, daß die Angelegenheiten des Commerzienraths nicht so glänzend stehen, als man für gewöhnlich annimmt; und wenn Sie discret sind, mit der Auslegung eines Rathes, der nur eine Auslegung hat, zurückzuhalten, so hat der Fürst diese Discretion nicht gehabt, als er mir die bewußte Offerte machte.

Der Justizrath that, als ob er selbst eines der bedauerlichsten Opfer seines inquisitorischen Genies sei und keinen anderen Ausweg sähe, als dem gestrengen Richter ein offenes Bekenntniß abzulegen.

Ich will Ihnen nur Eines sagen, erwiderte er. Der Commerzienrath ist am vorigen Freitag mit mir in Uselin gewesen, um Wechsel im Betrage von hunderttausend Thaler unterzubringen, mit denen ich diese vier Tage von Pontius zu Pilatus gegangen bin, bis sie mir endlich Moses in der Hafengasse mit einem sehr kleinen Ziel und einem sehr großen Agio discontirt hat. *Sapienti sat!* wie wir Lateiner sagen!

Und der Justizrath strich mit beiden Händen den Hahnenkamm zur würdevollsten Höhe und bewegte sich nach der Thür, blieb aber in dieser stehen, kam wieder einige Schritte auf mich zu und sagte, mit der Miene eines Mannes, der sich von dem Grabe seiner Hoffnungen nicht trennen kann: Denken Sie nicht geringer von mir, weil ich mich zu einem Vertrauensbruch habe verleiten lassen, der meinem Stande, meinen Jahren und, ich darf wohl sagen, meinem Charakter so schlecht entspricht; aber ich habe Ihnen ja nur gesagt, was Sie eigentlich schon wissen, oder doch auf jeden Fall über kurz oder lang wissen werden, und, Georg — hier seufzte der Justizrath und lächelte schmerzlich — Georg, was Sie dem gewiegten Geschäftsmanne nicht verzeihen werden, das verzeihen Sie vielleicht dem Vater. Auch ich habe nur eine Tochter und bin, Gott sei Dank, ein reicher Mann.

Der reiche Mann, der nur eine Tochter hatte, ging zur Thür hinaus, in dem Augenblicke, als Wilhelm durch dieselbe mit einem Briefe hereintrat, den eben der Postbote gebracht hatte und dessen Siegel ich mit zitternden Händen brach.

Mein lieber Georg, mein Bruder! So ist denn endlich erfüllt, was ich so lange gewünscht, gehofft; und weil es doch wohl zu Deinem vollen Glücke gehören wird, daß ich unter den Kränzewinderinnen nicht fehle, so nimm auch meinen Strauß mit den anderen. Ich habe Alles hineingebunden, was nur Liebes und Gutes eine Menschenseele der anderen wünschen kann: alles Heil und allen Segen, wie es aus meinem tiefsten Herzen für Dich quillt, für Dich, meinen Freund, meinen Bruder, unseren Bruder, denn auch die Jungen kommen zu ihrem Aeltesten und neigen sich vor ihm, der nun gekrönt ist, wie er es verdient. Trage sie stolz Deine holdselige Krone! und möge nie eine Hand daran rühren, die weniger rein ist, als die der Frau, die mir eben ihre Hand auf die Schulter legt und ihr Antlitz auf das Blatt neigt, das ihre Augen nicht mehr sehen, und zu mir leise spricht: er bleibt uns doch, was er uns gewesen ist.

Auch dieser Brief trägt Spuren von Thränen; aber meine Augen waren es, die sie weinten, und Freudenthränen sind es gewesen, die aus meinen Augen warm und groß herabfielen auf das Blatt. Und als ich die dankbaren Blicke emporrichtete, da war die Wolke verschwunden, die einzige Wolke, die an meinem Himmel gestanden hatte, und er blickte freudig auf mich herab, wie der Frühlings-Aether, der sich in diesen Tagen so glorreich über Land und Meer breitete.

Ja, in diesen glorreichen Tagen, die mir sind, als ob es damals keine Nacht gegeben habe und keine Dunkelheit, sondern immer nur Tag und Licht und wonniges Leben. Nicht allzu viele waren ihrer, diese Tage, und vielleicht war das gut. Wer von uns Erdgeborenen, und sei ihm das Maß seiner Kraft noch so voll gemessen, könnte lange ungestraft an der Tafel der Götter schwelgen!

Aber, viel oder wenig, heilig sollst du mir sein, Erinnerung dieser göttlichen Tage! und heilig soll mir sein, was nur immer an diesen Tagen Theil hatte und ihre Kostbarkeit erhöhte: heilig, strahlende Sonne du, und ihr rauschenden Wälder, durch die ich an der Seite der Geliebten schweifte, und ihr dämmrigen Felder, über die ich mit ihr wandelte, so selig, als ob es schon die elyseischen wären! und ihr, ihr lieben Lerchen, die ihr trillernd in das Aetherblau stiegt und stiegt, bis ihr unseren Blicken verloren waret und wir dann Auge in Auge einen anderen Himmel suchten! und ihr, ihr süßen Nachtigallen, die ihr uns glauben machen wolltet, daß ihr seliger wäret, als wir!

Ja, heilig sollst du mir sein, Erinnerung jener holden Tage! bist du doch das Einzige, was mir davon geblieben ist!

Dreiundzwanzigstes Capitel

Den seligen Tagen, von denen ich nicht mehr zu sagen wüßte, wie viel ihrer gewesen sind, folgten andere, die ebenso voller Unruhe und mancherlei Trübungen waren, wie jene voller Ruhe und Sonnenschein.

Wir waren Alle in Berlin: der Commerzienrath, meine Braut, Fräulein Duff und ich; der Commerzienrath mit den Damen in einem Hotel; ich wieder in meiner alten Clause auf dem ruinenhaften Hof, wo meine Gegenwart jetzt nöthiger war, als je. Allerdings nicht in den Augen Herminens, die lachend behauptete, daß, hätte das Gerümpel nun schon so lange dagelegen, es auch noch einige Zeit länger liegen könnte. Ich war anderer Ansicht. In der That war keine Stunde zu verlieren. Ich hatte dem Commerzienrath nach langem Reden und Zureden die Genehmigung zur Ausführung meines Lieblingsprojectes glücklich abgelockt und abgetrotzt. Der Bauplan war längst fertig in meinem Kopfe und jetzt auch durch die Beihülfe eines tüchtigen Architecten fertig auf dem Papier. Es gab weniger und mehr zu thun, als ich gedacht; aber wir hatten uns darüber verständigt, daß wir bis zum Herbst mit der Hauptsache zu Stande kommen würden, und während des Winters bereits in den neu errichteten Gebäuden arbeiten könnten, vorausgesetzt, daß uns die nöthigen Geldmittel nicht ausblieben. In Beziehung dieses letzteren kritischen Punktes war ich allerdings nur halb im Klaren; freilich, ohne meine Schuld. Es hatte mir trotz aller meiner Mühe nicht gelingen wollen, den Commerzienrath zu einer offenen Darlegung seiner Verhältnisse zu vermögen. Noch jetzt gedenke ich nicht ohne ein Gefühl peinlicher Beschämung der endlosen Debatten, die ich mit ihm über unsere gemeinschaftlichen Angelegenheiten hatte, und aus denen ich einmal voll der schönsten Hoffnungen, und das andere Mal voll schwerer Sorgen von ihm ging. Konnte er über die nöthigen Mittel verfügen? Natürlich konnte er es, und es war eine Lächerlichkeit, nur im mindesten daran zu zweifeln! Hatte er einen Beschluß von solcher Tragweite wirklich reiflich erwogen? Natürlich hatte er es! Ob man ihn für einen kindischgewordenen, alten Mann halte, der nicht wisse, was er wolle? Das war eine böse Frage, die ich aus sehr erklärlichen Gründen mich wohl hütete, ihm jemals in das Gesicht zu bejahen, und für die ich doch in meinem Innern manchmal kaum eine andere Antwort fand. Sicherlich war der Mann nicht mehr, der er gewesen war, der er gewesen sein mußte, und seine Hände in hundert großen und schwierigen Unternehmungen zugleich zu haben und alle zu seinem Nutz und Frommen auszuführen. In manchen Augenblicken schien ihm ein Bewußtsein von der Veränderung, die mit ihm vorgegangen, aufzugehen, aber er klagte dann nicht sich, sondern die Zeit an, die eine andere geworden sei, in der man mit den alten Theorien nicht mehr durchkomme. Mit den alten Theorien, und er hätte hinzusetzen sollen: mit den alten Praktiken und Kniffen! War der Mann doch sein Leben lang ein Parteigänger der Fortuna gewesen; ein Freibeuter auf dem großen Meer des Handels und Wandels; ein Ritter aus dem Stegreif auf der langen Karawanenstraße nach dem Gold-Eldorado; ein Spieler an dem grünen Tisch des Zufalls, der oft Kupferpfennige für Goldstücke eingesetzt und, vom Glück und von der Zeit begünstigt, Goldstücke für Kupferpfennige eingestrichen hatte. Und nun war die Zeit wirklich, wie er wohl herausfühlte, eine andere geworden, und — das Glück hatte ihn verlassen. Er leugnete nicht, daß er große Verluste erlitten habe, freilich ohne jemals sich darüber auszulassen, wie groß diese Verluste in Wirklichkeit seien. Er hatte niemals weder Schiff noch Ladung versichert, und sich, wie er sagte, immer ausgezeichnet dabei gestanden; jetzt waren ihm kurz hintereinander ein paar mit Mann und Maus untergegangen, und wenn er auch auf die letzteren beiden Items kein sehr großes Gewicht lege, so sei es doch um die besonders kostbaren Ladungen einigermaßen schade; eine plötzlich eingetretene Veränderung der Kornpreise hatte den Werth der ungeheuren Vorräthe, die auf seinen Speichern in Uselin lagerten, auf die Hälfte herabgesetzt; dazu das Fehlschlagen seiner Hoffnungen auf Zehrendorf, an das der junge Fürst, dessen Vater noch immer schwer krank in seiner Residenz Prora darniederlag, nicht mehr zu denken schien, und für welches Herr von Granow, der früher so eifrig gewesen, plötzlich nichts mehr bieten wollte, wie ich vermuthete: auf Antrieb des Justizraths, der von den Angelegenheiten des Commerzienraths mehr wissen und von diesem seinem Wissen einen übleren Gebrauch machen mochte, als irgend mit den Interessen seines Clienten verträglich war. Anderes kam hinzu. Die lange und vielfach gewundene, nach Uselin führende Wasserstraße zwischen der Insel und dem Festlande hatte sich in Folge gröblicher Vernachlässigung von Seiten der Regierung so verschlechtert, daß schon jetzt nur noch Fahrzeuge von geringem Tiefgang aus- und einlaufen konnten, und die Gefahr einer vollständigen Versandung kaum vermeidlich schien. Damit war aber der Handel der Stadt, dessen bedeutenderer Theil in den Händen des

Commerzienraths geruht hatte, so gut wie vernichtet; die großen Hafen-Anlagen, die er zum Theil auf seine Kosten hergestellt, seine riesigen Speicher und Etablissements waren werthlos geworden oder doch tief im Werthe gesunken. Schon seit einer Reihe von Jahren hatte sich der Handel immer mehr nach dem günstiger gelegenen St. gewandt, und seitdem nun diese Stadt gar mit der Hauptstadt und weiter mit dem Innern des Landes durch eine Eisenbahn verbunden war, konnte Uselin vollends nicht mehr mit der glücklicheren Schwester concurriren. Der Commerzienrath gerieth jedes Mal außer sich, sobald er auf dies Thema kam; er erklärte die Eisenbahn für eine Erfindung des Teufels, und daß es eine Sünde und Schande sei, von ihm zu verlangen, er solle nun noch das Satanswerk, das ihn ruinirt, mit seinen eigenen Mitteln fördern. Stellte ich ihm dann vor, daß der Speer, der die Wunde geschlagen, auch Kraft besitze, die Wunde zu heilen; daß er aus der neuen Conjunctur Vortheil ziehen müsse und in der glücklichen Lage sei, Vortheil und zwar den allergrößten ziehen zu können, wenn wir meinen Plan der Erweiterung unserer Fabrik nur resolut durchführten, so erfaßte er diese Idee, die ihm einen Augenblick vorher noch so abscheulich erschienen war, mit der größten Begeisterung, um den Tag darauf Alles zu widerrufen.

Es waren peinliche, peinliche Wochen, und der düstere Schatten, den sie warfen, trübt noch jetzt in meiner Erinnerung den Sonnenschein, der, Gott sei Dank, auch in dieser Zeit so manche Stunde umspielte.

Mit wie reiner Freude erinnere ich mich meines Wiedereintritts in die Fabrik, der ganz und gar einem Triumphzuge glich! Wie kam es mir jetzt bei dem fast wunderbaren Glückswechsel, der in meinen Verhältnissen eingetreten war, zu Statten, daß ich seiner Zeit mit meinen Kameraden vom Hammer und von der Feile stets brüderlich verkehrt, daß ich keine Gelegenheit hatte vorübergehen lassen, ihnen gefällig zu sein, sie mit Rath und That zu unterstützen! Nie hat mich eine Auszeichnung, nie ein Erfolg — und es hat in meinem späteren Leben an beiden nicht gefehlt — so stolz gemacht, als das Bewußtsein und die Gewißheit, daß unter allen diesen Männern mit den harten, schwieligen Händen und den ernsten, von der Arbeit, ach! und nur zu oft von der Sorge durchfurchten Gesichtern vielleicht kein Einziger war, der mir mein glückliches Loos mißgönnt hätte; daß die bei weitem Meisten es mir von Herzen gönnten. Noch sehe ich sie vor mir — und sie haben mir in trüben Stunden wie Sterne geleuchtet — die wohlwollenden, von innerer Befriedigung lachenden Augen, mit denen sie auf den Malayen blickten, als er an der Seite des Directors durch die verschiedenen Werkstätten ging und sich ihnen vertraulich und privatim als ihr neuer Chef vorstellte. Noch höre ich das Hurrah, das sie mir ausbrachten, als ich sie am nächsten Tage officiell hatte zusammenkommen lassen und ihnen eine Ansprache machte, in welcher ich ihnen in wenigen Worten sagte, was mein Herz bis zum Ueberlaufen erfüllte. Und als das dreimalige Hurrah verklungen war, mit welch' mächtigem Räuspern setzte der Obermeister Roland zu einer Rede ein, welche die beiden Lieblingsthemata des braven Mannes: »Immer drauf« und »Gieb es ihnen!« in den kühnsten Redewendungen und mit einer souverainen Verachtung des Unterschiedes von Mir und Mich behandelte, und deren Schluß sich in dem Urwald des Backenbartes und in Rührung spurlos verlor! Und war es nicht des guten Klaus Stimme, die dann eine zweite Hurrah-Serie intonirte, im Vergleich mit welcher die erste, sowohl was die Länge, als was die Intensität betraf, ein Kinderspiel gewesen war! Wie muß ich jetzt noch lachen, gedenke ich der Verlegenheit, in die ich gerieth, als eine Stunde später mir das technische Bureau in *corpore* und in weißen Binden und Handschuhen seine Aufwartung machte, und sein Sprecher, Herr Windfang, mich mit dem Kalifen von Bagdad verglich, der lange Zeit unbekannt und unerkannt, aber nicht ohne Anerkennung — Herr Windfang that sich nicht wenig auf das Wortspiel zu gute — unter seinen Getreuen gewandelt sei, um endlich die erhabene Stellung einzunehmen, die ihm von Rechts wegen gebühre!

Ja, das sind liebe und schöne Erinnerungen, um so lieber und schöner, als die kommenden Jahre die Versprechungen, die damals in der Fülle der Herzen hinüber und herüber gemacht wurden, nicht Lügen gestraft, im Gegentheil Alles im reichsten Maße erfüllt haben. Bis auf den heutigen Tag sehe ich, wenn ich den Stamm der Arbeiter in der Fabrik mustere, zum größten Theil die lieben, alten Gesichter von damals, die allerdings im Laufe der Jahre nicht jünger, aber mir dadurch wahrlich nicht weniger lieb geworden sind. Und die ich nicht mehr sehe, die hat mir, bis auf wenige Ausnahmen, der große Concurrent abspenstig gemacht, den wir Tod nennen.

Aber was das für ein Elend ist mit einem Bräutigam, der nichts als Hochöfen, Gußstahlblöcke und andere entsetzliche Dinge im Kopfe hat! sagte Hermine; und was das wieder für häßliche Falten auf der Stirn sind! weg damit! — und sie strich mir mit der Hand über Stirn und Augen; — wenn ich das gewußt hätte, ich würde mich nie in Dich verliebt haben, Du rußiges Ungethüm! Und sie warf sich in meine Arme und flüsterte mir in die Ohren: Sage es nur gleich, daß Du Deine alten, häßlichen Arbeiter mehr liebst, als mich, damit ich weiß, was ich zu thun habe!

Du hast heute mit mir einen Rundgang durch die Fabrik zu machen und hübsch artig und freundlich gegen die häßlichen Menschen zu sein und vor Allem auch recht artig und freundlich gegen mich.

Wozu das Letztere, mein Herr?

Damit sie sehen, wie glücklich ich bin.

Was haben sie davon?

Sehr viel!

Aber was?

Die Gewißheit, daß, wenn sie kommen, mir ihre Noth zu klagen, sie einen Menschen finden, der bereit ist, auch Andere glücklich zu machen, wenn er kann.

Du bist das drolligste Ungeheuer, das mir noch vorgekommen ist. Wann wollen wir gehen?

Gleich!

Und wir gingen durch sämmtliche Räume der Fabrik und Hermine machte große, verwunderte Augen und klammerte sich manchmal fest an meinen Arm, war dann aber doch sehr gut und lieb zu den Leuten; aber ein wenig kühl und vornehm gegen die Herren vom technischen Bureau, so vornehm und kühl, daß dem Herrn Windfang die zierlichste Anrede, die er schon seit acht Tagen auswendig wußte, in der Kehle stecken blieb.

Warum hast Du denn die armen Jungen so ungnädig behandelt? fragte ich.

Arme Jungen? erwiderte Hermine, die Lippen schürzend; die sahen mir gar nicht so aus, und der Herr Windfang, oder wie er heißt, schien mir ein rechter Fant. Ich habe nicht versprochen, gegen ihn und seinesgleichen gnädig zu sein.

Aber sie gehören doch zu uns.

Niemand gehört zu uns; wir gehören uns; Du mir und ich Dir; und das merke Dir ein für alle Mal, Du schlechter Mann!

Ich lachte; aber ich mußte doch über eine Eigenthümlichkeit in dem Charakter meiner Braut nachdenken, die mir heute Morgen nicht zum ersten Male aufgefallen war. Sie nahm den Satz, daß wir uns gehörten, daß wir uns einander Alles in Allem seien, ganz buchstäblich, und wenn sie davon eine Ausnahme zu machen schien, so war es eben nur scheinbar, und immer nur zu Gunsten von Leuten, die einer wirklichen Hülfe bedürftig waren, und zu denen sie sich herablassen konnte, wie eine Fürstin zu ihren Unterthanen. Gegen solche konnte sie von einer, wenn auch stolzen, doch hinreißenden Liebenswürdigkeit sein.

Ich werde es nie vergessen, wie sie auf einem Streifzuge, den wir in den ersten, seligen Tagen durch die Insel machten, und auf welchem wir das einsame Stranddorf besuchten, das mir von meiner Flucht her so merkwürdig war — wie sie da bei der alten Schifferwitwe saß, ihr die braunen, runzligen Hände streichelte, ihr die Thränen von den braunen, runzligen Wangen wischte und sie tröstete, daß ihr Sohn ja trotz alledem noch wiederkommen könne; ihr Geschichten erzählte, die sie sich in dem Augenblicke erfand: von Matrosen, welche nach zehn, nach zwanzig Jahren als reiche Leute zurückgekehrt seien; und wie sie uns unterdessen an Kindesstatt annehmen sollte, und wie wir ihre alten Tage behaglich und freundlich machen wollten. — So war sie auch, als wir nach Uselin kamen, über alle meine Erwartung gütig zu meiner Schwester gewesen, die eben aus ihrem siebenten Wochenbett aufgestanden war; sie hatte die nichts weniger als schönen, oder auch nur liebenswürdigen Kinder der Reihe nach beschenkt, sich bei dem eben geborenen zur Pathe angemeldet, hatte sich sogar über die plumpen Höflichkeiten und Verbeugungen meines Schwagers nicht in ihrer alten Weise lustig gemacht.

Die armen Menschen, sagte sie, sieben Kinder und solche kleine Wohnung! und solchen kleinen Vater! Wie hast Du nur in der kleinen Wohnung so groß werden können, Georg, ohne die Decke mit Deinem harten Kopf einzustoßen? Und Dein Vater ist auch so groß gewesen? und hat auch so einen harten Kopf gehabt! Da wundert es mich nicht, daß Ihr Beide in der Nußschale von einem Hause es nicht zusammen habt aushalten können. Aber wir müssen für sie sorgen, Georg; vergiß das ja nicht!

Und wiederum, wenn auch in etwas anderer Weise hatten sich, als wir hierher gekommen waren, mein guter Klaus und seine Christel mit sammt ihren vier Jungen — zu denen sich in Kürze ein fünfter gesellen sollte — ihrer Huld zu erfreuen. Sie hatte es nicht verschmäht, die drei unendlichen Treppen hinaufzusteigen, und sich von Christel sämmtliche Geheimnisse der höheren Wasch- und Plättkunst erklären und von Klaus die lange Liste der Tugenden seiner Frau aufzählen zu lassen.

Wenn ich, sagte sie, dem Klaus nicht so gut sein müßte, weil er Dir immer so treu geblieben ist, so hat er jetzt vollends bei mir gewonnen durch seine abgöttische Liebe zu seiner hübschen, dicken Frau. Siehst Du, Georg! Den kannst Du Dir zum Muster nehmen. Für den fängt die Welt mit dem Augenblicke an, als die Wellen seine Christel, die gewiß damals schon so fett und weiß und appetitlich gewesen ist, an den Strand trieben; und wenn sie so schlecht sein und vor ihm sterben sollte, legt er sich hin und stirbt auch. — Und so thue ich, wenn Du stirbst! hatte sie hinzugefügt, und mich dann mit aufeinander gepreßten Zähnen und finster zusammengezogenen Brauen zornig angeblickt.

Nein, gegen die Armen, gegen Alle, die abhängig waren, oder doch so schienen, konnte diese stolze Natur gütig und herablassend genug sein, und vor Allem durften die Menschen, gegen die sie gut sein sollte, keinen Anspruch an mein Herz machen, keinen Anspruch an das in mir, worin sie einzig und allein leben, das sie einzig und allein ausfüllen wollte. Die leiseste Befürchtung, es könnte noch Jemand außer ihr Besitz nehmen von dem, was ihr gehörte, erfüllte sie mit einer Angst, die sie bei der Lebhaftigkeit ihres Temperaments selten lange verbarg, und welche sich dann bald in finsterem Zorn, bald in heißen, leidenschaftlichen Thränen Luft machte. Aber wie dürfte ich, den die Schöne, Stolze, so geliebt hat, klagen über etwas, das doch nur ein Uebermaß dessen war, woran Andere einen so kläglichen Mangel kläglich zur Schau tragen! Nein, nein! kein Wort der Klage soll meine Feder hier in den Acten meines Lebens registriren, kein Wort! so wenig, wie eines über eure Lippen kam, ihr Guten, Edlen, die ihr mich doch auch liebtet, und sehr liebtet, und die ihr still auf die Seite tratet, damit auch nicht ein unbewachter Blick aus euren Augen sie bei mir verklage, oder mich bei mir selbst!

Und Hermine fühlte das wohl, wußte es wohl, und sagte dann, wenn Paula oder Doctor Snellius so selten kamen — und ihre Wangen glühten, indem sie es sagte: ich sollte mich schämen, daß ich Dich Deinen Freunden raubte, und Deine Freunde Dir; es ist bettelhaft, es ist erbärmlich, es ist unedel, ich weiß es; ich weiß es; aber Georg, ich kann nicht anders; ich kann keinen Brosamen weggeben, der von dem Tische unserer Liebe fällt. Ach, könnte ich doch nur auf einer einsamen Insel mit Dir leben, fern im fernsten Ocean; und eines Tages käme ein Erdbeben und die Insel versänke in den Fluthen, und wüßte Keiner auch nur den Ort, wo wir glücklich gewesen! Aber hier, unter all' den Menschen, die sich für Dich interessiren, oder für die Du Dich interessirst, für die Du arbeiten mußt; und die noch viel schlimmeren, die gar kein Anrecht irgend welcher Art an Dich, an uns haben, und ein so grausames Vergnügen daran finden, uns zu überlaufen, uns auszufragen, uns anzustarren, als wären wir zu weiter nichts da auf der Welt! Ich denke schon mit Schaudern an Uselin, und an die neugierigen Gesichter sämmtlicher Useliner und Uselinerinnen, von denen sich Keiner das erhabene Schauspiel wird entgehen lassen wollen, wie der große, kluge Georg die kleine, dumme Hermine heirathet! Und nun gar das himmlische Weinen der beiden Eleonoren, von denen Du die eine verrathen hast, Du Ungeheuer! oder Duff'chens Freudenthränen, wenn sie aus des Pastors Munde hört, was sie schon seit acht oder neun Jahren weiß! Es ist zu schrecklich! Dürfen wir denn nicht hier in irgend eine Kirche gehen und uns trauen lassen in der Dämmerstunde von einem Pastor, der uns zum ersten, und wenn es auf mich ankommt, auch zum letzten Male sieht, und als Zeugen ein paar alte Männer oder Frauen, die gerade da sind, und uns am nächsten Tage nicht kennen, wenn sie uns auf der Straße begegnen?

Ich kann nicht sagen, daß dieser Wunsch Herminens für mich auch nur im mindesten etwas Abschreckendes gehabt hätte. Im Gegentheil! Aber mein Schwiegervater fühlte nun einmal die Verpflichtung, wie er sagte, als erster Bürger von Uselin sein einziges Kind auch in

Uselin trauen zu lassen. Er blieb dabei mit einer Hartnäckigkeit, die er seiner Tochter gegenüber sonst nicht an den Tag legte, und so mußten wir denn schon das Unabänderliche über uns ergehen lassen. Auch kann ich nicht sagen, daß der Tag so fürchterlich war, wie er uns erschienen.

Die Rede des guten Pastors, der mich seiner Zeit schon eingesegnet hatte und schon damals ein alter Mann gewesen sein muß, war allerdings sehr lang und sehr confus; die St. Nicolaikirche sah so kahl und nüchtern wie immer aus, und die Hunderte von Augenpaaren, welche sämmtlich unverwandt an uns hingen mit einem Ausdruck, als sollten wir demnächst hingerichtet werden, machten den öden Raum um nichts behaglicher; das große Diner in der Villa der Commerzienrathes war äußerst pomphaft und feierlich, und die über Tisch ausgebrachten Toaste ein wenig abgestanden und geschmacklos — ich leugne das Alles nicht; aber dann war es doch auch wieder die Kirche, in deren Sprengwerk ich so halsbrechende Kunststücke ausgeführt und aus deren Schalllöchern ich so oft sehnsüchtig über Land und Meer in die Ferne geblickt hatte; unter den vielen gleichgültig neugierigen Gesichtern war doch eins oder das andere, das ich an diesem Tage ungern gemißt hätte; und dann war der Tag — ein Tag im hohen Sommer — wunderschön, der Himmel blau, mit großen, weißen Wolken, die Luft durchsichtig klar — die alte Stadt sah ordentlich jung aus in dem prächtigen Sonnenschein und die fadenscheinigen Uniformen von Luz und Bolljahn, den unsträflichen Männern, welche die vor der Kirche versammelte Straßenjugend meisterlich im Zaume hielten, wie neu — und in dem Hafen, wo alle Schiffe geflaggt hatten, spielten die bunten Wimpel so lustig in dem frischen Ostwind; auf der breiten Wasserfläche tanzten die kleinen Wellen so munter; von jenseits schimmerten die niedrigen, weißen Kreideufer der Insel so hell herüber und auf der Insel lag Zehrendorf, wohin wir aufbrachen, als die scheidende Sonne die weißen Wolken mit rosigen Streifen säumte.

Nein, nein! der Tag war schön, und sein Andenken soll mir geheiligt sein, alle Zeit!

Vierundzwanzigstes Capitel

Vielleicht läßt sich das Ideal eines jungen Paares, möglichst einsam zu leben, wenn der Aufenthalt auf einer wüsten Insel aus irgend welchen Gründen nicht wohl ausführbar ist, nirgends besser realisiren, als in einer sehr großen, volkreichen Stadt. Es kommt nur darauf an, daß man im Besitz des Geheimnisses ist, sich auch hier ein Eiland zu schaffen, an dessen Gestade die bewegten Fluthen des gesellschaftlichen Lebens vorüberrauschen. Die Ergründung dieser Kunst wird nun allerdings für den Adepten wesentlich erleichtert, wenn die große Welt, wie es nur zu häufig der Fall ist, keinerlei Veranlassung findet, sich um ihn zu bekümmern; im entgegengesetzten, allerdings viel schwierigeren Falle besteht das Geheimniß darin, sich seinerseits nicht um die Welt zu bekümmern.

Ich hatte nach der ersten Seite hin eine ziemlich reiche Erfahrung. Die Welt hatte sich in der That verzweifelt wenig für den jungen Maschinenschlosser interessirt, als er in dem ruinenhaften Häuschen auf dem ruinenhaften Hofe seine arbeitreiche, köstliche Lehrzeit durchmachte. Er hatte ganz der Lessing'schen Windmühle geglichen, die einfach das Korn mahlte, das ihr aufgeschüttet wurde, die zu Niemand kam und zu der Niemand kam. Jetzt stand die Sache freilich anders.

Jener Hof war keine Trümmerstelle mehr. Die Ruinen waren abgetragen oder zu stattlichen Gebäuden ausgebaut; die Mauer, welche den alten Hof von dem neuen getrennt hatte, war niedergerissen, und die alte Fabrik mit der neuen zu einer einzigen, großen, mächtigen Werkstatt der Betriebsamkeit und des Fleißes vereinigt. Das war eine große Veränderung, die in den betreffenden Kreisen von den Einen freudig begrüßt, von den Andern hämisch bekrittelt wurde, aber doch kaum so viel von sich reden machte, als die, welche mit mir selber vorgegangen war.

Aus der unscheinbaren Chrysalide eines ganz gewöhnlichen Maschinenschlossers hatte sich der glänzende Schmetterling des gebietenden Chefs dieses großen neuen Etablissements entwickelt, und dieser glückliche Schmetterling war der Schwiegersohn eines Millionärs, der Gatte einer jungen Frau, deren pikante Schönheit, wo sie sich zeigte, den Neid der Frauen, die Bewunderung der Männer, die Aufmerksamkeit Aller erregte. Für eine so wunderbare Metamorphose hat selbst das blasirte Publikum einer Weltstadt noch einige Empfindung; und wenn sich ein so merkwürdiger Mensch, über dessen Vergangenheit noch dazu die verschiedensten, kaum glaubhaften Geschichten circulirten, dennoch der von allen Seiten auf ihn gespannten Neugier entziehen will, muß er eben alle die Künste verstehen und ausüben, deren er sich in seinem früheren dunklen Puppenstadium allerdings entrathen mochte.

Ich kann nicht sagen, daß ich in der Ausübung dieser mir so neuen Künste immer das Rechte traf, oder immer vom Glück begünstigt wurde.

Wir hatten, als wir nach einem vierzehntägigen Aufenthalt in Zehrendorf nach der Stadt zurückkehrten, eine keineswegs kostbare, aber schöne und geräumige Miethswohnung bezogen, an welcher ich für mein Theil nichts auszusetzen wußte, als daß sie allzuweit von der Fabrik entfernt lag, dié aber Herminen, gewohnt wie sie von Jugend auf es war, ein Haus allein inne zu haben, gründlich mißfiel. Nun glaubte ich, da ich Herminens Wünsche kannte und theilte, es recht gut zu machen, und hoffte nebenbei einen Lieblingstraum zu realisiren, wenn ich in aller Stille, aber mit um so größerem Eifer, unter der Beihülfe meines treuen Architekten, das Häuschen auf dem Fabrikhofe, das ich so lange bewohnt, seiner eigentlichen Bestimmung wiedergab und es mit Benutzung des alten Planes zu der reizendsten kleinen Villa ausbaute. Ich hatte unendliche Künste anwenden müssen, um mehrere Monate hindurch das Geheimniß zu bewahren, und eine ganz kindliche Freude empfunden, als ich von einer Winterreise nach Zehrendorf, auf welcher mich Hermine begleitete, vorläufig allein zurückkehrend, Alles und Jedes nach Wunsch ausgeführt fand. Ich hatte in der Freude meines Herzens den guten Architekten, der sich als ein ebenso geschmackvoller Decorateur erwiesen, umarmt und den Tag zum Voraus gesegnet, an welchem ich Herminen aus der ihr so verhaßten Stadtwohnung in dieses kleine Paradies führen könnte.

Ich sollte nur zu bald erfahren, daß Niemand, aber am allerwenigsten ein junger Ehemann, die Rechnung ohne den Wirth, oder vielmehr ohne die liebenswürdige Wirthin, seine Frau, machen darf.

Du lieber Junge! sagte Hermine, als ich ihr am Tage nach ihrer Rückkehr im Triumph meine neue Schöpfung zeigte: Du lieber Junge, das ist ja Alles recht schön und gut; und später im Sommer, auf ein paar Wochen oder Monate, die wir nicht in Zehrendorf, sondern hier in der leidigen Stadt zubringen müssen, ist es gewiß ein ganz passender Aufenthalt, aber jetzt, mitten im Winter — nein, Georg, das geht wahrlich nicht! Mich friert, wenn ich nur daran denke. Und dann die großen kahlen Gebäude rings umher! und die hohen Schornsteine, die aussehen, als wenn sie uns jeden Augenblick über dem Kopf zusammenfallen wollten — der eine wackelt wirklich; sieh doch nur einmal genau hin! — ich könnte keine Nacht hier ruhig schlafen. Und Du bist so schon in den greulichen Wirrwarr und den abscheulichen Lärm, der uns hier umgiebt, mehr als billig, verliebt, so daß ich mich immer mit dem schrecklichen Gedanken trage, Du könntest Dich eines Tages in so eine entsetzliche Riesenmaschine verwandeln, Du Ungeheuer! Nein, Du mußt mehr unter Menschen, in Gesellschaft; mußt auch endlich einmal anfangen, das Leben zu genießen, Du armer, arbeitgeplagter Mensch! Das ist denn doch eher möglich in unserer alten Wohnung, und in der, denke ich, wollen wir den Winter über wenigstens bleiben. Die Miethe ist ja ohnedies bezahlt und wir müssen sparsam sein, wie es sich für solche Anfänger schickt. Habe ich das nicht aus Ihrem eigenen allerhöchsten Munde, mein Herr? und nun neigen Sie Ihren allerhöchsten Mund und geben Sie mir einen Kuß und die Sache ist abgemacht.

Natürlich war die Sache abgemacht; hatte ich doch dabei wahrlich mehr an Hermine, als an mich gedacht! Und wenn sie wirklich den Wunsch hatte, von unserer einsamen Insel aus ein oder die andere Vergnügungsfahrt auf das Meer des großstädtischen Lebens zu machen, so war ich gewiß nicht der Mann, nein zu sagen. Sah ich doch nur zu wohl, daß ich in meiner jetzigen Stellung gewisse gesellschaftliche Pflichten durchaus erfüllen mußte, wenn nicht zu meinem Vergnügen, so doch im Interesse meines Geschäfts, und daß ich nach dieser Seite hin bereits nur zu viel nachzuholen hatte!

So kehrte ich denn ohne Seufzen in unsere Stadtwohnung zurück und noch über Tisch wurde unter mancherlei Scherzen die Liste der einflußreichsten Personen entworfen, mit welchen wir, wie Hermine sagte, vorläufig einmal ein gesellschaftliches Experiment machen wollten.

Ich wüßte nicht, daß dies Experiment von besonderem Erfolg gekrönt gewesen wäre. Allerdings kam man uns auf das Freundlichste entgegen; ich meinerseits gab mir die mögliche, und, wie ich mir schmeichelte, nicht ganz vergebliche Mühe, einen guten Gesellschafter und angenehmen Wirth zu machen, und Hermine brauchte sich wahrlich keine Mühe zu geben, um in der Gesellschaft die liebenswürdigste der Liebenswürdigen zu sein. Ueber diesen letzteren Punkt schien auch, soweit ein junger Ehemann in einem solchen Falle sich ein unbefangenes Urtheil zutrauen darf, in der Gesellschaft nur eine Stimme. Die Herren waren voll aufrichtiger Bewunderung ihrer Erscheinung, ihres Benehmens und was sich denn sonst noch an einer reizenden jungen Frau bewundern läßt; und wenn die Bewunderung der Damen vielleicht nicht eben so aufrichtig war, so wußten sie derselben einen um so enthusiastischeren Ausdruck zu geben, daß es eines viel feineren Kopfes, als dessen ich mich rühmen konnte, bedurft hätte, um für all die schönen Dinge, die mir über meine Frau laut in die Ohren geflüstert wurden, immer eine passende Antwort zu finden.

Warum bist Du nur so unmenschlich liebenswürdig! sagte ich dann wohl, wenn wir aus einer solchen Feuertaufe nach Hause kamen und Hermine noch in ihrer Gesellschaftsrobe, wie es ihre Gewohnheit, in unserem Wohnzimmer auf- und abging, oder, sich an den Flügel setzend, ein paar Accorde griff, während ich im Schaukelstuhl meine geliebte Cigarre rauchte. Dann konnte sie plötzlich stehen bleiben, oder vom Stuhle aufspringen — je nachdem — und mir die Gesellschaft, die wir eben verlassen hatten, in den ergötzlichsten, drolligsten Carricaturen noch einmal vorführen. Da war der geheime Commerzienrath Zieler, unser Banquier, der fortwährend auf die drei Hausorden in seinem Knopfloche schielte, mit welchen ihn drei verwandte kleine Fürstenhäuser für eine Anleihe, die er ihnen vermittelte, begnadigt hatten; da rauschte die geheime Frau Commerzienräthin herein in der schwersten Atlasrobe, die stumpfe Nase nach den Kronleuchtern, deren Licht so herrlich auf dem Brillantschmuck spielte, welcher ihren stattlichen Busen schmückte; hinter der corpulenten Mama schwebte die ätherische Tochter, ganz Gaze und Eßbouquet und selige Erinnerung der drei Hofbälle an den drei verwandten Fürstenhöfen. — Da war der Eisenbahndirector Schwelle, der vor dem Souper nicht sprechen mochte, um sich nicht aufzuregen, während des Soupers keine Zeit zum Sprechen hatte und nach dem Souper meistens nicht mehr sprechen konnte. — Da waren die beiden Fräulein Bostelmann, die geistreichen Töchter des Gastgebers — eines steinreichen Steinlieferanten — zwischen denen Hermine heute eine Zeit lang gesessen und von denen die eine sie fortwährend von Heine unterhalten, während die andere ihr gleichzeitig mit derselben Ausdauer und demselben Enthusiasmus von Lenau vorgeschwärmt hatte. Heine — Lenau; Lenau — Heine! Es war zum Tollwerden! rief Hermine und das soll nun ein Vergnügen sein. Wagen Sie das wirklich zu behaupten, mein Herr?

Ich hatte nichts dergleichen behauptet, Madame!

In der That! und warum schleppen Sie Ihre arme kleine Frau unter diese entsetzlichen Menschen und rauben ihr die schönen Stunden, die sie im reizendsten *tête-à-tête* mit ihrem Ungeheuer von Mann hätte zubringen können? Ist das recht? Ist das die Liebe, die Sie mir geschworen haben in der Nicolai-Kirche von Uselin, in Gegenwart sämmtlicher Useliner und Uselinerinnen? Heine, Lenau! Lenau, Heine! oh!

Ich lachte und wurde dann plötzlich sehr ernsthaft, denn es schwebte mir die Bemerkung auf den Lippen, daß es vielleicht nicht schwer halte, zu beweisen, man könne keine lieben Menschen finden, mit denen es sich leben lasse, wenn man mit den Menschen nicht leben mag, die man lieb hat.

Wo waren die lieben Menschen, an die ich in diesem Augenblick dachte.

Das gute Fräulein Duff, Herminens treueste Freundin, bei ihren Verwandten in Sachsen. Es hatte nur ein kurzer Besuch sein sollen, — auf acht Wochen höchstens! Aus den acht Wochen waren jetzt beinahe eben so viele Monate geworden. Wo war Paula? Ein paar hundert Meilen entfernt, unter einem anderen Himmel, der hoffentlich so hold auf sie herabsah, wie sie es verdiente. Ach, wie lange war es nun schon, daß Paula mit ihrer Mutter, mit ihrem jüngsten Bruder Oskar, in Begleitung selbstverständlich des alten Süßmilch, nach Italien gereist war, hatte reisen müssen, sagte Doctor Snellius. Was

wollen Sie, Herr? Es war unumgänglich nothwendig. Eine Künstlerin
wie Paula kann unmöglich hier werden, was sie zu werden bestimmt
ist: in dieser kleinen, kleinlichen, engen, düsteren Nebelwelt. Sonne,
Licht, Luft; das ist es, was ihr fehlte; Venedig, Rom, Neapel, Capri —
was weiß ich! ich bin niemals dagewesen, werde auch wohl nie hin-
kommen, wüßte auch nicht, was ich da sollte; aber sie, sie wird es
jetzt schon wissen und wir werden es wissen, wir werden es sehen,
mit Händen greifen, auf der nächsten Kunstausstellung, wenn die
Menge zu ihren Bildern wallfahren wird, wie zu Mirakeln. Auch
ihrer Mutter, diesem Engel von einer Frau, wird der Aufenthalt in
dem milden Klima vortrefflich bekommen; und nun gar dem Burschen, dem Oskar! So ein junges Krokodil kann nicht früh genug in's
Wasser gebracht werden. Nur im Wasser lernt man schwimmen,
Herr, nur im Wasser! selbst wenn man ein Krokodil von Geburt ist,
das heißt: ein so fabelhaftes Talent hat, wie der Junge. Ein Heidengeld wird es kosten, freilich, aber sie kann es jetzt, Gott sei Dank, und
es ist ja auch schließlich nur eine goldene Saat, die ihr hundert- und
tausendfältige Frucht bringen wird. Sie hatte allerdings im Anfang
nach dieser Seite hin Bedenken, aber ich habe es ihr ausgeredet; und
sie schreibt mir in ihrem letzten Brief — wo habe ich nur gleich den
Brief? ich wollte Ihnen die Stelle noch vorlesen — nun, es thut nichts,
das nächste Mal erinnern Sie mich — kurz, sie schreibt mir ganz
glücklich, ganz glücklich, so glücklich, daß es auch mich ganz glücklich gemacht hat. Gott segne sie.

So hatte der gute Doctor zu mir gesprochen, als Paula Anfang
October, drei Monate nach meiner Hochzeit, abgereist war, während
einer Geschäftsreise, die ich nach St. in Angelegenheiten der Fabrik
zu machen und auf welcher mich ebenfalls Hermine begleitet hatte.
Denn, wissen Sie, sagte der Doctor, man muß in dergleichen Fällen
die Gelegenheit benutzen, wie es die Natur thut, wenn sie zum Beispiel den Leib von der Seele durch einen Gehirn- oder Herzschlag
trennt, während der Betreffende schläft, oder das Band zwischen
beiden durch eine längere Krankheit bereits hinreichend gelockert ist,
so daß die Trennung kaum noch etwas Schmerzliches hat, vielleicht
sogar herbeigesehnt wird. Es wäre der armen Paula vielleicht doch
schwer geworden, sich von Euch zu trennen, hätte sie von Euch direct
in den Eisenbahnwagen gemußt; so waret Ihr einmal nicht da, und
ob nun zwanzig Meilen oder zweihundert dazwischen liegen, das
kommt schließlich auf eins heraus.

Wenn sie den Leib von der Seele trennt! Es war eines der physiologischen Exempel, mit welchen der Doctor seine Reden zu illustriren
liebte; aber es traf mich seltsam. Den Leib von der Seele! Und ich
blickte dem Doctor starr in die Augen, der sich mit einem energischen Ansatz schnell zwei Octaven tiefer stimmte, um im gleichgülti-

geren Tone fortzufahren. Und dann wird nicht blos unseren lieben Reisenden, sondern auch den Jungen, die zurückbleiben, eine zeitweilige Trennung gut thun. Benno und Kurt mußten endlich einmal von den Bändern der schwesterlichen Schürze losgelöst werden. Junge Leute müssen lernen, für sich selbst zu denken und zu sorgen und auf ihren Füßen zu stehen. Ich habe es an mir erfahren. Hätte mich mein Vater nach Heidelberg oder Bonn geschickt, anstatt mich hier in dem Schatten seiner Kirche, in dem alten, wurmstichigen Superintendentenhause vier Jahre zu claustiren, ich hätte meine Flügel besser gelüftet und wäre nicht der schnurrige Kauz geworden, der ich jetzt bin, notabene, wenn ein Mann, der einem seit zweihundert Jahren schlafen gegangenen Vorfahren zu Liebe mit dem hübschen Vornamen Willibrod — Willebrord, wie es eigentlich heißen sollte — getauft wird, überhaupt eine Chance hat, etwas anderes zu werden als ein schnurriger Kauz.

Ich hatte den Brief, in welchem Paula dem Doctor geschrieben, wie glücklich sie sich in dem fernen Lande fühle, nie zu sehen bekommen. Er hatte ihn das nächste Mal vergessen, und mittlerweile war ich es gewohnt geworden, daß der Doctor die Briefe, die Paula aus Venedig, aus Rom, aus Neapel an ihn schrieb, mir regelmäßig zeigen wollte und ebenso regelmäßig zu Hause liegen ließ.

Ich weiß nicht, welche sonderbare Verlegenheit mich jedesmal befiel, so oft der Doctor jenes resultatlose Suchen nach Paula's Briefen begann und warum ich ihn dann jedesmal so schnell als möglich auf ein anderes Thema zu bringen suchte. Nicht, als ob ich an dem Glück, das Paula empfinden sollte, gezweifelt hätte! lauteten doch die kurzen, seltenen Briefe, die ich selbst oder Hermine von ihr empfing, nicht anders; aber über die Quelle, aus welcher jenes Glück floß, war ich nicht eben so sicher, und die Briefe, mochten sie nun an mich oder Hermine gerichtet sein, hatten immer dieselbe Physiognomie, in der ich nur hin und wieder eine Spur von Paula's theuren Zügen erkannte, und sie wurden, je länger die Trennung dauerte, immer kürzer und seltener, fast so kurz und selten, wie die Besuche des Doctors.

Das ist nun nicht anders, sagte der Doctor, als ich ihm einmal über den letzten Punkt freundschaftliche Vorwürfe machte; so ein junges Paar ist wie eine junge Pflanze, die am besten gedeiht, wenn man sie unter eine Glasglocke setzt und so wenig wie möglich daran rührt. Die Menschen nennen die Liebe eine Göttin; ich für mein Theil sehe in ihr einen Gott, den strengen, unnahbaren Gott der alten Juden, der keine anderen Götter haben will neben sich, und der die Collegen, die er in seinem gelobten Lande vorfindet, mitleidlos über die Klinge springen läßt, mögen sie nun liebenswürdige Astarten sein oder häßliche Fitzliputzli. Und er thut vermuthlich ganz recht daran. Das menschliche Herz ist ein trotzig-verzagtes Ding und braucht verzweifelt lange Zeit, bis es die zehn Gebote auch nur buchstabiren lernt.

Der Doctor sagte das und Aehnliches derart immer in einem freundlichen Ton, in demselben Ton, in welchem ich ihn noch stets mit seinen Kranken hatte sprechen hören, und war überhaupt voller Güte und Aufmerksamkeit, und das noch mehr gegen Hermine, als gegen mich. Zwischen Hermine und ihm bestand ein eigenthümliches Verhältniß. Hermine hatte in ihrer lebhaften Art Anfangs aus der Abneigung, mit der sie meinen alten Freund betrachtete, kein Hehl gemacht und oft genug seine wunderlichen Manieren verspottet, sogar in seiner Gegenwart. Aber der Mann, der sonst gegen einen Angreifer, er mochte kommen, von woher er wollte, und sein, wer er wollte, stets die schärfsten Pfeile in seinem Köcher trug, und der nicht leicht einem Gegner Pardon gab, — er hatte gegen sie auch bei keiner Gelegenheit von seinen gefährlichen Waffen Gebrauch gemacht; und diese sich stets gleichbleibende Milde, die dem schneidigen Sonderling gewiß nicht immer leicht wurde, hatte zuletzt Herminen, wie sehr sie sich auch innerlich dagegen sträubte, gerührt und gefangen genommen. Vielleicht, daß zu dieser glücklichen Wendung der Umstand beitrug, daß sie den Doctor in der letzten Zeit nicht blos als meinen Freund, sondern auch als ihren Arzt zu empfangen hatte.

Er ist doch gar gut, sagte sie ein oder das andere Mal, mit nachdenklicher Miene auf die Thür schauend, durch welche die wunderliche Gestalt meines Freundes eben verschwunden war.

Ihrer Frau geht es nicht schlechter, als es andern jungen Frauen unter diesen Umständen zu gehen pflegt! sagte der Doctor zu mir, wenn er mich wegen ihres veränderten Aussehens besorgt fand: nur daß sie von Jugend auf an freiere Bewegung und frischere Luft gewöhnt ist, als man ihr hier in dem steinernen Babel verschaffen kann.

Ich ginge gerne mit ihr nach Zehrendorf, sagte ich; aber jetzt im Winter, und wie kann ich von hier fort?

Und weil Sie es nicht können, wollen wir uns auch nicht weiter den Kopf darüber zerbrechen; erwiderte der Doctor. Wir müssen eben sehen, wie wir uns helfen. Etwas mehr geistige Motion ersetzt manchmal bis zu einem gewissen Grad den Mangel der körperlichen. Es ist schade, daß Ihre Frau das gesellschaftliche Treiben so schnell satt bekommen hat. Gehen Sie doch einmal in die Oper. Ihre Frau ist ja eine so große Musikfreundin.

Ich mag nicht mehr in die Oper gehen, sagte Hermine, nachdem wir einige Male dort gewesen waren: die Leute singen schlecht und spielen noch schlechter. War das heute eine Zerline! Und dieser Don Juan! Lieber Himmel, Du hättest lange auf mich warten können, wärest Du ein so hölzerner Liebhaber gewesen! Und dabei diese Selbstgefälligkeit! der Masetto war wahrhaftig der bessere Mann!

Versuchen Sie es einmal mit dem Schauspiel, sagte der Doctor.

Ich blickte ihm starr in die Augen.

Die Bellini ist seit acht Tagen zurück, sagte der Doctor und richtete seine runden Brillengläser auf mich.

Meine Augen und die Brillengläser sahen sich eine Zeit lang an.

Ihre Frau weiß nicht, daß Fräulein Bellini und eine gewisse andere Dame identisch sind? fing der Doctor wieder an.

Nein, sagte ich.

Und Sie wollen es ihr auch nicht mittheilen? nicht mittheilen, was ich weiß, der ich Ihr Freund bin, und sehr wahrscheinlich auch noch andere Leute wissen, die nicht Ihre Freunde sind?

Es ist das ein eigen Ding, Doctor!

Es giebt viel eigene Dinge, besonders in einer jungen Ehe.

Die man aber vielleicht besser für sich behält.

Oder auch nicht. Was man mittheilen kann, sollte man immer sagen, und es giebt Weniges, beinahe Nichts, das ein junger Ehemann seiner Frau nicht sagen könnte. In einem Fluß, der zwischen sandigen Ufern seinem Ende entgegenschleicht, bleibt jeder Stein liegen; in einen jungen Strom, der freudig von den Bergen stürzt, kannst Du die größten Felsblöcke wälzen — er schleudert und reißt in seiner frischen Kraft Alles mit sich fort. Denken Sie darüber nach, lieber Freund!

Ich hatte darüber nachgedacht; aber ich konnte mich nicht entschließen, dem Rathe des Doctors zu folgen. Es war nicht Feigheit, was mich schweigen hieß, vielmehr ein Gefühl der Scham, das ich nicht überwinden konnte, und eine Scheu, die Herminens eigen geartetes Wesen und der leidende Zustand, in welchem sie sich befand, erklärlich machten. Dennoch schwebte mir ein paar Mal das Wort auf den Lippen, aber es kroch immer scheu zum Herzen zurück, das unruhig schlug, wenn ich fast in jeder Nummer der Zeitungen dem ominösen Namen begegnete, und Hermine ein oder das andere Mal sagte: Wir sollten uns doch auch einmal diese Bellini ansehen, von der jetzt so viel die Rede ist.

Ja, man machte viel Redens von Fräulein Bellini! »Sind Sie ein Bellinist oder ein Antibellinist?« fragte man in den Salons: »die Bellini ist ein Wunder;« »die Bellini ist gar nichts!« sagten die Zeitungen. Ich wußte nicht, ob diese oder jene Recht hatten, und wollte es nicht wissen und war sehr froh, daß Hermine nicht neugieriger zu sein schien, bis sie eines Tages, als ich ihre Frage, ob ich für den Abend frei wäre, bejaht hatte, mich mit den Worten überraschte: Dann wollen wir endlich einmal die Bellini sehen.

Wie Du willst, sagte ich, mit der Entschlossenheit eines Menschen, der vor einer Fatalität steht, von der er weiß, daß sie stärker ist, als er.

Und wir gingen in das Theater und sahen Fräulein Ada Bellini als Julia in Shakespeare's Tragödie. Ich kann nicht behaupten, daß ich Neigung verspürt hätte, weder in den donnernden Beifall einzustimmen, welcher der Künstlerin von dem übervollen Hause reichlich gespendet wurde, noch in das Zischen, das sich hier und da vernehmen ließ, um regelmäßig von dem Applaus übertönt zu werden. Ich kann aber auch nicht sagen, daß ich im Verlaufe des Abends so weit gekommen wäre, mir über die Künstlerin irgend ein Urtheil zu bilden. Ich sah eben, wenn ich auch noch so eifrig nach der Bühne blickte, nicht viel mehr, als wenn ich in das Leere gestarrt hätte, träumend von Zeiten, die vergangen, und höchstens zwischendurch wünschend, daß dieser Abend auch bereits zu den vergangenen Zeiten gehöre. Ich erinnere mich, daß, als ich einmal aus diesen unerquicklichen Träumereien erwachte und Hermine anblickte, ich ihr Auge mit einem sonderbaren Ausdrucke auf mich gerichtet fand; aber sie scherzte nur über meine Gleichgültigkeit, als wir nach Hause fuhren, und erklärte, daß es für sie keine Frage mehr sei, ob man Bellinistin oder Antibellinistin zu sein habe.

Nun? fragte ich, indem ich mir an dem Licht eine Cigarre anzündete.

Und Du willst noch rauchen, Du schlechter Mensch? Glaubst Du, daß Romeo sich vergiftet haben würde, wenn er neben seiner Phiole noch eine Cigarre in der Tasche gehabt hätte? Möge Ihnen die Cigarre wohl bekommen, lieber Romeo; Julia wird zu Bette gehen.

Ich mußte heute meine Abendcigarre zum ersten Male allein rauchen und ich hatte nie vorher eine nachdenklichere Cigarre geraucht. Der Doctor hat Recht, sagte ich bei mir selbst, indem ich den Stumpf auf die verglimmenden Kohlen des Kamins schleuderte und mich seufzend aus dem Lehnstuhl aufrichtete; er hat vollkommen Recht; man muß einen gelegenen Augenblick abwarten.

Aber wie denn das so zu sein pflegt, es vergingen acht, es vergingen vierzehn Tage und der Augenblick kam nicht. Auch schien mich nichts zu drängen, denn Hermine hatte nicht wieder nach dem Theater verlangt. Sie befand sich nicht besonders und der Doctor kam häufiger als sonst.

Haben Sie Ihrer Frau gesagt, wer die Bellini ist? fragte er mich eines Tages.

Nein.

Aber sie weiß es!

Unmöglich.

Sie weiß es; ich gebe Ihnen mein Wort darauf.

Hat sie es Ihnen gesagt?

Nein.

Und dennoch?

Dennoch! Ein Arzt, lieber Georg, hat scharfe Ohren, und ein Arzt, der ein Freund des Hauses ist, wie er es immer sein sollte, doppelt scharfe. Er hört zwischen den Worten, und ich kann Ihnen nur wiederholen: ich habe zwischen den Worten Ihrer Frau herausgehört, daß sie weiß: die Bellini ist Konstanze von Zehren, und daß sie noch mehr weiß. Ob Alles, ob auch nur das Richtige, das weiß jedenfalls nur der, der es ihr gesagt hat.

Und der wäre?

Unser gemeinschaftlicher Freund Arthur.

Arthur ist seit acht Wochen nicht in der Stadt gewesen.

Unsere Post befördert mit bewunderungswürdiger Genauigkeit alle Briefe, die man ihr anvertraut, selbst anonyme.

Aber, um Gotteswillen, Doctor, welches Interesse könnte Arthur daran haben?

Die Rache ist süß, sagte der Doctor.

In diesem Falle wäre sie auch dumm, denn —

Sie ist auch manchmal dumm.

Denn der Steuerrath lebt jetzt fast ausschließlich aus der Tasche meines Schwiegervaters, und ich habe für Arthur erst noch, als er zuletzt hier war, einen bedeutenden Posten bezahlt, und auf dem Tisch dort liegt ein Brief, in welchem er mich abermals um ein größeres Darlehen bittet.

Thut Alles nichts. Der Jude wird verbrannt. Nun, lieber Georg, lassen Sie den Kopf nicht hangen! Sie sind doch sonst ein Mann, und das ist wahrlich keine Veranlassung, um zu verzweifeln. Man muß die Dinge nur nicht schwerer nehmen, als sie sind; die wirklich schweren lassen sich doch nichts abhandeln, und ich dächte, Sie wären mit diesem Artikel hinreichend assortirt.

Fünfundzwanzigstes Capitel

Und darin hatte der gute Doctor freilich Recht: noch viel mehr Recht, als er wußte, oder wissen konnte.

Es war nicht nur, daß ich ohne ausreichende Erfahrung mir meinen Weg durch ein ungeheures, von uns Deutschen damals kaum betretenes Industriegebiet gewissermaßen suchen mußte. Ich theilte dies Schicksal mit meinen sämmtlichen Concurrenten, die Alle, mochten sie in anderen Branchen auch auf noch so reiche Erfahrungen zurückblicken können, in dem Bau von Locomotiven gerade solche Neulinge waren, wie ich. Und was sie etwa wirklich an reicherem Wissen vor mir voraus hatten, das ließ sich vielleicht meinerseits durch Fleiß ersetzen. In der That hatte ich nach dieser Seite hin einiges Vertrauen zu mir, ja, ich war mir bewußt, daß ich, trotzdem die Last, welche bereits auf mir ruhte, nicht zu den leichten gehörte, ein gut Theil mehr auf meine Schultern nehmen dürfe. Aber ein Mann, der eine schwere Last trägt, muß mindestens den Weg, den er gehen soll, deutlich sehen, oder seine Kraft und seine Ausdauer können ihn nicht vor dem Straucheln, vielleicht vor dem Fallen bewahren. So war es hier. Ich wurde in allen meinen Plänen verwirrt, in allen meinen Dispositionen gehemmt, in allen meinen Entschließungen gelähmt, weil ich mich hier und überall immer erst nach Dem umzusehen hatte, der hinter mir stand, der hinter mir stehen, auf den ich mich ganz verlassen mußte, und der oft gerade in den kritischsten Momenten nicht zu finden war.

Nicht zu finden, in des Wortes eigentlichster Bedeutung.

Der Commerzienrath war von jeher ein ruheloser Mann gewesen, wie das bei seinen zahllosen, bald hier, bald dort angeknüpften Geschäften und bei seiner Maxime, daß persönlich alle Geschäfte am besten abgemacht würden, kaum anders möglich war. Ich bin, pflegte er in vertraulichen Momenten hinter der Flasche zu sagen, wie der Cäsar, oder wie der Kerl geheißen haben mag, bei welchem Kommen, Sehen und Siegen eins waren. Ich habe noch keine Reisekosten gehabt; ich nicht! Kommen, sehen, siegen — das muß man nur verstehen!

Nun, er kam und ging jetzt mehr als je; heute in Uselin, morgen in St.; dann wieder hier, um am andern Tage spornstreichs nach Zehrendorf zu reisen, wo ihn schon mein nächster Brief nicht mehr traf, weil ihn seine Ruhelosigkeit unterdessen bereits wieder nach St., oder der Himmel weiß wohin getrieben hatte. Das war jetzt durchaus die Regel; und dabei machte ich die böse Entdeckung, daß man ihn gerade dann am schwersten finden konnte, er gerade dann am sorgfältigsten alle Spuren hinter sich auslöschte, wenn man ihn am nothwendigsten brauchte. War es das alte Tintenfisch-Manöver, dessen er sich in geschäftlichen Unterredungen so gern bediente, auf den praktischen Verkehr angewandt, war es mehr?

Ja, der Commerzienrath kam und ging genug, aber mit dem Sehen und dem Siegen hatte es wohl seine eigene Bewandtniß. Seine blauen Augen waren jetzt gar zu oft in einen trüben, wässrigen Dunst gehüllt, und, wie prahlerisch er auch noch immer zu reden wußte, seine Miene war durchaus nicht die eines Siegers. Der Eindruck, den ich gleich bei dem ersten Wiedersehen in Zehrendorf gehabt hatte, daß der Commerzienrath ein alter Mann geworden sei, wurde jetzt bei jeder neuen Zusammenkunft auf die peinlichste Weise verstärkt; und nicht bei mir allein! Auch seinen Geschäftsfreunden mußte die Veränderung, die mit ihm vorging, auffallen.

Ihr Herr Schwiegervater ist in letzter Zeit sonderbar irritabel, sagte der Banquier Zieler; — der Herr Commerzienrath sollte sich mehr Ruhe gönnen, bemerkte gelegentlich der Eisenbahndirector Schwelle; — mein verehrter Gönner, der Herr Commerzienrath, sind heute in sehr übler Laune, raunte mir der Wirth des Hotels, in welchem er zu verkehren pflegte — er stieg nie bei uns ab — in die Ohren; und selbst die Kellner zuckten heimlich die Achseln, wenn der alte Mann hinter der Flasche wegen irgend eines möglichen oder unmöglichen Versehens wie ein Besessener auf sie einschalt.

Nein; der alte Mann mit den wässrigen, zwinkernden Augen und dem fahrigen, für einen Mann in seinen Jahren doppelt auffälligen und unschönen Benehmen, sah nicht aus wie ein Sieger; sah nicht so aus, — und war auch keiner!

Er hatte, so lange unser intimes Verhältniß nun bestand, so viel ich wußte, keine Triumphe zu verzeichnen gehabt. Es war gewiß kein Triumph für den Krösus von Uselin, daß er sich in dieser Zeit entschlossen hatte, hatte entschließen müssen, sein weltberühmtes Korngeschäft zu liquidiren; und es war auch wohl kein Triumph, daß selbst nach diesem wohlgeordneten Rückzuge, wie er es nannte, durchaus keine Ordnung in unsere finanziellen Verhältnisse kommen wollte. Im Gegentheil! Es fehlte an baaren Mitteln mehr als je, fehlte so sehr, daß ich aus einer Verlegenheit in die andere gerieth, und manchmal wirklich nahe daran war, zu verzweifeln. Und nicht nur, daß ich durch die ewige Ungewißheit, in welcher mich mein Schwiegervater erhielt, in meinen Fabrikoperationen auf die unverantwortlichste Weise gehemmt wurde, so hatte ich das für mich mindestens eben so drückende Gefühl, auch nicht eine einzige jener Verbesserungen in der Lage meiner Arbeiter einführen zu können, über welche der Doctor, Klaus und ich in vergangenen, hoffnungsfreudigen Tagen so oft die Köpfe beim Grogglase zusammengesteckt hatten. Ein Chef, der nicht weiß, wie er selbst am nächsten Tage seinen Verpflichtungen nachkommen soll, ist nicht im Stande, seinen Arbeitern Concessionen zu machen, zu welchen er nicht verpflichtet ist, an welche ihn wenigstens kein Buchstabe des Contractes, sondern nur die Stimme mahnt, die in seinem eigenen Herzen spricht für den gemeinen Mann, an dem der Fluch des Paradieses bis auf den heutigen Tag buchstäbliche Wahrheit geworden ist. Ja, es kamen Augenblicke — und ich denke derselben, wie man sich an besonders schauderhafte Träume erinnert, — wo ich fühlte, daß sich mein Herz gegen einen Nothschrei, gegen eine schüchtern-gemurmelte Klage zuschließen wollte; wo mir das Beispiel meiner Concurrenten, welche den Tagelohn um einen Groschen herabgedrückt hatten, nachahmungswürdig schien. Ich erinnere mich, daß mir dann immer war, als wäre ein grauer Schleier über die ganze Welt gefallen, daß mir nicht Speise, nicht Trank schmecken wollte, daß ich mich schlaflos auf dem Lager wälzte, als hätte ich einen Mord auf dem Gewissen, daß ich die einsamsten Wege suchte, und wenn ich auf der Straße von weitem einen Bekannten sah, den Hut in das Gesicht zog und auf die andere Seite ging.

Einmal, als der Druck auf meinem Herzen ganz unerträglich war, eilte ich zu dem Freunde, wie ein von Zahnschmerzen Gefolterter zu dem Arzte eilt, und schüttete in seinen treuen Busen mein übervolles Herz aus. Er hörte den Ungestümen, fast Verzweifelten gütig an und sagte:

Ich habe das kommen sehen, lieber Georg; es ist also nichts, was außerhalb menschlicher Berechnung läge, und worüber Menschen also auch nicht zu verzweifeln brauchen, weil sich der Fehler bei der nöthigen Geduld und Ausdauer wohl wieder herausrechnen läßt. Wer sich die Freiheit seiner Entschließungen bewahren will, darf nicht an jeden beliebigen Punkt anknüpfen, bis zu welchem Andere ihr unreines und unredliches Gespinnst gebracht haben, wo dann freilich die Verwicklungen und Verknotigungen nicht ausbleiben. Ein Vermögen, welches, wie das Ihres Schwiegervaters, mit ganz unreinen Händen gewonnen ist, kann nicht mit ganz reinen Händen bewahrt werden. Wer in dem Proceß Amboß contra Hammer unbefangen bleiben will — unbetheiligt kann so wie so Niemand bleiben —, der darf sich nicht entschieden auf eine Seite stellen. Sie haben es in gewissem Sinne gethan. Ihr Schwiegervater ist ein Ritter vom Hammer, und Sie — Sie sind sein Schwiegersohn, das heißt: der erste in seinem Gefolge, mögen Sie sich gegen diese traurige Wahrheit sträuben, wie Sie wollen. Und, mein Freund, ich sehe, wie die Sachen liegen, keine Rettung aus diesem Irrsal, als nur die eine, daß der Proceß so schnell als möglich vor jene höhere Instanz der großen ökonomischen Gesetze kommt, und in jener Instanz schnell und endgültig entschieden wird, damit Sie wieder der freie Mann werden, der Sie vorher gewesen sind. Es klingt das vielleicht sehr hart, sehr grausam; aber, lieber Freund, Sie können es einem Schüler des Hippokrates nicht übelnehmen, wenn er an dem Satze seines Meisters festhält.

Die höhere Instanz, an welche mich der Doctor gewiesen, sollte sich für Anwendung der hippokratischen Feuer-Methode auf meinen Fall schneller entscheiden, als der Doctor wohl selbst erwartete.

Ich hatte den Commerzienrath, wenn er mir wieder und wieder klagte, wie schwer es halte, gerade jetzt die allerdings bedeutenden Mittel aufzubringen, welche ich für die Fabrik brauchte, wiederholt auf das dringendste gebeten, mit dem Verkauf von Zehrendorf endlich Ernst zu machen. Gott weiß, wie schwer es mir wurde, so zu bitten! Zehrendorf war mir an's Herz gewachsen, mehr, als ich sagen konnte. Da war kaum eine Scholle, auf die mein Fuß nicht getreten, da war kein Baum, kein Strauch, den ich nicht früher oder später liebgewonnen hatte. Die Aussicht, einen Tag in Zehrendorf zubringen zu können, machte mir jede Arbeit leicht, trug mich über manche Sorge hinweg; die Hoffnung, dermaleinst meine alten Tage auf der Stelle, wo ich zum ersten und zum letzten Mal in meinem Leben wirklich jung gewesen war, verbringen zu können, war mir theuer, wie kaum eine andere. Und Hermine, wußte ich, dachte nicht anders. Hatte doch auch sie den Traum ihrer Liebe dort geträumt, dort den Traum ihrer Liebe verwirklicht gesehen! Hatte sie doch damals, als mich ihr Vater geflissentlich bei ihr in den Verdacht brachte, der Haupturheber des Verkaufs-Projectes zu sein, mir auf das allerernstlichste gezürnt! Hatte ich doch hoch aufgeathmet, und sie laut aufgejauchzt, als die plötzliche Erkrankung des alten Fürsten Prora die Unterhandlungen in der Mitte abschnitt, und jetzt, jetzt sollte ich wirklich der sein, der sie und mich um unser Kleinod brachte? Nicht ich, die Verhältnisse, die stärker waren, als ich; die Verhältnisse, die ich nicht geschaffen, die ich nicht zu verantworten hatte, aber die ich nicht bestehen lassen durfte, wenn mich die Verantwortung dafür nicht wirklich treffen sollte. Ich war mir dessen vollkommen bewußt, und so war ich denn wieder und wieder in meinen Schwiegervater gedrungen.

Merkwürdigerweise hatte er sich auf das hartnäckigste geweigert, meinem Drängen nachzugeben, als wäre der Plan nicht ursprünglich in seinem eigenen Kopfe entsprungen. Fürchtete er die allerdings nicht besonders günstige Conjunctur? Glaubte er, das Gut halten zu können? Scheute er den Lästermund der Leute, denen er, als er sein Korngeschäft liquidirte, eingeredet, er habe das Treiben satt, und wolle sich für seine alten Tage auf seinen Landsitz zurückziehen? War es einfach despotischer Trotz und greisenhafter Eigensinn — ich wußte es damals nicht, und wüßte es auch noch jetzt nicht mit voller Bestimmtheit zu sagen. Vielleicht geht der Kelch an uns vorüber, tröstete ich mich dann; seine Angelegenheiten stehen am Ende doch besser, als du glaubst; vielleicht ist er auf seine alten Tage zum Geizhals geworden und verscharrt die aufgespeicherten Schätze, denn es ist ja doch ganz unmöglich, daß es ihm so an Geld fehlt, wie er sich anstellt; wo sollte er denn damit geblieben sein?

Ihr Herr Schwiegervater hat heute keinen glücklichen Tag gehabt, sagte der Banquier Zieler zu mir, als er, von der Börse kommend, mir auf der Straße begegnete.

Wie das, Herr Geheimrath?

Nun, er hat heute nur die Differenz von fünfzigtausend Thalern in Spiritus auszugleichen, wo er auf Hausse speculirt, allerdings ein sonderbarer Rechnenfehler bei einem so gewiegten alten Praktiker.

Fünfzigtausend Thaler in einem Augenblick, wo ich um tausend in Verlegenheit war! und in einem Geschäft, von dem er mir nie gesprochen, das ganz außerhalb des Bereiches seiner sonstigen Unternehmungen lag! Es war mir wohl nicht möglich gewesen, den Schrekken, den mir die Nachricht einflößte, ganz in meinen Mienen zu unterdrücken, und der Geheime Commerzienrath mußte es bemerkt haben, denn er sagte lächelnd:

Nun, nun, Ihr Herr Schwiegervater kann sich dergleichen kleine Scherze erlauben. Habe die Ehre, mich Ihnen ganz gehorsamst zu empfehlen.

Ich war nun nicht der Ansicht, und ich schrieb sofort nach Uselin und bat dringend, mich wissen zu lassen, ob die so eben erhaltene Nachricht, die allerdings aus der besten Quelle kam, wirklich wahr sei, woran ich dann die Aufforderung knüpfte, mir endlich einmal einen klaren Einblick in die Verhältnisse zu gewähren, in denen ich als ein Mann von Ehre nicht länger so hinleben könne.

Die Antwort war ein langer Brief, angefüllt mit Klagen über meinen Mangel an Vertrauen, über das Schicksal eines alten Mannes, der von seinen Kindern verlassen werde, voll ruhmrediger Pochens auf seine bald fünfzigjährige Geschäftspraxis, auf sein bewährtes Glück; woran sich unmittelbar die Aufforderung knüpfte, auf jeden Fall an den Fürsten zu schreiben und ihn zu fragen, ob er wirklich noch auf Zehrendorf reflectire oder nicht.

Ich ließ den andern Inhalt des Schreibens gut sein und hielt mich an den einzigen bestimmten Punkt. Ich schrieb sofort an den jungen Fürsten, der noch immer in Prora bei seinem kranken Vater verweilte, und erhielt umgehend von seiner eigenen Hand die Antwort, daß er so schon die Absicht gehabt habe, nach der Residenz zu kommen, und diese Absicht unverzüglich ausführen wolle. Er werde am Freitag Abend vier Uhr eintreffen und würde sich außerordentlich freuen, mich eine Stunde später in seinem Palais zu empfangen, wo wir ja dann über unsere Angelegenheit ausführlich sprechen könnten.

So sollte es also wirklich sein! Das Herz wollte mir schwer werden, aber ich unterdrückte die wehmüthige Regung und sagte mit dem Doctor: Was die Medicamente und was das Eisen nicht hat heilen wollen, muß eben das Feuer heilen.

In dieser halb wehmüthigen, halb entschlossenen Stimmung begab ich mich an dem gedachten Tage zu der festgesetzten Stunde in das Palais des Fürsten.

Sechsundzwanzigstes Capitel

Der Fürst empfing mich mit einer Zuvorkommenheit, die ich fast herzlich nennen durfte. Er war vor einer halben Stunde angekommen. Die Reise durch den kalten Wintertag schien ihm besonders wohl gethan zu haben; er sah frisch und blühend aus, wie ich ihn nie zuvor gesehen; und so war auch in seinem ganzen Wesen eine Elasticität, in seiner Rede eine Lebhaftigkeit, daß ich Mühe hatte, in dem Manne den blassen Träumer aus dem altersgrauen Jagdschloß von Rossow wieder zu erkennen.

Ich konnte mich nicht enthalten, ihm zu dieser Veränderung, die ich seiner verbesserten Gesundheit zuschrieb, zu gratuliren. Er schien das gern zu hören, und meinte, es sei für ihn auch die höchste Zeit, mit den Kinderkrankheiten fertig zu werden. Ich hatte mir immer vorgenommen, sagte er, daß man an mir einen Mann finden solle, sobald die Zeit dazu gekommen wäre, und ich glaube, daß sie gekommen ist. Gott erhalte den Fürsten, meinen Vater, noch lange am Leben! aber nach menschlicher Berechnung sind seine Tage gezählt! Man hat das Recht, zu verlangen, daß mich ein Ereigniß, welches in das Schicksal von Tausenden eingreift, nicht unvorbereitet finde.

Der Fürst hatte diese letzten Worte sehr ernst gesprochen. Er war, in dem Salon auf- und abgehend, vor einem Portrait stehen geblieben, das einen jungen, sehr schönen Mann in einer reichen, phantastischen Tracht darstellte.

Sonderbar, sagte der Fürst, daß das Leben uns so mitspielen kann! Sehen Sie, dies Bild ist das des Fürsten, meines Vaters, in seinem achtundzwanzigsten Jahre. Er hatte das Costüm auf einem Maskenball bei Hofe getragen, und ein ungeheures Furore gemacht; die hochselige Königin hatte durchaus gewollt, daß er sich für sie malen lasse. Es ist dies eine Copie des Originals. Finden Sie nicht —

Er brach plötzlich ab, und sagte, indem er sich in einen Fauteuil warf und mir ein Zeichen gab, ebenfalls wieder Platz zu nehmen: Aber ich bin ja nicht gekommen, um mit Ihnen über mich und meine Angelegenheiten zu sprechen. Die Ihrigen haben sich, seitdem wir uns zuletzt gesehen, sehr verändert. Wie, Herr, Sie sind ja ein großer Diplomat! Lassen mich da die Kreuz und die Quer sprechen, und Ihnen wer weiß welche wohlwollende Propositionen machen, und keine Miene, kein Wort verräth, daß Sie, so zu sagen, schon über den Berg sind, an dessen Fuß ich noch mit Ihnen zu halten glaube! Wie mögen Sie sich in's Fäustchen gelacht haben! Und der arme Zehren! Er that, als ob er ebenso erstaunt sei, wie ich selber; aber ich denke, er hat recht gut gewußt, wie die Sachen standen, denn, wenn ich ihn auch immer für einen halben Narren gehalten habe, so habe ich ihn jetzt sehr stark im Verdacht, daß er ein ganzer Schelm ist. Ich möchte nur, es nähme mir ihn einer ab; er ist manchmal recht zur Last, und wegjagen mag ich ihn doch auch nicht. Ich hatte schon daran gedacht, ihn, wenn Sie mir Zehrendorf verkaufen, als Verwalter dahin zu schicken, oder ihm auch das Gut in Pacht zu geben; dann aber wieder gemeint, Sie möchten das nicht gern sehen. Habe ich nicht recht gehabt?

Gewiß, Durchlaucht, erwiderte ich. Arthur ist nicht der geeignete Mann für Zehrendorf. Unter seinen Händen würde Alles wieder zu Grunde gehen, was dort an vortrefflichen und gemeinnützigen Anlagen mit einem so großen Aufwand von Kosten geschaffen ist. Ja, ich gestehe, Durchlaucht, wäre es Ihr ernstlicher Wille — wie ich überzeugt bin, daß es eben nur ein Einfall Ihres gütigen Herzens ist — ich würde noch jetzt in der zwölften Stunde versuchen, Zehrendorf meinem Schwiegervater zu erhalten, so sehr mir auch, aus anderen Gründen, daran liegt, es gerade an Sie zu verkaufen.

Freilich, freilich, es ist nur so ein Einfall, sagte der Fürst; aber weshalb mir dieser schmeichelhafte Vorzug? Sie wissen, daß mir jetzt nicht mehr so viel an der Erwerbung des Gutes liegt, als im letzten Frühjahr, und daß Sie also mit mir einen schweren Stand haben werden.

Immer noch einen leichteren, als zum Beispiel mit Herrn von Granow, sagte ich.

Ein Lächeln spielte um die feinen Lippen des Fürsten. Da möchten Sie wohl Recht haben, sagte er. Das ist ein Fuchs, trotz seines Bulldoggen-Gesichtes. Er hat mich schon ein paar Mal durch Zehren und den Justizrath sondiren lassen, ob ich noch immer auf Zehrendorf reflectire. Es scheint, daß er alle Concurrenten beseitigen will, um der Einzige auf dem Platze zu sein und dann im rechten Augenblick, für den ihm der Justizrath wohl den Wink geben wird, das schöne Gut für dreißig Silberlinge zu erstehen. Nein, bei Gott, Sie sollen nicht in die schmutzigen Hände dieses Halsabschneiders fallen, wenn ich es hindern kann.

Ich danke Ihnen, Durchlaucht, sagte ich.

Ich habe Ihnen zu danken, erwiderte der Fürst, daß Sie mir auf's Neue Gelegenheit geben, eine alte Schuld, die ich gegen Sie habe, abzutragen. Ihre Angelegenheit ist mir, seitdem Sie mir schrieben, vielfach im Kopfe herumgegangen, ja ich kann sagen, daß ich dieselbe eigentlich niemals aus den Augen verloren habe, Dank den guten Freunden Ihres Schwiegervaters. Sie wissen vielleicht selbst nicht, wie viel in unserer Gegend über ihn gesprochen wird, und wie er in dem Ansehen der Leute gesunken ist. Ich sage das zu meinem großen Bedauern, und nur, weil ich glaube, Ihnen, als dem zunächst Betheiligten, mittheilen zu müssen, was Andere Ihnen zu sagen vielleicht nicht den Muth haben, oder aus irgend welchen böswilligen Absichten geflissentlich verschweigen. Der Credit des Commerzienraths scheint mir sehr erschüttert; man erzählt sich von ungeheuren Verlusten, die er in der letzten Zeit erlitten habe; er soll an der Börse speculiren, in allen möglichen gewagten Unternehmungen engagirt sein — was weiß ich. Ich kann Sie versichern, man hält ihn für halb toll, man hält ihn für ruinirt, während freilich die Andern behaupten, der alte Herr sei niemals besser bei Verstande und niemals reicher gewesen, als eben jetzt; und wenn er ein wenig den Narren und den Bankrotteur spiele, so sei das nur eine seiner alten Finten, die ihm noch immer geglückt seien. Was halten Sie denn davon?

Ich glaubte das Entgegenkommen des Fürsten meinerseits mit Offenheit erwidern zu müssen; und so schilderte ich ihm ausführlich, so gut ich es konnte, die sonderbare Lage, in welcher ich mich dem Commerzienrath gegenüber befand: die Winkelzüge und Inconsequenzen, die Halbheiten, welche er sich gegen mich hatte zu Schulden kommen lassen; und wie ich glaube, daß er allerdings noch nicht der ruinirte Mann sei, für den ihn seine Feinde ausschrieen, daß er sich aber, wenn er so fortfahre, nothwendig über kurz oder lang ruiniren müsse.

Der Fürst hatte mit Aufmerksamkeit zugehört, und hier und da in meine Auseinandersetzung Fragen eingestreut, die, wenn nicht große Geschäftskenntniß, so doch scharfen Verstand und rasche Fassungsgabe bewiesen. Wir waren dann auf den eigentlichen Punkt, den Verkauf von Zehrendorf zurückgekommen, und hatten uns über die hauptsächlichsten Bedingungen verständigt, als der alte, weißhaarige Diener, den ich schon auf Rossow gesehen, hereintrat, und, an der Thür stehen bleibend, seinem Herrn einen Wink mit den Augen machte.

Ah, sagte der Fürst, ist es schon so spät? das ist ja recht unangenehm! Ich muß nämlich in das Theater: ihre königliche Hoheit, die Prinzessin, meine hohe Gönnerin, die von meinem Kommen unterrichtet war, hat mich wissen lassen, daß sie mich für einen Augenblick in ihrer Loge zu sprechen und Nachrichten über das Befinden des Fürsten, meines Vaters, entgegen zu nehmen wünsche. Aber man könnte vielleicht das Nützliche mit dem Angenehmen verbinden. Es wäre immerhin wünschenswerth, zu wissen, wie bald ich die Gelder flüssig machen kann und Hensel — es war dies der Banquier des Fürsten — ist jedenfalls auch im Theater. Ich weiß, der große Mäcen aller Sänger und Schauspieler — die Sängerinnen und Schauspielerinnen, auch die Damen vom Ballet nicht zu vergessen — versäumt keine erste Vorstellung. Es wird sich schon eine Minute finden, wo ich ihn sprechen kann. Das Gescheiteste wäre, Sie kämen auch; wir könnten dann noch heute Abend über alle Präliminarien einig sein, und morgen Vormittag von meinem Rechtsanwalt den Contract entwerfen lassen? Wollen Sie?

Ich bin für den Abend frei; sagte ich.

Ein stolzes Wort für einen jungen Ehemann, sagte der Fürst lachend. Nun, im schlimmsten Falle bringen Sie Ihre Frau Gemahlin mit. Ich habe mich so schon lange darauf gefreut, sie kennen zu lernen. Von Rossow aus konnte ich es nicht, ich hatte ja Urfehde geschworen, die Bannmeile des Schlosses nicht zu verlassen. Nun, was sagen Sie? Sie machen ein verlegenes Gesicht! Wie, Herr! die alten Zeiten sind nicht mehr; Sie dürfen, ohne sich etwas zu vergeben, den Fürsten Prora einer keuschen Frau vorstellen.

Ich zweifle daran nicht, Durchlaucht, sagte ich, indessen meine Frau — ich weiß in der That nicht —

Ah so, sagte der Fürst, verstehe — kommt in den bestregulirten Familien vor, wie die Engländer sagen. Nun, Sie werden ja sehen. Also *à revoir*, wo möglich, mit Ihrer Frau Gemahlin.

Der Fürst reichte mir lachend die Hand; ich hatte nicht Ja und nicht Nein gesagt; vermuthlich, weil ich nicht Ja sagen mochte, und doch auch vernünftiger Weise nicht Nein sagen konnte.

Aber es ist doch auch ein zu erbärmliches Ding um einen Menschen, der nicht weiß, ob er Ja oder Nein sagen soll, sprach ich bei mir, während ich durch die Straßen, in welchen es bereits dunkelte, nach meiner nicht sehr entfernten Wohnung schritt; ein Ding, an das du nicht gewöhnt bist, an das du dich nicht gewöhnen darfst.

Und während ich so bei mir sprach, war ich im Begriff, über die Straße hinüber zu gehen, zu einer Hausecke, an welcher ich im Lichte einer Laterne die Theaterzettel sah; aber ich kehrte sofort wieder um. Nein, nein, murmelte ich; du willst deiner Feigheit keinen Vorschub leisten, denn eine Feigheit ist es und bleibt es.

So kam ich zu Hause an, wo mich Hermine ungeduldig erwartete. Ich hatte ihr von meiner Zusammenkunft mit dem Fürsten gesagt, aber nicht, was der Gegenstand derselben sein werde, ohne zu bedenken, daß dies Verschweigen einer Sache, die so bald entschieden werden mußte, zu nichts führen könne, als ihre heimliche Sorge zu vergrößern. Auch das wurde mir klar, als ich in ihre ängstlich auf mich gerichteten Augen blickte. Aber sollte ich auch dies jetzt sagen? Alles auf einmal, was ich ihr bisher so sorgfältig verschwiegen? Eine Verwirrung, die mir den Kopf benahm, eine Angst, die mir das Herz zusammendrückte, bemächtigte sich meiner. Ich wollte aus diesem Zustand heraus, wie Jemand aus einem Zimmer will, in welchem er zu ersticken fürchten muß, und wie ein solcher den ersten besten Ausweg nimmt, den er findet, und wäre es durch das Fenster, so sagte ich, als wenn ich etwas Auswendiggelerntes vorzutragen hätte: Der Fürst wünscht mich im Theater zu sehen; er hat mir noch eine Mittheilung zu machen, die nicht gut bis Morgen anstehen kann. Er hat auch den Wunsch geäußert, Du möchtest mich wo möglich begleiten. Er ist sehr freundlich gegen mich gewesen; ich fühle mich ihm sehr verpflichtet; ich möchte ihm gern eine Aufmerksamkeit erweisen, wenn Du mich darin unterstützen willst.

Sie spielt wohl heute? sagte Hermine und ihre Lippen zuckten, und ihre Augenbrauen waren finster zusammengezogen.

Was geht das mich, was geht es uns an? Hermine!

Ich breitete meine Arme aus, und Hermine lag an meiner Brust. Die ganze, so lange zurückgehaltene Leidenschaft brach mit einem Male aus, sie schluchzte, sie lachte und rief unter Weinen und Lachen: ja, ja, was geht es uns an! was geht es uns an!

Ihr süßes Gesicht, das in der letzten Zeit so bleich und manchmal verstört ausgesehen hatte, strahlte von Glück und Leben; ich glaubte, sie nie so schön gesehen zu haben.

Du wirst Furore machen, sagte ich scherzend.

Und das will ich auch! sagte sie, es ist keine Kunst, schön zu sein, wenn man so glücklich ist.

Und sie warf sich wieder in meine Arme und eilte in ihr Ankleidezimmer, aus welchem sie bald in einer einfachen, geschmackvollen Toilette, wie sie sie zu machen verstand, zurückkam.

Glaubst Du, daß ich mich so vor dem Fürsten sehen lassen kann? fragte sie schelmisch.

Vor jedem Könige der Welt!

Trotz alledem? fragte sie mit der reizendsten Bewegung.

Trotz alledem!

Der Weg nach dem Theater war sehr kurz, dennoch hatte ich auf diesem kurzen Wege die Zeit, ihr Alles zu sagen, was ich mit dem Fürsten verhandelt: den Verkauf Zehrendorf's, die Nothwendigkeit dieses Verkaufs. Und das holde Geschöpf stimmte Allem, Allem bei. Ach, wohl hatte der Doctor Recht: ein Mann kann seiner jungen Frau Alles sagen, aber ich hatte doch auch Recht, daß man den gelegenen Augenblick dazu benutzen müsse!

Wir kamen im Theater an. Der Fürst hatte mir gesagt, daß in der Loge, die er für sich bestellt, noch Platz sei, und das war gut, denn das Haus war ausverkauft. Es wurde ein neues Stück gegeben, von einem jungen Dichter, der damals viel von sich reden machte, ein Conversations-Stück, in welchem Konstanze nicht beschäftigt war, wie ich mich durch einen Blick auf den Theaterzettel überzeugte. Es war noch nicht sehr spät, dennoch war das Parquet und die oberen Ränge schon dicht besetzt, nur die Logen begannen erst sich zu füllen. Auch der Fürst war noch nicht da; er kam, als das Orchester bereits eine Zeit lang gespielt hatte, in Begleitung eines höheren Officiers, den er uns als seinen Vetter, den Grafen Schmachtensee, vorstellte. Er sah im Frack und weißer Cravatte, um den Hals ein blaues Band, an welchem ein ausländischer Orden in Brillanten funkelte, ganz reizend und sehr vornehm aus und war die Liebenswürdigkeit selbst gegen Hermine, die er wegen seines späten Kommens um Entschuldigung bat, und dann neben ihr Platz nahm, um weiter mit ihr zu plaudern, und nach einigen Minuten leise wieder aufzubrechen, da die königliche Hoheit, welche ihn zu sich befohlen hatte, eben in ihrer Loge erschienen war.

Oberstlieutenant Graf Schmachtensee, den sein fürstlicher Vetter in einer so bedenklichen Situation zurückgelassen hatte, mochte nicht recht wissen, was er mit uns anfangen solle, bis er auf den glänzenden Einfall kam, mir sein Opernglas anzubieten, das ich dankend ablehnte. So nahm er es denn selbst vor seine gräflichen Augen und blickte nach der Loge uns gegenüber, so lange, daß meine Augen unwillkürlich zuletzt dieselbe Richtung nahmen. Und da sah ich, uns gerade gegenüber, eine Dame, welche in diesem Augenblick ihren Kopf zu einem Herrn, der hinter ihr saß, gewendet hatte, in der ich aber trotzdem auf den ersten Blick Konstanze erkannte.

Ich weiß nicht, welchen Eindruck diese Entdeckung auf mich gemacht haben würde, hätte ich mich mit Herminen nicht eben erst so köstlich verständigt, und auch so noch schlug mir das Herz, als ich bemerkte, daß Hermine in diesem Moment ihr Glas ebenfalls dorthin richtete; aber ich athmete freudig auf und murmelte ein: Gott sei Dank! aus tiefstem Herzen, da sie jetzt das Glas sinken ließ, um die Augen mit einem unbeschreiblich schelmischen Lächeln auf mich zu wenden. Dann blickte sie, als eben der Vorhang emporging, auf die Bühne, ohne noch einmal nach ihr zu sehen, deren Gestalt wohl nur zu oft in der letzten Zeit durch ihre schwermüthigen Träume geglitten war.

Konstanze ihrerseits schien, was auf der Bühne vorging, weniger zu interessiren. Ich sah ihr Glas fast beständig auf uns gerichtet, wenn sie sich nicht mit ihrem Begleiter unterhielt, der sich jetzt neben sie gesetzt hatte und in welchem ich den Schauspieler von Sommer, genannt Lenz, erkannte; oder, rückwärts gewandt, mit ein paar anderen, ebenfalls jüngeren Herren in feinster Toilette und von aristokratischem, wenn auch fremdländischen Aussehen, — es waren ein paar walachische Edelleute, wie ich später erfuhr — die offenbar zu ihrer Gesellschaft gehörten. Unzweifelhaft war von uns die Rede und vermuthlich nicht in der liebevollsten Weise; ich glaubte mehr als einmal zu bemerken, wie sich das blasse Gesicht des Herrn Lenz zu einem widrigen Lächeln verzerrte und ihre Begleiter unter den Opernguckern geradeheraus lachten.

War es das allzu auffällige Interesse, welches die schöne, dem ganzen Publikum bekannte Schauspielerin und ihre Gesellschaft an der Dame ihr gegenüber in der Loge zu nehmen schien; war es die reizende Erscheinung Herminens — aber das Publikum folgte in dem Zwischenact dem gegebenen Beispiel und diese unbequeme, auf uns gespannte Neugier nahm noch zu, als jetzt der Fürst wieder erschien und auf dem Fauteuil neben Hermine Platz nahm. Man stand unten im Parquet auf, um bequemer sehen zu können, man steckte die Köpfe zusammen, blickte dann wieder von Hermine zu Konstanze, und schien zwischen den beiden, in ihrer Art gleich schönen Frauen, die interessantesten Vergleiche anzustellen. Ohne Zweifel hatte auch der Fürst Konstanze bemerkt; aber vergebens, daß ich in seinem Gesicht nach einer Spur des Eindrucks suchte, den diese unerwartete, unselige Begegnung ohne Zweifel auf ihn machte. Er hatte nicht umsonst von Jugend auf sich in Kreisen bewegt, wo es als erste Regel gilt, seine Mienen unter strengster Controle zu halten. Er lachte und scherzte auf das scheinbar unbefangenste mit Herminen, nannte ihr die Namen der hochgestellten Personen seiner Bekanntschaft in den Proscenienms-Logen; wandte sich dann wieder zu seinem Vetter und zu mir, und schien sich, Alles in Allem, auf das köstlichste zu amüsiren.

Dasselbe Schauspiel wiederholte sich in dem zweiten Zwischenact, nur daß diesmal noch ein Kammerherr der hohen Frau in unsere Loge kam, um sich im Auftrage seiner Gebieterin bei dem Fürsten nach dem Namen der Dame zu erkundigen, von deren Schönheit und Liebenswürdigkeit ihre Hoheit vollkommen entzückt sei.

Der Fürst theilte uns das lachend mit, als der stattliche Herr sich wieder entfernt hatte, und meinte, es sei gar nicht unmöglich, daß ihre Hoheit uns noch in das Sprechzimmer befehlen würden, und ich möge mich nur auf den Commerzienrath oder auf die vierte Klasse gefaßt machen.

Ich gestehe, daß, wenn ich auch nicht gerade an das Hereindrohen dieses Unglücks glaubte, sich doch meiner, ich weiß nicht wie, immer mehr die Empfindung bemächtigte, als müsse irgend ein nahe bevorstehendes, ernstliches Unheil in der heißen Luft des Saales schweben. Dazu kam, daß ich zu bemerken glaubte, wie Hermine die Hitze, das viele Sprechen, die Aufmerksamkeit, deren Gegenstand sie war, über Gebühr aufregte und angriff, und so bat ich denn, nachdem ich mich mit ihr durch einen Blick verständigt, bei Beginn des dritten Zwischenactes den Fürsten, uns beurlauben zu dürfen, um so mehr, als der Banquier Hensel nicht gekommen war, und also unser Geschäft doch nicht weiter gebracht werden könne. Der Fürst erhob sich sogleich, und bot Herminen den Arm, um sie selbst auf den Corridor zu führen, auf welchen in diesem Augenblick aus dem unerträglich heißen Saale durch alle Logenthüren die Menge strömte.

Es entstand ein Gedränge, und wir wurden von dem Fürsten, der sich eben Hermine empfohlen hatte, schnell getrennt, in dem Augenblicke, als Konstanze am Arm des Herrn Lenz und gefolgt von den beiden Walachen an mir vorüber rauschte. Sie grüßte mich in einer Weise, die unter dem Anschein großer Verbindlichkeit äußerst spöttisch war, aber das blasse Gesicht ihres Begleiters wandte sich nicht für einen Moment zu uns; seine großen Augen, die Jemand zu suchen schienen, hatten einen starren, unheimlichen Ausdruck. Er ließ sogar seine Dame los, ohne Zweifel, um schneller durch die Menge kommen zu können, in der Richtung, in welcher ich den Fürsten zuletzt gesehen. Dann schoben sich wieder andere Personen dazwischen und ich hatte die vier aus den Augen verloren. Hermine, die mit ihrer Toilette beschäftigt gewesen, hatte Konstanze glücklicherweise gar nicht bemerkt, sie bat mich jetzt, ihr so schnell als möglich hinauszuhelfen. Wir waren bereits die Treppe ein paar Stufen hinabgegangen, als plötzlich hinter uns auf dem Corridor ein Lärm entstand. Hermine war stehen geblieben und hatte sich in halber Ohnmacht auf meinen Arm gelehnt. Das gab einen kleinen Aufenthalt, während der Lärm oben immer größer wurde; das Summen von vielen Stimmen, die alle auf einmal sprachen, dazwischen laute Worte, wie es schien, von Beamten des Hauses, welche sich bemühen mochten, die Ordnung wieder herzustellen. Ein Herr kam eilig an mir vorüber. Ich hielt ihn an: was giebt es?

Der Fürst Prora ist von dem Schauspieler Lenz auf das gröblichste insultirt worden!

Der Herr eilte weiter.

Ich blickte auf Hermine: sie hatte es nicht gehört; sie durfte es nicht hören, sie mußte entfernt werden, bevor sie wieder zur Besinnung kam. Ich trug sie die Treppe hinab, hob sie in einen Wagen und fuhr mit ihr nach Hause, wo sie noch etwas schwach, aber sonst wieder hergestellt, anlangte. Ich solle mich nur nicht um sie ängstigen; und es sei ein köstlicher Abend gewesen, für den sie mir tausendmal danke, und nun wolle sie zu Bett gehen und ich müsse auf jeden Fall wieder in das Theater; der Fürst dürfe nicht wissen, wie fest sie mich am Band habe.

Ich that, als ob ich nur ihren Wünschen nachkomme, und versprach, in das Theater zurückzukehren.

In der That war ich schon vorher dazu entschlossen gewesen. Wenn es sich bestätigte, was mir der Herr auf der Treppe zugerufen — und wie konnte ich daran zweifeln! — so war das Unglück, welches ich in der heißen Luft des Theaters vorausgeahnt hatte, eingetroffen. Ich dachte der Scene im Walde von Zehrendorf vor so viel Jahren, und wie der Knabe lieber hatte sterben wollen, als von meiner Hand einen Streich erdulden, dessen Zeuge Niemand gewesen wäre, als der Mond am Himmel! Würde der Mann jetzt anderen Sinnes sein? würde er nicht Alles daran setzen, eine Beleidigung zu rächen, die ihm, dem Fürsten von Prora, Angesichts so vieler Menschen widerfahren war?

Siebenundzwanzigstes Capitel

Aber ich hatte das Haus kaum verlassen, als mir einfiel, daß der Fürst nach dem, was geschehen, unmöglich noch im Theater sein könne. So schlug ich denn den Weg nach seinem Palais ein. Es mochte gegen neun sein; der Abend war sehr rauh geworden, trotzdem wir uns schon im Anfang des März befanden; der Schnee stöberte durch die windige Luft und wirbelte um die Ecken; die Fußgänger eilten mit aufgeschlagenen Kragen und vornübergebeugten Köpfen, und ich mußte des Abends denken, vor einem Jahre, als ich die Unselige hier im gelben Licht der Laternen an den Trittstufen zu dem Portale des Palais sah, vor welchem ich jetzt athemlos anlangte. Die Rache, die damals aus ihren dunklen Augen gesprüht, die ihr Mund geathmet, die Rache, zu der sie mich damals vergebens geworben mit dem höchsten Preise, den ein Weib bezahlen kann, — die süße, schreckliche Rache, sie hatte endlich den rechten Mann dafür gefunden!

Ich hatte durchaus das Gefühl, daß dies hatte so kommen müssen, daß ein Fatum, ein längst beschlossenes, dem weder ich, noch irgend Jemand Widerstand leisten könne, hereingebrochen sei; ich fragte mich, was mich hierhergeführt, was ich hier wolle? und konnte keine Antwort darauf finden, als ich bereits in dem steinernen Vorsaal stand und den alten Diener, den man herbeigerufen, beschwor, mich zu seinem Herrn zu führen.

Ich darf Niemand vorlassen; sagte der alte Mann.

Er sah sehr verstört aus, seine Stimme bebte, als er das sagte, und die welke Hand, die er abwehrend erhoben hatte, zitterte.

In diesem Augenblick wurde die Thür, die zu dem Zimmer führte, in welchem der Fürst mich heute Nachmittag empfangen, geöffnet, der Graf Schmachtensee trat heraus und kam an uns vorüber mit demselben starren Blick, den ich im Theater an ihm bemerkt hatte. Ohne Zweifel brauchte er sich jetzt nicht, wie vorhin, Mühe zu geben, an mir vorbeizusehen; er sah mich wirklich nicht. So war, was ich gefürchtet, was ich hatte fürchten müssen, in vollem Gange! Ich konnte mich nicht länger halten und eilte, ohne auf die abwehrende Bewegung des alten Dieners zu achten, durch die Thür, aus welcher der Graf gekommen, durch ein großes Vorzimmer, in das zweite, dessen offene Thür mir bereits den Fürsten, an seinem Schreibtisch sitzend, gezeigt hatte.

Dies an den Herrn Hartwig, sogleich! sagte er, indem er, ohne aufzublicken, mit der Linken einen Brief hin hielt, während er die Stirn in die Rechte stützte.

Ich bin es selbst, sagte ich, ihm den Brief aus der Hand nehmend, die ich dann in der meinen festhielt.

Die Hand war kalt; und bleich war das Gesicht, das er jetzt zu mir wandte, todtenbleich; nur daß auf der rechten Wange ein rother Fleck glühte, als hätte ihn da des Henkers Hand eingebrannt.

Sie hier? fragte er erstaunt. Nun, das ist ja schön, da kann ich Ihnen gleich sagen, was der Brief enthält, den ich einzustecken bitte: die schriftliche Wiederholung der Verabredung, die wir heute getroffen haben, mit dem Zusatz, daß ich den Fürsten, meinen Vater, gebeten habe, diese Verabredung auf jeden Fall auszuführen, auf jeden Fall!

Ich hielt noch immer seine Hand erfaßt und versuchte vergeblich ein Wort hervorzubringen. Wenn ich für die Theilnahme, die mir der Mann einflößte, noch einer Erklärung bedurfte — ich hatte sie jetzt, ich hielt sie in den Händen, und dieser Mann sollte das Opfer eines schnöden Verrathes werden! Dieser Mann, der durch alle Verführungen seines Standes und Reichthums sich den angebornen Edelmuth und die Güte seines Herzens so rein bewahrt hatte, sollte in die Schlinge fallen, an die er vor Jahren mit übermüthig-jugendlichem Fuße gerührt!

Und das war es, was ich ihm sagte, als ich endlich die Worte fand, und ich sagte auch, daß ich den Gedanken nicht ertragen könne; und ob es kein Mittel, keines gäbe, sich aus den Schlingen zu lösen.

Setzen Sie sich, sagte der Fürst, der sich erhoben hatte, indem er mich an den Kamin führte, in welchem das Feuer behaglich flackerte, auf einen Sessel deutete, und mir gegenüber Platz nahm. Habe ich es nicht gesagt, daß Sie ein Original sind? Denn nur ein Mann, der sich bis in sein dreißigstes Jahr den frommen Kindersinn bewahrt hat, das heißt ein Original, kann auf den Einfall kommen, einen Fürsten von Prora zu fragen, ob es nicht möglich sei, die Schmach, die man ihm in Gegenwart von ein paar Dutzend Zeugen angethan, geduldig durch sein ganzes Leben zu tragen.

Er sagte das sehr freundlich und mit dem Bestreben zu lächeln; aber seine bleichen Lippen zuckten und der rothe Fleck auf seiner Wange glühte tiefer auf.

Ich bin kein Kind, Durchlaucht, sagte ich, aber wohl mag es sein, daß ich, einsam wie ich gelebt habe, mich wenig verstehe auf die große Welt und was darin Brauch und Sitte und Regel ist. Ich weiß nur, daß in meinem Herzen eine Stimme schreit: es darf nicht sein! Und dann, wenn auch diese Stimme auf dem Markte des Lebens machtlos verhallt, muß es denn sein? muß es wirklich sein, nach den Paragraphen jener Ehre, die ich nicht verstehe?

Ja, es muß sein, erwiderte der Fürst, auch ich habe es — nicht um meinetwillen, sondern um dererwillen, denen ich gern etwas geworden wäre, überlegt, aber es muß sein!

Und Ihre Stellung? fing ich an.

Schützt mich nicht, entgegnete der Fürst mit einem Lächeln, wie eines Lehrers, der die thörichten Einwürfe eines Schülers widerlegt. Ich bin kein souverainer Fürst, wenn auch meine Vorfahren souverain waren. Ich bin ein Edelmann, wie andere auch, und denselben Gesetzen unterworfen, und mein Beleidiger ist ebenfalls ein Edelmann. Die Sommer-Brachenfelde, von denen er in gerader Linie abstammt, sind ein uraltes Geschlecht, so alt fast, wie das meine.

Aber ein notorischer Wüstling, ein elender Abenteurer, wie dieser Mensch, hat er nicht das Recht verscherzt, von einem Fürsten Prora vor die Mündung seiner Pistole gefordert werden zu können?

Ich glaube nicht, erwiderte der Fürst immer mit demselben freundlichen Lächeln. Der Mann ist ein Abenteurer, freilich; aber ich habe mir in Irland einen Burschen zeigen lassen, der von den legitimen Königen der grünen Erin abstammte und die Schweine hütete; und in Paris in einem *Café-chantant* habe ich den veritablen Sprößling einer alten Herzogs-Familie gesehen, der vor einem Publikum von Blousenmännern und Freudenmädchen obscöne Lieder zur Guitarre sang. Dagegen ist ein königlicher Hofschauspieler eine sehr respectable Persönlichkeit. Und dann, bin ich meiner Zeit kein Wüstling gewesen? und kann ich wissen, was aus mir geworden wäre, wenn der Familienrath mich wirklich von der Succession ausgeschlossen und mich mit irgend einer Abfindungssumme in die Welt ausgestoßen hätte. Die Summe, wie groß sie auch gewesen wäre, würde nicht lange bei mir geblieben sein, und dann — nein, nein, ich habe nach keiner Seite hin das Recht, ja auch nicht einmal einen Vorwand, mich nicht zu schlagen, selbst wenn ich nach einem Vorwand suchte.

Der Fürst schwieg. Draußen fegte der Winterwind durch die Straßen und heulte und winselte um das Palais, wie ein hungriger Wolf um die Hürde, und hier im Zimmer strömte das Licht so mild aus den Lampen auf den Marmortischen über die prächtigen Möbel, und in dem Kamin flackerte und knisterte die Flamme so behaglich, und umgeben von all' der Pracht, umflossen von dem milden Licht, vor dem Feuer seines Heerdes saß der Herr dieses Hauses, der auch nicht einmal nach einem Vorwande suchte, sich nicht zu schlagen mit einem Abenteurer, der vermuthlich nichts zu verlieren hatte, als sein nacktes Leben.

Ich suche nach keinem, sagte der Fürst noch einmal, ja, ich glaube, ich würde selbst den allerüberzeugendsten, wenn er sich wirklich fände, zurückweisen. Ich will nicht davon sprechen, daß es mir unmöglich dünkt, in dem Bewußtsein dieser Schmach fortzuleben — so unmöglich, als sollte ich mein Leben mit Beutelschneiden fristen — aber ich habe durchaus das Gefühl, daß dies ein Verhängniß ist, welches über mich hereingebrochen, und gegen das sich zu sträuben ganz vergeblich wäre.

Er hob die Augen, als er das sagte, und sein Blick streifte über das

Bild des jungen Cavaliers in der phantastischen Tracht, von dem er mir gesagt hatte, daß es seinen Vater vorstelle, und das in einiger Entfernung vor uns, von dem Lichte einer großen Lampe hell erleuchtet, an der Wand hing.

Ganz vergeblich, wiederholte er, mit einem tiefen Seufzer den Blick von dem Bilde ab auf die Flamme des Kamins wendend, auf welche die starren Augen gerichtet blieben, während die bleichen Lippen sich zu einem Worte bewegten, das nicht herauskam und das ich doch deutlich zu hören glaubte: »ganz vergeblich!«

Das war derselbe böse Zauber, der von Anfang an auf mir gelegen hatte. Was geschehen war eben jetzt, es war lange, lange vorbereitet gewesen; es hatte schon in den Sternen gestanden, die an dem herbstlichen Himmel funkelten in jener Nacht, als der junge Fürst Prora durch den Park von Zehrendorf zu seinem Liebchen schlich. Ich saß da, die fiebernde Stirn in die Hand gedrückt, und dachte jener Nacht, und daß ich sie hatte beschützen sollen, die damals nicht hatte beschützt sein wollen, die schon damals nichts als Verrath gesonnen und gesponnen, die schon damals eine Buhlerin gewesen war; die, wenn ich der Aussage des guten Hans glauben durfte, ihren Liebhaber viel mehr verrathen hatte, als sie von ihm verrathen war, und die trotzdem wie eine Rachefurie den Mann verfolgte, der weiter keine Schuld gegen sie hatte, als, daß er der erste gewesen war, wenn er es war!

Ich mußte diese Gedanken, wie sie durch meinen Kopf gingen, laut gesagt haben, während der Fürst in dem Gemache auf- und abschritt und endlich neben mir stehen blieb, mir die Hand auf die Schulter legend. Sie guter Mensch, sagte er, wie treu Sie es meinen! Und wie Sie die Schuld häufen, die ich immer noch nicht abgetragen habe, die ich so gern abtragen möchte, bevor es zu spät ist. Vielleicht kann ich es dadurch, daß ich Ihnen gegenüber thue, wozu ich mich gegen Niemand sonst herbeilassen würde; daß ich mich zu rechtfertigen suche über die Rolle, die ich in diesem unseligen Handel gespielt habe. Und vielleicht bin ich es auch ihr schuldig und ich möchte gern alle meine Schulden bezahlen; ich möchte, daß ein Mensch lebt, der weiß, wenn Fürst Carl von Prora sterben sollte, wie und warum er denn eigentlich gestorben ist.

Er machte eine abwehrende Handbewegung und fuhr fort, die schönen, sanften Augen regungslos auf den Kamin gerichtet, in welchem die Scheite allmälig verglimmten:

Sie meinten, Konstanze habe nie geliebt, weder mich noch einen Andern, sie könne gar nicht lieben und man könne deshalb auch nicht an ihr zum Verräther werden. Sie haben mich so zu rechtfertigen geglaubt; aber es stimmt nicht: Konstanze hat mich wirklich geliebt und ich habe sie dennoch nicht verrathen. Ob ich sie geliebt habe? das ist eine andere Frage, die ich wohl kaum bejahen möchte, die ich um vieles nicht bejahen möchte! Ich war sehr jung, als ich sie zuerst in dem unglücklichen Bade sah, ein halber Knabe, und wie so Knaben lieben: phantastisch, scheinbar innig und doch ohne alle Tiefe — so mag ich sie denn auch geliebt haben. Ich geberdete mich wenigstens wie ein Rasender, als mein Vater kam und mir sagte, daß ich die Tochter eines professionirten Spielers, eines notorischen Schmugglers nicht heirathen könne, um so weniger, als sie nicht das legitime Kind dieses schrecklichen Vaters sei. Doch das wissen Sie, das habe ich Ihnen schon selbst erzählt, und es war das auch Alles, was er mir sagte, aber nicht Alles, was er mir hätte sagen können, hätte sagen sollen. Und daß er mir nur die halbe Wahrheit gesagt, daß er das Wichtigste verschwieg — aus einer, wie ich es jetzt sagen muß, falschen Scham vor seinem Sohn, dem er nicht in dem Licht eines bösen Beispiels erscheinen wollte, aus Pruderie vor der Welt, die ihn schon längst als den Beschützer der Kirche, als einen gottesfürchtigen Herrn kannte — das ist der böse Samen, aus dem all' dies Unheil hervorgewachsen ist, für mich, für ihn selbst.

Ich kann nicht sagen, daß die Abmahnung des Fürsten ganz vergeblich gewesen wäre, aber auch nicht, daß sie mich überzeugt hätte. Ich war eben ein Knabe, ein wilder, ungezogener Knabe, gewohnt meinen Willen zu haben, weil es mein Wille war, meinen Willen zu haben, oft gegen meinen Willen. So war es auch in diesem Falle. Der Fürst, überzeugt, daß ich ihm gehorsam sein würde, hatte die Unvorsichtigkeit begangen, mich, in Begleitung meines Gouverneurs, nach Rossow zu schicken, damit ich da jagen, meine zerrüttete Gesundheit wieder kräftigen und nebenbei um die schöne Comtesse Griebenow werben könne, die mir von den beiden Häusern zugedacht war. Wie leicht es einem achtzehnjährigen Jungen, der Geld genug in der Tasche hat, wird, seinen alten Lehrer zu täuschen, seine Diener zu bestechen — das brauche ich Ihnen nicht zu sagen. Ich war am Morgen drüben in Griebenow und des Abends — Sie wissen wo. So spielte das Stück, das durch unsere Begegnung im Walde fast zu einem jähen Ende gekommen wäre, bis es mir schon am folgenden Tage gelang, einen längst entworfenen Plan auszuführen und die Geliebte zu entführen.

Ich hatte meine Vorbereitungen so gut getroffen, daß ich den Nachforschungen des Fürsten entgehen konnte, trotzdem er Himmel und Hölle aufbot, der Flüchtlinge habhaft zu werden. Er hätte sich ohne Zweifel selbst aufgemacht, nur daß ihm der Schreck über das Geschehene sein altes gichtisches Leiden in bedenklichster Weise zurückgebracht hatte. Und wohl hatte er Ursache, erschrocken zu sein.

Der Fürst erhob sich plötzlich von seinem Sitz und machte ein paar

Gänge durch das Zimmer, wobei er einmal wieder vor dem Bilde seines Vaters stehen blieb und finstern Blickes hinauf sah. Dann kam er wieder zu seinem Stuhle zurück.

Ich war bereits bis München gekommen, als der Alte, den Sie gesehen haben, uns einholte. Er war mit einem Briefe ausgerüstet, der in Chiffren, in welchen wichtige Nachrichten von den Mitgliedern meiner Familie untereinander ausgetauscht werden, von meines Vaters Hand wenige Zeilen enthielt, die ich las, um laut aufzulachen. Die Zeilen lauteten: Ich beschwöre Dich bei Allem, was Dir heilig ist, trenne Dich sofort von ihr, wenn Du nicht eine entsetzliche Schuld auf Dich laden willst: Konstanze von Zehren ist Deine Schwester.

Um Gotteswillen! rief ich.

Ich lachte, wie gesagt, fuhr der Fürst fort, lachte wie toll über den famosen Einfall, und wurde dann auf einmal sehr ernst und fühlte, wie ein Schauder mir über den Leib lief, der bis in's Herz drang und in dem Herzen sitzen blieb.

Ich war in der Depesche, bis der Fürst im Stande sein werde, mir ausführlich zu schreiben, für eine vorläufige Erklärung an den Alten gewiesen. Er, der von Jugend auf dem Fürsten attachirt gewesen war, ihn auf allen seinen Fahrten begleitet hatte, konnte freilich besser wissen, als irgend ein Anderer, was an der Sache sei. Er war mit dem Fürsten in Paris zu der Zeit, als Herr von Zehren auf seiner wilden Flucht von Spanien mit seiner Geliebten dort ankam. Die Herren waren vormals sehr intim gewesen; man hatte die beiden jungen, schönen Männer, als sie an unserem Hofe gleichzeitig verkehrten, Orestes und Pylades genannt. Aber es scheint, daß die Freundschaft sehr erschüttert war, als der Fürst seine Gemahlin, meine Mutter, heimführte, um die auch Herr von Zehren geworben. Ob der Fürst seinem Jugendfreunde dies nicht vergeben konnte, ob Herr von Zehren, der ein überaus leidenschaftlicher Mann gewesen sein muß, auch noch später dem Fürsten Veranlassung zur Unzufriedenheit gegeben — ich weiß es nicht; aber es scheint, daß der Fürst nicht nur von den persönlichen Reizen der jungen Spanierin gefesselt wurde, die von Gewissensbissen gefoltert und vielleicht ebenso wankelmüthig als sie schön gewesen sein soll, dem Freunde ihres Geliebten ein Vertrauen schenkte, das dieser mißbrauchte; vielleicht auch wirklich eine Liebe, die er nur nicht zurückwies. War der Fürst der Vater des Kindes, welches neun Monate nach diesen Ereignissen geboren wurde? Eine Gewißheit war, wie dies in solchen Fällen zu sein pflegt, nicht vorhanden, und die Zweifel, die der Fürst nach dieser Seite hin hegte, wären vielleicht nie beseitigt, weil die Unglückliche, als sie ein paar Jahre später mit fliegenden Haaren in Rossow, wo sich der Fürst eben aufhielt, sich ihm zu Füßen stürzte, rufend: daß er der Vater ihres Kindes sei, daß er sie und ihr Kind vor ihrem Verfolger schützen und ihr sagen müsse, wo der Weg nach Spanien gehe — weil sie, sage ich, damals bereits wahnsinnig war; aber einige andere Umstände sprachen allerdings dafür. Eine alte Dienerin — dasselbe entsetzliche Weib, das auch noch später bei Konstanze war und das Sie ja auch gekannt haben werden — sagte aus, ihre junge Gebieterin habe ihr von Anfang an versichert, Herr von Zehren sei nicht der Vater des Kindes. Auch sie mochte lügen; aber die Natur pflegt sich dergleichen nicht zu Schulden kommen zu lassen. Konstanze hat den Mann, der für ihren Vater galt, gehaßt, ich möchte sagen, von Kindesbeinen an; und der Fürst fand in dem Kinde, das er heimlich zu sehen wußte, eine Aehnlichkeit, von der vielleicht noch Spuren selbst auf jenem Bilde zu entdecken sind.

Der junge Mann deutete mit zitternder Hand auf das Portrait seines Vaters; aber er sagte nur, was ich selbst, während er mir diese entsetzliche Geschichte erzählte, schon längst gefunden hatte. Er mußte in meinen Mienen lesen, was mein Mund auszusprechen sich scheute, denn er fuhr, die schönen, schwermüthigen Augen starr auf mich gerichtet, fort: Sie finden es auch, nicht wahr? Man findet das Wahre leicht, wenn mit dem Finger darauf gedeutet wird, und so fand ich es, als mir der Alte seine fürchterliche Beichte gemacht hatte. Aber wie aus der unseligen Verstrickung sich lösen? Ich hätte vielleicht dem Befehle des Fürsten nicht gehorchen, hätte Konstanze Alles sagen müssen; aber ich kann nicht oft genug wiederholen, daß ich noch sehr jung und wenig im Stande war, die Folgen meiner raschen Entschlüsse zu überlegen. So meinte ich es denn wunder wie gut zu machen, wenn ich Konstanze wo möglich für die Liebe, vor der mich jetzt schauderte, Haß einflößte, zum wenigsten Entfremdung. Die Mittel, um zu diesem Ziele zu gelangen, hatte sie mich selbst gelehrt. Ich erwiderte ihre Launen mit Launen, ihren Trotz mit Trotz; ich spielte mein Spiel so gut, daß ich es wohl gewinnen mußte. Was sie darunter gelitten — das habe ich nie aus ihrem Munde gehört, aber ich sah es an ihren täglich blasser werdenden Mienen, ich sah es an ihren oft in Wahnsinn flammenden Augen. Endlich kam die Katastrophe. Ich hatte mich nach einer heftigen Scene, die ich provocirt, in Neapel, wohin das unglückliche Paar mittlerweile gekommen war — ich weiß heute selbst noch nicht wie oder warum — von ihr getrennt, in der festen Ueberzeugung, daß sie die reichlichen Mittel, die ich ihr zurückgelassen, zur Rückreise, zu einer Flucht benutzen würde, mit der sie mir schon so oft gedroht. Aber das wäre zu wenig der Rache gewesen, welche sie für meinen Verrath an mir nehmen zu müssen glaubte. Sie, die ich für unsäglich stolz gehalten, sie hatte sich beim Ersten, Besten als Maitresse in die Arme geworfen, einem albernen Fant, dessen Bekanntschaft wir unterwegs gemacht. Mich schaudert, denke ich daran, was die Unglückliche dieser erste Schritt gekostet hat, und mich schaudert, muß ich denken, wie wenig, wie so gar nichts die weiteren Schritte sie gekostet haben.

Der arme Mann seufzte tief und sein Seufzer erweckte in meiner Brust ein fürchterliches Echo. Wußte ich doch selbst nur zu gut, hatte ich es doch selbst erfahren, wie wenig, wie so nichts die Unglückliche ein Schritt weiter auf ihrer unseligen Bahn kostete!

Wohin wollen Sie? sagte der Fürst.

Ich war aufgesprungen und hatte ein paar Schritte nach der Thür gethan.

Wohin wollen Sie? wiederholte er.

Ich griff mit beiden Händen an die Schläfen, die mir zu springen drohten. Ich weiß es nicht, sagte ich; ich weiß nur, daß dieses Duell nicht zu Stande kommen darf.

Der Fürst zuckte lächelnd die Achseln.

Es ist allerdings wunderlich genug, sagte er.

Und es giebt kein Mittel, keins? rief ich.

Ich wüßte nicht, sagte der Fürst mit demselben wehmüthig freundlichen Lächeln; der junge Mensch müßte denn erklären, daß er wahnsinnig sei. Und auch das würde noch nichts helfen, denn Jemand, der sich für wahnsinnig erklärt, ist es eben nicht — ach, da bist Du ja schon, lieber Edmund!

Ich hatte nicht gesehen, daß hinter mir Graf Schmachtensee in das Zimmer getreten war. Der Fürst ging ihm entgegen und reichte ihm die Hand; der Graf sagte: ich komme — brach aber dann kurz ab und richtete seine starren, verwunderten Augen auf mich, den er eben erst bemerkte.

Ich muß Sie jetzt entlassen, sagte der Fürst; ich danke Ihnen recht herzlich für Ihren Besuch, recht herzlich; und dabei drückte er kräftig mit seiner frauenhaft schlanken Hand meine Hand; leben Sie wohl!

Ich war schon an der Thür, als er mir nachkam und mir nochmals die Hand reichte. Leben Sie wohl, sagte er, und setzte dann in leisem Ton hinzu: wenn auch für immer.

Ich stand auf der Straße, der Schnee flog mir in's Gesicht. Als ich mich nach dem Palais umwandte, sah ich durch die heruntergelassenen Gardinen die Schatten zweier Männer, die neben einander auf- und abgingen. Es waren der Fürst und sein Vetter; ich wußte, was sie mit einander verhandelten, und daß keine Minute zu verlieren war. Ich rief einen Fiacre an, der gerade vorüberkam, und hieß ihn, so schnell er könne, nach der Wohnung des Schauspielers von Sommer fahren, der sich Lenz nannte.

Achtundzwanzigstes Capitel

Ich habe mir später oft den Seelenzustand in's Gedächtniß zu rufen gesucht, von welchem ich in dieser unseligen Nacht beherrscht gewesen sein muß. Aber es hat mir niemals ganz gelingen wollen, und so bin ich mir auch bewußt, daß die Schilderung, die ich jetzt davon zu geben versuche, nur eine äußerst mangelhafte ist. Ich kann nur so viel sagen, daß ich mich unter dem Druck einer Leidenschaft befand, die vielleicht der höchste Grad eines Mitleids war, zu welchem mein Herz immer geneigt gewesen ist, und das schon bei viel geringfügigeren Veranlassungen in einer Weise erregt werden konnte und kann, die andern kälteren und klügeren Menschen thöricht und kindisch scheint. Vielleicht, daß das Unerhörte, wovon ich eben Kunde erhalten, anders auf mich gewirkt hätte, wären die Betheiligten mir fremde Personen gewesen; aber sie waren es doch nun nicht. Konstanze hatte in meinem Leben eine so große, verhängnißvolle Rolle gespielt, der junge Fürst war mir in so merkwürdigen Momenten begegnet; und ich hatte Konstanze geliebt, und der Fürst hatte mir eine Theilnahme einzuflößen verstanden, wie sie nur ein älterer Bruder für einen jüngeren empfinden kann. Was geschehen war, erschien mir so fürchterlich, und schauderhaft, was geschehen sollte. Zwar hatte ich wieder das dumpfe Bewußtsein, daß ich nichts dagegen thun könne, daß ich auf einer thörichten, ja unsinnigen Expedition begriffen sei, aber was war das Alles gegen die Stimme, die in mir schrie: es darf nicht sein; es darf nicht sein!

In dieser ungeheuren Aufregung, die mir jetzt wie ein halber Wahnsinn vorkommt, langte ich bei dem Schauspieler an, der mich sehr verwundert empfing, dann aber doch nicht ohne Höflichkeit aus dem Zimmer, in welchem ich ihn in Gesellschaft eines seiner Begleiter aus dem Theater gefunden, in ein zweites führte, um zu vernehmen, was ich ihm zu sagen habe.

Was ich ihm zu sagen habe? Großer Gott! es war sehr viel, und es war sehr wenig, und das Viele durfte und konnte ich ihm nicht sagen, denn ich fühlte, daß ich kein Recht hatte, das Geheimniß mitzutheilen, und daß er es, wenn ich ihm es mittheilte, nur für eine elende Ausflucht halten würde, auf welche die Feigheit des Fürsten gerathen sei. Und das Wenige: daß dies Duell nicht zu Stande kommen dürfe! was konnte das helfen? was sollte der Mann thun, als die Achseln zucken, und mir prüfend auf Stirn und Augen sehen, ob es wohl in meinem Kopfe ganz richtig sei. Es war ein junger Mann mit einem entsetzlich verlebten und doch nicht unschönen Gesicht und sehr ausdrucksvollen, großen, dunklen Augen, und ich fühlte, wie mir unter dem Blick dieser Augen das Blut in die Wangen schoß. Unter diesem Blick — und vor einem Wort, das sich mir durchaus auf die

Lippen drängen wollte, dem Wort: daß, wenn er die Liebhaber Konstanzens zu züchtigen wünsche, er sich auch an die Andern, und gleich einmal an mich wenden möge, der ich doch auch dazu gehöre, und sogar aus einer Zeit, die er gewiß für sich beanspruche. Und indem ich es nicht sagen wollte, indem ich mir auf die Zähne biß, es nicht zu sagen, sagte ich es doch durch die zusammengepreßten Zähne in einem heiseren, zischenden Ton, aus welchem mein Gegner wohl nur einen Haß heraushörte, der kaum noch an sich hält.

Also das war es? sagte er, indem er sich erhob: ein begünstigter oder verrathener Liebhaber, was weiß ich? Nun wohl, ich werde mich auch mit Ihnen schlagen, mein Herr, ganz gewiß, und so mit Jedem, der Ansprüche auf die Gunst der Dame macht, oder hat, oder auch nur zu haben vorgiebt. Aber der Reihe nach, mein Herr, der Reihe nach! Sie sind ein paar Stunden zu spät gekommen, und Sie werden einsehen, daß ich mit meinen Gegnern nur abrechnen kann in der Ordnung, wie sie sich melden. Kann ich Ihnen für den Augenblick noch mit etwas dienen?

Er machte eine höfliche Verbeugung und zugleich eine bezeichnende Geberde. Durch diese Thür gelangen Sie sofort auf den Flur, sagte er.

Ich hatte mich ebenfalls erhoben, und stand ihm jetzt gegenüber. Ich konnte den schmächtigen, zartgebauten, durch ein wüstes Leben entnervten Mann mit einem Schlage fällen; ich konnte ihm den dünnen Arm, den er jetzt, als ich noch zögerte, mit einer etwas theatralischen Geste nach der Thür ausstreckte, zwischen meinen Händen zerbrechen — es ist das einzige Mal in meinem Leben gewesen, daß ich in die Versuchung gekommen bin, meine Kraft zu mißbrauchen, aber ich widerstand der Versuchung, und rettete mich vor mir selbst zum Zimmer, zum Hause hinaus.

Vor der Hausthür hielt noch der Fiacre.

Wohin jetzt? fragte der Mann.

Ich bezeichnete Konstanzens Wohnung.

Das Fuhrwerk setzte sich in Bewegung. Es war bitter kalt, und die Scheiben in den Wagenfenstern hatten sich mit einer Schneekruste bedeckt, deren Krystalle in dem Schein der Laternen, an denen wir vorüber kamen, glitzerten und blinkten. Ich sah dem zu, und zählte mechanisch die Secunden, bis wir wieder zu einer Laterne gelangten und betrachtete dann wieder das Blinken und Glitzern, und wiederholte mir gewisse Sätze aus der Optik, die auf die Erscheinung Bezug hatten, als hätte ich in der Welt nichts weiter zu thun auf dieser Fahrt zu Konstanze von Zehren, der Schwester des Fürsten Prora.

Der Wagen hielt.

Die Hausthür wurde mir trotz der späten Stunde — es mochte mittlerweile elf geworden sein — sogleich geöffnet; die Flure und Treppen waren noch erleuchtet; man schien in diesem Hause an spätes Kommen und Gehen gewöhnt. Als ich an der Thür schellte, über welcher »Ada Bellini. Königliche Hof-Schauspielerin« in großen, goldenen Lettern prangte, hörte ich drinnen ein Gewand rauschen, und Konstanze selbst stand vor mir. Sie hatte ohne Zweifel einen Andern erwartet, und fuhr entsetzt mit einem Schrei zurück. Ich schloß die Thür, ergriff sie, die mit schreckensbleicher Miene vor mir fliehen wollte, an der Hand und sagte: ich muß Sie sprechen, Konstanze.

Sie wollen mich morden, sagte sie.

Nein, aber ich will nicht, daß ein Anderer um Ihrethalben gemordet wird; kommen Sie!

Ich führte sie halb mit Gewalt in den hell erleuchteten, kostbar, ja überreich ausgestatteten Salon, aus welchem sie herausgetreten, und dessen Thür noch offen war, führte sie zu einem der Fauteuils, in welchen sie sich setzte, die Augen fortwährend ängstlich auf jede meiner Bewegungen gerichtet.

Fürchten Sie nichts! sagte ich, fürchten Sie nichts! Sie haben mich einmal in vergangenen Tagen Ihren treuen Georg genannt, der die Drachen tödten sollte, die auf Ihrem Wege lauerten. Ich habe dazu bisher keine Gelegenheit gehabt, oder sie nicht benutzt, wenn ich sie hatte. Jetzt ist die Stunde gekommen; aber allein kann ich es nicht: Sie müssen mir helfen, und Sie werden mir helfen.

Sind Sie davon überzeugt? sagte sie.

Ihr Gesicht hatte plötzlich einen anderen Ausdruck angenommen. Die Angst, die sich vorhin darin ausgeprägt, war verschwunden, und hatte einem finsteren Haß Platz gemacht, demselben Haß, den ihr Gesicht gezeigt in der Nacht, als sie mich beschwor, sie an dem Fürsten zu rächen.

Ich weiß nicht, wie ich die Worte fand, ihr zu sagen, was ich ihr sagen mußte; aber ich fand sie und sagte es ihr.

Wie viel bezahlt Ihnen der Fürst dafür?

Das war ihre ganze Antwort.

Es war dieselbe Antwort, die ich von dem Schauspieler erwartet, und, die nicht zu hören, ich dort geschwiegen hatte. Hier war es anders. Es war die Schwester, zu der ich sprach; sie mußte mir glauben; ich mußte die Stelle in ihrem Herzen finden, die Natur konnte sich nicht so verleugnen.

Und war es, daß ich das geheimnißvolle Band zu berühren wußte, welches zwei Wesen verbindet, in deren Adern dasselbe Blut rollt; war es, daß sich Konstanzens scharfer Verstand den Beweisgründen, die ich hervorgebracht, nicht verschließen konnte, aber ich bemerkte, daß der finstere Ausdruck allgemach aus ihren Zügen verschwand, und einer Verwirrung, einer Bestürzung Platz machte, die zuletzt in ein vollkommenes Entsetzen überging.

Das war es, murmelte sie, das! Und darum war es, daß ich meinen Vater — nein, nein, nicht meinen Vater! — daß ich ihn haßte, daß er mich haßte, daß — aber so müßte sie es ja wissen! nein, nein, es kann nicht sein!

Sie war von ihrem Sitze aufgetaumelt.

Wo wollen Sie hin! rief ich, sie bei der Hand ergreifend.

Sie riß sich los, und eilte zu dem Gemache hinaus.

Ich war zurückgeblieben, ungewiß, was ich thun solle; aber da hörte ich sie schon wieder zurückkommen, nicht allein.

Sie schleppte hinter sich her die Gestalt einer alten Frau, die ich unter anderen Umständen für eine Haushälterin oder dergleichen genommen haben würde, und in welcher ich jetzt schaudernd die alte Pahlen erkannte.

Wie sich das grauenhafte Weib, nachdem es aus dem Gefängnisse entflohen war, wieder zu ihrer Herrin gefunden hatte, ich habe es nie erfahren; aber je intimer die Beziehungen gewesen sein mochten, die zwischen Herrin und Dienerin bestanden hatten, desto jäher war der Bruch und desto schrecklicher die Abrechnung.

Hier, hier! rief Konstanze, indem sie die Alte mir fast vor die Füße schleuderte: hier ist sie! Georg, ich beschwöre Sie um Gottes und aller Heiligen willen, tödten Sie diese Creatur, die die Schwester an den Bruder verkuppelt hat!

Dies Wort, die Leidenschaft Konstanzens, meine Anwesenheit — das Alles im Verein hatte das böse Weib überwältigt. Ich las es in ihrem alten verschrumpften Gesicht, in dem schielen Blick ihrer bösen Augen, daß sie sich schuldig wußte, und Konstanze sah es so gut wie ich, denn als die Alte mit stotternden Worten sich zu rechtfertigen suchte, schnitt sie ihr das Wort mit einem gellen Wuthschrei ab, der mir noch jahrelang nachher in den Ohren tönte: hinaus, hinaus! Thier! Scheusal! hinaus, hinaus!

Die Hexe mochte froh sein, daß man ihr so zur Flucht verhalf, nach der ihre scheuen Blicke sich längst umgesehen hatten. Sie stürzte zur Thür hinaus; ich habe sie nie wieder gesehen, und weiß nicht, wie lange sie noch ihr elendes Dasein hingeschleppt, und wo und wie sie es geendet hat.

Konstanze war, als die Alte uns verlassen, mit dem Ausdruck der vollsten Verzweiflung, die hocherhobenen Hände krampfhaft ringend, wieder und wieder durch das Zimmer geeilt. Mit einem Male warf sie sich in einer dunkleren Ecke auf die Knie, und schien ihrem Herzen in heißem Gebet Luft zu machen. Ich bemerkte, daß, wo sie kniete, an der Wand über ihr ein kleines elfenbeinernes Crucifix befestigt war, und ich sah sie wiederholt das Zeichen des Kreuzes machen, und sodann wieder die Hände in brünstigem Gebet zusammenfügen. Später erfuhr ich durch einen Zufall, daß Konstanze bereits in Italien in den Schooß der alleinseligmachenden Kirche, der ihre Mutter angehört hatte, zurückgekehrt war. Aber welche Beruhigung sie auch später als Aebtissin eines römischen Nonnenklosters aus Beichte und Buße geschöpft haben mag, für den Augenblick schien das Gebet ohne Wirkung geblieben zu sein, schienen die Heiligen und Reinen ihr Antlitz von ihr gewendet zu haben. Sie erhob sich vor dem Crucifix nur, um vor mir niederzustürzen, meine Kniee zu umklammern, und mich anzuflehen, daß ich sie vor dem Entsetzlichen retten solle. Ich sagte ihr, indem ich sie aufhob, daß ich bereits Alles gethan habe, was in meinen Kräften stehe, und daß ich zu ihr gekommen sei, um von ihr zu hören, ob sie selbst denn gar nichts vermöge.

Es giebt nur ein Mittel, sagte sie, und das ist, wenn wir Herrn Lenz bewegen können, sich augenblicklich von hier zu entfernen.

Wie sollen wir das zu Stande bringen? Der Mann ist offenbar nur Ihr Werkzeug, das Werkzeug Ihrer Rache, aber Sie haben es nicht mehr in der Hand; oder glauben Sie?

Vielleicht, vielleicht, murmelte Konstanze. Er weiß, daß ich ihn nicht liebe; er weiß, daß ich Carlo — und das, das hat ihn rasend gemacht; aber ich weiß auch, daß er mich liebt, daß er für den Preis meiner Hand, die ich ihm immer verweigert habe, sich zu Allem entschließen würde, zu Allem! Bin ich nicht schön genug, Georg, um daß sich ein Mann für mich zu Allem entschließen könne!

Sie strich mit zitternden Händen das dunkle, glänzende Haar von beiden Seiten aus dem Gesicht, und lächelte mich an. Ich habe nur einmal in meinem Leben wieder ein solches Gesicht gesehen — das der rondaninischen Muse in der Glyptothek in München — und da erschien mir die berühmte Maske nur eine schwache Copie.

Kommen Sie! sagte ich.

Sie wollte, wie sie da war, das Zimmer verlassen; ich hüllte sie in den Pelz, in welchem sie aus dem Theater gekommen sein mochte, und der noch im Zimmer lag. So verließen wir das Haus, und fuhren nach der Wohnung des Schauspielers. Das Haus war verschlossen. Es vergingen Minuten, bis ich den Portier herausgeklopft hatte.

Herr von Sommer ist vor einer halben Stunde abgereist.

Wohin?

Er hat nichts hinterlassen; nur, daß er vielleicht erst in wenigen Tagen zurückkommen wird.

Ist Niemand im Hause, der besser Bescheid weiß?

Schwerlich! er hat seinen Diener mitgenommen.

Und Sie wissen nicht wohin?

Nein, er ist in einer Droschke weggefahren.

Ich sah, daß aus dem Mann, der in seinem Schafpelze frierend dastand, nichts weiter herauszubringen war; auch schnitt er alles Weitere ab, indem er, einen Fluch zwischen den Zähnen murmelnd, die Thür zusperrte.

Konstanze, die mir auf dem Fuß gefolgt war, hatte Alles vernommen.

Vielleicht hören wir es bei ihm.

Wir fuhren nach dem Palais des Fürsten. Die Fahrt ging langsam; ein orcanartiger Wind sauste durch die Straßen und der arme Gaul schleppte nur mit Mühe den hin- und hergleitenden Wagen durch den lockeren Schnee. Die langsame Fahrt war ein Bild der Reue, die schwerfällig hinter der schlimmen That einherzieht, die sie nie erreichen kann. Endlich langten wir an.

Als wir ausstiegen, warf ich unwillkürlich einen Blick nach dem Himmel. Aus einer freien Stelle, die sich schwarz aus den weißen, pfeilschnell dahintreibenden Wolken heraus hob, blinkten die ewigen Sterne. Und die Worte aus Konstanzens Lieblingslied fielen mir ein:

> Am Tage die Sonne
> Wohl hat sie mich gerne;
> Ich aber, ich liebe
> Die nächtigen Sterne.

Ach, diese Sternen-Liebe, sie hatte die Arme geführt bis hierher, wo die Schwester in dieser fürchterlichen Nacht an das Haus, an die Thür des Bruders pochte, der einst ihr Geliebter gewesen war!

Das Palais war dunkel; nur die beiden Laternen vor dem Portale brannten und ihr gelbliches Licht, in welchem die Schneeflocken jetzt wieder herabzutanzen begannen, leuchtete matt, wie es vor einem Jahre jener unseligen Begegnung zwischen Konstanze und mir an dieser selben Stelle geleuchtet hatte.

Ich zog die Glocke; ich hörte durch die Thür ihren blechernen Klang in dem steinernen Flur dumpf widerhallen, wie in einem weiten Grabgewölbe. Niemand kam. Endlich nach Minuten tödtlicher Erwartung wurde aufgeschlossen; ein Diener mit einem Licht in der Hand stand vor mir. Der Mann hatte ein weingeröthetes Gesicht und verglaste Augen; offenbar hatte man in der Bedientenstube die Abwesenheit des Herrn trefflich benutzt. Er war im Begriff, mir die Thür vor dem Gesichte zuzuschlagen; aber ich drängte mich hinein, und jetzt erkannte mich der Mensch, der mich heute Nachmittag zweimal in dem Palais, vielleicht auch schon in Rossow gesehen hatte. Er beantwortete meine Fragen mit widerlicher Unterwürfigkeit: Se. Durchlaucht seien vor einer halben Stunde mit dem Herrn Grafen fortgefahren, nicht in der Equipage, sondern in einer Droschke, die er selbst vom Platze gerufen habe. Er wisse nicht, wohin Se. Durchlaucht gefahren sei; Se. Durchlaucht bedienten sich manchmal einer Droschke, — hier lächelte der Kerl vertraulich — Se. Durchlaucht werde jedenfalls erst spät zurückkommen, wenn er überhaupt zurückkomme, denn er für sein Theil habe die Erlaubniß erhalten, zu Bett zu gehen —

Es war augenscheinlich die höchste Zeit, daß der Mann von dieser Erlaubniß Gebrauch machte, denn er schwankte hin und her, während er mir mit lallender Stimme so erzählte. Es war genau dieselbe Nachricht, die ich schon an der andern Stelle eingeholt; die beiden Parteien hatten bereits die Stadt verlassen, um sich, der Himmel weiß wohin zu begeben, wo das Zusammentreffen ohne Furcht vor Störung von Statten gehen mochte. Wir konnten nichts mehr thun und so sagte ich Konstanzen.

Ich will nach Hause gehen und beten, sagte sie.

War es eine Reminiscenz aus dem Trauerspiel? war es für sie wirklich der Schluß der Tragödie ihres Lebens? aber sie sprach, während ich sie wieder nach Hause brachte, kein Wort; nur einmal sagte sie: Ihnen wenigstens habe ich zu Ihrem Glück verholfen. Ich weiß nicht, wie sie es gemeint hat.

Neunundzwanzigstes Capitel

Als ich nach Hause kam, war es ein Uhr; mir war das unbegreiflich. Ich hatte die Empfindung, als ob nicht Stunden, sondern Wochen vergangen wären, seit ich Hermine zuletzt gesehen. Ich ging auf den Fußspitzen in unser Schlafgemach und beugte mich über ihr Bett. Sie lag so ruhig da, den einen Arm über den Kopf gelegt, den andern auf der Bettdecke, wie ein schlafendes Kind. Und wie eines Kindes war der Ausdruck ihres Gesichtes, als wenn ein glücklicher Traum durch ihre Seele zöge. Es kam mir wie ein Verbrechen vor, mit der Welt von Schmerz und Jammer in meinem Herzen neben dieser seligen Ruhe zu wachen, und wie hätte ich schlafen können! So schob ich denn leise den Schirm wieder vor die Nachtlampe und ging leise aus dem Schlafgemach durch die dunklen Wohnzimmer in das meine, wo ich bereits ein Licht entzündet hatte.

Und in dem düstern Schein dieses Lichtes, das nur hier und da einen der Gegenstände hervortreten ließ, saß ich stundenlang vor dem Kamin, in welchem längst das letzte Fünkchen in der Asche verglimmt war, unsäglich Schmerzhaftes in meiner verstörten Seele wälzend. Vergeblich, daß ich an den alten heiteren Muth appellirte — er schien erkaltet, wie die Kohlen dort vor mir, die auch einst heiß geglüht und frisch geflackert hatten, — vergebens, daß ich mich an all' das Gute, Liebe zu erinnern suchte, das mir das Leben gebracht, woran mein Leben ja noch immer reich war — es wollte mir nichts in dem alten Lichte erscheinen: alles grau und todt und leer, als wäre die Welt eine einzige Brand- und Trauerstätte, auf der jeder Baum verkohlt und jedes Blatt vertilgt war, und als wandelte ich trostlos, verlassen umher zwischen den Ruinen vergangener Herrlichkeit.

Endlich mußte mich doch die Abspannung nach so ungeheurer Aufregung überwältigt haben.

Und mir träumte: es war eine graue Dämmerung, die nicht Nacht und nicht Tag war. Ich schweifte allein auf der kahlen Fläche des Zehrendorfer Vorgebirges, über die ein scharfer, rauher Wind vom Meere her fegte. Es war ganz kahl und öde und nichts außer mir zu sehen, als die Ruine der alten Zehrenburg, die stumm und trotzig in die Dämmerung ragte. Aber als ich herantrat, war es nicht mehr die Burg, sondern ein riesenhaftes Bildniß von Stein, das wiederum niemand anderes war, als der wilde Zehren, der mit den starren, glanzlosen Augen nach Westen schaute, wo im ewigen Meere die Sonne auf immer für ihn versunken war. Und trotzdem kein Licht die graue Dämmerung erhellen wollte, blinkte hell und lustig ein goldenes Geschmeide, das der steinerne Riese, der der wilde Zehren war, um den Hals trug, und so blitzten die goldenen Sporen an den steinernen Füßen und blitzte die nackte Klinge des breiten Ritterschwertes, das quer über seinen steinernen Knieen lag. Und als ich noch immer mit Grausen das Bildniß betrachtete, kam eine kleine Gestalt durch den hohen Ginster und näherte sich dem steinernen Riesen, den sie von allen Seiten lauernd umschlich. Die kleine, seltsame Gestalt war aber der Commerzienrath, und er schnitt die drolligsten Gesichter und machte die wunderlichsten Capriolen, als er den Riesen so fest schlafend fand. Plötzlich fing er an, an den Knieen hinaufzuklettern, stellte sich auf die Fußspitzen und nahm dem Riesen die goldene Kette vom Halse, die er selbst umhing, sprang dann hinab und nahm das Schwert; zuletzt auch die goldenen Sporen, die er sich an die eigenen Füße schnallte. So schritt er mit lächerlicher Grandezza in des Ritters Schmuck hin und her, versuchte das Schwert zu schwingen, das er nicht heben konnte, während er mit den Sporen fortwährend im Ginster hangen blieb, und die schwere Kette ihm die Schultern zusammendrückte, daß er plötzlich ein alter Mann mit krummem Rücken wurde, der sich kaum auf den Füßen halten konnte, und trotzdem versuchte, auf der scharfen Uferkante hart am Rande der Kreidefelsen, die lothrecht hinabfielen zur See, einher zu balanciren, wie ein Seiltänzer auf dem Seil. Ich wollte ihm zurufen, er solle das gewagte Spiel sein lassen, um Herminens Willen, aber ich konnte nicht rufen, ich konnte mich nicht bewegen, und plötzlich taumelte er über den Rand; ich hörte, wie der Körper unten auf den Kieseln des Strandes aufschlug, und der Riese fing an zu lachen, so laut, so dröhnend, daß ich jäh emporfuhr, und mit wildklopfendem Herzen mich in dem Zimmer umsah, in welches durch die Gardinen eine graue Dämmerung hineinfiel, die nicht Nacht und nicht Tag war, gerade wie in dem Traum, und so hörte ich auch noch immer das dröhnende Lachen; aber es waren Schläge, mit denen eine ungeduldige Hand gegen die Hausthür pochte. Ich verließ das Zimmer, um selbst zu öffnen.

Was giebt es?

Eine Empfehlung an Herrn Hartwig, und — und, ach, Sie sind es ja selbst!

Es war der Hausknecht aus dem Hotel, in welchem mein Schwiegervater schon seit einer Reihe von Jahren wohnte, so oft er in der Stadt war.

Ja, ja, was giebt's?

Eine Empfehlung, stammelte der Mann, von meinem Herrn, und — und der Herr Commerzienrath ist soeben in seinem Bette todt gefunden worden.

Ich sah dem Mann starr in das Gesicht; er glaubte vermuthlich, daß ich ihn nicht verstanden habe, und stotterte seine ungeschickte Bestellung noch einmal her; aber ich hatte ihn ganz gut verstanden, wenigstens was die Worte betraf. Der Commerzienrath war in seinem Bette todt gefunden worden. Das spricht sich ja ganz leicht, und man versteht es ja auch ganz leicht. Der Herr Commerzienrath ist in seinem Bette todt gefunden worden!

Ich werde gleich kommen, sagte ich.

Der Mann eilte davon; ich ging in mein Zimmer zurück, zog meinen Ueberrock an, setzte meinen Hut auf, nahm statt der hellen Handschuhe, die ich gestern Abend getragen, ein paar dunkle — ganz mechanisch, als ob ich zu einem einfachen Geschäftswege auszugehen hätte. Der Commerzienrath ist in seinem Bette todt gefunden worden, wiederholte ich, wie ich die Meldung wiederholt haben würde, wenn sie auf dem Bureau eingetroffen wäre: der Kessel in der und der Werkstatt ist geplatzt.

Dann zuckte ich auf einmal zusammen, als wäre mir ein Stich in's Herz gefahren: Armes Kind, murmelte ich, armes Kind! Wie wird sie es nehmen? aber es giebt so viel Unglück in der Welt, so viel Unglück, und es war ja ein alter Mann!

So verließ ich das Haus, in welchem sich jetzt die Leute zu regen begannen.

Sie gehen heute früh aus; sagte der Portier, der eben aus seiner Loge kam. Es ist doch nichts in der Fabrik passirt?

Ich antwortete nicht; erst auf der Straße fiel mir ein, was der Mann gesagt hatte. Es war gegen sieben Uhr und bereits vollkommen hell. Der Wind war nach Westen umgesprungen und fegte durch die

Straßen. Es regnete; von den Dächern rannen Wasserbäche, und der in der Nacht reichlich gefallene Schnee hatte sich zum größten Theil in grauen Schlamm verwandelt, durch den sich die Brod- und Milchkarren traurig schleppten. Mich fröstelte, und ich sagte mir, daß es ein sehr häßlicher, böser Morgen sei, aber zu einer anderen Empfindung konnte ich es nicht bringen. An einer Ecke begegnete mir ein Leichenwagen ohne Gefolge. Der Kutscher auf seinem hohen Bock hatte sich den dreieckigen Hut tief in das Gesicht gedrückt, die abgetriebenen Gäule gingen halb Schritt, halb Trab, der Wagen glitt in dem grauen Schneeschlamm hin und her und das schwarze, fadenscheinige Bahrtuch, das über den Wagen gedeckt war, peitschte der Wind hinüber und herüber. Das kann doch nicht schon der Commerzienrath sein? sagte ich, dem unheimlichen Fuhrwerk gedankenlos nachblickend.

So kam ich zu dem Hotel.

Nummero Elf, die erste Thür rechts, wenn Sie die Treppe hinauf kommen! sagte der Portier.

Er begleitete mich die Treppe hinauf, wohl mehr aus Neugierde, als aus Theilnahme, und erzählte, der Herr Commerzienrath seien gestern Abend mit dem letzten Zuge angelangt und ganz besonders munter gewesen, und er hätte den Auftrag gehabt, den Herrn Commerzienrath heute Morgen um halb sieben Uhr zu wecken, weil der Herr Commerzienrath ein Billet an den Herrn Hartwig zu schicken habe. Und er habe zur Minute an die Thür geklopft, und der Herr Commerzienrath habe ganz deutlich gerufen: es sei gut, und Louis soll den Kaffee bringen, und als Louis zehn Minuten später den Kaffee gebracht, da habe der Herr Commerzienrath nicht geantwortet, und sei todt gewesen. Wer sollte das gedacht haben, so ein rüstiger, alter Herr! Und es sei auch gleich nach dem Doctor Snellius geschickt worden, weil er der Hausarzt von dem Herrn Hartwig sei, und der Herr Doctor werde gewiß jeden Augenblick kommen. Diese Thür, Herr Hartwig, diese Thür!

Die Thür war nur angelehnt. Der Wirth des Hotels, der Oberkellner, und noch ein anderer, wenn ich mich recht erinnere, standen mitten in dem großen, zweifenstrigen Gemach, in welches durch die nur halb zurückgezogenen Vorhänge der düstere Morgen düster hereinblickte. Vor dem Bett, ganz im Hintergrund des Zimmers, brannten auf einem Nachttische zwei Lichter.

Wir haben Alles so gelassen, wie wir es gefunden haben, sagte der Wirth mit gedämpfter Stimme, während er mit mir auf das Bett zuging. Es ist Grundsatz bei mir, in solchen Fällen die größte Discretion zu beobachten. Man braucht sich dann hinterher keine Vorwürfe machen zu lassen, und erspart sich viele Unannehmlichkeiten. Der Herr Commerzienrath liegen noch genau so, wie ihn Louis gefunden hat, und da steht auch noch das Kaffeebrett, wie es Louis aus der Hand gesetzt hat.

Da stand das Kaffeebrett, wie es Louis aus der Hand gesetzt, und da lag der Commerzienrath, wie ihn Louis gefunden. Das Licht von den beiden Kerzen, die lange, feurige Schnuppen angesetzt hatten, fiel hell genug in sein Gesicht, auf das ich jetzt herabblickte. Und die Gesichter noch zweier Todten traten mir vor die Seele: das des wilden Zehren und das meines theuren, väterlichen Freundes. In den finstern Zügen des Wilden hatte düsterer Trotz gelegen, wie auf dem eines Indianer-Häuptlings, der am Marterpfahle Spottlieder auf seine Peiniger singt; auf dem milden Antlitz seines größeren Bruders hehre Ruhe, wie eines Heilands, der da weiß, daß er nicht für sich gestorben ist. Wie anders war dies Gesicht! Um den großen Mund etwas wie das hämische Lächeln, das ihm gewöhnlich war, wenn er Jemand überlistet zu haben glaubte; die Augen halb geschlossen, wie er es zu thun pflegte, wenn er nicht sehen lassen wollte — und wann hätte er das je gewollt! — was er im Schilde führte; über das ganze, alte, verschrumpfte, gelbe Gesicht die trügerische Wolke ausgebreitet, in die er sich zu hüllen liebte, — nur daß er die Wolke jetzt noch ein wenig dichter um sich gezogen, nur daß dies nicht eines seiner alten Tintenfisch-Manöver, nur daß es der Tod war.

Und wir sind gestern Abend noch so munter zusammen gewesen, flüsterte der Wirth; wir haben bis halb Zwei im Speisesaal gesessen und drei Flaschen Champagner getrunken; der Herr Eisenbahndirector Schwelle war auch da. Ich habe den alten Herrn genug gewarnt; in seinen Jahren muß man doch ein wenig vorsichtiger sein. Und hier liegt ja auch noch das Billet, das heute Morgen an Sie geschickt werden sollte.

Es war ein Blatt, welches er aus seiner Brieftasche gerissen haben mußte; halb voll geschrieben; der Bleistift, mit welchem er geschrieben, lag dabei. Ich hob das Blatt auf; die Schriftzüge waren sehr leserlich, ja fester, als ich sie in der letzten Zeit von ihm gesehen: »Lieber Sohn, ich bin gestern Abend angekommen und möchte Sie gern sprechen, bevor Sie aus der Fabrik nach Hause gehen. Warten Sie also auf mich, wenn ich bitten darf. Ich muß noch vorher zur Börse, wo ich heute vielen neidischen Gesichtern begegnen werde. Man wird heute sehen, wie schnell ein alter Practicus kleine Scharten auswetzt, doch darüber Näheres mündlich. Laßt doch absagen, falls Ihr heute ausgebeten wäret, ich möchte gern einmal wieder mit Euch essen. Aber ich bitte, keine Umstände! Nur, wenn es sein kann, mein Lieblingsgericht, Magdeburger Sauerkraut und etwa —

Der Küchenzettel war nicht fertig geworden; und da lag der Gast — ein sehr stiller Mann.

Der Tod hat ihn mitten im Schreiben überrascht, sagte der Wirth, dessen Discretion ihm doch erlaubt hatte, an meiner Schulter vorbei in das Blatt zu blicken. Wie schnell das manchmal —

Plötzlich stand der Doctor an unserer Seite; ich hatte ihn nicht kommen hören. Er nickte mir nur stumm zu, und beugte sich über den Todten. Das dauerte einige Zeit. Dann richtete er sich auf — er brauchte nicht lange Zeit dazu, der kleine, gute Doctor — und sagte zum Wirth gewendet: möchten Sie mir wohl ein Weinglas reinen Jamaica-Rums zum Sieden bringen lassen; aber zum Sieden und reiner Rum muß es sein! Sie thäten vielleicht besser, selbst nachzusehen.

Gewiß, gewiß! sagte der Wirth; ich halte es für meine Pflicht, bei dergleichen Fällen Alles zu thun, was in meinen Kräften steht.

Und Sie gingen wohl und sorgten dafür, daß ich es gleich bekomme; und Sie, junger Herr, sagten meinem Kutscher, daß er warten solle.

Zu Befehl, zu Befehl! riefen die Kellner, und eilten ihrem Chef nach.

Haben Sie denn Hoffnung? fragte ich.

Der Doctor antwortete nicht. Er hatte noch einen schnellen Blick auf die Thür geworfen. Dann trat er rasch an's Bett, schlug die Decke zurück, die der Todte sich über Brust und Arme bis an's Kinn gezogen hatte, und dann sah ich, wie er ein kleines Fläschchen, das er irgend wo unter der Decke, aus den erstarrten Händen des Todten vielleicht, genommen hatte, zuerst vorsichtig an die Nase führte, es dann in ein Blatt Papier wickelte und in die Westentasche steckte.

Es hat zu schnell gewirkt, sagte der Doctor; er hat das nicht einmal mehr hinter's Bett werfen können. Wenn es nicht anderweitig nothwendig ist, braucht Ihre Frau ja wohl nicht zu erfahren, daß ihr Vater sich vergiftet hat!

Ich stöhnte laut.

Muth, Muth! sagte der Doctor, es ist dies eine Welt, in der es manchmal verzweifelt dunkel wird. Aber das läßt sich nicht ändern, und Sie haben jetzt an Weib und Kind zu denken.

Als ich eine Stunde später nach Hause ging, heulte der Frühlingswind noch gerade so durch die verregneten Straßen wie vorhin, und genau an derselben Ecke, wie vorhin, begegnete mir derselbe Leichenwagen, der jetzt in demselben schlotternden Trabe zurückkam. Ich sah ihn an, ohne die leiseste Regung einer Empfindung, die für immer in meiner Brust ausgestorben schien. Ja, ja, der Doctor hatte Recht: es wird manchmal um uns her verzweifelt dunkel in dieser Welt; und ich glaubte nicht, daß sie mir noch dunkler erschienen sein würde, hätte ich gewußt, was ich nicht wußte, daß in dem Palais des Fürsten, an welchem ich auf meinem Wege nach Hause vorüber mußte, seit einer halben Stunde hinter den heruntergelassenen Vorhängen der

Letzte aus dem Mannesstamm der Fürsten von Prora-Wiek, Grafen von Ralow, sein junges Leben unter den Händen der Aerzte aushauchte.

Dreißigstes Capitel

Es wird manchmal verzweifelt dunkel in dieser Welt — aber wer darf sagen: nun kann es nicht dunkler werden!

Als ich nach Hause kam, gab es da ein Rennen und Laufen: es war so schnell gekommen! vor einer Stunde hatte die Frau heftig geschellt, und ich nicht zu finden! Die Frau war darüber ganz außer sich gerathen, glücklicherweise sei die nöthige Hülfe schnell zur Hand gewesen; nur der Herr Doctor —

Er folgt mir auf dem Fuße, sagte ich, und eilte in das Gemach, aus dem mir ein herzzerreißendes Wimmern entgegenschallte.

Muth, liebster Freund, Muth, sagte der Doctor ein paar Stunden später; es ist ein wenig vor der Zeit, und — indessen es hat schon schlimmere Fälle gegeben; ich denke — aber bleiben Sie ein paar Minuten hier und schöpfen Sie ein wenig Athem; Sie sind furchtbar aufgeregt; Sie halten es nicht aus.

Muß sie es doch aushalten! rief ich, die Hände ringend.

Freilich! sagte der Doctor, kommen Sie.

Es war ein schöner Tag geworden nach der eisigen Nacht und dem grauen Regenmorgen; die Märzsonne war glorreich durch die Wolken gebrochen und schien blendend herab aus dem hellblauen Himmel; von allen Dächern tropfte es, aus allen Rinnen sprudelte es, und in dem schwarzen Geäst der Bäume in dem Garten, auf welches die Fenster des Zimmers gingen, flatterten und zwitscherten die Vögel und verkündeten, daß nun der Winter zu Ende und der Frühling wieder da sei.

Ach, ich hatte kein Ohr für diese Botschaft; ich glaubte nicht an den goldenen Sonnenschein, nicht an den blauen Himmel, nicht an die rinnenden Frühlingswasser — ich harrte einer anderen Verkündigung — in heißen Gebeten und brünstigen Gelübden, wie sie nur aus dem Herzen eines Mannes in solcher Stunde steigen können — und sie ward mir, diese Verkündigung — als die Sonne zur Rüste ging — in einem kleinen feinen Stimmchen, das mich durchschauerte, wie den harrenden Gläubigen das Säuseln des Windes, in welchem sich der Herr nahte.

Ja, nun war es Frühling! ich sah die Frühlingssonne in dem glückseligen Lächeln der armen Dulderin; ich sah den köstlichsten Frühlingshimmel in ihren blauen Augen, die jetzt in einem milden, schimmernden Glanz, wie ich es nie gesehen, zu mir empor lächelten, und sich dann liebevoll auf unser Kind senkten.

Es ist nun doch ein Mädchen, flüsterte sie, und Du wirst sie schrecklich verziehen und viel lieber haben als mich; aber ich will nicht eifersüchtig sein, ich verspreche es Dir!

Und am nächsten Tage schien wieder die Sonne, und der Himmel war blau und die Vögel jubilirten. —

Wenn das Wetter anhält, können wir bald nach Zehrendorf, sagte sie; es ist gut, daß Du mit dem Fürsten noch nicht definitiv abgeschlossen hast; er ist ja sehr, sehr liebenswürdig gegen uns gewesen; aber besser ist besser, und ich denke, Du überlegst die Sache noch einmal mit dem Vater. Warum der Vater nur nicht kommt? Du hast doch recht dringend geschrieben —

Gewiß, er ist jedenfalls verreist; aber Du sollst ja nicht so viel sprechen —

Ich fühle mich ganz kräftig; ich wollte nur, ich könnte der Kleinen von meiner Kraft abgeben! Lieber Himmel, so ein Riese von Vater und so ein kleines Kindchen! Aber es hat Deine Augen, Georg!

Ich hoffe, es hat Deine Augen.

Weshalb?

Weil es dann die schönsten hätte, die es haben kann.

Schmeichler! aber um auf Zehrendorf zurückzukommen: wir werden es schon der Kleinen wegen behalten müssen, der die Landluft durchaus nothwendig ist, wie der Doctor sagt. Ach, ich sehe uns schon unter der großen Buche sitzen, — die ich gerettet habe, weil Sie Ihren Namen eingekritzelt hatten, für eine Andere mein Herr! — und nun mit seiner Frau und seinem Kind ganz prosaisch-hausväterlich an derselben Stelle, wo man romantisch geschwärmt hat — ist das nicht sehr komisch?

Ja, ja, es ist sehr komisch; aber jetzt mußt Du auf alle Fälle schweigen.

Zu Befehl, mein Gebieter!

Und dabei lachten ihre blauen Augen so übermüthig und sie war so voller Lebenslust und Lebensfreude, und so heiter und voller drolliger Einfälle — es schnitt mir in's Herz, wenn ich sie so sah und hörte und — unter dem Vorwand dringender Geschäfte — sie verlassen mußte, um ihren Vater zu begraben, der in der Furcht vor der Schande eines schmählichen Banquerotts zum Selbstmörder geworden war. Aber dann war auch dieser Tag wieder der schönste, goldigste Frühlingstag: von den Dächern tropfte es nur noch hier und da, denn die helle Sonne und die warme Luft hatten die Nässe hinweggetrocknet; an dem Himmel, dessen Blau dadurch noch tiefer erschien, standen große, weiße Wolken, und die Vögel in den knospenden Bäumen dachten jetzt ernstlich daran, ihre junge Wirthschaft einzurichten, — wer hätte da, trotz alledem, nicht hoffnungsvoll in die Zukunft sehen sollen, die Alles wohl besser machen würde! wer sich der winterlichen Sorgen nicht entschlagen, wenn er sah, wie Alles trieb und keimte und blühte, aber:

> Es fiel ein Reif in der Frühlingsnacht,
> Er fiel auf die zarten Blaublümelein —

Und diese schwermüthigen Verse des Volksliedes sollen euch sagen, was ihr mir anders, oder ausführlicher zu sagen gern erlaßt! Sie bedürfen keines Commentars, diese Verse, so wenig, wie zwei frische Gräber, ein größeres und ein sehr kleines Grab, die man nahe, ganz nahe neben einander aufgeworfen, und die Kränze, mit denen die Hand der Liebe die Hügel bedeckt hat.

Einunddreißigstes Capitel

Nur die Arbeit kann uns frei machen.

Ich hatte in den zwei folgenden Jahren Gelegenheit, diesen obersten Satz der Weisheit meines Meisters nach allen Seiten hin zu erproben.

Ja, wahrlich, die Arbeit hat mich frei gemacht!

Wovon?

Zuerst von den Maschen des unredlichen Gespinnstes, in welches mich die Verbindung mit meinem Schwiegervater verwickelt, den Maschen, von denen er sich durch seinen jähen Tod Knall und Fall losgerissen, und aus denen ich mich mit unsäglicher Mühe allmälig loslösen, die ich entwirren, schlichten, ordnen mußte, wollte ich nicht Schande und Schmach auf den Namen des Mannes fallen lassen, der der Vater meiner Gattin gewesen war.

Es stellte sich heraus, daß er, wie ein verzweifelter Spieler die Partie vor der Zeit verloren gegeben. Aber freilich, das ist nicht ganz das rechte Wort. Für ihn war die Partie verloren, denn, was ihn einzig hätte retten, was ihn allein hätte frei machen können — wie es mich frei gemacht hat, der ich des Mannes Soll und Haben übernahm — die gewissenhafte, ehrliche, mannhafte Arbeit — sie war ihm unmöglich; er hatte sie nie geübt, er hatte niemals Achtung vor ihr gehabt, hatte nie an sie geglaubt und an ihre gewaltigen Resultate. Wenn ich ihm begeistert von der Zukunft sprach, der unsere Fabrik entgegenblühe, und daß von der wüsten Trümmerstätte aus, die er Jahre lang mißachtet, ein Strom des Lebens und Reichthums ausgehen werde in alle Lande — da hatte er stets nur hämisch-ungläubig gelächelt und mich einen Schwärmer, einen Phantasten gescholten, der sich noch häßlich die Finger verbrennen, oder doch höchstens für Andere die süßen Kastanien aus den Feuern seiner Hochöfen holen werde.

Und er war hingegangen und hatte weiter gespielt an der Börse, in Actien, in ausländischen Fonds, in Spiritus, in Baumwolle, der Himmel weiß, worin, wie er früher in Contrebande und unversicherten Schiffen gespielt hatte, bis die Karten so gegen ihn schlugen, daß er keinen Ausweg sah, als den grünen Tisch und das Leben zugleich zu verlassen.

Ich konnte mich nie von dem Gedanken losmachen: es habe die Scham, vor mir, gegen den er stets so groß gethan, nun so klein dazustehen, mir einräumen zu müssen, daß ich mit meiner dummen Ehrlichkeit Recht gehabt, den Mann, der keine Spur von echtem Stolz, aber eine immense Eitelkeit besaß, mit in den Tod getrieben. War es doch nun für immer vorbei mit seiner Weisheit, seiner Ueberlegenheit, war es nun doch vor Allem vorbei mit seiner Herrschaft, und — er gönnte mir die Nachfolge nicht, um so weniger, als ich ihm oft genug in Scherz und Ernst prophezeit, daß eine neue Zeit gekommen sei, eine Zeit der Brüderlichkeit, der Billigkeit, der Gerechtigkeit, der gegenseitigen Hilfsbereitschaft, und daß der Egoismus mit seinen kleinlichen Mitteln, mit seinen Praktiken und Kniffen für diese neue, große Zeit nicht mehr ausreiche.

Vielleicht, daß auch Einer oder der Andere meiner Leser findet, ich habe, indem ich also prophezeite, den Mund etwas vollgenommen, und daß jene goldene Zeit, von der ich spreche, heute noch wie damals in dem Schooße der Götter liege.

Aber ich schreibe keine Geschichte, als die meines Lebens, und da kann ich nur sagen: wenn mein Temperament sanguinisch und meine Weltanschauung demzufolge zum Optimismus geneigt ist, so haben meine individuellen Erfahrungen nach dieser Seite hin mir das leichte Blut nicht getrübt und meinen frommen Glauben an die Güte der Menschennatur und vor Allem an den wachsenden Sieg des Guten und Tüchtigen in unserer Zeit nicht erschüttert. Ich habe auf dem industriellen und öconomischen Gebiete nur überall da, wo der Fleiß mit der Redlichkeit einen festen Bund geschlossen, dauernde Erfolge gesehen und wenn es in der Politik hier oder da einmal anders zu sein scheint, so ist es eben wohl nur ein Schein, der für eine Zeit die Menge blendet, um über kurz oder lang zu zerrinnen und der tristen Wirklichkeit Platz zu machen.

Doch, wie gesagt, ich schreibe nur die Geschichte meines Lebens, welches mich das und nichts Anderes gelehrt hat, und in keiner Periode eindringlicher, als gerade in der, von der ich eben spreche. Und wäre ich der schlimmste Pessimist, der schwarzgalligste Menschenhasser gewesen, mich hätten die Beweise der Liebe, Güte und

Hilfsbereitschaft, die mir von allen Seiten zu Theil wurden, eines Anderen und Besseren belehren müssen.

Von allen Seiten, selbst von solchen, an die ich nicht im Entferntesten gedacht hatte!

Zum Beispiel nicht an den alten Mann, den ich während des Baues der neuen Fabrik oft in Schlafrock und Pantoffeln, ein schwarzes Käppchen auf dem kahlen Kopfe und eine lange Pfeife in dem zahnlosen Munde, an dem Stacket hatte stehen sehen, welches den Bauplatz von dahinterliegenden Gärten trennte, und mit dem ich hin und wieder, ohne zu wissen und ohne zu fragen, wer er sei, ein paar freundliche Worte gewechselt hatte. Dieser alte Mann nun kam in jenen fürchterlichen Tagen, als das häusliche und geschäftliche Unglück wie mit Keulenschlägen auf mich einfuhr, zu mir und stellte sich mir als den Rentier Weber, den früheren Besitzer des Grundstücks vor, und er habe gehört, daß es mit den Angelegenheiten meines verstorbenen Schwiegervaters nur so so stehe, und da sei er denn gekommen, mir zu sagen, es habe mit der Bezahlung — mein Schwiegervater hatte mir gesagt, daß der Kaufschilling bis auf den letzten Heller bezahlt sei! — keine Eile, und er habe wohl gesehen, wie ich mich der Sache annähme, und wie ich immer wacker zugegriffen, wo es nöthig gewesen. Dem alten Herrn würde er keinen Thaler geliehen haben, aber für strebsame, junge Leute, wie ich, habe er schon noch ein paar tausend Thälerchen liegen, so ein zehn oder zwanzig, je nachdem, und wenn ich die brauchen könne, so möge ich nur zum alten Maurermeister Weber kommen, ich würde ihn zu Hause finden.

Und ein paar Tage später kam ein Brief in einer großen kindischen Hand und mit den wunderlichsten orthographischen Fehlern von dem guten Hans: daß von dem Vermögen seiner Mutter, über welches er frei disponiren dürfe, trotz alledem noch immer ein bedeutender Rest übrig sei, der mir bis auf den letzten Pfennig zur Verfügung stehe. Weil er aber nicht allsogleich an dies Geld kommen könne, habe er vorläufig in allen seinen Röcken und Schubläden eine sorgfältige Suche angestellt mit überraschend günstigen Resultaten, und erwarte er von meiner Freundschaft, daß ich ihm erlaube, mir dies Geld umgehend zu schicken. Schließlich wisse ich wohl, daß er ein besserer Landmann sei, als es den Anschein habe, und wenn ich ihm verstatten wollte, ein- oder zweimal des Tages nach Zehrendorf hinüber zu galoppiren und ein wenig nach dem Rechten zu sehen, so würde ich ihm und seinem Braunen damit eine wahre Wohlthat erweisen.

Daß der gute Doctor mir jetzt zum dritten Male sein Vermögen anbot, brauche ich wohl kaum zu erwähnen; aber dies und Alles, wie sehr es mich auch rührte und erfreute, hat mich doch nicht so erschüttert und ist auch auf meine Zukunft nicht von so großem Einflusse gewesen, als das Anerbieten, welches mir im Namen sämmtlicher Arbeiter der Fabrik eine Deputation machte, deren Sprecher Herr Roland war. Sie hätten gehört, daß die Angelegenheiten nicht so ständen, wie sie sollten und daß Gefahr sei, die Fabrik werde in andere Hände übergehen. Diese Möglichkeit erscheine Allen als die schrecklichste, und sie seien männiglich entschlossen, dieselbe abzuwenden, wenn es, und so weit es in ihren Kräften stehe. Sie fragten demnach an, ob es mir meine schwere Lage erleichtern würde, wenn sie, Alle wie Einer und Einer wie Alle, auf einen Theil ihres Lohnes verzichteten, bis die Gefahr vorüber und ich im Stande sei, das Zurückbehaltene nachzuzahlen, ohne daß ich für den Ausfall zu haften hätte, im Fall die erwartete günstige Wendung nicht einträte.

Es dauerte einige Zeit, bis ich meine Rührung so weit bemächtigt hatte, um antworten zu können, und dann sagte ich den wackeren Männern, daß ich mit Nichten gesonnen sei, ihr großherziges Anerbieten anzunehmen, nicht, weil ich mich schämte, mir in meiner Noth von meinen Kameraden helfen zu lassen, sondern weil ich, Dank der gütigen Hülfe, die mir von anderen Seiten geworden, nach wie vor meine Verpflichtungen gegen sie erfüllen könne. Aber ich habe etwas anderes im Sinn. Und nun setzte ich den Männern ein Project auseinander, welches ich nach dem Muster ähnlicher Einrichtungen in England schon längst mit dem Doctor und mit Klaus geplant, und wonach Jeder der Arbeiter in dem Verhältniß seiner Kräfte, seines Verdienstes, seiner Mittel Theilhaber der Fabrik werden solle. Ich sagte den Männern auch, daß eine Zeit der Unsicherheit und der Krisis, wie die gegenwärtige, nicht die geeignete zur Ausführung dieses Projectes, daß ich aber mehr als je entschlossen sei, all meine Kräfte daran zu setzen, diese Zeit herbeizuführen, und daß ich vielleicht schon binnen Jahresfrist mein Wort einlösen zu können hoffe.

Und es war noch kein Jahr vergangen, als ich im Stande war, es einzulösen.

Nicht weniger glücklich war ich auf dem zweiten Punkte gewesen, den ich mit einer Art von Leidenschaft behauptet hatte, während ich so manches Andere willig aufgab. Zehrendorf war in meinem Besitz geblieben; ich hatte keine einzige der nützlichen Unternehmungen, die dort angefangen waren, eingehen zu lassen brauchen; im Gegentheil, es stand Alles in dem besten Flor, und ich hatte ein neues großes Werk: die Trockenlegung der ungeheuren Moore mit dem besten Erfolge begonnen. Das Gut war jetzt, wenn auch nicht den Preis werth, welchen der Commerzienrath dafür geforderte, so doch beinahe den, welchen mir der großherzige junge Fürst in der denkwürdigen Unterredung freiwillig geboten. Ich konnte nicht ohne Wehmuth den Brief betrachten, den er mir an jenem Abend, bevor ich zum zweiten Male zu ihm kam, geschrieben und in welchem er mir noch weit über jene Summe hinaus seinen Credit zur Verfügung gestellt hatte. Was war aus dem andern Brief geworden, in welchem er, falls er im Duell bleiben sollte, die Ausführung dieser Versprechungen seinem Vater an's Herz gelegt? Ohne Zweifel ist derselbe nie in die Hände, für die er bestimmt war, gelangt, denn der alte Fürst, der seinen Sohn noch mehrere Jahre überlebte, war ein großherziger, edel denkender Herr, und würde schon aus Pietät einem letzten Wunsch seines unglücklichen Sohnes gewillfahrt haben. Nun, die Unredlichkeit dessen, der jenen Brief unterschlug, ist mir zum Segen geworden. Ich hätte gewiß, wäre es von mir gefordert, in jenen ersten Tagen der Noth und Verwirrung das Gut ohne weiteres abgetreten; so, da Niemand es von mir verlangte, und ich es Herrn von Granow nicht für ein Viertel des Werthes schenken wollte, war ich genöthigt, es zu behalten, und ich konnte es halten, Dank der großmüthigen Unterstützung meines guten Hans, und — weshalb soll ich es nicht sagen? — Dank der ehrlichen Arbeit, die ich selbst daran gewandt habe.

Und ich hatte ihr noch mehr zu danken. Wie sie mich frei gemacht hatte von der Last der Verpflichtungen, die mir mein Schwiegervater jählings auf die Schultern gewälzt, so hatte sie mich auch in Drachenblut gebadet gegen die scharfen Pfeile, mit denen der Schmerz um den Verlust meiner holden Gattin und meines Kindes im Anfang mein Herz zerrissen hatte. Freilich, unter der starren Decke scheinbarer Unempfindlichkeit war die Wehmuth geblieben; aber die Thränen, die ich oft genug weinte, wenn ich des Abends, nach des Tages Mühe, in mein einsames Zimmer trat, oder, wenn ich in der Nacht erwachte und mich allein fand — sie hatten nicht mehr die ätzende Schärfe; sie flossen mild und weniger um den eigenen Verlust, als darüber, daß der kalte Hauch des Todes soviel Holdseligkeit, soviel Anmuth, soviel Scherz und Frohsinn und kecken Muthwillen vor der Zeit geknickt hatte. Und doch war auch hier wieder etwas, das fast ein Trost erschien. Wie ihr Vater wohl während seines ganzen Lebens nie ein Wesen geliebt hatte, als die schöne, einzige Tochter, so hatte sie ihn wieder geliebt, mochte er auch die Stolze, Hochgemuthe durch seine schlimmen, niedrigen Eigenschaften noch so oft gekränkt und beleidigt haben. Sein Tod, dessen Veranlassung aus gewissen Gründen doch nicht hätte ganz verborgen bleiben können, würde für sie ein furchtbarer Schlag gewesen sein und wie hätte sie sich in diese Zeit der Noth, der relativen Entbehrung, des manchmal verzweifelten Kampfes finden können, sie, die von frühester Jugend das Leben wie ein Festspiel genommen und genossen hatte, sie, die Kampf und Entbehrung nur vom Hörensagen kannte! Wie würde sie es ertragen haben, daß ihr Gatte, auf den sie so stolz war, den sie so hoch über allen anderen Menschen sah, der Schuldner fast aller seiner Freunde war! Und würde sie von Herzen das Fest mitgemacht haben, in welchem der Chef der Fabrik und seine Arbeiter ihre solidarische Verbindung für alle kommenden Zeiten feierten, und ich erklärte, daß von jetzt an zwischen uns nicht mehr von Herr und Arbeiter die Rede sein könne, daß wir alle gleicherweise Arbeiter des einen Geschäftes seien, welches keinen Herrn habe, als seine Arbeiter! Würde sie sich in solche Verhältnisse geschickt haben? O gewiß! denn ihre Liebe zu mir war größer als ihr Eigenwille und ihr Stolz! Ja, sie würde sich darein geschickt haben, denn sie war auch klug und konnte eine Rolle klüglich spielen, wenn sie es für nöthig hielt, aber sich darein finden, von Herzen zustimmen — das hätte sie wohl nie gekonnt, und dieser Gedanke blieb mir auf ihrem schönen Bilde wie ein Hauch, den das herzlichste Gedenken nicht fortzuwischen vermochte. Ich mußte mir sagen, daß ich vielleicht, daß ich wohl sicher in den Bestrebungen, die mir die theuersten und heiligsten waren, allein geblieben wäre.

Allein!

Ich weiß nicht, ob es Menschen giebt, die das Gefühl, allein zu sein, ertragen können; aber das weiß ich gewiß, daß ich nicht zu diesen Menschen gehöre. Und ich war allein zum ersten Mal seit vielen, vielen Jahren, viel mehr allein, als ich es während jener einsamen Lehrlingszeit in dem verfallenen Häuschen zwischen den Ruinen gewesen war. Damals hatte ich doch wenigstens die goldene Zukunft zur Gefährtin gehabt; jetzt lag diese Zukunft als Vergangenheit hinter mir, als unwiederbringlich Verlorenes. Ich schalt mich undankbar. Es war mir ja noch so Vieles geblieben, vor Allem die Freunde, die treuen Freunde! Da war mein guter Doctor Snellius, da war mein braver Klaus, da war drüben auf der Insel mein alter, ehrlicher Hans, und selbst das gute Fräulein Duff hätte ich haben können, wenn ihre hochbetagten Eltern in Sachsen, bei denen sie jetzt verweilte, sie auch schwer entbehrt haben würden. Da waren vor Allem Kurt und Benno, die jetzt zu stattlichen jungen Männern herangereift waren, und die ich oft im Scherz meinen Stab und meine Stütze nannte. Im Scherz und Ernst, denn Kurt war in diesen Jahren die Seele des technischen Bureaus geworden, in der Ueberlegenheit seines Wissens und Könnens von Allen, selbst von Herrn Windfang, willig anerkannt; und Benno, der halb aus Neigung, halb mir zu Liebe Landmann geworden war, wußte in Zehrendorf sein naturwissenschaftliches Genie in einer Weise zu verwerthen, die Alle, welche etwas davon verstanden, in Erstaunen setzte.

Nein, wahrlich, es fehlte mir an Freunden nicht — abgesehen selbst von den hunderten von wackeren Männern, in deren Mitte ich lebte, und die mir auf einen Wink durch Feuer und Wasser und in jede Gefahr gefolgt wären — es war undankbar, entsetzlich undankbar, wenn ich von Alleinsein sprechen wollte, und ich sprach auch nicht davon; aber ich war allein, ich fühlte mich allein und die Arbeit konnte dies Gefühl nicht bannen, ja, es war, als ob die Arbeit nur dazu beitrüge, es zu verstärken.

Sie haben zu viel gearbeitet, sagte der Doctor; das hält auf die Dauer selbst eine Natur wie die Ihre nicht aus; Sie sollten sich einmal losreißen, eine kleine Reise machen, sich zerstreuen. Man muß die Brunel und Stephenson an Ort und Stelle studiren, wie die Raphael und Michel Angelo. Bleiben Sie nur nicht ganz so lange weg, wie Paula.

Der Doctor schien über die ihm entschlüpfte nahe Zusammenstellung meines Namens mit dem Paula's förmlich erschrocken, wenigstens stimmte er sich mit einem ganz besonders energischen Räuspern herab, blickte mich sehr unsicher durch die runden Brillengläser an, und sagte, wie als Antwort auf eine Frage meinerseits: Sie befindet sich sehr gut, ausgezeichnet; sie schreibt aus Meran —

Und der Doctor begann in gewohnter Weise nach dem betreffenden Briefe zu suchen.

Aus Meran? fragte ich, seit wann ist sie denn dort?

Seit — lassen Sie sehen — seit acht Tagen. Ich hielt einen kurzen Aufenthalt dort für angezeigt; das italienische Klima scheint ihr auf die Dauer doch nicht zu bekommen —

Aber ich denke, Doctor, Sie sagten noch eben, es ginge ihr sehr gut?

Nun ja; das heißt — ich meine — versteht sich, geht es ihr gut; aber besser ist besser, und sie ist ja auch nun lange genug dort gewesen; Oskar ist in Rom geblieben; — aber hat Ihnen denn das nicht Kurt schon Alles gesagt?

Kein Wort, und ich vermuthe daraus, daß er es selbst nicht weiß. Paula correspondirte ja fast nur noch mit Ihnen.

Ja, ja, freilich, sagte der Doctor; und ich fühlte auch wirklich die Verpflichtung, Ihnen oder den Jungen einen oder den anderen Brief vorzulesen, aber der Teufel weiß, wie es zugeht —

Und der Doctor faßte wieder nach seiner Brusttasche, stülpte dann, wie in Verzweiflung, den abgeschabten Hut auf den großen, kahlen Kopf, und eilte davon, mich wieder einmal in voller Ungewißheit darüber lassend, was denn eigentlich der Inhalt von Paula's Briefen sei, die der wunderliche Freund stets vergeblich in seiner Brusttasche suchte.

Daß dieser Inhalt dann und wann in directem oder indirectem Bezug zu mir stand, war wohl unzweifelhaft, denn welches Interesse hätte der Doctor sonst wohl gehabt, die Briefe so sorgfältig vor mir zu verheimlichen? Aber das war auch wirklich Alles, was ich bei mir feststellen konnte; im Uebrigen mußte ich mir, nicht ohne den tiefsten Schmerz, eingestehen, daß ich mich in Paula nicht mehr zu finden wisse, und weiter, daß sie selbst es zu verantworten habe, daß es das Resultat ihres Benehmens gegen mich sei, wenn ich es nicht mehr konnte, wenn mir die theuerste Freundin, meine Schwester, wie sie sich so oft genannt, eine Fremde und ein Räthsel geworden war. Weshalb? ich wußte es nicht, ich konnte es nicht ergründen. War es denn ein Verbrechen, daß ich sie einst geliebt hatte mit allen Kräften meiner jungen, hoffnungsfrohen, gläubigen Seele? daß ich, nachdem sie bei den verschiedensten Gelegenheiten in den verschiedensten Formen meine Liebe zurückgewiesen, wie ein Schiff gewesen war, welches von den Ankern steuerlos in die bewegte See hineintreibt? War es ein Verbrechen, daß ich selbst über meine Liebe zu Herminen sie nicht hatte vergessen können, wenn ich auch wußte, daß sie mir ewig fern bleiben würde, und daß ich nur immer zu ihr hinaufzusehen habe, wie zu den hohen Sternen am Himmel? Mußte ich das so schwer büßen, was mir doch so natürlich war, wie das Athemholen? Mußte sie mich deshalb aus dem Rath ihres Herzens, in welchem ich sonst so stolz gesessen, ausschließen? ihre Hoffnungen vor mir verbergen, ihre Pläne, Wünsche, ihre Triumphe, vielleicht auch so manche Enttäuschungen und Kränkungen, wie sie ja Keinem, und am wenigsten dem Künstler erspart bleiben? Mußte sie deshalb die innige Theilnahme, die sie früher an mir genommen, verleugnen, selbst in der Zeit, da alle meine Freunde sich um mich schaarten, mir mit Rath und That zu helfen, und wo sie nichts für mich hatte, als ein paar Zeilen, die sie mir aus Rom schrieb, und die kaum etwas Anderes enthielten, als den Ausdruck einer Sympathie, zu welcher in solchem Falle sich auch entfernteste Bekannte aufschwingen?

Ja, ich war ihr fremd geworden, sonst hätte ich ihre sanfte Stimme vernehmen müssen in der schauerlichen Nacht, die mich nach dem Tode Herminens umgab; und sie war mir fremd geworden, ich wußte kaum mehr von ihr, als die gleichgültigen Menschen, mit denen ich zusammen vor ihren Bildern auf der Ausstellung stand. Ich wußte ebensowenig, wie Jene, weshalb sie, deren frische, kecke Kraft auf ihren ersten Bildern alle Welt entzückt und hingerissen hatte, seit einiger Zeit nur noch melancholische Vorwürfe zu kennen schien: schwermüthig blickende Hirten, die in den ödesten Theilen der Campagna, zwischen den Trümmern vergangener Herrlichkeit, ihre Ziegen weideten; Schiffbrüchige an dem Strande der calabrischen Küste, wo die heiße Sonne trostlos zwischen den nackten, zackigen Felsen glühte und die Einsamkeit und Verlassenheit dem Beschauer, ich möchte sagen, greifbar entgegentrat. Wie stimmten diese Stoffe und noch mehr das sonderbar ernste, schwere, trübe Colorit mit der heiteren Stimmung, deren sie sich nach des Doctors Berichten fortwährend erfreuen sollte?

So kann nur Jemand malen, der tief unglücklich ist; hörte ich einmal vor einem dieser Bilder eine Dame in Trauer zu ihrem Begleiter sagen.

Sie hat in der letzten Zeit nur Rückschritte gemacht, sagte ein anderes Mal ein Kritiker, auf dessen Urtheil man in der Stadt großes Gewicht legte. Solche Bilder gefallen, weil sie einem gewissen pessimistischen Zug, der durch die meisten Menschen unserer Zeit geht, schmeicheln, aber ich vermisse eine großartige Auffassung; es ist, ich möchte sagen, ein egoistischer Schmerz, der hier gewaltsam in die Menschen und die Natur hineingelegt wird, und auch die Ausführung läßt Manches zu wünschen, sehen Sie hier und hier — und der Kritiker wies auf verschiedene Stellen, deren Behandlung er flau nannte. Da ist ihr jüngerer Bruder eine ganz andere Kraft, fuhr der Kritiker fort. Haben Sie seine Aquarelle gesehen? Der Tausend! ist das ein Feuer und ein Leben! Und es soll noch ein halber Knabe sein! Das wird einmal einer unserer Matadore. Denken Sie an meine Prophezeiung!

Es schien, daß das Publikum in Bezug auf Paula's Leistungen nicht ganz der Ansicht des Kritikers war, wenigstens riß man sich um ihre Bilder und bezahlte sie mit den höchsten Preisen; ich für meinen Theil traute mir kein Urtheil zu; ich hatte in der That kein Urtheil; ich wußte nur, daß, wenn Paula sich einer so andauernden, glücklichen Heiterkeit erfreute, wie der Doctor behauptete, sie dieser Heiterkeit den seltsamsten Ausdruck von der Welt gab.

Die Unterredung, in welcher mir der Doctor mittheilte, daß sich Paula mit ihrer Mutter in Meran aufhalte, hatte im Februar stattgefunden, beinahe drei Jahre nach meinem Unglück. Anfangs des Sommers hörte ich wiederum von dem Doctor, daß sie Studienreisen im Salzkammergut und in Tyrol mache, dann etwas später, daß sie den zweiten Theil des Sommers in Thüringen zubringen werde.

Sie kommt immer näher, immer näher, sagte der Doctor; wollen Sie nun nicht auch Ihre längst projectirte Reise nach England antreten?

Es scheint, daß ich Paula's Zurückkunft durch meine Abwesenheit feiern soll, sagte ich, dem Doctor starr in die Brillengläser sehend.

Ich weiß nicht, wie Sie zu diesem seltsamen Schluß kommen, sagte der Doctor.

Und ich nicht, wie ich mir anders Ihren Wunsch deuten soll, wegzugehen, wenn Paula kommt.

Sie sind nicht gescheidt, sagte der Doctor.

Ein paar Wochen später überraschte er mich eines Abends mit der Nachricht, daß er am nächsten Morgen nach dem thüring'schen Städtchen, in welchem Paula sich aufhielt, zu reisen gedenke. Ihre Gesundheit scheine nicht so gut, wie er wünsche, sie schreibe freilich heiter wie immer — hier machte der Doctor eine Bewegung nach der Brusttasche — aber er wolle doch lieber einmal selber nachsehen; es sei ja nur ein Katzensprung, und er denke schon den Tag darauf zurückzukommen.

Kommen Sie mit ihr zurück, sagte ich; vielleicht wünscht Paula wieder eine Zeit lang hier zu leben.

Der Doctor blickte mich starr an.

Ich thäte Ihnen und ihr auch gern den Gefallen, bei ihrer Rückkehr nicht hier zu sein, fuhr ich fort; aber ich kann jetzt wirklich nicht gut längere Zeit die Fabrik allein lassen, Doctor; und vielleicht genügte es, Doctor, wenn Sie ihr sagten, daß ich in diesen Jahren Manches gelitten und Manches gelernt habe, so zum Beispiel, um mich Ihres Ausdrucks zu bedienen, lieber Freund, mit einem halben Herzen zu leben? Wollen Sie ihr das sagen?

Ich hatte mich bemüht, so fest als möglich zu sprechen, es aber doch nicht verhindern können, daß meine Stimme bei den letzten Worten ein wenig zitterte, und so zitterte auch wohl meine Hand ein wenig, die der Doctor zwischen seinen kleinen, zarten Händen festhielt, während er mir fortwährend mit seinen runden Brillengläsern spähend auf Stirn und Augen sah.

Wollen Sie? wiederholte ich sehr verwirrt.

Den Teufel will ich! rief der Doctor, indem er meine beiden Hände plötzlich losließ, mich wieder in den Stuhl stieß, in Zimmer auf- und ablief, endlich vor mir stehen blieb, und in den allerhöchsten Tönen krähte:

Den Teufel will ich! Ich habe das Versteckspielen satt, und es soll heraus, mag es nun biegen oder brechen. Wissen Sie, daß Paula Sie liebt, oder wissen Sie es nicht? Wissen Sie, daß sie Sie schon seit zwölf Jahren liebt, oder wissen Sie es nicht? daß sie Sie geliebt hat von dem Augenblick an, wo Sie ihren Vater vor dem Mordbeil des Schurken — wie hieß er doch nur gleich — retteten? daß sie mit der Liebe für Sie aus dem halben Kinde, als welches Sie sie kennen lernten, zur Jungfrau herangereift ist? und daß seitdem keine Stunde ihres Lebens gewesen ist, wo sie Sie nicht geliebt hätte, und gewiß am allermeisten in den Stunden, wo sie Sie am wenigsten zu lieben schien? zum Beispiel in der Zeit, als Sie, hirnloses Mammuth, glaubten, sie interessire sich für Arthur, der sie mit Ihnen geneckt hatte und gefragt hatte, ob es recht und billig sei für die Tochter des Gefängnißdirectors, einen jungen, unerfahrenen Menschen, der nur zu sieben Jahren verurtheilt sei, für seine Lebenszeit zum Gefangenen zu machen? Wissen Sie, Herr, was es das arme Mädchen gekostet hat, Sie ihre Liebe nicht merken zu lassen? was sie es gekostet hat, Ihnen gegenüber die Schwester und immer nur die Schwester zu spielen, damit Sie die Hände frei behielten und nach allem Schönsten und

Höchsten in der Welt muthig greifen und die Leiter emporklimmen könnten, auf deren oberster Sprosse das hochherzige Mädchen nun einmal den Geliebten sehen wollte? Was es sie gekostet hat, Sie nach Zehrendorf zu schicken, damit Sie sich dort die Gattin holten, die sie für Sie bestimmt hatte? Was es sie gekostet hat, Ihrem Glück lächelnden Antlitzes zuzusehen? Was es sie schließlich gekostet hat, nach Ihrem Unglücke nicht zu Ihnen zu eilen, Ihnen nicht sagen zu dürfen: hier, nimm mein Blut, mein Leben, es ist Alles, Alles Dein? Ich frage Sie zum letzten Mal: Wissen Sie das, Herr, oder wissen Sie es nicht?

Der Doctor hatte sich in seiner Leidenschaft in ein Register verstiegen, aus dem es ganz unmöglich gewesen wäre, sich herabzustimmen. Er versuchte es deshalb auch nicht einmal, riß dagegen die Brille ab, starrte mich mit seinen braunen, glänzenden Augen zornig an, setzte dann die Brille wieder auf, stülpte den Hut bis über die Ohren auf den zornerglühten Schädel, drehte sich kurz auf den Hacken um, und stampfte nach der Thür.

Ich hatte ihn in zwei Schritten eingeholt.

Doctor, sagte ich, ihn am Arm ergreifend, wie wär's, wenn Sie mich morgen früh statt Ihrer reisen ließen?

Thun Sie, was Sie wollen, schrie der Doctor, indem er zum Zimmer hinauslief, und die Thür hinter sich zuschmetterte.

Zweiunddreißigstes Capitel

Es kommen Tage im Leben, an die man sich erinnert, wie an einen seligen Traum, der nichts von Erdenschmerzen und Erdenschranken weiß, in welchem wir, wie auf Adlerfittigen, machtvoll und hoch über all' den kleinen, erbärmlichen Hindernissen schweben, an denen in der Wirklichkeit unser Fuß so kläglich strauchelt.

Von so traumhafter Schöne war der Tag, an welchem ich die denkwürdigste Reise meines Lebens machte, ein wundervoller Sommertag, dessen strahlende Herrlichkeit auch nicht ein Wölkchen trübte, und der dennoch fortwährend von linden, balsamischen Lüften durchschauert wurde, die mir Stirn und Wangen umspielten, während der Zug in donnernder Eile durch die lieblichen Gefilde Thüringens brauste. Es war die erste Reise, die ich in meinem Leben machte, die erste wenigstens, die keine Geschäftsreise war, und auch die erste, die mich aus meiner nordischen Heimath mitten hinein in die Auen Mitteldeutschlands führte. Die Neuheit dieser Natur mochte dazu beitragen, mir Alles doppelt lieblich und anmuthig erscheinen zu lassen; ich konnte mich nicht satt sehen an den schönen Wellenlinien der Hügel, an den schroffen Felsen, deren Gipfel zerfallene Burgen krönten und deren Fuß die klaren Wasser vielfach sich schlängelnder Flüßchen netzten; an den blumigen Wiesengründen, in welchen frisch-grüne Bäume den Lauf der Silberbäche bezeichneten, an den Städten und Städtchen, die so behaglich im Grunde der Thäler sich streckten; an den Dörfern, die so lauschig aus Baum und Busch hervorschauten. Es war nicht Sonntag; aber es sah Alles sonntäglich aus, auch die Menschen, die einsam in den Feldern arbeiteten und stehen blieben, wenn der Zug vorüberrollte, oder die sich auf den freundlichen Bahnhöfen umtrieben. Es war, als ob Alle nur zum Vergnügen reisten, und als ob an einem solchen herrlichen Tage selbst das Abschiednehmen nicht schmerzlich sei. Und nun gar das Wiedersehen; die freudigen Gesichter, das Händedrücken und Küssen und Umarmen! Eine jede dieser Scenen beobachtete ich mit dem gespanntesten Interesse und immer mit einem Gefühl von Rührung, als ob mich das Alles ganz speciell anginge.

So kam ich am Nachmittag nach E., wo ich die Eisenbahn verließ und für die noch übrige Strecke einen Wagen nahm, deren mehrere auf dem Bahnhofe hielten. Es dauerte nicht lange, bis wir aus der Ebene in ein Thal gelangten, durch welches der Weg zwischen Hügeln rechts und links in vielen Windungen »auf den Wald« führte. Die Fahrt dauerte mehrere Stunden und die Sonne neigte sich schon gegen Abend, als wir langsam einen Berg erklommen, den steilsten, beschwerlichsten, aber auch den letzten, sagte der Kutscher. Wir waren Beide abgestiegen und gingen rechts und links neben den großen, starkknochigen Pferden, denen wir mit Tannenzweigen die Stechfliegen und die Bremsen abwehrten.

Brr! sagte der Kutscher; die Pferde standen. Wir hatten die Höhe des Berges erreicht und die Thiere sollten sich verschnaufen.

Das ist unser Stolz, sagte der Mann, als ich mit Staunen eine uralte Eiche betrachtete, die hier auf einer freien Stelle mitten im Tannenwalde riesenhaft mit den knorrigen, verwitterten Aesten in den blauen Himmel ragte. Das ist eine Merkwürdigkeit, fuhr er demonstrirend fort; meilenweit kommen die Leute hierher, um den Baum zu sehen und wie oft er schon gemalt ist! noch in diesen Tagen von einem Fräulein, das seit ein paar Wochen sich bei uns aufhält. Ich habe sie selbst hierher gefahren; ich fahre sie sehr oft.

Ich hatte, in meinen Gedanken verloren, unterwegs, ganz gegen meine Gedanken, wenig mit dem Manne gesprochen, ja ihn kaum beachtet, und nun war mir plötzlich, als ob er und ich alte Bekannte wären und die allerinnigsten, gemeinsamen Interessen hätten. Ich fragte ihn, wie die Dame heiße, nicht, als ob ich im mindesten gezweifelt, daß er von Paula rede, und dennoch erschreckend, wie er nun ihren Namen aussprach, der in seinem Munde einen wunderlich fremden Klang hatte. Und jetzt wurde der Mann, der nur auf die Gelegenheit gewartet zu haben schien, sehr gesprächig und erzählte, während wir über den Rücken des Berges und hernach in rasselndem Trabe bergab fuhren, über die Schulter gewandt, gar Vieles von dem lieben Fräulein und von der alten Dame, ihrer Mutter, die blind sei und alle Menschen gleich an der Stimme erkenne, und von dem alten Herrn mit der Adlernase und dem langen, grauen Schnurrbart und den krausen, weißen Locken, der ja eigentlich wohl nur der Diener sei, aber die Herrschaft ginge mit ihm um, wie mit ihresgleichen; und gestern sei auch noch ein junger Herr gekommen mit einem sonnverbrannten Gesicht und braunen, glänzenden Augen und langen, braunen, glänzenden Haaren, der ja wohl der Bruder von dem Fräulein und auch Maler sei.

Der Wagen klapperte bereits auf dem holprigen Pflaster des Städtchens, als der Gesprächige noch immer von Paula und den Ihren erzählte. Ich hatte ihm gesagt, daß ich um der Dame willen gekommen sei und daß er mich deshalb nach dem Gasthofe fahren möge, welchen er mir als ihre Wohnung bezeichnet hatte. Der Wagen hielt. Der Oberkellner mit zwei kleinen Myrmidonen stürzte heraus; ein paar Jungen, die im Nothfalle als Führer eintreten mochten, kamen heran, sich den fremden Herrn anzusehen. Ich war so erregt, daß ich kaum zu fragen vermochte, ob ich ein Zimmer haben könne und ob von den Herrschaften Jemand zu Hause sei? Ich konnte ein Zimmer haben, aber von den Herrschaften war Niemand zu Hause; die gnädige Frau mache mit dem jungen Herrn einen Spaziergang und das Fräulein sei schon früh am Nachmittage mit Herrn Süßmilch in die Berge gegangen; sie gehe jeden Nachmittag in die Berge; sie male oben, und pflege immer erst nach Sonnenuntergang zurückzukommen.

Und Sie kennen den Ort?

Ei freilich, ganz genau! der Karl hier hat dem Fräulein oft genug die Sachen hinaufgetragen; gelt, Karl? Du weißt, wo das Fräulein malt?

Ei freilich, sagte der Bursche; soll ich den Herrn hinbringen?

Ja gewiß, sagte ich, und wandte mich schon zu gehen.

Der Herr braucht gar nicht so zu eilen, rief der aufmerksame Oberkellner hinter mir. Sie sind in einer halben Stunde oben.

Mein kleiner Führer lief voran; ich folgte ihm durch die mit Linden besetzte Hauptstraße des Städtchens, wo vor den Thüren hier und da die Kurgäste saßen, hinaus in die Felder, über denen goldiger Abendsonnenschein lag, in den Wald, der uns mit kühler Dämmerung umfing. Wir gingen eine breite Fahrstraße, die zum Theil sehr steil anstieg, hier und da an kleinen Wiesenmatten vorüberführte und sonst auf beiden Seiten vom schönsten Hochwald eingefaßt war. Es war wunderbar still in dem kühlen Tann; kein Lüftchen regte sich, kaum, daß dann und wann ein Vöglein zirpte, von oben blaute der Himmel herein und mir war, als ob ich geradewegs in den blauen Himmel stiege. Niemand begegnete uns, erst als wir schon beinahe auf der Höhe uns rechts von der Hauptstraße in den Wald schlugen und bald auf einen freien Platz gelangten, auf welchem ein Jägerhaus lag, sah ich ein paar Leute, die dort auf Bänken saßen und Bier tranken. Aus dem Walde, gegenüber der Stelle, auf welcher wir eben die Lichtung betraten, kam ein Mann, mit einem Burschen hinter sich der Malergeräth trug. Ich erkannte sofort den Wachtmeister; mein kleiner Führer sagte: der die Geräthschaften trage, sei sein Bruder, der Hans, und sie kämen von dem Platze, wo das Fräulein gemalt habe. Der Platz sei nur noch fünf Minuten entfernt und man brauche nur immer den Weg geradeaus zu gehen, aus welchem der Herr Wachtmeister und der Hans eben gekommen seien.

Mein alter Freund hatte, lebhaft mit dem Burschen sprechend, der ihm die Sachen nicht sorgsam genug tragen mochte, mich nicht bemerkt, und das war mir lieb, denn ich fühlte, daß ich nicht im Stande war, ihn zu begrüßen. So winkte ich denn auch nur dem Burschen, zurückzubleiben und schritt quer über die Lichtung in den Weg, den er mir bezeichnet hatte.

Es war ein breiter Weg, mit seinem kurzen Rasen, auf den der Fluß lautlos trat, und die Tannen auf beiden Seiten waren so mächtig, daß sie ihn gänzlich überwölbten und das tiefe Abendroth kaum hier und da durch die grüne Dämmerung spielte. Dabei leitete er fortwährend sanft in die Höhe und ich schritt dahin, ohne daß ich mir bewußt war, daß ich ging und meine Glieder regte, gerade wie man im Traum aufwärts schwebt. Eine athemlose Erwartung, eine freudige Bangigkeit erfüllten mich ganz. So könnte eine unsterbliche Seele empfinden, die im nächsten Augenblicke vor ihren Richter treten soll, und in all' ihrem bangen Zagen doch weiß, daß dieser Richter die Gnade selbst ist.

Und jetzt wurde es vor mir lichter, und mit jedem Schritte lichter, und ich trat heraus aus dem Hochwald auf die Lehne des Berges, der rechts hin mächtig aufragte zu seinem waldgekrönten, poesieverklärten Gipfel, während nach links, gen Westen, ein tiefes Waldthal sich abwärts senkte, über welchem weit drüben die Bergterrassen purpurn in den Abendhimmel stiegen. Die Sonne war bereits verschwunden, aber ihr Schein lag noch rosig auf dem leichten Gewölk, das über den Bergen schwebte, und, von dem Wiederschein der rosigen Wolken beleuchtet, stand eine weibliche Gestalt wenige Schritte vor mir an einem moosbekleideten Felsblock, auf den sie sich mit dem rechten Arm stützte, während in der linken Hand der breitrandige Strohhut lässig hing. Sie blickte unverwandt in das Abendgold und ihre reinen

Züge hoben sich klar von dem lichten Hintergrunde. So sah ich sie wieder.

Aber sie sah mich nicht, sie hörte mich nicht, denn der weiche Rasen dämpfte meinen Schritt. Ich wollte ihren Namen rufen, aber ich konnte es nicht, und jetzt wendete sie langsam ihr Gesicht zu mir und blickte mich an mit großen, geisterhaft starken Augen, ohne daß sich eine ihrer Mienen regte, als wäre ich eine Erscheinung, auf die sie gehofft, die sie selbst durch die Gewalt ihrer Sehnsucht herbeigezaubert. Und dann, als ich die Arme ausbreitete und »Paula, liebste Paula!« stammelte, da flog es wie ein himmlisches Leuchten durch ihr liebes Antlitz, ein leiser Schrei entrang sich ihren Lippen und sie lag an meiner Brust mit stürmischem, leidenschaftlichem Weinen, als hätten alle die Schmerzen, die sie so lange Jahre erduldet, auf diesen einen Moment gewartet, um hervorzubrechen in heißen, unaufhaltsamen Thränen.

Was ich gesprochen, was sie gesprochen, während wir da oben standen und am Himmel ein rosiger Streifen nach dem andern verblich — ich wüßte es nicht mehr zu sagen. Und dann gingen wir durch den schweigenden Wald zurück, Hand in Hand, einen anderen Weg, als den mich der Knabe geführt, einen Weg, der Anfangs auf sanftem Rasengrunde gerade bergab leitete, so daß das Thal im letzten Abendschein zu uns heraufgrüßte, dann eine Strecke unter hohen Buchen, wo es sehr dunkel war, so daß Paula mich sorgsam an der Hand hielt, bis wir dann wieder an lichtere Stellen kamen und das Thal abermals vor uns lag, aber jetzt schon ganz in Grau gehüllt, so daß ich glaube, der Weg hinab müsse länger gewesen sein, als der hinauf, obgleich er mir so kurz vorkam, so kurz!

Dann sehe ich uns, das heißt: die Mutter, Paula, Oskar und mich an einem gedeckten Tischchen in einer der Lauben vor dem Hotel sitzen und der Schein des Lichtes in der Glasglocke fällt hell in die sanften Züge der Blinden, die von Zeit zu Zeit mit ihrer weichen Hand über meine Stirn streicht, und in Paula's liebes Antlitz, das von innerer Glückseligkeit mit einem holden Glanz überstrahlt ist, und in das bildschöne, jugendfrische Gesicht Oskars, dessen dunkle Augen blitzen, während er erzählt, wie er einen großen Auftrag von einem jungen, englischen Lord, dessen Bekanntschaft er in Rom gemacht, erhalten habe; — mächtige Wandgemälde für das Schloß seiner Herrlichkeit in den schottischen Hochlanden; — und wie er, bevor er dahin gehe, doch erst mit der Schwester, seinem Lehrer und Meister, habe sprechen und ihren Rath einholen müssen; und dabei schüttelt der Jüngling sein langes Haar nach hinten und hebt das volle Glas mit dem perlenden Champagner und leert es auf unser Wohl, und die Mutter lächelt uns freundlich zu, und in der Oeffnung der Laube erscheint, als unsere Gläser zusammenklingen, jener Kopf mit dem grauen Schnurrbart und dem krausen weißen Haar, der in der modernen Kunstgeschichte eine so überaus wichtige Rolle spielt.

Dann stehe ich am offenen Fenster meines Zimmers und horche dem Rauschen des Nachtwindes in den Zweigen und dem Plätschern des Brunnens in dem Garten vor dem Hotel und meine Blicke hangen an einem Stern, der vor den andern aus dem nächtlichen Himmel gar herrlich strahlt.

Und die alte Wehmuth regt sich tief in meinem Herzen und meine Augen füllen sich mit Thränen.

Aber als ich wieder hinzuschauen vermag, strahlt der Stern noch herrlicher denn zuvor, als wäre es ein Auge, das aus den Gefilden der Seligen liebevoll auf mich herniedergrüßte.

Dreiunddreißigstes Capitel

Ich bin in der Geschichte meines Lebens bis zu dem Punkte gekommen, bis zu welchem ich dieselbe von vornherein zu bringen beabsichtigt hatte. Freilich sagte ich mir schon damals, und sage es mir jetzt wieder, daß ich es damit nicht Allen recht machen würde. Einer wird finden, daß die Geschichte nicht ganz uneben sei, und er in Ermangelung von etwas Besserem noch ganz wohl ein paar hundert Seiten weiter gelesen hätte; ein Anderer wird meinen, nach seiner Erfahrung (er ist nämlich ein Mann von großer Erfahrung) fange das Leben genau da an, interessant zu werden, wo ich abbreche. Jugendgeschichten sähen sich so ähnlich wie Kinderkrankheiten, die jeder durchmachen müsse, und die gerade darum nichts Besonderes seien; erst, wenn der vollkommen entwickelte Mann in das große Leben eintrete und sich an der Lösung der Aufgaben des Jahrhunderts praktisch betheilige, oder wenn er, als Privatmensch, in jenen Conflicten, die in keiner Ehe ausblieben, in dem Verhältnisse des Vaters zu den Kindern, das niemals ohne alle Trübungen sei, Gelegenheit gehabt habe, seinen Charakter zu bethätigen — erst dann verlohne es sich vielleicht —

Ich fühle schwer das Gewicht dieser Einwürfe, aber einmal war ich, wie gesagt, darauf gefaßt, daß ich es dem Einen oder dem Andern, ja, wie es sich jetzt herausstellt, dem Einen und dem Andern nicht zu Dank machen würde; und sodann, meine ich, der Eine findet gewiß mit leichtester Mühe ein viel amüsanteres Buch zur Ausfüllung seiner müßigen Stunden, und was den Anderen (den Vielerfahrenen) betrifft, so dürfte ich am Ende seinen großen Ansprüchen (die zu machen er ja vollauf berechtigt ist) beim besten Willen nicht genügen. Ich wüßte, und wollte ich mich noch so interessant machen, von ehelichen Conflicten und von Trübungen meines Familienlebens nichts, was der Rede irgend werth wäre, zu erzählen, und wenn ich — wie ich mir in besonders hochmüthigen und hoffährtigen Stunden schmeichle — wirklich an der Arbeit unserer Zeit redlich mitgeschafft habe und Alles in Allem kein verächtlicher Arbeiter gewesen bin — nun, so möchte ich ungern meinen Lohn vorwegnehmen, und denke, es findet sich vielleicht ein guter Freund, der mir ihn in Form einer preislichen Grabschrift, oder gar in der eines förmlichen Nekrologs, welcher durch die Zeitungen geht, in volltönenden Worten auszahlt.

Im Ernst, Du lieber Leser, der Du mein Freund geworden bist — sonst hättest Du wohl nicht bis hierher gelesen — Du, für den ich allein geschrieben habe, und für den allein ich auch dies Schlußcapitel noch schreibe, im Ernst, ich glaube Dir und mir einen Gefallen zu thun, wenn ich hier abbreche. Ich weiß nicht, ob Du ein Techniker, ob Du ein Mann von Fach bist, und ich müßte es doch eigentlich wissen, um die Geschichte eines Technikers, wie ich es bin, so zu erzählen, daß sie Dir in dem einen Falle genügt, oder Dich in dem andern nicht allzusehr langweilt; ja, ich weiß nicht einmal, ob Du überhaupt ein Mann, und nicht vielmehr eine Dame bist, die trotz ihrer Liebenswürdigkeit und übrigen »accomplishments« für die Erörterung technischer Fragen keine ausgesprochene Vorliebe hat, ja die mir bereits dafür, daß ich bisher nur immer an den Saum solcher heiligen Dinge gestreift bin, herzlichen Dank weiß — einen Dank, den ich um Vieles nicht verschmerzen möchte.

Wie gesagt, ich weiß das Alles nicht; Eins aber weiß ich, daß Du, um mit dem guten Professor Lederer zu reden, ein Mensch bist, dem nichts Menschliches fremd ist: und wie ich Dir bis jetzt hoffentlich nur erzählt habe, was Deine Theilnahme leicht erweckte, weil ich einem Menschen begegnete, der nicht besser und nicht schlechter, nicht klüger und nicht dümmer, nicht interessanter und nicht langweiliger war, als die Menschen zu sein pflegen und in dessen Gedanken und Empfindungen, in dessen Wollen und Streben, ja in dessen Verirrungen Du Dich daher ohne große Mühe zurechtfandest, so meine ich, Du müßtest, als ein guter Mensch und als mein Freund, mir nachfühlen, weshalb ich Dich bitte, Dir die weitere Geschichte meines Lebens nach Deiner herzlichen Gesinnung und liebenswürdigen Phantasie freundlichst auszumalen.

Und das »Freundlichst« wollest Du ja wörtlich nehmen, denn es ist — ich sage das mit tiefster Dankbarkeit gegen ein gütiges Geschick und ohne Furcht vor dem Neid der Götter, an den ich nicht glaube — es ist viel, viel herrlicher Sonnenschein in mein Leben gefallen. Meine Thätigkeit ist mit äußerem Erfolge gekrönt, weit über meine kühnsten Erwartungen und weit, weit über meine bescheidenen Ansprüche und mäßigen Bedürfnisse; und, was viel mehr bedeutet: ich habe, um zu diesen Erfolgen zu gelangen, die Lehre meines Meisters nicht zu verleugnen brauchen, habe nicht ein harter Hammer zu sein brauchen für einen armen, vielgeplagten Amboß — im Gegentheil: ich weiß es so gewiß, als ich lebe, daß ich nicht nur nicht der frohe Mensch wäre, der ich bin, sondern daß ich auch nicht der reiche Mann sein würde, wenn ich nicht Zeit meines Lebens voll des Glaubens gewesen wäre an die große schöne Lehre von der gegenseitigen Hilfsbereitschaft, der Brüderlichkeit, der Gemeinschaft aller menschlichen Interessen.

Dieser lebendige, thatenfrohe und thatenkräftige Glaube — er hat mir Segen gebracht hundert- und tausendfältig, und ich empfehle ihn aus bester Ueberzeugung Allen, die Erfolge haben wollen, selbst denen, welche auf den Besitz eines guten Gewissens keinen besonderen Werth legen und hernach doch vielleicht finden, daß dies gering geschätzte, verächtliche Ding, wenn man es einmal hat, gar nicht so wenig zum Comfort des Lebens beiträgt.

Du erläßt mir gern die weitere Ausführung dieser Wahrheiten, lieber Freund, denn Du hast sie durch Dein eigenes Leben bestätigt gefunden; Du bist auch gern bereit, Dir mein Leben in der Weise, wie ich gebeten, weiter auszumalen, mir die Angabe aller Details zu erlassen, so weit sie mich und die Meinen betreffen: die Zahl und das Alter und die Namen meiner Kinder und ob die Jungen intelligent und tüchtig und die Mädchen »bedeutend« und schön sind; — Du bist durchaus geneigt, sämmtliche Ehren-Qualitäten auf ihre jungen Scheitel zu häufen; — aber Du meinst, was mir, meiner Gattin und etwa meinen Kindern — obgleich die letzteren in der Geschichte gar nicht vorkämen und also eigentlich auch keine Ansprüche zu machen hätten — was, sage ich, für uns billig wäre, sei deswegen den andern Personen, die wirklich in der Geschichte aufträten und an die Du deshalb entschiedene Ansprüche machen dürftest — doch keineswegs recht; und Du wünschtest vor dem »Ende« denn doch zu wissen, was aus ihnen geworden.

Ach! gar manche sind, wie Du Dir denken kannst, in den fünfundzwanzig Jahren, die seitdem beinahe verflossen, eine Beute des Todes geworden, der sich ja keinen abbitten und abringen läßt, wie verzweiflungsvoll auch die Zurückbleibenden den zerflatternden Lebensfaden in liebenden Händen festzuhalten suchen.

So starbst Du, gute Mutter, und verwandeltest Dich in ein leuchtendes Bild der Milde, Güte, Duldsamkeit und zugleich des stillen, starken, opferfreudigen Muthes, zu welchem wir alle Zeit, wie zu dem Deines hehren Gatten, voll Anbetung aufgeblickt, von dem wir uns oft und oft Rath und Trost geholt haben.

So starbst Du, alter, braver Wachtmeister, treue, goldene Seele, hochbetagt und hochgeehrt und heißbeweint, von Niemand heißer als von unseren Jungen, die Du reiten und fechten lehrtest, und die Wahrheit sagen, komme heraus, was wolle.

Und auch Du, lieber guter Hans, Letzter vom alten Heldenstamm! Zürne mir nicht, theurer Freund, wenn ich hier und da mir ein Wort des Scherzes über die Wunderlichkeiten erlaubt habe, die Dir anhafteten, als noch Dein mächtiger Körper seinen breiten Schatten auf die Erde warf! Glaub mir, es hat Dich trotzdem Keiner so geliebt, wie ich; vielleicht, weil Keiner Dir so nahe getreten ist, Keiner so Gelegenheit gehabt hat, zu erfahren, wie auch nicht ein Blutstropfen von Falschheit je durch Dein großes, edles Herz gerollt, und wie Du vom Wirbel bis zur Sohle ein echter Ritter ohne Furcht und Tadel gewesen bist.

Du auch starbst, enthusiastische Freundin mit dem thörichten Gebahren, der affectirten Rede und der echten Liebe in der weichen, freundlichen Seele, gute Duff! Ich danke Dir, daß Du uns erlaubt hast, die Pflege Deiner letzten Jahre zu übernehmen; und wenn Dir auch Dein heißer Wunsch nicht erfüllt ist, unsere Töchter, Deine Schülerinnen, alle vor Deinem Tode verheirathet zu sehen, ich denke, Du hast schon im Leben gefunden, wonach Dein liebevolles, liebebedürftiges Herz so treu gesucht.

Ja, ja, die Reihe der alten bekannten, lieben Gesichter hat sich sehr gelichtet; aber wir wollen dankbar sein, daß uns noch so Manche geblieben sind — so Manche, die zu ersetzen einfach unmöglich wäre.

Wer oder was sollte mir Dich ersetzen, mein wackerer Klaus, Du, oberster der Meister, und auch Obermeister, seitdem der brave Roland mit sammt seinem Lächeln unter dem buschigen Barte in den Urwald sich verloren hat, aus dem noch keiner wiederkam! Nichts könnte Dich mir ersetzen, so wenig, wie Dir alle Schätze Polynesiens, die Euch einst die Tante aus Java bringen wird, Deine Christel ersetzen könnte, oder Deine acht Jungen, die, da sie, als Jungen, der Mutter nicht gleichen können, sich wenigstens bestreben, ihr möglichst ähnlich zu sehen und alle ihre blauen, holländischen Augen und ihr blondes, holländisches Haar haben. Die alte javanesische Tante! daß sie noch immer nicht kommen will! Aber ich glaube, Du hast ihr diese Unhöflichkeit eigentlich schon vergeben; nur einmal bist Du ihr wirklich bös gewesen, und das war zu der Zeit, als für Deinen Freund Georg fünftausend Thaler mehr oder weniger eine Frage um Sein oder Nicht-Sein war und Du den Himmel anflehtest, er möchte Dir jetzt die Tante senden, und wenn es auch ein Onkel wäre.

Ja, ja, ein paar Freunde sind noch geblieben und werden, will's der Himmel, bleiben — trotzdem sie vielleicht schon seit fünfzig Jahren jeden Tag am Gehirnschlage —

Nein, nein, Doctor, ich will die schändliche Phrase nicht zu Ende bringen! Sie sind ja so schon außer sich, daß ich Sie in meinem Buche erwähnt habe — als ob die Geschichte meines Lebens ohne Sie noch die Geschichte meines Lebens wäre! — und behaupten, ich hätte, nachdem Sie nun bereits ein halbes Jahrhundert mit Ehren kahl seien, zu guterletzt noch einen Kinderspott aus Ihnen gemacht, und Sie können sich nicht mehr auf der Straße sehen lassen. Schelten Sie, soviel Sie wollen, Doctor, meinetwegen in den höchsten und allerhöchsten Tönen; ich weiß doch, wie Sie es meinen und daß Sie sich gelegentlich wieder herabstimmen; und weiter weiß ich, daß, wenn nicht alle Leute auf der Straße den Hut vor Ihnen ehrfurchtsvoll ziehen, es einfach daran liegt, daß nicht alle Sie kennen.

Und ich will auch nicht gekannt sein, schreit der Doctor, und der Menge gezeigt werden, wie eine naturgeschichtliche Merkwürdigkeit, am wenigsten von Ihnen, der Sie mich immer in dem falschen Lichte gesehen haben, wenn ein Mammuth, wie Sie, überhaupt irgend etwas im richtigen Lichte sehen kann. Will ich einmal abconterfeit sein, so werde ich mich von Ihrer Frau malen lassen, die sich schämen sollte, aus purer abgöttischer Liebe zu Ihnen und ihren Kindern die edle Kunst so zu vernachlässigen; oder von Oskar. Apropos! wollen Sie nicht vielleicht auch eine ausführliche Analyse sämmtlicher oder doch wenigstens der Hauptwerke Oskar's in Ihr Buch aufnehmen und sich dabei schauderhaft blamiren? denn Sie verstehen von der Kunst wirklich gar nichts — oder wollen Sie nicht Kurt, weil er doch nun einmal die Bescheidenheit selbst ist, in die fürchterlichste Verlegenheit setzen, indem Sie seine Verdienste um unser Eisenbahnwesen und seine Erfindungen im Maschinenbau einzeln aufführen? oder wollen Sie Benno nicht der Regierung denunciren, weil seine in aller Stille blühende landwirthschaftliche Schule in Zehrendorf den betreffenden Landesinstituten die gefährlichste Concurrenz macht?

Schelten Sie nur ruhig weiter, lieber Doctor; Sie glauben nicht, wie gelegen mir das Alles für mein Schlußcapitel kommt. Ich möchte Ihnen dort, wie überall, gern das letzte Wort lassen.

Das fehlte mir noch gerade! ruft der Erzürnte, und läuft — als der letzte unserer Gäste — zur Thür hinaus.

Die Scene spielte gestern Abend, und ich sagte zu Paula, ob es nicht ein guter Einfall sei, meinem besten, ältesten, theuersten Freunde, dem ich mehr zu verdanken hätte, als ich sagen könnte, das letzte Wort zu lassen?

Ich wußte nie, welches der letzte Pinselstrich bei meinen Bildern sein würde, bis ich ihn gemacht hatte, sagte Paula, vielleicht wird es Dir bei dem Buche ähnlich ergehen.

Heute in der ersten Morgenfrühe finde ich, daß Paula recht hat. Ich fühle, daß ich schließen muß, und dabei ist mir immer, als dürfe ich noch keineswegs schließen, als habe ich noch, ich weiß nicht was, vergessen, als sei ich noch dem Leser, meinem Freunde, trotz meiner feierlichen Verwahrung von vorhin, über hunderterlei Auskunft schuldig.

Zum Beispiel darüber, wie es kommt, daß ich »in der ersten Morgenfrühe« am Schreibtisch sitze, nachdem ich gestern Abend, wie es scheint, eine kleine Gesellschaft bei mir gehabt; ob ich mich etwa verschrieben habe?

Nein, ich habe mich nicht verschrieben; die erste Morgenfrühe, das heißt im Winter die vierte und im Hochsommer, wie jetzt, manchmal schon die zweite Stunde findet mich seit Jahren in meinem Arbeitszimmer lesend, rechnend, zeichnend und, seitdem ich dies Buch unter der Feder habe, meistens schreibend. Ich bin alle Zeit ein guter Schläfer gewesen und bin es noch, insofern, als mein Schlaf sehr tief und meistens traumlos ist; aber ich bedarf schon lange nur der Hälfte der Zeit, die Andere nöthig haben. Der Doctor sagt, ich habe ein zu großes Herz, wie die meisten, großen, gutmüthigen und ein wenig beschränkten Menschen mit breiten Schultern, welche von der Natur zum Lastentragen und Amboßsein bestimmt wären; aber er lächelt dazu und ich weiß nicht, ob er es ernstlich meint. —

Ich habe eben am offenen Fenster gestanden, nachdem ich die Lampe, bei der ich bis dahin geschrieben, ausgelöscht. Am völlig wolkenlosen lichtblauen Julihimmel stand die Sichel des abnehmenden Mondes, aber die Sterne waren sämmtlich erloschen. Ueber meinem Fenster auf der Regenrinne saß eine Schwalbe und sang — das Köpfchen hinüber und herüber wiegend, nach Osten blickend, wo die Sonne aufgehen wird. Ich habe nie einen süßeren Gesang vernommen: er füllt mir noch, während ich dies schreibe, die ganze Seele. Aus einem der hohen Schornsteine der Fabrik, deren Hauptgebäude der Villa seine Front zuwendet, stieg eine schwere Rauchsäule, schlank und gerade wie der Stamm einer Palme, hoch hinauf in die helle Luft. Es soll ein mächtiges Werkstück heute gegossen werden, da hat Klaus früh anheizen lassen.

Ich sehe das Bild, wie ich es eben zu schildern versucht, oft und oft in der Morgenfrühe, und immer stimmt es mich froh und freudig und ich begrüße dankbaren Herzens die neue Sonne.

Horch — ein wohlbekannter Klang: der erste Schlag des Hammers auf den Amboß! Der Tag, den die Schwalbe verkündet, ist da. Leb wohl, mein Freund! Du und ich, wir wollen an die Arbeit gehen.

HEYNE
NOSTALGIE BIBLIOTHEK

Rudolf Greinz:
Der Garten Gottes
(Band 1 / DM 5,80)

Eugenie Marlitt:
Reichsgräfin Gisela
(Band 2 / DM 5,80)

Reinhold C. Muschler:
Bianca Maria
(Band 3 / DM 7,80)

Friedrich Gerstäcker:
Gold
(Band 4 / DM 6,80)

Peter Rosegger:
Jakob der Letzte
(Band 5 / DM 4,80)

Ernst F. Löhndorff:
Old Jamaica Rum
(Band 6 / DM 6,80)

**Karl Leberecht
Immermann:**
Oberhof
(Band 7 / DM 5,80)

Heinrich Seidel:
Leberecht Hühnchen
(Band 8 / DM 4,80)

Hedwig Courths-Mahler:
Ich weiß, was Du mir bist
(Band 9 / DM 5,80)

Agnes Günther:
Die Heilige und ihr Narr
(Band 10 / DM 6,80)

Max Geißler:
Das hohe Licht
(Band 11 / DM 3,80)

Henryk Sienkiewicz:
Quo Vadis?
(Band 12 / DM 5,80)

Elisabeth v. Heyking:
Briefe, die ihn nicht
erreichten
(Band 13 / DM 4,80)

Hedwig Courths-Mahler:
Die Bettelprinzess
(Band 14 / DM 3,80)

Gustav Meyrink:
Der Golem
(Band 15 / DM 5,80)

Friedrich Spielhagen:
Hammer und Amboß
(Band 16 / DM 8,80)

Marie Louise Fischer

Die großen Familien- und Gegenwartsromane der beliebten Erfolgsautorin als Heyne Taschenbücher

Ich spüre dich in
meinem Blut
(5 / DM 3,80)

Frucht der Sünde
(14 / DM 3,80)

Wenn das Herz spricht
(296 / DM 3,80)

Das Geheimnis des
Medaillons
(330 / DM 3,80)

Frauenstation
(427 / DM 4,80)

Alle Liebe dieser Welt
(471 / DM 4,80)

Mit den Augen der
Liebe
(505 / DM 3,80)

Wildes Blut
(770 / DM 3,80)

Der junge Herr Justus
(820 / DM 5,80)

Verbotene Liebe
(829 / DM 3,80)

Die Ehe des Dr. Jorg
(845 / DM 3,80)

Liebe meines Lebens
(894 / DM 4,80)

Gehirnstation
(926 / DM 3,80)

Kinderstation
(945 / DM 3,80)

Das Mädchen Senta
(963 / DM 4,80)

Die Ehe der Senta R.
(5001 / DM 5,80)

Eine Frau in den
besten Jahren
(5011 / DM 3,80)

Für immer, Senta
(5040 / DM 5,80)

Und so was nennt ihr
Liebe
(5061 / DM 3,80)

Versuchung in Rom
(5088 / DM 3,80)

Küsse nach dem
Unterricht
(5106 / DM 2,80)

Unruhige Mädchen
(5127 / DM 3,80)

Da wir uns lieben
(5138 / DM 5,80)

Das Herz einer Mutter
(5162 / DM 4,80)

*Weltauflage aller Marie-Louise-Fischer-Bücher:
über 5 Millionen Exemplare*

HEYNE BIOGRAPHIEN

Eine systematische Sammlung großer
Biographien in einer preiswerten Taschenbuch-Reihe.
Jeder Band ergänzt durch Chronologie und Register.

9/DM 8,80

10/DM 7,80

11/DM 7,80

12/DM 7,80

13/DM 7,80

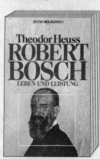

14/DM 9,80

15/DM 9,80

16/DM 8,80

17/DM 7,80